FUNDAMENTE

Geographisches Grundbuch für die Sekundarstufe II

Von
Hans-Ulrich Bender
Wolfgang Fettköter
Ulrich Kümmerle
Günter Olbert
Norbert von der Ruhren

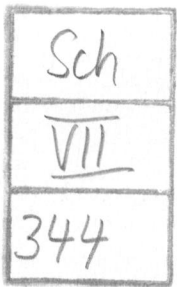
KLETT-PERTHES
Gotha und Stuttgart

Fundamente
Geographisches Grundbuch für die Sekundarstufe II

Von
StD Hans-Ulrich Bender, Köln
StD Wolfgang Fettköter, Göttingen
Prof. Ulrich Kümmerle, Saulgau
Dr. Günter Olbert, Baltmannsweiler-Hohengehren
StD Norbert von der Ruhren, Aachen

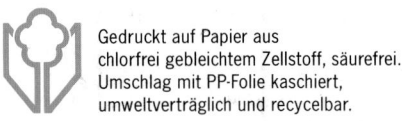

Gedruckt auf Papier aus
chlorfrei gebleichtem Zellstoff, säurefrei.
Umschlag mit PP-Folie kaschiert,
umweltverträglich und recycelbar.

1. Auflage   1 ⁶ ⁵ ⁴ ³ ² | 1999 98 97 96 95

Alle Drucke dieser Auflage können im Unterricht nebeneinander benutzt werden,
sie sind untereinander unverändert.
Die letzte Zahl bezeichnet das Jahr dieses Druckes.
© Ernst Klett Schulbuchverlag GmbH, Stuttgart 1994
Alle Rechte vorbehalten.

Redaktion: Ingeborg Philipp, Verlagsredakteurin

Satz: Lihs, Satz und Repro, Ludwigsburg
Druck: Appl, Wemding
Karten und Zeichnungen: Kartographie Klett Stuttgart; Justus Perthes Verlag Gotha;
P. Blank; K. Richter; R. Rössler; U. Wipfler
Umschlag: M. Muraro
ISBN 3-12-409221-X

Inhaltsverzeichnis

Einführung

Ziele und Aufgaben des Buches

FUNDAMENTE behandelt grundlegende raumstrukturelle Zusammenhänge und Prozesse der Erdoberfläche sowie die Gestaltung des Lebensraumes durch den Menschen. Den Schülerinnen und Schülern sollen geographische Kenntnisse vermittelt werden, damit sie
- die Komplexität unseres wirtschaftlichen Handelns und seine räumlichen Bindungen und Auswirkungen verstehen,
- Gegensätze und Konflikte als solche erkennen, Lösungsmöglichkeiten anstehender Probleme formulieren und Alternativen aufzeigen lernen,

um so durch sachlich fundierte Argumentation und verantwortungsbewußtes Handeln an der Gestaltung unserer Umwelt und Gesellschaft mitwirken zu können.

Das Buch ist unter Zugrundelegung der Lehrpläne der Bundesländer zur Verwendung in geographischen Grund- und Leistungskursen der Sekundarstufe II konzipiert. Es kann eine doppelte Aufgabe erfüllen: Zum einen ist es ein Arbeitsbuch für den Unterricht. Dazu dienen zunächst die vielfältigen Arbeitsmaterialien, die so weit vorstrukturiert wurden, daß sie Ergebnisse nicht vorwegnehmen, den Schülerinnen und Schülern also eigenständiges Arbeiten und individuelles Lernen ermöglichen. Zum anderen dient es der Nachbereitung des Unterrichts bzw. zur Vorbereitung auf Klausuren oder der Abiturprüfung.

Am Ende der Teilkapitel stehen Arbeitsaufträge, die den Umgang mit den Materialien erleichtern und es den Schülerinnen und Schülern ermöglichen, die dargestellten Sachverhalte zu überprüfen bzw. zu vertiefen. Darüber hinaus sind sie eine Hilfe bei der Strukturierung und „Didaktisierung" der einzelnen Kapitel.

Aufbau des Buches

FUNDAMENTE ist ein Geographiebuch, das, unter Herausstellung des Wesentlichen, alle für die Schule relevanten Teildisziplinen der physischen Geographie und der Anthropogeographie behandelt. Entsprechend der Einbindung des Schulfaches Erdkunde in das gesellschaftswissenschaftliche Aufgabenfeld werden physisch-geographische Themen in der Auswahl und in dem Umfang dargestellt, wie es zum Verständnis anthropo- oder sozialgeographischer Strukturen und Prozesse nötig ist.

Um die in vielen Lehrplänen geforderte vergleichende Betrachtung der beiden Großräume USA und GUS zu ermöglichen, werden in einem gesonderten Kapitel deren räumliche Strukturen und raumwirksame Prozesse dargestellt. Die durch Karten und statistisches Material fundierte Gegenüberstellung läßt Parallelen und Kontraste besonders deutlich hervortreten. Die zuvor behandelten Themenkreise werden hier regional zusammengefaßt, so daß sich eine räumliche Zusammenschau der einzelnen Geofaktoren ergibt.

Ein gesondertes Kapitel ist auch den Entwicklungsländern gewidmet. Neben drei kurzen Fallstudien beschränkt es sich auf grundlegende, für das Verständnis der speziellen Problematik der Länder der Dritten Welt notwendige Sachverhalte. Die Beschränkung scheint auch deswegen sinnvoll, da viele Probleme der Entwicklungsländer in den übrigen Kapiteln zusammen mit den entsprechenden Fragestellungen der Industrieländer behandelt werden. Dadurch können Zusammenhänge verständlicher und exakter herausgearbeitet werden als bei einer Trennung nach Ländergruppen.

Die einzelnen Kapitel bauen nicht streng aufeinander auf, so daß es möglich ist, z. B. mit dem Kapitel „Stadt und Verstädterung" zu beginnen, ohne die vorangegangenen Kapitel behandelt zu haben. Dadurch ist eine größtmögliche Freiheit für den unterrichtlichen Einsatz und die didaktische Strukturierung gewährleistet.

Am Ende des Buches befindet sich ein nach Kapiteln geordnetes Literaturverzeichnis, das den Schülerinnen und Schülern eine Vertiefung und Erweiterung des jeweiligen Themas oder die Anfertigung von Referaten und Ausarbeitungen ermöglicht.

7

Das ausführliche Register am Schluß des Bandes soll das Arbeiten mit dem Buch erleichtern. Um die Benutzer nicht durch eine Vielzahl von Seitenangaben zu verwirren, wird in der Regel nur auf die Seite hingewiesen, auf der der entsprechende Begriff erklärt oder in einem wichtigen Zusammenhang behandelt wird. Der Begriff selbst ist auf der jeweiligen Seite kursiv gesetzt.

Vorwort zur Neubearbeitung 1994

Die Wiedervereinigung Deutschlands und die damit verbundenen Probleme und Aufgaben sowie die politisch-wirtschaftlichen Veränderungen in der ehemaligen UdSSR haben eine Neubearbeitung des Oberstufenlehrbuches FUNDAMENTE zwingend notwendig gemacht.
Gleichzeitig wurde damit die Chance ergriffen, vermehrt Materialien zu den drängenden globalen Gegenwartsproblemen für den Einsatz im Unterricht anzubieten. Verstärkt wurden zum Beispiel ökologische Aspekte aufgenommen wie Ozonloch, Treibhauseffekt, Einsatz alternativer Energien, nachwachsende Rohstoffe oder aktuelle Probleme der Entwicklungsländer wie Verschul-

dungskrise, Einbindung in den Welthandel, Biotechnologie und die Rolle der Frau im Entwicklungsprozeß.
FUNDAMENTE 1994 unterscheidet sich von der bisherigen Ausgabe außerdem in folgenden Punkten:
– Aktualisierung aller Materialien und Abstimmung auf die neue welt- und deutschlandpolitische Situation,
– Erweiterung der Informationsbasis insbesondere über die neuen Bundesländer, z.B. in den Bereichen Industrie, Energie, Landwirtschaft, Stadt, Raumordnung und Ökologie,
– Optimierung der methodisch-didaktischen Aufbereitung durch Aufnahme zusätzlicher Fotos, Graphiken, Karten und Originaltexte,
– Verstärkung des Arbeitscharakters des Buches durch gezielte Aufschließung der Inhalte und Materialien über zusätzliche Aufgaben und Arbeitsvorschläge.
Den Autoren und dem Verlag war jedoch daran gelegen, das bislang bewährte Konzept beizubehalten. So erfüllen FUNDAMENTE nach wie vor eine doppelte Aufgabe: Sie sind sowohl Arbeitsbuch für den Unterricht als auch Repetitorium für die Vorbereitung von Klausuren und Abiturprüfungen.

Natürliche Voraussetzungen menschlichen Lebens auf der Erde

Die Erde wird durch die Tätigkeit des Menschen in zunehmendem Maße umgestaltet. Möglichkeiten und Grenzen seiner Aktivitäten werden allerdings mehr oder weniger stark durch natürliche Faktoren (Geofakto-

ren) wie Gestein und Relief, Wetter und Klima, Wasser, Böden und Vegetation bestimmt. Diese Geofaktoren stehen nicht isoliert nebeneinander, sondern zwischen ihnen laufen Prozesse ab, in denen Materie und Energie ausgetauscht werden. Man spricht in diesem Zusammenhang auch von der Vernetzung der Geofaktoren. Die Kenntnis dieser vielfältigen vernetzten Beziehungen ist für den Menschen unbedingt notwendig, damit er abschätzen kann, welche positiven und negativen Veränderungen er durch seine Eingriffe in die natürlichen Kreisläufe verursacht. Schutz und nur behutsame Veränderung dieser Kreisläufe sollten Maßstab seines Handelns sein.

Viele durch den Menschen gestaltete Räume (Kulturlandschaften) unserer Erde zeigen allerdings, daß dieser ethisch verankerte Grundsatz leider allzuoft nicht das Handeln bestimmt bzw. bestimmt hat.

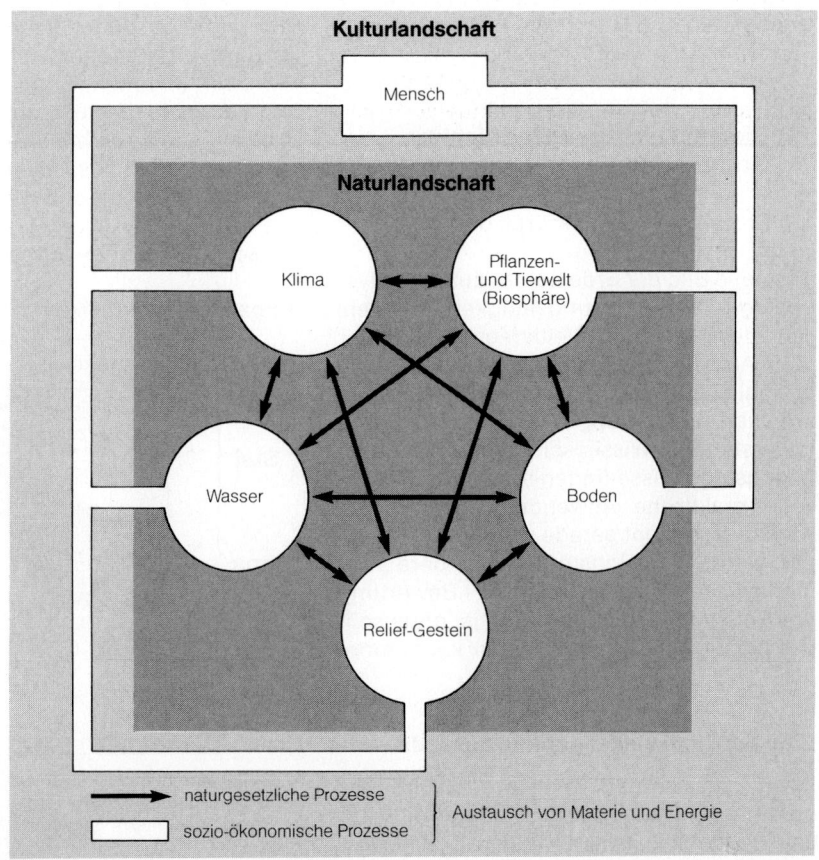

Schema möglicher Wechselbeziehungen in der Naturlandschaft und Beeinflussungen durch den Menschen

Will man die im Naturhaushalt ablaufenden Prozesse erfassen, möglicherweise auch noch mengenmäßig bestimmen, so ist entscheidend, welcher Maßstab der Betrachtung bzw. Bearbeitung gewählt wird.

Die großräumige, globale Darstellung des Zusammenwirkens der einzelnen Geofaktoren erfolgt meist im System der Landschafts- oder Geozonen. In dieser Größenkategorie ist allerdings eine mengenmäßige Bestimmung der Prozeßabläufe nur sehr schlecht möglich. Zum Überblick und zur Orientierung sind diese Landschaftszonen jedoch wichtig. Die genauere Darstellung der ablaufenden Prozesse kann nur bei einem wesentlich größeren Maßstab erfolgen. Im ersten Teil des folgenden Kapitels werden die Geofaktoren zunächst isoliert betrachtet. Diese bilden die Grundlagen für den zweiten Teil, in dem großmaßstäbig das Zusammenspiel und die Wechselbeziehungen der Geofaktoren im Vordergrund stehen. Nur auf dieser Grundlage läßt sich auch die Tragweite menschlichen Handelns einschätzen.

1 Die physisch-geographischen Grundlagen

1.1 Prozesse und Strukturen der Erdkruste

Das neue Bild der Erde beruht auf intensiver geologischer Forschungstätigkeit vor allem seit dem Zweiten Weltkrieg. Kenntnisse über Aufbau und Bewegung der Erdkruste ermöglichen seither verbesserte Aussagen, z. B. über Entstehung und Verbreitung von Lagerstätten. Wissenschaftliche Untersuchungsergebnisse finden so eine wirkungsvolle praktische Anwendung. Diese Entwicklung verdient gerade in einer Zeit knapper werdender Rohstoffe besondere Aufmerksamkeit. Eine sachgerechte Bewertung der Rohstoffsituation der Erde ist ohne solides geologisches Wissen daher kaum möglich.

Erdbeben und Vulkangebiete der Erde

Die meisten und stärksten *Erdbeben* sowie die aktiven *Vulkane* der Erde häufen sich auf eng begrenzten linienförmigen Zonen. Besonders erdbebenreich sind die Gebiete im Randbereich des Pazifiks *(zirkumpazifischer Bereich).* Es handelt sich hierbei um *Zonen* der Erdkruste, die sich von den Gebieten geringerer Vulkan- und Erdbebentätigkeit deutlich unterscheiden. Derartige Zonen verlaufen entlang ozeanischen Gebirgssystemen *(ozeanische Rücken),* schmalen *Tiefseegräben,* jungen *Faltengebirgen* und *kontinentalen Grabenzonen.* Als solche umspannen sie die Erde weltweit und untergliedern sie in eine Anzahl stabiler Platten. Diese Plattenkörper sind in sich im wesentlichen starr; tiefgreifende Veränderungen finden als Folge von Plattenbewegungen v. a. an ihren Rändern statt.

Geophysikalische Erscheinungen an Platten und Plattengrenzen

Durch seismische Untersuchungen (Analyse natürlicher und künstlich erzeugter Erdbebenwellen) ist der Aufbau des Erdinneren inzwischen recht gut bekannt. Danach setzt sich die *Lithosphäre* (feste Gesteinsschale der Erde) aus der eigentlichen Erdkruste sowie dem obersten *Erdmantel* zusammen. Die *Erdkruste* besteht aus einem sauren, silizium- und aluminiumreichen oberen *(Sial)* und einem basaltischen, silizium- und magnesiumreichen unteren Teil *(Sima).* Der oberste feste Erdmantel ist ebenfalls aus basischen Gesteinen aufgebaut.

Aufbau der Erdkruste

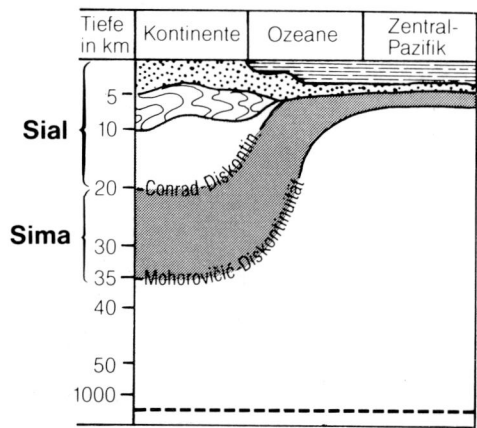

Nach Hermann Behmel u. a.: Geologie. Arbeiten aus dem Institut für Geologie und Paläontologie an der Universität Stuttgart, N. F. 73. Stuttgart: Geologisches Institut 1979

10

Großplatten der Erde

Maßstab 1:120 000 000

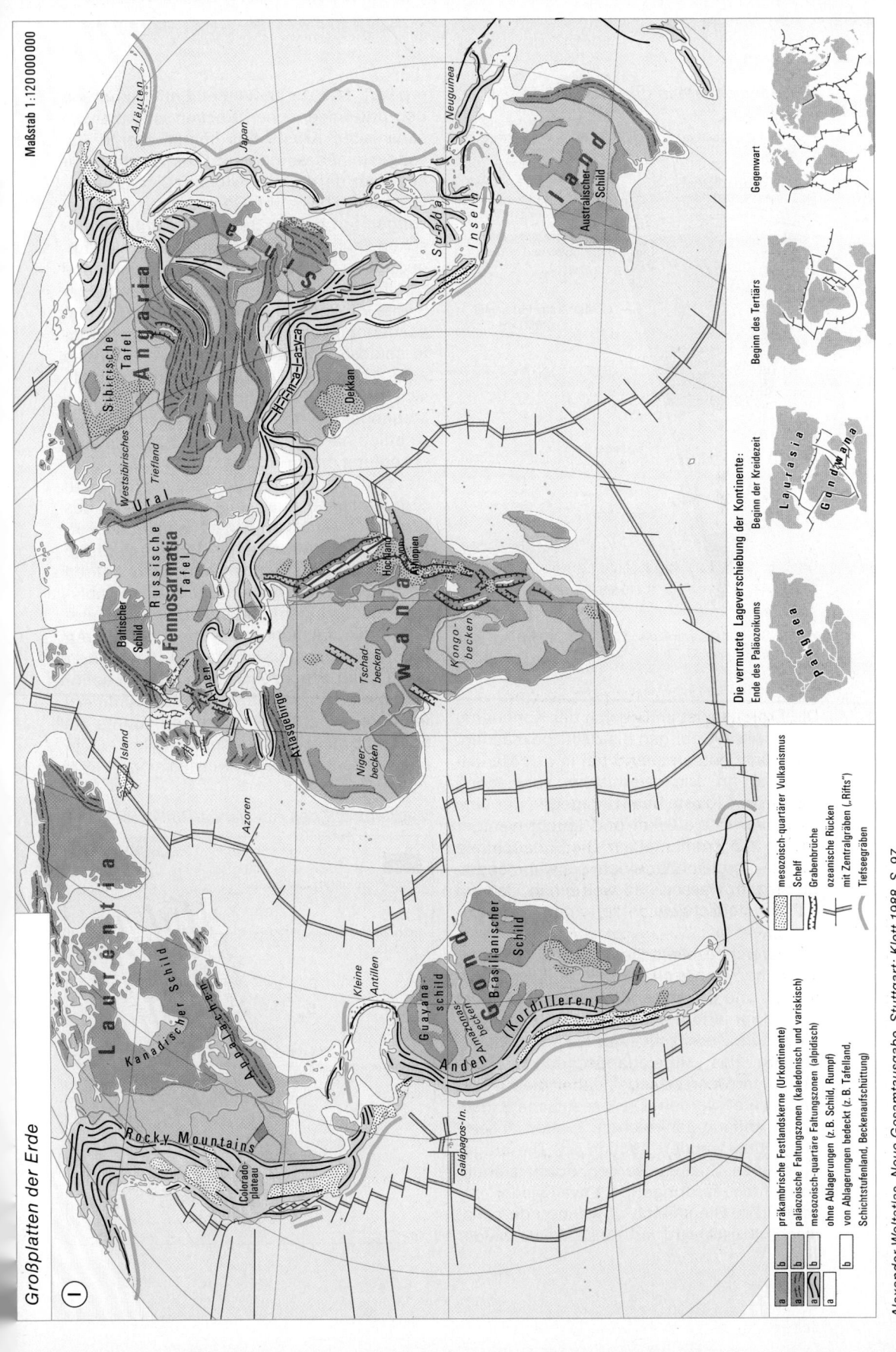

Die vermutete Lageverschiebung der Kontinente:

Ende des Paläozoikums | Beginn der Kreidezeit | Beginn des Tertiärs | Gegenwart

Pangaea

Laurasia | Gondwana

Legende:

- prakambrische Festlandskerne (Urkontinente)
- paläozoische Faltungszonen (kaledonisch und variskisch)
- mesozoisch-quartäre Faltungszonen (alpidisch)
- ohne Ablagerungen (z.B. Schild, Rumpf)
- von Ablagerungen bedeckt (z.B. Tafelland, Schichtstufenland, Beckenaufschüttung)

- mesozoisch-quartärer Vulkanismus
- Schelf
- Grabenbrüche
- ozeanische Rücken
- mit Zentralgräben („Rifts")
- Tiefseegräben

Alexander Weltatlas. Neue Gesamtausgabe. Stuttgart: Klett 1988, S. 97

Der Schalenaufbau der Erde

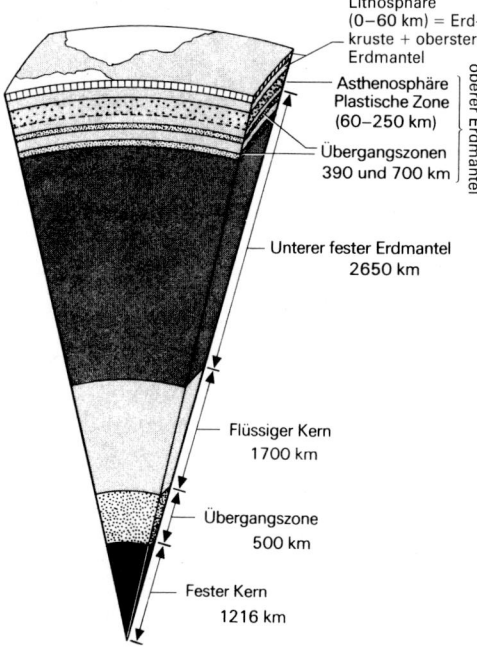

Lithosphäre
(0–60 km) = Erd-
kruste + oberster
Erdmantel

Asthenosphäre
Plastische Zone
(60–250 km)

Übergangszonen
390 und 700 km

} oberer Erdmantel

Unterer fester Erdmantel
2650 km

Flüssiger Kern
1700 km

Übergangszone
500 km

Fester Kern
1216 km

Walter Sullivan: Warum die Erde bebt. Frankfurt: Umschau Verlag 1977, S. 70

Die Erdkruste ist im Bereich der Kontinente 30 km, unter Gebirgen bis zu 70 km mächtig. Sie taucht entsprechend tief in das Mantelmaterial ein. Die ozeanische, vorwiegend basaltische Kruste besitzt dagegen nur eine Dicke von 7 bis 9 km und taucht weniger weit in den Erdmantel ein. Die Eintauchtiefe reicht – vergleichbar einem schwimmenden Eisberg im Wasser – so weit hinab, daß ein Schwimmgleichgewicht erreicht wird *(Isostasie)*.

Im Bereich *ozeanischer* Rücken *(Mittelatlantischer, Pazifischer Rücken)* ist die seismische und vulkanische Aktivität besonders groß. Hier dringt flüssiges Mantelmaterial bis an die Oberfläche. Auf Island, einer Erhebung des Mittelatlantischen Rückens über den Meeresspiegel, kann dies direkt beobachtet werden. Die ozeanische Kruste bricht entlang zahlreichen Spalten auseinander und wandert seitlich ab. Die aufgebrochenen Spalten werden durch ständig von unten aufdringende Lava wieder geschlossen. Die seitlich abwandernde ozeanische Kruste wird auf diese Weise wieder

ergänzt. Mit zunehmender Entfernung von den untermeerischen Rücken ist daher die ozeanische Kruste aus immer älteren Basaltgesteinen aufgebaut. Dies wurde unter anderem durch zwei wichtige Forschungsergebnisse bestätigt: *Geomagnetische Messungen* auf beiden Seiten des Mittelatlantischen Rückens ergeben spiegelbildlich angeordnete, zum Rücken parallel verlaufende Streifen, in denen magnetisch wirkende Elemente im Wechsel nach Süden oder Norden ausgerichtet sind. Diese Ausrichtung erfolgte spätestens während der Erstarrung des aufgedrungenen Lavamaterials und richtete sich nach der jeweiligen Ausrichtung des Magnetfeldes der Erde. Dieses hat offensichtlich nach gewissen Zeitabständen eine Umpolung erfahren. Wie das Jahresringmuster an Bäumen läßt auch das *magnetische Streifenmuster* Aussagen über das Alter des Streifenmaterials zu. Mit zunehmender Entfernung vom Atlantischen Rücken wird die basaltische Kruste zudem von immer älteren und immer mächtigeren *Sedimenten* (Ablagerungsgesteinen) überdeckt. Ursache hierfür ist die Tatsache, daß über den älteren Krustenteilen, die sich bereits in größerer Entfernung vom ozeanischen Rücken befinden, die Sedimentzufuhr aus den Kontinenten bereits viel früher einsetzen konnte als über den rückennahen Krustenteilen, die ja erst viel später gebildet worden sind.

Magnetprofil des Reykjanes-Rückens

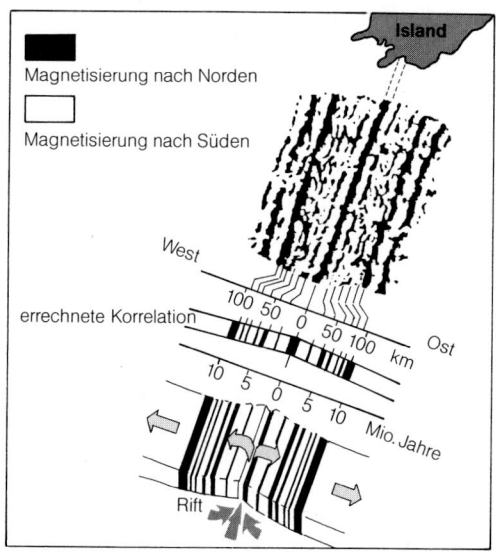

Magnetisierung nach Norden

Magnetisierung nach Süden

Island

West

errechnete Korrelation

100 50 0 50 100
km

Ost

10 5 0 5 10
Mio. Jahre

Rift

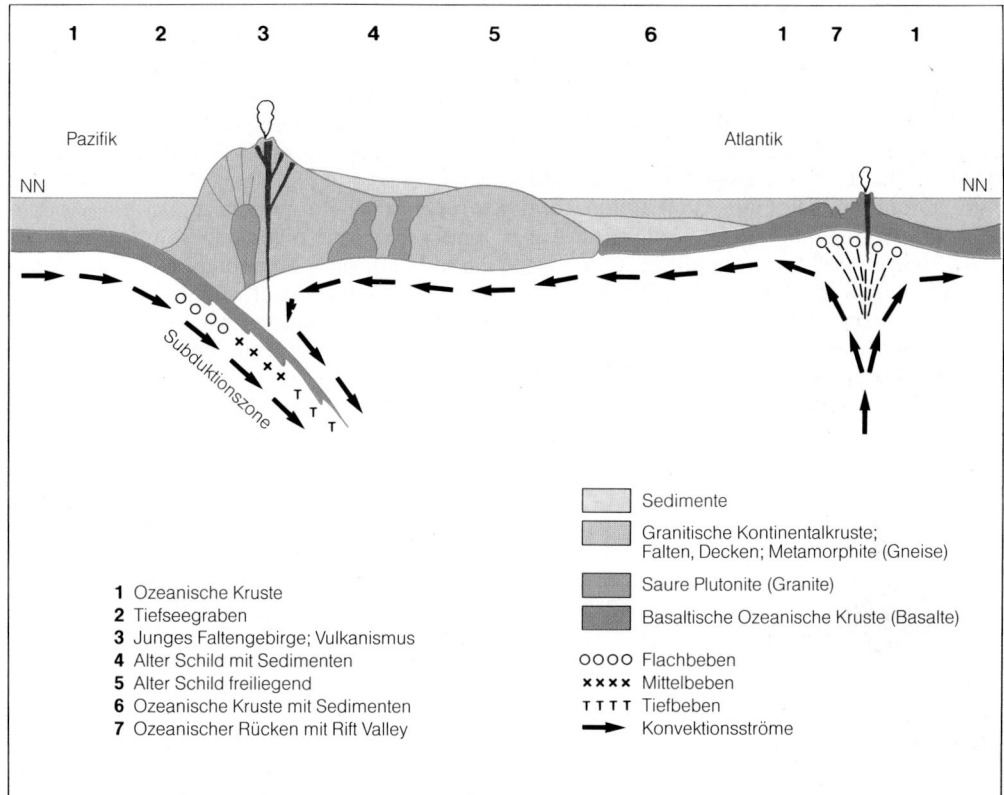

Pazifik

NN

Atlantik

NN

Subduktionszone

☐ Sedimente

☐ Granitische Kontinentalkruste;
Falten, Decken; Metamorphite (Gneise)

☐ Saure Plutonite (Granite)

☐ Basaltische Ozeanische Kruste (Basalte)

1 Ozeanische Kruste
2 Tiefseegraben
3 Junges Faltengebirge; Vulkanismus
4 Alter Schild mit Sedimenten
5 Alter Schild freiliegend
6 Ozeanische Kruste mit Sedimenten
7 Ozeanischer Rücken mit Rift Valley

OOOO Flachbeben
xxxx Mittelbeben
TTTT Tiefbeben
➤ Konvektionsströme

Schnitt durch die Erdkruste zwischen Pazifik und Atlantik

Heute erklären die Geologen ein zentrales Grabensystem (*Rift-Valley*) entlang des Scheitels der ozeanischen Rücken als die eigentliche Rißstelle, an der die Kruste auseinanderdriftet und durch neues Mantelmaterial ausgefüllt wird. Im Bereich des Atlantiks wandert der Meeresboden nachweislich seit 180 Mio. Jahren auseinander. Dabei werden Amerika einerseits, Europa und Afrika andererseits – ursprünglich ein einheitlicher Kontinent – voneinander weggedrückt. Geologisch ist der Atlantik somit ein recht junger Ozean.

Da eine Vergrößerung des Erdumfangs seit dieser Zeit nicht nachgewiesen werden konnte, muß es Gebiete geben, in denen als Ausgleich zur Krustenbildung an den ozeanischen Rücken Erdkrustenmaterial wieder verschwindet. Dieser Vorgang konnte im Bereich von Plattengrenzen nachgewiesen werden, die durch Tiefseegräben und angrenzende junge Faltengebirge gekennzeichnet sind.

Ein typisches Beispiel bietet der Atacama-Graben mit den Anden an der Westküste Südamerikas. Hier taucht ozeanische Kruste am Tiefseegraben unter das junge Faltengebirge ab (Verschluckungszone, *Subduktionszone*). Dies wird dadurch bestätigt, daß die Erdbebenherde unter dem Kontinent mit zunehmender Entfernung von der Küste landeinwärts in immer größeren Tiefen liegen (vgl. Abb. oben). Beim Abtauchen der ozeanischen Kruste in die oberen Bereiche des Mantels kommt es zur *Krustenaufschmelzung*. Da das Krustenmaterial spezifisch leichter ist als das Material des Erdmantels, steigen die Schmelzprodukte der ozeanischen Kruste als Lava auf und gelangen bis an die Oberfläche des Kontinents (Ergußgesteine = *Vulkanite*).

Beim Subduktionsvorgang werden auch kontinentale Krustenpartien des Kontinentrandes mit in die Tiefe geschleppt und zu einer beweglichen Schmelze umgewandelt. Diese dringt als saures, granitisches Magma

13

in die oberen Krustenpartien ein, erreicht aber selten die Oberfläche (Tiefengesteine = *Plutonite*). Gleichzeitig kommt es zur Auffaltung mächtiger Sedimentgesteine des Kontinentalrandes und des angrenzenden Meeresbodens. Das Ergebnis ist ein *Faltengebirge,* das sich aus zusammengeschobenen Sedimentgesteinen, Vulkaniten und Plutoniten zusammensetzt. Mit dem Aufstieg des jungen Faltengebirges über den Meeresspiegel setzt dessen kräftige Abtragung ein. Dabei werden die Abtragungsprodukte sowohl über dem Kontinent als auch in den angrenzenden Meeresteilen wieder als Sedimente abgelagert.

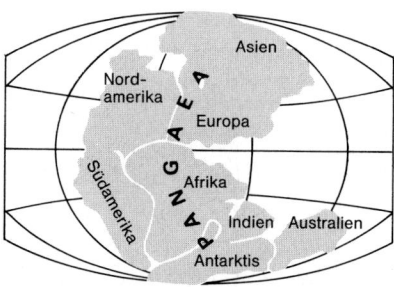

Perm vor 225 Millionen Jahren

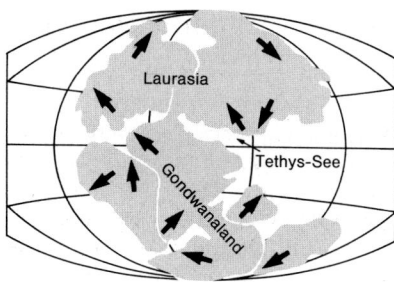

Trias vor 200 Millionen Jahren

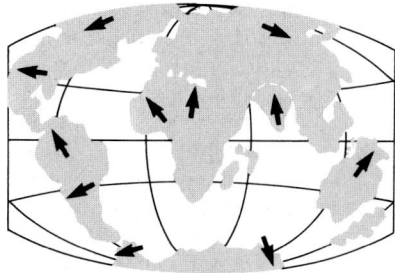

Neozoikum bis Gegenwart

Befindet sich die Subduktionszone nicht im Grenzbereich kontinentale-ozeanische Kruste, sondern mitten im Ozean, entsteht anstelle eines kontinentalen Faltengebirges ein *Inselbogen.* Beispiele hierfür sind die Aleuten, Japan und die Philippinen mit den dazugehörigen Tiefseegräben. Schließlich können zwei Kontinente zusammenstoßen, wobei sich im Kollisionsbereich besonders hohe Gebirge herausbilden. So entstand beim Zusammenstoß von Indien mit dem asiatischen Kontinent das Himalaya-Gebirge. Gleiten zwei Platten aneinander vorbei, kommt es zu *Horizontalverschiebungen* (San-Andreas-Verwerfung in Kalifornien).

Die Bewegung der Platten findet in der Theorie der *Plattentektonik* ihre Erklärung. Vor mehr als 50 Jahren äußerte der deutsche Geologe A. Wegener ähnliche Gedanken. In seiner *Kontinentalverschiebungstheorie* faßte er Indizien zusammen, die das Auseinanderbrechen des *Urkontinentes* Pangäa in Teilkontinente wie z. B. Afrika und Südamerika wahrscheinlich machen. So wies er auf die Küstenparallelität zwischen Amerika und Afrika sowie auf geologische Strukturen hin, die zu beiden Seiten des Atlantiks ihre genaue Fortsetzung finden. Ebenso machte er auf Gletscherspuren der oberkarbonen Vereisung in Südamerika aufmerksam, die ihren Ausgang im südlichen Afrika hatte. Auch die Entwicklung der Tier- und Pflanzenwelt in den verschiedenen Kontinenten bestätigt Wegeners Hypothese. Während Wegener den Bewegungsmechanismus als ein passives Treiben der Kontinente erklärte, betrachten die Anhänger der modernen Plattentektonik die Asthenosphäre (vgl. Abb. S. 12) als Hauptförderband, auf dem die gesamte Lithosphäre verschoben wird. Als Antriebsmechanismus kommen nur *Konvektionsströmungen* in Frage, die dadurch zustandekommen, daß heißes Mantelmaterial unter dem ozeanischen Rücken aufsteigt, seitlich abwandert, abkühlt und im Bereich der Subduktionszonen wieder in die Tiefe sinkt (vgl. Abb. S. 13). Die ozeanischen und kontinentalen Platten werden dadurch mitbewegt. Je nach Lage können sie auseinanderdriften, miteinander kollidieren, horizontal aneinander vorbeigleiten oder in die Tiefe abtauchen.

San-Andreas-Verwerfung – ein um 130 m versetztes Bachbett; Bewegung seit ca. 3000 Jahren

Bau und Entwicklung der Kontinente

Geologisch kann man einen *Kontinent* als einen Bereich definieren, in dem die Kruste durch große Dicke (durchschnittlich 30 km) gekennzeichnet ist. Somit handelt es sich bei der Bildung junger Faltengebirge (*Orogenese*) im Bereich von Subduktionszonen um einen Prozeß der Erweiterung von Kontinenten. An alte Kontinentkerne (*alte Schilde*) wird ständig neue kontinentale Kruste angeschweißt. Die hohen Gebirgssysteme der Erde sind also die jüngsten Teile der Kontinente. Im Laufe der Erdgeschichte unterliegen sie der Abtragung und werden eingerumpft. Die Kontinente bestehen somit aus jungen Faltengebirgen, aus alten freiliegenden Schilden sowie aus sedimentüberlagerten Schilden (vgl. Abb. S. 10).

Sobald ein Krustenteil über den Meeresspiegel herausgehoben wird, setzen die Prozesse der Verwitterung, Abtragung und Sedimentation ein (*exogene Formenbildung*). Die Oberflächenformen der Erde sind aber gleichzeitig auch Ausdruck kleinräumiger Krustenbewegungen sowie der Struktur und der Lagerung des anstehenden Gesteins (*endogene Formenbildung*). Exogene und endogene Prozesse überlagern sich gegenseitig. So unterscheidet sich die Art der Granitverwitterung oder der Ausformung eines Talzuges in den gemäßigten Breiten grundlegend von denen in den feuchten Tropen. Umgekehrt entsteht unter gleichartigen Klimabedingungen über Kalkgestein ein andersartiges Relief als über Sandstein oder Granit. Nach genauem Studium von Oberflächenformen lassen sich bereits wesentliche Rückschlüsse auf die Gesteinszusammensetzung und den Aufbau des Untergrundes anstellen.

15

Die Entwicklung der Ozeane

Die Ozeane der Erde besitzen ein unterschiedliches geologisches Alter. Faßt man sie in einer Formenreihe zusammen und interpretiert ihre derzeitige Gestalt als bestimmtes Stadium der Ozeanbildung, ergibt sich die Möglichkeit, eine allgemeine Erklärung für die Entwicklung eines Ozeans zu formulieren.

– Entlang kontinentaler Grabensysteme erfolgt zunächst durch anfängliche Ausweitung der Kruste das Zerbrechen eines Kontinents (Oberrheingraben, Ostafrikanische Gräben).

– Bei weiterem Auseinanderweichen der zerbrochenen Kontinentalschollen wird der entstehende Zwischenraum in der ozeanischen Kruste durch eindringendes Mantelmaterial ausgefüllt (Rotes Meer).
– Zunehmende Kontinentaldrift vergrößert den Zwischenraum und damit den Ozean (Amerika–Atlantik–Afrika/Europa).
– Bewegen sich Kontinente wieder zusammen, entstehen an ihren Rändern Subduktionszonen (Pazifik).
– Der Ozean verkleinert sich (Mittelmeer).
– Beim Zusammenstoß der Kontinente verschwindet der Ozean (Indien–Himalaya–Asien).

Werden und Vergehen von Ozeanen

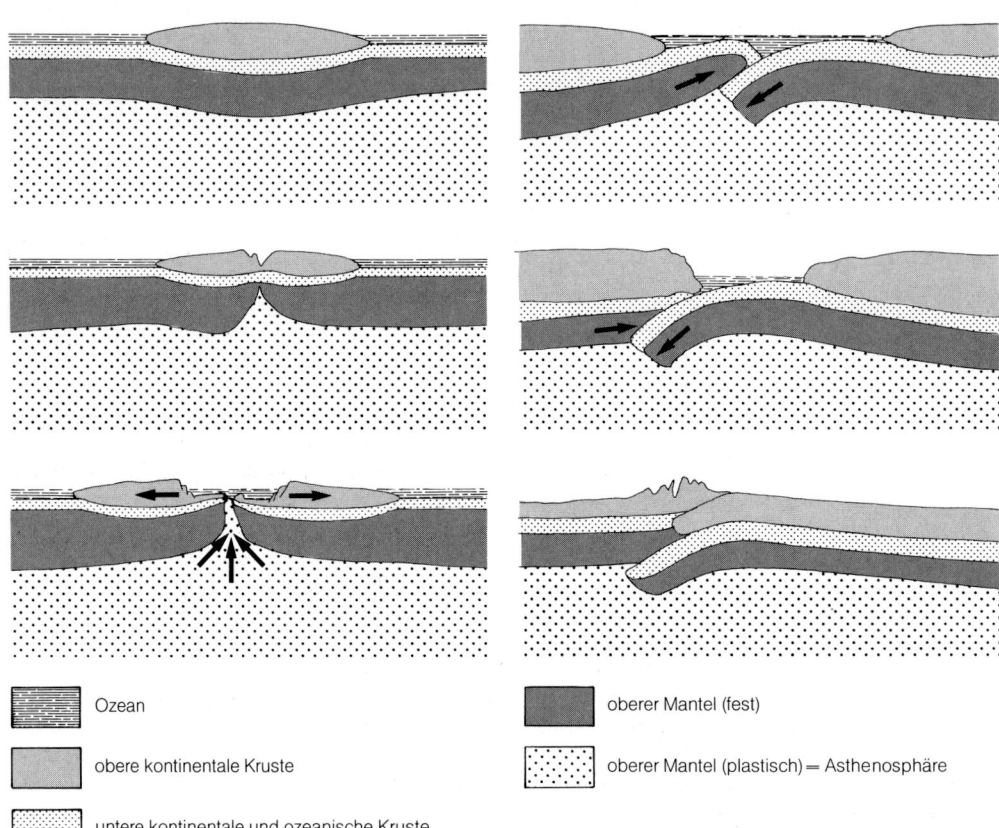

▦ Ozean	▦ oberer Mantel (fest)
▦ obere kontinentale Kruste	▦ oberer Mantel (plastisch) = Asthenosphäre
▦ untere kontinentale und ozeanische Kruste	

Typische Oberflächenformen der Erde

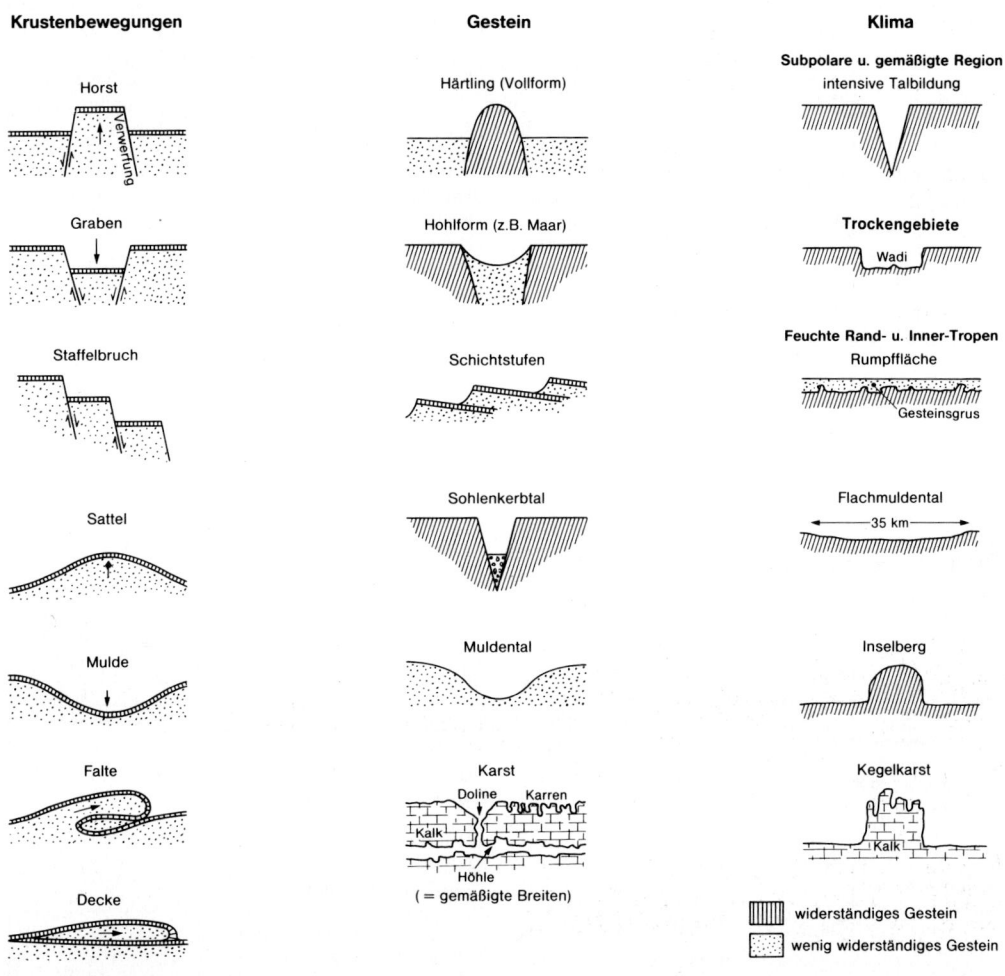

Krustenbewegungen	Gestein	Klima

Krustenbewegungen: Horst, Graben, Staffelbruch, Sattel, Mulde, Falte, Decke

Gestein: Härtling (Vollform), Hohlform (z.B. Maar), Schichtstufen, Sohlenkerbtal, Muldental, Karst (Doline, Karren, Kalk, Höhle) (= gemäßigte Breiten)

Klima: Subpolare u. gemäßigte Region intensive Talbildung; Trockengebiete Wadi; Feuchte Rand- u. Inner-Tropen Rumpffläche Gesteinsgrus; Flachmuldental –35 km–; Inselberg; Kegelkarst Kalk

Verwerfung

widerständiges Gestein
wenig widerständiges Gestein

1. Definieren Sie die Begriffe Erdkruste, Erdmantel, Lithosphäre, Sial, Sima.
2. Zeichnen Sie mit Hilfe einer ozeanischen Reliefkarte im Atlas geologische Profilschnitte durch verschiedene Subduktionsbereiche der Erde. Machen Sie darin deutlich, in welche Richtung die Subduktion jeweils erfolgt, und begründen Sie dies.
3. Der Oberrheingraben und das ostafrikanische Grabensystem werden heute als das Ergebnis plattentektonischer Divergenzen (Dehnungen) von Lithosphärenplatten betrachtet. Welche Erscheinungen dieser Regionen sprechen für diese Annahme?
4. Das Rift-Valley des Mittelatlantischen Rückens bildet die Symmetrie-Achse spiegelbildlich angeordneter „Magnetstreifen" des Meeresbodens. Wie kommen diese Streifen zustande? Welche Rolle spielen diese Streifen für die plattentektonische Theorie?
5. Erläutern Sie die Entstehung der Anden.
6. Nennen Sie an Hand geologischer Übersichtskarten im Atlas die erdgeschichtlichen Entwicklungsphasen Europas, und ordnen Sie diese den entsprechenden erdgeschichtlichen Zeitabschnitten zu.
7. Definieren Sie: Horst, Graben, Sattel, Mulde, Falte, Decke, Schichtstufe, Rumpffläche.

Erdgeschichtliche Zeittafel

Zeitalter	Formation (Beginn vor Jahren)	Gebirgsbildung	Lagerstättenbildung in Europa	Vereisung
Neozoikum (Neuzeit)	Quartär (1 Mio.)	Ausklingen der alpidischen Gebirgsbildung und des Vulkanismus	Kiese und Sande in den Urstromtälern im Alpenvorland, in Norddeutschland	Mindestens 6 Kaltzeiten in Europa und Nordamerika
	Tertiär (60 Mio.)	Vulkanismus, Hauptphasen der alpidischen Gebirgsausbildung	Umfangreiche Braunkohlelagerstätten in der Niederrheinischen Bucht und in der Niederlausitz und um Halle, Leipzig	
Mesozoikum (Mittelalter)	Kreide (140 Mio.)	Frühphasen der alpidischen Gebirgsausbildung		
	Jura (175 Mio.)		Minette-Eisenerze in Lothringen, Salzgitter, Aalen	
	Trias (200 Mio.)		Steinsalzlager um Heilbronn	
Paläozoikum (Altertum)	Perm (240 Mio.)		Steinsalz-/Kalisalzlager in Norddeutschland und im Weser-Werra-Gebiet	Vereisung in Süd- und Ostafrika, Südamerika, Indien, Australien
	Karbon (310 Mio.)	Hauptphasen der variskischen Gebirgsbildung	Steinkohlelagerstätten im Ruhrgebiet, Saargebiet, in Oberschlesien, Belgien, Wales	
	Devon (350 Mio.)		Roteisenstein im Rheinischen Schiefergebirge und Harz	
	Silur i. w. S. (450 Mio.)	kaledonische Gebirgsbildung	Bildung primärer Erzlagerstätten	Vereisung in Afrika und Kanada
	Kambrium (540 Mio.)			
Algonkium (1000 Mio.)				Vereisung in Afrika, Kanada, Nordeuropa
Archaikum (3600 Mio.)		laurentische Gebirgsausbildung		

1.2 Entstehung und Verbreitung wichtiger Lagerstätten

Lagerstätten sind wirtschaftlich verwertbare Krustenbereiche, in denen wichtige Rohstoffe angereichert sind. Im Bereich der jungen Faltengebirge und der alten Schilde sind sie im wesentlichen an Vulkanite und Plutonite gebunden, man spricht von *magmatischen* (primären) *Lagerstätten*. Werden Krustenteile abgetragen, so können bei anschließender Sedimentation wirtschaftlich verwertbare Anreicherungen entstehen. Man bezeichnet sie als sekundäre Lagerstätten.

Magmatische Lagerstätten

Schematische Darstellung der Entstehung magmatischer Lagerstätten

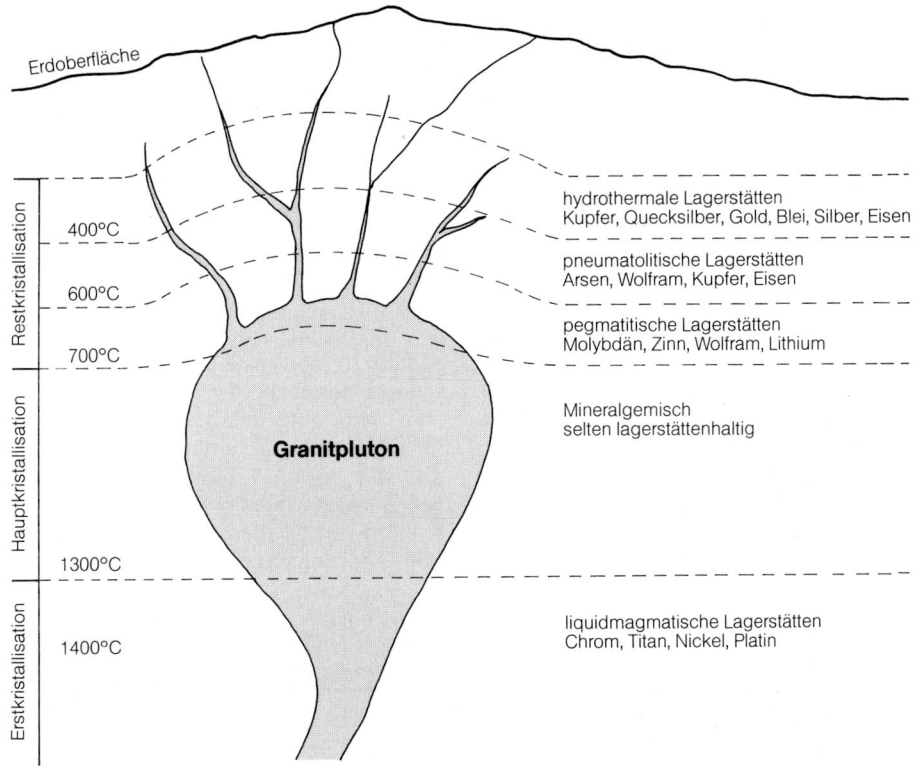

Dringt granitisches Magma in die Erdkruste ein, bleibt es in der Tiefe als *Pluton* stecken und kühlt sich sehr langsam ab. Jedes Magma besteht aus einem Stoffgemisch. Die verschiedenen Stoffe unterscheiden sich in ihrem Kristallisationsverhalten (unterschiedlicher *Erstarrungspunkt*). Ihre Ausfällung aus der Gesteinsschmelze erfolgt somit bei unterschiedlich hoher Temperatur. So kommt es im Verlauf der allmählichen Abkühlung eines Plutons zu einer Trennung der einzelnen Mineralbestandteile.

Zuerst fallen bei hohen Temperaturen (1400–1300° C) Stoffe mit hohem Kristallisationspunkt aus und sinken je nach Dichte des Magmas bis zu einer bestimmten Tiefe nach unten. Während der Hauptkristallisationsphase (1300–700° C) wird dann der Großteil der Minerale ausgeschieden. So bildet sich ein Mineralgemisch, das aufgrund seiner Zusammensetzung ohne wirtschaftliche Bedeutung ist. In den oberen Teilen des Plutons und in den Gängen werden schließlich die leichter flüchtigen Bestandteile ausgeschieden (Restkristallisation).

Mit zunehmender Abtragung eines Plutons, insbesondere in alten Schilden, werden auch tiefere Lagerstättenbereiche freigelegt und dem Abbau zugänglich. Typische Beispiele sind die Golderzgänge der nordamerikanischen Kordilleren und die Erze des Bushveld-Beckens in Südafrika.

Sedimentäre Lagerstätten

Sekundäre Lagerstätten. Tragen Flüsse ein Gebirge ab, werden auch magmatische Lagerstätten von der *Erosion* (Abtragung) erfaßt. Weiter flußabwärts werden dann die Abtragungsprodukte wieder sedimentiert oder sogar bis ins Meer geführt. Da das Fließgefälle zwischen Quelle und Mündung in der Regel geringer wird, nimmt mit zunehmender Entfernung vom Gebirge auch die Transportkraft des Gewässers ab. Entsprechend dem hohen spezifischen Gewicht mancher Erze (Gold, Platin, Chrom, Zinn) werden diese im Bereich bestimmter Gefällsabschnitte bevorzugt abgelagert. Sie reichern sich dort als sogenannte *Seifen* an. Berühmt sind die Goldseifen des Sacramentos in Kalifornien und die Zinnseifen Malaysias.

Weitere sekundäre Lagerstätten sind Eisenoolithablagerungen wie die Lothringer Minette-Erze, die durch eisenhaltiges Grundoder Flußwasser beim Übergang in das Salzmilieu des Meeres abgeschieden worden sind.

Salzlagerstätten. Die großen *Salzlagerstätten* bilden sich als Ablagerungen im Meer. Voraussetzung ist allerdings ein trockenes Klima, das die Verdunstung fördert. Nach der Barrentheorie entsteht Salz bevorzugt dann, wenn durch eine aufsteigende Meeresschwelle (Barre) ein Randmeer vom offenen Ozean nach und nach abgeschnitten wird. Die hohe Verdunstung über dem Randmeerbecken führt zu einem ständigen Salzwassernachstrom aus dem Ozean. Dadurch nimmt die Salzkonzentration im Randmeer fortlaufend zu. Das schwere Salzwasser sammelt sich dabei in der Tiefe des Beckens an und fließt bei sich hebender Barre immer spärlicher in den offenen Ozean zurück. Schließlich fallen die Salze aus der Lösung aus. Zunächst werden die schwerlöslichen, zum Schluß die leichtlöslichen Salze am Grund des Randmeerbeckens abgelagert. Auf diese Weise entstanden zum Beispiel die Salzlagerstätten des Zechsteins in Norddeutschland (bis 1000 m mächtig) und des Mittleren Muschelkalkes bei Heilbronn. Ähnliche Vorgänge laufen derzeit in der Kara-Bogas-Gol des Kaspischen Meeres ab.

Salz wird aufgrund des hohen Überlagerungsdruckes der aufliegenden Sedimente und der höheren Temperatur in der Tiefe des Gesteins plastisch. Es steigt vor allem entlang von Spalten in Bereiche geringeren Überlagerungsdrucks und bildet sogenannte Salzstöcke. Diese Salztektonik ist für das Zechsteinsalz in Norddeutschland typisch.

Schematische Darstellung der Entstehung von Salzlagerstätten

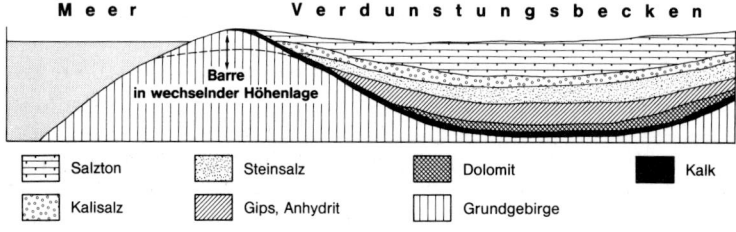

Meer   Verdunstungsbecken

Barre in wechselnder Höhenlage

| | Salzton | | Steinsalz | | Dolomit | | Kalk |
| | Kalisalz | | Gips, Anhydrit | | Grundgebirge | | |

Harms Handbuch der Geographie. Physische Geographie. München: List Verlag 1976, S. 134

Erdöl- und Erdgaslagerstätten. Im *Erdöl* können pflanzliche und tierische Bestandteile nachgewiesen werden. Heute ist bekannt, daß es sich hierbei zum großen Teil um planktonische Lebewesen handelt. Diese Lebewesen konzentrieren sich auf die oberflächennahe licht- und sauerstoffreiche Zone warmer Meere. Nach dem Absterben sinken sie in die tieferen Regionen, in denen die Verwesung wegen Sauerstoffmangels verhindert wird. Die Organismen reichern sich daher zusammen mit anorganischen Sedimenten als Faulschlamm am Meeresboden an. Fäulnisbakterien entziehen den organischen Bestandteilen im Laufe der Zeit den Sauerstoff. Dabei werden die Organismenreste in Kohlenwasserstoffe umgewandelt. Zunächst entstehen die langkettigen Kohlenwasserstoffe, die unter Druck und geringen Temperaturen im Laufe von Jahrmillionen in Erdöl mit kurzkettigen Kohlenwasserstoffen umgewandelt werden (Bitumen).

Wird Faulschlamm unter Druck zu Gestein verfestigt *(Diagenese),* entsteht der sogenannte *Ölschiefer.* Als Erdölmuttergestein spielte er bisher eine geringe wirtschaftliche Rolle, könnte aber in Zukunft bei wachsender Energieknappheit als Energierohstoff an Bedeutung gewinnen.

20

Typen von Erdgas- und Erdöllagerstätten

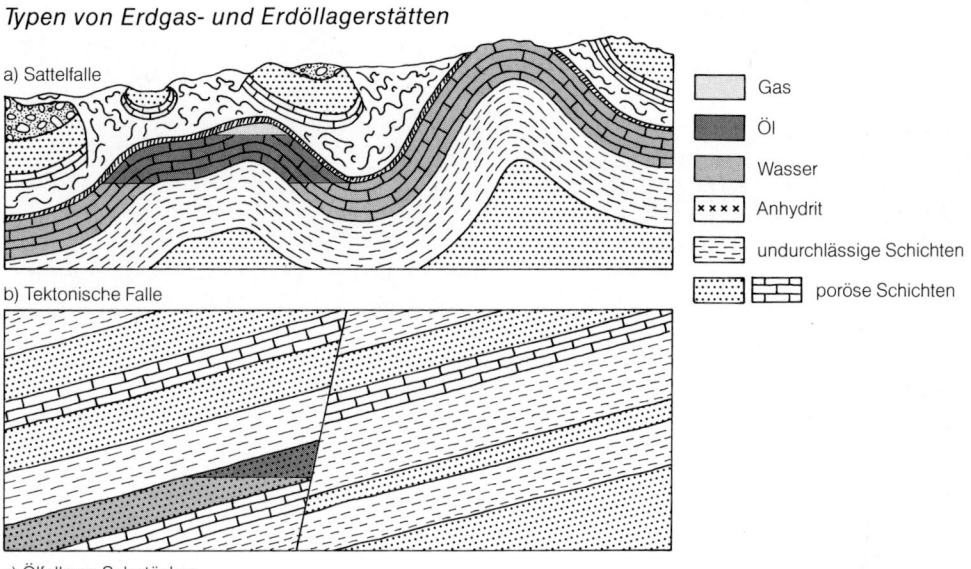

a) Sattelfalle

b) Tektonische Falle

c) Ölfalle an Salzstöcken

Salzdom

	Gas
	Öl
	Wasser
××××	Anhydrit
	undurchlässige Schichten
	poröse Schichten

Deutsche BP Aktiengesellschaft (Hrsg.): Das Buch vom Erdöl. Hamburg: Reuter und Klöckner. 4. neubearbeitete und erweiterte Auflage 1978, S. 27

Zur Bildung der großen Erdöllagerstätten müssen die im Erdölmuttergestein fein verteilten Kohlenwasserstoffe angereichert werden. Dazu wandern die Kohlenwasserstoffe aus dem Muttergestein – oft über weite Entfernungen – nach oben (Migration) und sammeln sich in speicherfähigen Gesteinen *(Erdölspeichergesteine),* meist porösen Sandsteinen oder klüftigen Kalken. Undurchlässige Deckschichten, wie Tone, verhindern das endgültige Entweichen der Kohlenwasserstoffe bis an die Erdoberfläche. Wirtschaftlich rentable Anreicherungen entstehen aber erst dann, wenn besondere Krustenstrukturen, sogenannte *Erdölfallen,* ausgebildet sind. In ihnen sammelt sich das Erdöl, aber auch das bei den bakteriellen Abbauprozessen freigesetzte Erdgas. An der Basis der Lagerstätte findet sich vielfach auch noch Tiefenwasser.
Die wichtigsten Erdöllagerstättentypen sind Sattelfalle (a), Tektonische Falle (b) und Ölfalle an Salzstöcken (c).

Kohlenlagerstätten. *Kohle* ist ein brennbares Gestein und enthält zahlreiche fossile Pflanzenreste. Im Bereich des Ruhrgebietes war in der Oberkarbonzeit eine sumpfige Beckenlandschaft ausgebildet, die sich über einen längeren Zeitraum hinweg ständig, aber unterschiedlich rasch absenkte. Abgestorbene Pflanzen und Pflanzenreste fielen in das Sumpfwasser, in dem wegen Sauerstoffmangels keine Verwesung möglich war. So entwickelte sich ein Waldmoor, in dem unter Mitwirkung anaerober Organismen die Vertorfung einsetzte.
Bei kräftigerer Absenkung des Beckens wurden die Torflagen verstärkt von Fluß- oder Meeressedimenten überschüttet. Verlangsamte sich die Absenkung wieder, entwickelte sich über den Sedimenten ein neues Waldmoor. Durch vielfache Wiederholung dieses Vorgangs entstand die spätere Wechsellagerung von Kohleflözen (aus Torflagen) und tauben Gesteinsschichten (aus den Fluß- und Meeresablagerungen).

3
4
1
5
2

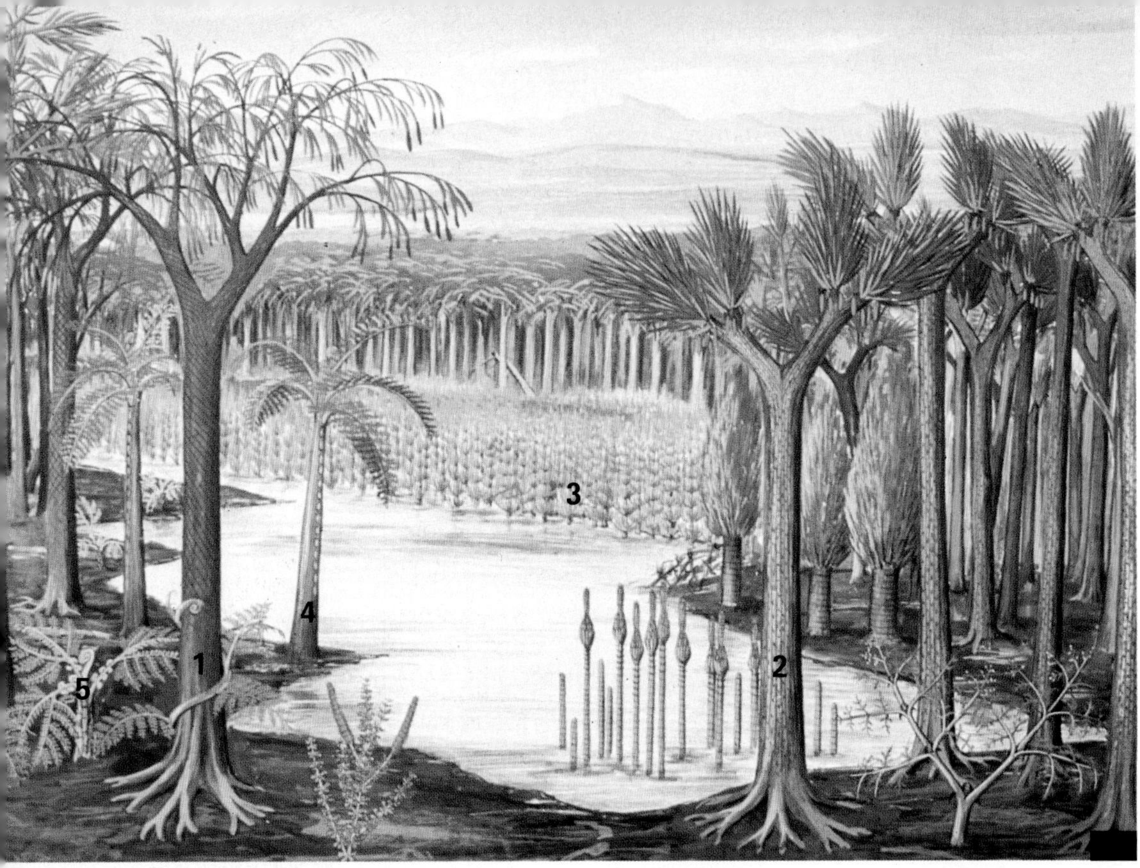

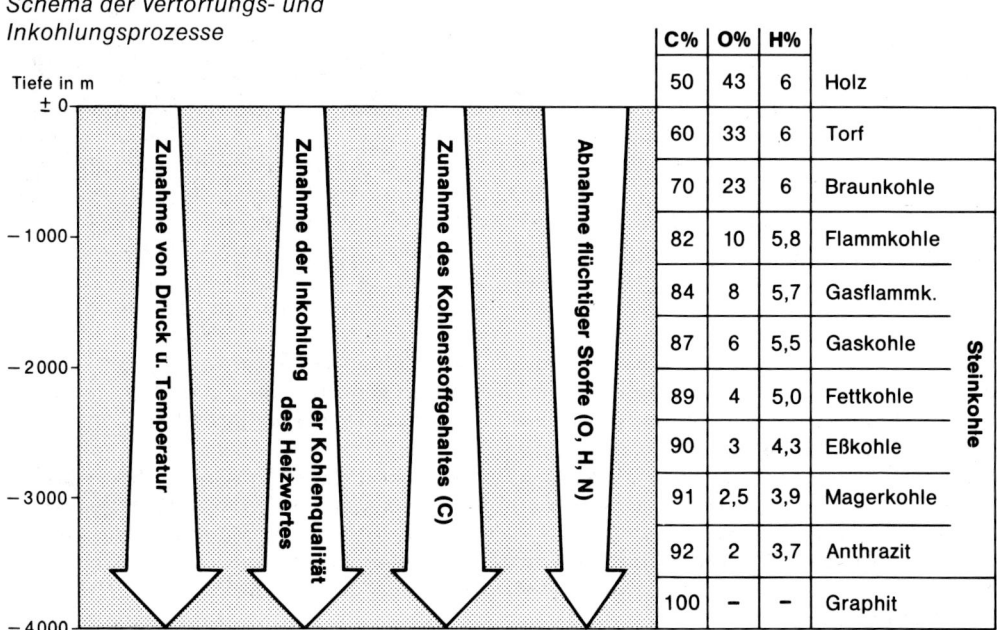

Karbonzeitliches Waldmoor

1 Schuppenbaum, 2 Siegelbaum, 3 Schachtelhalme, 4 Baumfarn, 5 Samenfarn

Schema der Vertorfungs- und Inkohlungsprozesse

Tiefe in m
± 0
− 1000
− 2000
− 3000
− 4000
Zunahme von Druck u. Temperatur
Zunahme der Inkohlung der Kohlenqualität des Heizwertes
Zunahme des Kohlenstoffgehaltes (C)
Abnahme flüchtiger Stoffe (O, H, N)

C%	O%	H%		
50	43	6	Holz	
60	33	6	Torf	
70	23	6	Braunkohle	
82	10	5,8	Flammkohle	Steinkohle
84	8	5,7	Gasflammk.	Steinkohle
87	6	5,5	Gaskohle	Steinkohle
89	4	5,0	Fettkohle	Steinkohle
90	3	4,3	Eßkohle	Steinkohle
91	2,5	3,9	Magerkohle	Steinkohle
92	2	3,7	Anthrazit	Steinkohle
100	–	–	Graphit	

Die Entstehung der Kohle aus Torf bezeichnet man als *Inkohlung*. Sie ist das Ergebnis zunehmenden Drucks und steigender Temperatur in der Tiefe des Gesteins. Nicht nur der Überlagerungsdruck, sondern auch gebirgsbildende Prozesse spielten hierbei eine Rolle. Dabei erfuhren die Flöze eine mehr oder weniger starke Schiefstellung, Verbiegung oder Verwerfung (Ruhrgebiet). Je nach Tiefenlage und damit nach Druck- und Temperaturintensität wurden die flüchtigen Bestandteile (Wasserstoff, Sauerstoff) z. B. in Form von Methan oder Wasser ausgetrieben. Diese Vorgänge nahmen Jahrmillionen in Anspruch. Nicht selten reicherten sich die frei gewordenen *Gase* in höher liegenden Speichergesteinen als wichtige Lagerstätten an (Groningen, südliche Nordsee).

Mit zunehmender Tiefe erhöht sich der relative Gehalt an Kohlenstoff und damit die Qualität der Kohle. In Deutschland entstand während der Karbonzeit, vor ca. 300 Mio. Jahren, vor allem Steinkohle, während der Tertiärzeit (Beginn vor ca. 60 Mio. Jahren) vorwiegend Braunkohle.

Verwitterungslagerstätten. Durch besondere Verwitterungsprozesse – vor allem unter tropischen Klimabedingungen – kommt es in den oberen Bodenhorizonten zur Anreicherung von Aluminiumverbindungen. Von Bedeutung sind die mediterranen Bauxite und die tropischen Laterite (vgl. Kap. Böden S. 42).

Wasservorkommen. Der steigende Wasserverbrauch macht die Suche nach Wasserreserven immer notwendiger. Grundwasser sammelt sich meist über wasserstauenden Tonen, sofern poröse oder klüftige Speichergesteine vorhanden sind. Besonders große Grundwasservorräte befinden sich in den Kiesen und Sanden der Flußtäler, insbesondere in den Schotterebenen des Alpenvorlandes und des Rheins.

Schematische Darstellung verschiedener Grundwassertypen und Quellen

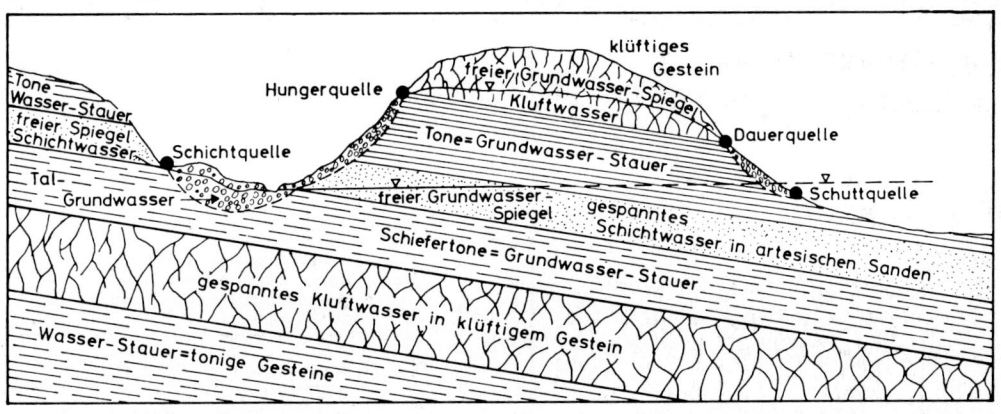

Dieter Richter: Allgemeine Geologie (Sammlung Göschen, Bd. 2604). Berlin, New York: de Gruyter, 3. Auflage 1986, S. 103

1. *Erstellen Sie eine Übersicht über die wichtigsten Lagerstättentypen.*
2. *Lagerstätten enthalten wirtschaftlich wichtige Stoffe in nutzbarer Konzentration. Erläutern Sie jeweils den Prozeß der Stoffanreicherung am Beispiel von Metallen, Salzen und Kohlenwasserstoffen.*
3. *Stellen Sie mit Hilfe von Atlasdarstellungen die Lagerungsverhältnisse der Steinkohlenschichten im Ruhrgebiet fest. Geben Sie eine Erklärung für die Art der Lagerung und für die Anordnung der unterschiedlichen Steinkohlenarten. Bewerten Sie auf dieser Grundlage die Abbaubedingungen der Ruhrkohle.*
4. *Verschaffen Sie sich einen Überblick über die Verbreitung der wichtigsten Rohstofflagerstätten der Erde.*

1.3 Das atmosphärische Geschehen

Das Klima wirkt für den Menschen vielfach als begrenzender Faktor. So sind viele Trockengebiete und Kälteregionen einer landwirtschaftlichen Inwertsetzung nicht oder nur sehr schwer zugänglich. Aber auch in den klimatisch begünstigten Regionen wird der Arbeitsablauf in der Landwirtschaft erheblich durch das Wettergeschehen beeinflußt. So sind beispielsweise Aussaat, Feldbearbeitung und Ernte an die Dauer der jeweiligen Vegetationsperiode (Zeitabschnitt, in dem das Tagesmittel über 5° C liegt) und die jeweilige Wetterabfolge gebunden.

Um das atmosphärische Geschehen besser verstehen zu können, sind Kenntnisse über den vertikalen Aufbau der *Lufthülle* unerläßlich. Die wichtigsten Prozesse des Wettergeschehens spielen sich in den unteren Bereichen der Atmosphäre, der *Troposphäre,* ab. Sie sind das Ergebnis von Zirkulationsbewegungen globalen Ausmaßes.

Zusammensetzung und Aufbau der Atmosphäre

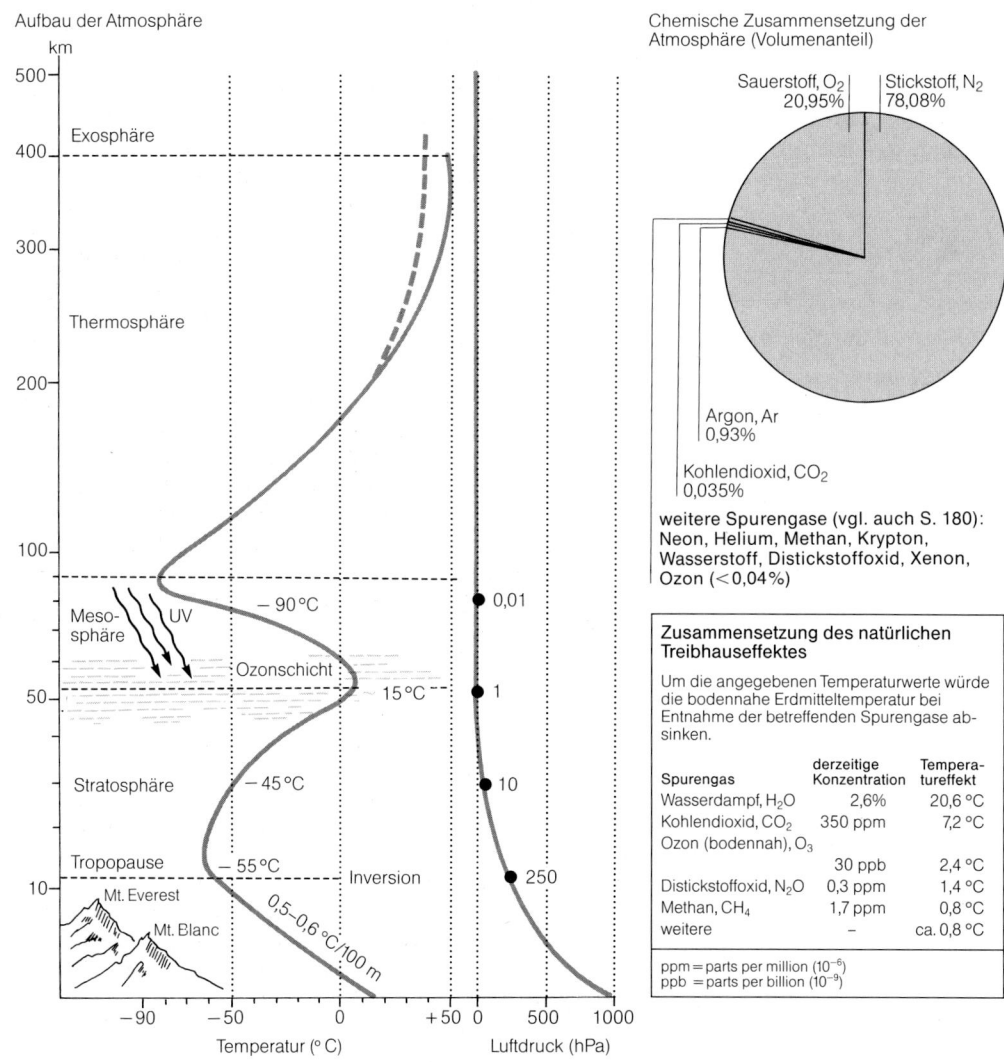

Die Allgemeine Zirkulation der Atmosphäre

Schematische Darstellung der atmosphärischen Zirkulation

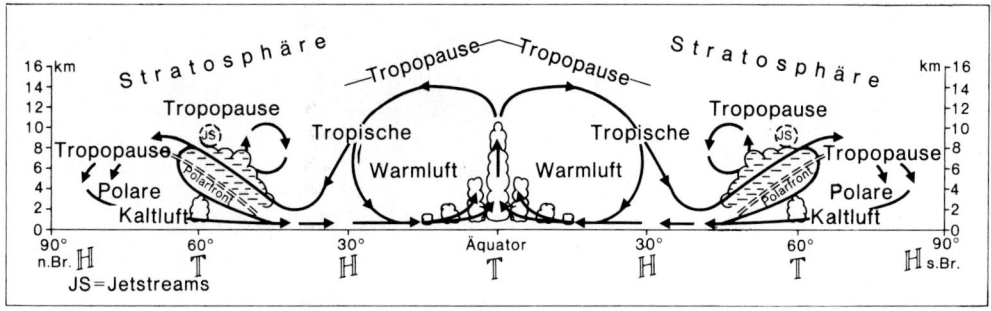

Hans-Ulrich Bender u. a.: Landschaftszonen und Raumanalyse. Stuttgart: Klett 1985, S. 9

Unter der *Allgemeinen Zirkulation* der Atmosphäre versteht man ein weltweites System von Winden (bewegte Luftmassen), das im langjährigen Mittel eine auffällige Konstanz aufweist. Winde entstehen dort, wo die Atmosphäre benachbarter Räume von der als „Heizplatte" wirkenden Erdoberfläche unterschiedlich erwärmt wird. Die Entstehung des *Land-See-Windes* in Küstenbereichen ist hierfür ein typisches Beispiel.

Schema zur Entstehung thermisch bedingter horizontaler Luftdruckunterschiede (Entstehung des Land- und Seewindes)

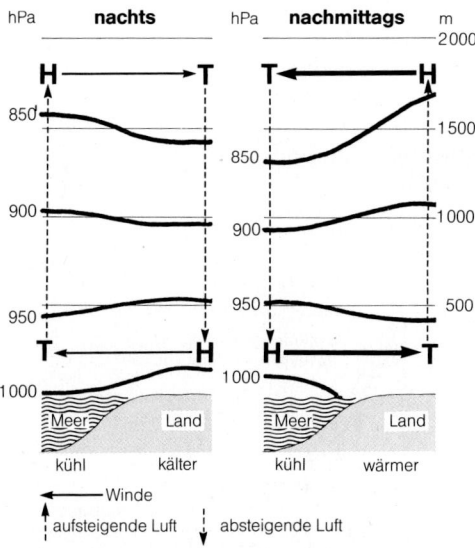

Im Sommer bzw. am Tage erwärmt sich die Luft über dem Land stärker als über dem Wasser und dehnt sich daher in größere Höhen aus. So entsteht in der Höhe über dem Land ein Luftmassenüberschuß (Höhenhoch), über dem Meer in der Höhe ein Luftmassendefizit (Höhentief). Dadurch kommt es in der Höhe zu Ausgleichsströmung vom Höhenhoch zum Höhentief und als Folge davon zu einem allgemeinen Luftmassenverlust über dem Land und einem Luftmassengewinn über dem Meer. So entsteht über dem Land ein Bodentief, über dem Meer ein Bodenhoch. Die vom Bodenhoch zum Bodentief abströmende Luft bezeichnet man als Seewind.

Im Winter bzw. bei Nacht liegen umgekehrte Druck- und Windverhältnisse vor.

Dieses einfache Prinzip der Entstehung von Winden kann letztlich auch auf die globalen Zirkulationsverhältnisse übertragen werden. Aufgrund der unterschiedlich starken Sonneneinstrahlung erwärmt sich die Atmosphäre in äquatornahen Bereichen stärker als in polaren Gebieten. Dies führt zu ständigen Ausgleichsströmungen. Die unterschiedlichen Windsysteme der Erde deuten allerdings darauf hin, daß es sich hierbei um recht komplizierte Zirkulationsbewegungen handelt.

Für verschiedene Gebiete der Erde ergeben sich im langjährigen Mittel charakteristische Strömungsrichtungen des Windes, so daß eine Gliederung in planetarische Windzonen möglich ist. Aufgrund des wechselnden Sonnenstandes sind diese jedoch jahreszeitlich nach Norden bzw. nach Süden verschoben.

Antarktisforschungsstation „Georg von Neumeyer", erbaut 1981 an der Atkabucht, sie liegt jetzt ca. 8 m unter der Schneefläche.
Einige Strukturen ragen aus dem Schnee heraus: Rechts und links im Bild sieht man mehrere Lüftungsschächte mit aufmontierten Antennen sowie einem meteorologischem Mast mit Meßfühlern, auch der weiße Random der Satellitenkommunikationsanlage ist zu erkennen. Der viereckige Wellblechkasten in der Mitte ist der Einstiegsschacht, durch den es zur Station hinunter geht.

Sonnenstrahlung und Strahlungsbilanz

Die Sonne liefert praktisch die gesamte in der Atmosphäre und auf der Erdoberfläche wirkende Energie; die Wärme aus dem Erdinneren ist im Vergleich unerheblich. Die *Solarkonstante* ist jene Strahlungsenergie, die eine Fläche an der oberen Grenze der Atmosphäre bei mittlerem Sonnenabstand und senkrechtem Strahlungseinfall pro Zeiteinheit erhält. Sie beträgt 33,5 kWh je m^2 und Tag. Wegen der Kugelgestalt der Erde entfallen auf die gesamte Erdoberfläche im Mittel nur ein Viertel, also 8,4 kWh/m^2 pro Tag. Wegen der hohen Temperatur der Sonnenoberfläche ist die Sonnenstrahlung kurzwellig. Sie kann die Atmosphäre weitgehend durchdringen. Die von der Erdoberfläche bei einer globalen Mitteltemperatur von 15°C ausgehende Strahlung ist dagegen langwellig und wird von der Atmosphäre größtenteils absorbiert, vor allem von CO_2, Spurengasen und Wasserdampf. (Als Gegenstrahlung kommt sie zu beträchtlichen Teilen auf die Erdoberfläche zurück.) Bei der Absorption wird Strahlungsenergie in Wärme umgewandelt *(natürlicher Treibhauseffekt).* Dies ist der Grund, weshalb die Erde eine Durchschnittstemperatur von 15°C hat. Ohne Atmosphäre läge sie bei −18°C.

Aus der Abbildung S. 27 ist zu erkennen, daß die gesamte Einstrahlung aus dem Weltraum und die Ausstrahlung dorthin gleich ist *(ausgeglichene Strahlungsbilanz).*

Spektrale Energieverteilung der Sonnenstrahlen

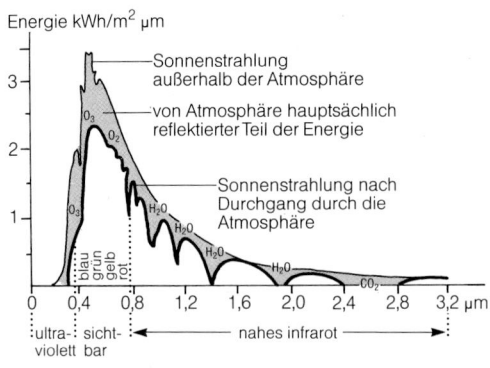

Nach Wolfgang Weischet: Einführung in die Allgemeine Klimatologie: Teubner: 1979, S. 59

26

Globale Jahresmittel der Energiebilanz in Prozent der einfallenden extraterrestrischen Strahlung

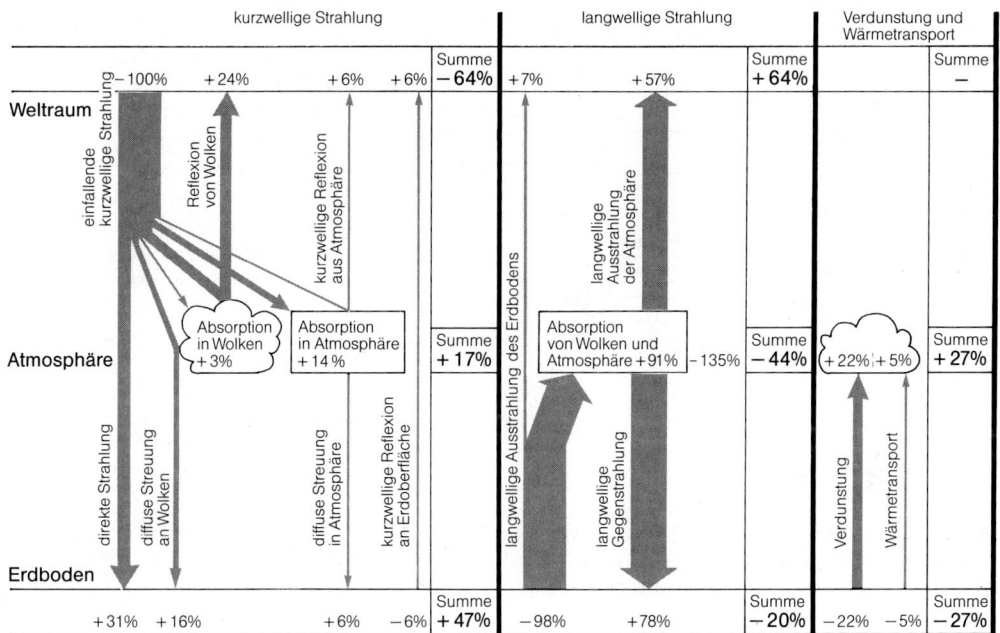

In jeder Ebene ergänzen sich die Summen zu Null, es herrscht also energetisches Gleichgewicht.

Nach Heinz Fortak: Meteorologie. Berlin: Reimer 1982, S. 21

Erdstrahlung und Absorption (langwellige Strahlung)

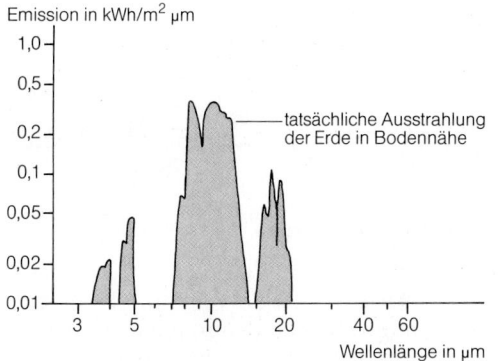

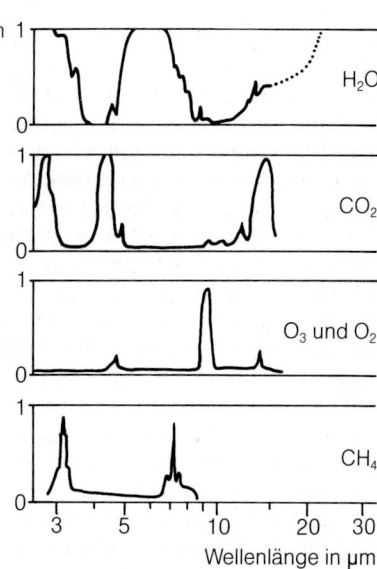

Nach Heinz Fortak: a.a.O., S. 17 und Schönwiese

27

Die Westwinddrift der mittleren Breiten

Die Entstehung der Frontalzone

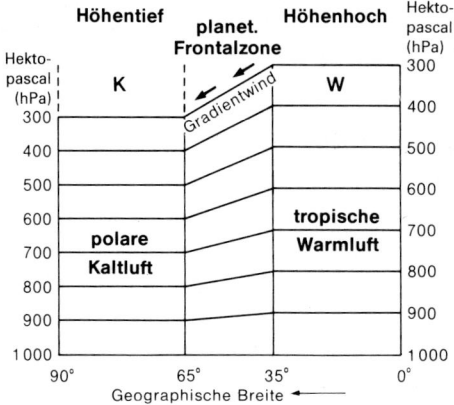

Die unterschiedliche Erwärmung der Luftmassen hat zur Folge, daß die Flächen gleichen Luftdrucks (z. B. die 500-Hektopascal-Fläche) in äquatorialen Bereichen höher liegen als in den polaren Gebieten. Die stärkste Temperaturabnahme erfolgt im wesentlichen zwischen dem 35. und 65. Breitenkreis, der sogenannten *Planetarischen Frontalzone*. Daraus ergibt sich eine entsprechende Höhenlage der Flächen gleichen Luftdrucks, wie es in der Abbildung oben ersichtlich ist. Die Luftdruckgegensätze führen in großer Höhe zu einem Abströmen der Luftmassen aus den niederen in die höheren Breiten (vom Höhenhoch zum Höhentief). Diese im Druckgefälle sich bewegende Luftströmung bezeichnet man als *Gradientwind*. Dieser weht senkrecht zu den *Isobaren* (Linien gleichen Luftdrucks). Es ist bekannt, daß auf alle bewegten Körper eine ablenkende Kraft wirkt *(Corioliskraft)*, die sich aus der Rotation der Erde ergibt. Dadurch werden Luftteilchen auf der Nordhalbkugel nach rechts, auf der Südhalbkugel nach links abgelenkt. Dies hat zur Folge, daß der zwischen Höhenhoch und Höhentief ausgebildete Gradientwind schließlich isobarenparallel nach Osten strömt. Deshalb kommt es auf beiden Halbkugeln zu westlichen Höhenströmungen. Die unterschiedliche Verteilung von Land und Meer wirkt sich ebenso wie die Gebirgssysteme der Erde störend auf diese Höhenströmungen aus. Diese verlaufen daher in Wellenbewegungen. Außerdem treten im Verlauf der Strömungswege Erweiterungen oder düsenförmige Verengungen auf. Diese Strömungsabschnitte nennt man *Jetstreams*. Sie sind letztlich der Motor für die gesamten atmosphärischen Zirkulationsbewegungen. Durch ein kompliziertes Zusammenwirken von Coriolis- und Gradientkraft bilden sich an den Düsenströmungen ständig *Tiefdruckzellen (Zyklonen)* und *Hochdruckzellen (Antizyklonen)* aus, die sich in ihrer Wirkung bis zur Erdoberfläche als Bodentiefs bzw. Bodenhochs durchpausen und somit wetterwirksam werden.

Wellenbewegung der Höhenwestwindströmung

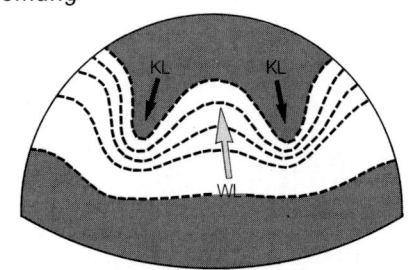

KL = Kaltluft, WL = Warmluft

Ausscheren der Zyklonen (Tiefdruck) und Antizyklonen (Hochdruck) aus der Höhenwestwindströmung auf der Nordhalbkugel (nach Flohn)

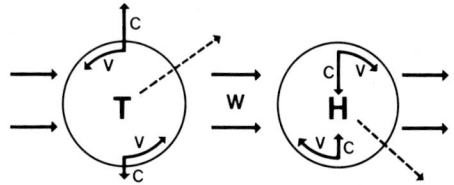

V = Windgeschwindigkeit, C = Corioliskraft,
W = Westwinddrift

Die Corioliskraft ist am Äquator gleich Null. Sie nimmt mit der geographischen Breite zu. Deshalb ist bei Tiefdruckgebieten der Nordhalbkugel die nach Norden wirkende Komponente der Corioliskraft größer als die nach Süden wirkende. Daher erfahren Tiefdruckzellen in ihrer Gesamtheit eine Kraft nach Norden und scheren in diese Richtung aus. Bei Hochdruckzellen ist dagegen die nach Süden wirkende Komponente der Corioliskraft die stärkere, sie scheren daher bevorzugt nach Süden aus.

Die mittlere Lage der Tiefdruckgebiete befindet sich zwischen dem 55. und 65. Breitenkreis *(Subpolare Tiefdruckrinne)*, die mittlere Lage der Hochdruckgebiete zwischen dem 25. und 35. Breitenkreis *(Subtropischer Hochdruckgürtel)*. Im langjährigen Mittel kommt es zu einer Häufung von Tiefdruckgebieten über Island (Island-Tief) und von Hochdruckgebieten über den Azoren (Azoren-Hoch). Man spricht hier von quasistationären Druckgebilden.

Im Bereich dieser Hoch- und Tiefdruckzellen ergeben sich durch erneutes Zusammenwirken von Corioliskraft und Gradientkraft besondere Windverhältnisse. Der Gradientkraft entsprechend strömen die Winde auf eine Tiefdruckzelle zu, werden aber durch die Corioliskraft auf der Nordhalbkugel nach rechts abgelenkt und umströmen die Zelle entgegen dem Uhrzeigersinn. Der Gradientkraft entsprechend strömen die Winde vom Zentrum einer Hochdruckzelle weg, werden aber durch die Corioliskraft nach rechts abgelenkt und umströmen die Zelle im Uhrzeigersinn.

Luftbewegungen und Isobaren im Hoch und Tief (Isobaren sind Linien gleichen Luftdrucks) auf der Nordhalbkugel

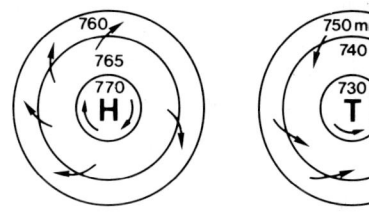

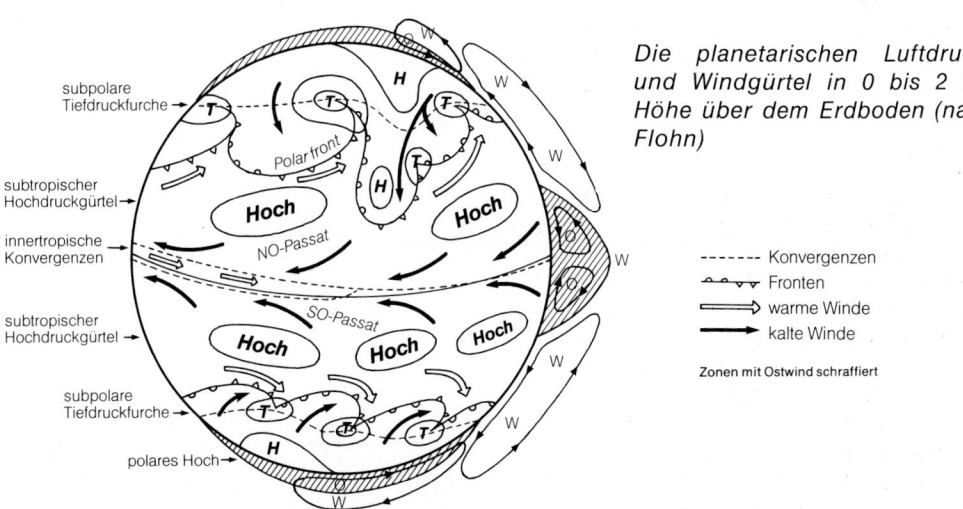

Die planetarischen Luftdruck- und Windgürtel in 0 bis 2 km Höhe über dem Erdboden (nach Flohn)

----- Konvergenzen
⌒⌒⌄⌄ Fronten
⇨ warme Winde
→ kalte Winde

Zonen mit Ostwind schraffiert

Das Wettergeschehen an der Polarfront

Die Entwicklungsstadien einer Polarfrontzyklone am Beispiel einer Zyklonenfamilie

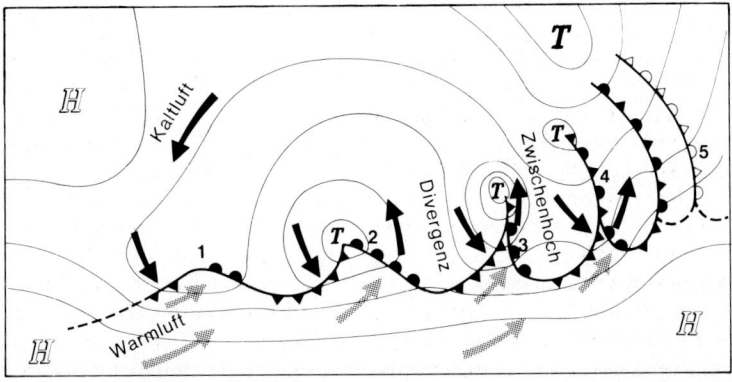

Nach Wolfgang Weischet: Einführung in die Allgemeine Klimatologie. Stuttgart: Teubner 1977, S. 238

Die umlaufenden Winde einer Zyklone bewirken an deren Rückseite ein Vordringen von Kaltluftmassen in den südlichen Warmluftbereich und an ihrer Vorderseite den Vorstoß von Warmluft in den nördlichen Kaltluftbereich. Dringt Kaltluft gegen Warmluft vor, bezeichnet man die Luftmassengrenze als *Kaltfront*. Dringt Warmluft gegen Kaltluft vor, so spricht man von einer *Warmfront*.

Das Wettergeschehen beim Durchzug einer Zyklone

Schema einer wandernden Zyklone im Grund- und Aufriß

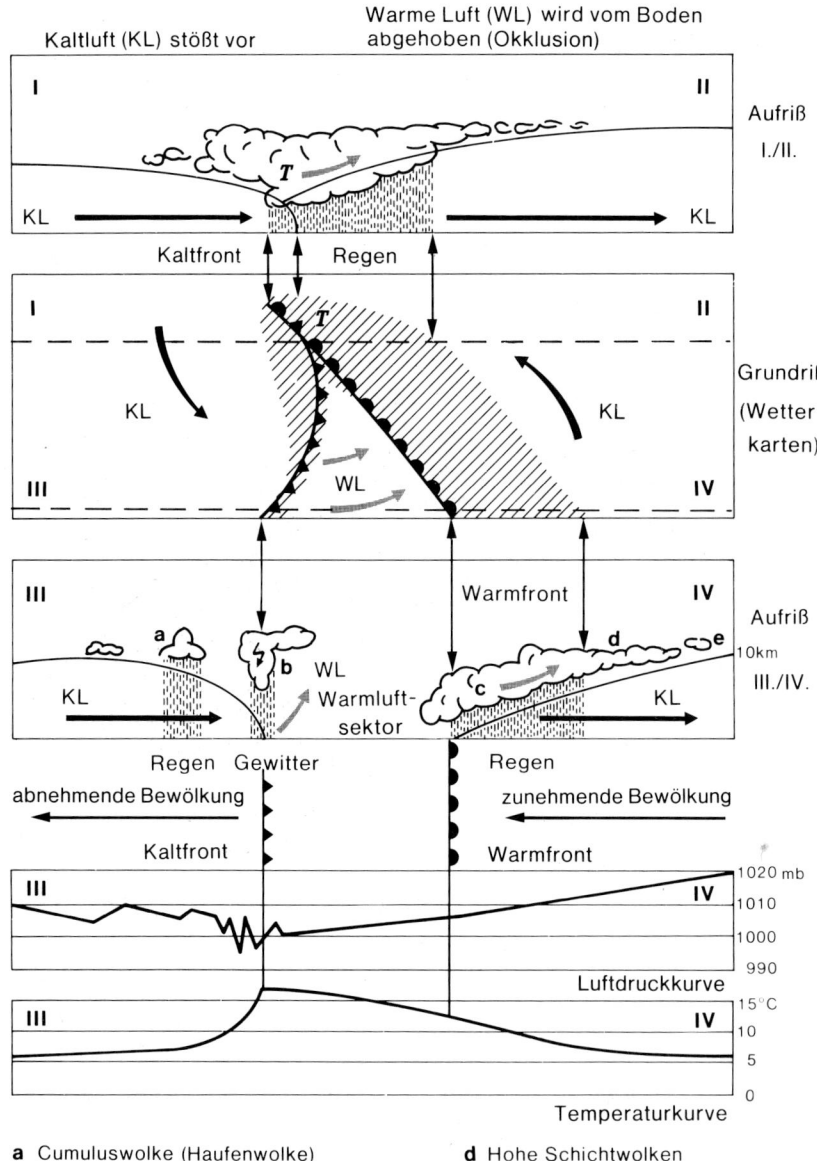

a Cumuluswolke (Haufenwolke)
b Amboßwolken
c Tiefhängende Schichtwolken (Regenwolken)
d Hohe Schichtwolken
e Federwolken

Hans-Ulrich Bender u. a.: Landschaftszonen und Raumanalyse. Stuttgart: Klett 1985, S. 17

Die schneller vordringende Kaltfront holt die Warmfront ein, ein als *Okklusion* bezeichneter Vorgang, der die Auflösung der Zyklone einleitet.

Beim Vordringen einer Warmfront schiebt sich die leichtere Warmluft keilförmig über die schwere Kaltluft. Die flach aufgleitende Warmluft ist für die zunehmende Schichtbewölkung und den allmählich einsetzenden Landregen verantwortlich. Die Temperaturen steigen, der Luftdruck nimmt ab. Das rasche Vordringen der Kaltfront, begleitet durch böige Winde, bewirkt ein Hochwirbeln der vorliegenden wärmeren Luftmas-

sen *(Konvektion).* Charakteristisch hierfür ist eine kräftige Quellwolkenbildung *(Cumulus)* mit Frontgewittern und Schauertätigkeit. Die Temperaturen sinken, der Luftdruck steigt.

Im Fall einer Okklusion sind die Wettererscheinungen weniger intensiv. Der Durchzug des Tiefs macht sich lediglich durch geringere Quellwolkenbildung, begleitet von nur einzelnen Schauern, bemerkbar. Entsprechend dem großen Durchmesser einer Zyklone werden weite Teile Europas gleichermaßen von diesem Wettergeschehen beeinflußt.

Großwetterlagen und Luftmassen Europas

Typische Wetterlagen

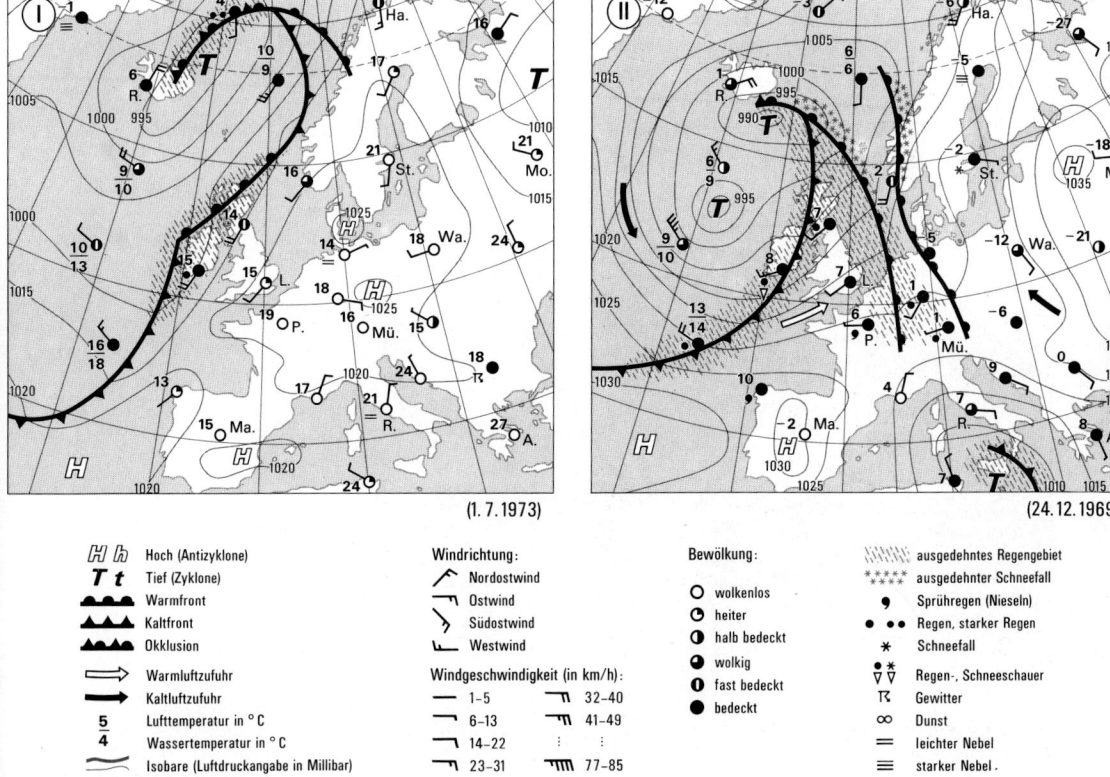

(1.7.1973)   (24.12.1969)

H h	Hoch (Antizyklone)	Windrichtung:	
T t	Tief (Zyklone)	Nordostwind	
▲▲▲	Warmfront	Ostwind	
▲▲▲	Kaltfront	Südostwind	
▲▲▲	Okklusion	Westwind	

Bewölkung:

leichter Nebel
starker Nebel.

Alexander Schulatlas. Ernst Klett Schulbuchverlag 1993, S. 141

Je nach der Lage von Zyklonen und Antizyklonen wird Europa von Luftmassen polaren, tropischen, kontinentalen oder ozeanischen Ursprungs beeinflußt. Befindet sich zum Beispiel ein Tiefdruckgebiet über Skandinavien, so strömt an dessen Rückseite (Westseite) kalte, feuchte Polarluft (mP_A) nach Mitteleuropa (Nordlage). Befindet sich ein Tiefdruckgebiet über Island, so strömt an dessen Südseite feuchte, erwärmte Kaltluft (mT_P) wiederum nach Mitteleuropa (Westlage).

Die Luftmassen Europas

Wissenschaftliche Bezeichnung	Abk.	Bezeichnung auf Wetterkarten	Wissenschaftliche Bezeichnung	Abk.	Bezeichnung auf Wetterkarten
Kontinentale arktische Polarluft	cP_A	Sibirische Polarluft	Kontinentale gealterte Tropikluft	cT_P	Festlandluft
Maritime arktische Polarluft	mP_A	Arktische Polarluft	Maritime gealterte Tropikluft	mT_P	Meeresluft
Kontinentale Polarluft	cP	Russische Polarluft	Kontinentale Tropikluft	cT	Asiatische Tropikluft
Maritime Polarluft	mP	Grönländische Polarluft	Maritime Tropikluft	mT	Atlantische Tropikluft
Kontinentale gealterte Polarluft	cP_T	Rückkehrende Polarluft	Kontinentale afrikanische Tropikluft	cT_S	Afrikanische Tropikluft
Maritime gealterte Polarluft	mP_T	Erwärmte Polarluft	Maritime afrikanische Tropikluft	mT_S	Mittelmeer-Tropikluft

Detlef Schreiber: Meteorologie – Klimatologie. Bochum: Studienverlag Dr. N. Brockmeyer 1978, Seite 90

Für Mitteleuropa wirksame Luftmassen und ihre Eigenschaften (nach D. Schreiber)

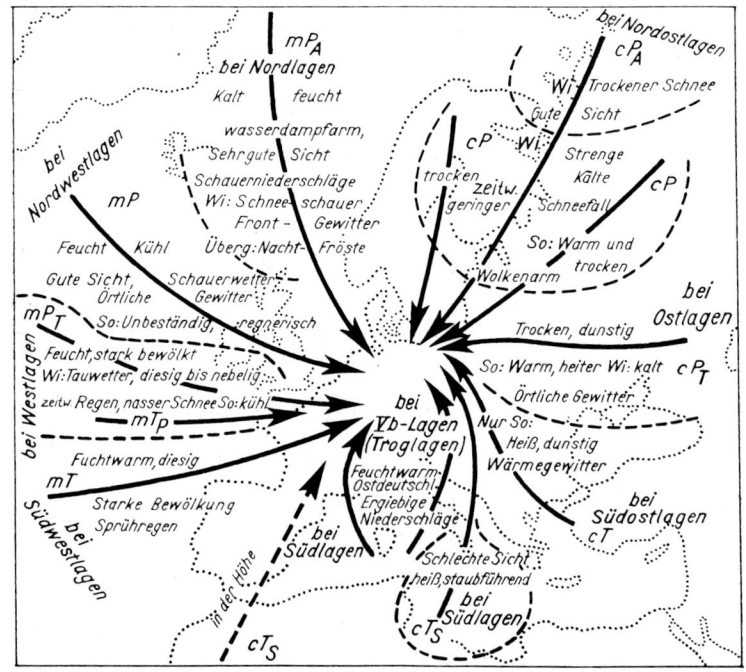

Wi = Winter
So = Sommer
Ernst Heyer: Witterung und Klima. Leipzig: BSB G. B. Teubner Verlagsgesellschaft, 8. Auflage 1988, S. 28

Daß bei genauerer Betrachtung auch diese Großwetterlagen sehr komplizierte Windbewegungen aufweisen, wurde den Menschen im Laufe des Reaktorunglücks von Tschernobyl am 26. April 1986 besonders deutlich vor Augen geführt. Die Luftmassen z. B. der 850-hPa-Fläche, die sich am 26. April von Tschernobyl aus in Bewegung setzten, nahmen ihren Weg über die nördliche Ostsee nach Ost-Schweden, befanden sich am 28.

April über Finnland und am 30. April wieder über den nördlichen Teilen Rußlands. Die Luftmassen der 850-hPa-Fläche, die sich einen Tag später, am 27. April, von Tschernobyl aus in Bewegung setzten, erreichten zwar auch die Ostsee, drehten dann aber in südliche Richtung ab und erreichten am 1. Mai Süddeutschland. Von dort bewegten sie sich in Richtung Nordwesten und befanden sich schließlich am 3. Mai über der Nordsee.

Zugrichtung der Luftmassen in den Tagen des Reaktorunfalls in Tschernobyl, Ende April 1986

Zugrichtung der Luftmassen, die sich am 26. 4. 1986, 0 Uhr in Tschernobyl (Kiew) befanden und auf der 850-hPa-Fläche weiterbewegt wurden.

Zugrichtung der Luftmassen, die sich am 27. 4. 1986, 0 Uhr in Tschernobyl (Kiew) befanden und auf der 850-hPa-Fläche weiterbewegt wurden.

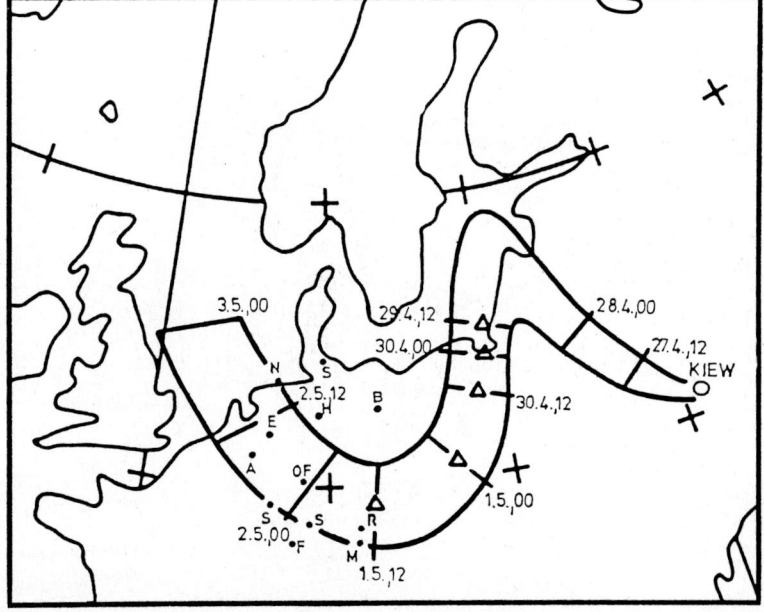

Bericht des Deutschen Wetterdienstes zum Reaktorunfall in Tschernobyl am 26. April 1986. Offenbach/Main, im Dezember 1986, Abb. 7a und 7b, verkleinerter Originalabdruck

Die innertropische Konvergenz (ITC) als Ausgleichssystem zur Westwinddrift

Luftdruckverteilung und Luftströmung im Mittel für die bodennahe Reibungszone im Januar

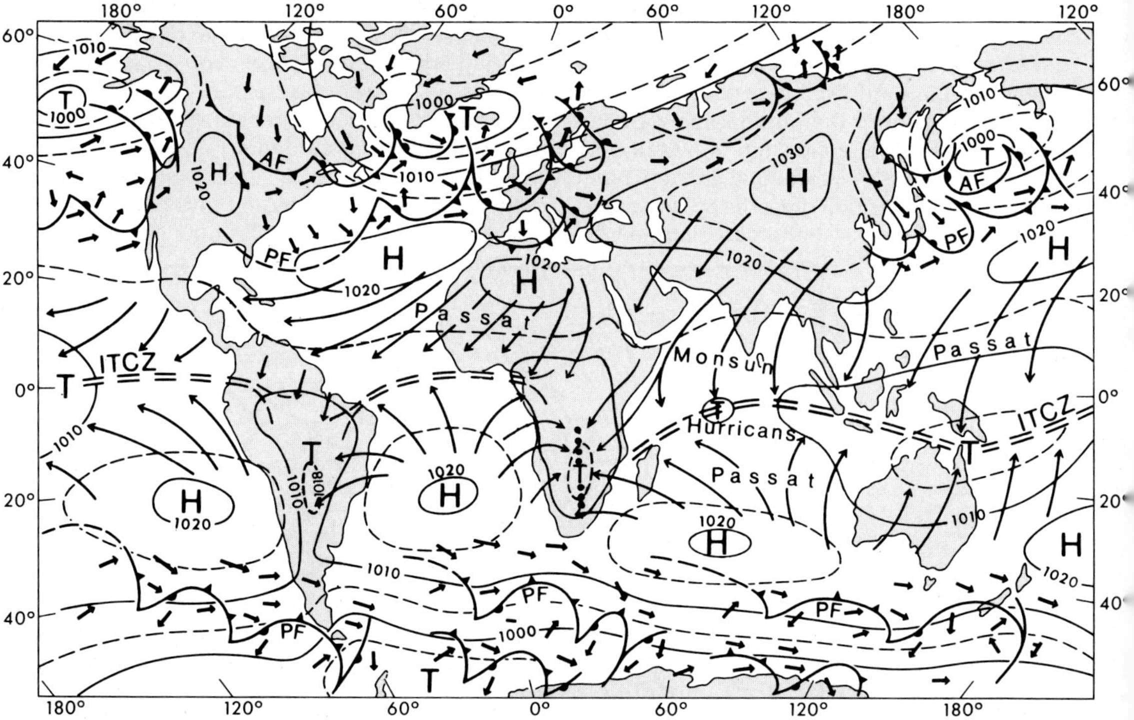

Wolfgang Weischet: Einführung in die Allgemeine Klimatologie. Stuttgart: Teubner 1988, S. 228 und 229

Luftdruckverteilung und Luftströmung im Mittel für die bodennahe Reibungszone im Juli

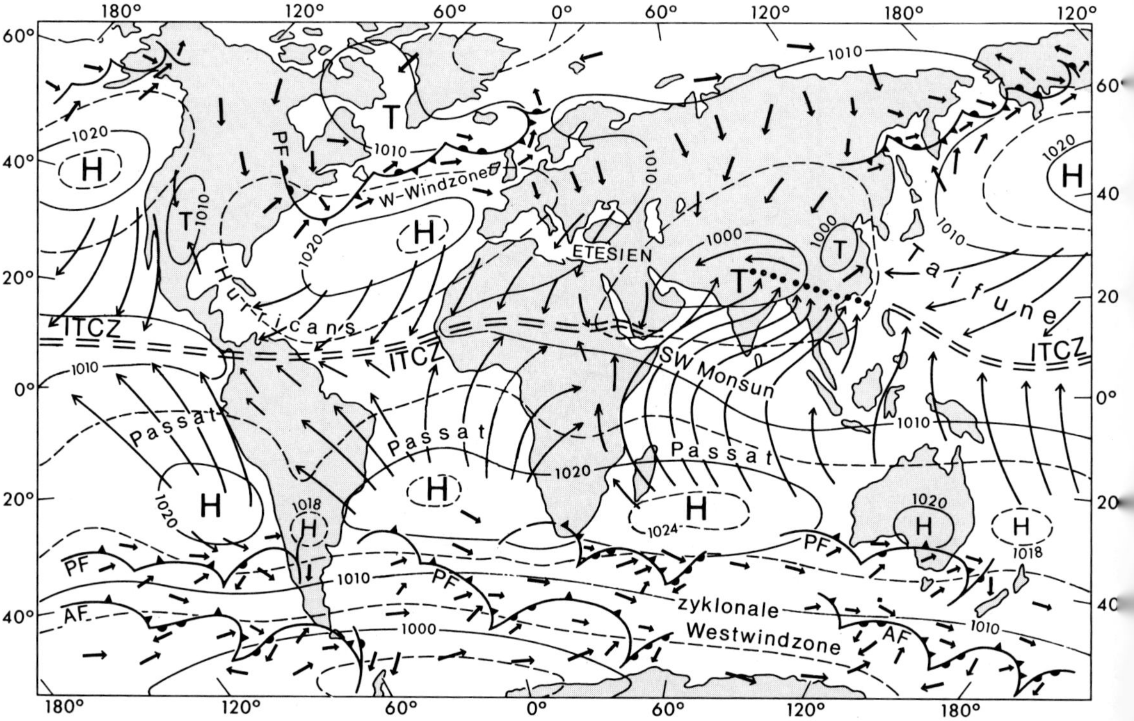

Die stärkere Erwärmung bodennaher Luftschichten im äquatorialen Bereich ist für die rasche Aufwärtsbewegung der Luftmassen, der damit verbundenen Quellbewölkung, Gewitter und Starkregen verantwortlich. Am Boden bildet sich die *Äquatoriale Tiefdruckrinne*. Die Luftdruckunterschiede zwischen dem subtropischen Hochdruckgürtel und der Äquatorialen Tiefdruckrinne bewirken kräftige äquatorwärtige Windströmungen. Diese sind aufgrund der ablenkenden Wirkung der Corioliskraft als Nordost-Passate der Nordhalbkugel und Südost-Passate der Südhalbkugel ausgebildet. Beide Windsysteme treffen im äquatorialen Bereich, der *Innertropischen Konvergenzzone* (ITC), zusammen.

In der Höhe weichen die aufsteigenden Luftmassen der Konvergenzzone als Ausgleichsströmung zum Passat polwärts aus. Sie sinken zu einem großen Teil über den subtropischen Gebieten ab und erwärmen sich. Sie sind für die Trockenheit dieser Gebiete verantwortlich (vgl. Abb. S. 25). Auch über den Polargebieten kommt es zum Absinken schwerer Kaltluft und damit zur Ausbildung eines Bodenhochs. Die Luftdruckgegensätze zwischen der polaren Hoch- und subpolaren Tiefdruckrinne bewirken die Ausbildung einer Ostwindzone.

Der zwischen den Wendekreisen jahreszeitlich wechselnde Sonnenstand verursacht eine entsprechende Verschiebung der Luftdruck- und Windgürtel. Manche Gebiete der Erde unterliegen daher jahreszeitlich unterschiedlichen *Windsystemen*. Hierzu gehören vor allem die Winterregengebiete und die *Monsungebiete*. Unter *Monsun* versteht man ein Windsystem, bei dem die jahreszeitlich wechselnden Windrichtungen mehr als 120 Grad voneinander abweichen.

Im Nordsommer wird die innertropische Konvergenzzone mit dem Zenitstand der Sonne nach Norden verlagert. Der Südostpassat wird beim Überschreiten des Äquators abgelenkt und erreicht als feuchter, regenbringender Monsun Süd- und Südostasien. Im Südsommer verlagert sich die ITC nach Süden, so daß Südost- und Ostasien in den Einflußbereich des trockenen ablandigen Nordost-Passats geraten.

Beim Übertritt der Passate über den Äquator ergibt sich durch deren Ablenkung ein Staueffekt, der sich als lokale ITC (SITC) bemerkbar macht. Diese äquatoriale ITC ist schwächer als die äquatorfernen ITCs. Es ergibt sich somit ein Druckgefälle vom Äquator zur äquatorfernen ITC. Damit kommt es zur Ausbildung einer äquatorialen westlichen Windströmung.

Regionale Windsysteme

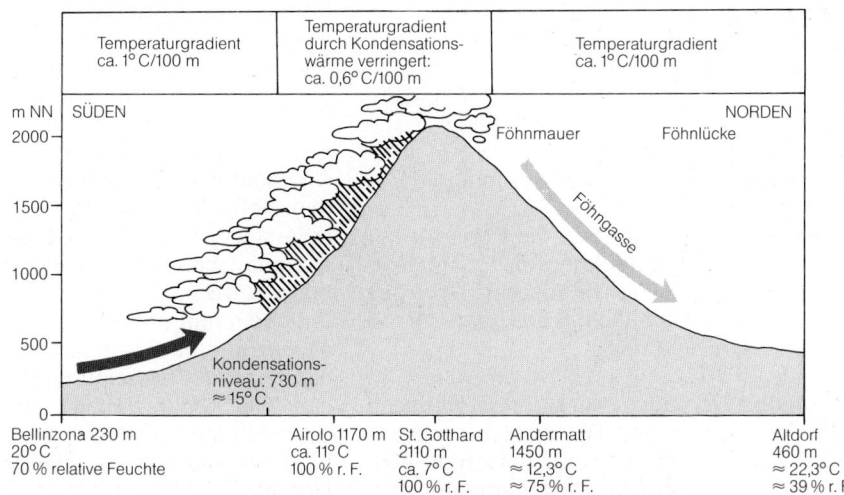

Entstehung des Föhns an der Alpennordseite

Der Föhn. Gebirgsübersteigende Luftmassen, die als trockenwarme Fallwinde ankommen, bezeichnet man nach ihrem typischen Auftreten in den Alpen als *Föhn.* Ursache hierfür sind Luftdruckunterschiede nördlich und südlich der Alpen. Sie bewirken kräftige Luftströmungen über die Alpen hinweg.

Feuchtwarme Luftmassen des Mittelmeerraumes werden am Südrand der Alpen, der Luvseite, zum Aufsteigen gezwungen. Sie kühlen dabei ab, es kommt zu Kondensation, Wolkenbildung und Stauniederschlägen. Im Lee des Gebirges fallen die nun feuchtigkeitsärmeren Luftmassen unter rascher Wolkenauflösung an der Föhnmauer ins süddeutsche Alpenvorland ein. Als trockenwarme Winde bevorzugen sie bestimmte Täler, die Föhngassen.

Steigt Luft an der Alpensüdseite auf, kondensiert Wasserdampf. Bei der Kondensation wird Wärme frei. Deshalb kühlt die aufsteigende Luft weniger stark ab (z. B. 0,6° C pro 100 m). Auf der Alpennordseite sinkt die Luft wieder nach unten. Wegen des Steigungsregens an der Alpensüdseite ist diese absinkende Luft wasserdampfärmer und kann sich somit rascher erwärmen (z. B. 1,0° C pro 100 m). Darauf ist es zurückzuführen, daß die nach Süddeutschland einbrechenden Winde eine höhere Temperatur besitzen als die feuchten Luftmassen, die von Süden her auf das Gebirge zuwehen.

Nach demselben Prinzip entsteht auch der trockene Fallwind an der Ostseite der nordamerikanischen Kordilleren, der hier als *Chinook* bezeichnet wird.

Mistral. Der *Mistral* ist ein kalter Fallwind des unteren Rhônetals, der durch Luftdruckunterschiede zwischen einem Hoch über Nordfrankreich und einem Tief über dem Golf von Lion zustande kommt.

Bora. Ein ähnlicher Wind, die *Bora,* tritt an der dalmatinischen Küste auf. Er entsteht, wenn kalte Luft des Dinarischen Gebirges oder von den Hochflächen des Karst auf die warme Adria herabfällt.

Tornado. *Tornados* sind zerstörerische Windwirbel mit einem Durchmesser von wenigen hundert Metern und entstehen ausschließlich an der Front vordringender Kaltluft (Northers) gegen die tropische Warmluft in Nordamerika. Sie bleiben daher in ihrem Auftreten in der Regel auf die Vereinigten Staaten beschränkt.

Tropische Zyklonen (Wirbelstürme). *Tropische Wirbelstürme* bilden sich über Meeren mit einer Wassertemperatur von mindestens 26° C und einer Entfernung von mindestens 8 Breitengraden vom Äquator. Erst in dieser Entfernung ist die Corioliskraft für die Entstehung umlaufender Wirbel groß genug. Aufgrund der geringen Reibung an der Wasserfläche erreichen diese Geschwindigkeiten bis 200 km pro Stunde. Die Ursache von Wirbelstürmen sind Konvektionserscheinungen im Bereich der ITC und die damit verbundenen vertikalen Luftbewegungen. Die Zyklonen weisen einen Durchmesser von 60 bis 200 Kilometern auf und sind in ihrem Zentrum durch sehr niederen Druck, Windstille und Wolkenlosigkeit gekennzeichnet. Tropische Zyklonen entstehen nur über dem Meer und werden je nach ihrem Vorkommen unterschiedlich benannt (Karibik: *Hurrican;* Ostasien, Ozeanien: *Taifun*).

Klimaklassifikationen

Unter Wetter verstehen wir das momentane Zusammenwirken der meteorologischen Elemente (Luftdruck, Temperatur, Niederschlag, Winde usw.) in einem bestimmten Raum. Das langjährige durchschnittliche Wettergeschehen eines Gebietes ist das Klima. Es lassen sich Räume ausgliedern, die durch typische Klimate gekennzeichnet sind. Die verschiedenen Klimatypen der Erde können nach unterschiedlichen Gesichtspunkten klassifiziert werden. Es werden entweder Gebiete ausgegliedert, die unterschiedlichen Einflußbereichen der atmosphärischen Zirkulation, z. B. der Entstehung unterschiedlicher Windsysteme, unterliegen *(genetische Klassifikation);* oder es wird die direkte Auswirkung des Klimas auf einzelne Erscheinungen der Erdoberfläche wie Niederschlag und Verdunstung oder das Pflanzenkleid als Klassifikationskriterium herangezogen *(effektive Klassifikation).*

Klimakarte der Erde (vereinfacht nach Troll und Paffen)

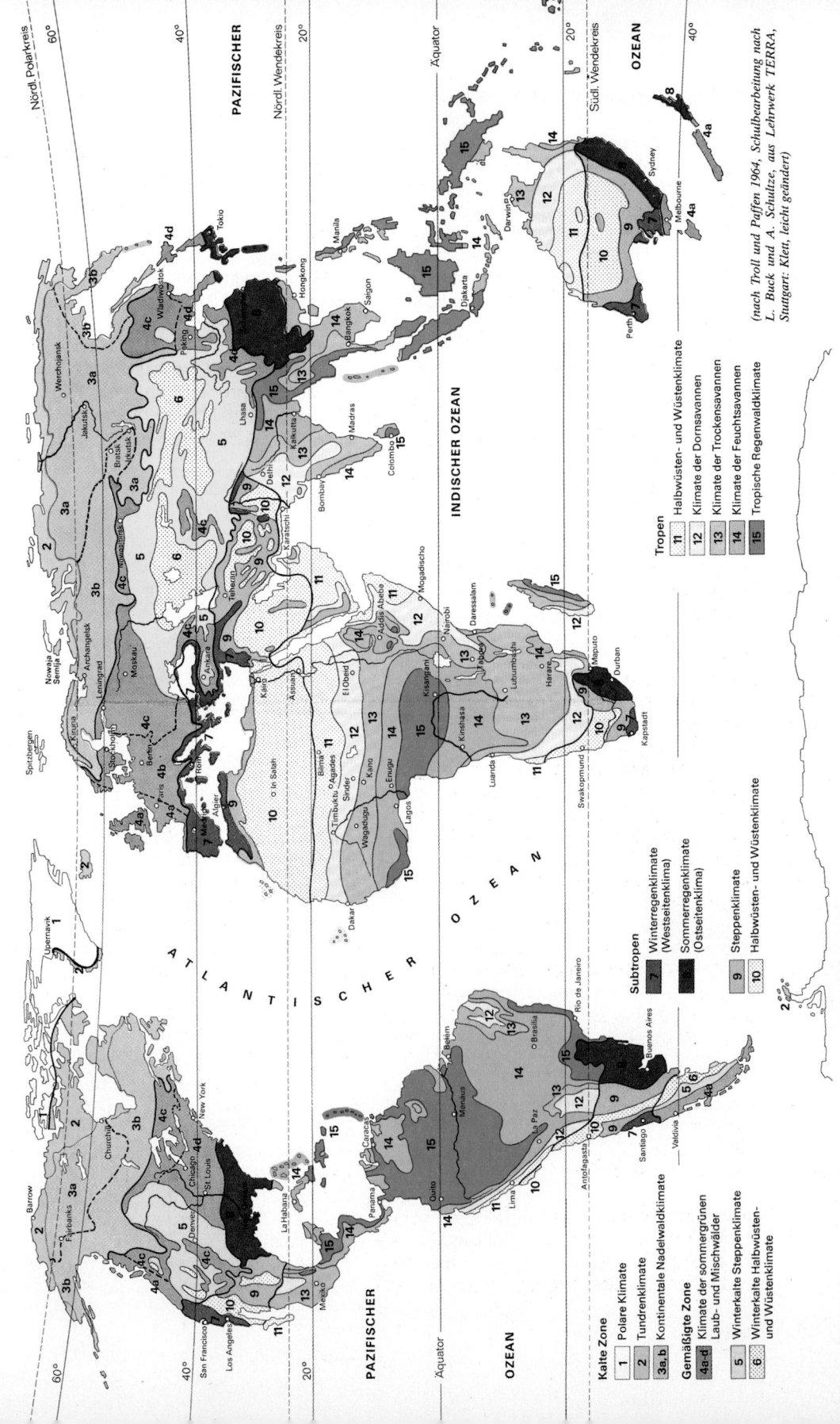

(nach Troll und Paffen 1964, Schulbearbeitung nach
L. Buck und A. Schultze, aus Lehrwerk TERRA,
Stuttgart: Klett, leicht geändert)

Kalte Zone
1 Polare Klimate
2 Tundrenklimate
3a, b Kontinentale Nadelwaldklimate

Gemäßigte Zone
4a-d Klimate der sommergrünen
Laub- und Mischwälder
5 Winterkalte Steppenklimate
6 Winterkalte Halbwüsten-
und Wüstenklimate

Subtropen
7 Winterregenklimate
(Westseitenklima)
8 Sommerregenklimate
(Ostseitenklima)
9 Steppenklimate
10 Halbwüsten- und Wüstenklimate

Tropen
11 Halbwüsten- und Wüstenklimate
12 Klimate der Dornsavannen
13 Klimate der Trockensavannen
14 Klimate der Feuchtsavannen
15 Tropische Regenwaldklimate

Genetische Klassifikation nach Troll, Paffen

Troll und Paffen legten im Jahre 1963 eine Klimaklassifikation vor, der die Genese der Klimagürtel als Folge jahreszeitlichen Wechsels der Klimaelemente zugrundeliegt. Zur Abgrenzung verschiedener Klimatypen orientieren sich Troll und Paffen an der Vegetation. Vegetationsgrenzen werden mit Hilfe von Schwellenwerten oder Schwankungsamplituden einzelner Klimaelemente, insbesondere des Niederschlags und der Temperatur beschrieben. Dabei wird vor allem die Dauer der ariden und humiden Jahreszeiten erfaßt, durch welche die Verbreitung der Vegetationszonen besonders deutlich wird. Neben dem Jahresgang findet aber auch der Tagesgang seine Berücksichtigung. Insgesamt gliedern Troll und Paffen 38 Klimatypen aus. Die Abb. S. 37 zeigt aus Gründen der Übersichtlichkeit eine vereinfachte Darstellung dieser Klassifikation.

Effektive Klassifikation nach Köppen

Köppen grenzt das Klima mit Hilfe bestimmter Klimaformeln ab, deren Grundlage Schwellenwerte von Temperatur und Niederschlag sind, die den Grenzen der Vegetationszonen möglichst nahe kommen. Davon ausgehend, gliedert er die Erde nach fünf Zonenklimaten, die er vom Äquator polwärts mit fünf Großbuchstaben bezeichnet. Gebiete höherer Breiten sind durch starke jahreszeitliche Temperaturschwankungen gekennzeichnet *(Jahreszeitenklima)*. In Gebieten niederer Breiten treten dagegen starke tageszeitliche Temperaturschwankungen auf *(Tageszeitenklima)*.

Charakterisierung verschiedener Klimate

Nach Heinrich Walter und Helmut Lieth, Klimadiagramm-Weltatlas. Jena: VEB Gustav Fischer 1967

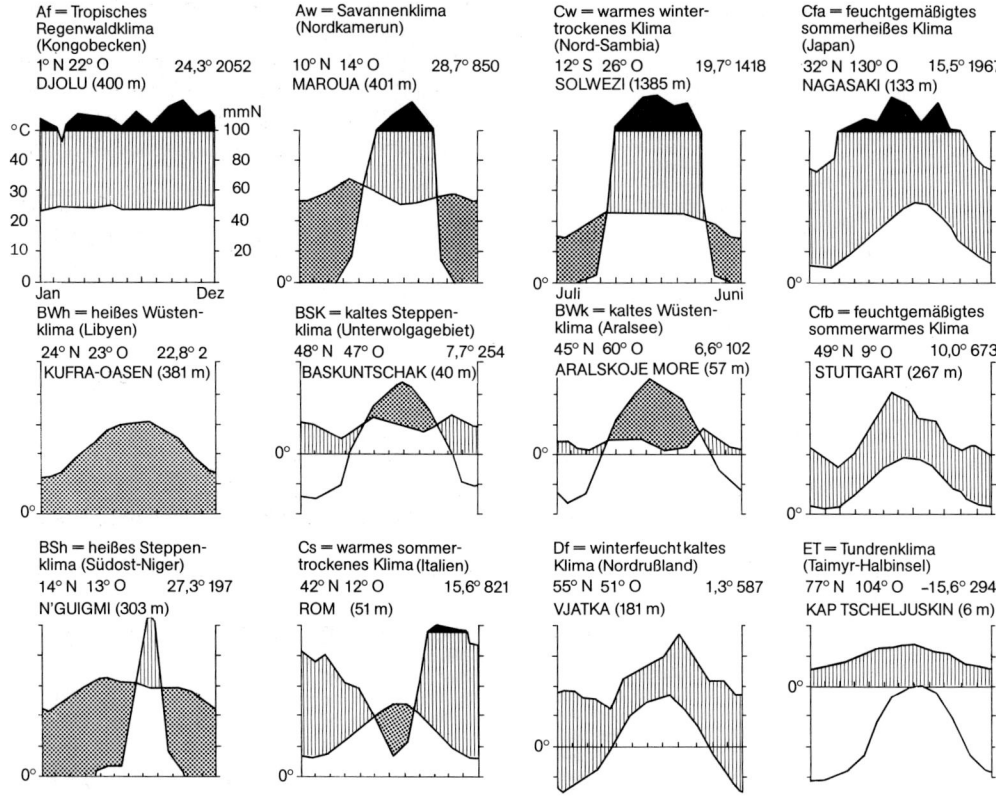

Klassifikation nach Köppen

A = *Tropisches Regenklima:* alle Monatsmittel über 18°C
B = *Trockenklima:* bei gleichmäßiger *Niederschlagsverteilung* gilt r < 2(t+7),
    bei vorherrschendem *Winterregen* gilt r < 2t,
    bei vorherrschendem *Sommerregen* gilt r < 2(t+14),
    (r = jährliche *Niederschlagsumme,* t = Jahresmittel der Temperatur),
C = *Warmgemäßigtes Klima:* kältestes Monatsmittel 18° bis −3°C
D = *Boreales* oder Schnee-Wald-Klima: kältestes Monatsmittel < −3°C,
    wärmstes Monatsmittel > 10°C.
E = *Schneeklima:* wärmstes Monatsmittel < 10°C.

Für weitere Differenzierung in Klimatypen wird ein Zusatzbuchstabe verwendet:

f =	immerfeucht	S =	*Steppenklima*
m =	Regenwaldklima trotz einer	W =	*Wüstenklima*
	Trockenzeit	T =	*Tundrenklima:* mindestens
s =	sommertrocken		1 Monatsmittel > 0°C
w =	wintertrocken	F =	*Frostklima:* alle Monatsmittel < 0°C

Zur Kennzeichnung der Klimauntertypen wird in die Klimaformel ein dritter Buchstabe eingefügt.
a = heiße Sommer: wärmstes Monatsmittel > 22°C
b = warme Sommer: wärmstes Monatsmittel < 22°C, mindestens 4 Monate mehr als 10°C
c = kühle Sommer: wärmstes Monatsmittel < 22°C, höchstens 3 Monate mehr als 10°C
d = strenge Winter: kältestes Monatsmittel < −38°C
h = heiß, Jahresmittel > 18°C
k = kalt, Jahresmittel < 18°C

1. *Definieren Sie folgende Begriffe: Klima, Klimazone, azonales Klima, Witterung, Wetter.*
2. *Erklären Sie die Entstehung folgender Windgürtel: Polare Ostwindzone, Westwindzone der Außertropen, Passatwindzone, äquatoriale Westwindzone.*
3. *Beschreiben Sie den jeweiligen Wetterablauf beim Durchzug einer Warmfront/Kaltfront.*
4. *Nach dem Durchzug einer Kaltfront bestehen oft besonders gute Sichtverhältnisse (Rückseitenwetter, „Fotowetter"). Wodurch kommt diese Erscheinung zustande?*
5. *Im Winter ist der Durchzug einer Warmfront oft mit Glatteisbildung verbunden. Erläutern Sie diesen Sachverhalt.*
6. *Im langjährigen Mittel häufen sich Tiefdruckgebiete im subpolaren Bereich (z. B. Islandtief), Hochdruckgebiete im subtropischen Bereich (z. B. Azorenhoch). Wie kommt es zu dieser Luftdruckverteilung?*
7. *Europa ist durch folgende Klimaverhältnisse gekennzeichnet:*
   Nordwest-Europa: Sommer kühl, Winter mild.
   Nordost-Europa: Sommer kühl, Winter kalt.
   Südwest-Europa: Sommer warm, Winter mild.
   Südost-Europa: Sommer warm, Winter kalt.
   Was sind die Ursachen dieses sogenannten Klimakreuzes?
8. *Ermitteln Sie mit Hilfe des Atlas die Klimaregionen des nordamerikanischen Kontinents. Erklären Sie die jeweiligen Niederschlags- und Temperaturverhältnisse unter Berücksichtigung des Reliefs und der Lage Nordamerikas im planetarischen Windsystem der Erde.*
9. *Erläutern Sie den Monsun Indiens (Entstehung und jahreszeitliche Niederschlagsverteilung).*
10. *„Afrika ist ein Kontinent idealer Klimazonierung mit azonalen Einflüssen." Nehmen Sie zu dieser Aussage Stellung.*

1.4 Böden: ihre Entstehung, Verbreitung und Bedeutung

Schema der für die Bodenbildung wichtigen Faktoren

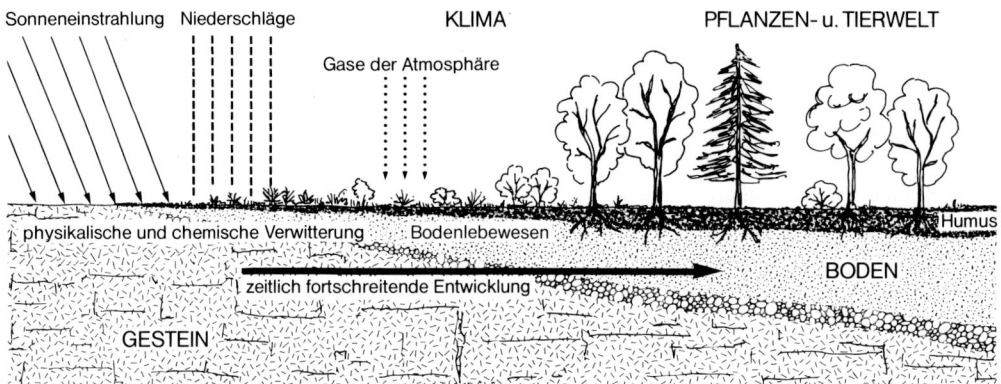

Während in den gemäßigten Breiten die landwirtschaftlichen Erträge durch Düngemitteleinsatz ständig steigen, gehen in vielen Teilen der feuchten Tropen die Erträge trotz Düngung bereits nach wenigen Jahren stark zurück. Man spricht in diesem Zusammenhang geradezu von der ökologischen Benachteiligung der Tropen. Aber auch innerhalb der gemäßigten Zone weist die Bodenfruchtbarkeit kleinräumig erhebliche Unterschiede auf. Insgesamt spielt der Boden neben dem Klima und dem Relief für das Pflanzenwachstum und damit auch für die landwirtschaftliche Nutzung eine bedeutende Rolle.

Die Pflanzen sind im Boden, der die notwendigen Nährstoffe liefert und speichert, fest verwurzelt. Der Boden *(Pedosphäre)* wird in seiner Entstehung und Weiterbildung im wesentlichen durch das Gestein *(Lithosphäre),* Relief, Klima (atmosphärisches Geschehen), Wasserhaushalt *(Hydrosphäre),* Bodentiere und Vegetation *(Biosphäre)* bestimmt. Auch der Mensch bewirkt durch moderne Bearbeitungstechniken eine Veränderung des Bodens. Unter dem Einfluß von Klima, Vegetation und Tierwelt entsteht durch Zersetzung und Verwitterung des organischen Materials und des anstehenden Gesteins die durchschnittlich 0,5 bis 2 Meter mächtige Lockerdecke.

Beispiel für die Zusammensetzung eines Grünlandbodens (in Volumen-%)

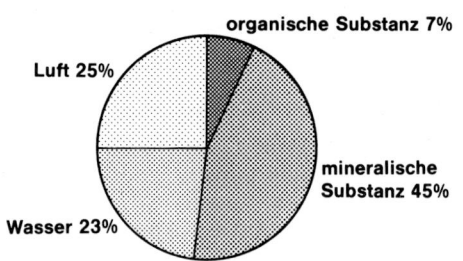

Die Entstehung des Bodens

Sowohl das anstehende Gestein und Gesteinsbruchstücke des Bodens als auch Pflanzen- und Tierreste enthalten die Pflanzennährstoffe in gebundener Form. Für die Pflanzen sind sie allerdings nur in gelöster Form verwertbar. Sie müssen daher durch *Verwitterung* und Zersetzung aufgeschlossen werden.

Mineralische Substanzen

Die wichtigsten Elemente der Erdkruste

Sauerstoff (O)	46%
Silizium (Si)	28%
Aluminium (Al)	8%
Eisen (Fe)	5%
Calcium (Ca)	4%
Natrium (Na)	3%
Kalium (K)	2%
Magnesium (Mg)	2%
Rest	2%

Die wichtigsten Pflanzennährstoffe sind: K, Ca, Mg, Fe. Ihre Freisetzung erfolgt durch chemische Verwitterung, der allerdings die physikalische Verwitterung des Gesteins vorausgeht. Unter physikalischer Verwitterung versteht man Frost- und Hitzesprengung, Wurzelsprengung u. a. Dabei wird das Gestein zunächst in kleinere, aber chemisch unveränderte Bruchstücke zerlegt. Die chemische Verwitterung bewirkt dann den weiteren Zerfall der Minerale. Folgende Prozesse spielen dabei ein Rolle: Lösungsverwitterung, *Hydrolyse* (Spaltung unter Aufnahme von Wasser), Säurewirkung, Oxidation und *Hydratation* (Sprengkraft durch Volumenvergrößerung unter Aufnahme von Wasser). Die chemische Verwitterung führt neben der Nährstofffreisetzung zur Bildung kleinster Minerale (*Tonminerale,* <0,002 mm). Die Tonminerale haben die wichtige Aufgabe, die freigesetzten Nährstoffe, die als Ionen gelöst sind, im Austausch gegen andere Ionen vorübergehend festzuhalten. Die Nährstoffauswaschung wird somit verhindert. Man spricht hier von der *Austauschkapazität* (gemessen in mval/100 g) der Tonminerale.
Tonminerale sind Schichtsilikate (wichtiger Baustein ist Silizium), die sich strukturell durch ihre unterschiedliche Anzahl an Silikatschichten unterscheiden. Die Tonmineralbildung erfolgt auf zwei Wegen: entweder durch allmählichen Zerfall ursprünglicher Schichtminerale (Glimmer) oder durch Tonmineralneubildung. Bei letzterer lagern sich die Zerfallsprodukte nichtschichtiger Minerale (Feldspäte, Hornblenden u. a.) um und zusammen (vgl. Abb. unten).

Ionenaustauschkapazität in mval/100 g bei Tonmineralen

Kaolinite	5– 15
Chlorite	10– 40
Illite	20– 50
Übergangsminerale	40– 80
Montmorillonite	80–120
Vermiculite	100–150

Bei Dreischichttonmineralen ist die Ionenaustauschkapazität besonders groß, da hier die Ionen zwischen den Schichten eingelagert werden. Bei Zweischicht- und Vierschichttonmineralen werden sie dagegen nur an den Außenflächen angelagert.
Böden mit einem hohen Kaolinitgehalt sind nur wenig, Böden mit einem hohen Montmorillonit- oder Vermiculitgehalt sind bevorzugt in der Lage, Nährstoffe im Boden festzuhalten und den Pflanzen zur Verfügung zu stellen.

Aufbau und Kationenaustausch bei Tonmineralen

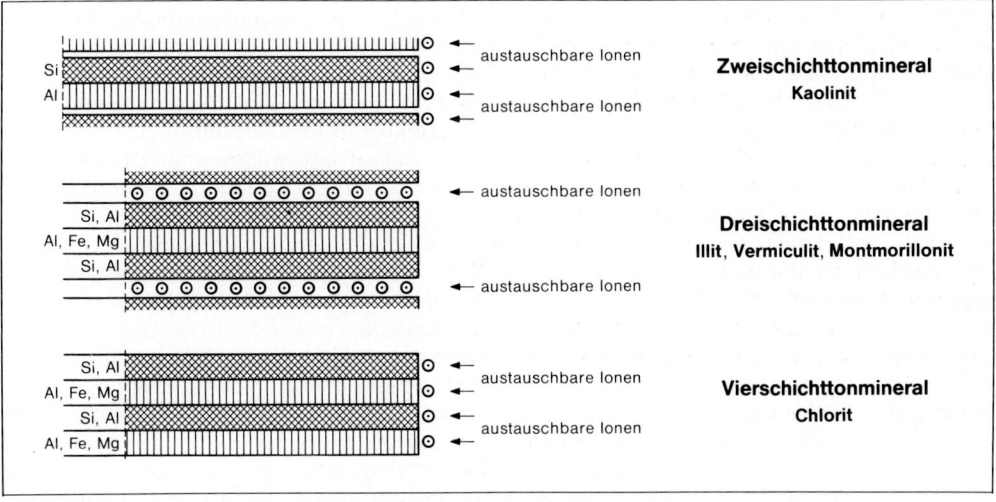

41

Bodenbildung durch Gesteinsverwitterung und Pflanzen- und Tierzersetzung

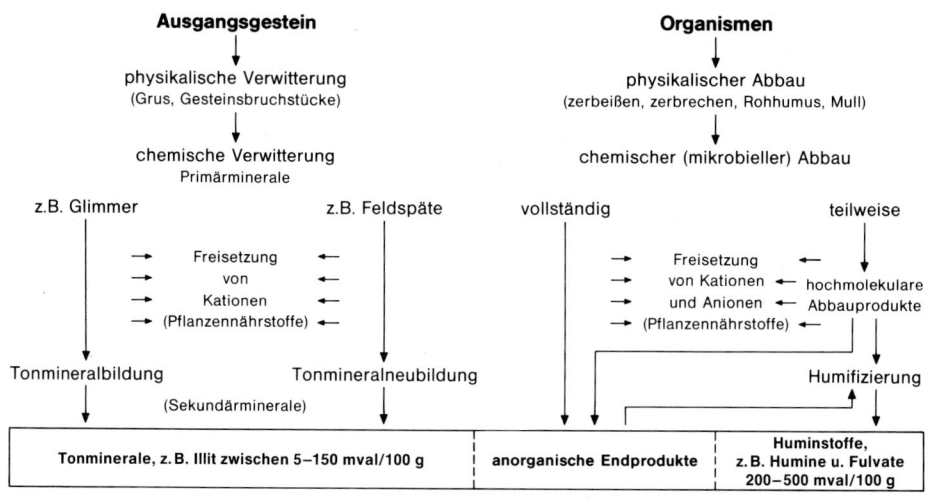

Ausgangsgestein		**Organismen**	
physikalische Verwitterung (Grus, Gesteinsbruchstücke)		physikalischer Abbau (zerbeißen, zerbrechen, Rohhumus, Mull)	
chemische Verwitterung Primärminerale		chemischer (mikrobieller) Abbau	

z.B. Glimmer   z.B. Feldspäte   vollständig   teilweise

→ Freisetzung ←
→ von ←
→ Kationen ←
→ (Pflanzennährstoffe) ←

→ Freisetzung ←
→ von Kationen ← hochmolekulare
→ und Anionen ← Abbauprodukte
→ (Pflanzennährstoffe) ←

Tonmineralbildung   Tonmineralneubildung   Humifizierung
(Sekundärminerale)

Tonminerale, z.B. Illit zwischen 5–150 mval/100 g	anorganische Endprodukte	Huminstoffe, z.B. Humine u. Fulvate 200–500 mval/100 g

Organische Substanzen

Mikroorganismen (Bakterien, Pilze) sind in besonderem Maße für den Abbau abgestorbener organischer Substanz (Tiere und Pflanzen) und damit für die Freisetzung weiterer Nährstoffe verantwortlich. Grabende Tiere wie Maulwurf und Regenwurm lockern den Boden und bewirken damit eine gute Durchlüftung und Durchfeuchtung. Die Gesamtheit abgestorbener Tiere und Pflanzen und ihrer Abbauprodukte bezeichnet man als Humus. Darunter befinden sich die Huminkolloide, die wie die Tonminerale die Pflanzennährstoffe vorübergehend festhalten. Mit 200–500 mval/100 g besitzen sie eine besonders hohe Austauschkapazität.

Humus und Gesteinsbruchstücke liefern dem Boden ständig neue Nährstoffe und Kolloide (Kationenaustauscher). Der Gehalt an Ton- und Humuskolloiden sowie an Nährstoffen bestimmt daher die Fruchtbarkeit des Bodens.

Bodenwasser. Da Pflanzen die Nährstoffe nur in gelöster Form aufnehmen können, spielt das Bodenwasser als Lösungsmittel eine dominierende Rolle. Darüber hinaus werden durch zirkulierendes Wasser Bodenbestandteile leicht verlagert, und der Boden wird damit in seiner Qualität verändert. Verlagerungen in die Tiefe ergeben sich durch Sickerwasser, Verlagerungen nach oben durch aufsteigendes Wasser, vor allem in Trockengebieten. Erodierendes Wasser kann die oberen Horizonte des Bodens abtragen, Stauwasser kann z.B. Oxidationsprozesse verhindern.

Bodenluft. Die Durchlüftung des Bodens ist nicht nur für Oxidationsvorgänge wichtig. Sie spielt auch für den notwendigen Gasaustausch der Bodentiere und der Pflanzen eine wesentliche Rolle. Kommt es durch eine falsche Bodenbearbeitung (z.B. beim Einsatz überschwerer Feldmaschinen) zu verstärkter Bodenverdichtung, so ist nur noch eine eingeschränkte Durchlüftung möglich, und die Bodenqualität wird gemindert.

Die Bodenart beschreibt das äußere Erscheinungsbild eines Bodens. Von besonderer Bedeutung ist der Gehalt an Bestandteilen unterschiedlicher *Korngröße*. Dementsprechend unterscheidet man Sand-, Schluff- und Tonböden. Liegt eine Mischung verschiedener Korngrößenfraktionen vor, spricht man beispielsweise von einem schluffigen Sandboden, schluffigen Lehmboden usw. Die Bodenart kann auch nach der Bodenfarbe (Gelberde, Rotboden) und nach dem pH-Wert (Sauerboden, alkalischer Boden) eingeteilt werden.

Schließlich spielen auch der Feuchtigkeitsgehalt (Naßboden, Trockenboden), die Durchlüftung, die Durchwurzelbarkeit und die Bearbeitbarkeit (leichter Boden, schwerer Boden) eine große Rolle. Durch unterschiedliche Korngrößenanteile des Bodens ergeben sich verschiedene Bodeneigenschaften.

Bodenarten (Anteil in Gewichtsprozent)

Kornfraktionen	Ton (<0,002 mm)	Schluff (0,002– 0,063 mm)	Sand (0,063– 2,0 mm)
Bodenart			
schluffiger Sandboden	0– 8	10–50	45–90
sandiger Schluffboden	0– 8	50–80	12–50
sandiger Lehmboden	17–25	15–18	47–68
toniger Lehmboden	25–35	35–50	15–50
lehmiger Tonboden	45–65	18–55	0–37

Nach Arno Semmel: Grundzüge der Bodengeographie. Stuttgart: Teubner 1977, S. 30/31

Zusammenhang von Korngrößenanteil und Eigenschaften des Bodens

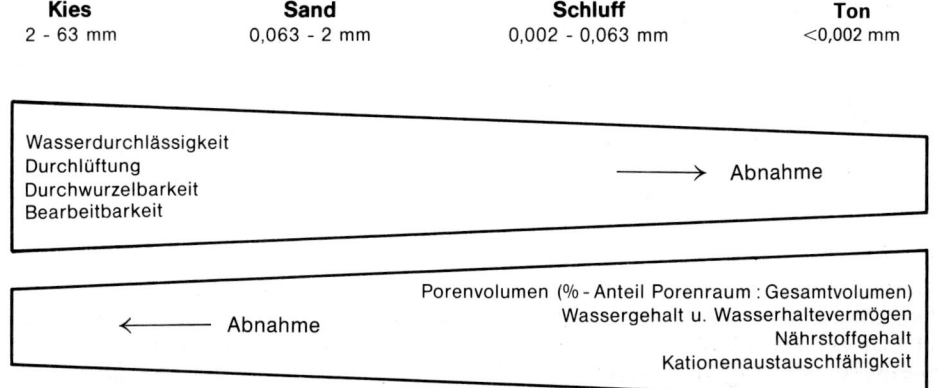

Die Bodentypen

Die Verwitterung des Gesteins sowie der Anteil und die Zersetzung des organischen Materials laufen in den verschiedenen Klimagebieten der Erde und über den verschiedenen Ausgangsgesteinen in unterschiedlicher Art und Intensität ab. Die gesteins- und klimazonale Abhängigkeit der Bodenwasserzirkulation führt darüber hinaus zu einer charakteristischen Verlagerung der organischen und anorganischen Abbauprodukte (Ton, Nährstoffe, Humusstoffe usw.). Diese werden aus bestimmten Horizonten abgeführt und in tieferen oder höheren Horizonten wieder angereichert. Vielfach werden sie sogar ganz aus dem Boden ausgewaschen. Daher besitzen die Böden verschiedener Klimazonen oder verschiedener Ausgangsgesteine unterschiedliche, aber charakteristische Abfolgen sogenannter *Bodenhorizonte.* Ein Bodenprofil ist durch eine typische Horizontabfolge gekennzeichnet.

Kennzeichnung der Bodenhorizonte

A = Oberboden
B = Unterboden
C = Ausgangsgestein
G = durch Grundwasser beeinflußter Horizont (Gley)
h = humushaltig
e = ausgewaschen, gebleicht
t = Anreicherung von Ton
al, fe = Aluminium- und Eisenanreicherung
sa = Salzanreicherung
r = reduziert (Hemmung der Oxidation)

43

Frostschuttboden. Wärmemangel verhindert eine stärkere chemische Verwitterung, Frostsprengung bewirkt lediglich eine Zersetzung in groben Gesteinsschutt mit nur geringem Feinanteil.

Tundrengley. Vorwiegend physikalische Verwitterung verhindert Bildung größerer Mengen Feinmaterials; Flechten, Moose und Gräser liefern organisches Material für nur geringmächtigen A_h-Horizont, meist Rohhumus, da durch Kälte der mikrobielle Abbau stark herabgesetzt ist; Dauerfrostboden in der Tiefe staut im sommerlichen Auftaubereich das Grundwasser (Gley-Horizont). In Mitteleuropa Entstehung von Pseudogleyen über wasserstauenden Schichten.

Podsol (Bleicherde). Saurer Sickerwasserstrom in Nadelwaldgebieten führt zur Auswaschung der Nährstoffe aus dem Oberboden (A_e = Bleichhorizont) und deren Anreicherung im Unterboden (B), im oberen Teil des B-Horizontes z.T. Verbackung der Nährstoffe zu hartem Ortstein; niedere Temperaturen und schlechte Zersetzbarkeit der Nadelblätter für Rohhumushorizont A_h verantwortlich; geringe Fruchtbarkeit infolge Ausschwemmung der Nährstoffe in die Tiefe; Rohhumus als Nährstofflieferant wenig bedeutend.

Lessivierte Böden (Parabraunerden). Teilweise Ausschwemmung von Tonmineralen aus dem Oberboden (A_e) in den Unterboden (B_t), der Laubwald liefert ständig reichlich Humusmaterial (mächtiger A_h-Horizont), die Huminkolloide des Oberbodens bewirken als Nährstoffträger größere Fruchtbarkeit.

Rendzina, Pararendzina. Entsteht meist über hartem Kalkgestein, häufig in Hanglagen oder bei gehemmter Bodenentwicklung über Carbonatuntergrund. Schwarz- bis braunschwarzgefärbter A_h-Horizont übergangslos über C-Horizont ausgebildet. Durch Humus- und Tonmineralgehalt zwar fruchtbar, Bodenmächtigkeit und Wassergehalt aber meist gering. Über Lockergesteinen oft Pararendzinen entwickelt, die geringeren Carbonat- und Tonmineralgehalt aufweisen.

Schwarzerde (Tschernosem). Entsteht meist über schluffigem Löß, Niederschlagsmangel verhindert stärkeren Sickerwasserstrom, keine Ausschwemmung von Ton- und Huminkolloiden, Sommertrockenheit und Winterkälte hemmen bakteriellen Abbau organischen Materials, daher trotz Vegetationsarmut hoher Gehalt an Humusstoffen; intensive Durchmischung des Bodenmaterials durch Wühltiere, Entstehung eines mächtigen, gut durchlüfteten und sehr fruchtbaren A_h-Horizontes.

Kastanienbraune und Graue Böden. Zunehmende Trockenheit und zunehmend schüttere Vegetation für immer geringer werdende Mächtigkeit des A_h-Horizontes verantwortlich, zunehmend aufsteigendes Bodenwasser (Kapillarwasser), daher vielfach Anreicherung von Salz (sa) im Oberboden und an der Oberfläche, deshalb geringer werdende Fruchtbarkeit; Salzböden (Solontschak, Solonez).

Wüstenrohböden. Durch Wassermangel geringe chemische, starke physikalische Verwitterung, Schutthorizontbildung.

Rotbraune Böden der Trockensavannen (fersiallitische Böden). Äquatorwärts länger werdende Regenzeit, Zunahme der chemischen Verwitterung, daher tiefgründigere Böden mit stärkerer Tonmineralbildung (Kaolinit), trotz Verlagerung von Nährstoffen bewirkt relativ hoher Anteil von Montmorillonit und Illit mittlere Fruchtbarkeit; Eisen (Fe), Silizium (Si) und Aluminium (Al) bleiben im Oberboden erhalten, daher die Bezeichnung fersiallitische Bodenbildung.

Lateritböden der Feuchtsavannen und des immerfeuchten tropischen Regenwaldes (ferallitische Böden). Hohe Temperaturen und hohe Niederschläge für intensive chemische Verwitterung verantwortlich, daher tiefgründige, mehrere Meter mächtige Böden mit dominierendem Anteil an Kaolinit; Mangel an wirksamen Nährstoffträgern (Montmorillonit, Illit) bewirkt Auswaschung des Bodens und damit Nährstoffarmut und geringe Fruchtbarkeit, Auswaschung der Kieselsäure (SiO_2), Anreicherung von Eisen (Fe) und Aluminium (Al) im Oberboden = Lateritisierung = ferallitische Bodenbildung.

44

Verbreitung der wichtigsten Böden in Mitteleuropa

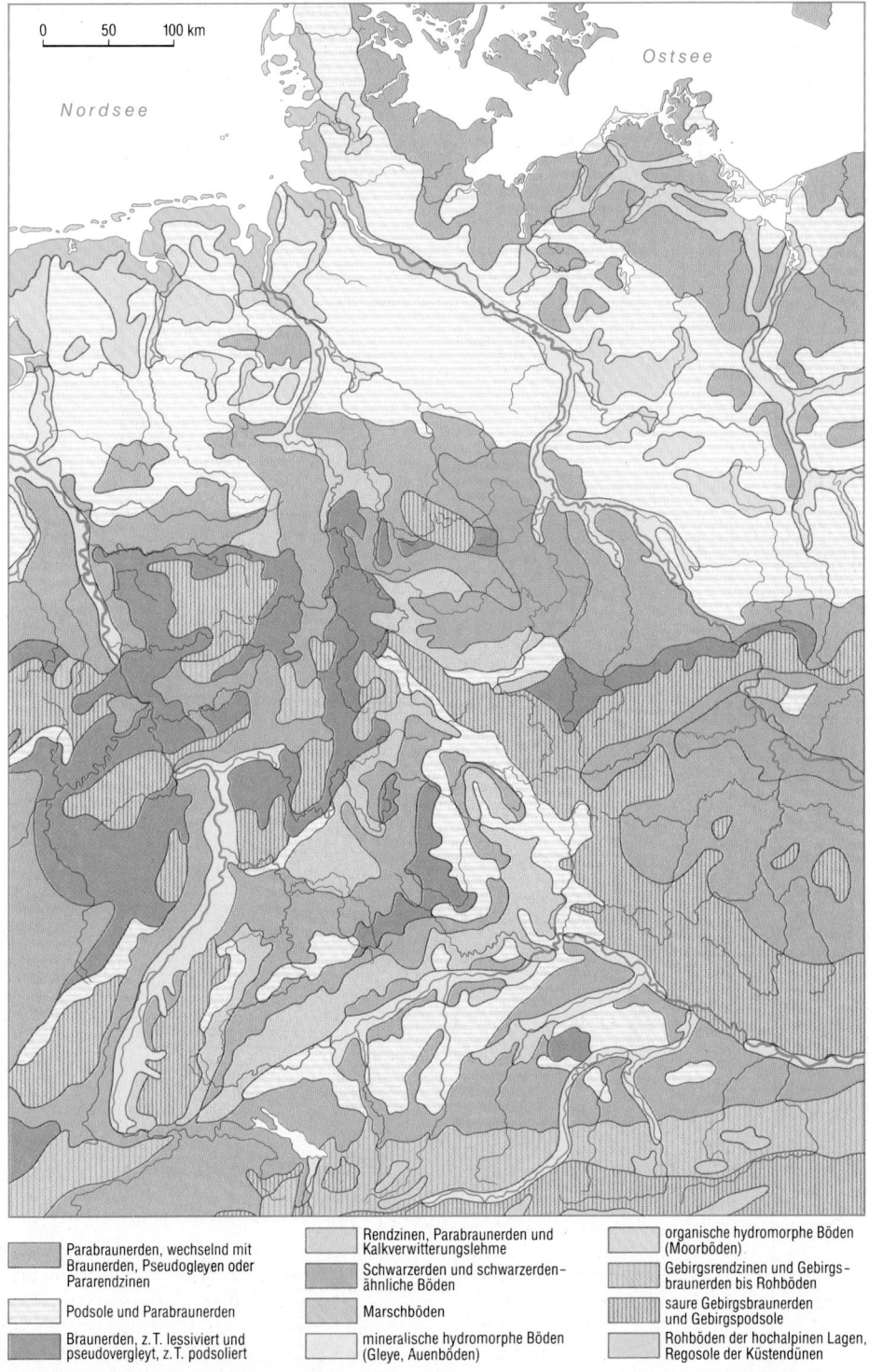

0   50   100 km

Nordsee

Ostsee

Legende:

- Parabraunerden, wechselnd mit Braunerden, Pseudogleyen oder Pararendzinen
- Podsole und Parabraunerden
- Braunerden, z.T. lessiviert und pseudovergleyt, z.T. podsoliert
- Rendzinen, Parabraunerden und Kalkverwitterungslehme
- Schwarzerden und schwarzerden-ähnliche Böden
- Marschböden
- mineralische hydromorphe Böden (Gleye, Auenböden)
- organische hydromorphe Böden (Moorböden)
- Gebirgsrendzinen und Gebirgs-braunerden bis Rohböden
- saure Gebirgsbraunerden und Gebirgspodsole
- Rohböden der hochalpinen Lagen, Regosole der Küstendünen

Nach Harms Handbuch der Geographie: Physische Geographie. München: List und Schroedel 1986, S. 154

45

Bodenzusammensetzung in verschiedenen Klimazonen

EF	ET	Df	Cf	BSk/Dw	BSk	BW/BS	BWh	BSh/Aw	Aw/Af
Frostschutt zone	Tundra	Nadelwald Taiga	Laubwald	Langgras-steppe	Kurzgras-steppe	Halbwüste	Wüste	Trocken-savanne	Feuchtsavanne Regenwald
Rohboden	Tundrengleye	Podsol	Lessivé	Schwarzerde	kastanienb. Böden	graue Böden	Rohboden	rotbrauner Boden	Laterite Latosole
p » c	p » c	p ≥ c	c › p	p ≥ c	p ≥ c	p › c	p » c	p = c	c » p

m
0
0,5
1
Schutt
Ah
Gr
C
Ah
Ae
Ort-
stein
B
C
Ah
Ae
Bt
C
Ah
C
Löß
Ah
Cca
C
Ah
B
Bca
Schutt
Ah
al,fe,si
C
m
0
4
8
Ah
al,fe
C
%-Anteil an Mineralien
100
90
80
70
60
50
40
30
20
10
0
silikat. Ausgangsgestein
CaCO3
Al2O3, Fe2O3
3-Schicht-Tonminerale
v.a. Kaolinite

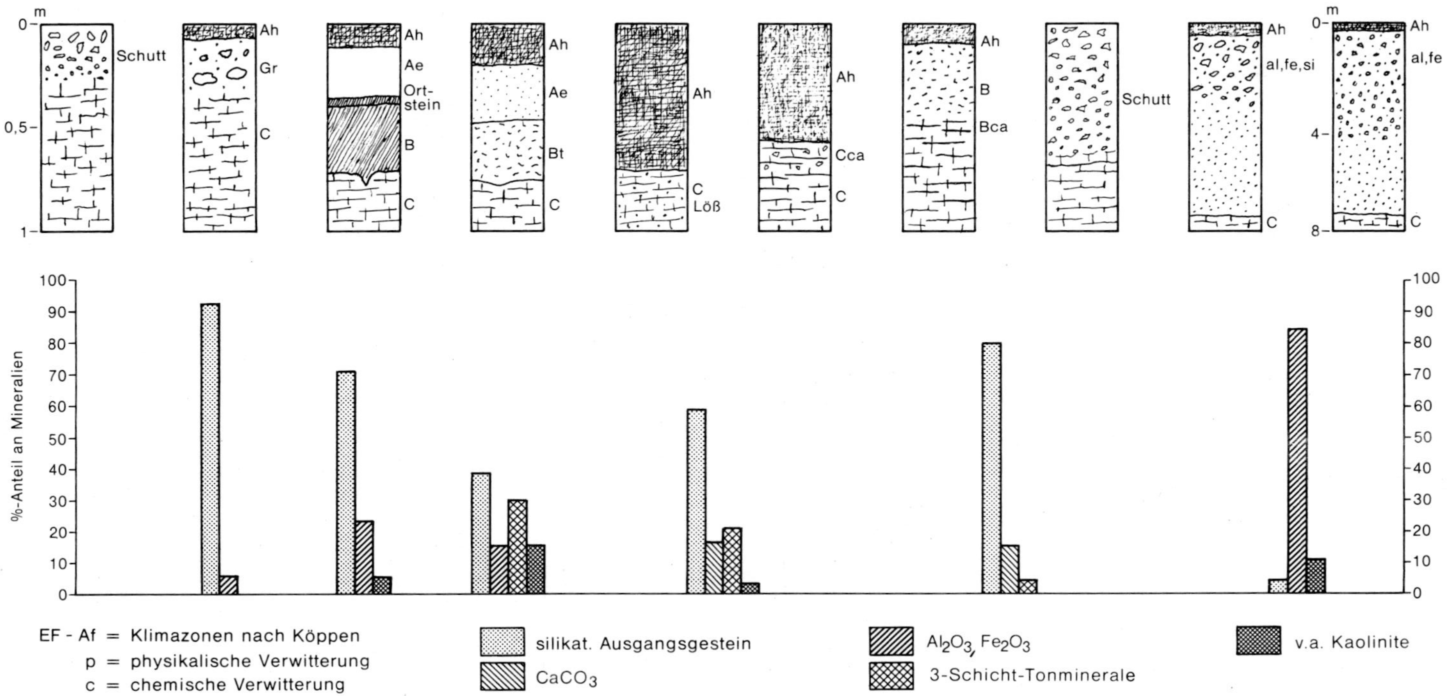

EF - Af = Klimazonen nach Köppen
p = physikalische Verwitterung
c = chemische Verwitterung

Verbreitung der Bodentypen auf der Erde

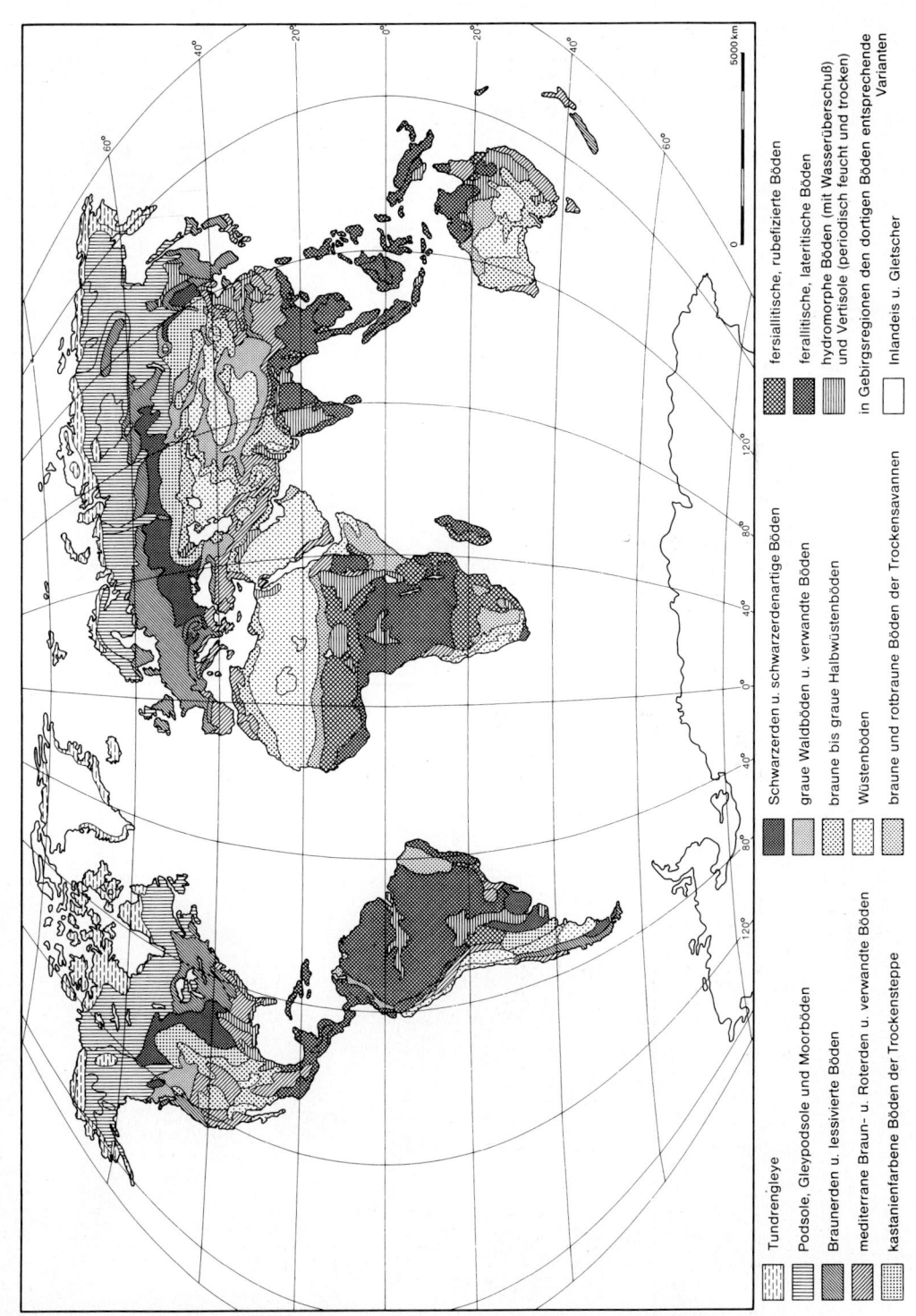

Tundrengleye

Podsole, Gleypodsole und Moorböden

Braunerden u. lessivierte Böden

mediterrane Braun- u. Roterden u. verwandte Böden

kastanienfarbene Böden der Trockensteppe

Schwarzerden u. schwarzerdenartige Böden

graue Waldböden u. verwandte Böden

braune bis graue Halbwüstenböden

Wüstenböden

braune und rotbraune Böden der Trockensavannen

fersiallitische, rubefizierte Böden

ferrallitische, lateritische Böden

hydromorphe Böden (mit Wasserüberschuß) und Vertisole (periodisch feucht und trocken)

in Gebirgsregionen den dortigen Böden entsprechende Varianten

Inlandeis u. Gletscher

5000 km

Nach Physische Geographie. Harms Handbuch der Geographie. München: List Verlag 1976, Tafel 27

Anbau im tropischen Regenwald, Amazonien

48

Oase im Süd-Aures, Algerien

*Bewässerungsfeldbau in
Südkalifornien*

49

Borealer Nadelwald, Kallavesi, Finnland

Die Bodenvielfalt kann in den einzelnen Regionen der Erde sehr verschieden sein. Während sich in Nordamerika über weite Gebiete hinweg die Böden nur wenig ändern, weisen sie in Mitteleuropa auf kürzeste Entfernung eine sehr große Vielfalt auf. Dies ist ein Grund für die unterschiedlichen landwirtschaftlichen Nutzungsmöglichkeiten.

Bodenfruchtbarkeit

Die *Bodenfruchtbarkeit* erhöht sich nicht nur mit dem Vorhandensein von Nährstoffen, sondern auch mit dem Gehalt an wirksamen Nährstoffträgern (Kationenaustauscher = Humin- und Tonminerale). Intensive chemische Verwitterung in den feuchten Tropen führt zur Bildung vor allem der Kaolinite mit schwacher Austauschkapazität. Dies hat die geringe Fruchtbarkeit der dortigen Böden zur Folge. Der niedere Anteil der chemischen Verwitterung in der Trockensavanne und in den gemäßigten Bereichen ist für einen höheren Anteil von Illit und Montmorillonit mit hoher Austauschkapazität verantwortlich. Daher ergibt sich in der Trockensavanne eine höhere Fruchtbarkeit und somit eine höhere potentielle Bevölkerungsdichte als im tropischen Regenwald. Die besonders hohe Fruchtbarkeit in den gemäßigten Breiten ist nicht nur auf die Dominanz der Dreischichttonminerale, sondern auch auf den hohen Anteil der Huminstoffe zurückzuführen. Diese sind in der Trockensavanne wegen Vegetationsarmut nur wenig ausgebildet, und im tropischen Regenwald werden sie wegen der starken chemischen Verwitterung zu rasch abgebaut.

Die *potentielle Bodenfruchtbarkeit* ist in bestimmten Gebieten der Erde (Halbwüsten, Trockensteppen) zwar groß, die *aktuelle Bodenfruchtbarkeit* jedoch geringer. Wassermangel und die derzeitigen Bearbeitungsmethoden lassen keine entsprechend hohen Erträge zu (Beispiel: russischer Acker-Tschernosem in Kasachstan).

Die Bodenfruchtbarkeit wird in Deutschland nach der Reichsbodenschätzung in Bodenzahlen ausgedrückt, die den erzielbaren Reinertrag eines Bodens zum fruchtbarsten Schwarzerdeboden der Magdeburger Börde (Bodenzahl = 100) in Beziehung setzt (Lößböden der Gäue: 70–80, Kalkböden Schwä-

bische Alb: 30–50, Grenzertragsböden <30; vgl. Kap. Landwirtschaft S. 103). In den gemäßigten Breiten spielt die Bodenart eine besondere Rolle, da sie über die für das Pflanzenwachstum wichtige Feuchtespeicherung entscheidet. Heute wird allerdings eine geringe Bodenfruchtbarkeit häufig durch Düngerbeigaben ausgeglichen.

1. *Definieren Sie folgende Begriffe: Boden, Bodenart, Bodentyp, Bodenfruchtbarkeit, Bodenzahl, Lößboden, Löß, Sandboden, Sand.*
2. *Die Bodenverhältnisse bestimmen als wesentlicher Faktor die Nutzungsmöglichkeiten eines Raumes. Erklären Sie die unterschiedliche Bodenfruchtbarkeit folgender Gebiete: Magdeburger Börde, Lüneburger Heide, Ostholsteinisches Hügelland, Eiderstetter Marsch, Grundgebirgsschwarzwald.*
3. *Vergleichen Sie die bodenbildenden Prozesse in den gemäßigten Breiten, ariden Tropen und immerfeuchten Tropen.*
4. *In Mitteleuropa bietet toniger Untergrund eine gewisse Sicherheit, daß Fremdstoffe (z. B. Düngemittel) nicht allzu rasch in das Grund- oder Oberflächenwasser weggeschwemmt werden. Nach Düngeaktionen auf Rodungsflächen des immerfeuchttropischen Regenwaldes, die durch tonreiche Roterden gekennzeichnet sind, können dagegen die Düngestoffe bereits nach kurzer Zeit und in großer Menge im Wasser benachbarter Flüsse nachgewiesen werden. Worauf sind diese Unterschiede zurückzuführen?*
5. *Schlagen Sie ein Bodenprofil in der Nähe Ihres Schulorts, und bestimmen Sie die einzelnen Bodenhorizonte.*
6. *Ökologen warnen vor einer zunehmenden Bodenzerstörung aufgrund von Intensivierungsmaßnahmen in der modernen Landwirtschaft. Erläutern Sie in diesem Zusammenhang den Begriff Bodenzerstörung, und nennen Sie die möglichen arbeitstechnischen Ursachen hierfür.*
7. *Erklären Sie die Entstehung und Verbreitung der Schwarzerdeböden in der GUS.*

1.5 Vegetationszonen der Erde

Entsprechend der klimatischen Zonierung der Erde kommt es zur Ausbildung natürlicher *Vegetationsgürtel*. Aber in nur wenigen Gebieten unserer Erde besteht heute noch die ursprüngliche, natürliche Vegetation, sie ist in mehr oder weniger starkem Maße vom Menschen verändert worden. An die Stelle des natürlichen Pflanzenkleides sind Ersatzgesellschaften getreten, die ihrerseits sehr stark nach Zweck, Dauer und Intensität der menschlichen Beeinflussung zu unterscheiden sind.

So sind die sommergrünen Laub- und Laubmischwälder der mittleren Breiten durch die landwirtschaftliche Nutzung stark zurückgedrängt worden, und Nadelbäume, insbesondere die Fichte und Tanne, werden als wirtschaftlich bedeutsame Baumarten großflächig in den verbliebenen Waldgebieten angepflanzt.

Die dadurch geschaffenen vielfältigen Ersatzgesellschaften können global nicht mehr systematisch erfaßt werden. Man stellt daher in der Regel die „potentiell natürliche Vegetation" dar. Hierunter wird (nach K. Müller-Hohenstein) „das Endstadium der jeweiligen Vegetationsentwicklung unter Ausschaltung des anthropogenen Einflusses und unter sonst konstant bleibenden gegenwärtigen natürlichen Voraussetzungen" verstanden.

Üppige, baumreiche Vegetation entwickelt sich in Gebieten, in denen die Temperaturen und die Niederschlagsmengen ausreichend sind. Dies ist in den gemäßigten Breiten und im Bereich des feuchttropischen Regenwaldes der Fall, in denen die Laubvegetation vorherrscht. Mit zunehmender Trockenheit oder Kälte müssen Bäume und Sträucher einen entsprechenden Verdunstungsschutz entwickeln. So haben im Bereich der Winterregengebiete die Hartlaubgewächse (z. B. Pinien, Stechpalmen) mit nadelförmigen oder wachsüberzogenen Blättern ihre Verbreitung. In den Regionen, in denen durch die Gefrornis des Bodens das Wasser großenteils in Form von Eis gebunden ist und den Pflanzen somit nur begrenzt zur Verfügung steht, finden wir dementsprechend einen ausgeprägten Nadelwaldgürtel. Diesen borealen Nadelwald gibt es infolge der ungleichen Verteilung der Landmassen auf der Erde nur auf der nördlichen (= borealen) Halbkugel.

In den Trocken- bzw. Kälteregionen der Erde wird die Baum- und Strauchvegetation zunehmend durch Grasland ersetzt. Tropische Grasländer bezeichnet man als Savannen, außertropische als Steppen. Der polare Tundrengürtel ist durch Moose, Flechten und Hartgräser gekennzeichnet.

In den extremen Klimagebieten sind schließlich die nahezu vegetationslosen Wüsten ausgebildet.

Höhenstufen der Vegetation

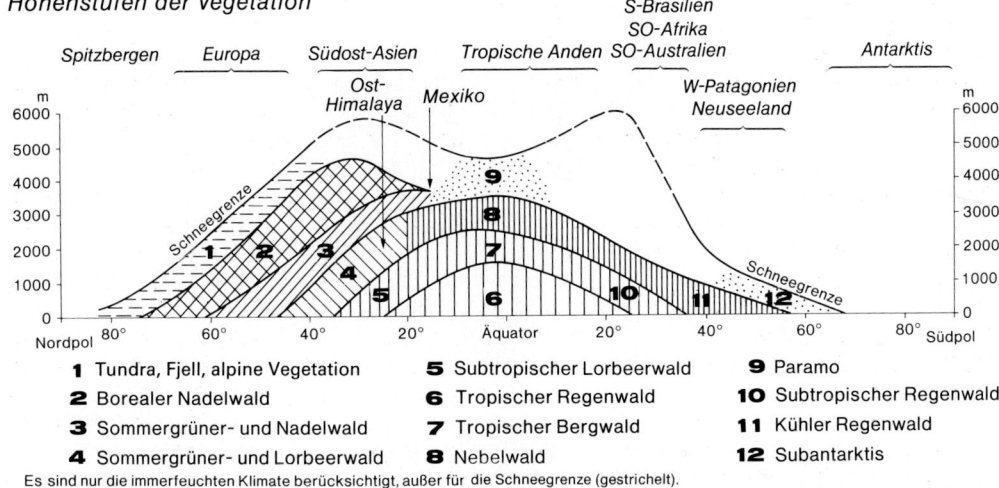

1 Tundra, Fjell, alpine Vegetation
2 Borealer Nadelwald
3 Sommergrüner- und Nadelwald
4 Sommergrüner- und Lorbeerwald
5 Subtropischer Lorbeerwald
6 Tropischer Regenwald
7 Tropischer Bergwald
8 Nebelwald
9 Paramo
10 Subtropischer Regenwald
11 Kühler Regenwald
12 Subantarktis

Es sind nur die immerfeuchten Klimate berücksichtigt, außer für die Schneegrenze (gestrichelt).
Verwandte Vegetationen der tropischen Höhen und der höheren Breiten sind durch gleiche Signaturen gekennzeichnet.

Hans-Ulrich Bender u. a.: Landschaftszonen und Raumanalyse. Stuttgart: Klett 1985, S. 72

Vegetationszonen der Erde
Natürliche Vegetation und Vegetationsprofile

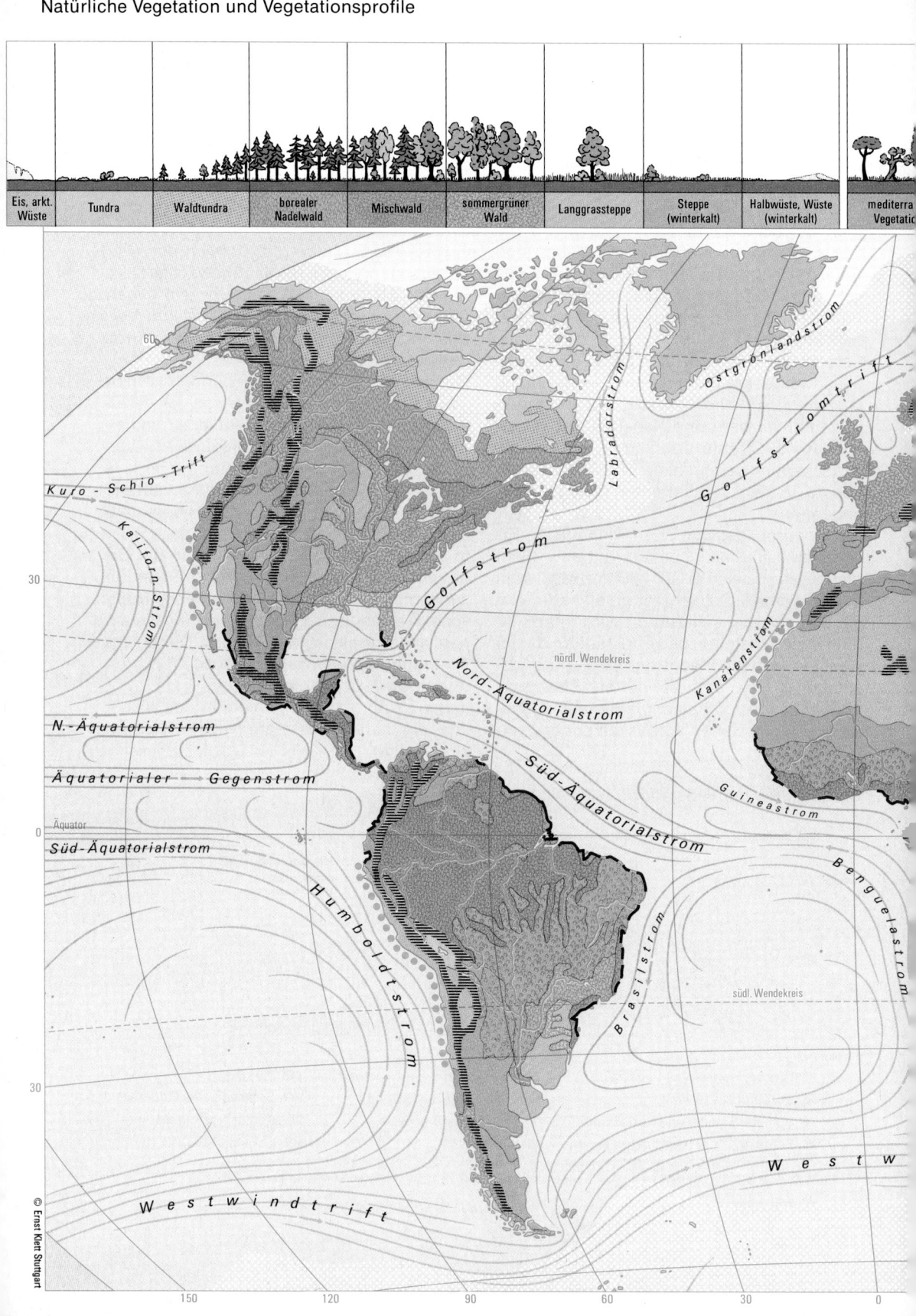

Eis, arkt. Wüste	Tundra	Waldtundra	borealer Nadelwald	Mischwald	sommergrüner Wald	Langgrassteppe	Steppe (winterkalt)	Halbwüste, Wüste (winterkalt)	mediterra Vegetatio

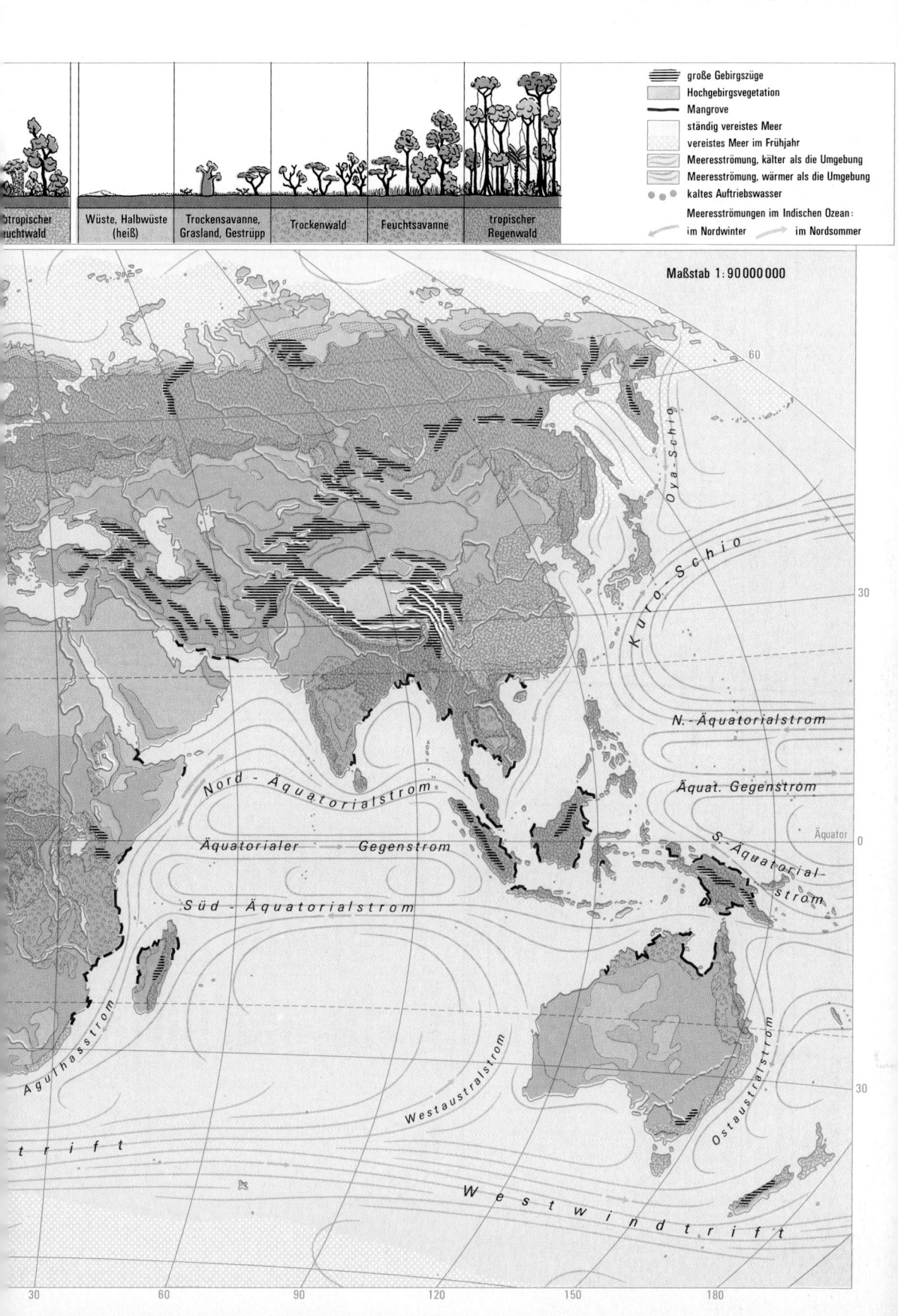

subtropischer euchtwald | Wüste, Halbwüste (heiß) | Trockensavanne, Grasland, Gestrüpp | Trockenwald | Feuchtsavanne | tropischer Regenwald

große Gebirgszüge
Hochgebirgsvegetation
Mangrove
ständig vereistes Meer
vereistes Meer im Frühjahr
Meeresströmung, kälter als die Umgebung
Meeresströmung, wärmer als die Umgebung
kaltes Auftriebswasser
Meeresströmungen im Indischen Ozean:
im Nordwinter   im Nordsommer

Maßstab 1:90 000 000

60

Oya-Schio

Kuro-Schio

30

N.-Äquatorialstrom

Äquat. Gegenstrom

Äquator

0

Nord - Äquatorialstrom

Äquatorialer   Gegenstrom

S.-Äquatorial-strom

Süd - Äquatorialstrom

Agulhasstrom

Westaustralstrom

Ostaustralstrom

30

t r i f t

W e s t w i n d t r i f t

30   60   90   120   150   180

2 Landschaftsökologie, Umweltgefährdung und Umwelterhaltung

Landschaftszonen: Klima – Boden – Vegetation

Klimazone	Subzone	wesentliche Klimamerkmale	Mitteltemperatur wärmster Monat	Mitteltemperatur kältester Monat	Temperatur: Jahresschwankungen	hygrische Verhältnisse	Verwitterung, Bodenbildungsprozesse	vorherrschende, potentielle Vegetation
Kalte Zone	1 Polare Klimate	extrem polare Eisklimate; Inlandeis, Frostschuttgebiete	unter 6°		(sehr) hoch	nival	physikalische Verwitt., minimale Bodenbildung	ohne höhere Vegetation
	2 Tundrenklimate	kurzer, frostfreier Sommer; Winter sehr kalt	6°–10°	unter –8°	hoch	humid	physikal. Verwitt., geringe Bodenbildung, Dauerfrostböden	Tundren (z. B. Moose, Flechten, Zwergsträucher)
	3a Extrem kontinentale Nadelwaldklimate	extrem kalter, trockener, langer Winter	10°–20°	unter –25°	mehr als 40°	humid	vorherrschend: physikal. Verwitt., Podsolierung	sommergrüne Nadelwälder (Lärchen)
	3b Kontinentale Nadelwaldklimate	lange, kalte, sehr schneereiche Winter; kurze, relativ warme Sommer; Vegetationsperiode: 100–150 Tage	10°–20°	unter –3°	20°–40°			immergrüne Nadelwälder (z. B. Fichte, Kiefer)
Gemäßigte Zone	Waldklimate 4a Ozeanische Klimate	milde Winter, mäßig warme Sommer	unter 20°	über 2°	unter 16°	humid	ausgewogenes Verhältnis von physikal. und chemischer Verwitterung;	überwiegend sommergrüne Laubwälder, Mischwälder
	4b Kühlgemäßigte Übergangsklimate	milde bis mäßig kalte Winter, mäßig warme bis warme Sommer; Vegetationsperiode über 200 Tage	meist 15° bis 20°	2° bis –3°	16° bis 25°		Entstehung von Braunerden, Parabraunerden und Übergangsbildungen. Bei 4c: Dauerfrostböden, Gley- und Podsolböden	sommergrüne Laubwälder, Mischwälder (z. B. Buche, Eiche, Fichte)
	4c Kontinentale und extrem kontinentale Klimate	kalte, lange Winter; Vegetationsperiode bei hoher Kontinentalität 120–150 Tage, sonst bis 210 Tage	15° bis über 20°	–3° bis –30°	20° bis über 40°	überwiegend humid		
	4d Sommerwarme Klimate der Ostseiten	generell wärmer als 4c, enge Beziehung zu südlich anschließenden Subtropen	20° bis 26°	2° bis –8°	20° bis 35°			
	Steppenklimate 5 Winterkalte Steppenklimate	Winterkälte und Trockenheit im Sommer engen die Vegetationsperiode ein: selten über 180 Tage	meist unter 0°		hoch (Ausnahme: Patagonien)	5 bis 7 humide Monate	Bildung der humusreichen Schwarzerden. Mit zunehmender Trockenheit: Abnahme der chemischen Verwitt., des Humusgehalts und der Tonmineralbildung;	Gras- und Zwergstrauchsteppen

Hans-Ulrich Bender u. a.: Räume und Strukturen. Stuttgart: Klett 1984, S. 12–13

Zone	Nr. / Klima	Niederschläge / Klimacharakter	Temperatur (Tiefland)	Temperaturschwankungen	semiarid, arid (humide Monate)	Böden	Vegetation
Subtropen-zone	6 Winter-kalte Halb-wüsten- und Wüsten-klimate	Niederschläge geringer als bei 5			semiarid, arid	kastanienbraune Böden, Wüstenböden	Halbwüste, Wüste
	7 Winter-regen-klimate (West-seiten-klima)	warme und feuchte Jahreszeit fallen auseinander; Mittelmeerklima	2° bis 13°	im Gegensatz zu den Tropen erhebliche Schwankungen	mehr als 5 humide Monate	Bodenbildungsprozesse in der trockenen Zeit weitgehend unterbrochen; rote und braune Böden	Hartlaubvegetation (z. B. Lorbeer, Stechpalme; immergrüne Stein- und Korkeichen)
	8 Sommer-regen-klimate (Ostseiten-klima)	warme und feuchte Jahreszeit fallen zusammen			10 bis 12 humide Monate		immergrüne und sommergrüne Wälder
	9 Steppen-klimate	feuchte Jahreszeit im Vergleich zu 7 kürzer			meist unter 5 humide Monate		Gras-, Strauch-, Dorn- und Sukkulenten-steppen
	10 Halb-wüsten- und Wüsten-klimate	im Gegensatz zu 6 keine strengen Winter, aber Fröste möglich			meist weniger als 2 humide Monate		Halbwüste, Wüste (Anpassung der Pflanzen an die Trockenheit, z. B. Sukkulenz)
Tropen-zone	11 Halbwüsten und Wüstenklimate	im Gegensatz zu 10 ganzjährig warm	im Tiefland über 18°	gering (meist unter 10°)	weniger als 2 humide Monate	Wüstenböden	Halbwüste, Wüste (Anpassung an die Trockenheit)
	12 Klimate der Dorn-savannen	12 bis 14: Wechsel von Regenzeit und Trockenzeit; Jahresniederschläge zunehmend, ebenso Länge der Regenzeit		(keine thermischen Jahreszeiten; Tagesschwankungen der Temperatur größer als die Jahresschwankungen der Monatsmittel)	2 bis 4 1/2 humide Monate	fersiallitische Böden	Dornwälder und Dornsavannen
	13 Klimate der Trocken-wälder und Trocken-savannen				4 1/2 bis 7 humide Monate		regengrüne Trocken-wälder und Trocken-savannen
	14 Klimate der Feucht-wälder und Feucht-savannen				7 bis 9 1/2 humide Monate	14 und Teile von 15: ferrallitische Böden (Laterite, Latosole)	immergrüne und regengrüne Feucht-wälder und Feuchtsavannen
	15 Tropische Regenwald-klimate	relativ gleichmäßige und hohe Niederschläge			9 1/2 bis 12 humide Monate, meist über 1500 mm	intensive, tiefgründige chemische Verwitterung	immergrüne tropische Regenwälder

Eine Vielzahl von Wissenschaftsdisziplinen wie z. B. die Geographie, die Biologie, die Chemie, die Geologie und die Bodenkunde beschäftigt sich mit der Erfassung des Landschaftshaushaltes. Ihnen allen gemeinsam ist die Analyse der Stoffkreisläufe und des Energieflusses des zu untersuchenden Ökosystems (griechisch „oikos" = Haushalt), um somit dessen Stabilität oder Labilität einschätzen zu können.

In den nachfolgenden landschaftsökologischen Ausschnitten unterschiedlicher Raumgröße liefern die Nachbarwissenschaften der Geographie wichtige Ergebnisse, die zum Verständnis des betreffenden Ökosystems notwendig sind. Die Geographie selbst stellt entsprechend ihrer integrierenden Funktion die räumliche Gesamtschau dar.

Die Landschafts- oder Geozonen bilden die oberste Ebene in der Hierarchie der Betrachtungsweisen in der Landschaftsökologie (Geoökologie). Bei dieser großräumigen (kleinmaßstäbigen) Betrachtungsweise erfolgt die Darstellung und das Zusammenwirken der Geofaktoren Klima, Boden, Wasser, Pflanzen- und Tierwelt sowie Relief und Gestein in stark generalisierender Weise.

Die Landschaftszonen ermöglichen eine schnelle Orientierung über wichtige naturgeographische Zusammenhänge. Das Klima spielt innerhalb der vernetzten Beziehungen der Geofaktoren eine mehr oder weniger dominierende Rolle. Die Klimagliederung von Troll und Paffen (vgl. S. 37) weist eine hohe Übereinstimmung mit den Vegetations- und Bodenzonen auf; sie bildet deshalb die Grundlage für den Überblick über die Landschaftszonen (vgl. S. 54–55).

2.1 Die gemäßigte Zone: Auswirkungen von Flußkorrektionen im Bereich des südlichen Oberrheins

Die Erfassung des Haushaltsgefüges des südlichen Oberrheins und dessen kleinräumige Veränderungen sind als Beispiel besonders gut geeignet, da der Mensch seit Beginn des 19. Jahrhunderts hier massiv eingegriffen hat. Schon sehr früh erfolgte die Beobachtung und Messung der einzelnen Geofaktoren, insbesondere der Abfluß- und Grundwasserverhältnisse.

Querschnitt durch den südlichen Teil der Oberrheinebene bei Neuenburg

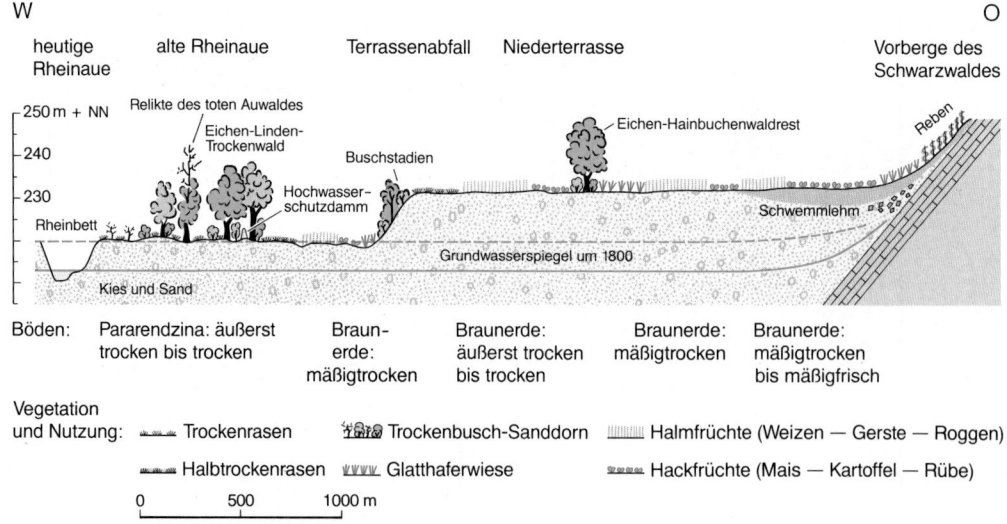

Nach Gerhard Hügin: Wesen und Wandlung der Landschaft am Oberrhein. Sonderdruck aus „Beiträge zur Landespflege". Stuttgart: Ulmer 1962, S. 221

Der Querschnitt durch die südliche Oberrheinebene macht deutlich, daß die verschiedenen Geofaktoren zwischen Rheinbett und Vorbergzone offensichtlich eine unterschiedliche Ausprägung besitzen. Es lassen sich Flächen gleicher Pflanzenzusammensetzung *(Phytotope)*, gleicher Böden *(Pedotope)*, gleichartiger Oberflächenformen *(Morphotope)*, gleichen Wasserhaushaltes *(Hydrotope)* und gleichen Kleinklimas *(Klimatope)* voneinander unterscheiden. Faßt man die einzelnen Tope zusammen, so lassen sich Flächen gleichen Haushaltsgefüges *(Ökotope)* gegeneinander abgrenzen.

Wasserbautechnische Maßnahmen und ihre Folgen im Überblick

Hauptanliegen aller *wasserbautechnischen Maßnahmen* am Oberrhein waren der Hochwasserschutz, die Verbesserung der Schiffahrt, die Vergrößerung der landwirtschaftlich genutzten Fläche und die Energiegewinnung. Diese wichtigen Ziele zum Schutze der Menschen und zur Verbesserung der wirtschaftlichen Verhältnisse hat man großenteils erreicht.

Dabei traten jedoch unvorhergesehene, nachteilige Folgen auf, mit denen sich die Menschen bis zum heutigen Tag auseinanderzusetzen haben.

Rhein um 1800   *Wasserbautechnische Maßnahmen, Stand 1988*

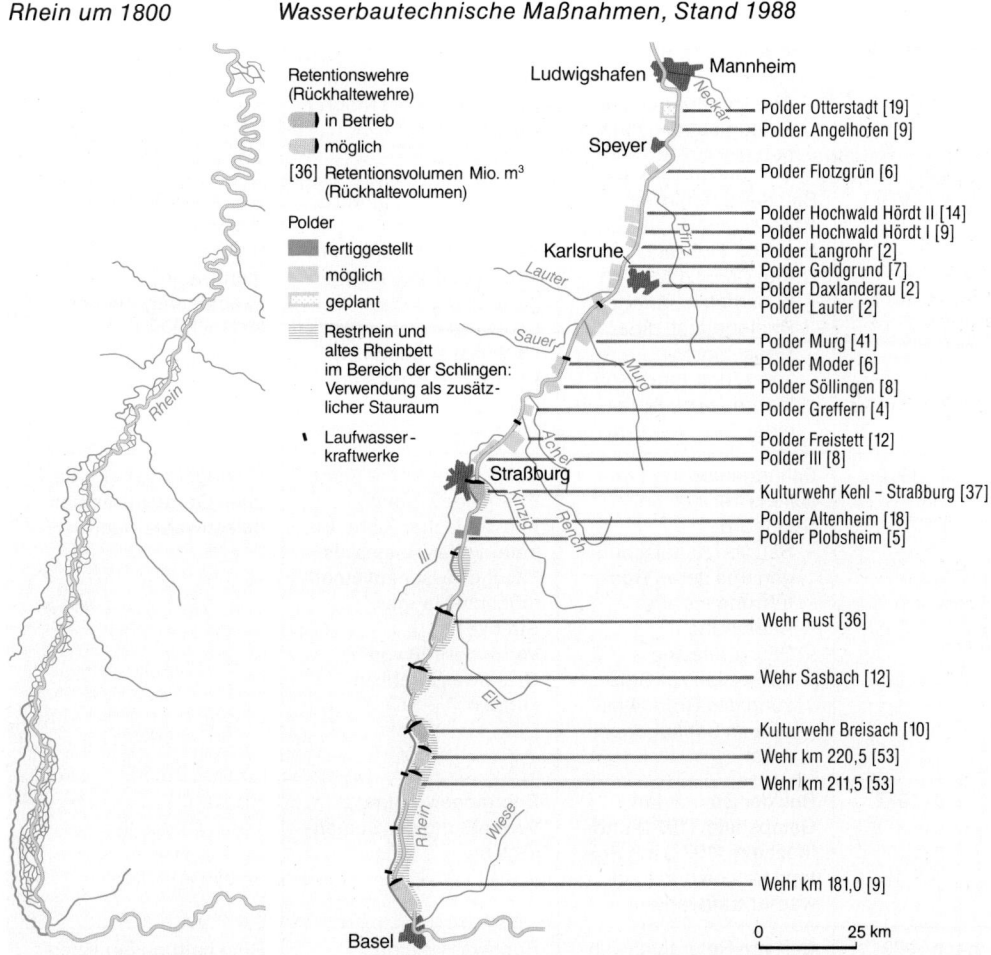

Nach Ministerium für Ernährung, Landwirtschaft und Umwelt Baden-Württemberg (Hrsg.): Hochwasserschutz Oberrhein. Informationsveranstaltung am 18. 1. 1979 in Rastatt. S. 64, S. 32

Überblick über die wasserbautechnischen Maßnahmen und deren Folgen

Phase	Maßnahmen	Zielsetzung	Veränderungen im Wasserhaushalt
1830–1879	Rheinkorrektion nach Tulla: – Zusammenfassung der aufgeführten Rheinarme zwischen Basel und Murgmündung; – Verkürzung des Stromlaufes durch Abtrennung von Mäanderschlingen unterhalb der Murgmündung; – Bau von flußparallelen Hochwasserdämmen	Hochwasserschutz; Gewinnung von Land- und Siedlungsfläche; Bekämpfung der Seuchengefahr; Verbesserung der Schifffahrt	Erhöhung der Fließgeschwindigkeit: dadurch Verstärkung der Sohlenerosion; dadurch Absenkung des Rheinwasserspiegels; dadurch Absinken des Grundwasserspiegels
1912–1940	Rheinregulierung nach Honsell: – Bau von Buhnen zur Einengung des Flußbettes	Schaffung einer stabilen Fahrrinne, dadurch auch Schiffbarkeit bei Niedrigwasser	
1928–1959	Bau des betonierten Rheinseitenkanals von Basel bis Breisach Grand Canal d'Alsace: – Kanalbau parallel zum Rheinbett mit einer Wasserspiegelbreite von 130 m, einer Sohlenbreite von 80 m und einer Tiefe von 9 m	Nutzung als Schiffahrtsstraße; Energiegewinnung: mittlere Betriebswassermenge von 1080 m^3/sec für Laufwasserkraftwerke; Restwassermenge im Rhein: 20–30 m^3/sec	Weiteres Absinken des Grundwasserspiegels; Unterbindung der Sedimentfracht; Beschleunigung der Hochwasserwelle
1960–1970	Schlingenlösung zwischen Breisach und Straßburg: – Bau von Kanalschlingen und deren Rückführung ins alte Rheinbett; – Bau von festen Schwellen zur Stützung des Grundwassers im Schlingenbereich	Aus französischer Sicht: Energiegewinnung. Aus deutscher Sicht: Erhaltung des Rheins als Fließgewässer auf einer möglichst langen Strecke; Verhinderung von Grundwasserabsenkungen	Verringerung der natürlichen Grundwasserspiegelschwankungen
1970–1977	Bau der Staustufen Gambsheim (1974) und Iffezheim (1977) mit Seitendämmen und Laufwasserkraftwerken	Energiegewinnung; Vermeidung der Sohlenerosion	
nach 1978	Bau von Retentionswehren (Rückhaltewehren) im Restrhein und „Poldern" in der Rheinaue	Hochwasserschutz	Rückhaltung der Hochwasserspitzen und damit Verzögerung derselben

58

Verlust an Überschwemmungsflächen durch den Oberrheinausbau

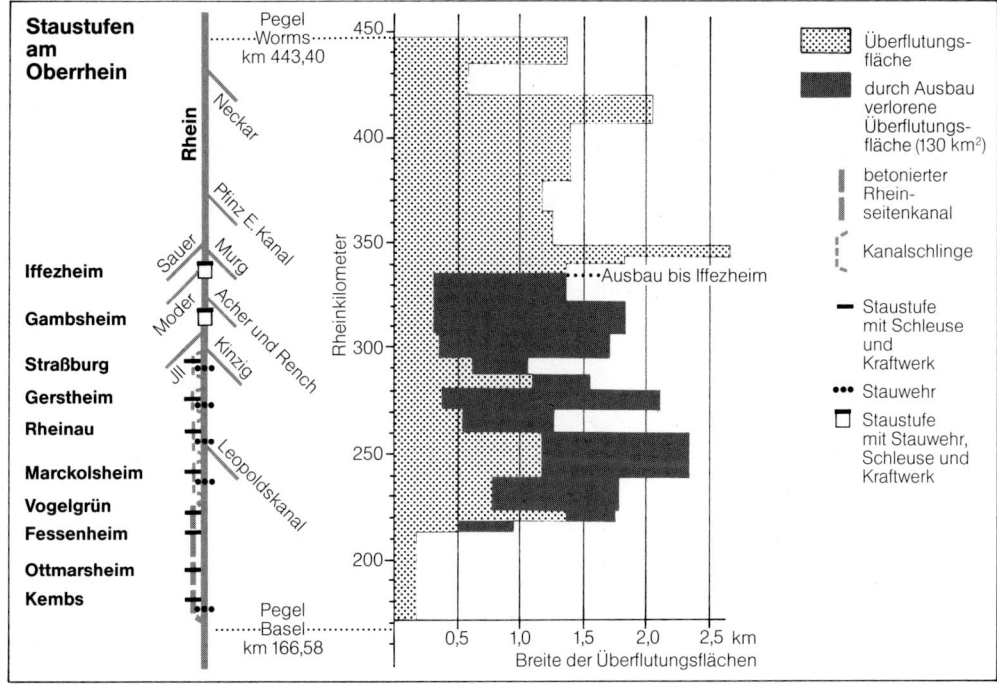

Nach Ministerium für Ernährung, Landwirtschaft und Umwelt Baden-Württemberg (Hrsg.): a.a.O., S. 20, ergänzt

Das Abflußverhalten des Rheins hat sich durch alle oben aufgeführten Maßnahmen grundlegend geändert. Insbesondere im Abschnitt zwischen Basel und Iffezheim wurden die natürlichen Überschwemmungsflächen des Auebereichs durch Dammbauten und durch Einleitung des Wassers in den betonierten Rheinseitenkanal (Grand Canal d'Alsace) um 130 km² reduziert.

Als unmittelbare Folge davon kommt es zu einem rascheren Durchfluß der *Hochwasserwelle* des Rheins. Während diese in der Vergangenheit mit einer zeitlichen Verzögerung erst nach der Hochwasserwelle des Neckars am Zusammenfluß beider Flüsse bei Mannheim eintraf, überlagern sich heute diese beiden Hochwasserwellen und verstärken somit in den darunterliegenden Flußabschnitten die Hochwassergefahr. Die speziell hierfür geschaffene Hochwasserstudienkommission für den Rhein, an der Vertreter Österreichs, der Schweiz, Frankreichs und der Bundesrepublik Deutschland beteiligt waren, schlägt in ihrem Abschlußbericht 1978 folgende Sicherheitsmaßnahmen vor:

1. Bau von zusätzlichen Wehren *(Retentionswehren),* die das Wasser stauen und somit bei Hochwasser eine Verzögerung des Abflusses bewirken.
2. Schaffung zusätzlicher Stauräume *("Polder")* im Bereich der Altaue außerhalb des heutigen Hochwasserschutzdammes.

"Polder": Zusätzlicher Hochwasserstauraum

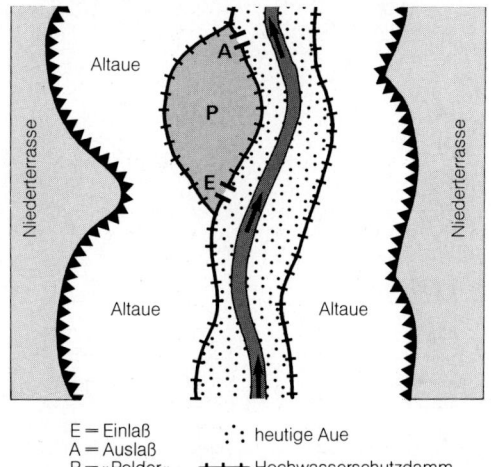

E = Einlaß   :·: heutige Aue
A = Auslaß
P = »Polder« +++ Hochwasserschutzdamm

59

3. Nutzung des Restrheins zwischen Basel und Breisach und des alten Rheinbettes im Bereich der *Schlingen* als Wasserstauraum.

Diese wasserbautechnischen Maßnahmen gewähren zukünftig auf der einen Seite einen sicheren Hochwasserschutz der angrenzenden Siedlungen. Auf der anderen Seite müssen sie aber im Hinblick auf ihre ökologischen Folgen kritisch geprüft werden. Insbesondere die Anzahl der Maßnahmen und deren Größe bedürfen sicherlich einer Korrektur.

Kleinräumige Faktorenanalyse in der Rheinniederung bei Grißheim

Die Rheinniederung bei Grißheim war in der Vergangenheit durch ein dichtes Geflecht von Seitenarmen des Rheins gekennzeichnet. Regelmäßige Überflutungen im Auebereich traten hauptsächlich bei folgenden Ereignissen ein:

– Beim Abschmelzen der Schneedecke in den im Einzugsbereich liegenden Mittelgebirgen, teilweise gekoppelt mit länger anhaltenden Regenfällen. Diese Witterungsverhältnisse traten und treten häufig in den Monaten Dezember, Januar und Februar auf (sogenanntes „Weihnachtshochwasser").

– Bei der frühsommerlichen Schneeschmelze in den Alpen.

Rheinniederung bei Grißheim 1838

Norbert Wein: Die Austrocknung der südlichen Oberrhein-Niederung. In: Geographische Rundschau, 1977, H. 1, S. 17. Westermann: Braunschweig

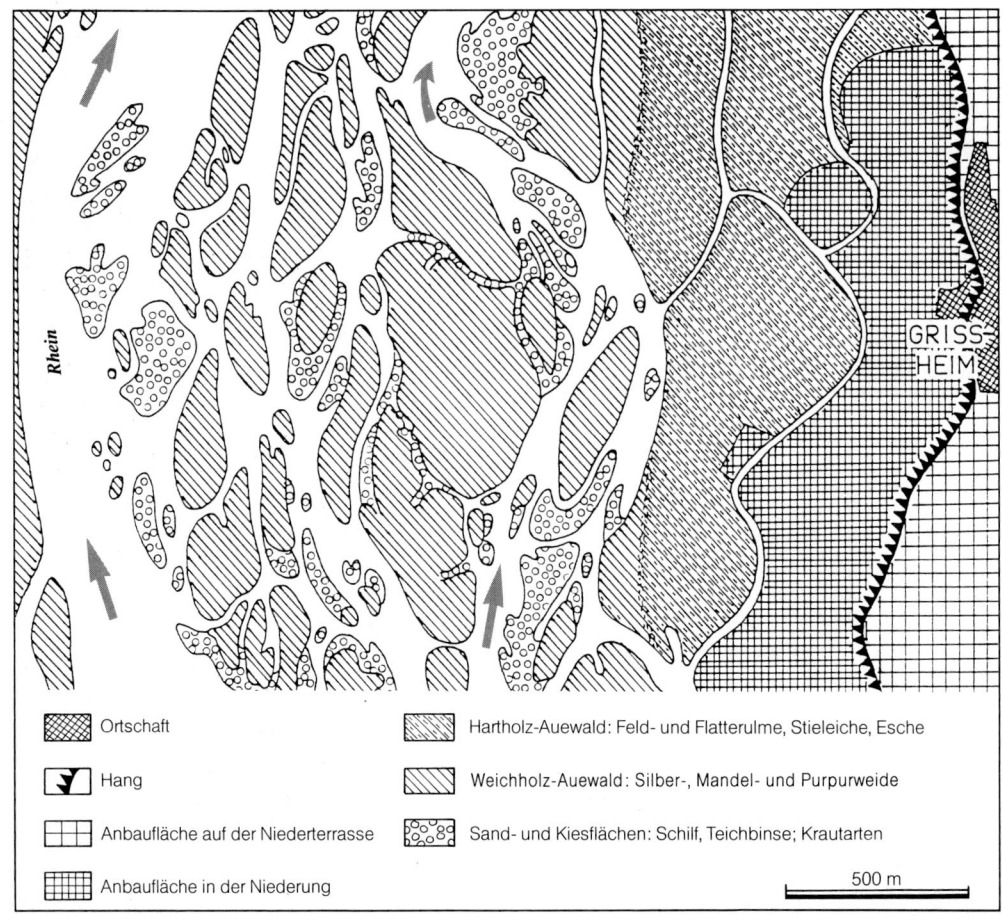

	Ortschaft		Hartholz-Auewald: Feld- und Flatterulme, Stieleiche, Esche
	Hang		Weichholz-Auewald: Silber-, Mandel- und Purpurweide
	Anbaufläche auf der Niederterrasse		Sand- und Kiesflächen: Schilf, Teichbinse; Krautarten
	Anbaufläche in der Niederung		500 m

Die höher gelegenen Teile der Flußaue unterhalb der Niederterrasse wurden dagegen nur selten überflutet. Die typische natürliche Vegetation dieses Bereichs war der Hartholzauewald (Feld- und Flatterulme, Stieleiche, Esche). Die tiefer gelegenen Flächen, die sich im regelmäßigen Überschwemmungsniveau befanden, waren Standorte des Weichholzauewaldes (Silber-, Mandel- und Purpurweide). Die sich häufig verlagernden und sehr häufig überfluteten Sand- und Kiesflächen waren holzfrei und trugen lediglich eine Schilf- und Binsenvegetation.

Der Vergleich der beiden Abbildungen zeigt sehr deutlich, wie sich durch die wasserbautechnischen Maßnahmen die ökologischen Bedingungen und die Nutzung dieses Gebietes grundlegend verändert haben. Durch die Tullasche Rheinkorrektion kam es zu einer verstärkten Sohlenerosion und damit zur Tieferlegung des Flußbettes und zur Absenkung des Grundwasserkörpers. Diese Absenkung wurde durch den Bau des betonierten Rheinseitenkanals noch verstärkt.

Rheinniederung bei Grißheim 1974

Norbert Wein: a.a.O. S. 21

Degradierung: Einschränkung der Artenvielfalt und des Pflanzenwachstums einer entsprechenden Pflanzengesellschaft

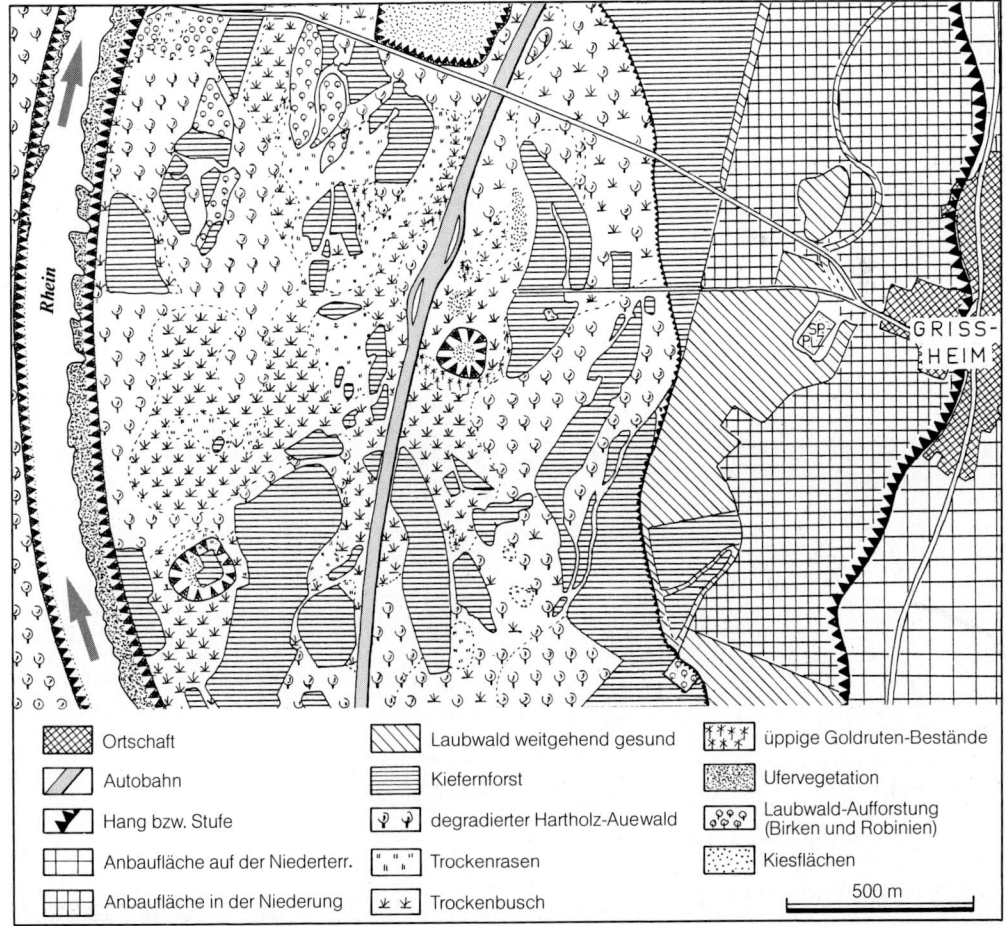

▨	Ortschaft	◹	Laubwald weitgehend gesund	⁜	üppige Goldruten-Bestände
⬟	Autobahn	☰	Kiefernforst		Ufervegetation
▼	Hang bzw. Stufe	⌗ ⌗	degradierter Hartholz-Auewald		Laubwald-Aufforstung (Birken und Robinien)
⊞	Anbaufläche auf der Niederterr.	" " "	Trockenrasen		Kiesflächen
⊞	Anbaufläche in der Niederung	⚹ ⚹	Trockenbusch		500 m

Bodenarten und Bodenfeuchteverhältnisse

Die aktuelle Verteilung der Pflanzengesellschaften steht letztlich in enger Abhängigkeit von den jeweiligen Bodenwasserverhältnissen. Da die Verbindung zum Grundwasserkörper nicht mehr besteht, kommt der Speicherung des Niederschlagswassers die alles entscheidende Bedeutung zu. Diese Speicherfähigkeit ergibt sich im wesentlichen aus der Korngrößenzusammensetzung der Bodendeckschicht bis zu einer Tiefe von ca. 40 cm.

Der jahreszeitliche Gang der Bodenfeuchte in dieser feinkörnigen Deckschicht des Bodens sowie im kiesigen Untergrund verdeutlicht die Abhängigkeit von den monatlichen Niederschlägen und der unterschiedlichen jahreszeitlichen Verdunstung.

Diese Deckschicht weist jedoch im Auenbereich eine unterschiedliche Korngrößenzusammensetzung auf. Dieser Sachverhalt spiegelt sich im kleinräumigen Vegetationsmuster wider.

Die kiesigen und die kiesig-sandigen Böden tragen derzeit hauptsächlich Trockenrasen und Trockenbuschvegetation, während die sandig-schluffigen Böden zum größten Teil die Standorte des degradierten Hartholzauewaldes und der vom Menschen angelegten Kieferforste sind.

Die Eingriffe in das Flußsystem des südlichen Oberrheins haben dazu geführt, daß heute der für das Pflanzenwachstum wichtige *Bodenfeuchtehaushalt* eine andere Steuerung durch Geofaktoren erfährt als in der Vergangenheit.

Steuerung des Bodenfeuchtehaushalts

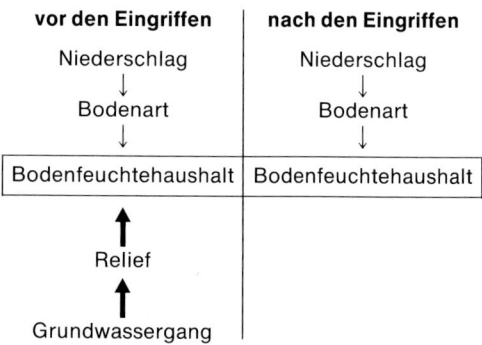

Bodenfeuchtegang in der Deckschicht sowie im kiesigen Untergrund während zwei Jahren

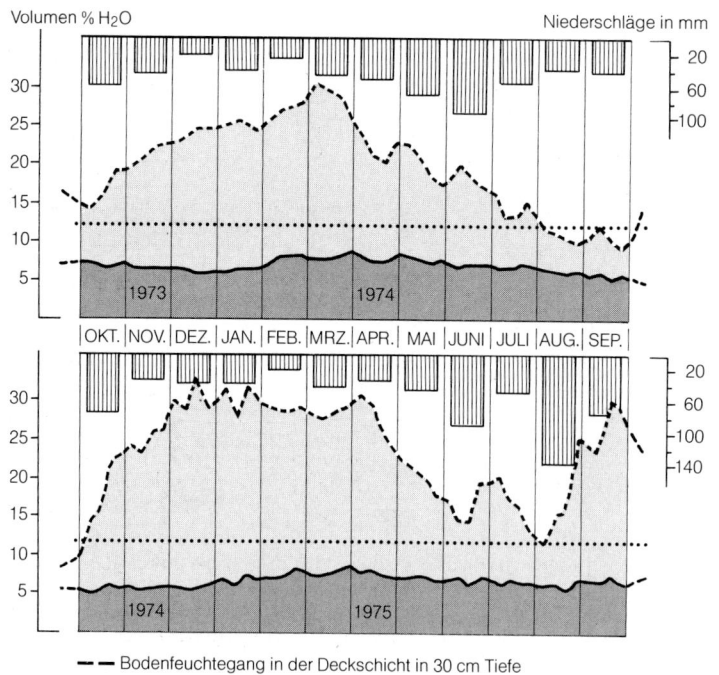

– – Bodenfeuchtegang in der Deckschicht in 30 cm Tiefe

—— Bodenfeuchtegang im kiesigen Untergrund in 110 cm Tiefe

······· Welkefeuchteniveau: bei dessen Unterschreitung können die Pflanzen dem Boden kein Wasser mehr entnehmen

Nach Norbert Wein: a.a.O., S. 20

Gewässergüte und Gewässerbelastung

Ausgewählte Beschaffenheitskenngrößen der Meßstellen Schnackenburg (Elbe) und Bimmen/Lobith (Rhein) 1978–1989

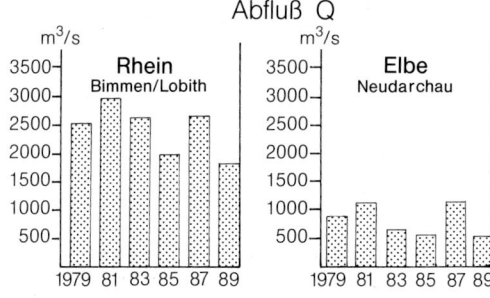

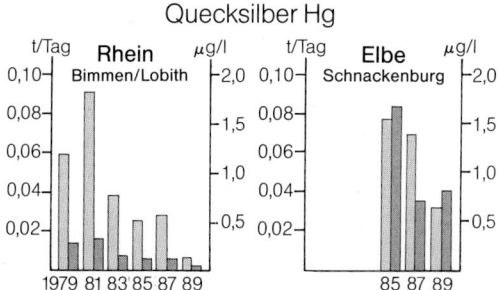

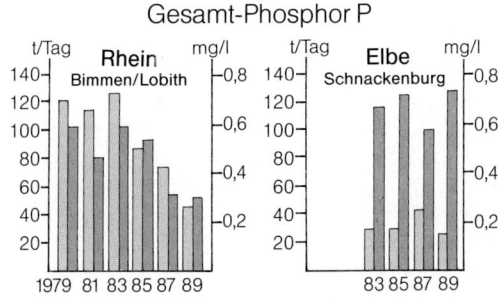

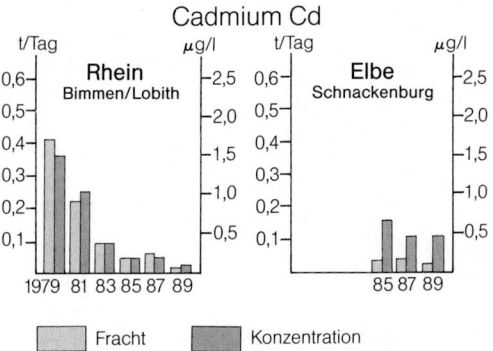

Nach Umweltbundesamt: Daten zur Umwelt 1990/91

Nahezu alle Formen der Nutzung bedingen eine Erhöhung der Abwassermengen, die den Rhein (teilweise) zusätzlich belasten. Diese Schadstoffe und die Abwärme zeigen eine deutliche räumliche Abhängigkeit von den Standorten der Industrie, des Bergbaus, der Landwirtschaft, der großen Siedlungsräume sowie insbesondere der Einmündung stark belasteter Nebenflüsse.

Um den Gütezustand des Flusses im einzelnen erfassen und geeignete Sanierungsmaßnahmen einleiten zu können, sind eingehende und ständige Untersuchungen erforderlich. Hierzu wurden von den Nachbarwissenschaften der Geographie, insbesondere von der Biologie und Chemie, geeignete Nachweis- und Klassifizierungsmethoden entwickkelt. So wird heute die *Gewässergüte* vor allem nach dem *Saprobiensystem* erfaßt, das heißt nach Art und Menge der lebenden Organismen. Wichtige *Gütekriterien* sind außerdem der Gehalt an Sauerstoff und Ammoniumnitrit (NH_4NO_2) sowie der Anteil anderer Stickstoffverbindungen. Chemische Analysemethoden geben Aufschluß über die Belastung durch Schwermetalle, Salze und organische Verbindungen.

BSB 5: Biochemischer Sauerstoffbedarf. Die Schadstoffe im Wasser werden durch Mikroorganismen abgebaut, dazu benötigen sie Sauerstoff. Je geringer der Verschmutzungsgrad, desto weniger Sauerstoff benötigen sie. (Lesebeispiel: Gewässergüteklasse I: Die Mikroorganismen verbrauchen zum vollständigen Abbau der Schadstoffe 1 mg O_2/l Wasser in 5 Tagen).

NH_4- N: Ammonium-Stickstoff. Er entsteht beim bakteriellen Abbau von tierischem und pflanzlichem Eiweiß (Protein). Er ist um so größer, je mehr Tiere und Pflanzen z. B. aufgrund von Sauerstoffmangel absterben. Ursache dafür kann die Einleitung von Nitrat oder Nitrit sein, die zunächst das Algenwachstum fördert. Dadurch erhöht sich der Sauerstoffverbrauch und es kann zu verstärktem Absterben von Tieren mit hohem und mittlerem Sauerstoffbedarf kommen. Der Ammonium-Stickstoff ist die erste anorganische Stufe des bakteriellen Abbaus und ist chemisch leicht nachweisbar. Aus ihm entstehen Nitrit-Stickstoff (NO_2- N) und Nitrat-Stickstoff (NO_3- N); letzterer kann im menschlichen Körper zu blutschädigenden und vermutlich krebserregenden Nitrosaminen umgesetzt werden.

63

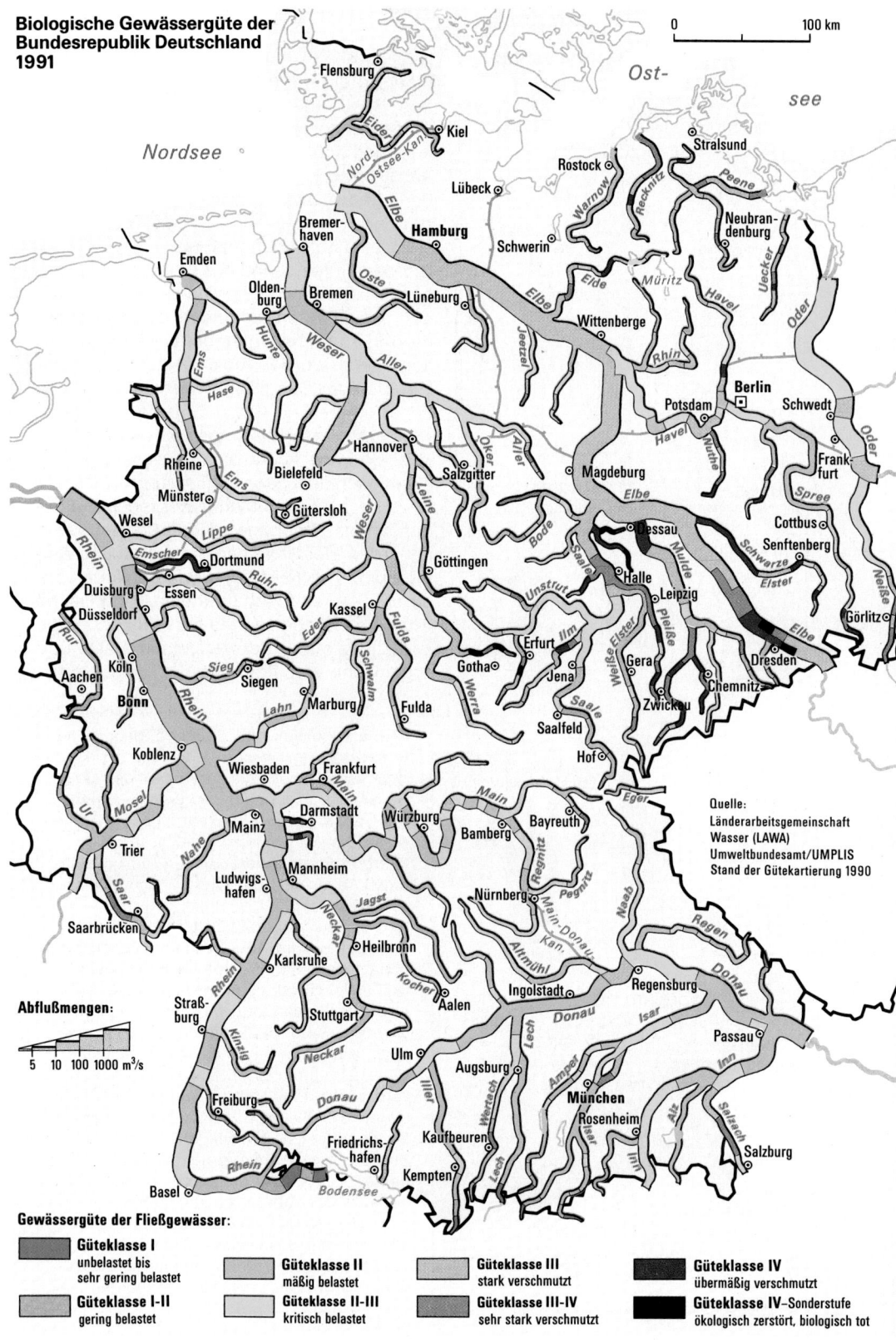

Biologische Gewässergüte der Bundesrepublik Deutschland 1991

0   100 km

Ost-

see

Nordsee

Flensburg
Kiel
Nord-Ostsee-Kan.
Eider
Rostock
Stralsund
Warnow
Recknitz
Peene
Schwerin
Lübeck
Neubrandenburg
Uecker
Oder
Bremerhaven
Hamburg
Elbe
Oste
Müritz
Havel
Emden
Oldenburg
Bremen
Lüneburg
Jeetzel
Elde
Wittenberge
Rhin
Hunte
Weser
Aller
Elbe
Berlin
Ems
Hase
Potsdam
Schwedt
Havel
Nuthe
Frankfurt
Oder
Rheine
Bielefeld
Hannover
Salzgitter
Oker
Aller
Magdeburg
Spree
Münster
Ems
Gütersloh
Leine
Bode
Elbe
Cottbus
Senftenberg
Wesel
Lippe
Weser
Göttingen
Saale
Dessau
Schwarze
Elster
Emscher
Dortmund
Ruhr
Mulde
Halle
Leipzig
Neiße
Rhein
Duisburg
Essen
Eder
Kassel
Fulda
Unstrut
Pleiße
Görlitz
Düsseldorf
Ruhr
Schwalm
Erfurt
Ilm
Gera
Elbe
Köln
Sieg
Siegen
Werra
Gotha
Jena
Saale
Dresden
Aachen
Bonn
Rhein
Lahn
Marburg
Fulda
Weiße Elster
Zwickau
Chemnitz
Koblenz
Wiesbaden
Frankfurt
Saalfeld
Hof
Eger
Mosel
Ur
Main
Darmstadt
Würzburg
Main
Bayreuth
Trier
Nahe
Mainz
Bamberg
Regnitz
Ludwigshafen
Mannheim
Pegnitz
Nürnberg
Naab
Regen
Saar
Jagst
Main-Donau-Kan.
Altmühl
Saarbrücken
Neckar
Heilbronn
Kocher
Regensburg
Donau
Karlsruhe
Aalen
Ingolstadt
Isar
Straßburg
Rhein
Stuttgart
Donau
Passau
Kinzig
Neckar
Ulm
Augsburg
Lech
Amper
Inn
Freiburg
Donau
Iller
Werdach
München
Rosenheim
Alz
Salzach
Salzburg
Friedrichshafen
Kaufbeuren
Lech
Kempten
Basel
Rhein
Bodensee

Quelle:
Länderarbeitsgemeinschaft
Wasser (LAWA)
Umweltbundesamt/UMPLIS
Stand der Gütekartierung 1990

Abflußmengen:

5   10   100   1000 m³/s

Gewässergüte der Fließgewässer:

Güteklasse I unbelastet bis sehr gering belastet	**Güteklasse II** mäßig belastet	**Güteklasse III** stark verschmutzt	**Güteklasse IV** übermäßig verschmutzt
Güteklasse I-II gering belastet	**Güteklasse II-III** kritisch belastet	**Güteklasse III-IV** sehr stark verschmutzt	**Güteklasse IV–Sonderstufe** ökologisch zerstört, biologisch tot

64

Gewässergüteklassen

Güte- klasse	Grad der organischen Belastung	Kennfarbe	Chemische Parameter (mg/l)			Wichtige Indikatororganismen	Fische und ihre Anforderungen an die Gewässergüte
			BSB_5	NH_4-N	O_2-Minima		
I	unbelastet bis sehr gering belastet	dunkel- blau	1	höchstens Spuren	>8	Steinfliegenlarven Hakenkäfer	Bachforelle
I–II	gering belastet	hellblau	1–2	um 0,1	>8	Steinfliegenlarven Strudelwürmer Hakenkäfer Köcherfliegenlarven	Bachforelle Äsche
II	mäßig belastet	grün	2–6	<0,3	>6	Hakenkäfer Eintagsfliegenlarven Köcherfliegenlarven Kleinkrebse Schnecken Blütenpflanzen	Barbe Äsche Flußbarsch Nase Hecht
II–III	kritisch belastet	gelb- grün	5–10	<1	>4	Egel Schnecken Moostierchen Kleinkrebse Grünalgenkolonien Muscheln	Karpfen Aal Schleie Brachsen
III	stark ver- schmutzt	gelb	7–13	0,5 bis mehrere mg/l	>2	Wasserasseln Egel Wimpertierchenkolonien Schwämme	Plötze Schleie
III–IV	sehr stark ver- schmutzt	rot- orange	10–20	mehrere mg/l	<2	Zuckmückenlarven Schlammröhrenwürmer Wimpertierchen	
IV	übermäßig ver- schmutzt	rot	>15	mehrere mg/l	<2	Schwefelbakterien Geißeltierchen Wimpertierchen	

Nach Ministerium für Ernährung, Landwirtschaft, Umwelt und Forsten Baden-Württemberg (Hrsg.): Neckar. Stuttgart 1986, S. 33

1. *Gliedern Sie in Abbildung Seite 56 Flächen gleicher Oberflächenformen (Morphotope) und gleicher oder ähnlicher Böden (Pedotope) aus.*
   Welche Pflanzengesellschaften sind für bestimmte Flächen charakteristisch? Welche mögliche Erklärung gibt es hierfür?
2. *Erklären Sie, welche wasserbautechnischen Maßnahmen für den rascheren Durchfluß der Hochwasserwelle des Rheins verantwortlich sind.*
3. *Wie versucht man heute, diesen Problemen Herr zu werden, und wie sind diese Lösungsansätze zu bewerten?*
4. *Beschreiben Sie die grundlegenden Veränderungen des Naturhaushaltes entlang einem 500 Meter breiten Streifen, der auf der Höhe von Grißheim bis zum Rhein verläuft (Abb. S. 60 u. S. 61).*
5. *Erklären Sie, warum die Bodenart heute im südlichen Oberrheingebiet der alles entscheidende Steuerungsfaktor des Naturhaushaltes ist.*
6. *Beschreiben und erklären Sie den Zusammenhang zwischen dem jahreszeitlichen Gang der Bodenfeuchte, den monatlichen Niederschlägen und der unterschiedlich großen jahreszeitlichen Verdunstung (Abb. S. 62).*
7. *Vergleichen Sie die Entwicklung des mittleren jährlichen Abflusses sowie der dargestellten Schadstoffe von Rhein und Elbe (S. 63). Erklären Sie wichtige Unterschiede.*
8. *„Nur die Qualität des Oberflächenwassers hat sich verbessert. Unterhalb dieser Schicht führt der Rhein nach wie vor Schadstoffpartikel mit sich, die bei uns in Rotterdam reif sind für die Sondermülldeponie." Erklären Sie die Aussage des holländischen Ökologen.*

Waldschäden in der Bundesrepublik Deutschland 1991
Alle Baumarten (Schadstufen 1–4)

Geschädigte Fläche in Prozent der Waldfläche des Wuchsgebietes (Summe der vier Schadstufen)

- bis 20 %
- 21 bis 30 %
- 31 bis 40 %
- 41 bis 50 %
- 51 bis 60 %
- 61 bis 70 %
- über 70 %
- Abgrenzung der Wuchsgebiete

Schadstufen der Waldschäden	
Schadstufen	Nadel- oder Blattverlust
0: ohne Schadmerkmale	bis 10 %
1: schwachgeschädigt (kränkelnd)	11 – 25 %
2: mittelgeschädigt (krank)	26 – 60 %
3: stark geschädigt (sehr krank)	61 – 99 %
4: abgestorben (tot)	100 %

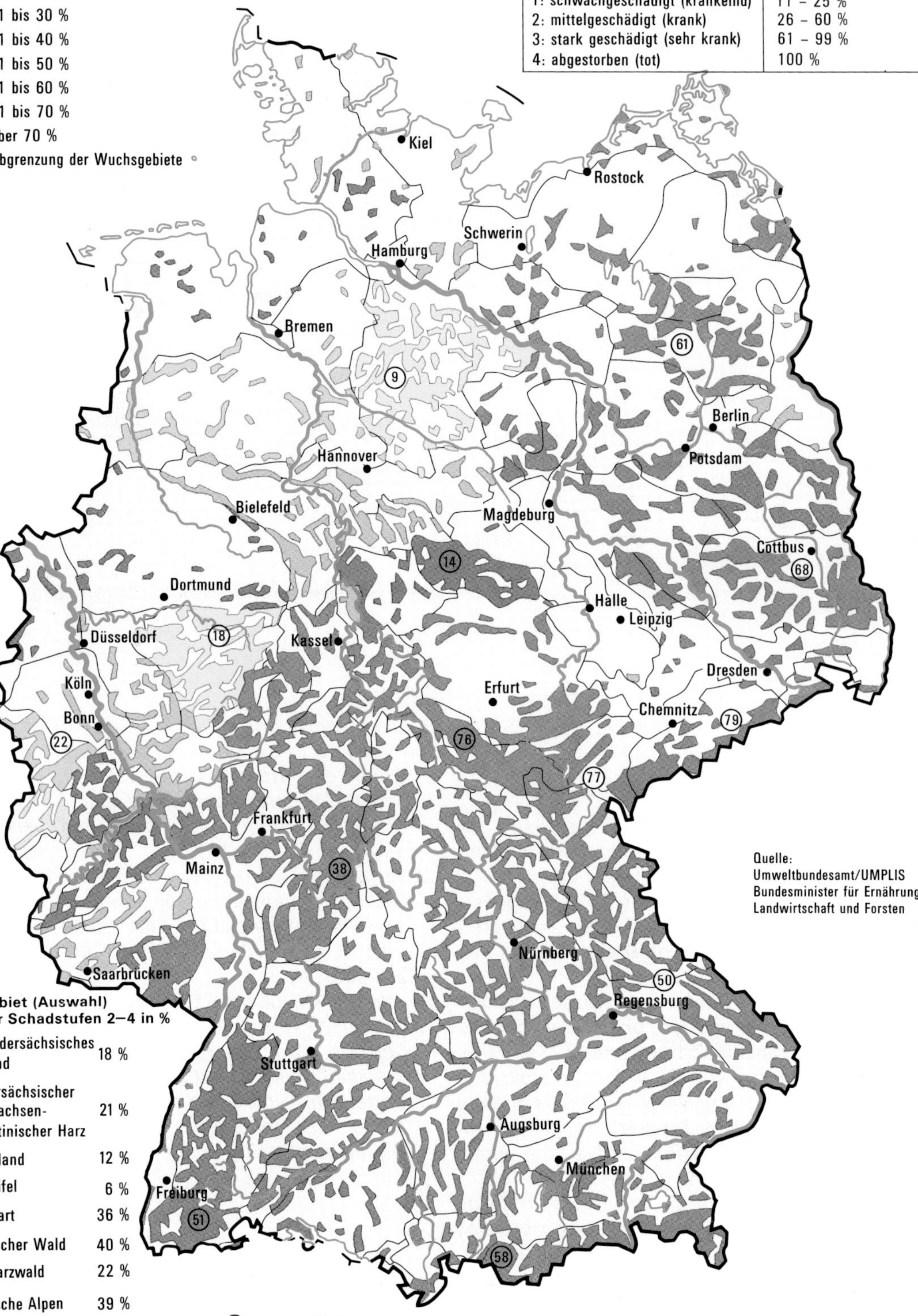

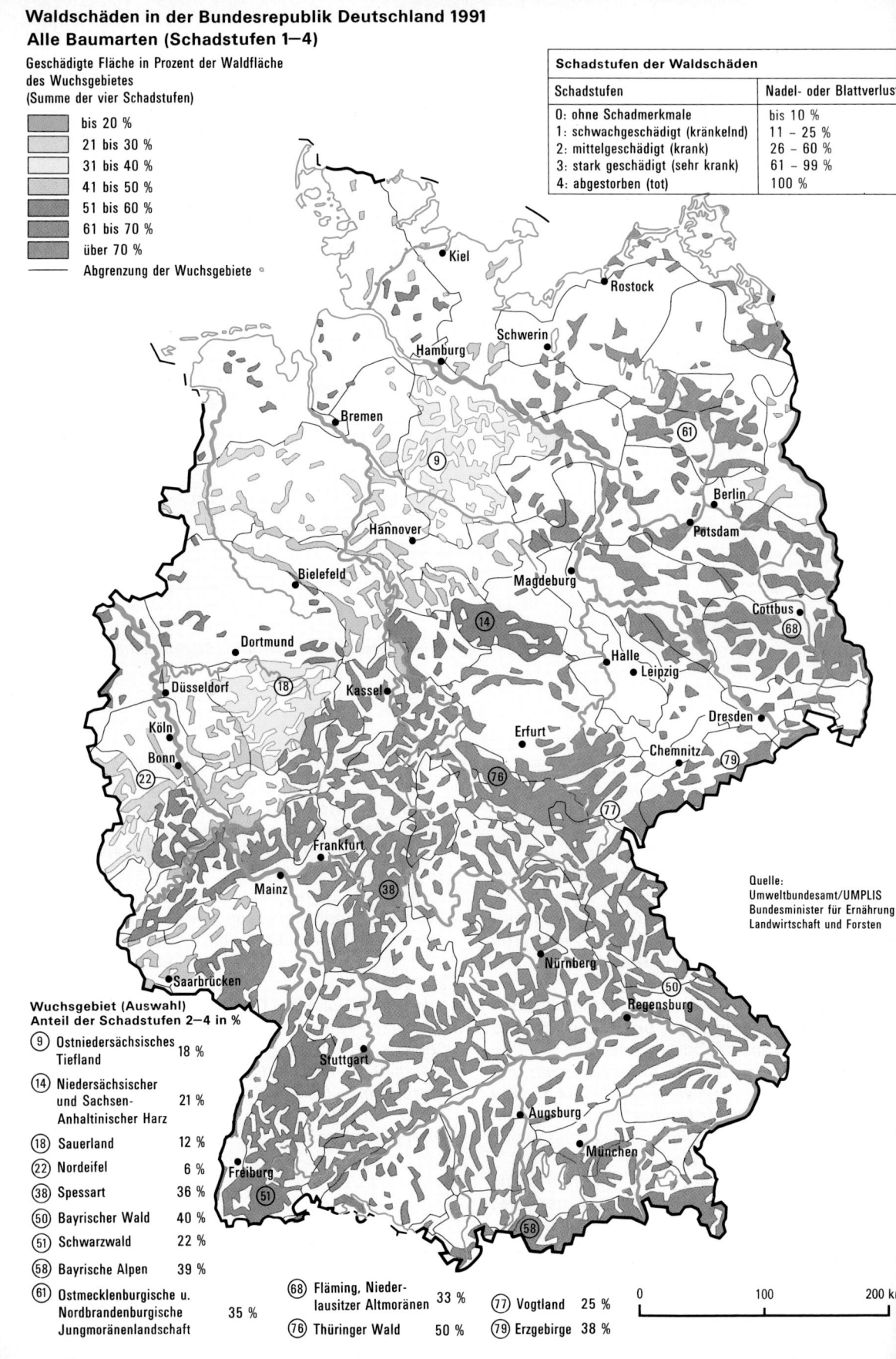

Quelle:
Umweltbundesamt/UMPLIS
Bundesminister für Ernährung Landwirtschaft und Forsten

Wuchsgebiet (Auswahl)
Anteil der Schadstufen 2–4 in %

⑨	Ostniedersächsisches Tiefland	18 %
⑭	Niedersächsischer und Sachsen-Anhaltinischer Harz	21 %
⑱	Sauerland	12 %
㉒	Nordeifel	6 %
㊳	Spessart	36 %
㊿	Bayrischer Wald	40 %
(51)	Schwarzwald	22 %
(58)	Bayrische Alpen	39 %
(61)	Ostmecklenburgische u. Nordbrandenburgische Jungmoränenlandschaft	35 %
(68)	Fläming, Niederlausitzer Altmoränen	33 %
(76)	Thüringer Wald	50 %
(77)	Vogtland	25 %
(79)	Erzgebirge	38 %

2.2 Gemäßigte Zone: Waldschäden in Mitteleuropa

Mitte der 70er Jahre beobachtete man vor allem in den Kammlagen unserer Mittelgebirge an Einzelbäumen, vornehmlich an Tannen, Schädigungen an Nadeln und Wurzelwerk, die die pflanzenphysiologischen Prozesse beeinträchtigen und somit den Wuchs und den Holzzuwachs mindern. Zu Beginn der 80er Jahre häuften sich dann die alarmierenden Meldungen über eine flächenhafte Schädigung unserer Wälder; die krankhaften Erscheinungen beschränkten sich nicht mehr nur auf die Tanne, sondern auch Fichte und Kiefer sind davon betroffen und in jüngster Zeit auch Buche und Eiche. Zudem beschränkt sich dieser Prozeß nicht mehr nur auf die Kammlagen der Mittelgebirge und die Waldgebiete in den Hochgebirgen, sondern er läuft auch in den niedriger gelegenen Teilen unserer Waldgebiete ab, allerdings nicht mit dieser Intensität.

Seit der flächenhaften Waldschädigung wird dieser Prozeß als *Waldsterben* bezeichnet. Die dann rasch einsetzende intensive Forschung auf Bundes- und Landesebene, vor allem im Bereich der Forstwissenschaften, der Bodenkunde und der Chemie, ermöglichen heute, eine ganze Reihe von Ursachen und Ursachenkomplexen zu nennen, die diese Schädigungen hervorrufen; eine eindeutige, alles umfassende Erklärung gibt es heute allerdings noch nicht.

Regionale Gliederung der Waldschäden in der Bundesrepublik Deutschland

Seit 1984 wird in den alten, seit 1991 auch in den neuen Bundesländern, jeweils im Sommer die *Waldschadensinventur* durchgeführt. Dabei werden folgende Schadstufen unterschieden:

Stufe 0: ohne erkennbare Schäden = 0–10% Nadel- oder Blattverlust

Stufe 1: schwach geschädigt (kränkelnd) = 11–25% Nadel- oder Blattverlust

Stufe 2: geschädigt (krank) = 26–60% Nadel- oder Blattverlust

Stufe 3: stark geschädigt (sehr krank) = 61–99% Nadel- oder Blattverlust

Stufe 4: tot = 100% Nadel- oder Blattverlust

Das Ökosystem Wald

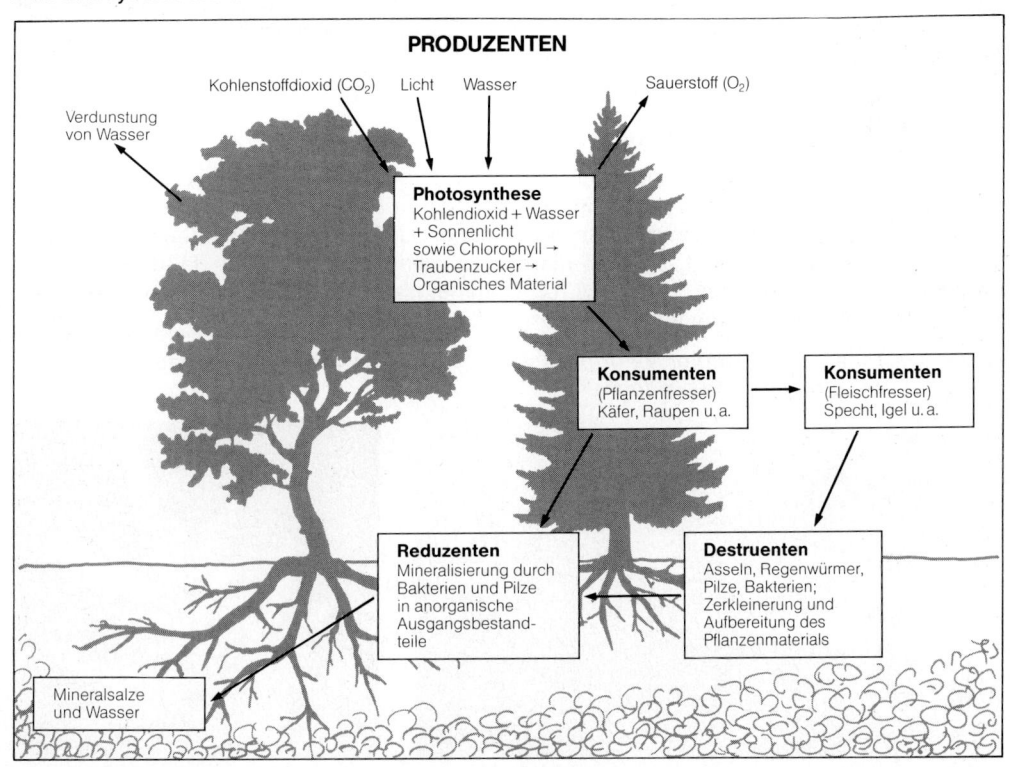

PRODUZENTEN

Kohlenstoffdioxid (CO_2)   Licht   Wasser   Sauerstoff (O_2)

Verdunstung von Wasser

Photosynthese
Kohlendioxid + Wasser + Sonnenlicht sowie Chlorophyll → Traubenzucker → Organisches Material

Konsumenten
(Pflanzenfresser)
Käfer, Raupen u.a.

Konsumenten
(Fleischfresser)
Specht, Igel u.a.

Reduzenten
Mineralisierung durch Bakterien und Pilze in anorganische Ausgangsbestandteile

Destruenten
Asseln, Regenwürmer, Pilze, Bakterien; Zerkleinerung und Aufbereitung des Pflanzenmaterials

Mineralsalze und Wasser

„Das Ökosystem Wald besitzt besonders viele verschiedenartige Produzenten, nämlich alle grünen Pflanzen. Sie reichen vom ausgewachsenen Baum bis zu den Kräutern und Gräsern, Farnen und Moosen am Waldboden. Man nennt sie *Primärproduzenten,* weil in ihren Blattorganen die *Photosynthese* abläuft. Dieser Prozeß beruht auf der Fähigkeit der grünen Pflanzenteile, mit Hilfe der Sonnenenergie und des Chlorophylls aus Nährstoffen und Wasser körpereigene, organische Verbindungen aufzubauen. Durch mikroskopisch kleine Spaltöffnungen *(Stomata)* nimmt das Blatt Kohlendioxid (CO_2) auf, das in komplizierten Reaktionsstufen unter Wasserstoffanlagerung in Traubenzucker überführt wird. Dabei werden große Mengen an Sauerstoff frei und an die Atmosphäre abgegeben. Traubenzucker benötigt die Pflanze für den eigenen Betriebsstoffwechsel *(Respiration).*

Er ist aber auch der Grundbaustoff für die Synthese der meisten organischen Substanzen *(Assimilate).* Zu ihrer Bildung benötigt die Pflanze zusätzlich mineralische Nährstoffe wie Stickstoff, Phosphor, Kalium, Magnesium und Kalzium, die über Wurzeln oder Blätter aufgenommen werden. Über weitere biochemische Prozesse werden aus diesen Assimilaten Wurzeln, Blätter und Früchte, Holz und Rinde aufgebaut.

Die Verbraucher *(Konsumenten)* ernähren sich entweder direkt als Pflanzenfresser von den durch die Pflanzen aufgebauten organischen Stoffen oder indirekt als Fleischfresser durch Erbeuten von Pflanzenfressern und anderen Fleischfressern.

Abgestorbene organische Stoffe werden von Zersetzern genutzt, die sich in Destruenten und Reduzenten unterteilen. Die *Destruenten* (z. B. Regenwürmer und Asseln) erfüllen die wichtige Aufgabe, die am Boden angehäuften Schichten an Pflanzenmaterial und tierischen Überresten (Laub, Nadelstreu, Zweige, Tierleichen usw.) zu zerkleinern. Von den *Reduzenten* (Bodenmikroorganismen wie Bakterien und Pilze) werden die organischen Überreste schließlich ganz in ihre anorganischen Ausgangsbestandteile zerlegt, d. h. zu pflanzenverfügbaren Nährstoffen mineralisiert. Man bezeichnet die Reduzenten deshalb auch als *Mineralisierer.* Auf diese Weise sorgen sie dafür, daß sich der Kreislauf der Nährstoffe schließt. Durch dieses natürliche Recycling ermöglichen die Zersetzer dem Ökosystem Wald ein praktisch unbegrenztes Existieren auf demselben Standort.“

Helmut E. Papke, Bernhard Krahl-Urban: Der Wald – ein Ökosystem in Gefahr. In: Waldschäden. Herausgegeben von der Projektträgerschaft für Biologie, Ökologie und Energie der Kernforschungsanlage Jülich GmbH. Jülich 1987, S. 17f., im Auftrag des Bundesministeriums für Forschung und Technologie und der U.S. Environmental Protection Agency

Schadstoffe und deren Wirkung auf das Ökosystem Wald

War man zu Beginn der Ursachenforschung des Waldsterbens der Meinung, daß im wesentlichen nur ein ganz bestimmter Schadstoff die Erkrankung bedingt, so weiß man heute mit ziemlicher Sicherheit, daß die Komplexwirkung verschiedener Schadstoffe zu dieser Entwicklung führt. Sicherlich haben auch andere Einflüsse wie z. B. falsche oder einseitige Waldbewirtschaftung (z. B. Verfichtung) sowie falscher Maschineneinsatz und anderes mit zu dieser Schädigung beigetragen.

Nordappalachen, geschädigter Naturmischwald aus Rotfichte, Balsamtanne und Weißbirke

Gesunde Fichtennadeln

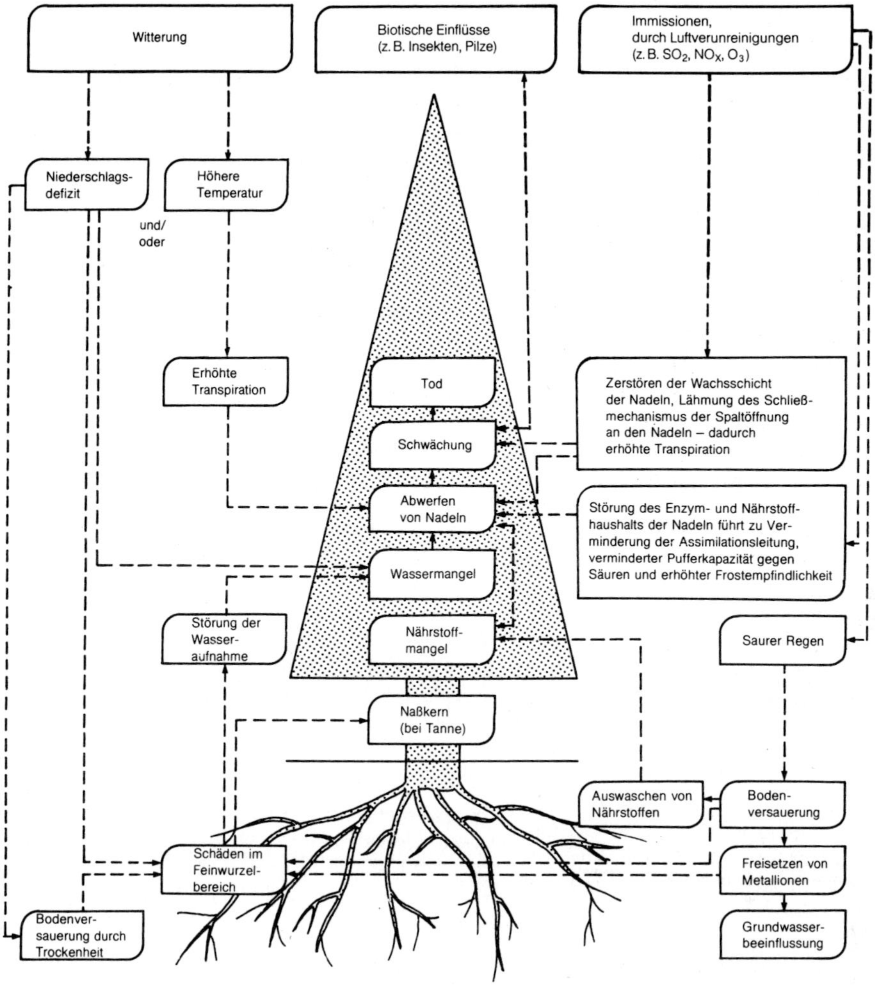

Schema möglicher Kausalketten beim „Waldsterben"

Witterung

Biotische Einflüsse (z. B. Insekten, Pilze)

Immissionen, durch Luftverunreinigungen (z. B. SO_2, NO_x, O_3)

Niederschlagsdefizit

Höhere Temperatur

und/oder

Erhöhte Transpiration

Tod

Schwächung

Abwerfen von Nadeln

Wassermangel

Nährstoffmangel

Naßkern (bei Tanne)

Zerstören der Wachsschicht der Nadeln, Lähmung des Schließmechanismus der Spaltöffnung an den Nadeln – dadurch erhöhte Transpiration

Störung des Enzym- und Nährstoffhaushalts der Nadeln führt zu Verminderung der Assimilationsleitung, verminderter Pufferkapazität gegen Säuren und erhöhter Frostempfindlichkeit

Störung der Wasseraufnahme

Saurer Regen

Auswaschen von Nährstoffen

Bodenversauerung

Schäden im Feinwurzelbereich

Freisetzen von Metallionen

Bodenversauerung durch Trockenheit

Grundwasserbeeinflussung

Schema möglicher Kausalketten beim „Waldsterben"

Das vereinfachte Schema soll mögliche Kausalketten verdeutlichen. Die Einflüsse können unabhängig voneinander ablaufen oder sich gegenseitig in der Wirkung verstärken.

Ministerium für Ernährung, Landwirtschaft, Umwelt und Forsten Baden-Württemberg (Hrsg.): Walderkrankung und Immissionseinflüsse. Stuttgart 1986, S. 2

Kranke Fichtennadeln

Nordschwarzwald, starker Nadelverlust und Gelbfärbung bei Tanne und Fichte

69

Die verschiedenen Schadstoffe und ihre unterschiedlichen Auswirkungen (Nach Ministerium für Ernährung, Landwirtschaft, Umwelt und Forsten)

Schwefeldioxid (SO₂): Dieses Gas entsteht vor allem bei Verbrennungsprozessen in fossilen Kraftwerken sowie beim Heizprozeß in der Industrie und in den Haushalten. Zunächst wirkt es als Gas, indem es durch die Spaltöffnungen der Nadeln und der Blätter eindringt und sich sodann in der Zellflüssigkeit zur Säure löst. Dabei wird, wenn es in größeren Mengen und über einen längeren Zeitraum wirkt, die Zellsubstanz zerstört. Die Lähmung des Schließzellenmechanismus der Spaltöffnungen führt dann, vor allem bei Trockenperioden, zum verstärkten Wasseraustritt und damit möglicherweise zum Vertrocknen.

Verbindet sich das SO_2 mit der Luftfeuchtigkeit in der Atmosphäre oder an feuchten Blättern oder Nadeln zu schwefeliger Säure (H_2SO_3) oder zu Schwefelsäure (H_2SO_4), so tritt zunächst die Schädigung der vor Austrocknung schützenden Wachsschicht ein. Ebenso dringt die Säure in die Nadeln und Blätter ein und stört dort die biochemischen Abläufe. Dieser Eintrag der Säuren über den Niederschlag wird auch als *Saurer Regen* bezeichnet. Sauer deshalb, weil sich der pH-Wert des Regens von 5,6 (leicht sauer) auf 5 bis 4 erniedrigt. Messungen an den Baumstämmen zeigen, daß das dort ablaufende Niederschlagswasser pH-Werte teilweise unter 3 (saurer als Essig!) aufweist. Dies kommt deshalb zustande, weil das Wasser über die Blätter und Nadeln abläuft und die dort abgelagerten trockenen Säurebildner (z. B. Schwefel) aufnimmt.

Stickstoffoxide (NOₓ): Dieses Gas entsteht hauptsächlich bei Verbrennungsprozessen mit hohen Temperaturen; Hauptquellgruppen sind der Kfz-Verkehr, gefolgt von den Kraftwerken. Das dabei entstandene Stickstoffmonoxid (NO) oxidiert an der Luft zu Stickstoffdioxid (NO_2). Stickstoffoxide können in Verbindung mit Wasser Salpetersäure bilden und sind mit der schwefeligen Säure bzw. Schwefelsäure an der Bildung des Sauren Regens beteiligt.

Photooxidanzien (Ozon, PAN u. a.): Unter der Einwirkung von ultraviolettem Licht (UV-Licht) entstehen in der Atmosphäre aus Stickoxiden und Kohlenwasserstoffen Ozon (O_3) und Peroxyacetylnitrat (PAN), Peroxide, Aldehyde, organische Säuren und andere Verbindungen. Diese Photooxidanzien können schädigend auf die pflanzliche Zelle wirken, indem sie die Kutikula (äußerste wasserundurchlässige Zellwandschicht) und die Zellmembran angreifen sowie eine verstärkte Kationenauswaschung aus den Nadeln in Kombination mit saurem Nebel oder Regen auslösen.

Schwermetalle (Blei, Cadmium, Zink, Quecksilber u. a.) entstehen bei Verhüttungsprozessen und bei der Kohleverbrennung. Sie dringen als gelöste Salze entweder direkt durch die Blattoberfläche oder über die Wurzeln in die Pflanze ein.

Organische Verbindungen wie Aldehyde, Phenole oder chlorierte Kohlenwasserstoffe werden in erheblichem Umfang emittiert. Allerdings ist die Gefährdung der Pflanzen und des Menschen derzeit zu wenig erforscht.

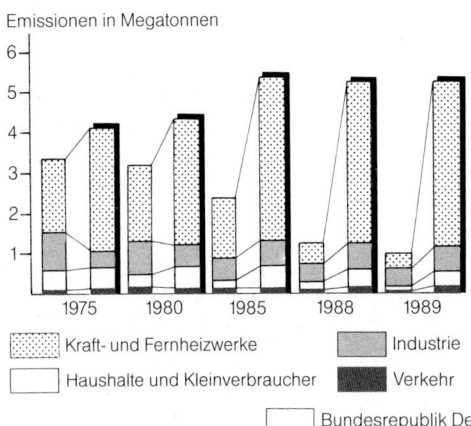

Schwefeldioxid in Deutschland

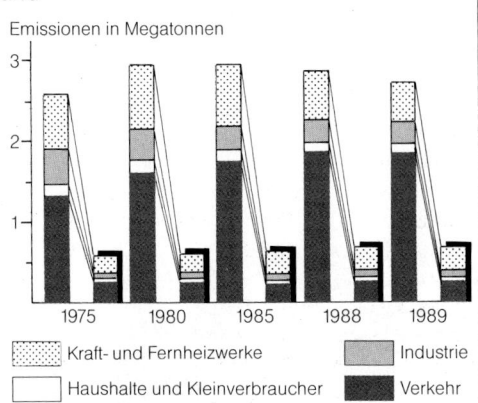

Stickstoffoxide (NOₓ als NO₂) in Deutschland

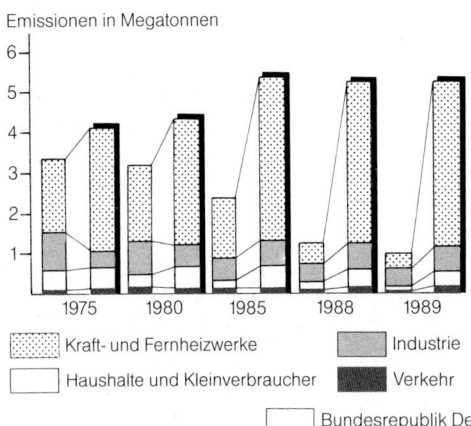

Wirkung der Säuren und Schwermetalle im Boden

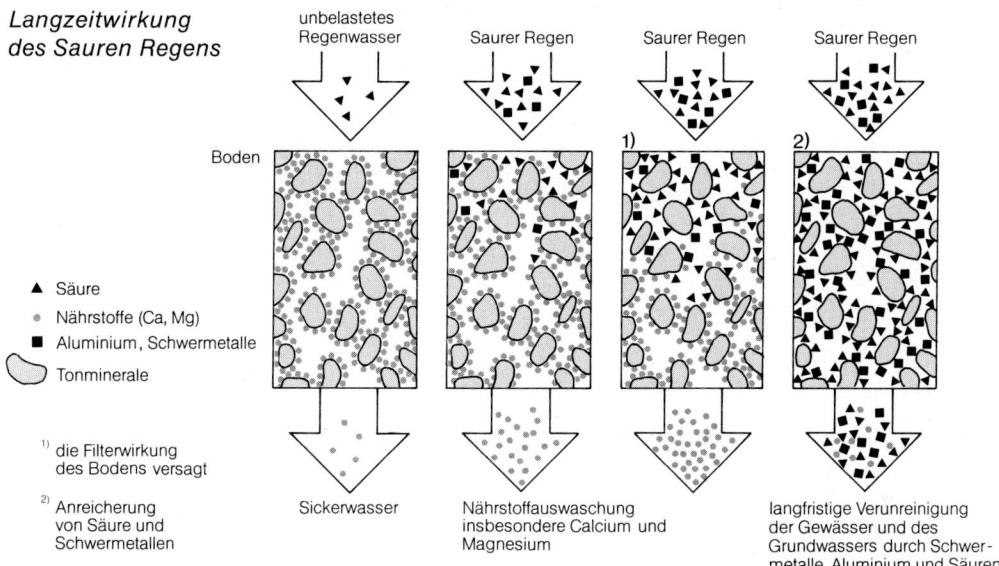

Langzeitwirkung des Sauren Regens

Nach Jörg Kues, Egbert Matzner, Dieter Murach: Saurer Regen und Waldsterben. Göttingen 1984, S. 77

Durch den länger anhaltenden starken Säureeintrag in den Boden, der mit einer Abnahme des pH-Wertes einhergeht, werden die für das Pflanzenwachstum wichtigen Pflanzennährstoffe wie Calcium, Kalium und Natrium ausgewaschen und durch Wasserstoff-, Aluminium- und andere Schwermetallionen ersetzt. Diese zunehmende Versauerung verringert zugleich das Puffervermögen des Bodens, dessen wichtigste Bestandteile die Tonminerale und die Huminstoffe sind. Auch die Bodenlebewesen werden durch diesen zunehmenden Säureeintrag geschädigt; erster „Flüchtling" ist der Regenwurm. Vor allem aber die Wurzelpilze (Mykorrhizen) werden zunehmend geschädigt. Diese leben in Symbiose mit den höheren Pflanzen. Die Wurzelpilze liefern ihnen Wasser und Nährstoffe, während sie von ihnen mit Kohlenhydraten versorgt werden. Setzt sich dieser Prozeß der Versauerung weiter fort, so gelangen die Aluminium- und Schwermetallionen in die Gewässer und das Grundwasser, was eine Verschlechterung der Wasserqualität zur Folge hat.

Heute versucht man durch die Kalkung der Waldböden die Versauerung zu stoppen bzw. wieder eine Erhöhung des pH-Wertes zu erreichen.

Schadstofftransport

SO_2 und NO_x als Gas oder als Säure, die Photooxidanzien und die Schwermetalle können über relativ weite Entfernungen in der Atmosphäre und damit über Ländergrenzen hinweg transportiert werden (Ferntransport). Dies ist von den jeweiligen Wetterlagen und damit Windrichtungen abhängig.

Die heutige Ursachenforschung zeigt, daß zunehmend Schädigungen auftreten, die durch die Einwirkung eines einzelnen Schadstoffes nicht zu erklären sind. Sicherlich kommt es zu einem Zusammenwirken verschiedener Schadstoffe, wobei sich die einzelnen Komponenten gegenseitig verstärken. Ihre Gesamtwirkung ist so wesentlich größer als die rein rechnerische Summe der Einzelfaktoren. Man spricht in diesem Zusammenhang von *synergistischer Wirkung*.

Wurde die Hysterie der Deutschen bezüglich des Waldsterbens von vielen Nachbarländern Anfang der 80er Jahre noch belächelt, so kann heute als gesichert angesehen werden, daß auch dort teilweise gravierende Waldschädigungen vorhanden sind.

71

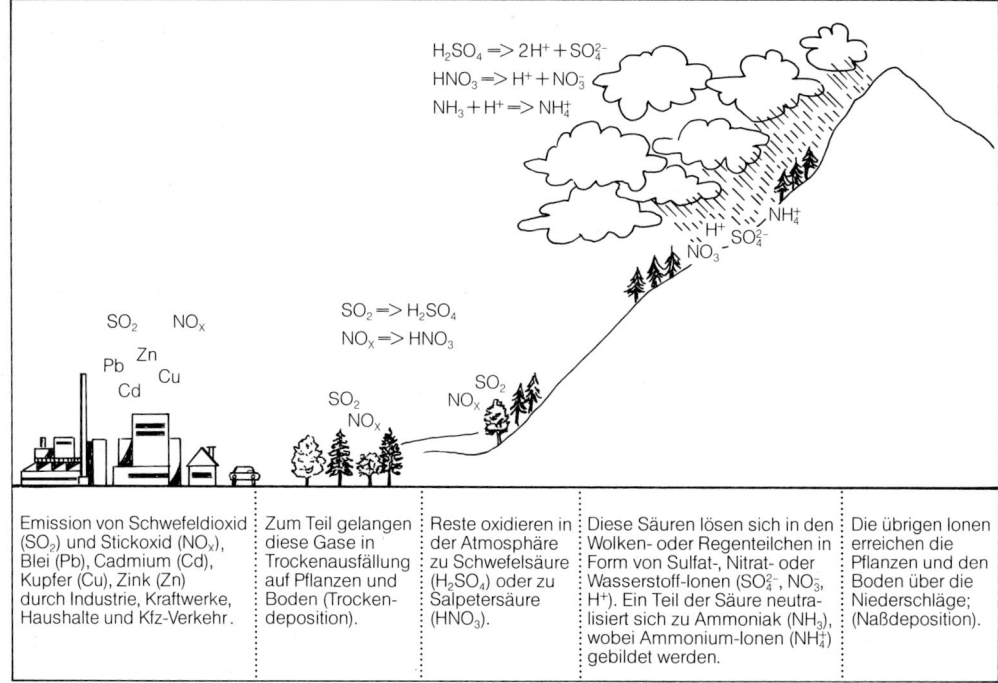

$$H_2SO_4 => 2H^+ + SO_4^{2-}$$
$$HNO_3 => H^+ + NO_3^-$$
$$NH_3 + H^+ => NH_4^+$$

$$SO_2 => H_2SO_4$$
$$NO_x => HNO_3$$

Emission von Schwefeldioxid (SO₂) und Stickoxid (NOₓ), Blei (Pb), Cadmium (Cd), Kupfer (Cu), Zink (Zn) durch Industrie, Kraftwerke, Haushalte und Kfz-Verkehr.	Zum Teil gelangen diese Gase in Trockenausfällung auf Pflanzen und Boden (Trockendeposition).	Reste oxidieren in der Atmosphäre zu Schwefelsäure (H₂SO₄) oder zu Salpetersäure (HNO₃).	Diese Säuren lösen sich in den Wolken- oder Regenteilchen in Form von Sulfat-, Nitrat- oder Wasserstoff-Ionen (SO₄²⁻, NO₃⁻, H⁺). Ein Teil der Säure neutralisiert sich zu Ammoniak (NH₃), wobei Ammonium-Ionen (NH₄⁺) gebildet werden.	Die übrigen Ionen erreichen die Pflanzen und den Boden über die Niederschläge; (Naßdeposition).

Nach den jüngsten Erhebungen gilt als sicher, daß in allen dicht besiedelten und industriell genutzten Räumen der Erde durch Emissionen aus Kraftwerk- und Industriebetrieben, vom Autoverkehr und Hausbrand Waldschädigungen auftreten. Davon sind weite Teile Europas, insbesondere der Osten, Nordamerika, Japan und einige Entwicklungsländer betroffen.

Auf dem Hintergrund dieser alarmierenden Entwicklung sind länderübergreifende Maßnahmen zur Schadstoffverringerung dringend erforderlich. Neben der konsequenten Energieeinsparung in allen Verbrauchergruppen liegen Ansatzpunkte in folgenden Bereichen vor:

– Kraftwerke auf der Basis fossiler Brennstoffe: Einbau von Entschwefelungs- und Entstickungsanlagen; Festlegung von niederen Schadstoffgrenzwerten;

– Kfz-Verkehr: Einbau von Katalysatoren, um den NOₓ-Ausstoß drastisch zu verringern; Verwendung von bleifreiem Benzin;

– Industrie, Haushalte: regelmäßige Kontrolle und Wartung der Heizungsanlagen; Einbau neuer Brenner; Verwendung von schwefelarmem Heizöl.

1. *Erklären Sie, welche wichtigen ökologischen Funktionen die Waldgebiete haben (Abb. S. 67 und S. 81).*
2. *Erläutern Sie, in welcher Weise die Luftschadstoffe die Waldbäume schädigen und welche Veränderungen sie im Boden hervorrufen (Abb. S. 69 und S. 71).*
3. *Beschreiben Sie die Entwicklung der Schwefeldioxid- und Stickoxidemissionen in den alten und in den neuen Bundesländern. Erklären Sie Unterschiede und Gemeinsamkeiten (Abb. S. 70). Ziehen Sie dazu auch die Abbildung Seite 187 hinzu.*
4. *a) Berechnen Sie für die Wuchsgebiete 9, 22, 51, 61, 76 und 79 den ungefähren Anteil der Schadstufe 1 (Abb. S. 66).*
   b) Versuchen Sie, vergleichend die Unterschiede der Waldschäden in ausgewählten Tiefland- und Mittelgebirgsgebieten in den alten und neuen Bundesländern zu erklären.
5. *Erläutern Sie, welche Auswirkungen die Waldschäden in den Bayerischen Alpen (Wuchsgebiet 58) für das alpine Ökosystem haben.*

2.3 Tropenzone: Desertifikation in den Halbwüsten- und Dornsavannengebieten Afrikas

Klima. Der prägende Geofaktor in den Gebieten der Halbwüsten und Dornsavannen Afrikas ist das Klima. Insbesondere die Höhe und die Verteilung der in der Regenzeit fallenden Niederschläge, die Höhe der Temperatur und die davon abhängig potentielle Verdunstung spielen hier eine ausschlaggebende Rolle.

Klimadaten Zinder, Republik Niger

Lage 13°48′N/8°59′E   Höhe ü. NN   510 m   Klimatyp: Köppen BSh Troll V,4

		J	F	M	A	M	J	J	A	S	O	N	D	Jahr	Z
1 Mittl. Temperatur	in °C	22,2	24,9	29,4	32,8	33,1	31,7	28,6	26,4	28,5	29,8	27,2	23,0	28,2	20
2 Mittl. Max. d. Temperatur	in °C	31	34	38	41	41	39	35	32	35	38	36	32	36	29
3 Mittl. Min. d. Temperatur	in °C	14	17	21	25	25	24	22	22	22	22	19	15	21	29
4 Absol. Max. d. Temperatur	in °C	41	42	47	47	46	45	42	40	42	43	41	40	47	29
5 Absol. Min. d. Temperatur	in °C	4	5	12	17	19	17	15	17	16	17	11	8	4	29
6 Mittl. relative Feuchte	in %	24	21	18	20	42	52	68	77	69	41	26	27	40	6
7 Mittl. Niederschlag	in mm	0	<1	<1	1	23	48	160	218	69	10	<1	0	529	19
8 Max. Niederschlag	in mm	1	<1	<1	21	158	114	259	418	182	89	10	0	662	19
9 Min. Niederschlag	in mm	0	0	0	0	0	8	54	81	2	0	0	0	330	19
10 Max. Niederschlag 24 h	in mm	1	1	1	2	51	48	89	119	63	31	2	0	119	19
11 Tage mit Niederschlag	>0,1 mm	0	0	0	<1	3	6	9	12	7	<1	0	0	38	19
12 Sonnenscheindauer	in h	270	253	265	260	274	258	241	213	254	291	279	274	3132	8
13 Strahlungsmenge	in Ly/Tag														
14 Potentielle Verdunstung	in mm	67	127	174	184	198	184	170	153	161	164	143	78	1803	11
15 Mittl. Windgeschw.	in m/sec	2,5	1,4	1,7	1,4	1,7	1,7	1,7	1,1	1,4	1,4	1,7	1,7	1,7	6
16 Vorherrschende Windrichtung		E	E,SE	E	E	WNW	WNW	W	W	WNW	E	E	E		6

Z = Meßzeiträume

Manfred J. Müller: Handbuch ausgewählter Klimastationen der Erde. Forschungsstelle Bodenerosion der Universität Trier-Mertesdorf (Ruwertal). Trier 1987, 4. verbesserte Auflage, S. 280

Niederschlagsvariabilität in Zinder

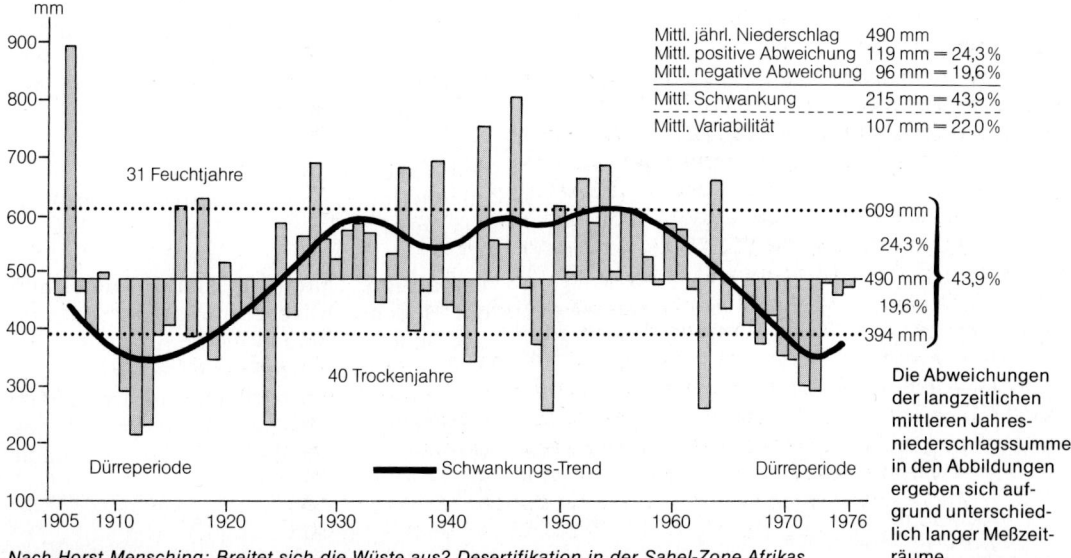

Die Abweichungen der langzeitlichen mittleren Jahresniederschlagssumme in den Abbildungen ergeben sich aufgrund unterschiedlich langer Meßzeiträume.

Nach Horst Mensching: Breitet sich die Wüste aus? Desertifikation in der Sahel-Zone Afrikas. In: Geoökodynamik, Band 1, S. 30. Darmstadt, 1980

Die langjährigen Mittelwerte ermöglichen zwar eine schnelle Einordnung und Vergleichbarkeit mit Verhältnissen anderer Klima- bzw. Landschaftszonen, sie können allerdings eine genauere Charakterisierung der klimatischen Gegebenheiten nicht leisten. So beträgt z. B. die langjährige jährliche Niederschlagssumme in Zinder (Republik Niger) 490 mm. Betrachtet man dann allerdings die Einzeljahre im dargestellten Beobachtungszeitraum, so stellt man fest, daß die positiven und negativen Abweichungen sehr groß sind. Dieser Sachverhalt wird als *Variabilität* der Niederschläge bezeichnet und ist in den Trockengebieten besonders ausgeprägt.

Eine genauere Betrachtung der kurzen sommerlichen Regenzeit zeigt zudem, daß die Niederschlagshäufigkeit und -höhe sowohl in Trocken- als auch in Feuchtejahren stark unterschiedlich sein können und somit im Extremfall, wenn der Niederschlag in nur wenigen Tagen fällt, das Pflanzenwachstum sehr stark hemmen.

Böden. In weiten Teilen der semiariden und ariden Gebiete kommen hauptsächlich sandige Böden und Rohböden vor. Entscheidend für die Speicherung der periodisch kurzen bzw. episodischen Niederschläge ist die Bodenart.

Schematische Darstellung der Wasserspeicherung bei verschiedenen Bodenarten nach einem Regen von 50 mm in ariden Gebieten

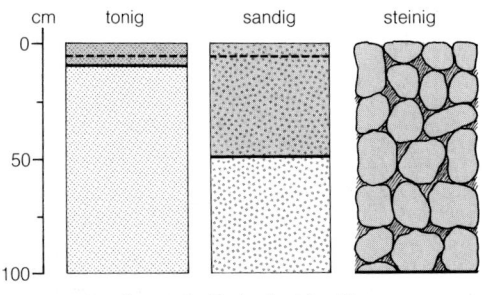

——— untere Grenze der Bodendurchfeuchtung
- - - - untere Grenze, bis zu welcher der Boden wieder austrocknet

Der tonige Boden speichert 50 %, der sandige 90 % und der steinige 100 %.

Nach Heinrich Walter: Vegetation und Klimazonen. Stuttgart: Ulmer Verlag 1984, S. 140

Es zeigt sich, daß bei stark tonhaltigen Böden die Niederschläge nur in die oberen fünf bis zehn Zentimeter eindringen können. Aufgrund der enorm hohen Verdunstung entweicht deshalb der größere Teil wieder in die Atmosphäre. Die sandigen und die steinigen Böden hingegen können den Niederschlag bis in größere Tiefe aufnehmen; der Verlust durch Verdunstung ist somit um ein Vielfaches geringer. Deshalb erfolgt das Pflanzenwachstum hauptsächlich auf diesen beiden Bodenarten.

Vegetation. Die Pflanzen haben sich in vielfältiger Art an diese klimatischen Bedingungen und an die Bodenverhältnisse angepaßt. In den Halbwüstengebieten und in den nördlichen Teilen der Dornsavanne dominieren die einjährigen Gräser (*Therophyten:* einjährig wurzelnde Pflanzen, die Trockenzeit als Samen im Boden überdauern). Zudem tauchen Holzpflanzen, vor allem Sträucher und im südlichen Teil Bäume wie z. B. verschiedene Akazienarten, auf. Diese sind sehr viel stärker an die etwas feuchteren Standorte gebunden. Außerdem sind sie mit ihrem weit verzweigten Wurzelgeflecht bzw. mit ihren Pfahlwurzeln an den jahreszeitlichen Gang der Bodenfeuchte- bzw. an die Grundwasserverhältnisse angepaßt.

Im Gegensatz zu den einjährigen Gräsern, die ohne Schaden eine zweijährige Dürrezeit im Boden überdauern können, reagieren die Bäume und Sträucher wesentlich empfindlicher. Es erfolgt eine drastische Reduzierung der Biomassenproduktion; bei länger anhaltenden Dürreperioden wie 1969–1973 kommt es zum Absterben der Pflanzen.

Starken Einfluß auf die Bodenfeuchte und damit die Pflanzenstandorte haben nicht nur die Bodenarten, sondern vor allem auch das Relief.

Versalzung. Durch die starke Aufheizung der Bodenoberfläche erfolgt der Aufstieg des Bodenwassers in feinen Kapillaren. Die darin gelösten Salze kristallisieren unmittelbar an der Bodenoberfläche aus. Diese Salzkrusten bilden sich meist in den abflußlosen Wannen und Senken, in die die Wadis münden.

Salzgehalt in verschiedenen Bodentiefen

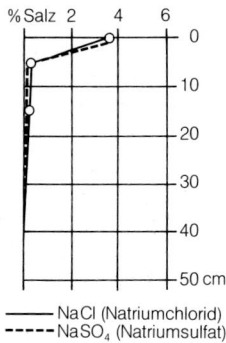

——— NaCl (Natriumchlorid)
---- NaSO₄ (Natriumsulfat)

Nach Heinrich Walter: Vegetation und Klimazonen. Stuttgart: Ulmer Verlag 1984, S. 152

Dieser Prozeß der *Versalzung* wird jedoch auch durch den Menschen in Form unsachgemäßer Bewässerung ausgelöst. Notwendig ist bei jeder Bewässerung, daß ein tiefer liegendes Entwässerungsnetz vorhanden ist, in dem das überschüssige und mit gelösten Salzen angereicherte Wasser abgeleitet wird. Dadurch wird der kapillare Aufstieg wesentlich verringert.

Bewässerungsflächen beschränken sich in den Halbwüsten-, Dorn- und Trockensavannengebieten hauptsächlich auf die großen *Fremdlingsflüsse* wie Senegal, Niger und Nil sowie auf die Oasengebiete.

Traditionelle Formen der Nutzung

Landwirtschaftliche Nutzung in Wüsten- und Savannengebieten in Abhängigkeit von den Niederschlägen

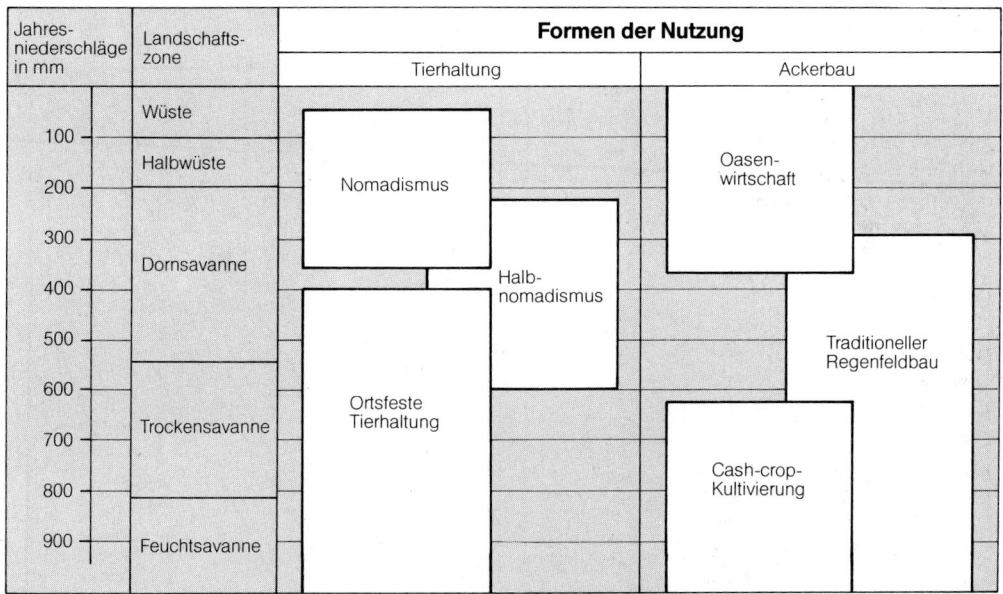

Der *Nomadismus* und *Halbnomadismus* in den Trockenräumen sowie in den feuchteren Teilen der Regenfeldbau sind den natürlichen Gegebenheiten dieser Räume angepaßte Formen der Nutzung. In Dürrezeiten bestanden aufgrund der im Vergleich zu heute wesentlich geringeren Bevölkerungs- und Viehdichte genügend Ergänzungs- oder Ausgleichsräume, die ein Überleben ermöglichten.

Die große Sahel-Dürre 1969–1973 und die sich in einigen Teilgebieten unmittelbar fortsetzende Dürreperiode zeigten jedoch, daß diese ökologischen Systeme besonders anfällig und empfindlich gestört sind.

Das starke Bevölkerungswachstum und der damit verbundene erhöhte Bedarf an pflanzlicher und tierischer Nahrung, der Bau von Tiefbrunnen im Rahmen einer gutgemeinten Entwicklungshilfe zur besseren Versor-

75

gung der Tierherden sowie die von außen in die ehemals geschlossenen sozialen Systeme hereingetragenen neuen Werte und Bedürfnisse waren maßgeblich für die Veränderungen verantwortlich. Bei den Nomaden erfolgte die Vergrößerung der Viehherden, deren Stückzahl Überlebensgarantie, aber auch Statussymbol des jeweiligen Stammes- bzw. Sippenführers ist. In den Bereichen des Regenfeldbaus dehnte man in den Feuchtejahren die Anbaufläche vor allem der Hirse über die agronomische Trockengrenze hinweg aus.

Die in den Weidegebieten der Nomaden erfolgte Degradierung der Vegetation durch zu große Tierherden, verstärkt durch die wesentlich geringeren Niederschläge in dieser Dürreperiode, führte zum Zusammenbruch des ehemals intakten Ökosystems. Die nur noch spärlich vorhandene Gräserdecke konnte die Auswehung der Schluff- und Sandteile des Bodens nicht mehr verhindern. Es kam in diesen Gebieten zur Reaktivierung alter Dünen und zur Dünenneubildung.

Auf die drastische Reduzierung ihrer Viehherden durch die Dürre reagierten viele Nomadenstämme mit der Aufgabe dieser Wirtschaftsform in ihren traditionellen Weidegebieten und wanderten in die feuchteren südlichen Landesteile ab. Bei den verbliebenen Stämmen erfolgte der Neuaufbau der Herden vor allem mit Ziegen und Schafen, die eine Dürreperiode wesentlich besser als die Rinder überstehen können.

Nördlich von El Fasher 1954:
Exzessiver Hirseanbau auf tiefgründigen Sandböden

Nördlich von El Fasher 1968:
Dünenbildung als Folge des exzessiven Hirseanbaus

Fouad N. Ibrahim: Desertification in Nord-Darfur. Hamburger Geographische Studien, Heft 35. Hamburg: Verlag Ferdinand Hirt 1980, S. 122

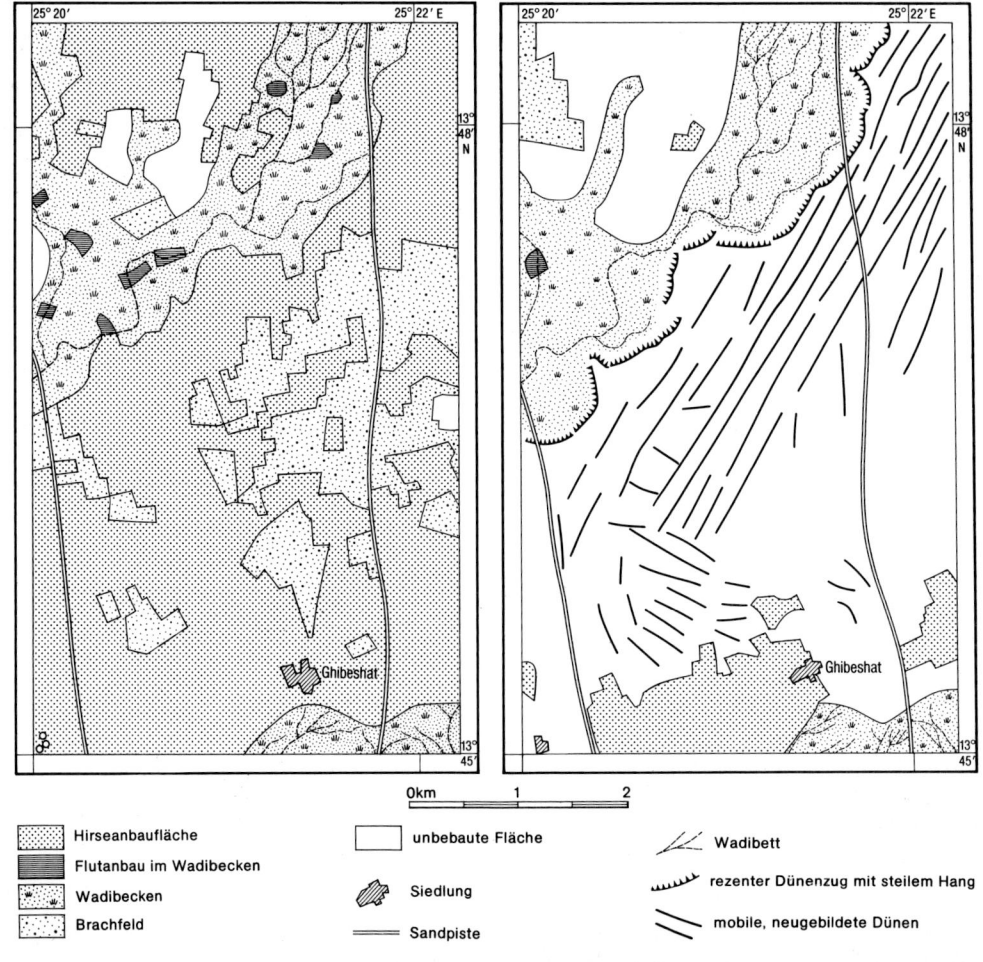

Hirseanbau in der Trockensavanne in Nord-Darfur

In den Hirseanbaugebieten spielte die Mobilisierung dieser feinen Bodenbestandteile ebenfalls eine wichtige Rolle. Diese erfolgte dort vor allem deshalb, weil zwischen den Hirsepflanzen, die in der Regel zwischen 80 cm bis zu 1,50 m auseinanderstehen, regelmäßig die schützende Krautschicht entfernt worden ist. Dieses regelmäßige Jäten ermöglichte den Hirsepflanzen eine bessere Ausnutzung des Niederschlagswassers im Boden.

Beide Entwicklungen führten und führen zu der vom Menschen verursachten Wüstenausdehnung (man made desert) und damit zum Prozeß der *Desertifikation.*
Die dramatische Reduzierung des ohnehin spärlichen Baum- und Strauchbestandes durch den erhöhten Brennholzbedarf der stark wachsenden Bevölkerung sowie die Buschfeuer tragen zusätzlich zur Verschärfung der Desertifikation bei.

Desertifikationsschema

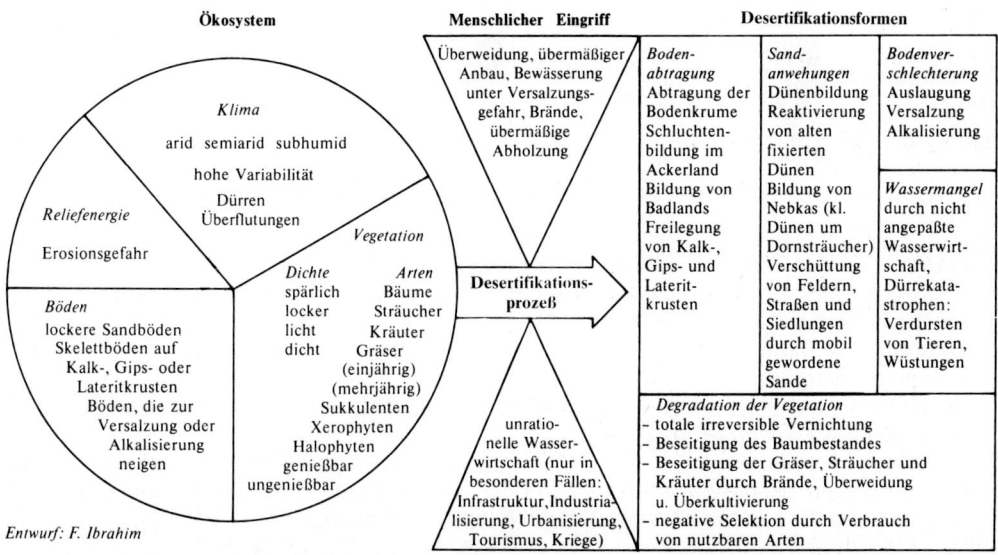

Entwurf: F. Ibrahim

Eine mögliche großräumige Gliederung von Trockenräumen über die Grenzen der zuvor dargestellten Landschaftszonen hinweg, und zwar sowohl in tropischen als auch in außertropischen Räumen, erfolgte 1977 auf der Weltwüstenkonferenz in Nairobi. Auf der Grundlage des Aridätsindexes sowie gleich- artiger Belastungserscheinungen durch die Ackerbau und Viehhaltung treibende ländliche Bevölkerung wurden Teilräume abgegrenzt und die Desertifikationsgefährdung erarbeitet. Dabei zeigt sich, daß vor allem die *ariden* und *semiariden Gebiete* besonders stark von dieser Entwicklung betroffen sind.

Aride Gebiete (Trockengebiete) nehmen mit 48 Mio. km^2 36% der Erdoberfläche ein. Ihre jährliche Verdunstung ist höher als der Niederschlag. Je nach Temperatur und Windverhältnissen können demnach Gebiete mit unterschiedlicher Niederschlagsmenge aride Gebiete sein. Nach dem Verhältnis von Niederschlag und Verdunstung kann man vereinfachend unterscheiden, wobei genaue Abgrenzungen schwierig sind und die Berechnung umstritten ist.	hyperaride Zonen (N : V < 0,03) aride Zonen (N : V 0,03−0,2) semiaride Zonen (N : V 0,2 −0,5) subhumide Zonen (N : V 0,5 −0,75) Trockengebiete dürfen nicht mit Wüsten gleichgesetzt werden, zu denen u. a. auch die kalten und polaren Wüsten gehören und die insgesamt mit 29 Mio. km^2 19% der Erdoberfläche umfassen.

Trockenregionen der Erde

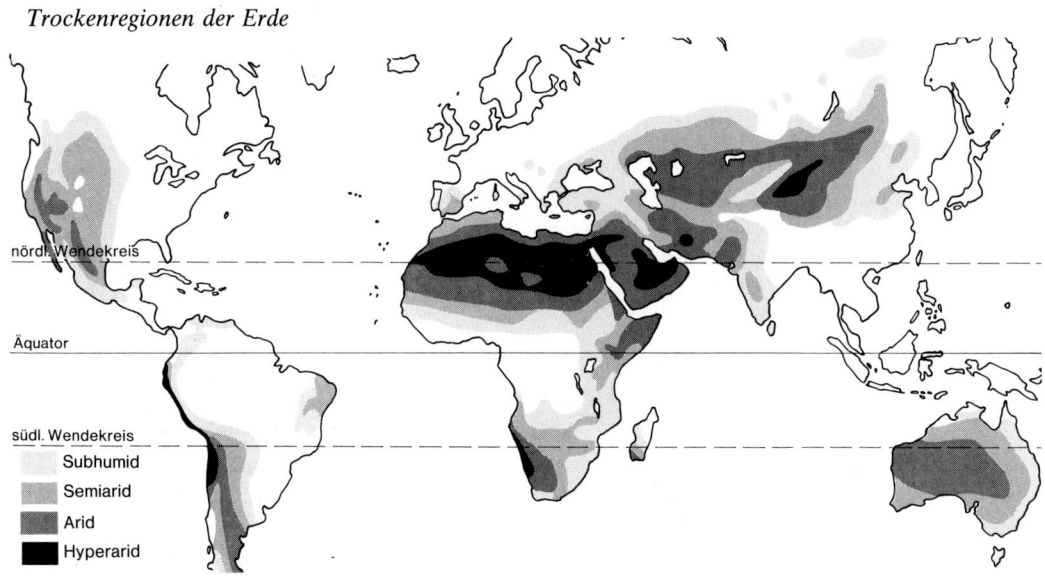

Nach Penman: Arid regions. In: Nature and Resources, Bd. XIII, Nr. 3 Juli–September 1977, S. 2 und 3

1. *Erklären Sie den Begriff Niederschlagsvariabilität.*
2. *Begründen Sie, warum sandige und steinige Böden in den Trockengebieten das Niederschlagswasser besser aufnehmen können.*
3. *Erläutern Sie Ursachen und Folgen der verheerenden Dürrekatastrophe in der Sahelzone in den Jahren 1969 bis 1973.*
4. *Beschreiben und erklären Sie die Auswirkungen des Hirseanbaus nördlich von El Fasher in der Republik Sudan (Abb. S. 76).*
5. *Die ariden und semiariden Räume der Tropen und Außertropen sind von den Desertifikationsprozessen besonders betroffen. Stellen Sie in Form einer Tabelle die Großlandschaften und die Länder, die Anteil daran haben, zusammen.*

2.4 Tropenzone: Der immerfeuchte tropische Regenwald Amazoniens

Der geschlossene Nährstoffkreislauf. Die Böden des tropischen Regenwaldes sind weniger fruchtbar, als es dem dichten Vegetationsbestand entsprechend erscheinen mag. Die geringe Bodenfruchtbarkeit haben Siedler immer wieder dann gespürt, wenn ihre anfänglich hohen Ernteerträge auf Rodungen nach wenigen Jahren rapide zurückgegangen sind. Dies steht im krassen Widerspruch zu dem hohen Bestand an natürlicher *Biomasse* (gesamte organische Stoffmenge) mit 500 t/ha gegenüber 370 t/ha eines Buchenwaldes der gemäßigten Breiten. Besonders eindrucksvoll ist die hohe Produktion von 32,5 t/ha Biomasse pro Jahr gegenüber einem Buchenwald mit 13 t/ha.

Untersucht man den Anteil an organischen Bestandteilen und Tonmineralen in verschiedenen Bodentiefen, so findet sich im Boden des tropischen Regenwaldes im ersten Meter nur 1% der gesamten Biomasse. Der Großteil der Biomasse der immerfeuchten tropischen Regenwälder befindet sich also außerhalb des Bodens in den Pflanzen.

Die durchschnittlich 8 bis 10 m mächtigen tropischen Böden (Roterden, Laterite, Latosole) weisen in ihrer Tonmineralfraktion (<0,002 mm) hauptsächlich Zweischichttonminerale (Kaolinite, Gibbsite) mit einer sehr geringen Kationenaustauschfähigkeit auf. Das anstehende Gestein (C-Horizont) liegt in so großer Tiefe, daß die Nachlieferung von Primärmineralen, aus denen im weiteren Verlauf des Verwitterungsprozesses zunächst Dreischichttonminerale entstehen, für die sehr flach wurzelnden Pflanzen keine Rolle spielt.

Braunerden der Mittelbreiten hingegen enthalten im oberen Meter mehr als 12% der gesamten Biomasse und besitzen in diesem Teil Tonminerale mit hoher Austauschkapazität (Dreischichttonminerale).

Die großräumige ökologische Untergliederung Amazoniens auf der Grundlage der geochemischen Eigenschaften der Böden

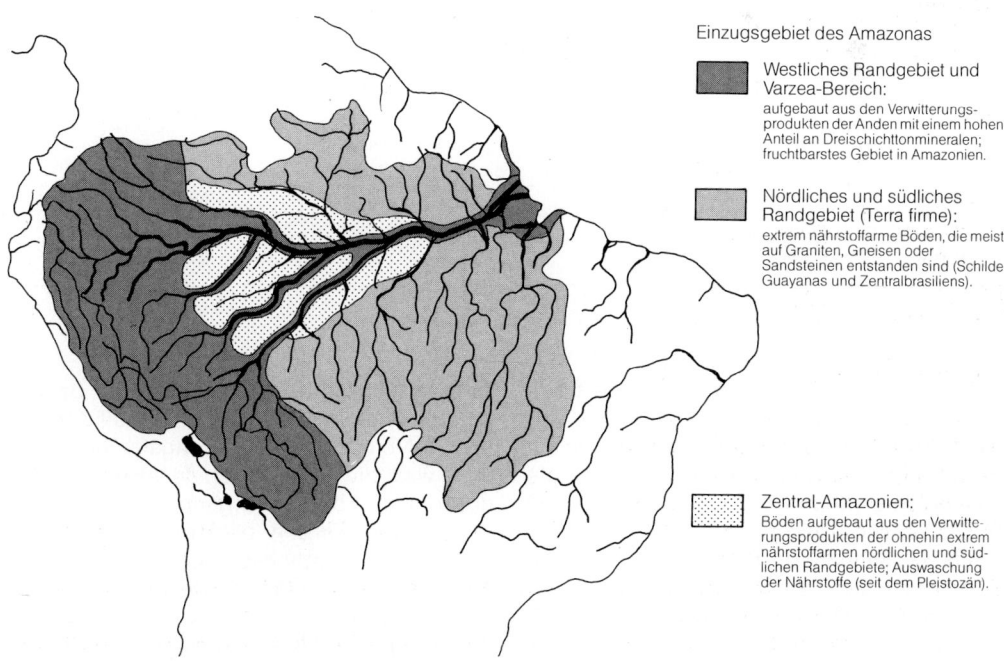

Einzugsgebiet des Amazonas

Westliches Randgebiet und Varzea-Bereich: aufgebaut aus den Verwitterungsprodukten der Anden mit einem hohen Anteil an Dreischichttonmineralen; fruchtbarstes Gebiet in Amazonien.

Nördliches und südliches Randgebiet (Terra firme): extrem nährstoffarme Böden, die meist auf Graniten, Gneisen oder Sandsteinen entstanden sind (Schilde Guayanas und Zentralbrasiliens).

Zentral-Amazonien: Böden aufgebaut aus den Verwitterungsprodukten der ohnehin extrem nährstoffarmen nördlichen und südlichen Randgebiete; Auswaschung der Nährstoffe (seit dem Pleistozän).

Nach Harald Sioli: Amazonien. Stuttgart: Wissenschaftliche Verlagsgesellschaft mbH 1983, S. 48

Die hohe jährliche Menge abgestorbenen organischen Materials wird aufgrund der sehr starken chemischen Verwitterung (hohe Temperaturen und hohe Niederschläge) sehr schnell zersetzt. Die gesamte Menge der dabei anfallenden Pflanzennährstoffe wird durch die *Mykorrhizen* (symbiotisch mit den Baum- und Strauchwurzeln lebende Wurzelpilze) aufgefangen und an die Pflanze abgegeben. Damit entsteht ein kurzgeschlossener *Nährstoffkreislauf,* der tropische Regenwald trägt sich selbst.

Ausnahmegebiete. Für den Varzea-Bereich bedeutet die regelmäßige jahreszeitliche Überflutung den Antransport hochwertiger Schluff- und Tonbestandteile aus dem andinen Bereich. Vorherrschend sind dabei in der Tonfraktion Dreischichttonminerale. Durch diese natürliche Erhöhung der Bodenfruchtbarkeit sind Teilbereiche der Varzea für die landwirtschaftliche Nutzung besonders geeignet, sie stellen aber mit den westlichen Randgebieten zusammen die Ausnahmegebiete Amazoniens dar.

Schematischer Schnitt durch den Varzea-Bereich

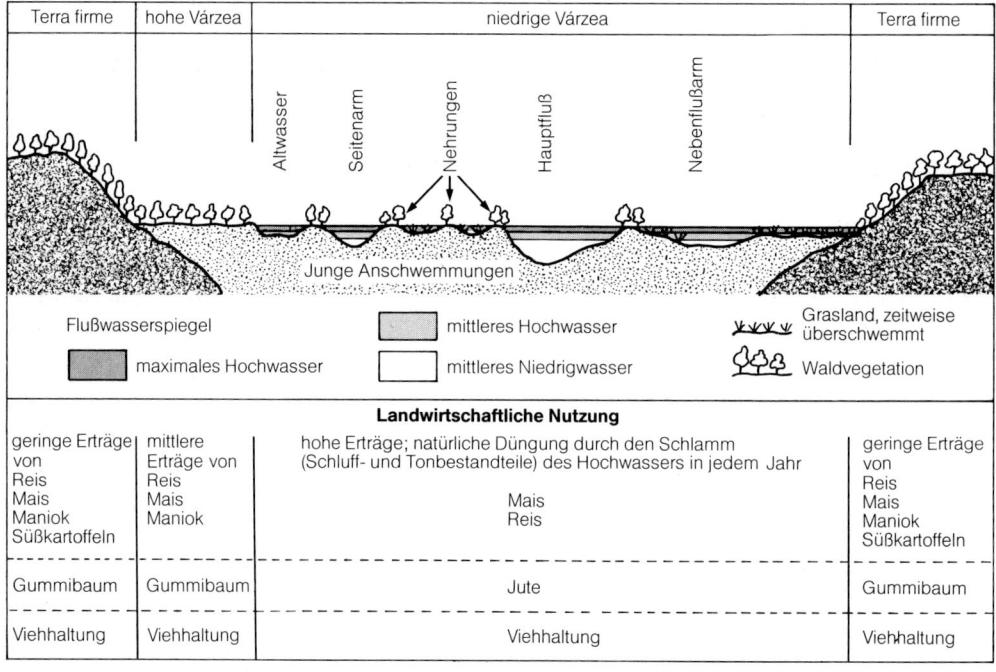

Nach Jürg Müller: Brasilien. Stuttgart: Klett 1984, S. 98

Shifting cultivation ist die wichtigste traditionelle Form der landwirtschaftlichen Nutzung. Zunächst roden die Ureinwohner ein ausgesuchtes Waldstück, in dem sie die kleinen Büsche und das Gestrüpp mit dem Buschmesser abschlagen und auf kleine Haufen zusammentragen. Die größeren Bäume schlagen sie in drei bis vier Meter Höhe an, damit sie absterben. Danach erfolgt das Verbrennen der Pflanzen. Die dabei entstandene Asche bedeckt das zu bestellende Feld, sie ist der Hauptlieferant von Pflanzennährstoffen. Die Nutzung dauert ca. zwei bis drei Jahre, danach muß der Anbau auf einer neuen Rodungsfläche erfolgen, weil die Erträge rapide absinken. Da durch den Abbrennvorgang die Mykorrhizen zerstört werden, besteht im Boden nahezu keine Möglichkeit, die in Form der Asche gelieferten Nährstoffe länger zu speichern. Zudem wird dieser Ascheschleier durch die hohen Niederschläge, die in Form heftiger Regenfälle niedergehen, ausgewaschen.

Schema der ökologischen Beanspruchung bei verschiedenen Nutzungsformen

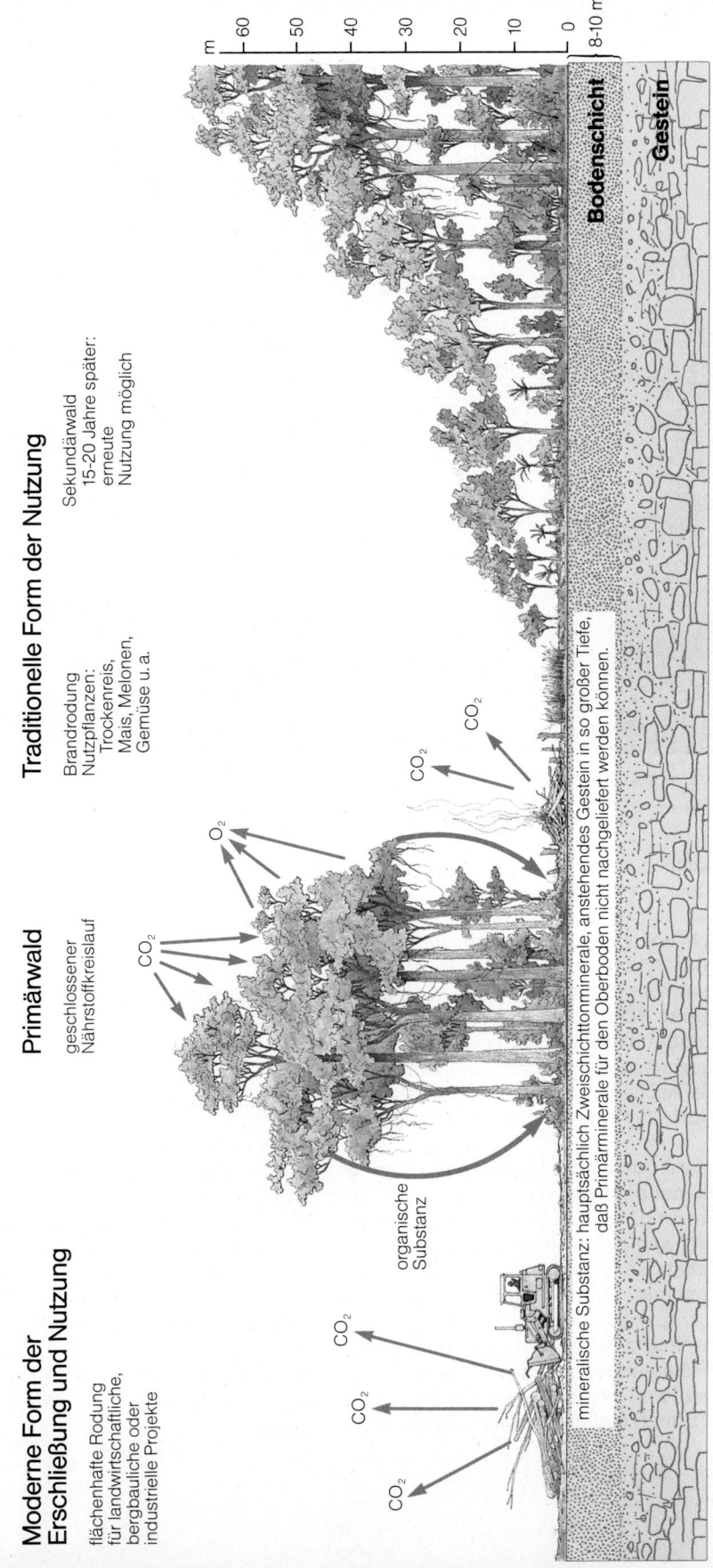

Moderne Form der Erschließung und Nutzung

flächenhafte Rodung für landwirtschaftliche, bergbauliche oder industrielle Projekte

Primärwald

geschlossener Nährstoffkreislauf

Traditionelle Form der Nutzung

Brandrodung
Nutzpflanzen:
Trockenreis,
Mais, Melonen,
Gemüse u.a.

Sekundärwald
15–20 Jahre später:
erneute
Nutzung möglich

organische Substanz

mineralische Substanz: hauptsächlich Zweischichttonminerale, anstehendes Gestein in so großer Tiefe, daß Primärminerale für den Oberboden nicht nachgeliefert werden können.

CO_2
CO_2
CO_2
CO_2
O_2
CO_2

m
60
50
40
30
20
10
0
8–10 m

Bodenschicht

Gestein

GAIA – Der Öko-Atlas unserer Erde. Text von Norman Myers. London: GAIA Books Limited 1984, deutsche Ausgabe Frankfurt a. M.: Fischer Taschenbuch Verlag GmbH. 1985, S. 30/31

Großflächige Brandrodung in Amazonien

Erst nach ca. 15 bis 20 Jahren kann das gleiche Stück Land wiederum genutzt werden, denn an den Wurzeln des relativ dicht nachgewachsenen Sekundärwaldes haben sich dann die Mykorrhizen in ausreichend großer Zahl gebildet. Somit können den Pflanzen genügend Nährstoffe zugeführt werden. Auch reicht dann die Biomassenmenge der nachgewachsenen Pflanzen aus, um ausreichende Aschemengen und damit Pflanzennährstoffe für eine erneute Nutzung zu liefern.

In dieser Form ist die shifting cultivation eine dem natürlichen System angepaßte Form der Nutzung. Sie existiert allerdings so nur noch in wenigen kleinen Gebieten. Vor allem der starke Bevölkerungsanstieg und der zunehmende Anbau von Marktfrüchten *(cash crops)* bedingen eine immer kürzere Brachzeit und verhindern somit die notwendige Regenerierung des Sekundärwaldes. Eine weitere Nutzung dieser Flächen ist somit nur noch bedingt möglich. Daher befindet sich ein großer Teil der Bevölkerung in den entsprechenden Gebieten in einer Übergangsphase von der Brandrodung zum permanenten Ackerbau mit Viehhaltung. Dies ist allerdings nur möglich, wenn ein sehr differenziertes, kleinräumiges Fruchtfolgemuster angewandt wird (vgl. Kapitel Landwirtschaft, S. 112).

Jüngere Erschließungsmaßnahmen

Durch die Errichtung von land- und forstwirtschaftlichen, bergbaulichen und industriellen Großprojekten erfolgte in den letzten 15 bis 20 Jahren die großflächige Abholzung des tropischen Regenwaldes. Die Wiederaufforstungsmaßnahmen sind häufig mit dem wirtschaftlichen Ziel der Holzproduktion verbunden und die dabei verwendeten, meist schnellwachsenden Baumarten haben mit der ursprünglichen Artenzusammensetzung und Artenvielfalt nichts mehr zu tun.

82

Rodung und Wiederaufforstung des tropischen Regenwaldes (Mio. ha)

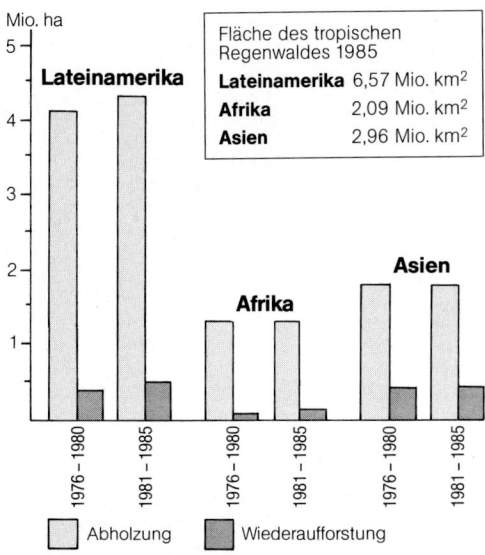

Fläche des tropischen Regenwaldes 1985	
Lateinamerika	6,57 Mio. km²
Afrika	2,09 Mio. km²
Asien	2,96 Mio. km²

▢ Abholzung   ▨ Wiederaufforstung

Nach The Tropical Forestry Action Plan, S. 4/5, o.J., Hrsg.: FAO, World Resources Institute, The World Bank and the United Nations Development Programme

Entwicklungsmaßnahmen im brasilianischen Teil Amazoniens

Bedenkt man, daß Mitte der 60er Jahre nahezu keines der in der Karte (Seite 85) aufgeführten Agrarkolonisations-, Infrastruktur-, Bergbau- und Industrieprojekte vorhanden war, so wird deutlich, mit welcher Dynamik die Erschließung und die Ausbeutung dieses größten zusammenhängenden Regenwaldgebietes erfolgt. Der dargestellte Kartenausschnitt umfaßt nur den brasilianischen Anteil Amazoniens, der als Planungsregion die Bezeichnung „Amazônia Legal" hat. Diese umfaßt eine Fläche von 4,975 Mio. km².
Die großmaßstäbige Erschließung begann im Jahre 1970 mit dem Bau der von West nach Ost verlaufenden 5600 Kilometer langen Transamazônica. Damit verbunden war auch der Aufbau von *Agrarkolonisationsprojekten,* das größte davon im Raum Itaituba–Altamira. Dort sollten, nach den Plänen der staatlichen Behörde INCRA (Instituto Nacional de Colonização e Reforma Agrária), eine Million landloser Bauernfamilien hauptsächlich aus dem trockenen Nordosten Brasiliens angesiedelt werden. Geringe Bodenfruchtbarkeit, mangelnde Organisation und fehlende Erfahrung der Siedler führten jedoch zum Scheitern dieses gigantischen Vorhabens. Schätzungen zufolge sind in diesem Projekt höchstens 70 000 Familien geblieben.
Etwas günstiger lief die Agrarkolonisation im Bundesstaat Rondônia ab. In diese Projekte kamen vor allem auch Bauern, die über Erfahrung im tropischen Feldbau und meist auch über Geld verfügten. Zudem gelang es der INCRA, Anbau, Ernte und Vermarktung der landwirtschaftlichen Produkte einigermaßen zu steuern.
Weitere agrarwirtschaftlich orientierte Projekte entstanden im Süden dieses Raumes mit der Errichtung riesiger Viehzuchtbetriebe (Fazendas), die enorme Steuersubventionen von seiten des brasilianischen Staates erhielten. Es sind vor allem internationale Konzerne, die in diesem Bereich investieren. Den Schwerpunkt in Amazonia Legal bildet aber seit Beginn der 70er Jahre die industrielle und bergbauliche Erschließung. Die Energiebasis für den Abbau und die Verhüttung der dort reichlich vorhandenen Metallrohstoffe sind die zahlreichen neu erbauten bzw. projektierten Wasserkraftwerke. An diese rohstofforientierten Betriebe sollen sich teilweise weiterverarbeitende Industrien anschließen.
Die ökologischen und sozialen Auswirkungen sind gravierend. Durch das großflächige Abbrennen erhöht sich der CO_2-Gehalt der Atmosphäre, gleichzeitig nimmt die Sauerstoffproduktion ab. Globale klimatische Veränderungen sind dadurch nicht auszuschließen. Ein weiteres Problemfeld sind die riesigen Stauseen, die bei der Errichtung der Wasserkraftwerke entstehen. Meist werden die zu überflutenden Waldflächen nicht abgeholzt, und es setzt ein Fäulnisprozeß ein, der die Wasserqualität drastisch reduziert.
Außerdem kommt es durch diese Bau- und Infrastrukturmaßnahmen zur großflächigen Zerstörung der indianischen Jagd- und Siedlungsgebiete. Ebenso leidet die Tierwelt unter der Erschließung: Viele Tierarten, die teilweise noch unbekannt sind, werden ausgerottet. Die ursprünglichen Bewohner dieser Gebiete können ihre traditionelle Lebensform nicht mehr beibehalten.

Eisenerzabbau, Erzaufbereitung und Abtransport in der Serra dos Carajás

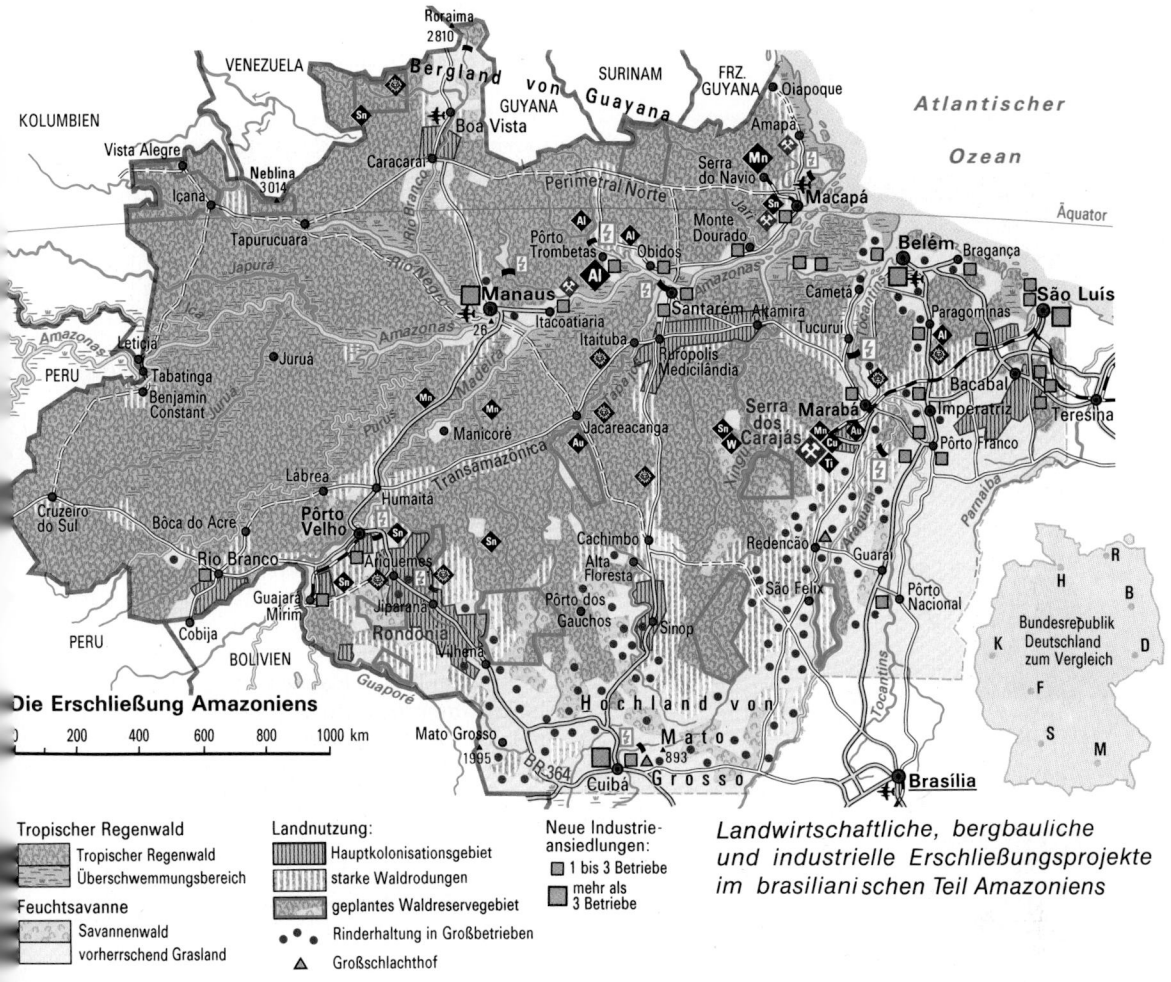

Die Erschließung Amazoniens

0   200   400   600   800   1000 km

Landwirtschaftliche, bergbauliche und industrielle Erschließungsprojekte im brasilianischen Teil Amazoniens

Tropischer Regenwald

    Tropischer Regenwald
    Überschwemmungsbereich

Feuchtsavanne

    Savannenwald
    vorherrschend Grasland

Energie u. Bodenschätze:

    Staudamm, z. T. im Bau
    Wasserkraftwerk, z. T. i. Bau

    Bauxit (Aluminium)
    Diamanten   Mangan
    Eisen   Zinn
    Gold   Titan
    Kupfer   Wolfram

Verkehr:

    schiffbarer Fluß
    Fernstraße, asphaltiert
    Fernstraße, unbefestigt
    Fernstraße, geplant
    Eisenbahn

Siedlungen:

    über 250 000 Einw.
    50 000–250 000 Einw.
    unter 50 000 Einw.

Grenzen:

    Staatsgrenze
    Grenze von „Amazônia Legal"

Landnutzung:

    Hauptkolonisationsgebiet
    starke Waldrodungen
    geplantes Waldreservegebiet
    Rinderhaltung in Großbetrieben
    Großschlachthof

Neue Industrieansiedlungen:

    1 bis 3 Betriebe
    mehr als 3 Betriebe

Bundesrepublik Deutschland zum Vergleich

1. Erklären Sie, wieso die Bodenfruchtbarkeit im tropischen Regenwald trotz üppiger Vegetation und hoher Biomassenproduktion gering ist.
2. Beschreiben und erklären Sie die großräumigen Unterschiede der Bodenqualität Amazoniens (Abb. S. 79).
3. Der Várzea-Bereich stellt in Amazonien einen gewissen Gunstraum dar. Beschreiben Sie die wichtigsten Bestandteile seines Naturhaushaltes (Wasser, Boden, Relief, Vegetation).
4. Die Nachlieferung von Schluff- und Tonbestandteilen mit hoher Austauschkapazität erfolgt in den mittleren Breiten hauptsächlich in einer Tiefe von ca. 60–100 cm. Erklären Sie, wie und wo diese Nachlieferung in den Böden des immerfeuchten tropischen Regenwaldes erfolgt.
5. Beschreiben Sie die ökologischen Auswirkungen von Staudammprojekten im tropischen Regenwald.
6. Die Hauptinsel Indonesiens, Java, hat die höchste ländliche Bevölkerungsdichte der Erde. Die Insel liegt in der Landschaftszone des immerfeuchten tropischen Regenwaldes. Versuchen Sie den Widerspruch zu erklären.

Struktur und Mobilität der Bevölkerung

1 Das Wachstum der Weltbevölkerung

Jahrtausendlang ist die Zahl der auf der Erde lebenden Menschen nur sehr langsam gewachsen. Immer wieder wechselten Phasen langsamen Anstiegs mit Phasen der Stagnation oder gar des Rückgangs ab. Erst mit dem Beginn des 19. Jahrhunderts hat ein dynamisches Wachstum der Weltbevölkerung begonnen. Das Ausmaß des Wachstums ist erkennbar an:
- der absoluten Zunahme der Weltbevölkerung,
- der Verringerung der Zeiträume, in denen sich die Weltbevölkerung verdoppelt,
- der Zunahme des jährlichen Bevölkerungszuwachses.

Im Jahre 1993 hat die Weltbevölkerung die Größe von 5,5 Mrd. Menschen erreicht. Sie ist im Durchschnitt der Jahre 1985–1990 jährlich um etwa 80 Millionen Menschen gewachsen. Dieser Wert entspricht der Einwohnerzahl der Bundesrepublik Deutschland. Umgerechnet auf einen Tag beträgt die Zunahme (Geburten abzüglich Sterbefälle) etwa 230000. Dies wiederum entspricht etwa der Einwohnerzahl von Rostock oder Aachen.

Das Wachstum der Weltbevölkerung

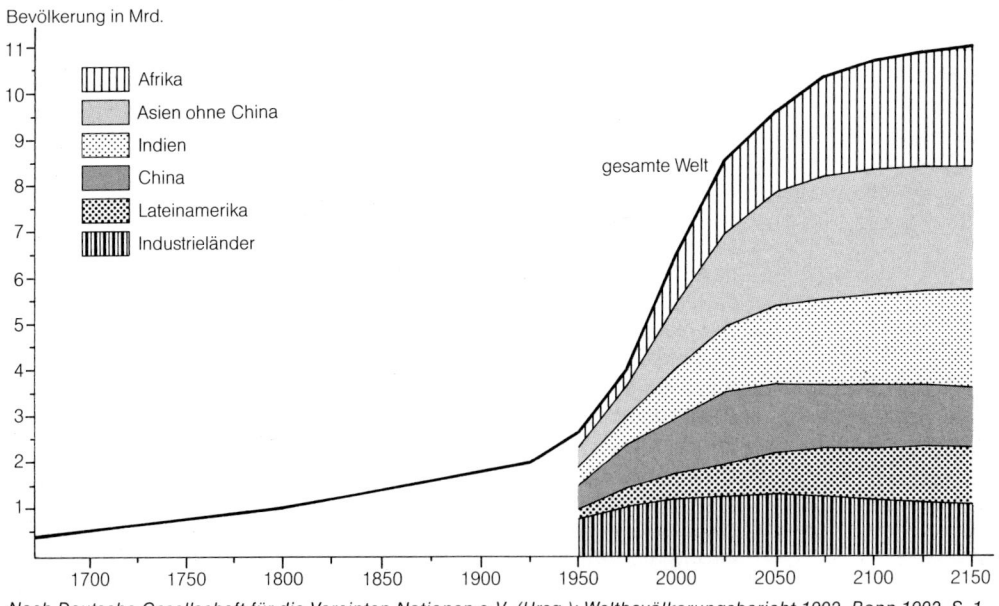

Nach Deutsche Gesellschaft für die Vereinten Nationen e.V. (Hrsg.): Weltbevölkerungsbericht 1992, Bonn 1992, S. 1

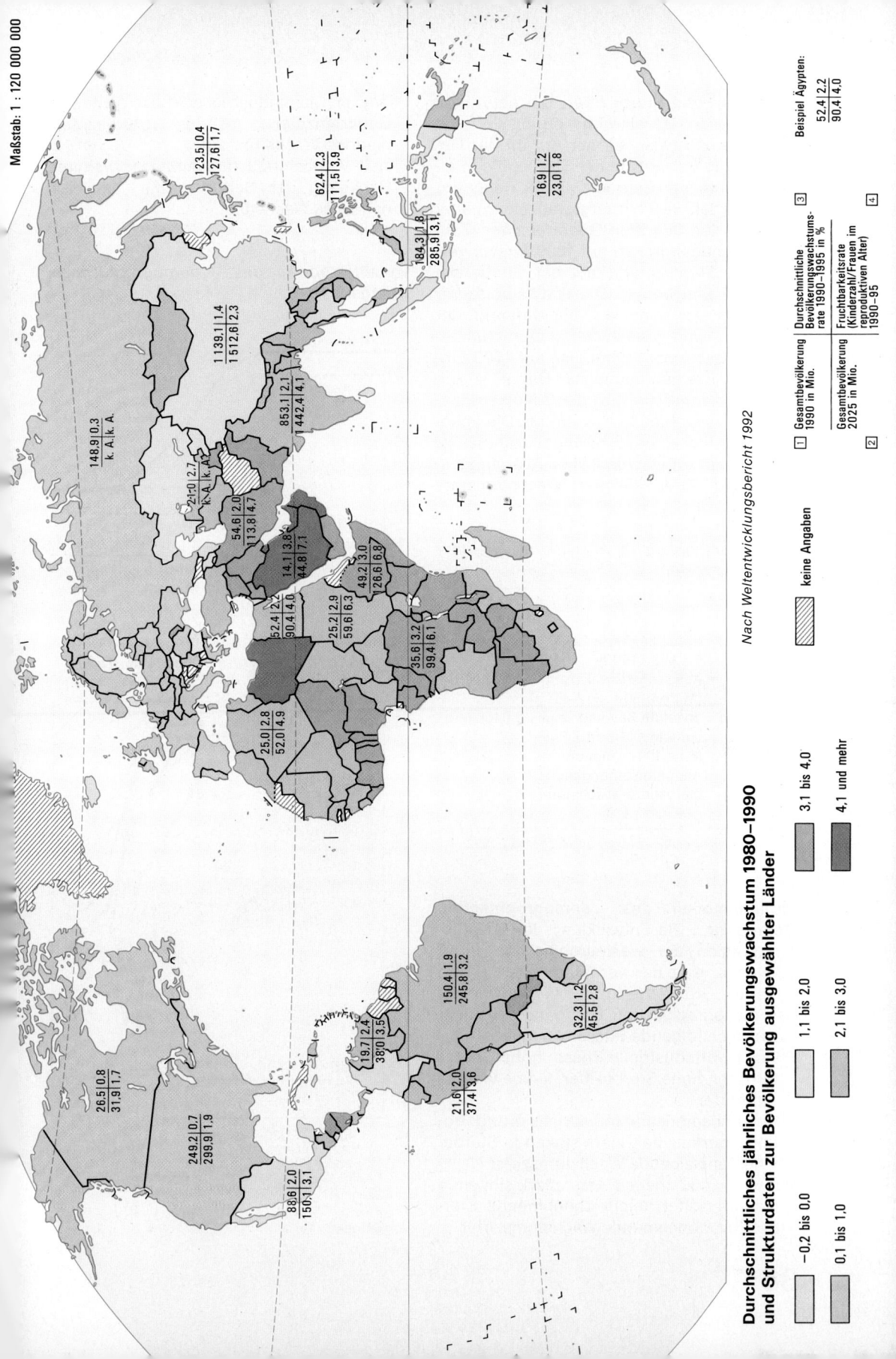

Maßstab: 1 : 120 000 000

Durchschnittliches jährliches Bevölkerungswachstum 1980–1990
und Strukturdaten zur Bevölkerung ausgewählter Länder

Nach Weltentwicklungsbericht 1992

Legende:

−0,2 bis 0,0	
0,1 bis 1,0	
1,1 bis 2,0	
2,1 bis 3,0	
3,1 bis 4,0	
4,1 und mehr	
keine Angaben	

1 Gesamtbevölkerung 1990 in Mio.
2 Gesamtbevölkerung 2025 in Mio.
3 Durchschnittliche Bevölkerungswachstumsrate 1990–1995 in %
4 Fruchtbarkeitsrate (Kinderzahl/Frauen im reproduktiven Alter) 1990–95

Beispiel Ägypten:
52,4 | 2,2
90,4 | 4,0

Daten auf der Karte:

123,5 | 0,4 / 127,6 | 1,7
62,4 | 2,3 / 111,5 | 3,9
16,9 | 1,2 / 23,0 | 1,8
148,9 | 0,3 / k. A. | k. A.
1 139,1 | 1,4 / 1 512,6 | 2,3
184,3 | 1,8 / 285,9 | 3,1
21,0 | 2,7 / k. A. | k. A.
853,1 | 2,1 / 1 442,4 | 4,1
54,6 | 2,0 / 113,8 | 4,7
14,1 | 3,8 / 44,8 | 7,1
49,2 | 3,0 / 126,6 | 6,8
52,4 | 2,2 / 90,4 | 4,0
25,2 | 2,9 / 59,6 | 6,3
35,6 | 3,2 / 99,4 | 6,1
25,0 | 2,8 / 52,0 | 4,9
26,5 | 0,8 / 31,9 | 1,7
249,2 | 0,7 / 299,9 | 1,9
88,6 | 2,0 / 150,1 | 3,1
19,7 | 2,4 / 38,0 | 3,5
150,4 | 1,9 / 245,8 | 3,2
32,3 | 1,2 / 45,5 | 2,8
21,6 | 2,0 / 37,4 | 3,6

Geburten- und Sterbeziffer. Die natürliche Zunahme der Bevölkerung ergibt sich aus der Differenz zwischen der Anzahl der Geburten und der Anzahl der Sterbefälle in einem bestimmten Zeitraum, in der Regel pro Jahr. In der Bevölkerungsstatistik arbeitet man mit den Begriffen *Geburtenziffer* (Zahl der Lebendgeborenen auf 1000 Einwohner) und der *Sterbeziffer* (Zahl der Sterbefälle auf 1000 Einwohner). Die *Wachstumsziffer* errechnet sich somit aus der Differenz der Geburten- und Sterbeziffer (natürliche Bevölkerungszu- bzw. -abnahme auf 1000 Einwohner). Ein gebräuchlicher Begriff ist die *Wachstumsrate;* sie gibt die Bevölkerungszu- bzw. -abnahme in Prozent an. Die absolute natürliche Bevölkerungszunahme ist bei Staaten unterschiedlicher Ausgangsbevölkerung, aber gleicher Wachstumsrate verschieden.

Die unterschiedliche Auswirkung gleicher Wachstumsraten

Indien		Panama
1,9%	natürliche Wachstumsrate (Mitte 1989 bis Mitte 1990)	1,9%
853,1 Mio.	Ausgangsbevölkerung (Mitte 1990)	2,4 Mio.
16,208 Mio.	absolute Bevölkerungszunahme Mitte 1990 bis Mitte 1991 unter der Annahme einer gleichbleibenden Wachstumsrate von 1,9%	0,0456 Mio.

Berechnet nach Weltentwicklungsbericht 1991/1992

Verlaufsmodell des „demographischen Übergangs". Die Entwicklung der Bevölkerungszahlen der westeuropäischen Industrieländer seit der vorindustriellen Phase bildet die Grundlage für das *Verlaufsmodell* des demographischen Übergangs. Danach lassen sich folgende Phasen ausgliedern:

Phase I: vorindustrielle Phase: hohe Geburtenziffer, hohe Sterbeziffer, kleine Wachstumsziffer

Phase II: beginnende Industrialisierung: hohe Geburtenziffer, stark sinkende Sterbeziffer, ansteigende Wachstumsziffer

Phase III: industrielle Phase: stark sinkende Geburtenziffer, leicht abnehmende Sterbeziffer, abnehmende Wachstumsziffer

Phase IV: spätindustrielle Phase: niedrige Geburtenziffer, niedrige Sterbeziffer, niedrige Wachstumsziffer

Phase V: nachindustrielle Phase: weiterer Rückgang der Geburtenziffer, teilweise negatives Wachstum

Verlaufsmodell des „demographischen Übergangs"

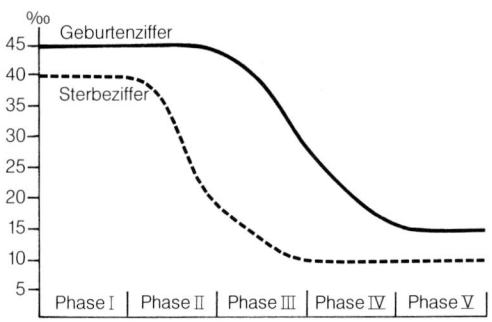

Demographisches Vergleichs- und Verlaufsdiagramm (Zahlenwerte 1965, 1986, 1990)

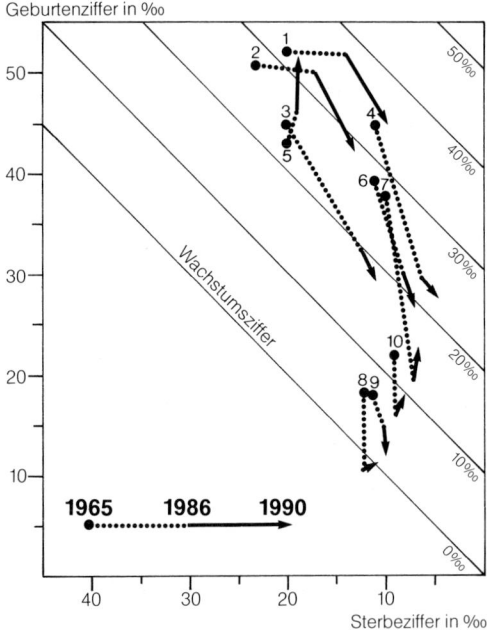

1 Kenia	**5** Äthiopien	**8** Bundesrepublik Deutschland
2 Nigeria	**6** Brasilien	**9** Frankreich
3 Indien	**7** VR China	**10** USA
4 Mexiko		

Diese modellhafte Darstellung stellt nun keine Gesetzmäßigkeit dar, nach der die Bevölkerungsentwicklung automatisch abläuft.

Auch im Zusammenhang mit den Entwicklungsländern gibt sie nur einen groben Hinweis auf die derzeitige demographische Situation und ermöglicht nur bedingt Aussagen über Entwicklungstrends der betreffenden Bevölkerung. Denn im Bereich des generativen Verhaltens kommen in diesen Ländern andere Einflußfaktoren zur Geltung als in den Industrieländern.

Geburten- und Sterbeziffern für Deutschland (1945–1990: alte Bundesländer) auf 1000 Einwohner (ohne Geburten- und Sterbeziffern während des Zweiten Weltkrieges)

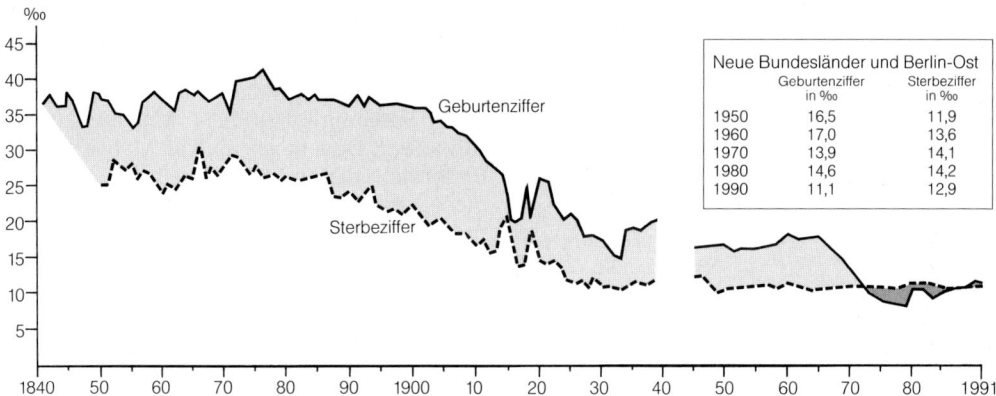

Quelle: Statistische Jahrbücher für das Deutsche Reich und die Bundesrepublik Deutschland. Nach Karl Martin Bolte: Deutsche Gesellschaft im Wandel. Opladen: Leske 1967, S. 154; ergänzt nach: Statistisches Jahrbuch der Bundesrepublik Deutschland 1988, S. 70 und 1992, S. 61

Generatives Verhalten und Wachstumsunterschiede. Die unterschiedliche Bevölkerungsentwicklung der verschiedenen Staaten erklärt sich aus einem unterschiedlichen *generativen Verhalten* (Fortpflanzungsverhalten).

Darunter versteht man „die Gesamtheit der wirtschaftlichen, sozialen, religiösen und kulturellen, psychologischen und rechtlichen Handlungs- und Verhaltensbedingungen, einschließlich der Ziele und Wertvorstellungen der Menschen, von denen die Zahl der Lebendgeborenen pro Leben einer Frau beeinflußt wird".

Herwig Birg: Bevölkerungsökologie des Menschen. Funkkolleg Humanökologie, Studienbegleitbrief 1. Weinheim: Beltz 1991, S. 51,

Das generative Verhalten wird also von einem komplexen, von Land zu Land unterschiedlichen Beziehungsgefüge gesteuert. Zahlreiche Untersuchungen in Entwicklungsländern haben ergeben, daß zwei Faktoren eine zentrale Rolle spielen: Je höher das Bildungsniveau und je gesicherter die rechtliche Situation der Frauen, desto geringer ist die durchschnittliche Kinderzahl pro Frau bzw. pro Familie.

Neben Bildungsniveau und rechtlicher Stellung der Frauen wirken weitere Faktoren auf das generative Verhalten ein: Beteiligung der Frauen am Erwerbsleben sowie die Verfügbarkeit und die Anwendung von empfängnisverhütenden Mitteln.

Eine geringere Kinderzahl erlaubt dann vielen Familien, ihren Kindern eine längere Schulausbildung zu ermöglichen. Dies kann zur Folge haben, daß sich das Heiratsalter erhöht und der Generationenabstand größer wird. Dies führt ebenfalls zu einem Rückgang der Geburtenziffer.

In den Industrieländern ist die Anzahl der Geburten pro Paar weiter rückläufig. Dies wird u. a. durch die gestiegenen Lebensansprüche, dem Wunsch nach mehr Freizeit, der Berufstätigkeit der Frau, den Wohnungsproblemen und den steigenden Kosten für die Kinderversorgung erklärt.

Die Veränderung des generativen Verhaltens im Sinne eines verringerten natürlichen

Bevölkerungswachstums in den Entwicklungsländern wird durch die Verbesserung der medizinischen und hygienischen Versorgung etwas abgebremst, weil dadurch sich die Kinder- und Jugendsterblichkeit verringert und die Lebenserwartung zunimmt.

Entwicklung der Lebenserwartung in ausgewählten Ländern 1900–1990

| | Lebenserwartung in Jahren | | | |
	ca. 1900	ca. 1950	ca. 1980	1990
Schweden	56	71	76	78
Bundesrepublik				
Deutschland	47	67	73	76
Spanien	35	62	73	76
Costa Rica	31	56	72	75
Brasilien	29	43	63	66
Indien	24	32	50	59
Haiti	•	33	52	54
Mali	•	26	43	48

Jürgen Bähr: Bevölkerungswachstum in Industrie- und Entwicklungsländern. In: Geographische Rundschau, 1984, H. 11, S. 547. Braunschweig: Westermann, ergänzt nach Weltentwicklungsbericht 1988, S. 260/261 und 1992, S. 250/251

2 Mobilität

Unter *regionaler Mobilität* versteht man die Zu- und Abwanderung der Bevölkerung in einem bestimmten Gebiet (Staat, Bundesland, Stadt usw.). Die *Wanderungsbilanz* kann sowohl positiv (Wanderungsgewinn) als auch negativ (Wanderungsverlust) sein. Man unterscheidet zwischenstaatliche Wanderungen über die Staatsgrenzen hinweg und Binnenwanderungen innerhalb der Staatsgrenzen und untersucht das Ausmaß, die Wanderungsmotive und die Folgen dieser Prozesse.

Binnenwanderungen. Besonders häufig sind in den Entwicklungsländern die saisonal bedingten *Wanderbewegungen,* die auf den kurzfristig hohen Bedarf an Arbeitskräften zur Aussaat- und vor allem Erntezeit zurückzuführen sind. So gehen z. B. regelmäßig männliche Arbeitskräfte aus den übervölkerten Agrargebieten des brasilianischen Nordostens in die Zuckerrohr- und Tabakplantagengebiete des Küstenlandes.

Das regionale Wirtschaftsgefälle zwischen den ländlichen Räumen und den Verdichtungsräumen mit einer hohen Anzahl an Arbeitsplätzen in Industrie und Dienstleistungen führt zu einer verstärkten Abwanderung der jüngeren Menschen.

Dieser weltweite Prozeß findet sowohl in den Entwicklungsländern als auch in den Industrieländern statt, allerdings in unterschiedlichem Maße und mit unterschiedlichen räumlichen Auswirkungen.

Zwischenstaatliche Wanderungen. Zwischen dem 17. und der Mitte des 20. Jahrhunderts wanderten nahezu 45 Millionen Europäer nach Nordamerika, 20 Millionen nach Südamerika und 17 Millionen nach Afrika und Ozeanien aus. Die Motive dieser Emigration waren häufig politische und religiöse Verfolgung von Minderheiten (= politische Flüchtlinge), Kriege (Kriegsflüchtlinge) und die zeitweise hoffnungslose wirtschaftliche Lage (heutige Bezeichnung: Wirtschaftsflüchtlinge).

Das 20. Jahrhundert wird auch als „Jahrhundert der Flüchtlinge" bezeichnet. Allein seit 1945 gab es 500 Kriege, die teilweise heute noch andauern, und neue kommen hinzu.

Seit Mitte der 70er Jahre verstärkt sich die Zahl der Flüchtlinge: sie stieg von 2,8 Mio. im Jahre 1976 auf 17,3 Mio. im Jahre 1990 an, und diese Zahl ist weiter steigend.

Unter den Flüchtlingen, die in den Industriestaaten Asyl suchen, findet sich aber eine immer größer werdende Zahl, die aufgrund der schlechten, teilweise aussichtslosen wirtschaftlichen Lage oder durch die Zerstörung der Umwelt in ihrer Heimat emigrieren. Besonders drastisch wurde dieser Sachverhalt den Europäern vorgeführt, als 1992 völlig überladene Schiffe aus Albanien in Italien eintrafen.

Verstärkt seit den 80er Jahren ist Europa Ziel von Emigranten, wobei Deutschland die höchste Zahl an Zuwanderern aufgenommen hat.

Vor allem die politischen und wirtschaftlichen Umwälzungen in den ehemals kommunistischen Staaten Mittelost- und Südosteuropas, einschließlich der ehemaligen Sowjetunion, führen seit 1988 zu der stärksten Zuwanderungswelle in die Bundesrepublik seit dem Zustrom von ca. 12 Mio. Flüchtlingen und Heimatvertriebenen nach dem Zweiten Weltkrieg.

Zuwanderungen in die Bundesrepublik Deutschland 1960 bis 1993 (in 1000)

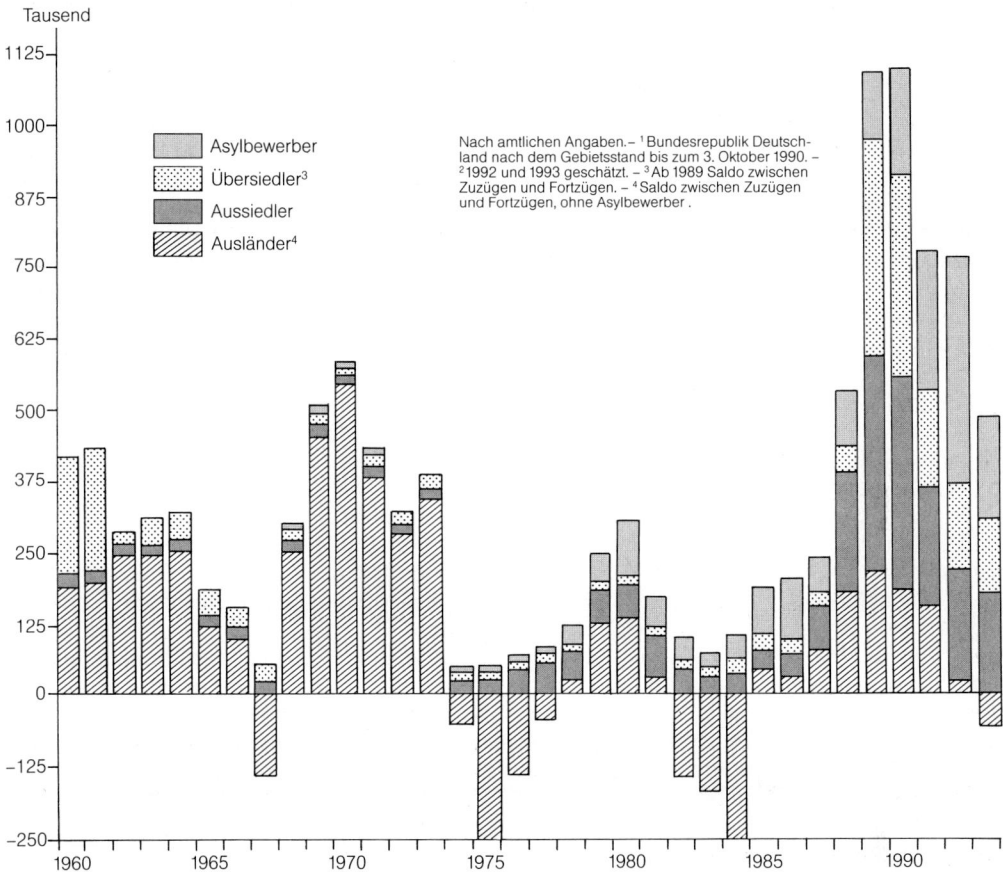

Tausend

Asylbewerber
Übersiedler[3]
Aussiedler
Ausländer[4]

Nach amtlichen Angaben.– [1] Bundesrepublik Deutschland nach dem Gebietsstand bis zum 3. Oktober 1990. –
[2] 1992 und 1993 geschätzt. – [3] Ab 1989 Saldo zwischen
Zuzügen und Fortzügen. – [4] Saldo zwischen Zuzügen
und Fortzügen, ohne Asylbewerber .

*Nach Arne Gieseck, Ullrich Heilemann, Hans Dietrich Loeffelholz: Wirtschafts- und sozialpolitische Aspekte der
Zuwanderung in die Bundesrepublik. In: Aus Politik und Zeitgeschichte. B 7/93, S. 30. Hrsg.: Bundeszentrale für
politische Bildung, Bonn*

Im Zeitraum von 1988–1992 kamen ca. 4,2
Mio. Menschen in das Gebiet der alten Bundesländer. Ihre Zusammensetzung sieht wie
folgt aus:
– 1,1 Mio. Übersiedler aus der ehemaligen
  DDR bzw. den neuen Bundesländern,
– 1,35 Mio. Aussiedler aus den ost- und süd-
  osteuropäischen Siedlungsgebieten deutscher Volksgruppen in den ehemals kom-
  munistisch regierten Ländern einschließlich der ehemaligen Sowjetunion,
– 1,8 Mio. Ausländer aus den obengenann-
  ten Staaten sowie aus südeuropäischen
  Mitgliedsländern der EG; den größten Anteil nehmen die ca. 1 Mio. Asylbewerber
  ein, ihre Zahl betrug 1992 allein 450 000.
Die in der Regel gute berufliche Qualifikation der Über- und Aussiedler (hohe Anteile
bei den Fertigungsberufen und technischen

Berufen) ermöglichten eine rasche Integration in den westdeutschen Arbeitsmarkt.
Die Zahl der ausländischen Arbeitnehmer
(ehemalige Bezeichnung: Gastarbeiter) in
der Bundesrepublik ist stark von der wirtschaftlichen Entwicklung abhängig. Gezielt
angeworben wurden ausländische Arbeitskräfte aus den weniger entwickelten Regionen Süd-, Südosteuropas und der Türkei
seit Ende der 50er, verstärkt aber in den
60er Jahren, als aufgrund des enormen
Wirtschaftswachstums eine Verknappung
von deutschen Arbeitskräften auf dem Arbeitsmarkt vorhanden war. Traditionell werden sie in der Bauwirtschaft, den Gießerei-
en, der Textilindustrie, im Bergbau und in
der Eisen- und Stahlindustrie sowie im Ho-
tel- und Gaststättengewerbe beschäftigt.
Während in den Herkunftsländern die Er-

91

werbsmöglichkeiten und damit das Einkommensniveau niedrig, die Arbeitslosigkeit und Unterbeschäftigung sehr hoch sind, wird durch die beruflichen Entfaltungsmöglichkeiten in den Zielländern die eigene Existenz gesichert.

Die ausländischen Arbeitnehmer weisen eine relativ hohe regionale Mobilität auf und konzentrieren sich in den industriellen Zentren der Bundesrepublik.

Im Gegensatz zu den deutschen weisen ausländische Familien aufgrund ihres anderen generativen Verhaltens eine höhere Kinderzahl auf. Dadurch wurde ein stärkerer Rückgang der Gesamtbevölkerung in der Bundesrepublik bisher verhindert. Allerdings zeichnet sich auch bei den ausländischen Familien in jüngerer Zeit ein langsamer Geburtenrückgang und damit eine Angleichung an das generative Verhalten der Deutschen ab.

Der relativ hohe Anteil der 15- bis 45jährigen bei den Ausländern in der Bundesrepublik Deutschland bringt für deren Herkunftsländer zwar kurzfristig eine gewisse Überalterung der Bevölkerung mit entsprechenden negativen Folgen mit sich. Insgesamt jedoch bedeutet diese Entwicklung für die Herkunftsländer eine wirtschaftliche Verbesserung, die auf die finanzielle Unterstützung der zurückgebliebenen Angehörigen, Kapitalanlagen nach der Rückkehr und die teilweise Verbesserung des Arbeitsmarktes durch qualifizierte Arbeitskräfte zurückzuführen ist.

Während die konjunkturelle Entwicklung in den Zielländern durch Produktions- und Konsumerhöhung steigt, erweist sich die soziale Integration der ausländischen Arbeitnehmer als Problem. Vordringlichste Aufgaben sind die Lösung schulischer und Ausbildungsfragen sowie der Wohnungsbau.

Unter sozialer Mobilität versteht man die Bewegung einer Person zwischen Positionen des sozialen Systems einer Gesellschaft. Unterschiedliche Positionen ergeben sich aufgrund der Zugehörigkeit eines Menschen zu bestimmten Religions-, Erwerbs-, Einkommens- und Besitzgruppen usw., deren Bewertung und Einschätzung durch die übrige Bevölkerung letztlich den *sozialen Status* des Menschen bestimmt. In hochindustrialisierten Staaten ist ein Wechsel zwischen verschiedenen *sozialen Schichten* in zunehmendem Maße möglich; man spricht hierbei von einer *offenen Gesellschaft.* Während bis in das letzte Jahrhundert allein durch Geburt die Zugehörigkeit zu einer sozialen Schicht bestimmt wurde, ist es heute möglich, durch eigene Leistung einen höheren sozialen Status zu erwerben. Der rasche soziale Aufstieg und Abstieg wird nicht zuletzt durch die Möglichkeit einer verstärkten räumlichen Mobilität begünstigt.

Im vorindustriellen Deutschland bestand eine sehr starre Sozialstruktur, in der ein Positionswechsel in eine andere Schicht kaum möglich war. Man spricht hierbei von einer *geschlossenen Gesellschaft (Ständegesellschaft).* Die schichtspezifische Abgrenzung zeigt sich in besonderen Pflichten und Rechten.

Ähnlich starre Sozialstrukturen spielen heute in den Entwicklungsländern eine dominierende Rolle. Hierbei seien insbesondere religiöse, ethnische und Besitzunterschiede genannt.

Die Möglichkeit zur sozialen Mobilität in den modernen Industriestaaten dokumentiert sich in einem zunehmenden Wandel der Erwerbs- und Berufsstruktur. Im primären Sektor ist ein starker Rückgang der Erwerbstätigen zu beobachten. Während die Zahl der Erwerbstätigen im sekundären Sektor rückläufig ist, weist der tertiäre Sektor eine starke Zunahme auf.

3 Altersaufbau und Bevölkerungsentwicklung

Der Altersaufbau einer Bevölkerung zeigt für ein bestimmtes Jahr die Größe der jeweiligen Jahrgänge nach Geschlechtern getrennt. Üblicherweise bezeichnet man diese Darstellung als *Bevölkerungspyramide;* dies ist jedoch insofern irreführend, als damit eine ganz bestimmte äußere Form gedanklich verbunden wird, die je nach generativem Verhalten, Sterblichkeitsentwicklung und Wanderungsbilanz andere Formen aufweisen kann. Letztlich handelt es sich hier um eine Momentaufnahme, mit der sich eine Reihe grundlegender Aussagen über Geburten- und Sterbeziffern, Lebenserwartung und damit über die Bevölkerungsentwicklung zu verschiedenen Zeitpunkten machen läßt.

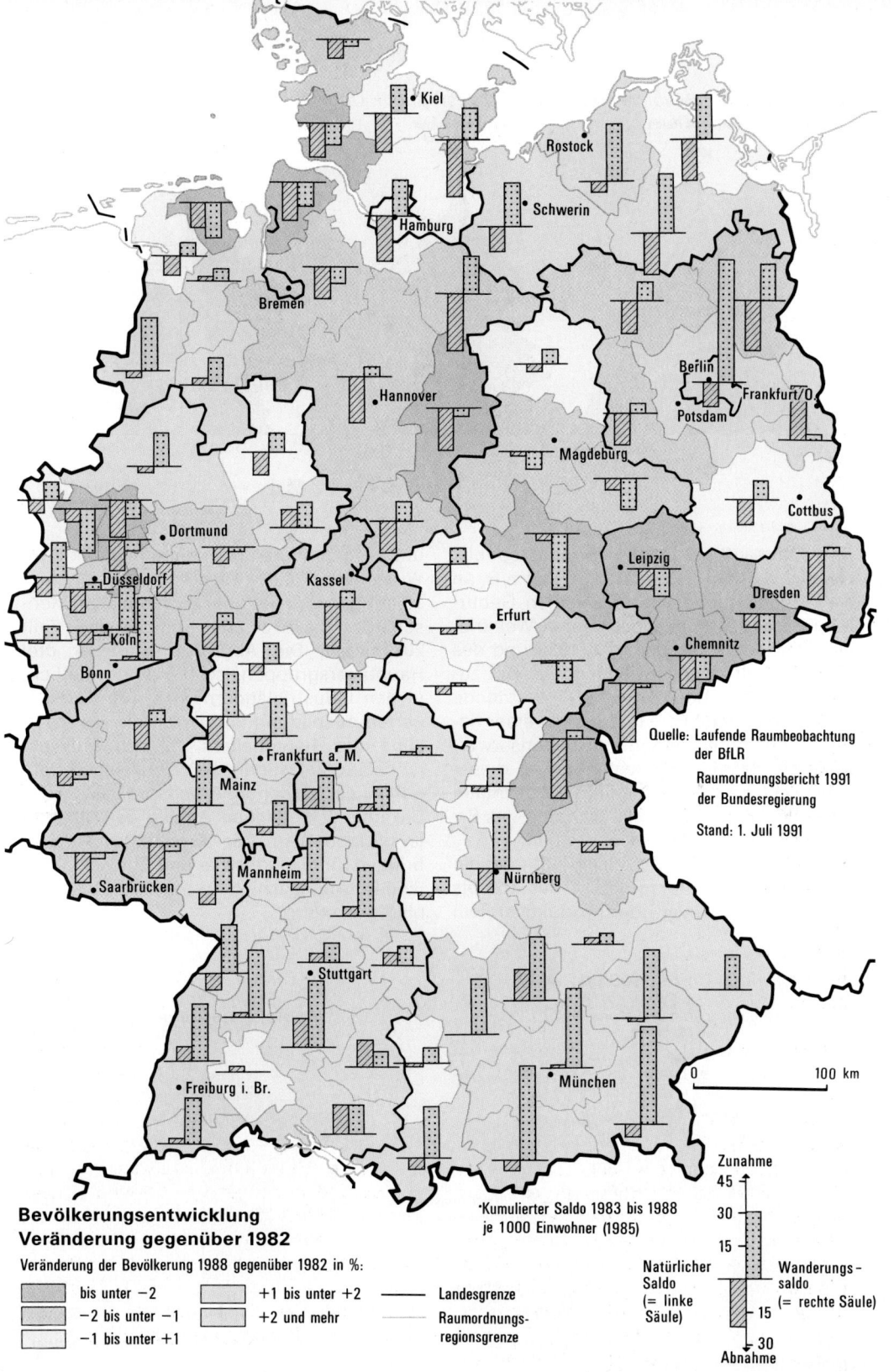

Bevölkerungsentwicklung
Veränderung gegenüber 1982

Veränderung der Bevölkerung 1988 gegenüber 1982 in %:

▓ bis unter −2	▒ +1 bis unter +2	━ Landesgrenze
▒ −2 bis unter −1	░ +2 und mehr	─ Raumordnungs-regionsgrenze
☐ −1 bis unter +1		

Quelle: Laufende Raumbeobachtung
der BfLR

Raumordnungsbericht 1991
der Bundesregierung

Stand: 1. Juli 1991

Kumulierter Saldo 1983 bis 1988
je 1000 Einwohner (1985)

Zunahme
45
30
15

Natürlicher
Saldo
(= linke
Säule)

Wanderungs-
saldo
(= rechte Säule)

15
30
Abnahme

0   100 km

93

Altersaufbau der Bevölkerung in der Bundesrepublik Deutschland

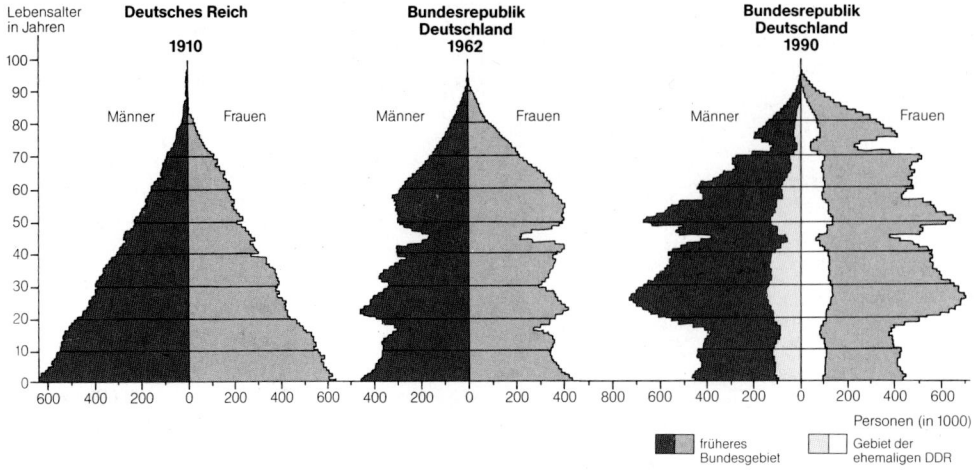

Der Altersaufbau in der Bundesrepublik Deutschland am 1. Januar 1990 läßt z. B. an den Einbuchtungen den jeweiligen Geburtenrückgang während des Ersten Weltkrieges, der Weltwirtschaftskrise 1932 und des Zweiten Weltkrieges erkennen. Der mit zunehmendem Alter deutlich werdende Frauenüberschuß ist das Ergebnis einer natürlich bedingten geringeren Lebenserwartung der Männer; zudem spiegelt dieser Überschuß die – kriegsbedingt – wesentlich höhere Zahl der Todesfälle während des Ersten und Zweiten Weltkrieges wider.

In der internationalen Statistik faßt man die erwerbsfähigen Altersgruppen der 15- bis 65jährigen (= aktiver oder produktiver Teil) und die noch nicht bzw. nicht mehr aktiv im Wirtschaftsprozeß Beteiligten der unter 15jährigen und der über 65 Jahre alten Menschen (= inaktiver oder unproduktiver Teil) zusammen. Die Abgrenzung dieser drei Hauptaltersgruppen ist allerdings fraglich: in den Industrieländern wegen der verlängerten Ausbildung und durch die Herabsetzung des Rentenalters, in den Entwicklungsländern wegen der frühzeitigen Teilnahme der Kinder am Arbeitsprozeß.

Die unterschiedlichen Anteile der Hauptaltersgruppen an der Gesamtbevölkerung bringen für die Industrie- und Entwicklungsländer grundsätzlich andere Zukunftsprobleme.

Bevölkerung in China 1990 und 2030

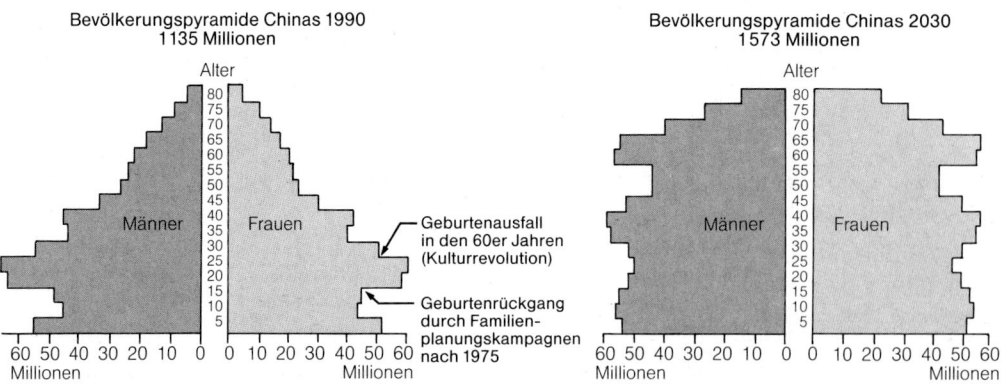

Hartmut Bick: Humanökologie: Weltbevölkerung, Ernährung, Umwelt. Funkkolleg Humanökologie, Einführungsbrief. Weinheim: Beltz 1991, S. 22

94

Industrieländer: Der immer größer werdende Anteil der inaktiven Bevölkerung über 60 Jahre und der aufgrund des starken Geburtenrückganges schrumpfende Anteil der aktiven Bevölkerung bedingen weitreichende wirtschaftliche und soziale Konsequenzen v. a. im Bereich der Rentenversorgung und der Krankenversicherung.

Entwicklungsländer: Das Kernproblem liegt in der ständig steigenden Zahl an Jugendlichen, die ernährt werden müssen, die auf den Arbeitsmarkt drängen und versuchen, einen Arbeits-, evtl. auch einen Ausbildungsplatz zu bekommen. Jedoch zeigt sich in nahezu allen Entwicklungsländern, daß die Spanne zwischen Arbeitssuchenden und Arbeitsplätzen immer weiter auseinanderklafft. Da eine gesetzliche Renten- und Krankenversicherung in vielen dieser Länder fehlt, werden auch in der Zukunft die Elterngenerationen durch hohe Kinderzahlen versuchen, ihre Altersversorgung auf diese Weise sicherzustellen.

Bevölkerungsgliederung nach Hauptaltersgruppen 1990 und 2025 (ausgewählte Länder)

	Altersgruppen in %		
	0 < 15	15 < 65	> 65
Deutschland	16,2 (15,1)	68,8 (59,2)	15,0 (25,7)
Frankreich	20,1 (17,3)	66,2 (50,5)	13,7 (32,2)
Polen	25,1 (19,9)	64,9 (62,3)	10,0 (17,8)
USA	21,6 (18,1)	66,1 (61,2)	12,3 (20,7)
Mexiko	37,3 (22,9)	59,0 (68,3)	3,7 (8,8)
Brasilien	35,4 (22,8)	60,2 (66,9)	4,4 (10,3)
Algerien	43,6 (25,7)	52,7 (68,5)	3,7 (5,8)
Türkei	34,8 (23,1)	60,9 (67,6)	4,3 (9,3)
Saudi-Arabien	45,5 (36,3)	51,9 (59,1)	2,6 (4,6)
Indien	36,9 (24,0)	58,7 (68,4)	4,4 (7,6)
Indonesien	35,8 (23,0)	60,3 (68,3)	3,9 (8,7)
China	27,0 (20,8)	67,2 (66,5)	5,8 (12,7)

Weltentwicklungsbericht S. 300/301

Das Gesamtbevölkerungswachstum setzt sich – wie die vorausstehenden Ausführungen gezeigt haben – folgendermaßen zusammen:

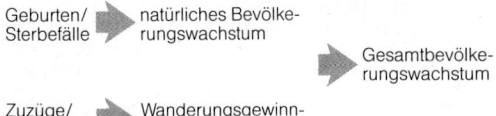

Bevölkerungspolitik

Das hohe Bevölkerungswachstum in den Entwicklungsländern macht zunehmend bevölkerungspolitische Maßnahmen erforderlich. Viele Staaten versuchen, durch gezielte Familienplanung das natürliche Bevölkerungswachstum zu verringern, dazu gehört v. a. die Geburtenregelung. Als Maßnahmen bieten sich neben einer intensiven Aufklärung der Bevölkerung die Durchführung von freiwilliger Sterilisation sowie anderer empfängnisverhütender Methoden an. Für sich allein werden diese Maßnahmen wenig Erfolg bringen, so daß zusätzliche Strategien, die v. a. auf eine Hebung des Lebensstandards abzielen, ergriffen werden müssen.

Alphabetisierung der Frauen und Bevölkerungswachstum in ausgewählten Ländern

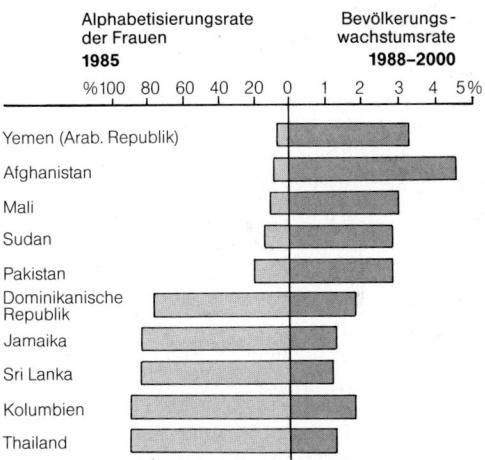

Nach Hermann Schubnell: „Seid fruchtbar und mehret euch …". Der Einfluß von religiösen Leitbildern und Traditionen. Studienbrief 2, Funkkolleg Humanökologie. Weinheim und Basel: Beltz 1991, S. 135

Der Weltbevölkerungsbericht 1992 mahnt weitere Maßnahmen zur Verringerung des Weltbevölkerungswachstums an: „Man kann ein langsameres Bevölkerungswachstum nicht nur dadurch erreichen, daß man für Familienplanung wirbt. ... Wenn Verbesserungen in anderen Bereichen wie z. B. in der Gesundheitsvor- und -fürsorge, im Bildungsbereich und Verbesserungen des Status der Frau und ihres Zugangs zum Arbeitsmarkt mit der Einrichtung von Familienplanungsdiensten Hand in Hand gehen,

hat dies viel größere Auswirkungen auf die Familiengröße (und dadurch auf das Bevölkerungswachstum), als es ein Faktor allein hat. …
Die Erfahrungen der letzten zwei Jahrzehnte haben gezeigt, daß erstens innerhalb von nur zehn Jahren sehr weitreichende Veränderungen im Reproduktionsverhalten möglich sind, und daß zweitens politische Ansätze und Programme, die auf Freiwilligkeit basieren, diese Veränderungen sehr wirkungsvoll unterstützen können. Noch 1965 hatte eine Frau in Thailand durchschnittlich 6,3 Kinder, 1987 hatte sie nur noch 2,2. Auch in China, Kuba, der Republik Korea, in Indonesien, Tunesien und in anderen Ländern sind die Geburtenraten stark gefallen. …
Der Zugang zu Informationen und Mitteln, die Paare in die Lage versetzen, die Familiengröße und den Abstand zwischen den Geburten selbst zu bestimmen, wird schon seit 20 Jahren als Menschenrecht betrachtet. Und doch wird sehr vielen Frauen das Recht, über ihre Fortpflanzung zu entscheiden, vorenthalten. Im Jahre 1990 hatten nicht weniger als 300 Millionen Frauen in den Entwicklungsländern keinen unmittelbaren Zugang zu sicheren und wirksamen Verhütungsmitteln. …"

Deutsche Gesellschaft für die Vereinten Nationen e.V. (Hrsg.): Weltbevölkerungsbericht 1992, Bonn 1992, S. 38

Eine Änderung des generativen Verhaltens zu erreichen ist jedoch sehr schwierig. Zum einen bestimmen sozio-kulturelle Normen und Verhaltensweisen die Anzahl der Kinder. Zum anderen werden die Kinder zunächst als Arbeitskräfte und Mitverdienende und später, meist aufgrund fehlender staatlicher Alterssicherung, als Versorger der nicht mehr arbeitsfähigen Eltern benötigt.
In der Bundesrepublik Deutschland und in anderen Industrieländern wird von staatlicher Seite aus durch die Familien-, Steuer- und Einkommenspolitik indirekt Einfluß auf das Bevölkerungswachstum sowie die regionale Mobilität genommen. So erhalten Ehepaare mit Kindern Kinderfreibeträge, Kindergeld und steuerliche Vergünstigungen beim Erwerb von Wohneigentum.
Einfluß auf die regionale Mobilität der Bevölkerung kann der Staat durch direkte Anwerbungspolitik oder durch Infrastrukturfördermaßnahmen im ländlichen Raum ausüben und damit die Zu- oder Abwanderung der Bevölkerung fördern oder verhindern.

Modellrechnungen zur Weltbevölkerung

Alle Ergebnisse von Modellrechnungen zur Weltbevölkerung zeigen, daß sich deren Wachstumsrate in der Zukunft verringern wird. Den Berechnungen der Vereinten Nationen liegen folgende Annahmen zugrunde (mittlere Variante):
Die Zahl der Kinder, die eine Frau in den Entwicklungsländern im Durchschnitt zur Welt bringt, wird allmählich abnehmen. Zwischen 2025 und 2045 wird das sogenannte Erhaltungsniveau der Weltbevölkerung erreicht sein. Dies entspricht einer durchschnittlichen Geburtenzahl von 2,1 Kindern pro Frau während ihrer reproduktiven Periode. Das Ende des Wachstums allerdings wird erst in den Jahren 2125 bis 2150 eintreten, dann wird die Zahl der Menschen auf der Erde vermutlich auf ca. 11,5 Mrd. angewachsen sein. Dieser „lange Bremsweg" tritt deshalb ein, weil bis dahin die nachwachsende Frauengeneration größer ist als die vorausgegangene und somit mehr Geburten als Sterbefälle zu verzeichnen sein werden. Zudem trägt die Erhöhung der Lebenserwartung in vielen Entwicklungsländern zu dieser zeitlichen Verzögerung des Wachstumsendes bei.

1. *Welche Länder bzw. Ländergruppen tragen in welcher Höhe in den Jahren 1990, 2000, 2050 und 2150 zum Wachstum der Weltbevölkerung bei? (Abb. S. 86).*
2. *Definieren Sie den Begriff generatives Verhalten. Welche Faktoren bestimmen dieses in den Entwicklungsländern, welche in den Industrieländern?*
3. *Erläutern Sie die Wanderungsmotive der einzelnen Zuwanderungsgruppen in den Zeiträumen 1960–1973 und 1988–1992. Welche Konsequenzen ergeben sich daraus für Wirtschaft und Gesellschaft?*
4. *Vergleichen Sie die Aufenthaltsdauer der Ausländer in der Bundesrepublik, und versuchen Sie, die Unterschiede zu erklären.*
5. *Beschreiben und erklären Sie wesentliche Unterschiede im Altersaufbau der Bundesrepublik Deutschland und der VR China im Jahre 1990.*
6. *„Familienplanung allein wird das generative Verhalten nur unwesentlich beeinflussen." Nehmen Sie dazu Stellung.*

Wirtschaftsräumliche Strukturen und Prozesse

„Wirtschaftsgeographie ist die Wissenschaft von der räumlichen Ordnung und der räumlichen Organisation der Wirtschaft" (L. Schätzl). Ihre Aufgabe ist es, Raumstrukturen darzustellen und in ihrer Entwicklung zu erklären. Dabei wird nach drei Wirtschaftssektoren unterschieden: Landwirtschaft (primärer Sektor), Industrie, Bergbau und Energiewirtschaft (sekundärer Sektor) sowie Dienstleistungen (tertiärer Sektor).

Wirtschaftsgeographische Analysen sind notwendig, um aus Bestandsaufnahme, Erklärung und Bewertung raumplanerische Konsequenzen ableiten zu können. Die Gestaltung des menschlichen Lebensraumes steht somit im Zentrum des wirtschaftsgeographischen Interesses.

Die Frage, ob der Mensch oder die naturräumlichen Gegebenheiten den Wirtschaftsraum stärker beeinflußt und geprägt haben, ist in der Vergangenheit unterschiedlich beantwortet worden. Ursprünglich wurden die wirtschaftlichen Aktivitäten der Menschen als Folge der Naturgegebenheiten erklärt *(Geo-Determinismus)*. Danach wurde zum Beispiel die Entstehung von Schwerindustrie damit erklärt, daß dort, wo Kohle und Eisenerz lagern, gleichsam naturgesetzlich Schwerindustrie entstehen müsse.

Ansätze dieser Art konnten jedoch keine hinreichende Erklärung für das räumliche Gefüge der Wirtschaft geben. Denn im Mittelpunkt der wirtschaftlichen Aktivitäten steht als stärkste formende Kraft der Mensch, durch dessen Initiative wirtschaftliche Einrichtungen entstehen. Folgerichtig wird heute angenommen, daß die räumliche Ordnung und Organisation der Wirtschaft vorrangig von den Menschen und ihren jeweiligen wirtschaftlichen Zielen her bestimmt ist. Tatsächlich bestimmen Menschen ganz maßgeblich die Ordnung der Wirtschaftsräume dieser Erde. Wirtschaftliche Aktivitäten haben menschliche Lebensräume erschlossen und langfristig nutzbar gemacht. Das wirtschaftliche Anpassungs- und Beharrungsvermögen *(Persistenz)* ist die Grundlage menschlicher Kultur.

In den letzten Jahren sind jedoch erhebliche Zweifel an dieser Persistenz aufgekommen: Der Reaktorunfall in Tschernobyl, die Ernährungsprobleme in den Ländern der Dritten Welt, die ungeklärten Fragen im Zusammenhang mit der Ozonschicht in der Erdatmosphäre stellen das Anpassungs- und Beharrungsvermögen der Menschheit zunehmend in Frage.

Um so wichtiger wird die Fähigkeit zur sachgerechten Analyse und Einschätzung wirtschaftsräumlicher Strukturen und Prozesse. Daraus kann sich das wohl unumgängliche Nachdenken über die Zukunft der Menschheit auf dieser Erde ergeben.

Landwirtschaft

Erwerbsbevölkerung in der Landwirtschaft, in Prozent

Region/Land	1965	1975	1985	1991
Industrieländer	23,2	15,5	10,3	8,0
Entwicklungsländer	73,5	68,4	62,7	58,9
Ostblockländer	67,2	62,2	58,6	—[1]
Afrika	76,4	71,5	66,0	62,7
Mittelamerika	15,8	13,1	11,4	10,6
Südamerika	41,2	33,4	25,8	22,6
Asien	72,7	67,9	62,9	59,2
Europa	24,0	16,8	11,3	8,9
Ozeanien	24,6	20,9	17,9	16,0
USA	5,4	3,9	2,8	2,2
UdSSR	33,8	22,8	16,2	—[1]
DDR[2]	15,1	11,6	9,3	3,2
Bundesrepublik Deutschland	10,8	6,6	4,6	
Welt	57,6	52,8	48,7	46,1

[1] Angaben nicht möglich
[2] Ab 1990: Bundesrepublik Deutschland
Die Angaben weichen, weil die FAO eine spezielle Systematik benutzt, von anderen Quellen geringfügig ab.
FAO-Production Yearbook 39 (1985). Rom 1986, S. 63–74 und FAO-Production Yearbook 45 (1991). Rom 1992, S. 19–35

Allgemein wird unter Landwirtschaft die planmäßige Bewirtschaftung des Bodens mit dem Ziel der Erzeugung pflanzlicher und tierischer Produkte verstanden. In den Teilbereichen der Landwirtschaft sowie der Forstwirtschaft geht es um:
- die Erzeugung von Nahrungsmitteln, die zum unmittelbaren Verbrauch durch den Menschen bestimmt sind,
- die Erzeugung von Produkten, die durch Verfütterung an Tiere zu höherwertigen Nahrungsmitteln umgewandelt werden *(Veredelung)*,
- die Produktion von nachwachsenden Rohstoffen.

Im Gegensatz zu den anderen Wirtschaftssektoren ist die landwirtschaftliche Produktion überwiegend von den Naturbedingungen abhängig. Klima, Böden und Oberflächenformen setzen den Rahmen für die jeweils mögliche landwirtschaftliche Nutzung. Zusätzlich bestimmen wirtschaftliche und politische Bedingungen den tatsächlichen Anbau.

Die Besonderheiten des Agrarsektors zeigen sich vor allem in der Welternährungssituation: Obwohl die weltweite Agrarproduktion schon seit Jahrzehnten völlig für eine angemessene Ernährung der gesamten Weltbevölkerung ausgereicht hätte, sterben jährlich etwa 50 Millionen Menschen an den direkten oder indirekten Folgen von Mangel- und Fehlernährung. Etwa 800 Millionen Menschen leiden unter einem unzureichenden Nahrungsmittelangebot.

Ein weiterer Widerspruch: Gerade in den Ländern, in denen noch ein überwiegender Teil der Bevölkerung in der Landwirtschaft beschäftigt ist, treten die gravierendsten Ernährungsprobleme auf. Andererseits ist die Nahrungsmittelversorgung in den Ländern fast völlig unproblematisch, in denen die Landwirtschaft immer mehr gesamtwirtschaftliche Bedeutung verliert.

Tragfähigkeitsberechnungen

Angesichts des bestehenden Welternährungsproblems und der noch weiter anwachsenden Weltbevölkerung stellt sich die grundsätzliche Frage, wie viele Menschen maximal auf der Erde leben könnten. Wissenschaftliche Untersuchungen über die *Tragfähigkeit* der Erde (höchste denkbare Bevölkerungszahl) kommen zu Ergebnissen zwischen 8 und 60 Milliarden Menschen! Die Spannweite der Einschätzungen macht deutlich, wie unsicher und spekulativ Tragfähigkeitsberechnungen sind.

Die Mehrzahl der Fachleute geht jedoch davon aus, daß sich die Weltbevölkerung gegen Mitte des 21. Jahrhunderts bei einer Gesamtzahl von 10 bis 12 Milliarden Menschen einpendeln wird. In Anlehnung an eine Definition von Borcherdt und Mahnke scheint dies eine realistische Zahl von Menschen zu sein, die in „einem Raum unter Berücksichtigung eines dort in naher Zukunft erreichbaren Kultur- und Zivilisationsstandes … auf Dauer unterhalten werden kann, ohne daß der Naturhaushalt nachteilig beeinflußt wird".

Es bestehen kaum Zweifel, daß die agrarische Produktionsbasis der Erde rechnerisch für die Versorgung von zehn bis zwölf Milliarden Menschen ausreichen würde. Allein durch die Rücknahme der Produktionsbeschränkungen in Nordamerika und Westeuropa sowie durch die Wiederbestellung von Brachflächen und durch effektivere Bewirtschaftungsformen in Osteuropa könnte die Agrarproduktion in kurzer Zeit erheblich gesteigert werden. Bereits heute aber ist allein das *Verteilungsproblem,* also der Ausgleich zwischen Mangel- und Überschußgebieten, noch ungelöst.

Nachstehend wird dargestellt, welche Faktoren die landwirtschaftliche Produktion in den verschiedenen Teilräumen der Erde beeinflussen. Weiterhin wird am Beispiel Deutschlands verdeutlicht, wie sehr systembedingte Einstellungen die Struktur von Agrarräumen – und damit das Leben der Menschen – beeinflussen können.

Nahrungsmittelproduktion nach Ländergruppen und je Einwohner (∅ 1979–1981 = 100)

Gebiet	1990 ins- ges.	1990 je Einw.	1991 ins- ges.	1991 je Einw.
Welt insgesamt	125	105	124	102
Industrieländer	111	104	107	100
Nordamerika	108	98	106	96
Europa	109	105	108	104
Australien/Ozeanien	111	97	109	93
UdSSR	124	114	107	98
sonst. Industrieländer	106	96	107	97
Entwicklungsländer	140	114	141	112
Afrika	130	96	134	95
Lateinamerika	126	102	128	102
Naher Osten	132	98	130	94
Süd- und Ostasien	149	124	149	121
sonst. Entwicklungsländer	121	97	121	94

Mario von Baratta (Hrsg.): Der Fischer Weltalmanach 1993, Frankfurt am Main: Fischer Taschenbuch Verlag 1992, S. 858

Genutzte und potentiell nutzbare landwirtschaftliche Nutzfläche auf der Erde (nach Schätzungen der Weltbank)

	Landw. Nutzfläche (einschl. Dauerkulturen) in Mio. ha	Maximales Potential in Mio. ha	Potentieller Zuwachs in Mio. ha	Regionaler Anteil des potentiellen Zuwachses (%)
Industrialisierte Länder	660	854	193	18
Lateinamerika	162	586	459	43
Mittelost/Afrika (ölproduzierende Länder)	58	87	28	3
Mittelost/Afrika (arider Trockenraum)	83	161	77	7
Übriges Afrika	92	282	189	17
Asien	408	531	121	12
Insgesamt	1463	2501	1076	100

Nach Eckart Ehlers: Wieviel Menschen trägt die Erde? In: Geographie und Schule 1986, H. 43, S. 6. Köln: Aulis Verlag, geändert

Welt-Getreideproduktion 1985/1991

	Erntemengen (Mio. t) 1985	1990	1991	Anbauflächen (ha) 1985	1990	Erträge (dt/ha) 1985	1990
Weizen	510	595	552	230	232	22	26
Mais	490	475	464	133	129	37	37
Reis	465	519	511	145	146	32	36
Gerste	178	180	169	78	71	23	25
Hirsearten	109	85	90	93	77	12	11
Getreide insg.	1841	1971	1865	730	705	25	28

Zusammengestellt nach verschiedenen Quellen

1 Einflußfaktoren im Agrarraum

Die räumliche Ausbreitung und die Produktivität der regional unterschiedlichen Agrarräume ergibt sich aus dem Zusammenwirken von Naturfaktoren und wirtschaftlich-politischen Rahmenbedingungen. Innerhalb des sich daraus ergebenden Bedingungsgefüges wirken noch individuelle menschliche Faktoren (z. B. Entscheidungsfreiheit und Risikobereitschaft).

Angesichts dieser verschiedenen Faktoren läßt sich landwirtschaftliche Produktion heute durchaus mit der Vielfalt der Industrieproduktion vergleichen.

1.1 Das Klima

Die einzelnen Klimaelemente setzen – im Zusammenhang mit den biologischen *Standortansprüchen* der einzelnen Kulturpflanzen – den natürlichen Rahmen für die jeweils mögliche Bodennutzung: Bei der Mehrzahl der Nutzpflanzen setzt das Wachstum erst oberhalb von 5°C Tagesdurchschnittstemperatur ein. Der Zeitraum innerhalb eines Jahres, in dem dieser Wert überschritten wird, wird als thermische *Vegetationsperiode* bezeichnet. Diese beträgt in Nordeuropa weniger als 100 Tage, während z. B. in begünstigten Lagen des Mittelmeerraumes bis zu 260 Tage Vegetationszeit möglich sind.

Neben der thermischen Komponente stellen die Feuchtigkeitsverhältnisse in mehrfacher Hinsicht *limitierende Faktoren* für das Pflanzenwachstum dar: Der Wasserbedarf (hygrische Komponente) der Nutzpflanzen engt die agrarischen Produktionsmöglichkeiten in vielen Gebieten der Erde insofern ein, als der jeweilige Bedarf sowohl insgesamt als auch während der Vegetationsperiode sehr unterschiedlich ist. Eine Einschätzung der potentiellen Bodennutzung kann also nicht allein von der Summe der Jahresniederschläge abgeleitet werden. Bedeutsam ist auch die Verteilung dieser Niederschläge während der Vegetationsperiode.

Standortansprüche verschiedener Kulturpflanzen

	Durchschnittstemperaturen während der Wachstumszeit	Niederschlag (Toleranzbereich) in mm/Jahr	Dauer der Wachstumszeit bis zur Reife (Tage)[1]
Kartoffeln	>5 °C	450–600	ca. 60
Winterweizen	>5 °C (frosthart bis −22 °C)	250–900	ca. 90
Sommerweizen	>5 °C	<500	105
Mais	>5 °C	250–5000	130–150
Naßreis	25–32 °C	z. T. Überflutung	90–210[2]
Hirse	25–30 °C	180–700	90–120
Maniok	>20 °C	500–2000	180–270
Zuckerrüben	>5 °C	>500	120
Baumwolle	25–27 °C	600–1500	120–150
Jute	27–32 °C	>1500	–
Kautschuk	28 °C	2000–4000	–
Agrumen	15–22 °C	1200–2000	150–210
Bananen	>25 °C	1200–2500	90
Ananas	>20 °C	1000–1500	120
Erdnuß	>15 °C	250–700	120–150
Zuckerrohr	25–28 °C	1500–2500	8–24 Monate
Kaffee	17–22 °C	1000–1500	240
Kakao	22–28 °C	1300–2000	365
Tee	18–30 °C	1500–3000	–
Tabak	15–27 °C	500–2000	60
Ölbaum	15–22 °C	200–700	–

[1] Bei der Mehrzahl der Dauerkulturen ist keine Angabe der Wachstumszeit möglich.
[2] Wachstumszeit von Reis-Hochertragssorten: 90–120 Tage

Verschiedene Quellen; basierend auf: Sigmund Rehm/Gustav Espig: Die Kulturpflanzen der Tropen und Subtropen. Stuttgart: Ulmer 1976, verschiedene Seiten

Zusätzlich ist die Art der Niederschläge von Bedeutung: Leichte Regenfälle erreichen kaum den Wurzelbereich der Pflanzen. Bei Starkregen ist demgegenüber der oberirdische Abfluß oft höher als die in den Boden eindringende Feuchtigkeit.

Beispiel Sahelzone: In den Ländern am südlichen Rand der Sahara ist die thermische Komponente des Klimas angesichts der Lage zwischen Äquator und dem nördlichen Wendekreis kein limitierender Faktor für das Wachstum der Nutzpflanzen. Von entscheidender Bedeutung ist die hygrische Komponente: Die Regenzeit ist auf drei bis vier Monate eingeengt. Fallen im Mai/Juni die Niederschläge aus (oder liegen sie deutlich unter dem langjährigen Mittelwert), so verzögert sich z. B. die Hirseaussaat bis in den Monat Juli hinein. Falls danach nicht wenigstens alle acht bis zehn Tage ergiebige Niederschläge fallen, kommt es zu erheblichen Trockenschäden. Endet die Niederschlagsperiode zum normalen Zeitraum im September, so kann die spät ausgesäte Hirse nicht mehr ausreifen und verdorrt auf dem Halm. Das Pflanzenwachstum konnte also auf die hygrische Vegetationsperiode nicht genau genug abgestimmt werden. Dabei hätte die Gesamtsumme des Niederschlags durchaus für ein normales Wachstum der Hirsepflanzen ausreichen können.
Die landwirtschaftliche Produktion der Sahelzone wird somit vorrangig von der *Niederschlagsvariabilität* bestimmt. Als *Variabilität* bezeichnet man – zusammenfassend – die Abweichungen der hygrischen und thermischen Klimaelemente vom langjährigen Mittel.
In allen Agrarräumen der Erde, die von einer hohen *Klima-Variabilität* betroffen sind, versuchen die Bauern, das Anbaurisiko durch eine entsprechend angepaßte Wirtschaftsweise einzuschränken. In der Sahelzone, in der neben verschiedenen Hirsearten noch Maniok, Mais, Reis, Kochbananen, Erdnüsse und Baumwolle angebaut werden können, reagieren die Bauern in zweifacher Hinsicht:
– Je unsicherer die Niederschlagsverhältnisse sind, desto mehr wird der Anbau auf Hirsearten beschränkt, die eine kurze Wachstumszeit und einen geringen Feuchtigkeitsanspruch haben. Einige Arten reifen in nur 50–60 Tagen und benötigen nur etwa 150 mm Niederschlag. Allerdings erbringen sie auch nur geringe Erträge.
– Die zweite Anpassungsform besteht darin, daß das Anbauspektrum (also der Anbau anderer Nutzpflanzen) um so mehr vermindert wird, je höher das Anbaurisiko ist.
Da die Niederschlagsvariabilität in der Sahelzone von Süden nach Norden zunimmt, hat sich ein typischer Anpassungsprozeß ergeben: Im Norden werden überwiegend Hirsearten angebaut, die nur geringe Erträge erbringen. Das Anbauspektrum aber nimmt von Norden nach Süden zu.
Trotz dieser Einstellung auf die natürlichen Gegebenheiten bestimmt die Niederschlagsvariabilität die wirtschaftliche Stabilität und die Ernährungsmöglichkeiten der Bevölkerung.

Die Bauern im Mittelmeerraum versuchen auf eine andere Weise, das hygrisch bestimmte Anbaurisiko einzuschränken: Die landwirtschaftliche Produktion wird grundsätzlich auf mehrere Erzeugnisse ausgerichtet *(Diversifizierung).* Typisch ist die Kombination von Getreideanbau, Ölbaumkultur und Schafzucht innerhalb der Betriebe. Damit wird das wirtschaftliche Risiko vermindert, denn die Niederschlagsvariabilität wirkt sich auf die einzelnen Produktionszweige unterschiedlich aus. Meistens kann somit ein Ertragsausgleich erfolgen.

Agronomische Trockengrenzen

Trockengrenzen trennen Gebiete voneinander, in denen *Regenfeldbau* (Landwirtschaft auf der Grundlage des Niederschlags) möglich bzw. nicht mehr möglich ist. *Trockengrenzen* werden auf der Grundlage von Jahresniederschlag (N), Jahresdurchschnittstemperatur (t) und der sich daraus ergebenden Verdunstungsrate ermittelt. Dabei wird $N = 15\,t$ gesetzt. Bei einer Jahresdurchschnittstemperatur von 20°C müssen also mindestens 300 mm Niederschlag fallen, damit Regenfeldbau möglich ist.
Allerdings sollten Trockengrenzen nicht als feststehende Linien, sondern eher als Grenzsäume des Regenfeldbaus angesehen werden. Entsprechend der Variabilität des Klimas verschieben sie sich von Jahr zu Jahr.

Die Mindestmenge von 300 mm Niederschlag stellt also lediglich einen Anhaltswert dar.

Darüber hinaus verlaufen die Trockengrenzen für die einzelnen Agrarprodukte unterschiedlich. Zudem kann die Grenze des Regenfeldbaus durch angepaßte Bewirtschaftungsmethoden wie das dry-farming (vgl. S. 396) in Gebiete hinausgeschoben werden, in denen eigentlich keine landwirtschaftliche Nutzung möglich wäre.

Trockengrenzen im Senegal im Vergleich verschiedener Jahre

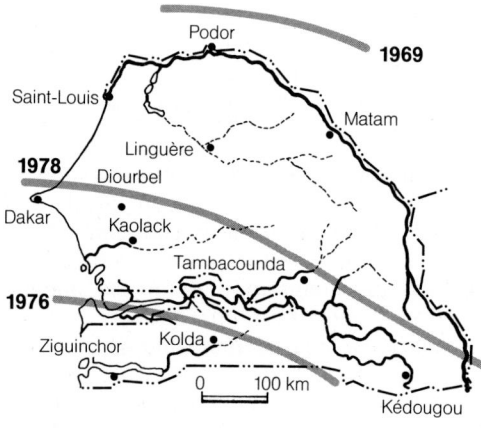

Trockengrenzen des August 1969, 1978, 1976

Nach Peter Frankenberg: Zum Problem der Trockengrenze. In: Geographische Rundschau 1985, H. 7, S. 355. Braunschweig: Westermann

Wärmemangelgrenzen

Der großflächige landwirtschaftliche Anbau wird sowohl polwärts als auch mit zunehmender Höhe durch die sinkenden Jahresdurchschnittstemperaturen eingeschränkt. Sowohl Polargrenzen als auch Höhengrenzen sind primär *Wärmemangelgrenzen.* Dabei ist die Höhengrenze des Anbaus vorrangig abhängig von den Merkmalen der jeweiligen Klimazone. So wird z. B. die Almenzone der Alpen nur für etwa 60–100 Tage im Jahr als Weidefläche genutzt, während in vergleichbarer Höhenlage tropischer Gebirge noch ein ganzjähriger Weidegang möglich ist.

Polargrenzen. Die Polargrenzen des landwirtschaftlichen Anbaus in Europa werden durch die jeweils am weitesten nördlich gelegenen Anbauareale markiert. Am Beispiel des Körnermaises wird ersichtlich, wie Erfolge in der Pflanzenzucht die Polargrenze nach Norden herausschieben können.

Auch an der Anbaugrenze Finnlands (ca. 67° nördlicher Breite) wird versucht, den Minimumfaktor Wärme wenigstens teilweise zu umgehen. Eine typische Fruchtfolge besteht hier aus jeweils einjähriger Brache, Kartoffelanbau, Brache, Sommergerste, Brache usw. In einem solchen mehrjährigen Anbaurhythmus erfolgt die Bodenbearbeitung während des Brachejahres. So kann direkt zu Beginn der sehr kurzen Vegetationsperiode die Aussaat vorgenommen werden.

Trotz dieser besonderen Anbautechnik bleiben die Hektarerträge relativ gering. Außerdem können Früh- oder Spätfröste die Aussaat und Ernte gefährden.

Nördliche Anbaugrenzen in Europa

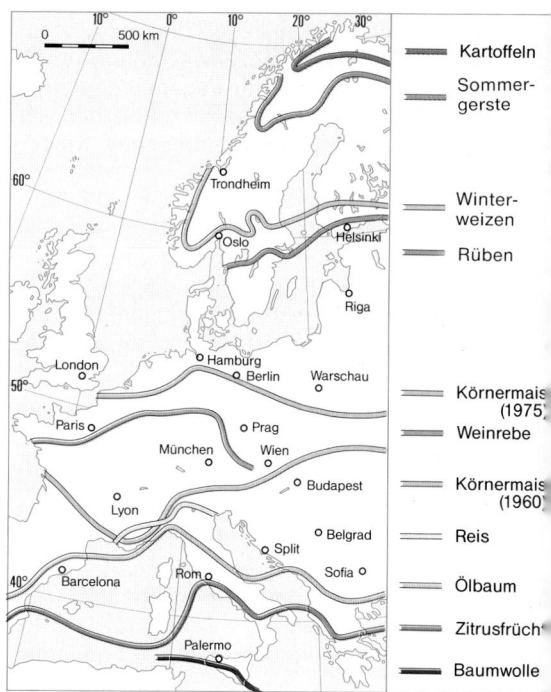

Nach Bernd/Andreae: Agrargeographie. Berlin/New York: Walter de Gruyter 1977, S. 50

Höhengrenzen. Mit zunehmender Höhenlage treten prinzipiell die gleichen Gesetzmäßigkeiten wie an den Polargrenzen auf. Auch hier kommt es – allerdings in vertikaler Richtung – zur Abnahme der Vegetationszeit. Für die landwirtschaftlichen Nutzungsmöglichkeiten sind zusätzlich entscheidend die Exposition der Hänge zur Sonne sowie die Hauptwindrichtung. Darüber hinaus schränken natürliche Risikofaktoren (z. B. Lawinen) die Nutzungsmöglichkeiten ein.

1.2 Böden und Relief

Die Böden sind aus wirtschaftlicher Sicht der Hauptproduktionsfaktor der Landwirtschaft. Mit *Bodenfruchtbarkeit* wird die „natürliche, nachhaltige Ertragskraft, unabhängig von der Bewirtschaftung" bezeichnet. Die Ertragskraft wird auf der Grundlage der Bodenzusammensetzung sowie der Klima- und Reliefverhältnisse ermittelt.

Hohe Erträge sind aber auch auf niedrig bewerteten Böden möglich, wenn die natürliche Ertragskraft durch Inputs (Dünger, Humus) verbessert wird. So werden die höchsten Hektarerträge Europas auf den relativ geringwertigen Geestböden der Niederlande erzielt.

Auch durch das Relief wird die Nutzung des Weltagrarraumes eingeschränkt. Flächen mit einer Hangneigung von mehr als 10% können nicht mehr oder nur unter Risiko bestellt werden. Entscheidend für die Nutzungsmöglichkeiten ist auch hier das Aufwand-Ertrags-Verhältnis: Mit zunehmender Hängigkeit des Geländes wächst der Energieaufwand (und damit der Kostenfaktor) überproportional zur bearbeiteten Fläche und zum Ertrag. Der Rückgang der landwirtschaftlichen Nutzung in den Alpen und in den europäischen Mittelgebirgen erklärt sich somit aus Rentabilitätsgründen.

Nur durch Terrassierungsmaßnahmen kann der limitierende Faktor Relief teilweise ausgeglichen werden. Dies geschieht vor allem in Regionen mit besonders hoher Bevölkerungsdichte (z. B. Java).

1. *Belegen Sie mit Hilfe von Beispielen, weshalb die Fähigkeit zur sachgerechten Analyse von wirtschaftsräumlichen Prozessen immer wichtiger geworden ist.*
2. *Erläutern Sie, weshalb die Tragfähigkeit der Erde nicht nur eine Frage der agrarischen Produktionsbasis ist.*
3. *Werten Sie die obere Tab. Seite 99 aus, und stellen Sie die Entwicklungstendenzen in den einzelnen Ländergruppen fest.*
4. *Erläutern Sie den Unterschied zwischen hygrischer und thermischer Variabilität.*
5. *Begründen Sie mit Hilfe von Beispielen, weshalb landwirtschaftliche Anbaugrenzen keinesfalls als „feste Grenzlinien" bezeichnet werden sollten.*

1.3 Ökonomische Bedingungen

Aus dem zeitlichen und räumlichen Zusammenwirken von natürlichen und ökonomischen Bedingungen ergeben sich sehr unterschiedliche Formen der landwirtschaftlichen Nutzung sowie der Agrarraumstruktur.

Ordnungsmuster im Agrarraum

Als wichtigstes Modell zur Erklärung der räumlichen Anordnung landwirtschaftlicher Betriebe gilt die Standortlehre von Johann Heinrich von Thünen (1783–1850). Mit den „Thünenschen Ringen" wird dargestellt, in welcher Form die Landnutzung (in einem isolierten Wirtschaftsraum) von ökonomischen Faktoren gesteuert wird. Dabei wird von folgenden Annahmen ausgegangen:

– Da Agrarprodukte überwiegend nicht am Produktionsort konsumiert bzw. weiterverarbeitet werden, entstehen Kosten für den Transport zum Abnehmer.
– Diese Kosten steigen mit wachsender Entfernung und sind darüber hinaus von Gewicht und Volumen der transportierten Güter abhängig.
– Die Agrarproduzenten streben möglichst hohe Gewinne an und richten ihre Produktion nach den Absatzmöglichkeiten aus.
– Unterschiedliche Entfernungen der einzelnen Betriebe zu den Absatzmärkten führen langfristig dazu, daß die Landwirte Produkte mit möglichst geringer Transportkostenbelastung erzeugen.

Als weitere Faktoren werden im Modell berücksichtigt: Verderblichkeit der Produkte (z. B. Milch), der Ertrag pro Flächeneinheit sowie der Marktpreis der Produkte.

Die Thünenschen Ringe

1. Kreis: Freie Wirtschaft. Hier werden leichtverderbliche Produkte (Trinkmilch, Gartenbauerzeugnisse) sowie transportkostenempfindliche Güter (Heu, Stroh, Speisekartoffeln, Rüben) produziert.
2. Kreis: Forstwirtschaft. Wegen der hohen Transportkosten wird im stadtnäheren Bereich Brennholz, in größerer Entfernung Nutzholz erzeugt.
3. Kreis: Fruchtwechselwirtschaft. Der Ackerbau wird in der intensiven Form des Fruchtwechsels zwischen Halm- und Blattfrucht betrieben.
4. Kreis: Koppelwirtschaft. In diesem breitesten aller Ringe dominiert eine Art Feldgraswirtschaft, bei der das Land abwechselnd als Acker und Weide benutzt wird.
5. Kreis: Dreifelderwirtschaft. Es handelt sich um die extensivste Form des Getreidebaus mit Brache.
6. Kreis: Viehzucht. Sobald der Getreidebau die Transportkosten nicht mehr verträgt, kann nur noch Viehzucht in selbständiger Form als Weidewirtschaft betrieben werden. Ihre Erzeugnisse (Fleisch, Butter, Häute) verursachen bei hohem Wert relativ geringe Transportkosten.

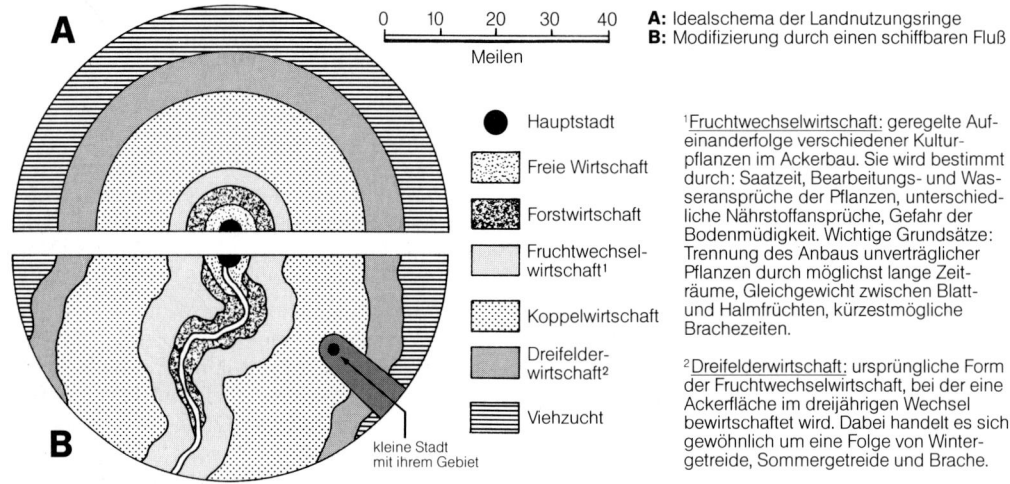

A: Idealschema der Landnutzungsringe
B: Modifizierung durch einen schiffbaren Fluß

- Hauptstadt
- Freie Wirtschaft
- Forstwirtschaft
- Fruchtwechselwirtschaft[1]
- Koppelwirtschaft
- Dreifelderwirtschaft[2]
- Viehzucht

kleine Stadt mit ihrem Gebiet

[1] Fruchtwechselwirtschaft: geregelte Aufeinanderfolge verschiedener Kulturpflanzen im Ackerbau. Sie wird bestimmt durch: Saatzeit, Bearbeitungs- und Wasseransprüche der Pflanzen, unterschiedliche Nährstoffansprüche, Gefahr der Bodenmüdigkeit. Wichtige Grundsätze: Trennung des Anbaus unverträglicher Pflanzen durch möglichst lange Zeiträume, Gleichgewicht zwischen Blatt- und Halmfrüchten, kürzestmögliche Brachezeiten.

[2] Dreifelderwirtschaft: ursprüngliche Form der Fruchtwechselwirtschaft, bei der eine Ackerfläche im dreijährigen Wechsel bewirtschaftet wird. Dabei handelt es sich gewöhnlich um eine Folge von Wintergetreide, Sommergetreide und Brache.

Nach Adolf Arnold: Agrargeographie. Paderborn/München/Wien/Zürich: Schöningh-UTB 1985, S. 60/61

Aus diesen Bedingungen ergeben sich Zonen abgestufter landwirtschaftlicher Intensität, die sich in konzentrischen Ringen um den Absatzort herum ausbilden.

Wesentliche Bedingungen des Modells der Thünenschen Ringe haben sich inzwischen verändert (Verkehrsbedingungen, Siedlungsdichte im Stadt-Umland usw.). Das Grundprinzip ist jedoch bis heute gültig: Die räumliche Ordnung der Bodennutzung ergibt sich aus dem jeweils vorteilhaftesten Aufwand-Ertrags-Verhältnis. In der Mehrzahl aller Agrarbetriebe bzw. ländlich strukturierten Räume sind die extensiv genutzten Flächen (Wiesen, Weiden, Strauch- oder Baumkulturen) eher randlich (peripher) gelagert, während die intensiv genutzten Flächen (z.B. Gartenland, Glashauskulturen) eher zentral innerhalb der Betriebe bzw. innerhalb der Gemeinden liegen.

Der Einfluß von Vermarktung und Konsumgewohnheiten

Die direkte *Vermarktung* von Agrarprodukten ist heute nur noch in Ländern der Dritten Welt von Bedeutung. In den Industrieländern erfolgt der Agrarhandel (mit Ausnahme von Wochenmärkten und direkt vermarkten-den Betrieben des alternativen Anbaus) durch Absatzgenossenschaften. Diese übernehmen Produkte von vielen verschiedenen Erzeugern und stellen handelsfähige Sortimente zusammen. Im Einzugsbereich von Absatzgenossenschaften ergibt sich häufig eine Einschränkung der Produktionsvielfalt, weil der Anbau und Absatz von wenigen Produkten organisatorisch einfacher ist.

Auch Standorte von Betrieben der Nahrungsmittelindustrie beeinflussen indirekt die Nutzung des Agrarraumes: Der spezifische Bedarf dieser Betriebe (z.B. an Kartof-

Glashauskulturen in der Nähe der Randstad Holland

feln) beeinflußt die Produktionsentschei-
dungen der Landwirte.

Auch die *Konsumgewohnheiten* der Verbraucher beeinflussen die Agrarproduktion
in immer stärkerem Maße: Die in allen Industrieländern überwiegend steigenden Einkommen führen dazu, daß Grundnahrungsmittel an Bedeutung verlieren. Entsprechend stärker werden Veredelungsprodukte
nachgefragt.

*Konsumgewohnheiten in der Bundesrepu-
blik Deutschland: Pro-Kopf-Verbrauch verschiedener Nahrungsmittel*

	1950 in kg	1970 in kg	1992[1] in kg
Getreideerzeugnisse	99	66	71
Kartoffeln	186	102	74
Zucker	28	34	37
Gemüse	49	63	83
Frischobst	40	93	80
Zitrusfrüchte	7	21	36
Rindfleisch	11	22	20
Schweinefleisch	19	40	56
Geflügelfleisch	1	8	12
Trinkmilch	111	92	91
Butter	6	8	7

[1] alte und neue Bundesländer
*Informationsgemeinschaft für Meinungspflege und Auf-
klärung e.V. (Hrsg.): Agrimente '91. Hannover 1991, S. 4
und Agrarbericht 1993 (Materialband), S. 160*

Veredelungsprodukte (vgl. S. 155) werden
durch die Verfütterung pflanzlicher Erzeugnisse (Futtergetreide) an Tiere erzeugt. Wie
gravierend die Rückwirkungen der Konsumgewohnheiten auf den Agrarraum sind,
zeigt sich an der weltweiten Zunahme der
Getreideanbauflächen und dem Getreide-
anteil am Tierfutter: In der Bundesrepublik
Deutschland werden etwa 80% der gesamten Getreideproduktion verfüttert. Weltweit
werden ca. 40% der Getreideernte als Tierfutter verwendet.

*Umsetzungsverhältnisse zwischen pflanz-
lichen und tierischen Nahrungsmitteln bei
der Veredelungswirtschaft*

1. Direkte Nahrung: Eine Kalorie in Form von
   Getreide entspricht einer Kalorie des weiterver-
   arbeiteten Produktes (z. B. Brot)
2. Indirekte Nahrung: Sieben pflanzliche Kalorien
   (Getreide) entsprechen einer tierischen Kalorie
   (Fleisch, Milch, Eier)
3. Kalorienumsatz bei der Verwendung von Getreide für: Brot   1:1
                 Schweinefleisch 3:1
                 Eier   4:1
                 Milch   5:1
                 Rindfleisch   10:1
                 Hühnerfleisch   12:1

105

In allen Industrieländern ist eine ausgeprägte Tendenz zur Lösung von den früher jahreszeitlich bestimmten Konsumgewohnheiten festzustellen. Die ganzjährige Nachfrage nach frischen Agrarprodukten nimmt ständig zu. Der früher klimatisch vorgegebene Ernährungszyklus, der nur durch Konservierungsmaßnahmen und Lagerhaltung unterbrochen werden konnte, löst sich auf. Die modernen Verkehrssysteme ermöglichen inzwischen einen Ausgleich zwischen den einzelnen Klimazonen und den beiden Erdhalbkugeln.

Aus der veränderten Nachfrage hat sich – ermöglicht durch das weltweit immer mehr verflochtene Agrarhandelssystem – ergeben, daß immer mehr Produzenten die erweiterten Absatzmöglichkeiten erkennen. Marktorientierte Umstellungen der Anbauprodukte und damit der Fruchtwechselsysteme sind bereits in vielen Agrarräumen der Welt zu erkennen. Auch in Ländern mit unzureichender Nahrungsmittelversorgung ist festzustellen, daß Flächen, auf denen bisher für die Versorgung der lokalen Bevölkerung angebaut wurde, zu exportorientierten Anbauflächen umgenutzt werden.

Darüber hinaus kommt es in allen Industrieländern zu einem Rückzug aus risikoreichen Anbauflächen (z. B. Grenzertragsflächen). Statt dessen wird eher der Kapitaleinsatz auf risikoarmen Flächen erhöht. Damit ist in der Regel eine Steigerung des Düngemitteleinsatzes und der Verwendung chemischer Pflanzenschutzmittel verbunden.

Preisbildung und politische Einflußfaktoren

Die sich aus dem Zusammenspiel von Angebot und Nachfrage ergebende „freie" Preisbildung für Agrarprodukte existiert eigentlich nur noch auf dem Weltmarkt. Auf den nationalen Märkten ist die Preisbildung (mindestens für die Grundnahrungsmittel) inzwischen weitgehend vom Weltmarkt abgekoppelt und unterliegt Entscheidungen auf staatlicher bzw. politischer Ebene. Dieser Einfluß ist insbesondere in den östlichen Wirtschaftssystemen deutlich geworden: Grundnahrungsmittel wurden verbilligt abgegeben. Die Preise für Genußmittel wurden jedoch auf einem überhöhten Niveau festgesetzt. Vielfach wurde auch die Betriebsorganisation in der Landwirtschaft vom Staat weitgehend vorgeschrieben. Beispiele dafür sind die Kolchosen (vgl. S. 437) sowie die Landwirtschaftlichen Produktionsgenossenschaften (vgl. S. 125).

Aber auch in den westlichen Industrieländern besteht eine enge Verknüpfung von Staat, Politik und Landwirtschaft: Agrarpolitische Maßnahmen sollen einerseits die Ernährung der Bevölkerung sicherstellen. Andererseits sollen aber auch die in der Landwirtschaft Beschäftigten an der allgemeinen Einkommens- und Wohlstandsentwicklung teilhaben. Wenn jedoch die Erlöse der Agrarproduzenten sinken, greift der Staat mit Stützungs- und Ausgleichsregelungen ein (vgl. S. 146).

1. *Erarbeiten Sie eine Begründung dafür, daß das Modell der „Thünenschen Ringe" noch heute prinzipielle Gültigkeit hat. Nehmen Sie das Bild S. 105 zum Ausgangspunkt Ihrer Überlegungen.*
2. *Stellen Sie die Veränderung der Konsumgewohnheiten in der Bundesrepublik Deutschland in geeigneter Weise graphisch dar. Nehmen Sie dann Stellung zu den sich daraus ergebenden Rückwirkungen auf den Agrarraum.*

2 Agrarregionen der Erde im Überblick

Die *Agrarregionen* der Erde können nach A. Arnold durch das jeweils dominierende Agrarsystem in vier Gruppen zusammengefaßt werden:
- *Viehwirtschaftssysteme* (Nomadismus; extensive stationäre Weidewirtschaft; intensive Grünlandwirtschaft),
- *Ackerbau-* und *Dauerkultursysteme* (Wanderfeldbau und Landwechselwirtschaft; Reisbau; traditioneller kleinbetrieblicher, arbeitsintensiver Ackerbau),
- Spezialisierter *Marktfruchtbau* (Plantagenwirtschaft der Tropen und Subtropen; Marktfruchtbau sowie Dauerkulturen der gemäßigten Breiten),
- *Gemischtbetriebe* (regional unterschiedliche Produktionsausrichtung in den verschiedenen Klimazonen).

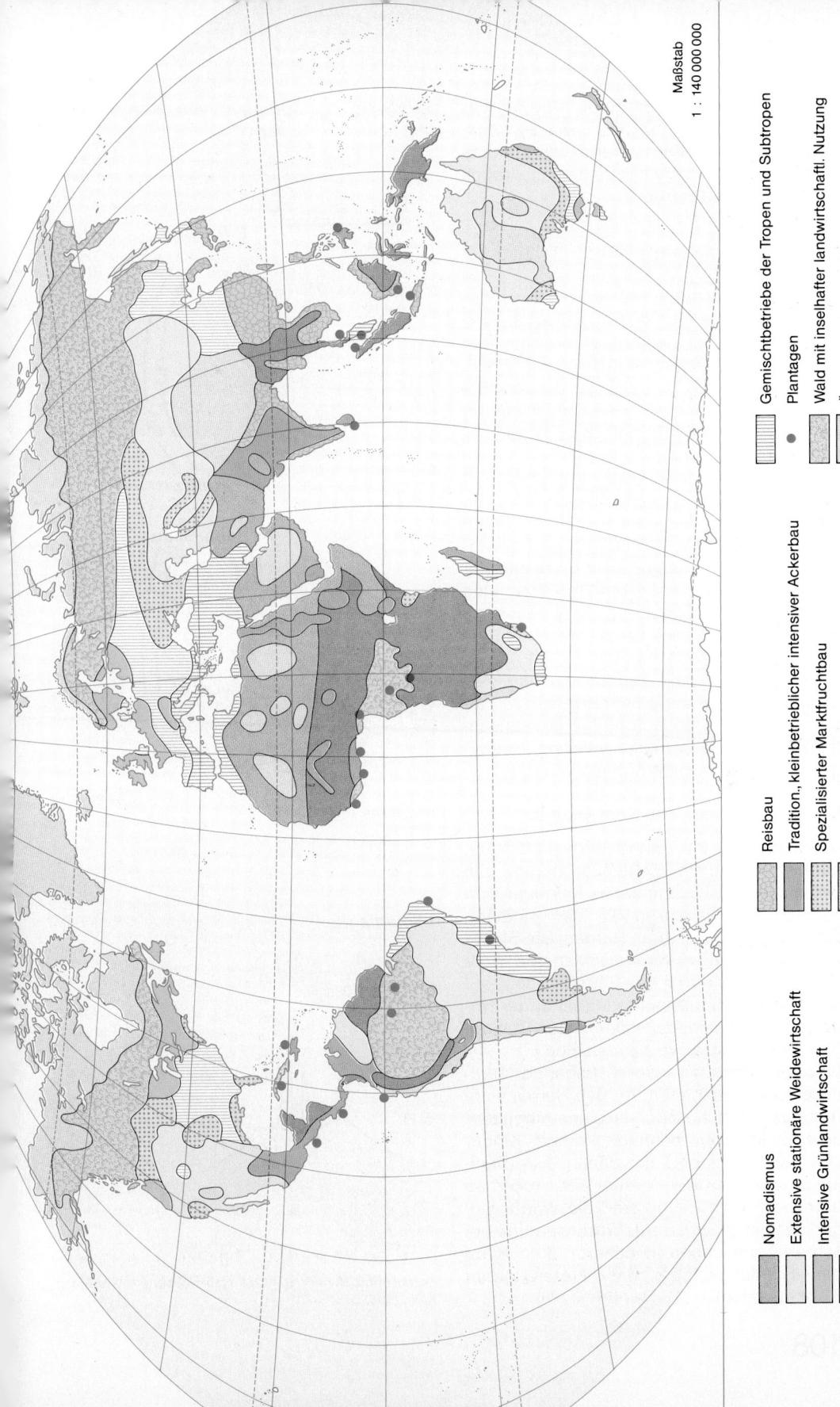

Maßstab
1 : 140 000 000

Legende:

	Gemischtbetriebe der Tropen und Subtropen
	Plantagen
•	Wald mit inselhafter landwirtschaftl. Nutzung
	Ödland

	Reisbau
	Tradition., kleinbetrieblicher intensiver Ackerbau
	Spezialisierter Marktfruchtbau
	Gemischtbetriebe der Gemäßigten Breiten

	Nomadismus
	Extensive stationäre Weidewirtschaft
	Intensive Grünlandwirtschaft
	Wanderfeldbau und Landwechselwirtschaft

Agrarregionen der Erde

Nach Adolf Arnold: Agrargeographie. Paderborn/München/Wien/Zürich: Schöningh-UTB 1985, S. 147

Hinzu kommen noch die Sonderformen der Massentierhaltung und der Bewässerungslandwirtschaft. Diese bereits vereinfachte Systematik soll im nachfolgenden Überblick zugrunde gelegt werden.

2.1 Viehwirtschaftssysteme

Auf etwa drei Vierteln des Agrarraumes der Erde wird vorrangig Viehwirtschaft betrieben. Dabei werden nicht nur Nahrungsmittel erzeugt, sondern auch Rohstoffe wie Wolle, Felle, Häute usw. Daneben ist die Arbeitskraft einiger Tierarten sowie die Nutzung der Exkremente als Dünger bzw. Brennmaterial von Bedeutung.

Wirtschaftlich bedeutsame Viehwirtschaft ist nur auf wenige Tierarten beschränkt. Die Verbreitung der Tierarten wird durch biologische, ökonomische und kulturelle Faktoren gesteuert. In Räumen mit extremen Klimaverhältnissen haben nur Tierarten eine wirtschaftliche Bedeutung, die weitgehend angepaßt sind (Kamel, Lama, Büffel, Yak).

Die Größe der Nutztierbestände läßt nur indirekte Rückschlüsse auf die jeweilige wirtschaftliche Bedeutung der einzelnen Tierarten zu. Auch die Bedeutung für die menschliche Ernährung sowie die jeweilige Produktivität ist regional sehr unterschiedlich.

Die Agrarregionen des Nomadismus

Nomadismus ist eine Wirtschaftsform, deren wesentliche Existenzgrundlage die Viehzucht ist. Bestimmendes Merkmal sind ganzjährige Wanderungen der nomadischen Gruppen mit ihren Herden. Die Steuerung der jeweiligen Wanderzyklen und -richtungen erfolgt durch das Futterangebot auf den Naturweiden. Aus der Mobilität der Nomaden ergibt sich, daß keine festen Stallungen für die Herden vorhanden sind.

Halbnomadismus ist durch folgende Merkmale zu kennzeichnen: An den Herdenwanderungen sind nur noch einzelne Mitglieder der Sozialgruppe beteiligt. Frauen, Kinder und ältere Personen bewohnen feste Siedlungsplätze, an denen zum Teil Ackerbau betrieben wird. Häufig sind die Wanderungen der Herden auf die Jahresabschnitte beschränkt, an denen in näherer Umgebung der Siedlungsplätze das Futterangebot nicht ausreicht.

Saisonale Wanderungen von Kamelnomaden in Darfur (Sudan)

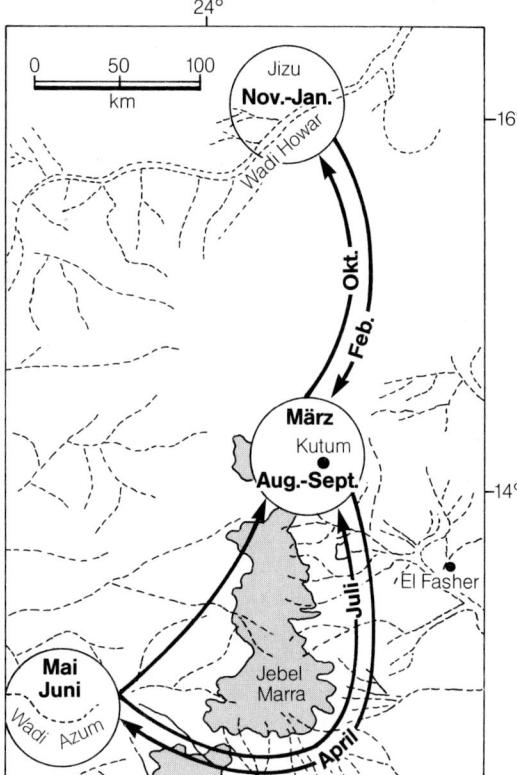

Nach Fouad N. Ibrahim: Desertifikation. Düsseldorf: Hagemann 1979, S. 18

Klimadiagramm

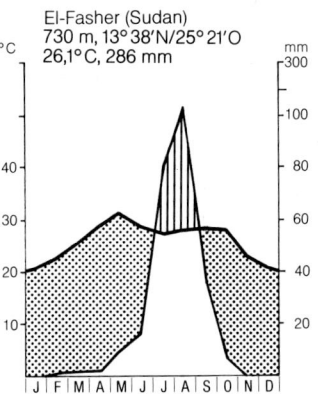

Hans-Ulrich Bender u.a.: Landschaftszonen. Stuttgart: Klett 1986, S. 51

Zwischen beiden Formen des Nomadismus gibt es – regional bestimmt – fließende Übergänge. Entsprechend ist die wirtschaftliche Bedeutung nur schwer einzuschätzen. Weltweit sollen noch etwa 10 Millionen Menschen in dieser Wirtschaftsform leben. Räumliche Schwerpunkte sind die Trocken- und Dornbuschsavannen Afrikas sowie die Hochländer von Iran und Afghanistan. Teilweise stellen die Nomaden noch beträchtliche Anteile an der Gesamtbevölkerung des jeweiligen Landes (z. B. Somalia: etwa 40 %). In verschiedenen Ländern (z. B. Mali und Niger) wird versucht, die nomadisierenden Bevölkerungsgruppen seßhaft zu machen. Die Ansiedlungsprogramme dienen auch dazu, nomadische Gruppen aufzunehmen, deren Herden durch Dürrekatastrophen in den letzten Jahrzehnten vernichtet wurden. Tatsächlich hat sich die Zahl der nomadisch lebenden Bevölkerungsgruppen bereits drastisch verringert. Neue Probleme entstehen, wenn die traditionellen Verhaltensweisen zum Teil beibehalten werden: Häufig werden die restlichen Tierbestände weitergehalten. Dadurch kommt es zur verstärkten Belastung des Naturraums in der Nähe der Siedlungen.

Ranching: Extensive stationäre Weidewirtschaft

Als *ranching* wird eine Form der Weidewirtschaft mit festen Siedlungen bezeichnet, die heute außer in Nordamerika besonders in Südamerika, Südafrika und Australien sowie Neuseeland weit verbreitet ist. Mit dieser Wirtschaftsform (meist Schafe, Milchkühe oder Mastrinder) werden semiaride Savannen und Steppen jenseits der agronomischen Trockengrenze genutzt. Die extensive stationäre Weidewirtschaft ist an große Flächen gebunden, weil die Biomassenproduktion der natürlichen Weideflächen nur gering ist. Pro Rind sind ca. 10–40 Hektar Weidefläche erforderlich. Betriebsgrößen über 100 000 Hektar sind keine Ausnahme.

Das *ranching* wird als extensives Agrarsystem bezeichnet, weil der Kapital- und Arbeitseinsatz pro Flächeneinheit sehr gering ist: Die Weiden werden nicht gedüngt, feste Stallungen sind eher als Ausnahme anzusehen.

Die Betriebe sind fast ausschließlich weltmarktorientiert ausgerichtet, unterliegen also einem entsprechenden Absatzrisiko. Weitere Risiken ergeben sich aus dem hohen Spezialisierungsgrad: Da überwiegend nur eine Tierart gehalten wird, können sich – ähnlich wie bei pflanzlichen Monokulturen – Erkrankungen sehr schnell ausbreiten. Klimatische Besonderheiten (z. B. mehrere Dürrejahre in Folge) haben bestandsgefährdende Auswirkungen. Zusätzlich führen die langen Produktionszeiträume dazu, daß sich die Betriebe nur langsam Marktveränderungen anpassen können.

Intensive Viehwirtschaft auf Grünlandbasis

Dieses Agrarsystem läßt sich in drei Hauptbetriebsarten unterteilen: reine Milchviehbetriebe, reine Mastbetriebe sowie Mischbetriebe mit Rindermast und Milchproduktion. Die jeweilige Produktionsrichtung wird vor allem vom Verhältnis zwischen den verschiedenen Grünlandformen bestimmt. Im Gegensatz zum ranching liegt ein höherer Kapitaleinsatz und Arbeitseinsatz pro Flächeneinheit vor. Die Betriebe sind deutlich kleiner; die Mischbetriebe repräsentieren z. B. den kleinbäuerlichen Familienbetrieb Mitteleuropas.

Grünlandarten

Dauergrünland: Pflanzengesellschaft aus Gräsern, Leguminosen und Kräutern. Zu unterscheiden: natürliches Grünland auf waldfeindlichen Standorten (Moore, Mattenzonen) sowie Grünland, das durch menschlichen Eingriff entstanden ist (Waldrodung). Großräumige Verbreitung klimatisch begründet.
Weide: Dauergrünland, das von Nutztieren beweidet wird. Erntearbeiten und Wetterrisiko entfallen während der Vegetationsperiode. Ebenso entfällt Stallarbeit.
Wiese: Dauergrünland, auf dem Heu produziert wird. Nachteile sind hoher Arbeitsaufwand sowie das Wetterrisiko bei der Heugewinnung. In Mitteleuropa ständiger Rückgang zugunsten des Weidelandes.
Mähweide: Dauergrünlandflächen, die mit einem geregelten Wechsel von Weidegang und Heugewinnung (Mahd) bewirtschaftet werden.
Wechselgrünland: Flächen, die zeitweise als Ackerland, längere Zeiträume aber als Grünland genutzt werden. Weit verbreitet in Nordeuropa, Neuseeland und den USA. Ökologisch bedeutungsvoll wegen der natürlichen Humusanreicherung während der Grünlandnutzung.

Reine Milchviehbetriebe sind heute vor allem im nördlichen Mitteleuropa und im Nordosten der USA konzentriert. In der Bundesrepublik Deutschland liegen die überwiegend auf Grünlandbasis produzierenden Milchviehbetriebe in Norddeutschland, im Bereich der Mittelgebirge sowie im Alpenvorland. Reine Viehmastbetriebe auf Grünlandbasis werden immer seltener, weil der finanzielle Aufwand für die Silage der Futterpflanzen zu hoch ist.

Anhand der Agrarsysteme „ranching" und „Intensive Viehwirtschaft auf Grünlandbasis" lassen sich die Zusammenhänge zwischen dem Klima und der möglichen landwirtschaftlichen Nutzung besonders gut verdeutlichen: Während extensive Weidewirtschaftsformen die für den Ackerbau zu trockenen Räume einnehmen, wird die Grünlandwirtschaft vor allem dort betrieben, wo es für den Ackerbau zu feucht und zu kühl ist.

Anteil des Dauergrünlandes an der gesamten landwirtschaftlichen Nutzfläche (1990)

	Dauergrünland (Fläche in 1000 ha)	Anteil an der gesamten LF (in %)
Island	2 274	99,6
Neuseeland	13 490	96,5
Irland	4 692	83,2
Schweiz	1 690	79,6
Großbritannien	11 180	62,7
Österreich	1 995	57,0
Niederlande	1 096	54,0
Kanada	28 100	38,0
Frankreich	11 380	37,1
Bundesrepublik Deutschland[1]	5 618	37,1
USA	241 467	56,0
UdSSR	369 200	61,6
Welt	3 402 077	70,1

[1] Gebietsstand nach dem 3. 10. 1990
FAO-Production Yearbook 45 (1991). Rom 1992, S. 3–14

Massentierhaltung

Viehwirtschaft mit extrem hohen Tierbestandskonzentrationen wird als *Massentierhaltung* bezeichnet. Bei dieser Sonderform der landwirtschaftlichen Produktion wird die menschliche Arbeitskraft durch hohen Kapitaleinsatz auf ein Minimum reduziert.

Mechanische (häufig vollautomatische) Einrichtungen nehmen die Fütterung der Tiere und die Entsorgung der Abfallstoffe vor.

Massentierhaltungsbetriebe sind weitgehend bodenunabhängig: Das Viehfutter stammt nicht oder nur teilweise von betriebseigenen Anbauflächen. Die Abfallstoffe der Tiere werden nicht – oder nur zum Teil – auf betriebseigenen Ackerflächen ausgebracht.

Räumliche Schwerpunkte der Massentierhaltung liegen dort, wo die Agrarproduktion immer mehr vom Kosten-Nutzen-Verhältnis gesteuert wird: In den USA, in den Ländern des früheren Ostblocks und in Mitteleuropa. Die größte Tierbestandsdichte der Welt (gemessen am Verhältnis zwischen der Zahl der Nutztiere und der landwirtschaftlichen Nutzfläche) besteht in den Niederlanden.

Aber auch im Nordwesten der Bundesrepublik Deutschland hat sich ein Konzentrationsraum der Massentierhaltung herausgebildet. Die Massentierhaltung ist vor allem in der Bundesrepublik Deutschland unter heftige öffentliche Kritik geraten. Vorbehalte ergeben sich aus Sicht des Tierschutzes und aus ökologischen Gesichtspunkten (vgl. S. 155).

2.2 Ackerbau- und Dauerkultursysteme

Wanderfeldbau (shifting cultivation)

Das flächenmäßig vorherrschende Landnutzungssystem der Feuchtsavannen und der tropischen Regenwälder ist der *Wanderfeldbau (shifting cultivation)*. In diesem Agrarsystem, das zu den ältesten landwirtschaftlichen Nutzungsformen der Erde gehört, leben nach Schätzungen noch etwa 250 Millionen Menschen.

Kein Agrarsystem ist so umstritten wie der Wanderfeldbau: Einerseits wird diese Wirtschaftsform als das „bestangepaßte Nutzungssystem für die ökologischen Bedingungen des Verbreitungsgebietes" bezeichnet. Andererseits wird der Wanderfeldbau auch als „flächenverschwenderisches und leistungsschwaches Agrarsystem" gekennzeichnet.

Die Anbautechnik ist überall sehr ähnlich: Zu Beginn der Trockenzeit wird die Primärvegetation entfernt: Sträucher, schwächere Bäume und Lianen werden abgeschlagen.

Jamsanbau auf gerodeten Regenwaldflächen in Togo

Größere Bäume werden in etwa drei Meter Höhe eingekerbt, um den Saftfluß zu stoppen. Am Ende der Trockenzeit wird das pflanzliche Material auf dem Feld verbrannt.

Nach dieser *Brandrodung* werden Samen und Stecklinge in den ansonsten unbearbeiteten Boden eingebracht.

Die Pflanzen der ersten Anbauperiode sind normalerweise Getreide und Hülsenfrüchte: Mais und Bohnen (Mittelamerika, Südamerika), Hirse und Mais (Afrika), Bergreis (Südostasien). Typisch für die shifting cultivation sind auch Mischkulturen sowie Stockwerkskulturen (z. B. Bergreis, Maniok, Pfeffer und Bananen) auf einem Anbauareal.

Während der gesamten Wachstumszeit sind weitere Arbeiten auf den Feldern notwendig: Schutz des Saatgutes und der fruchtenden Pflanzen vor Tieren sowie die regelmäßige Beseitigung des üppig wuchernden Unkrauts. Zusätzlich muß der meist in unmittelbarer Nähe der Siedlung liegende „Dorfgarten" bearbeitet werden. Dort werden verschiedene Gemüse- und Obstarten angebaut. Regional unterschiedlich finden sich in den Dorfgärten langlebige Pflanzen wie Ölpalmen und Kolabaum.

Nach einigen Jahren ist die Bodenfruchtbarkeit der Anbauflächen erschöpft. Der Anbau wird dann auf andere – ebenfalls durch Brandrodung gewonnene – Flächen verlagert. Vielfach werden auch ganze Siedlungen verlegt (to shift away: verlegen/verlagern).

Ertragsabfälle in den feuchten Tropen bei zunehmender Dauer der Ackernutzung im System der shifting cultivation

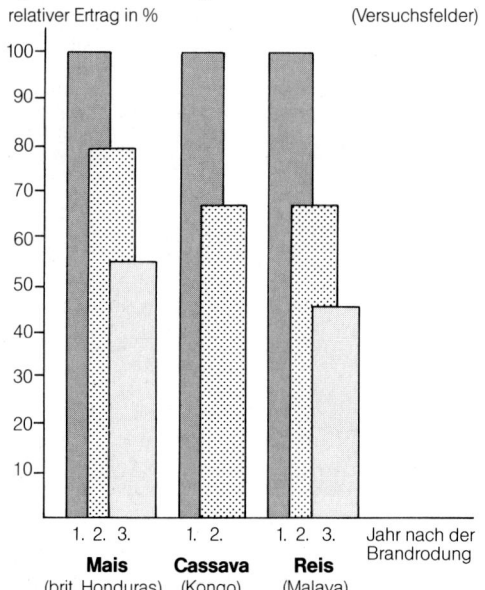

Nach Bernd Andreae: *Landwirtschaftliche Betriebsformen in den Tropen. Hamburg, Berlin: Paul Parey 1972, S. 51*

Aus dem Wechsel der Wirtschaftsflächen ergeben sich für die jeweils nicht genutzten Flächen entsprechende Brachezeiten, in denen es zur Ausbildung einer Sekundärvegetation sowie zur allmählichen Wiederherstellung der Bodenfruchtbarkeit kommt. Die dem Agrarsystem des Wanderfeldbaus angepaßten Nutzungszeiten betragen meist nur ein bis drei Jahre, die Brachezeiten etwa sechs bis 15 Jahre.

Wanderfeldbau wird heute nicht mehr ausschließlich als *Subsistenzwirtschaft* (Selbstversorgungswirtschaft) betrieben. Vielfach werden zusätzlich *„cash crops"* angebaut. Das sind Produkte wie Kaffee, Kakao, Tabak, Kautschuk und Baumwolle, die auf regionalen Märkten verkauft werden und überwiegend für den Export bestimmt sind. Die Notwendigkeit zusätzlicher Einkünfte für die Menschen, die im System der shifting cultivation leben, kann nicht bestritten werden. Es stellt sich aber die Frage, ob es bei zunehmender Marktorientierung nicht zwangsläufig zu einer Überlastung des Naturraumes kommen muß.

Wanderfeldbau kann nur dann als optimales Nutzungssystem angesehen werden, wenn die Brachezeiten eine Regeneration der Bodenfruchtbarkeit erlauben. Wenn die Regenerationszeiten unterschritten werden, sind schwere ökologische Schäden unvermeidbar: Es kommt zur Nährstoffverarmung der Böden, zur Steigerung der Erosionsraten, zur Aufschotterung von Flüssen und zu Störungen des Wasserhaushalts.

Die Bevölkerungszunahme in den Regionen des Wanderfeldbaus und die damit verbundene Notwendigkeit der Erhöhung der Nahrungsmittelproduktion verschärft die Frage nach der zukünftigen Entwicklung. Nach Meinung von Experten sind Mischkulturen am ehesten geeignet, den Wanderfeldbau allmählich zu ersetzen. Mischkulturen könnten aus Pflanzen bestehen, die einerseits die Ernährung der Bevölkerung sichern, andererseits aber auch Vermarktungsmöglichkeiten bieten. Denkbar sind Kombinationen aus Maniok, Ölbäumen, Kokospalmen, Kochbananen und Kaffeepflanzen.

Vorteile der Mischkulturen bestehen darin, daß das unterschiedlich tiefgreifende Wurzelwerk der Nutzpflanzen Nährstoffe aus einem großen Bodenvolumen erschließen kann. Heterogene Pflanzengesellschaften nutzen, auch wenn es zu Wurzelkonkurrenzen kommt, das Nährstoffpotential der Böden besser aus. Zudem werden durch den kontinuierlichen Laubfall Mineralien in die oberen Bodenschichten nachgeführt. Die ganzjährige Bodenbedeckung bietet Schutz vor den tropischen Starkregen. Die Nährstoffverluste sind gering, weil bei der Ernte nur ein kleiner Teil der Biomasse entfernt wird. Zudem ergibt sich aus den unterschiedlichen Reifezeiten der Pflanzen ein gleichmäßigeres Nahrungsangebot und eine größere Beweglichkeit bei der Vermarktung der cash crops.

Standortgerechte Landwirtschaft in Afrika

Mechanisierung, Kunstdüngereinsatz und Pflanzenschutzmittel gelten seit mehreren Jahrzehnten als Mittel zur Produktivitätssteigerung auch in vielen Ländern der Dritten Welt. „Traditionelles bäuerliches vor Ort gesammeltes Wissen wurde dabei kaum zur Kenntnis genommen. Die Erfahrung, daß High-Input-Techniken in weiten Teilen Afrikas für Kleinbauern nicht mehr bezahlbar sind und unlösbare ökologische Risiken in sich bergen, hat zur Entwicklung des Konzeptes der standortgerechten Landwirtschaft *(ecofarming)* geführt. Mit wenig Fremdmitteleinsatz sollen eine höhere Produktivität und eine langfristige Schonung kleinräumiger Ökosysteme erreicht werden" (T. Krings).

Der Begriff ecofarming ist abgeleitet vom englischen „ecosystem" (Ökosystem). In verschiedenen Landschaftsräumen Afrikas werden derartige Landnutzungsmodelle, in denen auf „moderne" Agrarentwicklungsstrategien verzichtet wird, wissenschaftlich untersucht und gefördert.

In Ruanda (Rwanda) wird im Rahmen eines von der Bundesrepublik Deutschland ausgehenden Entwicklungshilfeprojektes ein Landnutzungsmodell erprobt, das für jeden Betrieb drei Nutzungsschwerpunkte vorsieht: Feldbau, Tierhaltung und Holzproduktion. Der Feldbau mit häufigem Fruchtwechsel, Mischkulturen und Gründüngung berücksichtigt vor allem die Selbstversorgung. Nur auf wenigen Flächen werden

Cash crops angebaut. Tiere werden im Stall gehalten, so daß bisherige Weideflächen anderweitig genutzt werden können. Der Dung der Tiere wird als Dünger verwendet. Hangparallele Baumreihen und Hecken unterstützen die Ausbildung der Anbauterrassen: Feinmaterial, das insbesondere bei heftigen Regenfällen oben abgetragen wird, lagert sich im Bereich der Baumreihen und Hecken wieder an. Dadurch gleicht sich das Niveau im Laufe der Jahre immer mehr aus.

Terrassenbildung durch Anpflanzung hangparalleler Baumreihen

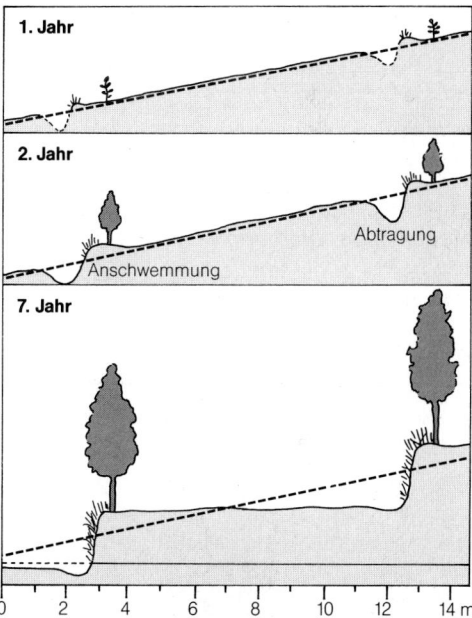

Nach Otmar Werle: *Strategie gegen den Hunger – landwirtschaftliche Entwicklungsprojekte in Ruanda.* In: *Afrika im Spiegel neuer Forschung. Frankfurter Beiträge zur Didaktik der Geographie. Bd. 9.* Frankfurt am Main: Selbstverlag d. Inst. für Didaktik der Geographie 1986, S. 128

Die Baumreihen und Hecken haben noch weitere Vorteile: Sie liefern *Mulch* (zerkleinerte Pflanzenreste, die zur Bodenabdeckung ausgestreut werden). Die Blätter ergänzen das Viehfutter. Die Bodenfruchtbarkeit wird durch das Mykorrhizengeflecht im Wurzelbereich erhalten. Auch das Gras der Terrassenfronten findet Verwendung: Es wird – zusammen mit Pflanzenresten aus dem Feldbau – als Viehfutter verwendet.

Beispiel für eine Kulturartenverteilung im Landnutzungsmodell des ecofarming

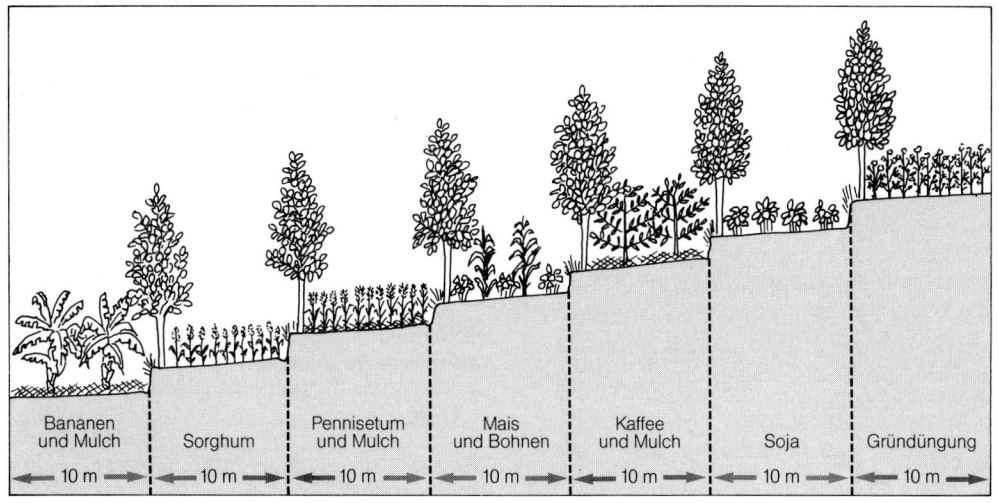

Sorghum und Pennisetum sind Hirsearten
Nach Otmar Werle: a.a.O., S. 129

Modell des ecofarming

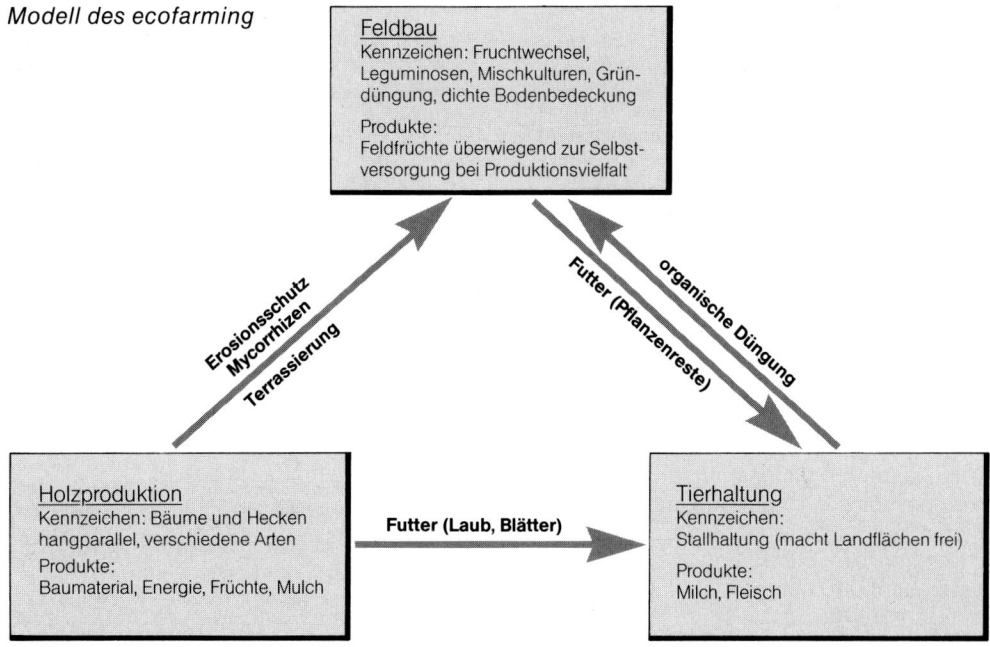

Das Modell des ecofarming besticht durch den internen Stoffkreislauf, durch die Anpassung an die naturräumlichen Bedingungen der Tropen und durch die Berücksichtigung der Bedürfnisse der Menschen. Unter Fachleuten wird diskutiert, ob sich dieses Landnutzungsmodell innerhalb der feuch-ten Tropen großflächig umsetzen ließe. Die bisherigen Erfahrungen sprechen dafür, daß das ecofarming als Bewirtschaftungsform mit ausgeglichener Nährstoffbilanz geeignet ist, die Landnutzung in den Tropen zu intensivieren.

114

Reisbauregionen

Die wichtigsten Reisanbaugebiete der Erde liegen in Süd- und Ostasien (ca. 90% der Welterzeugung). Der *Reisanbau* erfolgt – je nach der Verfügbarkeit von Wasser – als Trockenreisbau oder als Naßreisbau. Trockenreis (häufig als Bergreis bezeichnet) wird wie jedes andere Getreide auf Feldern angebaut und unterliegt der Abhängigkeit vom natürlichen Niederschlag. Naßreisanbau wird auf Feldern durchgeführt, die während der Pflanz- und Wachstumszeit wasserbedeckt gehalten werden.

Der Reisbau mit künstlicher Bewässerung setzt die naturbedingten Risiken des Reisbaus mit natürlicher Wasserzufuhr weitgehend außer Kraft. Wasserrückhaltesysteme (Tanks, Reservoire, Staubecken) machen es möglich, den Wasserstand auf den mit Erdwällen begrenzten oder terrassierten Feldern optimal auszugleichen. Hauptvorteil des Reisbaus mit künstlicher Bewässerung ist – in den Tropen – die ganzjährige Nutzungsmöglichkeit der Felder. Durch die mit der „Grünen Revolution" (vgl. S. 362) eingeführten Hochertragssorten sind mehrere Ernten pro Jahr möglich. Darüber hinaus erlaubt diese optimierte Nutzungsform das Einschalten anderer Feldfrüchte in den Nutzungszyklus.

Trotz der hohen Investitionen für Einrichtung und Erhaltung setzt sich der Reisanbau mit künstlicher Bewässerung immer mehr durch. Die hohe Flächenproduktivität dieses Agrarsystems erfordert allerdings einen hohen Arbeits- und Kapitaleinsatz. Dies erscheint aber als gerechtfertigt, denn der Reis ist die wichtigste Getreideart für die menschliche Ernährung:
– Für mehr als die Hälfte der Weltbevölkerung stellt Reis die Hauptnahrung dar.
– Reis hat eine nur untergeordnete Bedeutung als Welthandelsgut. Etwa 97% der Gesamtproduktion werden in den Ursprungsländern verbraucht. Dabei dient Reis – im Gegensatz zu Weizen und Mais – fast ausschließlich dem direkten menschlichen Verzehr.

Der Naßreisanbau besitzt ökologisch stabilisierende Funktionen für die bewirtschafteten Flächen. So sind Erosions- und Versalzungsprobleme weitgehend eingeschränkt. Die monatelang über dem Boden stehende Wasserschicht „übernimmt zum Teil die bodenschützende Funktion des Waldes" (B. Andreae). Zwar bilden sich typische Reisböden (paddy soils) mit starker Verdichtung in den oberen Bereichen aus. Das Pflügen aber bringt die im Boden verfügbaren Nährstoffe immer wieder in den Wurzelbereich der Pflanzen zurück.

Hauptformen des Reisanbaus

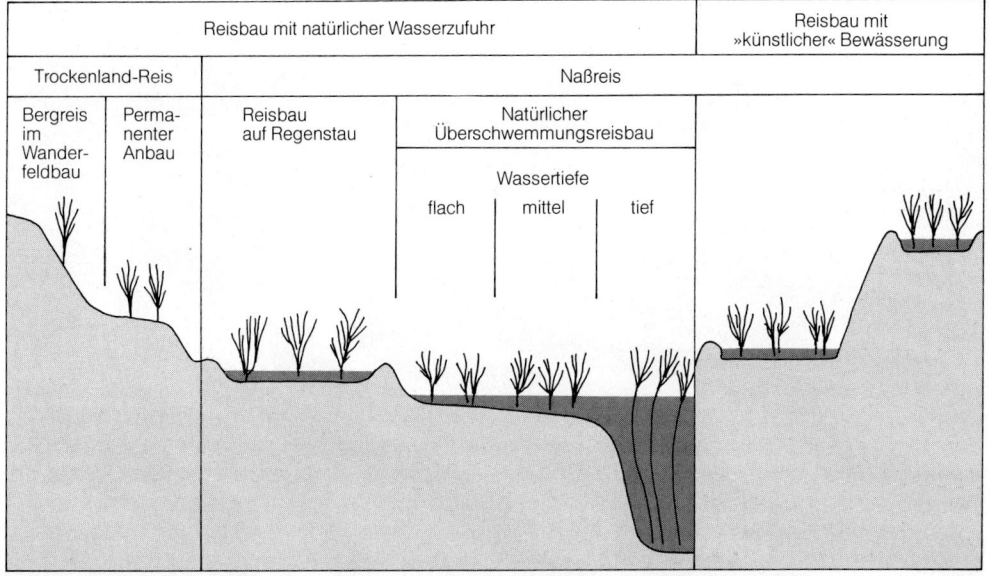

Nach Adolf Arnold: Agrargeographie. Paderborn/München/Wien/Zürich: Schöningh-UTB 1985, S. 210

Von Bedeutung ist auch, daß der Naßreis ständig ohne Fruchtwechsel angebaut werden kann. Zudem werden vielfach die überfluteten Reisterrassen zur Fischzucht verwendet. Dadurch kann die Eiweißversorgung der Bevölkerung verbessert werden. In vielen Regionen stellt das Reisstroh auch die Futtergrundlage für die Viehhaltung dar.

Reisproduktion

	Erntemenge (Mio. t)			Erträge (dt/ha)		
	1980[1]	1985	1990	1980[1]	1985	1990
China	146	171	188	42	53	57
Indien	74	91	112	17	22	27
Indonesien	30	39	44	33	40	43
Bangladesh	20	22	28	19	21	27
Thailand	17	19	19	19	20	20
Japan	13	15	13	56	62	63
Brasilien	8	9	7	14	19	19
Pakistan	5	4	8	25	22	22
USA	7	6	7	52	61	62
UdSSR/GUS	3	3	–[2]	40	39	–[2]
Welt	396	466	519	28	32	36

[1] ∅ der Jahre 1979–1981; [2] keine Angaben verfügbar
FAO-Production Yearbook 39 (1985). Rom 1986, S. 112; Statistisches Bundesamt (Hrsg.): Statistisches Jahrbuch 1992 für das Ausland. Metzler-Poeschel-Verlag. Wiesbaden 1992, S. 250

Reisterrassen auf Bali

Regionen des kleinbetrieblichen Ackerbaus

Neben den Reisbauregionen finden sich in den Tropen traditionelle, kleinbetriebliche Ackerbausysteme, denen die Mehrzahl der Agrarbetriebe in den Ländern der Dritten Welt zuzurechnen ist. Im vielseitigen Anbau, der alle tropischen Nutzpflanzen umfaßt, wird sowohl für die Selbstversorgung als auch für lokale, nationale und internationale Märkte produziert (Erdnüsse, Zuckerrohr, Jute, Kaffee, Tee usw.).

Die Vielfalt dieser Agrarbetriebe, in denen z. B. mehr als die Hälfte der Welt-Kakaoproduktion erzeugt wird, läßt sich nur schwer systematisieren. Folgende gemeinsame Merkmale können aber festgestellt werden:
- geringe Betriebsgrößen (Beispiel Java: etwa 70% der Betriebe bewirtschaften eine Fläche von weniger als 1 Hektar),
- mittlerer bis hoher Arbeitsaufwand bei geringem Kapitaleinsatz,
- mittlere bis hohe Flächenproduktivität,
- Viehhaltung wird nur für den Eigenbedarf durchgeführt.

Beispiele für dieses Agrarsystem sind die Oasenwirtschaften Afrikas, aber auch ein großer Teil derjenigen indischen Agrarbetriebe, die außerhalb der Reisbauregionen liegen.

2.3 Regionen des spezialisierten Marktfruchtanbaus

Plantagenwirtschaft

Plantagen sind landwirtschaftliche Großbetriebe in den Tropen und Subtropen, in denen hochwertige landwirtschaftliche Produkte (z. B. Tee, Kaffee, Ananas, Bananen, Gewürze, Zuckerrohr, Kautschuk) für den Weltmarkt angebaut werden. Die *Plantagenwirtschaft* ist im Zuge des Kolonialismus entstanden, als die überseeischen Gebiete zu Ergänzungsräumen für die wirtschaftliche Versorgung und Entwicklung der „Mutterländer" wurden.

Als Merkmale der Plantagenwirtschaft gelten: Spezialisierung auf ein Anbauprodukt, weitgehend auf Wirtschaftlichkeit ausgerichtete Betriebsführung, hoher Kapitaleinsatz, eigene innerbetriebliche Verkehrsnetze, Wohnsiedlungen für die Arbeitskräfte sowie Aufbereitungs- und Verarbeitungsanlagen für die hergestellten Produkte.

Drei Entwicklungsphasen der Plantagenwirtschaft werden unterschieden: Die „klassische" Plantage des 16.–19. Jahrhunderts diente zur Erzeugung pflanzlicher Produkte, die in den kolonialen Mutterländern nicht produziert werden konnten. Räumliche Schwerpunkte lagen im Süden Nordamerikas, in Mittelamerika und im Norden Südamerikas. Die Einführung der Plantagenwirtschaft hat maßgeblich zum Sklavenhandel zwischen Westafrika und Amerika geführt, weil die schwarzen Sklaven als Arbeitskräfte notwendig waren (vgl. Dreieckshandel, S. 273).

In der zweiten Hälfte des 19. Jahrhunderts entstanden die „modernen" Plantagen des Kapitalismus. Dampfschiffe und verbesserte Kühltechnik ermöglichten nun auch den Transport geringwertiger und leicht verderblicher Massengüter (z. B. Bananen) über große Entfernungen. Nordamerikanisches und europäisches Kapital bewirkte eine Zunahme der Plantagenwirtschaft in den traditionellen Verbreitungsräumen. Darüber hinaus entstanden in den tropischen Räumen Asiens neue Plantagen, weil dort der hohe Arbeitskräftebedarf leichter zu decken war.

Die Nachkolonialzeit wird als dritte Phase der Plantagenwirtschaft bezeichnet. Bis heute hat sich das Agrarsystem der Plantagen als außerordentlich dauerhaft erwiesen. Nur in wenigen ehemaligen Kolonien wurde Plantagenland an Kleinbauern verteilt und damit die Produktionsstruktur tiefgreifend verändert. Im Regelfall wurden die Betriebe enteignet und von staatlicher oder privater Seite weitergeführt. Viele Regierungen ehemaliger Kolonien schätzen noch heute die wirtschaftlichen Vorteile der Plantagen hoch ein.

Plantagen werden vielfach als Monokulturen bezeichnet. *Monokulturen* sind Wirtschaftsformen der Land- und Forstwirtschaft, bei denen große Flächen vom Anbau einer einzigen Nutzpflanze bestimmt werden. Diese Definition trifft auf Plantagen durchaus zu. Allerdings sind die als mehrjährige Dauerkulturen angelegten Pflanzungen prinzipiell besser als Feldkulturen geeignet, die Bodenfruchtbarkeit langfristig zu erhalten. Zudem wird das vorhandene

Agrarpotential besser ausgeschöpft, weil z. B. Tee auch im hängigen Gelände angebaut werden kann, das ansonsten landwirtschaftlich kaum nutzbar wäre.

Den ökonomischen und ökologischen Vorteilen der Plantagenwirtschaft stehen jedoch bedeutsame Einschränkungen gegenüber. Zu nennen sind: die Abhängigkeit von der Preisentwicklung auf dem Weltmarkt, die hohe Anfälligkeit der Monokulturen gegenüber Schädlingen sowie ein hoher Kapitalbedarf für die Anlage der Plantagen und Zusatzeinrichtungen. Typisch für diese Betriebsform ist auch ein langer ertragloser Zeitraum bis zur ersten Erntemöglichkeit. Dieser Produktionsvorlauf dauert z. B. beim Kautschukbaum etwa sieben Jahre. Schließlich ist aus gesamtwirtschaftlicher Sicht festzustellen, daß Plantagen meist isoliert im Wirtschaftsraum liegen und keine Anbindung an regionale Märkte haben. Zudem führt die Exportorientierung der Plantagen dazu, daß kaum Beiträge zur Nahrungsmittelversorgung der lokalen Bevölkerung geleistet werden.

Kulturen mit Anbauschwerpunkt in Plantagen

Kultur	Hauptanbaugebiete	Welternte in Mio. t		Drei Haupterzeugerländer 1991[1]
		⌀ 1979/81	1991	
Bananen	Mittelamerika, nördliches Südamerika	37,0	47,6	Brasilien, Philippinen, Ecuador
Kaffee	nördliches Südamerika, Mittelamerika, Ostafrika	5,3	6,0	Brasilien, Kolumbien, Indonesien
Kakao	Westafrika, Südamerika	1,7	2,5	Elfenbeinküste, Brasilien, Ghana
Tee	südliches Asien, Ostafrika	1,8	2,6	Indien, China, Sri Lanka
Zuckerrohr	nördliches Südamerika, Karibik, südliches Asien	769,6	1090,8	Brasilien, Indien, Kuba
Kautschuk	Südostasien, Westafrika	3,8	5,0	Indonesien, Malaysia, Thailand
Kokosnüsse	Südostasien, Ozeanien	35,0	42,3	Indonesien, Philippinen, Indien
Sisal	nördliches Südamerika, Ostafrika, Südostasien	0,52	0,38	Brasilien, Mexiko, Kenia

[1] Haupterzeugerländer nach Bedeutung geordnet
FAO-Production Yearbook 45 (1991). Rom 1992, versch. Seiten

Dauerkulturen in den gemäßigten Breiten: Das Beispiel der Obstbauregion Niederelbe

Spezialisierter Marktfruchtanbau wird auch in Form von Dauerkulturen (z. B. Obst, Wein, Hopfen) durchgeführt. Die Obstbauregion Niederelbe stellt mit einer Anbaufläche von etwa 12000 ha die größte geschlossene Obstbaukonzentration Deutschlands dar. Die Anteile der Obstanbauflächen liegen bei der Mehrzahl der landwirtschaftlichen Betriebe zwischen 50 und 80 % der gesamten landwirtschaftlichen Nutzfläche, in Einzelfällen auch darüber. An der Niederelbe, wo das „Alte Land" mit dem städtischen Zentrum Jork den Anbauschwerpunkt darstellt, ist vor allem das maritim beeinflußte Klima das wichtigste Betriebskapital der norddeutschen Obstbauern. Niederschläge um 730 mm pro Jahr, hohe Luftfeuchtigkeit und gemäßigte Sommertemperaturen sind fast ideale Standortbedingungen. Hinzu kommt das geringe Spätfrostrisiko.

Die Anbautradition reicht – ähnlich wie in anderen Obstbaugebieten – bis in das späte Mittelalter zurück. Zunächst etablierte sich der Obstbau neben dem Getreidebau und der Viehwirtschaft. Der Übergang zum Haupterwerb erfolgte für viele Betriebe in der zweiten Hälfte des 19. Jahrhunderts. Entscheidender Impuls für diesen Strukturwandel war die räumliche Nähe zum immer bedeutender werdenden Absatzmarkt Hamburg, der auch mit vortechnischen Verkehrsmitteln leicht erreichbar war. Zweiter Entwicklungsimpuls waren die Transportmöglichkeiten des Industriezeitalters, mit denen auch weiter entfernte Märkte in den Absatzbereich der niederelbischen Region rückten.

Heute spielt die Nähe der Obstbauregion

zum Absatzmarkt Hamburg nur noch eine untergeordnete Rolle (ca. 10% der Gesamterzeugung). Absatzschwerpunkte sind das Ruhrgebiet, andere norddeutsche Großstädte, Berlin sowie Nordeuropa. Die Region Niederelbe wird als marktferner Agrarraum bezeichnet.

Das Anbauspektrum der Region Niederelbe 1991/92

	Obst- fläche (ha)	Anteil an Baumobst- fläche in %
Obstfläche insgesamt	10 000	
davon Baumobst	9 400	100
Äpfel	7 800	83
Birnen	470	5
Süßkirschen	565	6
Sauerkirschen	375	4
Pflaumen, Zwetschgen	190	2

Nach Angaben des Obstbauversuchrings Jork, 1992

2.4 Regionen der landwirtschaftlichen Gemischtbetriebe

Ausgedehnte Bereiche des Weltagrarraumes sind noch immer von Gemischtbetrieben gekennzeichnet. In den Tropen sind dies überwiegend kleine, kapitalarme Betriebe mit vielfältiger Produktionsausrichtung und geringem Mechanisierungsgrad. Viehhaltung dient vorrangig der Selbstversorgung, hat also nur geringe wirtschaftliche Bedeutung.
Die Gemischtbetriebe der Subtropen werden durch Baum- und Strauchkulturen charakterisiert. Ölbäume, *Agrumen* (Sammelbezeichnung für Zitrusfrüchte) sowie Baumwolle und Getreide prägen den Agrarraum. Viehhaltung spielt wegen des geringen Grünlandanteils eine nur untergeordnete Rolle. Häufig wird sie in Form der Fernweidewirtschaft betrieben: Dabei wechselt der Standort der Herden im jahreszeitlichen Wechsel zwischen Niederungsgebieten und dem Bergland.
In den Gemischtbetrieben der Gemäßigten Breiten sind Baum- und Strauchkulturen wirtschaftlich unbedeutend. Vorrangig wird Ackerbau in Verbindung mit Viehwirtschaft betrieben. Im europäischen Verbreitungsge-

biet nimmt die Zahl der Gemischtbetriebe ständig ab, weil nichtspezialisierte Betriebe kaum noch konkurrenzfähig sind (s. S. 131). Gemeinsame Merkmale der landwirtschaftlichen Gemischtbetriebe sind:
– die Vielfalt von Anbauprodukten,
– der betriebsinterne Verbund von Ackerbau und Viehhaltung,
– die Bewirtschaftung als Familienbetrieb,
– ein hoher Vermarktungsanteil der Produktion.

2.5 Bewässerungslandwirtschaft

Als *Bewässerungslandwirtschaft* wird die Form der Bodennutzung bezeichnet, bei der den Nutzpflanzen in niederschlagslosen oder niederschlagsarmen Abschnitten der Vegetationsperiode durch geeignete Maßnahmen ausreichende Wassermengen zugeführt werden. Die Wasserbeschaffung erfolgt durch Brunnenbau sowie das Ableiten von Wasser aus natürlichen Gewässern. Zur Wasserbeschaffung (sowie zur Speicherung) dient auch die Anlage von Reservoiren (Talsperren, Staubecken), in denen die im Jahresgang schwankenden Zuflüsse aufgefangen werden. Maßnahmen zur Wasserverteilung sind Flächenüberflutung, Furchenbewässerung, Beregnung und die Tröpfchenbewässerung *(trickle irrigation)*.
Bewässerungslandwirtschaft läßt sich aufgrund ihrer weltweiten Verbreitung keiner einzelnen Agrarregion zuordnen. Räumliche Schwerpunkte liegen jedoch in den Naßreisregionen sowie in den Grenzräumen des Regenfeldbaus. Zunehmend führen Bewässerungsmaßnahmen auch innerhalb der Regenfeldbaugebiete zu einer Steigerung und Stabilisierung der landwirtschaftlichen Erträge. Weltweit sind die bewässerten Anbauflächen im Zeitraum von 1975 bis 1990 von 189 auf 237 Mio. ha erweitert worden. Durch den Einsatz von Bewässerungsmaßnahmen kann die ernährungswirtschaftliche Tragfähigkeit der Erde noch erheblich erhöht werden. Dies ergibt sich durch:
– Steigerung der Hektarerträge (Mehrertrag durch optimierte Feuchtigkeitszufuhr bzw. mehrfachen Anbau innerhalb einer Vegetationsperiode),
– Ausgleich von Ernteschwankungen sowie Verminderung des Ernterisikos,

119

– Ermöglichung zusätzlicher Produktions-
richtungen,
– Ausweitung des Anbaus auf Trockenla-
gen, die ohne Bewässerung nicht kultur-
fähig wären.
Die Bewässerungslandwirtschaft ist inzwischen ein eigener Forschungszweig der
Agrartechnologie geworden. Forschungs-
ziele sind vor allem:
– möglichst sparsame, trotzdem aber effektive Verwendung der kostbaren Res-
source Wasser (z. B. Ersatz von Beregnung durch die Tröpfchenbewässerung,
bei der nur dem Wurzelbereich der Pflanzen Wasser zugeführt wird). Die trickle
irrigation ermöglicht eine gezielte und
sparsame Düngemittelbeigabe,
– Senkung des immer noch hohen Kapitaleinsatzes (der finanzielle Aufwand für die
Anlage von Bewässerungsflächen liegt
zwischen 4000 und 10000 DM je ha),
– Einschränkung der beiden ökologischen
Hauptprobleme: Vernässung und Versalzung der Böden.

Bewässerungsflächen in ausgewählten Staaten 1990

Land	Ackerflächen und Dauerkulturflächen (1000 ha)	davon Bewässerungs- flächen (1000 ha)	%
Ägypten	2607	2607	100
Pakistan	20750	16500	79,5
Japan	4596	2847	61,9
China	96563	47837	49,5
Indonesien	22000	7600	34,5
Italien	12088	3120	25,8
Indien	169080	43050	25,5
Mexiko	24710	5180	20,9
Thailand	22140	4300	19,4
Spanien	20325	3370	16,6
USA	189915	18771	9,8
UdSSR	229620	21215	9,2

FAO-Production Yearbook 45 (1991). Rom 1992, verschiedene Seiten

1. *Werten Sie die Karte „Agrarregionen der Erde" (Seite 107) aus, und erläutern Sie, wes-*
halb die Systematisierung des Weltagrarraumes eine besondere Schwierigkeit darstellt.
2. *Ermitteln Sie die klimatischen Gründe für die saisonalen Wanderungen der Nomaden im*
Sudan (Klimadiagramm und Karte Seite 108).
3. *Vergleichen Sie die Risiken der extensiven stationären Weidewirtschaft (S. 109) mit den*
Risiken pflanzlicher Monokulturen in der Plantagenwirtschaft (S. 117).
4. *Nehmen Sie Stellung zum wissenschaftlichen Streit über den Wanderfeldbau („bestange-*
paßtes Nutzungssystem" oder „flächenverschwenderisches und leistungsschwaches
Agrarsystem").
5. *Stellen Sie die besonderen Vorteile des ecofarming stichwortartig zusammen. Diskutie-*
ren Sie, ob sich dieses Landnutzungsmodell innerhalb der feuchten Tropen großflächig
umsetzen ließe.
6. *Erarbeiten Sie die Besonderheiten des Naßreisanbaus:*
a) nach ökologischen Gesichtspunkten
b) nach Gesichtspunkten, die für die Ernährung der lokalen Bevölkerung von Bedeutung
sind.

3 Landwirtschaft in Deutschland

Alle Agrarräume der Erde unterliegen ständigen Veränderungsprozessen. Daraus ergeben sich vielfältige räumliche Auswirkungen, die in der Kulturlandschaft sichtbar werden.

Die Entwicklung der Landwirtschaft in Deutschland ist ein besonders anschauliches Beispiel für die wechselseitigen Beziehungen von Wirtschaft, Gesellschaft, Politik und Raumstruktur: Nach dem Zweiten Weltkrieg begannen, bestimmt durch die jeweilige Staatsideologie, getrennte Entwicklungen in beiden Teilen Deutschlands. In wenigen Jahrzehnten sind zwei unterschiedliche Agrarsysteme entstanden, die sich (siehe das Satellitenphoto S. 122 vom 2. 8. 1990) noch aus der Weltraumperspektive erkennen lassen.

Die unterschiedlichen Größen der landwirtschaftlichen Schläge (in der Magdeburger Börde etwa 75 ha, in der Braunschweiger Börde etwa 4 ha) sind jedoch nur ein äußeres Ergebnis der getrennten Entwicklung: Der statistische Überblick unten verdeutlicht weitere strukturelle Unterschiede.

Nach der politischen Einigung Deutschlands im Jahr 1990 hat nun wiederum ein Wandlungsprozeß begonnen, der – insbesondere in den neuen Bundesländern – zu erheblichen Veränderungen der landwirtschaftlichen Produktionsbedingungen und der Raumstrukturen führen wird. Für das Verständnis der aktuellen und zukünftigen Entwicklungen ist es notwendig, die Jahrzehnte der getrennten Entwicklung genau zu analysieren.

Statistischer Überblick

	Einheit	Bundesrepublik Deutschland 1989/90[1]	Deutsche Demokratische Republik 1989/90[1]	Bundesrepublik Deutschland 1991/92[1]
Bevölkerung	Mio.	62,1	16,6	79,8
Gesamtfläche	km^2	248 619	108 329	356 948
Landwirtschaftliche Nutzfläche	Mio. ha	11,8	6,2	17,5
davon: Ackerland	Mio. ha	7,3	4,7	11,6
Dauergrünland	Mio. ha	4,4	1,3	5,3
Waldfläche	Mio. ha	7,4	2,9	10,4
Erwerbstätige	Mio.	27,7	8,5	36,3
davon Land- u. Forstwirtschaft	Mio.	1,0	0,923	1,2
Landwirtschaftsbetriebe	–	648 772	4730	601 000
Ø-Betriebsgröße	ha	18,7	1234[2]	28,0
Landwirtschaftliche Nutzfläche pro Einwohner	ha	0,19	0,37	0,21
Getreideertrag	dt/ha	56,3	44,0	53,0
Kartoffelertrag	dt/ha	382,5	212,5	288,4
Zuckerrübenertrag	dt/ha	541,6	286,5	511,0
Milchleistung/Kuh	kg	4895	4180	4830
Düngemitteleinsatz (N; P$_2$O$_5$; K$_2$O)	kg/ha	241	291	203
Anteil der Land- und Forstwirtschaft an der Wirtschaftsleistung	%	1,7	10,0[3]	1,1

[1] Wirtschaftsjahre in der Landwirtschaft
[2] nur sozialistische Betriebe
[3] aufgrund unterschiedlicher volkswirtschaftlicher Gesamtrechnungen nur bedingt vergleichbar
Die Angaben im statistischen Überblick weichen von anderen Angaben z. T. ab, weil vielfach unterschiedliche Systematiken verwendet werden.

Zusammengestellt nach: Statistisches Jahrbuch 1992 für die Bundesrepublik Deutschland; Statistisches Taschenbuch der DDR 1990; Agrimente '91 und '93; Agrarbericht 1993 (jeweils verschiedene Seiten)

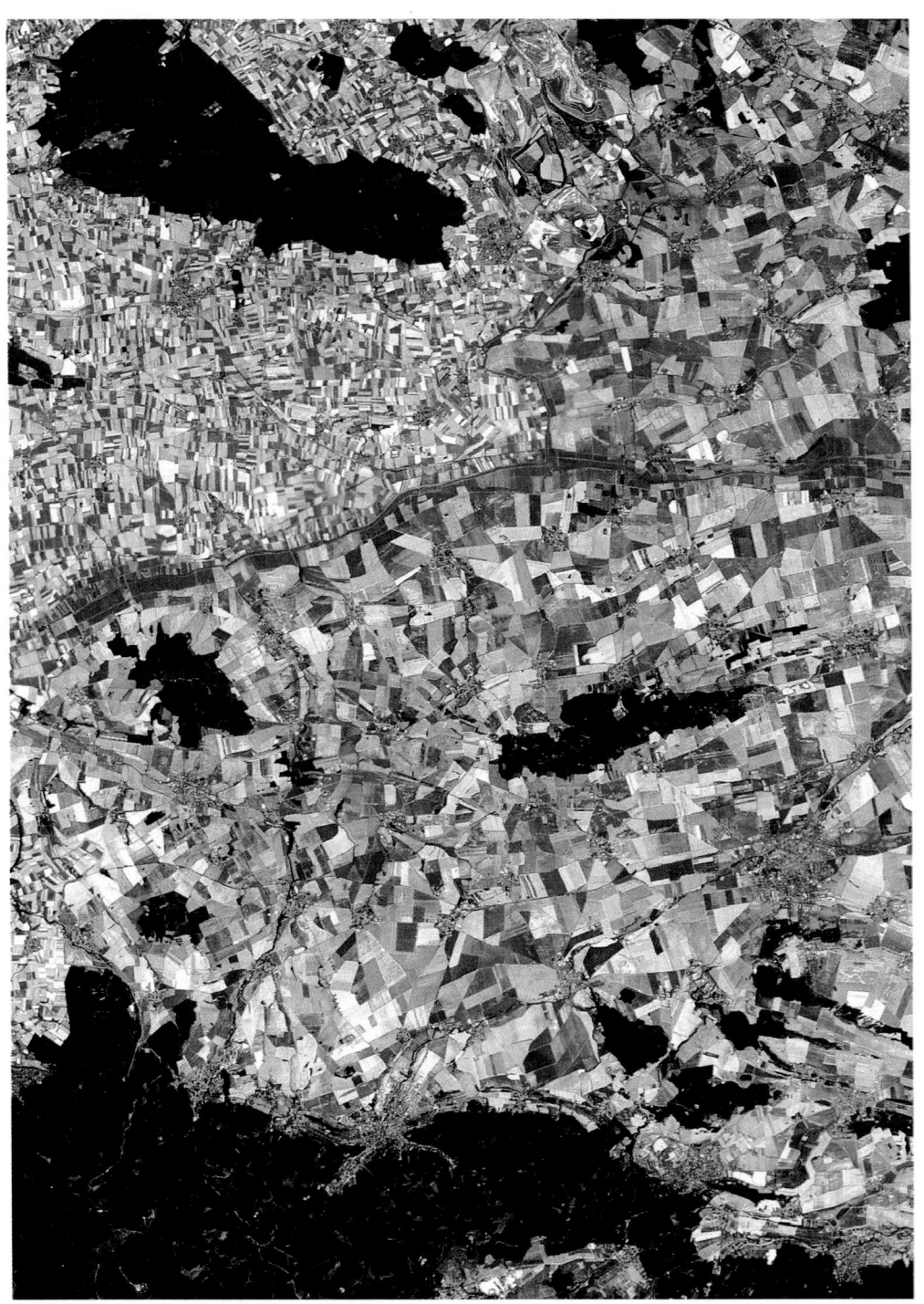

Satellitenaufnahme vom 2. 8. 1990 vom nördlichen Harzvorland

Agrarwirtschaftliche Begriffe und Abkürzungen

AK *Arbeitskraft-Einheit:* Berechnungsschlüssel für landwirtschaftlich Beschäftigte. Eine AK entspricht der Arbeitsleistung einer mit betrieblichen Arbeiten vollbeschäftigten Arbeitskraft im Alter von 16 bis unter 65 Jahren.

GE *Getreide-Einheit:* Berechnungsschlüssel für Erträge und Energieaufwand in der Landwirtschaft. Auf der Basis des Energiegehalts von Getreide werden alle anderen pflanzlichen und tierischen Produkte in GE umgerechnet. Eine dt Getreide entspricht dabei 1 dt GE. Davon abgeleitet ergibt sich z. B.: 1 dt Kartoffeln = 0,20 dt GE; 1 dt Schweinefleisch = 4,20 dt GE.

GV *Großvieh-Einheit:* Berechnungsschlüssel für den Viehbestand. Zum Beispiel: Eine Milchkuh entspricht 1 GV. Ein Schwein = 0,16 GV.

DE *Dung-Einheit:* Berechnungsschlüssel für die Menge an Abfallstoffen (Exkremente), die durchschnittlich pro Tier/Jahr entsteht. Dabei entspricht z. B. 1 DE der Abfallmenge von 1,5 Rindern, 7 Schweinen oder 300 Masthähnchen. DE sind ein immer wichtiger werdender Maßstab für die Festlegung der umweltgerechten Menge an tierischen Abfallstoffen, die pro Jahr/ha auf landwirtschaftlich genutzten Flächen ausgebracht werden dürfen.

LF *Landwirtschaftlich genutzte Fläche*

LN *Landwirtschaftlich nutzbare Fläche*

3.1 Die Ausgangssituation

Das agrarische Nutzungsmuster der beiden im Jahr 1949 gegründeten deutschen Staaten ist das Ergebnis der naturräumlichen Voraussetzungen und der historisch gewachsenen Agrarstruktur. Die naturräumlichen Voraussetzungen werden in der nachstehenden Karte anhand ausgewählter Naturraum-Faktoren dargestellt. Schon ein schneller Überblick ergibt, daß die Gunst- und Ungunstfaktoren etwa gleich verteilt gewesen waren.

Für ähnliche Ausgangssituationen sprechen auch verschiedene Ertragsangaben, die für die Jahre 1935–1938 ermittelt worden sind: Sowohl die durchschnittlichen Hektarerträge der wichtigsten Kulturpflanzen als auch der Viehbesatz haben sich nicht gravierend unterschieden.

Erhebliche Unterschiede zwischen West und Ost zeigten sich jedoch bei den Betriebsgrößenstrukturen: Der höhere Anteil an größeren Betrieben im Osten ist durch historische Besiedlungsvorgänge (Ostkolonisation) und das Bauernlegen seit dem 16. Jahrhundert entstanden. *Bauernlegen* bedeutet die Zerschlagung bäuerlicher Familienbetriebe und Einziehung der Hofstelle durch den Grund- oder Gutsherrn. Damit haben die adeligen Grundeigentümer die Gutswirtschaft als vorherrschende Wirtschaftsform in diesem Raum begründet.

Hektarerträge im Ackerbau (dt/ha)

	Westdeutschland (Gebiet der späteren Bundesrepublik Deutschland) Durchschnitt 1935–1938	Mitteldeutschland (Gebiet der späteren DDR) Durchschnitt 1935–1938
Getreide	22,4	23,9
Kartoffeln	185,0	194,3
Zuckerrüben	317,3	301,1

Dietmar Gohl: Deutsche Demokratische Republik. Frankfurt: Fischer Verlag 1986, S. 170

Betriebsgrößenstruktur vor Beginn des Zweiten Weltkrieges (in %)

	Gebiet der späteren Bundesrepublik Deutschland	Gebiet der späteren DDR
bis 5 ha	18,5	9,2
5–20 ha	46,3	31,8
20–50 ha	24,0	22,4
50–100 ha	6,3	8,4
über 100 ha	4,9	28,2

Günther Franz: Deutsche Agrargeschichte von den Anfängen bis zur Gegenwart. Stuttgart: Klett 1978, S. 58

Ausgewählte Naturraum-Faktoren

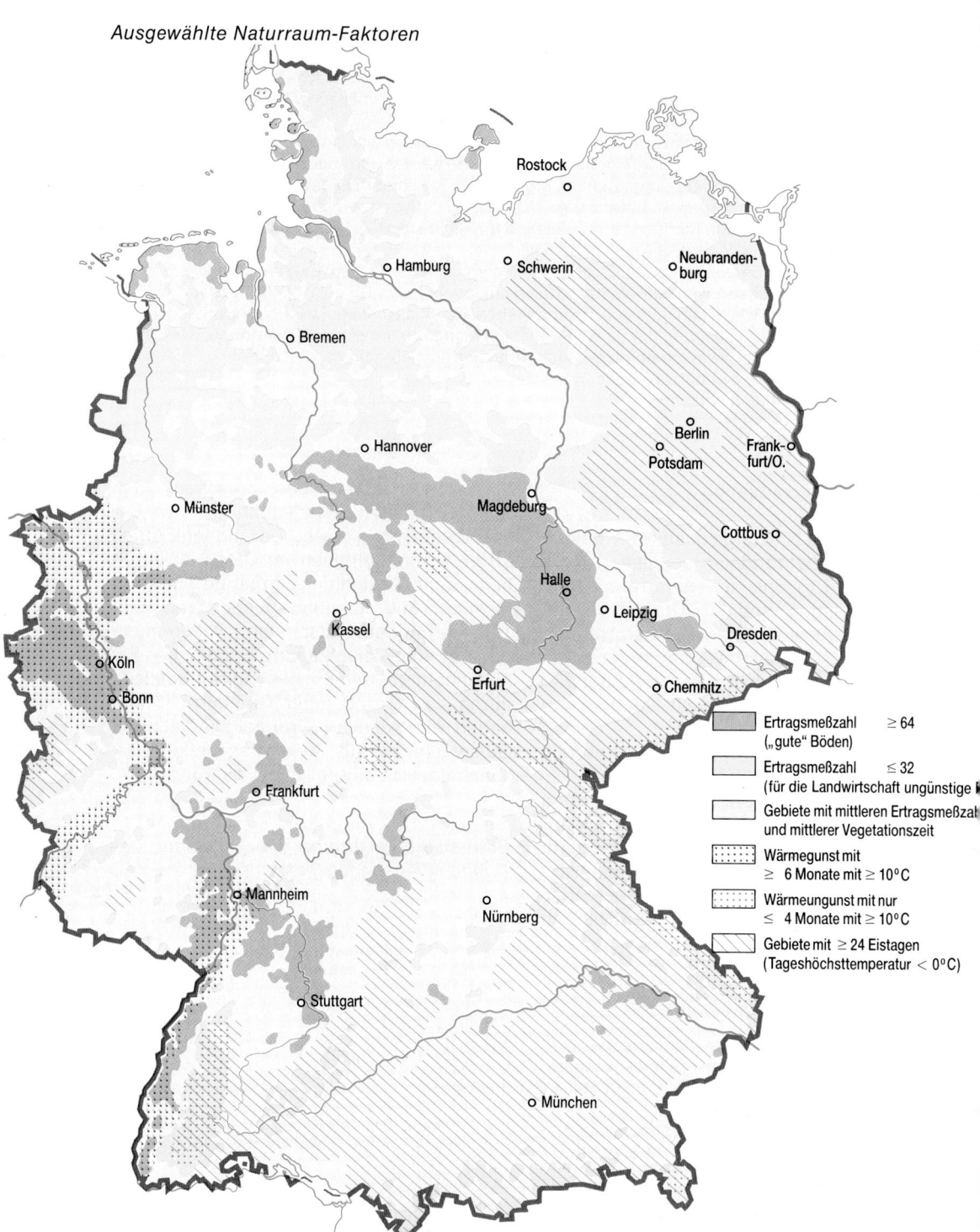

Legend:

- **Ertragsmeßzahl ≥ 64** ("gute" Böden)
- **Ertragsmeßzahl ≤ 32** (für die Landwirtschaft ungünstige Böden)
- **Gebiete mit mittleren Ertragsmeßzahl und mittlerer Vegetationszeit**
- **Wärmegunst mit ≥ 6 Monate mit ≥ 10°C**
- **Wärmeungunst mit nur ≤ 4 Monate mit ≥ 10°C**
- **Gebiete mit ≥ 24 Eistagen** (Tageshöchsttemperatur < 0°C)

Ertragsmeßzahlen dienen zur Bewertung landwirtschaftlich genutzter Böden. Sie werden nach Ertragskraft, Klima- und Geländeverhältnissen festgelegt. Der höchstmögliche Wert ist 100.
Nach Herbert Liedtke: Naturräume der Bundesrepublik Deutschland und ihr Naturraumpotential. In: Geographische Rundschau 1988, H. 1, S. 17

3.2 Landwirtschaft in der Deutschen Demokratischen Republik (1949–1990)

Die Landwirtschaft in der Deutschen Demokratischen Republik hat – entsprechend der Einbindung in das östliche Wirtschaftssystem – eine Entwicklung genommen, die von den ideologischen Leitlinien des Marxismus-Leninismus bestimmt wurde. Die politische und wirtschaftliche Macht lag in den Händen der SED (Sozialistische Einheitspartei Deutschlands). Die SED plante und steuerte die gesamte Volkswirtschaft. Also war auch die Landwirtschaft fest eingebunden in die ökonomische Gesamtentwicklung des Staates.

Polleben[1] (Sachsen-Anhalt) – Agrarstrukturelle Veränderungen 1941–1989

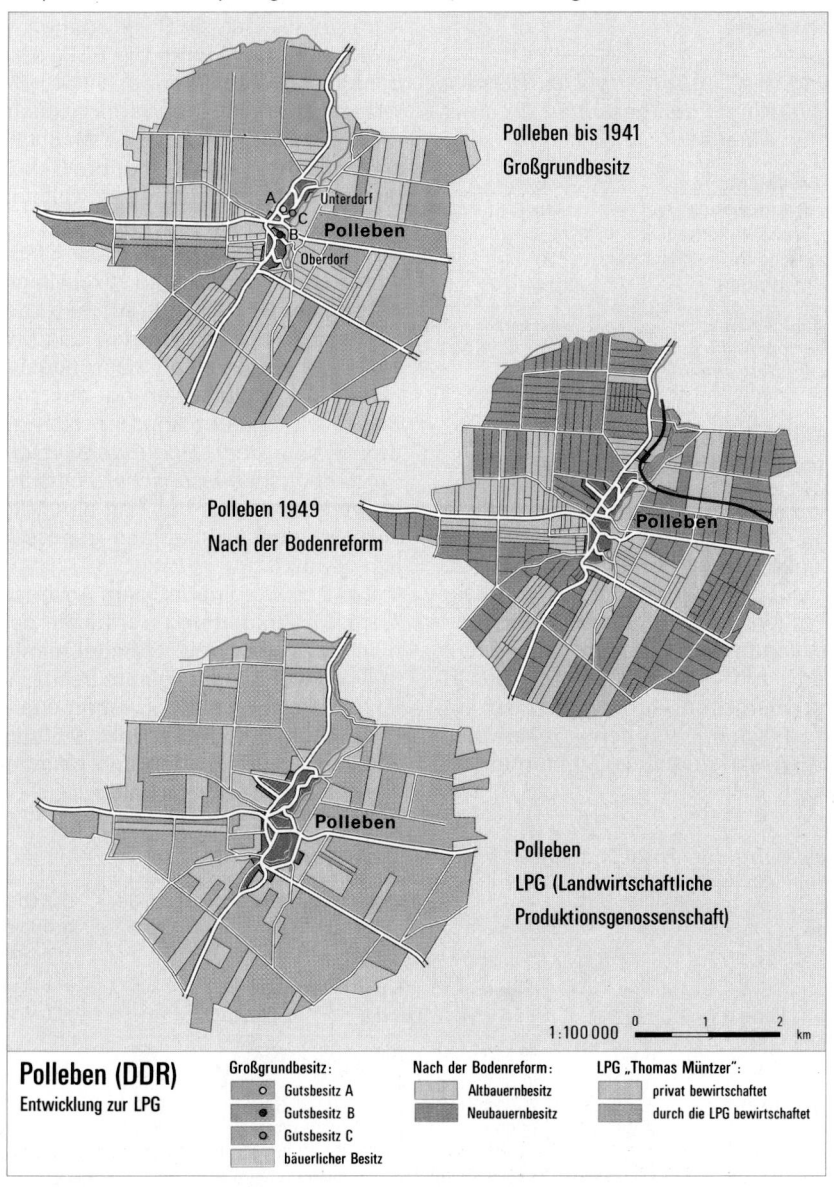

Polleben bis 1941
Großgrundbesitz

Polleben 1949
Nach der Bodenreform

Polleben
LPG (Landwirtschaftliche
Produktionsgenossenschaft)

1:100 000

Polleben (DDR)
Entwicklung zur LPG

Großgrundbesitz:	Nach der Bodenreform:	LPG „Thomas Müntzer":
○ Gutsbesitz A	Altbauernbesitz	privat bewirtschaftet
● Gutsbesitz B	Neubauernbesitz	durch die LPG bewirtschaftet
⊙ Gutsbesitz C		
bäuerlicher Besitz		

[1] Die Besitzstruktur von Polleben (Stand 1993) wird auf S. 142 dargestellt.
Alexander Weltatlas. Neue Gesamtausgabe. Stuttgart: Klett 1988, S. 119

Agrarpolitisches Leitbild war – neben der ideologisch begründeten Vorgabe des staatlichen und genossenschaftlichen Eigentums an den Produktionsmitteln – die aus dem Marxismus-Leninismus abgeleitete Überzeugung, daß Großbetriebe auch in der Landwirtschaft den Klein- und Mittelbetrieben überlegen sein müßten. Folgerichtig ist die Landwirtschaft der DDR in mehreren Schritten fast vollständig in große volkseigene oder genossenschaftliche Betriebe überführt worden.

Enteignung von Großgrundbesitz (Betriebe über 100 ha) in % der gesamten landwirtschaftlichen Nutzfläche

Mecklenburg	46
Brandenburg	35
Sachsen-Anhalt	29
Sachsen	20
Thüringen	14

Karl Hohmann: Agrarpolitik und Landwirtschaft in der DDR. In: Geographische Rundschau 1984, H. 12, S. 599. Braunschweig: Westermann

Entwicklungsphasen der sozialistischen Landwirtschaft bis zum Beginn der 80er Jahre

Während der *Bodenreform* (1945–1949) wurde zunächst der Großgrundbesitz (Betriebe über 100 ha) enteignet. Die enteigneten Flächen wurden überwiegend ehemaligen Landarbeitern, landarmen Bauern, Umsiedlern und Flüchtlingen zur Bewirtschaftung übergeben. Auf etwa 5 % der enteigneten Flächen wurden *Volkseigene Güter* (VEG) als staatliche Musterbetriebe eingerichtet.

Während der Bodenreform sind die politisch angestrebten Großbetriebe jedoch nur in Form der Volkseigenen Güter entstanden. Die übrigen enteigneten landwirtschaftlichen Nutzflächen sind überwiegend in unökonomische Parzellen zersplittert worden (vgl. Karte S. 125). Eine weitere Neuordnung der Agrarstruktur wurde notwendig.

Im Jahr 1949 setzte der „Klassenkampf auf dem Lande" ein. Er dauerte bis 1952/53. Die Bauern sollten als Bündnispartner für die Agrarpolitik der SED gewonnen werden. Gleichzeitig versuchte die SED, die verbliebenen privaten Bauern (mit Betrieben knapp unter 100 ha) wirtschaftlich in Bedrängnis zu bringen. Eine Maßnahme war z. B., daß diese Bauern höhere Gebühren für die Ausleihe der zentral verwalteten Landmaschinen zahlen mußten.

In der *Kollektivierungsphase* (1952–1960) wurde unter der Losung „Freiwillige Vorbereitung des Sozialismus auf dem Lande" der Übergang von der privaten Landwirtschaft zur Kollektivwirtschaft begründet. Anfangs verlief die Kollektivierung auf freiwilliger Basis: Die Bauern konnten sich zwischen drei Typen der LPG *(Landwirtschaftliche Produktionsgenossenschaft)* entscheiden.

In Typ I wurde nur das von den Mitgliedern einzubringende Ackerland genossenschaftlich genutzt.

In Typ II mußten neben dem Ackerland auch Tiere, Maschinen und Geräte zur gemeinsamen Nutzung in die LPG eingebracht werden. In Typ III wurde der gesamte Besitz in die kollektive Bewirtschaftung übergeben. Jedes LPG-Mitglied konnte jedoch 0,5 ha privates Hofland bewirtschaften und eine begrenzte Anzahl von Nutztieren halten.

Die Entwicklung der sozialistischen Landwirtschaftsbetriebe

Jahr	Zahl der LPG			Durchschnittsgröße der LPG in ha LN		Zahl der VEG	Durchschnittsgröße der VEG in ha
	Typ I und II	Typ III	insges.	Typ I und II	Typ III		LN
1960	12 976	6337	19 313	156	534	669	591
1961	11 545	6361	17 906	167	552	616	650
1962	10 275	6349	16 624	181	570	609	679
1964	9 566	6295	15 861	187	583	601	702
1965	8 973	6166	15 139	192	605	572	743

Karl Eckart: Landwirtschaftliche Probleme europäischer Länder. Reihe Materialien zur Geographie. Frankfurt am Main: Diesterweg/Sauerländer 1982, S. 69

Die SED hat im Verlauf der Kollektivierungsphase immer massiveren Druck ausgeübt, um die Bevölkerung vom Sinn der neuen Agrar- und Gesellschaftsordnung zu überzeugen. Viele Landwirte haben sich gegen den Eintritt in eine LPG gewehrt bzw. sind in den Westen geflohen. Aufgegebene Betriebe wurden bestehenden LPG oder Volkseigenen Gütern (VEG) zugeordnet.

In der Kooperationsphase (1960–1968) wurden durch Zusammenlegung einzelner LPG noch größere Betriebseinheiten gebildet. Zusätzlich wurde die Zusammenarbeit der Agrarbetriebe mit Industriebetrieben und dem Dienstleistungssektor forciert. In den nun entstehenden Kooperationsverbänden repräsentierte sich die „ökonomische Einheit von Erzeugung, Lagerung, Verarbeitung und Absatz der Agrarprodukte".

Ab 1968/69 wurde die Ausbildung einer hochspezialisierten Landwirtschaft weiter vorangetrieben: Die Agrarbetriebe mußten sich – getrennt nach Pflanzen- und Tierproduktion – neu organisieren. Als agrarindustrielle Großbetriebe entstanden nun die LPG/VEG Pflanzenproduktion (mit Betriebsgrößen bis zu 5000 ha) und die LPG/VEG Tierproduktion (mit hohen Tierbestandskonzentrationen). Parallel dazu wurden – überwiegend in der Nähe der Bezirkshauptstädte – 32 Kombinate für Industrielle Mast (KIM) aufgebaut. In diesen Kombinaten wurden noch höhere Stallkapazitäten erreicht, als sie in den Richtgrößen von 1974 festgelegt worden waren.

Richtgrößen für Stallkapazitäten in der DDR (ab 1974)

Milchkühe	ab	1930 Tierplätzen
Kälberhaltung	ab	3200 Tierplätzen
Rinderaufzucht und -mast	ab	4480 Tierplätzen
Sauenhaltung	ab	5600 Tierplätzen
Schweinemast	ab	24 000 Tierplätzen
Legehennen	ab	1 000 000 Tierplätzen
Broiler-(Hähnchen-)mast	ab	240 000 Tierplätzen

Bundesministerium für innerdeutsche Beziehungen (Hrsg.): DDR-Handbuch. Bonn 1985, S. 19

Sozialistische Landwirtschaftsbetriebe in der DDR nach Form der Vergesellschaftung und Größenklassen[1]

Landwirtschaftliche Produktionsgenossenschaften (LPG)

	insgesamt	davon LPG-Pflanzenproduktion (LPG-P)	LPG-Tierproduktion (LPG-T)	Ø-Größen[2] (ha)
1960	19313	–	–	280
1970	9909	–	–	600
1980	3946	1047	2899	4755 (LPG-P)
1989	3844	1162	2682	4528 (LPG-P)

Volkseigene Güter (VEG)

	insgesamt	davon VEG-Pflanzenproduktion (VEG-P)	VEG-Tierproduktion (VEG-T)	Ø-Größen (ha) VEG	VEG-P	VEG-T
1960	669	–	–	591	–	–
1970	511	–	–	866	–	–
1980	469	66	319	–	5454	150
1989	464	78	312	–	5029	173

Anteil der sozialistischen Betriebe (LPG und VEG) an der gesamten landwirtschaftlichen Nutzfläche (%)[3]

1950	5,7	1970	94,2	
1955	27,3	1980	94,9	
1960	92,5	1989	95,4	

[1] ohne wirtschaftlich weniger bedeutende Sonderformen (422 Betriebe)
[2] Ø-Größen der LPG-Tierproduktionsbetriebe: ca. 30 ha
[3] Rest: Private Hofwirtschaft

Nach Staatliche Zentralverwaltung für Statistik (Hrsg.): Statistisches Taschenbuch der DDR. Berlin (Ost): Staatsverlag der DDR, Ausgaben 1986 bis 1990; verschiedene Seiten, eigene Berechnungen

Die eigentliche landwirtschaftliche Produktion wurde in hochspezialisierte Arbeitsabläufe untergliedert. So entstanden in den Großbetrieben Spezialberufe wie Melker, Maschinisten, Spezialisten für Schädlingsbekämpfung. Nichtlandwirtschaftliche Arbeiten wurden von angegliederten Spezialabteilungen (z. B. Maurer, Schlosser, Elektriker) ausgeführt.

Kennzeichnend für diese Entwicklungsphase, die auch als Industrialisierung der Agrarproduktion bezeichnet wird, war außerdem, daß den Agrarbetrieben zunehmend Dienstleistungsfunktionen übertragen wurden. Dies hat sich vor allem aus der neugestalteten Arbeitsorganisation ergeben: Der Schichtdienst, die geregelten Arbeits- und Urlaubszeiten und der weitgehende Einbezug der Frauen in die landwirtschaftlichen Produktionsabläufe machten auch neue Formen der Versorgung mit nichtlandwirtschaftlichen Dienstleistungen notwendig. Diese (z. B. medizinische Versorgung, Kinderbetreuung, Kultureinrichtungen) konnten auch von den übrigen Dorfbewohnern genutzt werden.

Richtungsänderungen

Die Spezialisierung der Agrarproduktion wurde offiziell als „wissenschaftlicher Prozeß" bezeichnet, „der die Naturgewalten seinem Dienst unterwirft". Auf dem Deutschen Bauernkongreß (Berlin 1982) wurde jedoch die „Wiederherstellung der organischen Einheit von Pflanzen- und Tierproduktion" gefordert. Die agrarischen Großbetriebe wurden nun auch innerhalb der SED kritischer gesehen.

In den folgenden Jahren wurde die Spezialisierung und Industrialisierung der Agrarproduktion wieder eingeschränkt: Der Neubau von Tierproduktionsanlagen ist eingestellt worden. Die Stallkapazitäten der vorhandenen Betriebe wurden vermindert. Die Schlaggrößen in der Pflanzenproduktion wurden verringert. Auch die Fruchtfolgen mußten nun wieder stärker auf die Standortbedingungen abgestimmt werden. Diese Richtungsänderungen haben die agrarökologische Situation verbessert; allerdings waren sie primär ökonomisch begründet.

Seit der *Agrarpreisreform* von 1984 mußten die Agrarbetriebe deutlich höhere Bezugs-

preise für Produktionsmittel bezahlen. Zwar wurden auch die Erzeugerpreise angehoben; letztlich aber war die Agrarpreisreform eine Aufforderung zu Sparsamkeit, Kostensenkung und Steigerung der Produktivität.

Bezugspreise für ausgewählte landwirtschaftliche Produktionsmittel in der DDR, Preis in Mark (Ost)

	1982	1984
Traktor	113 000	162 000
Mähdrescher	70 000	130 000
Dieselkraftstoff (Liter)	0,55	1,40
Strom (kWh)	0,16	0,23
Dünger (∅-Preis pro kg)	0,70	1,45
Fischmehl (dt)	83,00	216,00

Karl Eckart: Landwirtschaft in der DDR. In: geographie heute 1985, H. 30, S. 10. Velber: Friedrich Verlag

Veränderung der Erzeugerpreise durch die Agrarpreisreform 1984 (ausgew. Produkte)

	Preis in Mark (Ost) je dt	
	1982	1984
Weizen	35,00	64,00
Roggen	45,00	66,00
Kartoffeln	27,00	47,00
Zuckerrüben	8,50	15,20

Karl Eckart: Landwirtschaft in der DDR. In: geographie heute 1985, H. 30, S. 10. Velber: Friedrich Verlag

Einzelhandelsverkaufspreise für Nahrungs- und Genußmittel in der DDR, in Mark

Warenarten	Einheit	1970	1980	1989
		Mark		
Weizenmehl	1 kg	1,32	1,32	1,32
Roggenmischbrot	1 kg	0,52	0,52	0,52
Weißbrot	1 kg	1,00	1,00	1,00
Vollmilch	0,5 l	0,36	0,36	0,34
Butter	1 kg	9,60	9,60	9,60
Eier	Stück	0,34	0,34	0,34
Bohnenkaffee	1kg	70,00	70,00	70,00
Tee	1 kg	24,00	24,00	24,00

Nach Staatliche Zentralverwaltung für Statistik (Hrsg.): Statistisches Taschenbuch der Deutschen Demokratischen Republik 1989. Berlin (Ost) 1989, S. 113, sowie Ausgabe 1990, S. 116

Aus heutiger Sicht wird angenommen, daß die Kosten des Agrarsektors den Staatshaushalt der DDR übermäßig belastet haben. Die Kosten für die staatlich festgesetzte Verbilligung der Grundnahrungsmittel sind ständig gestiegen (1971: 5,5 Mrd. Mark; 1988 31,9 Mrd. Mark). Die Subventionierung der Produktionsmittel (vgl. Tab. oben S. 128) hat bis 1984 jährlich mehrere Milliarden Mark pro Jahr gekostet.

Die Richtungsänderungen dieser Entwicklungsphase sind auch durch die geringe Produktivität des Agrarsektors notwendig geworden. Verschiedene Faktoren haben zu einem Mißverhältnis zwischen Aufwand und Ertrag geführt:
- Ertragseinbußen durch Wasser- und Winderosion insbesondere im Norden der DDR;
- ertragsmindernde Bodenverdichtungen durch den Einsatz der übergroßen Landmaschinen;
- Ertragsminderungen durch die teilweise nicht sachgerechte Entsorgung von Abfallstoffen aus der Tierproduktion.

Produktivitätseinbußen haben sich auch aus dem hohen Energieverbrauch ergeben: Die konsequente Trennung der Stoffkreisläufe hat einen energieaufwendigen Austausch von Produkten und Produktionsmitteln zwischen den einzelnen Betrieben notwendig gemacht. Auch innerhalb der LPG oder VEG Pflanzenproduktion war ein hoher Energieaufwand für den Transport von Personen, Produktionsmitteln und Produkten entstanden: Durch die extremen Betriebsgrößen – oft waren die Wirtschaftsflächen mehrerer Dörfer zusammengefaßt worden – sind innerbetriebliche An- und Abfahrtswege von 15 km keine Ausnahme gewesen. Vielfach sind den Agrarbetrieben auch Planaufträge ohne Rücksicht auf Rentabilitätskriterien erteilt worden: So mußten z. B.

Kartoffeln auf Böden angebaut werden, die besser für den Anbau von Getreide geeignet sind.

Produktivitätsmindernd hat sich auch der hohe Arbeitskräftebesatz ausgewirkt: Zwar waren etwa 15% der landwirtschaftlichen Arbeitskräfte eigentlich im Dienstleistungssektor tätig, letztlich aber waren zuviel Arbeitskräfte damit beschäftigt, die Planung, Leitung, Koordination und Kontrolle der eigentlichen Arbeit wahrzunehmen. Der Personalbestand in Tiermastbetrieben lag z. B. etwa dreimal höher als in vergleichbaren westlichen Betrieben.

Erträge im Ackerbau (dt/ha)

	Deutsche Demokratische Republik 1989	Bundesrepublik Deutschland 1989
Getreide	44	56
Kartoffeln	212	382
Zuckerrüben	286	542

Informationsgesellschaft für Meinungspflege und Aufklärung e. V. (Hrsg.): Agrimente '91. Hannover 1991, S. 69

Die Produktivität der Landwirtschaft in der DDR ist auch durch psychologische Faktoren belastet gewesen: Die Motivation und Einsatzbereitschaft der Genossenschaftsmitglieder waren sicherlich geringer als das Engagement privater Bauern, die ihre Betriebsabläufe und ihren Gewinn weitgehend selbst bestimmen können.

Die vergleichsweise geringe Produktivität der Landwirtschaft in der DDR zeigt sich auch daran, daß der Energieverbrauch pro erzeugte Getreideeinheit (vgl. S. 123) um etwa 60% höher als in der Bundesrepublik Deutschland gelegen hat.

Erosionsgefährdung in ausgewählten Bezirken der DDR (Flächenanteile der gesamten landwirtschaftlich genutzten Fläche in %; 1980)

Bezirke	Erosion durch Wasser	Wind	natürliche Standorteinheiten
Halle	15	37	vorwiegend ebene bis flachhügelige Lößplatten (Schwarzerdegebiet); schwach lehmige bis sandige Böden im Norden bzw. Osten der Bezirke
Leipzig	15	46	
Magdeburg	8	49	
Neubrandenburg	12	34	lehmige Sandböden bis Lehmböden der Jungmoränenlandschaft
Potsdam	1	62	vorwiegend Sandböden

Theo Topel: Beispiel der sozialistischen Umgestaltung der Landwirtschaft in der DDR. Beilage zur Geographischen Rundschau 1987, H. 12. Braunschweig: Westermann

Trotz der oben dargestellten Probleme hat die Agrarpolitik der DDR wichtige Ziele erreicht: Die Nahrungsmittelversorgung ist – bei niedrigen und stabilen Preisen für Grundnahrungsmittel – sichergestellt gewesen. Die landwirtschaftlichen Großbetriebe haben Löhne und Sozialleistungen erbringen können, die fast auf dem Niveau der anderen Wirtschaftsbereiche gelegen haben. Die sozialen und kulturellen Einrichtungen sowie das Verkehrsnetz in den ländlichen Räumen sind verbessert worden.

1. *Erarbeiten Sie aus der Karte Seite 124 einen Überblick über die landwirtschaftlichen Gunst- und Ungunsträume der Bundesrepublik Deutschland.*
2. *Wählen Sie aus dem Statistischen Überblick (S. 121) einige Kriterien aus, die Ihnen besonders geeignet erscheinen, um die Unterschiedlichkeit der Landwirtschaft in Deutschland vor der politischen Einigung zu verdeutlichen. Stellen Sie Ihre Auswahl in Form von Diagrammen dar.*
3. *Fassen Sie die „Entwicklung der sozialistischen Landwirtschaft bis zum Beginn der 80er Jahre" stichwortartig zusammen.*
4. *Werten Sie das Kapitel „Richtungsänderungen" aus, und stellen Sie dar, weshalb es der SED nicht gelungen ist, industrielle Produktionsmethoden auf die Landwirtschaft zu übertragen.*
5. *Erklären Sie, weshalb die Bezugspreise für landwirtschaftliche Produktionsmittel vor der Agrarpreisreform von 1984 als „verdeckte Agrarsubventionen" bezeichnet wurden.*

3.3 Landwirtschaft in der Bundesrepublik Deutschland (1949–1990)

Die Entwicklung der Landwirtschaft in der Bundesrepublik Deutschland verlief weniger scharf abgegrenzt als die der DDR. Aber auch hier lassen sich Phasen ausgrenzen, die auf die enge Wechselwirkung zwischen den agrarpolitischen Zielen und gesellschaftlichen Wandlungsprozessen zurückzuführen sind.

Agrarwirtschaftliche Modernisierung (1949–1960)

In dieser Phase ging es vor allem darum, möglichst schnell wieder genügend Nahrungsmittel für die Bevölkerung zu produzieren. Trotz der nun fehlenden Anbaugebiete im Osten konnte die Nahrungsmittelproduktion sehr schnell gesteigert werden. Die Landwirtschaft war in der Nachkriegszeit kurzfristig das wirtschaftliche Rückgrat Westdeutschlands. Die Industrie war zunächst weitgehend produktionsunfähig. Hunderttausende von Vertriebenen und Flüchtlingen fanden im ländlichen Raum eine neue Existenz.

Motorisierung und Energieeinsatz in der Landwirtschaft der Bundesrepublik Deutschland (alte Bundesländer)

	Acker- schlepper in 1000	Acker- schlepper- kWh je 100 ha LF	Treibstoff Mio. l
1950	139	17	239
1960	857	87	1048
1970	1356	206	2194
1980	1469	352	2333
1989	1408	398	2108

Informationsgemeinschaft für Meinungspflege und Aufklärung e. V. (Hrsg.): Agrimente '91. Hannover 1991, S. 20

Mineraldüngerverbrauch in der Bundesrepublik Deutschland je ha LF und Ernteerträge dt je ha (alte Bundesländer)

	1950 kg	1960 kg	1970 kg	1980 kg	1990 kg
Stickstoff (N)	25,6	43,4	83,3	126,6	115,3
Phosphat (P$_2$O$_5$)	29,6	46,4	67,2	68,4	42,9
Kali (K$_2$O)	46,7	70,6	87,2	93,4	62,3
Kalk (CaO)	47,5	37,5	49,5	92,9	120,8
Getreide	23,2	31,7	33,4	44,3	58,0

Nach Informationsgemeinschaft für Meinungspflege und Aufklärung e. V. (Hrsg.): Agrimente '91. Hannover 1991, S. 21

Die agrarstrukturellen Bedingungen (hoher Anteil von Kleinbetrieben, geringer Mechanisierungsgrad) waren jedoch nicht geeignet, die Existenz der ländlichen Bevölkerung langfristig zu sichern. Bereits Anfang der 50er Jahre begannen deshalb umfangreiche Maßnahmen zur weiteren Steigerung der Erträge und zur Verbesserung der wirtschaftlichen Situation im ländlichen Raum. Den gesetzlichen Rahmen bildet das Flurbereinigungsgesetz von 1953 (vgl. S. 133).

Agrarstruktureller Wandel (1960–1980)

In dieser zweiten Entwicklungsphase verstärkte sich der Wandel der Agrarstruktur. Die bis heute wirksame Tendenz zur *Spezialisierung* der Agrarproduktion setzte ein. Als Spezialisierung bezeichnet man die Verminderung der traditionellen Produktionsvielfalt bäuerlicher Gemischtbetriebe und die Ausrichtung auf eine Hauptproduktionsrichtung. In spezialisierten Betrieben werden mehr als 50% des Gesamteinkommens aus der jeweiligen Hauptproduktionsrichtung erzielt.

Man unterscheidet vier *Spezialisierungsformen:*

- Marktfruchtbau (z. B. Getreide, Zuckerrüben, Gemüse)
- Futterbau (für Milchviehhaltung und Mastbetriebe)
- Veredelungswirtschaft (Rinder- und Schweinemast sowie Geflügelhaltung)
- Dauerkulturen (z. B. Obst, Wein, Hopfen).

Landwirtschaftliche Betriebe nach Betriebsformen (%)

	1971	1981	1990
Marktfruchtbau	23,3	21,6	16,9
Futterbau	45,4	51,7	63,6
Veredelung	3,6	8,2	5,9
Dauerkulturen	6,1	8,5	6,8
Gemischtbetriebe	21,6	10,0	6,8

Agrarbericht 1984, 1988 sowie 1992 (versch. Seiten)

Die Hauptursache der agrarwirtschaftlichen Spezialisierung ist der ökonomische Anpassungsdruck, der sich aus dem Zusammenwirken verschiedener Faktoren ergeben hat: Die Erzeugerpreise für landwirtschaftliche Produkte sind annähernd gleich geblieben, die Kosten für Löhne und Produktionsmittel dagegen sind ständig gestiegen. Neben Maßnahmen zur Rationalisierung und Mechanisierung wurde deshalb für viele Betriebe die Ausrichtung auf eine der vier Spezialisierungsformen notwendig.

Landwirtschaftliche Betriebe nach Größenklassen und Flächenanteilen in der Bundesrepublik Deutschland (alte Bundesländer)

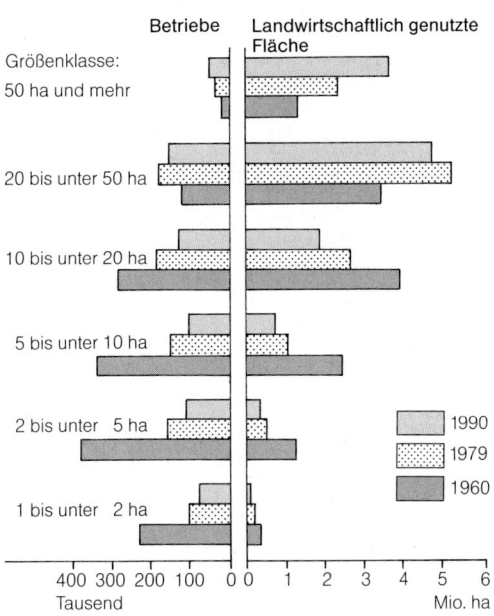

Nach Statistisches Bundesamt (Hrsg.): Datenreport 1992. Bundeszentrale für pol. Bildung. Bonn 1992, S. 295

Der agrarstrukturelle Wandel wird – neben der Spezialisierung – durch ein zweites übergeordnetes Prinzip gekennzeichnet: „Wachse oder weiche" drückt aus, daß viele Agrarbetriebe dem Kostendruck auf Dauer nicht standhalten konnten. Sie wurden zur Betriebsaufgabe oder aber zur Betriebsvergrößerung (Aufstockung) gezwungen.

Der agrarstrukturelle Wandel ist auch durch die Einbindung der Bundesrepublik Deutschland in die Landwirtschaftspolitik der Europäischen Gemeinschaft beeinflußt worden. Die Marktordnungsregeln (vgl. S. 146) der EG haben durchaus zur Stabilisierung der sozialen Lage in den ländlichen Räumen beigetragen. Sie haben aber auch den Konkurrenzdruck im nationalen und europäischen Rahmen erhöht. Der Zwang zu Produktionssteigerungen war die unumgängliche Folge für viele Agrarbetriebe. Dadurch hat sich die Landwirtschaft zu einem Wirtschaftsbereich entwickelt, dessen Hauptprobleme die Überschußproduktion und die Umweltbelastung geworden sind (vgl. S. 146f. sowie S. 154ff.).

131

Landwirtschaftliche Betriebe nach Erwerbscharakter in der Bundesrepublik Deutschland (alte Bundesländer)

Jahr	Vollerwerb		Zuerwerb		Nebenerwerb	
	in 1000	in %	in 1000	in %	in 1000	in %
1960	512	35,2	323	22,2	620	42,7
1970	466	37,4	234	18,8	543	43,6
1980	397	49,8	86	10,7	314	39,3
1990	308	48,8	55	8,7	266	42,2

Der *Erwerbscharakter* informiert darüber, wieviel % des Einkommens aus Tätigkeit in der Landwirtschaft erzielt werden:
Vollerwerb: außerbetriebliches Einkommen unter 10% des Gesamteinkommens
Zuerwerb: außerbetriebliches Einkommen zwischen 10 und 50% des Gesamteinkommens
Nebenerwerb: außerbetriebliches Einkommen mehr als 50% des Gesamteinkommens
Nach Informationsgemeinschaft für Meinungspflege und Aufklärung e.V. (Hrsg.): Agrimente '91. Hannover 1991, S. 30; eigene Berechnungen

Parallel zum agrarstrukturellen Wandel ist die Zahl der Erwerbstätigen in der Landwirtschaft immer mehr zurückgegangen. Der enorme Wirtschaftsaufschwung in der Bundesrepublik Deutschland machte es möglich, daß der größte Teil der in der Landwirtschaft freigesetzten Arbeitskräfte in die Industrie oder den Dienstleistungssektor wechseln konnte.

Landwirtschaftliche Erträge in der Bundesrepublik Deutschland (alte Bundesländer)

	1950	1970	1990
Getreide (dt/ha)	23	33	58
Zuckerrüben (dt/ha)	362	440	586
Kartoffeln (dt/ha)	250	277	349
Körnermais (dt/ha)	26	51	68
Milch (kg/Kuh)	2498	3800	4895
Eier (Stück/Henne)	120	216	260

Nach Informationsgemeinschaft für Meinungspflege und Aufklärung e.V. (Hrsg.): Agrimente '91. Hannover 1991, S. 13 und 19

Veränderung der Agrarstruktur in der Bundesrepublik Deutschland (alte Bundesländer)

Jahr	Betriebe (in 1000)	Beschäftigte	∅-Betriebsgröße (ha)
1949	1647	ca. 5 Mio.	8,1
1960	1358	3,3 Mio.	9,3
1970	1083	1,9 Mio.	11,7
1980	797	1,2 Mio.	15,3
1990	630	863 000	18,7

Informationsgesellschaft für Meinungspflege und Aufklärung e.V. (Hrsg.): Agrimente '91. Hannover 1991, S. 15 und 25 sowie Statistisches Bundesamt (Hrsg.): Datenreport 1992, S. 295. Bundeszentrale für politische Bildung. Bonn 1992, S. 295

Spannungsverhältnis (seit Beginn der 80er Jahre)
Der agrarstrukturelle Wandel hat sich auch in dieser dritten Entwicklungsphase fortgesetzt. Von verschiedenen gesellschaftlichen und politischen Gruppierungen werden jedoch zunehmend Vorbehalte gegenüber den ständigen Produktionssteigerungen in der Landwirtschaft formuliert. Immer dringender wird die Forderung nach einer naturnahen Landwirtschaft erhoben, in der natürliche Landschaftselemente wie Hekken, Gräben und Gehölze nicht länger als ertragsmindernde Faktoren angesehen werden. Auch der Widerstand gegen den Chemieeinsatz im Agrarsektor hat zugenommen.
Das Spannungsverhältnis drückt sich auch in der Zunahme der alternativ wirtschaftenden Landwirtschaftsbetriebe aus (1985: 1562; 1992: 3978 Betriebe; vgl. S. 157 ff.).

Flurbereinigung

Auf dem Gebiet der Bundesrepublik Deutschland hatten sich – bedingt durch die naturräumliche Ausstattung sowie regional unterschiedliche Erbrechtsbestimmungen – teilweise völlig unwirtschaftliche Betriebsgrößenstrukturen herausgebildet (siehe Tabelle oben Seite 135).
Beim *Anerbenrecht,* das z.B. in Norddeutschland und in Teilen Bayerns gegolten hatte, wurden landwirtschaftliche Betriebe ungeteilt an einen Erben übergeben. Demgegenüber wurde beim Erbrecht der *Realteilung,* das vor allem in Südwestdeutschland verbreitet gewesen ist, der Grundbesitz gleichmäßig auf alle Erben verteilt. Dieses

Erbrecht, das heute nicht mehr erlaubt ist, hat – zusammen mit anderen agrarrechtlichen Bestimmungen der Vergangenheit – zu einer teilweise extremen Flurzersplitterung geführt.

Die *Flurbereinigung* ist seit dem Jahr 1953 das „klassische" Mittel zur Verbesserung der Produktionsstrukturen. Dazu werden verstreut liegende Ackerparzellen einzelner Bauern zusammengelegt *(Arrondierung)*. Dadurch wird die Bodenbearbeitung erleichtert und der Maschineneinsatz rentabler gestaltet. Die Wegezeiten und die Transportkosten werden verringert.

Darüber hinaus wird mit der Flurbereinigung eine umfassende Neuordnung des ländlichen Raumes angestrebt. Dazu gehören Maßnahmen zur Dorferneuerung (Aussiedlung einzelner Gehöfte; Verbesserung der Infrastruktur). Zusätzlich werden bodenverbessernde, bodenschützende und landschaftsgestaltende Maßnahmen wie die Umgestaltung des Wege- und Gewässernetzes vorgenommen.

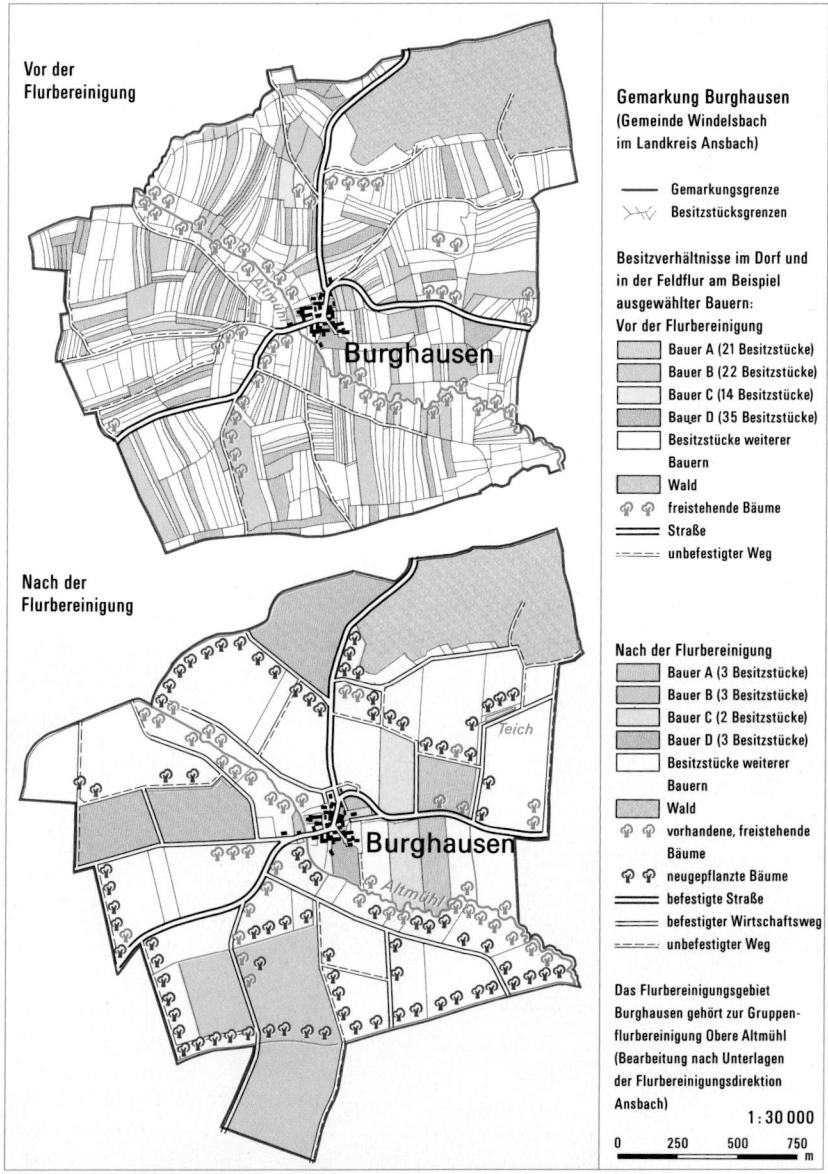

Flurbereinigung in Mittelfranken

Alexander: Neue Grundausgabe mit Länderteil für Bayern, S. By6

133

Die Jagst bei Rainau 1966 und 1977

Regionale Unterschiede der Betriebsgrößen (Stand: 1962/63)

Bundesland	Flurstücke je Gemeinde	Flurstücke je Betrieb	∅-Flurstücksgröße (ha)
Schleswig-Holstein	176	4,0	4,65
Niedersachsen	292	4,8	2,24
Nordrhein-Westfalen	445	4,8	1,74
Bayern	573	9,5	0,92
Hessen	635	10,3	0,54
Baden-Württemberg	1390	13,8	0,37
Rheinland-Pfalz	1023	16,8	0,29
Bundesrepublik Deutschland	667	9,6	0,81

Eckart Ehlers: Die Agrarlandschaft der Bundesrepublik Deutschland und ihr Wandel seit 1949. In: Geographische Rundschau 1988, H. 1, S. 31. Braunschweig: Westermann

In der Bundesrepublik Deutschland sind bisher (Stand 1992) knapp 9 Mio. ha Fläche im Rahmen von Flurbereinigungsmaßnahmen umgestaltet worden. Regionale Schwerpunkte lagen in Nordrhein-Westfalen, in Baden-Württemberg und in den Teilen Bayerns, in denen früher das Realteilungsrecht angewandt wurde. Etwa 40000 km Bach- und Flußläufe sind im Zusammenhang mit diesen Maßnahmen begradigt worden. Vielfach wurden für die Arrondierung der Besitzparzellen Wege verlegt, Hecken abgeholzt und Feuchtgebiete trockengelegt. Viele dieser Maßnahmen werden heute kritisiert, weil negative Auswirkungen auf den Landschaftshaushalt erkennbar geworden sind.

Inzwischen aber wird deutlich, daß auch bei der Flurbereinigung die Widersprüche zwischen Wirtschaftlichkeit und Ökologie nicht unvereinbar sind: Immer mehr wird – ausgelöst durch den Bewußtseinswandel in der Bevölkerung – versucht, durch die Erhaltung von Feldrainen, Bäumen und Baumgruppen eine naturnahe Gestaltung des Agrarraumes zu erreichen. Wegeführungen werden wieder an die natürlichen Geländeformen angepaßt, um die Lebensbereiche wildlebender Tiere nicht zu zerschneiden. Auch wasserbauliche Maßnahmen werden im Rahmen der neueren Flurbereinigungsverfahren stärker auf naturnahe Gestaltung abgestellt.

Überbetriebliche Zusammenschlüsse und Kooperationsformen

Die ältesten Kooperationsformen sind landwirtschaftliche *Genossenschaften,* die bereits ab Mitte des 19. Jahrhunderts als Selbsthilfeorganisationen wirtschaftlich schwacher Agrarbetriebe entstanden waren. In Weiterentwicklung des Genossenschaftsgedankens sind – auch bedingt durch den zunehmenden ökonomischen Anpassungsdruck – Erzeugergemeinschaften entstanden, deren Zielsetzung vor allem die Kostensenkung bei Produktion und Vermarktung landwirtschaftlicher Erzeugnisse ist.

Maschinenringe sind eine Form der überbetrieblichen Zusammenarbeit, die sich aus der Besonderheit der landwirtschaftlichen Produktion ergeben hat. Im Gegensatz zur Industrie können Maschinen in der Landwirtschaft nur kurze Zeit des Jahres eingesetzt werden. Je höher der Spezialisierungsgrad der Landwirtschaft, desto stärker spezialisiert sind inzwischen die Maschinen für Aussaat, Düngung und Ernte. Entsprechend kürzer sind aber auch die jeweiligen Einsatzzeiten. Sie betragen bei manchen Spezialmaschinen weniger als 100 Stunden im Jahr. Um die hohen Kosten für diese Maschinen besser zu verteilen und eine rationellere Ausnutzung zu erreichen, haben sich bereits Mitte der 60er Jahre Maschinenringe gebildet. Dabei handelt es sich um freiwillige Zusammenschlüsse von Landwirten, die ihre Maschinen (meist auf Gegenseitigkeit) auch in anderen Betrieben einsetzen.

Maschinenringe in der Bundesrepublik Deutschland (alte Bundesländer)

	Einheit	1970	1980	1989
Anzahl	Stück	718	251	284
Mitglieder	Personen	53925	114260	181206
LF	Mio. ha	1,16	2,99	5,05

Informationsgemeinschaft für Meinungspflege und Aufklärung e.V. (Hrsg.): Agrimente '91. Hannover 1991, S. 31

Erzeugergemeinschaften sind Zusammenschlüsse, in denen bei der Erzeugung und Vermarktung überbetriebliche Abstimmungen vorgenommen werden. Als horizontale Integration wird die Zusammenarbeit zwischen Landwirten auf einer Pro-

135

duktionsstufe verstanden (z. B. Ferkelzucht/ Schweinemast). Vertikale Integration ist die Zusammenarbeit mit vor- und nachgeordneten Wirtschaftsstufen (z. B. Futtermittelhersteller / Hähnchenmastbetrieb / Geflügelschlachterei). In der Bundesrepublik nimmt die Zahl der Erzeugergemeinschaften auf beiden Integrationsebenen ständig zu (1970: 734, 1990: 1538 Erzeugergemeinschaften). Dies ist ein weiterer Hinweis auf die immer stärker werdende Spezialisierung der Agrarbetriebe.

Der Einsatz von Lohnunternehmern stellt eine weitere Möglichkeit zur Senkung der Investitionen für Maschinen dar. *Lohnunternehmer* sind überwiegend Nebenerwerbslandwirte oder Unternehmer ohne eigenen landwirtschaftlichen Betrieb, die ihren Maschinenbestand bei Landwirten in der näheren Umgebung einsetzen. Heute arbeitet bereits jeder dritte Betrieb mit Lohnunternehmen zusammen.

Räumliche Auswirkungen des agrarstrukturellen Wandels

Die agrarstrukturellen Wandlungsprozesse haben in den ländlichen Räumen zu Veränderungen der Raumstruktur geführt. So hat die Abwanderung von Landwirten in außerlandwirtschaftliche Berufe dazu geführt, daß in der Nähe der westdeutschen Großstädte und in den strukturschwachen ländlichen Räumen ein Teil der landwirtschaftlichen Nutzflächen nicht mehr bewirtschaftet wird. In manchen Gemeinden beträgt der Flächenanteil bereits 30%. Diese Flächen werden als *Sozialbrache* bezeichnet, weil die Bewirtschaftung aus wirtschaftlichen und sozialen Gründen (z. B. Nichtübernahme von Höfen durch Kinder der Betriebsinhaber) eingestellt worden ist. Der Gesamtumfang der Sozialbrache wurde im Jahr 1990 auf 300 000 Hektar geschätzt.

In stadtnahen ländlichen Gemeinden hat der agrarstrukturelle Wandel vielfach zur Umnutzung ehemaliger landwirtschaftlicher Gebäude geführt: Vor allem Scheunen und andere Wirtschaftsgebäude werden in Garagen oder Wohnräume umgewandelt. Häufig erfolgt auch der Abriß von Wirtschaftsgebäuden und die Neubebauung mit Wohnhäusern.

Die zunehmende Spezialisierung der Agrar-

produktion ist im ländlichen Raum daran erkennbar, daß nicht mehr benötigte Wirtschaftsgebäude umgebaut wurden bzw. Erweiterungsbauten errichtet worden sind (z. B. moderne Tiermastanlagen). Gerade solche Veränderungen zeigen, wie sehr sich die Produktionsvielfalt des früher typischen Gemischtbetriebes immer mehr vermindert. Im Zusammenhang mit Flurbereinigungsmaßnahmen wandelten sich die Ortsbilder der Dörfer in zweifacher Hinsicht: Außerhalb der Ortslagen entstanden mit Aussiedlerhöfen neue Elemente dörflicher Siedlungsstruktur. Innerhalb der Dörfer wurden freiwerdende Flächen für Neubauten sowie für verkehrstechnische Maßnahmen genutzt.

In der Ackerflur wird der agrarstrukturelle Wandel daran sichtbar, daß die Einzelschläge größer geworden sind. Zudem hat die Spezialisierung der Agrarproduktion zu einer Abnahme der abwechslungsreichen Vielfalt in den Ackerfluren geführt: Der Anbau und die Flächenausdehnung von unrentablen und arbeitsintensiven Produkten (z. B. Kartoffeln und Hackfrüchte) ist immer mehr zurückgegangen. Dagegen ist der Getreideanbau (vor allem Weizen und Mais) ausgedehnt worden. Ein solcher Wandel der Anbaustruktur wird als *Vergetreidung* bezeichnet.

Anbaustruktur in der Bundesrepublik Deutschland (alte Bundesländer)

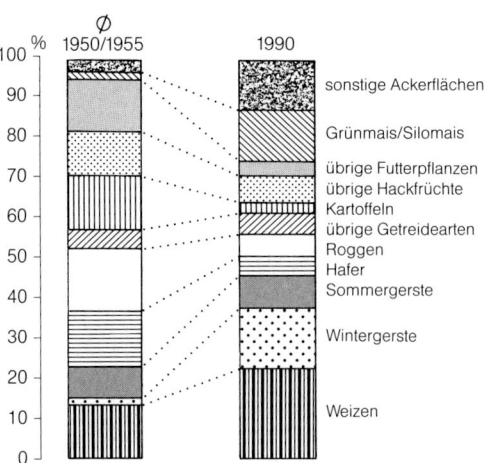

Nach *Statistisches Bundesamt* (Hrsg.): *Datenreport 1992. Bundeszentrale für Politische Bildung. Bonn 1992, S. 297*

Terrassierung von Weinbergen bei Kobern-Gondorf, Untermosel

Der agrarstrukturelle Wandel ist auch daran erkennbar, daß sich regionale Produktionsschwerpunkte für einzelne Produkte herausgebildet haben. Dies gilt vor allem für die Konzentration ehemals weit verbreiteter Dauerkulturen (Obst, Wein, Hopfen) auf natürliche Gunsträume, in denen letztlich kostengünstiger produziert werden kann. Konzentrationsräume dieser Art prägen inzwischen das Bild ganzer Landschaften.

1. *Erarbeiten Sie für jede Entwicklungsphase der Landwirtschaft in den alten Bundesländern einige kennzeichnende Merkmale.*
2. *Erläutern Sie das Grundprinzip des landwirtschaftlichen Strukturwandels in den alten Bundesländern. Setzen Sie dazu einige statistische Angaben Ihrer Wahl in aussagekräftige Diagramme um.*
3. *Werten Sie die Materialien zur Flurbereinigung aus. Äußern Sie sich zur Frage, ob die früheren Maßnahmen aus heutiger Sicht angemessen bewertet werden können.*
4. *Untersuchen Sie, welche räumlichen Auswirkungen des agrarstrukturellen Wandels in Ihrem Wohnort bzw. in der Umgebung Ihres Schulortes nachweisbar sind.*
5. *Werten Sie das Bild der Weinbau-Landschaft an der Untermosel (oben) aus. Erläutern Sie den Zusammenhang zwischen dem agrarstrukturellen Wandel und der Ausbildung von regionalen Produktionsschwerpunkten.*

3.4 Agrarstrukturelle Entwicklungen nach der politischen Vereinigung im Jahr 1990

Am 3. 10. 1990 ist der „Vertrag über die Herstellung der staatlichen Einigung Deutschlands" in Kraft getreten. Im Agrarsektor der alten Bundesländer haben sich die Entwicklungstrends der Vorjahre weitgehend unbeeinflußt vom Einigungsprozeß fortgesetzt. In den neuen Bundesländern jedoch haben sich völlig neue politische, rechtliche und wirtschaftliche Bedingungen für alle Wirtschaftsbereiche ergeben. Die agrarstrukturellen Entwicklungen nach 1990 werden deshalb noch getrennt dargestellt.

Neue Bundesländer

In der Landwirtschaft der neuen Bundesländer hat ein dynamischer Umstrukturierungs- und Anpassungsprozeß begonnen, der „nach Bodenreform, Kollektivierung und Industrialisierung die vierte einschneidende Transformation für die Landwirtschaft in diesem Teil Deutschlands nach dem Zweiten Weltkrieg sein wird" (Deutsches Institut für Wirtschaftsforschung 1990). Fast schlagartig haben sich – abgesehen von den naturräumlichen Faktoren – sämtliche Produktionsbedingungen geändert. Viele Lieferungs- und Abnahmeverträge für Produktionsmittel und Agrarprodukte konnten plötzlich nicht mehr eingehalten werden. Die Erzeugerpreise für Agrarprodukte sind drastisch gesunken.

Erzeugerpreise[1] für landwirtschaftliche Produkte im Vergleich

Erzeugnisse (in 100 kg)	DDR (1989)	Neue Bundesländer (1990/91)
Milch	169 Mark	58 DM
Weizen	67 Mark	31 DM
Schweinefleisch	629 Mark	307 DM

[1] auf den Agrarmärkten erzielbare ∅-Preise
Nach Agrarpolitische Mitteilungen 10/1990

In den neuen Bundesländern gelten nun die Rechtsvorschriften der Bundesrepublik Deutschland. Darüber hinaus sind die Marktordnungsregeln der Europäischen Gemeinschaft/Union anzuwenden. Das Landwirtschafts-Anpassungsgesetz von 1990 soll – zusammen mit anderen Verordnungen – den Übergang von kollektiven zu privatwirtschaftlichen Nutzungsformen regeln. Anpassungsbeihilfen in Höhe von mehreren Milliarden DM pro Jahr unterstützen den agrarstrukturellen Wandel. Auch in den neuen Bundesländern soll nun „eine vielseitig strukturierte, leistungsfähige und umweltverträgliche Land-, Forst- und Ernährungswirtschaft entstehen, die im Europäischen Binnenmarkt wettbewerbsfähig ist" (Agrarbericht 1992, S. 4). Dabei soll das Schwergewicht der neu entstehenden Agrarbetriebe auf den bäuerlichen Familienbetrieben mit ein oder zwei Familienarbeitskräften liegen.

Problembereiche

Der Umstrukturierungsprozeß wurde und wird von erheblichen Schwierigkeiten begleitet. Neben finanziellen Unsicherheiten war vielfach auch unklar, welche Betriebsausrichtung vorgenommen werden sollte. Ganz besonders aber haben die unklaren Eigentumsverhältnisse die Realisierung der oben genannten Zielsetzung belastet. Zu unterscheiden sind dabei:

– die im Zuge der Bodenreform zwischen 1945 und 1949 enteigneten Flächen der Großgrundbesitzer (über 100 ha),
– die im weiteren Verlauf der Agrarkollektivierung in die LPG eingebrachten Flächen der Genossenschaftsmitglieder.

Im erstgenannten Fall hat das Bundesverfassungsgericht im April 1991 entschieden, daß die früheren Eigentümer keinen Anspruch auf die Rückgabe ihrer Flächen, wohl aber auf Entschädigung haben. Demgegenüber ist der in die LPG eingebrachte Boden – zumindest auf dem Papier – das Eigentum der Bauern geblieben. Die Eigentümer können ihren Besitzanspruch geltend machen, mindestens aber Pacht verlangen. Die Feststellung und Durchsetzung von Ansprüchen ist außerordentlich schwierig, da vielfach die Grundbuchunterlagen nicht mehr vorhanden oder unvollständig sind. Auch die Grenzsteine sind nur noch teilweise vorhanden. Aber auch in den Fällen, in denen Besitzansprüche zweifelsfrei belegt werden können, ist eine individuelle Bewirtschaftung heute häufig nicht mehr möglich. Die Zusammenlegung der einzelnen Parzellen zu großen Schlägen hat dazu geführt, daß das ursprüngliche Feldwegenetz heute nicht mehr existiert. Viele Parzellen könnten also von ihren Besitzern gar nicht bewirtschaftet werden, weil die Wirtschaftswege fehlen.

Zudem sind vielfach die Flächen, die in die LPG eingebracht worden waren, so klein, daß sich – aus heutiger Sicht – eine individuelle Nutzung nicht lohnen würde bzw. eine Konkurrenzfähigkeit nicht gegeben wäre. Das Landwirtschafts-Anpassungsgesetz sieht zur Klärung dieser Probleme vier Möglichkeiten vor: Verkauf, Verpachtung, Landtausch und Flurneuordnungsverfahren. Bisher hat die Mehrzahl der früheren Besitzer von der Möglichkeit der Verpachtung Gebrauch gemacht.

Der hohe Anteil an Verpachtungen hat sich zum Teil auch aus der beruflichen Qualifikation der ehemaligen Genossenschaftsmitglieder ergeben: Die industrialisierte Agrarproduktion hatte zu einer entsprechenden Spezialisierung der Arbeitskräfte geführt. Die Leitung eines selbständigen Agrarbetriebes setzt jedoch unter den neuen Bedin-gungen ein breites Spektrum an beruflichen Fähigkeiten voraus. Neben der eigentlichen landwirtschaftlichen Tätigkeit sind z. B. Kenntnisse in der Buchführung sowie Informationen über Fördermöglichkeiten, Marktordnungsregeln und Tierschutzgesetze erforderlich. Diese Fähigkeiten haben die Arbeitskräfte nicht erwerben können. Der gesamtbetriebliche Überblick war zudem den jeweiligen Leitungsebenen vorbehalten. Hinzu kommt, daß es zum Zeitpunkt der politischen Wende in der DDR keine „Bauern" im traditionellen Sinn gegeben hat. Die meisten Genossenschaftsmitglieder konnten deshalb keine Beziehung zum Boden entwickeln. Eine solche Beziehung gilt aber als Voraussetzung dafür, daß die Besonderheiten dieses Berufes (Arbeitsspitzen bei Aussaat und Ernte; Einkommensschwankungen) akzeptiert werden. Viele ehemalige Genossenschaftsmitglieder ziehen klar geregelte Bedingungen (8-Stunden-Tag, Urlaubsanspruch) dem unternehmerischen Risiko vor.

Gemarkung Bresegard (Mecklenburg-Vorpommern): Eigentumsverhältnisse und Wirtschaftswege vor der Kollektivierung (Nutzung 1989 ist darübergelegt)

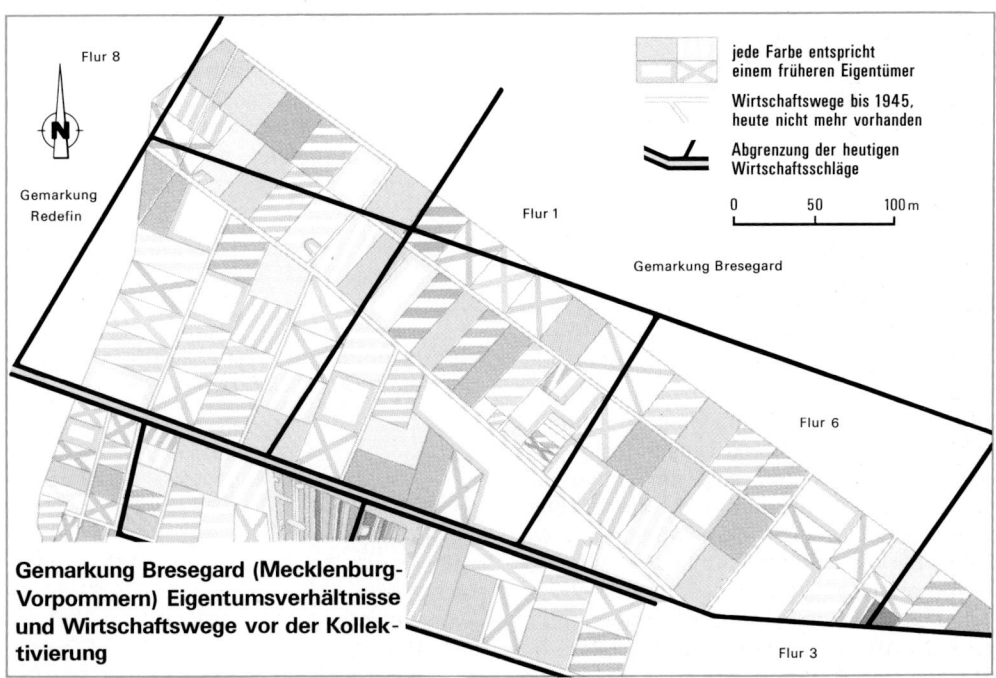

Landwirtschaftsministerium des Landes Mecklenburg-Vorpommern (Hrsg.): Agrarpolitik für Mecklenburg-Vorpommern. Schwerin 1992, S. 75

Übergangsprobleme sind auch entstanden, weil die notwendige Steigerung der Wettbewerbsfähigkeit einen drastischen Arbeitskräfteabbau notwendig gemacht hat.

Landwirtschaftliche Arbeitskräfte in der DDR/in den neuen Bundesländern

	Arbeitskräftebestand in 1000	
	30. 9. 1989	31. 12. 1991
Brandenburg/ Berlin (Ost)	190,6	64,3
Mecklenburg-Vorpommern	181,9	61,6
Sachsen	168,5	62,2
Sachsen-Anhalt	178,8	68,6
Thüringen	128,4	43,3
Summe	848,2	300,0

Agrarbericht 1992, S. 19

Im Jahr 1993 waren nur noch etwa 150 000 Arbeitskräfte im Agrarsektor der neuen Bundesländer beschäftigt. Der Umstrukturierungsprozeß ist dadurch noch schwieriger geworden, denn viele ländl. Räume der ehem. DDR (z. B. in Brandenburg und in Mecklenburg-Vorpommern) sind viel stärker von den agrarischen Großbetrieben geprägt gewesen, als es angenommen wurde. Vielfach ist eine LPG einziger (oder wichtigster) Arbeitgeber für mehrere Dörfer gewesen (vgl. das Beispiel Polleben, S. 141 f.): Neben dem Agrarbetrieb und den angegliederten Handwerks- und Dienstleistungsbetrieben hat es kaum andere Erwerbsmöglichkeiten gegeben.
Im Zuge der Umstrukturierung sind die nicht-landwirtschaftlichen Bereiche ausgegliedert und zunächst privat weitergeführt worden. Viele dieser Einrichtungen (z. B. Bäckereien, Krankenstationen und Kinderkrippen) waren jedoch nicht existenzfähig und sind inzwischen geschlossen worden. Auch die Konsumläden, die es in fast jedem Dorf gegeben hatte, sind im marktwirtschaftlichen Wettbewerb nicht konkurrenzfähig. Bisher (Stand 1993) sind schon etwa 20 000 der ursprünglich 30 000 Verkaufsstellen geschlossen worden.
Von dieser Verschlechterung der wirtschaftlichen, sozialen und infrastrukturellen Situation sind ganz besonders diejenigen Räume betroffen, in denen mehrere Negativ-Faktoren zusammentreffen: Frühere

Dominanz der agrarischen Großbetriebe, Marktferne, geringe Bevölkerungsdichte. In diesen Räumen sind inzwischen die Arbeitslosen- und Kurzarbeiterzahlen deutlich höher als im Durchschnitt der neuen Bundesländer. Weibliche Arbeitskräfte sind überproportional betroffen.
Ein negativer Regelkreis ist entstanden: Die Arbeitsplatzverluste und die verschlechterte Versorgungssituation bewirken eine zunehmende Unattraktivität der ländlichen Räume. Dadurch wird die Abwanderungsbereitschaft vor allem der jungen Menschen erhöht *(selektive Migration).* Entsprechend verändert sich die Alters- und Sozialstruktur. Damit ist eine Abnahme der Kaufkraft verbunden und der Anreiz für den Erhalt von Arbeitsplätzen und Dienstleistungseinrichtungen wird immer geringer.

Stand der Umstrukturierung

Zu Beginn des Jahres 1993 waren erst etwa 65% der früher kollektiv bewirtschafteten land- und forstwirtschaftlichen Nutzflächen in private Nutzungsformen überführt worden. Insbesondere die Flächen der früheren Volkseigenen Güter befanden sich zu diesem Zeitpunkt noch überwiegend in Verwaltung der Treuhand (vgl. S. 229). Die Treuhand hat für viele Flächen nur Einjahres-Pachtverträge abschließen können, weil Eigentums- und Verfügungsrechte noch nicht abschließend geklärt gewesen sind. Entsprechend zurückhaltend waren die Banken bei der Vergabe der notwendigen Finanzierungsmittel.

Durchschnittliche Betriebsgrößen (ha) in den neuen Bundesländern (1992)

	Agrargenossenschaften und Agrargesellschaften	Einzelbäuerliche Betriebe
Brandenburg/ Berlin (Ost)		46
Mecklenburg-Vorpommern	1400	155
Sachsen		64
Sachsen-Anhalt		110
Thüringen		74

Nach Angaben der Statistischen Landesämter 1992

140

Agrarstruktur in den neuen Bundesländern (1992)

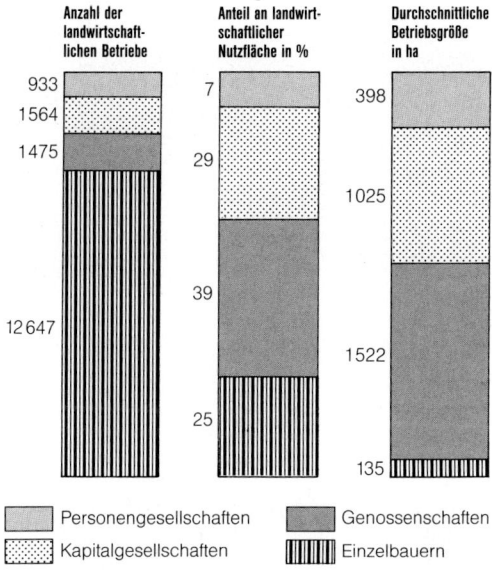

Anzahl der landwirtschaftlichen Betriebe: 933, 1564, 1475, 12647

Anteil an landwirtschaftlicher Nutzfläche in %: 7, 29, 39, 25

Durchschnittliche Betriebsgröße in ha: 398, 1025, 1522, 135

- Personengesellschaften
- Kapitalgesellschaften
- Genossenschaften
- Einzelbauern

Nach Informationsdienst der deutschen Wirtschaft (Köln), Oktober 1992

Für die einzelbäuerlichen Betriebe ist der Begriff *„Wiedereinrichter"* geprägt worden. Tatsächlich sind die Einzelbauern überwiegend ehemalige LPG-Mitglieder, die Land bewirtschaften, das sie in die LPG eingebracht hatten. Trotzdem ist der Begriff irreführend: Neue Agrarbetriebe sind auch von Personen gegründet worden, die früher keinen landwirtschaftlichen Besitz gehabt haben. Etwa 10% aller neuen Betriebe sind von westdeutschen oder ausländischen Unternehmen gegründet worden.

Die hohe durchschnittliche Flächenausstattung fast aller Betriebe zeigt, daß die Landwirtschaft der neuen Bundesländer keineswegs die angestrebte Struktur bäuerlicher Familienbetriebe angenommen hat. Es war auch unrealistisch, die Vorstellung der langsam gewachsenen Agrarstruktur der alten Bundesländer auf die neuen Bundesländer zu übertragen: Die Startbedingungen für einzelbäuerliche Betriebe sind viel zu ungünstig gewesen. Viele ehemalige Landwirtschaftliche Produktionsgenossenschaften haben sich zwar formell aufgelöst, sind aber – vielfach weitgehend unverändert – in andere Rechtsformen übergegangen.

Das Beispiel Polleben (Sachsen-Anhalt)

Die agrarstrukturellen Veränderungen, die sich während der Entwicklung der sozialistischen Landwirtschaft in der DDR ergeben hatten, werden auf den Karten S. 125 am Beispiel der Gemeinde Polleben dargestellt. In Polleben hat sich inzwischen ein agrarwirtschaftlicher Umstrukturierungs- und Anpassungsprozeß ergeben, wie er in ähnlicher Form auch in anderen ländlichen Räumen der neuen Bundesländer stattgefunden hat.

Zum Zeitpunkt der politischen Einigung Deutschlands im Oktober 1990 ist die landwirtschaftliche Nutzfläche der Gemeinde (1520 ha) zu 98% von der LPG Pflanzenproduktion „Thomas Müntzer" bewirtschaftet worden. Ein Rinderkombinat (LPG Tierproduktion Polleben) ist auf Milchproduktion ausgerichtet gewesen. Die beiden Landwirtschaftlichen Produktionsgenossenschaften hatten 180 der 250 innerörtlichen Arbeitsplätze gestellt.

In der von politischer und wirtschaftlicher Unsicherheit geprägten Übergangzeit haben sich zunächst die beiden LPG zusammengeschlossen. Im Jahr 1991 haben 39 (der früher 180) LPG-Mitglieder das Nachfolgeunternehmen Agrar e.G. Polleben-Rottelsdorf gegründet. Eine eingetragene Genossenschaft ist eine der Rechtsformen, die nach den Rechtsbestimmungen der Bundesrepublik Deutschland für Landwirtschaftsbetriebe möglich sind. Die früheren LPG-Mitglieder, die sich an der Agrar e.G. nicht beteiligt haben, waren 1993 entweder arbeitslos, im Vorruhestand oder nahmen an Umschulungsmaßnahmen teil. Sie sind von der Agrar e.G. ausgezahlt worden.

Neben der Agrar e.G. sind einige bäuerliche Einzelbetriebe entstanden, davon zwei ortsansässige Wiedereinrichter.

Zur Jahresmitte 1993 lagen folgende Bewirtschaftungsverhältnisse vor:

927 ha (64% der landwirtschaftlichen Nutzfläche) wurden von der Agrar e.G. bewirtschaftet. 548 ha (36%) standen in Bewirtschaftung durch bäuerliche Einzelbetriebe. Die Einzelbetriebe betreiben ausschließlich Marktfruchtbau (vor allem Getreide, Raps und Zuckerrüben). Die Agrar e.G. betreibt Marktfruchtbau, Saatgutvermehrung und Milchviehhaltung (320 Milchkühe, 200 Jungtiere).

141

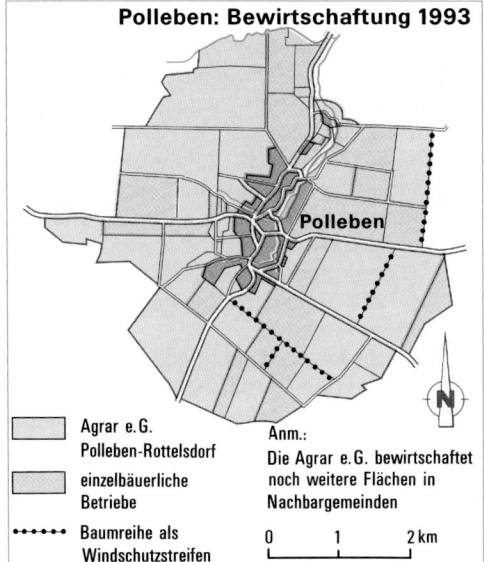

Polleben: Bewirtschaftung 1993

Polleben

Agrar e.G.
Polleben-Rottelsdorf

einzelbäuerliche
Betriebe

Baumreihe als
Windschutzstreifen

Anm.:
Die Agrar e.G. bewirtschaftet
noch weitere Flächen in
Nachbargemeinden

0   1   2 km

Nach Angaben der Agrar e.G. Polleben-Rottelsdorf und
der Gemeindeverwaltung Polleben (Erhebungen durch
W. Fettköter 1993)

Polleben und Umgebung

Zentrum von Polleben

Der Umstrukturierungsprozeß hat zu einer problematischen Beschäftigungssituation geführt. Vor 1990 hat es in Polleben offiziell keine Arbeitslosigkeit gegeben. Zur Jahresmitte 1993 gab es nur noch 80 innerörtliche Arbeitsplätze (Agrar e.G., bäuerliche Einzelbetriebe, einige Handwerksbetriebe, Gemeindeverwaltung, einige Läden). Fast 40% der Personen im erwerbsfähigen Alter waren arbeitslos.

Allerdings hat sich der Umstrukturierungsprozeß in Polleben nicht so ungünstig auf die dörfliche Sozialstruktur ausgewirkt, wie es für besonders strukturschwache ländliche Räume der neuen Bundesländer inzwischen festgestellt worden ist: Die Bevölkerungszahl (1362 im Jahr 1989) hat nur geringfügig abgenommen (1296 im Jahr 1993). Eine selektive Abwanderung jüngerer Menschen war nicht feststellbar. Die Versorgung der Bevölkerung war durch mehrere private Läden gesichert. Entsprechend der agrar- und sozialpolitischen Zielsetzungen des Landes Sachsen-Anhalt werden auch in Polleben Dorferneuerungsmaßnahmen geplant, mit denen die wirtschaftliche und wohnliche Attraktivität des ländlichen Raumes erhöht werden soll.

Alte Bundesländer

In den alten Bundesländern hat sich der landwirtschaftliche Strukturwandel weitgehend unbeeinflußt vom Einigungsprozeß fortgesetzt: Immer weniger Arbeitskräfte erzeugten in immer weniger, im Durchschnitt aber größeren Betrieben auf immer weniger Fläche immer mehr landwirtschaftliche Produkte. Insbesondere die menschliche Arbeitskraft verlor zunehmend an Bedeutung.

Arbeitsleistung in der Landwirtschaft der
Bundesrepublik Deutschland
(alte Bundesländer)

	Betriebliche Arbeitsleistung in Arbeitskraft-Einheiten	
	in 1000	je 100 ha LF
1950	3885	29,0
1960	2415	18,5
1970	1434	11,5
1980	787	8,2
1990	749	6,4
1992	675	5,7

Nach Statistisches Bundesamt (Hrsg.): Datenreport
1992. Bundeszentrale für Politische Bildung. Bonn 1992,
S. 296, sowie Agrarbericht 1993, S. 9 und S. 11

Am Ende des Jahres 1992 bestanden in den alten Bundesländern nur noch 581900 Landwirtschaftsbetriebe (−2,8% gegenüber 1991). Der als „Höfesterben" bezeichnete Rückgang hat sich also fortgesetzt. Vorrangig von der Landwirtschaft lebte nun nur noch etwa die Hälfte aller Landwirtschaftsbetriebe.

Gemeinsame Agrarstruktur

Nach mehr als vier Jahrzehnten getrennter Entwicklung können die Agrarstrukturen der alten und neuen Bundesländer wieder in zusammenfassenden Übersichten dargestellt werden. Aus dem nachstehenden Diagramm und den Tabellen lassen sich sowohl die erheblichen agrarstrukturellen Unterschiede zwischen den alten und neuen Bundesländern als auch die gemeinsamen Entwicklungstendenzen erschließen.

Landwirtschaftsbetriebe in der Bundesrepublik Deutschland (Flächenausstattung pro Betrieb 1992)

Betriebsgröße von ... bis unter ... ha LF	Alte Bundesländer Zahl der Betriebe	1992 gegen 1991 (%)	Neue Bundesländer Zahl der Betriebe	1992 gegen 1991 (%)	Bundesrepublik Deutschland Zahl der Betriebe	1992 gegen 1991 (%)
1 − 10	267900	− 2,6	7700	−18,5	275600	− 3,1
10 − 20	114900	− 5,3	2200	+ 5,7	117100	− 5,1
20 − 30	72100	− 5,0	1100	+15,4	73200	− 4,8
30 − 40	44900	− 4,2	600	+ 9,1	45500	− 4,0
40 − 50	28000	− 1,0	500	+ 5,5	28500	+ 0,9
50 −100	45300	+ 4,6	1400	+28,5	46700	+ 5,1
100 und mehr	8800	+11,6	5200	+28,9	14000	+17,4
zusammen	581900	− 2,8	18700	+ 0,2	600600	− 2,7
Betriebe unter 1 ha LF	30000	−10,3	1300	−59,6	31300	−14,5

Nach Agrarbericht 1993, S. 10

Viehhaltung in der Bundesrepublik Deutschland 1991/92

	Alte Bundesländer	Neue Bundesländer	Bundesrepublik Deutschland
Betriebe mit Milchkühen insgesamt	269900	6500	276400
Milchkühe je Betrieb (∅)	17,6	202,1	21,9
Betriebe mit 100 und mehr Milchkühen (%)	0,1	44,2	1,0
Betriebe mit Mastschweinen insgesamt	251900	9100	261000
Mastschweine je Betrieb (∅)	53,9	425,7	66,9
Betriebe mit 1000 und mehr Mastschweinen (%)	0,2	13,0	0,7
Betriebe mit Legehennen insgesamt	210000	10000	220000
Legehennen je Betrieb (∅)	159,7	866,6	191,8
Betriebe mit 1000 und mehr Legehennen (%)	0,5	0,9	0,5

Agrarbericht 1993, S. 12

Landwirtschaftliche Betriebe in der Bundes-republik Deutschland (Flächenanteile nach Größenklassen 1992 in %)

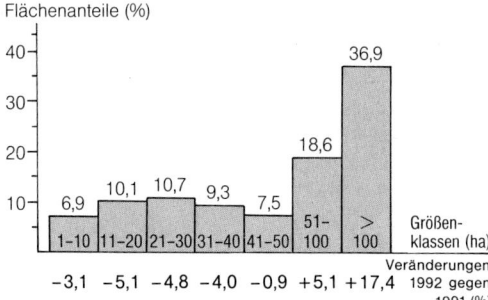

Flächenanteile (%)

Materialband zum Agrarbericht 1993, S. 19 (eigene Berechnungen)

1. *Fassen Sie die Probleme, die den Umstrukturierungsprozeß aufgrund der unklaren Eigentumsverhältnisse belasten, stichwortartig zusammen. Werten Sie dazu auch die Abbildung auf Seite 139 aus.*
2. *Stellen Sie den auf Seite 140 beschriebenen Regelkreis in Form eines Schaubildes dar. Diskutieren Sie Maßnahmen zur Einschränkung der selektiven Migration.*
3. *In den neuen Bundesländern sind bisher deutlich weniger einzelbäuerliche Agrarbetriebe entstanden, als erwartet worden war. Erläutern Sie diesen Sachverhalt vor dem Hintergrund eines Zitats aus einem Interview (Mitte 1992): „Die Vielfalt der Aufgaben beherrscht heute kaum einer der Jüngeren. Die Älteren haben keinen Mut mehr …".*
4. *Die Zahl der Landwirtschaftsbetriebe nimmt in den alten Bundesländern ab, in den neuen Bundesländern jedoch zu (Tab. oben S. 143). Erklären Sie diese unterschiedliche Entwicklung.*
5. *Erarbeiten Sie aus den Tabellen S. 143 einige Beispiele für die agrarstrukturellen Unterschiede zwischen den alten und neuen Bundesländern.*
6. *Erläutern Sie, inwiefern sich die Entwicklungstendenzen der Landwirtschaft in der Bundesrepublik Deutschland aus der oberen Tabelle S. 143 und der Abbildung auf der S. 144 erschließen lassen.*

3.5 Die Landwirtschaft der Bundesrepublik Deutschland im Rahmen der Europäischen Gemeinschaft/Union

Seit der Einbindung der Bundesrepublik Deutschland in die gemeinsame Agrarpolitik der EG/EU (vgl. S. 131) muß die nationale Agrarpolitik mit den anderen Mitgliedsländern abgestimmt werden. Daraus haben sich Vorteile, aber auch Belastungen für die Agrarbetriebe in der Bundesrepublik Deutschland ergeben. Einige Aspekte werden nachstehend dargestellt.

Historische Voraussetzungen

Agrarpolitik und agrarpolitische Maßnahmen hat es in Europa bereits im 18. und 19. Jahrhundert gegeben: Die Bevölkerungszunahme machte die Ausweitung der Produktionsflächen und die Einführung neuer Anbauprodukte (z. B. Kartoffeln und Klee) notwendig. Auch die Nutzviehproduktivität mußte gesteigert werden. Vielfach wurden dazu Marktordnungsregeln aufgestellt.

Etwa ab 1870 jedoch geriet die kleinbäuerliche Landwirtschaft Europas in Konkurrenz zu der großflächig angelegten, frühzeitig spezialisierten Agrarwirtschaft der USA und Kanadas: Aus Übersee drangen deutlich billigere Agrarprodukte auf den europäischen Markt vor.

Die europäischen Staaten reagierten unterschiedlich: England, Belgien, die Niederlande und Dänemark behielten ihre Politik des Wirtschaftsliberalismus (Freihandel) bei. Die Agrarproduzenten dieser Länder wurden somit sehr früh dazu gezwungen, Maßnahmen zur Erhöhung der Produktivität zu ergreifen. In den anderen europäischen Staaten aber wurden (ab 1879) Einfuhrzölle auf Importgetreide erhoben. Damit sollten die nationalen Agrarbetriebe vor der ausländischen Konkurrenz geschützt werden. Dem sich daraus ergebenden *Agrarprotektionismus* (Schutz der heimischen Produktion vor der ausländischen Konkurrenz) schlossen sich nach der Weltwirtschaftskrise 1929 die noch verbliebenen Freihandelsländer Europas an. Auch die überseeischen Getreideexporteure (USA, Kanada, Australien) schränkten den Freihandel ein. In allen Staaten entstanden nun Marktordnungsregeln, mit denen die Agrarmärkte vor Ein-

EG-Mitgliedsländer im Vergleich[1]

	Fläche		Bevölkerung 1991		Wirtschaftsleistung je Einwohner 1992 (EG-Durchschnitt = 100)	Erwerbstätige in der Land- und Forstwirtschaft (% aller Erwerbstätigen)		Anteil der Land- und Forstwirtschaft an der Wirtschaftsleistung 1990 (%)	Durchschnittliche Betriebsgröße 1990 (ha)	Anteil der Land- und Ernährungswirtschaft am Außenhandel 1991 (%)		Anteil Betriebe unter 5 ha LF 1990 (%)
	1000 km²	% der EG	Mio.	% der EG		1970	1990			Einfuhr	Ausfuhr	
Belgien	30,5	1,3	9,84	2,9	112	4,7	2,7	1,9	15,8	10,5	10,3	7,7
Luxemburg	2,6	0,1	0,37	0,1	134	9,3	3,2	2,0	32,1			26,1
Dänemark	43,1	1,8	5,15	1,5	109	11,5	5,6	4,4	34,2	12,2	26,8	2,8
BR Deutschland	356,6	15,1	80,0	23,2	105	8,6	3,4[2]	1,6[2]	18,7[2]	9,9	5,3	32,6[2]
Frankreich	549,1	23,2	57,0	16,5	116	13,9	6,1	3,5	28,2	9,7	14,1	27,2
Griechenland	132,0	5,6	10,0	2,9	49	40,8	24,5	16,3	4,0	14,0	30,5	77,7
Großbritannien	244,1	10,3	57,4	16,6	99	3,2	2,1	2,0	67,9	10,8	7,6	13,8
Irland	70,3	3,0	3,5	1,0	70	27,1	15,0	9,6[3]	26,0	11,2	22,7	11,2
Italien	301,3	12,7	57,0	16,5	107	20,3	9,0	3,2	5,6	12,9	6,9	78,8
Niederlande	41,5	1,8	15,0	4,4	103	6,2	4,6	4,5	16,1	12,7	20,4	32,4
Portugal	92,1	3,9	10,6	3,1	56	30,0	17,8	6,3[3]	6,7	12,9	7,8	82,3
Spanien	504,8	21,3	39,0	11,3	79	26,9	11,8	5,3[3]	15,4	11,9	15,4	61,0
EG der 12	2368,0	100	345,1	100	100	13,5	6,5	3,0	14,0	11,0	10,7	60,0

1) Teilweise Abweichungen gegenüber anderen Tabellen, weil unterschiedliche statistische Erhebungsmethoden angewandt wurden. Die Angaben für Belgien und Luxemburg stehen z. T. nur zusammengefaßt zur Verfügung. Die statistischen Angaben beziehen sich auf den zum Zeitpunkt der Drucklegung möglichen Datenstand.
2) alte Bundesländer
3) 1989

Nach: Institut der deutschen Wirtschaft Köln (Hrsg.): Internationale Wirtschaftszahlen 1993. Köln 1993; Agrarbericht 1993; Fischer Weltalmanach 1993; Globus 9931; Statistisches Amt der EG: Europa in Zahlen. Luxemburg 1992, versch. Seiten

flüssen anderer Länder geschützt werden sollten. Dieser Grundgedanke wurde sehr bald auch auf den Handel mit industriellen Erzeugnissen übertragen.

Die Agrarpolitik der Europäischen Gemeinschaft/der Europäischen Union

Die Europäische Gemeinschaft (EG) ist im Jahr 1957 als Europäische Wirtschaftsgemeinschaft (EWG) gegründet worden. In Europa sollte – als Gegengewicht zum Ostblock und zu Nordamerika – ein einheitlicher Wirtschaftsraum entstehen. In den Gründungsverträgen (Römische Verträge) wurden als Ziele der gemeinsamen Agrarpolitik formuliert: Steigerung der Produktivität, Sicherung einer angemessenen Lebenshaltung für die landwirtschaftlich tätige Bevölkerung, Stabilisierung der Märkte und Sicherung der Nahrungsmittelversorgung zu angemessenen Preisen. Aus diesen Zielsetzungen wurde die Rechtfertigung für staatliche Eingriffe und eine Politik der Einkommenssicherung im Agrarsektor abgeleitet.

Grundsätze der Agrarpolitik:
1. Das Prinzip der Markteinheit (freier Warenverkehr sowie die Abstimmung von Preisen und Wettbewerbsregeln; gemeinsamer Zolltarif für den Warenverkehr mit Drittländern).
2. Das Prinzip der Gemeinschaftspräferenz (steuerliche Begünstigung des Handels mit Agrarprodukten, die innerhalb der Gemeinschaft erzeugt wurden, sowie Schutz vor Preisschwankungen auf dem Weltmarkt.
3. Das Prinzip der finanziellen Solidarität (Ausgaben für die Agrarpolitik werden aus einem gemeinsamen Fonds bestritten, in den die Mitgliedsländer nach festgesetzten Quoten Einzahlungen leisten).

Ausgehend von den Zielen und Grundsätzen sind Marktordnungsregeln für viele Agrarprodukte festgelegt worden: Durch Abnahmegarantien, Preisgarantien und Produktionsbeschränkungen sollen die Interessen von Produzenten und Konsumenten aufeinander abgestimmt werden. Für wichtige Agrarprodukte sind Einfuhrbeschränkungen gegenüber Drittländern festgelegt worden.

Die wichtigsten *Instrumente der Agrarpolitik* sind Richtpreise und Schwellenpreise.
Richtpreise. Für viele Agrarprodukte wird jährlich ein Richtpreis festgelegt. Falls die auf dem Markt erzielbaren Erlöse unter das Richtpreisniveau sinken, kaufen die Behörden den Erzeugern diese Produkte ab. Durch diese Stützungskäufe werden einerseits die Erzeugerpreise stabilisiert, andererseits Überschüsse aus dem Markt genommen. Die angekauften Produkte werden in zentralen Sammelstellen gelagert und – je nach Marktentwicklung – später wieder verkauft.
Schwellenpreise. Die Erzeugerkosten für fast alle EG-Agrarprodukte liegen deutlich über dem Niveau der Weltmarktpreise. Um die Überschwemmung des EG-Marktes von außen und den Zusammenbruch der europäischen Produktion zu vermeiden, werden Schwellenpreise für landwirtschaftliche Erzeugnisse aus Drittländern festgelegt. Ein Lieferant aus einem Nicht-EG/EU-Staat muß die Differenz zwischen dem Schwellenpreis und dem (niedrigeren) Weltmarktpreis als eine Art Zoll an die EG-Behörden abführen. Diese Regelung wird als *Abschöpfung* bezeichnet. Sie erschwert allen Drittländern den Zugang zum europäischen Markt.

Sinngemäß können sich EG/EU-Agrarexporteure die Differenz zwischen dem Weltmarktpreis und dem Marktpreis in der Gemeinschaft erstatten lassen. Dadurch gelangen Agrarerzeugnisse auf den Weltmarkt, die dort eigentlich nicht konkurrenzfähig wären.
Allerdings gibt es auch in anderen Industrieländern *Agrarsubventionen* in starkem Maße.

Agrarsubventionen[1] in Prozent des Wertes der gesamten Agrarproduktion (1992)

Neuseeland	3	Österreich	49
Australien	12	Schweden	57
USA	28	Japan	71
Kanada	44	Schweiz	75
Europäische Gemeinschaft			47

[1] Staatliche Maßnahmen in Form von: direkten Zahlungen, Preisstützungsmaßnahmen sowie weiteren Unterstützungen für die Agrarbetriebe
Nach Angaben der OECD 1993

Das Problem der Überschußproduktion

Selbstversorgungsgrad bei ausgewählten landwirtschaftlichen Erzeugnissen in der Europäischen Gemeinschaft (1991/92)

Erzeugnis	Belgien/ Luxemburg	Dänemark	Bundesrepublik Deutschland	Griechenland	Spanien	Frankreich	Irland	Italien	Niederlande	Portugal	Vereinigtes Königreich	EG
Weizen	78	158	140	66	78	235	104	54	46	58	135	136
Gerste	61	140	136	78	109	234	144	74	25	57	135	133
Getreide insgesamt	55	144	127	127	95	238	120	85	29	56	122	128
Zucker[1]	243	257	154	94	89	236	179	87	208	1	55	135
Wein	4	–	58	114	154	94	–	135	–	141	–	103
Rind- u. Kalbfleisch	178	213	137	32	95	119	977	62	160[2]	75	91	115
Schweinefleisch	180	381	87	73	97	88	126	67	280[2]	91	72	104
Butter	100	168	101	50	221	97	871	58	390	105	50	109

[1] Angaben für 1990/91; Bundesrepublik Deutschland: alte und neue Bundesländer; [2] Angaben für 1990
Agrarbericht 1993 (Materialband), S. 139f.

Die preis- und marktpolitischen Steuerungsinstrumente der gemeinsamen Agrarpolitik haben für die Agrarproduzenten geradezu einen Anreiz zur Steigerung der Erträge dargestellt: Die Agrarproduktion wuchs z. B. im Durchschnitt der Jahre 1973 bis 1988 um 2%, die Verbrauchszunahme stieg in diesem Zeitraum jedoch nur um 0,5% pro Jahr.

Der *Selbstversorgungsgrad* (Inlandserzeugnis in Prozent des Inlandsverbrauchs, einschließlich der Erzeugung aus importierten Futtermitteln) macht deutlich, daß viele Agrarprodukte weit über den innergemeinschaftlichen Bedarf hinaus produziert werden. Die *Überschußproduktion* (alle Agrarprodukte, umgerechnet in Getreideeinheiten, vgl. S. 123) betrug zwischen 1985 und 1992 etwa 15% pro Jahr.

Seit Jahren sind ordnungspolitische Maßnahmen notwendig, um die Überschußproduktion einzuschränken. Die Milchproduktion ist ein markantes Beispiel: Festpreise, unbeschränkte Abnahmegarantien und die zunehmende Produktivität der Milchkühe hatten die Milcherzeugung von 79 Mio. t (1960) auf 118 Mio. t (1984) ansteigen lassen. Trotz Abschlachtprämien für Milchkühe und anderer Maßnahmen wurde der Haushalt mit immer höheren Ausgaben für Überschüsse aus der Milchproduktion belastet. Erst durch Regelungen wie „Milchrente" (bei freiwilliger Rücknahme der Produktion) und „Quotenregelung" (Festlegung von Höchstmengen pro Betrieb) ist es für einige Jahre gelungen, die Überschußproduktion zu begrenzen und die Lagerbestände aus der Milchproduktion (Butter und Magermilchpulver) abzubauen. Verbrauchsrückgänge (z. B. bei Butter) und die wiederum gesteigerten Milchkuherträge haben die Lagerbestände wieder ansteigen lassen.

Lagerbestände in der Europäischen Gemeinschaft: Butter und Magermilchpulver 1981–1992 (in 1000 t)

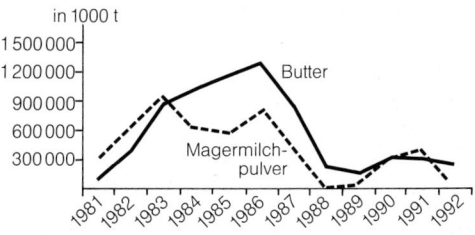

Statistisches Amt der EG (Hrsg.): Europa in Zahlen. Brüssel/Luxemburg 1992, S. 147, ergänzt nach Agrarbericht 1993 (Materialband), S. 143

Das Beispiel Milchproduktion läßt sich grundsätzlich auf die meisten anderen Agrarprodukte übertragen. Insbesondere bei der Getreide- und Rindfleischerzeugung hat es ähnliche Entwicklungen gegeben.

Lagerbestände in der Europäischen Gemeinschaft

Erzeugnis	Bestände in 1000 t Produktgewicht					
	Europäische Gemeinschaft			Bundesrepublik Deutschland		
	1984	1987	1992	1984	1987	1992
Getreide	11810	8153	25260	3573	3147	10021
Rindfleisch	611	688	860	113	176	174

Agrarbericht 1988 (Materialband), S. 122, sowie Agrarbericht 1993 (Materialband), S. 143

Anteil der Bundesrepublik Deutschland an der Agrarproduktion der EG-Staaten (%)

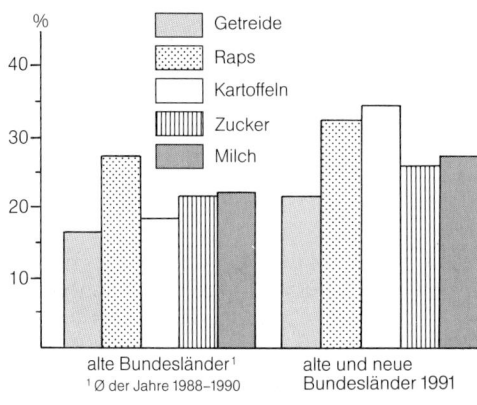

Nach Agrarbericht 1992, S. 69

Ein zusätzliches Überschußproblem könnte sich aus dem Einigungsprozeß in Deutschland ergeben: In den neuen Bundesländern ist mit erheblichen Ertragssteigerungen zu rechnen, wenn die Umstrukturierungsprobleme überwunden sind. Darüber hinaus wird es zu innergemeinschaftlichen Auseinandersetzungen kommen, weil bereits die alten Bundesländer bei einigen Agrarprodukten sehr hohe Marktanteile gehabt haben.

Agrarreform 1992

Im Jahr 1992 ist eine umfassende Reform der Agrarpolitik der EG beschlossen worden. Der Anteil des Agrarhaushalts am Gesamthaushalt der EG hatte in den Vorjahren jeweils mehr als die Hälfte der insgesamt zur Verfügung stehenden Haushaltsmittel aufgezehrt. Die Möglichkeiten der EG, in anderen Bereichen (z. B. in der Regional- und Sozialpolitik) tätig zu werden, sind durch die Agrarausgaben zu sehr eingeschränkt worden. Darüber hinaus hatten sich aus der protektionistischen Agrarpolitik der EG wachsende Spannungen im Welthandel ergeben (vgl. S. 280).

Der EG-Haushalt 1992

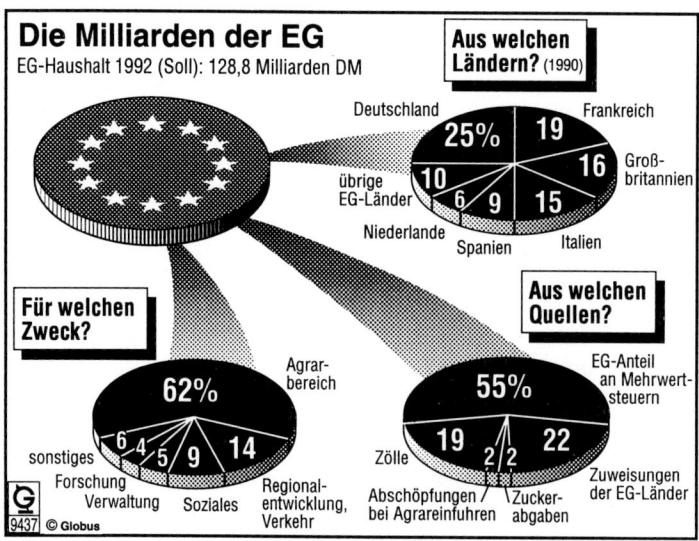

148

EG-Marktordnungsausgaben[1] für die Landwirtschaft (1979–1990; Mrd. DM)

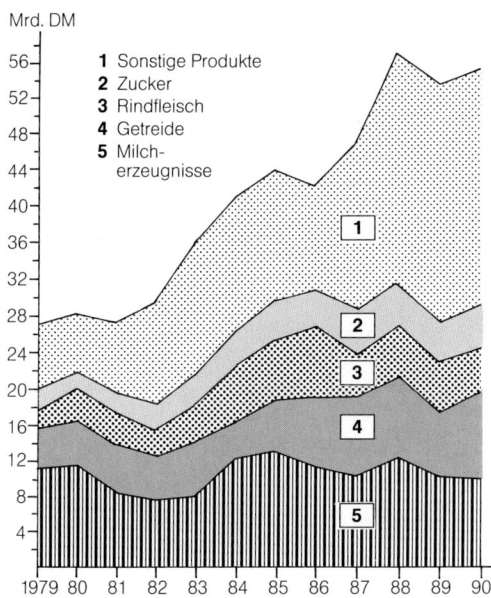

Mrd. DM

1 Sonstige Produkte
2 Zucker
3 Rindfleisch
4 Getreide
5 Milcherzeugnisse

1979 80 81 82 83 84 85 86 87 88 89 90

[1] Ausgaben für die Beeinflussung und Steuerung des Agrarmarktes (die Marktordnungsausgaben betrugen im Jahr 1991 65 Mrd. DM, im Jahr 1992 71 Mrd. DM)
Nach Agrimente 91, S. 64

Die *Agrarreform* 1992 hat folgende Ziele:
– Einschränkung der Überschußproduktion und sinnvollere Verwendung der Haushaltsmittel;
– Verminderung der umweltbelastenden Intensivwirtschaft;
– Verbesserung der Verhandlungsposition bei den GATT-Konferenzen (vgl. S. 277).
Die Reform wurde nach fast zweijährigen Verhandlungen vereinbart. Sie sieht eine Umstellung des bisherigen Systems der Marktstützung auf mehr direkte Einkommensbeihilfen für die Landwirtschaftsbetriebe vor. Für die Preis- und Mengensteuerung setzt die Reform drei Akzente:
1. Die bisherigen Garantiepreise für wichtige Produkte werden in mehrjährigen Stufenplänen erheblich gesenkt und damit schrittweise an das Preisniveau auf dem Weltmarkt angeglichen;
2. Betriebe mit Flächen über 15 ha müssen mindestens 15% der Flächen stillegen, wenn sie Prämien in Anspruch nehmen wollen;

3. Einkommensverluste werden durch Ausgleichszahlungen und Flächenstilllegungsprämien ausgeglichen.
Die Agrarreform wird hart kritisiert, denn sie setzt vorrangig bei der Getreideproduktion an. Andere Überschußbereiche (z. B. Milchproduktion und Rindermast) werden nur geringfügig reguliert. Nicht eingeschränkt wird z. B. die Produktion von Wein, Zucker, Obst, Oliven, Gemüse, Öl und Reis.
Kritisiert wird auch, daß die Ausgleichszahlungen die entstehenden Einkommensverluste nicht abdecken, daß andererseits aber die Agrarausgaben der EU im Zeitraum 1993 bis 1999 keineswegs sinken, sondern sogar noch ansteigen werden.

Flächenstillegung

Erhebliche Vorbehalte bestehen auch gegenüber dem Ansatz der Reform, durch Flächenstillegungen eine Verminderung der Überschußproduktion erreichen zu wollen. *Flächenstillegung* bedeutet, daß die Landwirtschaftsbetriebe einen Teil der Wirtschaftsflächen für begrenzte Zeiträume nicht mehr mit Getreide, Ölsaaten oder Eiweißpflanzen bestellen. Die Flächen müssen jedoch begrünt oder der Selbstbegrünung überlassen werden. Eine nichtlandwirtschaftliche Nutzung – insbesondere zu Zwecken des Naturschutzes und der Landschaftspflege – ist erlaubt. Möglich ist auch die Aufforstung, die Umwandlung in Grünland sowie der Anbau von Futterpflanzen oder nachwachsenden Rohstoffen (vgl. S. 152). Die stillgelegten Flächen dürfen nicht gedüngt, Pflanzenschutzmittel dürfen nicht ausgebracht werden. Als Ausgleich für die Stillegung erhalten die Betriebe Ausgleichszahlungen, deren Höhe sich nach der Ertragsmeßzahl der Böden richtet.
Das Flächenstillegungsprogramm der Agrarreform 1992 wird in verschiedener Hinsicht kritisiert:
Schon die bisherigen Flächenstillegungs- und Extensivierungsprogramme, die in einigen Ländern seit 1988 angeboten werden, haben nicht zu nennenswerten Produktionsrückgängen geführt: Die Flächenrücknahme ist allein durch den Ertragszuwachs kompensiert worden, der sich aus dem technischen und biologischen Fortschritt in der Landwirtschaft ergeben hat.

149

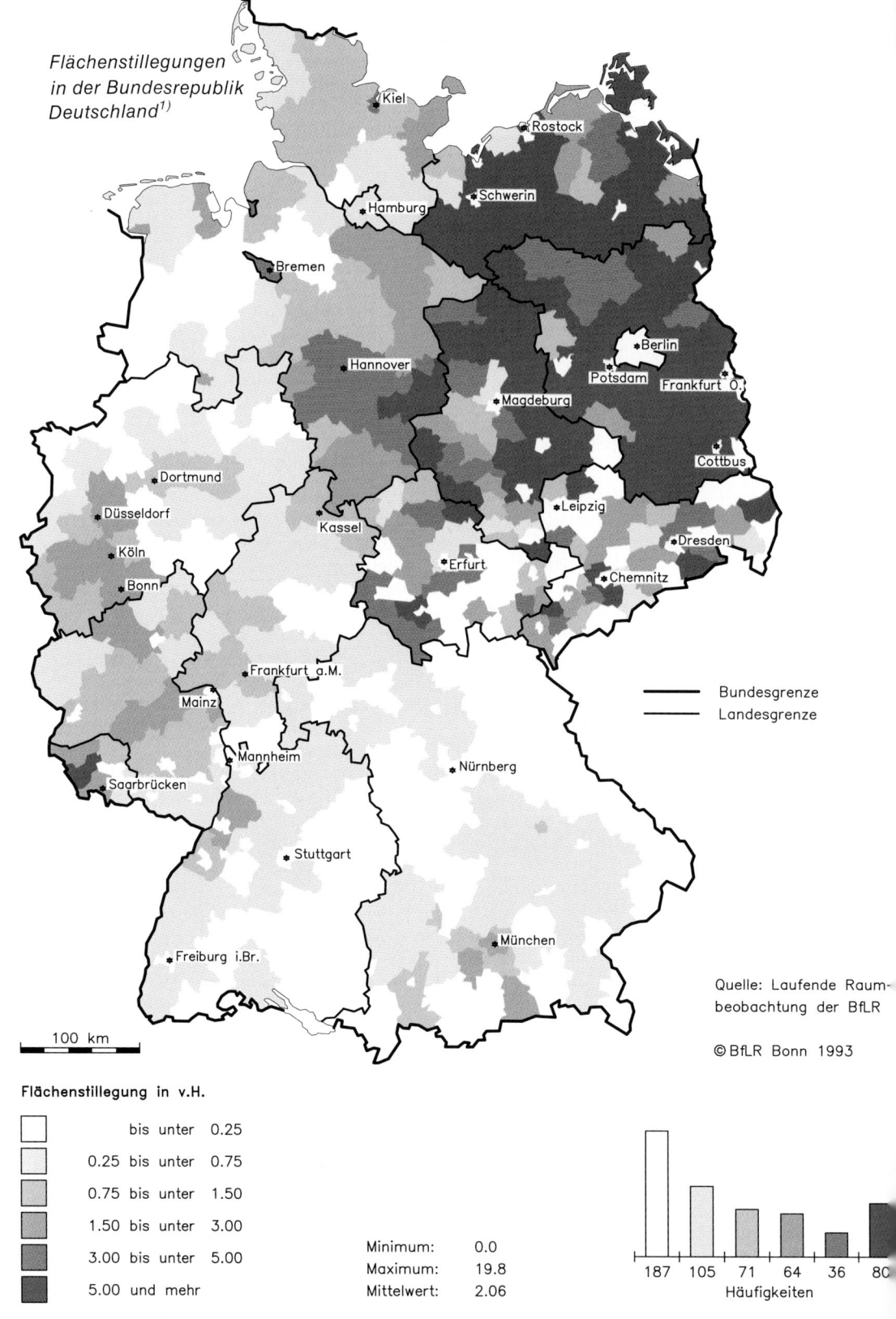

Flächenstillegungen
in der Bundesrepublik
Deutschland[1]

Bundesgrenze
Landesgrenze

Quelle: Laufende Raum-
beobachtung der BfLR

© BfLR Bonn 1993

Flächenstillegung in v.H.

	bis unter 0.25
	0.25 bis unter 0.75
	0.75 bis unter 1.50
	1.50 bis unter 3.00
	3.00 bis unter 5.00
	5.00 und mehr

Minimum: 0.0
Maximum: 19.8
Mittelwert: 2.06

Häufigkeiten
187 105 71 64 36 80

[1] Anteil der stillgelegten Ackerfläche an der gesamten Ackerfläche in % (alte Bundesländer: stillgelegte Ackerflächen
1988/89 bis 1990/91; neue Bundesländer: zur Stillegung beantragte Ackerflächen 1991/92)
*Bundesforschungsanstalt für Landeskunde und Raumordnung: Informationen zur Raumentwicklung, Heft 7/1992
(ohne Seitenangabe)*

Flächenstillegungen in der EG 1988/89–1991/92 (fünfjährige Stillegung)[1]

	Stillgelegte Flächen insgesamt (ha)	Anteil der Stillegungsflächen an der	
		Gesamtackerfläche (%)	Gesamtgetreidefläche (%)
Dänemark	12813	0,5	0,8
Bundesrepublik Deutschland[2]	488473	4,3	7,2
Frankreich	235492	1,3	2,5
Großbritannien	152700	2,3	4,4
Italien	721847	8,1	17,2
Niederlande	15373	1,7	8,5
Spanien	103169	0,7	1,4
EG der 12	1735003	2,4	4,8

[1] Mitgliedsländer mit nur unwesentlichen Stillegungsanteilen sind nicht aufgeführt.
[2] Angabe für die alten Bundesländer. In den neuen Bundesländern wurden im Wirtschaftsjahr 1990/91 zusätzlich ca. 600000 ha stillgelegt (12,8 % der Gesamtackerfläche).
Nach Mitteilungen der EG-Kommission 1993

Vielfach sind auch ertragsschwache Böden stillgelegt worden, während die Produktion auf den weiterbewirtschafteten Flächen intensiviert wurde.

Auch aus ökologischer Sicht wird die Flächenstillegung zurückhaltend beurteilt: Zwar ergeben sich prinzipiell Entlastungseffekte durch die Verminderung der intensiv bewirtschafteten Flächen. Die Stillegungsflächen liegen jedoch nur teilweise (und zufällig) dort, wo sie aus Sicht von Naturschutz und Landschaftspflege benötigt würden. Denn die Agrarbetriebe legen dort Ackerflächen still, wo es aus ökonomischen, nicht aber aus ökologischen Gründen sinnvoll ist. Darüber hinaus kann ein für alle Länder einheitliches Stillegungsprogramm den standortspezifischen Besonderheiten nicht Rechnung tragen. Das Zusammenwirken von Variablen wie Klima, Bodentyp, Höhe des Grundwasserspiegels, bisherige Nutzung, Begrünungsart und Pflegemaßnahmen während der Stillegungszeit führt zu sehr unterschiedlichen Effekten im Boden- und Gewässerhaushalt. Die boden- und gewässerökologischen Konsequenzen, die sich aus den Brachezeiten ergeben, sind zudem noch nicht hinreichend genau erforscht: Bisher liegen nur vereinzelte Langzeitanalysen z. B. über die Nährstoffbilanzen von Böden unter Brache vor.

Auch aus raumordnerischer Sicht werden Bedenken gegen das Flächenstillegungsprogramm formuliert: Die Herausnahme von Flächen aus der Nahrungsmittelproduktion verteilt sich sowohl in der Bundesrepublik Deutschland als auch innerhalb der Mitgliedsländer sehr unterschiedlich (vgl. Karte links sowie Tabelle oben). Je nach den natürlichen Produktionsvoraussetzungen und den agrarstrukturellen Bedingungen sind inzwischen in verschiedenen Regionen bis zu 41 % der landwirtschaftlichen Nutzflächen stillgelegt worden. Damit sind zwangsläufig Auswirkungen auf die ländlichen Räume verbunden: Insbesondere in den strukturschwachen ländlichen Räumen der neuen Bundesländer werden negative Konsequenzen für den Arbeitsmarkt, für die Bevölkerungsstruktur und für den Erhalt einer bedarfs- und funktionsgerechten Infrastruktur befürchtet.

Schließlich stellt – aus gesamtwirtschaftlicher Sicht – die Verminderung der landwirtschaftlichen Überschüsse durch die Prämierung der Nichtproduktion ein ökonomisch eher zweifelhaftes Vorgehen dar. Eine Streichung der Zuschüsse für ertragssteigernde Maßnahmen wäre eine denkbare Alternative gewesen.

Inzwischen wird vielfach eine Veränderung der Reformbestimmungen gefordert: Flächenstillegungen sollten vorrangig von raumordnerischen und ökologischen Kriterien gesteuert und auf die naturräumlichen sowie agrarstrukturellen Besonderheiten der einzelnen Agrarräume abgestimmt werden. Auf diese Weise könnte zwischen den ökonomischen, ökologischen und agrarsozialen Zielsetzungen angemessen vermittelt werden.

Nachwachsende Rohstoffe

Die Lösung des Überschußproblems wird vielfach auch im Anbau von *nachwachsenden Rohstoffen* gesehen. Diese werden in Industrie- und Energiepflanzen unterschieden. Industriepflanzen (z. B. Mais, Kartoffeln, Sonnenblumen) liefern chemische Grundstoffe für Zucker, Stärke, Öle und Farben. Andere Industriepflanzen (z. B. Flachs) werden in der Textilproduktion verwendet.

Energiepflanzen werden in zwei Hauptgruppen unterschieden:
- Pflanzen bzw. Pflanzenteile, die zur direkten Energiegewinnung verbrannt werden können (Stroh; Holz schnellwüchsiger Bäume wie Weiden und Pappeln; Schilfpflanzen);
- Pflanzen, aus denen Kraftstoffe und Öle (z. B. Bioethanol/Biodiesel) hergestellt werden können (z. B. Rüben, Kartoffeln, Mais, Sonnenblumen).

Nach Einschätzung der EG/EU-Behörden werden bereits in wenigen Jahren etwa 10–15 % der gesamten landwirtschaftlichen Fläche nicht mehr für die Nahrungsmittelproduktion benötigt. Durch den Anbau nachwachsender Rohstoffe könnten landwirtschaftliche Anbaukapazitäten in den Nichtnahrungsbereich umgelenkt werden. Neben der Verminderung der Nahrungsmittelproduktion würden sich Entlastungseffekte für die Umwelt ergeben. Auch die Einkommen in der Landwirtschaft könnten steigen, denn nachwachsende Rohstoffe dürfen auf stillgelegten Flächen produziert werden, ohne daß die Stillegungsprämie verloren geht.

In fast allen Mitgliedsländern sind in den letzten Jahren Forschungsprojekte begonnen worden, in denen die Rahmenbedingungen für den Anbau und die Verwendung nachwachsender Rohstoffe untersucht werden. Nach gegenwärtigem Kenntnisstand ist eine Wettbewerbsfähigkeit nachwachsender Rohstoffe in den nächsten Jahrzehnten nur bei den Industriepflanzen, also im chemisch-technischen Bereich, zu erwarten. Allerdings sind die von der Industrie benötigten Mengen noch auf Jahre hinaus so gering, daß mit einer spürbaren Marktentlastung nicht zu rechnen ist.

Auch im energetischen Sektor werden die Möglichkeiten für nachwachsende Rohstoffe skeptisch beurteilt: Die Kosten pro kWh liegen – beim heutigen Stand der Anlagentechnik – etwa viermal höher als bei herkömmlich erzeugtem Strom.

Praxisreif ist inzwischen die Herstellung von Kraftstoffen, die, wie z. B. Rapsöl, als Substitut (Ersatz) für Dieselkraftstoffe verwendet werden können. Für die Herstellung des Öls müssen jedoch erhebliche Mengen fossiler Energie eingesetzt werden. Der Einsatz in großem Umfang ist daher nicht zu erwarten.

Nicht nur Kostenaspekte, sondern auch Umweltgesichtspunkte lassen es als zweifelhaft erscheinen, daß Energiepflanzen zukünftig einen bedeutsamen Beitrag zur Energieversorgung leisten können: Zwar ist die Verbrennung von Biomasse CO_2-neutral, weil nur diejenige Menge des klimawirksamen Kohlendioxids freigesetzt wird, die während des Pflanzenwachstums aus der Atmosphäre entnommen wurde. In eine vollständige CO_2-Bilanz müßte jedoch auch der Energiebedarf für die gesamte Produktion (Anbau, Ernte, Transporte, Lagerung usw.) der pflanzlichen Rohstoffe eingehen.

Bedenken bestehen auch gegenüber der nicht auszuschließenden Belastung der Böden und des Grundwassers durch Dünge- und Pflanzenschutzmittel. Hinzu kommt der erhebliche Wasserbedarf schnellwüchsiger Pflanzen. Ökologisch nicht vertretbar ist auch die Anlage großflächiger Monokulturen, die eine Voraussetzung für einen nennenswerten Beitrag zur Energieversorgung wäre. Ungeklärt ist auch die Entsorgung von Abfallstoffen, die z. B. bei der Herstellung von Rapsmethylester (Biodiesel) anfallen.

Biotechnologie und Gentechnik

Ein weiterer Aspekt im Zusammenhang mit der landwirtschaftlichen Überschußproduktion ist die biologische bzw. gentechnische Veränderung von Nutzpflanzen und Nutztieren. Die Zielsetzungen sind Ertragssteigerungen, Qualitätsverbesserungen sowie eine Verminderung der Anfälligkeit gegenüber Schädlingen bzw. Erkrankungen. Erforscht wird auch, inwiefern Nutzpflanzen über ihr eigentliches Verbreitungsgebiet hinaus angebaut werden könnten (vgl. S. 100 ff.).

Weltweit sind in den letzten Jahren etwa 1100 Freilandversuche mit gentechnisch veränderten Pflanzen vorgenommen worden. Auch in der Bundesrepublik Deutschland finden inzwischen Freilandversuche mit Blumen, Kartoffeln und Rüben statt.

Die *Biotechnologie* und *Gentechnik* sind heftig umstritten: Sie werden einerseits als eine notwendige Fortentwicklung der Agrartechnologie bezeichnet, deren „mögliche Nutzanwendungen in der Land- und Forstwirtschaft im Rahmen der agrarpolitischen Ziele" erforscht werden sollen (Agrarbericht 1993, S. 169). Andererseits werden die Biotechnologie und Gentechnik als „Risikotechnik" bezeichnet, deren Gefahrenpotential zu hoch und – auch bei noch weiterer Intensivierung der Forschung – letztlich nicht kontrollierbar ist. Bei Freilandversuchen könnten die transgenen Pflanzen verwildern, ihre neuen Eigenschaften auf andere Pflanzen übertragen und das ohnehin gestörte ökologische Gleichgewicht noch mehr verändern.

Die Gegner stellen die Grundsatzfrage, ob eine primär auf weitere Ertrags- und Leistungssteigerungen gerichtete Fortentwicklung der Agrartechnologie überhaupt sinnvoll und notwendig ist. Biotechnologie und Gentechnik könnten eine weitere Stufe eines nicht mehr zeitgemäßen Fortschrittsdenkens sein.

Darüber hinaus wird befürchtet, daß sich weitere Abhängigkeiten der Landwirtschaft von multinationalen Konzernen ergeben könnten, bei denen sich schon heute das technische Know-how über diese Technologie konzentriert hat. Aus diesem Grund wird auch bestritten, daß sich aus der Biotechnologie und Gentechnik Vorteile für die Ernährungssituation in den Entwicklungsländern ergeben könnten: Parallelen zur Grünen Revolution (vgl. S. 362) drängen sich auf.

Bezeichnenderweise hat sich im Jahr 1993 die EG-Kommission gegen die Verwendung des gentechnisch hergestellten Wachstumshormons BST (Bovines Somatotropin) ausgesprochen. Mit BST kann die Milchleistung von Kühen um bis zu 20 % erhöht werden. Die Ablehnung wurde mit dem Widerspruch zur EG-Agrarreform 1992 begründet, mit der vor allem die Einschränkung der Überschußproduktion angestrebt wird. Auch strukturpolitische Gründe sprechen gegen die Verwendung von BST: Das Wachstumshormon hätte – als teure Technologie – die Konzentration der Milchproduktion auf Großbetriebe begünstigt. Bäuerliche Milchviehbetriebe wären EG-weit vom Markt gedrängt worden. Dies hätte zu einer unerwünschten Beschleunigung des landwirtschaftlichen Strukturwandels beigetragen.

Nahrungsmittelvernichtung

Die Agrarpolitik der EG/EU steht auch deshalb unter öffentlicher Kritik, weil seit Jahren immer wieder Nahrungsmittel „aus dem Markt genommen", also vernichtet oder an Tiere verfüttert werden. Angesichts der Nahrungsmittelknappheit in vielen Ländern der Dritten Welt erscheinen solche Maßnahmen als völlig unverständlich. Die Behörden weisen zwar darauf hin, daß die vernichteten oder verfütterten Nahrungsmittel nur einen Bruchteil der gesamten Agrarproduktion ausmachen. Trotzdem aber dürften Nahrungsmittel grundsätzlich nicht zweckentfremdet werden: „Vielmehr sollten sie auch dann einer sinnvollen Verwendung zugeführt werden, wenn die dabei entstehenden Kosten höher sind als die Kosten für die Vernichtung" (Langhard 1992).

Die Agrarpolitik der EG darf jedoch nicht zu einer negativen Einschätzung des europäischen Gedankens führen. Die Nahrungsmittelversorgung in den Mitgliedsländern ist sichergestellt worden. Agrarpolitische Maßnahmen haben zur Verbesserung der ländlichen Wirtschafts- und Sozialstruktur beigetragen. Dabei sind Strukturverbesserungen erreicht worden, die von einigen Mitgliedsländern aus eigener Kraft nicht finanzierbar gewesen wären.

Die bisherigen Erfolge müssen auch an den Grundbedingungen gemessen werden: Jedes Mitgliedsland hat spezifische naturräumliche und agrarstrukturelle Besonderheiten. Es ist eine besondere Schwierigkeit, gemeinsame Zielsetzungen zu formulieren und – zum Beispiel – einen Interessenausgleich zwischen der Landwirtschaft im Süden Griechenlands und im Norden Großbritanniens herbeizuführen.

1. *Werten Sie die Tabelle „EG-Mitgliedsländer im Vergleich" (S. 145) aus. Erarbeiten Sie – an je einem Land aus Nord-, Mittel- und Südeuropa – Belege für die unter-*

schiedliche wirtschaftliche Bedeutung des Agrarsektors.

2. Notieren Sie einige Extremwerte aus der Tabelle „Selbstversorgungsgrad ...“ (S.147), und erklären Sie diese aus den jeweiligen naturräumlichen Bedingungen der Mitgliedsländer (Atlas).

3. Ordnungspolitische Maßnahmen sind ein fester Bestandteil der Agrarpolitik der EG/EU. Nennen Sie Beispiele, und stellen Sie Argumente für eine Pro-und-Contra-Diskussion zusammen.

4. Erklären Sie, weshalb die wirtschaftlichen und agrarsozialen Ziele der Agrarpolitik zum Problem der Überschußproduktion führen mußten.

5. Das Diagramm „EG-Marktordnungsausgaben“ (S. 149) spiegelt den charakteristischen Verlauf der EG-Nahrungsmittelproduktion wider. Erklären Sie diese Aussage.

6. Flächenstillegung und der Anbau nachwachsender Rohstoffe sind wichtige Maßnahmen der EG/EU, um die Überschußproduktion von Nahrungsmitteln einzuschränken. Formulieren Sie, ggf. unter Heranziehung weiterer Informationen, Ihre persönliche Auffassung von der Wirksamkeit dieser Maßnahmen.

7. Diskutieren Sie die Auffassung, daß Nahrungsmittelüberschüsse grundsätzlich nicht vernichtet werden dürften.

3.6 Landwirtschaft und Umwelt

In allen Industrieländern nimmt die gesamtwirtschaftliche Bedeutung der Landwirtschaft immer mehr ab. So hatte der primäre Sektor in der Bundesrepublik Deutschland im Jahr 1992 nur noch einen Anteil von 1,1% an der gesamten Wirtschaftsleistung. Auch die Zahl der Erwerbstätigen im Agrarsektor geht ständig zurück. Deshalb wird die eigentliche ökologische Bedeutung der Landwirtschaft vielfach unterschätzt. Das öffentliche Interesse konzentriert sich stärker auf Umweltbelastungen, die sich in der Industrie, in der Energiewirtschaft, im Straßenverkehr oder durch den Tourismus ergeben.

Landwirtschaftlich genutzte Flächen nehmen jedoch noch immer den größten Teil der Wirtschaftsflächen ein. Die Nutzungsentscheidungen der Agrarproduzenten gestalten und prägen den Wirtschaftsraum, der zugleich auch den Lebens- und Erho-

Verbrauch von Pflanzenschutzmitteln in der Bundesrepublik Deutschland (alte Bundesländer; Wirkstoffmengen in 1000 t)

	1981	1992
Herbizide	20,9	19,0
Insektizide	2,3	4,0
Fungizide	6,5	10,0

Agrarbericht 1993 (Materialband), S. 162

Flächennutzung in Deutschland

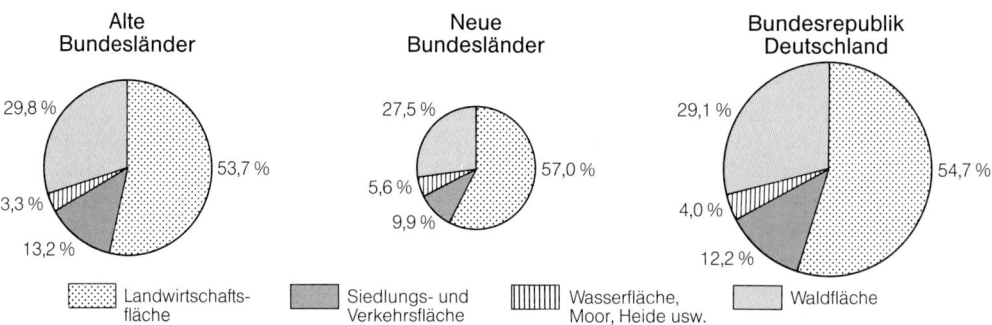

Alte Bundesländer	Neue Bundesländer	Bundesrepublik Deutschland

Alte Bundesländer: 29,8 % / 53,7 % / 3,3 % / 13,2 %
Neue Bundesländer: 27,5 % / 57,0 % / 5,6 % / 9,9 %
Bundesrepublik Deutschland: 29,1 % / 54,7 % / 4,0 % / 12,2 %

Legende: Landwirtschaftsfläche · Siedlungs- und Verkehrsfläche · Wasserfläche, Moor, Heide usw. · Waldfläche

Nach Angaben des Statistischen Bundesamtes 1992

154

Viehbestände und Bestandskonzentrationen in der Bundesrepublik Deutschland (alte Bundesländer)

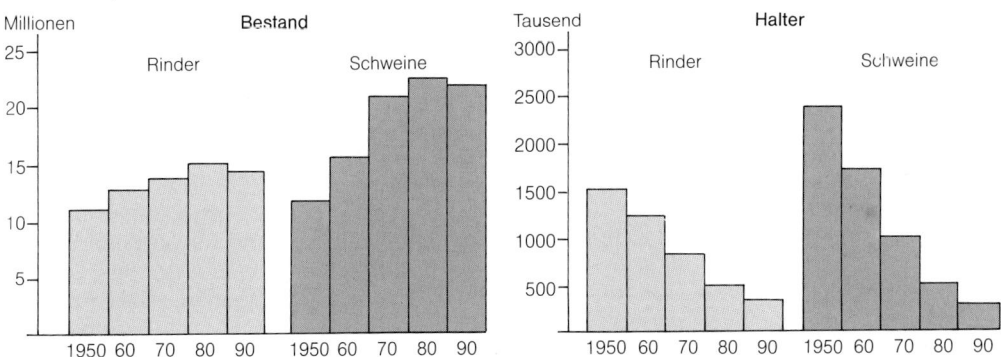

Nach Statistisches Bundesamt (Hrsg.): Umwelt. Fachserie 19, Reihe 4 (Umweltökonomische Gesamtrechnungen). Wiesbaden 1992, S. 38

lungsraum darstellt. Damit ist die gesamte Bevölkerung von diesen Nutzungsentscheidungen betroffen, da Stoffentnahmen (z. B. Grundwasser zur Bewässerung) und Stoffeinträge (z. B. Dünger und Pflanzenschutzmittel) nicht ohne Konsequenzen (z. B. für die Trinkwasserqualität) bleiben können.

Deshalb bestehen heute schwerwiegende Interessenkonflikte zwischen den ökonomischen Zwängen und den ökologischen Erfordernissen bei der Nahrungsmittelproduktion (vgl. S. 132).

Eine besondere Bedeutung im Zusammenhang von Landwirtschaft und Umwelt kommt der Veredelungswirtschaft zu (vgl. S. 105). Sie wird, wenn besonders hohe Tierbestandskonzentrationen vorliegen, auch als Massentierhaltung oder Intensivtierhaltung (vgl. S. 110) bezeichnet. Da klare Abgrenzungskriterien fehlen, wird nachstehend die Bezeichnung „Intensivtierhaltung" verwendet.

In den letzten Jahrzehnten sind im Zuge des wirtschaftlichen Strukturwandels weltweit völlig neue Organisationsstrukturen der Agrarwirtschaft entstanden. Insbesondere in der Viehwirtschaft haben sich Konzentrationsräume herausgebildet, die sich durch verschiedene Standortvorteile auszeichnen (Böden, Verfügbarkeit von Futtermitteln, Absatzmärkte). In diesen Konzentrationsräumen bestehen heute agrarische Verbundsysteme, deren Organisationsstruktu-

ren (Erzeugung, Verarbeitung und Vermarktung) durchaus mit der horizontalen und vertikalen Verflechtung in der Industrieproduktion (vgl. S. 206 ff.) vergleichbar sind.

In der Bundesrepublik Deutschland sind mehrere Konzentrationsräume der *Intensivtierhaltung* entstanden. Sie sind – im Vergleich zu anderen Agrarräumen – durch folgende Merkmale gekennzeichnet:
– überdurchschnittlich hoher Viehbestand;
– überdurchschnittlich hohe Bestandskonzentrationen der einzelnen Tierarten in den Betrieben;
– überdurchschnittlich hoher Anteil von Betrieben mit Intensivtierhaltung an allen Agrarbetrieben.

Der Raum Südoldenburg ist einer der ausgeprägtesten Konzentrationsräume der Intensivtierhaltung in Europa. Bis zur Jahrhundertwende hatten in diesem Agrarraum ungünstige Ertragsvoraussetzungen bestanden: Die vorherrschenden Sandböden lieferten nur geringe Erträge und ließen somit nur geringe Tierbestände zu. Die zahlreichen Kleinbauern konnten gerade das Existenzminimum erwirtschaften.

Mit dem Anschluß Südoldenburgs an das Eisenbahnnetz (1895) wurde der Bezug von preiswerten Dünge- und Futtermitteln über die Häfen an der Unterweser möglich. Viele Betriebe haben sich auf die Schweine- und Kälbermast spezialisiert. Absatzmärkte waren vor allem die wachsenden städtischen Zentren des Ruhrgebiets.

Wenige Jahre nach dem Zweiten Weltkrieg

ist die Nachfrage nach Fleischprodukten sprunghaft angestiegen. Eine Vergrößerung der Betriebsflächen war nicht möglich. Nur durch innerbetriebliche Aufstockung (Erhöhung der Tierbestände) und durch neue Produktionszweige (Hähnchenmast und Legehennenhaltung) konnte die Produktion gesteigert werden.

Entwicklung der Viehbestände in Südoldenburg

	Landkreis Cloppenburg	Landkreis Vechta
Rinder		
1970	83 900	59 851
1986	183 627	119 187
1990	199 636	119 437
Schweine		
1970	446 233	385 778
1986	864 942	779 263
1990	783 522	751 332
Hühner		
1970	1 833 052	7 847 641
1986	2 448 003	11 002 862
1990	3 719 302	11 755 559

Monika Böckmann, Ingo Mose: Agrarische Intensivgebiete – Entwicklung, Strukturen und Probleme. In: Hans-Wilhelm Windhorst (Hrsg.): Industrialisierte Landwirtschaft und Agrarindustrie. Vechtaer Arbeiten zur Geographie und Regionalwissenschaft, Bd. 8, Vechta 1989, S. 35. Angaben für 1990: Universität Oldenburg, Abteilung Vechta

Begrenzungen für diese Produktionsausweitungen bestanden nicht: Die Futtermittelversorgung war durch Importe und die eigene Produktion gesichert. Die Entsorgung der *Gülle* (mit Wasser versetzte tierische Exkremente) erfolgte auf den betriebseigenen Ackerflächen.

Der weitere Anstieg der Tierbestände hat in den Folgejahren zu einer entsprechenden Zunahme des Gülleaufkommens geführt. Seit 1990 fallen jährlich etwa 1,5 Mio. m^3 Gülle an. Grundsätzlich ist Gülle ein wertvoller Naturdünger. Übersteigt jedoch die auf die Felder aufgebrachte Menge die Verwertungsmöglichkeiten der Pflanzen und die Speicherkapazität des Bodens, so tritt eine pflanzenschädigende Überdüngung ein. Als weitere Folge kommt es zum dauerhaften Eintrag von Schwermetallen in den Boden sowie zur Nitratanreicherung im Grundwasser.

Im Südoldenburger Raum mußten seit 1990 etwa 30% der privaten Trinkwasserbrunnen geschlossen werden, weil der EG-Grenzwert für Nitrat (50 mg/l) deutlich überschritten worden war. Das „Gülle-Problem" hat aber – neben der fast ständigen Geruchsbelästigung – auch zu Veränderungen der Anbaustruktur geführt: Die Zunahme der Maisanbauflächen ist damit zu erklären, daß die Maispflanzen einen hohen Stickstoffbedarf haben. Sie vertragen deshalb höhere Güllemengen als andere Getreidearten. Zudem kann Mais als Viehfutter verwendet werden und Jahr für Jahr ohne Fruchtwechsel auf denselben Flächen angebaut werden.

Auswirkungen der Intensivtierhaltung zeigen sich inzwischen schon in benachbarten Agrarräumen: Veredelungsbetriebe kaufen oder pachten dort Ackerflächen, um über zusätzliche Nachweisflächen für die Gülleausbringung zu verfügen.

Landwirtschaftliche Strukturdaten ausgewählter deutscher Landkreise 1990[1]

	Flächenangaben (ha)			Nutzviehbestände		
	Gesamtfläche	Landw. Nutzfläche	Mais	Rinder	Schweine	Hühner
Erding/Bayern	87 081	61 699	1 277	142 863	54 264	269 921
Fulda/Hessen	112 776	64 236	87	83 492	80 077	261 834
Grafsch. Bentheim/Nieders.	78 800	62 945	13 787	134 286	319 075	28 991
Gütersloh/Nordrhein-Westf.	96 629	60 124	5 465	90 140	269 643	768 320
Neuruppin/Brandenburg	126 376	61 219	5 313	45 642	61 282	69 673
Northeim/Niedersachsen	109 071	60 049	1 415	43 075	79 207	77 068
Stendal/Sachsen-Anhalt	95 446	60 628	5 082	43 802	85 027	1 321 100
Vechta/Niedersachsen	81 241	66 061	9 592	119 437	751 332	11 755 559

[1] Auswahlkriterium: Größe der LF um 60 000 ha

Nach Erhebungen durch die IMA (Informationsgesellschaft für Meinungspflege und Aufklärung e. V.) 1992

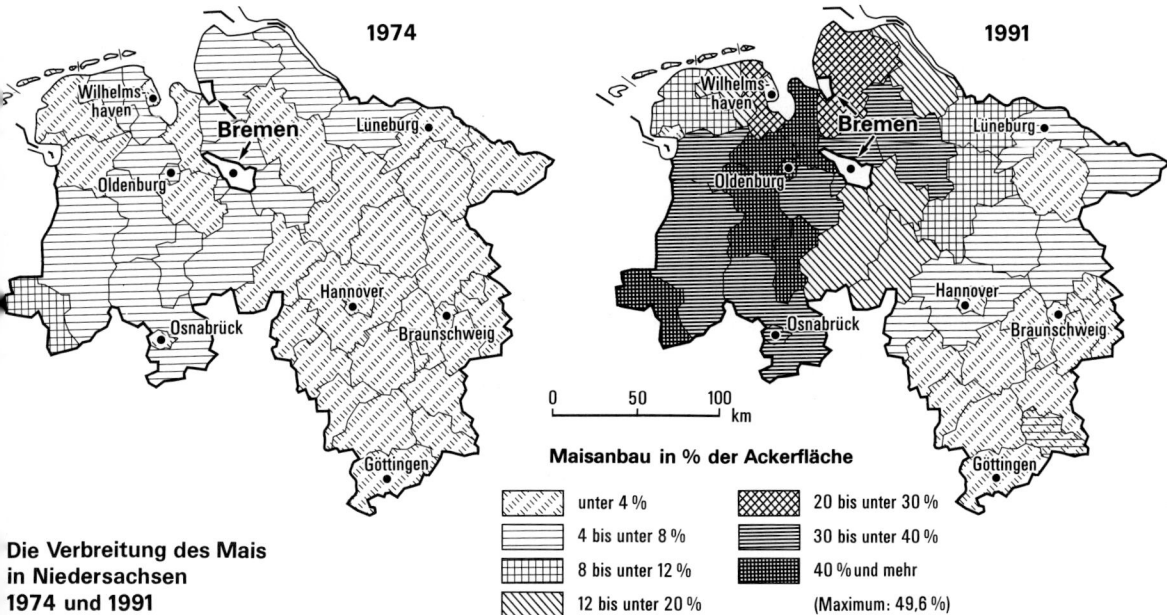

1974

Wilhelms-haven
Bremen
Lüneburg
Oldenburg
Hannover
Osnabrück
Braunschweig
Göttingen

1991

Wilhelms-haven
Bremen
Lüneburg
Oldenburg
Osnabrück
Hannover
Braunschweig
Göttingen

0   50   100
km

Maisanbau in % der Ackerfläche

unter 4 %		20 bis unter 30 %	
4 bis unter 8 %		30 bis unter 40 %	
8 bis unter 12 %		40 % und mehr	
12 bis unter 20 %		(Maximum: 49,6 %)	

**Die Verbreitung des Mais
in Niedersachsen
1974 und 1991**

*Nach Rolf Winter (Hrsg.): Rettet den Boden. STERN-Buch. Hamburg: Gruner u. Jahr 1985, S. 144. Angaben für 1991:
Niedersächsisches Landesamt für Statistik*

In Niedersachsen wird seit Jahrzehnten versucht, einer weiteren Zunahme der Tierbestandskonzentration entgegenzuwirken. So ist die Güllemenge, die pro Jahr und Hektar auf die Felder aufgebracht werden darf, schrittweise gesenkt worden. Auch jahreszeitliche Beschränkungen sind verfügt worden: In den Wintermonaten darf keine Gülle mehr ausgebracht werden. Darüber hinaus soll (Stand 1992) die Umnutzung von Grünland zu Ackerflächen eingeschränkt werden. Ökologisch wertvolles Grünland (z. B. in Flußniederungen) dürfte dann nicht mehr zu Ackerflächen umgebrochen werden, sondern müßte weiterhin extensiv (als Weideland) genutzt werden.

Eine andere Gesetzesinitiative geht in die Richtung, daß die Zahl der Tiere pro Betrieb auf die betriebseigene Futterbasis beschränkt werden soll. Daraus würde sich eine erhebliche Verringerung der Tierbestandskonzentration ergeben. Allerdings würde eine solche Maßnahme, ähnlich wie die weitere Begrenzung der Dungeinheiten pro Hektar, die Existenzfähigkeit der kleinen, flächenarmen Betriebe in Frage stellen. Entsprechend heftig sind die Widerstände der Landwirte gegen die geplanten Neuregelungen.

Alternative Landwirtschaft

Alternative Landwirtschaft (oft auch als *ökologische Landwirtschaft* bezeichnet) steht als Sammelbegriff für Bewirtschaftungsformen, die sich in verschiedener Hinsicht von den konventionellen Methoden der Agrarproduktion unterscheiden. Der alternativ bewirtschaftete Betrieb wird als ein weitgehend geschlossenes Agrar-Ökosystem betrachtet, in dem natürliche Stoffkreisläufe die Grundlage der Produktion darstellen. Stoffentnahmen, die zwangsläufig durch die Ernte der Produkte entstehen, werden – bei Verzicht auf Kunstdünger – kompensiert durch die Einschaltung von Gründüngungsphasen in die Nutzungsrotation. Die Fruchtfolgen sind dadurch vielfältiger als in konventionellen Betrieben. Die natürliche Regenerationskraft der Böden bleibt weitgehend erhalten.

Organischer Dünger (aus der Tierhaltung) und Kompost wird in enger Abstimmung auf die Standortbedingungen zugeführt. Weiterhin kann anorganischer Dünger natürlichen Ursprungs (z. B. Basaltmehl) zum Ausgleich der Stoffentnahmen verwendet werden.

Die Bodenbearbeitung erfolgt unter größtmöglicher Schonung des Bodengefüges.

157

Landwirtschaftsbetriebe im Vergleich (1991/92; alte Bundesländer)

	Alternative Betriebe[1]	Konventionelle Betriebe[1]
Arbeitskräfte/Betrieb	1,9	1,6
Viehbesatz (GVE/100 ha LF)	101	116
Weizenertrag (dt/ha)	39	64
Kartoffelertrag (dt/ha)	173	274
Milchleistung (kg/Kuh)	4024	4801
Verkaufspreise Weizen (DM/dt)	88,–	33,–
Verkaufspreise Kartoffeln (DM/dt)	58,–	19,–
Verkaufspreise Milch (DM/100 kg)	73,–	64,–
Aufwand für Düngemittel (DM/ha LF)	28,–	218,–
Aufwand für Pflanzenschutzmittel (DM/ha LF)	4,–	96,–
Gewinn (DM/ha LF)	1217,–	1009,–

[1] Betriebe mit ähnlichen Standortbedingungen und vergleichbarer Produktionsausrichtung
Nach Agrarbericht 1993, S. 41

Auf Tiefpflügen wird verzichtet. „Unkraut" wird mechanisch entfernt oder durch spezielle Fruchtfolgen im Wuchs begrenzt. Herbizide, Wachstumsregulatoren und Welkemittel zur Laubabtötung dürfen nicht eingesetzt werden.

Auch der Pestizideinsatz wird weitestgehend eingeschränkt. Nur „gering belastende" Mittel dürfen eingesetzt werden. Der Einsatz von Chemikalien wird jedoch schon durch die Wahl widerstandsfähiger Anbauprodukte auf ein Minimum beschränkt. So werden besonders schadanfällige Pflanzen wie Zuckerrüben nicht in das Anbauprogramm aufgenommen. Biologische Schädlingsbekämpfung erfolgt z. B. durch die Anlage von Hecken, mit denen insektenvertilgende Vögel angezogen werden.

In der Tierhaltung wird vorrangig betriebseigenes Futter verwendet. Zugekauftes Futter muß aus Betrieben stammen, die ebenfalls nach ökologischen Gesichtspunkten wirtschaften. Ertragssteigernde Futterzusatzstoffe dürfen nicht eingesetzt werden. Der Tierbestand wird – bei artgerechten Haltungsbedingungen – so niedrig gehalten, daß die tierischen Exkremente ohne Überlastung des Bodens in den innerbetrieblichen Kreislauf eingebracht werden können.

Die Wirtschaftsweise der alternativen Betriebe trägt auch zur Schonung der Ressourcen bei: Für die Erzeugung einer Getreideeinheit (vgl. S. 123) wird etwa 40% weniger Energie als in konventionellen Betrieben benötigt.

Daten von zwei Betrieben (1992/93)

Gut Adolphshof wird seit 1953 alternativ bewirtschaftet. Der 154 ha große Betrieb (davon 98 ha Ackerfläche) wird von acht Vollarbeitskräften bewirtschaftet. Die durchschnittliche Größe der Anbauparzellen („Schläge") beträgt etwa zehn Hektar. Neben dem Pflanzenanbau (siehe Karte) werden Milchkühe, Schweine, Schafe und Hühner gehalten. Die Produkte werden zum Teil in Nebenbetrieben (Bäckerei, Molkerei, Schlachterei) auf dem Gut weiterverarbeitet. Die Vermarktung der Produkte erfolgt durch einen Hofladen sowie durch die Vermarktungsorganisation des biologisch-dynamischen Landbaus unter dem Warenzeichen „Demeter".

Gut Schierke ist mit 120 ha (davon 110 ha Ackerfläche) ein überdurchschnittlich großer konventioneller Betrieb. Er wird von 1,5 Vollarbeitskräften bewirtschaftet. Die durchschnittliche Schlaggröße beträgt etwa 12 Hektar. Der Betrieb ist auf Marktfruchtbau spezialisiert. Nutzvieh wird seit 1975 nicht mehr gehalten. Die Vermarktung der Produkte erfolgt über den Landhandel. Am Beispiel des Gutes Schierke läßt sich feststellen, daß auch in konventionell bewirtschafteten Betrieben zunehmend ökologische Gesichtspunkte berücksichtigt werden. So ist das Gut Schierke (freiwillig) dem Pflanzenschutz-Warndienst der Landwirtschaftskammer angeschlossen. Mit Hilfe dieses Warndienstes wird ein Teil der Schädlinge und Pflanzenkrankheiten nicht mehr vorsorglich, sondern gezielt nach Schäden und Schadensschwellen bekämpft. Die zuzuführenden Düngemittel werden durch jährliche Bodenanalysen ermittelt und auf die Fruchtfolgen abgestimmt. Ernterückstände (Stroh/Rübenblatt) werden im Herbst in den Boden eingearbeitet. In die Fruchtfolgen werden Zwischen- saaten eingeschaltet, die dann als Gründüngung untergepflügt werden. Durch diese Zwischensaaten wird zudem der Zeitraum verlängert, in dem der Boden mit Vegetation bedeckt ist. Auf den Stillegungsflächen werden vornehmlich Pflanzen angebaut, die als Gründüngung untergepflügt werden können.

Vergleichende Übersicht eines konventionell und eines alternativ bewirtschafteten Betriebes

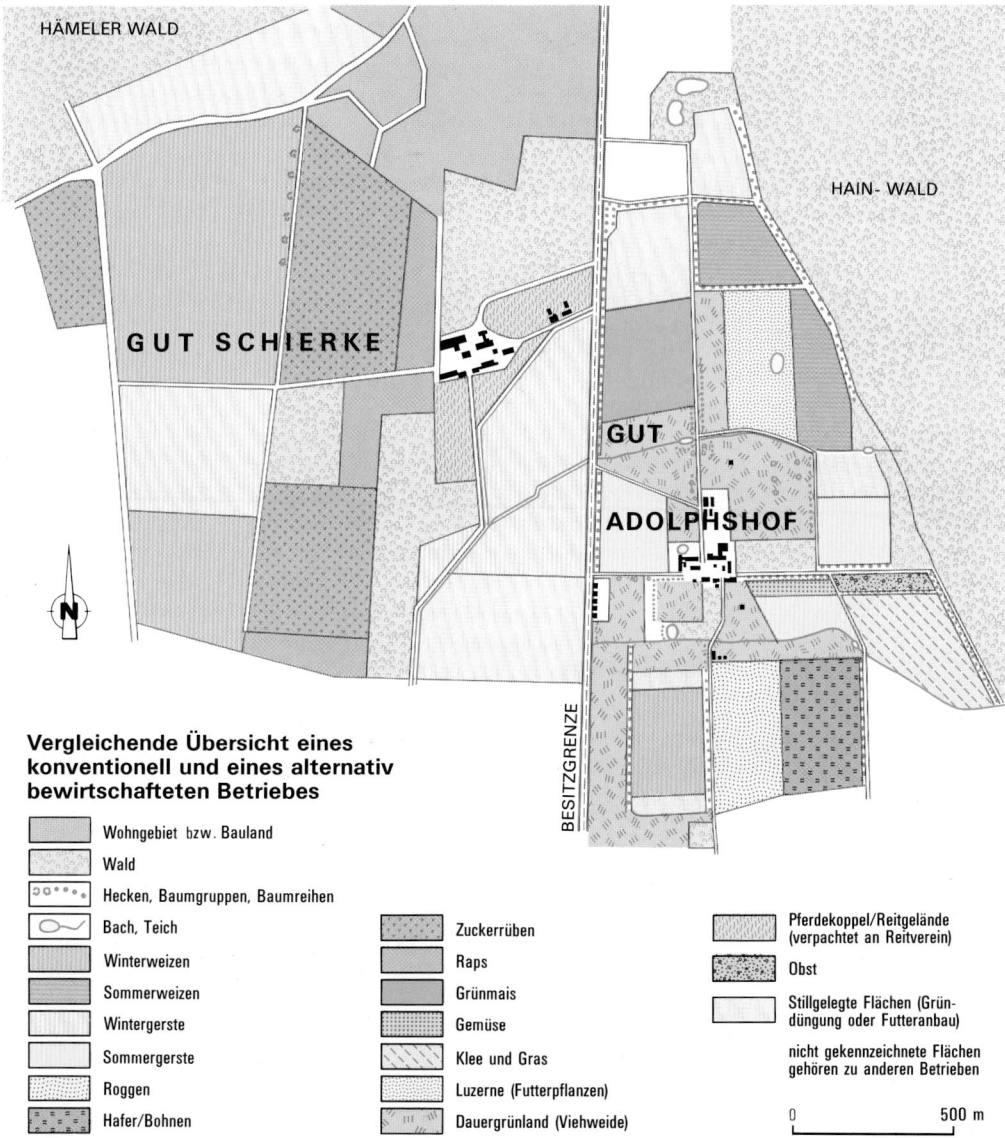

Vergleichende Übersicht eines konventionell und eines alternativ bewirtschafteten Betriebes

	Wohngebiet bzw. Bauland
	Wald
	Hecken, Baumgruppen, Baumreihen
	Bach, Teich
	Winterweizen
	Sommerweizen
	Wintergerste
	Sommergerste
	Roggen
	Hafer/Bohnen

	Zuckerrüben
	Raps
	Grünmais
	Gemüse
	Klee und Gras
	Luzerne (Futterpflanzen)
	Dauergrünland (Viehweide)

	Pferdekoppel/Reitgelände (verpachtet an Reitverein)
	Obst
	Stillgelegte Flächen (Gründüngung oder Futteranbau)
	nicht gekennzeichnete Flächen gehören zu anderen Betrieben

0   500 m

Nach Martina Foerster: Erkundungsprojekt: Vergleichende Beobachtungen im chemisch-industriellen und alternativen Landbau. In: Geographie und Schule 1980, Heft 6, S. 54. Aktualisierung nach Angaben des Betriebsinhabers 1993 (Erhebung: W. Fettköter)

Alternative Landwirtschaft strebt weder Höchsterträge noch Massenproduktion an. Dies wäre auch bei einer ökologischen Betriebsausrichtung, die vom Beziehungsgefüge zwischen Boden, Pflanzen, Tieren und Menschen ausgeht, nicht möglich. Damit stellen die alternativ wirtschaftenden Agrarbetriebe einen bedenkenswerten Kontrast zur Industrialisierung und Spezialisierung der Agrarproduktion in den konventionellen Betrieben dar.

Das Spannungsverhältnis zwischen landwirtschaftlicher Überproduktion und Umweltansprüchen (vgl. S. 132) hat dazu geführt, daß immer mehr Verbraucher Lebensmittel nachfragen, die nach ökologischen Gesichtspunkten erzeugt worden sind. Entsprechend hat auch die politische Akzeptanz dieser Betriebe deutlich zugenommen: Während Agrarberichte früherer Jahre die Existenz der „alternativen Betriebe" kaum zur Kenntnis genommen haben, führt der Agrarbericht der Bundesregierung 1988 aus: „Mit ihrer extensiven Wirtschaftsweise tragen die alternativ wirtschaftenden Landwirte zur Erhaltung der natürlichen Lebensgrundlage bei." Allerdings ist die Bedeutung der alternativen Agrarbetriebe noch gering: Der Anteil an der Gesamtzahl der Betriebe betrug 1992 nur 0,7%. Der Anteil an der gesamten landwirtschaftlichen Nutzfläche der Bundesrepublik Deutschland betrug 0,8%.

Alternativ wirtschaftende Agrarbetriebe in der Bundesrepublik Deutschland

	Zahl der Betriebe	Fläche (ha)	Durchschnitts-Fläche pro Betrieb (ha)
Alte Bundesländer/Jahr			
1960	141	3 182	22,6
1970	210	3 920	18,7
1980	579	10 945	18,9
1992	3 978	94 864	23,8
Neue Bundesländer/Jahr			
1992	25	3 757	150,3

Nach Angaben der Arbeitsgemeinschaft Ökologischer Landbau (Darmstadt) 1992

1. Formulieren Sie eine zusammenfassende Aussage für die Diagramme „Viehbestände und Bestandskonzentrationen" (S. 155).
2. Belegen Sie an einigen Beispielen aus der Tabelle „Landwirtschaftliche Strukturdaten" (S. 156) den Zusammenhang zwischen großen Nutzviehbeständen und hohen Maisflächenanteilen.
3. Erläutern Sie, weshalb die Intensivtierhaltung besonders geeignet ist, den Zusammenhang zwischen agrarstrukturellem Wandel und zunehmender Umweltbelastung der Landwirtschaft zu verdeutlichen. Beziehen Sie die Karten der Maisanbauflächen in Niedersachsen (S. 157) in Ihre Argumentation ein.
4. Nehmen Sie Stellung zu den Maßnahmen, mit denen die niedersächsische Landesregierung gegen die Intensivtierhaltung vorgeht. Gliedern Sie Ihre Stellungnahme in ökologische und ökonomische Gesichtspunkte; informieren Sie sich ggf. über die Situation in Ihrem Bundesland.
5. Erarbeiten Sie aus der „Vergleichenden Übersicht eines konventionell und eines alternativ bewirtschafteten Betriebes in Niedersachsen" (S. 159) einige ökologisch bedeutsame Unterschiede zwischen konventioneller und alternativer Landwirtschaft.
6. Erläutern Sie, ausgehend von der Tabelle „Landwirtschaftsbetriebe im Vergleich" (S. 158), weshalb sich alternativ bewirtschaftete Agrarbetriebe im marktwirtschaftlichen Konkurrenzkampf durchaus behaupten können.

Metallrohstoffe und Energiewirtschaft

Mit dieser düsteren Prophezeiung einer sich abzeichnenden Rohstoffverknappung rüttelte der Club of Rome in seinem Buch „Die Grenzen des Wachstums" im Jahre 1972 die Industrienationen auf: Der exponentiell ansteigende Verbrauch dieser Länder und der zunehmend ansteigende Bedarf der Entwicklungsländer solle zu einer raschen Erschöpfung der Lagerstätten führen. Davon seien nicht nur die Metallrohstoffe (z. B. Eisenerz, Bauxit und Aluminium, Kupfer, Zinn, Zink, Chrom u. a.), sondern v. a. die Energierohstoffe Erdöl und Erdgas betroffen. Die Wissenschaftler legten ihren Prognosewerten die hohen Zuwachsraten des Verbrauchs der 50er und 60er Jahre auf der Grundlage der damals bekannten Rohstoffreservemengen zugrunde.

1 Ressourcen, Reserven, Reichweiten

„Die Verbrauchsrate für jeden Rohstoff steigt derzeit weltweit exponentiell an, in einigen Fällen sogar rascher als die Bevölkerung, weil jährlich mehr Menschen und jeder von ihnen jährlich in größeren Mengen Rohstoffe verbrauchen [...]. Ebenso wie exponentiell steigender Landbedarf rasch gegen die Grenzen des verfügbaren Landes stößt, kann analog exponentieller Rohstoffverbrauch rapide zu einer Erschöpfung der vorhandenen Lagerstätten führen."

Dennis Meadows u. a.: Die Grenzen des Wachstums. Reinbek: Rowohlt 1972, S. 50/51, leicht verändert

Unter *Ressourcen* oder Gesamtvorräten versteht man die weltweit nachgewiesenen und die noch nicht entdeckten Vorräte eines bestimmten Rohstoffes. Der steigende Grad der geologischen Nachweissicherheit und der Grad der Wirtschaftlichkeit (Bauwürdigkeit) bestimmen die Einteilung und damit die Festlegung der verschiedenen Vorratsgruppen.

Nachgewiesene Vorräte sind durch ein engmaschiges Bohrungsnetz, durch zahlreiche Aufschlüsse und durch umfangreiche Probeentnahmen genau bekannt.

Ressourcen und Reserven

¹ wird hauptsächlich bei Energierohstoffen angewandt
² wird nur bei den Metallrohstoffen angewandt

Rohstoffreserven und deren Reichweiten 1968, 1986, 1991

Rohstoffart (Auswahl)	Reserven			statische Reichweite in Jahren		
	1968	1986	1991	1968	1986	1991
Erdöl (Mrd.t)	72,5	95,1	135,4	31	33	42,9
Erdgas (km³)	32 300	107 500	124 000	38	71	60,7
Steinkohle, Braunkohle (Mrd.t)	5 000	1 017,6	1 040,5	2 300	304	320
Eisenerz (Mio.t)	100 000	99 500	101 000	240	116	114,5
Aluminium (Mio.t)	1 170	5 800	6 125	100	293,6	224,1
Kupfer (Mio.t)	308	566	552	36	60	60,6
Zink (Mio.t)	123	300	320	23	45	43,2
Zinn (Mio.t)	4,35	4,28	6,0	17	23,3	28,6
Blei (Mio.t)	91	142	120	26	25,8	35,6

Dennis Meadows u. a.: Die Grenzen des Wachstums. Reinbek: Rowohlt 1972, S. 46–49, gekürzt; BP Statistical Review of World Energy. British Petroleum Company, London 1992; Mineral Commodity Summaries. Bureau of Mines, United States Department of the Interior, Washington 1987, 1992

Die *Reserven* sind diejenigen Teile der nachgewiesenen Gesamtvorräte, die zum gegenwärtigen Zeitpunkt wirtschaftlich nutzbar (bauwürdig) sind. Die *„Reserve Base"* umfaßt nur die sicheren und wahrscheinlichen Vorräte der nachgewiesenen Gesamtvorräte bei Metallrohstoffen, allerdings einschließlich der derzeit nicht gewinnbaren und Teile der längerfristig nicht gewinnbaren Vorräte.

Noch nicht entdeckte Ressourcen, die sich aber mit einer relativ großen Aussagesicherheit in bekannten Lagerstättenprovinzen befinden dürften, werden unter der Kategorie „hypothetisch", in den übrigen Gebieten mit geringerer Aussagesicherheit unter der Kategorie „spekulativ" zusammengefaßt. Diese Klassifizierung wird sowohl bei den Energie- als auch bei den Metallrohstoffen verwendet.

Verschiedene Faktoren bestimmen die Rentabilität und damit die *Abbauwürdigkeit* einer Lagerstätte:
– Menge und Qualität des Rohstoffes,
– geographische Lage der Lagerstätte,
– Lagerungsverhältnisse,
– Kosten und Investitionen zur Erschließung der Lagerstätte (Bau von Transportwegen, Versorgung mit Strom und Nahrungsmitteln u. a.),
– Eigentumsverhältnisse,
– Umweltschutzauflagen,
– Wirtschafts- und Rohstoffpolitik.

Die *statische Lebensdauer* oder *Reichweite* gibt zu einem bestimmten Zeitpunkt an, wie lange die dort festgestellte Reservemenge eines bestimmten Rohstoffes, unter der Annahme eines gleichbleibenden Verbrauchs, ausreichen würde.

Bei den Berechnungen der *dynamischen Lebensdauer* geht man davon aus, daß der jährliche Verbrauch – im Vergleich zum Berechnungsjahr – stark zunehmen wird. Vielfach führt dieser überproportionale Anstieg des Verbrauchs zu *exponentiellem Wachstum*. Dies bedeutet, daß die jeweils nachfolgende jährliche Verbrauchsgröße um einen bestimmten Prozentsatz der jeweils vorigen zunimmt. Diese Rechnungen bergen jedoch Unsicherheiten in sich. So ist es beispielsweise für einen längeren Zeitraum sehr schwierig, die Entwicklung des Verbrauchs von Metall- und Energierohstoffen in den Sektoren Industrie und Verkehr vorherzubestimmen. Rezessionen können nur bedingt vorhergesagt werden, nahezu unmöglich vorherzubestimmen ist der Einfluß des technologischen Wandels sowie die Entwicklung und der Einsatz möglicher neuer Ersatzrohstoffe.

Der heilsame Schock der Prognosen des Club of Rome sowie die aus den explosionsartig gestiegenen Erdölpreisen Ende 1973 (sogenannte Erdölkrise) gezogenen rohstoffpolitischen Konsequenzen führten letzten Endes dazu, daß ab Mitte der 70er Jahre eine stärkere Entkopplung zwischen Wirtschaftswachstum und Wachstum des Rohstoffverbrauchs einsetzte.

In den Empfehlungen des Club of Rome heißt es weiter: „Die Antwort auf die Frage, ob es genug Rohstoffe für die sieben Milliarden Menschen im Jahr 2000 bei einem erträglichen Lebensstandard geben wird, kann wiederum nur bedingt gegeben werden. Sie hängt davon ab, auf welche Weise die Verbrauchernationen einige wichtige Entscheidungen treffen werden. Sie könnten weiterhin ihren Rohstoffverbrauch wie bisher steigern oder aber dazu übergehen, wichtige Rohstoffe aus Abfallmaterial zurückzugewinnen und neu zu gebrauchen. Sie könnten Techniken anwenden, um die Lebensdauer von Produkten aus knappen Rohstoffen zu verlängern. Sie könnten soziale und wirtschaftliche Verhaltensweisen fördern, die dazu anreizen, den persönlichen Bedarf an den unersetzlichen Stoffen zu verringern, statt ihn ständig zu vergrößern."

Dennis Meadows u.a.: a.a.O., S. 56

2 Metallrohstoffe

Die Prognosen des Club of Rome werden erst recht verständlich, wenn man die Entwicklung der Bergwerks- und Hüttenproduktion der verschiedenen *Metallrohstoffe* über einen längeren Zeitraum betrachtet. Dabei zeigt sich, daß die geförderten und hergestellten Mengen von 1900 bis 1986 um mindestens das Fünffache zugenommen haben, teilweise beträgt die Zunahme wesentlich mehr. Eindrucksvoll wird klar, daß das exponentielle Wachstum vor allem ab den 50er Jahren einsetzt; in diesem Zeitraum liegen die durchschnittlichen jährlichen Zuwachsraten zwischen zwei und sechs Prozent. Diese Zuwächse lagen auch den Prognosewerten des Club of Rome zugrunde.

Kupfer- und Aluminiumpreise in der Bundesrepublik Deutschland (Durchschnittspreise der entsprechenden Jahre) DM/t

	1972	1977	1981	1986	1991
Kupfer	3492	3117	4036	3060	3996
Aluminium	2160	2846	3450	4200	2162

Metallgesellschaft Aktiengesellschaft: Metallstatistik 1981–1991, S. 468, 477; Frankfurt am Main 1992

Weltproduktion von Bauxit und Aluminium 1900–1991

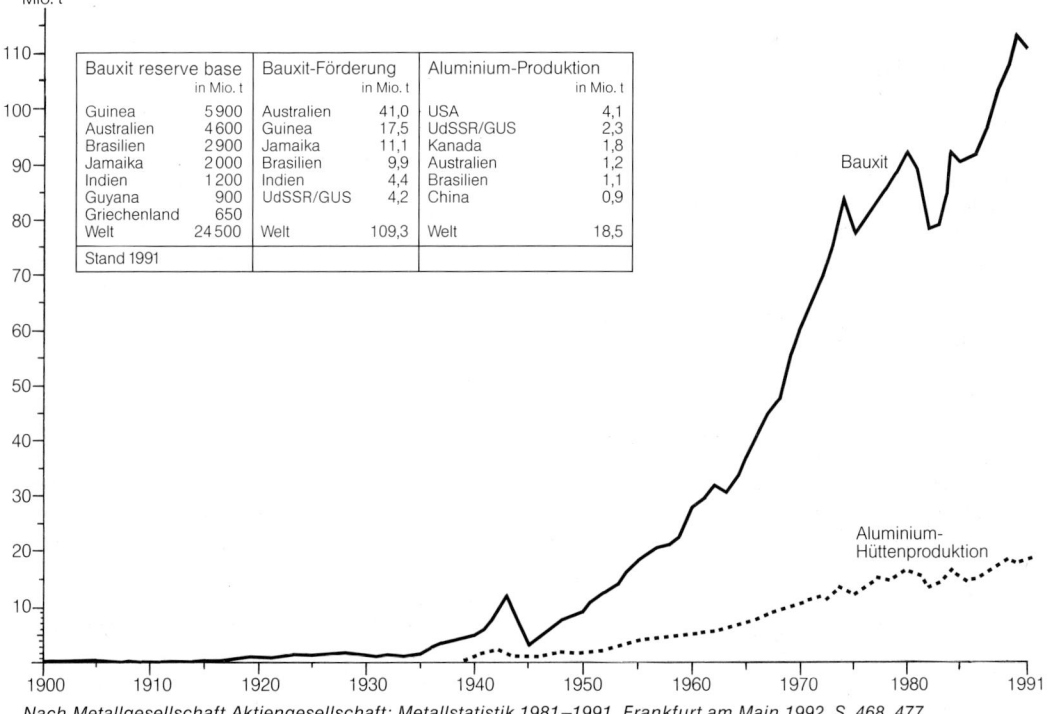

Nach Metallgesellschaft Aktiengesellschaft: Metallstatistik 1981–1991. Frankfurt am Main 1992, S. 468, 477

Weltproduktion von Eisenerz, Roheisen und Rohstahl 1870–1991

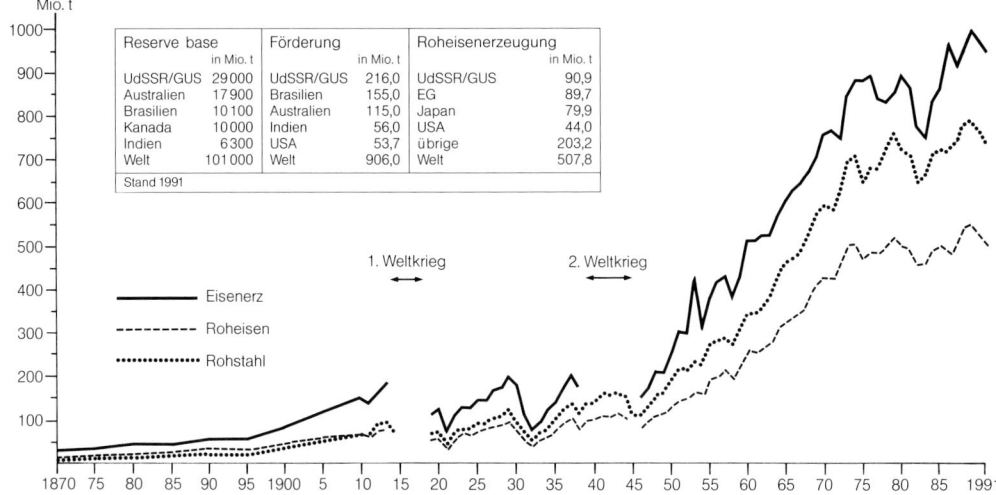

Nach Wirtschaftsvereinigung Eisen- und Stahlindustrie (Hrsg.): Statistisches Jahrbuch der Eisen- und Stahlindustrie. Düsseldorf: Stahl und Eisen, S. 319, 324, 326, 327 und Bureau of Mineral: Mineral Commodity Summaries 1992, Washington 1992, S. 90/91

Verwendungsbereich der Metallrohstoffe

Eisenerz → Roheisen → Rohstahl	Roheisen + Schrott + Silicium + Mangan u. a.: Grauguß (Gießerei- produkte: Gehäuse von Werkzeugmaschinen, Motorenteile u. a.); Walzstahlerzeugnisse, z. B. Bleche, Rohre; rostfreie Stähle: Zusatz von Chrom, Nickel u. a. (Geräteherstellung, Bestecke u. a.)
Aluminium	Konstruktionsmaterial im Verkehrswesen: Flugzeugbau, öffentliche Verkehrsmittel (S- und U-Bahn-Wagen); Hochhausverkleidungen, Fensterrahmen; Verpackungsmaterial; Starkstromleitungen
Kupfer	Elektroindustrie: Kupferkabel, Wicklung von Elektromotoren; Leiter- platten gedruckter Schaltungen; Küchengeräte; Zündelektroden; Messingherstellung: Legierung aus Kupfer und Zink
Zink	Rostschützende Verzinkung, z. B. Lichtmasten, Leitplanken; neuer- dings: Karosserieverzinkung bei Autos; ungeheure Zahl an Investi- tions- und Gebrauchsgütern, z. B. Vergaser im Auto; Messingher- stellung: Legierung aus Kupfer und Zink; neuartige Legierungen: Galfan (95% Zink, 5% Al); Galvalume (55% Al, 43,4% Zink, 1,6% Silicium)
Blei	Größter Teil: Herstellung von Starterbatterien; Einsatz im Strahlen- schutz und in der Schalldämmung; stark rückläufig: Bleisatz in den Druckereien
Nickel	Nickellegierte Edelstähle (gute Korrosions-, Säure- und Hitzebestän- digkeit); Bau- und Transportwesen; Haushalte; Kupfer-Zink-Legie- rung: Münzmetalle (Neusilber); Chrom-Nickel-Legierungen: elektri- sche Heizleiter
Zinn	Weißblechherstellung in Konservenindustrie; Lötmaterial; Legie- rungsbestandteile für Bronze; Zinn-, Kunst- und Gebrauchsgegen- stände
Neben- und Sondermetalle	Silicium, Germanium, Selen, Arsen, Gallium, Tellur: Einsatz in Elek- tronik und Mikroelektronik – Halbleitertechnologie

Die Entwicklung in den 70er und 80er Jahren zeigt allerdings, daß die enormen Zuwachsraten des Verbrauchs, die den Prognosewerten des Club of Rome zugrunde lagen, nicht eingetreten sind. Die Hauptverbraucherländer reagierten auf vielfältige Art und Weise auf diese düsteren Prognosen. So erhöhte sich wesentlich der Einsatz von Altmetallen und Schrott bei der Hüttenproduktion der verschiedenen Metalle *(Recycling)*. Zudem wurde eine ganze Reihe neuer Werkstoffe entwickelt. Insbesondere die Kunststoffe (Polymere) verdrängen in vielen traditionellen Bereichen die Buntmetalle sowie die Stahlprodukte. So werden beispielsweise die Flächen des Leitwerkes des Airbusses nicht mehr aus teuren und schweren Metallegierungen, sondern aus hochfesten Kunststoffen gefertigt, die mit Kohlenstoffasern verstärkt werden.

Ein weiterer *Verdrängungsprozeß* setzt in der Nachrichtenübermittlung ein, wo das Glasfaserkabel aufgrund seiner wesentlich besseren Eigenschaften das Kupferkabel zunehmend ersetzt. Ebenso bedeutsam ist die Entwicklung von Keramikwerkzeugen im Werkzeug- und Maschinenbau, deren Härteeigenschaften und Verschleißdauer den traditionellen Metallwerkzeugen überlegen sind.

Eine weitere Folge des steigenden Verbrauchs zu Beginn der 70er Jahre war eine verstärkte Explorationswelle, vor allem in den Entwicklungsländern. Mit häufig hohen ausländischen Krediten, teilweise unter Beteiligung ausländischer Bergbaugesellschaften, wurden neue Erzgruben erschlossen und häufig auch entsprechende Anreicherungsanlagen und Metallhütten errichtet. Dadurch wurde ein Überangebot erzeugt, das meist fallende bzw. stark schwankende Rohstoffpreise mit sich brachte.

Rückblickend kann also für die Metallrohstoffe gesagt werden, daß die pessimistischen Aussagen des Club of Rome einen heilsamen Schock in den Industrieländern ausgelöst haben. Die Konsequenzen daraus tragen allerdings hauptsächlich die Rohstofförderländer, die zu einem nicht unerheblichen Teil identisch sind mit den Entwicklungsländern.

3 Raumbeispiel: Serra dos Carajás (Brasilien)

Die Erschließung und der Abbau der im Jahre 1967 entdeckten Eisenerzlagerstätten in der Serra dos Carajás bilden den Schwerpunkt des integrierten Entwicklungsprogramms „Polamazonia". Zu diesem Industrie-Dreieck im Norden Brasiliens gehören neben der Minenregion von Carajás folgende Bereiche:
- die Minenregion von Paragominas/Tormbetas (Bauxit),
- das Wasserkraftwerk von Tucuruí,
- die Aluminiumhütten von Bacarena (40 km südlich von Belém),
- die Hafenanlagen (Zugänglichkeit für Schiffe bis 280000 Tonnen) und Verhüttungswerke von São Luís,
- die Erzbahn zwischen São Luís und Carajás, an der entlang neue Betriebe und Siedlungen entstehen werden.

Die 53 Eisenerzlagerstätten der Serra dos Carajás gehören zu den größten Metallerzkonzentrationen der Erde. Alle 53 können im Tagebau abgebaut werden. Die ab 1969 einsetzenden genaueren Erkundungsarbeiten *(Prospektionen)* auf einer Fläche von 1 600 km^2 führten zu einer ersten Bilanzierung der Reserven.

Reservemengen in der Serra dos Carajás

	Mio. t	Fe-Gehalt in %
sichere Reserven	1 881	66,5
wahrscheinl. Reserven	3 086	65,7
mögl. Reserven	12 918	66,1
	17 885	66,1

Bergwerksförderung von Eisenerz in Brasilien (in 1000 t)

1950	1 987	1991	155 000
1960	9 605	Reserve base (1991):	
1970	36 381	10,1 Mrd. t	
1980	139 700	Reserven (1991):	
1986	134 177	6,5 Mrd. t	

Gerd Kohlhepp: Bergbaustandorte im östlichen Amazonasgebiet. In: Studien zur allgemeinen und regionalen Geographie. Frankfurter Wirtschafts- und Sozialgeographische Schriften, Heft 26. Frankfurt: Selbstverlag des Seminars für Wirtschaftsgeographie der Johann-Wolfgang-Goethe-Universität Frankfurt a. M., S. 265, vereinfacht und ergänzt

Gliederung des Abbaugebietes

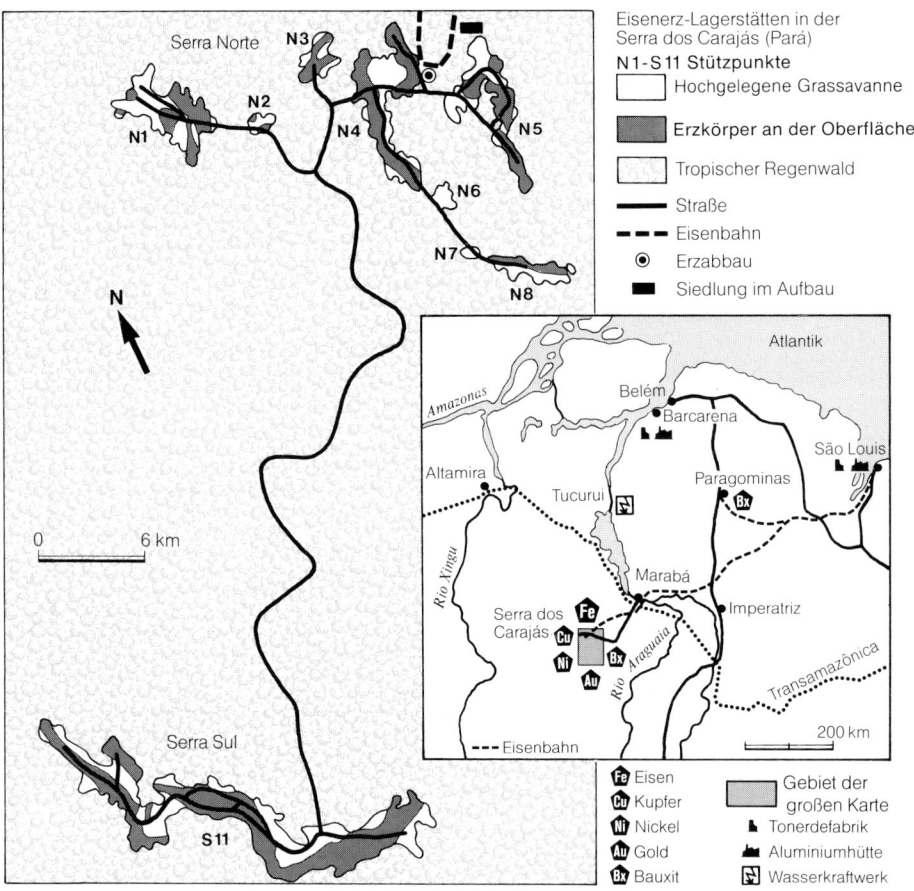

Gerd Kohlhepp: a.a.O., Abb. 5, ohne Seite

Der Gebirgszug der Serra dos Carajás liegt im tropischen Regenwald Amazoniens (vgl. Abbildung S. 84) und erstreckt sich vom Rio Tocantins bis zum Rio Xingu. Er ist durch zahlreiche von Norden nach Süden verlaufende Verwerfungen gekennzeichnet. Aufgrund dieser tektonischen Situation gliedert sich die Erzregion in mehrere Abbaugebiete.

Die Abbaurechte erwarben zunächst ein staatliches brasilianisches Unternehmen (80%) und ein amerikanisches Unternehmen (20%). In Form eines *Joint-ventures* (gemeinsame wirtschaftliche Unternehmung) wurden die Erkundungs- und Erschließungsarbeiten durchgeführt. Am Anfang mußten die notwendigen Arbeitsgeräte und Ausrüstungsgegenstände wie Straßenbaumaschinen, Fertighäuser, Nahrungsmit-

tel und die Arbeitskräfte über den Luftweg vom 550 km entfernten Belém eingeflogen werden. Die dafür notwendigen drei Landepisten und Hubschrauberlandeplätze wurden zuvor eigens dafür errichtet.

Nach Abschluß der Arbeiten im Jahre 1972 bildete der Hauptstützpunkt N 1 den Ausgangspunkt für die weitere Entwicklung. Die für den Infrastrukturaufbau notwendigen Arbeitskräfte wurden in den Städten, zum Beispiel Marabá, angeworben, während die benötigten Fachkräfte, meist unverheiratet, aus dem Süden Brasiliens bzw. aus dem Ausland stammten. Aufgrund der harten, entbehrungsreichen Arbeit inmitten des tropischen Regenwaldes liegen die bezahlten Löhne weit über dem Durchschnitt. In dieser Erschließungsphase waren zeitweilig 20000

Arbeitskräfte beschäftigt. Nach Beendigung der gigantischen Infrastrukturmaßnahmen bietet die Erzabbauregion ca. 3000 bis 4000 Menschen einen festen Arbeitsplatz.

Die Angaben über die Gesamtinvestitionen der Abbaueinrichtungen einschließlich der geplanten Siedlungen und der Bau der Eisenbahnlinie sind sehr widersprüchlich. So schwankten die offiziellen Angaben in einem Jahr (1980) zwischen 28,6 und 40 Mrd. US-Dollar. Nach Beendigung des Baus der Eisenbahnlinie im Jahre 1985 (Kosten: 1,5 Mrd. US-$) zum neu erbauten Erzhafen Ponta de Madeira (Kosten: 3,4 Mrd. US-$) werden zu Beginn der 90er Jahre jährlich 45 Mio. t Eisenerz abgebaut und zum Teil exportiert. Die für den Abbau notwendigen Strommengen liefert das fertiggestellte Wasserkraftwerk bei Tucuruí am Rio Tocantins (4000 MW). Der gigantische Stausee hat eine Fläche von 2160 km^2 und ein Volumen von 45 Mrd. m^3 und soll in den 90er Jahren ca. 8 Mio. kWh Strom liefern.

Die alleinigen Abbaurechte in der Serra dos Carajás besitzt die Companiha Vale do Rio Doce (CVRD), eine Aktiengesellschaft, an der der brasilianische Staat 51% des Stammkapitals hält. Im Jahre 1992 förderte sie insgesamt 86,8 Mio. t (1991: 93,6 Mio. t) Eisenerz, von denen 35 Mio. t aus dem Carajás-Gebiet stammen. 60,4 Mio. t (1991: 66,8 Mio. t) gingen in den Export; Hauptabnehmer waren mit 32% Japan, gefolgt von der Bundesrepublik und Südkorea mit jeweils 13%.

„Da der schnell steigende Eigenbedarf Brasiliens an Eisenerzen aufgrund der Standortstruktur der brasilianischen Eisen- und Stahlindustrie primär von den Lagerstätten in Minas Gerais gedeckt werden wird, kommt den amazonischen Reserven – auch aus Gründen der kürzeren Entfernung nach USA und Europa – eine besondere Bedeutung für den Export zu ... (...)

Die jüngste Entdeckung größerer Mangan- und Bauxitlagerstätten in der Serra dos Carajás bietet eine neue Grundlage zur Diskussion der Schaffung eines Entwicklungspols in dieser Region. Die quantitative Analyse der Lagerstätten gibt langfristigen Planungen Raum. Ob allerdings – selbst bei Erfüllung der energiewirtschaftlichen Voraussetzungen – der Standort des geplanten Stahlwerkes in der Serra dos Ca-

rajás liegen könnte und damit ein Ansatz für ein zukünftiges Industriezentrum bestünde, in dem die Brasilianer gern ein zweites Ciudad Guayana (in Venezuela) sehen, muß bezweifelt werden.

Gründe, die dagegen sprechen, sind die völlige Abhängigkeit von der Kohlezufuhr, die aber als Bahn-Rückfracht über den Erzexporthafen antransportiert werden könnte – und der schwierige und zu den Konsumzentren extrem weite Transport der Fertigprodukte (Straßenverbindung). Das Problem der Arbeitskraftbeschaffung von Fachleuten und ungelernten Arbeitern steht in Zusammenhang mit der völlig neu zu schaffenden Infrastruktur und der Schwierigkeit, in der bis heute völlig isolierten Region eine nach Zehntausenden zählende Bevölkerung anzusiedeln.

Das anspruchsvolle brasilianische Modell zur wirtschaftlichen Entwicklung des Landes, mit dem ein außerordentlich hoher Kapitalbedarf verbunden ist, hat – im Zusammenhang mit der unvorhergesehenen Erdölpreissteigerung – die Regierung in finanzielle Schwierigkeiten gebracht und somit eine exportorientierte, auch auf erhebliche Steigerung der Rohstoffexporte ausgerichtete Wirtschaftspolitik verankert."

Gerd Kohlhepp: a. a. O., S. 266–268

1. *Definieren Sie folgende Begriffe: Ressourcen, Reserven, Reserve Base.*
2. *„Reservemengen sind Schwankungen unterworfen und deshalb nur ein grober Anhaltspunkt." Erläutern Sie die Aussage eines Rohstoffexperten mit Hilfe der Abbildungen Seite 161 und der Tabelle Seite 162.*
3. *Beschreiben Sie die Entwicklung der Fördermengen von Bauxit und Eisenerz.*
4. *Erläutern Sie auf dem Hintergrund des Zitats des Club of Rome und der Tabellen Seite 163 und Seite 164 die Verbrauchsentwicklung von Bauxit und Eisenerz.*
5. *Erläutern Sie die möglichen Motive der brasilianischen Regierung, die rohstofforientierte Raumerschließung in Amazonien durchzuführen.*
6. *Bewerten Sie die durchgeführten Entwicklungsmaßnahmen in der Serra dos Carajás unter den Aspekten Ökologie, Wirtschaftlichkeit, Arbeitskräftebedarf.*

4 Energiewirtschaft

4.1 Energieträger und ihre Verwendung

Primärenergie ist die in den natürlichen Energieträgern vorhandene Energie, die in verschiedenen Formen vorliegt und zur Nutzung umgewandelt werden muß. Bei den *fossilen Brennstoffen* (Steinkohle, Braunkohle, Erdöl, Erdgas, Ölschiefer, Ölsande und Torf) kommt sie als chemische Energie vor, die dann beispielsweise bei der Verbrennung in Wärme umgewandelt wird. Bei der Wasserkraft wird die *Bewegungsenergie*

(kinetische Energie) in mechanische umgewandelt, das fließende Wasser treibt die Turbine an. Dieses Prinzip wurde schon sehr früh in Form der Schöpfräder bzw. Hammerwerke umgesetzt. Sehr alt ist auch die Nutzung des Windes als Energiequelle. So setzt ein Segelschiff ebenso kinetische Energie in mechanische um, wie dies schon beispielsweise im 16. Jahrhundert die großen Windmühlen in den Niederlanden beim Hochpumpen des Wassers getan haben. Die *Lageenergie (potentielle Energie)* des Wassers in großen Stauseen wird beim Durchfließen

Energieflußbild der Bundesrepublik Deutschland, 1991

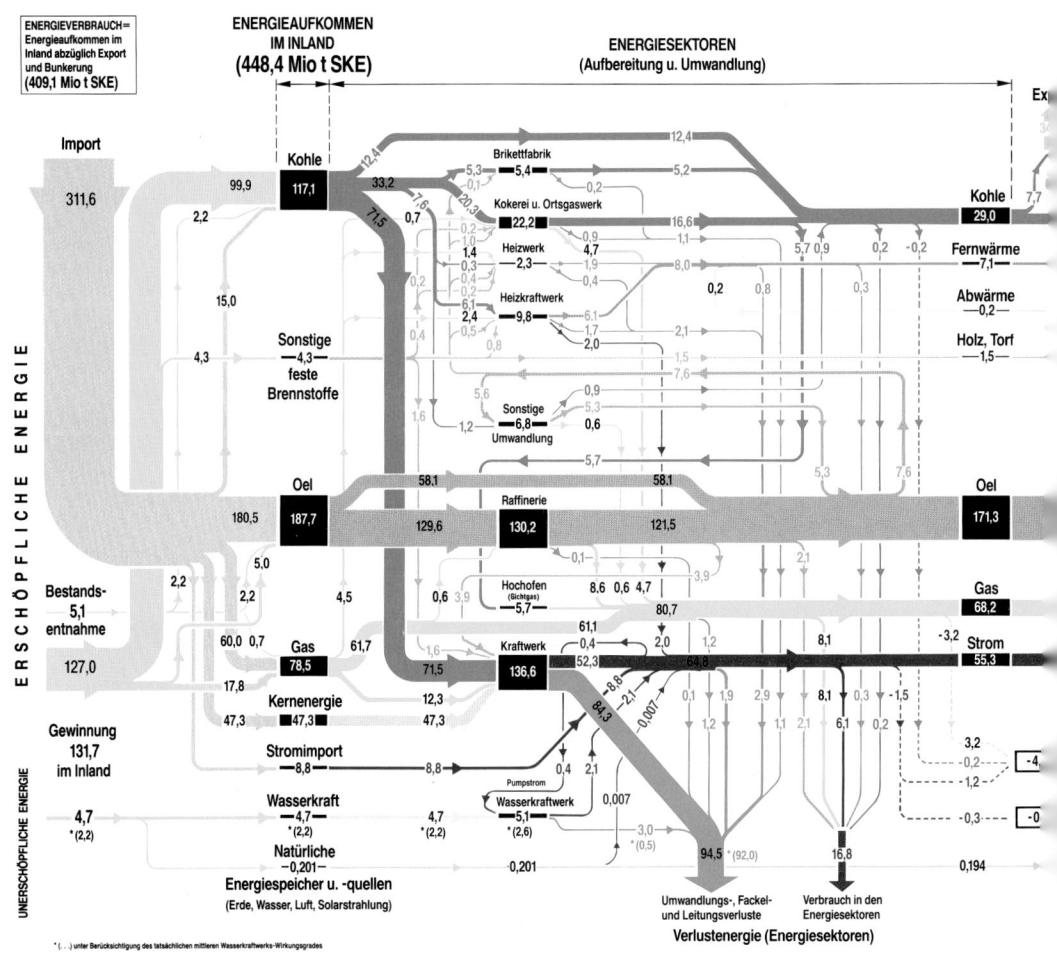

der Druckstollen in kinetische und diese dann durch den Antrieb der Turbine in mechanische Energie umgewandelt.

Häufig müssen die verschiedenen Primärenergieträger, bevor sie wirtschaftlich nutzbar sind, in *Sekundärenergie* wie beispielsweise leichtes Heizöl, Benzin, Strom usw. umgewandelt werden. Bei diesem Vorgang geht ein Teil der ursprünglichen Menge verloren, den man als *Umwandlungsverlust* bezeichnet.

Die *Endenergie* ist diejenige Energie, die der Verbraucher einsetzt und die sowohl Primär- als auch Sekundärenergie sein kann. Hierfür bedarf es einer weiteren Umwandlung z.B. von Benzin in Wärme- bzw. mechanische Energie. Diese tatsächlich eingesetzte Energie wird als *Nutzenergie* bezeichnet. Das Verhältnis von eingesetzter Primärenergie zur Sekundär- bzw. Endenergie wird als *Wirkungsgrad* bezeichnet. Dieser beträgt z.B. in einem Wärmekraftwerk auf Steinkohlenbasis rund 40 Prozent. Das heißt, daß 60 Prozent der ursprünglichen chemischen Energie bei den verschiedenen Umwandlungsprozessen verlorengehen.

RWE Energie AG

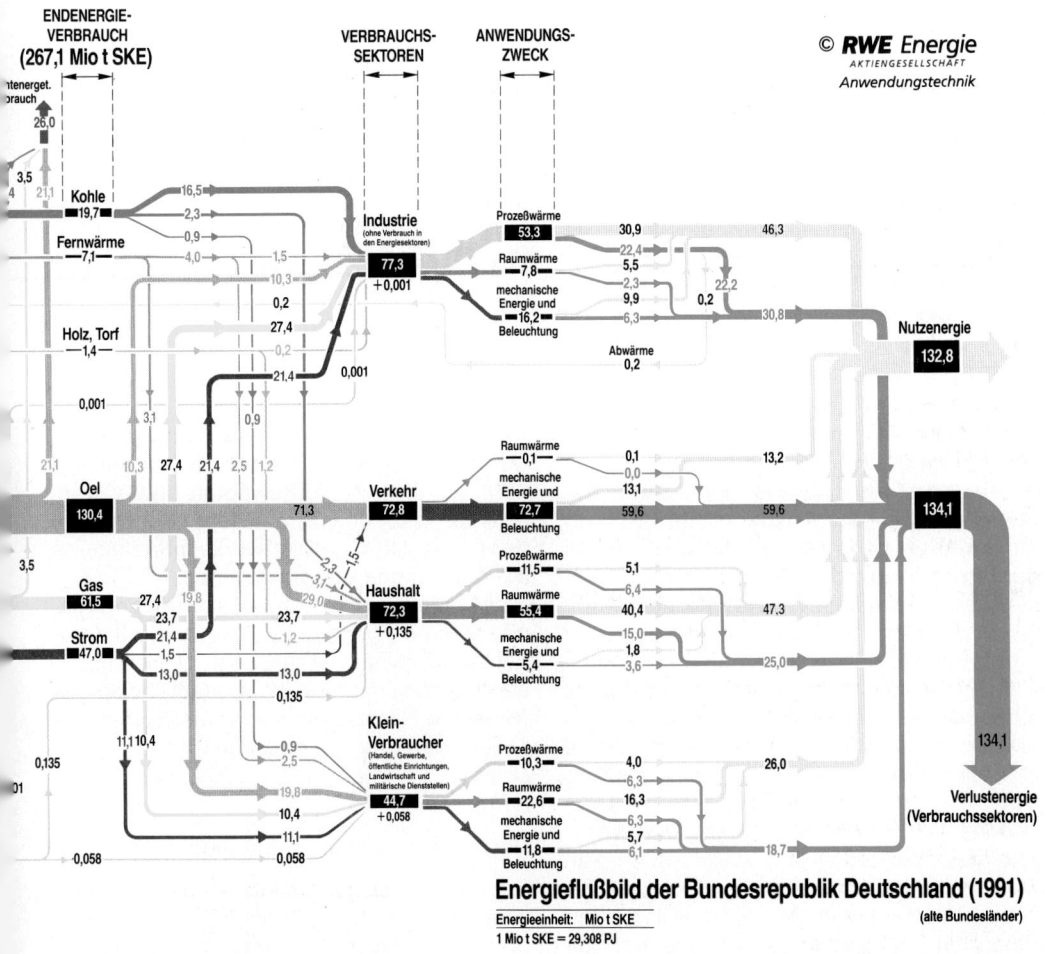

Energieflußbild der Bundesrepublik Deutschland (1991)

(alte Bundesländer)

Energieeinheit: Mio t SKE
1 Mio t SKE = 29,308 PJ

169

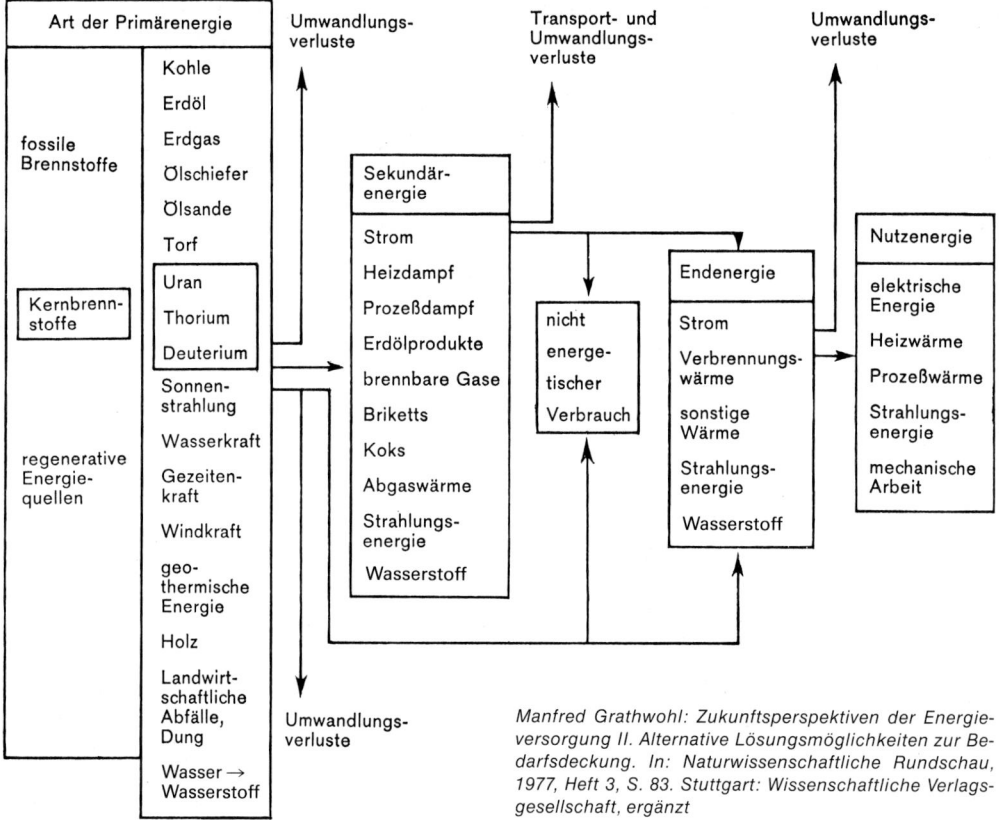

Manfred Grathwohl: Zukunftsperspektiven der Energieversorgung II. Alternative Lösungsmöglichkeiten zur Bedarfsdeckung. In: Naturwissenschaftliche Rundschau, 1977, Heft 3, S. 83. Stuttgart: Wissenschaftliche Verlagsgesellschaft, ergänzt

Letztendlich verdanken alle fossilen Primärenergieträger ihre Existenz der Sonne *(Strahlungsenergie)*. Sie ist der „Motor" der Photosynthese, durch die in der Pflanze Zucker, Stärke und Zellulose entsteht. Auch die Existenz und das Wachstum der Kleinlebewesen in den ehemals warmen tropischen Meeren, die die Ausgangssubstanz für das Erdöl und Erdgas bildeten, gehen auf die Sonnenenergie zurück. Sogar die regenerative Energiequelle Wasser ist auf die Sonnenenergie zurückzuführen. Ihre Wärmeeinstrahlung über den Ozeanen führt zum Verdunsten eines Teils des Wassers und damit zur Wolkenbildung. Der Transport des Wasserdampfes und dessen teilweise Kondensation über dem Festland hat häufig Niederschlag als Folge, der dann wiederum in Laufwasserkraftwerken an Flüssen bzw. Speicher- und Pumpspeicherwerken in den Mittel- und Hochgebirgen genutzt wird. Auch die bewegten Luftteilchen (Winde) beziehen ihre Energie durch die Sonne, so daß Windkraftwerke indirekt auch auf der Sonnenenergie beruhen.

Nicht alle Primär- und Sekundärenergieträger werden energetisch verbraucht, sondern anderweitig verarbeitet. Dieser nichtenergetische Verbrauch umfaßt beispielsweise die Herstellung von Kunststoffen aus Erdölprodukten in der chemischen Industrie.

Heizwerte und Umrechnungsfaktoren

Die Energieträger besitzen einen unterschiedlichen Energieinhalt. Dieser wird durch den Heizwert bestimmt. Er beträgt beispielsweise bei der Steinkohle 29 524 Kilojoule (7052 Kilokalorien) pro Kilogramm. Will man nun die einzelnen Energieträger miteinander vergleichen, so braucht man ein einheitliches Maß. Folgende Maßeinheiten werden heute üblicherweise verwendet: Joule, Steinkohleeinheiten (SKE) und Öleinheiten.

Umrechnungstabelle

Energieträger	Mengen-einheit	Heizwert Kilojoule	Heizwert Kilokalorien	SKE-Faktor
Steinkohlen	kg	29 524	7052	1,007
Braunkohlen	kg	8 389	2 004	0,286
Brennholz	kg	14 654	3 500	0,500
Erdöl (roh)	kg	42 622	10 180	1,454
Motorenbenzin	kg	43 543	10 400	1,486
Dieselkraftstoff; Heizöl, leicht	kg	42 705	10 200	1,457
Erdgas	m^3	31 736	7 580	1,083
Flüssiggas	kg	45 887	10 960	1,566
Elektrischer Strom a) in Primärenergiebilanz (Wasserkraft, Kernenergie, Müll)	kWh	9 620	2 289	0,328
b) in der Umwandlungsbilanz u. beim Endenergieverbrauch	kWh	3 600	860	0,123

Nach Energiebilanzen der „Arbeitsgemeinschaft Energiebilanzen"

Globaler und regionaler Primärenergieverbrauch

Der Weltprimärenergieverbrauch stieg von 1875 bis Mitte der 50er Jahre in etwa linear an. Die Deckung des Bedarfs erfolgte hauptsächlich durch die Kohle. Schätzungen gehen allerdings davon aus, daß das Holz in diesem Zeitraum einen Anteil von 50 bis ca. 20 Prozent hatte. Vor allem im späten Mittelalter und in der beginnenden Neuzeit war es der wichtigste Energieträger und Rohstoff.

Entwicklung des Primärenergieverbrauchs nach Ländern und Ländergruppen (in Mio. t SKE)

	1966	1973	1974	1980	1987	1991
USA	2039,4	2628,7	2545,3	2670,9	2769,1	2900,6
UdSSR/GUS	914,5	1267,4	1339,9	1699,5	2025,4	1944,2
Westeuropa	1201,4	1755,2	1707,6	1807,1	1929,7	2057,2
davon						
Bundesrepublik Deutschland	272,0	384,1	371,2	392,2	396,6	508,0
Frankreich	171,5	269,8	266,9	274,4	294,3	314,2
Großbritannien	277,6	325,9	311,0	295,5	307,3	321,4
Italien	127,8	199,9	198,5	211,4	211,1	224,0
VR China	365,9	525,6	562,7	751,1	1027,4	1018,9
Japan	245,0	504,1	502,4	521,4	559,6	651,1
Lateinamerika	223,7	340,7	359,8	491,2	614,3	599,3
Afrika	105,4	142,2	147,3	228,6	299,7	323,6
übriges Asien, Australien, Neuseeland	241,3	390,0	401,5	558,1	692,1	1005,5
Mittlerer Osten	64,2	126,4	139,0	171,8	289,6	351,5
Weltprimärenergieverbrauch (gesamt)	6036,6	8575,8	8634,1	10028,6	11547,0	11602,0

Zusammengestellt nach: BP Statistical Review of World Energy, London 1988, S. 31/32, 1992, S. 34

Entwicklung des Weltprimärenergieverbrauchs[1] 1875–1991

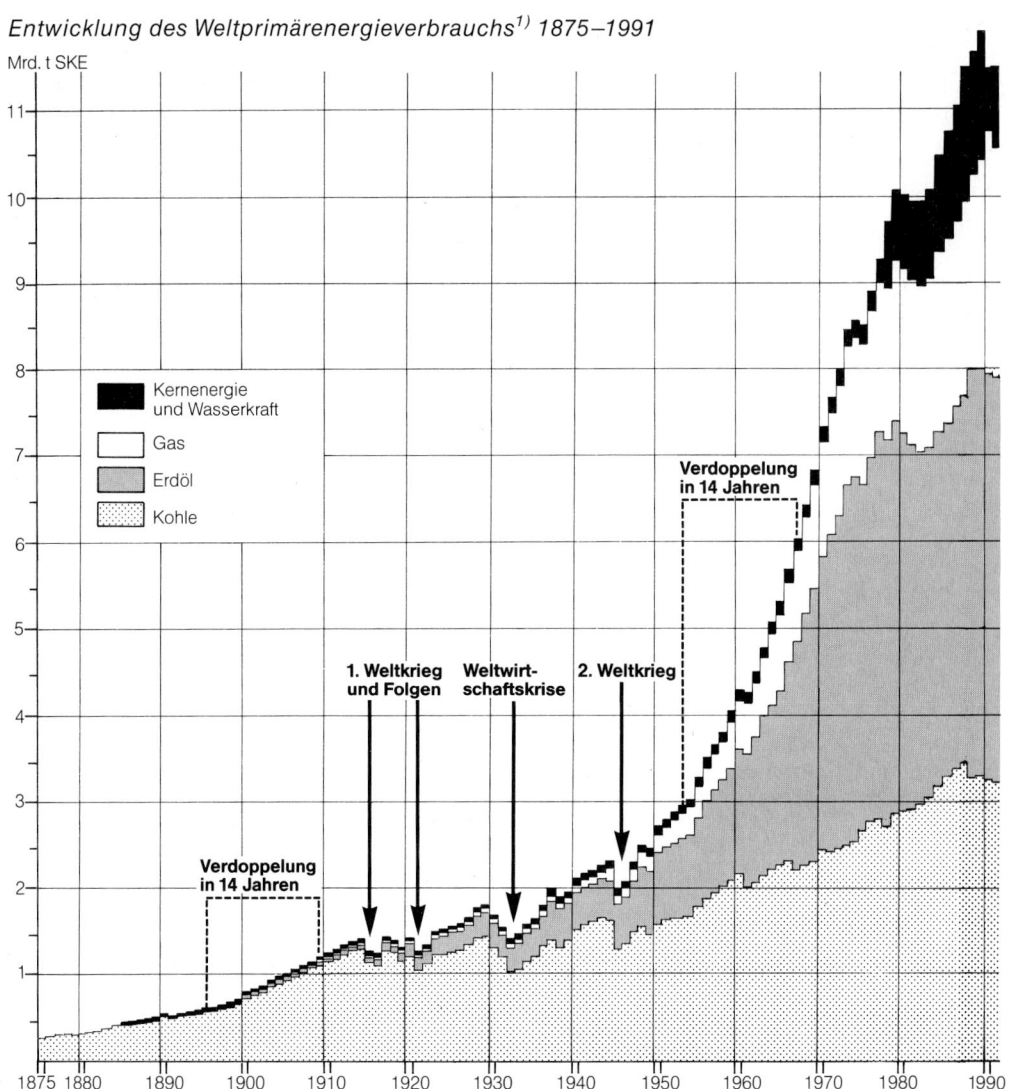

Mrd. t SKE

Kernenergie und Wasserkraft

Gas

Erdöl

Kohle

Verdoppelung in 14 Jahren

1. Weltkrieg und Folgen

Weltwirtschaftskrise

2. Weltkrieg

Verdoppelung in 14 Jahren

[1] Ohne Holz, Torf und sonstige nicht kommerziell gehandelte Brennstoffe; Primärenergieverbrauch *einschließlich* nichtenergetischen Verbrauchs bei Gas, Erdöl und Kohle
Nutzen und Risiko der Kernenergie. Vorträge eines Seminars. Berichte der Kernforschungsanlage Jülich. Jul 17, 4. Auflage 1979, S. 8. Kernforschungsanlage Jülich GmbH, Jülich; ergänzt nach verschiedenen Quellen

Der ab 1955/56 exponentiell wachsende Energieverbrauch ist zum überwiegenden Teil auf das dynamische Wirtschaftswachstum in den Industrieländern zurückzuführen. Diese Entwicklung wurde nur zeitweilig durch die beiden „Ölpreisschocks" 1973/74 und 1979/80 beeinflußt. Die dadurch in den westlichen Industrieländern eingeleiteten Energiesparmaßnahmen brachten weltweit gesehen nicht den erhofften Rückgang, weil der Verbrauch vor allem in den Entwicklungsländern wesentlich angestiegen ist.

Die aufgeführten Länder und Ländergruppen unterscheiden sich nicht nur hinsichtlich ihres Gesamtverbrauchs, sondern vor allem auch im Hinblick auf die Primärenergieträger, die zur Deckung eingesetzt worden sind. So beträgt beispielsweise der Anteil der Kohle am Primärenergieverbrauch in der VR China 79,2%; in der UdSSR leisten die beiden Primärenergieträger Erdgas (35,7%) und Erdöl (31,5%) den wichtigsten Beitrag zur Deckung des Bedarfs. Auch im rohstoffarmen Japan spielt das Erdöl eine wesentliche Rolle: Sein Anteil am Primärenergieverbrauch beläuft sich auf 54,9%.

In der Zusammenstellung des Weltprimärenergieverbrauchs sind nur die kommerziell gehandelten Brennstoffe enthalten. Holz, Torf und Dung, die in den Entwicklungsländern eine wichtige Bedeutung haben, fehlen. Wie bedeutend das Holz beispielsweise in den Sahelstaaten ist, zeigt der Vergleich der Kosten, die aufgewendet werden müssen, um eine Mahlzeit herzustellen: Der Preis für das Holz liegt über demjenigen, der für die Zutaten erforderlich ist.

Verheerend sind v.a. die ökologischen Auswirkungen, denn die Bäume und Sträucher im weiten Umkreis der größeren Siedlungen sind größtenteils gerodet worden.

Anteil des Brennholzes am Gesamtenergieverbrauch (in Mio. t SKE) Ende der 80er Jahre

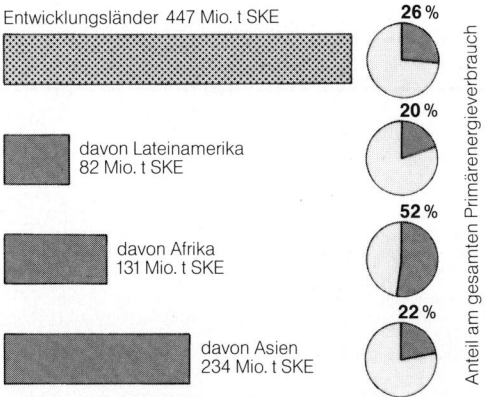

Nach FAO, World Resource Institute, World Bank, United Nations Development Program: The Tropical Forestry Action Plan, o.J., S. 4

4.2 Reserven, Förderung und Verbrauch von Primärenergie

Die insgesamt auf der Erde vorhandenen Reserven fossiler Energieträger (Kohle, Erdöl, Erdgas, Ölschiefer) betragen Anfang 1992 ca. 1400 Mrd. t SKE. Bei einem jähr-lichen Weltverbrauch von ca. 10,5 Mrd. t SKE ergibt sich eine statische Lebensdauer von ca. 133 Jahren, bei steigendem (dynamischem) Verbrauch entsprechend weniger. Erhebliche Unterschiede ergeben sich allerdings bei den einzelnen Energieträgern.

Steinkohle und Braunkohle

„Motor der Industrialisierung" lautet eine der Bezeichnungen für die *Steinkohle.* Das verdeutlicht, welche große Rolle die Steinkohle als Rohstoff und Energieträger in der Phase der Industriellen Revolution im 19. Jahrhundert gespielt hat. Eine Fülle von Industriezweigen, die verschiedene Zwischen- und Endprodukte weiterverarbeiten, sind in dieser Entwicklungsphase entstanden.

Gleichzeitig erfolgte in dieser Auftaktphase der Aufbau und die Verlagerung wichtiger Gewerbe- und Industriezweige „auf die Kohle". So wanderten das eisenschaffende Gewerbe und das Textilgewerbe aus den Mittelgebirgen in Richtung Kohle. Die Holzkohle als Brennstoffbasis und die gefällereichen Flüsse, die die Wasserräder und damit die Eisenhämmer bewegten, wurden durch die Steinkohle bzw. durch die steinkohlenbetriebenen Dampfmaschinen ersetzt. Auf diese Art und Weise wurden auch die mechanischen Webstühle angetrieben. Mitte des 19. Jahrhunderts stieg dann der Bedarf aufgrund des Ausbaus der Eisenbahnnetze an, zudem wurde dadurch auch die Produktion der Eisen- und Stahlindustrie erheblich gesteigert.

Heute kämpft der Steinkohlenbergbau in den Industrieländern um das Überleben, vielseitiger verwendbare und effektiv nutzbarere Primärenergieträger treten zunehmend an seine Stelle. Hauptabnehmer in den Industrieländern sind, allerdings bei rückläufiger Tendenz, die Stromversorgungsunternehmen und die Eisen- und Stahlindustrie.

Die zunehmende Internationalisierung der Energiemärkte führt v.a. im Bereich der Steinkohle zu einer verschärften Wettbewerbssituation. So fördern z.B. die Zechen in Großbritannien und in der Bundesrepublik zu Preisen, die bis zum Dreifachen über denen der Importkohle liegen – bei gleicher Qualität.

173

Welt-Steinkohlenförderung 1870–1991

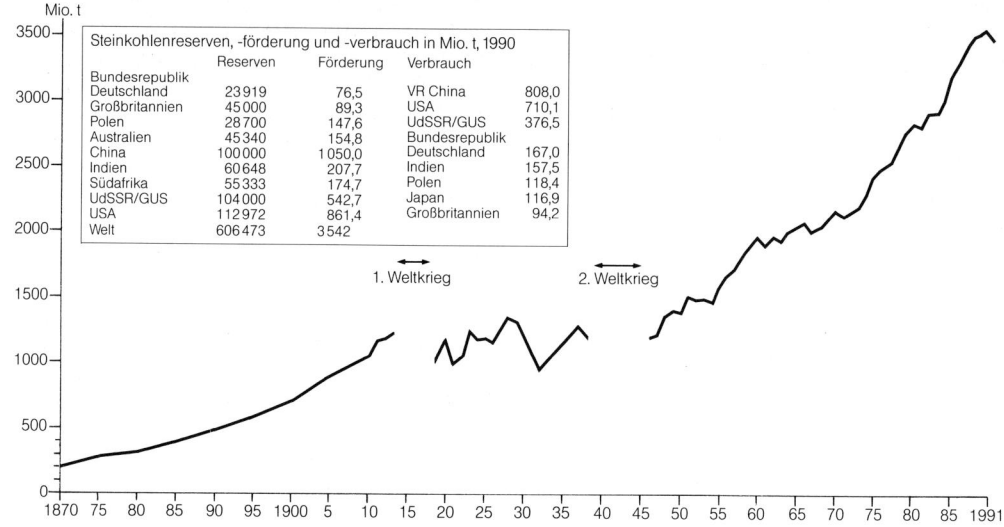

Steinkohlenreserven, -förderung und -verbrauch in Mio. t, 1990				
	Reserven	Förderung	Verbrauch	
Bundesrepublik Deutschland	23919	76,5	VR China	808,0
Großbritannien	45000	89,3	USA	710,1
Polen	28700	147,6	UdSSR/GUS	376,5
Australien	45340	154,8	Bundesrepublik	
China	100000	1050,0	Deutschland	167,0
Indien	60648	207,7	Indien	157,5
Südafrika	55333	174,7	Polen	118,4
UdSSR/GUS	104000	542,7	Japan	116,9
USA	112972	861,4	Großbritannien	94,2
Welt	606473	3542		

Wirtschaftsvereinigung Eisen- und Stahlindustrie (Hrsg.): Statistisches Jahrbuch der Eisen- und Stahlindustrie. Düsseldorf: Stahl und Eisen 1992, S. 319, und Jahrbuch 1992 – Bergbau, Öl und Gas, Elektrizität, Chemie. Essen: Verlag Glückauf 1991

Förderung von Braunkohle 1950–1990 in Mio. t

	1950	1960	1970	1980	1984	1986	1988	1990	Reserven
Welt	383,9	646,6	818,5	1004,7	1126,0	1189,0	1223,0	1156,0	522517
davon									
Bundesrepublik Deutschland	75,8	96,1	107,5	129,9	126,7	114,3	108,6	107,5	35150
neue Bundesl. (ehemals DDR)	137,1	225,5	261,5	258,1	296,3	311,3	310,3	248,9	21000
Polen	4,8	9,3	32,8	36,9	50,4	67,3	73,5	67,5	11700
Tschechoslowakei	27,5	57,9	81,3	94,9	102,9	100,8	97,9	85,1	3500
UdSSR	75,8	134,2	144,7	159,9	152,3	159,9	172,4	160,3	137000
USA	3,1	2,5	5,4	42,3	57,3	64,6	78,1	82,6	102269

Jahrbuch 1992 – Bergbau, Öl und Gas, Elektrizität, Chemie. Essen: Verlag Glückauf 1991, S. 1000, 1028

Der Einsatz der *Braunkohle* beschränkt sich in den westlichen Industrieländern im wesentlichen auf die Verstromung, während in den ehemaligen RGW-Staaten, v. a. in der DDR, die Braunkohle häufig auch zu Heizzwecken in den Haushalten und als Rohstoff in der chemischen Industrie verwendet wurde. Die enge räumliche Verbindung zwischen den Braunkohlentagebauen und den Wärmekraftwerken ist durch den geringen Heizwert der Braunkohle bedingt; man versucht dadurch die entstehenden Transportkosten möglichst niedrig zu halten.

Erdöl

Kein anderer Primärenergieträger bestimmte und bestimmt die Entwicklung der Weltwirtschaft in den letzten 30 Jahren so nachhaltig wie das *Erdöl*. Zwar kannte man diese „schmutzige Flüssigkeit" schon im Altertum, ihre zunehmende Bedeutung als Primärenergieträger erlangte sie eigentlich erst ab Mitte der fünfziger Jahre. Es ersetzte damit die Kohle in vielen wichtigen Verwendungsbereichen. Dieser Prozeß wird als Substitution bezeichnet. Die Gründe hierfür sind vielfältig, sie hängen aber hauptsächlich mit der vielseitigeren Verwendbarkeit, der effektiveren Nutzung, der besseren

Transportfähigkeit und dem damals noch sehr niedrigen Preis zusammen.

Das starke Wachstum des Straßen- und Luftverkehrs in den Industrieländern zu Beginn der 50er Jahre führte zu einem besonders starken Absatz der verarbeiteten Erdölprodukte als Kraftstoffe. Zwei weitere Verbrauchssektoren, in denen die Brennstoffe (leichtes und schweres Heizöl etc.) große Bedeutung erlangten, waren die Haushalte und Kleinverbraucher. Dort vor allem ersetzten leichtes und schweres Heizöl bei den Feuerungsanlagen die Kohle.

Tausende von Kunststoffen, Schmierölen und technischen Ölen sowie eine Vielzahl chemischer Produkte wie z. B. synthetischer Kautschuk, Harze und vieles mehr werden aus Rohöl hergestellt. Raumwirksam wurde diese Entwicklung durch den Bau von Raffinerien. Deren Standorte orientierten sich großräumig an den Verbraucherregionen. Der Antransport des Rohöls und heute auch seiner Verarbeitungsprodukte erfolgt hauptsächlich über *Pipelines,* die die Anlandehäfen mit den Raffineriestandorten verbinden.

Die Verteilung der Reserven, die Förder- und Verbrauchsstruktur verdeutlichen die grundlegenden Probleme, die mit dem Primärenergieträger Erdöl zusammenhängen.

Reserven – Förderung – Verbrauch in Mio. t

	Reserven				Förderung				Verbrauch			
	1970	1975	1980	1991	1970	1975	1980	1991	1970	1975	1980	1991
Westeuropa	467	3431	3111	1900	16,2	24,2	117,7	215,4	610,3	642,9	648,9	631,3
Afrika	9893	8695	7338	8000	295,5	243,3	297,9	329,7	40,2	55,4	72,6	97,4
Naher Osten	46902	50079	49252	54714[1]	693,0	968,9	917,3	623,0[1]	57,1	75,4	106,5	144,9[1]
Süd- und Ostasien, Australien, Ozeanien	1941	2890	2649	2700	67,0	109,1	134,9	182,0	304,8	391,2	456,8	670,9
UdSSR	10850	10930	8630	7800	352,7	490,8	603,0	515,2	264,7	373,0	444,4	420,1
VR China	2750	2740	2789	3200	20,0	77,0	106,0	139,6	20,4	68,1	90,3	117,9
USA	5258	4406	4018	4300	533,6	466,7	482,2	424,8	689,9	759,8	799,8	774,4
Mittel- und Südamerika	3589	4972	9787	16900	267,7	226,8	295,1	424,8	146,3	184,8	223,5	252,3
Welt gesamt	83351	89495	88824	135400	2336,1	2707,4	3089,1	3132,5	2267,9	2732,9	3062,2	3141,4

[1] 1986

Nach Oeldorado, verschiedene Jahrgänge, Esso AG, Hamburg, und BP Statistical Review of World Energy, 1992, S. 2 u. 7

Preisentwicklung und deren Folgen. Zwei einschneidende Ereignisse haben 1973/74 und 1979/80 die Entwicklung des Erdölmarktes und damit die Weltwirtschaft entscheidend beeinflußt:

– Der erste *„Ölpreisschock"* 1973/74: Die Regierungen der einzelnen Erdölförderländer der OPEC (Organization of Petroleum Exporting Countries) übernahmen 60 Prozent der Anteile der Fördergesellschaften in ihren Ländern. Zuvor waren diese in den Händen der international tätigen Erdölgesellschaften, die damit auch weitgehend Fördermengen und Preise bestimmten. Um die Staatseinnahmen zu erhöhen, wurde der Rohölpreis kräftig erhöht; er schnellte von 1,83 US-Dollar im Januar 1973 auf 10,14 US-Dollar im November 1974.

– Nach mehrmaligen Preiserhöhungen erfolgte 1980 – auch unter dem Einfluß der iranischen Revolution – der nächste Preissprung von 14,56 auf 31,28 US-Dollar pro Barrel (= 159 l).

Beide Preiserhöhungen zogen weitreichende Konsequenzen für Förder- und Verbraucherländer nach sich. So führten die gewaltig angestiegenen Einnahmen der Erdölförderländer zur Aufstellung und Durchführung ehrgeiziger Landesentwicklungsprogramme und zu einer einschneidenden Veränderung der Wirtschafts- und Gesellschaftsstruktur. Zudem investieren eine ganze Reihe dieser Länder in Industrieunternehmen in den westlichen Industriestaaten.

Die stark gestiegenen Preise führten zu einer hektischen Suche nach neuen Lagerstätten, und zudem wurden schon bekannte Lagerstätten ausgebeutet, die unter diesen Bedingungen in die Kategorie „wirtschaftlich gewinnbar" gelangt waren. Dazu gehört beispielsweise ein Teil der Erdöl- und Erdgaslagerstätten in der Nordsee.

Einschneidende Veränderungen vollzogen sich außerdem unter dem Einfluß des ersten „Ölpreisschocks" in den westlichen Industrieländern. Energiesparmaßnahmen bei den wichtigen Verbrauchergruppen waren die Folge. So wurde beispielsweise der Verbrauch beim Kraftstoff durch sparsamere Motoren ebenso gesenkt wie der Verbrauch an Brennstoffen bei den Haushalten und Kleinverbrauchern. Maßgeblich waren dafür unter anderem staatliche Programme, die die Wärmeisolierung der Gebäude förderten. Auch vollzog sich bei der Brennstoffstruktur in Wärmekraftwerken ein grundlegender Wandel: Durch Umrüstung und Umbau wurde weitgehend auf den teuren Brennstoff schweres Heizöl verzichtet. Zudem wurden Überlegungen angestellt, die regenerativen Energiequellen besser bzw. neu zu nutzen.

Im Zeitraum von 1981/82 bis 1986/87 trat nun eine Entwicklung auf dem Erdölmarkt ein, mit der zunächst niemand gerechnet hatte: Die Rohölpreise sanken. Folgende Entwicklungen beeinflußten diesen Prozeß:
– Die größeren Angebotsmengen durch die neu auf den Markt gekommenen Förderländer wie z. B. Großbritannien sowie

– Uneinigkeit unter den OPEC-Mitgliedern bei der Festlegung und auch Einhaltung der Länderförderquoten ergaben ein Überangebot auf dem Markt.
– Die hohen Einsparungen bei den Rohölprodukten in den Industrieländern führten zu einer zeitweiligen Verringerung bzw. Stagnation des Bedarfs.

Tendenziell stiegen die Rohölpreise im Zeitraum von 1986/87 bis Mitte 1992, wobei v. a. die irakische Invasion in Kuwait kurzfristig die Preise hochschnellen ließ. Anschließend sanken die Preise wieder; im Februar 1993 lag der Barrel-Preis bei 16 US-Dollar.

Rohölpreis US-$/Barrel

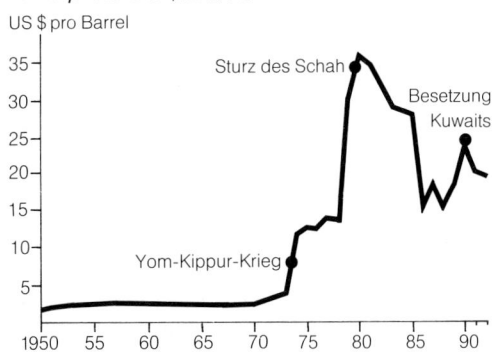

$-Kurs[1] (Auswahl):

1981: 2,25 DM   1985: 2,75 DM   1988: 1,75 DM   1991: 1,61 DM

[1]50er Jahre: ca. 4,20 DM

Nach BP Statistical Review of World Energy, verschiedene Jahrgänge

Erdgas

Reichweite und Förderung der Erdgasreserven nach Regionen

Region	Reserven in Mrd. m³			Förderung in Mrd. m³			Statische Reichweite		
	1972	1987	1991	1972	1987	1991	1972	1987	1991
Westeuropa	4980	6145	5100	128,8	188,5	233,3	39	33	25,7
Afrika	5350	7040	8800	5,5	60,5	85,0	973	116	über 100
Naher Osten	9740	30705	37400	27,0	78,8	130,7	361	390	über 100
Nordamerika	9095	8060	7500	724,2	537,0	726,3	13	15	12,3
Mittel- und Südamerika	2600	6420	6800	42,6	79,1	115,8	61	81	69,2
Süd- und Ostasien, Australien und Ozeanien	2860	6430	7400	17,9	111,4	191,1	160	58	43,4
Osteuropa, UdSSR/GUS und China	19100	42700	51000	278,0	805,8	915,2	69	53	61,0
davon UdSSR/GUS		42000	49500			860,3			61,4
Welt insgesamt	53725	107500	124000	1224,0	1861,1	2397,6	44	58	60,7

Manfred Horn: Die künftige Rolle des Erdgases in der Energieversorgung. In: Deutsches Institut für Wirtschaftsforschung, Wochenbericht 19/88, 11. Mai 1988, S. 258. Berlin: Duncker u. Humblot 1988, und BP Statistical Review of World Energy, 1992, S. 18, 20

Ab Mitte der 60er Jahre, besonders aber ab 1973/74, kam das *Erdgas* als Primärenergieträger verstärkt auf den Markt. Sein Anteil am energetischen Gesamtverbrauch stieg von 17,7% im Jahre 1965 kontinuierlich auf 22,2% im Jahre 1991. Es ist damit derjenige Energieträger, der den größten Teil der Weltzuwachsrate abdeckte. Gegenüber dem Erdöl weist das Erdgas Vorteile auf.
– Es kann im energetischen Bereich bei den einzelnen Verbrauchergruppen direkt und ohne große Verluste eingesetzt werden und weist damit einen wesentlich höheren Wirkungsgrad auf.
– Es verbrennt nahezu rückstandslos und bringt somit keine großen Umweltbelastungen mit sich.

Uran und Kernenergie

Weltweit nahm der Verbrauch an *Kernenergie* im Zeitraum von 1976 bis 1991 von 154,4 Mio. t SKE auf 729,5 Mio. t zu. Neben dem Erdgas ist die Kernenergie derjenige Energieträger, der die höchsten Steigerungsraten aufweist. Dies ist zunächst deshalb auch verständlich, weil die Kernkraftwerke im Grundlastbereich der Stromerzeugung gegenüber konventionellen Wärmekraftwerken scheinbar kostengünstiger arbeiten.

In der Bundesrepublik Deutschland und anderen Ländern werden im Rahmen der Kernenergie folgende Problemkreise diskutiert:
– die großtechnisch und damit ökonomisch funktionierende Wiederaufarbeitung der abgebrannten Brennelemente,
– die sichere Endlagerung der radioaktiven Spaltprodukte oder die komplette Endlagerung der abgebrannten Brennelemente,
– die Sicherheit der Kernkraftwerke.

Die bisherigen Reaktorunfälle, v. a. Tschernobyl (1986), ließen die Akzeptanz der Kernenergie bei der Bevölkerung erheblich sinken.

Regenerative Energiequellen

Die Bedeutung der verschiedenen regenerativen Energiequellen (Wasser, Wind, Sonne, Biomasse/Müll, geothermische Energie) ist von Land zu Land und von Region zu Region sehr unterschiedlich. Ihr derzeitiger Anteil am Weltprimärenergieverbrauch beläuft sich auf ca. 1,5–2 Prozent. Dieser zunächst gering erscheinende Anteil darf nicht darüber hinwegtäuschen, daß die Sonnenenergie und die Wasserkraft in Entwicklungsländern zukünftig eine große Bedeutung haben werden.

Verbrauch an Kernenergie nach Ländergruppen

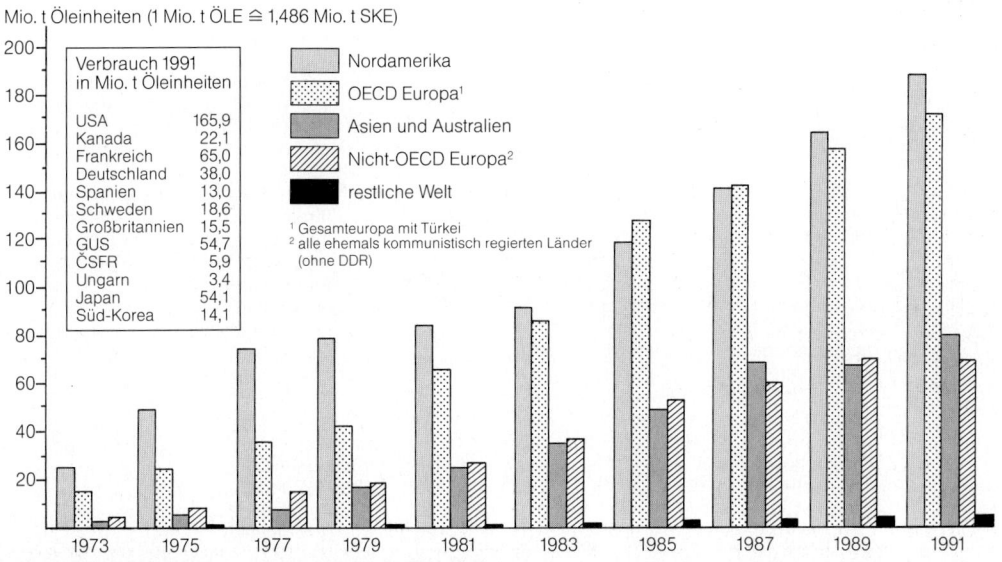

Nach BP Statistical Review of World Energy 1992, S. 30, 31

	Art der Nutzung	Standortvoraussetzungen	Vorteile	Nachteile	Bestehende Anlagen
Sonnenstrahlung	Sonnenwärme erhitzt Wasser in Sonnenkollektoren → Warmwasser, Heizung Sonnenenergie durch Spiegel auf kleinen Brennbereich konzentriert → hohe Temperaturen, Stromerzeugung Direktumwandlung von Licht in elektrische Energie durch Solarzellen (vgl. Belichtungsmesser)	hohe Sonnenscheindauer, Chancen insbesondere für tropische und subtropische Entwicklungsländer	umweltfreundlich, unerschöpflich, wichtig für Gebiete ohne Stromversorgung	nicht immer verfügbar, Problem der Speicherung, Stromerzeugung technisch sehr aufwendig, hoher Flächenbedarf von „Sonnenfarmen"	Sonnenkollektoren weithin verbreitet; Hochtemperaturgewinnung im Versuchsstadium (Neu-Mexiko, Sizilien, Pyrenäen)
Windkraft	Direkte Umsetzung in mechanische Bewegung, Stromerzeugung	windreiche Gebiete (z.B. Küste, Ebenen, Berggipfel)	umweltfreundlich, wichtig für Gebiete ohne Stromversorgung	nicht immer verfügbar, geringe Leistung; hohe Windanlagen an exponierter Lage beeinträchtigen das Landschaftsbild	Versuchsanlagen z.B. an der Unterelbe; Windmühlen, Windräder auf abgelegenen Farmen
Gezeitenkraft	Absperren gezeitenreicher Buchten → Stromgewinnung bei Ebbe und Flut	hoher Tidenhub, geeignete Buchten und Flußmündungen	geeignet für Großanlagen	lokal begrenzt, nicht ständig verfügbar (Pumpspeicher notwendig!), technisch aufwendig, Verschleiß durch Salzwasser, Störung des Naturhaushalts an der Küste	Rance/Bretagne, Kislogubsk/Barentsee
Geothermische Energie	Direkte Nutzung von Heißwasser und Dampf zu Heizzwecken oder in Geothermalkraftwerken zu Strom, Energiegewinnung aus trockenheißem Tiefengestein (Einleitung von Kaltwasser; hot-dry-rock-Technik)	überdurchschnittl. Wärmefluß (Durchschnitt in der Bundesrepublik Deutschland: $1°/33$ m), z.B. in Gebieten ehemaligen und gegenwärtigen Vulkanismus, Grabenbrüche	gleichmäßige Energieabgabe	ungewisses Potential, meist niedrige Drucke und Temperaturen, daher geringer Wirkungsgrad bei Stromgewinnung, störende Beimengungen (Salze, Gase) des heißen Wassers, mögliche ökologische Folgeschäden (Erdbeben?)	Larderello/Italien, Island, Kalifornien, Bad Urach

Hans-Ulrich Bender u.a.: Räume und Strukturen. Stuttgart: Klett 1984, S. 84

Wasserstoff-Technologie. Große Hoffnung setzt man in der Zukunft auf die *Wasserstofftechnologie.* Die Spaltung des Wassers in Wasserstoff und Sauerstoff erfolgt durch die Elektrolyse. Um besonders kostengünstig und umweltfreundlich diesen Spaltprozeß durchzuführen, will man hier die Energie regenerativer Energieträger, vor allem Sonnenenergie, einsetzen.

Einen Nachteil hat allerdings der Wasserstoff: Er ist hochexplosiv und stellt deshalb sehr hohe Sicherheitsansprüche an Gewinnung, Transport und Nutzung.

5 Energieverbrauch und globale Umweltbelastung

Die Weltbevölkerung von 5,5 Mrd. Menschen verbrannte 1991 rund 8 Mrd. t Kohlenstoff (C) zu etwa 28 Mrd. t Kohlendioxid (CO_2), wobei aus den Industrieländern rund drei Viertel stammten. Diese anthropogen bedingten CO_2-Emissionen steigen v. a. aufgrund des weltweit zunehmenden Verbrauchs fossiler Energieträger. Dieser ist zum einen auf den sehr hohen Verbrauch in den Industrieländern zurückzuführen, zum anderen trägt das starke Bevölkerungswachstum in den Entwicklungsländern zu einer weiter steigenden Zunahme bei.

Kohlendioxid ist ein Spurengas und kommt wie Methan (NH_4), Distickstoffoxid (N_2O), Ozon (O_3), Wasserdampf u. a. auf natürliche Weise in der Atmosphäre vor. Der natürliche Anteil dieser Spurengase führt zum natürlichen Treibhauseffekt; die Spurengase bewirken zunächst eine Verringerung der Wärmeabstrahlung aus der untersten Atmosphärenschicht in die höherliegenden. Ohne diesen natürlichen Anteil würde die mittlere Erdtemperatur $-18\,°C$ anstatt $+15\,°C$ betragen (vgl. S. 26/27).

In der wissenschaftlichen Diskussion ist man sich weltweit einig, daß die zusätzlichen anthropogenen Emissionen dieser Spurengase den natürlichen Treibhauseffekt verstärken und damit das Klima der Erde verändern.

Mit Hilfe von *Klimamodellen* versucht man, Aussagen über die zukünftige Erwärmung der Erdatmosphäre zu bekommen. Als abgesichert gilt, daß der Anstieg der durchschnittlichen Erdtemperatur um 1–3 °C bis zum Jahre 2085 eintritt, wenn die anthropogenen Emissionen von Spurengasen in gleichem Maße wie heute fortschreiten.

Die großen Unbekannten in diesen Modellrechnungen sind v. a. die Vielzahl der möglichen Rückkopplungen bzw. synergetischen Effekte, die bei dieser Erwärmung entstehen können (Auswahl):

Das wichtigste und lange Zeit von der Wissenschaft unterschätzte Treibhausgas ist der Wasserdampf. Wenn die Temperatur steigt, verdunstet mehr Wasser. Der Weltozean bietet dazu ein nahezu unerschöpfliches Reservoir. Steigt der Wasserdampf der Atmosphäre, verstärkt sich der Treibhauseffekt. Ein höherer Wasserdampfpegel wurde in der Lufthülle über den Tropen bereits gemessen.

– „Der weitere Rückgang des stratosphärischen Ozons hätte durch die Zunahme der UV-B-Strahlung einen schwerwiegenden Effekt. Über das *Phytoplankton* (frei im Wasser schwebende Pflanzen) entfernt der Ozean fast die Hälfte des überschüssigen Kohlendioxids aus der Atmosphäre. Phytoplankton gilt als extrem UV-B-empfindlich. Fällt es als „Entsorger" aus, würde die Lufthülle schneller aufgeheizt. Die Zunahme der UV-B-Strahlung ist für die Nordhalbkugel noch nicht nachgewiesen. Forscher vermuten, daß dort die hohe Luftverschmutzung die UV-B-Strahlung blockiert.

– Wenn das Ozon in der Höhe weiter abgebaut wird, kühlt sich die Stratosphäre ab. Verstärkt wird diese Abkühlung aber auch durch den anthropogen bedingten Treibhauseffekt. Da extreme Kälte für die ozonzerstörenden chemischen Reaktionen eine wesentliche Voraussetzung ist, würden immer bessere Bedingungen für einen Ozonabbau geschaffen – mit allen Konsequenzen für das Phytoplankton und den Treibhauseffekt.

– Eine Temperaturerhöhung könnte die Dauerfrostböden auftauen. Dort lagern Gigatonnen tiefgefrorener Treibhausgase, vor allem Methan. Wird es frei, verstärkt sich der Treibhauseffekt.

– Erwärmt sich nach der Luft auch der Weltozean, hätte dies fatale Folgen, denn warmes Wasser löst Kohlendioxid bedeutend schlechter als kaltes. ..."

Bundesministerium für Forschung und Technologie (Hrsg.): Unsere Erde im Wandel. Bonn: 1922, S. 36

Klimawirksame Spurengase (vgl. S. 24)

Spurengas	anthropogene Herkunft und Menge	mittlere atmosphärische Verweildauer	derzeitige (und vorindustrielle) Konzentration	Konzentrationsanstieg pro Jahr	Auswirkungen in der Atmosphäre
Kohlendioxid (CO_2) in Mrd. t	Fossile Brennstoffe $(5,6 \pm 0,5)$; Waldrodungen und Bodenerosion (1 ± 1); Holzverbrennung $(0,5 \pm 0,2)$	5–10 Jahre	353 (280) ppm	0,5 %	Erwärmung in der Troposphäre; Abkühlung in der Stratosphäre
Methan (NH_4) in Mio. t	Reisanbau (110 ± 85); Viehhaltung (80 ± 20); Erdgaslecks (45 ± 20); Verbrennung von Biomasse (40 ± 40); Mülldeponien (40 ± 30); Nutzung fossiler Energie (35 ± 15)	10 Jahre	1,7 (0,8) ppm	0,9 %	in Troposphäre direkter und indirekter Treibhauseffekt; in Stratosphäre Beeinflussung der chemischen Abläufe
Ozon (O_3)	Wird indirekt gebildet durch photochemische Reaktionen 1 Mrd. t	1–3 Monate	0,02–0,3 ppm in Troposphäre (<0,01) 5–10 ppm in Stratosphäre bei 30 km (8–10 ppm)	1 %	Ozonbildung in der Troposphäre führt zur Erwärmung (Ozonschicht in Stratosphäre: vgl. Fluorchlorkohlenwasserstoffe)
Lachgas (N_2O) Distickstoffoxid in Mio. t	Verbrennen von Biomasse und fossilen Energieträgern $(0,2–0,4 N)$; Düngemitteleinsatz $(1,1 \pm 1,0)$; insgesamt: 1–7 N	100 Jahre	0,31 (0,29) ppm	0,25 %	Verstärkung des Treibhauseffekts in Troposphäre; Beeinflussung des Ozonhaushalts in Stratosphäre
Wasserdampf (H_2O)	Verbrennungsprozesse; hochfliegende Flugzeuge (Stratosphäre)	10 Tage (Troposphäre) 2 Jahre (Stratosphäre)	0,02–0,3 ppm (Troposphäre) 3 ppm (Stratosphäre)	Anstieg durch Industrie und Flugverkehr	Verstärkung des Treibhauseffekts in der oberen Troposphäre und wahrscheinlich auch in der unteren Stratosphäre
Fluorchlorkohlenwasserstoffe (FCKW)	Treibmittel in Sprühdosen, Beimengung im Leitungssystem von Kühlaggregaten, Isoliermaterial, Reinigungsmittel gesamt 1,1 Mio. t	65–130 Jahre	0,3–0,5 (0) ppb	4 %	1. Verstärken den Treibhauseffekt; 2. Zerstören den stratosphärischen Ozonschild und damit Erhöhung der UVB- und UVC-Strahlung

FCKW-Produktion weltweit (in 1000 t): 1950: 0; 1960: 120000; 1980: 600000 t; 1990: ca. 720000 t
Primärenergieverbrauch, global (Mrd. t SKE): 1875: 0,3; 1906: 1; 1954: 3; 1964: 5; 1970: 7; 1977: 9; 1985: 11; 1991: 11,6
C-Emissionen (Mrd. t): 1875: 0,19; 1906: 0,6; 1937: 0,92; 1954: 1,9; 1964: 2,7; 1980: 5,6; 1990: 7; 1991: 8,2 (beim Verbrennen von 1 g C entstehen 3,5 g CO_2)
CO_2-Emissionen (Mrd. t): 1970: 16,238; 1990: 22,108; davon USA 1970: 29%; 1990: 24%; UdSSR (GUS) 1970: 16%; 1990: 16%; Japan 1970: 5%; 1990: 5%; Bundesrepublik Deutschland 1970: 7%; 1990: 5%
Bevölkerungsentwicklung (Mrd.): 1850: 1,2; 1950: 2,5; 1980: 4,3; 1990: 5,3; 1992: ca. 5,5
Nach Wilfried Bach: Gefahr für unser Klima. Karlsruhe: Müller 1982, S. 113–115, vereinfacht und ergänzt

In Anbetracht des sich dramatisch verändernden Weltklimas findet seit Ende der 80er Jahre auf dem Gebiet der Klimaforschung eine breite internationale Zusammenarbeit statt. Auf der Weltkonferenz „The Changing Atmosphere" in Toronto 1988 beschrieben die Wissenschaftler den derzeitigen Zustand der Atmosphäre wie folgt: „Die Menschheit führt ein ungewolltes, unkontrolliertes, weltumfassendes Experiment durch, dessen Konsequenzen letztlich mit einem Atomkrieg vergleichbar sein könnten." Ihre Forderungen lauteten: Verringerung der CO_2-Emissionen bis 2005 um 20% und bis 2050 um 50% gegenüber 1987. Wesentlich weiter gehen die Forderungen der wissenschaftlichen Arbeitsgruppe, die auf Regierungsebene (Intergovernmental Panel on Climate Change, IPCC) eingerichtet wurde und deren Bericht die Grundlage der zweiten Weltklimakonferenz in Genf (1990) war: Reduzierung bei CO_2 um mindestens 60%, bei CH_4 um 15–20%, bei N_2O um 70–80% und bei den FCKWs zwischen 70–80% bis zum Jahre 2050. Große Hoffnungen knüpften die Experten und die Weltöffentlichkeit an den „Umweltgipfel" in Rio de Janeiro 1992 (United Nations Conference on Ecology and Development), auf dem sich 130 Regierungschefs sowie international anerkannte Experten trafen, um mehrere Konventionen (Klimaschutz, Artenschutz u. a.) zu verabschieden. Deutlich wurde dabei, daß die Entwicklungsländer zu recht nicht bereit sind, ohne die massive finanzielle Unterstützung durch die Industrieländer ihr wirtschaftliches Wachstum zugunsten der globalen Ökologie aufzugeben. Vielmehr forderten sie von den Industrieländern, die ja die Hauptverursacher der weltweiten Emissionen sind, mehr Entwicklungshilfe und Schuldenerlaß, wenn sie sich für eine umweltverträglichere Entwicklung entscheiden. Die Industrieländer ihrerseits sollten, ähnlich wie die Bundesrepublik Deutschland, ihre Emissionen durch z. B. CO_2-Steuern oder den Stopp der FCKW-Produktion bis 1995 drastisch reduzieren.

1. *Definieren Sie die Begriffe: Primär-, Sekundär-, Nutz- und Endenergie.*
2. *Beschreiben Sie mit Hilfe der Abbildung Seite 168/169 die wichtigsten Verwendungszwecke der Sekundärenergie aus Kohle, Öl und Gas in den vier Verbrauchssektoren.*
3. a) *Berechnen Sie für die vier Verbrauchssektoren das Verhältnis von Nutzenergie zur Verlustenergie.*
   b) *Wie sieht im Kraftwerksbereich das Verhältnis von eingesetzter Primärenergie zum produzierten Sekundärenergieträger Strom aus?*
4. a) *Beschreiben Sie die Entwicklung des Weltprimärenergieverbrauchs.*
   b) *Vergleichen Sie die Menge und die jeweils zur Deckung eingesetzten Primärenergieträger in den Zeiträumen 1890–1900, 1930–1940, 1950–1960 und 1980–1991.*
5. a) *Berechnen Sie für drei ausgewählte Jahre den ungefähren Anteil der Industrieländer am Weltprimärenergieverbrauch. Vergleichen Sie mit den übrigen Ländern und Ländergruppen (Tab. S. 171).*
   b) *Berechnen Sie für ausgewählte Industrie- und Entwicklungsländer bzw. Ländergruppen den Zuwachs des Primärenergieverbrauchs im Zeitraum von 1966–1991 (Tab. S. 171). Begründen Sie!*
   c) *„Das starke Weltbevölkerungswachstum trägt zukünftig ganz wesentlich zur Steigerung des Weltprimärenergieverbrauchs bei." Nehmen Sie zu dieser These Stellung, ziehen Sie dazu auch Abbildung Seite 172 mit heran.*
6. *Beschreiben Sie die Entwicklung der Steinkohlenförderung im Zeitraum von 1870–1990 (Abb. S. 174). Erklären Sie, in*

welchen Verbrauchssektoren die Steinkohle in der Phase der Industrialisierung und heute eingesetzt wurde bzw. eingesetzt wird.

7. Erläutern Sie, welche Auswirkungen die beiden Ölpreiserhöhungen (1973/74, 1979/80) in den Förder- und in den Verbraucherländern nach sich gezogen haben.

8. Erläutern Sie die wichtigsten Problembereiche, die mit der Nutzung der Kernenergie verbunden sind.

9. Erläutern Sie mit Hilfe der Abbildung Seite 168/169 die Formen, in denen die ungenutzte Energie in die Atmosphäre abgegeben wird.

10. Erklären Sie, welche Ursachen und Auswirkungen die anthropogen bedingten Emissionen der Spurengase haben (Tab. S. 180).

11. Erörtern Sie mögliche Lösungsansätze, die zu einer Verringerung des anthropogen bedingten zusätzlichen Treibhauseffektes führen könnten.

12. Erörtern Sie, welche regenerativen Energieträger in den Entwicklungsländern bzw. Industrieländern erfolgversprechend sind.

6 Energiewirtschaft in der Bundesrepublik Deutschland

„Das energiepolitische Umfeld hat sich seit der Vorlage des letzten Energieberichts von 1986 grundlegend geändert: Die Vereinigung Deutschlands, die Risiken des Treibhauseffekts, die Fortschritte der europäischen Integration, die Umwälzungen in Mittel- und Osteuropa sowie der früheren Sowjetunion haben neue Daten gesetzt. ...

In einem zusammenwachsenden Europa und weltweit integrierten Energiemärkten kann Versorgungssicherheit weniger denn je allein durch heimische Ressourcen gewährleistet werden. Sie erfordert zum Ausgleich der spezifischen Risiken der einzelnen Energieträger so-

wohl eine diversifizierte Energieträgerstruktur als auch eine angemessene Mischung zwischen importierten und heimischen Energien.

Die Bundesrepublik verfügt in den alten Ländern über ein modernes und effizientes Energieversorgungssystem. Es ist breit ausgebaut, in seiner unternehmerischen Struktur differenziert und nutzt im weiten Umfang fortschrittlichste Energie- und Umwelttechniken. ...

Die Ausgangslage in den neuen Bundesländern unterscheidet sich hiervon fundamental. Die monostrukturierte, ökonomisch und ökologisch ineffiziente Energiewirtschaft der DDR hat zu hohen Energiekosten und gravierenden Umweltschäden geführt. (...) Die Ablösung des auf zentrale Planung, Autarkie und Dirigismus ausgerichteten Energiesektors der ehemaligen DDR durch eine marktwirtschaftlich orientierte Energiewirtschaft mit prinzipiell freier Preisbildung, unternehmerischer Investitionsverantwortung und Orientierung an den Weltmärkten ist in vollem Gange. Ziel ist die Ablösung der einseitigen Abhängigkeit von der Braunkohle durch eine diversifizierte Energieträgerstruktur."

Bundesministerium für Wirtschaft: Energiepolitik für das vereinte Deutschland. Bonn, 1992, S. 2, 6, 7, 12, 22

Entwicklung und Struktur des Primärenergieverbrauchs in der DDR bzw. den neuen Bundesländern 1970–1991

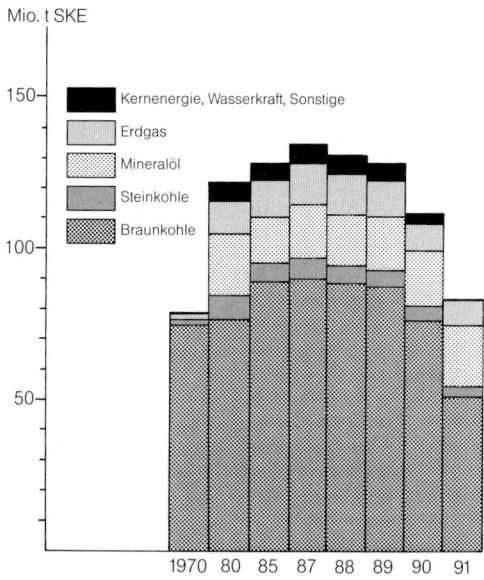

Mio. t SKE

Nach Energiedaten '91

Entwicklung und Struktur des Primärenergieverbrauchs in der Bundesrepublik Deutschland 1950–1992 (nur alte Bundesländer)

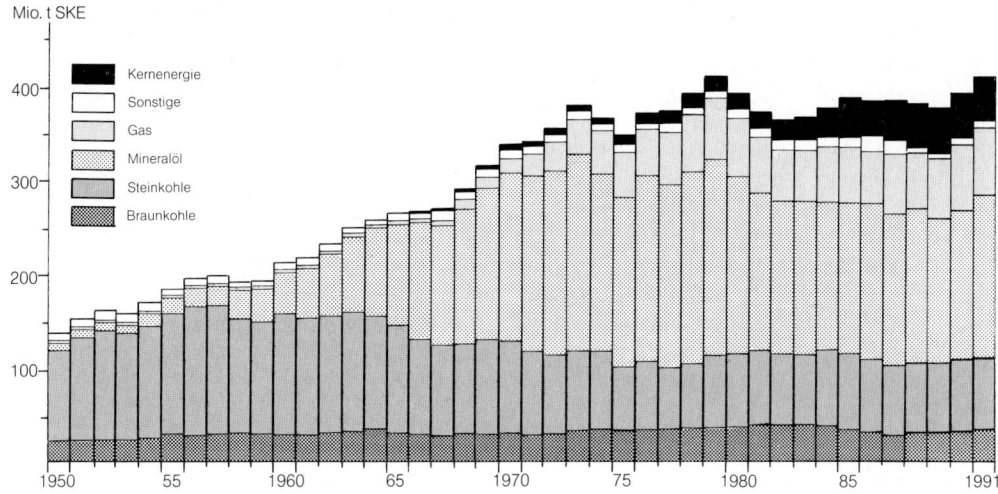

Nach Kernforschungsanlage Jülich GmbH: Nutzen und Risiko der Kernenergie. Jülich 1985, S. 10, ergänzt nach Energiedaten '91

Die Stellung der Kernenergie und der Steinkohle. Neben den aufgeführten neuen Problemfeldern nimmt, v. a. in den alten Bundesländern, die Diskussion über die zukünftige Bedeutung der Steinkohle und der Kernenergie erneut breiten Raum ein. Vor allem um deren zukünftige Stellung in der Energieversorgung geht es in den „Energiekonsens-Gesprächen", die parteienübergreifend im März 1993 begonnen haben.

Durch die Reaktorkatastrophe in Tschernobyl (Ukraine) am 26. April 1986 sowie durch zahlreiche Störfälle in deutschen Kernkraftwerken hat die Akzeptanz der Kernenergie bei der Bevölkerung und teilweise auch bei den Verantwortlichen in Politik und Wirtschaft deutlich abgenommen. Dies drückt sich auch darin aus, daß in der Bundesrepublik derzeit Kernkraftwerke weder im Bau noch in der konkreten Planung sind.

Im Bereich des Brennstoffkreislaufes sind folgende Punkte ungeklärt:

Wiederaufbereitung: Gegenwärtig werden die in deutschen Kraftwerken anfallenden abgebrannten Brennelemente in den eigens dafür gebauten Zwischenlagern für ca. 5–8 Jahre gelagert. Danach kommen sie zur Wiederaufbereitung entweder nach Cap de la Hague (Frankreich/Normandie) oder nach Windscale (Großbritannien). Es sind die beiden einzigen Wiederaufbereitungsanlagen, in denen größere Mengen aufgearbeitet werden. Die dabei entstehenden flüssigen, hochradioaktiven Abfälle werden dort verglast und zwischengelagert und müssen dann wieder in die Bundesrepublik zur Endlagerung zurücktransportiert werden. Das bei der Wiederaufbereitung gewonnene Uran und Plutonium soll dann in der Mischoxidbrennelementefabrik (Hanau/Hessen) in den Brennstoffkreislauf zurückgeführt werden (vgl. Karte S. 187).

Aufgrund der begrenzten Kapazitäten der beiden Wiederaufbereitungsanlagen wird es längerfristig nicht möglich sein, alle Brennelemente aus deutschen Kraftwerken dort aufarbeiten zu lassen. Zudem müssen einige Energieversorgungsunternehmen ab 1994 aufgrund bestehender Verträge die hochradioaktiven Spaltprodukte zurücknehmen, obwohl es derzeit unsicher erscheint, daß das geplante Endlager und die geplante Mischoxidbrennelementefabrik in Hanau, Hessen, fertiggestellt werden.

Endlagerung: Derzeit ist noch nicht entschieden, wo die hochradioaktiven Abfälle bei uns endgelagert werden sollen. Nachdem das integrierte Entsorgungskonzept der Bundesregierung (Wiederaufbereitung und Endlagerung sollte an einem Ort, ge-

183

plant war Gorleben, konzentriert sein) im Jahre 1979 aufgegeben worden ist, erfolgte der Bau einer Wiederaufbereitungsanlage in Wackersdorf (Bayern). Doch auch dieser Bau wurde, nicht zuletzt wegen des massiven Protestes der Bevölkerung, 1989 eingestellt. Deshalb wird derzeit untersucht, die abgebrannten Brennelemente ohne Wiederaufbereitung zur Endlagerung zu bringen (= direkte Endlagerung). Allerdings sind dafür wesentlich größere Endlagerstätten nötig, die man derzeit in der Bundesrepublik nicht in ausreichendem Maße hat. Deshalb sucht man auch im Ausland nach geeigneten Orten. Zudem müßte bei dieser Form der Endlagerung auch das Atomgesetz geändert werden.

Das inländische Aufkommen an Steinkohle von 83 Mio. t SKE im Jahre 1992 (inländische Förderung: 67,2 Mio. t, Einfuhr: 15,8 Mio. t) wurde wie folgt abgesetzt: Wichtigste Säule war die Elektrizitätswirtschaft mit 64%, gefolgt von der Stahlindustrie mit 25% und den Haushalten und Kleinverbrauchern mit 11%. Im sogenannten Jahrhundertvertrag wurden 1980 die Lieferbeziehungen zwischen dem deutschen Steinkohlenbergbau und der westdeutschen Elektrizitätswirtschaft geregelt. 1989 wurde dieser angepaßt und sieht nunmehr vor, daß bis 1995 pro Jahr durchschnittlich 40,9 Mio. t SKE an inländischer Steinkohle an die Kraftwerke geliefert werden. Im Zeitraum von 1995 bis 2005 wird die Menge auf 35 Mio. t reduziert. Diese Reduzierung ist aus Kostengründen notwendig: Deutsche Steinkohle kostet DM 287,–/t; Steinkohle aus Drittländern hingegen – bei gleicher Qualität – etwa DM 80,–/t (1992). Über den sogenannten „Kohlepfennig" (1992: 1,7 Pf/kWh) wird der deutsche Steinkohlenbergbau vom Verbraucher subventioniert.

Im Hüttenvertrag aus dem Jahre 1968 wurde vereinbart, daß die Stahlindustrie ihren gesamten Kokskohlenbedarf bis Ende 1988 ausschließlich mit deutscher Kohle deckt. Die Vereinbarungen bei der Verlängerung des Vertrages (1985) sehen vor, daß bis zum Jahre 2000 ca. 20 Mio. t pro Jahr durch deutsche Steinkohle gedeckt werden. Die rückläufige Entwicklung in der Stahlindustrie seit Ende 1992 bringt es jedoch mit sich, daß die angestrebten Mengenziele weiter reduziert werden müssen.

Der rückläufige Absatz bei den Haushalten und Kleinverbrauchern trägt zudem noch dazu bei, daß die gesamte Absatzmenge des deutschen Steinkohlenbergbaus weiter sinkt. Die Anpassung der Förderkapazitäten an die veränderten Marktbedingungen ist also zwingend notwendig. Dies geschieht derzeit u. a. dadurch, daß Bergwerke zusammengelegt werden. Die Stahlkrise und der dramatische Absatzeinbruch führte zur Schließung von Kokereien bzw. zur Fusion von Kokereigesellschaften.

Die Braunkohlenförderung in der Bundesrepublik Deutschland verringerte sich von 1991 auf 1992 von 279,4 Mio. t (84 Mio. t SKE) auf 241,8 Mio. t (72,2 Mio. t SKE), wobei der Rückgang in den einzelnen Förderrevieren sehr unterschiedlich ausfiel.

Der Anteil der in den Wärmekraftwerken verfeuerten Braunkohle betrug in den alten Ländern 85%, in den neuen hingegen nur 55%. Hier spiegelt sich, allerdings abgeschwächt, die alte Versorgungsstruktur in der DDR wider. Deren Energiepolitik war vor allem aus Devisengründen hauptsächlich auf die vielfältige Nutzung der heimischen Braunkohle ausgerichtet. Neben der Verstromung wurde ein erheblicher Teil der Rohbraunkohle zu Briketts und zu Stadtgas veredelt. Beide Sekundärenergieträger erfahren im Rahmen der Umstrukturierung seit der Wiedervereinigung einen starken Bedeutungsverlust.

Beheizungsstruktur der Haushalte in Ostdeutschland

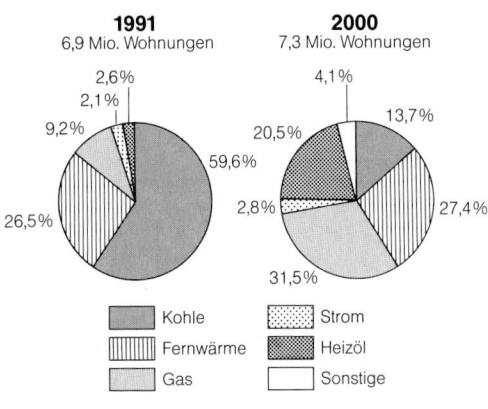

Nach Handelsblatt, 17. 3. 1993, S. 29

Der enorme Produktionsrückgang im Mitteldeutschen Revier liegt auch darin begründet, daß die Braunkohle nicht mehr die Grundlage in der chemischen Industrie zur Herstellung von Kunststoffen, Ölen, Fetten, Benzin u.a. bildet. All diese Umstrukturierungsmaßnahmen schlagen sich in einem starken Abbau der Beschäftigten nieder: Deren Zahl verringert sich im Zeitraum von Ende 1989 bis Mitte 1993 im mitteldeutschen Revier um 47300 (Mitte 93: Zahl der Beschäftigten: 9965), im Lausitzer Revier um 47800 (Mitte 93: Zahl der Beschäftigten: 26491). Zum Vergleich: Förderreviere in den alten Bundesländern: Rückgang 1200 (Beschäftigtenzahl Mitte 93: 16722).

Braunkohlengewinnung nach Förderrevieren in Mio. t und Anteil des Schwefelgehalts, des Wassers und der Asche

	Westelbisches Revier	Ostelbisches Revier	Rheinisches Revier
Heizwert (kJ/kg)	9300–10800	8100–8600	8400–8500
Aschegehalt (in %)	6,5–8,0	4,5–11,0	5,4
Wassergehalt (in %)	51–53	52–57	56
Schwefelgehalt (in %)	1,5–2,5	0,3–1,3	0,3
1950	100	37	64
1970	126	136	93
1980	106	179	118
1989	106	195	104
1990	81	168	102
1991	51	117	106
1992	36	93	107,5
2000	15–20	85–90	120

IW-Trends: Die neuen Bundesländer. Energieversorgung. Heft 3, 1992, S.150/151, ergänzt nach verschiedenen Quellen

Mineralöl und Erdgas. Beide Primärenergieträger weisen eine hohe Importabhängigkeit auf: 97,7% beträgt der Anteil beim Mineralöl/Rohöl, während er bei Erdgas bei 77% liegt. Seit der sogenannten „Energiekrise" 1973/74 haben sich die Lieferstrukturen bei beiden Energieträgern in der Bundesrepublik Deutschland grundlegend geändert.

Erdgasimporte der Bundesrepublik Deutschland 1973 und 1992 in Mrd. m^3

Herkunfts-land	1973 (alte Bundesländer)	1992	
Niederlande	15,6	24,8	
UdSSR/GUS	0,4	23,8	(5,3)[1]
Norwegen	–	10,7	
sonstige	0,3	0,9	
gesamt	16,3	60,2	(5,3)[1]

[1] davon Menge der neuen Bundesländer

Bundesministerium für Wirtschaft: a.a.O., S.44. Energiewirtschaftliche Tagesfragen: a.a.O., S.167

Rohölimporte der Bundesrepublik Deutschland 1973 und 1992 in Mio.t

Herkunfts-land	1973 (alte Bundesländer)	1992	
Saudi-Arabien	25,3	8,9	(0,5)[1]
Iran	14,1	0,8	(0,1)[1]
Arabische Emirate	7,9	0,062	
Syrien	•	4,8	(0,1)[1]
Jemen	•	2,3	
Algerien	13,5	6,3	
Libyen	25,7	11,5	
Nigeria	10,3	9,0	
Venezuela	2,1	6,7	
Sowjetunion/GUS	2,7	16,6	(12,5)[1]
Norwegen	–	13,9	
Großbritannien	–	15,0	
übrige	8,9	3,0	(0,1)[1]
gesamt	110,5	98,9	(13,3)[1]

[1] davon Menge der neuen Bundesländer

Bundesministerium für Wirtschaft: Daten zur Entwicklung der Energiewirtschaft in der Bundesrepublik Deutschland im Jahre 1985. Energiewirtschaftliche Tagesfragen, Heft 3, 1993, S.159

Struktur des Inlandsabsatzes an Mineralölprodukten in der Bundesrepublik Deutschland in 1000 t

	1960	1970	1992
Motorenbenzin	5451	15492	31361 (4012)[1]
Dieselkraftstoff	4666	9640	23939 (3326)[1]
leichtes Heizöl	6589	43637	37137 (2665)[1]
Heizöl, mittel/schwer	7291	26346	8771 (1645)[1]
sonstige (Flüssiggas, Spezialbenzin u. a.)	3955	19145	24450 (2172)[1]
Gesamt	27952	114260	125658 (13820)[1]

[1] Verbrauch in den neuen Bundesländern
Zahlen aus der Mineralölwirtschaft, Hamburg, 1987, S 41. Energiewirtschaftliche Tagesfragen, Heft 3, 1993, S.161

Spezifische CO_2-Emissionen bei der Verbrennung fossiler Energieträger

	relative Werte bezogen auf	t CO_2 pro t SKE	kg CO_2 pro kWh Heizwert	kg CO_2 pro kWh$_{el}$
Braunkohle	121	3,25	0,40	1,18
Steinkohle	100	2,68	0,33	0,97
Erdöl	88	2,30	0,29	0,85
Erdgas[1]	58	1,50	0,19	0,53

[1] Zu beachten ist, daß je t SKE relativ mehr Methan (CH_4) freigesetzt wird.
Joachim Grawe: Wirkungen verschiedener Energieträger und -quellen auf die menschliche Gesundheit und die Umwelt. In: Geographie und Schule, Sonderheft Energie und Umwelt, 1992, S.3

Das Mineralöl ist seit Mitte der 60er Jahre wichtigster Primärenergieträger in der Bundesrepublik Deutschland; sein Anteil am Primärenergieverbrauch stieg kontinuierlich und erreichte 1992 einen Anteil von rund 40% (= 190,8 Mio. t SKE). Die Aufteilung des gesamten Inlandsabsatzes auf die Verbrauchssektoren sieht wie folgt aus:
Industrie: 23,4%
Haushalte und Kleinverbraucher: 29,5%
Verkehr: 45,6% und
Kraftwerke der öffentlichen Versorgung: 1,5%.

Kontinuierlich stieg auch der Anteil des Erdgases ab den 70er Jahren; 1992 nimmt es mit einem Anteil von 17,1% (= 82,0 Mio. t SKE) hinter dem Mineralöl den zweiten Rang in der Versorgung ein. Aufgrund seines hohen Wirkungsgrades und seiner im Vergleich zu den anderen fossilen Energieträgern höheren Umweltverträglichkeit wird das Erdgas in der Zukunft weiter an Bedeutung gewinnen (vgl. dazu auch Heizkraftwerk 2 der Neckarwerke, S.188).

Die Infrastruktureinrichtungen für Transport, Speicherung und Verteilung können möglicherweise in naher Zukunft dann durch den solaren Wasserstoff genutzt werden.
Die Anteile der Verbrauchssektoren sehen wie folgt aus: Industrie: 47%, öffentliche Elektrizitätserzeugung: 90%, 29% private Haushalte, 15% Land- und Forstwirtschaft, Fischerei, Handel und Gebietskörperschaften.

Kraftwerke und Energieverbund. Der wachsende Anteil des Stroms am Endenergieverbrauch ist ein wesentliches Kennzeichen nahezu aller Industrieländer.
Der Bedarf an Strom unterliegt tageszeitlichen, wöchentlichen und jahreszeitlichen Schwankungen. Ein bestimmter Anteil an Strom fällt konstant während des gesamten Tages an. Diesen Anteil bezeichnet man als *Grundlast*. Er wird von Kraftwerken abgedeckt, deren Kosten bezüglich der eingesetzten Energie besonders günstig sind. Dies sind Laufwasser-, Kern- und Braun-

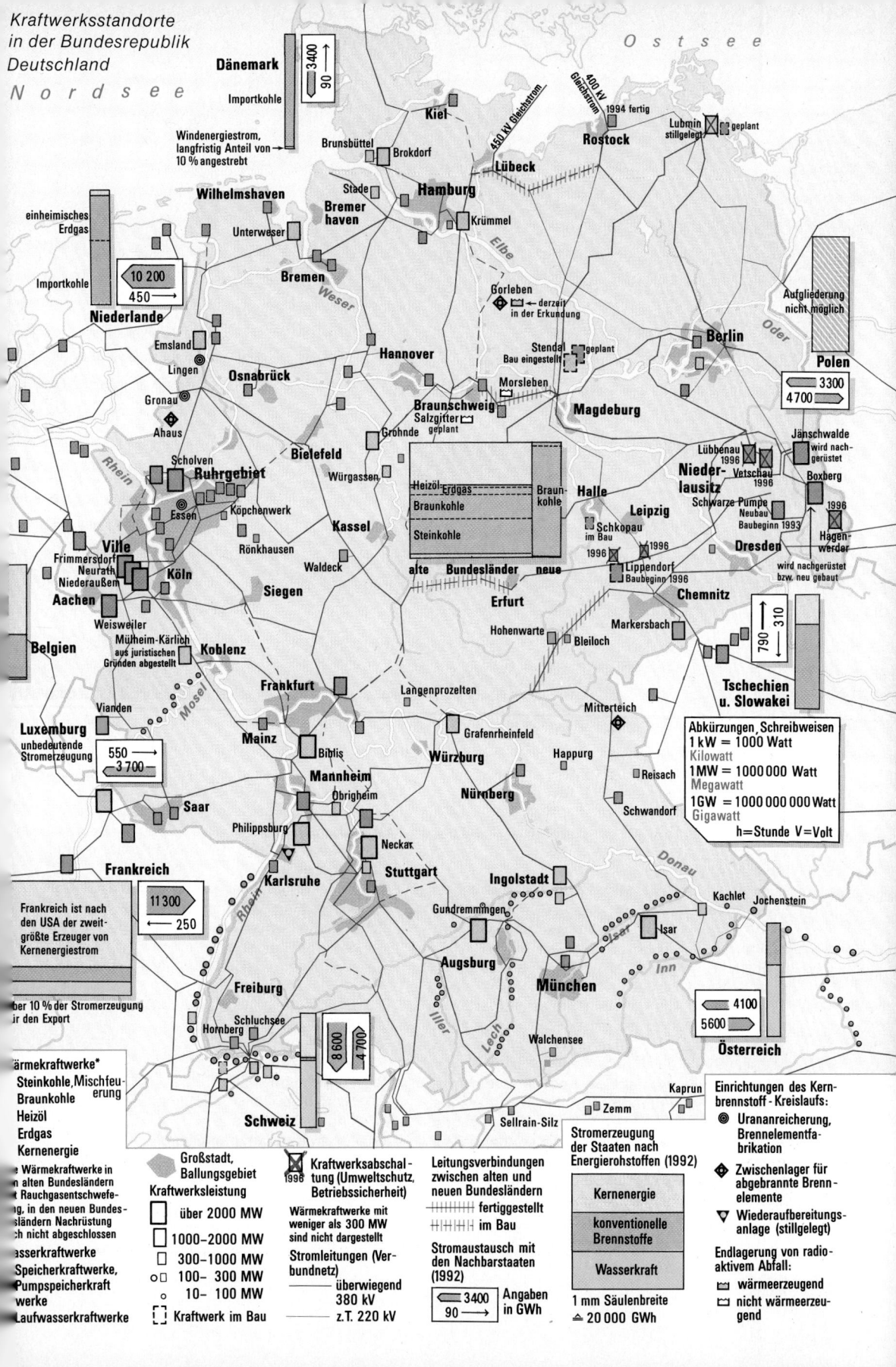

Kraftwerksstandorte in der Bundesrepublik Deutschland

Nordsee   **Ostsee**

Dänemark
3400 →
← 90
Importkohle

Windenergiestrom, langfristig Anteil von 10 % angestrebt →

Kiel
Brunsbüttel
Brokdorf
Stade
Lübeck
Rostock

450 kV Gleichstrom
400 kV Gleichstrom
1994 fertig
Lubmin stillgelegt
geplant

einheimisches Erdgas

Wilhelmshaven
Bremer haven
Hamburg
Krümmel
Berlin

Importkohle
10 200
← 450
Niederlande

Unterweser
Bremen
Weser
Elbe
Gorleben ← derzeit in der Erkundung
Oder

Aufgliederung nicht möglich
Polen
← 3300
4700 →

Emsland
Lingen
Gronau
Ahaus
Osnabrück
Hannover
Stendal geplant
Bau eingestellt
Morsleben

Scholven
Ruhrgebiet
Essen
Köpchenwerk
Rönkhausen
Bielefeld
Würgassen
Kassel
Waldeck
Braunschweig
Salzgitter geplant
Grohnde

Jänschwalde wird nach- gerüstet
Lübbenau 1996
Vetschau 1996
Boxberg
Nieder- lausitz
Schwarze Pumpe Neubau Baubeginn 1993
1996
Hagen- werder

Heizöl Erdgas Braun- kohle
Braunkohle
Steinkohle
alte Bundesländer   neue

Halle
Leipzig
Schkopau im Bau
1996
Lippendorf Baubeginn 1996
Dresden
wird nachgerüstet bzw. neu gebaut

Frimmersdorf
Neurath
Niederaußem
Ville
Köln
Siegen
Erfurt
Chemnitz

Aachen
Weisweiler
Mülheim-Kärlich aus juristischen Gründen abgestellt
Koblenz

Hohenwarte
Bleiloch
Markersbach
790 ↑
↓ 310
Tschechien u. Slowakei

Belgien

Vianden
Luxemburg
unbedeutende Stromerzeugung
550 →
← 3 700

Mosel
Rhein
Frankfurt
Mainz
Biblis
Langenprozelten
Würzburg
Grafenrheinfeld
Happurg
Mitterteich
Reisach
Schwandorf

Abkürzungen, Schreibweisen
1 kW = 1000 Watt Kilowatt
1 MW = 1 000 000 Watt Megawatt
1 GW = 1 000 000 000 Watt Gigawatt
h = Stunde   V = Volt

Frankreich ist nach den USA der zweit- größte Erzeuger von Kernenergiestrom

Mannheim
Obrigheim
Nürnberg
Ingolstadt
Donau
Kachlet
Jochenstein

11 300
← 250
Frankreich
Karlsruhe
Philippsburg
Neckar
Stuttgart
Gundremmingen
Isar
Isar
Inn

...ber 10 % der Stromerzeugung ...ür den Export

Freiburg
Augsburg
München
4100 →
5600 →
Österreich

Schluchsee
Hornberg
8 600
4 700
Walchensee
Kaprun

Schweiz
Zemm
Sellrain-Silz
Iller
Lech

Stromerzeugung der Staaten nach Energierohstoffen (1992)
Kernenergie
konventionelle Brennstoffe
Wasserkraft
1 mm Säulenbreite ≙ 20 000 GWh

Einrichtungen des Kern- brennstoff - Kreislaufs:
◎ Urananreicherung, Brennelementfabrikation
◈ Zwischenlager für abgebrannte Brenn- elemente
▽ Wiederaufbereitungs- anlage (stillgelegt)
Endlagerung von radio- aktivem Abfall:
⊠ wärmeerzeugend
▱ nicht wärmeerzeu- gend

Legende:

...ärmekraftwerke*
 Steinkohle, Mischfeuerung
 Braunkohle
 Heizöl
 Erdgas
 Kernenergie

...e Wärmekraftwerke in ...n alten Bundesländern ...t Rauchgasentschwefe- ...ng, in den neuen Bundes- ...ländern Nachrüstung ...h nicht abgeschlossen

...asserkraftwerke
 Speicherkraftwerke, Pumpspeicherkraft- werke
 Laufwasserkraftwerke

Großstadt, Ballungsgebiet
Kraftwerksleistung
☐ über 2000 MW
☐ 1000–2000 MW
☐ 300–1000 MW
○ 100– 300 MW
○ 10– 100 MW
⬚ Kraftwerk im Bau

Kraftwerksabschal- tung (Umweltschutz, Betriebssicherheit)
Wärmekraftwerke mit weniger als 300 MW sind nicht dargestellt
Stromleitungen (Ver- bundnetz)
— überwiegend 380 kV
— z.T. 220 kV

Leitungsverbindungen zwischen alten und neuen Bundesländern
ⵜⵜⵜ fertiggestellt
ⵜⵜⵜ im Bau

Stromaustausch mit den Nachbarstaaten (1992)
3400 →
← 90
Angaben in GWh

Werksanlagen Neckarwerke, Altbach am Neckar, bei Esslingen

1. Alter Werkteil, erbaut 1938, mehrmals erweitert bis 1954, Leistung 54 MW, Feuerung mit Steinkohle; Mittellastbereich, 1988 abgerissen; 2000–2500 mg SO_2/m^3 Rauchgas, NO_x: 2000 mg/m^3, Wirkungsgrad: ca. 28%
Neuer Werkteil:
2. Block I, 1957, 61 MW, Steinkohle, Mittellast, Fernwärme;
Block II, 1958, 61 MW, Steinkohle, Mittellast, Fernwärme;
3. Block III, 1960, 75 MW, Steinkohle/schweres Heizöl, Mittellast, ehemals Kaltreserve; alle 3 Blöcke hatten die gleichen Emissionswerte wie alter Werkteil jedoch mit ca. 37–38% einen höheren Wirkungsgrad; Stillegung April 93 und Abriß; an ihrer Stelle entsteht ein neues Heizkraftwerk (330 MW Leistung) mit Gas- und Dampfturbinenkreislauf (= Verbundblock) mit Kraft-Wärme-Kopplung (Strom und Fernwärme); Wirkungsgrad im Verbund: 70%, Solobetrieb Gasturbine: 82%, Solobetrieb Dampfturbine: 70%. Entschwefelung und Entstickung wie in Block 5; jedoch erhebliche Reduzierung der CO-Emissionen
4. Block IV, 1971, (Kombikraftwerk), Gasturbine: 50 MW, Kessel: 188 MW, schweres Heizöl, früher Mittellast und Spitzenlast; wird umgerüstet und dient dann als Kaltreserve für die Fernwärme
5. Gasturbine B, 1972, 60 MW, Erdgas, leichtes Heizöl, Spitzenlast
6. Gasturbine C, 1975, 87 MW, Erdgas, leichtes Heizöl, Spitzenlast
7. Block V, 1985, Steinkohle, Mittellast, Kraft-Wärme-Kopplung, Wirkungsgrad: 41%
   7.1 Rauchgasentschwefelungsanlage (180 mg SO_2/m^3 Rauchgas)
   7.2 Anlage zur Reduzierung von Stickoxiden (180 mg NO_x/m^3 Rauchgas)
   7.3 Elektrofilter (Rauchgasentstaubung: 99,74%)
   7.4 Kesselhaus
   7.5 Maschinenhaus
   7.6 Kamin, Höhe 250 m
   7.7 Hybrid-Kühlturm: kombinierbarer Trocken- und Naßkühlturm
   7.8 Fernwärmeübergabestation (Einspeisung von Fernheizwasser, das dem Wärmebedarf von ca. 45000 Wohnungen entspricht, dadurch werden ca. 22000 Tonnen Heizöl gespart)
   7.9 Zusatzwasserentnahme

kohlenkraftwerke. Im Bereich der schwankenden *Mittellast* erfolgt der Einsatz von Wärmekraftwerken, deren Brennstoffkosten höher liegen. Diese werden entsprechend der Netzbelastung, meistens in den Abendstunden und in der Nacht, zurückgefahren. Der *Spitzenlastbereich* muß von Kraftwerken abgedeckt werden, die in sehr kurzer Zeit ihre Leistungsabgabe bereitstellen können. Dazu gehören die Speicher- und Pumpspeicherwerke sowie die Gasturbinenkraftwerke. Ihr gelieferter Strom ist entsprechend teuer.

Netzbelastung und Kraftwerkseinsatz in der Bundesrepublik Deutschland

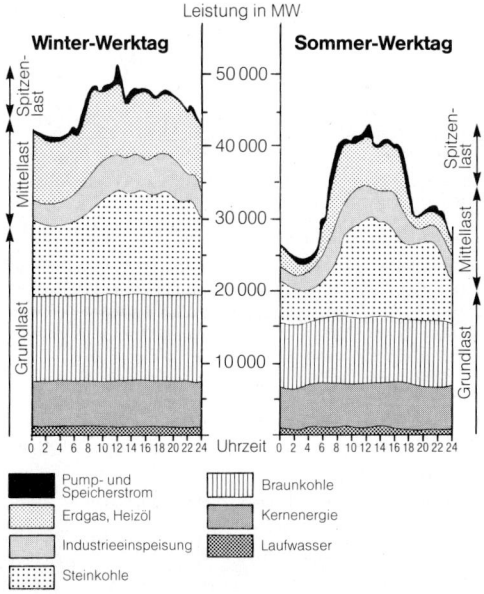

In der Nacht ergibt sich ein Stromüberschuß, der zum einen zur indirekten Energiespeicherung eingesetzt wird: Das Wasser der Pumpspeicherwerke, das in den Spitzenlastzeiten nach unten geflossen ist und in einem tiefliegenden Speicherbecken gesammelt wurde, wird in dieser Zeit wieder in das höhergelegene Speicherbecken gepumpt.

Regenerative Energieträger. Der Beitrag der regenerativen Energieträger zur Primärenergieversorgung Deutschlands stieg von 7 Mio. t SKE im Jahre 1975 auf 9,9 Mio. t im Jahre 1990; dies entspricht einer Steigerung um 41,5%.

Das Potential der regenerativen Energieträger ist allerdings bei weitem noch nicht ausgeschöpft. Dazu sind jedoch energiepolitische Weichenstellungen notwendig wie beispielsweise das Einspeisegesetz vom 1. 1. 1991. Darin wird festgelegt, daß für Strom aus Sonne, Wind und Biomasse rund 90% des Endpreises bei der Einspeisung in das öffentliche Netz bezahlt wird. Gleichzeitig wurde durch das Bundesministerium für Forschung und Technologie das „250 MW-Förderprogramm" aufgelegt, das neue Windkraftanlagen bezuschußt. Von 1990 bis 1992 ist die installierte Windkraftleistung von 20 auf 170 MW gestiegen, weitere Anträge von ca. 800 MW liegen noch vor.

Eine ähnliche Entwicklung ist auch bei der Nutzung der Sonnenenergie denkbar, denn die technischen Voraussetzungen und die entsprechenden Werkstoffe sind bekannt.

Beitrag erneuerbarer Energien zum Primärenergieverbrauch in Mio. t SKE

	Alte Bundesländer		Neue Bundesländer	
	1975	1990	1975	1990
Wasserkraft	5,2	5,1	0,1	0,1
Brennholz	0,4	1,4	0,1	0,1
Klärschlamm, Müll	1,2	2,7	–	–
Klärgas	0,2	0,4	–	–
Sonnenkollektoren u. Wärmepumpen	–	0,3	–	–
insgesamt	7,0	9,9	0,2	0,2

Energiedaten '91. Bundesministerium für Wirtschaft. Bonn 1992, S. 54

1 Sonnenkollektoren zur Warmwasseraufbereitung; 2 Photovoltaik-Zellen produzieren Strom a) für den laufenden Strombedarf, b) zur Speicherung in Batterien, c) für die Spaltung des Wassers in Sauerstoff und Wasserstoff; diese Gase werden in Tanks vor dem Haus gespeichert; 3 und 4 Sauerstoff und Wasserstoff dienen als Brennstoff für den normalen Herd, die Notheizung und die Stromerzeugung in den Brennstoffzellen (v. a. in den Wintermonaten); 5 Schwarzes Mauerwerk mit transparentem Dämmaterial an der Oberfläche, zudem von außen verglast; im Sommer verhindern Rollos das Aufheizen der Wände; 6 Nicht sichtbar: Bodenplatte des Hauses im Keller ist mit Schaumglas isoliert, ebenso die Decke im Obergeschoß; 7 Fenster der Südseite: 2 hintereinander angeordnete Holzfenster, jedes ist mit Wärmeschutzverglasung versehen; 8 Frischluftzufuhr über den Kamin (im Garten), die Abluft aus dem Innern des Hauses erwärmt über einen Wärmetauscher die frische Zuluft.

Daß hier enorme Potentiale vorliegen, zeigt ein Energiehaus des Fraunhofer-Instituts für solare Energietechnik in Freiburg. Entscheidend ist jetzt, daß die dafür entwickelten Anlagen zur Serienreife gebracht werden und damit zu vernünftigen Preisen auf den Markt kommen.

Die Nutzung von Gas aus Mülldeponien und aus Biogasanlagen stellt weitere regionale Energiepotentiale dar, die heute allerdings erst in den Anfängen steckt. Mehrere Milliarden Kubikmeter Deponiegas strömen derzeit ungenutzt in die Atmosphäre oder werden abgefackelt. Legt man die Erfahrungen des Kraftwerkes auf der Deponie Wannsee in Berlin zugrunde, so entspricht das Potential der mehr als hundert Deponien in Deutschland einem Kraftwerk von rund 1300 MW Leistung.

Potentiale der Energieeinsparung. Aufgrund der sich dramatisch zugespitzten Situation des Erdklimas ist es dringend erforderlich, daß sich v. a. die Industrieländer unverzüglich auf den Weg zur Energieeinsparung und der Emissionsreduzierung machen. Die Regierung der Bundesrepublik Deutschland hat deshalb beschlossen, die CO_2-Emissionen bis zum Jahre 2005 um 25 % gegenüber 1987 zu reduzieren.

Für die alten Bundesländer bestehen zu Recht erhebliche Zweifel, daß dieses Ziel bei der derzeitigen Energieverschwendung erreicht wird. Deshalb ist es dringend erforderlich, ja geradezu lebensnotwendig, alle regenerativen Energiequellen und v. a. alle Möglichkeiten der Energieeinsparung konsequent zu nutzen.

Eine der wirksamsten Methoden, Einsparungen zu erreichen, besteht darin, den Preis für die verschiedenen Formen der Energie anzuheben, denn „Wer viel Schaden durch Energiekonsum anrichtet, zahlt mehr oder – was wahrscheinlicher ist – wird weniger verbrauchen."

Die dadurch erzielten staatlichen Mehreinnahmen müssen sowohl für Förderprogramme alternativer Energieträger als auch für Ausgleichszahlungen an die Entwicklungsländer verwendet werden, damit diese eher in die Lage versetzt werden, eine stärker auf Ressourcenschonung ausgerichtete Wirtschaftspolitik betreiben zu können.

Aus der Fülle der weiteren Möglichkeiten der Energieeinsparung seien hier nur einige wenige aufgeführt.

Verstärkte Nutzung der Kraft-Wärme-Kopplung in den konventionellen Kraftwerken (vgl. dazu Altbach, S. 188). Die anfallende Wärme bei der Stromerzeugung wird konsequent durch Fernwärmenetze genutzt. Der Wirkungsgrad erhöht sich dabei bei den neuen Kraftwerken von 40 bis 45% auf 70 bis 90%.

Gas- und Dampfkraftwerke: Sie bestehen aus zwei Teilen, einer Gas- und einer Dampfturbine (Steinkohle oder Erdgas als Brennstoff), die zusammen und getrennt betrieben werden können. Die bei der Stromerzeugung anfallende Wärme (Abhitze) wird als Fernwärme genutzt. Bei der Kraft-Wärme-Kopplung (Strom/Fernwärme) erreicht das Kraftwerk einen Wirkungsgrad von 70%, beim Solobetrieb der Gasturbine 82% und beim reinen Dampfturbinenbetrieb 70% (vgl. dazu S. 188, Altbach, Heizkraftwerk 2).

Mit den Blockheizkraftwerken wird der Weg der Dezentralisierung der Energieversorgung beschritten. Dabei werden einzelne Großgebäude oder Gebäudegruppen mit Strom und Wärme versorgt. Betrieben werden diese Blockheizkraftwerke mit Erdgas, doch können ohne weiteres auch Bio- und Klärgas eingesetzt werden. Auch alternative Brennstoffe wie Stroh- oder Holzreste aus der Land- und Forstwirtschaft sowie aus Fabriken können hier eingesetzt werden. Dies ist v. a. in den neuen Bundesländern möglich, wo mit Fernwärme bereits zu DDR-Zeiten 26% aller Wohnungen beheizt wurden. Die Blockheizkraftwerke weisen mit 85–90% einen besonders hohen Wirkungsgrad auf, und sie sind deshalb für die zukünftige Energieversorgung ein wesentlicher Baustein.

Verkehrsleistungen und Endenergieverbrauch im Verkehr und entsprechender spezifischer Endenergieverbrauch

Verkehrs-mittel	1989			2005		
	Verkehrs-leistung (Mrd. Pkm, tkm)	Energie-verbrauch[1] (TWh/a)	Spez. Verbrauch (kWh/Pkm, tkm)	Verkehrs-leistung (Mrd. Pkm, tkm)	Energie-verbrauch[1] (TWh/a)	Spez. Verbrauch (kWh/Pkm, tkm)
PKW	585	360,0	0,62	555	227,0	0,41
Zweiräder	8	2,5	0,31	9	3,0	0,33
Busse	70	11,5	0,16	95	14,0	0,15
Eisenbahnen	42	6,0	0,14	65	9,5	0,15
Straßen-, U-Bahnen	10	1,0	0,10	15	1,5	0,10
Flugzeuge	•	47,0[2]	•	•	57,0[2]	•
Personen-verkehr	716	428,0	•	740	312,0	•
LKW	163	109,0	0,67	194	113,0	0,58
Eisenbahnen	62	5,0	0,08	100	8,0	0,08
Schiff	54	7,0	0,13	76	9,0	0,12
Güterverkehr	279	121,0	•	370	130,0	•

[1] Endenergie (Treibstoffe, Strom)
[2] nach Abgrenzung der Energiebilanz (Pkm = Personenkilometer, tkm = Tonnenkilometer)
Nach Joachim Nitsch: a.a.O., S. 23

Auch in Industriebetrieben mit einem hohen Bedarf an Prozeßwärme ist diese Technik verstärkt einsetzbar, wurde jedoch nicht weiter ausgebaut, da der dabei entstehende überschüssige Strom nur zu sehr schlechten Bedingungen verkauft werden konnte (vgl. Einspeisegesetz vom 1. 1. 1991).

Enorme Einsparpotentiale liegen v. a. in einer verbesserten Gebäudeisolierung. Mit modernen Dämmstoffen können die Heizkosten um 30 bis 40% reduziert werden! Auch sind durch Förderprogramme Anreize zu setzen.

Beim Verkehr (PKW und LKW) müssen sich einschneidende Veränderungen ergeben, denn er hat sich in den letzten Jahren zum Umweltproblem Nummer eins entwickelt.

„Sie (PKW und LKW) erbringen 82% der Personen- und 58% der Güterverkehrsleistungen und benötigen 85% des verkehrsbedingten Energieverbrauchs. Bahnen, Busse und Schiffe sind demgegenüber hinsichtlich Energiebedarf und Schadstoffausstoß nahezu vernachlässigbar, der Luftverkehr hat starke Wachstumstendenzen und emittiert seine Schadstoffe im sensiblen Bereich der Atmosphäre. Das Verkehrsaufkommen steigt weiter kräftig, Individual- und Straßengüterverkehr und der Luftverkehr sichern sich stetig wachsende Anteile. Allein zwischen 1989 und 1991 erhöhte sich der Energieverbrauch des Straßenverkehrs um 7%, Einsparerfolge in anderen Bereichen der Volkswirtschaft werden durch diesen ungehemmten Zuwachs zunichte gemacht.

Einschneidende politische Eingriffe, wie sie unser Szenario mit verschärfter Geschwindigkeitsbegrenzung und deutlich erhöhter Mineralölsteuer signalisiert, werden erforderlich sein, um diesen Trend umzukehren. Grundsätzlich dürfte dadurch der Zuwachs des Verkehrsaufkommens gebremst werden, und substantielle Verlagerungen zu den umweltfreundlicheren, weil viel sparsameren Verkehrsmitteln Bahnen und Busse können stattfinden. Man wird dies jedoch durch weitere ordnungspolitische und investitionspolitische Maßnahmen unterstützen müssen, wie Zufahrtsbeschränkungen für Innenstädte, Bevorrechtigung des öffentlichen Nahverkehrs, Einstellung von Straßenbauprojekten und stattdessen erheblichem Ausbau der Bahnen im Nah- und Fernverkehr. Eine kräftige Besteuerung auch der Flugtreibstoffe könnte eine merkliche Dämpfung beim Luftverkehr bewirken.

Die deutlich veränderten politischen Rahmenbedingungen haben vor allem ein verändertes Verhalten im Individualverkehr zur Folge. Kleinere und leichtere Fahrzeuge bewirken, daß der Durchschnittsverbrauch von derzeit 10 l/100 km auf 6,6 l/100 km und die jährliche Fahrleistung von 12 700 km auf 11 000 km zurückgeht."

Joachim Nitsch: Energie im Jahr 2005 – ein erster Schritt zu einer dauerhaften Energieversorgung. Stuttgart, 1993, S. 21, 22

1. *Beschreiben und erklären Sie die unterschiedliche Struktur des Primärenergieverbrauchs in den alten und in den neuen Bundesländern (Tab. S. 182, 183).*
2. *Die Akzeptanz der Kernenergie bei der Bevölkerung hat abgenommen. Begründen Sie, in welchen Bereichen des Brennstoffkreislaufes Risiken bestehen.*
3. *Erläutern Sie, mit welchen Problemen der deutsche Steinkohlenbergbau mittel- und langfristig zu kämpfen hat.*
4. *In den neuen Bundesländern findet ein grundlegender Strukturwandel der Energiewirtschaft statt. Begründen Sie, welche Vor- und Nachteile dies im ökonomischen und ökologischen Bereich mit sich bringt.*
5. *Bewerten Sie die Entwicklung des Inlandsabsatzes an Mineralölprodukten.*
6. *Begründen Sie, welche Maßnahmen notwendig sind, um das Potential an regenerativen Energieträgern weiter auszuschöpfen.*
7. *„Jede eingesparte Kilowattstunde Energie zählt, um v. a. die CO_2-Emissionen zu reduzieren." Welche Maßnahmen der Energieeinsparung haben Sie ergriffen?*
8. *Entwerfen Sie für die verschiedenen Verbrauchssektoren auf dem Hintergrund einer ökologisch orientierten Wirtschaft und Gesellschaft ein Energieszenario für das Jahr 2030.*

Industrie

1 Die Industrie und ihre Vorläufer

Die Industrie verarbeitet mineralische, pflanzliche und tierische Rohstoffe sowie Abfallstoffe und Altmaterialien zu *Halbfabrikaten* (Ausgangsstoffe für die Weiterverarbeitung) und diese weiter zu Verbrauchsgütern und Fertigwaren. Die industrielle Produktion bedient sich soweit wie möglich der Kraft von Maschinen und strebt eine nach Zahl und Menge umfangreiche Fertigung an, wobei eine größere oder große Zahl von Arbeitskräften nach dem Prinzip der Arbeitsteilung zusammenarbeitet.

Die vorindustriellen Produktionsformen stellten andere Ansprüche an den Raum und hatten andere Auswirkungen auf den Raum als die industrielle Produktion.

– Das *Handwerk* mit dezentralisierter Beschaffung, dezentralisierter Produktion und örtlichem, allenfalls regionalem Absatz ermöglichte die Einheit von Wohn- und Arbeitsplatz; sein Standort ist auch heute überwiegend am Abnehmer orientiert.

– Die *Hausindustrie* wird auch industrielles Verlagssystem genannt, da ein „Verleger" Mittel zur Beschaffung von Rohmaterialien vorschoß oder aber diese Materialien stellte (früher: „verlegen" = bereitstellen, vorschießen). Mit dezentralisierter Produktion, aber teilweise zentralisierter Beschaffung und zentralisiertem Absatz, behielt sie noch die Einheit von Wohn- und Arbeitsplatz, war aber durch die größere Produktion und ein ausgebautes Absatzsystem nicht mehr an örtliche Abnehmer gebunden.

– Die *Manufaktur* mit zentralisierter Beschaffung und zentralisiertem Absatz hatte auch die Produktion in Fabrikationsgebäuden zentralisiert, trennte also Wohn- und Arbeitsplatz und stellte damit zusätzliche Anforderungen an die Erreichbarkeit der Produktionsstätten und an die Grundstücke für die Fabrikationsgebäude.

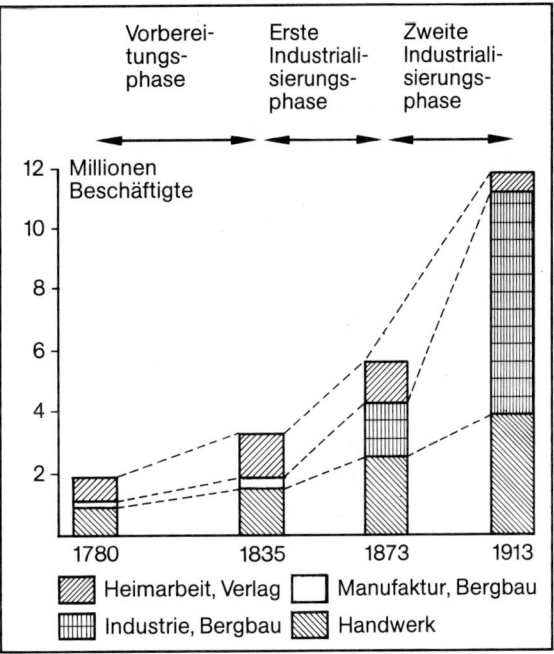

Nach Friedrich-Wilhelm Henning: Die Industrialisierung in Deutschland 1880–1914, UTB 145. Paderborn: Schöningh, 5. Auflage 1979, S. 23

Von den vorindustriellen Produktionsformen unterscheidet sich die Industrie durch die weitgehende Verwendung von Maschinen und ein konsequent arbeitsteiliges Verfahren, wie es in den vorindustriellen Produktionsformen nur zum Teil bekannt war. Da die Industrie außerdem Güter in großer Zahl und Menge herstellen will und damit in überregionale Konkurrenz tritt, sind bei ihr nicht nur die Ansprüche an die Grundstücke, die Erreichbarkeit der Produktionsstätten von größerer Bedeutung als in den vorindustriellen Betriebsformen, sondern auch zusätzliche Faktoren wichtig: die Lage zur Energie und zu den Rohstoffen und die Transportmöglichkeiten für Roh- und Hilfsstoffe sowie für die fertigen Güter.

Industrieräume können durch mannigfaltige räumliche Eigenschaften und historische Voraussetzungen vorgeprägt sein.

Vorindustrielle Gewerbestandorte

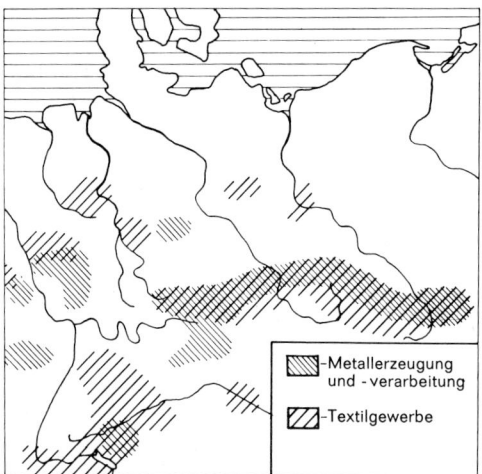

Friedrich-Wilhelm Henning: Die Industrialisierung in Deutschland 1800 bis 1914. UTB 145. Paderborn: Schöningh 1973, S. 124

Industrielle Gewerbestandorte

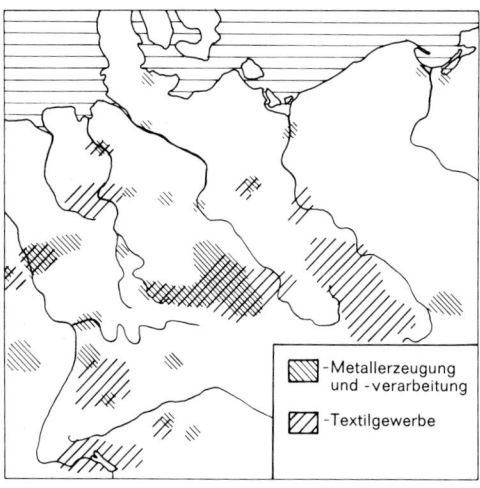

Friedrich-Wilhelm Henning: a. a. O.: S. 125

Daß die erste aller Industrien, die Textilindustrie, von England ausging, ist kein Zufall, wie auch ihre ersten Standorte nicht zufällig waren. Das Grundbedürfnis des Menschen, sich zu kleiden, führte mit zunehmender Bevölkerungszahl und erhöhter Nachfrage zu Bemühungen, die Produktion durch technische Mittel zu steigern. Auch in England waren die alten Textilmanufakturen an fließenden Gewässern angesiedelt, die zur Bearbei-

tung der Garne und Rohmaterialien unentbehrlich waren. Liverpool war Haupteinfuhrhafen für Baumwolle, und dort entstanden auch die ersten Verarbeitungsmaschinen für Baumwolle. 1764 wurde die erste Spinnmaschine („Spinning Jenny") erfunden. Sie wurde mit Wasserkraft angetrieben, ihre Standorte waren also an fließendes Wasser gebunden. 1790 sorgte zum erstenmal eine Dampfmaschine für den Antrieb einer Spinnerei; da keine Notwendigkeit bestand, dafür neue Standorte zu finden, blieben die mechanischen Spinnereien an den Flußläufen, nach Möglichkeit in Hafennähe.

Auch die erste Schwerindustrie entstand nicht zufällig in England, wo man wegen der frühen Entwaldung gezwungen war, aus Holzmangel nach anderen Reduktionsmitteln bei der Verhüttung zu suchen. Die Verhüttung über Koks, d. h. beim Steinkohlenvorkommen, begann deshalb auch früher als auf dem Festland; entsprechend früher auch der Aufstieg der Schwerindustrie, die große Mengen nur über das neue Verfahren auf Steinkohlenbasis produzieren konnte.

Das räumliche Angebot an den *Produktionsfaktoren* Arbeit, Betriebsmittel (Grundstücke, Gebäude, maschinelle Einrichtungen) und Roh- und Hilfsstoffe reicht nicht aus, um den Standort der Industrie zu erklären. Räume mit einer guten Ausstattung an Produktionsfaktoren sind zwar industrielle Gunsträume, sie bedürfen aber der Initiative von Menschen, um in Wert gesetzt zu werden. Es ist aber auch möglich, daß Industrieunternehmen an Standorten gegründet werden, die vom Angebot des Naturraums her nicht optimal sind, die jedoch aufgrund innerbetrieblicher Anpassungen die Standortnachteile ausgleichen können. Häufig führen Zufälle, wie z. B. persönliche Bindungen, zur Wahl von Standorten, die dann später durch die weitere Entwicklung der Unternehmen die Wirtschaftsstruktur der Standorte und oft ganzer Regionen prägen. Die Gründungsstandorte der deutschen Automobilindustrie, VW und Ford ausgenommen, sind solche traditionalen Standorte.

So war es der Erfindergeist eines Gottlieb Daimler, der die Automobilindustrie im Raum Stuttgart entstehen ließ, oder die Fähigkeit eines Adam Opel, rationellere Produktionsmethoden zu entwickeln, der aus dem kleinen Ort Rüsselsheim mit seiner

Nähmaschinen- und Fahrradfabrik ein Zentrum der deutschen Autoindustrie machte.

Wie stark die Bedeutung der Rohstoffvorkommen für die Industrialisierung relativiert werden muß, zeigt das Beispiel Japans, dessen Industrie nicht nur die mit Abstand höchste Produktion mikroelektronischer Bauteile und vieler Geräte der Unterhaltungselektronik aufweist, sondern die auch bei materialintensiven Industriezweigen auf den ersten Rängen der Weltproduktion zu finden ist. So stand sie 1990 mit 13,5 Mio. Pkw und Lkw an erster Stelle der Kfz-Produktion (vor den USA mit 9,8 Mio.) und an zweiter der Roheisen- und Rohstahlproduktion (hinter der Sowjetunion). Und dies, obwohl fast alle für die industrielle Fertigung wichtigen Rohstoffe und die Energierohstoffe im Lande nicht oder nur in unzureichendem Maße vorkommen und über weite Entfernungen herbeigeschafft werden müssen.

In den einstigen sozialistischen Ländern des Ostblocks mit staatlichem Eigentum an den Produktionsmitteln wurden die industriellen Schwerpunkte (vor allem Grund- und Investitionsgüterindustrie) vom Staat in Wirtschaftsplänen vorgegeben und deren Standorte nach staatlichen Vorgaben, d.h. meist nicht vorrangig nach Rentabilitätskriterien, festgelegt.

Die Ansätze der Industrie in den Entwicklungsländern gehen vielfach auf koloniale Vorgaben zurück, vor allem auf den Export von Rohstoffen. Ihre Abhängigkeit von den Industrieländern ist bis heute geblieben. Viele Entwicklungsländer versuchen, die Industrialisierung durch direkte staatliche Lenkung zu fördern. Die Standorte sind entsprechend der stark ungleichen Infrastrukturausstattung ungleich verteilt.

1. *Worin unterscheidet sich die Industrie mit ihrer Arbeitsweise von ihren Vorgängern und vom Handwerk?*
2. *Beschreiben Sie die Entwicklung des gewerblichen Sektors in den Phasen der Industrialisierung.*
3. *Nennen Sie Beispiele für Gründungsfaktoren von Industriebetrieben, die nicht räumlich bedingt sind. Ziehen Sie auch Ihren Heimatraum in die Betrachtung mit ein.*

2 Die räumliche Vorprägung für die Industrialisierung

Die naturräumliche Ausstattung mit Energiequellen und Bodenschätzen, verkehrsbegünstigende Oberflächenformen, landwirtschaftliche Ungunst, aber auch Handwerkstradition und landwirtschaftliche Erbsitten können Räume für die Industrialisierung vorprägen.

Energie- und Rohstoffvorkommen waren in den Frühphasen der Industrialisierung von besonderer Bedeutung. So entstand die *Schwerindustrie* des 19. Jahrhunderts „auf der Kohle", weil bei der frühen Eisen- und Stahlgewinnung anteilmäßig mehr Kohle als Eisenerz benötigt wurde (und zwar als Energieträger beim Eisen- und Stahlprozeß und als Reduktionsmittel im Hochofen).

Die Schwerindustrie Schottlands, Mittelenglands, Nordfrankreichs, Belgiens und des Ruhrgebiets bildet einen Industriegürtel auf der Basis der Steinkohle, der heute zwar noch deutlich erkennbar, aber doch nicht mehr so einseitig auf die Schwerindustrie beschränkt ist wie im 19. Jahrhundert. In anderen Industrieräumen ist die Lage zu den Energievorkommen nicht mehr ausschlaggebend, obwohl die Energielage Ursache der Industrialisierung war: So geht die metallverarbeitende Industrie des Bergischen Landes auf die einstige Nutzung der Wasserkraft an den regenreichen Westabhängen der Mittelgebirge zurück, wo Hammer- und Schleifwerke von gefällreichen Bächen und Flüssen angetrieben wurden.

Verkehrsgunst. Nur wenn die gefertigten Güter auf einem einzigen Rohstoff basieren (wie z. B. in der Kohlechemie), haben die Rohstoffvorkommen entscheidende Bedeutung für die Standortwahl. Da fast alle Industriegüter aus verschiedenen Roh- und Ausgangsstoffen unter Verwendung zahlreicher Zuliefermaterialien gefertigt werden, ist die Verkehrslage zur Vielzahl der benötigten Stoffe wichtiger. Standorte an schiffbaren Binnengewässern, an den Küsten und entlang den wichtigen Eisenbahnlinien waren und sind deshalb Gunsträume für die Industrialisierung.

Arbeitskräfte standen gerade dort in ausreichender Zahl und billig zur Verfügung, wo die landwirtschaftlichen Erträge nicht ausreichten, um eine nachhaltig wachsende Bevölkerung zu ernähren. Eine besonders günstige Arbeitslage kann auch durch historisch-politische Veränderungen entstanden sein. So hatte die Pfalz, als sie in Napoleonischer Zeit mit dem von Zollgrenzen freien französischen Wirtschaftsraum verbunden gewesen war, ein starkes Wirtschafts- und Bevölkerungswachstum erlebt. Nach der Rückkehr zu Bayern entsprachen die wirtschaftlichen Möglichkeiten nicht mehr dem Bevölkerungszuwachs, so daß Tausende zur Auswanderung nach Amerika gezwungen waren. In dieser Situation traf die BASF Ludwigshafen bei der Gründung auf ein günstiges Arbeitskräfteangebot: Die Arbeitsplätze in der neuen Fabrik waren eine Alternative zur Auswanderung, die Vorderpfalz war als Einzugsbereich der BASF vorgeprägt.

Ähnliche Arbeitsgunst boten süddeutsche Realteilungsgebiete, wo durch Erbsitten die Bildung eines Arbeiterbauerntums begünstigt wurde; auch heute noch sind viele Realteilungsgebiete Gebiete mit höherem Industrialisierungsgrad als Gebiete mit geschlossener Vererbung.

Großräumige Vorprägungen für die Industrialisierung beruhen auch auf klimatischen Faktoren. Gemäßigte Temperaturen begünstigen die in der Industrie überwiegende Arbeit in geschlossenen Räumen, reiche Niederschläge und Wasservorräte ermöglichen die Deckung des großen Wasserbedarfs der Industrie, fließende Gewässer verbessern die Energie- und Transportlage.

1. *Nennen Sie Beispiele räumlicher Vorprägungen für die Industrialisierung.*
2. *Untersuchen Sie die alten Schwerindustriestandorte Europas und Nordamerikas nach ihrer Lage zu den Rohstoffen.*
3. *Nennen Sie, vom Beispiel des Bergischen Landes ausgehend, weitere Fälle früher Industrialisierung, bei denen Klima und Oberflächenform bestimmenden Einfluß ausübten.*

3 Vom Standort der Industrie

Erst in der Gegenwart werden Industriestandorte aufgrund rationaler Faktoren und konsequenter Analysen von Standortalternativen gewählt. Dazu bedurfte es langer Erfahrungen mit den Standortansprüchen der verschiedenen Branchen, aber auch wissenschaftlicher Theorien über den Standort der Industrie.

3.1 Die Standorttheorie von Alfred Weber (1909)

Standortfaktoren sind nach *Weber* örtliche Produktionskostenvorteile, die einen bestimmten Ort im Vergleich zu anderen Orten für die Industrie attraktiv machen, weil die entstehenden Kosten niedriger sind. Weber unterscheidet nur zwischen drei relevanten Standortfaktoren: den Transportkosten, den Arbeitskosten und den Agglomerationsvorteilen.

Transportkosten sind nach Weber von zentraler Bedeutung, da sich Materialkostenunterschiede als Transportkosten verstehen lassen. Ein Ort, der ein bestimmtes Material nicht aufweist, ist um die Transportkosten dieses Materials benachteiligt. Nicht überall vorkommende Materialien sind *„lokalisierte" Materialien,* während Materialien, die überall vorkommen *(Ubiquitäten),* keine Transportkosten verursachen. Lokalisierte Materialien werden in Gewichtsverlust- und Reinmaterialien unterschieden:

Gewichtsverlustmaterialien verlieren bei der Verarbeitung Gewicht und/oder Volumen, sind deshalb nach der Verarbeitung billiger zu transportieren und werden deshalb am Ort des Vorkommens verarbeitet. Kohlekraftwerke zur überregionalen Stromversorgung werden deshalb beim Rohstoff angesiedelt. Steinkohle als Reduktionsmittel und Energieträger bestimmte den Standort der frühen Schwerindustrie „auf der Kohle".

Reinmaterialien gehen mit dem vollen Gewicht in die fertige Ware ein. Werden außer Reinmaterialien auch Ubiquitäten benötigt, dann findet die Produktion am Konsumort statt; wird nur ein Reinmaterial benötigt, so kann die Produktion irgendwo zwischen dem Fundort des Materials und dem Konsumort stattfinden. Da die Transportkosten von Gewicht, Volumen und Entfernung bestimmt werden, kann zwischen Rohstoffvorkommen und Konsumort ein Ort mit den niedrigsten Transportkosten, der Transportkostenminimalpunkt, gefunden werden.

Arbeitskosten sind, nach Weber, sekundär; sie können den Ort der Produktion vom Transportkostenminimalpunkt zu einem Ort mit höheren Transportkosten, aber niedrigeren Arbeitskosten hin ablenken.

Agglomerationsvorteile entstehen, wo durch gleichartige Produktion verschiedener Betriebe Kostensenkungen gegeben sind, z.B. durch gemeinsamen Materialbezug, spezialisierten Arbeitsmarkt, gegenseitige Belieferung und gemeinsame Absatzwerbung („Herkunfts-Goodwill"). Auch die Agglomerationsvorteile sind, nach Weber, gegenüber den Transportkosten sekundär.

3.2 Die Standortfaktoren nach heutiger Auffassung

Die Einwände gegen die Theorie Webers betreffen vor allem die Unterschätzung des Marktes und die Tatsache, daß die von den sich verändernden Ansprüchen des Marktes ausgehenden Umwälzungen übersehen wurden.

Trotzdem bleiben die Grundzüge der Theorie Webers auch heute teilweise noch gültig und helfen, Prinzipien der Standortwahl von Unternehmen zu verstehen. Zwar hat die Bedeutung der Lage zu den Rohstoffen erheblich abgenommen, für viele Betriebe gilt aber noch die Lokalisierung nach den Gewichtsverlustmaterialien, beispielsweise für Unternehmen, die land- und forstwirtschaftliche Grundstoffe verarbeiten (Zuckerfabriken, Sägewerke), oder für Kohlekraftwerke. *Fühlungsvorteile* („external economies") spielen als Kostenvorteile durch Agglomeration und direkten Kontakt, also als Ersparnisse, die außerhalb des Betriebs gewonnen werden, eine bedeutende Rolle.

Standortfaktoren

Standortfaktoren sind Einflußgrößen, die bei der Standortwahl eines Betriebes die Kostenstruktur bestimmen und deshalb maßgeblich für seine Konkurrenzfähigkeit sind. Dabei spielen neben berechenbaren Kosten auch politische und psychische, an die Persönlichkeit von Unternehmer oder Beschäftigten gebundene Faktoren eine Rolle. Außerdem versteht man heute Standortfaktoren nicht nur als Kostenvorteile bei der Standortwahl, sondern zunehmend auch als Entscheidungsfaktoren für die Erhaltung oder Auflassung von Industriestandorten.

Bei der Standortanalyse sind die Standortfaktoren sowohl bei der Wahl des *Makrostandorts* (regionaler Standort) als auch bei der des *Mikrostandorts* (lokaler Standort, Standplatz) ausschlaggebend. Es ist auch möglich, daß der gefundene optimale Makrostandort nicht gewählt werden kann, weil ein geeigneter Mikrostandort, z.B. wegen eines fehlenden Gleisanschlusses, nicht zur Verfügung steht. Zumindest bei größeren Betrieben ist die Standortsuche ein in der Regel langwieriger und vielschichtiger Prozeß.

Grob vereinfachende Einstellungen nach Rohstofforientierung (z.B. Bergbau, Kokereien, Holzverarbeitung), Arbeitsorientierung (Textilindustrie, feinmechanische Industrie), Verkehrsorientierung (Großchemie), Energieorientierung (Aluminiumindustrie) und Absatzorientierung (Möbelindustrie) führen zu falschen Schlüssen, weil übersehen wird, daß fast alle Industriebranchen von einem Bündel von Standortfaktoren beeinflußt werden und daß die Wahl des Standorts nur in Ausnahmefällen nach dem vorherrschenden Standortfaktor erfolgt. Meistens können alternative Standorte mehrere Faktoren gebündelt anbieten und schneiden deshalb in der Gesamtkostenrechnung günstiger ab als Standorte, die den vorherrschenden Faktor optimal aufweisen. Außerdem berücksichtigt eine Einteilung nach dem vorherrschenden Faktor nicht die Nähe anderer, für Beschaffung, Versorgung und Absatz wichtiger Betriebe. Wegen der in den verschiedenen Industriebranchen stark unterschiedlichen Kostenstruktur unterscheiden sich auch die Ansprüche der verschiedenen Branchen an die räumliche Ausstattung mit Standortfaktoren.

Die unterschiedliche Bedeutung der Standortfaktoren bei verschiedenen Branchen (in %)

Branchen (Standortfaktoren)	verfügbares Potential an Arbeitskräften	verfügbares (erschlossenes) Ansiedlungsgelände	günstige Lage zu den Beschaffungsmärkten resp. Rohstoffquellen	günstige Lage zum Absatzmarkt	verkehrsmäßige Erschließung	öffentliche Förderungsmaßnahmen	Übernahme vorhandener Produktionsstätten	Faktoren der Wohn- und Freizeitgunst	sonstige, insbesondere private Faktoren
Bergbau, Industrie der Steine und Erden	10,4	14,1	21,2	17,2	22,3	0,3	8,2	–	6,3
Eisen- und metallverarbeitende Industrie	29,9	26,4	2,0	5,5	13,5	2,0	10,6	1,3	8,8
Chemische und verwandte Industrie	19,0	28,0	2,5	9,7	13,5	2,6	16,3	1,3	7,1
Holzindustrie	23,6	21,9	3,7	8,1	19,7	3,5	16,2	1,0	2,3
Papier- und Druckindustrie	20,3	20,7	1,4	12,4	21,9	1,0	17,1	1,0	4,2
Lederindustrie	42,9	13,8	0,9	11,0	16,5	3,5	8,5	–	2,9
Textil- und Bekleidungsindustrie	22,8	21,7	2,3	8,1	14,5	3,2	18,9	1,1	7,4
Nahrungs- und Genußmittelindustrie	9,2	23,0	10,7	16,9	18,2	0,9	16,5	0,2	4,4
Bauindustrie	22,4	26,0	5,1	12,9	10,0	3,8	7,0	0,3	12,5

Nach Hans-Jürgen Budischin und Hansheinz Kreuter: Industrielle Standortwahl und verkehrsmäßige Erschließung. In: Probleme der Wirtschaftspolitik. Schriftenreihe zur Industrie- und Entwicklungspolitik, Bd. 16. Berlin: Duncker & Humblot 1975, S. 289

Industrieansiedlung in Waiblingen

Grundstücke. Ihre Preise sind stark unterschiedlich, machen aber auch bei hohem Niveau nur einen kleinen Teil der langfristigen Kosten aus. Für viele Betriebe ist die Verfügbarkeit von Reservegelände für Produktionssteigerungen und neue Fertigungsmethoden wichtiger. In der Regel steigt der Flächenbedarf bei der Umstellung auf Fließbandfertigung.

Auch eine veränderte Marktlage kann Veränderungen oder Ergänzungen der Produktpalette eines Betriebs erfordern, wozu zusätzliche Grundstücke benötigt werden. Viele Firmen versuchen, Kommunen zum Verkauf von Ergänzungsgelände zu zwingen, u.U. mit der Drohung, andernfalls den Firmensitz zu verlegen.

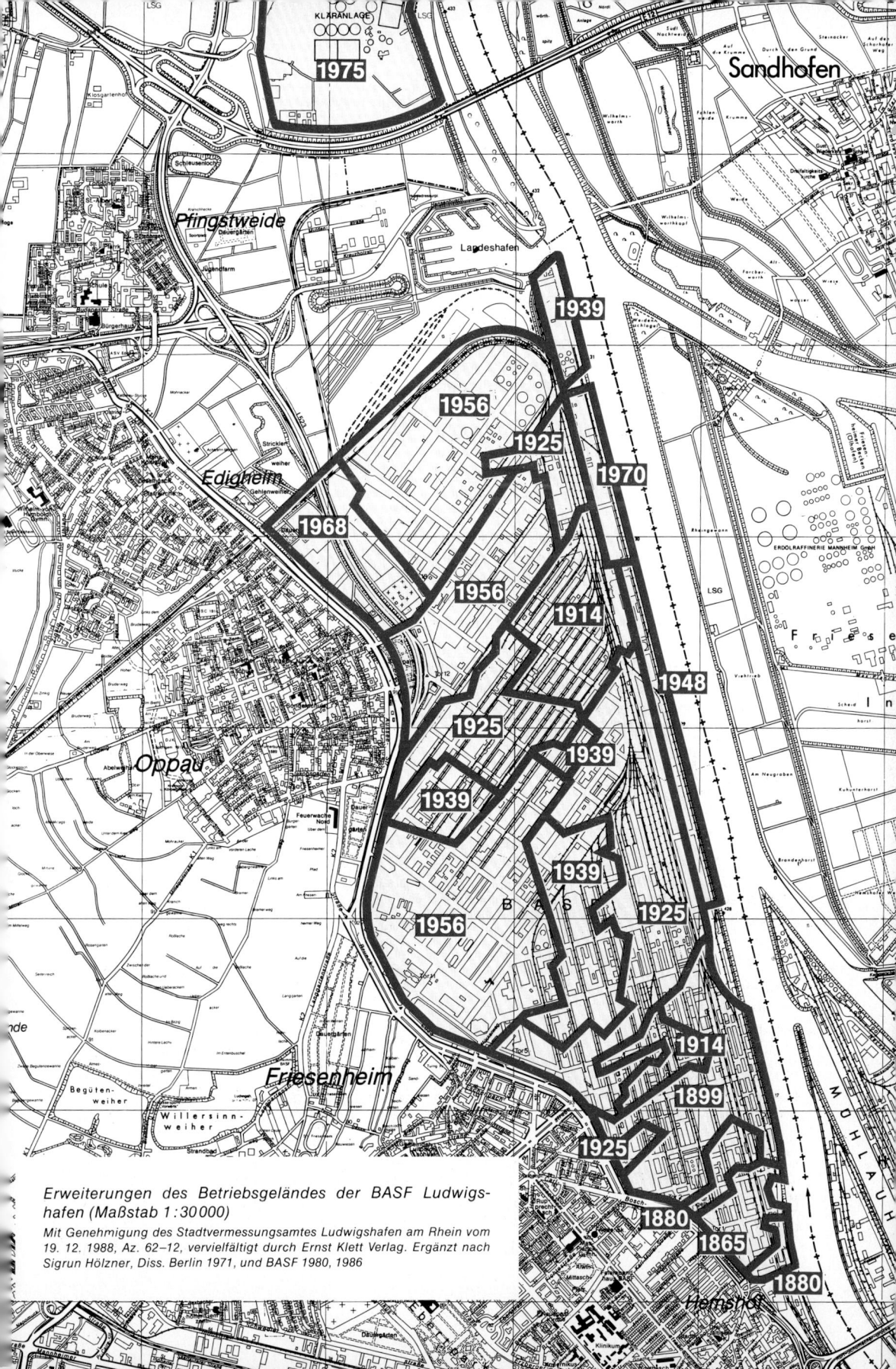

Erweiterungen des Betriebsgeländes der BASF Ludwigshafen (Maßstab 1:30000)

Mit Genehmigung des Stadtvermessungsamtes Ludwigshafen am Rhein vom 19. 12. 1988, Az. 62–12, vervielfältigt durch Ernst Klett Verlag. Ergänzt nach Sigrun Hölzner, Diss. Berlin 1971, und BASF 1980, 1986

Arbeitskräfte. Sie können die Kostenstruktur eines Betriebes erheblich beeinflussen. In manchen Branchen kann der Anteil der Lohn- und Gehaltssumme bis 35% des Gesamtumsatzes betragen (so in der Uhren- und Druckindustrie), in hochspezialisierten Industriezweigen wie der Flugzeugindustrie sogar 40%. Außerdem ist ein ausreichendes Arbeitskräfteangebot Voraussetzung für jede Produktion. Dabei unterscheiden sich die betrieblichen Ansprüche nach Zahl, Geschlecht und Qualifikation der Arbeitskräfte. Raumbezug ergibt sich jedoch weniger aus dem regional unterschiedlichen Lohnniveau, das nur von Niedriglohnbranchen wie der Textilindustrie vorrangig berücksichtigt wird, als aus dem regional unterschiedlichen Arbeitskräfteangebot. Betriebe mit hohen Ansprüchen an spezialisierte Arbeit sind häufig auf die Agglomerationsgebiete der betreffenden Branche angewiesen, hohe Ansprüche an „intelligente" Arbeit sind in der Regel nur in der Nähe von Hochschulorten zu befriedigen.

Aus der regional unterschiedlichen Nachfrage nach Arbeit ergibt sich die Forderung nach einer höheren Mobilität der Arbeit, was häufig den Wünschen der Arbeitnehmer widerspricht, die ihre gewachsenen Bindungen und die geschaffenen Werte nicht aufgeben möchten.

Arbeitskosten je Arbeiterstunde im verarbeitenden Gewerbe, davon Lohnzusatzkosten

	1984	1991	Lohnzusatz-kosten[1] 1991
BR Deutschland[2]	28,32	40,48	18,75
Schweiz	30,07	38,83	11,56
USA	36,47	25,57	7,01
Japan[3]	22,04	29,63	7,06
Italien	22,72	32,38	16,58
Frankreich	21,58	26,73	12,64
Großbritannien	17,97	22,76	6,84
Portugal	•	7,88	3,39

[1] Arbeitgeberanteil bei Sozialversicherungsbeiträgen, Feiertage, Lohnfortzahlung bei Krankheit, Urlaubsgeld, betriebl. Altersversorgung etc. [2] nur alte Bundesländer [3] nur Großbetriebe, in den Kleinbetrieben werden z.T. wesentlich niedrigere Löhne bezahlt
Nach Angaben von IW

Der · internationale Vergleich ist schwierig, da er Wechselkursänderungen enthält. Von 1984 bis 1991 gingen nach der obigen Tabelle z.B. die Arbeitskosten in den USA zurück, obwohl auch dort die Löhne stiegen. Der Dollar wurde jedoch international schwächer bewertet. Entsprechendes gilt für den Vergleich mit Japan. Mitentscheidend für die Wettbewerbsfähigkeit ist die Produktivität, die von Branche zu Branche stark schwankt und sich in den *Lohnstückkosten* zeigt. Hier, und damit beim Produktionswert der Arbeit, waren die Verhältnisse in der Bundesrepublik 1984 noch deutlich günstiger als in einigen anderen Staaten.

Lohnstückkosten des verarbeitenden Gewerbes im internationalen Vergleich 1991 (BR Deutschland = 100)

	Lohnstück-kosten[1]	Produktivität[2]
BR Deutschland	100	100
Schweden	98,5	92,9
Italien	81,9	97,7
Frankreich	81,3	81,2
Japan	79,7	91,9
Großbritannien	76,2	73,8
USA	75,9	83,3

[1] Verhältnis von Arbeitskosten je Stunde zur Stundenproduktivität [2] Bruttowertschöpfung je Stunde in Preisen und Wechselkursen von 1980
Nach Angaben von IW

Lage zu den Rohstoffen. Rohstoffarme Länder wie Japan und die Schweiz zeigen, daß auch ohne wesentliche Rohstoffe ein hoher Industrialisierungsgrad erreicht werden kann, da mit dem Ausbau der Transportwege und neuer Technologien die in der Frühphase entscheidende Bedeutung der Lage zu den Rohstoffen und zur Energie zurückgegangen ist. Heute zeigen z.B. die Energiepreise in der Bundesrepublik nur relativ geringe Unterschiede. Die einstige Lagegunst „auf der Kohle" ist auch wegen der neuen Energieträger nicht mehr ausschlaggebend. Die lokalen Unterschiede betreffen in erster Linie die Verfügbarkeit, weniger den Preis. In Ländern mit wenig ausgebauter Infrastruktur, vor allem in der Dritten Welt, ist jedoch die Lage zu den Rohstoffen und zur Energie nach wie vor entscheidend.

Verkehrslage. An die Stelle der einst maßgeblichen regional unterschiedlichen Transportkosten sind häufig die Transportmöglichkeiten getreten: Bestimmte Schwergüter können nur auf dem Schienen- und Wasserweg transportiert werden; wo sehr große Mengen befördert werden müssen, sind Wasserwege aus Kostengründen notwendig (durchschnittliche, spezifische Transportkosten, die zum Beispiel auf die Gegebenheiten des Standortes der BASF Ludwigshafen zugeschnitten sind: Binnenschiffe 13 DM/t, Bahn 40 DM/t, Lkw 68 DM/t, Flugzeug 4600 DM/t).

Schema des regionalen und interregionalen Verkehrsanschlusses der BASF Ludwigshafen

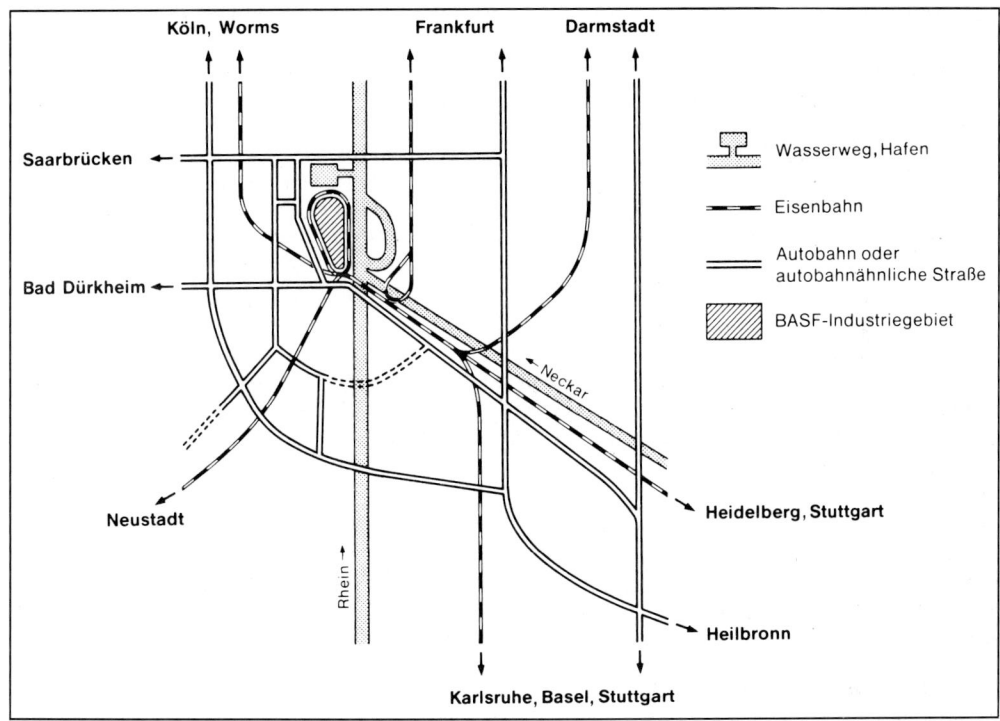

Transportaufkommen BASF AG, Werk Ludwigshafen in Mio. t

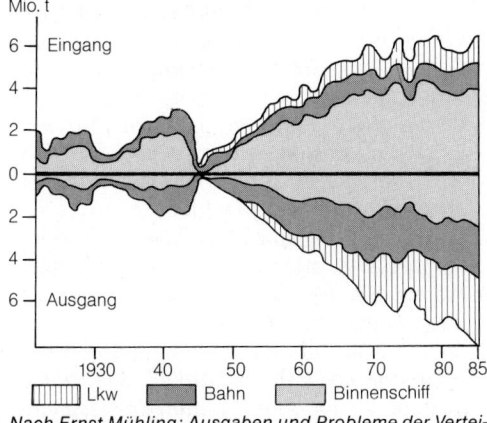

Nach Ernst Mühling: Ausgaben und Probleme der Verteilung. BASF referate. Ludwigshafen 1978, S. 4; ergänzt nach Angaben der BASF 1987

Wegen der niedrigeren Verladekosten und der besseren Transportmöglichkeiten für Schwergüter haben *Küstenstandorte* Vorteile, wenn erhebliche Mengen von Roh- und Hilfsstoffen importiert und große Mengen von Fertigprodukten exportiert werden sollen. Die BASF bezieht große Mengen von Phosphor, Kali und anderen Rohstoffen aus außereuropäischen Ländern, für deren Transport zum Stammwerk Ludwigshafen genauso wie auch für den Transport von Exportgütern erhebliche Kosten zwischen Überseehafen und Werk entstehen. Um diese Kosten gering zu halten, gründete sie 1964 in Antwerpen einen Ergänzungsstandort in unmittelbarer Hafenlage, der seit 1967 Düngemittel und Kunststoffe sowie Faservorprodukte (Gewichtsverlustmaterialien) produziert.

Öffentliche Förderungsmaßnahmen in Form von verbilligten Darlehen, Investitionszulagen und Steuervergünstigungen sollen die regionale Wirtschaftsstruktur verbessern. In industriellen Ungunsträumen reichen sie allein allerdings nicht aus, um Betriebe anzusiedeln. Dagegen wirken solche Hilfen bei Strukturkrisen bereits industrialisierter Räume, da neben den Förderungsmaßnahmen die bereits vorhandene industrienahe Infrastruktur für den Investor attraktiv ist. Auch kommunale Maßnahmen, wie die Bereitstellung von erschlossenem Gelände und Verbesserungen der Infrastruktur haben erheblichen Einfluß.

Wenn es sich um wichtige Betriebe oder um strukturpolitische Interessen handelt, werden auch blühende, ertragsstarke Unternehmen staatlich gefördert. So wurden noch 1986 der Daimler-Benz AG vom Land Baden-Württemberg 120–140 Mio. DM für die Ansiedlung eines neuen Pkw-Werks bei Rastatt zugesagt.

Wohn- und Freizeitwerte, Umweltansprüche. Ihre Bedeutung bei der Standortbewertung ist noch nicht eindeutig klar. Offensichtlich spielen die Freizeitwerte bei besonders hochwertiger Arbeit aber eine erhebliche Rolle, ebenso das Angebot gehobener Bildungs- und Ausbildungseinrichtungen. Bisher ist auch die Zahl der Unternehmen, die wegen Umweltschutzauflagen Standorte verlagerten, relativ gering. Kein Zweifel aber kann darüber bestehen, daß künftige Industrieansiedlungen vor dem Hintergrund der Umweltbelastungen eine kritischere Resonanz finden werden und daß gerade jene Industriebranchen, die, wie beispielsweise die chemische Industrie, wasserbelastend, aber auch wasserabhängig sind, mit steigenden Auflagen konfrontiert werden, wenn sie die betrieblich interessanten Standorte halten wollen.

Bei der Gesamtbeurteilung der Standortgunst müssen also Bündel von Faktoren geprüft und bewertet werden, oft sind es mehrere hundert Einzelpunkte. Standorte mit nur eindeutig positiven Faktoren gibt es nicht. Zumindest für die Betriebsgründungen in der Vergangenheit darf die Bedeutung der Standortfaktoren nicht überschätzt werden. Zufälle spielten eine große Rolle. Viele Unternehmen entstanden am Geburtsort des Firmengründers. So geht das Lkw-Werk von IVECO-Magirus in Ulm auf die Mitgliedschaft des Gründers in einem Sportverein zurück, der auch die Feuerwehr stellte. Magirus entwickelte einige Verbesserungen der Feuerwehrgeräte. Die Leitern und Pumpen wurden später motorisiert – und daraus wurden im 1. Weltkrieg Lkws.

Heute gibt es zahlreiche Möglichkeiten, um die Vor- und Nachteile eines Standorts abzuschätzen. Standortentscheidungen werden heute deshalb meist rational getroffen.

Daß Betriebe einer bestimmten Branche regional gehäuft vorkommen, ist ein Hinweis darauf, daß in bestimmten Zeiträumen bestimmte Räume optimale Standortqualitäten für diese Branchen aufwiesen (z. B. Stahlwaren im Raum Solingen, Uhren im Schweizer Mittelgebirge, Autoindustrie um Detroit).

1. *Fassen Sie die Grundideen der Standortlehre Alfred Webers zusammen. Berücksichtigen Sie besonders die Bedeutung der Transportkosten.*
2. *Inwieweit sind Webers Überlegungen heute noch gültig, wo sind seine Annahmen überholt?*
3. *Nennen Sie wichtige Standortfaktoren für die Industrie. Gewichten Sie sie nach ihrer Bedeutung für verschiedene Industriebranchen.*
4. *Untersuchen Sie den Makro- und Mikrostandort eines Industriebetriebs auf Atlaskarten und an einem Beispiel Ihres Heimatraums.*
5. *Beschreiben Sie am Beispiel der BASF Ludwigshafen die Bedeutung des Standortfaktors „Grundstücke". Nennen Sie Gründe für die Erweiterungen des Betriebsgeländes.*
6. *Vergleichen Sie die Lohnkosten und Lohnstückkosten in verschiedenen Staaten. Diskutieren Sie die Schwierigkeiten internationaler Vergleiche.*
7. *Geben Sie Beispiele für die Bedeutung der Verkehrslage für Industriestandorte.*
8. *Werten Sie die Graphik (S. 201 unten) aus, vergleichen Sie Eingang und Ausgang. Nennen Sie Ursachen für die dargestellte Entwicklung und bedenken Sie dabei, daß bei vielen chemischen Prozessen zusätzliche Stoffe (H_2O, N, O_2) benötigt werden.*

BASF, Ludwigshafen

9. *Nennen Sie Möglichkeiten der staatlichen Förderung bzw. staatliche Hemmnisse bei der Industrieansiedlung, berücksichtigen Sie dabei auch die raumordnerischen Möglichkeiten in der Bundesrepublik Deutschland (vgl. Kapitel Raumordnung).*

4 Wertwandel der Standortfaktoren

Die Ansprüche des Marktes verändern sich laufend. Entsprechend ändern sich die Produkte. Andererseits führen neue Produkte zu einer veränderten Nachfrage. Mit den neuen Produkten ändert sich auch die Fertigungsmethode, und bekannte Produkte werden mit neuer Technologie produziert. Damit ändert sich auch der Bedarf an Arbeit, an Rohstoffen und Energie. Außerdem stellen die Beschäftigten andere Ansprüche an ihre Arbeit. All dies führt dazu, daß Standortfaktoren nicht unverändert bestehenbleiben, sondern daß sich die Standortqualitäten verändern. Traditionelle Gunsträume verlieren ganz oder teilweise ihre Vorzüge, und neue Räume werden für die Industrie

attraktiv. Veränderungen der politischen Grenzen oder der Wirtschaftsgrenzen (Zollgrenzen, Freihandelszonen, Gemeinsamer Markt, Montanunion, Europa 93) bringen Neubewertungen.

4.1 Einflüsse politisch-wirtschaftsräumlicher Faktoren am Beispiel der BASF Ludwigshafen

In der Gründungsphase lag die BASF in Randlage außerhalb des Norddeutschen Bundes, nach der Reichsgründung nahezu in Grenzlage zu Frankreich, nach 1945 in verhältnismäßig zentraler Lage innerhalb der Bundesrepublik Deutschland, heute liegt sie in zentraler Lage innerhalb des Wirtschaftsraums der EU. Mit den politi-

203

schen Veränderungen nach 1945 verlagerten sich die Hauptverkehrsströme in Mitteleuropa in Nord-Süd-Richtung. Die wichtigsten Verkehrsadern verlaufen unweit des Werkes: die Schienenwege Belgien/Niederlande–Ruhrgebiet bzw. Skandinavien–Hamburg in Richtung München–Wien bzw. Basel/Schweiz–Italien/Südfrankreich; die Eisenbahnverbindung Frankfurt–Saarbrükken–Paris; die Autobahnen Köln-Ruhrgebiet/Hamburg–Basel/Stuttgart–München und Mannheim–Saarbrücken–Paris (vgl. Abb. S. 201 o.). Die Wasserstraße Rhein gewann weiter an Bedeutung. Mannheim/Ludwigshafen wurde nach Duisburg zum umschlagreichsten deutschen Binnenhafen. Auch der Ausbau der Saar und der Mosel verbessern die Verkehrslage des Werkes. Durch die föderalistische Gliederung der Bundesrepublik Deutschland erhielt die BASF Ludwigshafen eine Spitzenstellung innerhalb des Bundeslandes, was ihr einen bevorzugten Ausbau ihrer Verkehrsanbindungen sicherte.

4.2 Einflüsse technologischer Veränderungen am Beispiel der BASF Ludwigshafen

Solange der Energiebedarf fast ausschließlich durch Steinkohle gedeckt wurde, war die BASF wegen ihrer größeren Revierferne gegenüber Mitbewerbern benachteiligt. Durch den Übergang auf andere Energieträger (Erdöl, Erdgas) verringerte sich die Energiegunst der alten Kohlestandorte der Chemie. Durch neue Rohstoffe (z. B. Öl statt Kohle) verlor die BASF den Nachteil der Revierferne, neue Transportverfahren wie Leitungstransport für Energie und flüssige Rohstoffe hoben die früheren Transportkostennachteile auf. Neue Verkehrsmittel und größere Mobilität der Beschäftigten ermöglichten es, im relativ dünn besiedelten Einzugsgebiet ein ausreichendes Arbeitskräftepotential zu erschließen. Durch weitere Produktdifferenzierungen nahm sowohl die Zahl der benötigten Rohstoffe als auch die Zahl der Abnehmer weiter zu.
Sowohl für die Beschaffungsseite als auch für die Absatzseite rückt die Verkehrslage in den Mittelpunkt – und sie wurde ständig verbessert. Wo wegen der größeren Entfernung zu Überseehäfen der Standort Ludwigsha-

fen nicht voll konkurrenzfähig war (z. B. bei rohstoffintensiver Produktion von zum Teil für den Übersee-Export bestimmten Gütern), übernahm der Küstenstandort Antwerpen die Produktion.

4.3 Veränderungen in der Schwerindustrie

In der *Schwerindustrie* führten Veränderungen der Technologie zusammen mit der zunehmenden Verwendung alternativer Materialien und dem Aufbau neuer Stahlwerke in bisherigen Abnehmerländern zu einer tiefgreifenden Krise der alten Standorte „auf der Kohle". Da es sich dabei um eine Reihe verschiedener miteinander verbundener Produktionsstufen handelt (Kokerei, Hochöfen, Stahlwerk, Walzwerk), bei denen Veränderungen der Technologie möglich sind, kam es zu Problemen, die jeweils sämtliche Produktionsstufen betrafen, die untereinander im Verbund stehen (vgl. Abb. S. 207).
Entscheidend war dabei die Veränderung im Energie- und Rohstoffbedarf. Während 1850 noch 5 t Kohle für 1 t Roheisen benötigt wurden, waren es 1975 nur 0,7 t Kohle. Schon seit Ende des 19. Jahrhunderts wurden, je nach Eisengehalt des verwendeten Erzes, mehr Volumenteile Erz als Kohle benötigt. Dennoch verharrte die Schwerindustrie wegen ihrer *Verbundwirtschaft* auf den alten Kohlestandorten, die die Energievorteile der kurzen Entfernungen zwischen den einzelnen heißen Produktionsstufen nutzte („in einer Hitze produzieren").

Durch die verbesserte Verhüttungstechnologie wurden die Erzgebiete vom Transportvolumen her attraktiver. Die traditionellen Kohlestandorte mußten versuchen, ihre Frachtkosten bei den Erzen dadurch aufzufangen, daß höherprozentige Erze auf größeren Schiffen beschafft wurden. Dies führte zu einem beträchtlichen Rückgang des herkömmlichen Erzweges vom Hafen Emden über den Dortmund-Ems-Kanal. Statt dessen wurden die Standorte an der Rheinschiene, die sowohl durch den Großhafen Rotterdam als auch durch die viel größere Transportkapazität des Rheins Vorteile gewann, begünstigt. *Küstenstandorte („nasse Hütten")* haben besondere Standortgunst, da große Schiffseinheiten Erze kostengün-

Veränderungen der Technologie seit 1850

Verfahren der Eisenverhüttung	Stahlverfahren	Sonstige Veränderungsfaktoren
1850 Reduktionsmittel Koks Standortvorteil „auf der Kohle"	1856 Bessemer-Verfahren	
	1879 Thomas-Verfahren: phosphorreiche Erze wie die Minette-Erze können genutzt werden	
ständiger Rückgang des Bedarfs an Reduktionsmitteln und Energie		
ständiger Rückgang des Standortvorteils „auf der Kohle"	Siemens-Martin-Verfahren ermöglicht die Produktion von großen Mengen, z. T. kann Schrott verwendet werden	
		Erschließen neuer Erzlager mit hohem Fe-Gehalt auch in Übersee; Sinterung und Pelletierung; relative Verbilligung der Frachtkosten durch große Schiffseinheiten
	1952 LD-Verfahren (Sauerstoffaufblasverfahren): geringerer Energiebedarf	
1969 Midrex-Verfahren: Direktreduktion über Erdgas; Herstellung von Eisenschwamm	1960 Elektroverfahren (seit 1880 bekannt, erst jetzt wirtschaftlich wichtig) Stahl kann aus Schrott gefertigt werden; ermöglicht Standortspaltung, Kohle ist überflüssig, dadurch geringere Investitionskosten; kleinere, flexiblere Einheiten; Absatzorientierung möglich	Materialkonkurrenz für Stahl durch Aluminium und Kunststoffe
Eisen- und Stahlproduktion von Kohle unabhängig; Erdgasvorkommen sind Standortvorteil; Standortspaltung möglich		Konkurrenz durch die Schwerindustrie in anderen Industrieländern (Japan)
		Konkurrenz durch ehemalige Abnehmerländer (z. B. Indien) und Entwicklungsländer mit Erz- oder Erdgasvorkommen
1984 Korex-Verfahren u. a. (Billigkohle oder Kohlenstaub statt Koks als Reduktionsmittel)	1985 Energieoptimierte Verfahren (flüss. Eisen + kaltes Roheisen + Schrott + Eisenschwamm + Kalk = Flüssigstahl): KVA-(Klöckner-Voest-Alpine-)Verfahren (hoher Schrottanteil)	wachsendes Umweltbewußtsein: Stärkung des Stahlrecycling-Verfahrens

stig aus den überseeischen Herkunftsländern befördern können. Durch die Anreicherung des Erzes (Sinterung und Pelletierung) konnten die Transportkosten weiter gesenkt werden. Entscheidende Veränderungen brachte das Elektrostahlverfahren, das in den letzten Jahrzehnten wirtschaftlich bedeutsam wurde. Es ermöglicht die Stahlgewinnung aus Schrott und damit die *Standortspaltung* der Schwerindustrie. Kohle wurde beim Stahlprozeß überflüssig, kleinere und flexiblere Einheiten, die stärker am Abnehmer orientiert sind, wurden möglich. Neue Perspektiven eröffnet auch das Midrex-Direktreduktionsverfahren: Erz wird mit Hilfe von Erdgas zu Eisenschwamm reduziert, der an Elektrostahlwerke geliefert wird. Auch hier ist die Standortspaltung möglich.

Während die einstigen Vorteile der Lage zur Steinkohle in den alten Industriestaaten zurückgingen, ergaben Erdgasvorkommen Standortvorteile für Länder, die bisher keinen Anteil an der Schwerindustrie hatten.

Die *Persistenz* der Industrie, ihr Beharrungsvermögen am einmal gewählten Standort, ist wesentlich davon abhängig, inwieweit es ihr gelingt, den Wertwandel der Standortfaktoren durch Veränderungen der Technologie oder der Produktpalette aufzufangen.

1. *Schildern Sie am Beispiel der BASF Ludwigshafen den Einfluß technologischer Entwicklungen auf Bedeutung und Wertwandel von Standortfaktoren.*
2. *Beschreiben Sie am Beispiel der BASF die Veränderung der Lagegunst für die Industrieansiedlung in der Bundesrepublik Deutschland in der Folge der deutschen Teilung. Untersuchen Sie zu dieser Frage weitere Beispiele.*
3. *Untersuchen Sie die heutigen Standorte der europäischen und der nordamerikanischen Schwerindustrie. Begründen Sie die eingetretenen Verlagerungen unter Berücksichtigung des Wertwandels der Standortfaktoren der Schwerindustrie.*
4. *Schildern Sie aktuelle Probleme der europäischen Schwerindustriestandorte vor dem Hintergrund der Stahlkrise, der technologischen Entwicklung und überseeischer Konkurrenz.*

5 Die Verflechtung der Industrie

Die einzelnen Industriebranchen sind auf der *Beschaffungs-* und auf der *Absatzseite* vielfältig mit anderen Branchen verbunden. Schon zu Beginn der Industrialisierung benötigte die Textilindustrie, die „Mutter der Industrien", chemische Produkte zur Veredelung der Textilfasern und Farbstoffe, die in der geforderten Menge nur von der Chemie bereitgestellt werden konnten. Außerdem stieg mit der steigenden Textilproduktion auch der Bedarf an Waschmitteln. Für die maschinellen Ausrüstungen brauchten sowohl die Textil- als auch die chemische Industrie Produkte der Eisen- und Stahlindustrie. Diese benötigte zur Verhüttung große Mengen von Kokskohle, bei deren Gewinnung Steinkohlenteer anfiel, ein wichtiger Ausgangsstoff für viele chemische Produkte, darunter auch die von der Textilindustrie benötigten Farbstoffe. Außerdem wurden von den beteiligten Industrien große Mengen von Energie in Form von Steinkohle benötigt. Mit zunehmender Weiterentwicklung und Differenzierung verstärkte sich die Produktionsverflechtung.

Die Schwerindustriestandorte im Ruhrgebiet zeigen die Vorteile der *Verbundwirtschaft*. Auf der Kohle entstanden transportkostengünstig Kokereien und Eisenhütten, denen sich Stahl- und Walzwerke anlagerten, wodurch Transportkosten und, wegen der unmittelbaren Aufeinanderfolge der heißen Prozesse, erhebliche Energiekosten eingespart werden können. Aus den Kostenvorteilen durch Ersparnisse bei der Materialbelieferung, durch Fühlungsvorteile infolge direkter Kontakte und durch bessere Arbeitsmärkte entstanden Standortvorteile für Betriebe nachgelagerter Produktionsstufen. Diese Kostenvorteile der Verbundwirtschaft führten zu Industrieballungen auf der Basis der Schwerindustrie. Andererseits entstand durch den hohen Investitionsbedarf des Schwerindustrieverbunds und die aus Konkurrenzgründen notwendigen Vergrößerungen der Produktionseinheiten eine große Unbeweglichkeit der Schwerindustrie, die es ihr schwermachte, auf veränderte Ansprüche des Marktes und auf Änderungen der Standortqualitäten zu reagieren. Die daraus entstehenden Krisen mußten auch die nachgelagerten Produktionsstufen betreffen. Aus dieser Sachlage heraus entstand die Forderung nach *Diversifizierung* (Vergrößerung der Produktvielfalt), um die Krisengefahr einer einseitigen Ausrichtung des Produktionsprogramms zu verringern.

Die räumliche Nähe spielte in der Zulieferverflechtung mit zunehmendem Verkehrsausbau und mit Verringerung des Anteils der Transportkosten eine weniger wichtige Rolle. Vorrangig sind auch heute noch Qualität, Preise und Pünktlichkeit der Lieferungen. In jüngster Zeit geht die *Fertigungstiefe* (der Anteil der im eigenen Werk hergestellten Einzelteile) weiter zurück. Die Fertigung von Vorprodukten wird unter strengen Auflagen Zulieferern überlassen. Der Anteil der Zuliefer- und Ausrüstungskosten beträgt deshalb z.B. in der Automobilindustrie über 65%. Seit einigen Jahren spielt die *Just-in-time-Produktion* eine wichtige Rolle: Zulieferprodukte werden erst zum benötigten Zeitpunkt in der benötigten Reihenfolge exakt an jene Stelle des Werkes geliefert, wo sie in der Produktion benötigt werden. So verringert sich die Lagerhaltung im Abnehmerwerk; auf die Zulieferer und die Straßen kommen aber zusätzliche Belastungen zu.

Die enge betriebliche Verflechtung zwischen Zulieferern und Abnehmern verstärkt die Abhängigkeit der Zulieferbetriebe. Sie kann auch zum Zusammenschluß von Unternehmen aufeinanderfolgender Produktionsstufen führen, zur *vertikalen Konzentration,* bei der die Vorteile der gesicherten Rohstoff- und Teilebelieferung genützt werden. *Horizontale Konzentration* ist der Zusammenschluß von Unternehmen gleicher Produktionsstufe zu horizontalen Konzernen, die die Vorteile von großen Serien, gemeinsamem Einkauf und Verkauf unter Umständen zur Marktbeherrschung nutzen könnten. Kartellrechtliche Regelungen sollen dies verhindern.

Besonders ausgeprägt ist die Verflechtung in der chemischen Industrie, wo nicht nur die verschiedenen Produktionsstätten innerhalb einzelner Werke oder die verschiedenen chemischen Werke innerhalb einer Stadt (wie z.B. der Chemiestadt Ludwigshafen), sondern wo auch überregional viele Chemiestandorte durch zahlreiche Produktenleitungen miteinander verbunden sind.

In Zeiten gestiegener Nachfrage werden *Filialstandorte* als „verlängerte Werkbank" gegründet. Solche Standorte können auch in strukturschwachen Gebieten entstehen, ohne aber nachhaltige Veränderungen der Wirtschaftsstruktur zu bewirken, da ihre Existenz bei Nachlassen der Nachfrage gefährdet ist.

Vertikaler Aufbau der Schwerindustrie

Die angegebenen Mengen entsprechen einem westeuropäischen Durchschnittswerk der fünfziger Jahre. Die Fließbänder für Nebenprodukte, Gichtgase und für Verbindungen zum Markt sind nicht quantitativ dargestellt.

Hans Boesch: Wirtschaftsgeographischer Weltatlas. Bern: Kümmerly und Frey 1968, S. 62

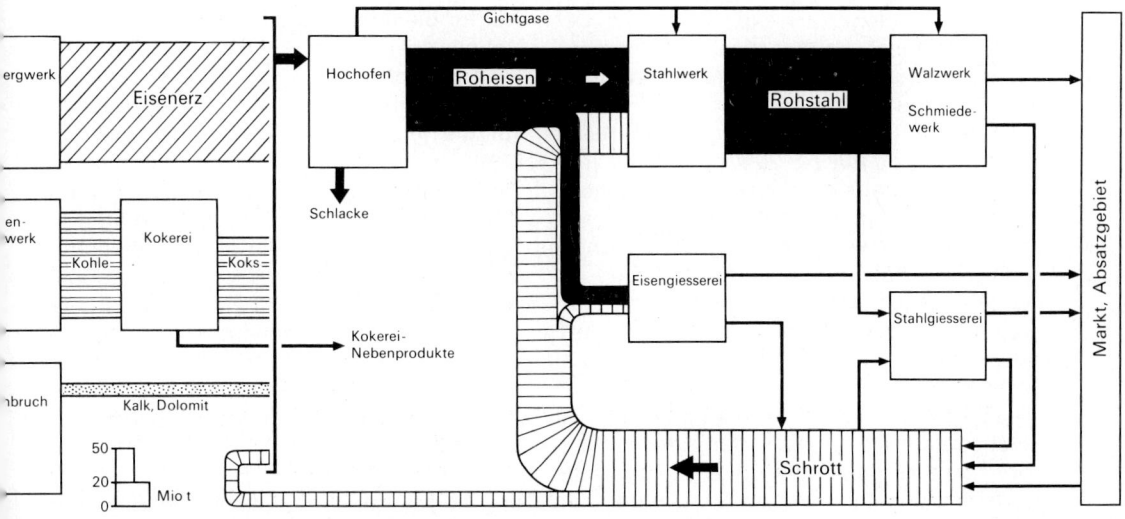

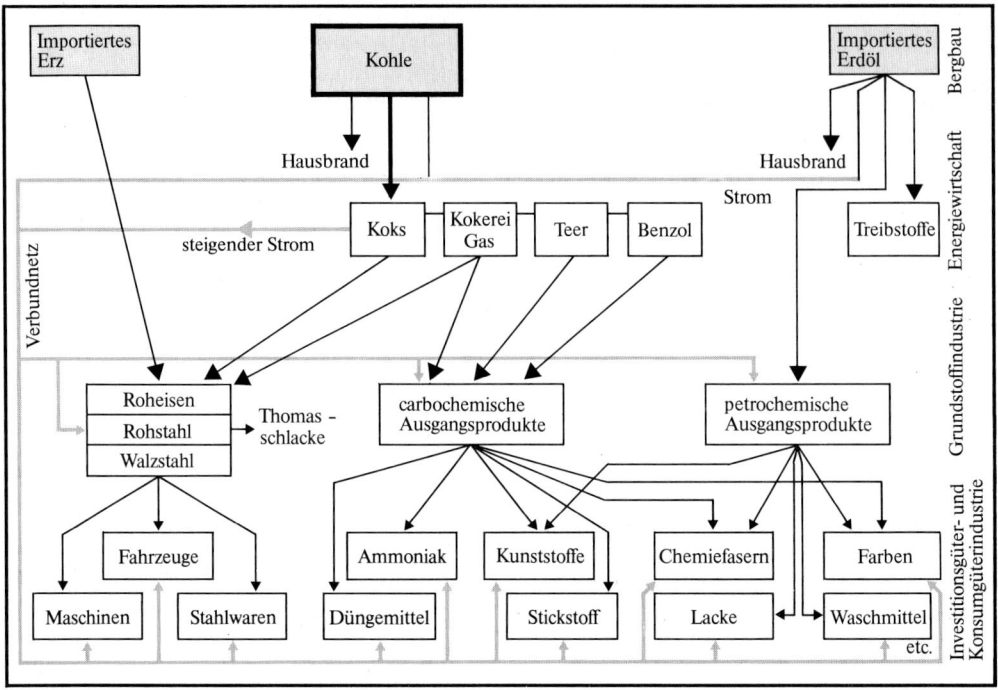

Schema der Verflechtung auf der Basis des Steinkohlenbergbaus

Ulrich Kümmerle: Industrie. Stuttgart: Klett 1980, S. 57

5.1 Beispiele für Verflechtung: Compound-Kombinate in Japan

Japans Importanteil bei den wichtigen Industrierohstoffen beträgt fast 100%, seine Industrie ist zudem stark exportorientiert. Der Transportgunst kommt deshalb entscheidende Bedeutung bei der Standortwahl für die Industrie zu.

Außerdem leidet Japan unter extremer Raumenge, da nur ca. 25% der Fläche wirtschaftlich intensiv genutzt bzw. besiedelt werden können. Für Industrieansiedlungen standen und stehen immer noch zu wenige geeignete Flächen zur Verfügung. Und die Grundstückspreise sind wegen der Konkurrenz mit der agrarischen Nutzung, den Infrastruktureinrichtungen und der Wohnnutzung sehr hoch.

Die japanische Industrie versuchte diese Situation dadurch zu verbessern, daß entlang der Küste an geeigneten Stellen künstliche Aufschüttungsflächen gebaut wurden. Man verwendete dazu ausgebaggertes Material, das beim Bau benachbarter Eingrabungshäfen anfiel. Teilweise wurde das Aufschüttungsmaterial auch bei der Abtragung von stark geneigten Flächen gewonnen, die bisher für die industrielle Nutzung nicht geeignet gewesen waren. Auf diese Weise erzielte man gleichzeitig verschiedene Vorteile: Man bekam dringend benötigtes Bauland für die Industrie auf den künstlichen Flächen im Meer bzw. an den abgetragenen Berghängen und tiefe, für große Schiffseinheiten geeignete Eingrabungshäfen in unmittelbarer Nähe der neuen Industrieflächen. Hier liefern Erzfrachter bis 200 000 t und Riesentanker ihre Güter ohne Umladung direkt in die Industriekomplexe, und der Versand der Industrieprodukte erfolgt fast zu 100% ebenfalls auf dem Wasserweg. Auf den Aufschüttungsflächen entstanden Industriekomplexe, in denen Betriebe unterschiedlicher Typen und Branchen räumlich eng verbunden sind. So nutzen z.B. inte-

Yokohama, Hafen mit Industrieanlagen

grierte Hütten- und Stahlwerke, Auto- und Maschinenfabriken, Raffinerien, Kraftwerke und teilweise auch kleinere Zulieferfirmen die Vorteile der horizontalen und vertikalen Integration.

Kombinate mit vertikaler Integration gibt es in der Schwerindustrie, der Petrochemie, der Aluminiumindustrie, aber auch in der Nahrungsmittelindustrie. Die inner- und zwischenbetriebliche Integration ist hervorragend ausgebildet, integrierte Hüttenwerke (Roheisen- und Rohstahlerzeugung) arbeiten in direktem Materialfluß mit Rohstahlverarbeitern, Röhrenwerken und Blechherstellern.

Compound-Kombinate sind neue Entwicklungen, bei denen mehrere integrierte Großunternehmen auf einer Fläche zu einem Großindustriekomplex zusammengeschlossen sind. Sie nutzen konsequent die Vorteile der Agglomeration und des unmittelbaren Kontaktes: Auf kurzem Weg erfolgt gegenseitige Belieferung; Stahlerzeuger und -ver-

arbeiter, Kfz-Hersteller und Raffinerien nutzen den Energieverbund und die verringerten Lagerkosten. Und auch Betriebe mit ganz andersartiger Struktur wie chemische Fabriken und Futtermittelhersteller ziehen Gewinn aus der hervorragenden Infrastruktur, vor allem der ausgezeichneten Transportgunst der Tiefwasserhäfen und ihrer Verkehrsanschlüsse auf dem Land.

1. *Beschreiben Sie an Beispielen die Verflechtung der Industrie auf der Beschaffungs- und Absatzseite.*
2. *Erläutern Sie die Bedeutung des Energieverbunds in der Schwerindustrie und bei der industriellen Verflechtung auf der Basis der Steinkohle (S. 208).*
3. *Begründen Sie die betrieblichen Vorteile der Compound-Kombinate in Japan.*

209

Duisburg mit Thyssen-Werk
Im Vordergrund Duisburg-Beckerwerth mit dem Kaltbandwerk, dahinter das Warmbandwerk und rechts daneben die Stranggießanlage. Rechts dahinter ein Schlackenaufbereitungswerk und dahinterliegend das alte Werk Duisburg-Hamborn

6 Die Industrie in Deutschland

Durch die lange Teilung hatte sich in den beiden Teilen Deutschlands die Industrie höchst unterschiedlich entwickelt. Entsprechend unterschiedlich war ihr Zustand nach der Wende: in den neuen Bundesländern war sie durch veraltete Fertigungsanlagen in den meisten Branchen und durch einen erheblichen Abbau von Produktionsstätten gekennzeichnet. Außerdem litt sie unter dem Verlust der wichtigsten Abnehmer nach dem Zerfall des RGW und unter den in weiten Bereichen international nicht konkurrenzfähigen Produkten trotz des hohen Ausbildungsstandes der Arbeitskräfte. Zudem behinderten teilweise enorme Altlasten auch aus jüngster Zeit den Aufbau. Aus alledem erwuchs eine hohe Arbeitslosigkeit. Die Prognosen für die künftige Entwicklung waren deshalb gerade in den alten Industriezentren ungewiß, auch wenn seit 1990 einzelne hochmoderne Produktionsstätten aufgebaut wurden.

Die Industrie in den westlichen Bundesländern dagegen hatte einen allmählichen, vom Weltmarkt bedingten Strukturwandel erlebt und entwickelte sich, unter anderem begünstigt durch einen Nachfrageschub aus den neuen Ländern, zunächst kontinuierlich fort. Sie wies trotz teilweise kritischer Ertragslage eine international konkurrenzfähige Fertigung mit hoher Produktivität und weltweiter Verflechtung auf. Zumindest im letzten Jahrzehnt berücksichtigte die industrielle Produktion wenigstens teilweise die Belange der Umwelt, und auch die Altlasten waren im Vergleich geringer als in den östlichen Ländern.

Zum Verständnis der genannten Unterschiede bedarf es eines geschichtlichen Rückblicks auf die Nachkriegsjahre und die grundsätzlich verschiedenen Wirtschaftssysteme.

Die Wirtschaftssysteme in der Bundesrepublik Deutschland und in der Deutschen Demokratischen Republik im Vergleich

Die Soziale Marktwirtschaft in der Bundesrepublik

geht auf das Konzept von Ludwig Erhard (Wirtschaftsminister 1949–63, Bundeskanzler 1963–66) in den Düsseldorfer Leitsätzen der CDU (15. 7. 1949) zurück und entsprach weitgehend den Vorstellungen der amerikanischen Besatzungsmacht:
- Produktionsmittel sind in Privatbesitz. Ausgenommen sind Bundesbahn, Bundespost und Energieversorgung.
- Private Initiative und Wettbewerb sind die Grundlagen wirtschaftlicher Entscheidungen: z. B. die Produktion von Gütern. Ihnen steht die freie Konsumwahl der Käufer gegenüber.
- Aus Angebot und Nachfrage ergibt sich der Marktpreis. Die freie Preisbildung soll möglichst niedrige Preise und damit „Wohlstand für alle" ermöglichen.
- Unternehmensgewinne sind notwendig, Unternehmerrisiko ist unvermeidlich.
- Es besteht Tarifautonomie.
- Der Außenhandel ist Sache der Unternehmen.
- Dirigistische Eingriffe des Staates sollen unterbleiben. Sie sind nur bei Verletzungen des Marktwirtschaftlichen Gedankens erlaubt: so bei Monopolbildungen und bei verbotenen Preisabsprachen, gegen die mit dem Kartellgesetz (1957) eingeschritten wird.

Soziale Komponenten sollen schädliche Auswirkungen der kapitalistischen „freien" Marktwirtschaft mindern. Sie gehen auf das Sozialstaatsgebot des Grundgesetzes zurück. (Sie betreffen u. a. sozial unerwünschte Folgen bei wirtschaftlicher Konzentration oder Umweltbelastung.)

Ergänzungen erfolgten ab 1961 durch die Vermögenspolitik (Vermögensbildungsgesetze), mit der die bis dahin sehr einseitige Vermögensbildung zugunsten Selbständiger gemildert werden sollte. Weitere Beschränkungen der freien Entfaltung des Unternehmertums erfolgten durch die Betriebsverfassungs- und Mitbestimmungsgesetze (ab 1952).

Die sozialistische Planwirtschaft der DDR

Die sowjetische Besatzungsmacht gab die Vorgaben für eine sozialistische Wirtschaftsordnung:
- Trotz eines formalen Mehrparteiensystems lag die gesamte staatliche und politische Macht in den Händen der Sozialistischen Einheitspartei Deutschlands (SED); sie lenkte und kontrollierte demnach auch die Wirtschaft.
- Es sollte kein Privateigentum an den Produktionsmitteln geben – was nie völlig erreicht wurde. Die Industrie war zu fast 100 Prozent „sozialistisches Eigentum", also „gesamtgesellschaftliches Volkseigentum", „genossenschaftliches Gemeineigentum werktätiger Kollektive" und „Eigentum gesellschaftlicher Organisationen der Bürger".
- Die Wirtschaft wurde nicht von Unternehmern, sondern von Funktionären geführt.
- Der Außenhandel war Sache des Staates.
- In der DDR galt der Grundsatz der Planung und Leitung der Volkswirtschaft. Dies sollte auf der Basis von Fünfjahresplänen verwirklicht werden.

Die Preise wurden wie die Art, Menge und Qualität der zu produzierenden Güter von staatlichen Planbehörden bestimmt. Arbeitereinkommen und Arbeitsnormen wurden zentral festgelegt. Beschaffung und Verteilung von Rohstoffen, Vormaterialien und Finanzmitteln waren staatlich geregelt. Auch der Standort der Industriebetriebe wurde zentral bestimmt.

Die Industrie als „wichtigster Zweig der Volkswirtschaft" spielte eine besondere Rolle in der Wirtschaftspolitik der DDR. Entsprechend den Prinzipien von Marx und Engels war eine zentrale Aufgabe „das Hinwirken auf die allmähliche Beseitigung des Gegensatzes von Stadt und Land" (Kommunistisches Manifest, Maßregeln 9), „die Vereinigung des Betriebs von Ackerbau und Industrie". Theoretisch bedeutete dies eine möglichst gleichmäßige Verteilung der Produktionsbetriebe.

6.1 Die Industrieentwicklung im Westen

Rekonstruktion und Wirtschafts-aufschwung

Anteile des Gebiets der heutigen alten bzw. neuen Bundesländer am Umsatz ausgewählter Industriebranchen 1936

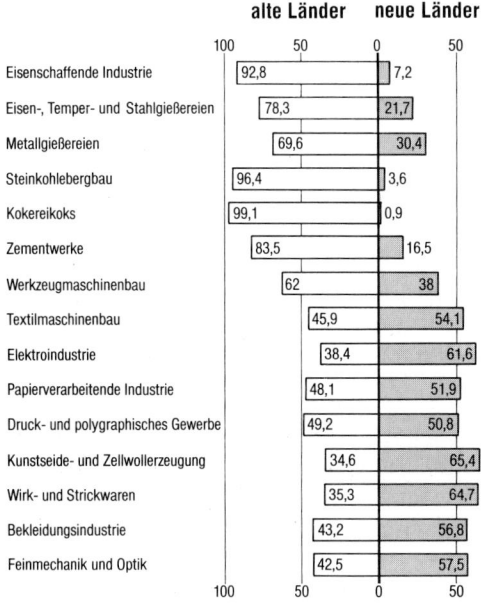

Bundesrepublik Deutschland

	alte Länder	neue Länder
Eisenschaffende Industrie	92,8	7,2
Eisen-, Temper- und Stahlgießereien	78,3	21,7
Metallgießereien	69,6	30,4
Steinkohlebergbau	96,4	3,6
Kokereikoks	99,1	0,9
Zementwerke	83,5	16,5
Werkzeugmaschinenbau	62	38
Textilmaschinenbau	45,9	54,1
Elektroindustrie	38,4	61,6
Papierverarbeitende Industrie	48,1	51,9
Druck- und polygraphisches Gewerbe	49,2	50,8
Kunstseide- und Zellwollerzeugung	34,6	65,4
Wirk- und Strickwaren	35,3	64,7
Bekleidungsindustrie	43,2	56,8
Feinmechanik und Optik	42,5	57,5

Schon im Herbst 1945, ein halbes Jahr nach Kriegsende, erreichte die Industrieproduktion in den Westzonen 30% des Standes von 1936. Wie kam das? Die Anlagen waren modern, die meisten erst in den Kriegsjahren errichtet worden. Sie waren im Westen nur zu einem Fünftel zerstört worden, im Osten zu über 40%. Die Demontageauflagen mußten im Westen nur zu einem Drittel erfüllt werden, und nur wenige Branchen wurden „verbotene Industrien" wie etwa die Luftfahrt. Die Arbeitskräftelage war günstig, da viele Vertriebene und Flüchtlinge zuströmten.
Zunächst stand der Wiederaufbau des Kohlebergbaus im Vordergrund der Bemühungen, sodann die Reparatur der Transportsysteme und der Neuaufbau der Stahlindustrie. Damit konnte das Ruhrgebiet seine alte dominierende Stellung behalten. Denn hier war trotz der Kriegszerstörungen die Infrastruktur am besten, hier gab es ein brei-

tes Angebot an Arbeitskräften und die stärksten Fühlungsvorteile.
Auch die *Währungsreform* (20. 7. 1948) stärkte indirekt die Position der alten Industriestandorte, denn der Aktien- und Immobilienbesitz wurde nicht angetastet, während das Reichsmarkvermögen weitgehend gestrichen wurde. Hohe Abschreibungsmöglichkeiten erleichterten den industriellen Start, der auch durch die Hilfen des *Marshall-Planes* (insgesamt 1,56 Mrd. Dollar von 1948−52) weiter gefördert wurde.

Verkehrswende. In den fünfziger Jahren begann in der Bundesrepublik die Massenmotorisierung nach amerikanischem Vorbild, die einen Ausbau des Straßennetzes bedingte. Gleichzeitig verlangten neue Fertigungstechniken (Bandfertigung, halbautomatische Produktion) größere Flächen je Arbeitskraft, die an den alten Standorten nicht vorhanden oder zu teuer waren. So wurden viele Filialbetriebe und Neugründungen im Umland oder in bisher wenig industrialisierten Gebieten angesiedelt, auch abseits der Schienenwege, so daß ein Ausbau des Straßennetzes und des Straßengüterverkehrs gleichzeitig Folge und Voraussetzung für den Ausbau der Industrie waren.

Brutto-Anlageinvestitionen in die Verkehrsinfrastruktur in Mio. DM 1950−1969

	Eisenbahnen und S-Bahnen	Straßen und Brücken
1950	330	500
1954	450	920
1958	6 400	26 700
1965−69[1]	5 280	40 240

[1] im Jahresmittel
Winfried Wolf: Eisenbahn und Autowahn. Personen- und Gütertransport auf Schiene und Straße. Hamburg: Rasch und Röhring 1987, S. 147

Diese „Verkehrswende" sollte für die weitere industrielle Entwicklung, aber auch die gesamte Raumstruktur zentrale Bedeutung erlangen. Auch die Richtung der Hauptverkehrsströme änderte sich: Nach der deutschen Teilung überwog der Nord-Süd-Verkehr, und die Verkehrswege wurden dementsprechend ausgebaut.

Anteile der Energieträger an der Primärenergieversorgung der Bundesrepublik Deutschland in Prozent

	1950	1958	1970	1980	1988
Steinkohle	72,8	65,4	28,8	19,8	19,2
Braunkohle	15,2	12,3	9,1	10,1	8,3
Mineralöl	4,2	11,0	53,1	47,5	42,1
Erdgas	0,1	0,7	5,5	16,3	16,0
Kernenergie	–	–	0,6	3,7	12,0
gesamt Mio. t SKE	127,0	198,0	337,1	390,2	390,0

Zusammengestellt nach verschiedenen Quellen

Energiewende. Ende der fünfziger Jahre verlor die Kohle ihre bis dahin unangefochtene Spitzenstellung als Primärenergieträger. Durch neue Techniken, Veränderungen des Welthandels und der Transportsysteme und auch in Zusammenhang mit der Entwicklung des Straßenverkehrs wurde das Mineralöl innerhalb eines Jahrzehnts zum wichtigsten Energieträger.

Resultat beider Veränderungen waren neue Gewichtungen der industriellen Standorte: Die alten Schwerindustriereviere, vor allem das Ruhrgebiet, hatten ihre dominierende Stellung verloren und sahen sich statt dessen vor große Strukturprobleme gestellt.

Zu Beginn der siebziger Jahre traf auch die *Stahlkrise* das Ruhrgebiet, da weltweit ein Überangebot bestand und überseeischer Billigstahl und Konkurrenzmaterialien (Kunststoffe, Leichtmetalle) die Stahlproduktion weiter drückten. Die Krisen der alten Schwerindustriereviere waren auch Indiz für veränderte Marktbedürfnisse und neue Standortanforderungen. Sie fielen in etwa zusammen mit dem Ende jener Nachkriegsphase, die wegen ihrer stürmischen Aufwärtsentwicklung *„Wirtschaftswunder"* genannt wurde. Von 1950 bis 1965 war das reale *Bruttosozialprodukt* (Gesamtwert aller innerhalb eines Jahres erbrachten Wirtschaftsleistungen abzüglich der an Ausländer gehenden) in der Bundesrepublik im Jahresmittel um 5,6% gewachsen, in den USA waren es nur 2,0%, in Großbritannien 2,3%. Vor allem die Industrie war Träger des wirtschaftlichen Aufschwungs gewesen. Ihr Anteil am *Bruttoinlandsprodukt* (Summe aller innerhalb eines Jahres im Inland erbrachten Wirtschaftsleistungen einschließlich der durch Ausländer) war auch im internationalen Vergleich besonders hoch:

Anteile am Bruttoinlandsprodukt, in %

	BR Deutschland		Großbritannien		USA	
	1960	1971	1960	1970	1960	1970
Land-, Forstwirtschaft produz.	5,7	2,8	3,9	2,9	4,0	2,9
Gewerbe	54,4	53,5	47,7	44,1	37,8	34,2
Dienstleistungen, Staat	39,8	43,7	48,6	53,3	58,2	63,0

Nach Werner Abelshauser: Wirtschaftsgeschichte der Bundesrepublik Deutschland 1945–1980, Frankfurt/M.: Suhrkamp 1983, S. 125

Konjunkturschwankungen und Strukturwandel

1965 erreichte die Industrie in der Bundesrepublik mit 49% ihren höchsten Anteil an den Erwerbstätigen. (Er sank bis 1989 auf 38,2%.) Die erste große Rezession 1966/67 leitete eine neue Phase der Wirtschaftsentwicklung ein, die mehr und mehr von konjunkturellen Schwankungen bestimmt wurde. Die Zeit ungebremsten Wachstums und der Vollbeschäftigung ging zu Ende. Heftigere Verteilungskämpfe als zuvor ergriffen auch die Bundesrepublik. Mit der „Großen Koalition" (Herbst 1966) aus CDU und SPD begann eine Wirtschaftspolitik, die dem Staat größere Eingriffsmöglichkeiten in das Wirtschaftsgeschehen bot. Mit den *Stabilitätsgesetzen* (1967) sollten bei sinkender Konjunktur die öffentlichen Ausgaben über Kredite ausgeweitet werden. In Zeiten starker Nachfrage sollten dagegen Rücklagen gebildet werden.

213

Zur gleichen Zeit verlor die Industrie Anteile an der Wertschöpfung, und ein sich verstärkender Strukturwandel veränderte auch die Bedeutung der Industriebranchen.

Der Anteil des Sekundären Sektors[1] am BSP 1950–1989

1950:	50,1%
1975:	47,8%
1989:	41,4%

[1] *Sekundärer Sektor:* Produzierendes Gewerbe, Handwerk. *Produzierendes Gewerbe:* Bergbau, Verarbeitendes Gewerbe, Baugewerbe, Elektrizitäts- und Gasversorgung. *Verarbeitendes Gewerbe:* Grund- und Produktionsgütergewerbe, Investitionsgüter produzierendes Gewerbe, Verbrauchsgüter produzierendes Gewerbe, Nahrungs- und Genußmittelgewerbe.

1960 hatte man 12,5 Mio. Beschäftigte im produzierenden Gewerbe gezählt, 1970 waren es 13,2 Mio., 1980 nur noch 12,1 Mio. (und 1989 war die Zahl auf 10,5 Mio. zurückgegangen).
Seit 1975 hat der tertiäre Sektor auch am Bruttoinlandsprodukt einen größeren Anteil als das produzierende Gewerbe. Dieser Übergang in eine *„nachindustrielle Dienstleistungsgesellschaft"* setzte in der Bundesrepublik später ein als in den meisten Industriestaaten und verläuft langsamer.
Aber nicht nur der Anteil des sekundären Sektors am wirtschaftlichen Gesamtergebnis ging zurück, sondern auch innerhalb der gewerblichen Wirtschaft ging der Anteil der direkt an der Fertigung Beteiligten zurück: Immer mehr industrielle Tätigkeiten sind „white collar jobs", und interne und externe unternehmensorientierte Dienstleistungen sind ein wesentlicher Bestandteil der „Industrie" geworden.

Konjunkturzyklen in der Bundesrepublik Deutschland: Jährliche Veränderung des realen Sozialprodukts (nach Abzug der Preissteigerungen)

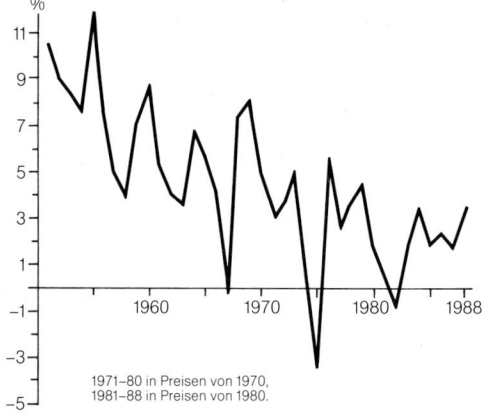

Veränderung gegenüber Vorjahr

1971–80 in Preisen von 1970,
1981–88 in Preisen von 1980.

Datengrundlage: Angaben aus dem Statistischen Bundesamt

Zahl der Betriebe, Beschäftigte und Umsatz in Bergbau und verarbeitendem Gewerbe 1965–1986 (alte Länder)

	Betriebe	Beschäftigte	Umsatz DM
1965	59168	8,49 Mio.	407 Mrd.
1970	56217	8,60 Mio.	582 Mrd.
1975	52756	7,61 Mio.	733 Mrd.
1980	48777	7,66 Mio.	1196 Mrd.
1986	44252	7,06 Mio.	1468 Mrd.

Struktur der Industriegruppen: Beschäftigte 1970 und 1989, Betriebe und Umsatz 1989 in 1000

	1970 Beschäftigte	1989 Betriebe	1989 Beschäftigte	Umsatz Mio. DM
Bergbau	310 = 3,6%	269	183 = 2,5%	28508
Grundstoff- und Produktionsgüterindustrie	1810 = 21,0%	8802	1350 = 18,7%	479360
Investitionsgüterindustrie	3959 = 46,0%	19439	3878 = 53,8%	784297
Verbrauchsgüterindustrie	2010 = 23,4%	12949	1348 = 18,7%	236101
Nahrungs-, Genußmittelindustrie	515 = 6,0%	4538	455 = 6,3%	189280

Datengrundlage: Statistische Jahrbücher für die Bundesrepublik Deutschland 1972 und 1991

Beschäftigte nach Arbeitsbereichen im
Werk Ludwigshafen der BASF 1991

Aufgliederung nach Arbeitsbereichen
Gesamt 53 932

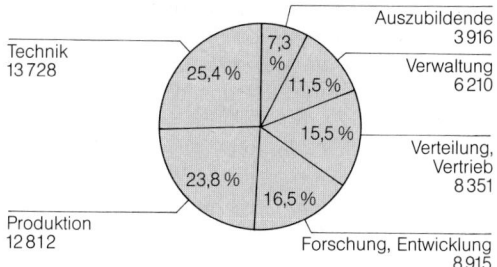

Technik
13 728
25,4 %
7,3 %
11,5 %
15,5 %
23,8 %
16,5 %

Auszubildende
3 916
Verwaltung
6 210
Verteilung,
Vertrieb
8 351

Produktion
12 812
Forschung, Entwicklung
8 915

Nach Angaben der BASF 1992

Die Konzentration der Industrie in der Bundesrepublik

	Anteil der 6 größten Unternehmen am Umsatz 1989 d. jew. Branche	Anteil der 25 größten Unternehmen am Umsatz 1989 d. jew. Branche
Bergbau	74,8 %	ca. 100 %
Mineralölverarbeitung	83,9 %	ca. 100 %
Eisenschaffende Industrie	55,4 %	91,8 %
Maschinenbau	8,4 %	19,5 %
Straßenfahrzeugbau, Reparatur von Kfz etc.	68,1 %	80,4 %
Elektrotechnik, Reparatur von Haushaltsgeräten	38,8 %	53,9 %
Chemische Industrie	40,5 %	58,8 %
Herstellung von Büromaschinen etc.	79,9 %	–
Textilgewerbe	8,5 %	22,7 %

Nach Statistisches Jahrbuch 1991, S. 199

Die Exportorientierung ist ein Merkmal der Industrie der Bundesrepublik seit Mitte der fünfziger Jahre. Sie geht auch auf Einflüsse der USA zurück, die nach dem Zweiten Weltkrieg für einen offenen Welthandel plädierten. So war es eine der Aufgaben des Marshall-Plans, die finanziellen Grundlagen zu bilden, mit denen eine deutsche Teilnahme am Welthandel ermöglicht werden konnte.

Die Anteile des Exports in Prozent des Nettoinlandsprodukts

1950	9,3 %	1980	26,7 %
1960	17,2 %	1989	29,6 %
1970	23,8 %		

Nach einem erheblichen Außenhandelsdefizit 1950 verzeichnete die Wirtschaft der Bundesrepublik bereits 1952 einen Exportüberschuß. Der steigende Exportanteil bei wachsender Wirtschaftsleistung führte dazu, daß die Bundesrepublik jahrzehntelang zum zweitgrößten Exporteur nach den USA wurde, von 1986–88 sogar die USA vom ersten Platz verdrängte und zum größten Exportstaat wurde.

1975 entfielen 94,6 % der Gesamtexporte auf Industriegüter, ein Anteil der bis 1989 fast konstant hoch blieb: 1989 waren es 94,7 % der Gesamtausfuhr von 641,34 Mrd. DM.

In einigen Branchen ist der Exportanteil so hoch, daß sie eindeutig exportabhängig sind. Dadurch kann es zu erheblichen Problemen kommen, beispielsweise wenn sich der Außenwert von Währungen ändert. So konnte die deutsche Automobilindustrie 1985 bei einem Kurs von 2,70 DM für einen Dollar wesentlich günstigere Erträge aus dem USA-Geschäft erzielen als 1992 bei einem Stand von 1,45 DM für einen Dollar. Entweder mußte sie 1992 erhebliche Preisnachlässe gewähren oder einen deutlichen Absatzrückgang in Kauf nehmen.

Exportanteile ausgewählter Branchen 1989 in Prozent

Luft- und Raumfahrzeugbau	55,3
Büromaschinen	53,7
Straßenfahrzeugbau, Ersatzteile für Kfz	48,4
Schiffsbau	48,2
Maschinenbau	45,6
Chemische Industrie	43,7
Elektrotechnik, Ersatzteile für Haushaltsgeräte	31,7
Textilgewerbe	29,1

Statistisches Jahrbuch 1991, S. 201

1. *Werten Sie die Graphik (S. 212) aus, und schätzen Sie die Bedeutung einzelner Anteile für den wirtschaftlichen Wiederaufbau ein.*

2. *Nennen Sie Gründe für die zentrale Bedeutung des Ruhrgebiets beim Neuaufbau der Industrie.*
3. *Nennen Sie die Ursachen von „Verkehrswende" und „Energiewende", und beschreiben Sie ihre Auswirkungen auf die
Raumstruktur.*
4. *Schildern Sie Ursachen und Folgen der
Kohle- und Stahlkrise in den Schwerindu-
strierevieren.*
5. *Beschreiben Sie die Veränderung der
Wirtschaftssektoren in der Bundesrepublik, und nennen Sie Gründe dafür.*
6. *Nennen Sie Vor- und Nachteile der Exportorientierung der deutschen Industrie.*

6.2 Die Industrie in der ehemaligen DDR

Reparationen, Neuaufbau und „extensive Erweiterung"

*Die deutsche Teilung und die gewachsene
industrielle Verflechtung*

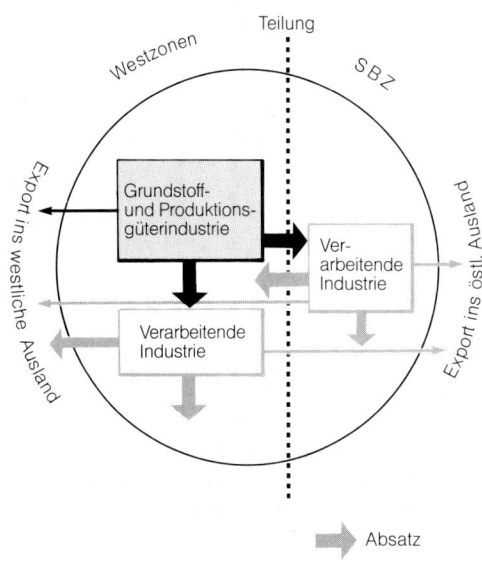

Absatz

216

Die Teilung Deutschlands nach 1945 hatte
die gewachsene wirtschaftliche Verflechtung zerrissen und dabei die sowjetische
Besatzungszone (SBZ) von den traditionellen Rohstoff- und Grundgüterbelieferungen
sowie wichtigen Produktionsgüterbezügen
abgeschnitten (vgl. Abb. links).
Außerdem litt die Industrie in der SBZ unter
erheblich höheren Demontageauflagen als
in den Westzonen. Sie betrafen auch die
wichtige industrienahe Infrastruktur, beispielsweise durch den Abbau von 1000 km
Eisenbahngeleisen. Zu alledem waren die
industriellen Produktionsanlagen im Krieg
zur Hälfte zerstört worden, im Westen aber
nur zu 20%. Die Ausgangssituation für den
Wiederaufbau der Industrie war demnach in
der SBZ im Vergleich schwieriger.
Von 1946−48 wurden alle Großbetriebe enteignet und in Volkseigene Betriebe (VEB)
oder − vorübergehend − in Sowjetische Aktiengesellschaften („SAG", u.a. zur Bezahlung von Reparationsauflagen) verwandelt.
Auch nach der Gründung der DDR 1949 gingen die Demontagen weiter. Zudem mußten
bis 1953 Reparationsleistungen aus der laufenden Produktion erbracht werden. Dies
wirkte sich negativ auf die vordringlich-
sten Aufgaben aus: den Wiederaufbau der
im Krieg zerstörten Anlagen und den Ersatz
der nach der deutschen Teilung fehlenden
Branchen, also vor allem den Ersatz der ver-
lorenen Roh- und Grundstoffbasis.
Drei Ziele bekamen Vorrang:
− die Sicherung der Energieversorgung
  (vgl. S. 243 ff.),
− die Schaffung einer eigenen Schwer- und
  Grundstoffindustrie (vgl. S. 241 ff.)
− und − auch durch Reparationsauflagen
  beschleunigt − der Beginn eines eigenen
  Schiffsbaus und der Bau eines eigenen
  leistungsfähigen Überseehafens (vgl.
  S. 245 ff.).

Neue Betriebe sollten nur in ländlichen,
wenig industrialisierten Gebieten angesiedelt werden („Abbau der Disparitäten
zwischen Stadt und Land"). Wegen der ungleichen Industrieverteilung in der DDR mit
ihrer viel höheren Industriedichte im Süden
sollten die Nordbezirke verstärkt industrialisiert werden. Einzelnen Bezirken der DDR
wurden darüber hinaus industrielle Schwer-
punktbranchen zugeordnet (= *„Territoriale*

Aufgabenteilung"), so dem Bezirk Cottbus die Energie- und Brennstoffindustrie, dem Bezirk Halle die chemische Industrie, dem Bezirk Gera die Elektrotechnik und Optik. Auf diese Weise sollten durch größere Produktionseinheiten, horizontalen Verbund und spezialisierte Arbeitskräfte günstige Produktionsbedingungen geschaffen werden. Als Nachteile standen dem die einseitige regionale Struktur, der höhere Transportaufwand und unvermeidliche Umsiedlungen gegenüber.

Im Rahmen des *RGW* (Rat für gegenseitige Wirtschaftshilfe, Comecon), dem die DDR 1950 beitrat, wurden der DDR-Industrie die Schwerpunkte chemische Industrie, Optik und Elektrotechnik zugewiesen.

Der 1. Fünfjahresplan (1951–55) sah nach sowjetischem Vorbild vor allem eine Förderung der Eisen- und Stahlerzeugung und -Formung ("Metallurgie") vor. Die Leichtindustrie, vor allem der Konsumbereich, mußte dagegen zurückstehen. Im 2. Fünfjahresplan (ab 1956) stand die Energieerzeugung und -versorgung im Vordergrund. Neue Braunkohlentagebaue wurden vor allem in der Niederlausitz erschlossen. Zu Beginn der sechziger Jahre waren die industriellen Planziele aber keineswegs erfüllt und der Rückstand gegenüber der Bundesrepublik noch größer geworden.

Die Notwendigkeit, die Produktivität zu verbessern, wurde auch durch die andauernde Bevölkerungsflucht verstärkt. Bis 1961 hatte ein Fünftel der Erwerbstätigen die DDR verlassen, insgesamt 2,6 Mio. Menschen.

Die Schwächen des viel zu unflexiblen Planungssystems konnten nicht mehr hingenommen werden. So kam es ab 1963 zu einem „Neuen Ökonomischen System der Planung und Lenkung" (NÖSPL), das für die Industrie zwei wesentliche Neuerungen brachte:

– Industrieministerien wurden gegründet, und den Betrieben wurde ein größerer Entscheidungsspielraum eingeräumt (aber ab 1968 bereits wieder eingeschränkt).

– Die Investitionen für die Grundstoffindustrie gingen von über 65 % auf 50 % der Gesamtinvestitionen zurück. Statt dessen wurden Petrochemie, Elektrotechnik und Feinmechanik als „Spitzentechnologien" besonders gefördert.

In der DDR kam es in den sechziger Jahren zu einer „verordneten Energiewende", die allerdings später einsetzte und wesentlich weniger deutlich wurde als in der Bundesrepublik. Nach den Erdölpreissteigerungen der siebziger Jahre wurde sie teilweise wieder rückgängig gemacht und der Braunkohlentagebau ausgeweitet.

Anteile der Energieträger am Primärenergieverbrauch der DDR in Prozent und Gesamtverbrauch

	1950	1960	1970	1980	1989
Steinkohle	13,9	13,9	8,5	6,4	4,2
Braunkohle	85,5	82,5	76,7	59,2	68,4
Mineralöl	0,6	3,5	14,1	21,1	13,6
Erdgas	–	0,1	0,5	8,6	9,3
Kernenergie, sonstige	–	1,1	0,3	4,7	4,5
Gesamtverbrauch Mio. t SKE	48,7	80,0	104,5	124,0	128,2

Nach Statistische Jahrbücher der DDR und DIW

Die Phase der Intensivierung

1971 beschloß der VIII. Parteitag der SED die „Grundlinie der Intensivierung der Volkswirtschaft": Neue Betriebe durften sich auch wieder an den alten Industriestandorten mit ausgebauter Infrastruktur ansiedeln. Das Ziel des Abbaus der regionalen Ungleichgewichte trat zurück, an Stelle der bisherigen Dekonzentration trat wieder die industrielle Konzentration mit horizontaler und vertikaler Verflechtung. Agglomerationsvorteile sollten besser genutzt werden, und Großkombinate sollten die bisherigen Reibungsverluste mildern.

Merkmale extensiver und intensiver Standortverteilung

extensiv	intensiv
Schaffung neuer Standorte und Standortkomplexe	Rationalisierung des bestehenden Standortgefüges bei der Produktion
Herausbildung neuer Städte und Zentren der Arbeiterklasse und der Produktion	keine Erweiterung des Siedlungsnetzes und reduziertes Wachsen der Städte bei Erhöhung ihrer ökonomischen und sozialen Führungskraft
Erweiterung des Einsatzes territorialer Ressourcen und der Kapazitäten der Infrastruktur	Erhöhung des Nutzungsgrades der territorialen Ressourcen und der Infrastruktur
Erweiterung des Eingriffs in das Naturmilieu bei tendenziell wachsender Umweltbelastung	rationelle Gestaltung des Stoffwechsels zwischen Natur und Gesellschaft bei sparsamer Verwendung der Naturressourcen und wirksamem Schutz der Umwelt
Ausdehnung der territorialen Verflechtung durch fortschreitende territoriale Arbeitsteilung	rationelle Gestaltung der territorialen Verflechtung durch verstärkte nahräumliche Bindung
Dominanz des nationalen Aspekts bei der Schaffung einer sozialistischen Territorialstruktur	wachsende Bedeutung der territorialen Arbeitsteilung im RGW für die nationale Standortverteilung

Gerhard Kehrer: Übergang zur intensiv erweiterten Reproduktion der Volkswirtschaft in der DDR. In: Zeitschrift für den Erdkundeunterricht 36, 1984, S. 6 (gekürzt)

Anteile an der wirtschaftlichen Nettoproduktion[1]

	1960	1970	1980	1985
Land- und Forstwirtschaft	12,0	12,6	8,3	12,0
Industrie	62,5	57,6	68,5	63,3
Bauwirtschaft	5,1	8,3	5,9	7,1
Verkehr, Post, Sonstiges	20,3	21,6	17,3	17,8

[1] In der DDR gebräuchliche Bezeichnung, in etwa mit BIP vergleichbar. Weil die staatlichen Dienstleistungen in der Tabelle fehlen, sind die Werte nur bedingt mit denen der Bundesrepublik vergleichbar.
Revidierte Angaben aus dem Statistischen Jahrbuch der DDR 1990, S. 10

In einer Zeit, in der in den westlichen Industrieländern der Anteil der Beschäftigten des sekundären Sektors bereits zurückging, wurden in der DDR die Belegschaften der Betriebe erhöht, um doch noch die Produktionsziele zu erreichen. So blieb die Zahl der Beschäftigten in Industrie, Handwerk und Bauwirtschaft mit 3,79 Mio. 1950 und 1970 etwa konstant und stieg bis 1980 auf 3,97 Mio.

41% der Berufstätigen in der Industrie waren Frauen. Obwohl gleicher Lohn für gleiche Arbeit galt, verdienten sie wegen schlechterer Einstufung weniger. 1988 verdienten 69% der Männer über 1000 Mark monatlich, aber nur 38% der Frauen. Allerdings gab es große Vergünstigungen für berufstätige Mütter.

Verstaatlichung und Konzentration in der Industrie

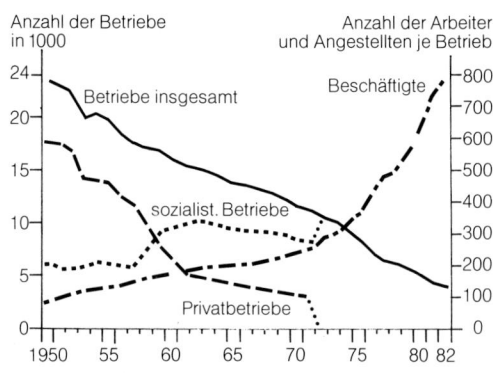

Nach Deutsches Institut für Wirtschaftsforschung (Hrsg.): Handbuch DDR-Wirtschaft. Reinbek: Rowohlt 1985, S. 151

Verteilung der industriellen Investitionen in Prozent

	Ist		Plan	
	1960– 1965	1966– 1970	1971– 1975	1976– 1980
Grundstoff- erzeugung	66	52,9	55,0	60
Wasserwirtschaft	6	5,9	4,8	4
Investitionsgüter- industrien	16	24,8	22,3	19
verbrauchsnahe Bereiche	12	16,4	17,9	17

Doris Cornelsen: Der X. Parteitag der SED. 35 Jahre SED-Politik. 14. Tagung zum Stand der DDR-Forschung in der Bundesrepublik Deutschland. Edition Deutschland Archiv 1981, S. 58

Auch jetzt brachten die Reformen nicht die erhofften Resultate. Die Vernachlässigung vieler Branchen führte zu teilweise katastrophalen Lieferengpässen. Nach einer erneuten Zentralisierung ab 1973 wurde die Steigerung des Exports zum ersten Ziel der Industrie erklärt. Außerdem sollten neue Technologien die Abhängigkeit der extrem rohstoffarmen DDR von Importen verringern. „Nutzung heimischer Ressourcen!" hieß die Devise. Diese Abkoppelungsversuche von der Weltwirtschaft führten nicht zur angestrebten Autarkie, sondern zu wirtschaftlich unerwünschten Folgen: große Fertigungstiefe und kleine Serien brachten einen weiteren Rückstand gegenüber der internationalen Konkurrenz.

Zahl der Betriebe, Arbeiter und Angestellten und Warenproduktion der Industrie 1960–89

	Betriebe	Arbeiter, Angestellte	Produktion in Mio. Mark
1960	17 600	2 794 000	128 750
1970	11 584	2 818 000	234 300
1975	8 477	3 064 000	318 390
1980	5 031	3 153 000	405 100
1985	3 526	3 262 000	481 750
1989	3 347	3 211 400	538 683

Datengrundlage: Statistisches Jahrbuch für die Bundesrepublik Deutschland 1990, S. 648, Statistisches Jahrbuch der DDR 1990, S. 157–158

Die Phase der Kombinatsbildungen ab 1979/80

Betriebe gleicher oder ähnlicher Produktion wurden zu Kombinaten zusammengefaßt. Insgesamt 19 400 Produktionsstätten mit fast 3 Mio. Arbeitern und Angestellten wurden zu 133, später 126 großen „zentralgeleiteten" Kombinaten vereinigt. Daneben gab es noch 95 kleinere „bezirksgeleitete" Kombinate, vor allem für den Konsumbereich, in denen rund 7% der Industriebeschäftigten tätig waren.

Aufbau eines Kombinats

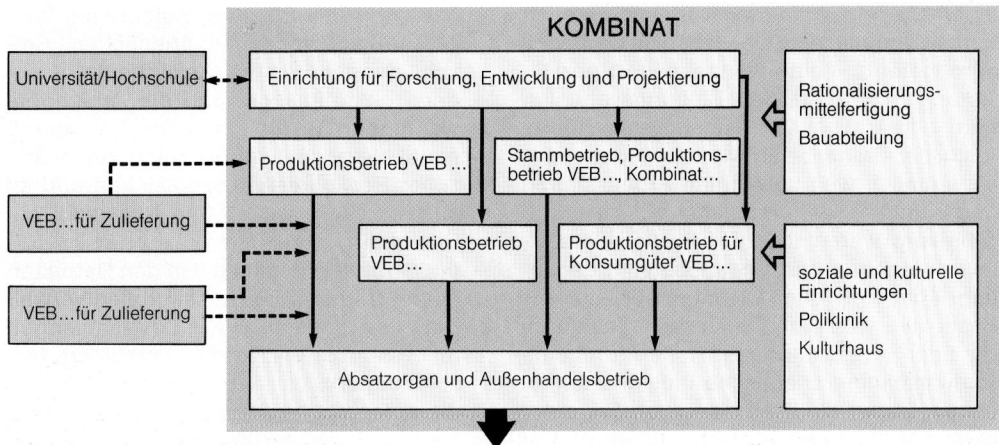

Nach Aktuelle IRO-Karte, 6, 1990, S. 12

Branchenstruktur: Arbeiter und Angestellte[1] in der Industrie der DDR 1970 und 1989, Zahl der Betriebe, Umsatz 1989

	1970 Arbeiter, Angestellte	Betriebe	1989 Arbeiter, Angestellte	Produktionswert Mio. Mark
Energie, Brennstoffe	174 390	50	228 346	39 394 = 7,3%
Chemische Industrie	323 212	50	331 848	97 148 = 18,0%
Metallurgie[2]	120 458	43	130 383	46 705 = 8,7%
Baumaterialienindustrie	91 652	130	92 461	11 226 = 2,1%
Wasserwirtschaft	19 480	16	26 685	3 229 = 0,6%
Maschinen-, Fahrzeugbau	809 242	1 152	961 797	114 547 = 21,3%
Elektrotechnik, Elektronik	363 867	296	459 128	51 616 = 9,6%
Leichtindustrie (ohne Textil)	450 240	715	484 626	56 922 = 10,6%
Textilindustrie	248 688	162	214 923	34 088 = 6,3%
Lebensmittelindustrie	216 538	579	275 157	83 807 = 15,6%

[1] Entspricht in etwa den Beschäftigten   [2] Eisen-, Stahlerzeugung und -verformung
Nach Statistische Jahrbücher der DDR, 1971, S. 103, 1990, S. 157/158, Statistisches Jahrbuch der Bundesrepublik 1991

Konzentration der Industrie in der DDR 1989: Anteile der jeweils größten Betriebe an allen Arbeitern der Branche

Energie und Brennstoffe	6 Betriebe	34,2%
Chemie	5 Betriebe	28,3%
Metallurgie	9 Betriebe	74,4%

Bezogen auf die Kombinate ist die Konzentration wesentlich höher, in einzelnen Branchen konnte bereits ein einziges Kombinat einen Anteil von fast 100% erreichen. *Errechnet nach Statistisches Jahrbuch der DDR 1990, S. 161/162*

Die größten Kombinate hatten um 60 000 Mitarbeiter. Das Kombinat „Carl Zeiss Jena" beispielsweise hatte 59 500 Arbeiter und Angestellte in 24 Betrieben und 185 „Arbeitsstätten". In diesen Arbeitsstätten wurde innerhalb einer räumlich geschlossenen Einheit jeweils nur ein Produktionsprozeß durchgeführt – eine weitgehende Spezialisierung, die zu großen Reibungsverlusten und bürokratischen Hemmnissen führte. Auch der Transportaufwand zwischen den oft räumlich weit getrennten Arbeitsstätten und Betrieben war erheblich.

Jahrelang waren bis zu 40% der Gesamtinvestitionen in den Energiebereich gegangen. Aber trotz aller Bemühungen, auf der Basis der wenigen heimischen Rohstoffe die Energieversorgung zu sichern und eine leistungsfähige chemische Industrie aufzubauen, waren die Probleme auch Ende der achtziger Jahre nicht gelöst, sondern eher größer geworden. Die Versuche, durch den heimischen Rohstoff Braunkohle von Mineralölimporten unabhängiger zu werden, hatten teilweise zu enormer Investitionsverschwendung geführt, da beispielsweise bereits begonnene Kraftwerksneubauten nachträglich entsprechend der neuen Energievorgaben umgerüstet wurden.

Vor allem aber hing die Verbrauchsgüterindustrie nach wie vor weit zurück. Auch 1988/89 war die DDR-Industrie nicht in der Lage, die Versorgung der Bevölkerung mit hochwertigen Industriegütern zu sichern. Die Wirtschaftspläne konnten in keinem Bereich erfüllt werden.

Die wesentlichen Ursachen für den Rückstand der DDR-Industrie im innerdeutschen Vergleich waren bis zuletzt nicht beseitigt:

– das unflexible Planungssystem, das auch bei unbedeutenden betrieblichen Entscheidungen Hemmnisse aufbaute,

– der Rohstoffmangel und die Jahrzehnte währenden teuren Versuche, ihn durch neue Methoden der Verwendung heimischer Ressourcen auszugleichen und so autark zu werden – ohne Rücksicht auf Rentabilität,

– die geringe Produktivität in den Betrieben mit ihrer überproportional großen Verwaltung und einem (u. a. aus Devisenmangel) nicht konkurrenzfähigen veralteten Maschinenpark,

– die einseitige regionale Industriestruktur als Erbe der territorialen Aufgabenteilung.

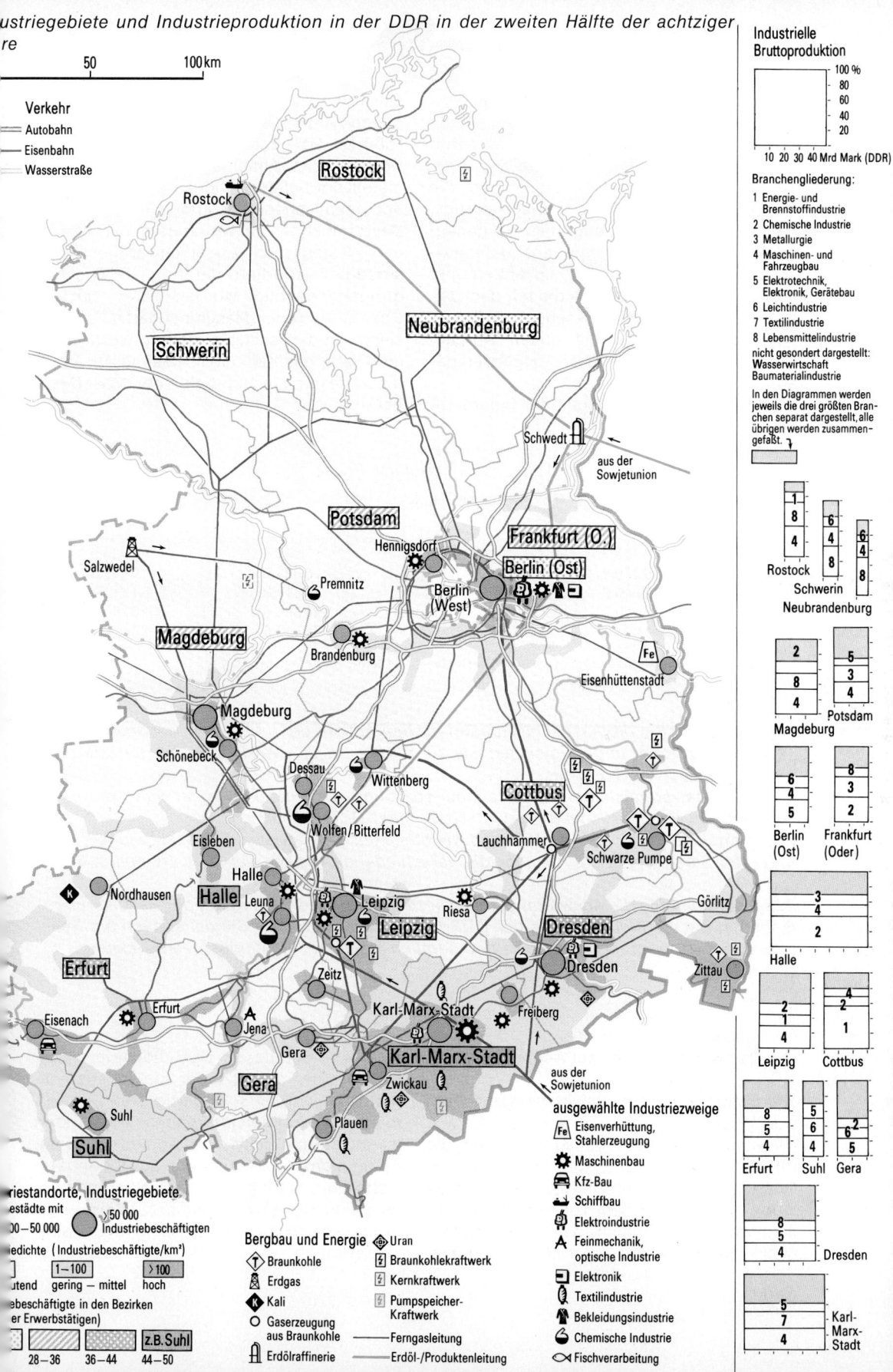

Industriegebiete und Industrieproduktion in der DDR in der zweiten Hälfte der achtziger Jahre

Industrielle Bruttoproduktion

100 %
80
60
40
20

10 20 30 40 Mrd Mark (DDR)

Branchengliederung:

1 Energie- und Brennstoffindustrie
2 Chemische Industrie
3 Metallurgie
4 Maschinen- und Fahrzeugbau
5 Elektrotechnik, Elektronik, Gerätebau
6 Leichtindustrie
7 Textilindustrie
8 Lebensmittelindustrie

nicht gesondert dargestellt:
Wasserwirtschaft
Baumaterialindustrie

In den Diagrammen werden jeweils die drei größten Branchen separat dargestellt, alle übrigen werden zusammengefaßt.

Verkehr
Autobahn
Eisenbahn
Wasserstraße

Scale: 50 100 km

Rostock · Schwerin · Neubrandenburg · Potsdam · Magdeburg · Berlin (Ost) · Frankfurt (O.) · Eisenhüttenstadt · Schwedt · aus der Sowjetunion · Hennigsdorf · Premnitz · Berlin (West) · Brandenburg · Salzwedel · Magdeburg · Schönebeck · Dessau · Wittenberg · Wolfen/Bitterfeld · Cottbus · Lauchhammer · Schwarze Pumpe · Eisleben · Nordhausen · Halle · Leuna · Leipzig · Riesa · Görlitz · Dresden · Zittau · Erfurt · Eisenach · Jena · Zeitz · Freiberg · Karl-Marx-Stadt · Gera · Zwickau · aus der Sowjetunion · Suhl · Plauen

Diagramme: Rostock, Schwerin, Neubrandenburg, Potsdam, Magdeburg, Berlin (Ost), Frankfurt (Oder), Halle, Leipzig, Cottbus, Erfurt, Suhl, Gera, Dresden, Karl-Marx-Stadt

ausgewählte Industriezweige

Fe Eisenverhüttung, Stahlerzeugung
Maschinenbau
Kfz-Bau
Schiffbau
Elektroindustrie
Feinmechanik, optische Industrie
Elektronik
Textilindustrie
Bekleidungsindustrie
Chemische Industrie
Fischverarbeitung

Industriestandorte, Industriegebiete

Städte mit
50 000 Industriebeschäftigten
50 000 Industriebeschäftigten

Dichte (Industriebeschäftigte/km²)
1–100   >100
bedeutend gering – mittel hoch

Industriebeschäftigte in den Bezirken (der Erwerbstätigen)
28–36   36–44   44–50   z.B. Suhl

Bergbau und Energie

Braunkohle
Erdgas
Kali
Gaserzeugung aus Braunkohle
Erdölraffinerie
Uran
Braunkohlekraftwerk
Kernkraftwerk
Pumpspeicher-Kraftwerk
Ferngasleitung
Erdöl-/Produktenleitung

Die Industrie und die Außenwirtschaft

Der Außenhandel war nach Art, Umfang und Handelspartnern alleinige Sache des Staates, an den auch die Gewinne gingen. Sie flossen also nicht an die Betriebe zurück, die die Exportgüter erzeugt hatten – genausowenig wie die Gewinne aus dem zwischenbetrieblichen Handel. Im Mittelpunkt des Außenhandels standen die mit den Ostblockländern abgeschlossenen zweiseitigen Handelsverträge mit einem Abrechnungssystem auf der Basis gegenseitiger Warenlieferungen.

In der Statistik der DDR galt der innerdeutsche Handel als „Westhandel", als Außenhandel. Auf ihn entfielen Ende der achtziger Jahre ca. 20% des gesamten Außenhandels. Den größten Anteil am Export hatte die metallverarbeitende Industrie (ca. 60%) vor der chemischen Industrie (15%). Um den Devisenmangel zu vermindern, wurden in den Westen auch jene hochwertigen Industriegüter exportiert, die in der DDR selbst dringend benötigt worden wären, um die Überalterung des Maschinenparks zu reduzieren. In den achtziger Jahren wurde über die Hälfte des Kapitaleinsatzes in der DDR-Industrie für die Reparatur der Maschinen benötigt.

Die Ausfuhr 1950–89 in Mio. Valutamark[1] effektive Preise

	gesamt	RGW-Länder	davon UdSSR	westliche Industrieländer
1950	1 705,3	1 163,0	645,4	530,9
1960	9 270,8	6 372,6	3 883,6	1 869,3
1970	19 240,2	13 206,5	7 314,9	4 211,9
1980	57 130,5	37 386,6	20 396,6	13 767,2
1989	141 096,1	60 920,0	33 540,8	68 436,5

[1] 1989: 1 DM = 4,40 Mark Valutagegenwert, 1 US-Dollar = 8,14 Mark Valutagegenwert
Statistisches Jahrbuch der DDR 1990, S. 277

1. *Beschreiben Sie die Ausgangssituation für den Aufbau der Industrie in der sowjetischen Besatzungszone, und vergleichen Sie sie mit der in den Westzonen. Werten Sie dazu auch die Graphik S. 216 aus.*
2. *Fassen Sie vergleichend das System der sozialen Marktwirtschaft in der Bundesrepublik und das der sozialistischen Planwirtschaft in der DDR zusammen.*
3. *Beschreiben Sie Prinzipien, Vor- und Nachteile der „Territorialen Aufgabenteilung".*
4. *Geben Sie einen Überblick über die verschiedenen Phasen der Industriepolitik in der DDR.*
5. *Beschreiben Sie die Auswirkungen dieser Phasen auf die Versorgung der Bevölkerung.*
6. *Werten Sie die Industriekarte der DDR (S. 221) aus. Bewerten Sie dabei auch die Realisierung des ursprünglichen Ziels der räumlich gleichmäßigen Industrieentwicklung.*

6.3 Der mühsame Weg zur Angleichung

Die Entwicklung seit 1989 in West und Ost

Mit der deutschen Vereinigung traten die Unterschiede der Industrie in den westlichen und östlichen Teilen Deutschlands offen zutage, nachdem von einem Tag auf den anderen, nämlich nach Vollzug der Währungseinheit am 1. 7. 1990, der einstige staatliche Schutz der DDR-Industrie entfallen war. Die Industriegüter aus der ehemaligen DDR wurden schlagartig drei- bis viermal teurer. Auf den internationalen Märkten waren sie nun nicht mehr konkurrenzfähig. Auch nicht überwiegend exportorientierte Güter erlitten Einbrüche, z. B. Nahrungsmittel, da die Bevölkerung zunächst Westwaren grundsätzlich vorzog und DDR-Waren nahezu boykottierte.

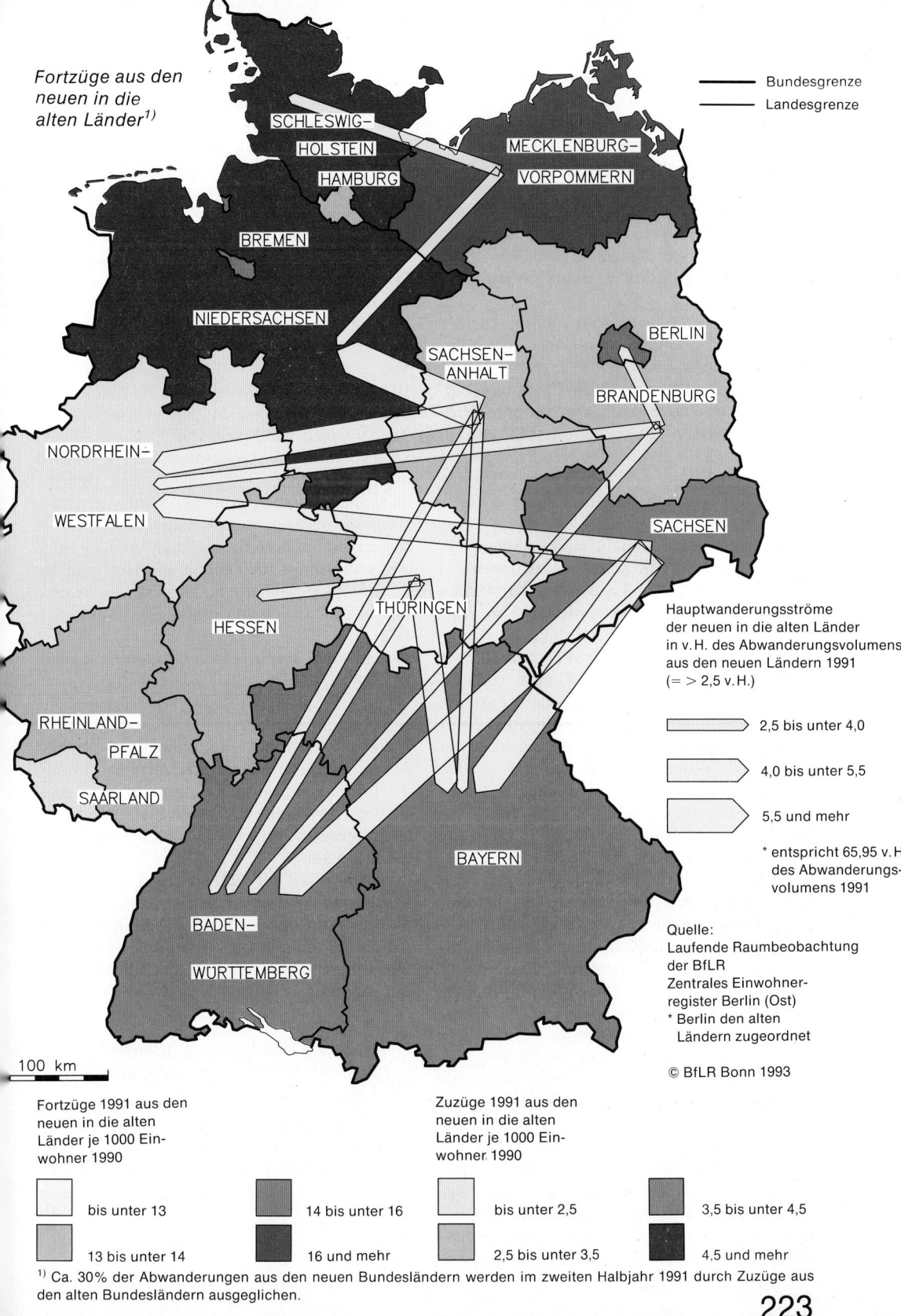

Fortzüge aus den neuen in die alten Länder[1]

SCHLESWIG-HOLSTEIN
HAMBURG
MECKLENBURG-VORPOMMERN
BREMEN
NIEDERSACHSEN
BERLIN
SACHSEN-ANHALT
BRANDENBURG
NORDRHEIN-WESTFALEN
SACHSEN
HESSEN
THÜRINGEN
RHEINLAND-PFALZ
SAARLAND
BAYERN
BADEN-WÜRTTEMBERG

Bundesgrenze
Landesgrenze

Hauptwanderungsströme
der neuen in die alten Länder
in v.H. des Abwanderungsvolumens
aus den neuen Ländern 1991
(= > 2,5 v.H.)

2,5 bis unter 4,0

4,0 bis unter 5,5

5,5 und mehr

* entspricht 65,95 v.H.
des Abwanderungs-
volumens 1991

Quelle:
Laufende Raumbeobachtung
der BfLR
Zentrales Einwohner-
register Berlin (Ost)
* Berlin den alten
Ländern zugeordnet

© BfLR Bonn 1993

100 km

Fortzüge 1991 aus den
neuen in die alten
Länder je 1000 Ein-
wohner 1990

bis unter 13

13 bis unter 14

14 bis unter 16

16 und mehr

Zuzüge 1991 aus den
neuen in die alten
Länder je 1000 Ein-
wohner 1990

bis unter 2,5

2,5 bis unter 3,5

3,5 bis unter 4,5

4,5 und mehr

[1] Ca. 30% der Abwanderungen aus den neuen Bundesländern werden im zweiten Halbjahr 1991 durch Zuzüge aus den alten Bundesländern ausgeglichen.

223

Die Lage der Industrie in den östlichen Bundesländern wurde durch zusätzliche Entwicklungen beeinträchtigt: Nach 1989 stieg die Zahl der Tagespendler in die alten Länder stark an, allein von November 1990 bis Juli 1991 von 200 000 auf 417 000. Über ein Drittel von ihnen waren Industriebeschäftigte. Außerdem kam es zu einer massiven Abwanderung von Arbeitskräften, vor allem jüngerer Facharbeiter, in die alten Bundesländer (vgl. Abb.).

Die Angleichungsprobleme waren größer als zunächst angenommen und viel größer, als in den Voraussagen der meisten Politiker. Erst zwei Jahre nach der Wende erfolgte nach und nach eine vorsichtigere Prognose: Schätzungen sprachen 1992 von 10 bis 20 Jahren, die für den Neuaufbau und die wirtschaftliche und infrastrukturelle Angleichung an den Westen benötigt werden.

„Berlin (btw) – Erstaunliche, fast schon erschreckende Einigkeit herrscht inzwischen bei der Einschätzung der Lage der ostdeutschen Industrie. Vor einer ‚drohenden De-Industrialisierung‘ warnt der Bundesverband der Deutschen Industrie (BDI), die SPD sieht diesen Kahlschlag bereits in vollem Gange, ostdeutsche Bundestagsabgeordnete aller Parteien warnen schon länger vor dem völligen Zusammenbruch. Tatsächlich sind die Zahlen erschreckend. Waren zu DDR-Zeiten von 1000 Einwohnern Ostdeutschlands mehr als 200 in der Industrie beschäftigt, gegenüber 120 im Westen, sind es heute nur noch 62, Tendenz weiter sinkend; Werte wie in den westdeutschen Randgebieten von Eifel, Hunsrück oder Ostfriesland. Ohne eine leistungsfähige Industrie, daran besteht kein Zweifel, kann Ostdeutschland wirtschaftlich nie auf eigenen Füßen stehen, da mögen Handwerk, Banken und Versicherungen im Osten noch so prächtig gedeihen."

Schwäbische Zeitung vom 19. 12. 1992

„Die alte DDR-Wirtschaft war eine Beschäftigungswirtschaft mit einer Beschäftigtenquote (Anteil der Beschäftigten an der erwerbsfähigen Bevölkerung) von 92 Prozent, 94 bei den Männern, 89 bei den Frauen. Die bundesrepublikanische Wettbewerbswirtschaft hat eine Beschäftigtenquote, einschließlich der Arbeitssuchenden von rund 67 Prozent, ohne Arbeitssuchende 62 Prozent. Bei der Umstellung von alten auf neue Strukturen werden sehr viele Menschen aus Beschäftigungsverhältnissen ausscheiden. Das drückt sich zur Zeit schon in einer außerordentlich hohen Frauen-Arbeitslosigkeit aus. Im Schnitt sind 61 Prozent der Arbeitslosen Frauen, in manchen Regionen geht das bis zu 70 Prozent, das heißt, wir haben eine Umwälzung der gesamten sozialen Struktur in Ostdeutschland, die weit über die reine Frage der Beschäftigung hinausreicht ... Wir müssen einen Umstrukturierungsprozeß in der Wirtschaft in ganz kurzer Zeit nachholen, der in Westdeutschland 35 Jahre gedauert hat ... Von einer Erwerbsbevölkerung von ungefähr 10 Millionen werden ungefähr 6,5 Millionen arbeiten. Für diese 6,5 Millionen brauchen wir 2,5 Millionen ganz neue Arbeitsplätze. Wenn ich im Schnitt den Arbeitsplatz mit 200 000 DM bewerte ..., dann bedeutet das ein Gesamtinvestitionsvolumen von 500 Milliarden DM. Wenn die anderen vier Millionen Arbeitsplätze saniert und modernisiert werden, und ich setze dafür im Schnitt 100 000 DM an, dann sind das nochmal 400 Milliarden. Das ist ein Investitionsvolumen von ungefähr 900 Milliarden DM."

Der sächsische Ministerpräsident Biedenkopf in einem Interview im März 1992

Außerdem rechnet Biedenkopf mit hohen Ausgaben für notwendige Verbesserungen der Infrastruktur und Maßnahmen zur Beseitigung von Altlasten, so daß insgesamt eine Gesamtbelastung von etwa 2000 Mrd. DM zu erwarten sei.

Der größte Teil der 1992 in die neuen Länder fließenden Gelder wurde für sozialpolitische Maßnahmen benötigt, für Arbeitslosenhilfe, ABM-Maßnahmen etc. (über 100 Mrd. DM). Für Investitionen wurden ca. 60 Mrd. DM aufgebracht.

Finanzierung des Transfers öffentlicher Gelder aus den alten in die neuen Bundesländer 1991

öffentliche Kredite	120,0 Mrd. DM
höhere Steuern und Abgaben der Arbeitnehmer	18,5 Mrd. DM
höhere Steuern und Abgaben der Unternehmer	10,0 Mrd. DM
Haushaltsumschichtungen	10,0 Mrd. DM

Nach IW, Juli 1992

Die Probleme nach der politischen und wirtschaftlichen Wende betrafen in den neuen Bundesländern die Industrie in besonderem Maß. Denn die DDR war ganz eindeutig ein Industriestaat: In der DDR-Statistik erbrachte 1988 die Industrie 72,3% des Nettoprodukts, also des Nationaleinkommens. Auch wenn die Zahl nach neuen Berechnungen auf 63,4% revidiert wurde (Jahrbuch DDR 1990) und wegen des fehlenden Anteils des Staates in der Statistik nicht mit den Werten der Bundesrepublik verglichen werden kann, so ist dies doch ein höherer Wert als in anderen Industriestaaten. In der DDR-Wirtschaftsideologie galt dies als Erfolg des Systems. (Tatsächlich aber wird daraus das Fehlen moderner Dienstleistungsberufe erkennbar, zumal auch der Anteil der Landwirtschaft mit fast 10% der Erwerbstätigen für einen Industriestaat hoch war.)

Von Anfang 1990 bis Mitte 1992 gingen in den neuen Bundesländern über drei Millionen Arbeitsplätze verloren: In der Industrie belief sich der Rückgang auf ca. 50%, in der Landwirtschaft gar auf mehr als zwei Drittel.

Die Veränderung der Nettoproduktion einzelner Industriebranchen 1991 gegenüber 1990 in Prozent (neue Bundesländer)

Feinmechanik/Optik	−88,0
Büromaschinen/EDV-Geräte	−71,4
Elektrotechnik	−54,7
Maschinenbau	−37,9
Textilgewerbe	−32,8
Straßenfahrzeugbau	−22,3
Chemische Industrie	−14,0
Nahrungs- und Genußmittel-Industrie	−13,3

Nach Der Spiegel, 13/92, S. 25

Die Veränderung des BIP gegenüber dem Vorjahr in Prozent (neue Bundesländer)

1990		1991		1992[1]	
1. Vj.	+0,5	1. Vj.	−42,1	1. Vj.	−1,9
2. Vj.	−2,7	2. Vj.	−44,7	2. Vj.	+7,3
3. Vj.	−26,0	3. Vj.	−24,7	3. Vj.	+7,1
4. Vj.	−30,3	4. Vj.	−17,0	4. Vj.	+7,0

[1] Schätzung
Nach Angaben der Dresdner Bank 8/92

Die ostdeutsche Industrieproduktion nach Industriegruppen 1990−92 in Prozent (Quartale), 2/90 = 100%

	3/90	4/90	1/91	2/91	3/91	4/91	1/92
Grundstoff- und Produktionsgüter	107,5	92,3	75,3	69,9	75,6	82,9	78,9
Investitionsgüter	106,7	93,1	55,9	54,0	56,2	58,5	48,8
Verbrauchsgüter	104,2	95,6	69,2	66,5	66,9	76,3	74,4
Nahrungs- und Genußmittel	100,2	99,6	91,7	89,2	88,6	93,5	90,7
Verarbeitendes Gewerbe insgesamt	105,7	94,1	65,9	63,1	65,5	69,9	63,2

Quelle: Statistisches Bundesamt
Institut der deutschen Wirtschaft: iw-Trends 3/92, Köln: Deutscher Institutsverlag 1992, S. 8

Die Entwicklung von Bergbau, Industrie und Bau in den alten Bundesländern 1989−91 (1985 = 100)

	1989	1990	1991
Bergbau	86,0	84,9	82,4
Grundstoff- und Produktionsgüter	108,6	110,6	112,0
Investitionsgüter	116,4	122,5	125,7
Verbrauchsgüter	111,2	117,7	123,0
Nahrungs- und Genußmittel	106,2	119,3	129,1
Bauhauptgewerbe	117,7	123,7	127,3

Nach Statistisches Jahrbuch 1992, S. 216

Der Konsum- und Investitionsbedarf der neuen Länder hatte in den westlichen Bundesländern für eine Verlängerung der günstigen Wirtschaftsentwicklung der achtziger Jahre um drei Jahre gesorgt. Handelsketten, Versicherungen, aber auch viele Industriebranchen − wie die Autoindustrie − erlebten einen überraschenden „Aufschwung Ost", der die EG-Länder nicht ausließ. Nach Angaben der EG-Kommission brachte die Nachfrage aus den neuen Ländern den anderen EG-Staaten einen Zugewinn von 0,4 Prozentpunkten 1990 und 0,6 Punkten 1991. Im

Beschäftigte, Umsatz und Betriebe im Bergbau und verarbeitenden Gewerbe mit 20 und mehr Beschäftigten 1980 (alte Länder) und 1991 und Exportquote 1991

Industriegruppe Industriebranche	alte Länder							neue Länder		
	Beschäftigte in 1000		Umsatz Mrd. DM		Betriebe		Export %	Beschäftigte	Umsatz	Betriebe
	1980	1991	1980	1991	1980	1991	1991	1991	1991	1991
Bergbau	231	165	29,2	28,7	319	258	6,3	121	9,5	43
Verarbeitendes Gewerbe insgesamt	7428	7350	1167,3	1920,8	48457	46968	27,1	1638	86,7	7069
Grundstoff- und Produktionsgüter- gewerbe	1544	1371	381,2	498,5	9784	8980	25,9	341	23,4	1140
darunter										
Mineralölverarbeitung	34	23	97,2	105,9	90	82	2,7	16	3,4	11
Steine und Erden	193	156	29,8	40,7	3905	3492	8,5	54	2,9	436
Eisenschaffende Industrie	284	171	47,4	46,3	177	159	33,0	51	3,6	31
Chemische Industrie	568	594	126,4	199,8	1554	1614	40,6	123	8,6	228
Investitionsgüter produzierendes Gewerbe	3810	4050	470,9	919,5	18510	20398	34,9	848	34,9	2738
darunter										
Maschinenbau	1024	1081	122,7	215,2	5338	6235	40,4	311	13,2	1037
Straßenfahrzeugbau und Reparatur	802	900	126,9	287,0	2799	2610	39,9	81	3,9	401
Elektrotechnik	976	1044	112,7	211,7	3384	4029	28,6	212	7,7	567
Feinmechanik, Optik, Uhren	167	145	15,6	24,9	1485	1309	34,6	45	0,6	64
EBM (Eisen-, Blech-, Metallwaren)	315	345	36,7	70,1	2586	2634	23,2	37	1,3	277
Büromaschinen, EDV-Geräte	70	82	7,3	25,8	117	187	42,6	27	0,5	18
Verbrauchsgüter produzierendes Gewerbe	1583	1419	172,9	277,9	15362	13047	18,8	316	9,6	2072
darunter										
Holzverarbeitung	242	216	28,9	43,1	2715	2310	11,6	48	2,2	553
Herstellung von Kunststoffwaren	207	301	26,0	61,1	1993	2457	20,8	15	0,7	123
Druckerei, Vervielf.	184	188	20,6	36,5	2013	2197	6,6	21	1,6	135
Textilgewerbe	304	204	33,0	41,7	2298	1440	27,2	85	1,8	374
Bekleidungsgewerbe	250	161	20,7	28,4	3210	2002	20,0	53	0,8	301
Nahrungs-, Genußmittelgewerbe	491	509	142,3	225,0	4801	4543	8,2	133	18,7	1120
insgesamt Deutschland (alte und neue Länder)	•	9274	•	2046,6	•	54338	•			

Produzierendes Gewerbe: Bergbau und verarbeitendes Gewerbe, Baugewerbe, Elektrizitäts- und Gasversorgung
Verarbeitendes Gewerbe: Grund- und Produktionsgütergewerbe, Investitionsgüter produzierendes Gewerbe, Verbrauchsgüter produzierendes Gewerbe, Nahrungs- und Genußmittelgewerbe
Statistische Jahrbücher für die Bundesrepublik Deutschland 1981, S. 167, 1992, S. 204–206, 210

westdeutschen Versandhandel stieg der Umsatz 1989 beispielsweise von 25,1 Mrd. DM auf 35,7 Mrd. DM 1991. Gewinnsteigerungen um 80% in einem Jahr waren nicht selten, ein Boom, der die Anzeichen der weltweiten Abschwächung überdeckte.

Im Osten dagegen wuchsen die Probleme, auch nachdem ein Grundprinzip der Marktwirtschaft außer Kraft gesetzt war, das der parallelen Entwicklung von Lohn und Produktivität. So verständlich die Lohnanhebungen 1991 und 1992 in den neuen Ländern aus sozialen Gründen auch waren – weil die Produktivität als „Last des Erbes" nicht mithalten konnte, wurden sie zu einem schwerwiegenden Hindernis für mögliche Investoren.

Allerdings weichen die Angaben über das Ausmaß der Unterschiede von Produktivität bzw. Lohnstückkosten merklich voneinander ab; daß das Lohnstückkostenniveau in den östlichen Ländern deutlich über dem der westlichen Länder liegt, wird aber von allen Seiten betont.

Bei alledem ist zu bedenken, daß sich diese Lohnkosten auf die Beschäftigten beziehen, die Arbeit haben. Und hier ergeben sich noch tiefgreifendere Unterschiede: In den alten Ländern hatte sich die Arbeitslosenquote von 7,9% 1989 über 7,2% 1990 auf 6,3% 1991 ermäßigt. In den neuen Ländern war sie aber von ca. 4% 1990 auf 10,4% im Mittel 1991 angestiegen – diese Zahlen werden dem wahren Ausmaß nicht gerecht.

Bevölkerung, Erwerbspersonen und Arbeitsmarkt in der DDR/den neuen Ländern in 1000

	1989	1990	1991	1992
Wohnbevölkerung (Jahresanfang)	16675	16267	15862	15605
Zuzüge	5	36	65	80
Fortzüge	388	395	225	160
Saldo	−383	−359	−160	− 80
Geburten	194	166	107	75
Sterbefälle	219	212	204	198
Saldo	−25	−46	−97	−123
Wohnbevölkerung (Jahresende)	16267	15862	15605	15402
		Jahresdurchschnitte		
Erwerbsbevölkerung (15–75 Jahre)	12036	11764	11677	11682
Erwerbsquote in Prozent	78,7	77,8	77,1	76,4
Erwerbspersonenpotential	9472	9151	9008	8921
Personen im Vorruhestand	•	200	555	800
Teilnehmer an Fortbildung und Umschulung	•	5	196	500
Registrierte Arbeitslose	•	240	913	1300
Erwerbstätige am Wohnort	9472	8706	7344	6321
Pendler	•	−45	−357	−500
Erwerbstätige am Beschäftigungsort	9472	8661	6987	5821
davon: Arbeitsbeschaffung	•	5	183	400
Kurzarbeiter	•	758	1616	450
Arbeitsmarktanpassung				
Erwerbspersonen am Wohnort[1]	9472	8964	8257	7621
Registrierte Arbeitslose		240	913	1300
Entlastung durch Arbeitsmarktpolitik[2]	•	690	2034	1975
Unterbeschäftigungsvolumen				
absolut		930	2947	3275
in Prozent der Erwerbspersonen		10,4	35,7	43,0
Zum Vergleich:				
registrierte Arbeitslose in Prozent der Erwerbspersonen (Arbeitslosenquote)		2,7	11,1	17,1

[1] Erwerbstätige, registrierte Arbeitslose
[2] Vorruhestand, Fortbildung und Umschulung, Arbeitsbeschaffung, Vollzeitäquivalente der Kurzarbeit, Warteschleife
Institut der deutschen Wirtschaft: IW-Trends 1992/3, S. 33, gekürzt

Arbeitskosten, Produktivität und Lohnstückkosten in den neuen Ländern in Prozent (alte
Länder = 100%)

	1/90	2/90	3/90	4/90	1/91	2/91	3/91	4/91	1/92
Arbeitskosten	43,4	40,2	38,8	41,4	53,5	62,9	71.3	68,7	74,7
Produktivität	36,7	37,1	31,7	34,6	32,4	34,2	36,1	35,8	34,6
Lohnstückkosten	118	108	122	120	165	184	198	192	216

Nach IW 3/92 (arbeitgebernahe Berechnung)

Die Entwicklung von Wirtschaft und Arbeitslosigkeit nach dem Herbstgutachten 1992 der
Wirtschaftsforschungsinstitute

	Wachstum in Prozent			Arbeitslose in Mio.		
	1991	1992	1993	1991	1992	1993
alte Länder	+ 3,6	+1,0	+0,5	1,69	1,80	2,03
neue Länder	−28,4	+5,5	+7,0	0,91	1,19	1,24
Deutschland gesamt	+ 0,4	+1,0	+1,0	2,60	2,99	3,27

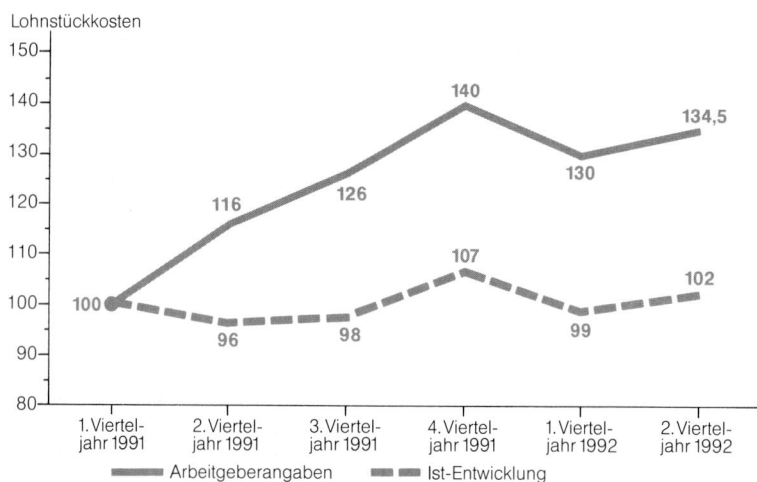

*Die Entwicklung
der Lohnstück-
kosten in den neuen
Bundesländern
nach Angaben der
Gewerkschaft*

Handelsblatt, 29. 10. 1992

Der Aufbau in den neuen Ländern und seine Probleme

Infrastruktur- und Ausrüstungsmängel verzögern den Aufbau. Der veraltete Maschinenpark gilt als ein wesentlicher Grund für den Rückstand der neuen Bundesländer bei der Arbeitsproduktivität. Immerhin haben sich seit 1991 merkliche Fortschritte in der Infrastruktur, z.B. der Telekommunikation, eingestellt, der Abstand zu den alten Ländern ist zwar immer noch deutlich, aber ein von den Investoren mit an erster Stelle genannter Hinderungsgrund ist in erheblichem Maß reduziert worden.

Das Ausmaß der *Altlasten* ist ungeklärt, auch die regionalen Ergebnisse sind unvollständig. Zu ihnen zählen neben Belastungen des Bodens, des Grundwassers und der Gewässer auch bauliche Altlasten und Deponielasten. Schätzungen belaufen sich auf 100 Mrd. DM. Indirekt müssen aber auch weitere Belastungen dazugerechnet werden, so die Modernisierung der Heizungsanlagen, ohne die eine umweltschonendere Energieversorgung nicht möglich ist, zumal als Hauptenergieträger auch in Zukunft die (schwefelreiche) Braunkohle aus dem mitteldeutschen Revier (MIBRAG) und die etwas günstigere aus der Niederlausitz (LAU-

BAG) dienen wird. Altlasten behindern Investitionen. Im Herbst 1992 wurde deshalb die Übernahme der gesamten Altlasten durch die Treuhand (60%) und die Länder (40%) diskutiert.

Zentrale Bedeutung für den Neuaufbau der Industrie hat die *Treuhand,* eine Anstalt des öffentlichen Rechts unter Aufsicht des Bundesfinanzministeriums. Sie wurde am 1. 3. 1990 gegründet und soll das ehemals „volkseigene Vermögen" in der DDR in die Marktwirtschaft überführen. Das betrifft fast 4 Mio. Beschäftigte in über 40000 Betrieben sowie weitere 2 Mio. Erwerbstätige, die indirekt von der Treuhand abhängen. Fast 60% der Fläche der neuen Bundesländer fallen in den Aufgabenbereich der Treuhand. Sie soll
– die unternehmerische Tätigkeit des Staates durch Privatisierung so rasch und soweit wie möglich zurückführen,
– die Wettbewerbsfähigkeit möglichst vieler Unternehmen herstellen und somit Arbeitsplätze sichern und neue schaffen,
– Grund und Boden für wirtschaftliche Zwecke bereitstellen.
Die Umwandlung wird vor allem durch ungeklärte und komplizierte Eigentumsfragen und die Feststellung und Regelung der Altschulden und Altlasten erschwert.

„Tatsächlich ist das große Fiasko, das der Anstalt insbesondere bei den schwierigen Fällen wie der Privatisierung der Ostsee-Werften oder der Chemieindustrie in Sachsen-Anhalt immer wieder prophezeit wurde, ausgeblieben. Dies allerdings nicht nur zum Preis eines rasanten Arbeitsplatzabbaus, sondern auch weiterer Milliardengelder aus der Staatskasse. So kaufen die Investoren Anlagen und Betriebsgrundstücke, die verlustreichen Unternehmen bleiben bei der Treuhand. Sie ist verantwortlich für die Bodensanierung und übernimmt die Altschulden der DDR-Betriebe. Während sich West-Investoren in den neuen Bundesländern einen roten Teppich ausrollen lassen, wächst der Schuldenberg der Treuhand ins Gigantische. 200 bis 250 Milliarden DM dürfte das Defizit bis Ende 1994 betragen, für das letztlich der Steuerzahler aufkommen muß. Die Erlöse aus den Privatisierungen können die Ausgaben der Treuhand bei weitem nicht decken."
Andreas Oldag, in: Süddeutsche Zeitung vom 8. 8. 1992

Bis 1. 6. 1992 waren 7613 Unternehmen oder Unternehmensteile für 29,3 Mrd. DM privatisiert worden. Zusagen wurden für 140 Mrd. DM Investitionen und für 1,17 Mio. Arbeitsplätze gegeben.
Ende 1994 will die Treuhand das Ziel der Privatisierung erreicht haben. Aber danach bleibt zu prüfen, ob die neuen Eigentümer ihre Arbeitsplatz- und Investitionszusagen einhalten.

Ein Beispiel kann die Aufbauprobleme verdeutlichen: Wissenschaftler haben eineinhalb Jahre lang den wirtschaftlichen Neuaufbau in Ostdeutschland am Beispiel der Stadt Eberswalde-Finow untersucht, einer Stadt, deren Probleme typisch sind für die Städte in den neuen Bundesländern. Dabei sind die Standortqualitäten günstig: Die Ostsee ist über den Havel-Ostsee-Kanal erreichbar, es besteht Autobahnanschluß nach Berlin, ein Intercity-Anschluß ist geplant.

„... eine erfolgreiche Gewerbeansiedlung ist das A und O der Haushaltskonsolidierung. 80% des Steueraufkommens der Kommunen hängen davon unmittelbar ab, denn in die Ertragskompetenz der Kommunen fallen neben den Realsteuern auch Anteile an den Einkommen- und Lohnsteuern. Ohne diese Einnahmen wären nicht jene Steuergrößen zu erwirtschaften, wie sie in westdeutschen Kommunen üblich sind.
Von den Kommunen, so auch Eberswalde, wird beklagt, daß viele Neuansiedlungen nicht in vollem Maße das kommunale Steueraufkommen erhöhen, da sie als nichtselbständige Niederlassungen registriert sind."

Hans-Jürgen Beyer, Fritjoff Kösling: Ostdeutsche Kommunen im Ringen um Wirtschaftsaufschwung – Erfahrungsbericht anhand der Stadt Eberswalde-Finow. Institut der deutschen Wirtschaft Köln, Büro Berlin, 1992, S. 12, 13

Probleme bereiten dabei auch die fehlenden gesetzlichen Grundlagen, wie die Steuern nach den Standorten der Unternehmen aufgeteilt werden sollen. Ein zentrales Problem sind die ungeklärten Eigentumsverhältnisse bei Gebäuden und Grundstücken. Jährlich können nur 4% der Anträge bearbeitet werden, und so waren bis März 1992 erst 3

229

von 36 in Eberswalde ansässigen Treuhand-
unternehmen komplett privatisiert worden.
Ein weiteres Problem bilden die sich end-
los hinziehenden Bau-Genehmigungsver-
fahren, die oft fehlende Bauleitplanung.
Dies ist auch ein Symptom für ein zunächst
nicht erkanntes Problem: Die Verwaltung ist
den enormen Aufgaben, die der Umbau in
den neuen Ländern stellt, nicht gewachsen.
Es fehlt nicht nur an den notwendigen Fach-
kräften, sondern auch an den einschlägigen
Erfahrungen, die eben nicht einfach aus
dem Westen übernommen werden können.
Denn die von dort übernommenen Konzepte
passen auf eine eingespielte Marktwirtschaft mit sich nach und nach verändernden Bedingungen. Für eine abrupte Veränderung einer ganzen Volkswirtschaft, wie
sie nun in Ostdeutschland erreicht werden
soll, waren sie nicht gemacht.

„Am Beispiel der Stadt Eberswalde läßt sich
deutlich nachvollziehen, daß die Eigentumsbar-
riere nach wie vor das Investitionstempo bestimmt. Ein Jahr lang stagnierten alle Bemühungen um das Projekt Gewerbepark, da keine
Einigung mit der Treuhandanstalt über die
Eigentumsfrage möglich war. Nachdem die Besitzverhältnisse eindeutig zugunsten der Kommune geklärt werden konnten, sind mit einem
Schlag 118 ha erschlossenes Bauland problemlos für Gewerbeansiedlungen nutzbar geworden:
– vor Eigentumsklärung keine Aussicht auf finanzielle Unterstützung, jetzt 25 Mio. DM
  Fördermittel bewilligt,
– bislang nur zögernde Investoren, jetzt 42 feste Zusagen,
– bis dato keine verbindlichen Angebote der
  Kommune gegenüber den potentiellen Investoren möglich, jetzt eigener Spielraum in bezug auf Kauf oder Pacht mit oder ohne Gebäude, zusätzliche Leasingangebote und alles
  zu einem Quadratmeterpreis von 15 DM."
Hans-Jürgen Beyer: a.a.O.

In Eberswalde deuten sich Fortschritte an:
3700 neue Arbeitsplätze wurden geschaffen,
1100 Existenz- und Unternehmensgründun-
gen waren seit 1991 zu verzeichnen, und
das Haushaltsdefizit der Gemeinde konnte
geschlossen werden. Aber die Arbeitslosenquote betrug 1992 dennoch 16,9%!

Ansätze zu positiver Entwicklung:
Das Beispiel Eisenach

Trotz aller Probleme, die die neuen Länder
beim wirtschaftlichen Umbruch erfaßten
(vgl. auch die Raumbeispiele S. 241–247),
gibt es auch Zeichen der Hoffnung, so im
Raum Eisenach. Eisenach ist ein alter
Autostandort. Schon seit 1899 werden
dort Autos produziert, seit 1929 waren es
BMW-Modelle, die nach dem Krieg zunächst
weitergebaut wurden. 1956 entstand dort
der erste „Wartburg". Im April 1991 lief der
letzte vom Band, nachdem die Erlöse von
7600 DM je Auto (durch Verkäufe in den früheren Ostblockländern) gerade noch die
Hälfte der Produktionskosten erzielten.
Im Raum Eisenach griffen Investoren früher
als in anderen Regionen zu:
Schon 1990 montierte Opel Vectra-Modelle
in einer modernisierten Halle des früheren Autowerkes. Anfang 1991 begann das
Unternehmen, das Werk erheblich auszu-
weiten und es zu einer der modernsten
Autofabriken Europas zu machen. Seit September 1992 werden hier auf einem Gelände
von 300 000 m² im Westen der Stadt im Drei-
Schicht-Betrieb täglich 650 Corsa und Ka-
dett montiert. 2600 Mitarbeiter sollen im
Endausbau 150 000 Neuwagen jährlich her-
stellen.
Gunstfaktoren für Opel:
– Eisenach liegt in einem Wachstumsraum
  an der Autobahn von Bad Hersfeld nach
  Erfurt in geringer Entfernung zu den alten
  Bundesländern. Die Stadt hat Intercity-
  Anschluß, und im September 1992 wurde
  die Strecke nach Westen zweigleisig ausgebaut und wird elektrifiziert.
– Es gibt effektive öffentliche Förderung
  durch Bund, Land, Kommune.
– Ausbaufähiges Gelände westlich der
  Stadt (500 000 m² Reservegelände) steht
  zur Verfügung.
– Der Raum weist ein Reservoir an Fach-
  arbeitskräften auf.
– Der Bau einer 380 kVolt Überlandleitung
  aus Hessen sorgt für stabile Stromversorgung.

Opelwerk Eisenach und seine Zulieferbetriebe

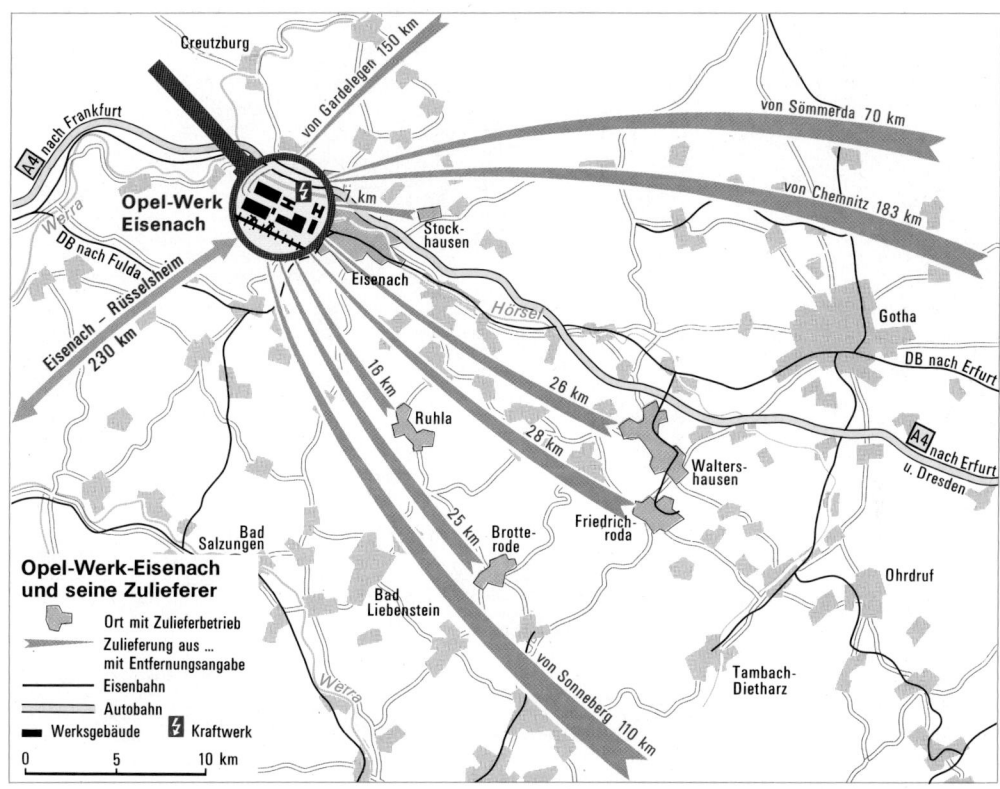

Auch BMW baute einige Kilometer weiter westlich auf einem ehemaligen Volkspolizeigelände auf 85000 m² ein neues Werk. 120 Mio. wurden für die „BMW-Fahrzeugtechnik" mit zunächst 210 Mitarbeitern investiert. Später sollen 40% der dortigen Produktion an andere Firmen abgesetzt werden. Für 1993 ist ein zweiter Ausbauabschnitt geplant.

Im September 1990 wurde die „Bosch-Fahrzeugelektrik Eisenach" gegründet. Das ehemalige Kombinat Fahrzeugelektrik Ruhla, südöstlich von Eisenach, wurde wegen der zu großen Altlasten nicht übernommen, lediglich die ehemalige Scheinwerferfabrik Brotterode wurde saniert. Auch Bosch zog den Neubau „auf der grünen Wiese" vor. Insgesamt wurden 260 Mio. DM investiert. Hier sollen Wischeranlagen und elektronische Teile für die Autoindustrie im Raum Eisenach gefertigt werden. Im Endausbau peilt man 2200 Beschäftigte an.

Alle diese Werke sind hochmoderne Anlagen, die z.T. den Betrieben im Westen technisch überlegen sind. Das Opelwerk soll „Europas modernste Autofabrik" werden mit computergesteuertem Materialnachschub. Beispielsweise stammen Sitze und Stoßfänger aus dem Großraum Eisenach. Zwei Stunden bevor eine Karosserie zur Endfertigung in die Montagehalle kommt, werden den Lieferanten die Daten über Art und Zahl der benötigten Teile per Computer übermittelt. Diese Teile treffen dann ohne Zwischenlagerung minutengenau an der Montagelinie ein. Die Produktion erfolgt durch Fertigungsgruppen. Sie haben hohe Eigenverantwortlichkeit und sollen Prinzipien der „lean production" realisieren. Die „schlanke Produktion" verkürzt die Produktionsprozesse und ist eine Fertigungsmethode mit hoher Flexibilität und Eigeninitiative für Qualität und Instandhaltung, bei der durch vielseitigere Arbeit und größere Eigenverantwortung erhöhte Leistung bei ge-

Opelwerk Eisenach, Montagehalle

Im Roh- und Gerippebau des Eisenacher Opelwerkes sind etwa 120 moderne Industrieroboter installiert. Der Automatisierungsgrad des Karosseriewerks beträgt 96 Prozent.

ringerem Personalaufwand erreicht werden soll. Diese Produktionsmethode soll durch ein entsprechend schlankeres *„lean management"* ergänzt werden.

Es gibt genügend Gründe für die Annahme, daß nach den schweren Jahren des Neuaufbaus die Industrie in den östlichen Bundesländern zur modernsten der Welt zählen wird, die auf einigen Gebieten auch die der alten Bundesländer überrundet. Und bei Zwickau, wo VW ein hochmodernes und, zusammen mit dem neuen Motorenwerk in Chemnitz, komplettes Automobilwerk schafft, das bis 1994 die Produktion aufnimmt, soll eine Produktionsstätte entstehen, die erstmals für ein europäisches Unternehmen den Kostenvorsprung der japanischen Autoindustrie aufholen, wenn nicht gar übertreffen soll. Die Gesamtinvestitionen dafür belaufen sich auf 4,7 Mrd. DM.
So wichtig solche Lösungen für die europäi-

sche Industrie auch sind, sind sie auch der richtige Ansatz für den wirtschaftlichen Neuaufbau in den neuen Ländern? Sind die staatlichen Hilfen so richtig angelegt, gibt es Alternativen?

„... warum wird mit gewaltigen Kapitalsubventionen die Einrichtung zwar hochmoderner, aber doch weniger Arbeitsplätze unterstützt? Wären nicht befristete und degressive Lohnsubventionen häufig sinnvoller? Auch eine Mehrwertsteuerpräferenz könnte die Wettbewerbsfähigkeit der Ostbetriebe steigern. Notwendig ist vor allem mehr Transparenz und Konzentration bei der Förderung; das Dickicht der Subventionen können allenfalls Großunternehmen durchdringen, kaum Mittelständler. Auch die Verteilungsgerechtigkeit braucht nicht auf der Strecke zu bleiben; dazu müßten allerdings die Gewerkschaften ihre Abneigung gegen einen Investivlohn aufgeben."
Wilfried Herz, in: Die Zeit vom 23. 10. 1992

1. *Vergleichen Sie die wirtschaftliche Entwicklung in den westlichen und östlichen Bundesländern seit 1990, fassen Sie die Gründe für diese Entwicklung zusammen.*
2. *Diskutieren Sie Vor- und Nachteile der Lohnentwicklung in den neuen Ländern. Stellen Sie den Zusammenhang zwischen Arbeitskosten und Lohnstückkosten dar, und schätzen Sie die Bedeutung für die Konkurrenzfähigkeit ab.*
3. *Werten Sie die Daten zu Erwerbstätigkeit und Arbeitsmarkt aus. Nennen Sie die zugrundeliegenden Zusammenhänge.*
4. *Stellen Sie die „Last des Erbes" der DDR-Industrie dar. Beschreiben Sie die Funktion der Treuhandanstalt, und nennen Sie Gründe für die Hemmnisse bei der Umwandlung der einstigen Staatsbetriebe in Privatbetriebe.*
5. *Welche Vorteile bringt die Nähe zu den alten Ländern dem Standort Eisenach? Begründen Sie die Wahl des Standorts durch westdeutsche Großunternehmen.*
6. *Diskutieren Sie die Frage, ob High-Tech-Industrien in den neuen Ländern gefördert werden sollen und welche Zukunftschancen sich aus hochmodernen Betrieben ergeben.*

6.4 Industrieräumliche Strukturen

Industriebetriebe finden sich in den alten Industriestaaten in fast jeder größeren Ortschaft. Ihre Dichte und räumliche Verteilung ist aber stark unterschiedlich:

Industriereviere sind großflächige, in der Regel auf reichen Bodenschätzen (z.B. Steinkohle) beruhende wirtschaftsräumliche Einheiten. Sie weisen neben ihren Schwerpunkten (z.B. der eisenschaffenden Industrie) zahlreiche Folge- und Zulieferindustrien auf und sind durch eine hohe Siedlungsdichte sowie eine vorzügliche betriebsnahe Infrastruktur, ein ausgebautes Verkehrsnetz und eine vielseitige Energieversorgung gekennzeichnet (z.B. Ruhrgebiet).

Industriegassen sind schmale industrielle Verdichtungszonen entlang leistungsfähiger Verkehrswege, im besonderen in Flußtälern oder an Küstenstreifen, wo zusätzlich eine früh ausgebaute oder besonders günstige Energieversorgung zu verstärkter Betriebsansiedelung geführt hat (z.B. Unterelbe, Unterweser, St.-Lorenz-Seeweg).

Industrielle Verdichtungsräume bieten einerseits vielseitige Bildungs-, Ausbildungs- und Freizeitmöglichkeiten, beeinträchtigen andererseits aber wichtige Lebensbedürfnisse, wie jenes einer hohen Wohnqualität in gesunder Umwelt. Die gestiegene Mobilität erlaubte bisher den Ausweg, die Wohnung weit entfernt vom Arbeitsplatz zu wählen. Der ausufernde, in vielen Verdichtungsgebieten kaum mehr erträgliche Pendelverkehr ist eine Folge, die Zersiedelung der Landschaft eine andere.

Entwicklung der Arbeitslosigkeit im Norden und Süden des Bundesgebietes (alte Länder)

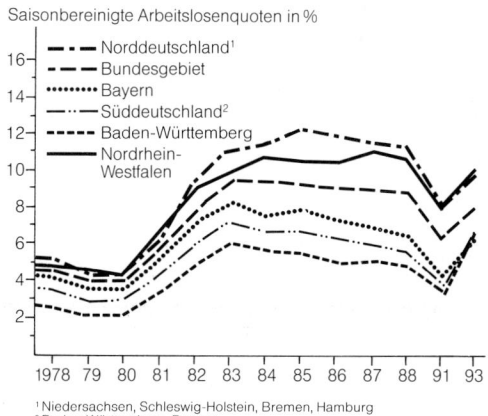

Saisonbereinigte Arbeitslosenquoten in %

- — · — Norddeutschland[1]
- — — Bundesgebiet
- ········· Bayern
- — — Süddeutschland[2]
- - - - Baden-Württemberg
- —— Nordrhein-Westfalen

[1] Niedersachsen, Schleswig-Holstein, Bremen, Hamburg
[2] Baden-Württemberg, Bayern

Nach Gerd Kühn: Regionales Wirtschaftsgefälle. In: Bürger im Staat, 4, 1986, S. 284, und Statistische Jahrbücher 1987, 1988, 1989, 1992

Das wirtschaftliche *Süd-Nord-Gefälle* in den alten und in den neuen Bundesländern hängt mit den unterschiedlichen Standortfaktoren und der unterschiedlichen Industriestruktur zusammen. Es zeigt sich im unterschiedlichen *Industriebesatz* (Industriebeschäftigte je 1000 Einw.), der *Industriedichte* (Industriebeschäftigte je km^2), der unterschiedlichen industriellen *Wertschöpfung* (die in einem Zeitraum geschaffenen wirtschaftlichen Werte) und in den Arbeitslosenquoten. Einer Abnahme von bis zu 15% der Arbeitsplätze von 1961 bis 1988 in den nördlichen Ländern stand eine Zunahme von bis zu 30% in den südlichen Ländern der alten Bundesrepublik gegenüber.

Arbeitslosenquote 1992/1993 in Prozent

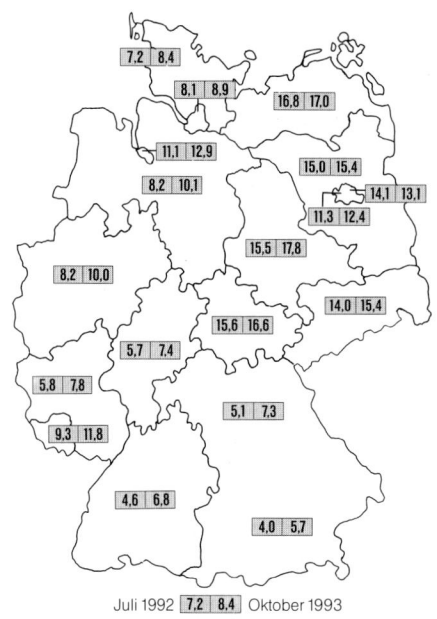

7,2	8,4	
8,1	8,9	
		16,8 17,0
11,1	12,9	
		15,0 15,4
8,2	10,1	
		14,1 13,1
	11,3 12,4	
		15,5 17,8
8,2	10,0	
		14,0 15,4
	15,6 16,6	
	5,7 7,4	
5,8	7,8	
		5,1 7,3
9,3	11,8	
	4,6 6,8	
		4,0 5,7

Juli 1992 [7,2] [8,4] Oktober 1993

Nach Index Funk 6344 und 6434

Neben dem Süd-Nord-Gefälle ist in den letzten Jahrzehnten ein Gefälle zwischen strukturstarken und strukturschwachen Räumen deutlich geworden, das nicht nur auf die unterschiedliche Industriedichte zurückgeführt werden kann. Strukturstark sind neuere Verdichtungsräume (bis Ende der achtziger Jahre vor allem im süddeutschen Raum) mit starkem Dienstleistungssektor, mit Wachstumsindustrien und qualifiziertem Arbeitskräfteangebot. Strukturstark sind aber auch ländliche Gebiete mit vereinzelten Verdichtungsansätzen. Als strukturschwach galten dagegen viele der alten Verdichtungsräume mit früher Industrie („altindustrialisierte Räume", wie das mittlere, das östliche Ruhrgebiet und das Saargebiet), wo der Verlust an Arbeitsplätzen im sekundären Sektor durch den Ausbau des tertiären Sektors nicht ausgeglichen werden konnte.

Noch nicht abschätzen lassen sich die Auswirkungen der deutschen Einheit und der politischen Veränderungen in Osteuropa. Erkennbar ist, daß vor allem der Raum Hamburg, aber auch einige bisher als Zonenrandgebiet benachteiligte Gebiete profitieren.

Der Wirtschaftsraum Rhein-Neckar

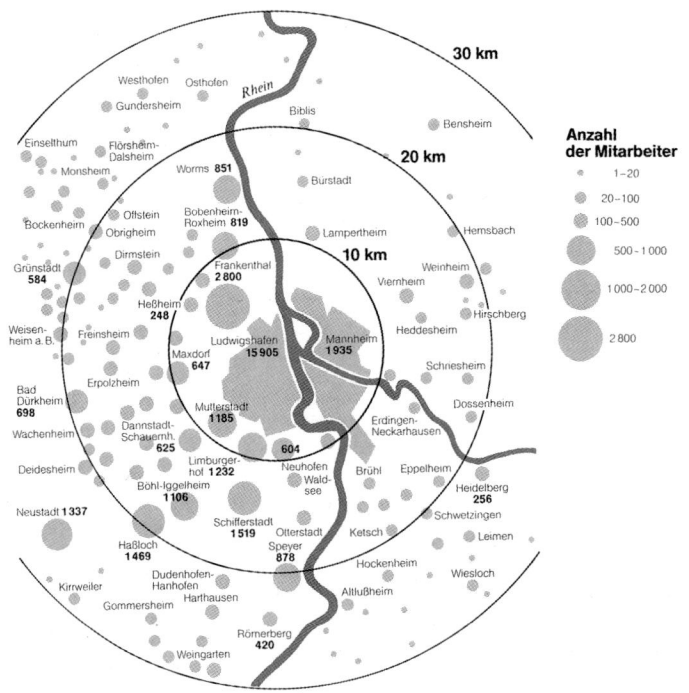

Hauptwohngebiete der Mitarbeiter des Werkes Ludwigshafen (BASF)

BASF Aktiengesellschaft, Ludwigshafen 1984

234

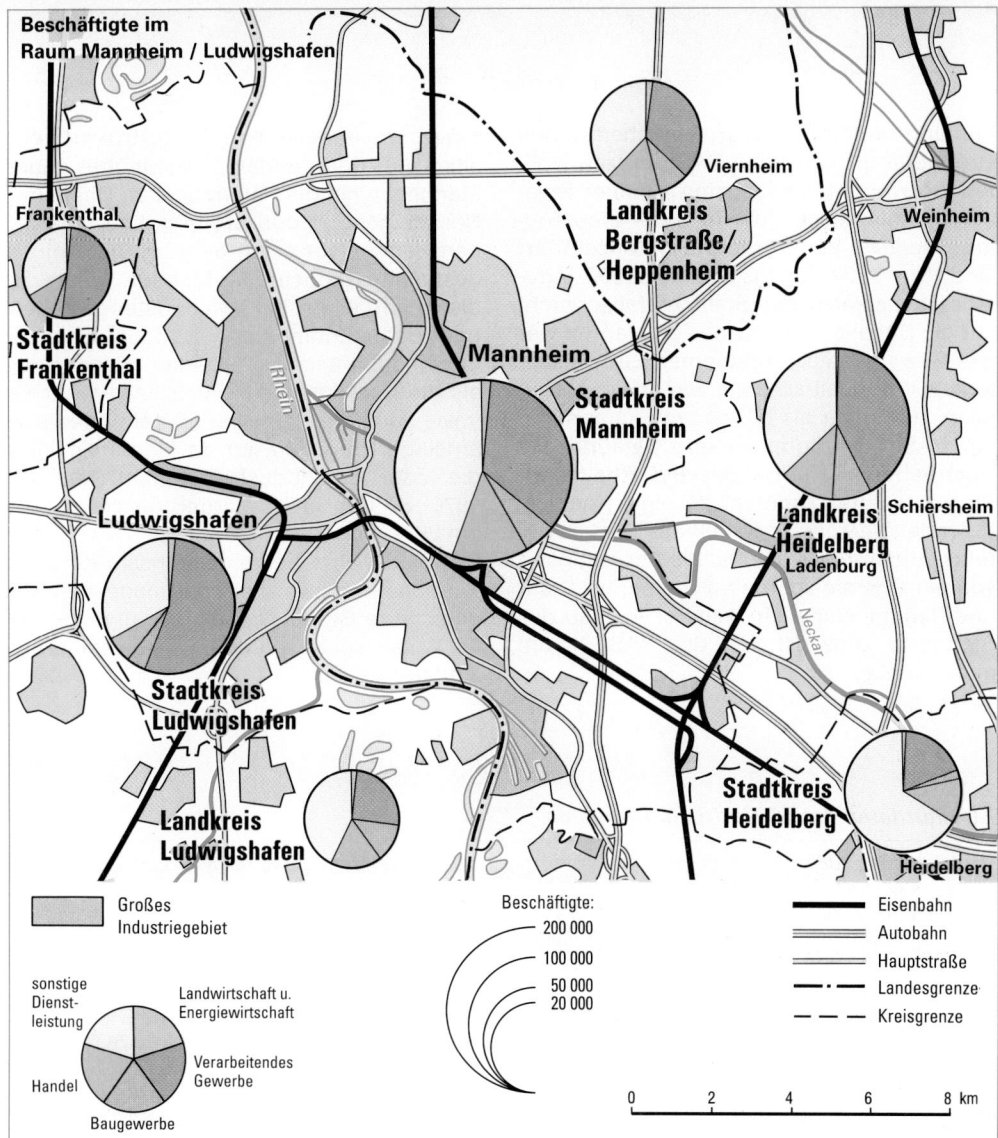

Beschäftigte im Raum Mannheim / Ludwigshafen

Frankenthal

Stadtkreis Frankenthal

Ludwigshafen

Stadtkreis Ludwigshafen

Landkreis Ludwigshafen

Landkreis Bergstraße/ Heppenheim

Viernheim

Weinheim

Mannheim

Stadtkreis Mannheim

Landkreis Heidelberg

Schiersheim

Ladenburg

Stadtkreis Heidelberg

Heidelberg

Rhein

Neckar

▨ Großes Industriegebiet	Beschäftigte: 200 000 · 100 000 · 50 000 · 20 000	━━ Eisenbahn
		≡ Autobahn
		≡ Hauptstraße
		·–·– Landesgrenze
		– – – Kreisgrenze

sonstige Dienstleistung / Landwirtschaft u. Energiewirtschaft / Verarbeitendes Gewerbe / Baugewerbe / Handel

0   2   4   6   8 km

Wo Neckar und Rhein zusammenfließen, teilen sich drei Bundesländer in einen Wirtschaftsraum, der seit 130 Jahren keine größere Wirtschaftskrise erlebte: Rheinland-Pfalz hat hier in Ludwigshafen seinen industriellen Schwerpunkt, Baden-Württemberg hat mit Mannheim-Heidelberg einen wesentlichen Anteil, während Hessen den Kernraum nur am Rande berührt.

Mit dem Wachstum der Industriebetriebe wuchsen die Industriestädte, Ende des 19. Jahrhunderts nahm z.B. die Einwohnerzahl Ludwigshafens durch Wanderungsgewinne zehnmal stärker zu als durch Geburtenüberschuß. Andererseits wuchsen mit dem Städtewachstum die Möglichkeiten der Unternehmen, die Produktion zu steigern.

Einwohnerzahlen der Stadt Ludwigshafen und Beschäftigtenzahlen der BASF

	Einwohner	Beschäftigte
1865 (BASF-Gründung)	4 400	30
1890	50 000	3 596
1910	104 000	7 639
1977	172 000	52 932
1992	160 000	52 100

Das Beispiel BASF zeigt auch, daß traditionelle Einzugsbereiche über Generationen hinweg erhalten bleiben können.

Schon in der Gründungszeit der BASF waren in Ludwigshafen zwei kleinere Chemiebetriebe ansässig. Später kamen eine Reihe weiterer chemischer Fabriken dazu, die die

235

Fühlungsvorteile zum großen chemischen Grundgüterproduzenten BASF nutzen wollten. So wurde Ludwigshafen zu einer Stadt der Chemie, in der fast 70% der Industriearbeitsplätze der Vorderpfalz konzentriert sind. Nur 8500 der insgesamt 64000 Industriearbeitsplätze der Stadt entfallen nicht auf die Chemie. In den siebziger Jahren war das Gewerbesteueraufkommen Ludwigshafens fast doppelt so hoch wie das in Mannheim, und mehr als 80% davon kamen von der BASF. Die dominierende Stellung des Unternehmens im Bundesland Rheinland-Pfalz hat unter anderem zu einem hervorragenden Verkehrsanschluß des Werkes geführt. Andererseits aber ist die Abhängigkeit von der Chemie auch ein Problem für Stadt und Region, zumal ein weiterer Ausbau des Standorts Ludwigshafen der BASF kaum mehr möglich ist.

Eine ganz andere Wirtschaftsstruktur zeigt sich auf dem anderen Rheinufer: Auch Mannheim hat die Hafengunst an Rhein und Neckar genutzt und ursprünglich eine auf den Handel (vor allem mit Agrargütern) abgestimmte Industrie aufgebaut. Heute ist die Stadt einer der wichtigsten Straßen- und Bahnknotenpunkte Süddeutschlands. Ihre Industrie ist viel stärker diversifiziert als die Ludwigshafens. Allerdings weist sie – wie auch die Heidelbergs – einige krisenanfällige Branchen auf. In Mannheim ging die Zahl der Industriebeschäftigten von 1970–87 um 28,2% zurück, in Heidelberg um 29%.

Der Raum wirbt heute gemeinsam für seine Wirtschaft und weist auf das insgesamt weit gefächerte Branchenspektrum und das hohe Wissenschaftspotential in dieser „Dreiländerecke" hin.

Strukturdaten des Rhein-Neckar-Raumes

Bevölkerung 1989	
Region gesamt	1799691
Kernstädte Mannheim	305974
Ludwigshafen	159567
Heidelberg	134496

Pendler 1987	Ein-pendler	Aus-pendler
Region gesamt	423076	408898
Kernstädte Mannheim	97786	18230
Ludwigshafen	64396	18089
Heidelberg	60428	11507

Erwerbstätige nach Wirtschaftsbereichen (1987) in Prozent

	Region gesamt	Kernstädte MA	LU	HD
Land- und Forstwirtschaft	2,1	0,7	1,0	1,1
Produzierendes Gewerbe/Bau	45,8	43,9	53,8	26,9
Dienstleistungen	52,1	55,4	45,2	72,0

Bruttowertschöpfung nach Wirtschaftsbereichen (1986) in Prozent

	Region gesamt	Kernstädte MA	LU	HD
Land- und Forstwirtschaft	0,9	0,1	0,1	0,3
Produzierendes Gewerbe/Bau	52,2	53,3	76,6	31,6
Dienstleistungen	46,9	46,6	23,3	68,1

Industriebesatz 1989 (Industriebeschäftigte je 1000 Einw.)	
Region gesamt	140
Kernstädte Mannheim	207
Ludwigshafen	404
Heidelberg	117

Beschäftigte in den strukturbestimmenden Industriebranchen 1988

Ludwigshafen		Mannheim		Heidelberg	
Chemische Industrie	55500	Elektrotechnik	17560	Elektrotechnik	3308
Maschinenbau	1600	Maschinenbau	9302	Maschinenbau	2005
		Chemische Industrie	8737	Straßenfahrzeugbau	1639
		Ernährungsgewerbe	3595		

Nach Gerhard Fuchs: Die Bundesrepublik Deutschland. Stuttgart: Klett 1992, S. 98 und Angaben des Statistischen Landesamtes Baden-Württemberg

Der Wirtschaftsraum Rhein-Ruhr

Wirtschaftsstruktur im Kommunalverband Ruhrgebiet

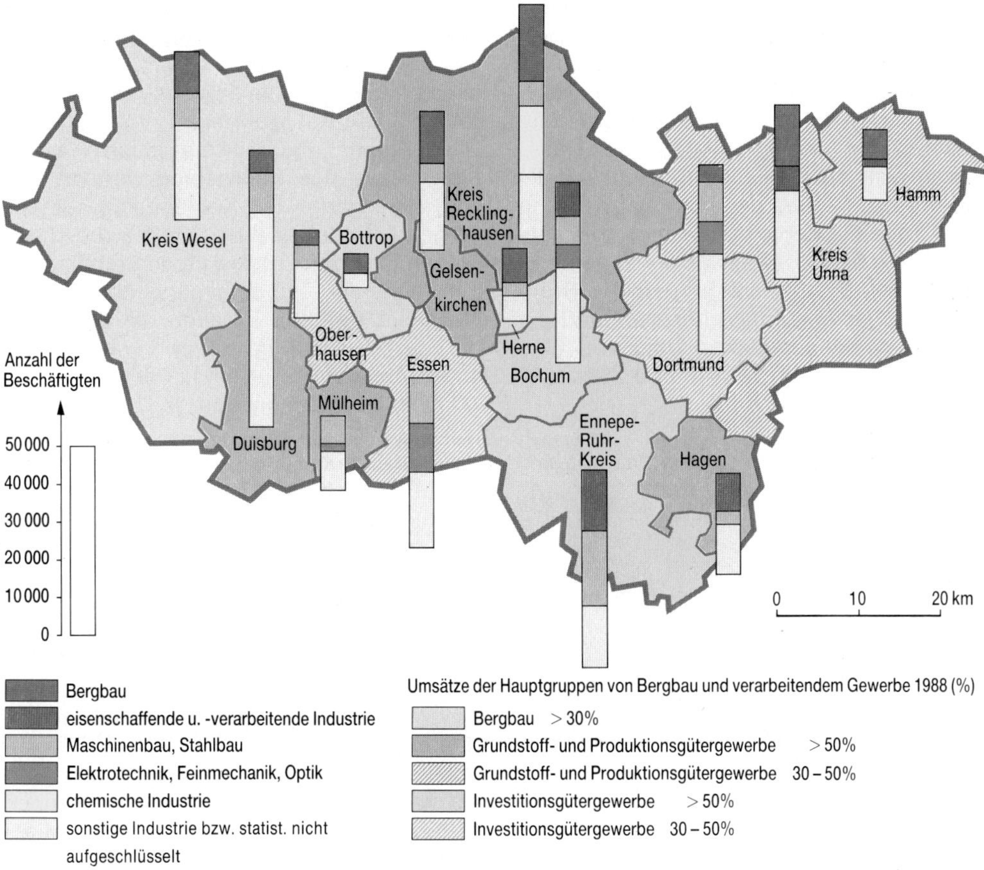

Kreis Wesel

Bottrop

Kreis Reckling-hausen

Gelsen-kirchen

Hamm

Kreis Unna

Ober-hausen

Essen

Herne

Bochum

Dortmund

Mülheim

Duisburg

Ennepe-Ruhr-Kreis

Hagen

Anzahl der Beschäftigten

50 000
40 000
30 000
20 000
10 000
0

0   10   20 km

■ Bergbau	Umsätze der Hauptgruppen von Bergbau und verarbeitendem Gewerbe 1988 (%)
■ eisenschaffende u. -verarbeitende Industrie	Bergbau > 30 %
▨ Maschinenbau, Stahlbau	Grundstoff- und Produktionsgütergewerbe > 50 %
■ Elektrotechnik, Feinmechanik, Optik	Grundstoff- und Produktionsgütergewerbe 30 – 50 %
☐ chemische Industrie	Investitionsgütergewerbe > 50 %
☐ sonstige Industrie bzw. statist. nicht aufgeschlüsselt	Investitionsgütergewerbe 30 – 50 %

Gerhard Fuchs, Ulrich Kümmerle u. a.: Deutschland. Stuttgart: Klett 1992, S. 62

Strukturbestimmende Industriebranchen im Kommunalverband Ruhr (KVR), Beschäftigte 1990 und 1985

	1990	1985
Bergbau	100 352	123 632
Eisenschaffende Industrie	86 809	104 300
Maschinenbau	77 713	75 447
Elektroindustrie	48 897	46 946
Chemische Industrie	40 602	39 382
Stahlbau etc.	31 346	34 800
Straßenfahrzeugbau	29 648	27 571
Ernährungsgewerbe	29 419	27 100

Nach KVR: Städte- und Kreisstatistik Ruhrgebiet

Zwischen der Ruhr im Süden, der Lippe im Norden und Unna im Osten entstand Ende des 19. Jahrhunderts das Montan-Industrie-revier (Kohle und Schwerindustrie) des Ruhrgebiets, das im Westen noch einige Kilometer auf linksrheinisches Gebiet reicht. Es ist auch heute noch Kerngebiet des Rheinisch-westfälischen Industrie-gebiets, des größten europäischen Wirt-schaftsraums.

Die einstigen Vorteile der Rohstoffgunst „auf der Kohle" führten zu einer einseitigen, auf der Grundstoffindustrie basierenden Wirtschaftsstruktur.

Die einzelnen Zonen des Ruhrgebiets sind unterschiedlich stark von der Kohle ge-prägt. Die im Süden relativ oberflächen-nah gelagerte Mager- und Eßkohle wurde zuerst abgebaut und als Energieträger ge-nutzt, hatte jedoch wenig Bedeutung für die

Schwerindustrie im Revier. Dafür entscheidend war die für die Verkokung geeignete Fettkohle der Hellwegzone (Duisburg–Essen–Bochum–Dortmund), wo sich heute noch die Schwerpunkte der eisenschaffenden Industrie befinden, während die Emscherzone im Norden mit ihrer in großer Tiefe lagernden gasreichen Kohle gute Voraussetzungen für die Kohlechemie aufwies. Obwohl schon seit 1950 die Einseitigkeit der Struktur des Reviers gemildert wurde, führte die Krise der Kohle in den sechziger Jahren und die Stahlkrise der siebziger Jahre zu erheblichen Beeinträchtigungen der Ruhrindustrie. Der Anteil des Bergbaus und der eisenschaffenden Industrie ging von 61% im Jahre 1957 auf 42% 1973 und 25% 1990 zurück.

Steinkohlenbergbau in der Bundesrepublik

	1958	1968	1978	1990
Förderung in Mio. t	149,0	112,0	83,9	70,2
Beschäftigte	559100	272200	187100	138000
Förderanteil Ruhrgebiet	81,2%	81,6%	80,2%	78,0%

Steinkohlenförderung an der Ruhr in Mio. t		*Rohstahlerzeugung an der Ruhr in Mio. t*	
1960	115,4	1970	28,5
1980	69,1	1980	25,2
1990	54,6	1990	20,5

Im ganzen gingen mehr als 260000 Arbeitsplätze verloren, trotz der Schaffung von neuen Arbeitsplätzen in anderen Branchen. Dabei wirkte sich der Rückgang räumlich unterschiedlich aus, da die Veränderung der Standortfaktoren zu einem Gefälle zwischen den Teilräumen des Wirtschaftsraums Rhein-Ruhr führten.

Die mittleren und teilweise auch die östlichen Teile des Ruhrgebiets wurden voll vom Rückgang der Kohlennachfrage als Folge der Energiewende und des zuerst stagnierenden, dann rückläufigen Stahlbedarfs getroffen. Für den Rückgang der Arbeitsplätze im Bergbau ist auch die Erhöhung der Schichtleistung durch vollmechanischen Abbau (1956: 1216 kg/Mann und Tag, 1986: 4500 kg/Mann und Tag) verantwortlich.

Die westlichen Teile des Ruhrgebiets, die zur „Rheinschiene" (zwischen Wesel und Bonn) gehören, behielten auch nach Verlust der einstigen Rohstoffvorteile hervorragende Standortbedingungen für die Industrie, vor allem eine vorzügliche Verkehrslage und Infrastruktur (auch wenn das Image dem nicht immer voll entspricht). Die Bedingungen für Strukturwandel und *Diversifizierung* (Ausweitung der Branchen und der Produktpalette) sind günstig. 1961 zählte man noch 35% der Beschäftigten in Bergbau und eisenschaffender Industrie, 1989 nur noch 11,3%. Hier entstanden Standorte der Mineralölverarbeitung und Petrochemie, der Elektroindustrie und des Maschinenbaus.

Bevölkerungsentwicklung 1961–1990 in den Zonen des Ruhrgebiets (KVR) und Arbeitslosenquote 1990

	Gesamtgebiet	westliche Zone (Wesel, Duisburg)	mittlere Zone (Recklinghausen, Gelsenkirchen, Bottrop, Mülheim, Essen, Bochum, Herne)	östliche Zone (Dortmund, Unna, Hamm)
1961	6674223	992780	3533351	1148092
1970	5658381	1012698	3470832	1174851
1990	5396208	979869	3231211	1185128
Veränderung 1961–1970	− 15842	+ 19918	− 62519	+ 26759
Veränderung 1970–1990	−262173	− 32829	−239621	+ 10277
Arbeitslosenquote 1990 in %	10,8	10,5	11,1	10,3

Berechnungsgrundlage: KVR: Städte- und Kreisstatistik Ruhrgebiet, verschiedene Jahre

Neuerdings sind die Grenzen der günstigen und nicht so günstigen Teile des Wirtschaftsraums weniger deutlich ausgeprägt. Einzelne Wachstums- oder Krisenzellen finden sich überall. So ist Duisburg einerseits ein Beispiel für die Probleme der traditionellen Stahlindustrie (Rheinhausen), andererseits auch ein Exempel für die Standortgunst am Rhein-Ruhr-Hafen mit den Möglichkeiten für den Aufbau zukunftsträchtiger Branchen.

Standortqualitäten sind vor allem aus betrieblicher Sicht wichtig. Für eine Region ist dagegen die *Industriestruktur* von herausragender Bedeutung. Die Krise an der Ruhr entstand aus dem überproportionalen Anteil von stagnierenden oder rückläufigen Branchen, während die Wachstumsbranchen unterrepräsentiert waren.

Auch der Raum Ludwigshafen hat eine einseitige Industriestruktur mit der dominierenden chemischen Industrie. Aber sie zählt – zumindest in Teilen – zu zukunftsträchtigen *High-Tech-Branchen* (großer Anteil hochqualifizierter Mitarbeiter, hoher Einsatz für Forschung und Entwicklung, hoher Innovationsgrad, Produkte, die künftig stärker nachgefragt werden). Tiefgreifendere Krisen waren bisher nicht durchzustehen. Außerdem ist die Produktpalette so breit, daß Einbrüche auf Teilgebieten durch Absatzsteigerungen anderer Produkte ausgeglichen werden können. Schwerwiegende Strukturprobleme, durch die besondere Situation nach der Wende noch verschärft, finden sich in den einseitig strukturierten Wirtschaftsgebieten der neuen Bundesländer, so z.B. im Chemierevier Dessau–Halle–Bitterfeld–Leipzig.

Region Stuttgart (Mittlerer Neckar)

Strukturdaten

Bevölkerung 1989				
Region gesamt	2 441 045			
Kernstadt	570 699			
Umland	1 870 346			

Pendler 1987		
	Einpendler	Auspendler
Region gesamt	658 394	595 851
Kernstadt	209 397	33 506

Bevölkerungsentwicklung 1970–89	
Region gesamt	+166 287
Kernstadt	− 62 459
Umland	+228 746

Industriebeschäftigte 1989	
Region gesamt	461 419
Kernstadt	124 759

Erwerbstätige nach Wirtschaftsbereichen (1989) in Prozent

	Region gesamt	Kernstadt
Land- und Forstwirtschaft	0,7	0,4
Produzierendes Gewerbe/Bau	54,7	40,6
Dienstleistungen	44,6	59,0

Industriebesatz 1989 (Industriebeschäftigte je 1000 Einw.)

Region gesamt	189
Kernstadt	221

Bruttowertschöpfung nach Wirtschaftsbereichen (1986) in Prozent

	Region gesamt	Kernstadt
Land- und Forstwirtschaft	0,6	0,1
Produzierendes Gewerbe/Bau	50,4	41,7
Dienstleistungen	49,0	58,3

Strukturbestimmende Industriebranchen Beschäftigte 1992

	Region	Kernstadt
Straßenfahrzeugbau	126 421	45 946
Elektrotechnik	89 736	27 215
Maschinenbau	81 341	13 691
Herstellung von EBM-Waren	21 650	785
Ernährungsgewerbe	15 503	4 193
Herstellung von Kunststoffwaren	15 504	338
Feinmechanik, Optik	13 198	5 728
Druckerei, Vervielfältigung	12 481	2 725
Chemische Industrie	11 024	3 788

Nach Gerhard Fuchs: Die Bundesrepublik Deutschland. Stuttgart: Klett 1992, S. 98 und Angaben des Statistischen Landesamtes Baden-Württemberg

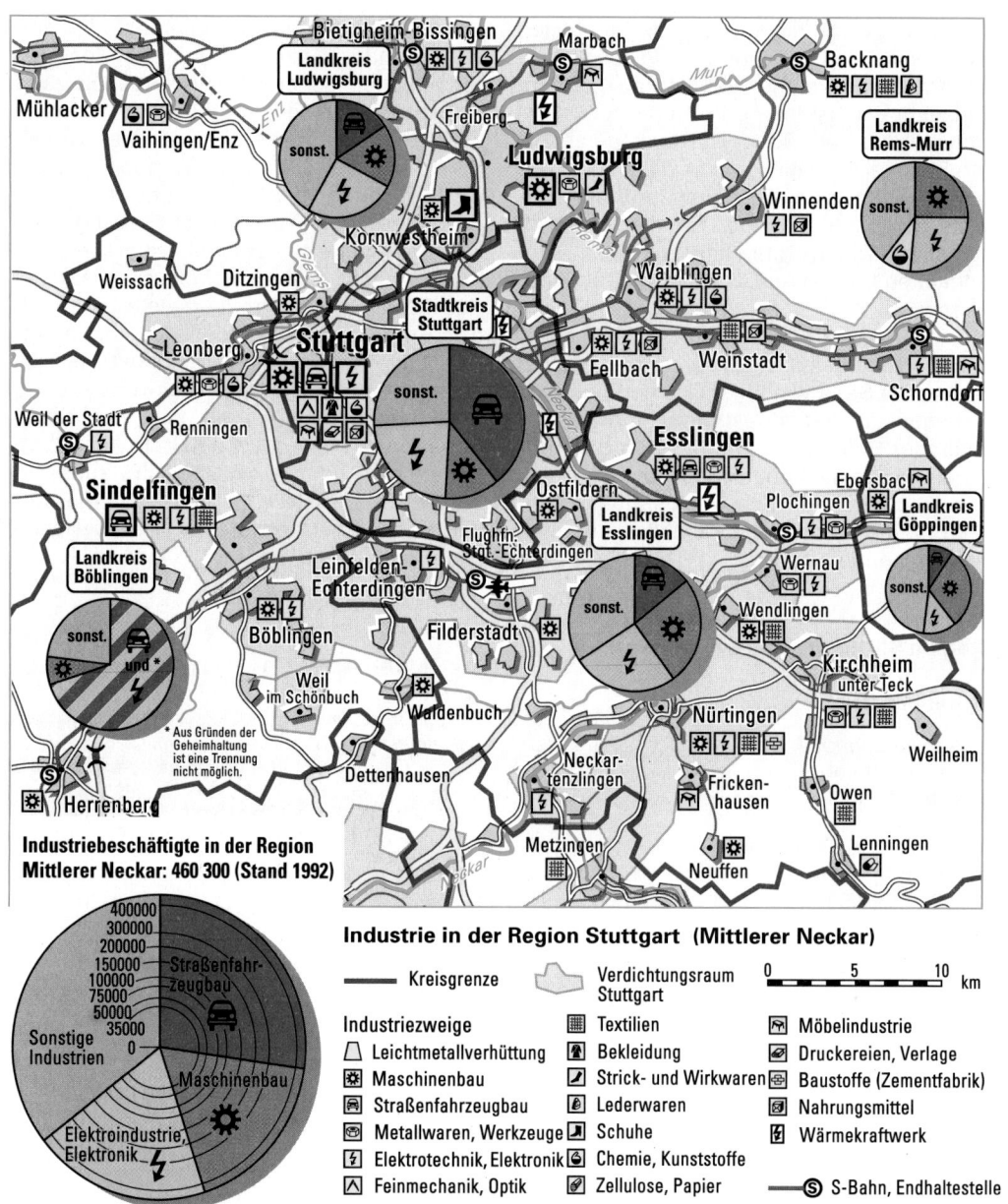

Industrie in der Region Stuttgart (Mittlerer Neckar)

Industriebeschäftigte in der Region
Mittlerer Neckar: 460 300 (Stand 1992)

──	Kreisgrenze
	Verdichtungsraum Stuttgart

0   5   10 km

Industriezweige

⌂	Leichtmetallverhüttung
✲	Maschinenbau
▣	Straßenfahrzeugbau
▣	Metallwaren, Werkzeuge
⚡	Elektrotechnik, Elektronik
◿	Feinmechanik, Optik

▦	Textilien
☗	Bekleidung
◪	Strick- und Wirkwaren
▤	Lederwaren
◪	Schuhe
◙	Chemie, Kunststoffe
▨	Zellulose, Papier

⬡	Möbelindustrie
◿	Druckereien, Verlage
▥	Baustoffe (Zementfabrik)
▨	Nahrungsmittel
⚡	Wärmekraftwerk

─Ⓢ S-Bahn, Endhaltestelle

Kreisdiagramm:
400000
300000
200000
150000
100000
75000
50000
35000
0

Straßenfahrzeugbau
Maschinenbau
Elektroindustrie, Elektronik
Sonstige Industrien

Wegen fehlender Rohstoffe – sogar Wasser ist knapp und wird heute vom Bodensee zugeführt – setzte die Industrialisierung um Stuttgart spät ein. Sie wuchs zuerst im Tal des Neckars nach Norden und Süden und im Filstal, erst später auch im Remstal. Der einstige Nachteil der Rohstoff-Ferne erwies sich als Vorteil, denn mit der fehlenden Grundstoffindustrie fehlte auch deren Kri-

senanfälligkeit. Statt dessen war die Industrie stark diversifiziert, Wachstumsbranchen waren überproportional häufig. Zahlreiche Klein- und Mittelbetriebe mit qualifizierten Arbeitskräften, oft aus Handwerksbetrieben entstanden, sind für den Raum charakteristisch. Einige wenige Großbetriebe (2%) stellen aber fast die Hälfte der Beschäftigten.

In den letzten Jahren zeigten sich auch in diesem jahrzehntelang blühenden Verdichtungsraum Gefahren: Die Region ist stark von drei Branchen abhängig, von Autoindustrie, Elektrotechnik und Maschinenbau, die zusammen 80% des Industrieumsatzes stellen. Eben diese Branchen sind stark exportorientiert und damit von Veränderungen des Währungssystems abhängig und der ostasiatischen Konkurrenz ausgesetzt. Außerdem hat der tertiäre Sektor für ein Wirtschaftsgebiet dieser Umsätze wenig überregionale Bedeutung.

1. *Untersuchen Sie die Struktur des Industrieraums Mannheim-Ludwigshafen, und stellen Sie die Bedeutung prägender Unternehmen heraus.*
2. *Untersuchen Sie die Struktur des Wirtschaftsraums Rhein-Ruhr, bewerten Sie die Bedeutung traditioneller Schwerpunkte, und vergleichen Sie den Raum Rhein-Ruhr mit dem Raum Mannheim-Ludwigshafen.*
3. *Die Region Stuttgart gehört zu den Gebieten der Bundesrepublik Deutschland mit geringen Arbeitslosenzahlen und hoher Wirtschaftskraft. Begründen Sie dies mit der Wirtschaftsstruktur der Region.*
4. *Vergleichen Sie die Entwicklung der Beschäftigtenzahlen und der Arbeitslosigkeit im Norden und im Süden der Bundesrepublik Deutschland. Nennen Sie Ursachen dieser Entwicklung. Grenzen Sie gegenwärtige wirtschaftliche Gunst- und Ungunstgebiete ab.*

Eisenhüttenstadt: Beispiel industrieller Standortplanung in der DDR und ihrer Folgen

Die Rohstoffbasis der DDR war für den Aufbau einer eigenen Schwerindustrie ungünstig: Die kleinen Eisenerzlager mit geringem Fe-Gehalt und die minimalen Steinkohlenvorräte reichten als Grundlage für eine eigene Schwerindustrie nicht aus. Deshalb kam es zu Versuchen, aus Braunkohle BHT-Koks (Braunkohlenhochtemperaturkoks) zu entwickeln, mit dem kleinere Hochöfen (Nie-

derschachtöfen) beschickt wurden. Die Produkte waren international nicht konkurrenzfähig, eine Neuorientierung war schon in den fünfziger Jahren notwendig. Der Beschluß zum Bau von EKO (Eisenhüttenkombinat Ost) verdeutlicht die Besonderheiten der Standortplanung in der DDR.

Die Entscheidung zur Investition ging vom III. Parteitag der SED 1950 aus, ebenso die Festlegung des Standorts.

Aus Sicht der SED vorrangige Forderungen an den Standort wurden erfüllt:
- die „Lage an der Friedensgrenze" betonte die Eingliederung in den Ostblock,
- ein bisher agrarisch geprägter Raum erhielt einen industriellen Schwerpunkt auch im Rahmen der territorialen Aufgabenteilung.

Wirtschaftliche Gesichtspunkte wurden nur teilweise berücksichtigt:
- Die Oder bot zwar Brauchwasser, aber keine Transportgunst (Vereisung im Winter, niedriger Wasserstand im Sommer), deshalb kamen Kohle (500 km aus Oberschlesien), Erz (1500 km aus der Ukraine) und Kalksteinzusätze (300 km vom Harz) per Bahn.
- Die verkehrsmäßige Anbindung an die Stahlwerke in Henningsdorf, Brandenburg und Riesa war im internationalen Vergleich allenfalls mittelmäßig.
- Das Arbeitskräfteangebot in der 7000-Einwohner-Stadt Fürstenberg reichte nicht aus. Eine völlig neue Stadt (zuerst „Stalinstadt", nach 1960 „Eisenhüttenstadt") mußte für die umzusiedelnden Mitarbeiter gebaut werden.
- Die Infrastruktur genügte nicht, u.a. fehlte ein Rangierbahnhof für einen täglichen Umschlag von 1200 Waggons.

Seit 1951 produzierte das Hüttenwerk Roheisen, viel später, 1968, nahm das Walzwerk seinen Betrieb auf, und erst 1984 ging die mittlere Produktionsstufe, das Stahlwerk, in Betrieb, nachdem 1971–75 Oberflächenveredelungsanlagen dazugekommen waren. Die für die Wirtschaftlichkeit eines kompletten Stahlkombinats unentbehrliche Warmbandanlage (Walzwerk, in dem bei 800–1300 °C große Stahlteile zu kleineren verformt werden) aber wurde aus Devisenmangel nie gebaut, obwohl Stahl deshalb zum Teil in Lohnarbeit in der Bundesrepublik bearbeitet werden mußte.

1. Traditionelles integriertes Stahlwerk »auf der Kohle«

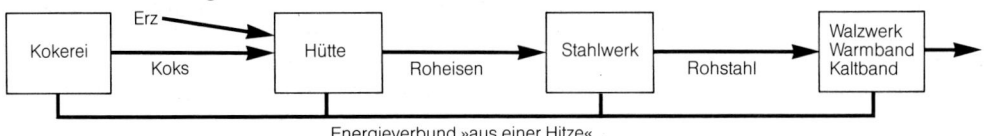

2. Eisenhüttenkombinat Ost

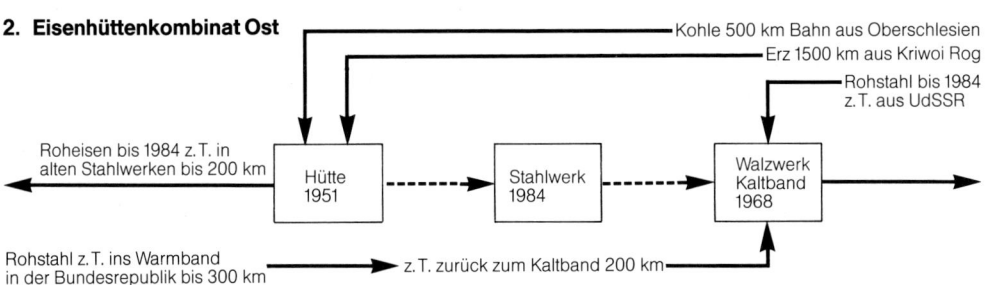

Strukturdaten

Die Bevölkerung von Eisenhüttenstadt	
1946[1]	7 159
1960	31 500
1964	36 619
1971	45 410
1989	52 393

[1] Fürstenberg und Schönfließ

Die Roheisenproduktion der DDR und von EKO

	DDR	EKO
1960	1,99 Mio. t	1,19 Mio. t
1970	1,99 Mio. t	1,21 Mio. t
1980	2,46 Mio. t	1,40 Mio. t

Die Rohstahlproduktion der DDR und von EKO

	DDR	EKO
1960	3,7 Mio. t	–
1970	5,0 Mio. t	–
1989	7,8 Mio. t	2,4 Mio. t

Strukturbestimmende Branchen im Bezirk Frankfurt/Oder 1970 und 1989 in Prozent

	1970	1989
eisenschaffende Industrie	30,4	28,5
chemische Industrie	29,4	41,3
Leichtindustrie	8,2	6,0
Elektroindustrie	3,4	5,5

Nach Angaben der Statistischen Jahrbücher der DDR, verschiedene Jahre

Wirtschaftlich weist die Region um Eisenhüttenstadt zwei unterschiedliche Zonen auf: Während die östliche entlang der Bahnlinie Cottbus–Frankfurt/O. industrialisiert ist, ist die westliche Zone stark agrarisch geprägt. Von dort kamen Pendler in das Kombinat. Aber Eisenhüttenstadt wies kaum Frauenarbeitsplätze auf. Gemäß der in der DDR üblichen Frauenarbeit wurden in Frankfurt/Oder Arbeitsplätze im Halbleiterwerk für die aus Eisenhüttenstadt pendelnden weiblichen Arbeitskräfte geschaffen.

Die wirtschaftliche Situation nach der Wende traf Eisenhüttenstadt – wie die gesamte eisenschaffende Industrie in den neuen Bundesländern – hart: Die Produktivität war mit der westdeutschen nicht vergleichbar, außerdem ging der traditionelle Absatzmarkt im Ostblock verloren. Statt dessen drängten Polen und die CSFR mit Billigstahl auf den deutschen Markt. Von den einst 12000 Beschäftigten des Kombinats an der Oder waren 1992 noch knapp 6000 in der Eko Stahl AG übrig geblieben. 1991 hatte sich bei einem Umsatz von 1,1 Mrd. DM über 100 Mio. DM Verlust ergeben.

Die eisenschaffende Industrie im Osten wird sich insgesamt sehr verändern: Der Stahlstandort Riesa ist stillgelegt, in Hennigsdorf/Brandenburg will der neue italienische Betreiber nur 900 der einst 4000 Arbeitsplätze erhalten. Und die Krupp Stahl AG, die 1992 die Eko Stahl AG übernehmen wollte, sieht für Eisenhüttenstadt nur eine Chance, wenn die Hütten und das LD-Stahlwerk von 1984 stillgelegt werden und statt dessen in einem neuen Elektrostahlwerk und einer Warmbandanlage aus Schrott Stahl gefertigt wird. Nur noch 2800 Mitarbeiter können dort beschäftigt werden, und die Investitionen belaufen sich auf über eine Mrd. DM – allein für die Modernisierung des Walzwerks. Und dies vor dem Hintergrund weltweiter Überkapazitäten und der Konkurrenz durch kostengünstigere Mini-Stahlwerke in Italien und den USA!

Die Niederlausitz, ehemaliges Energiezentrum der DDR

Als einziger heimischer Energierohstoff spielte die Braunkohle die zentrale Rolle beim Wiederaufbau und der Neukonzeption der Industrie der DDR. Im Rahmen der Investitionslenkung wurde das linkselbische Revier (Raum Halle–Leipzig), dessen Braunkohle hohen Bitumengehalt hat, vor allem für die Braunkohlenchemie reserviert, das rechtselbische (Bezirk Cottbus) sollte vorrangig der Energieversorgung dienen und die DDR auf diesem Gebiet autark machen. Die Devise hieß „Nutzung heimischer Rohstoffe".

Braunkohlenförderung in Mio. t auf dem Gebiet der DDR 1936–1981

1936	101,1	1970	261,1
1945	84,9	1985	312,2
1950	137,1	1989	301,0
1960	225,5	1991	168,2

Vor allem in den fünfziger und frühen sechziger Jahren wurde deshalb mit hohem Kapitaleinsatz der Bezirk Cottbus zum Energiezentrum ausgebaut (vgl. Kap. Energie). Bei der Konzentration auf den Bezirk sollte durch Betriebsvergrößerungen und neue Großanlagen die Energieerzeugung bei verbesserter Produktivität erhöht werden. Das Gaskombinat „Schwarze Pumpe" bei Hoyerswerda war als größter Braunkohlenveredelungsbetrieb der DDR ein Beispiel für

ein planwirtschaftlich errichtetes Großkombinat: 20 000 Mitarbeiter, die z.T. in der neuen „sozialistischen" Stadt Hoyerswerda-Neustadt angesiedelt wurden, erzeugten täglich 14 Mio. m^3 Gas, das in das Gasverbundnetz für die gesamte DDR eingespeist wurde und fast 60% des Gasbedarfs deckte, außerdem 13 Mio. kWh Strom, 9000 t Brikett und 5000 t Koks. Andere Großprojekte entstanden in Lübbenau und Weißwasser, wo das größte Braunkohlenkraftwerk der Welt gebaut wurde. Die notwendigen Umsiedelungen sind an der Entwicklung der Einwohnerzahlen zu erkennen.

Strukturdaten

Die Bevölkerungsentwicklung in Städten des Bezirks Cottbus[1]

	1950	1975	1989
Hoyerswerda	8 527	67 120	67 880
Lauchhammer	22 012	26 605	23 558
Lübbenau	5 526	22 208	20 972
Senftenberg	18 260	30 504	31 580
Weißwasser	13 844	26 952	36 790

[1] Heute gehört das Gebiet zwischen Lauchhammer, Senftleben, Lübbenau und Cottbus zu Brandenburg, die südliche Zone mit Hoyerswerda, Weißwasser und Boxberg zu Sachsen.

Bevölkerung im Bezirk Cottbus 1955–1989

1955	799 000	1980	883 900
1970	862 500	1989	875 600

Anteil des Bezirks Cottbus an der industriellen Warenproduktion der DDR

1959	3,6%
1970	5,5%
1989	6,5%

Beschäftigte nach Wirtschaftsbereichen im Bezirk Cottbus, Anteile in Prozent

	1959	1989
Land- und Forstwirtschaft	24,9	10,7
Produzierendes Gewerbe	46,1	51,7
Handel, Verkehr, Post	16,5	21,1
sonst. Dienstl. und Staat	12,5	16,5

Strukturbestimmende Branchen im produzierenden Gewerbe, Anteile in Prozent

	1970	1987
Energie, Brennstoffe	48,0	50,3
chemische Industrie	9,5	13,4
Maschinen- und Fahrzeugbau	12,3	11,3
Lebensmittelindustrie	10,7	10,6

Nach Angaben der Statistischen Jahrbücher der DDR, verschiedene Jahre

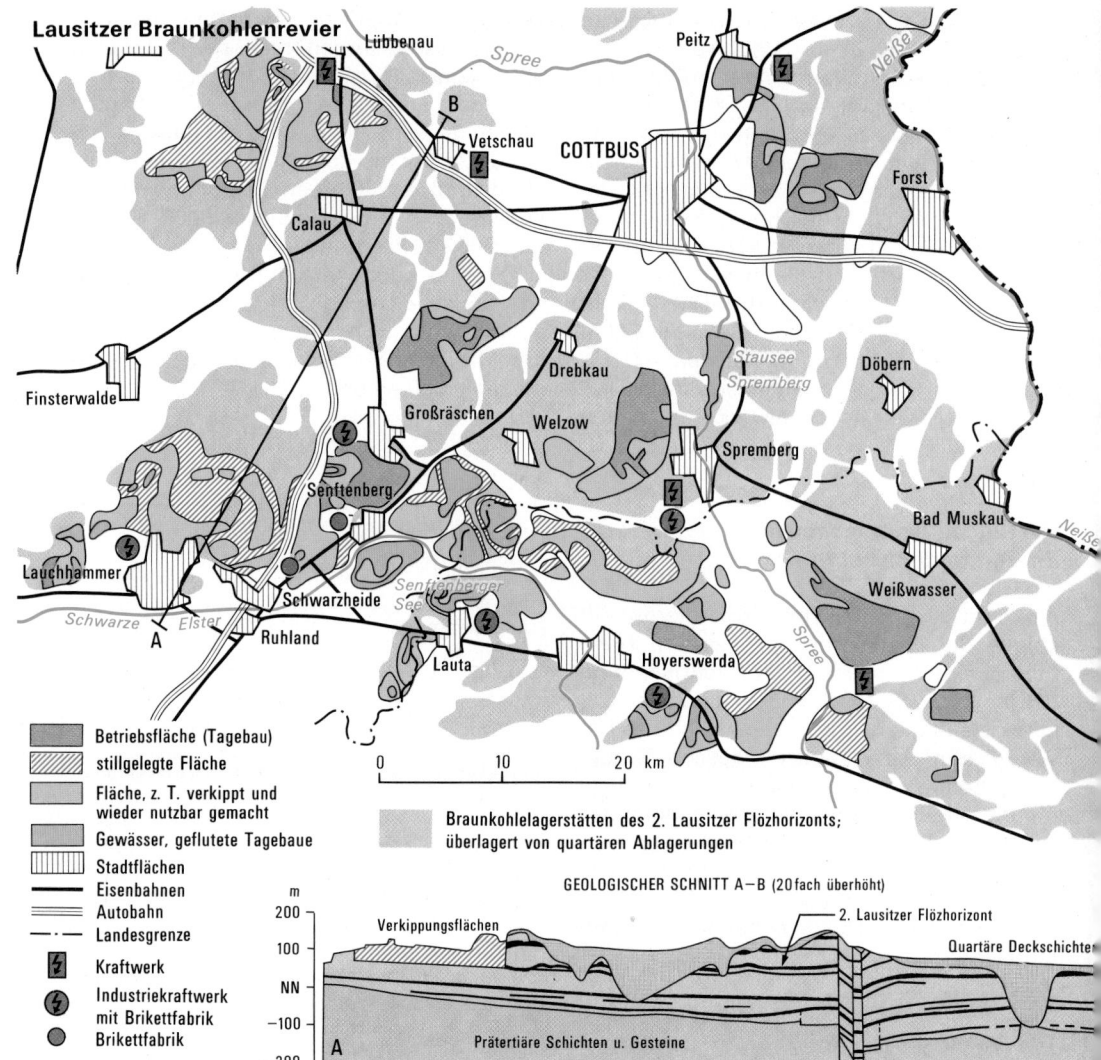

Lausitzer Braunkohlenrevier

Legende:

- Betriebsfläche (Tagebau)
- stillgelegte Fläche
- Fläche, z. T. verkippt und wieder nutzbar gemacht
- Gewässer, geflutete Tagebaue
- Stadtflächen
- — Eisenbahnen
- Autobahn
- —·— Landesgrenze
- Kraftwerk
- Industriekraftwerk mit Brikettfabrik
- Brikettfabrik

Braunkohlelagerstätten des 2. Lausitzer Flözhorizonts; überlagert von quartären Ablagerungen

0   10   20 km

GEOLOGISCHER SCHNITT A–B (20fach überhöht)

Verkippungsflächen — 2. Lausitzer Flözhorizont — Quartäre Deckschichten

Prätertiäre Schichten u. Gesteine

Das Energiezentrum im Bezirk Cottbus war ohne Rücksicht auf Rentabilität und Umweltverträglichkeit aufgebaut worden. 90% der Brikettproduktion, die Hälfte des Stroms und zwei Drittel des Stadtgases der DDR kamen von dort! Nach der Währungseinheit verzeichnete die Region 1990/91 wegen des Energiebedarfs zunächst einen relativ geringen Rückgang der Beschäftigten, der Ende 1991 aber mit voller Wucht einsetzte, vor allem wegen der „Energiewende" in den neuen Ländern, wo Erdöl und Erdgas nach dem Muster der alten Länder mehr und mehr die heimischen Energierohstoffe ver-

drängen. Mit seiner einseitigen Struktur steht der Raum vor enormen Problemen. Zwar hatte es in der alten Bundesrepublik auch schon regionale Strukturkrisen gegeben – aber wohl keine hatte ähnliche Ausmaße wie die wirtschaftlichen Veränderungen nach der Wende im Energiezentrum in der Lausitz. Innerhalb eines Jahres ging die Brikettproduktion auf die Hälfte zurück. Die Gesamtförderung der Braunkohle im Osten Deutschlands halbierte sich bis 1991, und Prognosen besagen, daß sie bis 2000 auf unter 100 Mio. t sinken wird.

244

Drei große Unternehmen bestimmten die Braunkohlenindustrie in der Lausitz:
- LAUBAG (Braunkohlenförderung),
- BVL Lauchhammer (Braunkohlenveredelung, Großkokerei),
- Gaskombinat Schwarze Pumpe (ESPAG).

Einzig in der Verstromung sieht man eine Chance für die Lausitzer Braunkohle. Große westdeutsche Energieunternehmen kauften deshalb die VEAG (Vereinigte Energiewerke) auf, die Kraftwerke und Stromnetz in den neuen Bundesländern kontrolliert. Konflikte ergaben sich 1992 mit den Kommunen, die – wie in den alten Ländern – sich das Recht auf eigene kommunale Stadtwerke sichern wollten.

Die Betriebe werden den Großteil ihrer Mitarbeiter verlieren. Nur sechs von siebzehn Tagebauen haben eine Zukunft. Und nur neue produktive und umweltfreundlichere Kraftwerke haben eine Chance. Sie werden viel weniger Beschäftigte haben.

Die *Altlasten* sind eine weitere Bürde für mögliche Nachfolgeunternehmen. Allein bei ESPAG belaufen sich die Aufwendungen zur Beseitigung der Altlasten auf mindestens 20 Mrd. DM. Im Herbst 1992 wurde deshalb eine neue Regelung anvisiert: Die Treuhand übernimmt 60%, die Länder übernehmen 40% der Kosten für die Beseitigung der Altlasten. Investoren werden davon befreit.

Schwarze Pumpe hat noch relativ günstige Aussichten: Im Elektrizitätsbereich arbeitet man ohne Verluste, und 1500 neue diversifizierte Arbeitsplätze konnten in neuen Betrieben, die den billigen Strom nutzen, geschaffen werden.

Die Region wird auch in Zukunft die Braunkohle brauchen, aber in unvergleichlich geringerem Maße. Strukturwandel ist unabdingbar. Aber wer will investieren, ehe die Altlasten beseitigt sind?

Ein weiterer Nachteil wirkt sich aus: Die Niederlausitz liegt peripher in ihren Bundesländern Brandenburg und Sachsen, peripher im deutschen Wirtschaftsraum und peripher in der EG, unweit der Wohlstandsgrenze zu Polen, die man heute fast mit einer Wirtschaftsgrenze zwischen Industrie- und Entwicklungsländern gleichsetzen muß.

Rostock und die Nordbezirke: Industrie- und Siedlungsplanung als Mittel zum Strukturwandel

Dem politischen System der DDR waren umfassende Planungsvollmachten gegeben: Sowohl Infrastruktur und Siedlungssystem als auch industrielle Standorte konnten nach zentralen Vorgaben festgelegt werden. Darin sah man die Möglichkeit, gewachsene Strukturen zu verändern, im besonderen die ungleiche Industrieverteilung in der DDR umzuformen und das starke Industriegefälle zwischen den südlichen und nördlichen Bezirken auszugleichen.

Strukturdaten

Bevölkerung in Stadt und Bezirk Rostock

	Stadt	Bezirk
1945	110000	–
1955	146000	845600
1960	158000	831000
1970	198000	859400
1980	230000	887800
1989	252900	909800

Beschäftigte nach Wirtschaftsbereichen im Bezirk Rostock in Prozent

	1959	1989
Land- und Forstwirtschaft	28,2	14,6
Produzierendes Gewerbe	31,5	33,9
Handel, Verkehr, Post	20,5	23,5
sonst. Dienstl. und Staat	19,8	28,0

Strukturbestimmende Branchen im Bezirk Rostock, Anteile in Prozent

	1970	1989
Lebensmittelindustrie	38,8	39,0
Maschinen- und Fahrzeugbau inkl. Schiffsbau	46,3	29,3
Energie, Brennstoffe	2,6	11,3
chemische Industrie	0,7	7,9

Güterumschlag im Hafen Rostock in Mio. t (und Anteil am Gesamthafenumschlag der DDR)

1960	1,4 •	1985	19,7 (19,7%)
1970	10,1 (79,3%)	1989	20,8 (82,6%)
1980	15,2 (79,1%)		

1960 hatte der Bezirk Rostock einen Anteil von 3,2% an der industriellen Warenproduktion der DDR. Auch 1970 und 1989 blieb es bei 3,2%!

Nach Angaben der Statistischen Jahrbücher der DDR, verschiedene Jahre

Industrielles Standortgrundnetz im Bezirk Rostock

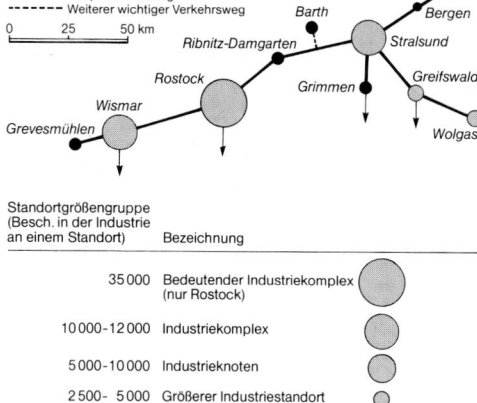

Standortgrößengruppe (Besch. in der Industrie an einem Standort)	Bezeichnung
35 000	Bedeutender Industriekomplex (nur Rostock)
10 000–12 000	Industriekomplex
5 000–10 000	Industrieknoten
2 500– 5 000	Größerer Industriestandort
1 000– 2 500	Mittlerer Industriestandort
500– 1 000	Kleinerer Industriestandort

Nach Alfred von Känel: Zur Industrie und Industrialisierung in den Nordbezirken der Deutschen Demokratischen Republik. In: Zeitschrift für den Erdkundeunterricht, 1972, H. 8/9, S. 286

Siedlungskategorien 1–3 im Bezirk Rostock

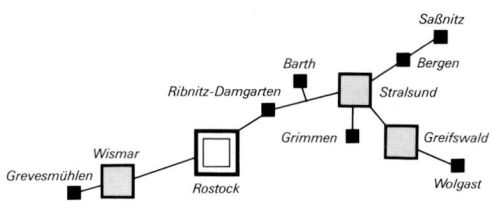

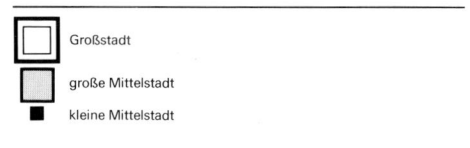

- ☐ Großstadt
- ◻ große Mittelstadt
- ■ kleine Mittelstadt

Nach Horst Kunkel: Allgemeine Grundsätze zur Gestaltung des Siedlungsnetzes im Bezirk Rostock. In: Entwicklung der Siedlungsstruktur im Norden der DDR. Wiss. Abhandlungen d. Geographischen Gesellschaft der DDR. Gotha: Haack 1975, S. 131

Mit dem Bau des Überseehafens Rostock sollte nicht nur der fehlende Zugang zum Weltmeer geschaffen werden, gleichzeitig sollte durch den Schiffsbau und die Fischereiindustrie in den Nordbezirken deren wirtschaftliche Struktur gestärkt, ihre Industrialisierung vorangetrieben werden. Und Rostock sollte großes Siedlungszentrum werden.

Im Bezirk Rostock entsprachen sich Industrie- und Siedlungsplanung: Einem „industriellen Standortgrundnetz", das nach der Zahl der Beschäftigten abgestuft war, wurde ein Siedlungsnetz mit entsprechenden Kategorien zugeordnet. Dabei hatte die „materielle Produktion", also die Industrieplanung, Vorrang vor den Wohninteressen.

Nach der Wende ergab sich auch für den Schiffsbau im neuen Bundesland Mecklenburg-Vorpommern die Notwendigkeit, durch Schrumpfung, Neuorganisation und neue Schwerpunkte auf dem Weltmarkt konkurrenzfähig zu werden. Auch hier sind die Eingriffe schmerzhaft: Von den einst 34 500 Beschäftigten der ostdeutschen Werften waren zur Beginn des Jahres 1991 noch 19 000 übriggeblieben. 1995 sollen es

nur noch 7580 sein. Staat und EG haben für das Überleben der Werften Mittel in Höhe von 6,234 Mrd. DM genehmigt. Vor diesem Hintergrund sind bereits Mitte 1992 die meisten Werften privatisiert worden. Aber auch das Überleben in solch geschrumpfter Form ist für das arme und strukturschwache Bundesland noch Problem genug: mit einem Bruttoinlandsprodukt von 20,6 Mrd. DM war es 1991 mit Abstand das wirtschaftsschwächste aller Bundesländer.

1. *Untersuchen Sie die Standortwahl für das Eisenhüttenkombinat Ost. Bewerten Sie sie nach den Grundsätzen der Wirtschaftlichkeit und nach den Planungskriterien der DDR.*
2. *Schildern Sie die Entwicklung des Bezirks Cottbus zum Energiezentrum der DDR. Bewerten Sie diese Entwicklung, und versuchen Sie, die heutigen Probleme in Bezug zu den Prinzipien der Industriepolitik der DDR zu setzen.*
3. *Schildern Sie am Beispiel Rostock die Übereinstimmung von Industrie- und Siedlungsplanung in der DDR. Bewerten Sie das Ergebnis vor dem Hintergrund der*

einstigen Absichten einer gleichmäßigen Industrialisierung der DDR.

4. *Stellen Sie die gegensätzlichen Positionen zur Industrie- und Siedlungspolitik in der Bundesrepublik und in der DDR dar. Versuchen Sie eine Bewertung des Systems der Industrieplanung in der DDR.*

5. *Fassen Sie, ausgehend von den drei Beispielräumen, die aktuellen Probleme der Industrie in den neuen Bundesländern zusammen. Diskutieren Sie die Versuche zur Lösung, verwenden Sie – neben Kap. 6.3 – auch neue Meldungen der Medien.*

6.5 Die Diskussion um den Industriestandort Deutschland

Die europäische Währungs- und Wirtschaftsunion

Im Dezember 1991 wurden in Maastricht von den Staats- und Regierungschefs der Europäischen Gemeinschaft die Grundsätze einer europäischen Union (EU) beschlossen. Sie enthalten

– die bereits existierenden EG-Verträge zu Bildung, Verbraucherschutz, Gesundheitswesen,

– Absichtserklärungen für eine gemeinsame Außen- und Sicherheitspolitik,

– eine „europäische Staatsbürgerschaft", die den EG-Bürgern das Kommunalwahlrecht in allen EG-Ländern gewährt,

– Protokolle über eine gemeinsame Sozialgesetzgebung in den EG-Staaten,

– Vereinbarungen über eine Währungsunion, die 1999 abgeschlossen sein soll.

Der Zeitplan für die Verwirklichung der *Europäischen Wirtschafts- und Währungsunion (EWWU)*:

1990–93: Alle EG-Staaten sollen in das *EWS* (europäisches Währungssystem mit Wechselkursregelungen) eingefügt werden. Seit Ende 1992 ist der europäische Binnenmarkt vollendet, der in der EG dem Warenverkehr aller Art (auch Dienstleistungen), dem Kapital und der Arbeit die Grenzen öffnet. Es bestehen gemeinsame Mindeststeuersätze.

1994–96: Das Europäische Währungsinstitut zur Koordinierung der Geldpolitik nimmt seine Arbeit auf.

ab 1. 1. 1999: Endgültige Festschreibung der Wechselkurse; die nationalen Währungen werden durch den Ecu ersetzt.

Voraussetzungen für die Aufnahme eines Staates in die Währungsunion sind drei Bedingungen (Konvergenzkriterien):

1. Der Preisanstieg darf höchstens 1,5 Prozentpunkte über dem der drei stabilsten EG-Staaten liegen.

2. Staatsschulden dürfen höchstens 60% der Wirtschaftsleistung erreichen.

3. Das öffentliche Defizit darf höchstens 3% der Wirtschaftsleistung betragen.

Die Aufnahmekriterien in die Währungsunion und ihre Erfüllung (1992)

	Preisanstieg 1991 gegenüber 1990 in %	Staatsschulden in % der Wirtschaftsleistung 1991	Öffentliches Defizit in % der Wirtschaftsleistung 1991
Belgien	3,5	132	− 6,2
Deutschland	3,5	44	− 3,2
Dänemark	2,5	60	− 1,5
Spanien	6,0	43	− 2,7
Frankreich	3,0	48	− 1,7
Großbritannien	6,0	36	− 1,7
Griechenland	19,6	84	−16,0
Italien	6,5	103	−10,0
Irland	3,1	113	− 2,3
Luxemburg	3,3	5	+ 1,5
Niederlande	3,5	83	− 4,3
Portugal	12,2	64	− 5,5

Nach Globus Kartendienst 9284, Hamburg

Datenüberblick der EG-Staaten

Land	Gebiet und Bevölkerung 1991 Fläche 1000 km²	Bevölkerung insgesamt 1000	Einwohner je km² Anzahl	Einfuhr insgesamt Mill. US-$	Außenhandel 1991 Ausfuhr insgesamt Mill. US-$	Ein- (−) bzw. Ausfuhr- (+) Überschuß insgesamt Mill. US-$	BIP je Einwohner 1991 nach Kaufkraftparitäten DM
Bundesrepublik Deutschland[1]	357	80170	225	390007	401422	+ 11415	40400[1]
Belgien	31	10022	323	127044	118148	− 8896	36760
Dänemark	43	5162	120	33053	36305	+ 3252	39250
Frankreich	549	57206	104	247977	228890	− 19087	39150
Griechenland	132	10250	78	21576	8693	− 12884	18750
Großbritannien und Nordirland	244	57642	236	209960	182309	− 27651	36350
Irland	70	3532	50	20859	24206	+ 3347	25130
Italien	301	57788	192	182401	169461	− 12939	37460
Luxemburg	3	390	130				46320
Niederlande	42	15129	360	137422	134092	− 3330	37530
Portugal	92	9846	107	26133	16305	+ 9828	19460
Spanien	505	39056	77	90045	63632	− 26413	28500
EG	**2369**	**346193**	**146**	**1486475**	**1383463**	**−103013**	**–**
Vereinigte Staaten	9373	251086	27	488124	421848	− 66264	49510[2]
Japan	378	123940	328	236376	314628	+ 78252	37150[2]

1) alte Länder (neue Länder: 11510 DM, Gesamtdeutschland: 34670 DM)
2) 1989

Nach Statistisches Jahrbuch für die Bundesrepublik Deutschland 1992, Beilage: Statistisches Jahrbuch für das Ausland 1992, S. 163, ergänzt

Man erwartet von der Union eine Steigerung der jährlichen Wirtschaftsleistung:
- 160 Mrd. DM durch Abbau von Handelshemmnissen und Normenvereinheitlichung,
- 20 Mrd. DM durch Fortfall der Zollformalitäten,
- 140 Mrd. DM durch Ausweitung des Marktes und mögliche größere Serien,
- 100 Mrd. DM durch stärkeren Wettbewerb, schärfere Kalkulation und dadurch erhöhten Absatz.

1991 einigte sich die EG (Belgien, Dänemark, Deutschland, Frankreich, Griechenland, Großbritannien, Irland, Luxemburg, Niederlande, Portugal, Spanien) mit der Europäischen Freihandelszone (EFTA: Finnland, Island, Liechtenstein, Norwegen, Österreich, Schweden, Schweiz) auf die Schaffung eines *„Europäischen Wirtschaftsraums" (EWR)*. Neben freiem Warenverkehr sollen auch Dienstleistungs- und Kapitaltransfer erleichtert werden. Allerdings bestehen eine Vielzahl von Einschränkungen, vor allem beim Arbeitsmarkt, auch eine Harmonisierung der Steuern und ein Abbau der Grenzkontrollen ist nicht beabsichtigt. Die Schweiz trat auch diesen sehr wenig weitreichenden Regelungen nicht bei.

1994 startet die Nordamerikanische Freihandelszone *NAFTA* (Kanada, USA, Mexiko), ein zweiter großer Wirtschaftsblock.

Wirtschaftszusammenschlüsse

	EWR	NAFTA	ASEAN[1]	Japan
Wirtschafts-leistung 1990				
Mrd. $	7030	6400	241	2890
Bevölkerung	379	368	304	124

[1] Indonesien, Malaysia, Philippinen, Singapur, Thailand

Stärken und Schwächen des Industriestandorts Deutschland

Vor dem Hintergrund dieser Veränderungen lebte die Debatte um den Industriestandort Deutschland, die während der Hochkonjunktur 1989–1991 verstummt war, wieder auf.

In der Presse lauteten 1992 Überschriften „Deutsche Industrie – Kostenweltmeister", oder „Standort Westdeutschland mit ausgesprochenen Schwächen", oder „Standort Deutschland gefährdet". Aber gleichzeitig konnte man auch lesen: „Wirtschaftsstandort Deutschland liegt gut im Rennen", „Deutschland – ein qualifizierter Standort".

Personalkosten, Produktivität und Lohnstückkosten im verarbeitenden Gewerbe in den EG-Staaten 1991

	B	DK	D	F	GR	GB	IR	I	LU	NL	P	E
Arbeitskosten/h einschl. Lohnzusatz-kosten in DM	31,75	31,22	40,48	26,73	11,14	26,76	21,66	32,38	–	32,12	7,88	22,50
davon Direktlohn	17,10	25,20	21,73	14,09	6,77	15,92	15,09	15,80	–	17,70	4,49	13,89
Produktivität D = 100	120,1	78,9	100	81,2	–	73,8	–	97,7	–	102,1	26,1	75,2
Lohnstückkosten D = 100	65,2	97,8	100	81,3	–	76,2	–	81,9	–	77,7	74,7	73,9

Nach iwd 1992

Kostenstruktur in Bergbau, verarbeitendem Gewerbe und Baugewerbe der alten Bundesländer 1990 (Anteil am Bruttoproduktionswert in Prozent)

	Personalkosten	Materialverbrauch, Energie, Handelsware etc.	sonstige Kosten, Dienstleistungen, Mieten/Pacht, Abschreibungen etc.
Bergbau	44,8	36,7	18,5
Verarbeitendes Gewerbe	25,2	52,2	23,6
darunter z. B. Chemie	24,5	48,3	27,2
Straßenfahrzeugbau	24,2	60,2	15,6
Baugewerbe	38,0	45,6	16,4

Nach Statistisches Jahrbuch 1992, S. 201

Roheisen- und Stahlproduktion 1990 in 1000 t		
	Roheisen	Stahl
BR Deutschland		
alte Länder	30097	38434
mit neuen Ländern	32226	43773
Italien	11883	25471
Frankreich	14415	19016
Großbritannien	12497	17902
EG gesamt	91795	136865
USA	49827	90812
Japan	80228	110333

Kraftfahrzeugproduktion 1990 in 1000		
	Pkw und Kombi	Nutz- fahrzeuge
BR Deutschland		
alte Länder	4634	316
mit neuen Ländern	4779	348
Frankreich	3295	474
Italien	1875	246
Großbritannien	1296	270
USA	6077	3701
Japan	9948	3539

Nach Statistisches Jahrbuch für das Ausland 1992, S. 265

Aspekte zum „Standort Bundesrepublik"

Ergebnisse einer Ifo-Befragung von Industrieunternehmen

Ausbildung der Arbeitskräfte
Verkehrs- und Nachrichtennetz
Politische Stabilität
Produktivität
Arbeitsklima, Motivation
Sozialer Friede

Pluspunkte
(Übergewicht positiver Antworten in %)

57 % — 54 — 48 — 30 — 11 — 2

Energiekosten — 27 %
Arbeitsrechtliche Bestimmungen — 66
Staatl. Bürokratie — 90
Arbeitszeitregelungen — 102
Steuern — 104
Löhne — 114
Lohn- neben- kosten — 152

Minuspunkte
(Übergewicht negativer Antworten in %)

Wegen der von Betrieb zu Betrieb unterschiedlichen Erfahrungen gibt es für jeden Einzelpunkt positive und negative Bewertungen. Entscheidend ist dabei das jeweilige Übergewicht.
Nach Globus Kartendienst 7575, Hamburg

Die größten Exporteure 1990 in Mrd. Dollar

Maschinen		Kraftfahrzeuge		Büromaschinen Telekommunikation		Chemie	
Japan	203	Deutschland	69	Japan	67	Deutschland	51
Deutschland	197	Japan	66	USA	52	USA	40
USA	183	USA	33	Deutschland	21	Frankreich	38
Nahrungsmittel		Energie		Kleidung Textilien		Eisen und Stahl	
USA	42	UdSSR	42	Hongkong	24	Deutschland	15
Frankreich	33	Saudi-Arabien	40	Italien	21	Japan	13
Niederlande	26	Iran	17	Deutschland	20	Belgien	10

Nach Globus Kartendienst 9585, Hamburg

Anteile am Weltexport von hochtechnologischen Industriewaren in Prozent 1988

Telekommunikation		Mikroelektronik		Computer	
Japan	29,5	Japan	22,7	USA	24,6
BR Deutschland	11,2	USA	13,6	Japan	17,4
USA	8,3	Singapur	7,7	BR Deutschland	8,5
Luft- und Raumfahrt		Werkzeugmaschinen Roboter		Organische Chemie	
USA	45,2	BR Deutschland	22,3	BR Deutschland	18,5
Großbritannien	16,2	Japan	20,9	USA	11,7
BR Deutschland	9,5	USA	11,7	Frankreich	10,4

Nach Globus Kartendienst 8474, Hamburg

250

„Jedenfalls steht die Branche plötzlich vor der Tatsache, daß die Produktivität (Arbeitsstunden je Tonne Rohstahl) der französischen Stahlindustrie, die bis 1988 zum Teil beträchtlich hinter der westdeutschen zurückgelegen hatte, allen anderen in der EG davongeeilt ist. Der französische Staatskonzern Usinor-Sacilor braucht heute 4,1 Stunden, um eine Tonne Rohstahl zu erschmelzen, während dafür in der Bundesrepublik (alt) immerhin noch 4,8 Stunden benötigt werden. Die Briten liegen zur Zeit bei 5,2 Stunden. Noch deutlicher zeigen die Fortschritte bei der Arbeitsproduktivität, was in den letzten Jahren geschehen ist: Frankreich verbesserte sich von 1985 bis 1990 um gut 70 Prozent, Italien und Belgien um etwa 40 Prozent, Großbritannien um 33 Prozent, während Westdeutschland mit einem Plus von 19 Prozent am Ende des Feldes liegt. Insgesamt sind damit die Produktivitätsunterschiede in der EG äußerst gering geworden.

Sieht man davon ab, daß fast alle anderen Stahlproduzenten in der EG weitaus stärker als die deutschen mit Subventionen bedacht wurden (und werden), was das Investieren leichter macht, dann haben die Verschiebungen bei der Arbeitsproduktivität nur bedingt etwas mit dem Thema Standort zu tun. Doch ändert sich das schlagartig, wenn die Arbeitskosten in den Vergleich einbezogen werden. Die Briten kommen auf Vollkosten von insgesamt 32 DM/Stunde, die Franzosen auf 38 DM/Stunde und die Westdeutschen auf immerhin 49 DM/Stunde. Das sind hierzulande 57 Prozent mehr als bei den Briten und 29 Prozent mehr als in Frankreich. Liegt es hieran, daß die westdeutsche Stahlindustrie 1991 im eigenen Lande geringfügig an Marktanteil verloren hat und ihr Außenhandelsüberschuß, der 1985 noch 15,7 Milliarden DM betragen hatte, bis 1990 auf 8,9 Milliarden DM zurückgefallen ist und 1991 nur noch rund 6,5 Milliarden DM betrug? Keine Frage, daß es schwerer geworden ist, bei unserem Kostenniveau zu exportieren."

Werner Gaspert: Standort Deutschland. Süddeutsche Zeitung, Sonderdruck 7/1992

Angesichts der kontroversen Meinungen ist die Bewertung, die 1992 das angesehene japanische Nomura Research Institute traf, interessant.

Vorteile des Standorts Deutschland:
– Konzentration auf einzelne Geschäftsbereiche,
– Spezialisierung auf Marktnischen,
– Fertigung hochpreisiger Produkte, die durch hohe Binnenkaufkraft, lange Kontakte und Lieferungskonstanz auch abgesetzt werden können,
– hohe Spezialisierung der Arbeitskräfte – ein Punkt, der sich in eine Schwäche verwandeln könnte, da künftig Arbeitsprozesse schneller umgestellt werden müssen; statt Spezialkenntnisse seien dann übergreifende Fähigkeiten gefordert.

Nachteile:
– hohe Arbeitskosten,
– Rückstände in Bereichen der Hochtechnologie,
– ineffiziente Produktionsabläufe, verzögerte Übernahme neuer Prinzipien (wie lean production),
– Belastungen durch den Wiederaufbau in den neuen Bundesländern.

Ende 1992 wurde von der Bundesregierung das „Standortsicherungsgesetz" zur Verringerung von Standortnachteilen geplant. Vor allem Steuerentlastungen (bei Körperschafts-, Einkommens- und Erbschaftssteuer) sollen die Wettbewerbssituation der Unternehmen verbessern.

Voraussagen für die künftige regionale Wirtschaftsentwicklung im europäischen Binnenmarkt nennen vor allem ein zentrales Band von Südengland bis in die Po-Ebene als Wachstumszone. Außerdem zählt dazu eine Zone von Lyon entlang der französischen und spanischen Mittelmeerküste. Neuerdings nennt man auch ein Band von Lyon über Zürich, München und Wien nach Budapest. Als einzelne Wachstumsschwerpunkte werden der Raum Hamburg, das Ruhrgebiet und der Raum Groningen/Drenthe genannt.

Vor dem Hintergrund der ungewissen Wirtschaftsentwicklung in den neuen Bundesländern, vor allem aber in Ostmittel- und Osteuropa, sind diese Voraussagen spekulativ.

Die europäischen Wachstumszentren[1] der neunziger Jahre

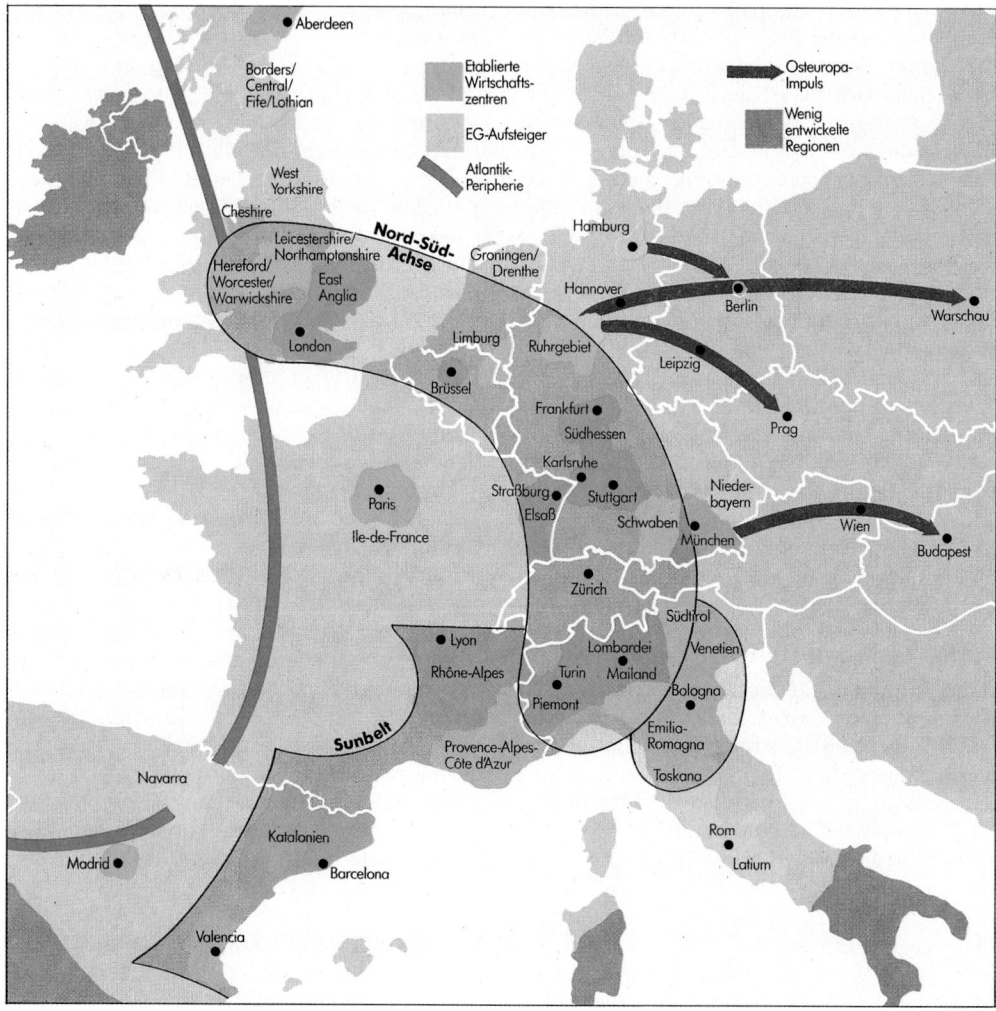

[1] Gezeichnet auf der Basis einer Untersuchung des Ifo-Instituts nach 15 Kriterien, darunter Branchenstruktur, Anteil der Wachstumsbereiche, Arbeitsmarkt nach Angebot und Ausbildungsqualität, Forschungsdichte, Zentralität, Wohn- und Gewerbeflächen, Infrastruktur, Freizeitangebot
Manager magazin 3/90, S. 205

1. *Nennen Sie die Maßnahmen, die zur Verwirklichung der europäischen Wirtschafts- und Währungsunion getroffen und die Bedingungen, die erfüllt werden müssen.*
2. *Versuchen Sie, die Vorteile der europäischen Union darzustellen, und vergleichen Sie den europäischen Wirtschaftsraum EWR mit anderen Wirtschaftsblöcken.*
3. *Werten Sie die Materialien auf S. 249/250 aus, und stellen Sie die Entwicklung und Bedeutung der Arbeitskosten im internationalen Vergleich dar.*
4. *Versuchen Sie, Produktions- und Exportleistungen der deutschen Industrie vor dem Hintergrund der Standortvor- und -nachteile zu erklären.*
5. *Stellen Sie die Vor- und Nachteile des Industriestandorts Deutschland aus Sicht der Unternehmer und aus Sicht der Arbeitnehmer dar.*

Der tertiäre Sektor

Dienstleistungen sind wirtschaftliche Verrichtungen, bei denen nicht Sachgüter hergestellt werden, sondern bei denen es sich um persönliche Leistungen handelt. Allerdings tritt der ursprüngliche Begriff des Dienens immer mehr zurück gegenüber dem Beraten, Entwickeln, Vermitteln und Organisieren. Mit den Dienstleistungen werden wie mit den Sachgütern menschliche Bedürfnisse befriedigt. Sie sind trotz ihres immateriellen Charakters ökonomische Güter, deren Wert durch die Knappheit bestimmt ist.

Die Geographie befaßt sich mit dem Standort der Dienstleistungseinrichtungen und -unternehmen und mit den räumlichen Verflechtungen der Dienstleistungen, ihren Auswirkungen auf das Versorgungsverhalten der Bevölkerung und mit der Raumwirksamkeit dieser Einrichtungen.

1 Wesen und Bedeutung

Zum tertiären Sektor gehören:
– Handel,
– Verkehr (einschließlich Nachrichtenübermittlung),
– private Dienstleistungen: Kreditinstitute, Versicherungsgewerbe, Wohnungsvermietung, Grundstückswesen, Werbung, Reinigung, Friseurgewerbe, Körperpflege, häusliche Dienste, Gaststätten- und Beherbergungsgewerbe, Wissenschaft, Kunst, Theater, Film, Publizistik usw., Gesundheitswesen, Sport, Verbände und Berufsorganisationen, Rechtsberatung,
– öffentliche Dienstleistungen: Verwaltung, Erziehung und Lehre, Krankenpflege, Polizei und Zoll.

Das Wachsen des tertiären Sektors ist ein Kennzeichen der Spätphasen der Industriegesellschaft. Es steht in Zusammenhang mit den Veränderungen der Produktionstechnologie, die durch die Entwicklung neuer Verfahren mit immer mehr mechanisierten, vollmechanisierten und automatisierten Arbeitsgängen den Anteil der menschlichen Arbeitskraft herabsetzt. Die freigesetzten Arbeitskräfte müssen vom tertiären Sektor

Anteil der drei Wirtschaftssektoren an den Erwerbstätigen 1950–1990 (Anteil am Bruttoinlandsprodukt 1989, 1990 und 1992) in Prozent

	primärer Sektor	sekundärer Sektor	tertiärer Sektor
1950			
Bundesrepublik Deutschland	23,2	44,5	32,3
DDR	27,9	43,9	28,2
USA	15,2	49,8	35,0
1970			
Bundesrepublik Deutschland	8,5	48,8	42,7
DDR	12,8	48,9	38,3
USA	4,1	30,5	65,4
1989			
Bundesrepublik Deutschland	3,8 (1,5)	37,1 (41,4)	58,9 (56,9)
DDR	10,8 (11,0)	47,0 (76,3)	42,2 (12,7)
1990			
Bundesrepublik Deutschland	3,8 (1,6)	37,1 (39,4)	59,1 (59,0)
USA	2,8 (1,9)	26,2 (33,0)	61,0 (65,1)
Japan	8,2 (7,2)	33,9 (34,1)	57,9 (58,7)
1992			
Bundesrepublik Deutschland	3,3 (1,2)	37,7 (37,7)	59,0 (61,0)

aufgenommen werden, da auch im primären Sektor durch die Weiterentwicklung der Mechanisierung die Zahl der benötigten Arbeitskräfte zurückgeht. Andererseits ist auch die Entwicklung des sekundären Sektors an entsprechende Dienstleistungen gebunden, da zur Leistungserstellung (Produktionsvorbereitung und -durchführung) und zur Leistungsverwertung (Vermarktung) Versorgungs-, Absatz- und Handelseinrichtungen notwendig sind. Ein weiterer Grund für die steigende Bedeutung des tertiären Sektors ist der mit der Verkürzung der Arbeitszeit größer werdende Freizeitanteil der Bevölkerung und der mit steigendem Lebensstandard sich erhöhende Anspruch an Freizeitmöglichkeiten und den damit wachsenden Bedürfnissen an Dienstleistungen. Der tertiäre Sektor übernimmt die „Vermarktung" dieser Bedürfnisse. Außerdem wuchsen in den letzten Jahrzehnten die Anforderungen an administrative Maßnahmen (besonders im Bereich des Verkehrs, des Gesundheitswesens, der Altersversorgung und der Alterssicherung).

Die Hochrechnungen und Voraussagen von Fourastié wurden also nur teilweise bestätigt. Er hatte für die alten Industrieländer einen Anteil des tertiären Sektors von 80 Prozent an der Wirtschaftsleistung schon für 1960 angekündigt. 1970 betrug aber dessen Anteil am Bruttosozialprodukt der Bundesrepublik Deutschland nur 43%, so daß man zumindest von einer Verlangsamung des sich verändernden Anteils an den Wirtschaftssektoren sprechen kann. Allerdings wird heute ein Teil der Beschäftigten im sekundären Sektor zwar statistisch diesem zugerechnet, die von ihnen geleistete Arbeit aber liegt nicht mehr im produzierenden Bereich, sondern ist Dienstleistung.

In den USA kann man bereits heute von einer „postindustriellen Gesellschaft" sprechen, wie sie künftig auch für andere Staaten charakteristisch sein wird.

Der hohe Anteil am tertiären Sektor darf nicht einseitig als Hinweis auf eine weit entwickelte Wirtschaft verstanden werden. Er kann auch Schwächezeichen des sekundären Sektors sein. Dienstleistungseinrichtungen haben entweder private oder öffentliche Träger. Die Einrichtungen der privaten Träger sind zumeist wirtschaftliche, auf Gewinn ausgerichtete Einrichtungen.

Entwicklung des Anteils der Erwerbstätigen an den Wirtschaftssektoren in Industrieländern (verändert nach Fourastié)

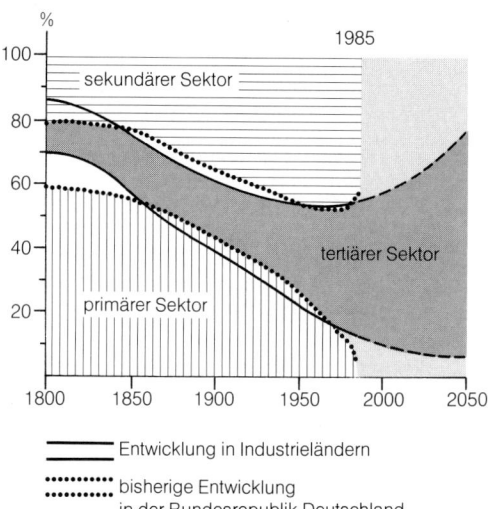

Ulrich Kümmerle: Industrie. Stuttgart: Klett 1980, S. 9, ergänzt

Die Unterscheidung in private und öffentliche Dienstleistungen hat eine erhebliche Bedeutung für die Raumordnung. *Öffentliche Dienstleistungen* geben dem Staat die Möglichkeit, ihre Verteilung zu bestimmen und damit direkte Einflüsse auf die wirtschaftliche und kulturelle Entwicklung der Regionen und somit auf ihre Raumstruktur auszuüben (vgl. auch S. 260f.). Wenn der Kunde diese Einrichtungen im Bereich der Erziehung, der Verwaltung, des öffentlichen Gesundheits-, Rechts- und Sicherheitswesens benutzen will, hat er nicht die freie Wahl, sondern muß die vom Staat (Bund, Land) bzw. die von den Kreisen oder den Kommunen vorgegebenen Einrichtungen benutzen. Es ergeben sich also Zwangsbeziehungen entsprechend der öffentlichen Planung.

Die Entwicklung des öffentlichen Dienstes und anderer Bereiche des tertiären Sektors wird aus den Tabellen Seite 256 deutlich. Entsprechend stiegen auch die Ausgaben der öffentlichen Haushalte von 1162 DM pro Einwohner 1960 auf 18051 DM 1990. Der Anteil der Personalausgaben betrug dabei 301 DM (1960) bzw. 3985 DM (1990).

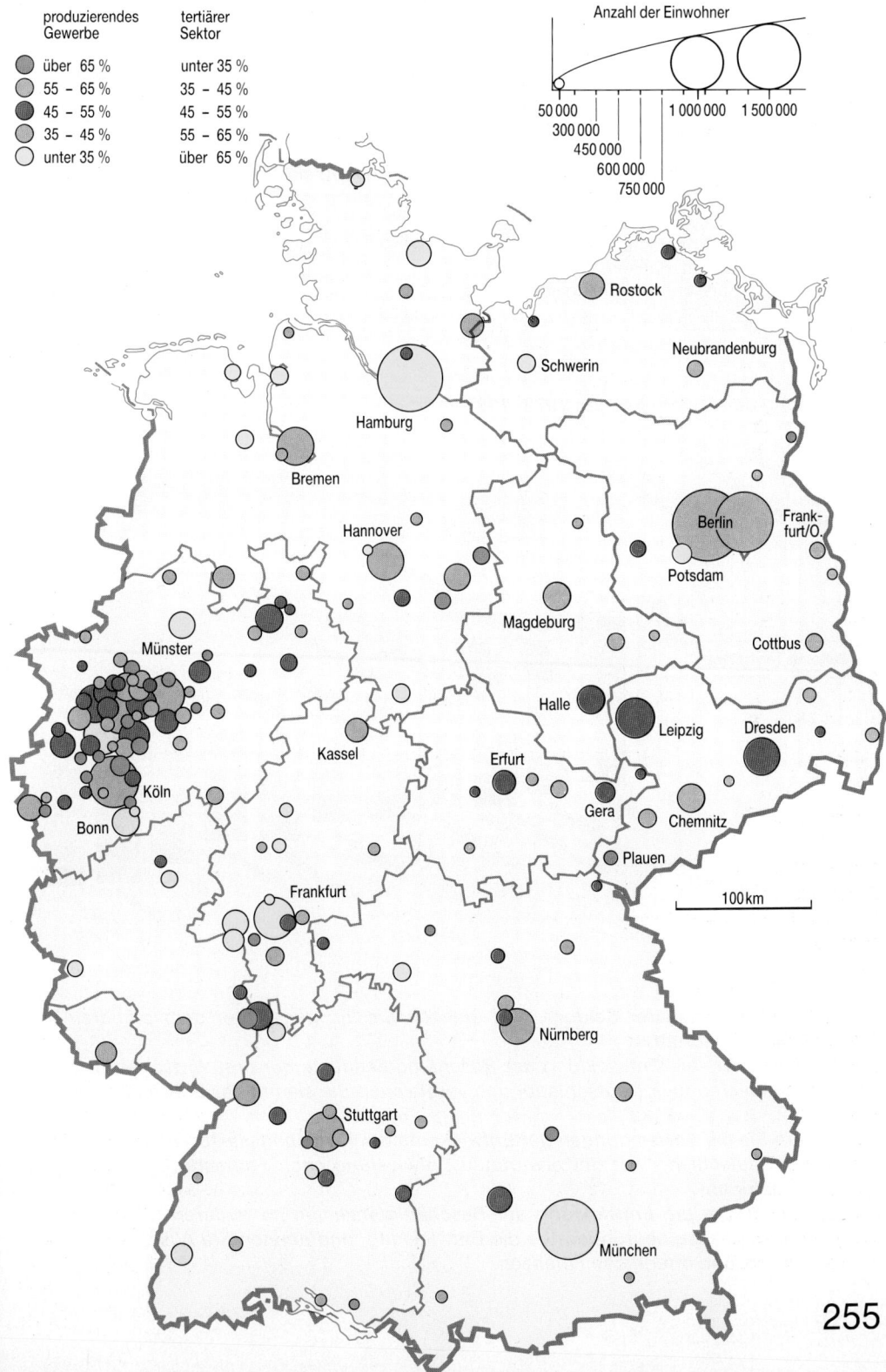

Städte mit 50 000 und mehr Einwohnern und dem Anteil der Beschäftigten im Produzierenden
Gewerbe und im Tertiären Sektor (1987)

produzierendes   tertiärer
Gewerbe   Sektor

über 65 %   unter 35 %
55 – 65 %   35 – 45 %
45 – 55 %   45 – 55 %
35 – 45 %   55 – 65 %
unter 35 %   über 65 %

Anzahl der Einwohner

50 000   1 000 000   1 500 000
300 000
450 000
600 000
750 000

Rostock

Schwerin

Neubrandenburg

Hamburg

Bremen

Hannover

Berlin   Frank-
             furt/O.
Potsdam

Münster

Magdeburg

Cottbus

Halle

Leipzig

Dresden

Kassel

Erfurt

Gera   Chemnitz

Köln

Bonn

Plauen

Frankfurt

100 km

Nürnberg

Stuttgart

München

255

Beschäftigte im öffentlichen Dienst der Bundesrepublik Deutschland

	1972	1978	1991	1991 nur alte Länder
Bei Bund (ohne Post, Bahn)	295 000	327 500	651 955	567 075
bei den Ländern	1 269 000	1 741 000	2 566 500	1 932 000
bei den Gemeinden	716 000	1 098 700	1 946 400	1 329 400
gesamt, mit Post, Bahn	3 291 000	3 430 000	6 682 800	4 669 500

Erwerbstätige im tertiären Sektor der Bundesrepublik Deutschland (alte Länder) in Mio.

	1960	1970	1980	1990
Handel, Verkehr, Nachrichtenübermittlung	4,634	4,566	4,722	5,221
private Dienstleistungen, Banken, Versicherungen, Organisationen ohne Erwerbszweige, Gebietskörperschaften	5,603	6,719	8,541	11,140

Statistisches Jahrbuch, verschiedene Jahrgänge

Veränderung der Erwerbstätigen 1973–1987 in Prozent

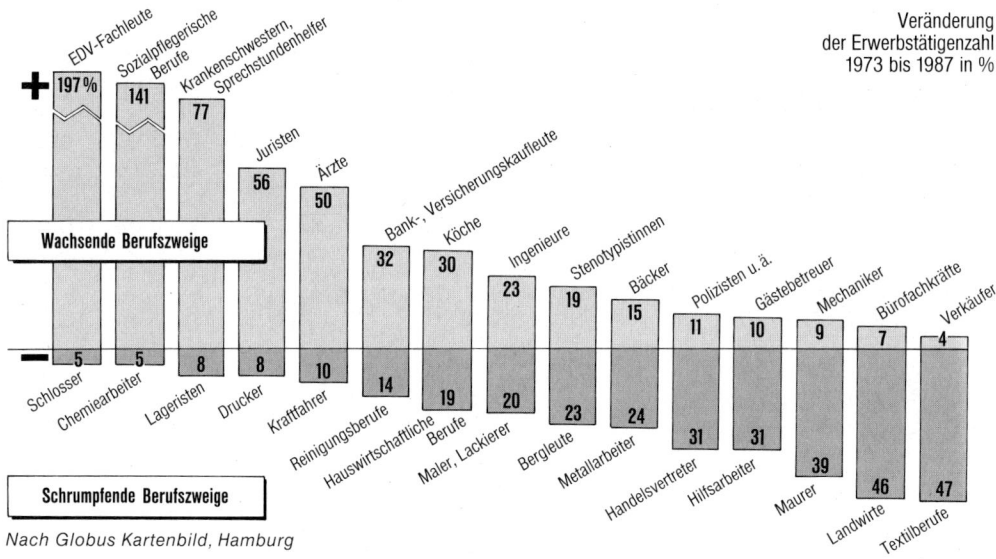

Nach Globus Kartenbild, Hamburg

1. Definieren Sie „tertiärer Sektor", und grenzen Sie ihn gegenüber dem primären und sekundären Sektor ab.
2. Beschreiben Sie die Entwicklung der Beschäftigtenanteile der drei Wirtschaftssektoren in der Bundesrepublik Deutschland, und vergleichen Sie sie mit der Entwicklung in den USA.
3. Erläutern Sie die Abweichungen der Entwicklung der Wirtschaftssektoren in der Bundesrepublik Deutschland von der erwarteten Entwicklung nach Fourastié, und geben Sie Gründe dafür an.
4. Untersuchen Sie die Entwicklung der Beschäftigtenzahlen im tertiären Sektor und im öffentlichen Dienst, begründen Sie die Entwicklung, und nennen Sie Auswirkungen auf Arbeitsmarkt und öffentliche Finanzen.

256

2 Zentrale Orte und Zentralität

2.1 Christallers System der zentralen Orte

Der Begriff der *Zentralität* schließt die für den Raum wichtigen Aspekte des tertiären Sektors ein, deshalb beschäftigt sich die Geographie auf dem Gebiet der Dienstleistungen vorrangig mit dem Zentralitätsproblem. Der Begriff geht auf *Walter Christaller* zurück, der den Raum auf Gesetzmäßigkeiten hin untersuchte, die die Verteilung und die Standorte der Städte erklären könnten. Dabei erkannte er, daß Städte nicht nur Siedlungsschwerpunkte mit besonderer Ausstattung zur Versorgung der Bevölkerung sind, sondern daß von dieser Ausstattung Wirkungen auf das Umland ausgehen, die bei Städten unterschiedlicher Größe und unterschiedlichen Charakters nicht gleich groß sind. Zentralitätsuntersuchungen beziehen sich also auf die Beziehungen zwischen Stadt und Umland.

Werden die Versorgungseinrichtungen einer Stadt auch vom Umland und nicht nur von der in der Stadt ansässigen Bevölkerung genutzt, so weisen sie einen *Bedeutungsüberschuß* über die Stadt hinaus auf. Dieser Bedeutungsüberschuß ist das Kennzeichen der Zentralität. Zentralität ist demnach die Attraktivität, die die Kunden aus dem Umland in die Stadt zieht. Eine Siedlung mit Bedeutungsüberschuß in diesem Sinne ist ein *zentraler Ort. Zentrale Einrichtungen* sind nach Christaller (1933):

1. Einrichtungen der Verwaltung (Landratsamt),
2. Einrichtungen von kultureller oder kirchlicher Bedeutung (Theater, Museen),
3. Einrichtungen von sanitärer Bedeutung (Ärzte, Apotheken, Krankenhäuser),
4. Einrichtungen von gesellschaftlicher Bedeutung (Kinos, Vergnügungslokale),
5. Einrichtungen zur Organisation des wirtschaftlichen und sozialen Lebens (Notare, Handelskammern usw.),
6. Einrichtungen des Handels und Geldverkehrs (Kaufhäuser, Wochenmarkt, Banken),
7. gewerbliche Einrichtungen (Reparaturwerkstätten, Schlachthäuser),
8. Einrichtungen des Verkehrs (Bahnhof, Postamt, Fernsprechamt).

Bei seinen Überlegungen geht Christaller von einer homogenen Fläche aus, sowohl Bevölkerungsverteilung und Kaufkraft der Einwohner als auch die Verkehrseinrichtungen seien im ganzen Untersuchungsgebiet gleich; außerdem wird angenommen, daß alle Kunden mit möglichst geringem Aufwand eine möglichst günstige Versorgung anstreben und daß alle, die Güter und Dienstleistungen anbieten, einen möglichst hohen Gewinn wollen. Daraus folgt, daß jede Versorgungseinrichtung ein Mindestversorgungsgebiet mit einer Mindestanzahl von Kunden haben muß, damit die wirtschaftliche Sicherung der zentralen Einrichtungen gewährleistet ist. Andererseits gibt es auch eine obere Grenze des Einzugsgebiets, außerhalb deren es für den Kunden nicht mehr lohnt, die zentrale Einrichtung des einen Ortes in Anspruch zu nehmen, weil andere, näher gelegene zentrale Einrichtungen der gleichen Art in einem anderem Ort aufgesucht werden können. Die äußere Grenze der Reichweite bestimmt also das Maximalgebiet der Versorgung, außerhalb dessen sich der Transportaufwand nicht mehr lohnt. Wenn man weiter davon ausgeht, daß die zentralen Orte regelmäßig angeordnet sind, d. h., daß sie zu den benachbarten Orten den jeweils gleichen Abstand haben, so müssen sich geometrische Muster der Reichweiten ergeben. Die theoretisch günstigste Form wären dabei Kreise mit den zentralen Orten als Mittelpunkten. Allerdings ergeben sich dann entweder nichtversorgte Gebiete oder aber Überschneidungen. Die optimale Form sind deshalb regelmäßige Sechsecke. Für den Kunden gilt das Prinzip des halben Weges, d. h., er wählt den kürzeren Weg zum zentralen Ort; als Grenze der Reichweite gilt die Mittelsenkrechte auf der Verbindungslinie zweier benachbarter zentraler Orte (= Begrenzung der Sechsecke).

Nicht alle Güter und Dienstleistungen sind gleich häufig gefragt. Dementsprechend benötigt man je nach Nachfragehäufigkeit mehr oder weniger Versorgungs- und Dienstleistungseinrichtungen. Zentrale Einrichtungen und zentrale Orte sind deshalb gestuft. Ein Gut mit geringer Nachfrage benötigt eine größere untere Reichweite (Marktgebiet), seine Zentralität ist höher als die eines Gutes mit großer Nachfragehäufigkeit und entsprechend kleinerer unterer Reichweite. Außerdem steigt die Zentralität mit der Zahl der angebotenen Güter, also der Zahl der zentralen Einrichtungen. Die Stufe des zentralen Ortes wird dabei von der unteren Reichweite der zentralen Güter bestimmt.

So kommt es in einer homogenen Fläche zu einem System verschieden großer Sechsecke:

Modell der unterschiedlichen Zentralität

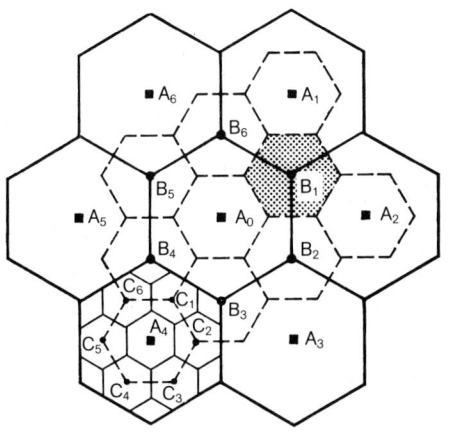

— untere Grenze der Reichweite der A-Orte
- - - untere Grenze der Reichweite der B-Orte
— untere Grenze der Reichweite der C-Orte

Ludwig Schätzl: Wirtschaftsgeographie, Bd. 1, UTB 782. Paderborn: Schöningh 3., überarbeitete Auflage 1988, S. 76

Orte hoher Zentralität (A-Orte) mit zentralen Einrichtungen oberer Stufe und großer Reichweite überdecken ein System von zentralen Orten mittlerer Stufe (B-Orte) mit zentralen Einrichtungen mittlerer Reichweite und ein System von zentralen Orten der unteren Stufe (C-Orte) mit zentralen Einrichtungen geringer Reichweite.

Dabei weisen die jeweils höherrangigen Orte immer auch die zentralen Einrichtungen von niederem Rang auf, oder, anders ausgedrückt, jeder ranghöhere zentrale Ort besitzt jeweils auch die zentralen Einrichtungen der untergeordneten Stufen.

Zum Beispiel besteht für Güter des *täglichen (kurzfristigen) Bedarfs,* wie Milch, Brot und Fleisch, eine hohe Nachfragehäufigkeit; die entsprechenden Geschäfte brauchen zur Sicherung ihrer wirtschaftlichen

Existenz ein relativ kleines Marktgebiet (untere Reichweite). Für Güter des *periodischen (mittelfristigen) Bedarfs,* wie z. B. Waschmittel, Kosmetika, Schreibwaren, mit weniger hoher Nachfragehäufigkeit muß das Marktgebiet bereits größer sein. Und Güter des *episodischen (langfristigen) Bedarfs,* wie Kühlschränke, Wohnungseinrichtungen, elektrische Geräte, müssen ein großes Marktgebiet besitzen, um die wirtschaftliche Existenz ihrer Verteiler zu sichern. Solche Stufungen können auch auf die anderen zentralen Einrichtungen angewandt werden, beispielsweise bei Bildungseinrichtungen (Hauptschule – Gymnasium – Hochschule), im Gesundheitswesen (Krankenhäuser der Grundversorgung, der Regelversorgung, der Zentralversorgung) und im Rechtswesen (Amtsgericht – Landgericht – Oberlandesgericht).

2.2 Zentralität aus heutiger Sicht

Die Grundzüge der Theorie Christallers wurden durch zahlreiche spätere Untersuchungen in wesentlichen Punkten bestätigt, in anderen allerdings revidiert. So mußte insbesondere die Annahme eines homogenen Raumes mit gleichmäßiger Verteilung der zentralen Orte berichtigt werden. Die Folge waren dann unregelmäßige Muster der Reichweite. An die Stelle der regelmäßigen Sechsecke traten andere, von Fall zu Fall unterschiedliche Formen, die von der Oberflächenform, der Verteilung der Bevölkerung und des Einkommens (unterschiedliche Kaufkraft) sowie der Verkehrserschließung abhängig sind.

Dagegen konnte das hierarchische System der zentralen Orte (mit Ober-, Mittel- und Unterzentren entsprechend der Häufigkeit und Reichweite der Versorgungsbeziehungen) bestätigt werden.

Wesentlichen Einfluß auf das Versorgungsverhalten der Bevölkerung übt der unterschiedliche *Mobilitätsgrad* aus. Wer zum Beispiel über ein eigenes Kraftfahrzeug verfügt und wirtschaftlich in der Lage ist, zusätzliche Entfernungen (über die Distanz zum nächstgelegenen Ort der geforderten Stufe hinaus) zurückzulegen, wird das spezialisierte Angebot der zentralen Orte und besonders das breite Angebot der zentralen Orte höherer Stufe annehmen.

*Das System der zentralen Orte in der Bundesrepublik Deutschland und deren Ausstattungs-
grad (vgl. S. 298f., 301)*

Zentrale Orte höchster Stufe (z. B. Landeshauptstädte) = überregionale Verwaltungs-, Wirt-
schafts- und Kulturzentren.
Ausstattung: hochspezialisierter und seltener Bedarf. Hauptaufgabe: überregionale Funktionen
für Verwaltung, Wirtschaft und Kulturwesen; durch föderalistisches Verwaltungsprinzip: teilweise Aufgaben der früheren Hauptstadt Berlin.

Zentrale Orte höherer Stufe mit Teilfunktion eines zentralen Ortes höchster Stufe = Orte zur
Deckung des allgemeinen episodischen und des spezifischen Bedarfs mit Sonderausstattung
eines zentralen Ortes höchster Stufe.

Zentrale Orte höherer Stufe (Oberzentren) = Orte zur Deckung des allgemeinen episodischen
und des spezifischen Bedarfs.
Für breite Masse der Bevölkerung: überwiegend die Bedeutung als Einkaufsstädte mit größeren
Waren- und Kaufhäusern und Spezialgeschäften; darüber hinaus bieten sie wichtige Kulturstät-
ten wie Theater, Museen, Galerien, sind Sitz von Behörden und Wirtschaftsverbänden, Hoch-
und Fachschule, Spezialkliniken und größeren Sport- und Vergnügungsstätten.

Zentrale Orte mittlerer Stufe mit Teilfunktion eines zentralen Ortes höherer Stufe = Orte zur
Deckung des allgemeinen periodischen und des normal gehobenen Bedarfs mit einzelnen Einrichtungen eines zentralen Ortes höherer Stufe, wie z. B. Hochschule oder Großwarenhaus.

Zentrale Orte mittlerer Stufe (Mittelzentren) = Orte zur Deckung des allgemeinen periodischen
und des normalen gehobenen Bedarfs (= spezifisches städtisches Angebot).
Ausstattung: typisch die Merkmalkombination Einkaufsstraßen mit wichtigen Fachgeschäften,
voll ausgebaute Höhere Schule und Krankenhaus mit mehreren Fachabteilungen; hinzu kommen die wichtigsten unteren Behörden, Organisationen von Handel, Handwerk und Landwirtschaft, Banken und Sparkassen, berufsbildende Schulen, Theatersaal oder Mehrzweckhalle für
kulturelle, gesellige und berufsständische Veranstaltungen. Unerläßlich auch wichtige Berufs-
gruppen wie: Fachärzte, Rechtsanwälte, Notare und Steuerberater.
Den zentralen Orten mittlerer Stufe kommt somit die Hauptaufgabe in der Versorgung der
Bevölkerung mit materiellen und immateriellen Gütern zu.

Zentrale Orte unterer Stufe mit Teilfunktion eines zentralen Ortes mittlerer Stufe = Orte zur
Deckung des allgemeinen täglichen oder kurzfristigen Bedarfs mit einzelnen Einrichtungen
eines zentralen Ortes mittlerer Stufe, wie z. B. Höhere Schule oder Fachkrankenhaus.

Zentrale Orte unterer Stufe (Unterzentren, Kleinzentren) = Orte zur Deckung des allgemeinen
täglichen oder kurzfristigen Bedarfs.
Ausstattung: in der Regel Verwaltungsbehörden niedersten Ranges, Postamt, Kirchen, Mittel-
punkt-, evtl. Realschule, Kino, mehrere Geschäfte verschiedener Grundbranchen, Apotheke,
praktischer Arzt und Zahnarzt; ferner gibt es oft zwei Banken oder Sparkassen und je nach
Struktur des Umlandes eine bäuerliche Bezugs- und Absatzgenossenschaft.

Nach Georg Kluczka: Südliches Westfalen in seiner Gliederung nach zentralen Orten und zentralörtlichen Bereichen.
Forschungen zur deutschen Landeskunde, Bd. 182. Bonn-Bad Godesberg: Selbstverlag der Bundesanstalt für Lan-
deskunde und Raumforschung 1971, S. 8–10

Innerstädtische Zentralität. Wenn man von
München, Stuttgart oder Hannover als zentralen Orten höchster Stufe spricht, so faßt
man damit in dieser Aussage alle zentralen
Einrichtungen zusammen, die über das
großstädtische Gebiet verteilt sind. Geht
man von dieser großräumigen Betrachtungsweise zu einer kleinräumigeren über,
so wird deutlich, daß das Großstadtgebiet
insgesamt in eine Vielzahl unterschiedlich
ausgestatteter Versorgungszentren zerfällt,
die durch Eingemeindung, aber auch durch
eigenes Wachstum im großstädtischen Gebiet aufgegangen sind. Vor allem die kleineren innerstädtischen Zentren, in denen La-
dengeschäfte des alltäglichen Bedarfs und
häufig benötigte Dienstleistungen angeboten werden, spielen für die Versorgung der
städtischen Bevölkerung eine ganz erhebliche Rolle.

Zusammenhang zwischen Stufung, Zahl, Reichweite und Besucherfrequenz bei zentralen Einrichtungen

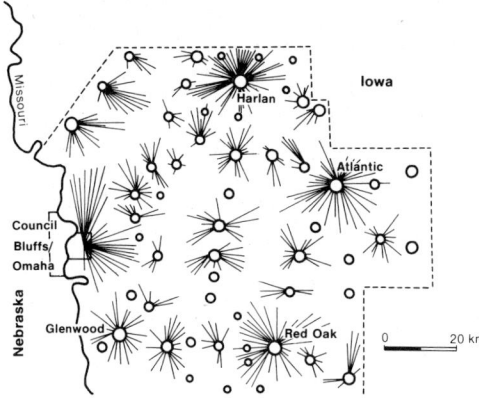

Täglicher (häufiger) Bedarf, geringe Reichweite

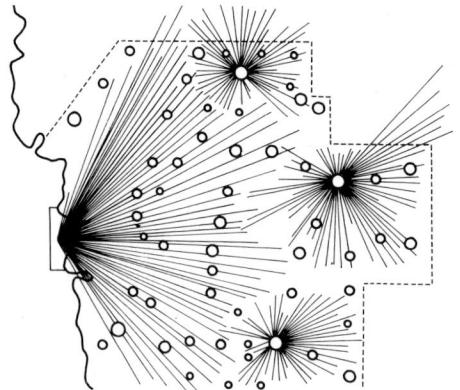

Episodischer (nicht häufiger) Bedarf, große Reichweite

Nach Gerard Lambooy: City and City Region in the Perspective of Hierarchy and Complementarity, 1969

3 Tertiärer Sektor und Raumordnung

Das System der zentralen Orte im Sinne Christallers scheint eine einleuchtende Möglichkeit zur Ordnung des Raumes zu bieten (vor allem dort, wo, wie beispielsweise in Neusiedelgebieten, gewachsene Bindungen einer Neuordnung nicht entgegenstehen). Die Gründe dafür liegen einerseits in der Ausweisung eines angemessenen Marktgebietes für zentrale Einrichtungen der verschiedenen Stufen, andererseits im mehrstufigen Angebot für den Kunden, das eine gleichwertige Versorgung im gesamten Gebiet vorsieht.

In der Bundesrepublik Deutschland stehen einer solchen zentralörtlichen Planung gewachsene Bindungen zwischen Kunden und Versorgungseinrichtungen entgegen. So kann beispielsweise das Versorgungsverhalten durch persönliche Bindungen wie Familienzugehörigkeit, Bindung an den ehemaligen Schul- oder Ausbildungsort und durch die häufig auch emotionalen Erwägungen in dem Sinne beeinträchtigt werden, daß nicht der „vernünftige" kurze Weg gewählt wird.

Für die Planung liegen zusätzliche Schwierigkeiten darin, daß viele Gemeinden verständlicherweise daran interessiert sind, einen bestimmten Zentralitätsrang zugewiesen zu bekommen. Als Folge dieser Forderungen und deren Verwirklichung wurde eine große Zahl kleiner und kleinster Zentren ausgewiesen (z. T. als Dreierzentrum), denen aber auch dadurch kein Bedeutungsüberschuß zukommt. Das heißt, daß Selbstversorgungsorten zentralörtliche Funktionen ohne Aussicht auf wirtschaftliche Verwirklichung zugeordnet wurden. Außerdem gibt es Gebiete in der Bundesrepublik, in denen ein hierarchisches System der zentralen Orte aller Stufen nicht nachgewiesen werden kann. Hier also wird der Bedarf nahezu vollständig von Unter- und Mittelzentren gedeckt.

Innerhalb der staatlichen Planung ist keine einheitliche zentralörtliche Zuordnung zu erkennen, da Einzelplanungen (wie z. B. die Schulentwicklungspläne und die Bereichsgrenzen verschiedener Behörden) unterschiedliche Versorgungsgebiete aufweisen. Bei der in verschiedenen Bundesländern durchgeführten Kreisreform wurden bei der Festlegung der Verwaltungsbereiche häufig gewachsene Versorgungsbeziehungen nicht beachtet und traditionelle zentrale Einrichtungen damit gefährdet oder gar zerstört.

Die Ergebnisse der Zentralitätsforschung gingen nur stellenweise in die Gemeinde- und Kreisreform ein. Auch im Bereich der verschiedenen Planungsebenen finden diese Ergebnisse nur selten die ihnen gebührende Beachtung. Trotzdem bietet der tertiäre Sektor für den Staat ein wirksames Instrument für die Ordnung des Raumes, kann er doch durch die Einrichtung der öffentlichen Hand Zwangsbindungen schaffen, als

Gehöfte im Nordostpolder

deren Folge weitere Versorgungsbeziehungen durch private Dienstleistungen zu erwarten sind. Die Ausweisung zentraler Orte und die Ausstattung dieser Orte mit bestimmten öffentlichen Einrichtungen kann deshalb als Initialzünder für die weitere Wirtschaftsentwicklung dienen.

Wenn bei der Kreisreform eine Stadt das Landratsamt und andere Kreisbehörden verliert, eine andere Stadt aber diese Einrichtungen zugewiesen bekommt, so wird der „Gewinner" wegen des höheren Kundenaufkommens auch für private Einrichtungen des tertiären Sektors, also beispielsweise Einzelhandelsgeschäfte, interessant.

Die Wirtschaftsentwicklung wird am neuen Ort besonders dann gefördert, wenn durch Verbesserungen der Verkehrswege der Zugang des Kunden erleichtert wird. Dabei kommt der *Verkehrsplanung* besondere Bedeutung zu, da die Verkehrslage auch auf die Standortqualitäten der Industrie einwirkt, der Staat somit indirekt auch über die Verkehrsplanung den sekundären Sektor beeinflussen kann.

Ein Beispiel: Siedlungsplanung im Nordostpolder, Niederlande

Versuche, ein zentralörtliches System gemäß der Theorie Christallers zu realisieren, wurden in Israel und in Neulandgebieten Hollands unternommen. Daß diese Versuche nicht oder nur teilweise erfolgreich waren, hängt unter anderem damit zusammen, daß keine gleichmäßige Verteilung der Einkommen vorausgesetzt werden kann und daß in diesem System dynamische Momente, wie die Veränderung der Bevölkerungsdichte und der Bevölkerungsverteilung, nicht berücksichtigt werden. Außerdem sind Besonderheiten der Oberflächenformen und deren Auswirkungen auf den Transportaufwand schwer zu berechnen, zumal der einzelne Kunde in unterschiedlichem Maße bereit ist, zusätzliche Transportleistungen auf sich zu nehmen.

Am Beispiel des Nordostpolders zeigt sich, daß die Entwicklung der zentralen Orte auch dort, wo durch die Oberflächenformen keine Beeinträchtigung stattfindet, nur teilweise den an das Christallersche Modell geknüpften Erwartungen entspricht.

261

Modell der Planung der Siedlungen im Nordostpolder (nach Christaller)

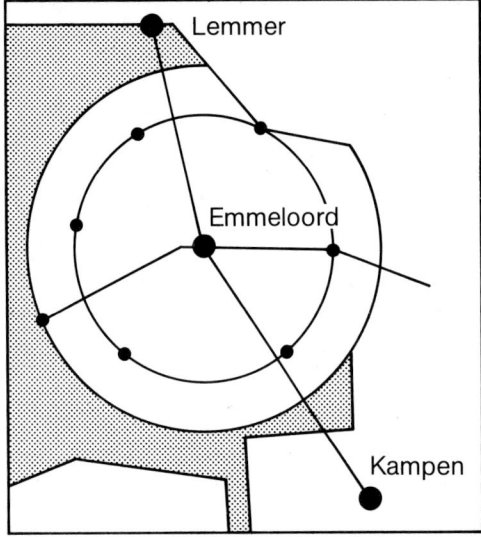

Lemmer

Emmeloord

Kampen

Die tatsächlichen Siedlungen im Nordostpolder

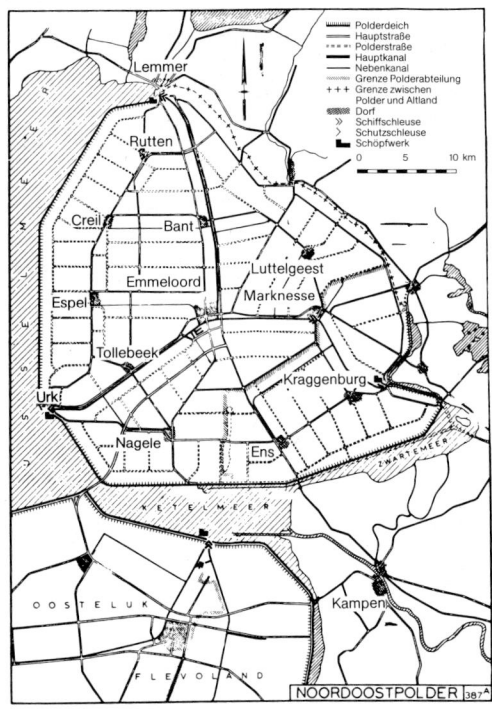

Informations- und Dokumentationszentrum für die Geographie der Niederlande: Zuidersee/Ijsselmeer. Den Haag/Utrecht 1975, S. 30 u. 29

Die Abbildung zeigt zwei Straßen durch das Neulandgebiet, an deren Kreuzungspunkt der zentrale Ort Emmeloord (E) liegt. Kreisförmig um den Zentralort sollten ursprünglich sechs Dörfer gebaut werden; wegen der geringen Mobilität im Jahre 1942 wurde die Zahl der Dörfer auf zehn erhöht, damit die Bauern nur höchstens fünf Kilometer zum „Unterzentrum" zurücklegen müssen.

Die geplanten Einwohnerzahlen (50000) konnten nicht erreicht werden (1975: 33600, 1985: knapp 30000). Der zentrale Ort Emmeloord entwickelte sich stärker als geplant. Statt der vorgesehenen 10000 Einwohner waren es 1975 schon 15000 und 1985 18976. Die als Unterzentren geplanten Dörfer dagegen erreichten die Soll-Zahlen nicht und verloren sogar schon von 1970 bis 1975 Einwohner. Nur die beiden größten Dörfer mit 2194 Einwohnern (Marknesse) und 1618 Einwohnern (Ens) und ein weiteres Dorf wuchsen zwischenzeitlich, während in den sieben anderen Dörfern die leichte Abwanderung bis 1985 anhielt – auch ein Resultat des Strukturwandels und der wachsenden Mechanisierung in der Landwirtschaft.

1. *Erklären Sie den Begriff der Zentralität, und nennen Sie wichtige zentrale Einrichtungen verschiedener Stufen.*
2. *Beschreiben Sie das Zentralitätsmodell von Christaller. Nennen Sie Beispiele für dessen noch gültige hierarchische Ordnung der zentralen Orte, und nennen Sie die Grenzen dieses Zentralitätsmodells.*
3. *Beschreiben und begründen Sie den Zusammenhang zwischen der Reichweite zentraler Einrichtungen und der Häufigkeit ihrer Benutzung.*
4. *Beschreiben Sie die Bedeutung des tertiären Sektors im System der Raumordnung in der Bundesrepublik Deutschland.*
5. *Untersuchen Sie das Beispiel des Nordostpolders im Hinblick auf die Verwirklichung des Christallerschen Zentralitätsmodells, und geben Sie Gründe für die von der Modellvorstellung abweichende Entwicklung.*
6. *Nennen Sie Beispiele für die Bedeutung der Zentralität bei der Verwirklichung raumordnerischer Ziele in Ihrem Heimatraum (Gemeinde-, Kreisreform, Verkehrsplanung etc.).*

4 Verkehr

4.1 Entwicklung und Funktion

In der vorindustriellen Gesellschaft blieb die Einheit von Wohn- und Arbeitsplatz gewahrt; der Verkehr beschränkte sich deshalb auf die Nahversorgung *("Marktverkehr")* zwischen Stadt und Stadtumland und auf den Handelsverkehr weniger Güter wie Salz und Gewürze. Der Fernhandel mit Seide und anderen hochwertigen Gütern betraf nur Minderheiten, die Transportmengen waren entsprechend gering. Der Personenverkehr mit Transportmitteln, insbesondere der Fernverkehr, umfaßte nur wenige Menschen.

In den Vor- und Frühphasen der Industrialisierung kam es zur Trennung von Wohn- und Arbeitsplatz. Zunächst wurden die kurzen Entfernungen zu Fuß zurückgelegt. Im Zuge der weiteren Entwicklung mußten immer mehr Beschäftigte immer größere Entfernungen zur Arbeit überwinden: Der *Pendlerverkehr* entstand, der durch neuere Tendenzen auch heute immer noch wächst.

Personenverkehr: Verkehrsaufkommen (beförderte Personen in Mio.) und Verkehrsleistung (Personenkilometer in Mrd.) in Deutschland 1960–1991

	Verkehrsaufkommen					Verkehrsleistung	
	1960	1980 alte Länder	1980 DDR	1991 alte Länder	1991 neue Länder	1991 alte Länder	1991 neue Länder
Eisenbahn, öffentliche Straßen	1400	1167	607	1202	327	46,7	10,3
Personenverkehr	6156	6745	3435	6128	1892	67,4	17,1
Luftverkehr	4,9	35,9	1,2	61,2	1,3	17,7	0,4
davon Inlandsverkehr	1,3	8,7	–	13,1	0,2	5,7	0,1
öffentlicher Verkehr gesamt	7561	7947	4043	7391	2220	131,8	27,8
Individualverkehr	ca. 15300	28915	–	34180	6280	601,0	102,6

Güterverkehr: Verkehrsaufkommen in Mio. t und Verkehrsleistung in Mrd. tkm in Deutschland

	Verkehrsaufkommen					Verkehrsleistung	
	1960	1980 alte Länder	1980 DDR	1991 alte Länder	1991 neue Länder	1991 alte Länder	1991 neue Länder
Eisenbahn	317,1	350,1	311,6	302,5	111,8	63,0	17,8
Binnenschiffahrt	172,0	241,0	16,3	229,0	8,0	54,3	1,0
Straßengüterfernverkehr	99,2	298,2	26,0	483,4	28,4	136,3	8,0
Rohrfernleitungen	13,3	84,0	41,6	76,6	14,2	13,5	3,0
Luftverkehr in 1000 t	81,0	710,3	10,9[1]	1280,7	15,0	419,3	5,0
Binnengüterverkehr einschl. Straßengüternahverkehr, ohne Werksverkehr	1691,7	3229,0	548,9	3597,8	522,4	318,9	36,8

[1] nur Gesellschaft Interflug

Nach Deutsches Institut für Wirtschaftsforschung Berlin: Verkehr in Zahlen, verschiedene Jahre

So wurde im Zuge der funktionalen Gliederung der Städte und durch die wachsenden Wohnansprüche (Wohnen in Stadtrandlagen, „Wohnen im Grünen") der Personenverkehrsbedarf weiter erhöht. Außerdem wuchs mit dem verstärkten Güterangebot infolge der Industrialisierung der *Güterverkehr*. Die Verkehrsentwicklung, insbesondere die des Schienenverkehrs, und die Frühphasen der Industrialisierung verlaufen parallel und bedingen sich gegenseitig: Verkehrsanschlüsse und Verkehrseinrichtungen wurden zu einem entscheidenden Standortfaktor (vgl. S. 200 f.). Gunsträume für den Verkehr (Hafengunst, Reliefvorteile, Klimagunst) wurden vielfach zu bevorzugten Industriegebieten. Die wachsende industrielle Arbeitsteilung und die regional, national und international in steigendem Maß sich spezialisierende Güterproduktion führte zur Verflechtung vieler Betriebe und zu stark steigendem Güteraustausch. Das Ausmaß dieser Verflechtung wird an einem Beispiel von 1977 deutlich, als allein die Daimler-Benz AG 27600 Lieferanten zählte und als der tägliche Wareneingang aller ihrer Werke 14000 t betrug, der zu 86% mit Lkws (etwa 1800 täglich) in die Werke kam.

Im vergangenen Jahrzehnt nahm der Zulieferverkehr auf der Straße durch das neue System der „Just-in-time-Produktion" (vgl. S. 207) weiter zu.

Verkehrseinrichtungen, die sich ursprünglich meist entsprechend den Eigenschaften und Bedürfnissen ihrer Räume entwickelten, prägen ihrerseits entscheidend die räumliche Struktur, entscheiden über Gunst oder Ungunst eines Raumes für die wirtschaftliche Entwicklung, gestalten aber auch das Erscheinungsbild von Siedlungen und Landschaft. Im 19. Jahrhundert wurden beispielsweise die Bahnhöfe Mittelpunkte neuer, oft repräsentativer Stadtviertel. Und in der Gegenwart sind Autobahnauffahrten und Kreuzungen wichtiger Straßen Kristallisationskerne für Großhandelseinrichtungen, Verbrauchermärkte und – besonders in den USA – für neue Dienstleistungszentren. Die Entwicklung der *Verkehrsmittel* und *Verkehrswege* sowie der Nachrichtenwege (Straßen, Schienen, Wasserwege, Leitungen, Pipelines, Funk) ist also einerseits Ausdruck des Verkehrsbedarfs, andererseits aber Voraussetzung für eine regionale Wirtschaftsentwicklung. Der rapide Anstieg des Straßengüterverkehrs nach 1950 war beispielsweise in der Bundesrepublik Deutschland Folge und Vorbedingung des Ausbaus des Straßennetzes. Damit waren aber auch die Voraussetzungen geschaffen für eine arbeitsteilige Industrie mit Zulieferbetrieben, die fern von den traditionellen Schienenwegen existieren konnten und so wenigstens teilweise zum Abbau des regionalen Wirtschaftsgefälles beitrugen.

Auch für den Rang eines zentralen Ortes (vgl. Kapitel Raumordnung) sind die Verkehrseinrichtungen von entscheidender Bedeutung.

1989 betrug die *Verkehrsfläche* in den alten Ländern 1,242 Mio. ha, was ungefähr 5% der Gesamtfläche entspricht. Bezieht man Park- und Stellplätze mit ein, so kommt man auf knapp 7% der Gesamtfläche.

Tagesgang des Verkehrs im Stadtgebiet

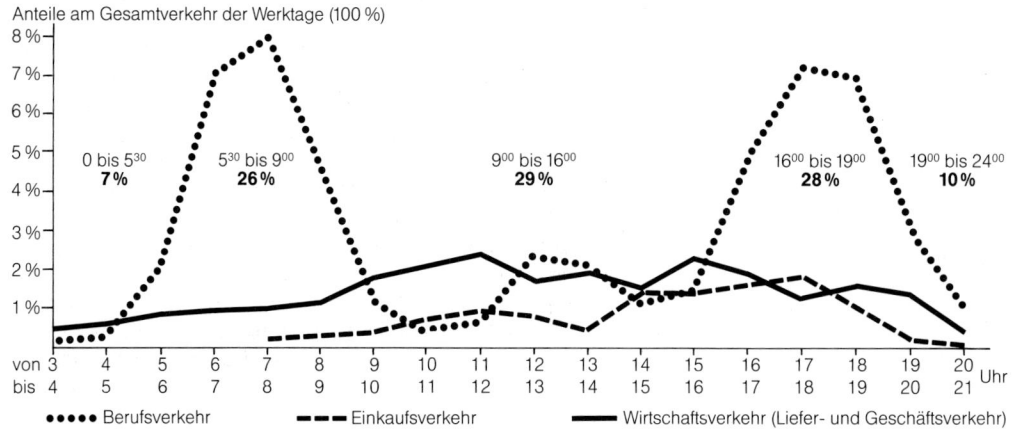

Anteile am Gesamtverkehr der Werktage (100 %)

•••• Berufsverkehr   - - - Einkaufsverkehr   ▬▬ Wirtschaftsverkehr (Liefer- und Geschäftsverkehr)

Anteil der Fahrzwecke beim Personenverkehr in Prozent in der Bundesrepublik (Verkehrsleistung)

	1960	1970	1989
Berufsverkehr	20,5	19,3	21,0
Ausbildungsverkehr	2,8	5,1	4,0
Geschäftsreiseverkehr	17,8	14,9	12,6
Einkaufsverkehr	12,6	10,2	9,9
Freizeitverkehr	41,4	40,9	43,5
Urlaubsverkehr	4,9	9,6	9,0

Nach Verkehr in Zahlen 1992

Ausgaben und Einnahmen im internationalen Reiseverkehr 1980 und 1990 in Mrd. US-$

	Ausgaben 1980	Einnahmen 1980	Ausgaben 1990	Einnahmen 1990
BR Deutschland	20,85	6,65	24,12	8,66
USA	10,40	10,10	34,97	34,40
Großbritannien	6,63	6,91	15,19	11,25
Frankreich	6,01	8,25	10,29	16,50
Japan	4,39	–	21,13	3,15

Nach Angaben des DIW und der WTO (World Touristic Organization)

In den Industriestaaten beträgt der Anteil des Verkehrswesens am Bruttoinlandsprodukt zwischen 3 und 7%. Zählt man den Fahrzeugbau dazu, so sind es in der Bundesrepublik über 15%.
Die Verkehrsfrequenzen schwanken im Tages- und Jahresgang. Der überregionale Verkehr weist seine Spitzen an den Urlaubs- und Ferienterminen auf, entsprechend den jeweiligen Urlaubszwecken.

4.2 Tourismus und Verkehr

Tourismus und Fremdenverkehr umfassen alle Reisen an „fremde Orte", seien sie nun beruflich motiviert oder Freizeitreisen. Weltweit hat der Tourismus in den letzten Jahrzehnten stark zugenommen. Die Deutschen gelten gar als Weltmeister im Tourismus.

Die Entwicklung des Welttourismus 1960 bis 1990 (ohne Inlandstourismus)

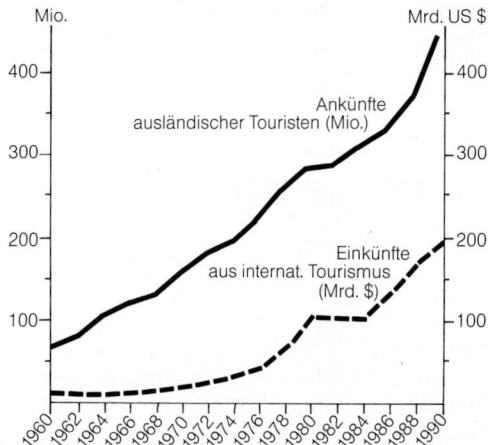

Klaus Arnold: Wirtschaftsgeographie in Stichworten. Berlin–Stuttgart: Hirt 1992, S. 193

Anteile der Bundesländer an den Übernachtungen[1] in der Bundesrepublik 1991 (alte Länder) in Prozent

Baden-Württemberg	15,1
Bayern	29,0
Berlin, West	2,4
Bremen	0,4
Hamburg	1,5
Hessen	10,6
Niedersachsen	12,2
Nordrhein-Westfalen	13,3
Rheinland-Pfalz	6,9
Saarland	0,7
Schleswig-Holstein	7,8

[1] Gesamtzahl der Übernachtungen 1991: 266 209 Mio.
Nach Statistisches Jahrbuch für die Bundesrepublik Deutschland 1992, S. 280

Aus der Tabelle oben geht die Veränderung des Anteils der Freizeit- und Urlaubsreisen in der Bundesrepublik seit 1960 hervor. Aber erst vor dem Hintergrund des wachsenden Verkehrsaufkommens wird die Bedeutung dieses Bereichs voll erkennbar, zumal beim Individualverkehr, wo der Freizeitverkehr 1989 allein 45,3% der Verkehrsleistung ausmachte. 76% der Urlauber erreichen in Deutschland ihre Ziele im Pkw.
Man unterscheidet die verschiedenen Arten des Tourismus nach ihren Motiven und ihrem Zweck: Urlaubs- und Erholungstourismus, Kurtourismus, Besichtigungstourismus (meist Städtereisen), Tagungstourismus, Geschäfts- und Berufsreiseverkehr.
Entsprechend der Art weist der Fremdenverkehr stark unterschiedliche saisonale Ausprägungen und Spitzen auf.
Beim Urlaubstourismus ist der saisonale Ablauf in erster Linie an die naturräumliche Ausstattung der Zielgebiete gebunden.

Charakteristischer Jahresgang des Fremdenverkehrs für ausgewählte Tourismusarten im Jahr 1986

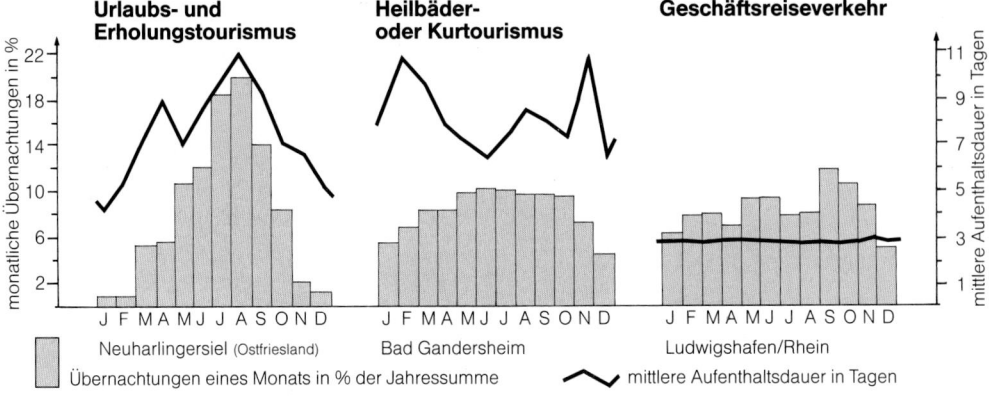

Nach Dieter Uthoff: Tourismus und Raum. In: Geographie und Schule, 1988, H. 53, S. 4

Jahresgang der Übernachtungen in Südtirol nach der Höhenlage

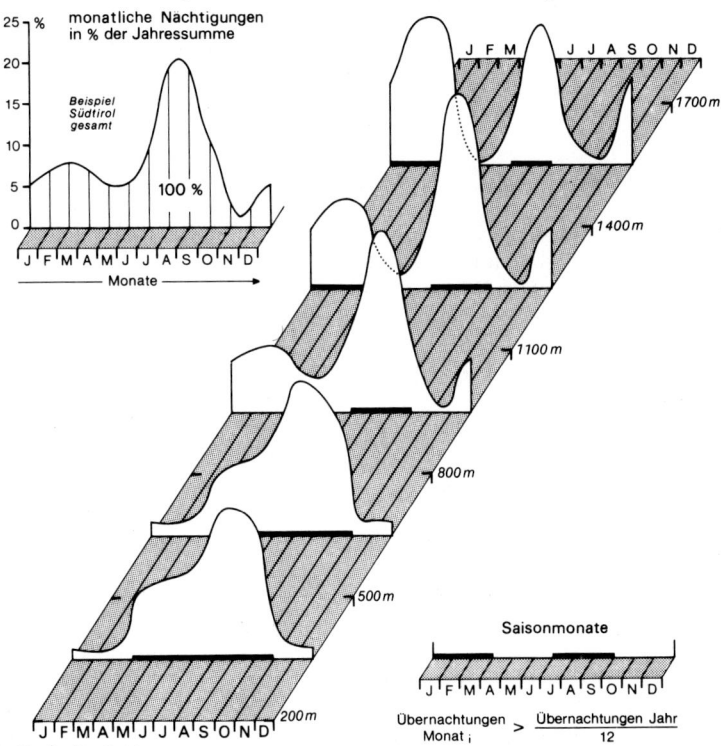

Nach Dieter Uthoff: a.a.O., S. 10

1. *Werten Sie die Tabellen zur Entwicklung des Personen- und Güterverkehrs (S. 263) aus, und erklären Sie die Veränderungen beim Anteil der verschiedenen Verkehrsmittel.*
2. *Erläutern und erklären Sie die Schwankungen im Tagesgang des innerstädtischen Verkehrs, und nennen Sie Möglichkeiten zum Abbau der Verkehrsspitzen.*
3. *Interpretieren Sie die Abbildungen oben, begründen Sie den unterschiedlichen Jahresgang sowie die Aufenthaltsdauer der verschiedenen Tourismusarten, und erklären Sie die Abweichungen in den Saisonzeiten.*

4.3 Verkehrsmittel

Bestand ausgewählter Verkehrsmittel in Deutschland in 1000

	1960	1980	1992 alte Länder	1992 neue Länder
Pkws	4490	23192	32007	5940
Lkws	681	1277	1549	280
Motorräder	1892	572	1432	450
Mopeds	2274	2110	810	680
Lokomotiven	9,2	5,8	11,9	5,6
Personen- und Güterwaggons	343	353	386,2	168,1
Flugzeuge[1]	0,214	0,621	0,851	–

[1] gewerblich
Nach Verkehr in Zahlen, Statistisches Jahrbuch 1992

Das Straßen- und Schienennetz in Deutschland 1960–1992 in 1000 km

	1960	1970	1980	1992 alte Länder	1992 neue Länder
Bundesautobahnen	2,55	4,11	7,29	9,08	1,87
Bundesstraßen	25,00	32,20	32,30	30,80	11,30
Landesstraßen	57,70	65,40	65,50	63,20	21,70
Kreisstraßen	50,10	60,70	66,40	71,30	17,00
Gemeindestraßen (inner- und außerorts)	233,00	270,00	308,20	329,10	81,00
Schienennetz (Bundesbahn)	30,70	29,50	28,50	26,90	14,00
davon elektrifiziert	3,70	8,60	11,20	11,60	4,00

Nach Verkehr in Zahlen 1992

Kapazität verschiedener Verkehrsmittel im Personenverkehr

Mögliche Leistungsfähigkeit in den Hauptverkehrsstunden, in einer Richtung

Art	Fassungsvermögen Sitzplätze	Wagen in einer Stunde	Durchschnittliche Besetzung mit Personen, einschl. Stehplätze	Beförderte Personen (mögliche Anzahl)
Pkw	5	1500	1,5	2250
Bus	50	120	56	6720
Straßenbahn	120	80	160	12800
U- oder S-Bahn	600	40	750	30000

Massengüter wie Mineralöle, Kies, Kohlen und Erze werden – sofern nicht Pipelines oder Produktenleitungen benutzt werden können – nach Möglichkeit auf dem Wasser transportiert, und zwar nicht nur im Übersee-, sondern auch im Binnenverkehr. Die Transportkosten gelten auf Schiffen als besonders niedrig, vor allem auf langen Strecken, bei denen die Verladekosten wenig ins Gewicht fallen. Bei der Personenbeförderung spielt der *Seeverkehr* nur noch bei Kreuzfahrten eine Rolle, während der Linienverkehr mit Ausnahme des Küstenverkehrs ohne Bedeutung ist.

Die wichtigsten Seehäfen 1984 und 1989 (Umschlag in Mio. t)

	1984	1989
Rotterdam	237,8	291,8
Kobe	–	166,7
New Orleans	166,0	40,6
Chiba (Japan)	134,8	164,2
Yokohama	111,8	114,6
Nagoya (Japan)	103,0	124,8
Singapur	101,0	173,3
Hamburg (11./14. Stelle)	61,6	57,6

Hafenstädte haben aber ihre Bedeutung meist behalten, besonders dann, wenn sie als Ausgangs- oder Endhäfen (wie Rotterdam, Hamburg, Antwerpen, Marseille, London) Umschlagsorte zwischen Binnen- und Überseeverkehr sind. Die Entwicklung immer größerer Schiffseinheiten hat dabei zur Anlage von Vorhäfen (Rotterdam-Europoort, Hamburg-Cuxhaven, Bremen-Bremerhaven) bzw. zur Einrichtung des *Lash-Verkehrs* (Verkehr zwischen Hafen und Frachter mit Leichtern oder schwimmfähigen Containern) geführt, sofern die Schiffahrtsrinnen nicht tief genug ausgebaggert werden konnten.

Güterumschlag in den Binnenhäfen der Bundesrepublik Deutschland in Mio. t

	1985	1990
Duisburg	53,84	48,89
Köln	13,34	10,05
Karlsruhe	9,73	11,82
Hamburg (Binnen- verkehr)	9,16	9,04
Mannheim	8,47	7,77
Ludwigshafen	7,70	8,91
Berlin (West)	7,04	4,39
Neue Länder und Berlin (Ost)	–	8,90

Transportleistung auf Binnenwasserstraßen in der Bundesrepublik Deutschland 1984 und 1990 in Mio. tkm

	1984	1990
Rhein	36228	38166
Mittellandkanal	2550	2548
Dortmund-Ems-Kanal	2471	2118
Mosel	2228	3189
Main	2043	2090
Neckar	1396	1395

Der *Schienenverkehr,* der erst die Industrialisierung abseits der Wasserstraßen möglich machte, ist in der Bundesrepublik wegen der Entwicklung des Straßenverkehrs rückläufig. Erst seit 1979 kommt es wegen der gestiegenen Energiepreise und der Behinderung des Individualverkehrs in den Spitzenzeiten teilweise zu einem Anstieg des schienengebundenen Personennahverkehrs, besonders in Bereichen mit modernem *Verkehrsverbund* (koordinierte öffentliche Verkehrssysteme, bei denen die Fahrpläne aufeinander abgestimmt sind und die jeweils geeigneten Verkehrsmittel je nach Streckenbedarf eingesetzt werden). Über das *Park-and-Ride-System* sind Verknüpfungen mit dem Individualverkehr möglich.

Der enorm gestiegene *Straßenverkehr* muß vor allem beim Güterverkehr auch im Zusammenhang mit der *Verkehrspolitik* gesehen werden, da durch den Ausbau des Straßennetzes bisher abgelegene Gebiete wirtschaftlich erschlossen werden sollten. Zugleich ergab der Straßenbau eine erhebliche Förderung der Fahrzeugindustrie, deren zentrale Stellung in der Industrie der Bundesrepublik eine entsprechende Förderung des Schienenverkehrs erschwert.

Auch der private Pkw-Verkehr wächst weiter: Einerseits ist dies auf die immer weiter von den Arbeitsplätzen entfernten Wohnlagen zurückzuführen, andererseits auf den mit gestiegenem Lebensstandard auch gestiegenen Freizeitbedarf.

Bislang wurden alle Prognosen über die Sättigungsgrenze der Motorisierung von der Realität übertroffen. So hatte man Mitte der achtziger Jahre eine Endsumme von 31 Mio. Pkw im Jahre 2000 für die alten Länder vorausgesagt, ein Wert, der bereits 1991 übertroffen worden war. Voraussagen sind wegen der Kosten (stark gestiegene Kfz-Preise, schwankende Treibstoffkosten, mögliche strengere Umweltauflagen) und wegen der Veränderungen in Europa schwierig.

Neue Verkehrsprojekte sind nur noch schwer durchzusetzen, wie auch die Diskussion um den Main-Donau-Kanal zeigt, der 1992 fertiggestellt wurde und eine Wasserwegverbindung vom Atlantik zum Schwarzen Meer herstellt. Kritiker glauben, daß er einen zu großen Eingriff in den Naturraum darstelle, und sie bezweifeln seine wirtschaftliche Berechtigung, da allenfalls 20% seiner Transportkapazität erreicht werden könne. Die Befürworter verweisen dagegen auf die Transportkosten, die mit 0,04 DM pro t und km erheblich niedriger als die Bahnkosten mit 0,14 DM seien und sie betonen, nie zuvor sei ein vergleichbares Bauwerk mit ähnlichem Aufwand für die Landschaftspflege errichtet worden.

Schleusen und Höhenunterschiede beim Rhein-Main-Donau-Kanal

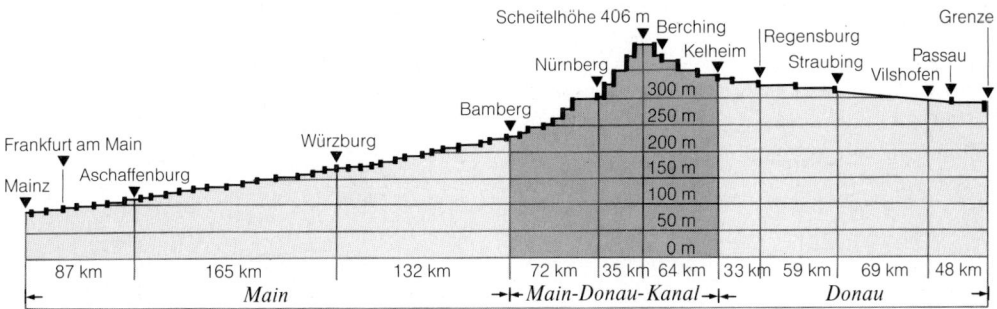

Main-Donau-Kanal bei Berching mit Sparschleuse

Daten zum Main-Donau-Kanal

Länge:	178 km
Breite:	55 m
Tiefe:	4 m
Max. Höhendifferenz:	175 m
Scheitelhöhe:	404 m (bei Hipoltstein)
Schleusen:	16
Baukosten Bamberg–Kelheim:	4,7 Mrd. DM
Gesamtkapazität/J:	18 Mio. t

Wasserzufuhr von Donauwasser aus Scheitelbecken mit 3 Mio. m³

1. Sparbecken, speichert bis 60% des Wasservolumens bei Entleerung der Schleuse.
2. Pumpwerke (an alten donauseitigen Schleusen) liefern bis 35 m³/sec von der Donau bis in die Scheitelhöhe zum Kanalbetrieb und zur Wasserversorgung im wasserarmen Regnitz-Gebiet.
3. Bootsrampe
4. landschaftspflegerische Begleitmaßnahmen: Einzelbäume, Büsche und Sträucher, kleine Feuchtgebiete, Extensiv-Grünland
5. Stadtkern Berching
6. früherer Verlauf der Sulz

269

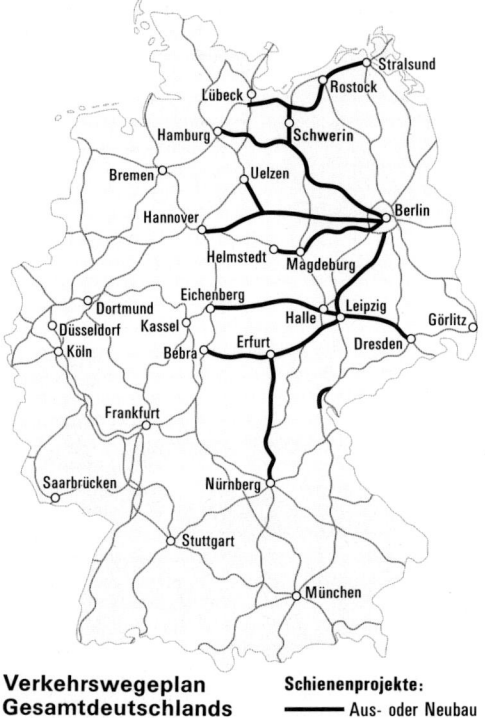

Verkehrswegeplan Gesamtdeutschlands

Schienenprojekte:
— Aus- oder Neubau

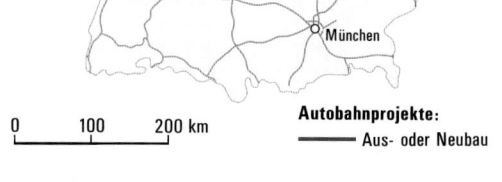

Autobahnprojekte:
— Aus- oder Neubau

Verkehrsplanung nach der deutschen Einheit. Im Rahmen der „Verkehrsprojekte Deutsche Einheit" sind umfangreiche Baumaßnahmen zur besseren Verkehrsanbindung und Verkehrserschließung der neuen Bundesländer geplant.

Verkehrsinvestitionen und Transportkosten. 1992 sah der Bundesverkehrswegeplan erstmals eine gleich starke Förderung des Straßen- und Schienenverkehrs vor.

Anlageinvestitionen in die Verkehrsinfrastruktur in der Bundesrepublik Deutschland in Mio. DM

	Eisenbahnen und S-Bahnen	Straßen und Brücken
1950	330	500
1970	2544	11760
1980	5306	17070
1990	5285	15580

Bundesverkehrswegeplan (Beschluß 7/92): Investitionen 1991–2010 in Mrd. DM

	westliche Länder	östliche Länder
Eisenbahnen, S-Bahnen usw.	103,2	91,7
Bundesfernstraßen	133,6	57,8
Wasserstraßen	17,0	11,0

Die tatsächlichen *Transportkosten* sind schwierig zu beurteilen. Was der Kunde oder Benutzer zu bezahlen hat, entspricht nahezu nirgends den echten Kosten. So müssen zum Beispiel bei der Binnenschiffahrt die riesigen Aufwendungen für Bau und Unterhalt der Kanäle mit einberechnet werden, Investitionen, die u. a. getätigt wurden, um eine regionale Wirtschaftsentwicklung zu fördern, die aber, wie beispielsweise beim Elbeseitenkanal, kaum eine nachprüfbare Wirkung erzielten.
Eine im Auftrag des Bundesministers für Verkehr 1983 erstellte Untersuchung ergibt, daß insgesamt die Wegekosten nicht ge-

deckt werden. Die bekannten Defizite der Bundesbahn müssen auch unter Berücksichtigung der sozialen Aufgaben (z. B. im Schüler- und Pendlerverkehr) und der regionalpolitisch gebotenen Erhaltung unrentabler Strecken gesehen werden. Auch die öffentlichen Investitionen für den Straßenverkehr sollten mit in die Betrachtung einbezogen werden.

Aufschlußreich sind vergleichende Wegekostenberechnungen. Sie enthalten auf der Ausgabenseite die Kapitalkosten (Abschreibungen und Verzinsung des in den Verkehrswegen angelegten Kapitals) und die laufenden Kosten für Betrieb, Verwaltung und Unterhalt. Auf der Einnahmenseite stehen ihnen die Kfz- und Mineralölsteuer, bei der Bundesbahn die Einnahmen gegenüber. Die folgende Tabelle stellt den jeweiligen Deckungsgrad dar.

Wegekostendeckung der einzelnen Verkehrsträger und spezifischer Transportarten 1966–1981, Deckungsgrad in Prozent

Verkehrsart	1966	1973	1978	1981
DB gesamt	93,1	76,1	69,2	66,1
Personenfernverkehr	120,8	90,0	73,4	72,7
Personennahverkehr	58,1	61,8	68,4	65,0
Güterverkehr	100,0	79,7	68,5	65,0
Elektrifiz. Netz	–	–	–	92,3
Kfz gesamt	128,3	119,4	110,0	88,6
Nutzfahrzeuge Güterverkehr	104,5	99,4	81,3	62,0
Lkw über 12 t Ges.-Gewicht	89,1	100,5	84,0	64,3
Binnenwasserstraßen	13,7	10,8	11,0	9,0
Luftverkehrswege	–	–	68,8	86,4

DIW: Berechnung der Kosten für die Wege des Eisenbahn-, Straßen-, Binnenschiff- und Luftverkehrs in der Bundesrepublik Deutschland für das Jahr 1981. Berlin 1983. Zitiert nach: Winfried Wolf: Eisenbahn und Autowahn. Hamburg, Zürich: Rasch und Röhring 1987, S. 257

4.4 Verkehr und Umwelt

Der Verkehr belastet die Umwelt durch seinen Flächenbedarf, durch Lärm und vor allem durch den hohen Energieverbrauch. Der Wirkungsgrad von Verbrennungsmotoren ist niedrig (ca. 24 % bei Ottomotoren, 39 % bei Dieselmotoren), der Schadstoffausstoß trotz erheblicher Verbesserungen durch Katalysatoren immer noch hoch.

Anteil des Straßenverkehrs an den Schadstoffemissionen in Prozent 1966–1990 (alte Länder)

	1966	1980	1990
Kohlenmonoxid (CO)	49,0	70,8	72,4
Schwefeldioxid (SO_2)	1,5	2,1	5,1
Stickoxide (NO_x)	30,9	45,8	62,2
Organische flüchtige Verbindungen	29,3	45,0	48,2
Staub	1,8	9,1	21,0

Nach Verkehr in Zahlen 1992, S. 283

End-Energieverbrauch des Verkehrs nach Verkehrsbereichen[1]

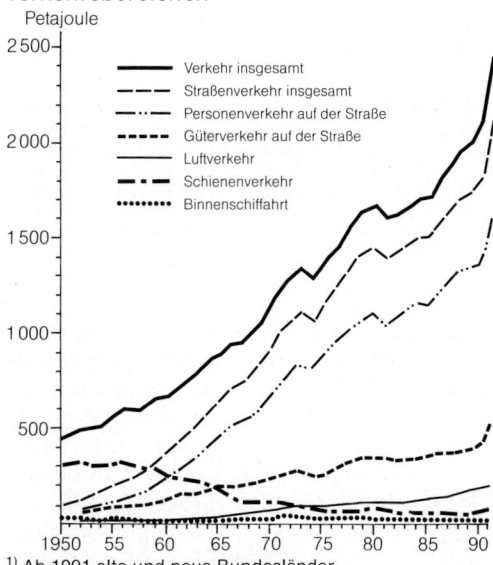

Petajoule

Verkehr insgesamt
Straßenverkehr insgesamt
Personenverkehr auf der Straße
Güterverkehr auf der Straße
Luftverkehr
Schienenverkehr
Binnenschiffahrt

[1] Ab 1991 alte und neue Bundesländer

Nach Verkehr in Zahlen 1992, S. 277

271

Anteile der Fahrzeuge an den Schadstoffemissionen des Verkehrs in Prozent

	Pkw mit Ottomotor		Pkw mit Dieselmotor		Nutz- fahrzeuge	
	1966	1988	1966	1988	1966	1988
Kohlenmonoxid	98,1	95,1	0,2	1,5	1,1	2,0
Schwefeldioxid	9,6	12,3	11,5	30,2	78,9	57,3
Stickoxide	55,3	62,7	1,3	4,1	43,4	33,2
Staub	24,1	3,9	6,9	25,4	69,0	68,8

Nach Verkehr in Zahlen 1992, S. 280

Durchschnittlicher Kraftstoffverbrauch und Fahrleistung im Straßenverkehr

	1960	1980	1990
Pkw und Kombi mit			
Ottomotor in l/100 km	8,8	10,9	10,4
Fahrleistung 1000 km	•	12,4	12,4
Pkw und Kombi mit			
Dieselmotor in l/100 km	7,5	9,7	8,4
Fahrleistung 1000 km	•	21,0	17,5

Nach Verkehr in Zahlen 1992, S. 285

Spezifischer Energieverbrauch des Personen- und Güterverkehrs

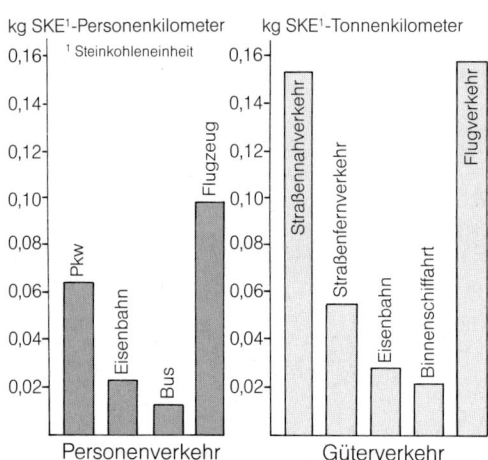

Eine grundlegende Verbesserung kann erst nach einer verkehrspolitischen Neuorientierung eintreten, bei der die eindeutige und jahrzehntelange Bevorzugung des Straßenverkehrs zugunsten einer stärkeren Förderung des Schienenverkehrs aufgegeben wird.

1. Untersuchen Sie die Entwicklung der Verkehrsmittel in der Bundesrepublik Deutschland (S. 267); nennen Sie Vor- und Nachteile und besondere Eignung der verschiedenen Verkehrsmittel.
2. Werten Sie die Tabellen zur Entwicklung des Schienen- und Straßennetzes und den Verkehrswegeplan (S. 270) in der Bundesrepublik Deutschland aus. Geben Sie Gründe für diese Entwicklung an.
3. Nennen Sie Vor- und Nachteile des gestiegenen Individualverkehrs, und begründen Sie die dieser Entwicklung zugrundeliegenden verkehrspolitischen Grundsätze. Nennen Sie alternative verkehrspolitische Prinzipien und deren Vor- und Nachteile.
4. Untersuchen Sie den Deckungsgrad der Wegekosten, und nennen Sie mögliche Ursachen der in der Tabelle auf Seite 271 dargestellten Entwicklung.
5. Werten Sie die Graphik des Energieverbrauchs (S. 271) aus, und berücksichtigen Sie dabei die Verkehrsleistungen (S. 263).
6. Beurteilen Sie die verschiedenen Verkehrsmittel nach dem spezifischen Energieverbrauch vor allem auch im Hinblick auf die Schadstoffemissionen von Verbrennungsmotoren.

Auch die verschärften Umweltschutzauflagen in der EG werden kurzfristig keine wesentliche Verbesserung der Situation bringen, da sich der Anteil der Fahrzeuge mit geringerem Schadstoffausstoß erst nach und nach vergrößert, ein wesentlich besserer Wirkungsgrad der Verbrennungsmotoren nicht zu erwarten und eine bessere Sitzauslastung der privaten Pkw nur nach drastisch gestiegenen Kosten denkbar ist.

5 Welthandel – funktionale Verflechtung von Wirtschaftsräumen

Unter *Handel* versteht man den Tausch oder Verkauf von Gütern unterschiedlichster Art. Beim *Binnenhandel* werden Güter innerhalb eines Staatsgebietes gehandelt. Grenzüberschreitender Handelsverkehr wird als *Außenhandel* bezeichnet und hinsichtlich der Import- und Exportwerte in jährlichen Handelsbilanzen zusammengestellt. Die Außenhandelsbeziehungen aller Länder werden mit den Begriffen *Welthandel* und *Welthandelsverflechtungen* zusammengefaßt. Welthandelsgüter im engeren Sinne sind Rohstoffe, Halbfertigwaren und Fertigprodukte. Aber auch Kapital-, Personen- und Informationsströme fließen als Welthandelsgüter im weiteren Sinne über Ländergrenzen.

Grundlage von Handelsbeziehungen jeder Art ist die Arbeitsteilung, die zunächst im nationalen Rahmen entstand, immer stärker aber auch grenzüberschreitend wirksam wurde *(internationale Arbeitsteilung).* Neben dem arbeitenden und wirtschaftenden Menschen sowie dem jeweiligen wirtschaftlichen Entwicklungsstand haben vor allem die naturräumlichen Voraussetzungen grundlegende Bedeutung für Entwicklung und Struktur des Welthandels. So führen Bodenschätze, Klima, Bodenfruchtbarkeit, Verfügbarkeit von Energiequellen usw. zu einer sich ständig verändernden Angebots- und Nachfragesituation, zur Einfuhr benötigter Güter und zur Ausfuhr von Überschüssen. Damit verbunden sind Anlage und Ausbau von infrastrukturellen Einrichtungen für Transport und Verkehr.

Handelsbeziehungen verbinden die einzelnen Wirtschaftsräume der Welt. Die wirtschaftlichen Beziehungen sind in den letzten Jahrzehnten ständig intensiver, dabei aber auch zunehmend differenzierter geworden. Für viele Staaten stellt der Außenhandel inzwischen einen der wichtigsten wirtschaftspolitischen Faktoren dar.

5.1 Historische Bedingungen des Welthandels

Der Warenaustausch zwischen weit voneinander entfernten Wirtschaftsräumen *(Fern-handelsbeziehungen)* läßt sich bereits für Jahrtausende vor unserer Zeitrechnung nachweisen: Handelsbeziehungen, bei denen jeweils gebietstypische Produkte ausgetauscht wurden (Edelmetalle, Gewürze, Edelhölzer v. a.), haben z. B. zwischen Nordeuropa, dem Mittelmeerraum, Ostafrika und Vorderasien bestanden.

Eine historische Welthandelsbeziehung stellt z. B. die *„Seidenstraße"* dar: Etwa seit 100 Jahren vor Beginn unserer Zeitrechnung hat diese Karawanenstraße China, Indien und den östlichen Mittelmeerraum miteinander verbunden. Vor allem Seide gelangte auf diese Weise in die westliche Hemisphäre; Glas und Edelmetalle wurden auf dem Rückweg transportiert.

Im 11. Jahrhundert sind in Europa verschiedene Handelsorganisationen entstanden. Die bedeutendste war die Deutsche *Hanse,* die – von Lübeck aus – die Anrainerstaaten der Nord- und Ostsee zu einem Wirtschaftsraum verbunden hat. Die Hanse, in der bis zu 170 Handelsstädte zusammengeschlossen waren, hat jedoch auch weit in das Binnenland ausgegriffen: Die Städte Köln, Göttingen und Breslau markieren in etwa den Einflußbereich. Handelsprodukte waren zunächst Tuche, Eisenwaren, Meeresprodukte und Getreide. Später wurden auch Waren aus Übersee in den Handel einbezogen.

In der Epoche des Kolonialismus (seit dem 16. Jahrhundert) haben sich weitere Fernhandelsbeziehungen ausgebildet. Im *Dreieckshandel* dieser Zeit wurden Tuche, Waffen und Genußmittel aus Europa nach Afrika (vor allem an die westafrikanische Guineaküste) transportiert. Von dort wurden Sklaven nach Mittelamerika und in den Süden Nordamerikas gebracht. Auf dem Rückweg transportierten die Segelschiffe vor allem Plantagenprodukte (Baumwolle, Zucker, Kaffee und Tabak) nach Europa.

Ein erdumfassender Welthandelsraum hat sich jedoch erst gegen Ende des 19. Jahrhunderts ausgebildet, als die Wirtschaftsräume durch verbesserte Verkehrsmittel miteinander in Verbindung treten konnten. Neben den traditionell gehandelten Waren wurde insbesondere der Handel mit Getreide, Baumwolle und Obst erheblich ausgeweitet; später kam der Handel mit Industrieprodukten hinzu.

5.2. Umfang und Struktur des Welthandels

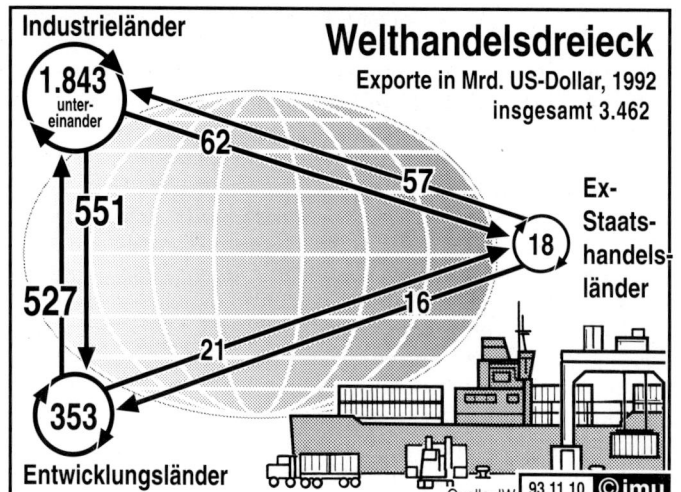

Welthandelsdreieck
Exporte in Mrd. US-Dollar, 1992
insgesamt 3.462

Industrieländer
1.843 untereinander
62
57
551
18
527
16
21
353
Entwicklungsländer
Ex-Staatshandelsländer

Quelle: IW 93 11 10 ©imu

Das Welthandelsdreieck

Das *Welthandelsvolumen* (der Wert aller grenzüberschreitenden Waren und Dienstleistungen) hat sich ständig erhöht. Unterbrechungen ergaben sich jedoch vor allem durch Weltwirtschaftskrisen und durch die beiden Weltkriege.

Zwischen 1950 und 1991 ist der Wert aller Warenexporte von 50 Mrd. auf 3525 Mrd. US-Dollar gestiegen. Gründe sind – neben der weltweiten Bevölkerungszunahme – der steigende Rohstoffbedarf, die weltweite Erhöhung der industriellen Produktion und die ständige Erweiterung des Warenangebotes. Auch die gestiegenen Ansprüche der Verbraucher tragen maßgeblich zur Steigerung des Welthandels bei.

Der überwiegende Anteil des Welthandels entfällt auf die Industrieländer. Allein die *G-7-Staaten* (vgl. Karte S. 276) hatten im Jahr 1991 einen Anteil von 52% am Werte der Weltexporte.

Wertanteile am Weltexport nach Warengruppen

	1965	1975	1985	1989
Agrarprodukte und Rohstoffe (%)	29,5	19,4	17,6	17,6
Erdöl und Mineralölprodukte (%)	9,3	19,4	19,2	10,0
Industriewaren (%)	57,2	59,4	63,2	72,4
Exportwert insges. (Mrd. US-Dollar)	191,9	872,7	1933,4	3024,1

Nach Institut der deutschen Wirtschaft (Hrsg.): Ein Globus voller Chancen. Köln 1990, S. 9; Angaben für 1985 und 1989 errechnet aus UNCTAD-Statistiken

Die zehn führenden Welthandelsländer 1991, in Mrd. US-Dollar

Wert der Einfuhren		Wert der Ausfuhren	
1. USA	509,3	1. USA	421,8
2. BR Deutschland	390,1	2. BR Deutschland	403,0
3. Japan	236,4	3. Japan	314,6
4. Frankreich	230,8	4. Frankreich	213,3
5. Großbritannien	210,0	5. Großbritannien	185,2
6. Italien	183,4	6. Italien	169,4
7. Niederlande	125,9	7. Niederlande	133,5
8. Belgien/Luxemburg	121,3	8. Kanada	126,8
9. Kanada	118,1	9. Belgien/Luxemburg	118,5
10. Hongkong	100,2	10. Hongkong	98,5

Mario von Baratta (Hrsg.): Der Fischer Weltalmanach 1993. Frankfurt am Main: Fischer Taschenbuch Verlag 1992, S. 967–968

*Anteile am Wert der Weltexporte
nach Regionen (in %)*

	1970	1980	1991
Westliche Industrieländer	71,2	63,0	71,1
Entwicklungsländer	18,9	29,2	23,8
darunter OPEC-Länder	5,6	15,3	4,6
darunter Schwellen-länder[1]	2,1	3,8	8,8
Osteuropäische Länder	9,9	7,8	5,1
zum Vergleich:			
Japan	6,2	6,5	9,0
USA	13,8	11,3	12,1
BR Deutschland	10,9	9,7	11,2

[1] Hongkong, Singapur, Taiwan, Südkorea
Nach Institut der deutschen Wirtschaft (Hrsg.): Internationale Wirtschaftszahlen 1993. Köln: Deutscher Institutsverlag 1993, S. 10 und S. 72

Über die quantitative Verteilung des Welthandelsvolumens hinaus ist es von Bedeutung, welche Produkte in welcher Qualität und Verarbeitungsstufe zwischen einzelnen Handelspartnern oder Wirtschaftsräumen ausgetauscht werden. Auch in dieser Hinsicht dominieren die Industrieländer: Die von ihnen exportierten Waren sind überwiegend qualitativ hochwertige Fertigwaren. Ihre Importe dagegen bestehen vor allem aus Rohstoffen und Halbfertigwaren, die vorrangig aus Entwicklungsländern geliefert werden (vgl. S. 385). Deshalb wird vielfach die Auffassung vertreten, daß das Welthandelssystem noch immer entscheidend von den früheren kolonialen Strukturen geprägt ist. Diese Auffassung ist grundsätzlich zutreffend. Mehrere Faktoren haben jedoch die „klassische" Struktur des Dreieckshandels zwischen Europa, Afrika und Amerika deutlich verändert:

1. Die Gründung des Rates für Gegenseitige Wirtschaftshilfe (RGW) im Jahr 1949 hat – bis zu seiner formellen Auflösung im Jahr 1991 – zu einer erheblichen Ausweitung des Handels innerhalb der Ostblockstaaten geführt.
2. In ähnlicher Weise hat die Gründung der Europäischen Wirtschaftsgemeinschaft (EWG; später EG bzw. EU) im Jahr 1957 bewirkt, daß der Warenaustausch innerhalb der Gemeinschaft ständig zugenommen hat. Jede Erweiterung der Gemeinschaft hat bewirkt, daß traditionelle Handelsströme umgelenkt wurden.

3. Ganz erhebliche Veränderungen der klassischen Strukturen haben sich auch daraus ergeben, daß die landwirtschaftliche Überschußproduktion vieler Industrieländer inzwischen zum Export von Nahrungsmitteln in viele Länder der Dritten Welt führt.
4. Die herkömmlichen Strukturen im Welthandel haben sich auch durch den intensiven Aufbau von Industrieanlagen in der Dritten Welt verändert. Vor allem im Textilbereich nehmen die Exporte aus Ländern der Dritten Welt in die Industrieländer ständig zu. Einige Schwellenländer haben bereits erhebliche Anteile am Weltexport zu verzeichnen. So sind z. B. Taiwan, Südkorea und die Volksrepublik China inzwischen in den Kreis der 20 führenden Exportnationen aufgerückt.

Zu Beginn der 90er Jahre lassen sich drei Welthandelsräume feststellen, die sowohl in quantitativer als auch qualitativer Hinsicht den Welthandel dominieren: Nordamerika, Europa und der asiatisch-pazifische Raum.

5.3 Wirtschafts- und Handelsabkommen

Der britische Philosoph und Volkswirtschaftler Adam Smith hat im Jahr 1776 die Idee eines freien Welthandels ohne Beschränkungen *(free trade)* formuliert. Er hat damit die Wirtschaftspolitik der jungen Industrieländer maßgeblich beeinflußt. Doch die Weltwirtschaftskrise (1929–1933) führte zu einer weltweiten wirtschaftlichen Depression. Danach schränkte die Mehrzahl der Industrienationen den Außenhandel erheblich ein und setzte auf eine Politik der wirtschaftlichen Unabhängigkeit vom Ausland *(Autarkie)*.

Erst nach dem Zweiten Weltkrieg kam es wieder zur Belebung der internationalen Wirtschaftsbeziehungen. Seitdem haben immer mehr Länder Wirtschafts- und Handelsabkommen miteinander vereinbart. Allen gemeinsam ist die Zielsetzung, die wirtschaftliche Entwicklung durch klar geregelte Handelsbeziehungen sicher und einschätzbar zu gestalten. Die folgend genannten *Wirtschafts- und Handelsabkommen* sind von besonderer Bedeutung.

275

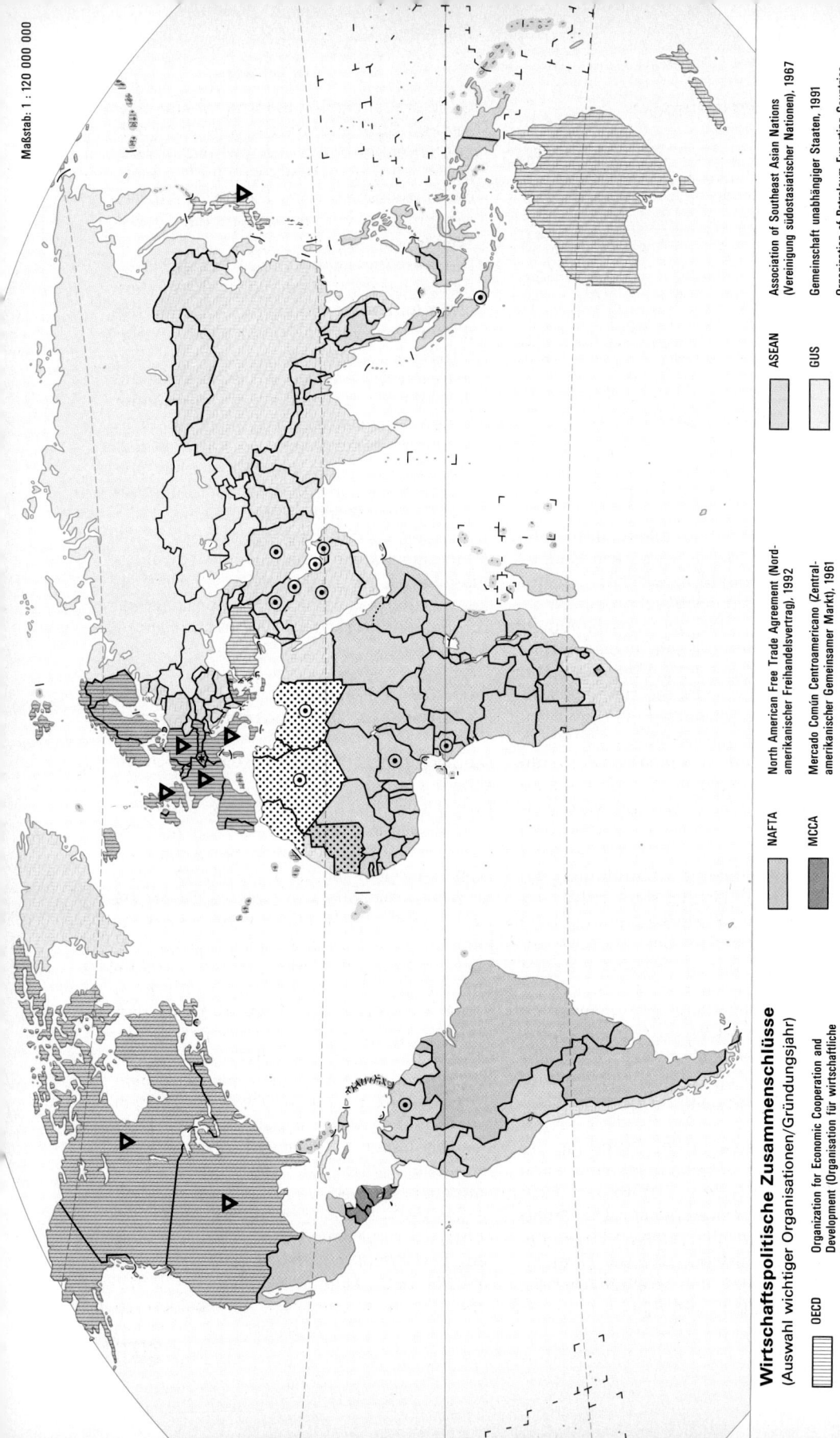

Maßstab: 1 : 120 000 000

Wirtschaftspolitische Zusammenschlüsse
(Auswahl wichtiger Organisationen/Gründungsjahr)

OECD	Organization for Economic Cooperation and Development (Organisation für wirtschaftliche Zusammenarbeit und Entwicklung), 1961
EU	Europäische Union, seit 1995 mit Finnland, Österreich, Schweden
EFTA	European Free Trade Association (Europäische Freihandelsassoziation), 1960

EWR[1]

NAFTA	North American Free Trade Agreement (Nordamerikanischer Freihandelsvertrag), 1992
MCCA	Mercado Común Centroamericano (Zentralamerikanischer Gemeinsamer Markt), 1961
PA	Pacto Andino (Andenpakt), 1969
MERCOSUR	Mercado Común del Cono Sur (Gemeinsamer Markt des südl. Teils von Südamerika), 1991
Maghreb-	Gemeinschaft nordwestafrikanischer

ASEAN	Association of Southeast Asian Nations (Vereinigung südostasiatischer Nationen), 1967
GUS	Gemeinschaft unabhängiger Staaten, 1991
OPEC	Organization of Petroleum Exporting Countries (Organisation erdölexportierender Länder), 1960
G 7 - Staaten	Gruppe der sieben großen Industrieländer 1975 (erstes Weltwirtschaftsgipfeltreffen)

Internationale Vereinbarungen

In der *OECD* (Organization for Economic Cooperation and Development; Organisation für wirtschaftliche Zusammenarbeit und Entwicklung) hat sich 1961 die Mehrzahl der europäischen Länder mit dem Ziel zusammengeschlossen, ihre wirtschaftliche Zusammenarbeit zu koordinieren. Die OECD ist heute die wichtigste Organisation der Industrieländer; ihr gehören neben 20 europäischen Staaten noch Australien, Japan, Kanada und die USA an.

Die *UNCTAD* (United Nations Conference on Trade and Development; Welthandels- und Entwicklungskonferenz) wurde im Jahr 1964 als Unterorganisation der Vereinten Nationen (UN) gegründet. Der UNCTAD gehören inzwischen 168 Staaten an. Innerhalb der UNCTAD versuchen die Länder der Dritten Welt ein Gegengewicht zu anderen Wirtschaftsabkommen zu schaffen, in denen die Industriestaaten dominieren.

Das *GATT* (General Agreement on Tariffs and Trade; Allgemeines Zoll- und Handelsabkommen) wurde 1947 mit dem Ziel des weltweiten Abbaus von Handelsbeschränkungen gegründet. Durch die Förderung des Handels soll die wirtschaftliche Lage in den Mitgliedstaaten verbessert werden. Im GATT sind (Stand 1994) 124 Länder aus allen Wirtschaftsräumen der Erde vertreten. Sie wickeln untereinander etwa 90% des gesamten Welthandels ab. Das schwierigste Problem des GATT ist die Abstimmung der nationalen Interessen mit dem übergeordneten Ziel der Liberalisierung des Handels. Ab 1995 soll die neugegründete WTO (World Trade Organization) die bisherigen GATT-Verhandlungsrunden ersetzen.

Von internationaler Bedeutung ist auch der *IMF* (International Monetary Fund; Internationaler Währungsfonds). Diese 1944 gegründete Sonderorganisation der Vereinten Nationen hat 165 Mitglieder. Der IMF koordiniert die finanzielle Abwicklung des Außenhandels. Eine weitere zentrale Aufgabe ist die Bewältigung der internationalen Schuldenkrise.

Der *RGW* (Rat für Gegenseitige Wirtschaftshilfe) ist von 1949 bis 1991 die Wirtschaftsorganisation der Ostblockstaaten gewesen. Der RGW hat mehrere Jahrzehnte lang das wirtschaftspolitische Gegengewicht zu den westlichen Industrienationen gebildet. Das Ziel des RGW war die Stärkung der Wirtschaftskraft seiner zehn Mitgliedsländer. Das Mittel war eine weitgehende Abstimmung der nationalen Wirtschaftspläne sowie eine Intensivierung des Handels zwischen den Mitgliedstaaten.

Die *OPEC* (Organization of Petroleum Exporting Countries) ist im Jahr 1960 gegründet worden. Ihr gehören 13 (seit dem Ausscheiden Ecuadors im Jahr 1992 zwölf) Staaten an, die ihre Erdölförderung und den Verkauf miteinander abstimmen. Die Preispolitik der OPEC hat mehrfach zu Belastungen der Weltwirtschaft geführt. Die wirtschaftliche Bedeutung der OPEC hat jedoch abgenommen, weil Abstimmungsprobleme zwischen den Mitgliedsländern bestehen und andere Fördergebiete (z. B. die Nordsee) an Bedeutung gewonnen haben.

Eine besondere Form der internationalen Zusammenarbeit im Welthandel wird von den *G-7-Staaten* praktiziert: Diese sieben großen Industrieländer (vgl. Karte links) stimmen seit dem Jahr 1975 auf gemeinsamen Konferenzen (Weltwirtschaftsgipfeltreffen) ihre Finanz-, Wirtschafts- und Handelspolitik miteinander ab.

Regionale wirtschaftspolitische Zusammenschlüsse

Auf allen Kontinenten bestehen regionale Wirtschafts- und Handelsabkommen. Ihre Zahl hat in den letzten Jahren ständig zugenommen. Als Grund wird angenommen, daß die internationalen Organisationen den Interessenausgleich zwischen einzelnen Ländern oft nur unter Schwierigkeiten und mit erheblichen Zeitverzögerungen erreichen können. Auch die Zunahme der Konkurrenz auf dem Weltmarkt hat die Entstehung von regionalen Zusammenschlüssen begünstigt. Wahrscheinlich ist auch das zunehmende Wirtschaftspotential des Europäischen Wirtschaftsraumes ein Grund dafür, daß sich regionale Gegengewichte bilden.

Ein Gegengewicht zur EU entsteht z. B. in Nordamerika: Kanada, die USA und Mexiko haben 1994 einen Freihandelsvertrag geschlossen (*NAFTA:* North American Free Trade Agreement). Mexiko verspricht sich eine Ausweitung des Handels mit den beiden anderen Mitgliedstaaten. Fachleute be-

277

fürchten allerdings, daß der NAFTA-Vertrag vor allem einen Versuch der USA darstellt, die eigene wirtschaftliche Dominanz in Nord- und Mittelamerika zu stabilisieren.

Regionale Zusammenschlüsse sind auch in Mittelamerika, in Südamerika, in Afrika und in Asien entstanden. In allen Vertragswerken wird die Bedeutung des Handels für die wirtschaftliche Entwicklung betont.

Der europäische Wirtschaftsraum

Schon kurz nach dem Ende des Zweiten Weltkriegs entstand der Gedanke, aus Europa eine wirtschaftliche Einheit entstehen zu lassen. Im Jahr 1952 haben dann Belgien, Frankreich, Italien, Luxemburg, die Niederlande und die Bundesrepublik Deutschland in der Montan-Union (Europäische Gemeinschaft für Kohle und Stahl) eine enge wirtschaftliche Zusammenarbeit vereinbart.

Im Jahr 1957 gründeten die Mitglieder der Montan-Union zwei weitere gemeinsame Institutionen: Die Europäische Atomgemeinschaft und die *Europäische Wirtschaftsgemeinschaft (EWG).* Durch einen Fusionsvertrag zwischen den drei Institutionen entstand im Jahr 1967 die *Europäische Gemeinschaft (EG).*

In den Folgejahren ist die EG mehrfach erweitert worden: Irland, Großbritannien und Dänemark sind im Jahr 1972 beigetreten. Durch den Beitritt von Griechenland (1981) sowie von Spanien und Portugal (1986) bildete sich das „Europa der Zwölf".

Als Gegengewicht zur EWG hatte sich im Jahr 1960 die *EFTA* (European Free Trade Association; Europäische Freihandelsassoziation) gebildet. Im Laufe der Jahre ist es jedoch immer mehr zur Annäherung zwischen den EG- und EFTA-Staaten gekommen. Im Jahr 1972 wurde eine gemeinsame Freihandelszone eingerichtet.

Die Zusammenarbeit zwischen den EG- und EFTA-Staaten ist seit 1993 noch enger geworden: Der Vertrag über den *Europäischen Wirtschaftsraum (EWR)* ermöglicht den EFTA-Ländern eine weitgehend gleichberechtigte Zusammenarbeit mit der EG. Ausgenommen davon sind die Agrar- und die Verkehrspolitik.

Die Schweiz beteiligt sich nicht am Europäischen Wirtschaftsraum; angestrebt wird der direkte Eintritt in die EG (Beitrittsantrag

1992). Auch für die anderen EFTA-Länder stellt die Zusammenarbeit im EWR nur eine Übergangslösung dar: Fast alle EFTA-Länder haben inzwischen den EG-Beitritt offiziell beantragt.

Anteile des Europäischen Wirtschaftsraums (EWR) 1991 in Prozent

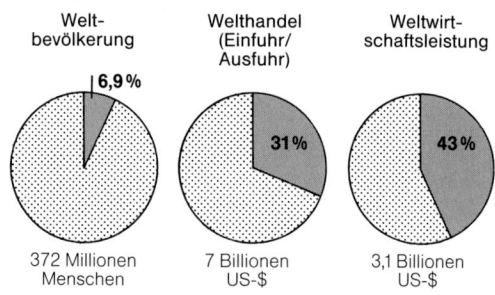

Nach Globus-Diagramm 9934

Der 1. 1. 1993 wird als „historisches Datum" im europäischen Einigungsprozeß bezeichnet: Neben der Bildung des EWR (siehe oben) ist auch der *Europäische Binnenmarkt* Wirklichkeit geworden. Die Grenzhindernisse zwischen den zwölf EG-Staaten sind offiziell beseitigt worden. Mit den „Vier Freiheiten" für Menschen, Waren, Dienstleistungen und Kapital wird das Zusammenwachsen Europas noch beschleunigt. Allerdings wird es Jahre dauern, bis alle (bürokratischen) Grenzen wirklich überwunden sind.

Anteil des innergemeinschaftlichen Handels am gesamten Handel der EG-Mitgliedsländer (1958–1991; in Prozent)

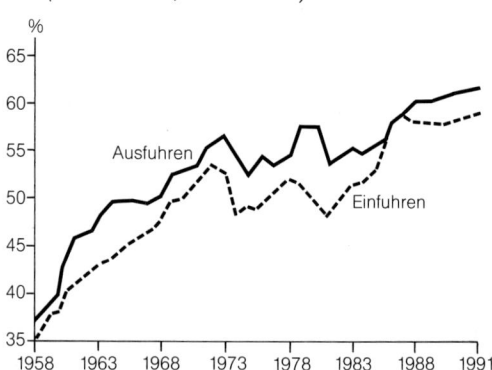

Nach Amt für amtliche Veröffentlichungen der Europäischen Gemeinschaften (Hrsg.): Der Binnenmarkt – jetzt aktiv. Luxemburg 1992, S.10

278

Der europäische Einigungsprozeß setzt sich weiter fort: Im Vertrag von Maastricht (1992) haben die EG-Staaten die Bildung der *Europäischen Union* beschlossen. In den nächsten Jahren soll eine europäische Währungsunion entstehen. Auch die Innen-, Verteidigungs- und Rechtspolitik der Mitgliedsländer soll stärker aufeinander abgestimmt werden. Das wirtschaftliche und politische Zusammenwachseh Europas, das zu einer weiteren Intensivierung der Handelsbeziehungen führen wird, ist auch durch den deutschen Einigungsprozeß sowie durch die Reformbewegungen in Osteuropa und der früheren UdSSR begünstigt worden: Die neuen Bundesländer sind inzwischen in die Europäische Union integriert, Polen und Ungarn haben bereits im Jahr 1992 Assoziierungsverträge mit der EG abgeschlossen. Auch andere osteuropäische Länder sind an einer engen Zusammenarbeit mit der EG interessiert und streben den Beitritt an.

Seit 1995 sind Finnland, Schweden und Österreich Mitglieder der Europäischen Union.

1. *Erläutern Sie, weshalb die Welthandelsverflechtungen auch als „internationale Arbeitsteilung" bezeichnet werden.*
2. *Formulieren Sie eine zusammenfassende Aussage für die Tabelle „Wertanteile am Weltexport nach Warengruppen" (S. 274).*
3. *Erstellen Sie aus den Angaben in der Tabelle „Die zehn führenden Welthandelsländer" (S. 274) ein Diagramm, aus dem die Reihenfolge der zehn Länder hinsichtlich ihres Außenhandelsvolumens ersichtlich ist.*
4. *Fassen Sie die Aussagen der Tabelle „Anteile am Wert der Weltexporte nach Regionen" (S. 275) in Form von Trendbeschreibungen zusammen. Erklären Sie die auffälligen Veränderungen des Anteils der OPEC-Länder.*
5. *Formulieren Sie Argumente für eine Diskussion, in der es um die Behauptung geht, daß die gegenwärtigen Welthandelsbeziehungen noch immer ein „Abbild des kolonialen Dreieckshandels" seien.*
6. *Werten Sie den Wirtschaftsteil einer Tageszeitung aus. Berichten Sie über Meldungen, die sich auf führende internationale Wirtschaftsorganisationen beziehen (OECD, UNCTAD, GATT/WTO usw.).*
7. *Beschreiben Sie das Diagramm „Anteil des innergemeinschaftlichen Handels am gesamten Handel der EG-Mitgliedsländer" (S. 278 unten). Erklären Sie, weshalb Wirtschafts- und Handelsabkommen regelhaft zur Steigerung des Handels zwischen den jeweiligen Mitgliedsländern führen.*
8. *Die Anziehungskraft der Europäischen Gemeinschaft wächst zunehmend. Formulieren Sie handelspolitische Schwierigkeiten, die sich aus einer weiteren Vergrößerung der EG ergeben könnten.*

5.4 Abhängigkeiten und Protektionismus als Belastung der Welthandelsbeziehungen

Mit Handelsbeziehungen sind immer auch Interessenkonflikte und Abhängigkeiten verbunden. Interessenkonflikte entstehen z. B. zwischen den Mitgliedern wirtschaftlicher Zusammenschlüsse, wenn Einzelinteressen den gemeinsamen Zielsetzungen entgegenstehen. So hat es im ehemaligen Rat für gegenseitige Wirtschaftshilfe (RGW; vgl. S. 277) ständig Auseinandersetzungen über die zentral festgelegten Preise für Handelsgüter gegeben. Auch in der Europäischen Gemeinschaft können die Erzeugerpreise für Agrarprodukte oft erst nach langwierigen Verhandlungsrunden zwischen den Mitgliedsländern festgelegt werden.

Abhängigkeiten

Die Welthandelsbeziehungen werden auch dadurch belastet, daß die gegenseitigen Abhängigkeiten zwar seit langem bekannt sind, daß sich aber an den Grundstrukturen nur wenig ändert. Die Dominanz der Industrieländer im Welthandel hat zur Forderung der Länder der Dritten Welt nach einer neuen Weltwirtschaftsordnung geführt (vgl. S. 388). Aber auch in umgekehrter Richtung bestehen Abhängigkeiten: So sind rohstoffarme Industrieländer wie die Bundesrepublik Deutschland oder Japan weitgehend auf Rohstoffzulieferungen angewiesen. Diese kommen überwiegend aus Ländern der Dritten Welt. Bei Ausfall, Verknappung oder Verteuerung der Rohstoffe ergeben sich in den Industrieländern negative Auswirkungen auf alle Wirtschaftsbereiche.

Aber auch als Absatzmärkte sind die Länder der Dritten Welt von erheblicher Bedeutung für die Industrieländer. Diese Bedeutung wird angesichts des hohen Bevölkerungswachstums in den Ländern der Dritten Welt noch zunehmen. Insbesondere der asiatisch-pazifische Wirtschaftsraum ist für viele Industrieländer der Absatzmarkt der Zukunft.

Protektionismus

Trotz aller Versuche zur Liberalisierung des Welthandels wird der Warenaustausch noch immer durch eine Vielzahl von protektionistischen Maßnahmen behindert. Unter *Protektionismus* ist eine Außenhandelspolitik zu verstehen, mit der die inländische Produzenten vor (meist billigeren) Importen aus dem Ausland geschützt werden sollen. Viele Industrieländer versuchen, die heimische Wirtschaft gegenüber der ausländischen Konkurrenz (insbesondere aus den Niedriglohnländern Asiens) abzusichern. Aber auch viele Entwicklungsländer reglementieren die Einfuhren zum Schutz der eigenen, im Aufbau befindlichen Industrie.

Beispiele für protektionistische Maßnahmen gibt es in allen Wirtschaftsräumen: So läßt z. B. Japan fast keine Reiseinfuhr zu, um die einheimischen Reisbauern existenzfähig zu erhalten. Thailand belegt ausländische PKW mit derartig hohen Einfuhrzöllen, daß ein europäischer Hersteller seine Autos in Einzelteilen nach Thailand einführt und dort montieren läßt.

Spannungen und Störungen im Welthandel ergeben sich auch immer wieder durch die Handelspolitik der EG/EU im Bereich der Stahlproduktion, im Schiffbau und im Agrarsektor. Die USA, Kanada, aber auch viele Entwicklungsländer können ihre Produkte nur unter erschwerten Bedingungen in den EG/EU-Markt einführen. Eine positive Ausnahme in diesem Zusammenhang stellen die Lomé-Abkommen dar: Die Europäische Gemeinschaft/Europäische Union gewährt den AKP-Staaten freien Marktzugang für gewerbliche Produkte. Beschränkungen bestehen nur noch für einige landwirtschaftliche Produkte.

Die protektionistischen Maßnahmen der EG/EU gegenüber anderen Ländern haben – insbesondere im Agrarbereich – zu erheblichem Druck aus dem Ausland geführt. Die Agrarreform (vgl. S. 148 f.) ist auch deshalb notwendig geworden, weil die GATT-Verhandlungen zur Liberalisierung des Welthandels ansonsten gescheitert wären.

Protektionistische Maßnahmen werden in tarifäre und nicht-tarifäre Handelshemmnisse unterschieden. Tarifäre Maßnahmen sind Einfuhrzölle, die den Preis der Produkte erhöhen. Nicht-tarifäre Maßnahmen sind z. B. Mengenbeschränkungen, Verhinderung unerwünschter Importe durch technische Vorschriften sowie die Subventionierung der heimischen Produzenten. Gegenwärtig (Stand 1993) unterliegt etwa die Hälfte des gesamten Welthandelsvolumens irgendwelchen Handelsbeschränkungen. Der weltweite Protektionismus kostet die Verbraucher pro Jahr etwa 400 Mrd. DM, weil die Waren durch Zölle und Handelsvorschriften unnötig verteuert werden.

Behinderungen des Welthandels ergeben sich auch dadurch, daß zunehmend *Kompensationsgeschäfte* abgeschlossen werden. Dabei erfolgt die „Bezahlung" durch die Lieferung anderer Waren. Diese Gegen-

Anteil der durch nicht-tarifäre Handelshemmnisse behinderten Industriewarenimporte (%)

| | Importe aus | | | |
| | Industrieländern | | Entwicklungsländern | |
Industriewaren	1981	1988	1981	1988
Eisen und Stahl	35,2	62,5	30,3	55,2
Nahrungsmittel	40,2	44,5	26,8	28,6
Bekleidung	39,1	45,0	76,4	78,0
Insgesamt	14,5	17,1	30,4	29,7

Institut der deutschen Wirtschaft (Hrsg.): Ein Globus voller Chancen. Köln 1990, S. 13

geschäfte haben im Jahr 1992 etwa 25% des gesamten Welthandels ausgemacht. Sie schränken die Möglichkeit ein, Produkte auf dem Weltmarkt zu höheren Preisen verkaufen zu können. Während Kompensationsgeschäfte früher nur für den Handel zwischen den Ostblockländern typisch gewesen sind, werden sie zunehmend auch von Ländern der Dritten Welt durchgeführt. Die Auslandsverschuldung und Devisenknappheit dieser Länder zwingt vielfach zu dieser – eigentlich antiquierten – Form des Tauschhandels.

5.5 Ost-West-Handel

Die Handelsbeziehungen zwischen den früheren RGW-Staaten und den westlichen Industrieländern werden als Ost-West-Handel bezeichnet. Vor den politischen Veränderungen in Osteuropa seit Beginn der 90er Jahre ist der *Ost-West-Handel* von mehreren Besonderheiten geprägt gewesen:

– Die RGW-Staaten sind nur in geringem Maße in das Welthandelssystem eingebunden gewesen. Es dominierte der Intra-Block-Handel, also der Handelsaustausch zwischen den Mitgliedsländern. Nur etwa 20% des gesamten Außenhandels (Stand 1990) wurden mit westlichen Ländern abgewickelt;

– Der Handel mit den RGW-Staaten hat nur für wenige westliche Länder (Finnland, Österreich) eine nennenswerte Bedeutung gehabt;

– Im Ost-West-Handel sind qualitativ unterschiedliche Produkte ausgetauscht worden: Im Warenstrom von Ost nach West dominierten Rohstoffe sowie Massengüter wie Eisen, Stahl und Textilien. In umgekehrter Richtung haben technologisch anspruchsvolle Produkte wie Maschinen, Fahrzeuge und chemische Erzeugnisse überwogen.

Angesichts dieser Besonderheiten stellt sich die Frage, warum die Ostblockstaaten in nur so geringem Maße – und auf so niedrigem technologischem Niveau – am Welthandel beteiligt gewesen sind. Die geographische Lage und das Wirtschaftspotential hätten insbesondere für die Länder Osteuropas eine stärkere Integration in den Welthandel möglich gemacht.

Anteil der Ost-West-Exporte am gesamten Weltexport (%)

1970	4,5
1975	5,5
1980	4,7
1986	3,6
1991	2,5

Deutsches Institut für Wirtschaftsforschung (DIW): Wochenbericht 46/87, S. 629. Ergänzt nach: Institut der deutschen Wirtschaft: Informationen 48/92, S. 3

Zur Erklärung müssen verschiedene Faktoren herangezogen werden: Handelsbeziehungen unterliegen zwangsläufig dem Grundsatzkonflikt zwischen unterschiedlichen politischen Systemen. So haben die ideologischen Gegensätze zwischen West und Ost nach dem Ende des Zweiten Weltkriegs auch die Ausrichtung des Handels beeinflußt. Entscheidende Bedeutung hatte dabei die Wirtschaftspolitik der UdSSR: Die Bildung des Rats für Gegenseitige Wirtschaftshilfe (RGW) brachte mit sich, daß die traditionell nach Westen gerichteten Handelsströme der östlichen Randländer Europas zunehmend nach Osten umgelenkt wurden.

Eine Verstärkung des blockinternen Warenaustauschs hat sich auch daraus ergeben, daß die RGW-Länder planwirtschaftlich organisiert gewesen sind. Produkte, Produktionsmengen und Handelsbeziehungen waren in Mehrjahresplänen festgelegt. Der Handel mit ebenfalls planwirtschaftlich ausgerichteten Ländern ist leichter zu organisieren gewesen als der Handel mit Marktwirtschaftsländern.

Das technologisch niedrige Niveau der Erzeugnisse aus den RGW-Ländern ist – indirekt – auch vom Westen beeinflußt worden: Insbesondere die USA haben – im Zusammenhang mit der politisch-militärischen Blockbildung – Einfluß darauf genommen, daß die Ausfuhr von Erzeugnissen der Hochtechnologie in die Ostblockstaaten verhindert wurde. Produkte, bei denen die Gefahr der militärischen Nutzung bestanden hat (z. B. elektronische Erzeugnisse) durften aus westlichen Industrieländern nicht in die RGW-Länder exportiert werden. Dadurch sind auch nicht-militärische Wirtschaftsbereiche vom technischen Fortschritt des Westens weitgehend ausgeschlossen gewesen.

Exportwerte im Handel zwischen den europäischen RGW-Ländern (Mrd. US-Dollar)[1]

1986	39,6
1988	24,6
1990	25,1
1991	16,5

[1] Daten für die DDR/die neuen Bundesländer aus allen Bezugsjahren herausgerechnet
Nach Globus 9435

Mit Beginn der 90er Jahre hat in fast allen ehemaligen RGW-Ländern eine politische und wirtschaftliche Umbruchsituation begonnen. Davon sind auch die Handelsbezie-

hungen nicht unberührt geblieben. Der Anteil des Ost-West-Handels am gesamten Welthandelsvolumen ist auf ein historisches Tief gesunken. Auch das Volumen des Intra-Block-Handels ist stark zurückgegangen. Gleichzeitig aber haben die meisten früheren RGW-Länder versucht, ihre früher einseitigen Bindungen zu lockern und den Handel mit westeuropäischen Staaten zu intensivieren. Allerdings hat sich die Struktur des Warenaustausches mit dem Westen bisher nur unwesentlich verändert. Dies ist auch erst nach einem längeren Umstrukturierungsprozeß zu erwarten.

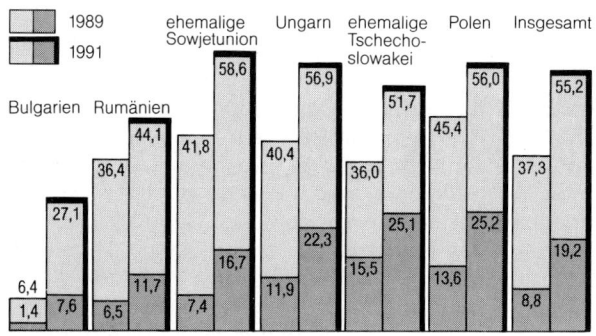

Veränderungen im Ost-West-Handel 1989/1991 (Anteile an der Gesamtausfuhr in Prozent)

Ausfuhren in westliche Industrieländer

davon in die Bundesrepublik Deutschland (alte Bundesländer)

Nach Deutscher Institutsverlag Köln (48/1992)

5.6 Der Außenhandel der Bundesrepublik Deutschland

Die Bundesrepublik Deutschland gehört seit Jahrzehnten zu den führenden Welthandelsländern. Haupthandelspartner sind vor allem die Mitgliedsländer der Europäischen Gemeinschaft/Union. Deren Anteil am Außenhandelsvolumen der Bundesrepublik liegt schon seit Jahren bei etwa 55%. Der Warenaustausch mit den Entwicklungsländern hat in den letzten Jahren einen Anteil zwischen 10 und 13% am Außenhandelsvolumen der Bundesrepublik gehabt. Seit 1988 besteht ein negativer Handelsbilanzsaldo mit den Entwicklungsländern: Der Wert der Importe aus dieser Ländergruppe war also höher als der Wert der dorthin exportierten Güter.
→

Nach Statistisches Bundesamt (Hrsg.): Statistisches Jahrbuch 1992 für die Bundesrepublik Deutschland. Wiesbaden 1992, S. 313

Der Außenhandel der Bundesrepublik Deutschland 1991 nach Ländergruppen

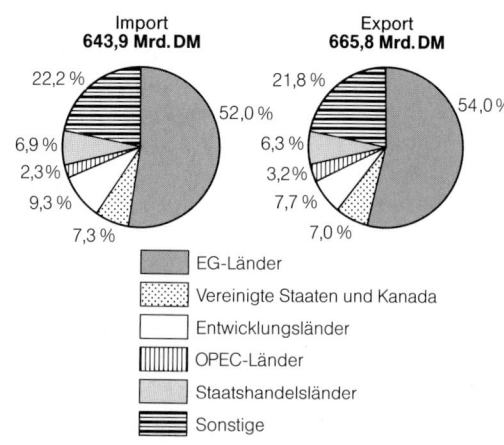

282

Die zehn wichtigsten Außenhandelspartner der Bundesrepublik Deutschland (1991)

Einfuhr aus:	Wert in Mrd. DM	Anteil an der gesamten Einfuhr 1991 (in %)	Ausfuhr nach:	Wert in Mrd. DM	Anteil an der gesamten Ausfuhr 1991 (in %)
1. Frankreich	78,8	12,2	1. Frankreich	87,5	13,1
2. Niederlande	62,6	9,7	2. Italien	61,2	9,2
3. Italien	59,9	9,3	3. Niederlande	56,0	8,4
4. Belgien/Luxemb.	45,8	7,1	4. Großbritannien	50,7	7,6
5. USA	43,0	6,7	5. Belgien/Luxemb.	48,6	7,3
6. Großbritannien	42,7	6,6	6. USA	41,6	6,3
7. Japan	39,6	6,1	7. Österreich	39,5	5,9
8. Österreich	26,9	4,2	8. Schweiz	37,6	5,7
9. Schweiz	25,3	3,9	9. Spanien	26,5	4,0
10. Spanien	16,8	2,6	10. GUS	18,1	2,7

Mario von Baratta (Hrsg.): Der Fischer Weltalmanach 1993. Frankfurt am Main: Fischer Taschenbuch Verlag 1992, S. 969–970

Außenhandel der Bundesrepublik Deutschland, in Milliarden DM[1]

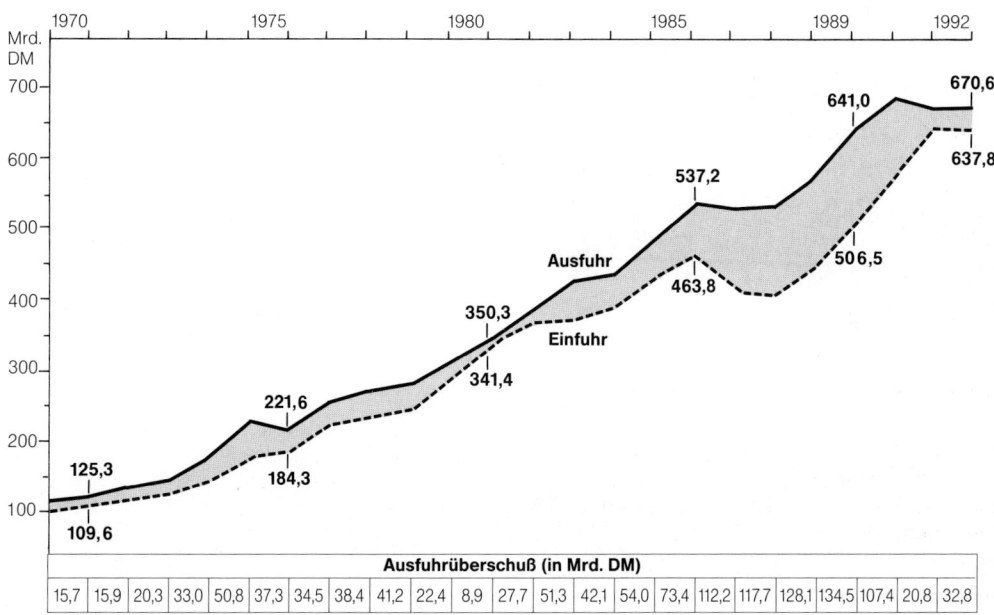

[1] ab 1990 einschließlich der neuen Bundesländer
Nach Angaben des Statistischen Bundesamtes

Der Wert des grenzüberschreitenden Warenhandels wird in der *Handelsbilanz* zusammengefaßt. Der *Handelsbilanzsaldo* (Differenz aus dem Wert der Warenimporte und Warenexporte) der Bundesrepublik Deutschland hat im Jahr 1989 mit einem Überschuß von 134,5 Mrd. DM seinen bisherigen Höchststand erreicht.

Ausfuhrüberschüsse sind prinzipiell ein positives Merkmal für die Wirtschaftskraft eines Landes. Die Kennzeichnung „Made in Germany", die ursprünglich von englischen Politikern eingeführt worden war, um englische Verbraucher vor deutschen Produkten zu warnen, ist heute ein international anerkanntes Qualitätsmerkmal.

283

Ausfuhrüberschüsse bedeuten allerdings nicht nur Vorteile für eine Volkswirtschaft: Ein Teil der im Inland produzierten Waren fließt in das Ausland ab, ohne daß dafür andere Güter importiert werden. Der sich daraus ergebende Kaufkraftüberhang kann im exportierenden Land zu Preissteigerungen führen.

Die Ausrichtung der Produktion auf ausländische Märkte (Exportorientierung) führt zu einer entsprechenden Abhängigkeit von den Handelsbeziehungen. Insbesondere die Arbeitsplätze sind – je nach dem Grad der Exportorientierung der einzelnen Industriebranchen – von einem störungsfreien Außenhandel abhängig.

Einfuhr- bzw. Ausfuhrüberschuß ausgewählter Länder[1]

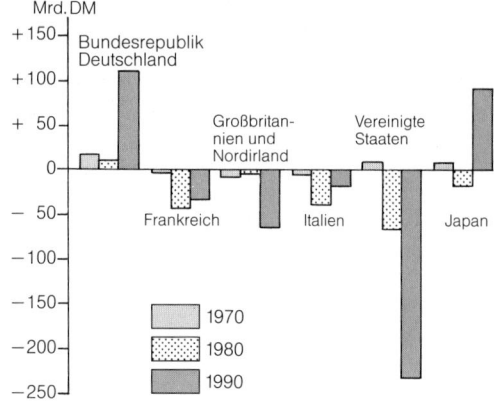

[1] Einfuhrüberschuß: −; Ausfuhrüberschuß:+
[2] 1990 einschließlich der neuen Bundesländer
Nach Statistisches Bundesamt (Hrsg.): Statistisches Jahrbuch 1992 für das Ausland. Wiesbaden 1992, S.111

Anteil des Auslandsumsatzes am Gesamtumsatz (Bundesrepublik Deutschland 1991; in %)

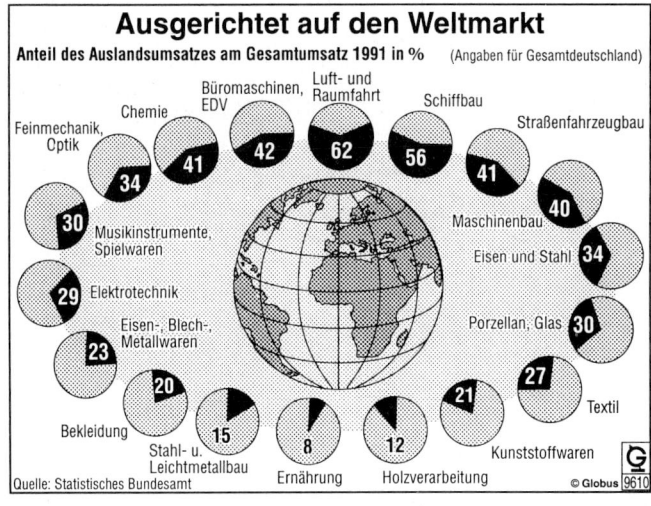

Globus, Hamburg

Als Indikator für die Wirtschaftskraft von Ländern wird vielfach auch die *Leistungsbilanz* angegeben. Diese setzt sich aus drei Teilbilanzen zusammen:

– Handelsbilanz (Wert des grenzüberschreitenden Warenhandels)
– *Dienstleistungsbilanz* (Wert der grenzüberschreitenden Dienstleistungen). Wichtigste Posten in dieser Bilanz sind: Einnahmen/Ausgaben aus dem Tourismus, Unterhalt diplomatischer Vertretungen im Ausland, Fracht- und Hafenkosten.

– *Übertragungsbilanz* (Wert von Kapitalübertragungen in das bzw. aus dem Ausland). Wichtigste Posten sind Überweisungen ausländischer Arbeitnehmer, Zahlungen an bzw. Zuflüsse von internationalen Einrichtungen (z. B. EU) sowie Entwicklungshilfeleistungen.

In der Leistungsbilanz werden die drei Teilbilanzen zusammengefaßt und gegeneinander aufgerechnet. Die deutsche Leistungsbilanz wies im Jahr 1991 erstmals seit zehn Jahren ein Defizit auf. Dafür werden zwei

Hauptgründe angegeben: Die hohe Nachfrage nach ausländischen Gütern in den neuen Bundesländern hat zu einem nur geringen Überschuß in der Handelsbilanz geführt. Die Übertragungsbilanz ist durch den finanziellen Beitrag der Bundesrepublik Deutschland an den Kosten des Golfkriegs (11,5 Mrd. DM) zusätzlich belastet worden. Im Vergleich der führenden Welthandelsnationen zeigt sich, daß lediglich Japan in den Jahren 1991 bis 1993 eine positive Leistungsbilanz erzielt hat. Die Leistungsbilanzen der USA und der Bundesrepublik Deutschland dagegen fallen negativ aus.

Leistungsbilanz der Bundesrepublik Deutschland[1),2)] (Mrd. DM)

Jahr	Leistungsbilanz	Handelsbilanz	Dienstleistungsbilanz	Übertragungsbilanz
1960	+ 5,6	+ 8,4	+ 0,7	− 3,5
1970	+ 4,7	+ 20,8	− 6,3	− 9,8
1980	−25,2	+ 18,4	−20,1	−23,5
1990	+77,5	+117,8	− 4,7	−35,6
1991	−34,2	+ 22,1	+ 1,8	−58,1

[1)] ab 1990 alte und neue Bundesländer, [2)] bei der Handelsbilanz Abweichungen von der Außenhandelsstatistik auf Grund unterschiedlicher Berechnungsweisen
Nach Statistisches Bundesamt (Hrsg.): Datenreport 1992, S. 290 sowie Angaben des Statistischen Bundesamtes 1993

Hauptexportgüter der Bundesrepublik Deutschland sind Fahrzeuge, Maschinen sowie chemische und elektrotechnische Erzeugnisse. Im Vergleich zu anderen Industrieländern stellt das breit gefächerte (diversifizierte) Warensortiment eine Stärke der Bundesrepublik im Welthandel dar. Länder wie Japan oder die USA sind viel mehr auf einzelne Produktgruppen ausgerichtet. Damit sind sie Preis- und Absatzschwankungen auf dem Weltmarkt entsprechend stärker ausgesetzt.

Ein weiterer Vorteil der Bundesrepublik Deutschland im internationalen Warenaustausch besteht darin, daß hohe Exportanteile beim Handel mit forschungs- und entwicklungsintensiven Gütern erzielt werden. Dabei handelt es sich vor allem um Produkte aus dem Luft- und Raumfahrzeugbau, aus der chemischen Industrie und aus der elektrotechnischen Industrie. Diese Exportanteile sind für die zukünftige Entwicklung des deutschen Außenhandels von vorrangiger Bedeutung.

Exporte und Importe der Bundesrepublik Deutschland nach Warengruppen 1991 (%)

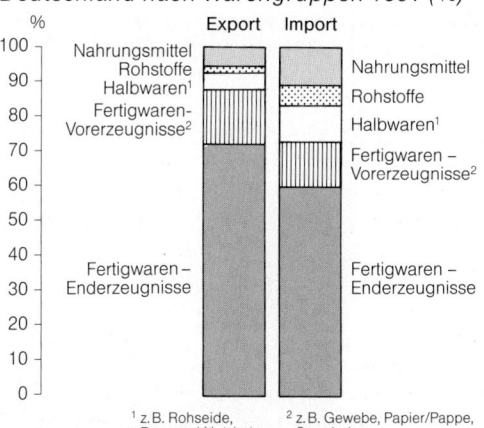

[1] z.B. Rohseide, Bau- und Nutzholz   [2] z.B. Gewebe, Papier/Pappe, Sperrholz

Nach Statistisches Bundesamt (Hrsg.): Statistisches Jahrbuch 1992 für die Bundesrepublik Deutschland. Wiesbaden 1992, S. 330

Weltmarktanteile am Export von Hochtechnologie-Produkten[1)] (1991)

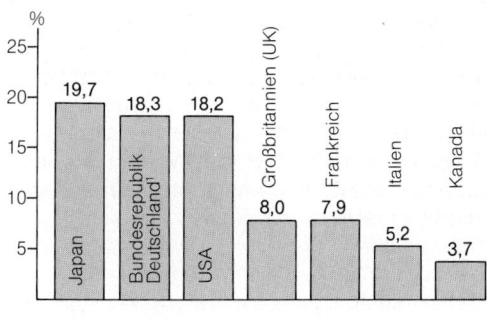

[1)] Aufwand für Forschung und Entwicklung mindestens 3,5% des Umsatzes
Nach Angaben des Niedersächsischen Instituts für Wirtschaftsforschung 1993

Innerdeutscher Handel: Die Wechselwirkungen zwischen Politik und Wirtschaft hatten während der vier Jahrzehnte der deutschen Teilung auch die Handelsbeziehungen bestimmt. So hat sich die Bundesrepublik vornehmlich auf westliche Handelspartner ausgerichtet, die DDR war weitgehend in das östliche Wirtschaftssystem eingebunden. Die Handelsbeziehungen zwischen den beiden Staaten in Deutschland sind jedoch nie völlig unterbrochen gewesen; jahrzehntelang haben darin fast die einzigen offiziellen Kontakte bestanden. Aus westlicher Sicht ist der Warenaustausch als „Innerdeutscher Handel" bezeichnet worden, aus Sicht der DDR als „Außenhandel".

Die gesamtwirtschaftliche Bedeutung des Handels ist für beide Länder sehr unterschiedlich gewesen: Der Anteil des Innerdeutschen Handels am gesamten Außenhandel der Bundesrepublik betrug z. B. im Jahr 1989 nur 1,3%. Demgegenüber war die Bundesrepublik in diesem Jahr mit ca. 7% der drittwichtigste Außenhandelspartner für die DDR.

Die Handelsstruktur zwischen beiden Ländern hat den Besonderheiten des Ost-West-Handels entsprochen: Die Lieferungen der DDR bestanden vor allem aus landwirtschaftlichen Produkten, aus Textilien und Mineralölerzeugnissen. Technologisch hochwertige Erzeugnisse der DDR (vor allem aus den Bereichen Optik, Maschinenbau und Chemie) waren überwiegend dem Export an östliche Handelspartner vorbehalten. Die Lieferungen der Bundesrepublik an die DDR bestanden überwiegend aus elektrotechnischen und chemischen Erzeugnissen.

Im Zusammenhang mit dem deutschen Einigungsprozeß, den Reformbewegungen in Osteuropa und dem Zerfall der UdSSR sind die exportorientierten Wirtschaftszweige der neuen Bundesländer unter erheblichen Druck geraten: Sowohl im Westen als auch im Osten sind traditionelle Marktanteile verlorengegangen. Die Ausfuhren der neuen Bundesländer haben z. B. im Jahr 1991 gegenüber 1990 um 60% abgenommen, die Einfuhren um 56%. In der Diskussion um den deutschen Einigungsprozeß wird oft übersehen, daß ca. 650000 industrielle Arbeitsplätze in der DDR allein von Exporten in die UdSSR abhängig gewesen waren. Auch westdeutsche Unternehmen hätten den schlagartigen Verlust der Hälfte ihres Absatzmarktes kaum verkraften können.

Mit dem Einigungsprozeß in Deutschland sind bisher vielfältige Probleme verbunden gewesen. Aus Sicht des innerdeutschen Warenverkehrs bleibt festzustellen, daß viele Arbeitsplätze in den alten Bundesländern (z. B. im Straßenfahrzeugbau) durch den gestiegenen Absatz in den neuen Bundesländern erhalten werden konnten. So sind zwischen 1990 und Mitte 1993 etwa eine Million Personenkraftwagen aus westdeutscher Produktion in die neuen Bundesländer verkauft worden. Die Strukturkrise im westdeutschen Automobilbau, die sich bereits im Jahr 1989 abgezeichnet hatte, ist dadurch erheblich abgeschwächt bzw. zeitlich verzögert worden.

Die weitere Entwicklung des Handels zwischen den alten und neuen Bundesländern wird ganz wesentlich davon bestimmt werden, in welchem Maße wettbewerbsfähige Produktionsstätten aufgebaut werden können. Zur Zeit (Ende 1993) ist – insbesondere im Nahrungsmittelsektor sowie im Textil- und Baubereich eine eindeutige Dominanz von westdeutschen Handelsketten festzustellen, die die neuen Bundesländer mit einem Netz hochmoderner Einkaufszentren überzogen haben, in denen vorrangig Waren aus westdeutscher Produktion angeboten werden.

Warenaustausch zwischen den alten und neuen Bundesländern 1990–1992 (Mrd. DM)

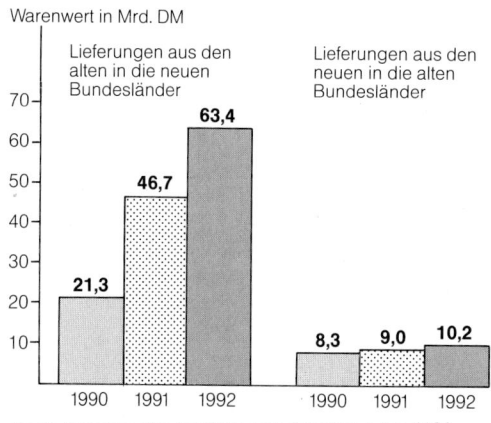

Nach Angaben des Statistischen Bundesamtes 1993

Entwicklung des Außenhandels der neuen Bundesländer

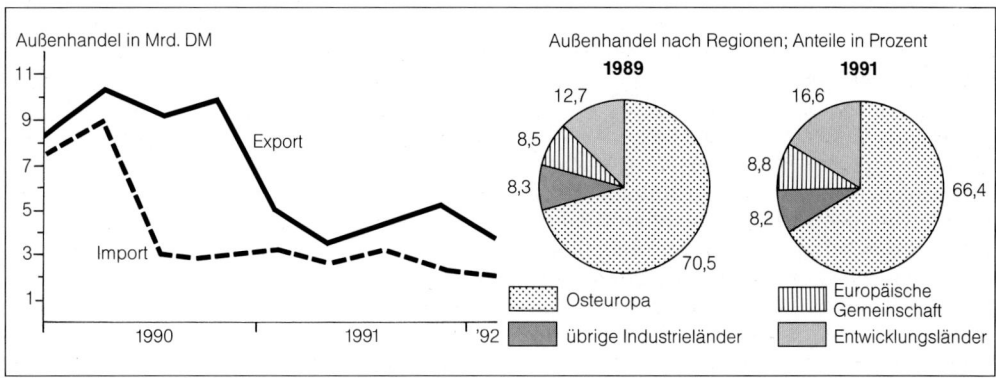

Nach „Der Spiegel" 33/1992, S. 87

Gesamtdeutscher Außenhandel 1992

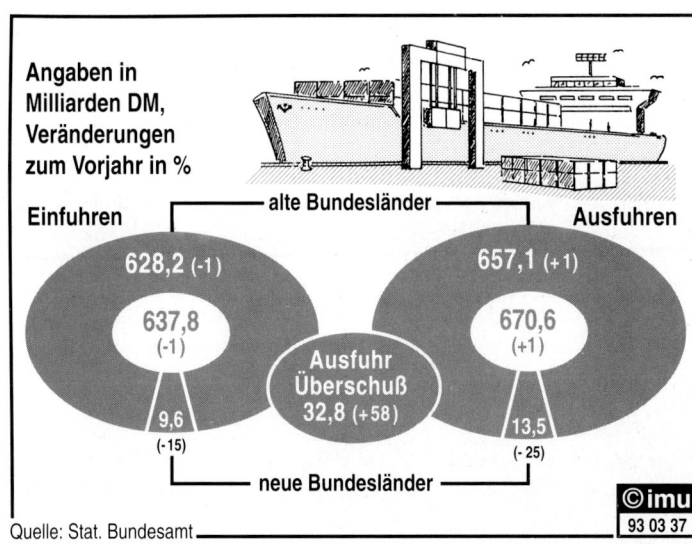

1. Werten Sie den Wirtschaftsteil einer Tageszeitung auf Meldungen über protektionistische Maßnahmen aus. Verfassen Sie eine entsprechende Berichterstattung.
2. Fassen Sie die Gründe, die zur geringen Einbindung des früheren Ostblocks in den Welthandel geführt haben, stichwortartig zusammen.
3. Erläutern Sie den Unterschied zwischen „Handelsbilanz" und „Leistungsbilanz".

Raumordnung

1 Das Aufgabenfeld

Die Raumordnung versucht, die im Raum wirksamen wirtschaftlichen und sozialen Kräfte so zu ordnen, daß ein sinnvolles Miteinander möglich ist. Dies setzt ein Leitbild der Raumordnung voraus, das den gesellschaftlichen Vorstellungen entspricht, also die Erwartungen der Bevölkerung ausdrückt, das aber auch auf wissenschaftlicher Basis erstellt und auf die Möglichkeiten der Verwirklichung hin abgesichert ist. Damit treffen sich im Aufgabenfeld der Raumordnung politische Ziele und wissenschaftliche Methoden, die Raumordnungspolitik und Raumforschung. Oberstes Ziel der Raumordnung ist es, das Leben und die Versorgung des Menschen auch im Hinblick auf kommende Generationen zu sichern.

Im 19. und zu Beginn des 20. Jahrhunderts bestand weitgehend die Auffassung, daß das freie Wirken der wirtschaftlichen Kräfte zu einer der Gesellschaft gemäßen Ordnung des Raumes führen werde. Dies bedeutet, daß man unter optimaler Raumordnung eine Ordnung mit optimaler wirtschaftlicher Leistung verstand. Dabei wurden die Beanspruchungen des Raumes und ihre negativen Auswirkungen genauso außer acht gelassen wie die vielfachen wirtschaftlichen Wechselwirkungen, die nicht allein über den Markt gesteuert werden können. Anstelle einer übergreifenden Raumordnung gab es nur Fachplanungen, d.h. auf Einzelaspekte beschränkte Konzeptionen, wie z.B. Gewässerschutz, wobei die vielfachen Verflechtungen mit anderen Problemfeldern unbeachtet blieben. Mit den steigenden Ansprüchen an die Flächen und mit den fortschreitenden wirtschaftlichen Konzentrationsprozessen konnte dies nicht mehr ausreichen.

Flächenanteile der Nutzungsarten in 1000 ha

	alte Länder			neue Länder		
	1950	1989	Veränderungen in Prozent	1950	1989	Veränderungen in Prozent
landwirtschaftlich genutzte Fläche[1]	13485,2	11885,3	− 11,9	6526,3	6171,4	− 5,4
darunter Ackerland	7982,8	7272,7	− 8,9	5017,2	4676,3	− 6,8
Dauergrünland	5625,1	4406,8	− 21,6	1291,0	1257,6	− 2,6
Moor, Heide	965,4	132,9	− 86,2	−	−	−
Wald	7018,4	7400,5	+ 5,4	2898,6	2983,0	+ 2,9
Wasserflächen	436,4	450,1	+ 3,1	220,6	313,5	+42,1
Siedlungsfläche[1]	1863,2	3045,2	+ 63,4	880,5	1172,1	+33,1
darunter Gebäude- und (ab 81) Freiflächen	781,1	1548,4	+ 98,2	−	−	−
Betriebsflächen mit Abbauland[1]	−	137,0	−	−	97,9	−
Erholungsfläche	−	180,2	−	−	−	−
Verkehrsfläche	862,9	1242,2	+ 44,0	−	−	−
Sonstige Nutzung, Öd- und Unland[1]	914,4	1947,9	+113,1	228,6	192,8	+15,7
Gesamtfläche	24679	24861,9	+ 0,7	10754,8	10832,8	+ 0,7
Bevölkerung in 1000	49989	62063	+ 24,1	18388	16614	− 9,6

[1] Daten nicht voll vergleichbar
Betriebsfläche: unbebaute gewerblich oder industriell genutzte Flächen
Verkehrsfläche: Straßen, Wege, Schienen, Brücken, Rad-, Gehwege etc.
Sonstige Nutzung: Übungsgelände, Felsen, Dünen, Brache etc.
Datengrundlage: Statistische Jahrbücher für die Bundesrepublik Deutschland bis 1992, Statistisches Jahrbuch der DDR 1990, Bodennutzungshaupterhebungen bis 1990

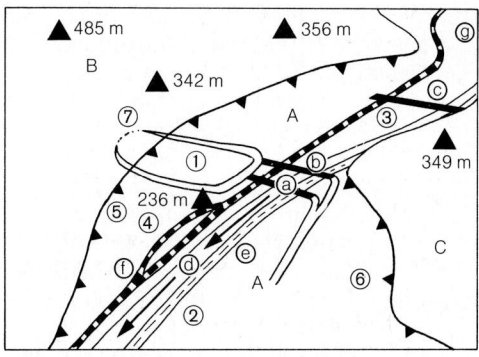

Stadt Esslingen, Verdichtungsraum Stuttgart; Blickrichtung NW→SO

Das dichtbesiedelte Neckartal (A) mit seinen Talhängen (B: Weinbau, Streuobstwiesen, Wohngebiete, Wald; C: Wald- und Wohngebiete) ist eine der Hauptentwicklungsachsen des Verdichtungsraumes. Die Altstadt mit der Burg (1 = Wohn- und Dienstleistungsfunktion) wird durch die Ringstraße (= Verlauf der alten Stadtmauer) begrenzt. Leitlinie der Gewerbe- und Industrieentwicklung (z. B. 2, 3) sind die Verkehrswege (Eisenbahn, B 10, schiffbarer Neckar). Die alten Industriegebiete (4) an Kanal und Bahnlinie müssen neuen Wohn- und Dienstleistungsstandorten (5) weichen.

Das in den 50er Jahren einsetzende schnelle Wachstum der Stadtbevölkerung führte in den Vorstädten sowohl zur Blockbebauung (6) als auch zur verstärkten Einzelhausbebauung (7) in den Hanglagen (Zersiedlung).

▲ Höhe über NN; ① Altstadt, Burg, Ringstraße; ② 60er Jahre; ③ 60er Jahre; ④ Jahrhundertwende; ⑤ 80er Jahre; ⑥ 50er Jahre; ⑦ ab den 50er Jahren; ⓐ Pliensau-Brücke (Mittelalter); ⓑ Vogelsang-Brücke (1973); ©Adenauer-Brücke (1970); ⓓ kanalisierter Neckar (1968); ⓔ B 10 (vierspuriger Ausbau 1973); ⓕ Eisenbahnlinie; ⓖ Block 4 und 5, Kraftwerke in Altbach (vgl. S. 188).

289

Bodennutzung in Baden-Württemberg 1950–1985[1]

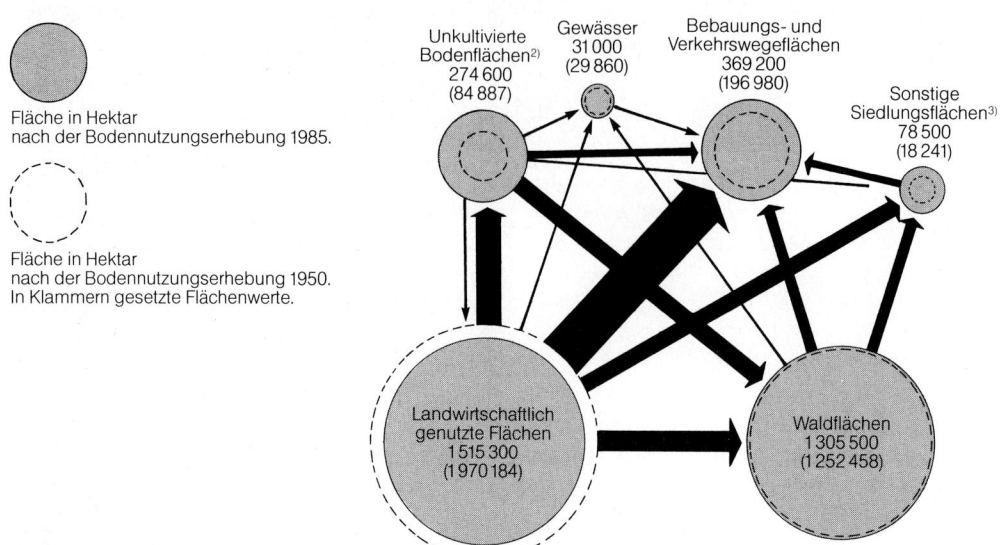

Fläche in Hektar
nach der Bodennutzungserhebung 1985.

Fläche in Hektar
nach der Bodennutzungserhebung 1950.
In Klammern gesetzte Flächenwerte.

Unkultivierte
Bodenflächen[2]
274 600
(84 887)

Gewässer
31 000
(29 860)

Bebauungs- und
Verkehrswegeflächen
369 200
(196 980)

Sonstige
Siedlungsflächen[3]
78 500
(18 241)

Landwirtschaftlich
genutzte Flächen
1 515 300
(1 970 184)

Waldflächen
1 305 500
(1 252 458)

[1] Wegen veränderter Bemessungsgrundlagen seit 1973 ergeben sich geringfügige Abweichungen in der Zuordnung.
[2] Öd- und Unland, brachliegende nicht mehr genutzte landwirtschaftl. Flächen, unkultivierte Moorflächen sowie
    Abbauland (Steinbrüche, Kiesgruben u. dgl.)
[3] Park- und Grünanlagen, Ziergärten, Friedhöfe, Sport-, Flug- und Militärübungsplätze
*Nach Freiräume in Stadtlandschaften. Ministerium für Ernährung, Landwirtschaft und Umwelt (Hrsg.): Universität
Hohenheim, Universität Freiburg. Stuttgart 1977, S. 15. Und Statistisches Bundesamt: Statistisches Jahrbuch 1986*

Die Aufgaben der räumlichen Ordnung sind mit dem Wachstum der Menschheit und ihren steigenden Ansprüchen an den Raum gewachsen. Da es sich um konkurrierende Raumbedürfnisse handelt, können Konflikte nicht ausbleiben. Mit der Bevölkerung ist auch der *Flächenbedarf* für die Ernährung gewachsen, mit steigenden Ansprüchen an die Qualität der Nahrung vergrößerte sich auch der Nährflächenbedarf pro Kopf. Mit der Entwicklung der anderen Wirtschaftssektoren wuchsen auch die Flächenansprüche für Industrie- und Gewerbebetriebe und Dienstleistungseinrichtungen. Und mit der für die Industriegesellschaft charakteristischen Trennung von Wohn- und Arbeitsplatz wuchs die Mobilität und mit ihr der Flächenbedarf der Verkehrseinrichtungen. Mit zunehmender Belastung der Umwelt in den Ballungsgebieten und dem sich schärfenden Bewußtsein für diese Belastung stiegen aber auch die Ansprüche an naturnahe Freiräume zur Erholung und die Forderungen nach dem Schutz der Ökosysteme.

Alle diese Raumbedürfnisse können nur in gegenseitigem Einvernehmen gedeckt werden. Lösungen sind wegen der mannigfachen gegenseitigen Abhängigkeiten und vielfachen Verflechtungen immer schwieriger geworden. In der Bundesrepublik wurde mit der Veröffentlichung des Raumordnungsgesetzes 1965 eine erste gesetzliche Grundlage geschaffen, die allerdings nur wenig konkret gefaßt ist.
Die in mehrjährigem Abstand erscheinenden *Raumordnungsberichte* der Bundesregierung sollen den aktuellen Stand und die wahrscheinlichen Entwicklungslinien entsprechend den sich ändernden Notwendigkeiten und politischen Zielen darstellen.

1. *Beschreiben Sie das Aufgabenfeld der Raumordnung in der Bundesrepublik Deutschland.*
2. *Werten Sie die Tabelle auf Seite 288 aus. Nennen Sie Gründe für die dargestellte Entwicklung. Setzen Sie sie in bezug zur Bevölkerungsentwicklung.*

2 Die wissenschaftlichen Grundlagen

Die *Raumforschung* als Grundlagenforschung für die Raumordnung zielt auf die Erkundung der Zusammenhänge im „Lebensraum". Dazu müssen verschiedene Disziplinen herangezogen werden. Grundlagen für die Raumforschung kommen von der Geographie, der Geologie und der Geoökologie, der Meteorologie, den Bevölkerungs- und Sozialwissenschaften und von den technischen Disziplinen (Verkehrswissenschaft, Wasserwirtschaft, Städtebau und Architektur), den Wirtschaftswissenschaften und Finanzwissenschaften und wegen der auf allen Ebenen wirkenden Konflikte auch von den Rechtswissenschaften.

Die Landesplanung ist die Anwendung der Raumforschungsergebnisse auf die Praxis im Rahmen eines Bundeslandes.

Die Raumforschung legt bei der Raumuntersuchung das Schwergewicht auf die Erkundung folgender Problembereiche:
1. der ökologischen Zusammenhänge,
2. der wirtschaftsräumlichen Bezüge,
3. der sozialräumlichen Ansprüche.

2.1 Ökologische Zusammenhänge

Die ökologischen und technischen Disziplinen untersuchen die Belastungen der Umwelt, die durch die Umgestaltung der Landschaft und die Nutzung der Ressourcen im Wirtschaftskreislauf entstanden sind. Die *Landschaftsbelastung* betrifft die Geosphäre (Relief, Gestein, Böden), die Atmosphäre, die Hydrosphäre (Oberflächengewässer und Grundgewässer) und die Biosphäre (Vegetation, Fauna). Die Raumforschung beschäftigt sich mit der Veränderung von ursprünglich geschlossenen Ökosystemen zu labilen Systemen, die überwacht und gewartet werden müssen, um nicht zerstört zu werden.

Das Makroklima kann vom Menschen nur unwesentlich beeinflußt werden. Dagegen kann die Nutzung des Raumes die von der Natur vorgegebenen mikroklimatischen Verhältnisse entscheidend verändern. Deshalb müssen Klimaunterschiede untersucht werden, die sich in bebautem und unbebautem Gelände infolge der unterschiedlichen Strahlungsbilanz, der unterschiedlichen Verdunstungsenergie und der Energiezufuhr durch Verbrennung ergeben.

Veränderungen der Biosphäre einer Stadtlandschaft

Jörg Barner: Einführung in die Raumforschung und Landesplanung. Stuttgart: Enke 1975, S. 86

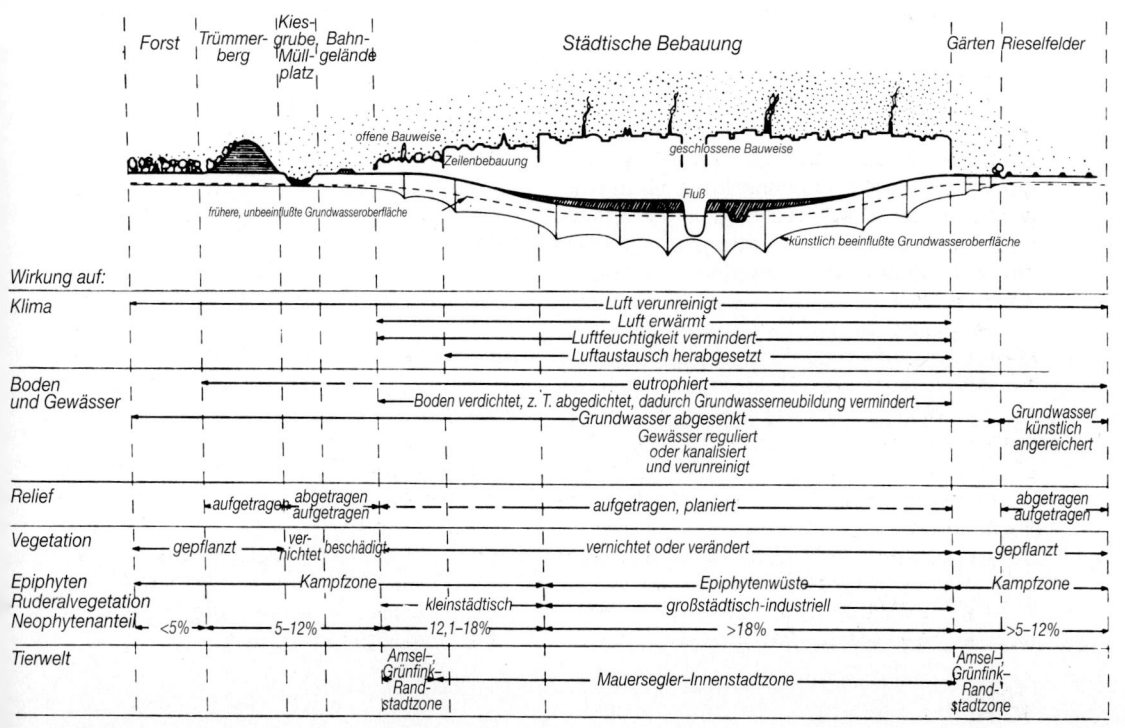

Biosphärenreservat Schorfheide – Chorin, 129000 ha, davon 50% Wald, 32% Ackerfläche, 7% Wasser, 1% Siedlungen

Dazu treten die Belastungen der Atmosphäre durch Immissionen der verschiedensten Art. Windrichtung und Windgeschwindigkeit und ihre Veränderungen durch Bebauung müssen untersucht werden. Die Raumforschung versucht, geeignete Maßnahmen aufzuzeigen, die die genannten Veränderungen des Kleinklimas ausgleichen können. Kaltluft soll z.B. schnell abfließen können, damit die Frostgefährdung für die Landwirtschaft durch Kaltluftseen und Muldenlagen verhindert wird, andererseits soll die Kaltluft Zugang zu den Kessellagen der Städte (besonders wichtig bei Inversionslagen) haben, um den Luftaustausch zu begünstigen.

Die Bebauung großer Flächen hat den Wasserkreislauf in einem entscheidenden Punkt gestört: Die Versickerung des Wassers in den Boden wird unterbunden, große Anteile des natürlichen Niederschlags werden durch die Kanalisationssysteme abgeleitet, wodurch der Grundwasserspiegel absinkt und die Grundwasservorräte und die Brunnenergiebigkeit entscheidend reduziert werden. Da mehr als 90% des Trinkwassers aus dem Grundwasser entnommen werden, müssen gerade in den Ballungsgebieten mit ihrem enormen Wasserbedarf Versorgungsprobleme entstehen. Die zum Ausgleich herangezogenen Oberflächengewässer sind, zumal im Bereich der Verdichtungsräume, stark verschmutzt. Wird 1 ha Freifläche bebaut oder asphaltiert („versiegelt"), so nimmt die jährliche Speisung des Grundwassers (Tiefensickerung) z.B. in den Lößgebieten des Raumes Mittlerer Neckar um 1300 m^3 ab, der Oberflächenabfluß dagegen um 6000 m^3 zu. Diese fehlende Tiefensickerung entspricht dem jährlichen Wasserbedarf von 36 Menschen in der Bundesrepublik. Neben der Untersuchung des Grundwasserreservoirs und den Möglichkeiten seiner Nutzung untersucht die Wasserwirtschaft die Flußbett- und Wasserführung fließender Gewässer, die bei falscher Auslegung für Versumpfung, Austrocknung und Hochwasserüberschwemmungen verantwortlich ist. Flurbilanz- und ökologische Standortkarten enthalten wichtige Angaben, die für Pflanzenwuchs und Grundwasserfilterung bedeutsam sind. Die Beschaffenheit des Bodens, die Hangneigung und Geländewelligkeit müssen im Hinblick auf die vorgesehene Nutzung untersucht werden.

Die verschiedenen Funktionen von Grund und Boden und die vielfachen Ansprüche, die an sie gestellt werden, führten zu einem extremen Anstieg der *Grundstückspreise,* was besonders in den Verdichtungsräumen viele Nutzungen ausschließt.

Die Entwicklung der durchschnittlichen Kaufwerte von Bauland in Baden-Württemberg 1962–1991 in DM je m^2

1962	16,32	1984	119,62
1970	32,44	1986	131,58
1975	48,11	1988	138,22
1980	82,21	1990	149,44
1982	112,28	1991	156,61

Nach Angaben des Statistischen Landesamtes Baden-Württemberg

Bedeutung von Grund und Boden

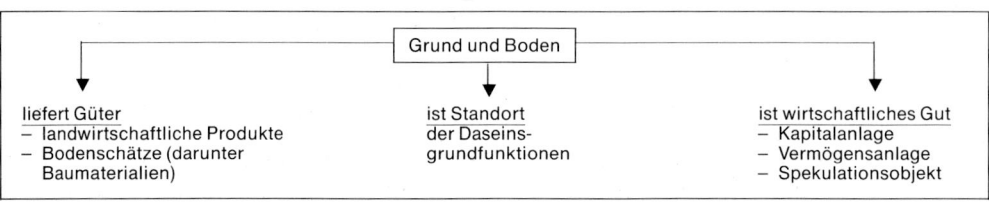

2.2 Wirtschaftsräumliche Bezüge

Die Raumforschung soll Hinweise geben, welche Flächen für welchen speziellen Wirtschaftsbedarf besonders geeignet sind. Dabei sind die Grundprinzipien leicht zu formulieren: Beispielsweise leuchtet es ein, daß besonders ertragreiche Flächen der Landwirtschaft vorbehalten oder daß bestimmte Verkehrswege mit hohem Verkehrsbedarf in ihren eingeschränkten Trassierungsmöglichkeiten als Verkehrsflächen reserviert werden sollten. Aber auch die Durchsetzung solch einfacher Prinzipien ist schwierig. So können die ertragsreichen Flächen zugleich die verkehrsgünstigen sein, die geplante Umgehungsstraße schneidet bestes Kulturland, eine Alternativtrasse berührt wichtige Freiräume für die Erholung oder den Naturschutz.

Primärer Sektor

Die Land- und Forstwirtschaft in den Industrieländern muß seit Jahrzehnten Flächen an die anderen Wirtschaftsbereiche abgeben, Ersatz durch Neulandgewinnung oder Kultivierung (ökologisch wichtigen) Ödlands fällt dagegen nicht ins Gewicht. Auch wo über eine höhere Flächenproduktivität ein Ausgleich möglich ist, bleibt für die Landwirtschaft eine prinzipielle Schwierigkeit: Sie muß ihre Flächennutzung langfristig planen. So setzt eine sinnvolle Planung in der Forstwirtschaft Zeiträume bis zu 100 Jahren voraus, im Obstbau können es immerhin noch Jahrzehnte sein – Zeiträume also, in denen sich das Verbraucherverhalten und damit die wirtschaftliche Basis der Landwirtschaft und ihre Flächenbedürfnisse entscheidend verändern können.
Die Sozialbrache ist ein besonders wichtiges Indiz für Strukturveränderungen im Dorf. Sie verweist auf veränderte Intentionen in der *Flächennutzung*. Als Übergangsphase, bei der zeitweilig Flächen funktionslos bleiben, spielt sie auch bei der Bodenspekulation eine erhebliche Rolle.

Sekundärer Sektor

Der *Flächenbedarf* der verschiedenen Industriebranchen ist unterschiedlich. Er kann sich pro Arbeitsplatz auf nur 15–20 m² belaufen, so in der Bekleidungsindustrie, im Druckgewerbe und der Feinmechanik, aber er kann auch mehrere hundert Quadratmeter erreichen, z. B. in Ziegeleien oder in Sägewerken. Da der Flächenbedarf sowohl durch Produktionsausweitungen als auch durch Umstellung auf neue Fertigungstechniken steigen kann, bemühen sich die Betriebe um die Sicherung eines ausreichenden Reservegeländes in Konkurrenz zu anderen Interessenten. Die Ausweisung geeigneter Industrieflächen muß deshalb aufgrund von Analysen der zu erwartenden Industriestruktur, aber auch auf der Basis der Gemeinde- und Infrastrukturentwicklung erfolgen.
Der Bedarf an Reservegelände, das auch für mögliche, vom Markt erzwungene Veränderungen der Produktion bereitgehalten wird, führt häufig zu Konflikten, da diese Flächen dann oft für lange Zeit nicht genutzt werden.
Im Sinne der Raumordnung ist bei den Flächenansprüchen des sekundären Sektors besonders problematisch, daß Gemeinden in strukturschwachen Räumen auch bei den Grundstückspreisen kaum Vorteile für die Betriebsansiedlung bieten, da in Ballungsgebieten durch großzügige kommunale Hilfen diese Preise ebenfalls niedrig gehalten werden. In solchen Fällen kommen Betriebsansiedlungen eher in den strukturstarken Gebieten mit ihrer besseren betriebsnahen Infrastrukturausstattung zustande; die räumlichen Disparitäten werden demnach nicht gemildert, sondern eher verstärkt.

Tertiärer Sektor

Dienstleistungseinrichtungen sind in der Regel am Benutzer oder Abnehmer orientiert, was beim Erstellen eines Flächennutzungsplans berücksichtigt werden muß. Aber auch hier wandeln sich die Ansprüche: So bedingt das veränderte Kaufverhalten (Großmärkte am Stadtrand!) andere Flächenbedürfnisse.
Wegen des enormen Investitionsaufwands und der besonderen Auswirkungen auf den Raum bedürfen Planung und Ausführung von Verkehrseinrichtungen umfangreicher Voruntersuchungen. Dabei geht es nicht nur um die aktuelle Verkehrssituation, sondern auch um die zu erwartende oder mögliche langfristige Entwicklung. Messungen

293

der Verkehrsströme nach Zahl, Art und Ziel der Fahrzeuge klären den derzeitigen Verkehrsbedarf, Prognosen und Verkehrsumlegungen ergeben Hinweise für die Ansprüche an das künftige Verkehrsnetz. *Verkehrs-Isochronen* (Linien, die zeitlich gleich lange Transportentfernungen unterschiedlicher Verkehrsmittel von einem bestimmten Ort aus darstellen) zeigen Vor- und Nachteile bestimmter Verkehrssysteme (schienengebundener bzw. -ungebundener öffentlicher Personennahverkehrssysteme, Individualverkehrssysteme).

2.3 Sozialräumliche Ansprüche

Wenn die Raumordnung Planung für den Menschen sein will, dann muß den sozialen Kriterien in der Raumforschung auch besondere Bedeutung zukommen. Hinweise geben sowohl die Untersuchungen des Bevölkerungsverhaltens als auch der Wohn-, Arbeitsplatz- und Freizeitvorstellungen der Bevölkerung. Dazu werden Daten in den großen und aufwendigen *Volkszählungen* (Makrozensus = in der Regel alle zehn Jahre für das gesamte Bundesgebiet mit den verschiedensten Untersuchungsbereichen; Mikrozensus = alle drei Jahre auf Landesebene, eingeschränkter Untersuchungsbereich) gesammelt und finden sich in den örtlichen und regionalen Gemeinde- und Regionalstrukturdaten. Daneben bedient sich die Raumforschung der empirischen Sozialforschung mit den Methoden der Befragung und der Umfrage. Im Vordergrund der Aufgaben stehen die Untersuchungen der
- Bevölkerungsverteilung nach Einwohnerdichte, Arbeitsplatzdichte, Bevölkerungskonzentration;
- Bevölkerungsstruktur nach Altersstruktur (Bevölkerungspyramiden) und Berufsstruktur;
- Bevölkerungsmobilität nach Pendelwanderung, örtlichem Wanderungsgewinn oder Wanderungsverlust.

Sie umfassen außerdem Untersuchungen der Bevölkerungswünsche bezüglich der Wohn-, Arbeits- und Erholungsansprüche, wobei die Erreichbarkeit von Wohn- und Arbeitsplatz und von Versorgungseinrichtungen und die Ansprüche an die Wohnung (Besonnung, Belüftung, Lärmschutz, Mög-

lichkeit der Verwirklichung individueller Wohnvorstellungen) berücksichtigt werden sollen.

Infrastrukturmodell

Von der Wohnung aus sollen Versorgungseinrichtungen und Arbeitsplätze gut erreicht werden können. Die in der Abbildung dargestellten Entfernungsangaben können z.B. auch in konzentrischen Kreisen angeordnet sein, wobei durchaus noch andere Abfolgen denkbar sind. Wird ein Denkmodell dieser Art auf bestehende Wohngebiete, insbesondere in Neubaugebieten, angewandt, so zeigt sich häufig genug, daß auch solche einfachen Infrastrukturmodelle nicht verwirklicht wurden.

1. *Stellen Sie zusammenfassend die Flächenansprüche der Wirtschaftssektoren dar, und nennen Sie Beispiele für die Flächenkonkurrenz wirtschaftlicher Interessen.*
2. *Beschreiben Sie die Bedeutung ökologischer Zusammenhänge in der Raumordnung und Landesplanung.*
3. *Mit welchen Methoden kann der Flächenbedarf untersucht werden? Versuchen Sie, an einem einfachen Beispiel aus dem Heimatraum geeignete Methoden auszuwählen und teilweise anzuwenden.*
4. *Wenden Sie das Infrastrukturmodell (oben) auf alte und neue Wohnviertel Ihres Heimatorts an, und beurteilen Sie sie nach dem Realisierungsgrad.*

3 Ziele, Träger und Instrumente der Raumordnung in Deutschland

3.1 Ziele

Eine naheliegende Aufgabe der Raumordnung ist es, aktuelle Notstände abzustellen. Einzelprobleme müssen deshalb möglichst rasch gelöst werden. Schnelle, pragmatische Aktionen bringen aber die Gefahr mit sich, langfristige Aufgaben nicht zu sehen und umfassende Lösungen unter Umständen zu verhindern.

Ein Beispiel: Ein im Stadtrandbereich angesiedelter Gewerbebetrieb erhielt die Möglichkeit, sein Betriebsgelände zu vergrößern. Später stellte sich heraus, daß im Zusammenhang mit einer veränderten Verkehrsplanung dieses neue Firmengelände für einen Straßenneubau benötigt worden wäre. Den Straßenbauern blieb nur die Möglichkeit, durch eine ungünstigere Streckenführung mit wesentlich größerem Landverbrauch das Betriebsgelände zu umfahren.

Durchaus sinnvolle Einzelmaßnahmen können also Lösungen in größerem Rahmen unmöglich machen. Planen heißt deshalb nicht ein für allemal festlegen, sondern Möglichkeiten für die Zukunft offenlassen. Planung bedarf ständiger Revision.

Für eine umfassende und auf lange Planungszeiträume angelegte Raumordnung ist ein *Leitbild* unabdingbar. Im Bundesraumordnungsgesetz (BROG) von 1965 wird ein Leitbild genannt, dessen zentrale Aufgabe auch heute noch gilt: „Das Bundesgebiet ist in seiner allgemeinen räumlichen Struktur einer Entwicklung zuzuführen, die der freien Entfaltung der Persönlichkeit in der Gemeinschaft am besten dient. Dabei sind die natürlichen Gegebenheiten sowie die wirtschaftlichen, sozialen und kulturellen Erfordernisse zu beachten."

In den Zielen, wie sie z. B. im Bundesraumordnungsprogramm (BROP) von 1975 oder in den Raumordnungsberichten genannt werden, sind neben unveränderten Prinzipien auch Tendenzänderungen erkennbar, die sich aus den sich wandelnden Problemen ergaben:

- Unverändert gilt das Ziel der „Schaffung und Erhaltung gleichwertiger Lebensbedingungen", also der Abbau räumlicher Disparitäten, worunter vor allem ein gleichwertiges Arbeitsplatz-, Bildungs-

und Fürsorgeangebot verstanden wird.
- Das Ziel der „Erhaltung der natürlichen Lebensgrundlagen" und der „Schutz des ökologischen Potentials" hat seit 1980 an Gewicht gewonnen. Vorrangig ist hier eine sparsame und schonende Flächennutzung. Die dauerhafte Beeinträchtigung des ökologischen Potentials soll vermieden und die Interessen der betroffenen Regionen sollen berücksichtigt werden.
- Das Ziel der „räumlich funktionalen Aufgabenteilung", das dichtbesiedelte Gebiete mit vielseitigen Funktionen neben Freiräumen zum ökologischen Ausgleich anstrebt, steht im Gegensatz zu Zielen, die „ausgeglichene Funktionsräume" ohne weitgehende Aufgabenteilung für wichtiger halten.
- Neuerdings ist es ein wichtiges Ziel, die regionale Entwicklung unterschiedlicher Räume in ihrer Individualität zu optimieren, wobei die jeweilige Umweltbilanzierung eine bedeutende Rolle spielt.
- Die regionale Entwicklung unterschiedlicher Räume soll gemäß ihrer Individualität optimiert werden. Dabei spielt die jeweilige Umweltbilanzierung eine Rolle.
- Die deutsche Einheit hat ein anderes Ziel ganz in den Vordergrund gestellt: Den Abbau der Disparitäten zwischen den alten und den neuen Bundesländern.

3.2 Träger und Instrumente der Raumordnung

Voraussetzung für die Raumordnung und Landesplanung ist die Analyse des Ist-Zustands, also die Bestandsaufnahme der räumlichen Verhältnisse. Weil sich diese Verhältnisse ständig ändern, muß die Raumanalyse durch die *laufende Raumbeobachtung* ergänzt werden. Sie liefert die Basis für Szenarien der künftigen Raumentwicklung. Dabei werden also, von der gegenwärtigen Situation ausgehend, mögliche Entwicklungen nach allen Seiten hin systematisch durchgespielt.

Für die Umsetzung der Ziele stehen in der Bundesrepublik Deutschland folgende Instrumente zur Verfügung:
- die Regionalisierung,
- das System der zentralen Orte und der Entwicklungsachsen,
- das Prinzip der Vorranggebiete.

295

Die Träger der Raumordnung in der Bundesrepublik Deutschland und die ihnen zugeordneten Planungsstufen

Träger	Planung	gesetzliche Grundlage	zeitlicher Geltungsbereich
Bund	Bundesraumordnungsprogramm Fachpläne (z. B. Bundesfern- straßen)	Raumordnungsgesetz Fachgesetze	Fortschreibung alle 5 Jahre mittel- bis langfristig
Länder	Landesentwicklungspläne Fachentwicklungspläne Gemeinsame, grenzüberschreitende Planung einzelner Bundesländer (z. B. Wasser- und Bodenverbände)	Landesplanungsgesetze	ca. 10 Jahre
Regionen	Regionalpläne, regionale Raumord- nungspläne oder Raumordnungspro- gramme, Landschaftsrahmenplan		ca. 10 Jahre
Gemeinden	Bauleitplanung (Flächennutzungsplan, Bebauungsplan)	Bundesbaugesetz Städtebauförderungsgesetz	5–10 Jahre
Bauherr	Bauplan	Landesbauordnung Bebauungsplan	

Legende zur Karte „Siedlungsstrukturelle Gebietstypen in der Bundesrepublik Deutschland"

	Bevölkerungs- dichte E/km^2		Bevölkerung in Prozent		Zahl der Kreise	
	alte Länder	neue Länder	alte Länder	neue Länder	alte Länder	neue Länder
Regionen mit großen Verdichtungsräumen (mit einem Oberzentrum mit >300000 Einw. und einer Bevölkerungsdichte von >300 E/km^2)						
– Kernstädte: kreisfreie Städte >100000 Einw.	2030	2930	18,59	6,82	39	8
– Hochverdichtete Kreise, kreisfreie Städte <100000 Einw.	510	328	14,63	1,14	42	11
– Verdichtete Kreise: Bevölkerungsdichte 150–300 E/km^2	224	215	5,97	2,05	23	21
– Ländliche Kreise: Bevölkerungsdichte <150 E/km^2	109	112	2,22	1,99	14	27
Regionen mit Verdichtungsansätzen (meist mit Oberzentrum >100000 Einw. und/oder Bevölkerungsdichte von >150 E/km^2)						
– Kernstädte: kreisfreie Städte um/über 100000 Einw.	1151	1593	4,20	1,55	21	7
– Verdichtete Kreise: Bevölkerungsdichte >150 E/km^2, kreisfreie Städte <100000 Einw.	195	171	13,06	3,15	61	34
– Ländliche Kreise: Kreise und kreisfreie Städte zusam- men, mit einer Bevölkerungsdichte <150 E/km^2	105	95	5,38	2,38	37	37
Ländlich geprägte Regionen (nicht peripher, stärker besiedelt ohne Oberzentrum >100000 Einw., Bevölkerungsdichte >100 E/km^2; bzw. peripher und gering besiedelt, Bevölkerungsdichte um 100 E/km^2 oder weniger)						
– Verdichtete Kreise: Bevölkerungsdichte um/über 150 E/km^2, kreisfreie Städte um/über 50000 Einw., Kreise mit einer Gemeinde >50000 Einw.	155	141	6,58	1,67	43	21
– Ländliche Kreise: sonstige Kreise und kreisfreie Städte in ländlich geprägten Regionen	91	56	5,90	2,72	47	50

Raumordnungsbericht 1991, S. 36

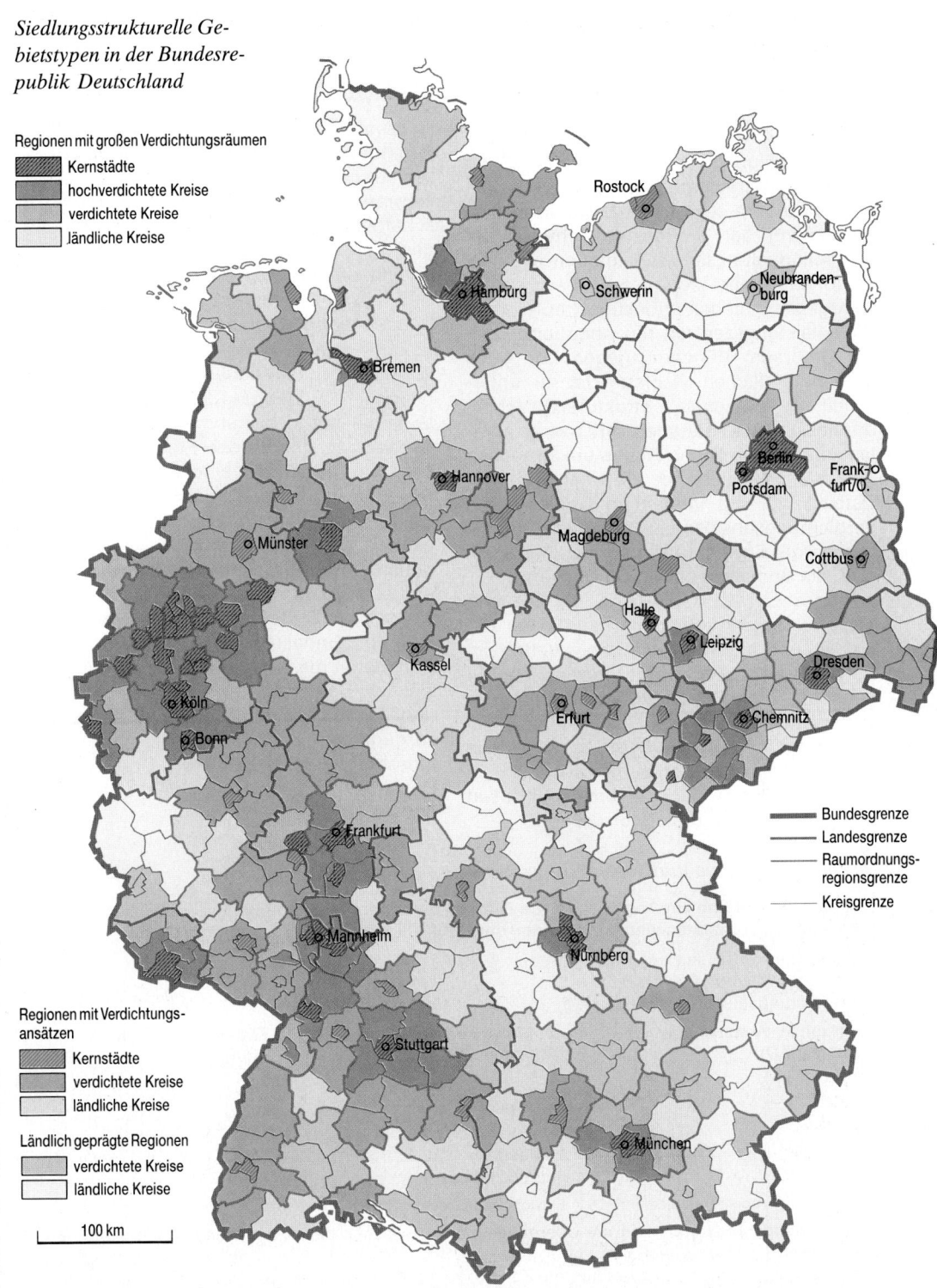

Siedlungsstrukturelle Ge-
bietstypen in der Bundesrepublik Deutschland

Regionen mit großen Verdichtungsräumen

- Kernstädte
- hochverdichtete Kreise
- verdichtete Kreise
- ländliche Kreise

Regionen mit Verdichtungsansätzen

- Kernstädte
- verdichtete Kreise
- ländliche Kreise

Ländlich geprägte Regionen

- verdichtete Kreise
- ländliche Kreise

100 km

Bundesgrenze
Landesgrenze
Raumordnungs-
regionsgrenze
Kreisgrenze

Rostock
Schwerin
Neubranden-
burg
Hamburg
Bremen
Hannover
Münster
Magdeburg
Cottbus
Berlin
Potsdam
Frank-
furt/O.
Halle
Leipzig
Dresden
Kassel
Köln
Bonn
Erfurt
Chemnitz
Frankfurt
Mannheim
Nürnberg
Stuttgart
München

Nach Laufende Raumbeobachtung der Bundesforschungsanstalt für Landeskunde und Raumordnung

297

Die Regionalisierung

Die Abbildung auf Seite 297 zeigt die Gebietstypen der laufenden Raumbeobachtung in der Bundesrepublik. Sie sind die Grundlage der Beobachtungsraster, und die Daten geben Aufschluß über Bevölkerungs-, Siedlungs- und Wirtschaftsstruktur. In den alten Bundesländern zeigen die Ergebnisse eine Zweiteilung der großen Verdichtungsräume: Altindustrialisierten Regionen mit relativ hohen Arbeitslosenquoten (wie etwa das Ruhrgebiet) stehen günstige, auf große Dienstleistungszentren hin orientierte (z.B. der Großraum München) gegenüber. Auch in den ländlichen Gebieten ist zu unterscheiden zwischen strukturschwachen, dünnbesiedelten Räumen mit wenigen Arbeitsplätzen in den Wachstumsbranchen (wie z.B. das Emsland, die Eifel und Teile Ostbayerns) und ländlichen Gebieten mit Verdichtungsansätzen, wo Wanderungsgewinne gute Entwicklungschancen beweisen (z.B. am Bodensee und in Oberbayern).

In den neuen Ländern ist das Gefälle zwischen den stark besiedelten südlichen Regionen und den schwach besiedelten im Norden stark ausgeprägt. Ihm entspricht auch ein erheblicher Unterschied in der Wirtschaftsstruktur, besonders im Industriebesatz und in der Erwerbsquote. Allerdings sind in den vergangenen Jahren auch die südlichen Gebiete von einem Anwachsen der Arbeitslosenquote erfaßt worden.

Das System der zentralen Orte und der Entwicklungsachsen

Zentrale Orte (vgl. Kapitel Tertiärer Sektor, S. 257ff.) verwirklichen den Grundsatz der Konzentration, indem sie verschiedene Funktionen auf engem Raum zusammenfassen. Damit soll einerseits unnötiger Landverbrauch verhindert, andererseits die Wirtschaftlichkeit der zentralen Einrichtungen gesichert werden. So sollen Behörden nicht nur für die Orte, an denen sie angesiedelt sind, zuständig sein, sondern auch für das sie umgebende Umland.

In der Raumordnung haben zentrale Einrichtungen öffentlicher Trägerschaft eine besondere Bedeutung, da sie eine direkte Veränderung der Raumstruktur bewirken können, sie also für den Staat ein raumordnerisches Instrument sind, mit dem er direkten Einfluß ausüben kann. Im sekundären Sektor dagegen hat der Staat nur die Möglichkeit, durch Anreizmittel (wie Steuervergünstigungen und Investitionszuschüsse) indirekt einzuwirken.

Je nach der Stufe der zentralen Einrichtung muß ein Mindesteinzugsbereich vorhanden sein, damit die Wirtschaftlichkeit gewährleistet ist. Das bedeutet aber, daß Benutzer und Kunden aus den Randgebieten des Versorgungsbereichs weite Wege zurücklegen müssen. Es widersprechen sich also die Prinzipien der gleichwertigen Versorgung und der Wirtschaftlichkeit.

Verdichtungsräume und Verdichtungsbereiche

Verdichtungsräume zur Abgrenzung von Räumen besonderer Konzentration von Bevölkerung und Arbeitsplätzen entsprechend den Kriterien der Ministerkonferenz für Raumordnung 1968.

Mindestfläche: 100 km²
Mindestbevölkerung: 150 000 Einw.
Bevölkerungsdichte: >1000 E/km²

Einwohner-Arbeitsplatzdichte (EAD)[1]	und Bevölkerungszunahme 1961–1967	oder Zunahme der Bevölkerungsdichte 1961–1967
Kernzone A >1250	–	–
Zone B 750–1250 330– 750	mindestens 10% mindestens 20%	50 E/km² 100 E/km²

[1] Einwohner-Arbeitsplatzdichte (EAD) = Einwohner + Beschäftigte am Arbeitsplatz pro km²

Verdichtungsrandzonen sind die Übergangsgebiete zwischen den Verdichtungsräumen und dem angrenzenden ländlichen Raum.

Verdichtungsbereiche sind verdichtete Zonen, die nicht alle Kriterien für Verdichtungsräume erfüllen und von den Verdichtungsräumen räumlich getrennt sind.

Der Gedanke der räumlichen Konzentration, der dem Prinzip der zentralen Orte zugrunde liegt, wird durch neuere Entwicklungen gefährdet: Die nach amerikanischem Vorbild entstandenen Verbrauchermärkte in verkehrsgünstiger Lage im Umland führen zu einer Trennung zwischen öffentlichen und privaten Dienstleistungen einerseits und einem immer größeren Teil des Einzelhandels andererseits und zudem zu einer wachsenden Gefährdung des Einzelhandels an den traditionellen Standorten.

Entwicklungsachsen sind bänderartige Gebiete mit höherer Verdichtung an Arbeitsplätzen, Infrastruktureinrichtungen und auch Wohnungen, entlang deren sich die weitere Entwicklung von Wirtschaft, Verkehrseinrichtungen und Siedlungen bevorzugt abspielen soll. Dabei stehen die wirtschaftlichen Gesichtspunkte eindeutig im Vordergrund. Guter Verkehrsanschluß und betriebsnahe Infrastruktur sowie Agglomerationsvorteile fördern die Neuansiedlung von Industrie- und Gewerbebetrieben. Auch hier haben Staat und Länder die Möglichkeit, durch den gezielten Ausbau der Verkehrs- und Infrastruktureinrichtungen wirksam die Raumstruktur zu beeinflussen.
Zentrale Orte und Entwicklungsachsen werden unter dem Begriff *„punkt-axiales System"* zusammengefaßt und sind ein Kernpunkt der Raumordnung und Landesplanung. Allerdings hat es sich in den vergangenen Jahrzehnten gezeigt, daß Entwicklungsachsen vor allem dann Wirkung erzielen, wenn sie sich den „gewachsenen" Achsen (z. B. die Rheinschiene) anschließen.

Das Prinzip der Vorranggebiete

Vorranggebiete (oder Vorbehaltsgebiete) sollen einer bestimmten Nutzung, für die sie besonders geeignet sind, vorbehalten werden. Agrarische Gunstgebiete sollen also der Landwirtschaft, ökologisch wertvolle Flächen dem ökologischen Ausgleich, Gebiete mit Standortgunst der Industrie für die wirtschaftliche Nutzung vorbehalten werden. So einleuchtend das Prinzip auch ist, so schwierig ist seine Verwirklichung. Denn es ist fast nicht möglich, einem Gebiet nur eine einzige Nutzung zuzugestehen, da fast immer unterschiedliche Interessenten ein und dieselbe Fläche für unterschiedliche Nutzungen reklamieren.

Dabei ist das Maß der sonstigen Nutzung je nach Art des Vorranggebiets unterschiedlich groß. Die Einschränkungen des absoluten Vorrangs sind auch im Bundesraumordnungsprogramm genannt, wo es heißt, die Berücksichtigung der besonderen Funktion solle nicht dazu führen, daß „die wirtschaftliche Entwicklung und das Einkommensniveau der hier lebenden Bevölkerung beeinträchtigt werden".

Auch wenn das gestiegene Umweltbewußtsein in den letzten Jahren beispielsweise das Verständnis für die Notwendigkeit von Freiräumen, z.B. Naturschutzgebieten, gestärkt hat, versteht man solche Gebiete nicht als Gebiete mit einer einzigen Funktion: Naturschutzgebiete werden nicht nur als Reservate für ungestörte Natur, sondern zugleich als Erholungs- und Freizeitgebiete für die Bevölkerung gesehen.
Naturschutzgebiete sind Vorranggebiete, in denen die Gesamtheit der Naturerscheinungen geschützt wird. Eingriffe und Nutzung sind nicht erlaubt mit Ausnahme behördlich genehmigter Pflegemaßnahmen; bei bestimmten, eng umgrenzten Banngebieten ist das Betreten verboten. Bannwälder dienen nicht nur als Lawinenverbauung, sondern sind auch als Waldschutzgebiete ohne jede forstliche Nutzung.
Teilnaturschutzgebiete (wie z. B. Vogelschutzgebiete) sind auf einzelne Ziele beschränkt.
Naturdenkmale (Einzelerscheinungen wie Wasserfälle, Findlinge, Bäume und Baumgruppen) können mit ihrer unmittelbaren Umgebung unter Schutz gestellt werden.
Landschaftsschutzgebiete sind Flächen zur Erhaltung der ökologischen Vielfalt, eines ausgeglichenen Naturhaushalts oder eines besonderen Landschaftsbildes, die gegen Abholzung oder Aufforstung oder gewerbliche Ansiedlung geschützt sind. Landwirtschaftliche und forstliche Nutzung ist erlaubt.
Naturparke sind große, zusammenhängende Flächen von besonderer landschaftlicher Schönheit, die zur Erholung der Bevölkerung besonders geeignet sind. Sie sollen vor Veränderungen, die ihren landschaftlichen Reiz beeinträchtigen, bewahrt werden, aber mit den für einen hohen Erholungswert wichtigen Einrichtungen versehen werden.

Zentrale Orte, Entwicklungsachsen und Verdichtungsräume in Baden-Württemberg

Verdichtungsräume
(gemäß Entschließung der MKRO
vom 21. November 1968)

Randzonen
um die Verdichtungsräume

verdichtete Räume um Pforzheim
und Lörrach (gemäß PZ 1.9.1.)

ländlicher Raum

Verdichtungsbereiche
im ländlichen Raum

Zentrale Orte

bestehend geplant

Oberzentren

Mittelzentren

Unterzentren

Doppelzentren

Kooperierende
Zentren

Entwicklungsachsen

Regionen

Landkreise

Landesgrenze

0   10   20   30 km

3.3 Die Mittel der Raumordnungspolitik

Zur Anwendung der Instrumente bedarf es der Mittel, die die Durchsetzung der Absichten ermöglichen.

Zwangsmittel (Verbote, Enteignungen, Nutzungsgebote) wirken stark, können aber nur eingeschränkt und punktuell im strengen gesetzlichen Rahmen angewandt werden.

Gestaltungsmittel umfassen die direkten öffentlichen Infrastrukturinvestitionen im Verkehrswesen, der Energie- und Wasserwirtschaft, im Bildungs- und Gesundheitswesen und in der öffentlichen Verwaltung, bei Kultur, Freizeit, Sport. Sie stehen im Vordergrund der Raumordnungspolitik.

Anpassungsmittel (Anreiz-, Abschreckungsmittel) bestehen aus direkten oder indirekten Fördermitteln (z.B. räumlich unterschiedlichen Steuerlasten).

Die *Gemeinschaftsaufgabe (GA) „Verbesserung der regionalen Wirtschaftsstruktur"* hatte dabei zentrale Bedeutung. Sie wird von Bund und Ländern gemeinsam getragen und umfaßte beispielsweise von 1982 bis 1985 6,4 Mrd. DM, teilweise als Zuschüsse, teilweise als Investitionszulagen. Ihr Ziel war vor allem die Schaffung bzw. Erhaltung von Arbeitsplätzen. Sie galten deshalb vorrangig privaten oder öffentlichen Investitionen zur Betriebsgründung oder -erweiterung. Neuerdings werden verstärkt auch Dienstleistungs- und Handwerksbetriebe berücksichtigt.

Das zentrale Problem dabei ist die regionale Abgrenzung der Zuweisungsgebiete. Meist sind diese Einheiten so groß, daß die Mittel zu wenig gezielt eingesetzt werden. Man zieht deshalb als Kriterium der Mittelzuweisung auch die Beschäftigungsverhältnisse in den Arbeitsmarktregionen heran.

Drei Problemgebiete waren in den alten Ländern gesondert ausgewiesen:

– Berlin und das Zonenrandgebiet, die durch die Teilung Deutschlands in eine ungünstige Standortlage am Rande des Bundesgebietes und des Gemeinsamen Marktes geraten waren,

– ländliche Gebiete, in denen ein deutlicher Mangel an gewerblichen Arbeitsplätzen, besonders an hochwertigen, bestand,

– Gebiete mit meist relativ hohem Industriebesatz, aber wenig diversifizierter und ungünstiger Industriestruktur (Saarland).

3.4 Raumordnung nach der deutschen Einheit

Die deutsche Einheit hat das erste Ziel der Raumordnung, „die Schaffung gleichwertiger Lebensbedingungen" zu einer gewaltigen, nicht kurzfristig lösbaren Aufgabe gemacht. Zu unterschiedlich ist die bisherige Wirtschafts- und Infrastruktur, zu unterschiedlich waren auch die bisherigen Konzeptionen und Möglichkeiten der Entwicklung des Raums. In der DDR gab es keine selbständige Raumordnungspolitik, sondern die *„Territorialplanung"* war Teil der zentralen Planung und Lenkung der gesamten Volkswirtschaft. In der Regel hatte dabei die „materielle Produktion", also beispielsweise die industrielle Planung, Vorrang vor der Siedlungsplanung und der gesamträumlichen Entwicklung. Umwelt- und Freiraumgesichtspunkte waren meist in den Hintergrund gedrängt. Trotz umfassender Planungsmöglichkeiten wurde ein zentrales Ziel der DDR-Planung, der Abbau der Disparitäten zwischen den südlichen und den nördlichen Bezirken, nicht erreicht, allenfalls gemildert. In Teilen Mecklenburg-Vorpommerns gibt es beispielsweise auch heute Gebiete, die weit unter den Dichtewerten der ländlichen Räume in den alten Ländern liegen. In den Gebieten hoher Dichte aber, vor allem im Raum Dessau–Halle–Leipzig, und im Braunkohlenrevier der Niederlausitz stellt sich mit der Beseitigung der Altlasten eine Aufgabe für die Raumordnung, die in diesem Maße in den alten Ländern nicht bekannt war.

Die Notwendigkeit rascher Veränderungen in den neuen Ländern stellt die Raumordnung und Landesplanung vor tiefgehende Konflikte: Soll eine raschere Durchsetzung von Planung ermöglicht werden, auch unter der Gefahr, daß dadurch die Mitsprache der Bürger eingeschränkt oder der Einfluß anderer Interessen verringert wird und so beispielsweise Eingriffe in Freiflächen erfolgen, die in den alten Ländern nicht mehr möglich sind? Sollen Investitionen in den neuen Ländern dadurch gefördert werden, daß rechtliche Hemmnisse (z.B. bei Baumaßnahmen) beseitigt oder eingeschränkt werden? Sollen solche Maßnahmen ohne Bauleitplanung oder Flächennutzungsplanung ermöglicht werden?

Planungsregionen, Verdichtungsgebiete und zentrale Orte in den neuen Ländern

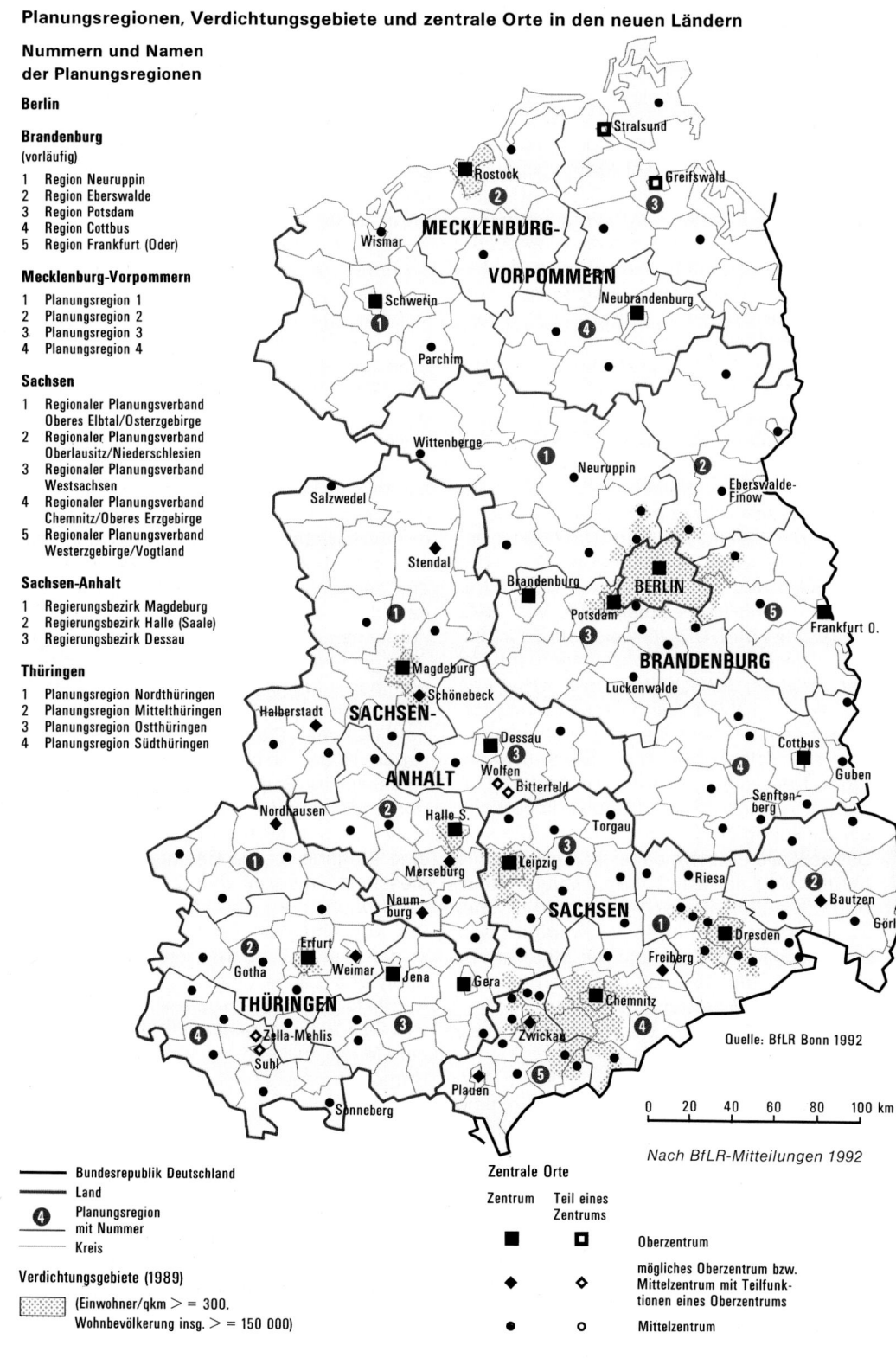

**Nummern und Namen
der Planungsregionen**

Berlin

Brandenburg
(vorläufig)

1 Region Neuruppin
2 Region Eberswalde
3 Region Potsdam
4 Region Cottbus
5 Region Frankfurt (Oder)

Mecklenburg-Vorpommern

1 Planungsregion 1
2 Planungsregion 2
3 Planungsregion 3
4 Planungsregion 4

Sachsen

1 Regionaler Planungsverband
  Oberes Elbtal/Osterzgebirge
2 Regionaler Planungsverband
  Oberlausitz/Niederschlesien
3 Regionaler Planungsverband
  Westsachsen
4 Regionaler Planungsverband
  Chemnitz/Oberes Erzgebirge
5 Regionaler Planungsverband
  Westerzgebirge/Vogtland

Sachsen-Anhalt

1 Regierungsbezirk Magdeburg
2 Regierungsbezirk Halle (Saale)
3 Regierungsbezirk Dessau

Thüringen

1 Planungsregion Nordthüringen
2 Planungsregion Mittelthüringen
3 Planungsregion Ostthüringen
4 Planungsregion Südthüringen

Quelle: BfLR Bonn 1992

Nach BfLR-Mitteilungen 1992

0 20 40 60 80 100 km

——— Bundesrepublik Deutschland
——— Land
④ Planungsregion
    mit Nummer
······ Kreis

Verdichtungsgebiete (1989)

▦ (Einwohner/qkm > = 300,
   Wohnbevölkerung insg. > = 150 000)

Zentrale Orte

Zentrum | Teil eines
        | Zentrums

■ □ Oberzentrum

◆ ◇ mögliches Oberzentrum bzw.
    Mittelzentrum mit Teilfunk-
    tionen eines Oberzentrums

● ○ Mittelzentrum

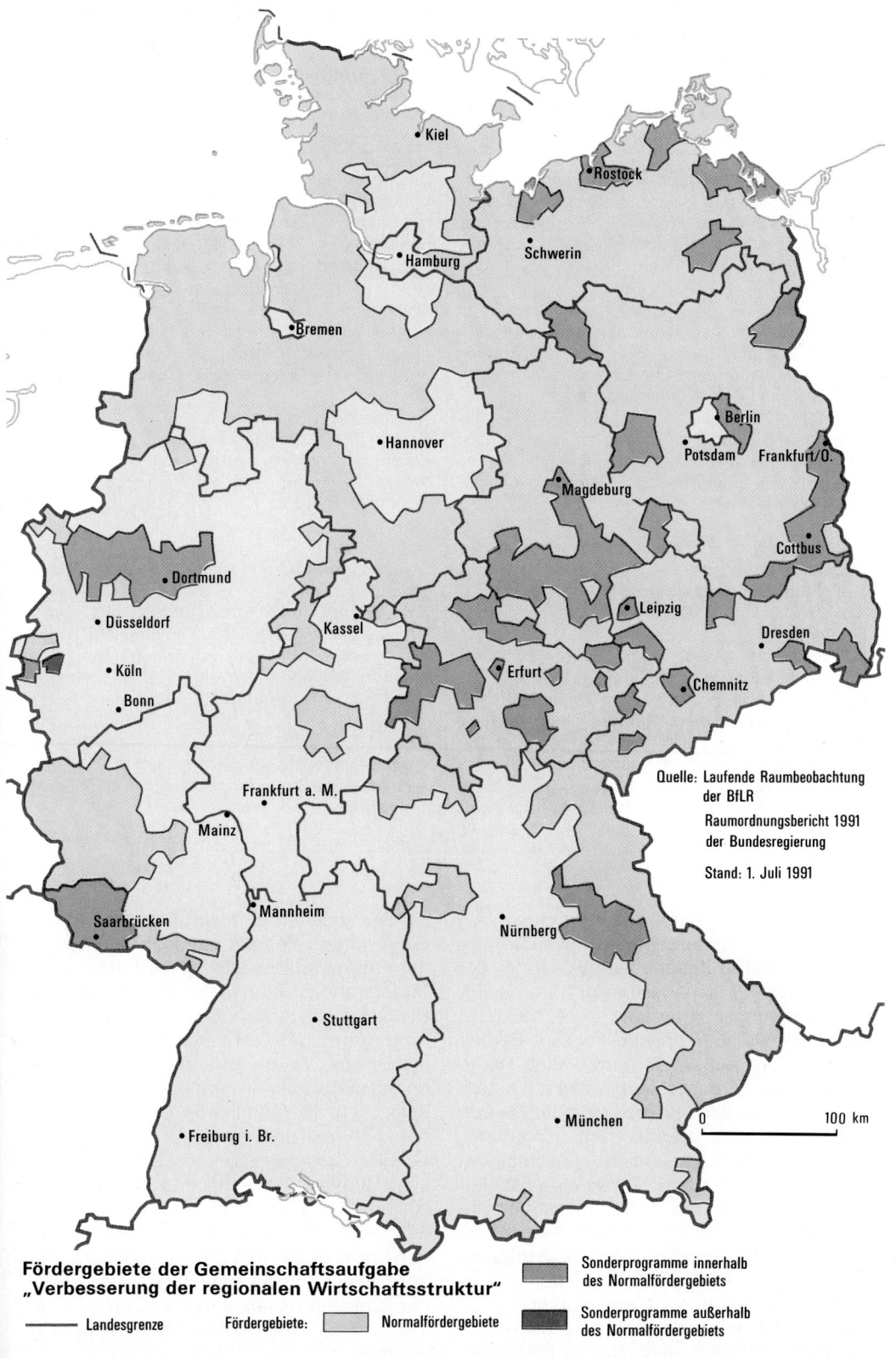

Kiel

Rostock

Schwerin

Hamburg

Bremen

Berlin

Potsdam   Frankfurt/O.

Hannover

Magdeburg

Cottbus

Dortmund

Düsseldorf   Kassel

Leipzig

Dresden

Köln

Erfurt

Chemnitz

Bonn

Quelle: Laufende Raumbeobachtung
der BfLR

Raumordnungsbericht 1991
der Bundesregierung

Stand: 1. Juli 1991

Frankfurt a. M.

Mainz

Mannheim   Nürnberg

Saarbrücken

Stuttgart

0   100 km

Freiburg i. Br.   München

**Fördergebiete der Gemeinschaftsaufgabe
„Verbesserung der regionalen Wirtschaftsstruktur"**

—— Landesgrenze   Fördergebiete: [ ] Normalfördergebiete

[ ] Sonderprogramme innerhalb
des Normalfördergebiets

[ ] Sonderprogramme außerhalb
des Normalfördergebiets

303

Versuch einer vereinfachten Darstellung der Raumordnung

Raumordnung und Landesplanung in der Bundesrepublik Deutschland	Territorialplanung in der DDR
Direkte Lenkungs- und Eingriffsmöglichkeiten nur im tertiären Sektor (öffentliche Dienstleistungen und Infrastruktur), im primären und sekundären Sektor nur indirekte Mittel mit stark beschränkter Wirksamkeit	Direkte Lenkungsaufgaben und Eingriffsmöglichkeiten im primären, sekundären und tertiären Sektor in den Händen der Sozialistischen Einheitspartei SED; umfassende Aufgabenfelder, umfassendes Instrumentarium
Instrumente: *Regionalisierung* = regionale Abgrenzung als Grundlage der Raumanalyse und der Anwendung der Instrumente und Mittel; *Gebietseinheiten* = Planungsregion der Länder; *Zentrale Orte und Entwicklungsachsen* = punkt-axiales System für gewichtete Entwicklung innerhalb eines Bundeslandes; folgt in der Regel den vorhandenen strukturellen Tendenzen	System: hierarchisches Gefüge von *zentraler Ebene:* Ministerrat, Staatliche Planungskommission, Industrieministerien etc; *örtliche Ebene:* Bezirke, Kreise, Städte Funktionsabgrenzungen: *Bezirke:* bezirksgeleitete Industriestruktur; *Kreise:* örtliche Versorgungswirtschaft; *Städte:* Teile der örtlichen Versorgungswirtschaft; *Kombinate* z.T. mit Lenkungsaufgaben
Vorranggebiete mit absolutem oder relativem Vorrang für besondere Funktionen (z.B. für ökologischen Ausgleich) Mittel: *Zwangsmittel* (beschränkt): Gebote, Verbote, Vorkaufsrechte, Enteignungen; *Anpassungsmittel:* Anreizmittel (Beihilfen); *Abschreckungsmittel:* Umweltschutzauflagen, Sondersteuern; *Gestaltungsmittel:* Infrastrukturinvestitionen (für Verkehr, Versorgung, Bildung, Gesundheit, staatliche Verwaltung), Informations- und Kommunikationsmittel	Instrumente: *Standortplanung* für Investitionen in allen Wirtschaftssektoren; *Entwicklungs- und Aufbauplanung* des Siedlungsnetzes, einschließlich Lenkung der Wanderung von Bevölkerung und Arbeitskräften; *Standortplanung* für Wohnungsbau, Versorgungs- und Infrastruktureinrichtungen *Mittel:* – umfassende Investitionsmittelhoheit – umfassende Steuermöglichkeit der Branchenstruktur und Branchenanteile

Die deutsche Einheit machte eine Neuordnung der Fördergebiete notwendig. Die Gemeinschaftsaufgabe „Verbesserung der regionalen Wirtschaftsstruktur" wurde mit dem Einigungsvertrag vom 31. 8. 1990 auf die neuen Länder und den Ostteil Berlins übergeleitet. Außerdem wurde eine Reduzierung des Fördergebiets in den alten Ländern von 39% der Bevölkerung auf 27% und gleichzeitig eine Verringerung der Förderhöchstsätze von 23% auf 18% beschlossen. In den neuen Ländern gibt es eine flächendeckende Förderung mit Investitionszuschuß von bis zu 23%. Das „Gemeinschaftswerk Aufschwung Ost" gilt für Regionen, die in besonderem Maße vom Strukturwandel betroffen sind. Auch aus dem EG-Strukturfonds wurden von 1991–93 ca. 6 Mrd. DM zu raumordnerischen Zielen in die neuen

Länder geleitet. Schwerpunkte all dieser Förderungen sind die regionale wirtschaftsnahe Infrastruktur und die Schaffung von Dauerarbeitsplätzen in Problemgebieten. Nach der deutschen Einheit und vor dem Hintergrund der politischen Veränderungen in Europa wurde ein neuer „Raumordnungspolitischer Orientierungsrahmen" entwickelt. In räumlichen Leitbildern werden die Hauptziele genannt: Leitbild Siedlungsstruktur: Die polyzentrische Struktur des deutschen Städtesystems soll erhalten und ausgebaut werden. Städtenetze sind Kooperationsformen selbständiger Partner, die miteinander konkurrieren, aber auch gemeinsame Interessen erkennen. Sie sind Ansatzpunkte für hochwertige Infrastruktur in den ländlich geprägten Räumen.

Leitbild Umwelt- und Raumnutzung: Räume mit schützenswerten Natur- und Landschaftspotentialen sollen über Ländergrenzen hinaus großräumig vernetzt werden. Innerhalb dieser Räume werden Schwerpunkte mit Erholungsfunktionen ausgewiesen.

Leitbild Verkehr: In den hochbelasteten Verdichtungsräumen sind integrierte Verkehrssysteme und der Ausbau des ÖPNV (Öffentlicher Personennahverkehr) vorrangig. In den Verbindungen und Transportkorridoren soll eine Verlagerung von der Straße auf die Schiene erfolgen. Groß- und kleinräumiger Verkehr sollen besser entzerrt werden.

Leitbild Europa: Die vorgenannten Leitbilder sollen in grenzüberschreitender Kooperation (unter Einbeziehung Osteuropas) angewandt, die zwischenstaatliche Zusammenarbeit soll verbessert werden. Zentralistische Raumordnungsansätze für Europa werden abgelehnt.

Das Leitbild Ordnung und Entwicklung fordert die ordnenden Maßnahmen der Raumplanung und Entwicklungsanstöße zur Durchsetzung der in den Leitbildern genannten Ziele, wobei nachdrücklich die Stärkung der regionalen Eigenkräfte angemahnt wird.

Neue Leitbilder in der Raumordnung

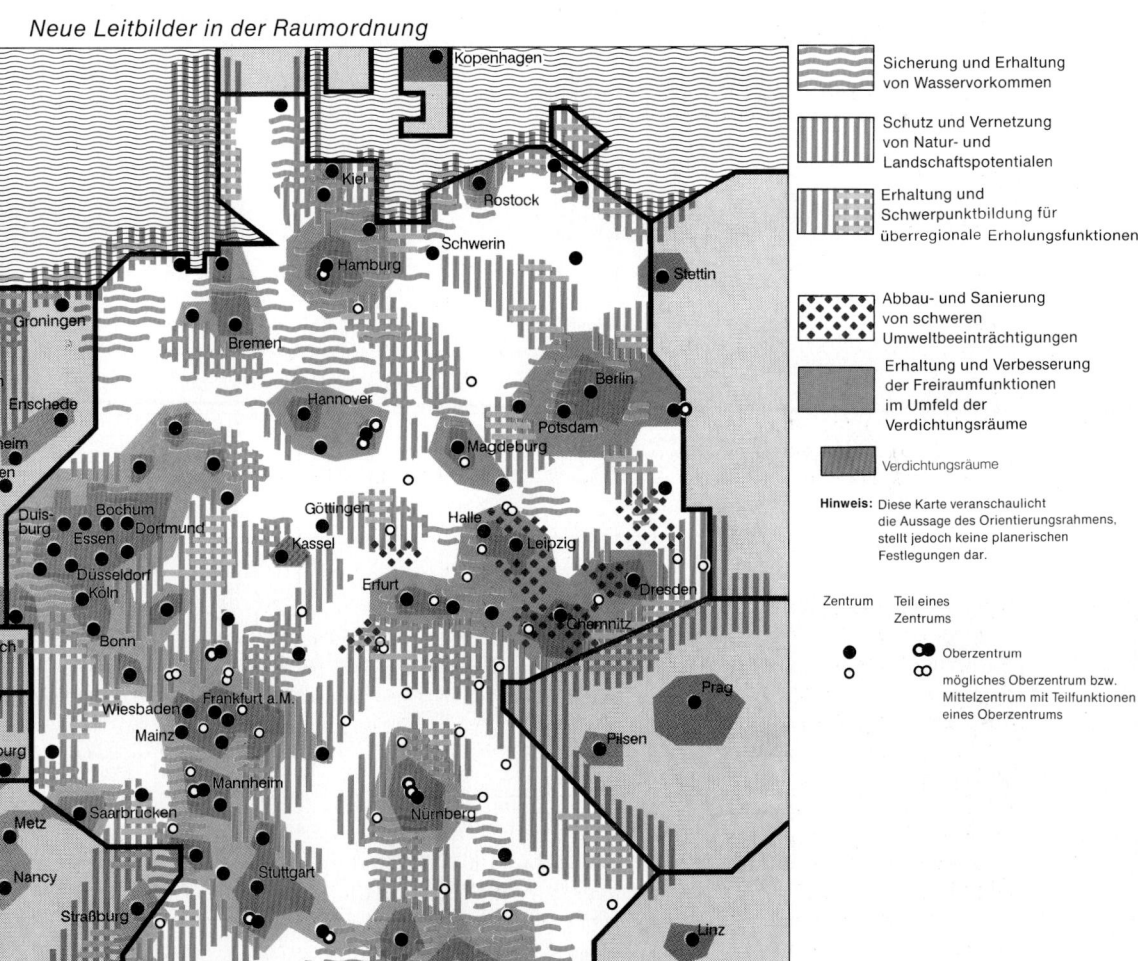

BfLR-Mitteilungen 1/1993, S. 2 und 3

Bauvorschriften: Aus der Baunutzungsverordnung (vgl. nebenstehende Definition)

Art der baulichen Nutzung			Maß der baulichen Nutzung		
BAUFLÄCHEN (IM FLÄCHEN-NUTZUNGSPLAN)	BAUGEBIETE (IM BEBAUUNGSPLAN)	ZULÄSSIGE BEBAUUNG	VOLLGESCHOSSE (Z)	GRUNDFLÄCHEN-ZAHL (GRZ)	GESCHOSSFL.-ZAHL (GFZ)
W WOHNBAU-FLÄCHEN	(WS) KLEINSIEDLUNGS-GEBIET	Vorwiegend Kleinsiedlung, landwirt-schaftliche Nebenerwerbsstellen	1 2	0,2 0,2	0,3 0,4
	(WR) REINES WOHNGEBIET	Wohngebäude Ausnahmsweise: Läden, nicht störende Handwerksbetriebe	ATRIUMHAUS 1 1 2 3 4 u. 5 6 u. mehr	0,6 0,4 0,4 0,4 0,4 0,4	0,6 0,5 0,8 1,0 1,1 1,2
	(WA) ALLGEMEINES WOHNGEBIET	Wohngebäude, Läden, Schank-Speisewirtschaften, kirchliche, kulturelle, soziale und gesundheitliche Anlagen			
M GEMISCHTE BAUFLÄCHEN	(MD) DORFGEBIET	Land- u. Forstw.-Betriebe, Kleinsiedl., Verarbeitungsbetriebe, Einzelhandel, Wirtschaften, Handwerksbetriebe, nicht störende Gewerbebetriebe, kirchliche, kulturelle und soziale Einrichtungen, Gärtnereien, Tankstellen	1 2 u. mehr	0,4 0,4	0,4 0,8
	(MI) MISCHGEBIET	Wohngebäude, Geschäfts- u. Büro-gebäude, Einzelhandel, Wirtschaften, nicht störendes Gewerbe, Verwaltung, Kirche usw. Gärtnereien, Tankstellen	Wie WR und WA		
	(MK) KERNGEBIET	Geschäfts-, Büro- u. Verwaltungsgeb., Einzel-handel, Wirtschaften, Beherbergung, Vergnügungsstätten, nicht störendes Gewerbe, Kirche, Kultur usw., Tankstellen, im Zusammenhang mit Parkhäusern u. Großgar., Wohnungen für Bereitschaft	1 2 3 4 u.5 6 u. mehr	1,0 1,0 1,0 1,0 1,0	1,0 1,6 2,0 2,2 2,4
G GEWERBLICHE BAUFLÄCHEN	(GE) GEWERBEGEBIET	Gewerbe, nicht erheblich belästigend, Geschäfts-, Büro- und Verwaltungsgebäude, Tankstellen, Ausnahmsweise: Wohnungen für Betriebsangehörige	1 2 3 4 u. 5 6 u. mehr	0,8 0,8 0,8 0,8 0,8	1,0 1,6 2,0 2,2 2,4
	(GI) INDUSTRIEGEBIET	Industriebetriebe, Tankstellen Ausnahmsweise: Wohnungen für Betriebspersonal		0,8	Baumassenzahl (BMZ): 9,0 (d. h. 9,0 m³ Baumasse je m³ Grundstücksfläche
S SONDER-BAUFLÄCHEN	(SW) WOCHENENDHAUS-GEBIET	Wochenendhäuser als Einzelhäuser	1	0,2	0,2
	(SO) SONDERGEBIET	Gebiete mit besonderer Zweck-bestimmung, wie Hochschul-, Klinik-, Kur-, Hafen- oder Ladengebiete, Einkaufs-zentren u. Verbrauchermärkte außer-halb von Kerngebieten			

Geographie 9/10. Stuttgart: Klett 1979, S. 96

306

3.5 Bauleitplanung

Der *Flächennutzungsplan* wird von den Kommunen erstellt und legt die Flächennutzung innerhalb der Verwaltungsgrenzen fest. Er ist nach seiner Genehmigung für die Kommunen verbindlich.

Der *Bebauungsplan* entsteht auf der Basis des Flächennutzungsplans und ist für die Bürger (Bauherren) verbindlich.

Landschaftspläne sind den Flächennutzungsplänen zugeordnet. Sie sollen den Schutz der Ökosysteme gewährleisten.

Die *Grundflächenzahl* (GRZ) legt fest, in welchem Maß das Grundstück von der Hausfläche überdeckt werden darf.

Die *Geschoßflächenzahl* (GFZ) gibt an, wieviel Quadratmeter Geschoßfläche je Quadratmeter Grundstücksfläche erlaubt sind.

Aus dem Beispiel der Bauleitplanung geht die Zahl der Instanzen hervor. Dabei wird auch deutlich, wie zeit- und verwaltungsaufwendig Planung in Deutschland ist. Aus diesem Grund sind „Beschleunigungsgesetze" in der Diskussion, die vor allem beim Aufbau der Infrastruktur in den neuen Ländern eine raschere Umsetzung der Vorhaben erlauben sollen.

1. *Beschreiben Sie Leitbilder und Ziele der Raumordnung in der Bundesrepublik Deutschland.*
2. *Nennen Sie Gründe für die gleichbleibenden und für die sich verändernden Zielvorstellungen der Raumordnung.*
3. *Nennen Sie die Träger der Raumordnung in Deutschland, und ordnen Sie ihnen die vorgesehenen Planungsaufgaben zu.*
4. *Beschreiben Sie die Instrumente der Raumordnung in der Bundesrepublik Deutschland. Nennen Sie Beispiele für ihre Anwendung.*
5. *Nennen Sie Vor- und Nachteile des punktaxialen Systems, und untersuchen Sie Ihre Heimatregion nach seinen Kriterien.*
6. *Beschreiben Sie die verschiedenen Typen von Vorranggebieten, und begründen Sie ihre Ausweitung.*
7. *Fassen Sie die zentralen Aufgaben der Raumordnung nach der deutschen Einheit zusammen, und nennen Sie die Förderungsschwerpunkte.*

4 Zielkonflikte

Bereits in den übergeordneten, noch allgemein gehaltenen Zielen ist eine Reihe von Konflikten angelegt. Dabei geht es zunächst um den grundlegenden Widerspruch, daß einerseits dem Bürger die freie Entfaltung seiner Persönlichkeit gewährt ist, diese freie Entfaltung andererseits aber den raumordnerischen Zielen entgegengesetzt sein kann (wenn beispielsweise die privaten Bauwünsche des Bürgers mit der Bauleitplanung nicht übereinstimmen). Aus diesem Grund ist es wichtig, daß die Raumordnung als Gemeinschaftsaufgabe erkannt wird und daß die Bürger bei der Planung beteiligt werden.

Ein weiterer Konflikt liegt im Ziel des gesamtwirtschaftlichen Wachstums begründet, das durch die weitere Entwicklung der Verdichtungsräume am besten gefördert werden kann. Dem widerspricht das andere Ziel der gleichwertigen Entwicklung aller Regionen. Einerseits ist also das Abwandern von Erwerbstätigen in die Ballungsräume erwünscht, wo sie einen höheren Beitrag zum Bruttoinlandsprodukt leisten können, andererseits aber sollten sie in den ländlichen Gebieten festgehalten werden, um deren Entwicklung zu fördern.

Außerdem widersprechen sich die Ziele, den Raum einerseits sowenig wie möglich zu belasten, ihn andererseits aber auch möglichst konzentriert zu nutzen, damit der Landverbrauch gering ist. Darüber hinaus können sich die verschiedenen Raumfunktionen überlagern. So ist es nicht auszuschließen, daß Gebiete, die für die Sicherung der Wasservorkommen reserviert werden, zugleich Gebiete sind, die sich im besonderen Maße für die Erholung der Bevölkerung eignen. Außerdem ist es möglich, daß die Sicherung der Freiräume die wirtschaftliche Entwicklung ihrer Regionen beeinträchtigt.

4.1 Raumordnung am Bodensee

Das folgende Beispiel zeigt Möglichkeiten und Grenzen der Raumordnung in der Bundesrepublik, indem es Konflikte und Entscheidungen im zeitlichen Abstand von sieben Jahren darstellt. Es bezieht sich auf ein knapp 3 km² großes Gebiet 7 km westlich von Friedrichshafen am Bodensee.

▨	Dornier	▥	Wohnbau
▥	Ergänzungsgelände Dornier	▤	Sondernutzungs- gelände
▲	geplanter Camping- platz	═	geplante Verkehrs- flächen

Immenstaad und geplante raumordnerische Maßnahmen, Stand 1980

Kartengrundlage: Ausschnitte Blatt 8322 der Top. Karte 1:25000, vervielfältigt mit Genehmigung des Landesvermes-

Interessenlage Anfang 1980

1. Gemeinde Immenstaad: Festhalten des Betriebs, Schaffung neuer Arbeitsplätze, Bereitstellung von Wohngelände, Verbesserung der Infrastruktur.
2. Arbeitnehmer bei Dornier: Erhaltung der attraktiven Arbeitsplätze unmittelbar am See, Beibehaltung der vorzüglichen Wohnlage in den Gemeinden Immenstaad, Friedrichshafen, Markdorf, Bermatingen usw.
3. Betrieb: Ausweitung des Standorts, Erhaltung der Uferlage für die hochqualifizierten Arbeitskräfte, Gewährleistung des leichten und schnellen Zugangs zum Werk durch Schaffung neuer Verkehrseinrichtungen.
4. Wohnbevölkerung in Immenstaad: vom Verkehr ungestörtes Wohnen in vorhandenen und zukünftigen Wohngebieten, Zugänglichkeit des Ufergeländes.
5. Stadt Friedrichshafen: Stärkung des Fremdenverkehrs durch Bereitstellung eines großen Campingplatzes am Ufer.
6. Regionale Interessen: Schaffung qualifizierter Arbeitsplätze, Sicherung des regionalen Verkehrs, Trennung des regionalen und überregionalen Verkehrs (B 31 bzw. A 98 Singen – Wangen), Erhaltung der Vorzüge des Freizeitraumes und der Uferlandschaft: „Am Bodenseeufer sollen nur solche Einrichtungen geschaffen werden, die unmittelbar der Allgemeinheit dienen. Campingplätze und Parkplätze sollten grundsätzlich nicht mehr unmittelbar am Bodenseeufer angelegt oder ausgebaut werden. Die Schönheit und die natürliche Eigenart der Landschaft am Seeufer muß in besonderem Maß geschützt und gepflegt werden. Hierzu sind neben der Freihaltung dieser Landschaftsteile von weiteren Siedlungsverdichtungen und Industrieansiedlungen landschaftspflegerische Maßnahmen notwendig. Der Zugang zum Seeufer soll für die Allgemeinheit in weitestmöglichem Umfang gesichert werden. Die industriell-gewerbliche Entwicklung in den Zentralen Orten und anderen geeigneten Orten im Bodensee-Hinterland soll, auch zur Entlastung des Uferbereichs, verstärkt werden."
Landesentwicklungsgesetz Baden-Württemberg vom 22. Juni 1971, Fassung Januar 1973.
7. Überregionale Interessen: Aufnahme des überregionalen Verkehrs von der A 96 (Ulm – Wangen) und der A 81 (Stuttgart – Singen) durch die B 31 bei Nichtverwirklichung des Autobahnabschnittes Singen – Wangen.

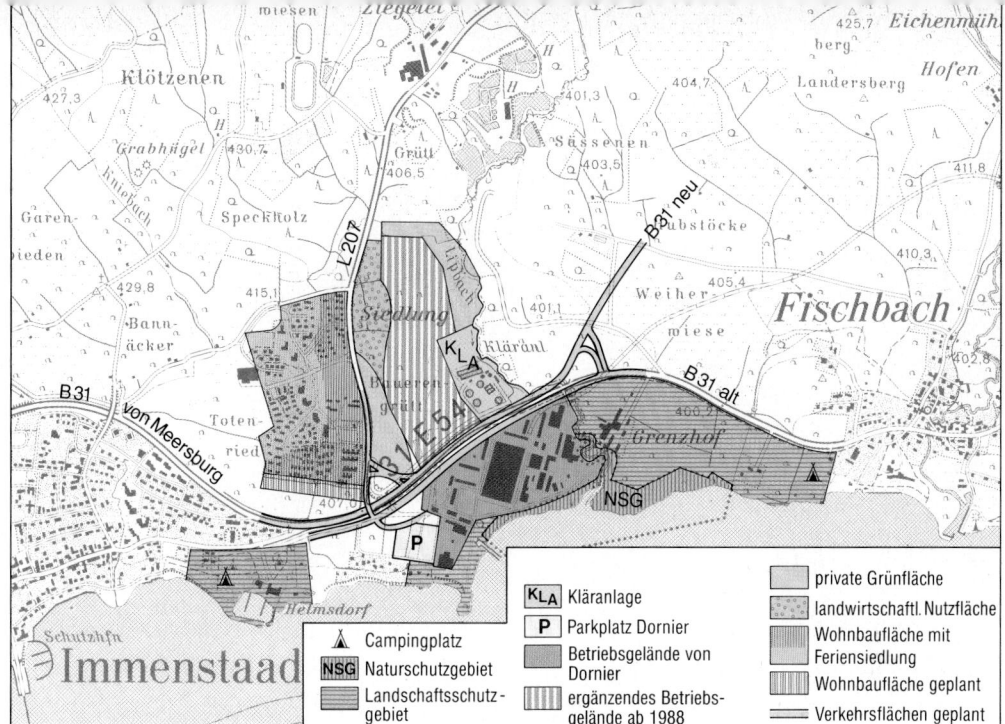

Immenstaad und raumordnerische Maßnahmen, Stand 1992

sungsamtes Baden-Württemberg Nr. LV 5065/3244. Thematisch ergänzt durch den Autor.

Interessenlage 1992

1. Gemeinde Immenstaad: Festhalten des Betriebs, Schaffung neuer Arbeitsplätze, keine weitere Bereitstellung von Wohngelände in größerem Umfang, Sicherung des wachsenden Fremdenverkehrs.
2. Arbeitnehmer bei Dornier: wie 1980.
3. Betrieb: wie 1980. 1987 über 3500 Mitarbeiter in Immenstaad und 700 in umliegenden Orten. Ausweitung des Standorts um weitere 1500–2000 Arbeitsplätze auf Ergänzungsgelände jenseits der B 31 von 23,7 ha, davon ca. 53 % Nettobauland (überbaute Flächen, private Verkehrsflächen etc.).
4. Wohnbevölkerung in Immenstaad: wie 1980.
5. Stadt Friedrichshafen: wie 1980. Campingplatz weiter östlich.
6. Regionale Interessen: wie 1980. Das Wachstum der Region Bodensee-Oberschwaben (1979–1986 3,6 %) liegt an der Spitze des Landes und beruht vor allem auf der Attraktivität der ufernahen Zone. Nach dem endgültigen Aus für die A 98 ist der Ausbau der überlasteten B 31 für den regionalen und überregionalen Verkehr vorrangig. Die Planung für die B 31 neu sieht einen zweigeteilten Verkehrsknoten vor: im westlichen Teil Vollknoten für den Verkehr nach Westen, kreuzungsfreier Ausbau L 207/B 31, Ausbau der neuen B 31 parallel zur alten Trasse bis zum östlichen Knotenteil; B 31 neu vor allem für den überregionalen Verkehr, B 31 alt für den regionalen und örtlichen Verkehr. Kleines Naturschutzgebiet im östlichen Uferbereich entsprechend dem Uferplan von 1983.
7. Überregionale Interessen: B 31 muß den überregionalen Verkehr, insbesondere zwischen der A 31 (Stuttgart – westlicher Bodensee) und der A 96 (Ulm – östlicher Bodensee), aufnehmen.

Stand 1980: Auf einem Ufergelände in der Gemeinde Immenstaad/Bodensee befinden sich etwa 3000 Arbeitsplätze der Firma Dornier. Hier sind überwiegend Ingenieure und Entwicklungsfachleute im Bereich der bemannten und unbemannten Luftfahrt und der Entwicklung alternativer Energie und Technologien beschäftigt. Der Bodenseeraum mit seinen Wohn- und Freizeitqualitäten ist für sie ein wesentlicher Grund, hier

Dornier, im Hintergrund Immenstaad am Bodensee

zu arbeiten und am See oder im seenahen Hinterland zu wohnen. Um die Arbeitsstätten zu erreichen, müssen etwa 2000 Beschäftigte die Bundesstraße 31 an der Kreuzung mit der Landesstraße 207 aus Richtung Markdorf/Kluftern überqueren. Deshalb kommt es zu Zeiten des Arbeitsbeginns und -endes zu umfangreichen Stauungen. Im Zusammenhang mit dem weiteren Ausbau der Bundesstraße (unter Umständen vierspurig) gibt es Planungsüberlegungen für ein umfangreiches und kompliziertes, etwa 220 m langes Kreuzungsbauwerk in Ufernähe. Nördlich der Kreuzung war ursprünglich eine größere Feriensiedlung vorgesehen, die auf Wunsch der Gemeinde verkleinert und jetzt teilweise als Wohngebiet ausgewiesen wurde. Die Firma Dornier machte ihr Verbleiben am Standort Immenstaad von einer wesentlichen Geländeerweiterung abhängig. Die zusätzlichen Arbeitsplätze nach der Ausweitung des Firmenstandorts bringen weitere Verkehrsbelastungen. Im sich östlich an das Erweiterungsgelände von Dornier anschließenden Ufergebiet plant die Stadt Friedrichshafen einen Campingplatz mit 120 000 m².

Stand 1987: Die kontroversen Positionen spiegeln sich in zwei Artikeln der regionalen Tageszeitung:

„Natur- und Umweltschützer fürchten eine große Industrieerweiterung am Bodenseeufer
Am Bodensee wird, wie der Bund für Umwelt und Naturschutz (BUND) befürchtet, ‚weitgehend unter Ausschluß der Öffentlichkeit die mit Abstand größte Industrieerweiterung der Nachkriegszeit geplant‘. Die Naturschützer glauben, sichere Hinweise dafür zu haben, daß der inzwischen mehrheitlich von der Daimler-Benz erworbene Luftfahrtkonzern Dornier bei Immenstaad ein 26 ha großes Gelände überbauen und im Laufe der Jahre weitere 4000 Arbeitsplätze schaffen will.“
Schwäbische Zeitung vom 1. 2. 1986

„Schlee: ‚Kein Silicon Valley in Immenstaad‘ – Landesregierung hält am Bodenseeplan fest
‚Verwundert‘ zeigte sich Innenminister Schlee …, daß in den Medien ‚die Erweiterungsabsichten der Firma Dornier in Friedrichshafen-Immenstaad zu gigantischen Bauplänen hochstilisiert werden‘ … Der Flächennutzungsplan von 1983 gibt nach den Worten des Ministers ‚ein etwa 14 Hektar großes eingeschränktes (und überbaubares) Gewerbegebiet im Anschluß an das Werksgelände nördlich der B 31 vor, also nicht im Uferbereich, sondern im Anschluß an die bestehende Bebauung landeinwärts‘.“
Schwäbische Zeitung vom 28. 2. 1986

An der Genehmigung für die Dornier-Erweiterung konnten kaum Zweifel bestehen:

- sie entspricht dem Flächennutzungsplan;
- sie entspricht dem Uferplan (Teilregionalplan) von 1983;
- sie entspricht den Wünschen der Gemeinde und der Region, die die hochqualifizierten Arbeitsplätze unbedingt erhalten wollen und darum die Drohung der Firma, andernfalls könne man die Sicherung der Arbeitsplätze am Bodensee nicht garantieren, ernst nehmen müssen;
- es sind „weiße" Arbeitsplätze; in Immenstaad wird entworfen und nicht produziert.

Ohne Zweifel wird die im Bodenseeplan und im Regionalplan angestrebte Entlastung der Uferzone nicht erreicht, sondern im Gegenteil der ufernahe Bereich weiter belastet und überbaut. Auch die im Landesentwicklungsgesetz genannte Förderung der industriell-gewerblichen Förderung des viel strukturschwächeren Hinterlandes wirkte sich nicht aus. Hier zeigen sich die Grenzen, die der Verwirklichung raumordnerischer Ziele in der Bundesrepublik gesetzt sind, so daß immer noch ungeklärt bleibt, ob der für das Bodenseegebiet von Planern und Politikern angestrebte „Weg zwischen Ökonomie und Ökologie" erreicht wird.

Ein anderes Beispiel nur wenig weiter westlich in Überlingen am Bodensee zeigt aber auch die Möglichkeiten der raumordnerischen Instrumente und Mittel:

„Tübingen äußert erhebliche Bedenken gegen Erweiterung des Bodenseewerks in Überlingen ‚Aus rechtlichen und landesplanerischen Gründen' kann das Regierungspräsidium Tübingen der beabsichtigten Erweiterung des Überlinger ‚Bodenseewerks' um etwa 1500 Arbeitsplätze am bislang vorgesehenen Standort bei Überlingen nicht zustimmen ... [Das Gebiet] liegt in einer Erholungszone außerhalb der Siedlungsfläche des Flächennutzungsplans, ist bislang also weder Gewerbe- noch Wohngebiet ... Aus Tübinger Sicht wäre eine Entscheidung des Bodenseewerks für Pfullendorf (im strukturschwachen Landkreis Sigmaringen) ein wichtiger Beitrag zur Industrie- und Gewerbestruktur ..."

Schwäbische Zeitung vom 31. 1. 1987

Die Entscheidung des Regierungspräsidenten zeigt, daß es möglich ist, eine Ansiedlung (zumindest vorläufig) zu verhindern. Voraussetzung dafür ist, daß die von der Firma angestrebte Standortergänzung in einem Gebiet liegt, das im Flächennutzungsplan und Regionalplan nicht als künftiges Gewerbegebiet, sondern als Freihaltungsfläche ausgewiesen ist.

Kurz vor der Landtagswahl 1988 in Baden-Württemberg ergab sich „nicht zuletzt auf Vermittlung des baden-württembergischen Ministerpräsidenten Späth" (Schwäbische Zeitung vom 21. 3. 88) eine neue Lage: Das Bodenseewerk und die Stadt Überlingen einigten sich auf einen neuen Standort, der nach einer Änderung des Flächennutzungsplans akzeptiert werden konnte. Zwar sind damit die regional- und strukturpolitischen Absichten des Regierungspräsidiums und des Regionalverbandes gescheitert, im strukturschwachen Raum Pfullendorf Industrie anzusiedeln, und die Verdichtung in Ufernähe nimmt weiter zu. Aber immerhin wurden ökologische Gesichtspunkte berücksichtigt, und die regionalen Freihalteflächen bleiben ein industriefreier Naherholungsbereich.

Der Fall kann als Beleg dafür gewertet werden, daß der private Investor in der Regel nur dann strukturpolitisch geeignete Standorte akzeptiert, wenn nachhaltige Gegenleistungen geboten werden. Im geschilderten Fall hätte dies wohl ein vorzüglicher Verkehrsanschluß (z.B. Autobahn) im seeferneren Gebiet sein können.

1. *Schildern Sie am Beispiel Immenstaad—Friedrichshafen raumordnerische Zielkonflikte. Berücksichtigen Sie dabei die Veränderungen von 1980 bis 1987.*
2. *Diskutieren Sie die unterschiedlichen Positionen gegenüber der neuen Entwicklung im Bodenseeraum.*
3. *Fassen Sie die Gründe für Zielkonflikte in der Raumordnung zusammen.*
4. *Beurteilen Sie am Beispiel des nördlichen Bodenseeufers die Möglichkeiten und Grenzen der Raumordnung und Landesplanung in der Bundesrepublik Deutschland.*
5. *Diskutieren Sie raumordnerische Fragen an Beispielen Ihrer Heimatregion.*

Skyline von Frankfurt/Main

Stadt und Verstädterung

Der Einfluß des Menschen auf seinen Lebensraum wird an der Skyline vieler Großstädte ganz besonders deutlich: Hier zeigen sich technische Fähigkeiten, wirtschaftliche Bedingungen und architektonische Phantasien von Jahrhunderten. Städte sind zu allen Zeiten und in allen Kulturräumen der Erde stets Spiegelbild der jeweiligen Gesellschaftsordnungen und Wirtschaftssysteme gewesen. Sie haben als Konzentrationspunkte menschlicher Aktivitäten maßgeblichen Anteil an kultureller und wirtschaftlicher Entwicklung der menschlichen Gesellschaft. Städte bieten dem Bürger weitestgehende Entfaltungsmöglichkeiten und attraktive Angebote in den wesentlichen Lebensbereichen wie Arbeit, Bildung, Unterhaltung und Kommunikation.

Mit städtischem Leben sind aber von jeher auch mannigfaltige Probleme verbunden, die in regional differenzierter Ausprägung unterschiedliche Ursachen (und Auswirkungen) besitzen. So müssen die Städte der Industrienationen heute insbesondere im innerstädtischen Bereich mit neuer Attraktivität ausgestattet werden, um die zunehmende Randwanderung einer „stadtmüden" Bevölkerung abzubremsen, während die dominierenden städtischen Zentren der Länder der Dritten Welt dem Strom der Zuwanderer aufgrund mangelnder infrastruktureller Voraussetzungen kaum noch gewachsen sind. Städte sind also einerseits positiv zu beurteilende Ergebnisse menschlicher Aktivitäten, andererseits aber auch Problemräume der Vergangenheit, Gegenwart und Zukunft. Damit sind städtische Siedlungen „Brennpunkte" im Raum, die eine Vielzahl von geographischen Fragestellungen und Betrachtungsweisen herausfordern.

312

1 Stadt – ein eindeutiger Begriff?

Der Begriff „Stadt" erscheint zunächst verständlich: Befragungsergebnisse weisen aus, daß es weder Bewohnern ländlicher noch städtischer Siedlungen besondere Schwierigkeiten bereitet, einige wesentliche Merkmale von Städten zu benennen. Am häufigsten genannt werden: große Bevölkerungszahl, Einkaufsmöglichkeiten, kulturelles Angebot sowie Arbeitsplätze. Aber auch Verkehrsprobleme, Umweltbelastung und überhöhte Mieten gehören zu den Merkmalen, die als typisch für Städte bezeichnet werden.

Diese Nennungen machen zwar ein allgemeines Verständnis für den Begriff „Stadt" deutlich, werfen aber auch die Frage nach einer eindeutigen und konkreten Definition auf.

1.1 Unterschiedliche Stadtbegriffe

Nach einer internationalen Vereinbarung gelten alle Gemeinden mit mehr als 2000 Einwohnern als Stadt *(statistischer Stadtbegriff),* allgemein gebräuchlich aber ist inzwischen ein Schwellenwert von mindestens 20 000 Einwohnern.

Als Abgrenzungskriterium steht weiterhin der formale Stadttitel zur Verfügung *(rechtlich-historischer Stadtbegriff).* Jede Gemeinde, der das Stadtrecht verliehen wurde, gilt als Stadt (Titularstadt).

Im Mittelalter bedeutete die Zuerkennung der Stadtrechte besondere Privilegien wie Marktrecht, Zollrecht, Gerichtsbarkeit und Aufhebung der Leibeigenschaft für die Stadtbürger. Entsprechend ergab sich eine besondere soziale, wirtschaftliche und politische Stellung der Stadtbewohner („Stadtluft macht frei"). Die in alten Stadtansichten erkennbare – räumlich scharfe – Trennung zwischen Stadt und Umland ist jedoch im Zuge der Industrialisierung immer mehr verlorengegangen. Darüber hinaus verloren ab Anfang des 19. Jahrhunderts viele Titularstädte ihr Landgericht und mußten, als Folge des Abzugs der Behörde, meist auch einen deutlichen Rückgang von Handwerk und Handel hinnehmen. Ein solcher Bedeutungsverlust führte jedoch nicht automatisch zur Aberkennung des Stadttitels. Des-

halb gibt es heute in der Bundesrepublik Deutschland eine große Anzahl von Städten, die tatsächlich städtische Funktionen nicht bzw. nur begrenzt ausüben.

Die Aussagekraft und damit die Verwendbarkeit des statistischen und des rechtlich-historischen Stadtbegriffes erscheinen als eingeschränkt, weil beide Begriffe jeweils nur einen Aspekt des räumlichen Systems „Stadt" erfassen.

Der geographische Stadtbegriff. In der nachstehend aufgeführten Definition sind Merkmale zusammengefaßt, mit denen Städte gekennzeichnet und abgegrenzt werden können:

Die europäische Stadt des 20. Jahrhunderts ist „... ein kompakter Siedlungskörper von hoher Wohn- und Arbeitsplatzdichte, mit vor allem durch Wanderungsgewinn wachsender Bevölkerung, mit breitem Berufsfächer bei überwiegend tertiär- und sekundärwirtschaftlichen Tätigkeiten, mit deutlicher innerer Differenzierung, mit relativ hoher Verkehrswertigkeit, mit einem Bedeutungsüberschuß an Waren und Dienstleistungen für einen erweiterten Versorgungsbereich bei weitgehend künstlicher Umweltgestaltung mit deren Folgen für ihre Bevölkerung."

Burkhard Hofmeister: Stadtgeographie. Braunschweig: Westermann Schulbuchverlag 1993, S. 237

Auch wenn es keinen für alle Zeiten und Räume gültigen Stadtbegriff geben kann: Aus diesem – zunächst sicherlich sehr unübersichtlichen – geographischen Stadtbegriff lassen sich die wesentlichen Kenntnisse zum Thema „Stadt" systematisch entwickeln. Dazu werden einige der von Hofmeister genannten Kriterien untersucht.

1.2 Merkmale von Städten

Hohe Wohn- und Arbeitsplatzdichte

Der *Wohndichtewert* von Siedlungen gibt die Größe der Wohnbevölkerung auf einer Bezugsfläche an. In Städten beträgt dieser Wert etwa 3000 bis 5000 Einwohner pro Quadratkilometer Gemeindeland.

Die *Arbeitsplatzdichte* (Zahl der Beschäftigten in nichtagrarischen Arbeitsstätten auf jeweils 1000 Einwohner) liegt in der City von

Städten über 1500, in angrenzenden Vierteln zwischen 500 und 1500. Beide Kriterien stehen in gegenseitiger Beziehung.

Als Berufsfächer bezeichnet man die Zahl der heute möglichen beruflichen Tätigkeiten. In Städten ist fast das gesamte Spektrum von Berufen vertreten.

Im Zusammenhang mit der City-Bildung (vgl. S. 318 f.) kommt es vor allem im innerstädtischen Bereich zu einer deutlichen Verminderung der Wohndichte zugunsten einer Erhöhung der Arbeitsplatzdichte. Das nachstehende Modell verdeutlicht diesen Zusammenhang.

Verteilung von Arbeitsplätzen und Wohnbevölkerung in einer Großstadt (bezogen auf den Mittelpunkt der Stadt)

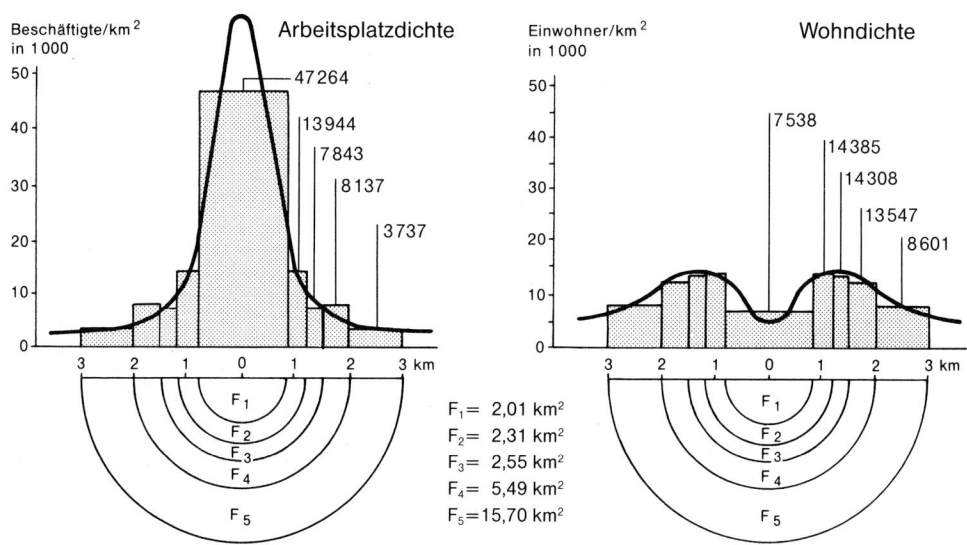

Nach Friedrich Lehner: Regionale Ordnung in Verkehr und Städtebau. 38. Internationaler Kongreß des Internationalen Verbandes für öffentliches Verkehrswesen, London 1969, S. 20

Bevölkerungswachstum und -struktur

Haushaltsgrößen und Gemeindegrößenklassen in der Bundesrepublik Deutschland (1990)[1]

Gemeindegröße	Einpersonenhaushalte in der jew. Größenklasse (%)	$\varnothing$ Personenzahl je Haushalt
unter 5000	2,9	2,65
5000–19 999	6,6	2,46
20 000–99 999	8,5	2,28
100 000 und mehr	17,0	1,97

[1] alte Bundesländer

Nach Statistisches Bundesamt (Hrsg.): Statistisches Jahrbuch 1992 für die Bundesrepublik Deutschland. Wiesbaden: Metzler Poeschel 1992, S. 69

Haushalte, Anteil der Einpersonenhaushalte und $\varnothing$ Zahl der Personen je Haushalt in der Bundesrepublik Deutschland

Jahr	Haushalte insges. (1000)	Anteil Einpersonenhaushalte (%)	$\varnothing$ Zahl Personen je Haushalt
Alte Bundesländer			
1950	16 650	19,4	2,99
1970	21 991	25,1	2,47
1980	24 811	30,2	2,48
1991	28 584	35,0	2,25
Neue Bundesländer			
1991	6 672	27,6	2,83
Alte und neue Bundesländer			
1991	35 256	33,6	2,27

Unveröffentlichte Angaben des Statistischen Bundesamtes 1992

314

Charakteristisches Merkmal der meisten Städte sind ständig steigende Bevölkerungszahlen. Diese Steigerung ist in der Regel weniger auf Geburtenüberschüsse als auf Wanderungsgewinne zurückzuführen. Darüber hinaus sind Stadtbevölkerungen durch typische demographische Merkmale gekennzeichnet (z. B. überdurchschnittliche Anteile von Einpersonenhaushalten und Kleinfamilien mit zwei oder drei Personen).

Innere Differenzierung

Städte weisen – mit regionalen und kulturräumlichen Besonderheiten sowie in Abhängigkeit von der Einwohnerzahl – spezielle räumliche Ordnungen auf. Diese Ordnungen können mit unterschiedlichen wissenschaftstheoretischen Zugriffen erfaßt werden:
Das Prinzip der *historisch-genetischen Gliederung* ist eine Gliederung der Stadt nach dem Alter der Baukörper. Für die *funktionale Gliederung* einer Siedlung wird die Funktion (vorherrschende Aufgabe) der einzelnen Stadtteile ermittelt und als Ordnungsprinzip herangezogen. Die wichtigsten Funktionsbereiche sind: Wohngebiet, Industriegebiet, Geschäftsgebiet, Verwaltungsgebiet und Erholungsgebiet.
Daneben läßt sich eine Stadt nach dem Wohnprestige einzelner Viertel sowie nach ausgewählten sozialstatistischen Daten (z. B. Einkommen, Schulbildung, Berufstätigkeit) gliedern *(sozialräumliche Gliederung)*. Bei der Gliederung nach dem Baubestand *(physiognomische Gliederung)* werden äußere Merkmale des Gebäudebestandes zur Erfassung des räumlichen Organisationsmusters herangezogen, z. B. „Geschoßzahl" und „Bebauungsdichte".
Da alle genetischen, funktionalen, sozialen und formalen Elemente der Stadtstruktur in einem engen, interdependenten Zusammenhang stehen, wird die *Innere Differenzierung* von Städten häufig in kombinierter Form erhoben.

Verkehrswertigkeit

Die Verteilung von städtischen Siedlungen auf der Erde wird von allgemeinen Faktoren wie Klima, Höhenlage und Meeresferne bestimmt. Darüber hinaus wirken vor allem verkehrsbestimmte Lageprinzipien: Die Mehrzahl aller Städte liegt an Meeresküsten, Furtstellen und Gebirgsrändern. Dies sind Punkte gebrochenen Verkehrs, an denen unterschiedliche Wirtschaftsräume aneinandergrenzen und Verkehrsströme gebündelt werden.
Die Verkehrswertigkeit läßt sich nur unter Schwierigkeiten zum Meßkriterium für die Stadteigenschaft einer Siedlung erheben. Trotzdem ist sie zumindest bedeutungsvoll für die Stadtentwicklung, wenn im Rahmen von raumordnerischen Maßnahmen Gemeinden mit zentralen (überörtlichen) Funktionen ausgestattet werden sollen.

Bedeutungsüberschuß (Zentralität)

Siedlungen besitzen (oder gewinnen) einen Bedeutungsüberschuß, wenn ihre wirtschaftlichen, politischen, kulturellen oder sozialen Einrichtungen (Funktionen) nicht nur der örtlichen Bevölkerung dienen, sondern auch von den Einwohnern anderer Ortschaften genutzt werden (vgl. Kap. „Tertiärer Sektor"). Typische Beispiele für den *Bedeutungsüberschuß* städtischer gegenüber ländlichen Siedlungen sind: weiterführende Schulen, Verwaltungsbehörden, Theater und Krankenhäuser.

Künstliche Umweltgestaltung

Die in Städten weitgehend künstlich gestaltete Umwelt ergibt sich fast zwangsläufig aus der Konzentration von menschlichen Aktivitäten auf engstem Raum. Allerdings ist die Einschätzung städtischer Umweltgestaltung nur schwer erfaßbar, weil das subjektive Empfinden der verschiedenen Bevölkerungsgruppen sehr unterschiedlich ist.
Die erfaßbaren Belastungen (Lärm, Luftverunreinigung, Abwasserbelastung usw.) sind in städtischen Gemeinden deutlich höher als in der ländlichen Umgebung (vgl. Kap. „Raumordnung" sowie entsprechende Atlaskarten).
In vielen Stadtplanungsämtern wird inzwischen versucht, das Ausmaß der künstlichen Umweltgestaltung zu vermindern. Maßnahmen sind z. B. Erhalt und Ausweitung von Grünflächenanteilen, Vernetzung von Biotopstrukturen im Stadtgebiet.

Bodenversiegelung in Stuttgart, 1989

Stadtplanungsamt: Bodenversiegelungskarte Stuttgart, Diagramm nach Angaben des Stadtplanungsamtes

Angaben in %

- Wasserfläche 1,0
- Siedlungsfläche 34,9
- forstwirtschaftl. genutzte Fläche 24,1
- landwirtschaftl. genutzte Fläche 15,9
- Kleingartenanlage 3,1
- geplante Siedlungsfläche 5,5
- Verkehrsfläche 5,4
- Grünfläche, Sportanlage 10,1

LANDESHAUPTSTADT STUTTG.
STADTPLANUNGSAMT

Bodenversiegel
Stuttgart

Stufen der Bodenversiegelun

	I	< 15 % unversiegelt
	II	15 – 35 % gering
	III	36 – 55 % mäßig
	IV	56 – 75 % mittel
	V	76 – 90 % stark
	VI	> 90 % sehr stark

Maßstab

0   500   1000   1500   2000 m

Planungsinformtionssystem   PLIS
Datei: PROJI   Stand 1987
Bearbeiter: Gunther/Dutz   Datum 12.10.88
Reproduktion und Druck: Stadtmessungsamt

Besonderheiten städtischer Umweltparameter

Element	Vergleich mit ländl. Umgebung	
Verunreini-gung	Staubpartikel	10mal mehr
	Schwefel-dioxid	5mal mehr
	Kohlendioxid	10mal mehr
Einstrahlung	Gesamtstrah-lung auf hori-zontaler Oberfläche	15–20% weniger
	UV im Winter	30% weniger
Bewölkung	Gesamtmenge	5–10% mehr
Niederschlag	Tage mit min-dest. 3 mm Nie-derschlag	10% mehr

Element	Vergleich mit ländl. Umgebung	
Temperatur	Jahresmittel	0,5–1 °C höher
	Winterminima	1–2 °C höher
Feuchtigkeit	Jahresmittel der relativen Feuchte	6% weniger
Wind	Geschwindig-keit (Jahresm.)	20–30% weniger
Dunst	Sichtweite	je nach Wetter-lage deutlich geringer

Claus Dahm/Henning Schöpke: Städtische Räume. Unterricht Geographie Bd. 2. Köln: Aulis 1988, S. 101, ergänzt

1.3 Modelle der funktionalen Differenzierung

Modelle der funktionalen Differenzierung

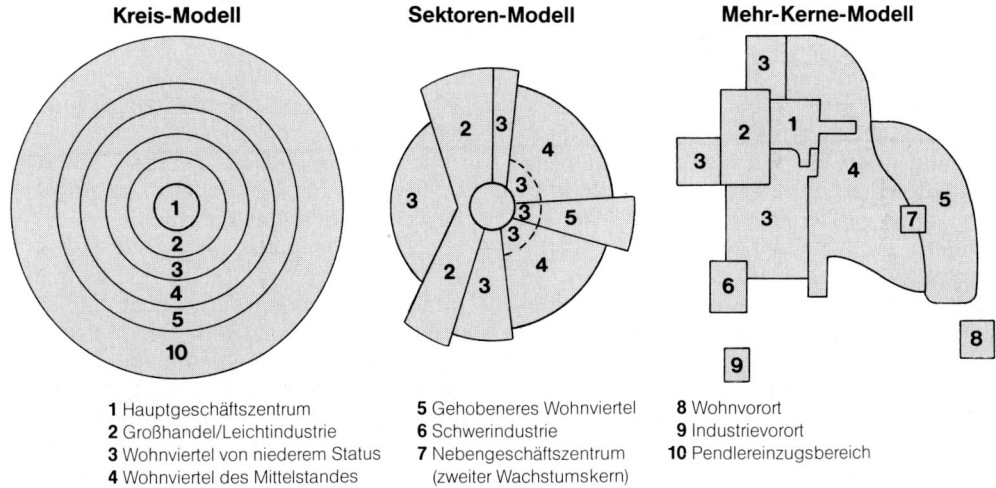

Kreis-Modell **Sektoren-Modell** **Mehr-Kerne-Modell**

1 Hauptgeschäftszentrum
2 Großhandel/Leichtindustrie
3 Wohnviertel von niederem Status
4 Wohnviertel des Mittelstandes
5 Gehobeneres Wohnviertel
6 Schwerindustrie
7 Nebengeschäftszentrum (zweiter Wachstumskern)
8 Wohnvorort
9 Industrievorort
10 Pendlereinzugsbereich

Nach Burkhard Hofmeister: Stadtgeographie. Braunschweig: Westermann 1993, S. 158

Die funktionale Gliederung von Städten ist von besonderer Bedeutung für Stadtpla-nung und Raumordnung, weil dieses Ord-nungsprinzip Prozesse und Veränderungen in der Stadtstruktur besonders deutlich wer-den läßt. Insbesondere ergibt sich die Mög-lichkeit, komplexe Stadtstrukturen in städti-sche Teilräume zu untergliedern. Städtische Funktionen siedeln sich häufig eng beiein-ander an und bilden gleichartige Bereiche mit unterschiedlichen Formen, z.B. Zonen, Gürtel, Quartiere. In Abhängigkeit von Fak-toren wie Verkehrsanbindung, Boden- und Mietpreise, Umweltbeeinflussung, histori-sche Voraussetzungen usw. finden einzelne Funktionen ihren Standort innerhalb eines Stadtgebietes. Wenn sich auch unterschied-liche Ausprägungen für jede einzelne Stadt ergeben, so lassen sich doch deutliche Regelhaftigkeiten der funktionalen Gliederung ermitteln. Zur Erklärung dieser Regelhaftigkeiten werden Modelle benutzt.

Beim Modell der konzentrischen Ringe *(Kreis-Modell)* wird angenommen, daß das Wachstum einer Stadt zentrifugal von einem (historischen) Ortskern ausgeht. Die Stadtentwicklung führt zur Ausbildung konzentrischer Ringe unterschiedlicher Funktionen, die sich symmetrisch um den Kern herum anordnen. Beim *Sektoren-Modell* erfolgt die Ausbildung funktional homogener Areale keilförmig in Sektoren entlang den vom Zentrum peripheriewärts verlaufenden Ausfallstraßen. Beim *Mehr-Kerne-Modell* wird davon ausgegangen, daß es beim Wachstum einer Stadt zwangsläufig zur Ausbildung von mehreren Geschäftszentren kommt. Um diese „Kerne" herum konzentrieren sich – je nach Größe der Stadt – Bereiche spezieller Nutzung (z. B. Verwaltungsviertel oder Industrieviertel).

In der Realität ergeben sich meistens Kombinationen aus den drei Gliederungsmodellen. Darüber hinaus entstehen beim Wachstum von Städten nicht nur horizontale, sondern auch vertikale Veränderungen: Nutzungsarten, die aus Kostengründen im Wettbewerb um zentrale Standorte unterliegen, verteilen sich nicht nur auf Randzonen, sondern auch auf die oberen Stockwerke zentral gelegener Gebäude. Im Modell der Nutzungsdifferenzierung wird versucht, diesem Sachverhalt Rechnung zu tragen.

Modell der Nutzungsdifferenzierung in drei inneren Zonen einer Stadt

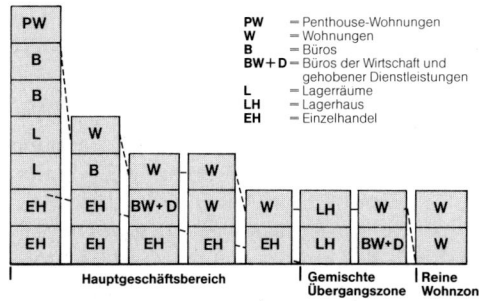

Nach Carter 1972; verändert nach Heinz Heineberg: Stadtgeographie. Paderborn/München/Wien/Zürich: Schöningh 1986, S. 15

Die Modelle der funktionalen Gliederung ergeben bis zu zehn unterschiedliche städtische Teilräume. Zusätzlich kommt es – wie das Modell der Nutzungsdifferenzierung zeigt –, zu horizontalen und vertikalen Überlagerungen verschiedener Funktionen. In der praktischen Anwendung (z. B. in der Stadtplanung) beschränkt man sich deshalb häufig auf die Ausgliederung der City, der citynahen Wohn- und Gewerbeviertel sowie der Außenzone. Diese städtischen Teilräume sollen nachstehend untersucht werden.

1.4 Analyse städtischer Teilräume

Als *City* wird der zentral gelegene Teilraum einer größeren Stadt bezeichnet, in dem sich eine Konzentration von Funktionen der höchsten Stufe der Bedienung ergeben hat (spezialisierter Einzelhandel, Banken, Anwaltspraxen, Fachärzte, Makler usw.). Weitere Merkmale des meist mit der Altstadt identischen oder zwischen Altstadt und Bahnhof liegenden Citybereiches sind:
– starke Verkehrsballung und rhythmisch (zu Öffnungs- und Schlußzeiten) auftretende Verkehrsspitzen,
– hohe Arbeitsplatzdichte bei starkem Überwiegen der Arbeitsplätze im tertiären Sektor und geringe Wohndichte
– höchste Bodenpreise und Mieten.

Die räumliche Konzentration hochrangiger zentraler Funktionen führt auch zu speziellen physiognomischen Merkmalen. Im Vergleich zu anderen Stadtteilen sind festzustellen: überdurchschnittliche Gebäudehöhe bei baulicher Kompaktheit, hohe Schaufensterdichte, durchgehende Ladenfronten, Geschäftspassagen und Arkaden. Auffällig ist auch die Konzentration überregionaler Unternehmen sowie die Menge der Reklameflächen. In vielen Städten sind die Citybereiche inzwischen zu Fußgängerzonen umgestaltet worden, an deren Begrenzungen Parkhäuser und Parkflächen liegen.

Im amerikanischen Sprachgebrauch wird die City als „Downtown" bzw. als *„Central Business District"* (CBD) bezeichnet. Der Prozeß der City-Bildung begann in London um 1820, in den deutschen Großstädten um 1870. Inzwischen hat der Übergang zur

„tertiären Zivilisation" in allen Großstädten der Welt zur City-Bildung geführt. In ihr dokumentiert sich der städtische *Funktionswandel,* der eine weitgehende Abwanderung der Wohnbevölkerung und eine Auffüllung mit gewerblichen Nutzungsformen mit sich brachte. Allerdings ist die funktionale Struktur der Citybereiche keineswegs so homogen, wie sie nach den Modellen der funktionalen Differenzierung erscheinen mag. Jede City weist – in Abhängigkeit von Größe der Stadt und Kulturraumzugehörigkeit – zusätzliche innere Differenzierungen auf: So nimmt im Regelfall die Intensität der tertiärwirtschaftlichen Nutzung vom zentralen Teil (City-Kern) nach außen zum City-Mantel ab. Darüber hinaus typisch ist die Ausbildung von Funktionsbereichen (Bankenviertel, Hauptgeschäftsbereich, Vergnügungsviertel).

Die Ausbildung dieser Differenzierungsmuster innerhalb der City wird (ebenso wie in anderen städtischen Teilräumen) in den nicht-sozialistischen Ländern von Bodenpreisen und Mieten gesteuert: Aus der Konkurrenz um die profitabelste Nutzung ergibt sich ein ständiger Verdrängungsprozeß. Generell nehmen deshalb die Bodenpreise und Mieten vom Zentrum zur Peripherie hin ab.

Dieses Muster, das auch als das Prinzip des „highest and best use" bezeichnet wird, wird durch zwei zusätzliche Elemente modifiziert: zum einen durch Hauptverkehrsstraßen, zum anderen durch Kreuzungen wichtiger Straßen, an denen sich sekundäre Geschäftszentren bilden.

Modell der städtischen Grundstückspreise

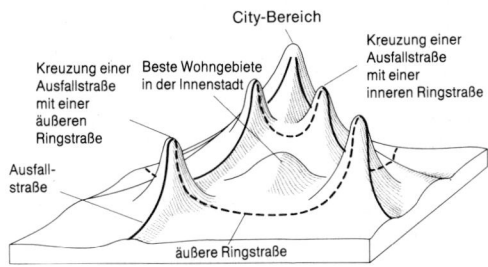

Peter Hagget: Geographie. New York: Harper & Row 1983, S. 485

Viele Großstädte sind von *citynahen Wohn- und Gewerbevierteln* gekennzeichnet, die sich mit einförmiger (Mietshaus-)Bebauung und Mischfunktionalität (gewerbliche und Wohnfunktion) wie ein Kranz um die City legen (z. B. Wilhelminischer Wohnring in Berlin). Diese umfangreichen Stadterweiterungen des 19. Jahrhunderts sind durch die Industrialisierung, Landflucht und damit zusammenhängendes Städtewachstum zu begründen. Die Hauptmerkmale dieser Stadtteile waren: überalterte Bausubstanz mit unzureichender sanitärer Ausstattung, räumliche Beengtheit bei äußerlicher Monotonie, überdurchschnittlich hohe Bevölkerungsdichtewerte bei gleichzeitig atypischer Bevölkerungsstruktur (Überalterung, hoher Ausländeranteil).

In vielen deutschen Großstädten sind die citynahen Wohn- und Gewerbeviertel inzwischen weitgehend saniert (vgl. S. 343 ff.).

Die *Außenzone* von Städten läßt sich kennzeichnen durch aufgelockerte Bebauung mit höherem Freiflächenanteil und weitgehender Heterogenität von Baukörpern und Nutzung. Die Wohndichtewerte nehmen ab (etwa 100 bis 3000 E/km^2), flächenintensive Betriebe und Einrichtungen konzentrieren sich (Flugplätze, Markthallen für den Großhandel, Messehallen, Sportanlagen, städtische Versorgungsbetriebe usw.). Ehemalig selbständige Gemeinden, die inzwischen innerhalb der Stadtgemarkung liegen, stechen durch kleinere Parzellen und dichtere Bebauung gegenüber dem weiträumigen Ring niedriger Flächenintensität ab. Die Heterogenität dieses städtischen Teilraumes liegt in der Unterschiedlichkeit der einzelnen Siedlungselemente begründet, die hier miteinander verbunden sind: Vorstadtgründungen des 18. und 19. Jahrhunderts, Arbeiterwohnsiedlungen großer Industriebetriebe, Kleingartenkolonien, Industrieansiedlungen sowie Neubautätigkeit.

1. *Stellen Sie Ihre persönlichen Assoziationen zum Begriff „Stadt" zusammen (Entscheidungshilfe: Was würden Sie für eine Bilddokumentation zum Thema „Stadt" photographieren?).*
2. *Erläutern Sie den Unterschied zwischen dem statistischen und dem rechtlich-historischen Stadtbegriff.*
3. *Fassen Sie die Aussage des Modells der Arbeitsplatz- und Wohndichte (S. 314) in einer These zusammen.*

4. *Stellen Sie den Zusammenhang zwischen Haushaltsgrößen und Gemeindegrößenklassen in den alten Bundesländern (S.314) in geeigneter Weise graphisch dar. Nennen Sie mögliche Gründe für die geringe durchschnittliche Personenzahl je Haushalt sowie den hohen Anteil von Einpersonenhaushalten in städtischen Gemeinden.*
5. *Untersuchen und diskutieren Sie – anhand einiger Beispiele im Atlas – die Methoden, mit denen die Innere Differenzierung von Städten dargestellt wird.*
6. *Erarbeiten Sie mit Hilfe geeigneter Atlaskarten einige Beispiele für Städte, die ihre ursprünglichen Entwicklungsimpulse offensichtlich durch eine günstige Verkehrslage erfahren haben.*
7. *Stellen Sie – ausgehend von Ihrer eigenen Wohnsituation – Beispiele zusammen, mit denen der Bedeutungsüberschuß von Städten belegt werden kann.*
8. *In Stuttgart wird, ähnlich wie in anderen Städten, versucht, Voraussetzungen für die Verbesserung der städtischen Lebensqualität zu schaffen (Abb. S.316). Ermitteln Sie Maßnahmen dieser Art, die in Ihrem Schulort durchgeführt werden.*
9. *Erläutern Sie anhand der „Besonderheiten städtischer Umweltparameter" (S.317), weshalb stadtökologische Gesichtspunkte zunehmend Eingang in die Stadtplanung und Stadtgestaltung gefunden haben.*
10. *Erklären Sie den Grundgedanken der Modelle der funktionalen Differenzierung (S.317). Untersuchen Sie, welches der drei Modelle am ehesten der funktionalen Differenzierung Ihres Schulortes entspricht.*
11. *Untersuchen Sie, welche Ansätze zur Citybildung bzw. zur Ausbildung von Funktionsbereichen in Ihrem Schulort bestehen.*
12. *Erläutern Sie, weshalb das „Prinzip des highest and best use" in Großstädten dazu führt, daß insbesondere in den Citybereichen zunehmend in die Höhe gebaut wird.*

2 Der Verstädterungsprozeß

2.1 Der weltweite Vorgang der Bevölkerungskonzentration

In fast allen Ländern der Welt ist das Wachstum der Stadtbevölkerung deutlich höher als das Wachstum der jeweiligen Gesamtbevölkerung. *Verstädterung* bedeutet – zunächst einmal nur quantitativ ausgedrückt – die statistisch erfaßbare Tendenz steigender Anteile der in städtischen oder stadtnahen Gebieten lebenden Bevölkerung. Dieses Wachstum resultiert aus der natürlichen Bevölkerungszunahme, vor allem aber aus dem Wanderungsgewinn aus anderen Regionen. Im weiteren Sinne versteht man unter Verstädterung den wachsenden Anteil der städtischen Siedlungen an der Gesamtzahl der Siedlungen.

Anteil der Stadtbevölkerung an der gesamten Weltbevölkerung (1950–2025; in Prozent)

1950	1960	1970	1980	1990	2000	2010	2020	2025
29,2	34,2	37,1	39,6	42,6	46,6	51,8	57,4	60,1

Nach United Nations: World Demographic Estimates and Projections 1950–2025. New York 1988, S. 10

Der Verstädterungsprozeß verläuft – in Abhängigkeit von den jeweiligen wirtschaftlichen und sozialen Verhältnissen – in allen Gebieten der Erde mit unterschiedlicher Dynamik (vgl. „Migration und Verstädterung", S. 376 ff.). Neben dem rein zahlenmäßigen Anwachsen der Stadtbevölkerung ist Verstädterung ein gesamtgesellschaftlicher Vorgang, bei dem „in zunehmendem Maße im ländlichen Raum Elemente auftauchen, die einmal nur Städten zu eigen waren…" (W. Heller, 1973).

Nach Elisabeth Lichtenberger (1986) sind zu unterscheiden:
– physiognomische Verstädterung als Ausbreitung städtischer Bauformen, Einrichtungen und Flächennutzungen im ländlichen Raum (verdichtete Bauweise; mehrstöckige Wohnhäuser; Industriebetriebe),
– funktionelle Verstädterung als Ausbreitung städtischer Organisationsstrukturen

(z. B. Verflechtung der Arbeitsmärkte über Pendelwanderungen),
- soziologische Verstädterung als Übernahme städtischer Wertvorstellungen, Lebensformen und Verhaltensweisen (generatives Verhalten; Konsumverhalten; Freizeitansprüche).

Ein derart qualitativ verstandener Verstädterungsprozeß wirkt auch in Gemeinden, die keine direkte Verbindung zu Städten haben. Dabei ist die Verstädterungsintensität in ländlichen Gemeinden von der Entfernung und den Verkehrsverbindungen zu benachbarten Städten abhängig.

Als statistisch erfaßbare Verstädterungserscheinungen gelten z. B.: Rückgang der landwirtschaftlichen Erwerbstätigen, Abnahme der Zahl der Landwirtschaftsbetriebe, Zunahme der Auspendler in benachbarte städtische Regionen sowie Bevölkerungsrückgang bei relativer Zunahme älterer Bevölkerungsgruppen.

Die qualitativen Auswirkungen der Verstädterung werden auch als *Urbanisierung* (lat. urbs/urbis: Stadt) bezeichnet. Da aber kein wissenschaftlicher Konsens besteht, können Verstädterung und Urbanisierung synonym gebraucht werden.

Entwicklung der Stadtbevölkerung nach Großräumen (%)

	1950	1970	1990
Afrika	14,5	22,9	33,9
Lateinamerika	41,5	57,3	71,5
Nordamerika	63,9	73,8	75,2
Asien	16,4	22,9	34,4
Europa	56,5	66,7	73,4
Ehem. SU	39,3	56,7	65,8
Ozeanien	61,3	70,7	70,6

Nach Jürgen Bähr: Verstädterung der Erde. In: Geographische Rundschau, 1993, H. 7/8, S. 468

2.2 Städtewachstum durch Industrialisierung und Zunahme des tertiären Sektors

Die Städte des Mittelalters und der frühen Neuzeit trugen ausgesprochen individuelle Züge, die sie z. B. als Hansestadt, Universitätsstadt oder Residenzstadt kennzeichneten. Erst mit dem Beginn der Industriali-

sierung begann ein tiefgreifender Wandlungsprozeß, der das Bild der Städte, ihre Struktur, die Zusammensetzung und Größe der Bevölkerung veränderte: Überwiegend auf oder in der Nähe von Steinkohlenlagerstätten entstanden ausgedehnte Industriereviere mit entsprechenden Bevölkerungsballungen (Mittelengland, Schottland, Nordostfrankreich, im heutigen Ruhrgebiet, in Oberschlesien und im Osten Nordamerikas).

Die Anziehungskraft dieser Gebiete, in denen sich für die wachsende Bevölkerung neue Erwerbsmöglichkeiten ergaben, führte zu Binnenwanderungen von erheblichem Ausmaß. Vor allem in England, wo der Industrialisierungsprozeß zuerst eingesetzt hatte, kam es zu einem sprunghaften Anstieg der Bevölkerungszahlen in den Industriestädten. So wuchsen Manchester, Birmingham, Leeds und Sheffield, die im Jahr 1760 zwischen 15 000 und 40 000 Einwohner gehabt hatten, bis zum Jahr 1850 auf die sechs- bis zehnfache Größe an.

Verteilung der Wohnbevölkerung nach Gemeindegrößenklassen in Deutschland (%)

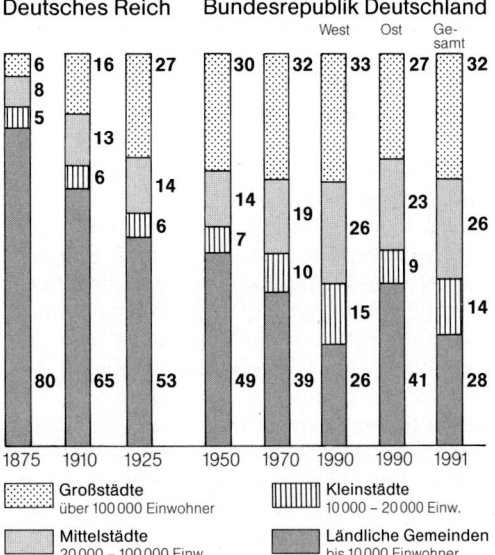

Nach Angaben des Statistischen Bundesamtes 1993

In Deutschland kam es erst in der Zeit nach 1850 zu einer vergleichbaren industriellen Bewegung, die weiträumige Binnenwanderungen nach sich zog. Von 1860 bis 1910 hat sich die Bevölkerung Deutschlands verdoppelt. Jeder zweite Einwohner lebte aber nicht mehr an seinem Geburtsort, jeder siebente hatte bei Umzügen zwischen Geburts- und Wohnort Länder- oder Provinzgrenzen überschritten.

Die Zunahme der Stadtbevölkerung hat in allen Industrieländern zu einer erheblichen Ausdehnung der städtischen Siedlungsflächen geführt. Dieser Prozeß verlief in zwei Phasen: Zunächst kam es zur intensiven Phase, der Verdichtung, die mit ersten Wohnsiedlungen und industriell genutzten Flächen an den Rändern der älteren, innenstadtnahen Bebauung ansetzte. Erst in der dann folgenden extensiven Phase, der Flächenausdehnung, führte das Wachstum bestehender Vororte und die Anlage von Großwohnsiedlungen zum Ausgreifen der Bebauung in das Stadt-Umland.

Die meisten Berufe des tertitären Sektors sind an Städte bzw. Großstädte gebunden. Die damit verbundene Konzentration hochspezialisierter Berufe (z.B. in Banken, Versicherungen und im Bereich der Kommunikationstechnologien) ist eine wesentliche Voraussetzung für umlandbezogene Funktionen der Städte. Wenn Städte erst einmal eine überregionale Bedeutung erlangt haben, dann beeinflussen die vorhandenen zentralen Einrichtungen die Standortwahl anderer (neuer) Betriebe. Mithin kann von einer selbstverstärkenden Wirkung des städtischen Konzentrationsprozesses ausgegangen werden.

Auch in den vorrangig industriell geprägten Großstädten der alten Bundesländer zeichnet sich seit einigen Jahren ein Trend zur *„Tertiärisierung"*, also zur Zunahme der Beschäftigtenanteile im tertiären Sektor, ab. Die allgemeine Wirtschaftsentwicklung (Bedeutungsabnahme des primären und des sekundären Sektors) begünstigt diese Entwicklung. Darüber hinaus fördern viele der bisher industriell geprägten Großstädte inzwischen gezielt ihre Entwicklung zu überregionalen Dienstleistungzentren.

In den neuen Bundesländern hat zu Zeiten des SED-Regimes eine Tertiärisierung nicht entstehen können: Die Wirtschaftsstrukturen der Städte waren durch Standort- und Strukturvorgaben von den staatlichen Planungsbehörden festgelegt worden.

2.3 Neuanlage von Städten und Großwohnsiedlungen

Unter dem Druck des Bevölkerungswachstums und zunehmender Verdichtung der städtischen Bevölkerung hat man in fast allen Industrieländern versucht, die Ballungsräume durch die Neuanlage von Städten und Großwohnsiedlungen zu entlasten. Bei Planung und Anlage sind – neben der Grundsatzentscheidung über die angestrebte Bevölkerungszahl – folgende Hauptfragen zu klären:

– Entfernung vom jeweiligen Verdichtungsraum sowie Art der Verkehrsanbindung,
– Ausstattung mit Arbeitsplätzen, Einkaufs- und Naherholungsmöglichkeiten,
– flächige Ausdehnung oder punktuelle Verdichtung der Baukörper.

Neue Städte

Bei der Neuanlage von Städten geht es – neben den o.a. Fragen – vor allem um die Entscheidung für oder gegen eine weitere Bevölkerungsverdichtung im jeweiligen Ballungsraum. Dabei soll – bei weitgehender Entlastung des Verdichtungsraumes – das Umland möglichst wenig zersiedelt werden. Die drei rechts abgebildeten Modelle haben etwa gleiche Bevölkerungs- und Arbeitsplatzzahlen. Unterschiedliche räumliche Konsequenzen ergeben sich aber hinsichtlich der funktionalen Ausstattung, der Lage der Industrie- und Gewerbeflächen sowie der Verkehrsverbindungen. Auch die Lage von Naherholungsräumen ist zwangsläufig unterschiedlich.

Die englischen *New Towns* gelten als bekannteste Beispiele für planmäßig angelegte *Stadtneugründungen*. Sie wurden zuerst – zur Entlastung des Großraumes von London – als durchgrünte Gartenstädte für etwa 30 000 Einwohner angelegt und mit genügend Arbeitsplätzen für die Bewohner ausgestattet. Ein wesentlicher Teil der Gemeindeflächen war dem Acker- und Gartenbau vorbehalten. Die Vorteile des städtischen und ländlichen Lebens sollten miteinander vereint werden. Als erste *Gartenstadt* entstand im Jahr 1903 Letchworth in ca. 60 km Entfernung zum Kern von London.

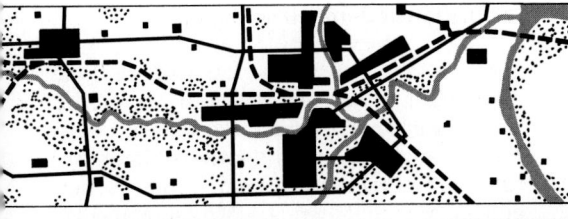

Entwicklungskonzeptionen im städtischen Raum

Konzentrationsmodell

Konzentration neuer Wohnungen in der Nähe größerer Siedlungen, hohe Wohndichte, Schutz der Grünflächen, Fahrrad als Hauptverkehrsmittel

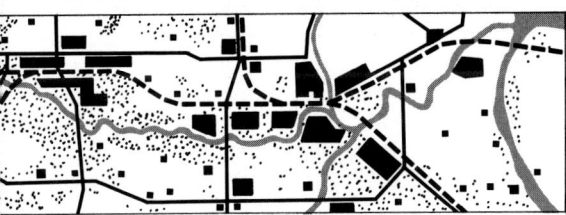

Dekonzentrationsmodell

Streuung der Wohnungen, geringe Wohndichte, Wohnen im Grünen, Auto als Hauptverkehrsmittel

Modell der „gebündelten Dekonzentration"

Anbindung neuer Wohnungen an bestehende Siedlungen, mittlere Wohndichte, Schonung der Grünflächen, Vorrang öffentlicher Verkehrsmittel

Nach I. G. Borchert/J. A. van Ginkel: Die Randstad Holland in der niederländischen Raumordnung. Kiel: Hirt 1979 (Geocolleg 7)

New Towns nach dem „Greater London Plan" (1944)

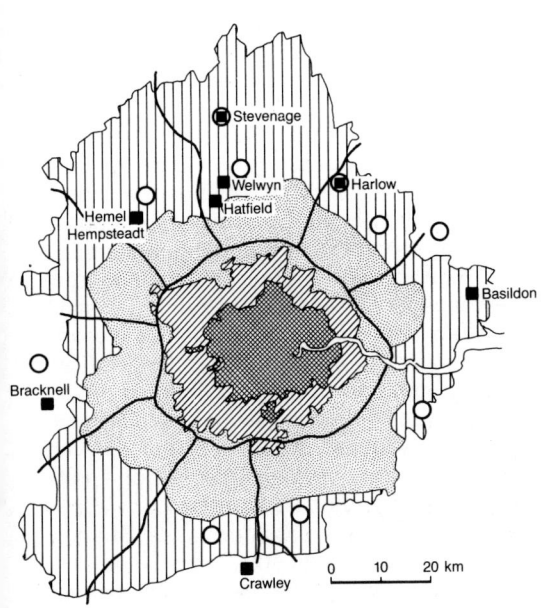

○ Vorgeschlagene Satellitenstädte

■ Tatsächlich gebaute New Towns

— Schnellverkehrsstraßen

▨ Kernzone (Inner Urban Ring)

▨ Vorstadtzone (Suburban Ring)

▨ Grüngürtel (Green Belt)

▥ Äußerer ländlicher Ring (Outer Country Ring)

Ingo Mose: Generationen der New Towns in Großbritannien. In: Geographie und Schule, H. 42, 1986, S. 31. Köln: Aulis Verlag Deubner

Die Gartenstadtidee wurde von fast allen europäischen Ländern übernommen (z. B. 1907: Hellerau als Gartenvorstadt von Dresden) und bildete auch die Grundlage des 1944 veröffentlichten „Greater London Plan", nach dem acht New Towns mit 30 000 bis 60 000 Einwohnern im Umland von London angelegt wurden. Mit der Anlage der New Towns soll eine weitere Ausdehnung der Vorstadtzone verhindert und zur Dekonzentration der Bevölkerung beigetragen werden.

323

Inzwischen sind insgesamt 32 New Towns in Großbritannien entstanden. Sie unterscheiden sich allerdings hinsichtlich der angestrebten Bevölkerungszahlen (bis zu 260 000 Einwohner) und der raumordnerischen Zielsetzungen: Einige Städte sind nicht zur Entlastung von Verdichtungsräumen angelegt worden, sondern zur wirtschaftlichen Förderung von strukturschwachen Landesteilen (z. B. in Schottland und Wales).

Als weiteres Beispiel für Neue Städte sind die „villes nouvelles" im Großraum Paris zu nennen.

Neben der Entlastungsfunktion für Verdichtungsräume und der Entwicklungsförderung in strukturschwachen Regionen gelten folgende Zielsetzungen für die Neuanlage von Städten:

- Hauptstadtverlegungen aus politischen oder wirtschaftlichen Gründen (z. B. Brasilia/Brasilien; Abuja/Nigeria; Dodoma/Tansania; Islamabad/Pakistan),
- Stadtgründung im Rahmen der territorialen Wirtschaftsplanung (z. B. Eisenhüttenstadt und Halle-Neustadt in der ehemaligen DDR; Bratsk in der ehemaligen UdSSR),
- Stadtgründungen mit Erschließungsfunktion für Wirtschaftsräume bzw. zum Abbau von Bodenschätzen (z. B. in Brasilien, Nordkanada, Westaustralien),
- Entlastungsstädte in Ländern der Dritten Welt, die vor allem die Landflucht aufhalten bzw. bremsen sollen (z. B. in Ägypten und Tansania),
- „Seniorenstädte" im klimatisch begünstigten Süden der USA (sun belt), in denen ältere Menschen ihren Ruhestand in planerisch auf ihre Bedürfnisse abgestimmten Stadtneugründungen verbringen.

Im Zusammenhang mit Stadtneugründungen werden häufig die Begriffe Trabantenstadt und Satellitenstadt gebraucht. *Trabantenstädte* sind Städte mit nur wenigen eigenen Funktionen, hohem Auspendleranteil und demgemäß starker Ausrichtung auf die Kernstadt. *Satellitenstädte* liegen meist weiter von der Kernstadt entfernt, die Zahl der Arbeitsplätze entspricht annähernd der der Einwohner im erwerbsfähigen Alter. Die Ausrichtung auf die Kernstadt liegt vor allem im Bereich der Kultur- und Verwaltungsfunktionen.

Großwohnsiedlungen

In fast allen Großstädten der Welt wird das Siedlungsbild in Teilbereichen von *Großwohnsiedlungen* geprägt. Sie weisen – auch im Vergleich zwischen dem westlichen und östlichen Wirtschaftssystem – überraschende Gemeinsamkeiten auf: Massenbauweise, Uniformität, geringe Beziehung der Bausubstanz zur Umgebung, Monofunktionalität (Schlafsiedlungen). Obwohl in Großwohnsiedlungen vielen Familien städtischer bzw. stadtnaher Wohnraum geboten wird, ist Kritik an Stadterweiterungsmaßnahmen dieser Art laut geworden. Einwände konzentrieren sich auf die hohe Bevölkerungsverdichtung, die jedoch nicht zu städtischer Wohnqualität führt.

Zwar sind – nach Befragungsergebnissen – die Bewohner von Großwohnsiedlungen überwiegend zufrieden mit ihrer Wohnsituation. Langfristig aber entsprechen nur wenige Großwohnsiedlungen den wirklichen Wohnansprüchen der Bewohner. In den alten Bundesländern der Bundesrepublik Deutschland, wo etwa zwei Millionen Menschen in Großwohnsiedlungen leben, zeigt sich dies unter anderem an der hohen Mieterfluktuation. In einigen Städten wurde bereits ein „Rückbau" (Geschoßzahlverminderung) von Großwohnsiedlungen erwogen.

Nur in wenigen – meist sozialistischen – Industrieländern wurden gegen Ende der 80er Jahre noch Großwohnsiedlungen errichtet. In der Mehrzahl aller europäischen Länder sind sowohl Stadtneugründungen als auch der Bau von Großwohnsiedlungen weitgehend abgeschlossen. Die begonnenen städtebaulichen Konzepte werden vielerorts zwar noch zu Ende geführt (z. B. der Endausbau der New Towns in Großbritannien), die Ziele des heutigen Wohnungsbaus verlagern sich jedoch immer mehr auf die Verbesserung der Wohnqualität in der bestehenden städtischen Bausubstanz.

In den neuen Bundesländern der Bundesrepublik Deutschland stellen die Großwohnsiedlungen ein spezielles städtebauliches Problemfeld dar. Die Wohnqualität in den Großwohnsiedlungen wird inzwischen durch städtebauliche und architektonische Maßnahmen verbessert.

Großwohnsiedlung in Berlin: Märkisches Viertel (45000 Bewohner 1993)

Kartenausschnitt der Großwohnsiedlung Märkisches Viertel

Karte von Berlin – Bezirk Reinickendorf 1:4000 (verkleinert), herausgegeben 1983; vervielfältigt mit Erlaubnis des Bezirksamtes Reinickendorf von Berlin, Vermessungsamt vom 23. 3. 1989

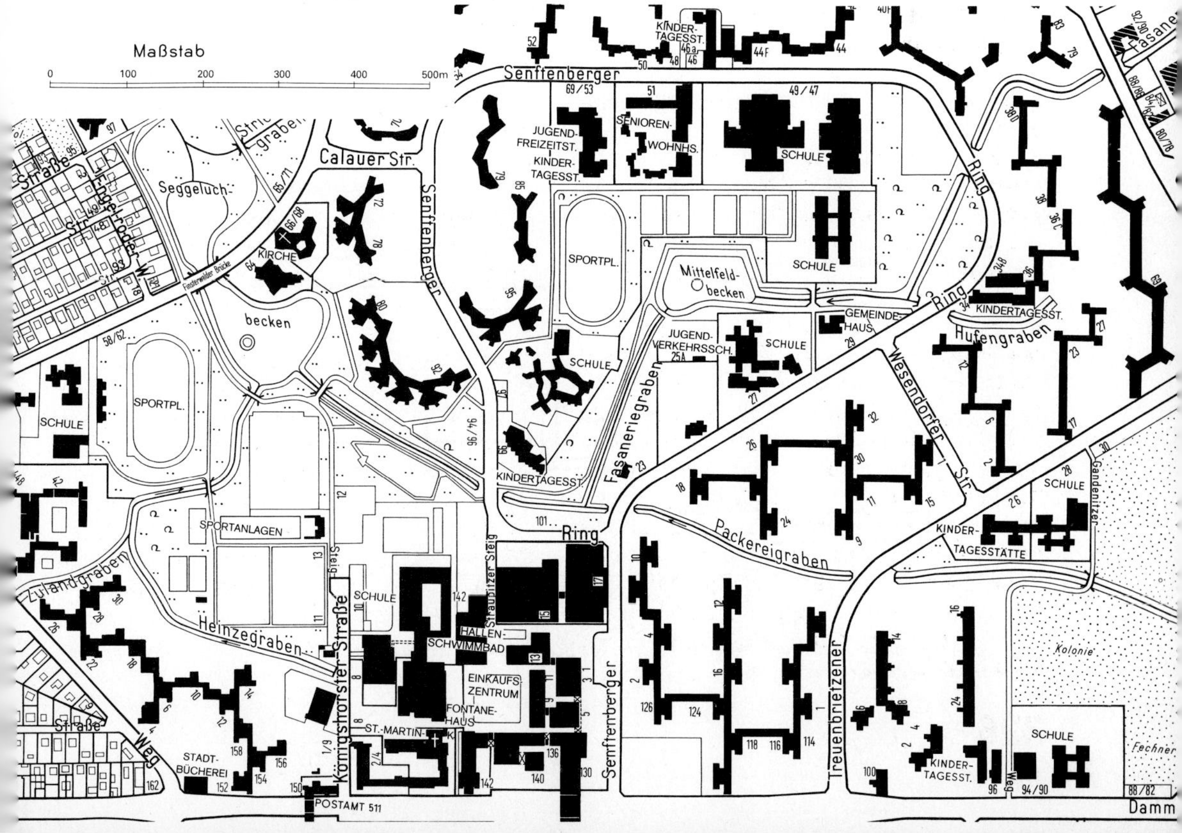

Maßstab
0   100   200   300   400   500m

2.4 Verkehrsprobleme in Verdichtungsräumen

In der Mehrzahl der großen Städte der Welt treten heute gravierende Probleme im Stadtverkehr auf. Insbesondere zu Spitzenzeiten des Verkehrsaufkommens *(rushhour)* bricht der Verkehrsfluß mit großer Regelmäßigkeit zusammen oder ist zumindest durch zähen Stop-and-go-Verkehr, vergebliche Suche nach Parkmöglichkeiten, Lärm- und Abgasbelastungen von gesundheitsschädigendem Ausmaß gekennzeichnet.

Verkehrsprobleme dieser Art sind aus dem Zusammenwirken von Industrialisierung und Verstädterung entstanden. Die zunehmende Trennung von Wohnstätten und Arbeitsplätzen führte zum Bedarf an Massenverkehrsmitteln. Über Pferdebahnen (etwa seit Mitte des 19. Jahrhunderts) und Straßenbahnen wurden die Voraussetzungen für Stadterweiterungen hergestellt.

Die Entwicklung des privaten Kraftfahrzeugverkehrs hat die Ausdehnungsmöglichkeiten städtischer Siedlungen noch erhöht. Der Halbstunden-Radius (Fahrtstrecke innerhalb einer halben Stunde Fahrtzeit) erweiterte sich dadurch auf etwa 25 km und ließ den Durchmesser städtischer Siedlungen bis auf über 50 km anwachsen.

Moderne Verkehrssysteme (S- und U-Bahn) haben durch ihre hohen Transportgeschwindigkeiten die weitere Flächenausdehnung von Städten noch begünstigt.

Kausalbeziehungen zwischen Verkehrsentwicklung und Siedlungsausdehnung sind wissenschaftlich jedoch noch umstritten. Wahrscheinlich muß davon ausgegangen werden, daß „mit jedem neuen Verkehrsmittel zunächst einem Mangel in der Erschließung des jeweiligen Siedlungsgebietes abgeholfen wurde, dann aber dieses Verkehrsmittel aufgrund seiner hohen Geschwindigkeit eine weitere Ausdehnung des Siedlungsraumes ermöglicht hat" (Arbeitsgemeinschaft Stadt).

Zur Lösung von Verkehrsproblemen in Verdichtungsräumen werden unterschiedliche Maßnahmen angewandt: Anlage zusätzlicher Straßen und Straßensysteme (Umgehungsstraßen, Stadtautobahnen), Verkehrsregelung in Abstimmung auf den täglichen Verkehrsablauf, Park-and-ride-System, Schaffung verkehrsberuhigter Zonen usw. In vielen Städten der Bundesrepublik Deutschland werden seit Jahren erhebliche Mittel in den Ausbau stadtgerechter Radwegenetze investiert. Generell aber ist festzustellen, daß viele Maßnahmen nur zu punktuellen Verbesserungen führen. Oft er-

Entwicklung von Bevölkerung, Stadtfläche und Geschwindigkeiten im öffentlichen Verkehr in Hamburg

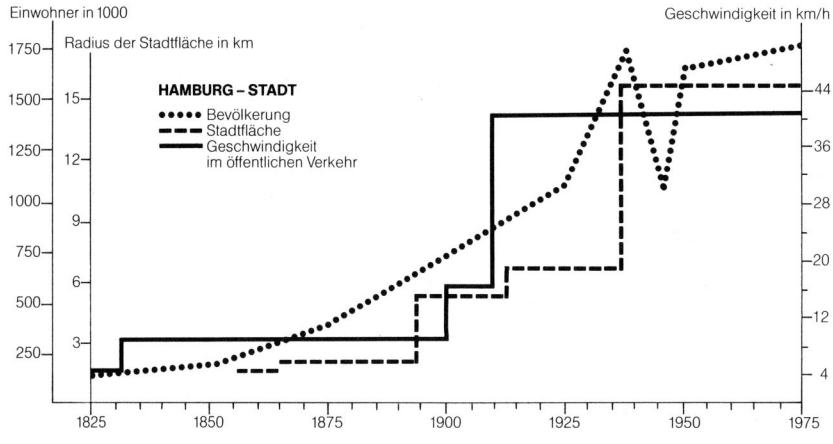

Nach Arbeitsgemeinschaft Stadt: Verkehrsforschung, Schnellbahn und Siedlungsstruktur. In: Städtebauliche Forschung. Bad Godesberg 1978, S. 29

geben sich (z.B. durch die Verlagerung von Verkehrsströmen in der Nähe von Fußgängerzonen und verkehrsberuhigten Bereichen) sogar Benachteiligungen für andere städtische Teilräume.

Auch das vielerorts praktizierte und als Problemlösung favorisierte *Park-and-ride-Konzept* wird von Experten inzwischen kritisiert: Die in der Bundesrepublik Deutschland erzielbare Verminderung des Individualverkehrs (insbesondere des Berufsverkehrs, der den größten Teil des Gesamtverkehrs ausmacht) kann auch bei großzügiger Anlage von randstädtischen Parkplätzen z.B. in Frankfurt am Main maximal 10% erreichen. Auch die Umsteigeeffekte auf öffentliche Verkehrsmittel sind vergleichsweise gering. Untersuchungen zeigen auch, daß Arbeitnehmer, die bisher mit öffentlichen Verkehrsmitteln den Weg in die Innenstadt zurückgelegt haben, nun für die Überwindung der Teilstrecke zwischen Wohnung und Park-and-ride-Plätzen den PKW benutzen.

Langfristig werden sich Verkehrsprobleme in Verdichtungsräumen nur durch eine integrierte Siedlungs- und Verkehrsplanung beheben bzw. einschränken lassen. Einen Ansatz dazu bietet der „Raumordnungspolitische Orientierungsrahmen" von 1992 (vgl. Kap. „Raumordnung"). Die vorausschauende Planung und Leitung der Siedlungsentwicklung in Entwicklungsachsen scheint am ehesten geeignet, das Gesamtverkehrs-

aufkommen zu vermindern. Beispiele für derartige Gesamtplanungen sind die Großräume Hamburg und Hannover, aber auch der Landesentwicklungsplan von Nordrhein-Westfalen. Hier erfolgt eine gezielte Verdichtung der Wohnbauten im Einzugsbereich öffentlicher Nahverkehrsmittel. Die Landschaft zwischen den Entwicklungsachsen kann dadurch weitgehend unbebaut bleiben (vgl. Kap. „Raumordnung"). Besonders wichtig ist auch die Verbesserung der Leistungsfähigkeit der öffentlichen Massentransportsysteme sowie die Schaffung von Verkehrsverbundsystemen zwischen verschiedenen Verkehrträgern. Erfolgreiche Beispiele finden sich z.B. in Hamburg, Rhein-Ruhr, Stuttgart und München, wo Zeittakte, Tarife und Verknüpfungspunkte aufeinander abgestimmt werden. In Karlsruhe ist im Jahr 1993 die erste Zweisystem-Stadtbahn der Welt in Betrieb genommen worden: Durch eine neue Transformatortechnik können die Straßenbahnen auf das Bundesbahnnetz wechseln. Dadurch entfällt das zeitaufwendige und unkomfortable Umsteigen.

Die bisherigen Erfahrungen mit Verkehrskonzepten in verschiedenen Städten zeigen, daß – neben der integrierten Siedlungs- und Verkehrsplanung – eine verbesserte Benutzerfreundlichkeit der groß- und kleinräumigen Verkehrssysteme zur Einschränkung des individuellen PKW-Verkehrs führt.

2.5 Grenzen des städtischen Wachstums

Bevölkerungsentwicklung in Großstädten der Bundesrepublik Deutschland (alte Bundesländer)

Stadt	Einwohner-Höchststand (in Tausend)	Rückgang der Einwohnerzahl (z.B. im Jahr 1976)	Einwohnerzahl (in Tausend) 1985	1991
Berlin (West)[1]	2226 (1958)	35 500	1852	2013
Hamburg	1875 (1964)	17 700	1585	1652
München	1339 (1972)	300	1266	1229
Köln	995 (1975)	3000	919	953
Essen	730 (1962)	5000	622	627
Düsseldorf	707 (1962)	10 100	563	575
Frankfurt/Main	700 (1964)	11 300	598	644
Stuttgart	640 (1962)	12 000	561	580

[1] Einwohnerzahl von Berlin 1991: 3,4 Mio.

„Die Welt" vom 17. 5. 1977; Ergänzungen nach Statistisches Bundesamt (Hrsg.): Statistisches Jahrbuch 1986 für die Bundesrepublik Deutschland, S. 58/59. Stuttgart und Mainz: Kohlhammer 1986; Mario von Baratta (Hrsg.): Der Fischer Weltalmanach 1993. Frankfurt: Fischer Taschenbuch Verlag 1993, S. 258

Etwa mit Beginn der 70er Jahre kam es in allen westlichen Industrieländern zu einer Veränderung der Verstädterungsdynamik. Die Zuwanderungsraten der Großstädte schwächten sich ab oder stagnierten. Parallel dazu nahm die Zahl der Abwanderungen erheblich zu, so daß sich für die meisten Großstädte erhebliche Bevölkerungsverluste ergaben. Darüber hinaus richteten sich Zuwanderungen aus dem ländlichen Raum nun stärker auf stadtnahe Gemeinden als auf die Großstädte selbst.

Dieser Prozeß wird als *Suburbanisierung* bezeichnet. Er beinhaltet sowohl eine bevölkerungs- und siedlungsmäßige Auffüllung der suburbanen Zone als auch eine Verlagerung von Einrichtungen des sekundären und tertiären Sektors.

Der Attraktivitätsverlust der Großstädte ist durch einen vielschichtigen Wandlungsprozeß entstanden, für den unterschiedlichste Ursachen genannt werden müssen.

Suburbanisierung der Wohnbevölkerung.

Bevölkerungsentwicklung in der Bundesrepublik Deutschland 1978–1986 (nach siedlungsstrukturellen Gebietstypen)

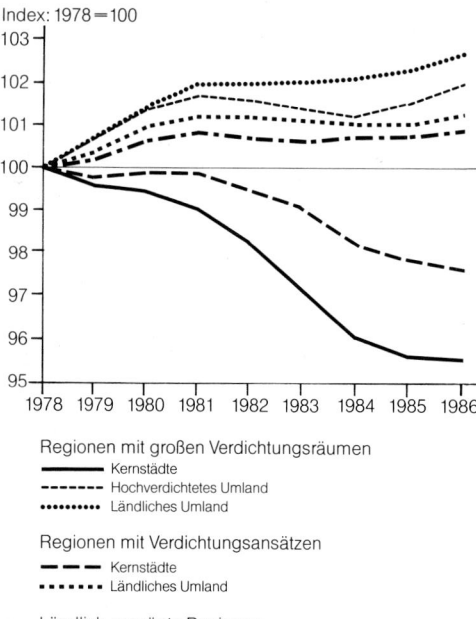

Index: 1978 = 100

Regionen mit großen Verdichtungsräumen
——— Kernstädte
- - - - - - - Hochverdichtetes Umland
••••••••• Ländliches Umland

Regionen mit Verdichtungsansätzen
— — — Kernstädte
•••••••• Ländliches Umland

Ländlich geprägte Regionen
— •— •—

Nach Laufende Raumbeobachtung der Bundesforschungsanstalt für Landeskunde und Raumordnung 6/1987

Die Ansprüche an Wohnfläche und gut ausgestattete Wohnungen (bzw. Wohneigentum) sind gestiegen, können aber in Stadtwohnlagen kaum noch realisiert werden (Baulandverknappung, Baulandpreise). Zur Abwanderungsbereitschaft tragen auch die hohen städtischen Umweltbelastungen (vor allem der Verkehrslärm) bei. Als drittes Wanderungsmotiv gilt die Umwandlung von Wohnraum zu Flächen gewerblicher Nutzung. Insbesondere in den citynahen Wohngebieten wurde der Verdrängungsprozeß häufig über Mietpreissteigerungen gesteuert.

Suburbanisierung von Gewerbe- und Industriebetrieben. Die Verlagerung von Betrieben des sekundären Sektors in die suburbane Zone ist vor allem das Ergebnis technisch-wirtschaftlicher Veränderungen: Technischer Fortschritt führt zu veränderten Ansprüchen an die Betriebsanlagen sowie deren Ver- und Entsorgung. Auch Fragen der Flächenbevorratung (für zukünftige Betriebserweiterungen) sowie die Erfüllung von Umweltschutzauflagen sind außerhalb der Kernstädte leichter und kostengünstiger zu lösen. Standortverlagerungen werden zunehmend auch von Firmen durchgeführt, die nicht an den städtischen Absatzmarkt gebunden sind und an der Peripherie bessere Verkehrsbedingungen vorfinden.

Suburbanisierung des tertiären Sektors. Die spezifischen Probleme städtischer Konzentration zeigen sich auch an der Verlagerung von Einrichtungen des tertiären Sektors: Die ständige Überlastung der innerstädtischen Verkehrsräume (vor allem der Mangel an Parkplätzen) veranlaßt immer mehr Verbraucher dazu, Versorgungsmöglichkeiten (Einkaufszentren, Verbrauchermärkte) außerhalb der Großstädte zu bevorzugen. Entsprechend größer ist der Anreiz für Firmen, die Umsatzeinbußen der Innenstadtbereiche durch den Bau solcher Einkaufs- und Dienstleistungszentren auszugleichen.

Insgesamt wirken Suburbanisierungsprozesse als zentrifugale Kräfte, die sowohl Bevölkerung als auch Wirtschaft und Kapital nach außen wegführen. Die Suburbanisierung wird ermöglicht und unterstützt durch eine erhöhte Mobilitätsbereitschaft und die Verbesserung des Verkehrswegenetzes.

Ein Dienstleistungszentrum auf der „grünen Wiese": Das Ruhrpark-Einkaufszentrum in Bochum-Harpen

329

Auswirkungen der Suburbanisierung auf die Großstädte. Aus dem Prozeß der Suburbanisierung haben sich inzwischen vielfältige Sekundäreffekte ergeben: In den Großstädten führt die Abwanderung von Betrieben und der Rückgang der Wohnbevölkerung zu einer Verminderung des Steueraufkommens. Andererseits aber sind die Kommunen gezwungen, die Infrastruktureinrichtungen den sich verändernden Bedingungen anzupassen (z. B. Ausbau der Verkehrssysteme). Darüber hinaus sind Abwanderung (und Nicht-Zuwanderung) vor allem Entscheidungen von jüngeren, einkommensstarken Personen bzw. Familien. In den Städten ergibt sich daraus eine einseitige Bevölkerungsstruktur, weil soziale Randgruppen sowie überalterte und einkommensschwache Bevölkerungsgruppen relativ zunehmen.

Dieser Prozeß der Entmischung der Sozialstruktur wird als *Segregation* bezeichnet. Sie äußert sich z. B. in der räumlichen Konzentration ausländischer Arbeitnehmer in funktionsschwachen Wohnquartieren der Innenstädte (vgl. S. 343 ff., „Stadtsanierung").

Die Suburbanisierung bewirkt trotz der partiellen Verlagerung städtischer Funktionen eine Erhöhung des innerstädtischen Verkehrsaufkommens, weil die Arbeitsplätze im Stadtbereich überwiegend beibehalten werden. Darüber hinaus werden die zentralen Einrichtungen der Großstädte (Verwaltung, kulturelles Angebot, medizinische Versorgung usw.) auch von der Umlandbevölkerung genutzt. Die damit verbundene Verkehrsbelastung führt zu einer weiteren Verschlechterung der Lebensqualität vor allem in zentrumsnahen Wohngebieten.

2.6 Auswirkungen des Suburbanisierungsprozesses auf ländliche Siedlungen

Suburbanisierung in Groß Ellershausen (1973 eingemeindeter Vorort ca. 5 km westlich von Göttingen)

Erhebungen von W. Fettköter sowie Auskünfte des Statistischen Amts der Stadt Göttingen

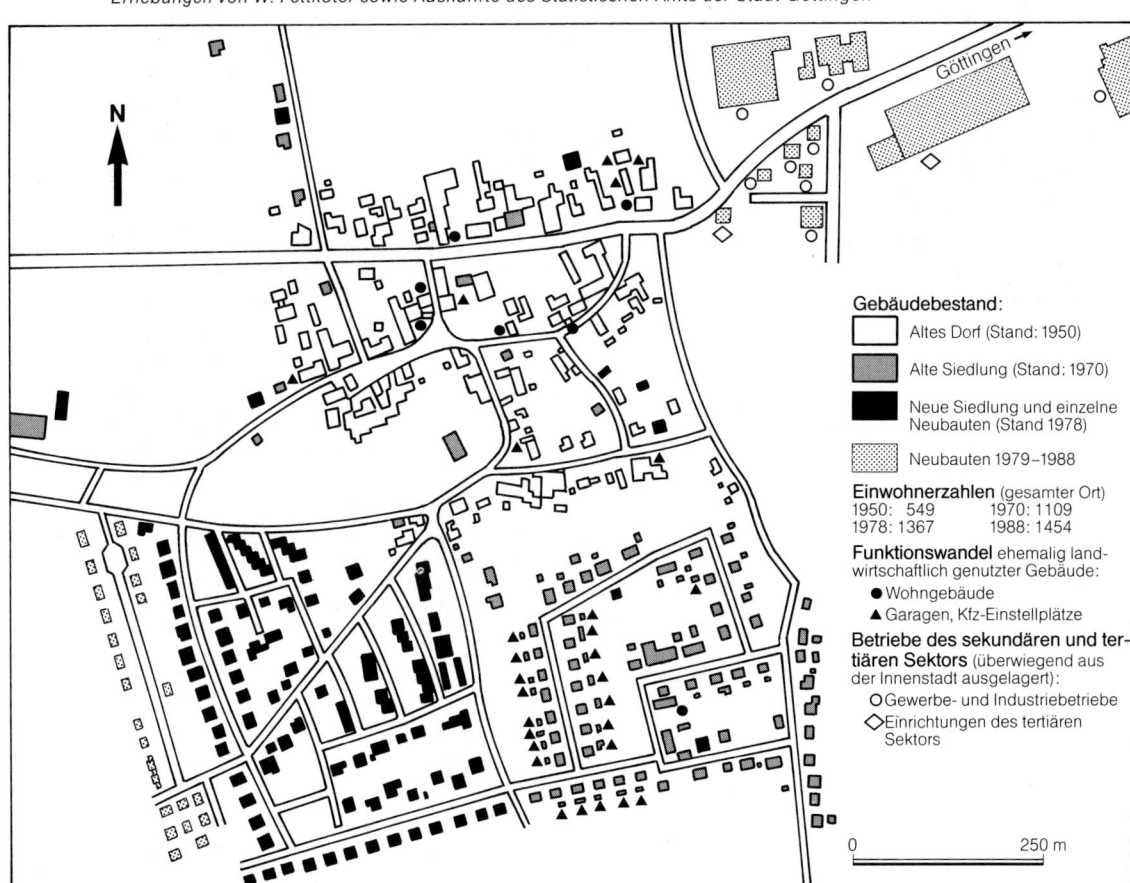

Gebäudebestand:

Altes Dorf (Stand: 1950)

Alte Siedlung (Stand: 1970)

Neue Siedlung und einzelne Neubauten (Stand 1978)

Neubauten 1979–1988

Einwohnerzahlen (gesamter Ort)
1950: 549   1970: 1109
1978: 1367   1988: 1454

Funktionswandel ehemalig landwirtschaftlich genutzter Gebäude:
● Wohngebäude
▲ Garagen, Kfz-Einstellplätze

Betriebe des sekundären und tertiären Sektors (überwiegend aus der Innenstadt ausgelagert):
○ Gewerbe- und Industriebetriebe
◇ Einrichtungen des tertiären Sektors

0   250 m

Die dörfliche Sozial- und Wirtschaftsstruktur war – neben der Bindung an die landwirtschaftliche Erwerbstätigkeit – jahrhundertelang von Begriffen wie Großfamilienverband, Gemeinschaftsbewußtsein und Brauchtumspflege gekennzeichnet. Die Übernahme städtischer Funktionen durch ursprünglich ländliche Gemeinden bewirkte dort weitgehende Veränderungen der Siedlungs- und Sozialstruktur. Am auffälligsten zeigt sich dies im Siedlungsbild: Neben den – meist an Ausfallstraßen gelegenen – Einrichtungen des sekundären und tertiären Sektors belegen Neubauviertel den Bevölkerungszuwachs. Schon anhand der Lage (meist geschlossene Siedlungsgebiete am Rand der ursprünglichen Bebauung) und der Hausformen (überwiegend Einfamilienhäuser) zeigen sich Unterschiede zur ländlichen Siedlungsstruktur. Oft lassen sich anhand des Alters der Neubausiedlungen verschiedene Phasen der Suburbanisierung innerhalb einer Gemeinde feststellen. In vielen Gemeinden hat die Zahl der Gebäude mit ausschließlicher Wohnfunktion den ursprünglichen Bestand bereits übertroffen.

Auch in den alten Dorfkernen ist der *Funktionswandel* ehemaliger landwirtschaftlicher Gebäude, die jetzt zu Wohnzwecken dienen, unverkennbar. Über die im Ortsbild erfaßbaren Veränderungen hinaus ergeben sich sozial-strukturelle Wandlungen: Die durch günstiges Bauland oder niedrige Mieten angezogene Bevölkerung besteht überwiegend aus mittleren bis hohen Sozialgruppen, die keine Integration in das dörfliche Gemeinschaftsleben anstreben. Ihre sozialen und kulturellen Aktivitäten bleiben fast ausschließlich auf die Großstadt gerichtet.

2.7 Gegenurbanisierung und Reurbanisierung

Gegenurbanisierung bedeutet die großräumige Verlagerung von Einrichtungen des sekundären und tertiären Sektors aus Ballungsgebieten in Räume, die nicht im direkten Umland von Städten liegen. Parallel dazu erfolgen entsprechende Bevölkerungsverlagerungen. So wiesen z. B. die ländlichen Gebiete und Kleinstädte der USA im Jahr 1980 (erstmals seit 1970) höhere Wachstumsraten auf als die Großstadtgebiete. Bereits zwischen 1970 und 1980 war die Großstadtbevölkerung der USA langsamer gewachsen als die Gesamtbevölkerung. Neuere Bevölkerungsstatistiken zeigen, daß unter Gegenurbanisierung jedoch nicht ein „Zug zurück aufs Land" verstanden werden darf; vielmehr ist ein Wachstum der Klein- und Mittelstädte auf Kosten der großen Agglomerationen festzustellen.

Gegenurbanisierung hat primär die gleichen Ursachen wie die Suburbanisierung: Lebensfeindlichkeit der Ballungsräume, hohe Kosten des städtischen Lebens, Wunsch nach Leben in überschaubaren Einheiten, Kostenvorteile für den sekundären und tertiären Sektor. Hinzu kommt der Rückgang des natürlichen Bevölkerungswachstums (geringere Geburtenziffern in den Städten).

Verstädterungsgrad verschiedener Industrieländer (%)[1]

	1960	1970	1981	1985	1991
USA	70	74	77	74	75
Japan	62	71	79	76	77
Schweden	73	81	88	86	84
Irland	46	52	58	57	57
Frankreich	62	71	78	73	74
Italien	59	64	70	67	64
Deutschland[2]	77	80	85	86	86
Großbritannien	86	89	91	92	89

[1] Abgrenzung der Verstädterung nach nationalen Definitionen   [2] nur alte Bundesländer
The World Bank (Hrsg.): World Development Report. Oxford University Press; versch. Jahrgänge

Wie differenziert Stadtentwicklungsprozesse verlaufen, zeigt ein weiterer Trend, der seit etwa 1980 in vielen Industrieländern festgestellt wird. Die Abwanderung aus den Großstädten stagniert, in vielen Städten beginnen die Bevölkerungszahlen wieder zu steigen. Diese als *Reurbanisierung* bezeichnete Entwicklung wird auch durch Volkszählungsergebnisse aus dem Jahr 1987 belegt. So ist z. B. in fast allen hessischen Großstädten – nach anhaltenden Wanderungsverlusten der Vorjahre – die Bevölkerungszahl wieder angestiegen. Auch in verschiedenen nordamerikanischen Großstädten ist eine ähnliche zentripetale (zum Zentrum hinstrebende) Entwicklung erkennbar.

Offensichtlich zeigen die fast überall durch-geführten Maßnahmen zur Attraktivitätsstei-gerung der Städte erste Erfolge. Sanie-rungs- und Stadterneuerungsmaßnahmen, Einrichtung von Fußgängerzonen sowie Wohnumfeldverbesserungen usw. scheinen ihren Beitrag zur Revitalisierung der Städte zu leisten. Offenbar ist es vielerorts gelun-gen, die Besonderheiten urbanen Lebens wieder attraktiver zu gestalten.

Im Zusammenhang mit der Reurbanisierung wird häufig der Begriff „Gentrification" (engl. gentry = Adel) benutzt. Unter Gentrifi-cation versteht man die Aufwertung innen-stadtnaher Wohnviertel in Großstädten durch Sanierungsmaßnahmen, Modernisie-rungen und Wohnumfeldverbesserungen. Im Gefolge dieser Maßnahmen kommt es häufig zu erheblichen Mietsteigerungen so-wie zur Umwandlung von Miet- in Eigen-tumswohnungen. Entsprechend besteht der Personenkreis, der die hohen Kosten für das Wohnen in den revitalisierten Innenstädten aufbringen kann, überwiegend aus jungen, einkommensstarken Personen. Dadurch verändert sich das sozialstrukturelle Gefüge der Innenstadtbevölkerung. Darüber hinaus kommt es zu einer unkontrollierten Ver-knappung preiswerten Wohnraums und zu einer Verdrängung einkommensschwacher Bevölkerungsgruppen.

2.8 Modell der Stadtregion und städtische Agglomerationen

Vor Beginn des Industriezeitalters genügte das Begriffspaar „Stadt und Land", um die klar abgegrenzten Siedlungsbereiche der Bevölkerung zu charakterisieren. Erst das enorme Anwachsen der Stadtbevölkerung und das Ausgreifen der Städte in ihr jewei-liges Umland ließen neue räumliche, wirt-schaftliche und soziale Organisations-muster entstehen. Entsprechend wurde es notwendig, die entstehenden Ballungsräu-me für planerische, statistische und steuer-liche Zwecke abzugrenzen.

Ähnlich wie bei den Modellen der funktiona-len Differenzierung (S. 317) wird beim Mo-dell der Stadtregion davon ausgegangen, daß die Intensität der Verflechtung zwi-schen Kernstadt und umliegenden Gemein-den von innen nach außen abnimmt. Zur Er-mittlung der Verflechtungsbereiche und zur Abgrenzung einzelner Zonen werden so-zioökonomische Daten herangezogen:
– Verdichtungsmerkmale (Bevölkerungs-zahlen, Bevölkerungsdichtewerte, Ar-beitsplatzdichte),
– Strukturmerkmale (Anteile der landwirt-schaftlichen Erwerbspersonen),
– Verflechtungsmerkmale (z. B. Pendleran-teile).

Modell der Stadtregion

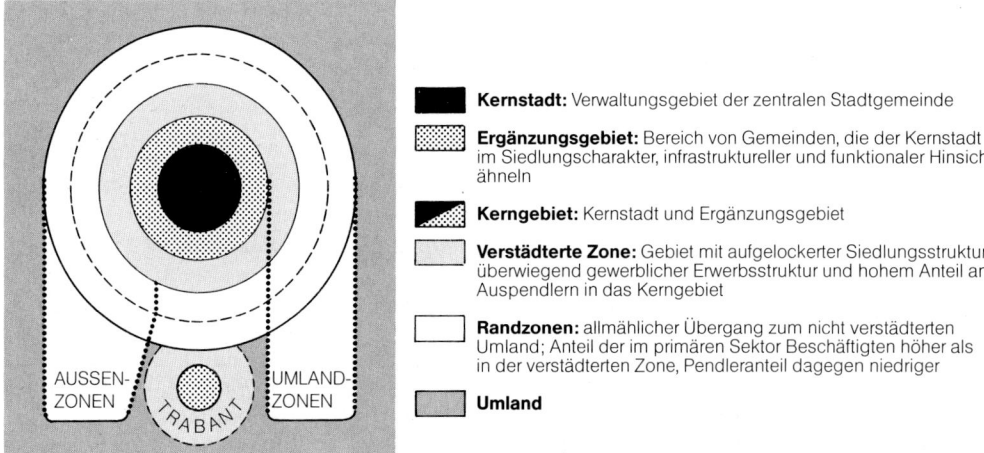

Kernstadt: Verwaltungsgebiet der zentralen Stadtgemeinde

Ergänzungsgebiet: Bereich von Gemeinden, die der Kernstadt im Siedlungscharakter, infrastruktureller und funktionaler Hinsicht ähneln

Kerngebiet: Kernstadt und Ergänzungsgebiet

Verstädterte Zone: Gebiet mit aufgelockerter Siedlungsstruktur, überwiegend gewerblicher Erwerbsstruktur und hohem Anteil an Auspendlern in das Kerngebiet

Randzonen: allmählicher Übergang zum nicht verstädterten Umland; Anteil der im primären Sektor Beschäftigten höher als in der verstädterten Zone, Pendleranteil dagegen niedriger

Umland

Nach Otto Boustedt: Handwörterbuch der Raumforschung und Raumordnung. Hannover: Gebr. Jänecke 1970, Sp. 3207–3237

332

In allen Industrieländern werden ähnliche Kriterien zur Abgrenzung von Verdichtungsräumen herangezogen. Allerdings weichen die Methoden je nach nationalen Gegebenheiten sehr stark voneinander ab. In den alten Ländern der Bundesrepublik Deutschland ist das Modell der Stadtregion im Jahr 1968 durch die Abgrenzung von Verdichtungsräumen und ländlich geprägten Regionen ersetzt worden. Im Zusammenhang mit dem Einigungsprozeß in Deutschland wird seit 1992 an einem neuen Abgrenzungskonzept gearbeitet (vgl. Kapitel „Raumordnung").

Städtische Agglomerationen. Die Verstädterung hat weltweit zur Entstehung von riesigen *Bevölkerungsagglomerationen* geführt. Während es aber in den Ländern der Dritten Welt eher zum überstarken Wachstum der jeweiligen Hauptstädte kommt (Metropolisierung; vgl. S. 377 ff.), entstehen in den westlichen Industrieländern Verdichtungsräume, die ausgedehnte „Stadtlandschaften" bilden. Die Abbildung rechts zeigt vier der größten Agglomerationen im gleichen Maßstab. Für städtische Regionen dieser Art wird inzwischen der Begriff *Megalopolis* verwendet. Ihnen und anderen Ketten städtischer Siedlungen ist gemeinsam, daß sie sämtlich zentrale „Transportarterien" besitzen (Straßen, Eisenbahnen, Flugverbindungen), auf denen sich riesige Mengen von Menschen, Gütern und Informationen bewegen.
Als bekannteste Beispiele gelten:

– das fast 1000 km lange Städteband an der amerikanischen Ostküste zwischen Boston und Washington (Bosnywash),
– das ca. 750 km lange Städteband an der amerikanischen Westküste zwischen San Francisco und San Diego (Sansan).
– das ca. 700 km lange Städteband zwischen Chicago und Pittsburgh (Chipitts).

Städtische Agglomerationen im Vergleich

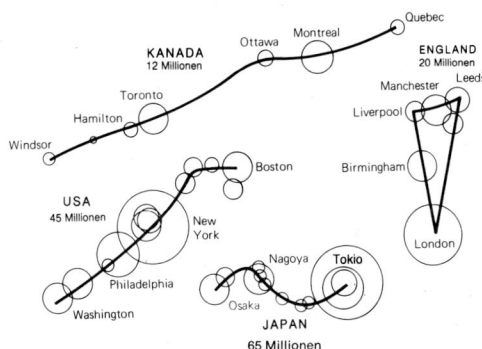

Peter Hagget: Geographie. New York: Harper & Row 1983, S. 436

2.9 Stadttypen in verschiedenen Kulturräumen

Jede Stadt besitzt – neben der unterschiedlichen Einwohnerzahl und Fläche – ihre eigene strukturelle und funktionale Identität. Die Stadt-Definition von Hofmeister (vgl. S. 313) zeigt jedoch, daß es sehr wohl möglich ist, Städte definitorisch abzugrenzen.

Die zehn größten Agglomerationen der Erde 1950–1990[1]

	1950		1970		1990	
Rang	Städtische Agglomeration	Einwohner (in Mio.)	Städtische Agglomeration	Einwohner (in Mio.)	Städtische Agglomeration	Einwohner (in Mio.)
1	New York	12,3	New York	16,2	Mexico City	20,2
2	London	8,7	Tokyo	14,9	Tokyo	18,1
3	Tokyo	6,7	Shanghai	11,2	São Paulo	17,4
4	Paris	5,4	Mexico City	9,4	New York	16,2
5	Shanghai	5,3	London	8,6	Shanghai	13,4
6	Buenos Aires	5,0	Buenos Aires	8,4	Los Angeles	11,9
7	Chicago	4,9	Los Angeles	8,4	Kalkutta	11,8
8	Moskau	4,8	Paris	8,3	Buenos Aires	11,5
9	Kalkutta	4,4	Peking	8,1	Bombay	11,2
10	Los Angeles	4,0	São Paulo	8,1	Seoul	11,0

[1] Abgrenzung nach nationalen Definitionen
Jürgen Bähr: Verstädterung der Erde. In: Geographische Rundschau 1993, H. 7/8, S. 407

Dies gilt auch für Städte in den verschiedenen Kulturräumen der Erde: Bei aller Individualität lassen sich Merkmalskombinationen und Ähnlichkeiten feststellen, von denen wiederum kulturraumspezifische Stadttypen abgeleitet werden können.

Grundsätzlich führt der Zusammenhang von Gesellschaftsordnung sowie Sozial- und Wirtschaftssystemen zu speziellen Mustern der Stadtanlage, Stadtentwicklung und der räumlichen Anordnung der städtischen Funktionen. Diese drücken sich schon im Grundriß in Form typischer Straßennetze und Hausformen aus. Stadttypen lassen sich vorrangig an alten Siedlungselementen erkennen; Stadterweiterungen sind vielfach durch Einflüsse geprägt worden, die nicht kulturraumspezifisch sind (Kolonialzeit; Übernahme neuer Planungskonzepte).

Der orientalisch-islamische Stadttyp. Dieser Stadttyp ist – ähnlich wie der indische und der altchinesische – als Machtzentrum einer herrschaftlich organisierten Agrargesellschaft mit rentenkapitalistischer Wirtschaftsauffassung entstanden. Als typische Elemente gelten:
- *Moschee* als religiöser und gesellschaftlicher Mittelpunkt,

- *Bazar* (auch als Souk, Suq oder Suk bezeichnet) als wirtschaftlicher Mittelpunkt mit den Funktionen der Produktion, des Verkaufs und der Kommunikation,
- räumlich scharf abgegrenzte Wohnquartiere, in denen ein verwinkeltes Sackgassen-Grundrißmuster vorherrscht,
- Stadtmauern sowie Burg- und Palastanlagen.

In den einzelnen Stadtvierteln leben überwiegend ethnische Gruppen zusammen (z. B. christliche bzw. jüdische Stadtviertel). Die typische Hausform ist das nach außen hin abgeschirmte Haus mit Innenhof. Häufig befinden sich kleinere Moscheen innerhalb der einzelnen Stadtviertel.

Der lateinamerikanische Stadttyp. Die im Schachbrettmuster angelegten spanischen Kolonialstädte weisen folgende Merkmale auf:
- Stadtmittelpunkt ist die *plaza,* ein unbebautes Quadrat, an dessen Seiten die wichtigsten öffentlichen Gebäude errichtet wurden (Kathedrale, Rathaus, Regierungs- und Gerichtsgebäude, Schulen usw.),
- daran anschließend wurden die oft prunkvollen Wohnhäuser der Oberschicht er-

Strukturmodell des orientalisch-islamischen Stadttyps

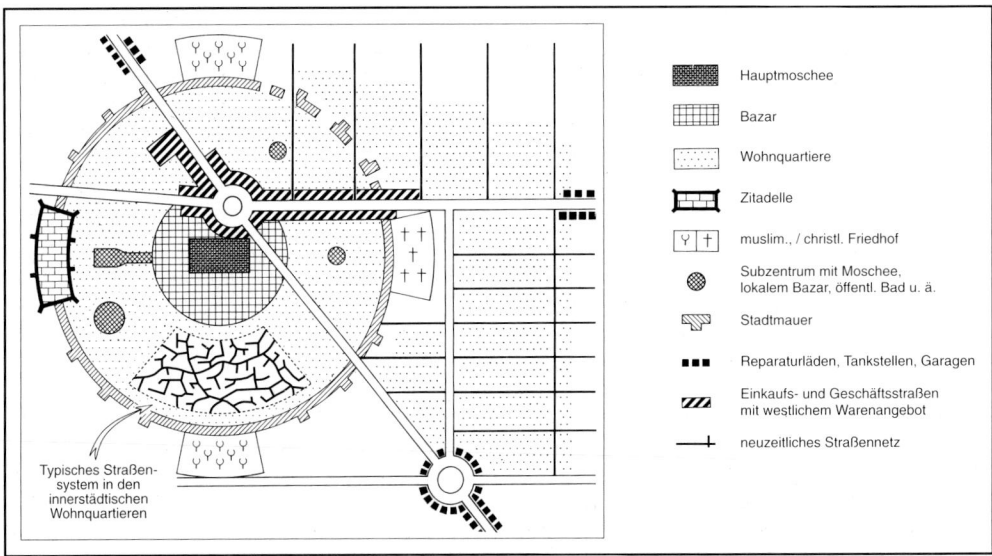

Eckart Ehlers: Die Stadt des Islamischen Orients. In: Geographische Rundschau 1993, H. 1, S. 32, ergänzt

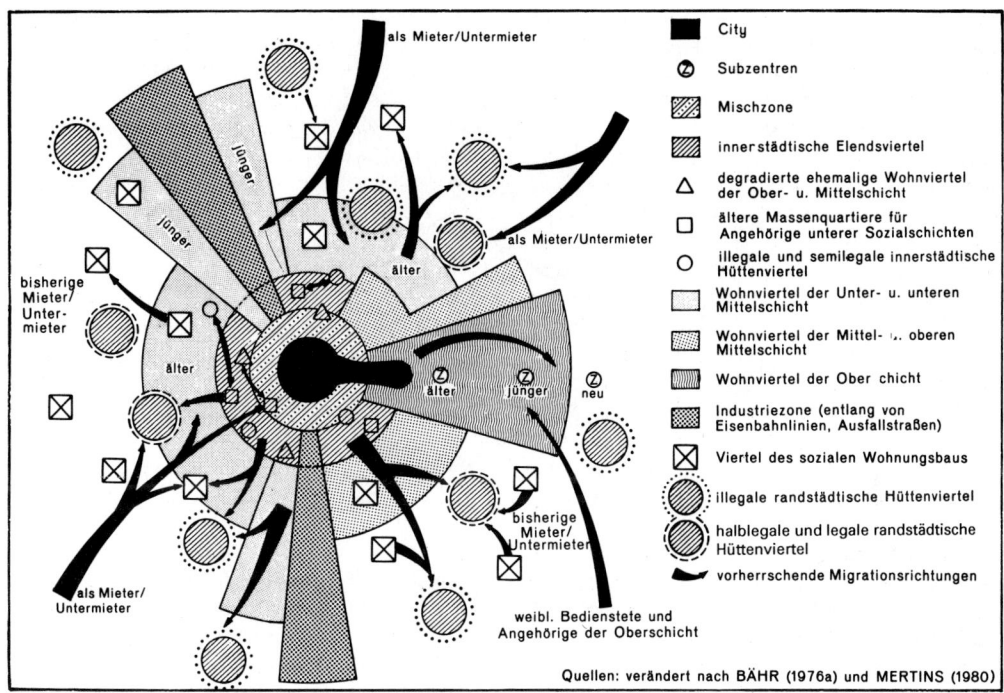

Heinz Heineberg: Stadtgeographie, Reihe Grundriß Allgemeine Geographie. Teil X. Paderborn/München/Wien/Zürich: Verlag Ferdinand Schöningh 1986, S. 98

richtet; die Wohnhäuser der übrigen Bevölkerung entstanden – je nach sozialem Status der Bewohner – in größerer Entfernung von der plaza,
– Handel und Gewerbe konzentrierte sich in der Nähe der randlich angesiedelten Märkte.

Diese ringförmige Anordnung sozial bestimmter Stadtviertel ist vielfach noch heute erkennbar. Allerdings haben inzwischen Migrationsprozesse (vgl. S. 377 ff.) die Bevölkerungsverteilung verändert.

Sonderfall Berlin. Am Beispiel von Berlin läßt sich der Einfluß von politischen und wirtschaftlichen Faktoren auf die Stadtstruktur besonders deutlich erkennen: Bis zum Zweiten Weltkrieg hatte es in Berlin eine gesamtstädtische Entwicklung gegeben. Nach der Teilung Deutschlands sind

– innerhalb einer Stadt – Elemente zweier verschiedener Stadttypen entstanden. Im Westteil gab es zu Beginn der städtischen Neuentwicklung kein Zentrum. Im Zooviertel bildete sich im Verlauf der getrennten Entwicklung eine typisch westeuropäische City heraus (vgl. S. 318 f.). Auch im übrigen Stadtgebiet entstanden – allerdings mit der Besonderheit des fehlenden Stadtumlandes – die typischen Strukturen des westeuropäischen Stadttyps (vgl. S. 318 ff.).
Die Stadtentwicklung im Ostteil Berlins wurde – ähnlich wie in den anderen sozialistischen Ländern – von den ideologischen Zielen des Marxismus-Leninismus beeinflußt. Dies ist an folgenden Merkmalen erkennbar:
– Repräsentatives Stadtzentrum mit einer Konzentration von politisch und gesellschaftlich bedeutenden Einrichtungen (Parteigebäude, Kulturzentrum, Kaufhäuser),

335

Berlin: Ostteil der Stadt 1989

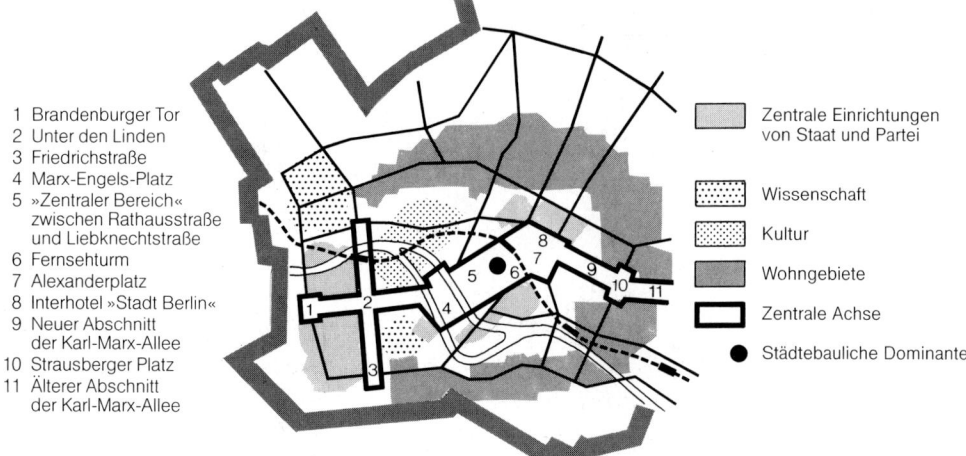

1 Brandenburger Tor
2 Unter den Linden
3 Friedrichstraße
4 Marx-Engels-Platz
5 »Zentraler Bereich«
   zwischen Rathausstraße
   und Liebknechtstraße
6 Fernsehturm
7 Alexanderplatz
8 Interhotel »Stadt Berlin«
9 Neuer Abschnitt
   der Karl-Marx-Allee
10 Strausberger Platz
11 Älterer Abschnitt
   der Karl-Marx-Allee

   Zentrale Einrichtungen
   von Staat und Partei

   Wissenschaft

   Kultur

   Wohngebiete

   Zentrale Achse

   Städtebauliche Dominante

Nach Heinz Heineberg: Stadtgeographie. Paderborn/München/Wien/Zürich: Schöningh 1986, S. 84

– mindestens eine großzügig angelegte Magistrale, die auch als Aufmarschstraße für politisch-militärische Demonstrationen dient(e),
– zentraler Platz für Großkundgebungen,
– ein überragendes Bauwerk (städtebauliche Dominante).

Der sozialistische Stadttyp ist darüber hinaus durch einen hohen Anteil von Wohnungen sowie sozialen Einrichtungen (z.B. Seniorenheimen) im Stadtkern gekennzeichnet. Dies sind flächenaufwendige Nutzungen in Bereichen, die in westeuropäischen Städten hochintensiv genutzt würden.

Als weiteres Merkmal sind die in Plattenbauweise (industriell vorgefertigte, geschoßhohe Bauelemente) errichteten Neubaugebiete zu nennen. Sowohl die kompakten Wohnblöcke als auch die Ausstattung und Größe der Wohnungen sind weitestgehend normiert und typisiert (vgl. S. 340ff.).

Seit dem Umbruch im Jahr 1990 wird in Berlin – im Zusammenhang mit der Verlegung der Hauptstadtfunktion von Bonn – an einer neuen städtebaulichen Gesamtkonzeption gearbeitet. Die für mehr als vier Jahrzehnte getrennte und unterschiedliche Entwicklung muß nun wieder zusammengefaßt werden. Für das Stadtzentrum wird ein Konzept entwickelt, das sich an den alten, gewachsenen Stadtstrukturen orientiert.

Dabei muß auch berücksichtigt werden, daß Stadt und Umland nun wieder eine räumliche Einheit darstellen. Das bis zum Jahr 1990 fehlende Stadtumland im Westen der Stadt und das nur gering urbanisierte östliche Umland stellen eine Sondersituation dar.

1. *Erläutern Sie, weshalb man unter „Verstädterung" nicht nur das zahlenmäßige Wachstum der Stadtbevölkerung verstehen darf.*

2. *Auf S. 321 werden Kriterien genannt, mit denen die Verstädterungsintensität ländlicher Gemeinden bestimmt werden kann. Diskutieren Sie die Schwierigkeiten, die sich aus der Gewichtung einzelner Faktoren und dem Vergleich einzelner Gemeinden ergeben.*

3. *Fassen Sie den Inhalt des Diagramms „Verteilung der Wohnbevölkerung nach Gemeindegrößenklassen" (S. 321) in einigen Aussagen zusammen. Erläutern Sie danach die Bedeutung der Industrialisierung und des tertiären Sektors für den Verstädterungsvorgang.*

4. *Die Modelle der Entwicklungskonzeptionen (S. 323) waren Planungsmodelle für den niederländischen Verdichtungsraum „Randstad Holland". Beschreiben Sie die Modelle, und diskutieren Sie die Konsequenzen, die sich jeweils für den Siedlungsraum und die Bevölkerung ergeben.*

5. *Das Märkische Viertel ist eine der bekanntesten Großwohnsiedlungen in Berlin. Werten Sie die Karte (S. 325) und*

336

Schema einer möglichen räumlichen Gliederung der Region Berlin

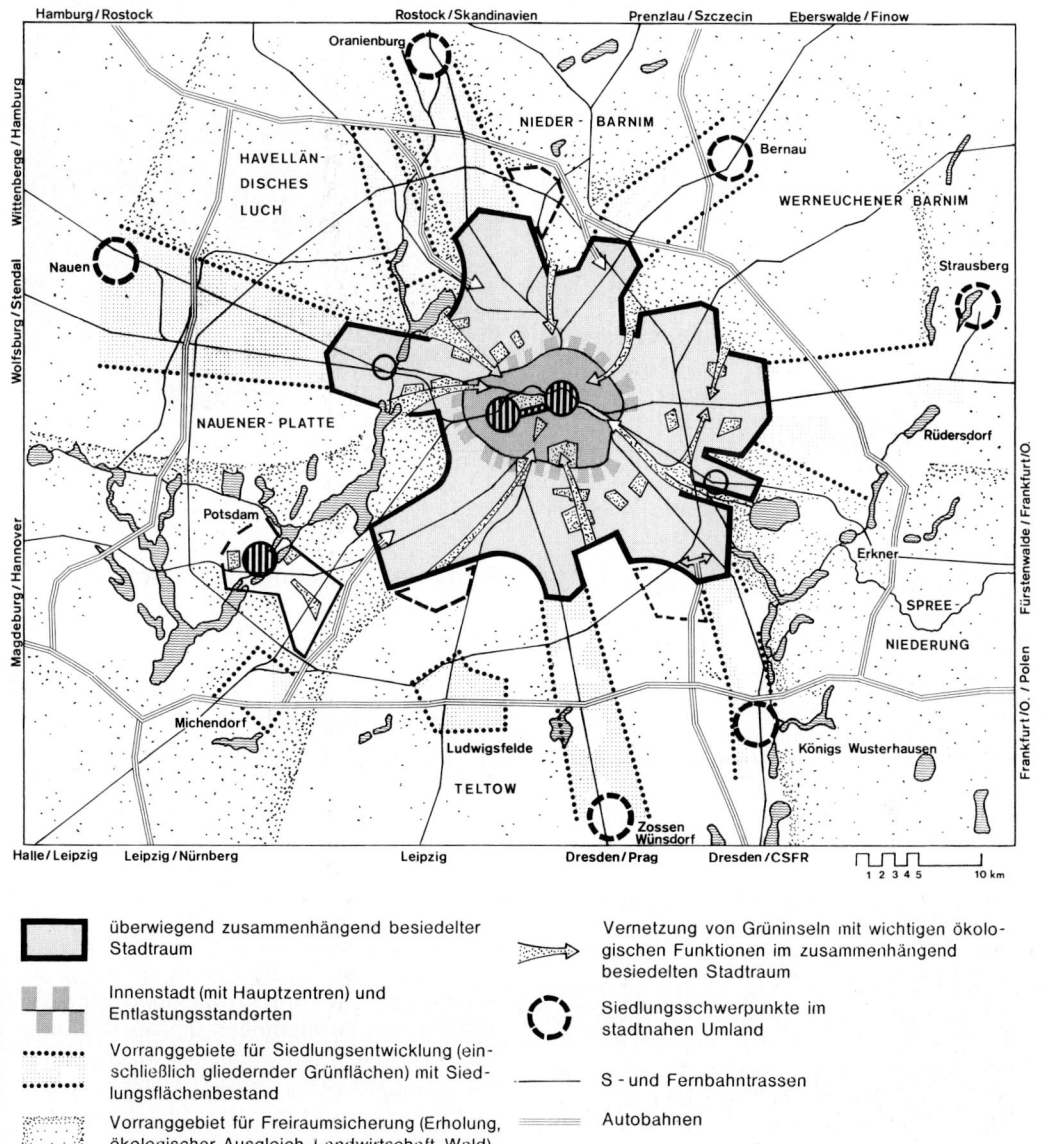

▭ überwiegend zusammenhängend besiedelter Stadtraum	⇒ Vernetzung von Grüninseln mit wichtigen ökologischen Funktionen im zusammenhängend besiedelten Stadtraum
Innenstadt (mit Hauptzentren) und Entlastungsstandorten	⟲ Siedlungsschwerpunkte im stadtnahen Umland
•••••••• Vorranggebiete für Siedlungsentwicklung (einschließlich gliedernder Grünflächen) mit Siedlungsflächenbestand	—— S - und Fernbahntrassen
Vorranggebiet für Freiraumsicherung (Erholung, ökologischer Ausgleich, Landwirtschaft, Wald)	══ Autobahnen

Provisorischer Regionalausschuß, Planungsgruppe Potsdam. Grundlagen und Zielvorstellungen für die Entwicklung der Region Berlin. 1. Bericht Mai 1990

das Luftbild (S. 325) aus, und formulieren Sie Vor- und Nachteile dieser städtischen Wohnform.

6. Verkehrsprobleme in Verdichtungsräumen entstehen aus einer Vielzahl von privaten und beruflich bedingten Aktivitäten. Stellen Sie zusammen, aus welchen Anlässen und wie oft Sie selbst im Verlauf einer Woche Teilnehmer am Straßenverkehr sind. Stellen Sie die prozentuale Verteilung auf öffentliche und private Verkehrsmittel fest, und diskutieren Sie innerhalb Ihres Kurses, welche Gründe einer häufigeren Benutzung öffentlicher Verkehrsmittel entgegenstehen.

7. *Erarbeiten Sie eine Definition des Begriffes „Suburbanisierung". Werten Sie dazu
   die S. 328 sowie das Bild S. 325 aus.*
8. *Erläutern Sie, weshalb es im Zusammenhang mit Suburbanisierungsprozessen
   zur Segregation der Wohnbevölkerung
   kommt.*
9. *Suburbanisierung wird als ein Prozeß
   mit selbstverstärkender Wirkung bezeichnet. Begründen Sie diese Aussage,
   und stellen Sie das Ursachen-Wirkungs-
   gefüge in Form eines Schaubildes oder
   einer Kausalkette dar.*
10. *Werten Sie die Karte „Suburbanisierung
    in Groß Ellershausen" (S. 330) aus, und
    stellen Sie fest, welche der dargestellten
    Suburbanisierungsprozesse in Ihrem
    Schulort/Wohnort in vergleichbarer Wei-
    se erkennbar sind.*
11. *Vergleichen Sie mit Hilfe des Atlas die
    räumliche Ausdehnung der städtischen
    Agglomerationen (Darstellung S. 333)
    mit einigen Verdichtungsräumen in der
    Bundesrepublik Deutschland.*
12. *Erarbeiten Sie ein Diagramm, aus dem
    sich ersehen läßt, wie sich die Verteilung
    der größten Agglomerationen in den
    letzten Jahrzehnten zwischen Industrie-
    und Entwicklungsländern verschoben
    hat (Tabelle S. 333).*
13. *Die Bevölkerungszahl vieler städtischer
    Agglomerationen übertrifft inzwischen
    die Gesamtbevölkerung einzelner Staa-
    ten (z.B. Dänemark oder Schweden) er-
    heblich. Stellen Sie – unter Zuhilfe-
    nahme eines aktuellen Nachschlagewer-
    kes – die zehn größten Agglomerationen
    der Welt jeweils Staaten mit etwa glei-
    cher Bevölkerungszahl gegenüber.*
14. *Werten Sie den Plan des Ostteils der
    Stadt Berlin (S. 336) daraufhin aus, wel-
    che der im Text genannten Merkmale so-
    zialistischer Städte erkennbar sind.*
15. *Werten Sie die Karte des räumlichen
    Entwicklungskonzepts der Region Ber-
    lin (S. 337) aus, und nennen Sie Pla-
    nungsprinzipien, mit denen die zukünfti-
    ge räumliche Entwicklung gesteuert
    werden soll.*

Augsburg – Eingang zur Fuggerei

*Der reiche Handelsherr Jakob Fugger gründete 1514
(fertiggestellt 1523) diese Siedlung für arme Bürger der
Stadt. Die Fuggerei ist auch heute noch bewohnt.*

3 Stadtentwicklung in Deutschland

Das heutige Städtesystem in Deutschland
fußt auf den Städtebauepochen vergange-
ner Jahrhunderte. Man unterscheidet:
Römische Siedlungen, die im Zuge der rö-
mischen Kolonisation (bis zum 3. Jh. nach
Chr.) als Garnisons- und Verwaltungsstädte
angelegt worden sind (z.B. Trier, Köln,
Mainz, Koblenz). Spätere Wachstumsimpul-
se ergaben sich z.B. aus der Einrichtung
von Bischofssitzen sowie der Entwicklung
zu Gewerbe- und Handelsstädten.
Das Mittelalter (11.–15. Jh.) ist die eigentliche Phase der Stadtgründungen. Die allgemeine wirtschaftliche Entwicklung, die Ausbildung des Fernhandels, die Ausdehnung
der kirchlichen und weltlichen Macht sowie
die Herausbildung eines wohlhabenden
Bürgertums führten zur Entstehung von
Marktorten, Gründungsstädten des Adels
sowie zu Stadtgründungen im Rahmen der
deutschen Ostkolonisation.
In der Epoche des Absolutismus
(16.–18. Jh.) wurden vorhandene Städte zu
Residenzstädten umgestaltet (z.B. Dresden
und Potsdam) oder als Residenzstädte gegründet (z.B. Mannheim, Karlsruhe).
Im Zusammenhang mit der Industrialisierung (19. u. 20. Jh.) kam es zu einem – vor
allem zuwanderungsbedingten – Wachstum
von Industriestädten (vgl. S. 321).

Die Ausgangssituation nach dem Zweiten Weltkrieg

In den ersten Jahren nach dem Krieg mußten sowohl in den Westzonen (spätere Bundesrepublik) als auch in der sowjetisch besetzten Zone (SBZ; spätere DDR) zunächst die kriegsbedingten Zerstörungen beseitigt werden. In dieser Wiederaufbauphase (1945–1949) ging es vor allem um die Enttrümmerung und die Wiederinstandsetzung der verbliebenen Bausubstanz.

Kriegsbedingte Zerstörungen in deutschen Städten

	Wohnungs- bestand (Mio.) 1939	1946	im Krieg zerstört bzw. unbe- wohnbar (%)
Westzonen	10,5	7,9	24,8
Sowj. besetzte Zone	4,6	4,0	13,0
Berlin	1,5	0,7	53,3

Dieter Richter: Die sozialistische Großstadt – 25 Jahre Städtebau in der DDR. In: Geographische Rundschau 1974, H. 5, S. 186

Bereits in dieser Phase begann eine – politisch bedingte – Auseinanderentwicklung im Städtebau: Während im Westen der Privatinitiative freier Raum gelassen wurde, war in der damaligen SBZ jegliche private Bautätigkeit untersagt. In den dann folgenden Jahren haben die verschiedenartigen Wirtschafts- und Gesellschaftssysteme zu einer unterschiedlichen Weiterentwicklung der Städte und des Städtesystems geführt.

3.1 Stadtentwicklungsphasen in der Bundesrepublik Deutschland (alte Bundesländer)

1. Phase des „geregelten Wiederaufbaus". Bis etwa 1955 wurden die zerstörten Bereiche weitgehend auf ihrem historischen Grundriß wiederaufgebaut. Es kam nur in wenigen Städten zu maßgeblichen Eingriffen in die Stadtstrukturen. Neuer Wohnraum wurde vor allem in den Innenstädten geschaffen. Ein spezielles städtebauliches Leitbild bestand nicht.
2. Etwa ab 1955 bis 1965 setzte sich das Leitbild der „gegliederten und aufgelockerten Stadt" durch. Die Stadtfunktionen (Wohnen, Arbeiten, Verkehr usw.) sollten weitgehend getrennt und somit störungsfrei lokalisiert werden. Das ungeordnete Nebeneinander von Wohnungen, Gewerbebetrieben und anderen Nutzungen, das in vielen Städten durch das industriell bedingte Flächenwachstum entstanden war, sollte zugunsten klarer und überschaubarer Ordnungen beseitigt werden (*Funktionalismus-Prinzip*).
3. In den Folgejahren (ca. 1960–1970) ist die „autogerechte Stadt" das wichtigste Leitbild der Stadtentwicklung gewesen. Der zunehmende Individualverkehr mit seinen Ansprüchen an die Verkehrsnetze und den ruhenden Verkehr wurde eine stadtplanerische Determinante. Mehrspurige Stadtautobahnen sind kennzeichnendes Element dieser Phase.
4. Zwischen 1975 und 1985 fanden zunehmend die „Verbesserung des Wohnumfeldes" sowie die „Wiederbesinnung auf Qualitäts- und Traditionswerte der Vergangenheit" Eingang in die westdeutsche Stadtplanung (vgl. Stadtsanierung, S. 343 ff.).
5. Im städtebaulichen Leitbild seit Mitte der 80er Jahre sind mehrere Richtungen erkennbar:
- Abkehr vom Funktionalismusprinzip (Funktionstrennung soweit als nötig, Funktionsmischung soweit als möglich). Beispiel: Genehmigung nichtstörender Gewerbebetriebe in Wohngebieten.
- Abkehr vom Leitbild der autogerechten Stadt: Der Individualverkehr hat gegenüber Maßnahmen zur Verbesserung des öffentlichen Personennahverkehrs an Bedeutung verloren.
- Ökologisch orientierte Stadtentwicklung: Städte werden zunehmend als Ökosysteme aufgefaßt. Entsprechend setzt sich immer mehr eine integrierte Gesamtplanung durch, für die verdichtete Bauweise mit geringem Flächenbedarf, Maßnahmen zu Verkehrsberuhigung, reduzierte Verkehrsräume und hohe Grünflächenanteile kennzeichnend sind. Stadtökologische Parameter (z. B. Bodenversiegelungsanteile oder Einschränkungen der lokalen Luftzirkulation) bekommen zunehmendes Gewicht bei der Ausweisung von neuen Wohngebieten sowie Industrie- und Gewerbeflächen.

3.2 Prinzipien und Phasen der Stadtentwicklung in der Deutschen Demokratischen Republik (neue Bundesländer)

Die Stadtentwicklung der DDR ist – wie die Landwirtschaft und die Industrie – vom Marxismus-Leninismus geprägt gewesen. Auch die Städte sollten „Ausdruck der neuen Gesellschaftsordnung" sein. Diese ideologische Basis ist an den vier Prinzipien der sozialistischen Stadtplanung erkennbar, die von 1950 bis 1990 als Steuerungsfaktoren gewirkt haben:

1. Zentralistische Planung: Das Wohnungswesen und die Stadtplanung unterlagen den Direktiven der Parteiorgane. Das Städtesystem wurde hierarchisch gegliedert; Größe und Funktion der Städte wurde planerisch festgelegt. Die sozialistische Bodenordnung (Aufbaugesetz von 1950) erlaubte es, daß bebaute und unbebaute Grundstücke relativ problemlos für die Ziele der sozialistischen Stadtentwicklung in Anspruch genommen werden konnten.

2. Politische Bedeutung der Stadtzentren: Die Zentren der großen Städte der DDR wurden als Raum für gesellschaftspolitische Zwecke angesehen. Bei der Neugestaltung der sozialistischen Stadtzentren wurden deshalb vorrangig repräsentative Einrichtungen des Staates (z.B. Ministerien und Parteigebäude) im Zentrum konzentriert. Aufmarschstraßen und Plätze für Massenkundgebungen unterstreichen den politischen Anspruch der sozialistischen Stadtgestaltung (vgl. Stadttypen, S. 335 f.).

3. Vereinheitlichung: Durch Normierung und Typisierung der Wohnungsgrößen und Wohnungsausstattungen sowie der Wohngebiete sollten Klassenunterschiede aufgelöst werden. In den Wohngebieten sollte eine soziale Mischung der Bevölkerung die Gleichberechtigung aller Bevölkerungsgruppen dokumentieren.

4. Bevorzugung kollektiver Wohnformen: Der Eigenheimbau wurde in der DDR (bis zum Jahr 1971) staatlich kaum unterstützt. Die Prioritäten lagen auf der Entwicklung sozialistischer Hausgemeinschaften und Wohnblockgemeinschaften, in denen das kollektive Verantwortungsgefühl gestärkt und die staatliche Kontrolle ausgeübt werden sollte. Zu diesem Zweck wurden die neuerrichteten Wohnviertel mit Gemeinschaftseinrichtungen (Büchereien, Klubräume usw.) ausgestattet. Auf diese Weise sollte sich, auch für die jugendliche Bevölkerung, eine neue sozialistische Lebensauffassung herausbilden.

Die vier Prinzipien der sozialistischen Stadtplanung wurden im Verlauf der Stadtentwicklung der DDR vielfach modifiziert: Anstöße zu Veränderungen ergaben sich vor allem aus finanziellen Engpässen im Staatshaushalt.

Stadtentwicklungsphasen: Für die Zeit von 1950 bis 1990 lassen sich vier Stadtentwicklungsphasen ausgliedern:

1. Nationales Aufbauprogramm (1950–1955)
 – Fortsetzung der Beseitigung der Kriegsschäden,
 – Beginn des Umbaus der Stadtzentren zu repräsentativen sozialistischen Zentren,
 – Beginn des Wiederaufbaus bedeutender Kulturdenkmäler (z.B. Staatsoper Berlin),
 – Beginn des Baus von neuen Industriestädten (z.B. Eisenhüttenstadt).

2. Industrieller Massenwohnungsbau (1956 bis 1966)
 – Forderung des IV. Parteitages der SED (1954), „schneller, billiger und mehr zu bauen",
 – Baubeginn Halle-Neustadt sowie von Wohnsiedlungen in Plattenbauweise in der Mehrzahl der Städte,
 – Fortsetzung der Gestaltung sozialistischer Stadtzentren.

3. Komplexe Stadtplanung (1967–1975)
 – Stärkere Berücksichtigung der Siedlungsstrukturen,
 – Fortsetzung des Massenwohnungsbaus und der Umgestaltung der Stadtzentren,
 – Förderung des privaten Eigenheimbaus (ab 1971),
 – Teilweise dramatischer Verfall der Innenstädte.

4. Komplexe Rekonstruktion (1976–1990)
 – Programm zur „Lösung der Wohnungsfrage bis 1990",
 – Gleichrangigkeit von Neubau, Modernisierung und Werterhaltung (ab 1982),
 – Hinwendung zum innerstädtischen Bauen mit dem Ziel der Bewahrung der historischen Bausubstanz.

3.3 Stadtentwicklungsprozesse in der Bundesrepublik Deutschland seit 1990

Seit dem Jahr 1990 werden die Stadtentwicklung und das Wohnungswesen in der Bundesrepublik Deutschland wieder von gemeinsamen Zielsetzungen gesteuert. In den alten Bundesländern haben sich seitdem die schon früher bestehenden Probleme im Wohnungsbau fortgesetzt: Insbesondere in den Ballungsräumen steht der Wohnungsmarkt unter Druck, weil schon seit Jahrzehnten die Zahl der Haushalte stärker steigt als die Zahl neuer Wohnungen. Neben der Bevölkerungszunahme wirkt auch der individuell steigende Anspruch auf mehr Wohnfläche pro Person („Wohlstandskomponente"). Hinzu kommt die starke Zunahme der Einpersonen-Haushalte mit ihrem überproportional hohen Wohnraumanspruch. So ist im Zeitraum von 1972 bis 1987 die (bewohnte) Wohnfläche um 42% gestiegen, während die Bevölkerung im selben Zeitraum nur um 6 % gewachsen ist.

Der Einigungsprozeß hat den Druck auf dem Wohnungsmarkt noch erhöht: Die Zahl der Zuzüge aus den neuen Bundesländern, die sich vorrangig auf den Süden und den Westen der alten Bundesländer gerichtet hatte, ist erst im Jahr 1993 deutlich zurückgegangen. Die Entlastungseffekte durch Umzüge in die entgegengesetzte Richtung waren gering (vgl. Abb. S. 223).

Städtebauliche Problemfelder in den neuen Bundesländern

In den neuen Bundesländern stehen die Stadtentwicklung und das Wohnungswesen seit 1990 unter völlig veränderten politischen und wirtschaftlichen Rahmenbedingungen. In verschiedenen Problemfeldern besteht – nun unter marktwirtschaftlichen Bedingungen – ein erheblicher Handlungsbedarf. Schon zu DDR-Zeiten hatte der Wohnungsneubau mit der steigenden Nachfrage nicht Schritt halten können, obwohl im statistischen Vergleich die Wohnungsversorgung besser als in den alten Bundesländern gewesen ist. Seit dem politischen Umbruch hat sich die Lage verschlechtert: Hunderttausende von Wohnungen stehen wegen Unbewohnbarkeit leer oder können nicht vermietet bzw. renoviert werden, weil die Eigentumsrechte ungeklärt sind. Erschwerend in dieser Situation ist, daß die früher staatlich festgelegten Niedrigmieten, mit denen die tatsächlichen Kosten des Wohnens heruntersubventioniert worden waren, bis heute nachwirken. Trotz schrittweiser Anhebung liegt das durchschnittliche Mietniveau noch immer (Stand 1993) so niedrig, daß Erhaltungsinvestitionen oder Modernisierungen daraus kaum möglich sind. Zudem ist der Wohnungsbestand in den neuen Bundesländern erheblich älter: Nur 46% der heute vorhandenen Wohnungen wurden nach 1945 gebaut. In den alten Bundesländern sind es 70%.

Bauzustandsstufen in den neuen Bundesländern

Erhaltungszustand (%)	1981	1986
gut erhalten	35	32
geringe Schäden	47	46
schwerwiegende Schäden	16	18
unbewohnbar	2	4

Nach Deutsches Institut für Wirtschaftsforschung (DIW): Künftige Perspektiven des Wohnungsbaus und der Wohnungsbaufinanzierung für das Gebiet der neuen Bundesländer. Berlin 1990, S. 3

Die jahrzehntelange Bevorzugung des Wohnungsneubaus hat zur Vernachlässigung der vorhandenen Bausubstanz insbesondere in den Klein- und Mittelstädten geführt. Dort sind Sanierungs- und Modernisierungsmaßnahmen überwiegend auf Einzelgebäude („Fassadenkosmetik") bzw. kleine Flächen beschränkt gewesen. Eine umfassende Wiederherstellung der vorhandenen Altbausubstanz sowie eine Einbindung in städtebauliche Gesamtkonzeptionen ist selten erfolgt.

Rückblickend ist ein fast schematischer Ablauf erkennbar: Erhaltungsmaßnahmen wurden so lange herausgezögert, bis die Gebäude unbewohnbar geworden waren. Dann erfolgte ein flächenhafter Abriß („Kahlschlag") und die Auffüllung der Baulücken mit Bauten des industriellen Wohnungsbaus. In vielen Städten ist dadurch der Kontrast zwischen modernen Typenbauten und der historischen Bausubstanz entstanden.

Gründerzeitliches Wohnhaus – Plattenbauweise, Halberstadt 1993

Neugebaute Wohnungen in der (früheren) DDR 1960–1990 (nach Bauart)

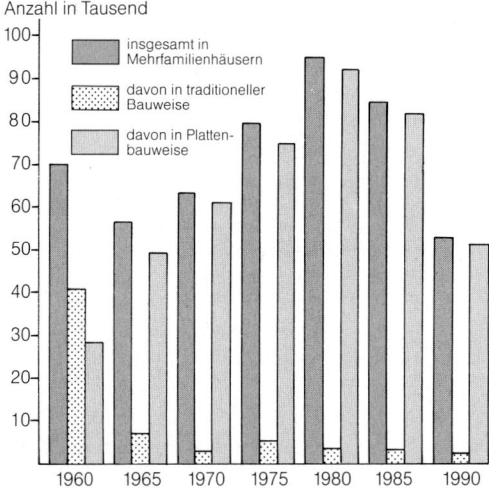

Anzahl in Tausend

Legend:
- insgesamt in Mehrfamilienhäusern
- davon in traditioneller Bauweise
- davon in Plattenbauweise

Nach Jörg Köhli: Wohnungspolitik und Wohnungswirtschaft in den neuen Ländern. In: Geographische Rundschau 1993, H. 3, S. 142

Ein weiteres städtebauliches Problem der neuen Bundesländer stellen die Großwohnsiedlungen dar. Großwohnsiedlungen sind zwar (vgl. S. 324 f.) kein spezifisches Merkmal der sozialistischen Stadtplanung. Die überwiegend in isolierter oder randstädtischer Lage entstandenen Großwohnsiedlungen der DDR stellen jedoch in verschiedener Hinsicht eine Besonderheit dar:

1. In den Großwohnsiedlungen der neuen Bundesländer treten überdurchschnittlich viele technische Baumängel auf. Die insbesondere in den letzten Jahren kaum noch erfüllbaren Planvorgaben im Woh-

nungsbau haben vielfach zu „Quantität statt Qualität" geführt.

2. Die Anteile der in Großwohnsiedlungen lebenden Bevölkerung sind überdurchschnittlich hoch: So leben in den alten Bundesländern ca. 3% der Gesamtbevölkerung in Großwohnsiedlungen; in den neuen Bundesländern sind es ca. 11%. Darüber hinaus bestehen regional extreme Konzentrationen: In Rostock z.B. leben mehr als 50% der Bevölkerung in Großwohnsiedlungen.

3. Das industrielle Bauen mit genormten, vorgefertigten Bauteilen in Geschoßhöhe („Plattenbauweise") hat in der DDR zu einer besonders ausgeprägten Monotonie in den Neubauvierteln geführt. Dies auch deshalb, weil – aus Kostengründen – seit Beginn der 80er Jahre auf die eigentlich vorgesehenen infrastrukturellen Einrichtungen (Kinderkrippen, Kaufhallen, medizinische Einrichtungen und Freizeitanlagen) zunehmend verzichtet worden ist.

4. Als weitere Besonderheit ist festzustellen, daß sich in den Städten mit Großwohnsiedlungen duale Stadtstrukturen gebildet haben: Sowohl in baulicher als auch funktionaler und demographischer Hinsicht bestehen erhebliche Unterschiede zwischen den historischen Stadtteilen und den Großwohnsiedlungen.

Wegen der oben genannten Besonderheiten ist nach dem politischen Umbruch von verschiedenen Seiten der Abriß der Großwohnsiedlungen gefordert worden. Der Erhalt der Großwohnsiedlungen für die Wohnungsversorgung der Bevölkerung ist jedoch unverzichtbar. Deshalb werden Neubauprojekte dieser Art, die zum Zeitpunkt des Umbruchs fast vollendet waren, gegen z.T. erheblichen Protest noch fertiggestellt. Allerdings müssen in den nächsten Jahren die vorhandenen städtebaulichen Entwicklungspotentiale erkannt und genutzt werden. Folgende Vorschläge sind in der Diskussion:

– Behebung der Monofunktionalität durch die Angliederung von Gewerbebetrieben,
– Verbesserung der gesamtstädtischen Verkehrssysteme sowie der ökologischen Funktionen durch Wohnumfeldverbesserungen,
– Abstimmung auf die übergeordneten Stadtentwicklungskonzepte der Bundesrepublik.

Perspektiven: Eine Suburbanisierung (vgl. S. 328 ff.) hatte sich wegen der staatlichen Planung und Lenkung des Bau- und Wohnungswesens in der DDR nicht entwickelt. Der aufgestaute Eigenheimbedarf und die neuen Ansprüche an Industrie- und Gewerbeflächen sowie Dienstleistungseinrichtungen und Verbrauchermärkten werden in vielen Städten der neuen Bundesländer schon bald zu einer Auffüllung des Stadtumlandes mit städtischen Funktionen führen.

Die Funktionsarmut der Innenstädte, die sich in den Großstädten aus der sozialistischen Stadtgestaltung ergeben hat, wird sich vermutlich in den nächsten Jahren auflösen. Die staatlich vorgenommene Ausschaltung des Miet- und Bodenpreis-Gefüges sowie die weitgehende Konzentration des tertiären Sektors auf staatliche Einrichtungen hat dazu geführt, daß selbst in Altstadtbereichen ab dem ersten Obergeschoß noch Wohnraumnutzung vorliegt. Unter wettbewerbsorientierten marktwirtschaftlichen Bedingungen wird sich eine solche – erstrebenswerte – Funktionsmischung in den Innenstädten nicht erhalten lassen.

Stadtentwicklung ist in der DDR vor allem eine Frage der Standortverteilung des Wohnungsneubaus gewesen. „Wohnungsbau, nicht Städtebau" ist eine kritische Kennzeichnung dieses Sachverhalts. Für ökologische Gesichtspunkte, die sich auch in der westdeutschen Stadtplanung erst seit wenigen Jahren immer stärker durchsetzen, ist wenig Raum gewesen. Für die Zukunft stellen sich in dieser Hinsicht vielfältige Aufgaben:

– Beseitigung industrieller Altlasten,
– Erneuerung und Ausbau der Kläranlagen,
– Ausbau der vielfach vorhandenen zentralen Wärmeversorgungsnetze,
– Begrenzung des individuellen KFZ-Verkehrs auf ein ökologisch vertretbares Gesamtniveau,
– gezielte Entwicklung des öffentlichen Personennahverkehrs.

Der Handlungsrahmen der Kommunen hat sich seit dem politischen Umbruch erheblich erweitert. Besondere Schwierigkeiten bestehen jedoch – neben der angespannten Finanzlage – darin, daß die vorhandenen Strukturen nur unter Schwierigkeiten auf bundesdeutsches Recht und städtebauliche Planungsziele abgestimmt werden können.

3.4 Stadtsanierung

Seit Beginn der 70er Jahre sind in fast allen Städten der alten Bundesländer umfangreiche Maßnahmen zum Erhalt und zur Sanierung der vorhandenen Bausubstanz vorgenommen worden. *Stadtsanierungsgebiete* werden definiert als Bereiche, die den Anforderungen an zeitgemäße Wohn- und Arbeitsverhältnisse nicht mehr genügen. „Städtebauliche Mißstände" dieser Art finden sich vor allem in Cityrandbereichen und in mittelalterlichen Kernen von Klein- und Mittelstädten. Diese Gebiete sind durch folgende Merkmale gekennzeichnet: Verfallende Bausubstanz, starke Überbauung (Verhältnis von Gebäudehöhe zur Grundfläche), enge Nachbarschaft zu umweltbelastenden Gewerbebetrieben, fehlende Freiflächen, hohe Verkehrsbelastung, unzureichende Besonnung und Belüftung sowie schlechte sanitäre Ausstattung der Wohnungen. Voraussetzungen für Sanierungsmaßnahmen sind auch dann gegeben, wenn Stadtgebiete gesamtstädtische Funktionen nicht mehr erfüllen (z. B. durch zu geringe Wohndichte) oder wenn in einem Gebiet zunehmend soziale Randgruppen leben.

Bundesmittel für die Städtebauförderung 1971–1991 (alte Bundesländer)

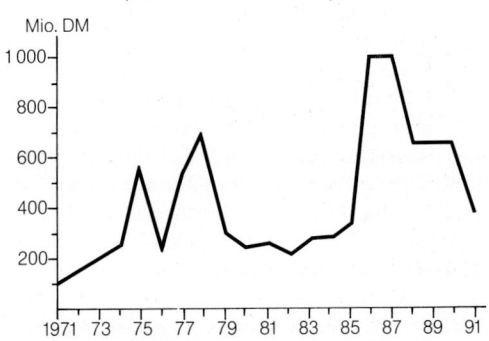

Nach Bundesministerium für Raumordnung, Bauwesen und Städtebau (Hrsg.): Haus und Wohnung im Spiegel der Statistik 1991. Bonn 1992, S. 73

Faktoren, die auf die Stadtsanierung Einfluß genommen haben:
– Städtebauförderungsgesetz (1971): Es bildet die rechtliche Grundlage für die Stadterneuerung und schuf einen größeren finanziellen Rahmen für Bund, Länder und Gemeinden,

343

- Europäisches Denkmalschutzjahr (1975): Es kennzeichnet den Beginn der europaweiten Hinwendung zur erhaltenden Stadterneuerung,
- Finanzielle Sonderprogramme zur speziellen Förderung historischer Stadtkerne (1977–1979),
- Förderung der Bauwirtschaft wegen Rückgangs des Wohnungsbaus (1986–1988).

Man unterscheidet Altstadt-Sanierungsgebiete und gründerzeitliche Sanierungsgebiete. Bei den ersteren handelt es sich vor allem um Stadtgründungen aus dem Mittelalter, in denen die Anlage von Stadtmauern zu einer stark verdichteten Stadtentwicklung geführt hatte. Demgegenüber entstanden die gründerzeitlichen Sanierungsgebiete im Zuge der Industrialisierung vor allem als Mietwohnungsbauten (1840 bis 1914).

Sanierungsmaßnahmen werden unterschieden in Flächensanierung und Objektsanierung. Die *Flächensanierung* als Instrument moderner Stadtplanung wird dann notwendig, wenn ganze Straßenzüge oder Baublocks der Anforderung der Mindestqualität der Wohnumwelt nicht mehr genügen, eine Wiederherstellung aber nicht (oder nur zu untragbaren Kosten) möglich ist. Abriß und Neuaufbau sind die Folge. Demgegenüber bezieht sich *Objektsanierung* auf einzelne erhaltenswerte Bauten. Bei der *Blockentkernung* wird die Bebauung im Innern eines überbauten Baublocks abgeräumt und durch Grünflächen, Spielplätze usw. ersetzt. Sanierungsmaßnahmen werden dann an der Randbebauung durchgeführt. Maßnahmen, die zur Wiederherstellung gesamtstädtischer Funktionen führen (z.B. Versorgungsfunktion), werden als *Funktionsschwächesanierung* bezeichnet.

Ablauf von Sanierungsvorhaben. Am Anfang jeder Sanierung stehen vorbereitende Untersuchungen. Mit ihnen werden die städtebaulichen, strukturellen und sozialen Gegebenheiten erhoben (*Situationsanalyse*). Danach muß das Sanierungsgebiet räumlich festgelegt und ein Bebauungsplan aufgestellt werden. Es ist notwendig, die beabsichtigte Neugestaltung mit den betroffenen Bürgern zu erörtern. Zusätzlich ist die Erstellung eines *Sozialplans* wichtig, in dem die Auswirkungen der Sanierung auf Mieter und Eigentümer erfaßt werden. Sozialpläne enthalten auch Vorschläge zur Vermeidung oder Milderung nachteiliger Folgen der Sanierung.

Durchführungsprobleme. Häufig ist es bei Sanierungsmaßnahmen zu einem allzu radikalen Abriß verfallener Bausubstanz gekommen („Kahlschlagsanierung"). Diese Fehler sind in vielen Städten inzwischen eingesehen worden. Heute dominieren Maßnahmen der Modernisierung und der erhaltenden Stadterneuerung. Auch denkmalspflegerische Gesichtspunkte haben eine höhere Bedeutung bekommen.

Allerdings kommt der gesetzlich vorgesehene „Dialog" zwischen Planungsbehörde und Betroffenen oft nicht im angestrebten Umfang zustande, weil die Bürger vielfach nicht genügend Kenntnisse über ihre Beteiligungsmöglichkeiten haben. Weiterhin wurden in vielen Gemeinden Sanierungsmaßnahmen beschleunigt durchgeführt, weil die Mittelzuweisungen aus dem Bundeshaushalt oft innerhalb enger Bindungsfristen verbaut werden mußten. Vorbereitende Untersuchungen und Sozialpläne konnten deshalb nicht mit der erforderlichen Sorgfalt (z.B. bei der Beschaffung von Ersatzwohnraum) erarbeitet werden.

Erkennbar ist auch, daß Sanierungsvorhaben, in die erhebliche Mittel aus der öffentlichen Hand einfließen, für private Kapitalinvestoren interessant geworden sind. Vielfach wurden ehemalige Mietwohnungen im Zuge der Sanierung in Eigentumswohnungen umgewandelt, so daß die früheren – überwiegend sozial schwachen – Mieter nicht wieder in ihr angestammtes Wohngebiet zurückkehren konnten. Das gleiche Problem ergibt sich aus Mietsteigerungen nach erfolgter Sanierung.

Das Beispiel Göttingen

In der südniedersächsischen Stadt Göttingen (133 000 Einwohner 1993) werden seit 1972 mehrere Sanierungsvorhaben durchgeführt. In einem Teilbereich (Neustadt/Ostseite) ist die Sanierung im Jahr 1987 abgeschlossen worden.

Die Flächennutzung in dem 1972 förmlich festgelegten Sanierungsgebiet war durch starke Überbauung, geringe Freiflächenan-

Papendiek 21
Abbruch der Hinterhäuser 1980

Papendiek 27–30
Vor der Modernisierung 1978

Papendiek 21
Objektsanierung 1982

Papendiek 27–31
Situation 1993

*Ausschnitt aus dem Sanierungsgebiet Göttingen-Neustadt/Ostseite
(Situation im Baublock II im Jahr 1973)*

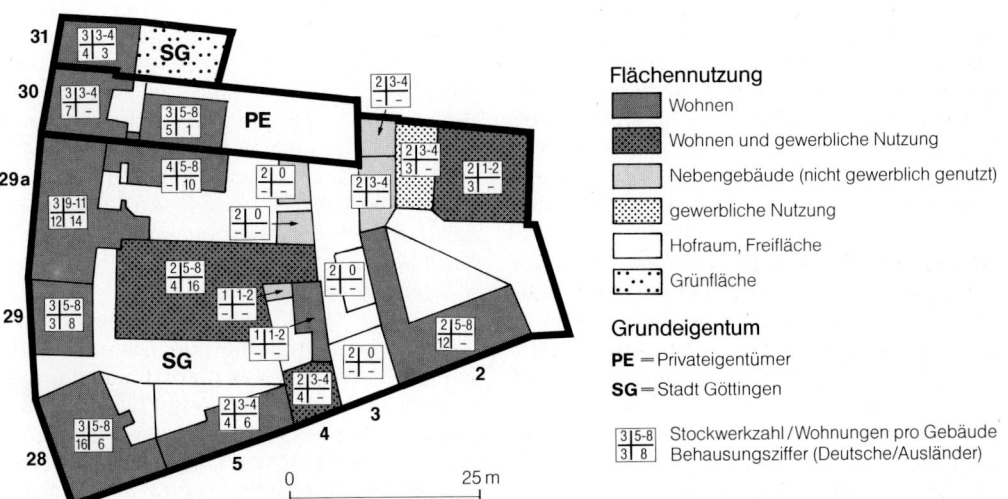

Flächennutzung

- Wohnen
- Wohnen und gewerbliche Nutzung
- Nebengebäude (nicht gewerblich genutzt)
- gewerbliche Nutzung
- Hofraum, Freifläche
- Grünfläche

Grundeigentum

PE = Privateigentümer
SG = Stadt Göttingen

3|5-8 Stockwerkzahl/Wohnungen pro Gebäude
3| 8 Behausungsziffer (Deutsche/Ausländer)

Dietrich Denecke: Göttingen, Materialien zur historischen Stadtgeographie und zur Stadtplanung. Stadt Göttingen, Bauverwaltung (Hrsg.). Göttingen 1979, S. 47

345

teile und eine Funktionsmischung (Wohnen und gewerbliche Nutzung) gekennzeichnet. Die hauptsächlich im 18. und 19. Jahrhundert errichteten Gebäude boten überwiegend nur noch unzureichende Wohnverhältnisse. Im Vergleich mit anderen Stadtteilen ergab die Situationsanalyse eine überdurchschnittlich hohe Mobilität und eine soziale Sondersituation der Wohnbevölkerung. Die gesamtstädtische Funktion dieses innenstadtnahen Sanierungsgebietes läßt sich aus den Zuwanderungsmotiven ableiten:
– Zielgebiet von sozial unterprivilegierten Personen, deren Zuzug aus anderen Teilen der Stadt auf Grund der niedrigen Mieten erfolgte,
– Zielgebiet von Personen (vor allem Studenten und ausländische Arbeitnehmer), die mit dem Motiv des innenstadtnahen Wohnens vor allem aus Vororten zugezogen sind,
– Zielgebiet von Personen, die – von außerhalb der Stadt kommend – hier einen preiswerten und zentralen Übergangsstandort gefunden haben. Auch hier handelte es sich überwiegend um Studenten und ausländische Arbeitnehmer.

Ergebnisse: Die Gesamtkosten des Sanierungsvorhabens Neustadt/Ostseite haben ca. 20 Mio. DM betragen. Davon stammen etwa 8,5 Mio. DM aus Städtebauförderungsmitteln des Bundes. Der Rest wurde von den Hauseigentümern sowie aus Mitteln der Stadt Göttingen bereitgestellt.
Die Sanierungsmaßnahmen werden insgesamt als positiv bezeichnet: Durch die Staffelung der Baumaßnahmen in drei zeitlich aufeinanderfolgende Phasen konnten viele Mieter ab der zweiten Phase in bereits sanierte Wohnungen umziehen. Ihr soziales Umfeld sowie die beruflichen und wirtschaftlichen Bindungen sind somit weitgehend erhalten geblieben. Mehr als die Hälfte der Wohnungen konnte zu Sozialwohnungen umgewandelt werden. Die durchschnittliche Wohnfläche je Person hat sich von 18 auf 31 m^3 erhöht.
Im dargestellten Baublock II waren vor der Sanierung nur 12% der Wohnungen mit Bad oder Dusche ausgestattet. 23% hatten eine Innentoilette, 83% einen separaten Eingang. Heute beträgt der Ausstattungsgrad jeweils 100%. Allerdings ist die Durchschnittsmiete aller Wohnungen im Sanierungsgebiet um ca. 50% gestiegen.
In städtebaulicher Hinsicht wird die Anpassung der sanierten Gebäude an die vorhandene Bebauung als gelungen bezeichnet. Der Stadtgrundriß als Teil der historisch gewachsenen Stadtstruktur ist erhalten geblieben. Einige störende Gewerbebetriebe (Schlosserei, Schlachterei, Druckerei) sind an den Stadtrand ausgelagert worden. Inzwischen hat sich das „Image" des ehemaligen Sanierungsgebietes erheblich verbessert. Dazu haben die verbesserten Wohn- und Wohnumfeldbedingungen sowie die allgemein wieder zunehmende Attraktivität des innenstadtnahen Wohnens beigetragen. Die Zielsetzung, der Neustadt/Ostseite eine neue gesamtstädtische Funktion zuzuweisen, ist also realisiert worden.

Das Beispiel Halberstadt

In den neuen Bundesländern gibt es einige Beispiele für partielle Stadtsanierungsmaßnahmen, die noch vor dem politischen Umbruch durchgeführt worden waren (z. B. Quedlinburg, Wernigerode, Schwerin, Stolberg). Diese gelungenen Maßnahmen sind jedoch Einzelfälle: Zu lange haben die Prioritäten auf dem Wohnungsneubau gelegen. Die Gemeinde Halberstadt (Sachsen-Anhalt; 67 000 Einwohner 1993) ist neben Stralsund, Brandenburg, Meißen und Weimar eine der fünf Städte in den neuen Bundesländern, die im Jahr 1990 zur Durchführung eines „Modellvorhabens zur Stadterneuerung" ausgewählt worden sind. In diesen fünf Städten soll die städtebauliche Gesamtsituation, die nach dem Umbruch im Jahr 1990 in vielen Städten offenkundig geworden ist, verbessert werden. Aus den dabei gewonnenen Erfahrungen sollen Erkenntnisse für Sanierungsmaßnahmen in anderen Städten abgeleitet werden.
Die Bestandsaufnahme 1990 ergab für Halberstadt eine ernüchternde Bilanz: Große Teile der Altstadt waren städtebaulich ungeordnete oder brachliegende Flächen. Viele Straßen und Plätze hatten einen erheblichen Gestaltungsbedarf. Ein großer Teil der erhaltenswerten Bausubstanz befand sich im Verfallszustand. Der Zentrumsbereich vermittelte den Eindruck einer provisorisch gestalteten Trümmerfläche.

Halberstadt: Zentrumsbereich 1993

Halberstadt: Ausschnitt aus dem Sanierungsgebiet. Bestandsanalyse 1990 (Baualter)

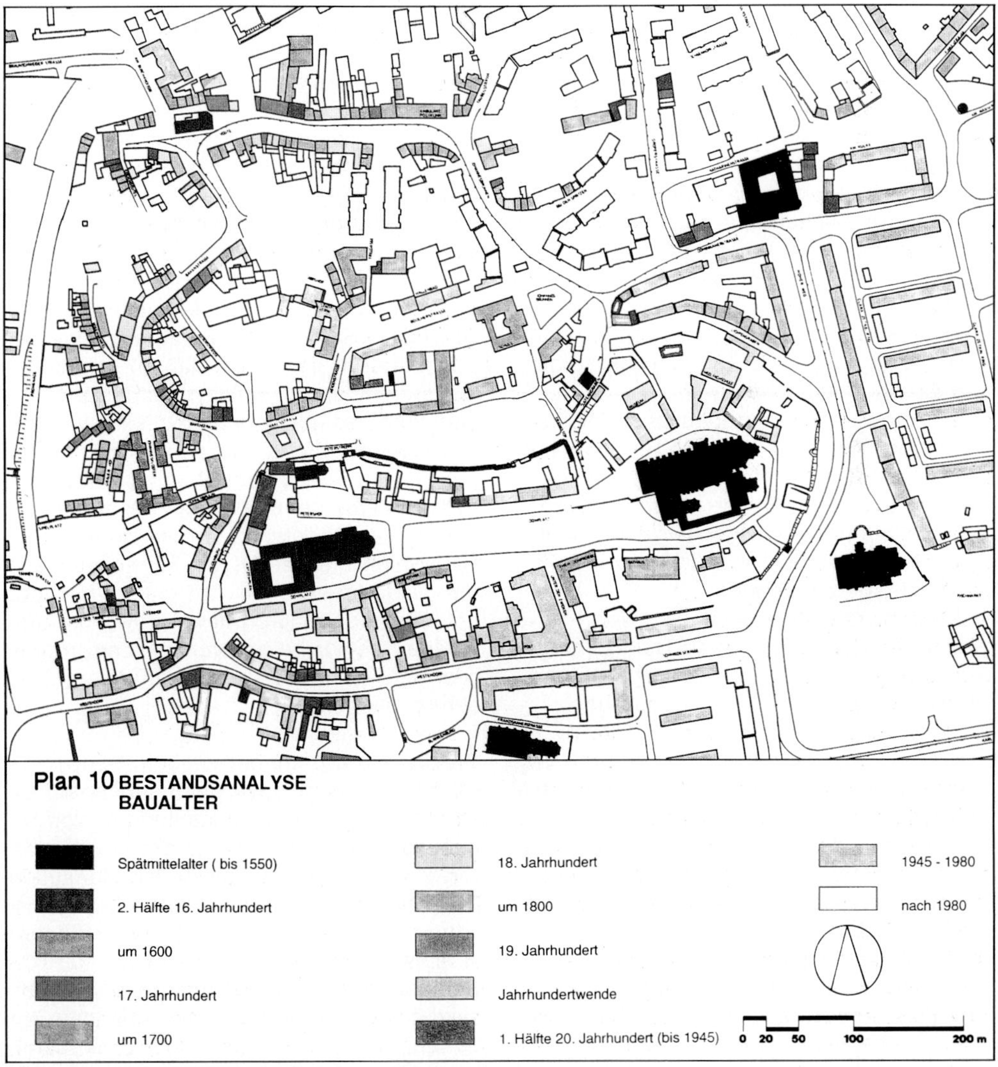

Plan 10 BESTANDSANALYSE
BAUALTER

▮ Spätmittelalter (bis 1550)	18. Jahrhundert	1945 - 1980
▮ 2. Hälfte 16. Jahrhundert	um 1800	nach 1980
um 1600	19. Jahrhundert	
17. Jahrhundert	Jahrhundertwende	
um 1700	1. Hälfte 20. Jahrhundert (bis 1945)	0 20 50 100 200 m

Niedersächsische Landesentwicklungsgesellschaft: Halberstadt – Innenstadtsanierung. Hannover 1992, S.12

Zwei Tage vor dem Ende des Zweiten Weltkriegs ist etwa die Hälfte des mittelalterlichen Stadtkerns durch einen Luftangriff zerstört worden. In den folgenden Jahren wurden die zerstörten Bereiche einer der schönsten mittelalterlichen Fachwerkstädte des Nordharzes ohne Abstimmung auf die verbliebene Bausubstanz mit 4- bis 5geschossigen Wohnblocks neu aufgebaut. Seit Mitte der 70er Jahre bis 1989 wurde ein weiteres Viertel der Fachwerkbausubstanz abgebrochen und durch neue Wohnblöcke in Plattenbauweise ersetzt. Nur zwei Straßenzüge sind im Rahmen der „Komplexen Rekonstruktion" der 80er Jahre (vgl. S. 340) in ihrer erhaltenswerten Form saniert worden. Im Jahr 1989 war der noch verbliebene Fachwerksbaubestand weitgehend unbewohnbar und sollte ebenfalls abgebrochen werden. Ein Abrißstop ist erst 1990 verfügt worden.

Die Zielsetzungen der erhaltenden Stadterneuerung in Halberstadt beziehen sich auf den gesamten Altstadtkern mit dem Rest der historischen Bausubstanz und die innerstädtischen Neubauten der letzten Jahre. Für die voraussichtlich zehn bis fünfzehn Jahre dauernde Sanierung sind die folgenden Ziele aufgestellt worden:

1. Beseitigung der städtebaulichen Mißstände und Wiederherstellung der gesamtstädtischen Funktion des Sanierungsgebietes hinsichtlich der infrastrukturellen Erschließung, der wirtschaftlichen Anforderungen und der (seit 1990) veränderten Verkehrsbedingungen,
2. Wiederherstellung gesunder Wohn- und Arbeitsverhältnisse unter Rücksichtnahme auf Altstadtbereiche von geschichtlicher und städtebaulicher Bedeutung,
3. Stärkung der Wohnfunktion durch Instandsetzung, Modernisierung und Verbesserung der Wohnumfelder sowie Steigerung der Erlebnisqualität im Stadtbild,
4. Verbesserung der zentralörtlichen Funktionen Halberstadts in wirtschaftlicher und kultureller Hinsicht. Halberstadt ist vor dem Zweiten Weltkrieg das Dienstleistungs- und Handelszentrum des nördlichen Harzvorlands gewesen.

Bei sämtlichen Maßnahmen sollen ökologische Belange berücksichtigt und bestehende Umweltbelastungen gemindert werden.

Sanierungskosten: Die Gesamtkosten der Stadterneuerungsmaßnahmen werden auf 600 Mio. DM geschätzt. Davon werden etwa 420 Mio. DM über Städtebauförderungsmittel aufgebracht. Der Rest stammt aus Mitteln des Landes Sachsen-Anhalt, der Stadt Halberstadt sowie aus finanzieller Beteiligung der Eigentümer.

Allein die Gebäudesanierungskosten betragen im Durchschnitt DM 700 000,– bei einem dreigeschossigen Haus.

Die hohen Gesamtkosten der Stadterneuerungsmaßnahmen resultieren aus der Sondersituation, daß in Halberstadt – ähnlich wie in fast allen anderen Städten der neuen Bundesländer – in nahezu allen städtebaulichen Bereichen ein akuter Handlungsbedarf besteht: Neben der Sanierung und Modernisierung der Gebäude müssen z.B. Ver- und Entsorgungseinrichtungen erneuert und städtebauliche Konzeptionen erarbeitet werden. Viele dieser Aufgaben müssen gleichzeitig begonnen werden; dies bei angespannter Haushaltslage, bei einem noch nicht funktionierenden Verwaltungsapparat und z.T. ungeklärten Eigentumsverhältnissen. Die Sanierungsmaßnahmen werden z.B. dadurch behindert, daß an sämtlichen Gebäuden, deren Besitzverhältnisse ungeklärt sind, lediglich die baupolizeilich vorgeschriebenen Sicherungsmaßnahmen erfolgen dürfen. Hinzu kommt, daß die Bevölkerung nur eine geringe Akzeptanz gegenüber den z.T. sehr detaillierten (westdeutschen) Bauvorschriften zeigt. So können vielfach die stadtplanerischen Absichten (hinsichtlich Gebäudehöhen, Dachgestaltung, Materialwahl usw.) nur schwer mit den Interessen der verschiedenen Eigentümer abgestimmt werden.

Stadtsanierung in den neuen Bundesländern ist angesichts der oben genannten Besonderheiten mit Fragestellungen verbunden, die über die bisher erprobten Verfahren in den alten Bundesländern hinausgehen. Allerdings gibt es auch richtungsweisende Neuerungen: Die Stadtverordnetenversammlung von Halberstadt hat, um der Spekulationsgefahr vorzubeugen, beschlossen, daß beim Verkauf von Gebäuden und Grundstücken nur der Wert ohne sanierungsbedingte Wertsteigerungen verlangt werden darf!

Halberstadt: Straßenzeilen in der Innenstadt 1993

Inzwischen (Stand Ende 1993) hat sich das Stadtbild von Halberstadt bereits an verschiedenen Stellen erheblich gewandelt. Für einzelne Innenstadtbereiche sind europaweite Architektenwettbewerbe durchgeführt worden. Durch die Auswahl von Halberstadt als „Modellvorhaben" werden die notwendigen Maßnahmen forciert umgesetzt werden können.

1. *Erarbeiten Sie eine Übersicht, in der die Stadtentwicklungsphasen in den alten und neuen Bundesländern mit je einem charakterisierenden Merkmal gekennzeichnet sind.*
2. *Diskutieren Sie die Frage, inwiefern mit städtebaulichen Mitteln (Bevorzugung kollektiver Wohnformen sowie Vereinheitlichung) gesellschaftliche und politische Zielsetzungen erreichbar sind.*
3. *Die städtebaulichen Problemfelder in den neuen Bundesländern (ab S. 341) signalisieren einen erheblichen städtebaulichen Handlungsbedarf. Formulieren Sie Unterschiede zwischen der Situation in den alten und neuen Bundesländern.*

4. *Erläutern Sie, weshalb Maßnahmen der Stadtsanierung und Stadterhaltung als „vermittelnder Kompromiß zwischen Vergangenheit, Gegenwart und Zukunft" bezeichnet werden.*
5. *Analysieren Sie die Kapitel zur Stadtsanierung hinsichtlich möglicher Kriterien, nach denen der „Erfolg" von Sanierungsmaßnahmen beurteilt werden kann. Stellen Sie Argumente aus Sicht der beteiligten Bevölkerungsgruppen und der Stadtplanungsbehörden zusammen. Berücksichtigen Sie dabei, daß Stadtsanierung gleichzeitig Stadtentwicklung bedeutet.*
6. *Werten Sie den Kartenausschnitt aus dem Sanierungsgebiet in Halberstadt aus, und stellen Sie dar, weshalb die Plattenbauweise einen empfindlichen Eingriff in die historisch gewachsenen Struktur der Innenstadt darstellt.*
7. *„Die soziale und ökologische Qualität der Stadtplanung läßt sich durch eine stärkere Beteiligung der Bürgerinnen und Bürger an den Planungsprozessen erheblich verbessern" (Äußerung eines Stadtplanungsexperten). Ermitteln Sie, welche Möglichkeiten Sie selbst haben, auf Stadtplanungsprozesse in Ihrem Schulort/Wohnort Einfluß zu nehmen.*

Entwicklungs-
probleme
der Dritten Welt

1 Entwicklungsländer –
Begriffsbestimmung und Typologie

1.1 Der Begriff „Dritte Welt"

Im UNO-Programm von 1949 tauchte erstmals der Begriff „underdeveloped countries" auf, der in Deutschland sinngemäß mit „unterentwickelte Länder" übersetzt wurde. Unterentwickelt waren die Völker dieser Gebiete aber zumeist nur im Hinblick auf die moderne Technologie; auf kulturellem Sektor hatten sie in der Vergangenheit vielfach beachtenswerte Leistungen geschaffen. In den 50er Jahren setzte sich mehr und mehr der Begriff „Entwicklungsländer" durch. Eine einheitliche Definition dieses Begriffes gibt es aber bis heute nicht. Lange Zeit galten primär ökonomische Maßstäbe, insbesondere das Bruttosozialprodukt (BSP), als Kriterium der Zuordnung eines Landes zu der Gruppe der reichen (= entwickelten) oder armen (= unterentwickelten) Länder. Zu den reichen zählte man die westlichen Industrieländer (einschließlich Irland, Portugal, Spanien, Griechenland), Japan und die Ostblockstaaten SU, DDR, ČSSR nebst den wirtschaftlich schwächeren Ländern Polen, Ungarn, Rumänien und Bulgarien. Sie bildeten die „Erste Welt"; alle anderen Staaten faßte man kurz unter der Bezeichnung „Entwicklungsländer" zusammen.
Mit der politischen Polarisierung zwischen West und Ost ging man bald dazu über, die kommunistischen Länder mit sozialistischer Zentralverwaltungswirtschaft, kurz: die Ostblockstaaten, als eigene Gruppe unter dem Namen „Zweite Welt" auszugliedern. Die dritte Gruppe, ursprünglich die Gesamtheit der blockfreien Staaten, faßte man unter der Bezeichnung „Dritte Welt" zusammen. Da die Mehrheit dieser Länder sich in wirtschaftlicher Not befindet, wird das Wort „Dritte Welt" heute als Synonym für „Entwicklungsländer" gebraucht.
Infolge der Lage in unterschiedlichen Klimazonen – die alten Industrieländer gehören alle der nördlichen gemäßigten Zone an, während die Entwicklungsländer außerhalb der gemäßigten Breiten fast ausschließlich in den Tropen und Subtropen, in den mediterranen und monsunalen Klimazonen liegen – ist es üblich geworden, besonders in wirtschaftspolitischen Gesprächen wie z. B. auf den Welthandelskonferenzen, den Gegensatz zwischen den Industrieländern und den Entwicklungsländern mit den Begriffen „Norden" und „Süden" geographisch zu umschreiben. Man spricht vom Nord-Süd-Problem bzw. vom Nord-Süd-Gefälle.

1.2 Einteilung der Entwicklungsländer

Die „Fünf Welten"
Die klassische Dreigliederung der Welt in westliche Industrieländer, Ostblockstaaten und Entwicklungsländer paßt jedoch nicht mehr in das heutige wirtschaftliche und politische Weltbild. Umwälzungen wie die drastischen Ölpreiserhöhungen 1973 und 1978/79 und die damit zusammenhängenden Wohlstandssteigerungen einzelner Entwicklungsländer (z.B. Kuwait, Saudi-Arabien, Libyen), erfolgreiche Industrialisierungsbestrebungen anderer Länder (z. B. Brasilien, Korea, Singapur) oder wirtschaftliche Rückschläge durch Naturkatastrophen (Sahelstaaten) und kriegerische Konflikte (z. B. Nigeria, Äthiopien, Mittelamerika) lassen den gemeinsamen Nenner „Dritte Welt" als überholt erscheinen.

Wegen der großen Unterschiede zwischen den einzelnen Entwicklungsländern spricht man heute auch von einer „Dritten", „Vierten" und „Fünften" Welt.

Frauen in Bureng, Gambia, arbeiten an der Dreschmaschine und lernen im Rahmen eines Ausbildungsprogramms den Umgang mit verbesserten Arbeitsgeräten

Ökologisch angepaßte Feldbestellung südlich von Essauira, Marokko

Dritte Welt – rohstoffreiche Entwicklungsländer mit beginnender Industrialisierung
Vierte Welt – rohstoffarme Entwicklungsländer mit geringer Industrialisierung, aber Ansätzen einer wirtschaftlichen Aufwärtsentwicklung
Fünfte Welt – Entwicklungsländer auf besonders niedriger wirtschaftlicher Entwicklungsstufe und mit besonders ungünstigen Voraussetzungen

Die Vereinten Nationen führen zwei Listen besonders armer Entwicklungsländer:
a) *Least developed countries* (LDC/LLDC) – am wenigsten entwickelte Länder; zur Abgrenzung dienen folgende Indikatoren (Werte ermittelt für den Durchschnitt 1980–1982): Bruttoinlandsprodukt pro Kopf kleiner als 355 US-$, Anteil des Industriesektors am Bruttoinlandsprodukt weniger als 10%, Alphabetisierungsquote der Bevölkerung über 15 Jahre weniger als 20%. 1990 galten 42 Entwicklungsländer als LDC. In ihnen leben rund 400 Millionen Menschen, das sind etwa 10% der Bevölkerung der Dritten Welt.
b) *Most seriously affected countries* (MSAC) – von der wirtschaftlichen Krise seit der Ölpreiserhöhung 1973 am meisten betroffene Länder; zur Identifizierung der MSAC dienen u.a. folgende Kriterien: niedriges Pro-Kopf-Einkommen, starker Preisanstieg bei wichtigen Importen im Vergleich zu den Exporten, hohe Auslandsverschuldung. 1990 lebten in diesen Ländern rund 1,6 Milliarden Menschen, d.h. 36% der Bevölkerung der Dritten Welt.

Weltbankeinteilung. Verbreitet, besonders in internationalen Statistiken, ist derzeit eine Einteilung, die die Weltbank in ihren jährlich erscheinenden Weltentwicklungsberichten trifft. Wichtigstes Abgrenzungskriterium ist das Pro-Kopf-Einkommen. Unterschieden werden:
– „Länder mit niedrigem Einkommen" (BSP pro Kopf unter 610 US-$, 1990): z.B. Äthiopien, Indien, China, Kenia
– „Länder mit mittlerem Einkommen"
  a) untere Einkommenskategorie (BSP pro Kopf von 611 bis 2465 US-$): z.B. Bolivien, Kamerun, Algerien, Argentinien
  b) obere Einkommenskategorie (BSP pro Kopf von 2466 bis 7619 US-$): z.B. Mexiko, Venezuela, Portugal

– „Länder mit hohem Einkommen", OPEC- und OECD-Länder (BSP pro Kopf über 7619 US-$): z.B. Irland, Vereinigte Arabische Emirate, Deutschland, USA
Aufgrund der besonderen entwicklungspolitischen Bedeutung der Schuldenbelastung vieler Entwicklungsländer weist die Weltbank zusätzlich die Gruppen der *SILIC (Severely Indebted Low-Income Countries)* und der *SIMIC (Severely Indebted Middle-Income Countries)* aus. SILIC und SIMIC sind Länder, bei denen drei von vier Schuldenkennzahlen kritische Schwellenwerte überschreiten: 50% beim Verhältnis von Schulden zum BSP, 275% beim Verhältnis von Schulden zu Exporterlösen, 30% beim Verhältnis von Schuldendienst zu Exporterlösen, 20% beim Verhältnis von Zinsleistungen zu Exporterlösen (vgl. dazu Kapitel „Welthandel").

Schwellenländer. Entwicklungsländer mit einem relativ fortgeschrittenen Entwicklungsstand werden als *Schwellenländer* bezeichnet (englisch: *take-off countries* oder NIC = *newly industrializing countries*). Die Beurteilung eines Entwicklungslandes als NIC geht primär von der Höhe des Pro-Kopf-Einkommens, dem Anteil der Industrieproduktion am BIP und dem Anteil von Fertigprodukten am Weltexport aus. Den Ländern dieser Gruppe ist gemein, daß sie die für Entwicklungsländer typische einseitige Außenhandelsstruktur als Exporteure von Rohstoffen und Importeure von Fertigwaren durchbrochen haben.
Auf internationaler Ebene gibt es jedoch keine verbindliche Liste von Schwellenländern, da ganz unterschiedliche Schwellenwerte zur Abgrenzung angelegt werden. Während z.B. die Weltbank und der IWF (Internationaler Währungsfonds) jeweils elf Länder als Newly Industrializing Countries ausweisen, darunter aber nur noch sechs, die gemeinhin zur Dritten Welt gezählt werden (Brasilien, Indien, Singapur, Südkorea, Taiwan, Hongkong), weisen andere Organisationen, wie z.B. die OECD (Organization for Economic Cooperation and Development), wesentlich mehr Länder als NIC aus. Die Versuche des Bundesministeriums für wirtschaftliche Zusammenarbeit (BMZ) und der EG, auch soziale und politische Indikatoren zur Bestimmung von Schwellenlän-

| | Länder mit niedrigem Einkommen | | | Länder mit mittlerem Einkommen | | | | | | Länder mit hohem Einkommen | |
| | | | | untere Einkommenskategorie | | | obere Einkommenskategorie | | | | |
	Äthiopien	Indien	Kenia	Kamerun	Peru	Algerien	Mexiko	Venezuela	Portugal	USA	Deutschland[1]
Bevölkerung (1990, in Mio.)	51,2	849,5	24,2	11,7	21,7	25,1	86,2	19,7	10,4	250,0	79,5
Durchschnittl. jährl. Bevölkerungswachstum (1965–1980/1980–1990, in %)	2,7/3,1	2,3/2,1	3,6/3,8	2,7/3,0	2,8/2,3	3,1/3,0	3,1/2,0	3,5/2,7	0,4/0,6	1,0/0,9	0,2/0,1
Bruttosozialprodukt pro Kopf (1990, in US-$)	120	350	370	960	1160	2060	3030[7]	2560	4900	21790	22320[3]
Durchschnittl. jährl. Zuwachs des BSP pro Kopf (1965–1990, in %)	−0,2	1,9	1,9	3,0	−0,2	2,1	2,8	−1,0	3,0	1,7	2,4[3]
Anteil am Bruttoinlandsprodukt (1965/1990, in %) Landwirtschaft	58/41	44/31	35/28	33/27	18/ 7	•/14	14/ 9	6/ 6	•/ 6[4]	3/ 2[4]	4/ 2[3]
Industrie	14/17	22/29	18/21	20/28	30/37	•/36	27/30	40/50	•/38	38/33	53/39
Dienstleistungssektor	28/42	34/40	47/51	47/46	52/56	•/50	59/61	54/44	•/56	59/65	43/59
Auslandsverschuldung (1990, in Mio. US-$)	3250	70115	6840	6023	21105	26806	96810	33305	20413	•	•
Durchschnittl. Index der Nahrungsmittelerzeugung pro Kopf (1988–1990, 1979/81 = 100)	84	119	106	89	100	96	102	96	106	92	112[3]
Lebenserwartung bei der Geburt (1990, in Jahren)	48	59	59	57	63	65	70	70	75	76	76
Alphabetenquote für Erwachsene[5] (1990, in %)	•	48	69	54	85	57	87	88	85	99	99
Anteil der Stadtbevölkerung[2] an der Gesamtbevölkerung (1965/1990, in %)	8/13	19/27	9/24	16/41	52/70	38/52	55/73	70/84	24/34	72/75	78/84
Energieverbrauch pro Kopf (1990, in kg Öleinheiten)[6]	20	231	100	147	509	1956	1300	2582	1507	7822	3491

1) Alte und neue Bundesländer, falls nicht anders angegeben 2) Stadt: nach nationalen Definitionen 3) nur alte Bundesländer 4) Angaben für 1989 5) Bevölkerung über 15 Jahre 6) Verwendung von Brennholz nicht berücksichtigt 7) 1991
Nach: The World Bank (Hrsg.): World Development Report 1992. Oxford University Press 1992 (Daten teilweise ergänzt und gerundet)

353

dern heranzuziehen, konnten sich auf internationaler Ebene nicht durchsetzen. Deswegen hat das BMZ seine Liste von ehemals 30 Schwellenländern, die auch solche wenig aussichtsreichen Entwicklungsländer wie Ecuador und Nicaragua enthielt, zurückgezogen.

1.3 Merkmale der „Unterentwicklung"

Als wichtigster Indikator der „Unterentwicklung" wird in fast allen Untersuchungen das Bruttosozialprodukt herangezogen. Darin liegt aber eine entscheidende Schwäche, denn das BSP – auch umgerechnet pro Kopf der Bevölkerung – hat nur einen begrenzten Aussagewert. Als statistischer Durchschnittswert sagt es z.B. nichts über die Verteilung des Volkseinkommens und damit über den Lebensstandard des einzelnen aus; auch berücksichtigt es nicht die erheblichen regionalen Unterschiede innerhalb der Entwicklungsländer. Typisch für viele dieser Länder sind jedoch krasse regionale Disparitäten – sowohl auf wirtschaftlichem, infrastrukturellem als auch sozialem Sektor. Indem das BSP ausschließlich ökonomische Fakten wiedergibt, verschleiert es die Vielschichtigkeit des Sachverhaltes „Entwicklungsstand". Unterentwicklung ist aber eine wirtschaftliche, soziale und politische Erscheinung. Deswegen ist es notwendig, Merkmale aus unterschiedlichen Lebens- und Gesellschaftsbereichen zu verwenden, um eine differenzierte Aussage über die individuellen Strukturen, Prozesse und Probleme von Ländern zu erhalten.
Eine Liste von Merkmalen der *„Unterentwicklung"* bleibt jedoch immer selektiv und unvollständig, denn es kann kaum einen Katalog geben, der alle wichtigen Aspekte von Unterentwicklung erfassen könnte und gleichzeitig der Individualität eines Landes gerecht würde. Dennoch läßt sich eine große Anzahl von *Indikatoren* nennen, die den meisten Entwicklungsländern – in je unterschiedlichen Ausprägungen – gemeinsam sind. Zu diesen Gemeinsamkeiten zählen:
- rasche Zunahme der Bevölkerung und Verjüngung des Bevölkerungsaufbaus
- Unter- bzw. Mangelernährung bei einem Großteil der Bevölkerung

- unzureichende medizinische Versorgung
- niedrige Lebenserwartung
- unterentwickeltes Bildungswesen, hohe Analphabetenquote
- ungesicherte Rechtsstellung der Frau
- Mangel an qualifizierten Arbeitskräften, Lehrern, Ärzten, Führungskräften
- hohe Arbeitslosenquote (offene und versteckte Arbeitslosigkeit)
- ungleiche Besitz- und Einkommensverteilung
- geringes Pro-Kopf-Einkommen
- viele Beschäftigte in der Landwirtschaft, wenig Industriebeschäftigte, dagegen überbesetzter tertiärer Sektor
- geringe Arbeitsproduktivität
- einseitige Produktionsstruktur (Industrie)
- hoher Anteil der Landwirtschaft am BSP
- unzureichende Infrastrukturen
- monokulturelle Abhängigkeit von der Ausfuhr weniger Rohstoffe und der Einfuhr fast aller wichtigen Investitionsgüter
- hohe Auslandsverschuldung
- starke regionale Disparitäten
- unkontrollierter Verstädterungsprozeß und Slumbildung
- vielfach politische Instabilität.

1.4 Frauen und Entwicklung

In den meisten Entwicklungsländern nehmen Frauen eine Schlüsselrolle in sowohl wirtschaftlich als auch sozial wichtigen Lebensbereichen ein. Sie erbringen etwa drei Viertel aller Arbeitsleistungen auf dem Lande und produzieren ca. die Hälfte aller Nahrungsmittel. Hinzu kommen die vielfältigen Tätigkeiten im Bereich der Hauswirtschaft, Kindererziehung oder in der Gesundheitsversorgung. Auch im sogenannten *informellen Sektor,* darunter versteht man jenen Zweig der Wirtschaft, der gleichsam im verborgenen blüht und weder von der Steuer erfaßt noch von anderen gesetzlichen Vorschriften geregelt wird (z. B. Straßenhandel, Schuhputzer, Kofferträger), spielen Frauen eine immer größere Rolle.
Andererseits sind diese Frauen gegenüber den Männern wirtschaftlich, sozial, kulturell, rechtlich und politisch auf das gröbste benachteiligt. In der Regel beziehen sie nur ein Zehntel des gesamten Geldeinkommens

und verfügen nur über einen Bruchteil des Vermögens. Ihr niedriger sozialer Status erschwert ihnen den Zugang zu Ausbildung, zu vielen Berufen und damit zu Einkommen und sozialem Aufstieg. Infolge der hohen Geburtenraten und der schnellen Geburtenfolge sind die Frauen erhöhten gesundheitlichen Risiken ausgesetzt, die durch die schlechtere Ernährung und medizinische Versorgung noch verschärft werden.

Frauenförderung ist deshalb heute ein besonderes Anliegen der Entwicklungshilfe und der Entwicklungspolitik. So erklärten die Vereinten Nationen das Jahr 1975 zum „internationalen Jahr der Frau" und den Zeitraum von 1975 bis 1985 zur „Dekade der Frau". Auch die Bundesrepublik hat in ihren „Grundlinien der Entwicklungspolitik" von 1986 die Förderung der Frauen zu einem Schwerpunkt der deutschen Entwicklungszusammenarbeit erklärt. Unter Berücksichtigung der besonderen kulturellen, religiösen und sozialen Gegebenheiten der jeweiligen Regionen soll die aktive Beteiligung der Frauen am Entwicklungsprozeß besonders gefördert werden. Zur Umsetzung dieser Zielsetzung wurde 1988 ein spezielles „Konzept für die Förderung der Frauen in Entwicklungsländern" erstellt.

„Danach sind die Interessen der Frauen in die Planung und Durchführung aller Projekte und Programme einzubeziehen. ... Nachteilige Auswirkungen auf Frauen, wie z. B. höhere Arbeitsbelastung und geringeres Einkommen, die häufig Folge des Einsatzes von neuen Technologien sind, müssen vermieden werden. Seit dem 1. Januar 1990 müssen deshalb alle TZ- und FZ-Vorhaben Aussagen darüber enthalten, wie sich die Projekte auf Frauen auswirken."

Bundesministerium für wirtschaftliche Zusammenarbeit (Hrsg.): Journalistenhandbuch Entwicklungspolitik 1991/92. Bonn 1991, S. 201

1. *Kennzeichnen Sie anhand der Tabelle auf S. 353 den Entwicklungsstand der aufgeführten Länder.*
2. *Versuchen Sie zu erklären, warum gerade Binnenländer wie Uganda, Zentralafrikanische Republik, Afghanistan oder Nepal zu den „least developed countries" zählen.*
3. *Diskutieren Sie, ob und inwieweit Portugal als Entwicklungsland einzustufen ist.*
4. *Welche Kriterien sprechen für die Zuordnung Venezuelas zu der Gruppe der Schwellenländer?*
5. *Wählen Sie aus der Liste der Merkmale der Unterentwicklung (S. 354) geeignete Indikatoren aus, und stellen Sie die Wechselwirkung zwischen ihnen in einem Schaubild dar.*
6. *„Durchschnittswerte geben nur einen unzureichenden Aufschluß über den Entwicklungsstand eines Landes und die Lage seiner Menschen." Belegen Sie diese Behauptung anhand von Beispielen.*
7. *Beschreiben Sie anhand von Atlaskarten und Statistiken den Entwicklungsstand und die Entwicklungsmöglichkeiten eines Landes der Dritten Welt Ihrer Wahl.*

2 Entwicklungstheorien – Entwicklungsstrategien

2.1 Theorien der Unterentwicklung

Die vorstehend genannten Merkmale führen zwangsläufig zu der Frage nach den Ursachen der Unterentwicklung. Es gibt eine Vielzahl von Theorien, die die Armut der Dritten Welt zu erklären und daraus entwicklungspolitische Strategien abzuleiten versuchen. Kaum eine dieser Theorien reicht zu einer widerspruchsfreien Erklärung allein aus, da sie vielfach monokausal sind und mit ihrem globalen Gültigkeitsanspruch relevante lokale bzw. interne (z. B. physio-ökologische, klimatische und soziale) Gegebenheiten zu wenig berücksichtigen.

Ebenso wie die Erscheinungsformen der Unterentwicklung vielfältiger Art sind, muß auch als Begründung ein Ursachenkomplex angenommen werden. Zur Erklärung sind naturgeographische und historische, gesellschaftliche und politische, ökonomische und kulturelle Gründe heranzuziehen.

In der entwicklungstheoretischen Diskussion werden besonders zwei *Theorien der Entwicklung/Unterentwicklung* erörtert und als gegensätzliche Grundkonzeptionen formuliert: die *Modernisierungstheorie* und die *Dependenztheorie*.

a) Die *Modernisierungstheorie* sieht die Ursachen der Unterentwicklung vor allem in den Entwicklungsländern selbst, insbesondere in den traditionsverhafteten statischen Wirtschafts- und Gesellschaftsformen (z. B. *Kastenwesen* in Indien). Unterentwicklung wird als Ergebnis endogener Verursachung verstanden. Die Rückständigkeit soll dabei einer Entwicklungsphase entsprechen, die auch die Industrieländer einmal, etwa am Anfang der industriellen Revolution, durchlaufen haben. Für die Entwicklungspolitik ergibt sich entsprechend die Forderung, daß die bereits entwickelten Länder das Leitbild für den Entwicklungsweg weisen können. Modernisierung wird in diesem Falle gleichgesetzt mit „Verwestlichung", das heißt Übernahme technischer, wirtschaftlicher, sozialer und zivilisatorischer Leitvorstellungen z. B. von Europa oder den USA.

b) Die *Dependenztheorie* sieht die Ursachen der Unterentwicklung nicht lediglich als ungenügende, sondern als von außen fehlgeleitete Entwicklung, als Ergebnis der historisch gewachsenen Abhängigkeit der Entwicklungsländer von den Staaten Europas und Nordamerikas durch den Kolonialismus und Neokolonialismus. Überspitzt formuliert: Entwicklungsländer waren nicht unterentwickelt, sondern sind durch die koloniale Herrschaft und Ausbeutung erst unterentwickelt worden, „Entwicklung der Unterentwicklung". Viele Dependenztheoretiker knüpfen an die marxistischen Imperialismustheorien an, indem sie Unterentwicklung als Folge der weltweiten Expansion des Kapitalismus begreifen. Das Ergebnis der Fremdbestimmung und Außensteuerung sei die Entwicklung nach außen, d. h. Produktion für den Weltmarkt und nicht für die Bedürfnisse des eigenen Landes und damit die Blockierung der eigenen Entwicklungsdynamik.

Zentrum-Peripherie-Modell. Das historisch bedingte Abhängigkeitsverhältnis der Entwicklungsländer von den Industrieländern wird vielfach durch das *Zentrum-Peripherie-Modell* erfaßt. *Dependenz* bedeutet nach dieser Auffassung sowohl wirtschaftliche als auch politische und kulturelle Abhängigkeit der Länder der Dritten Welt (der Periphernationen) von den Industrieländern (den Zentralnationen).

Abhängigkeit und Unterentwicklung äußern sich aber nicht nur im globalen Verhältnis zwischen Entwicklungsländern und Industrieländern, sondern finden ihre Entsprechung auch innerhalb der Länder der Dritten Welt, wo sich reiche Zentren (zentrale Regionen) und Randgebiete (periphere Regionen) gebildet haben. Die Zentren sind geographisch die Ballungsgebiete, wirtschaftlich die Industriegebiete, sozial die Oberschichten. Sie beuten die peripheren Regionen, das heißt die Elendsviertel rund um die Städte und das Hinterland aus, indem sie dort billige Arbeitskräfte und/oder Rohstoffe abziehen und teure Konsumgüter liefern. Die peripheren Regionen werden somit von den Zentren wirtschaftlich abhängig; die in der Kolonialzeit vorgeprägten Entwicklungsunterschiede vergrößern und verfestigen sich *(innerer Kolonialismus).*

Modernisierungs- und Dependenztheorie mögen zunächst als gegensätzlich, sich einander ausschließend erscheinen. In Wirklichkeit sind sie jedoch nicht unvereinbar. Es ist sicherlich falsch, Entwicklung ausschließlich aus der Sicht der „entwickelten" Länder zu sehen. Ebenso falsch ist es jedoch, Unterentwicklung allein der kolonialen, der finanziell-industriellen und technologisch-industriellen Abhängigkeit zuzuschreiben. Unterentwicklung ist vielmehr als Ergebnis einer Wechselwirkung zwischen internen und externen Einflüssen zu sehen.

Zentrum-Peripherie-Beziehungen in der kolonialen und postkolonialen Phase

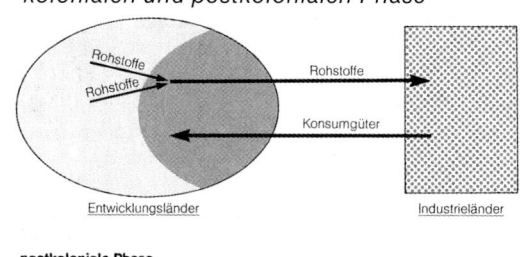

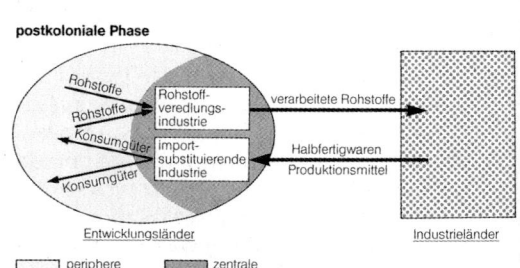

356

2.2 Entwicklungsstrategien

Aus den unterschiedlichen Entwicklungstheorien lassen sich verschiedene *Entwicklungsstrategien* ableiten, mit deren Hilfe die betroffenen Länder aus ihrem Status der „Unterentwicklung" herausgeführt werden sollen. Im folgenden werden die wichtigsten Strategien in stark verkürzter Form vorgestellt.

Aus der Modernisierungstheorie

– Die Strategie des *„ungleichgewichtigen Wachstums",* die aufgrund der begrenzten Investitionsmittel die beste Möglichkeit einer Gesamtentwicklung in der Konzentration dieser Mittel auf eine begrenzte Anzahl von Wachstumszentren oder in der punktuellen Förderung einzelner Schlüsselindustrien sieht. Die Verfechter gehen von der Annahme aus, daß von einem solchen Wachstumszentrum schließlich Entwicklungsimpulse auf die umliegenden Regionen ausgehen bzw. daß die Schlüsselindustrien positive Effekte ausüben, etwa durch eine erhöhte Nachfrage. Kritiker dieser Theorie weisen vor allem darauf hin, daß sich die als nur zeitweilig eingeplante Verstärkung regionaler Disparitäten nicht wieder verringert, sondern daß sich die Unterschiede auf Dauer sogar noch vergrößern.
– Die Strategie des *„gleichgewichtigen Wachstums",* die den „Teufelskreis der Armut" von vielen Seiten zu durchbrechen versucht. Dieser Strategie liegt die Annahme zugrunde, daß ein sich selbst tragendes wirtschaftliches Wachstum nur durch ein Gesamtkonzept von aufeinander abgestimmten und gleichzeitig vorgenommenen Investitionen erreicht werden kann.

Aus der Dependenztheorie

– Die *„Abkoppelungsstrategie",* die eine Herauslösung der Entwicklungsländer aus dem Weltmarkt fordert, um eine eigenständige Wirtschaft und Gesellschaft aufzubauen, gestützt auf die eigenen Ressourcen und Bedürfnisse *(„autozentrierte Entwicklung").* Das Vorbild ist z. B. der chinesische Entwicklungsweg unter Mao. Aufgrund der unterschiedlichen Ausstattung der Entwicklungsländer mit Ressourcen und/oder unzureichender Bin-

nenmarktgrößen bestehen für viele Länder der Dritten Welt jedoch erhebliche Schwierigkeiten für die Umsetzung dieser Strategie in die Praxis.

– Die Beseitigung des „inneren Kolonialismus" auf revolutionärem Weg oder durch eine Machtverlagerung von den Zentren zur Peripherie, etwa durch eine Mobilisierung der verarmten Massen.

Die enttäuschende Erfahrung der letzten Jahrzehnte, daß trotz globalen Wachstums die Armut in der Dritten Welt weiterhin zugenommen hat, läßt Zweifel an der Wirksamkeit der bislang eingeschlagenen Strategien aufkommen. Der mit dem wirtschaftlichen Wachstum erhoffte Ausbreitungseffekt *(trickle down effect)* hat die Mehrheit der armen Bevölkerung nur in ganz begrenztem Umfang erreicht. Aber auch die in vielen Ländern erfolglos erprobten Bemühungen, durch radikale sozialistische Reformen die Armut zu lindern, haben gelehrt, daß politische Dogmen die wirtschaftliche Realität nicht ersetzen können. Deshalb macht sich immer stärker die Erkenntnis breit, daß das Problem der Armut in der Dritten Welt direkt, d. h. über eine an den Grundbedürfnissen der Menschen orientierte Politik angepackt werden muß.

Als oberstes Ziel dieser *Grundbedürfnisstrategie* gilt demzufolge nicht die Steigerung des Bruttosozialprodukts, sondern die Sicherung eines Mindesteinkommens für alle Bewohner aller Entwicklungsländer. Dadurch sollen sie in die Lage versetzt werden, ihre grundlegenden Bedürfnisse nach Nahrung, Kleidung, Wohnung und lebenswichtigen öffentlichen Dienstleistungen wie Trinkwasser, sanitären Einrichtungen und Schulen zu befriedigen (vgl. zu den Entwicklungsstrategien auch Kap. 4.3).

1. *Vergleichen Sie Modernisierungs- und Dependenztheorie. Wo sind Unterschiede, wo Berührungspunkte?*
2. *Erläutern Sie anhand der nebenstehenden Abbildung die Grundgedanken des Zentrum-Peripherie-Modells.*
3. *Diskutieren Sie, ob, unter welchen Voraussetzungen und mit welchen Folgen die Abkoppelungsstrategie durchführbar ist.*

3 Der Prozeß der Entwicklung

3.1 Entwicklung der Agrarwirtschaft und des ländlichen Raumes

Landwirtschaft: Produktion und Hektarerträge ausgewählter Früchte, Düngemitteleinsatz

	Produktion				Erträge
	Getreide		Knollenfrüchte		Getreide
Ländergruppe	1989 (Tsd. t)	Wachstum[1] (1965–1989, in %)	1989 (Tsd. t)	Wachstum[1] (1965–1989, in %)	1989 (dt/ha)
Länder mit niedrigem Einkommen	779 426	3,4	279 738	1,7	25
Länder mit mittlerem Einkommen	332 878	2,5	145 806	0,6	22
untere Einkommenskategorie	183 637	2,4	104 465	1,5	19
obere Einkommenskategorie	149 241	2,6	41 341	−1,0	26
Entwicklungsländer gesamt	1 112 303	3,1	443 544	1,3	24
Afrika südlich der Sahara	58 089	2,1	113 655	2,6	10
Ostasien und Pazifik	490 836	3,7	197 024	1,5	36
Südasien	271 760	3,1	24 884	3,6	20
Mittlerer Osten und Nordafrika	41 342	2,0	6 603	7,5	14
Lateinamerika und Karibik	104 782	2,9	47 385	0,0	21
Länder mit hohem Einkommen	545 234	2,0	68 475	−1,2	39
Welt	1 880 693	2,5	596 829	0,5	27

Da Unterentwicklung eine alle Lebens- und Gesellschaftsbereiche erfassende Erscheinung ist, darf und kann sich die Entwicklung auch nicht nur auf einen Sektor beschränken. Dennoch besitzen einzelne Bereiche der Wirtschaft und Gesellschaft eine besondere Bedeutung. Für die meisten Länder der Dritten Welt ist dies die Landwirtschaft.

Die Bedeutung der Landwirtschaft wird u. a. deutlich, wenn man bedenkt, daß in den Entwicklungsländern zwischen 60 und 90% der Bevölkerung direkt von der Landwirtschaft lebt, daß ein großer Teil des Sozialproduktes von diesem Sektor erwirtschaftet wird und die Deviseneinnahmen vielfach weitgehend aus dem Export landwirtschaftlicher Erzeugnisse stammen.

Nahrungsmittelproduktion und Ernährungssituation
Noch ein weiterer Faktor macht die entwicklungspolitische Schlüsselstellung der Agrarwirtschaft deutlich: Hunger. Trotz beachtlicher Produktionssteigerungen vieler Entwicklungsländer und trotz der eindrucksvollen Erfolge, die in den letzten zwanzig Jahren bei der Abwehr von Hungerkatastrophen erzielt wurden, sind Hunger und Unterernährung immer noch ein Kennzeichen für viele Entwicklungsländer: Hunger vor allem deshalb, weil die eigene Landwirtschaft nicht in der Lage ist, die rasch wachsende Bevölkerung ausreichend mit Nahrungsmitteln zu versorgen.

„Obwohl die Nahrungsmittelerzeugung in den Entwicklungsländern schneller gestiegen ist als

und Bewässerung

	Knollenfrüchte		Düngemittelverbrauch		Bewässerung	
Wachstum[1] (1965–1989, in %)	1989 (dt/ha)	Wachstum[1] (1965–1989, in %)	1989 (t/ha)	Wachstum[1] (1965–1989, in %)	Anteil am Ackerland (1989, %)	Wachstum[1] (1965–1989, in %)
3,0	113	1,3	94	10,3	8,9	1,7
2,0	120	0,3	69	4,7	2,9	2,3
1,9	118	0,6	60	4,8	3,2	2,3
2,2	125	−0,2	82	4,5	2,6	2,3
2,7	116	0,9	83	7,4	5,8	1,9
1,1	78	1,0	9	5,8	0,6	2,2
3,4	139	1,7	186	10,1	9,9	1,6
2,7	140	2,0	69	10,2	27,5	2,1
1,5	145	1,5	63	9,2	5,5	0,8
2,1	116	−0,1	44	6,4	2,0	2,5
1,6	292	1,7	118	1,5	3,0	1,1
2,2	126	0,7	97	4,3	4,9	1,9

[1] durchschnittliches jährliches Wachstum

Nach: The World Bank (Hrsg.): World Development Report 1992. Oxford University Press 1992, S. 202/203

die Bevölkerung, konnte der Verbrauch aufgrund von Einfuhren noch stärker zunehmen. Der Nahrungsmittelverbrauch stieg in den Entwicklungsländern zwischen 1971 und 1984 um 3,5 % jährlich, während die Bevölkerung jährlich um 2,0 % wuchs. In Afrika stieg der Verbrauch jedoch nur um 2,6 % jährlich – dies war weniger als das jährliche Bevölkerungswachstum von 2,8 %. In den sechsunddreißig ärmsten Ländern der Welt, von denen sechsundzwanzig in Afrika liegen, ging der Pro-Kopf-Verbrauch an Nahrungsmitteln in den siebziger Jahren um etwa 3,0 % zurück. Präzise Schätzungen über das Ausmaß der chronischen Unterernährung in Entwicklungsländern sind zwar nicht möglich, allen Berichten zufolge handelt es sich aber um ein Problem von ungeheurer Größenordnung."

Weltbank (Hrsg.): Weltentwicklungsbericht 1986, S. 8

Ländliche Entwicklung kann sich jedoch nicht auf die Steigerung der Agrarproduktion beschränken. Sie ist vielmehr eine umfassende Aufgabe. Neben ökonomischen Maßnahmen muß sie auch die sozialen und infrastrukturellen Voraussetzungen für eine Gesamtentwicklung des ländlichen Raumes und seiner Menschen schaffen.
Im einzelnen strebt sie an:
– die Verbesserung der Selbstversorgung des Landes mit Nahrungsmitteln;
– die Schaffung von Arbeitsplätzen, z.B. im Handwerk und in der „Dorfindustrie";
– die Versorgung mit elementaren Dienstleistungen wie sauberes Trinkwasser, Gesundheits- und Bildungseinrichtungen, Energieversorgung, Wegebau und öffentliche Verkehrsmittel.

Agrarreformen

Für die Steigerung der Agrarproduktion und die Entwicklung des ländlichen Raumes bieten sich verschiedene Möglichkeiten an, besonders *Bodenbesitzreformen,* die Erschließung von *Landreserven* und *Bodenbewirtschaftungsreformen.*

Bodenbesitzreformen, d.h. die Änderung der Eigentums- und Besitzverhältnisse am Boden, zählen zu den dringlichsten strukturverbessernden Maßnahmen im agrarwirtschaftlichen Sektor der meisten Entwicklungsländer. Charakteristisch ist meist der Gegensatz zwischen einer kleinen Schicht von Großgrundbesitzern und der breiten Masse der ländlichen Bevölkerung, die entweder landlose Lohnarbeiter bzw. Pächter sind oder von einem bäuerlichen Kleinstbesitz leben muß, der oft nicht einmal für die Selbstversorgung ausreicht.

So lagen z.B. in Java im Jahr 1973 fast 58% aller Betriebe unter 0,5 ha, 20% sogar unter 0,2 ha. Nach offiziellen Schätzungen besitzt etwa jeder dritte landwirtschaftlich Erwerbstätige im Durchschnitt aller Entwicklungsländer kein eigenes Land. Besonders hoch ist der Anteil der landlosen Agrarbevölkerung in den dichtbevölkerten Reisbaugebieten Asiens, wie z.B. auf Zentraljava, wo die Quote mit 65–80% angegeben wird – mit wachsender Tendenz. Für Indien, Bangla Desch, Sri Lanka und die Philippinen liegen die Werte zwischen 50 und 75%.

Landbesitzverteilung in Indien 1985/86

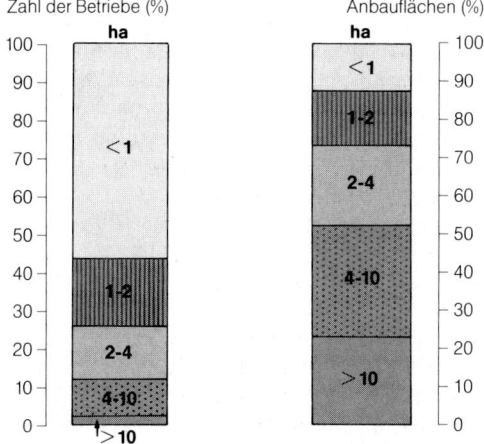

Nach Tata Services Ltd. (Hrsg.): Statistical Outline of India 1989/90. Bombay 1990, S. 61

Ähnlich sind die Verhältnisse in vielen lateinamerikanischen Ländern, wo wenige große Betriebe, die *Latifundien,* oft mehr als 50% des gesamten bebauten Landes besitzen, während über die Hälfte der Betriebe in die Kategorie der *Minifundien* fallen (Ecuador 90%), deren Landbesitz vielfach nur der Fläche eines größeren Gartens entspricht.

Ein rentables Wirtschaften ist unter diesen Bedingungen kaum möglich. Durch die intensive Arbeitsleistung sind die Hektarerträge zwar meist höher als auf den Großgrundbesitzen, die winzigen Parzellen ermöglichen aber kaum Ersparnisse für Investitionen in besseres Saatgut, Düngemittel oder Pestizide. Das Geldeinkommen muß durch den Verkauf der Arbeitskraft gesichert werden. Dies geschieht gewöhnlich durch die Abwanderung auf die großen Besitzungen oder in die Städte. In den unzureichenden Besitzgrößen liegt ein Grund für die Landflucht und das explosionsartige Wachstum der Städte der Entwicklungsländer.

Ein weiteres starkes Entwicklungshemmnis stellt der vor allem in orientalischen Ländern weit verbreitete *Rentenkapitalismus* dar. Darunter versteht man ein Wirtschaftssystem, bei dem die Landeigentümer – sie gehören in der Regel der städtischen Oberschicht an – ihre Ertragsanteile (Renten) aus der Landwirtschaft abschöpfen, ohne Investitionen zur Erhaltung oder Steigerung der Produktivität vorzunehmen. Die hohen Pachtabgaben führen häufig zu einer Verschuldung der abhängigen Kleinbauern und Pächter.

Als Reformen bieten sich an:
1. Die Neu- bzw. Umverteilung des Bodeneigentums, vor allem durch Enteignung großer Güter und Verteilung des Landes an Kleinbauern bzw. Landarbeiter.
2. Die Bildung von Produktionsgemeinschaften, um durch größere Besitzeinheiten die Voraussetzung für moderne Produktionsmethoden zu schaffen; je nach politisch-ideologischer Zielsetzung kann dieser Weg in eine vollständige Kollektivierung der Landwirtschaft führen.
3. Die Verbesserung des Pachtwesens, d.h. die Erhöhung der Pachtsicherheit durch feste Verträge, der Übergang von der Naturalpacht zur Geldpacht, die Beseitigung des Zwischen- und Unterpachtsystems.

Bodenbearbeitung im Agrarreformgebiet des unteren Medjerda-Tals, Tunesien

Bodenbesitzreformen wurden in der Vergangenheit in vielen Ländern der Dritten Welt durchgeführt, vielfach in Verbindung mit einer radikalen Enteignung und sozialistisch-marxistischen Gesellschaftsumwandlung, wie z. B. in der Volksrepublik China, in Kuba, Algerien, Libyen oder Angola. Die wirtschaftlichen Erfolge waren allerdings zumeist gering. Die Erfahrung hat gezeigt, daß eine Bodenbesitzreform allein nicht ausreicht. Sie kann immer nur eine Teilmaßnahme einer umfassenderen Agrarreform sein.

Die Erschließung von Landreserven, d. h. die Umwandlung von Wald- und Grasländern sowie Moor- und Sumpfgebieten in Agrarland oder die Ausdehnung von Bewässerungsflächen in Trockengebieten, ist nur scheinbar der einfachste Weg, um ausreichende Betriebsgrößen zu schaffen und die Nahrungsmittelproduktion zu steigern. Die Vorteile sind offensichtlich: Der Staat bzw. die Entwicklungsgesellschaften können moderne Betriebsformen (z. B. Genossenschaften), Anbaumethoden (z. B. Bewässe-

rungsfeldbau, Dauerkulturen) und Vertriebssysteme fördern sowie die Produktionsrichtung den Bedürfnissen des jeweiligen Landes anpassen. Gleichzeitig können sie dadurch Entwicklungskerne in besonders unterentwickelten Räumen schaffen, um so innerregionale Disparitäten abzubauen.

Größere ungenutzte Landreserven sind vor allem in Tropisch-Afrika und Lateinamerika, z. T. auch in Trockengebieten vorhanden. Die Ausführungen auf S. 99 zeigen jedoch, daß diesbezügliche Berechnungen stark differieren.

Gegen den scheinbar einfachen Weg der Erschließung von Landreserven sprechen vor allem drei Gründe:

1. Die notwendigen Investitionen, vor allem in Form von Kapital, sind hoch und können von den Entwicklungsländern bzw. den in den peripheren Regionen lebenden Menschen meist nicht aufgebracht werden (Rodung, Bewässerungsanlagen, Infrastruktureinrichtungen, Schaffung zentraler Einrichtungen, Anfangsunterstützung der Neusiedler u. a. m.).

361

2. Die besonderen ökologischen Bedingungen, insbesondere die nährstoffarmen Böden der immerfeuchten Tropen, verhindern weitgehend die Anlage von Dauerfeldkulturen – trotz moderner Agrartechnologien und hoher Mineraldüngergaben. Bis auf einige Ausnahmen können sie nur im extensiven Wanderfeldbau-Verfahren (shifting cultivation, vgl. S. 80ff.) genutzt werden.

3. Bislang nicht erschlossene Landreserven liegen weitgehend in ökologisch besonders labilen Zonen, im tropischen Regenwald, in den Trockensavannen und z.T. auch in den Gebirgsregionen. Die Inkulturnahme neuer Flächen – gegenwärtig werden jährlich über 100000 km^2 Wald gerodet – ist vielfach mit schweren ökologischen Schäden verbunden: Erosion durch Wasser und Wind z.B. bei der Kultivierung von Steppengebieten, Versalzungserscheinungen in Bewässerungsgebieten der Trockenzone, Desertifikationsprobleme durch Überweidung und Ausdehnung des Ackerlandes auf ungeeigneten Standorten in semiariden Räumen, Degradation der Böden im tropischen Regenwald durch Dauerfeldkulturen. Die Erfahrungen zeigen, daß jedes Wirtschaften, das sich nicht den besonderen ökologischen Gegebenheiten anpaßt, nach kurzer Zeit das natürliche Ökosystem zerstört und damit auch seine eigene Basis (vgl. S. 77f.).

Bodenbewirtschaftungsreformen. Aufgrund der begrenzten Möglichkeiten, die Anbauflächen über die gegenwärtigen Grenzen hinaus zu erweitern, stehen heute Maßnahmen zur Intensivierung der Produktion im Vordergrund. Dies ist möglich:
– durch verstärkten Einsatz der Bewässerung, der Mineraldüngung, des Pflanzenschutzes oder von hochwertigem Pflanzen- und Tiermaterial;
– durch den Ersatz von Extensivzweigen durch Intensivzweige, z.B. von Wanderfeldbau durch permanente Bodennutzungssysteme, von Rindermast durch Milchproduktion;
– durch verbesserte Fruchtfolgen, z.B. Fruchtwechselwirtschaften anstelle von Getreidemonokulturen.

Den größten Anteil an der Steigerung der Hektarerträge hat die Bewässerungswirtschaft, für die besonders in Süd- und Südostasien gute Voraussetzungen gegeben sind. Allerdings sind mit der Ausweitung der Bewässerungsflächen zahlreiche ökonomische und ökologische Probleme verbunden, z.B. hohe Kosten für die Erstellung der Bewässerungsanlagen sowie deren Überwachung und Wartung, die Gefahr der Vernässung und Versalzung der Böden infolge falscher Bewässerungstechniken.

Anteil der Bewässerungsfläche an der gesamten Anbaufläche (Ackerland und Grünland) sowie an der Ackerfläche ausgewählter Länder (1990, in %)

	Anteil an der gesamten Anbaufläche	Anteil an der Ackerfläche
Pakistan	79,5	81,2
China	49,5	51,3
Indonesien	34,5	47,5
Indien	25,5	26,0
Chile	28,0	29,6

Nach FAO-Production Yearbook 45 (1991). Rom 1992, verschiedene Seiten

Zu den Bodenbewirtschaftsformen im weiteren Sinne zählen auch Maßnahmen wie die Organisation des ländlichen Markt- und Kreditwesens, die Förderung von Genossenschaften oder der Übergang von der Subsistenzwirtschaft zur Produktion für den Markt.

Die Grüne Revolution/Raumbeispiel Indien

Seit Mitte der sechziger Jahre erfuhr der Weizen- und Reisanbau in mehreren Ländern der Dritten Welt eine Reihe von ertragssteigernden Innovationen, für die das Schlagwort *„Grüne Revolution"* geprägt wurde. Unter Grüner Revolution versteht man eine besonders für tropische Räume entwickelte Agrartechnologie, die durch Verbindung von hochertragreichem Saatgut (HYV = High Yielding Varieties), Kunstdünger, Bewässerung, Pflanzenschutz und modernen Bearbeitungsmethoden zu erheblichen Steigerungen der Hektarerträge führen kann. Grundlage sind Weizensorten, die Anfang der vierziger Jahre in Mexiko, und

Reissorten, die seit den sechziger Jahren auf den Philippinen gezüchtet wurden. In Mexiko konnten von 1949 bis 1968 dadurch die Hektarerträge fast verdreifacht werden, so daß das Land – bei gleichbleibender Anbaufläche – vom Defizit- zum Weizenexportland wurde.

Anteil der Erntefläche mit hochertragreichem Saatgut (HYV) an der gesamten Erntefläche in Indien (in %)

	1970/71	1990/91
Weizen	35,7	85,0
Reis	14,9	66,0
Sorghumhirse	4,6	46,2
Rohrkolbenhirse	15,5	49,0
Mais	8,6	44,1

Nach Tata Services Ltd. (Hrsg.): Statistical Outline of India 1992/93. Bombay 1992, S. 60

Getreideerzeugung und Getreideimporte der Indischen Union

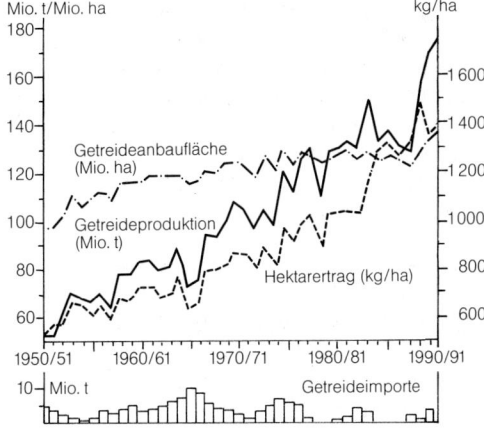

Nach Government of India (Hrsg.): Economic Survey 1984/1985, S. 97, 99, 106. New Delhi 1985 (ergänzt nach Angaben des Statistischen Bundesamtes Wiesbaden 1992)

Bewässerte Fläche nach ausgesuchten Feldfrüchten in Indien (Mio. ha[1])

Jahr[2]	Bewässerte Fläche insgesamt	Darunter				
		Reis	Weizen	Gerste	Zuckerrohr	Baumwolle
1950/51	22,6	9,8	3,4	1,4	1,2	0,5
1955/56	25,6	11,0	4,2	1,5	1,3	0,8
1960/61	28,0	12,5	4,2	1,3	1,7	1,0
1965/66	30,9	12,9	5,4	1,3	2,0	1,3
1972/73	39,1	14,4	10,8	1,2	1,9	1,7
1976/77	43,5	14,8	13,7	1,2	2,3	1,8
1978/79	48,3	16,9	14,9	1,0	2,6	2,2
1980/81	49,6	16,3	15,5	0,9	2,3	2,1
1983/84	54,2	17,1	15,5	0,9	2,8	2,2
1986/87	55,6	17,8	17,9	0,7	2,6	2,2

[1] Mit mehrfachem Anbau unter Bewässerung im selben Jahr [2] Wirtschaftsjahr: Juli bis Juni
Statistisches Bundesamt (Hrsg.): Länderbericht Indien 1986. Wiesbaden, Mainz 1986, S. 49, Tata Services Ltd. (Hrsg.): Statistical Outline of India 1987. Bombay 1987, S. 58/59 und Government of India (Hrsg.): Economic Survey 1990/91, S. 5–21, New Delhi 1991

Verbrauch von Kunstdünger in Indien (1000 t, Berechnungszeitraum Juli–Juni)

	Stickstoff	Phosphat	Kali
1960/61	212	53	29
1965/66	575	133	77
1970/71	1479	541	236
1975/76	2149	467	278
1980/81	3678	1214	624
1985/86	5661	2000	810
1990/91	8019	3220	1328

Nach Tata Services Ltd. (Hrsg.): Statistical Outline of India. Bombay, verschiedene Jahrgänge

Beachtlich sind auch die Erfolge der Grünen Revolution in Indien, wo man Mitte der sechziger Jahre mit dem neuen Agrarprogramm begann.

Der Beitrag der Grünen Revolution zur Erhöhung der Nahrungsmittelproduktion, vor allem bei Weizen und Reis, ist unbestritten; unbestritten sind aber auch ihre Grenzen bei der Lösung der umfassenderen Aufgaben der ländlichen Entwicklung.

„Neues Saatgut steigert die Erträge nur dann, wenn es gut und reichlich mit Düngemittel, Unkrautvertilgern und Wasser versorgt wird. Dies zieht den Bedarf an Krediten nach sich. Für die kleinen Farmer, die mit jährlichen Zinsraten von über 20% konfrontiert werden, wird die neue Anbautechnik zu teuer. Während die reicheren Nachbarn in Konkurrenz treten und die Flächen für die Mechanisierung vergrößern, veranlassen die höheren Pachtgelder die kleinen Farmer dazu, Land zu verkaufen, um sich für Verbesserungen Kapital zu beschaffen. Am Ende werden sie ausgepreßt und gezwungen, sich Arbeit zu suchen, entweder als Lohnarbeiter auf einer benachbarten, erfolgreicheren Farm oder in der Stadt. ...

Abgesehen von den sozialen Kosten dieser Veränderungen in der Gesamtproduktion, hat die Grüne Revolution weitere ökonomische und ökologische Probleme mit sich gebracht. Eine hochtechnisierte Landwirtschaft vergrößert auch die Abhängigkeit von der Versorgung mit Treibstoff, Düngemitteln und Unkrautvertilgern von außen. ... Außerdem sind die Auswirkungen einer hohen Technologie und einer hochentwickelten Agronomie in ökologischer Hinsicht vielleicht noch heimtückischer. Die meisten der herkömmlichen Getreidearten, die jetzt durch neue ersetzt werden, sind durch Versuch-und-Irrtum-Auslese über ein Jahrtausend gezüchtet worden. Sie erbringen möglicherweise weniger Kalorien, haben dafür aber oft einen höheren Proteingehalt und sind widerstandsfähiger gegen Krankheiten. Seuchenartige Pflanzenkrankheiten greifen viel eher die schwächeren, importierten Arten an. Der einzige Weg, auf dem dieses Problem angegangen werden kann, ist die steigende Einfuhr von Unkrautvertilgungsmitteln. 1967 schätzte der US-Wissenschaftsbeirat, daß die Dritte Welt bei einer Verdoppelung ihrer Nahrungsmittelproduktion zur Ernährung ihrer wachsenden Bevölkerung bis 1985 eine Versechsfachung bei der Anwendung moderner landwirtschaftlicher Unkrautvertilgungsmittel in Kauf nehmen müßte."

John P. Dickenson u.a.: Zur Geographie der Dritten Welt. Bielefeld: Daedalus Verlag 1985, S. 112/113

1. *Warum kommt gerade der Landwirtschaft eine besondere Bedeutung im Entwicklungsprozeß der Länder der Dritten Welt zu?*
2. *Informieren Sie sich auf einer Weltkarte über die wichtigsten Erzeuger- und Ausfuhrländer von Grundnahrungsmitteln, Faserpflanzen und Genußmitteln, und erörtern Sie von daher das Problem „Hunger" in den Ländern der Dritten Welt.*
3. *Stellen Sie an Beispielen dar, inwiefern ländliche Entwicklung sich nicht auf die Steigerung der Agrarproduktion beschränken darf.*
4. *Nennen Sie Ursachen für die Leistungsschwäche der Landwirtschaft in den Entwicklungsländern.*
5. *Stellen Sie in einer Tabelle Ziele, Maßnahmen und Probleme der wichtigsten Agrarreformprogramme zusammen.*
6. *Nennen Sie die entscheidenden Maßnahmen, die im Rahmen der „Grünen Revolution" in Indien eingesetzt wurden.*
7. *Erläutern Sie mögliche negative Folgen der „Grünen Revolution".*
8. *Diskutieren Sie zusammenfassend Möglichkeiten und Grenzen von Maßnahmen zur Erweiterung des Nahrungsspielraumes.*

3.2 Entwicklung durch Industrialisierung

Die Notwendigkeit der Industrialisierung

Die Frage, ob eine Industrialisierung der Entwicklungsländer notwendig und sinnvoll ist, wird heute ernsthaft nicht mehr gestellt. Lange war das wirtschaftliche Wachstum der Länder der Dritten Welt auf Importe aus den Industrieländern (Maschinen, Technologie usw.) angewiesen. Ihre Bezahlung erforderte Exporte, die vor allem in Form von Rohstoffen geleistet wurden. Das Ergebnis war eine wachsende Abhängigkeit von den Industrieländern und – aufgrund der im Vergleich zu den importierten Fertigwaren tendenziell sinkenden Rohstoffpreise – eine Verschlechterung der Handelsbilanz und eine hohe Auslandsverschuldung als mittelbare Folge.

Anteil der Entwicklungsländer an der Weltbevölkerung, dem Weltsozialprodukt und
der Weltindustrieproduktion (%)

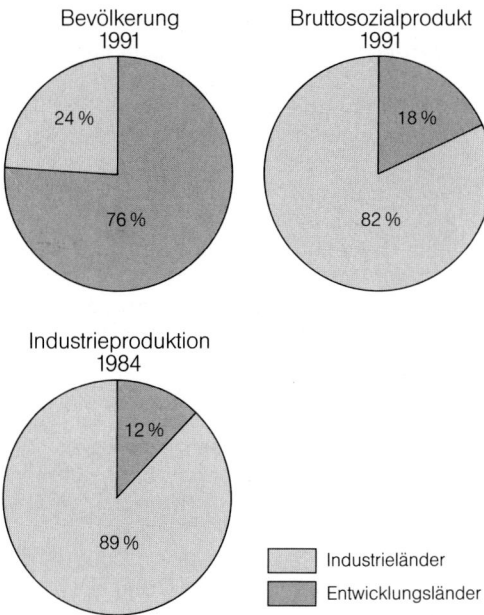

Bevölkerung 1991: 24 % Industrieländer, 76 % Entwicklungsländer

Bruttosozialprodukt 1991: 82 % Industrieländer, 18 % Entwicklungsländer

Industrieproduktion 1984: 89 % Industrieländer, 12 % Entwicklungsländer

Industrieländer
Entwicklungsländer

Nach Bundesministerium für wirtschaftliche Zusammenarbeit (Hrsg.): Politik der Partner. Bonn 1986, S. 9,
ergänzt mit neuen Daten

Angesichts dieser Situation wird die Forderung der Entwicklungsländer nach mehr Industrie verständlich. Außerdem gibt es noch
eine Reihe spezifischer Gründe, die für eine
Industrialisierung sprechen.

„Ein grundsätzliches Argument könnte man
den ‚Vorzeigeeffekt' nennen, der sich auf den
Glauben stützt, daß ein hohes Maß an Industrialisierung den Schlüsselfaktor für die Schaffung eines größeren wirtschaftlichen Wohl-
stands der fortgeschrittenen Länder darstelle;
wollten die Länder der Dritten Welt sich
ebenso weiterentwickeln, dann müßten sie diese Industrialisierung anstreben und ihr nach-
eifern.
Eng verbunden damit ist die Tatsache, daß eine
große Anzahl von Menschen in den ländlichen
Gebieten und in der Landwirtschaft arbeitslos
oder unterbeschäftigt ist. Die Industrialisierung
soll für diese Menschen Arbeitsplätze bereitstellen, und die Landwirtschaft soll durch das
Abziehen überschüssiger Arbeitskräfte produktiver gestaltet werden. Außerdem erwartet man

von der Industrie die Bereitstellung von Maschinen und Düngemitteln, um die Produktivität der Landwirtschaft zu steigern; währenddes-
sen sorge die industrielle Arbeitsleistung in den
Städten für neue Nachfrage und bessere Preise
bei Nahrungsmitteln und landwirtschaftlichen
Rohmaterialien. Die Industrie soll auch eine si-
cherere Basis für wirtschaftlichen Fortschritt
sein, da sie weniger abhängig von schwankenden Erträgen sei als die klimatisch anfällige
Landwirtschaft.
Die Befürworter der Industrialisierung fordern
auch, daß die Länder der Dritten Welt ihre
Wirtschaft diversifizieren, um unabhängiger
von der Landwirtschaft und vom Rohstoff-
export zu werden. Abhängigkeit macht die
Wirtschaft anfällig für Schwankungen bei Nachfrage und Preisentwicklung auf den Weltmärkten, über die sie nur wenig Kontrolle haben. ...
Die gewerbliche Industrie könnte auch eine
Reihe von positiven Nebeneffekten für die übrigen Wirtschaftsbereiche haben. Es gäbe Ver-
kettungen etwa zum Transport-, Energie-, Fi-
nanzwesen und zum Handel. Die Industrie wird
als Schwerpunkt der Dynamik und des Wandels
und als Quelle ‚moderner' Einstellungen im
Gegensatz zur Tradition und zum Konservatis-
mus gesehen, die angeblich den landwirtschaftlichen Sektor charakterisieren.“

John P. Dickenson u. a.: a. a. O., S. 145/146

Hemmnisse und Wege der Industrialisie-
rung
Warum sind die Länder der Dritten Welt un-
terindustrialisiert? Wie zur Erklärung der
Unterentwicklung allgemein ein Ursachenkomplex von historisch-politischen und internen Gründen anzunehmen ist, so muß
auch hier ein Bündel von Ursachen genannt
werden, die zum Teil im Lande selbst zu suchen sind, zum Teil aber auch von außen
„eingeführt“ wurden. Die traditionelle internationale Arbeitsteilung umfaßt den Export
von Roh- und Hilfsstoffen aus den Entwicklungsländern und den Export von Industriegütern aus den Industrieländern. Dabei entfallen ca. 60 % des Welthandels auf die Industrieländer. Die Unausgewogenheit der Handelsbeziehungen wird durch die Empfän-
gerländer deutlich: 67 % der Exporte aus In-

365

dustrie- und Entwicklungsländern erreichen Industrieländer, wenig mehr als 22% die Entwicklungsländer. Exporte von Entwicklungsländern in andere Entwicklungsländer finden nur wenig statt (vgl. Abb. S. 274).

Im Rahmen dieser Handelsabhängigkeit der Entwicklungsländer von den Industrieländern kam es nur vereinzelt, besonders in einigen südamerikanischen Ländern, zu Ansätzen eines Industrieaufbaus in den Entwicklungsländern. Dabei stand nicht die Entwicklung einer eigenständigen und leistungsfähigen Industrie im Vordergrund, sondern die Produktion von Konsumgütern, die bisher importiert werden mußten. Vorrangig sollten also Importe ersetzt und Devisen gespart werden *(Importsubstitution)*. Ein weitergehender Aufbau einer eigenen Industrie scheiterte daran, daß dazu Investitionsgüter in großer Zahl importiert werden mußten. So umfaßten z.B. in Kolumbien 1960–1970 zwischen 59% und 73% aller Importe Industriegüter, die zur Ausrüstung und Unterhaltung der eigenen Industrie benötigt wurden. Der Versuch der Industrialisierung verschlechterte also die Handelsbilanz und verstärkte die wirtschaftliche (und in deren Folge auch häufig die politische) Abhängigkeit der Entwicklungsländer von den Industriestaaten.

Interne Schwierigkeiten. Zu diesen historischen Gründen kommt noch eine Reihe von internen Schwierigkeiten:
- die mangelhafte Infrastruktur: die vorhandenen Einrichtungen sind zum Teil unzulänglich bzw. für die Erfordernisse der Industrie ungeeignet, da sie oft einseitig kolonialen Interessen dienten (z.B. Abzug von Rohmaterialien), aber nicht zum Aufbau einer eigenen Industrie oder zur

wirtschaftlichen Einbindung peripherer Räume;
- infolge von Kapitalmangel sind die Mittel für Investitionen begrenzt: das Kapital muß durch hohe Besteuerung oder Einsparungen, durch Auslandsanleihen oder Fremdkapital aufgebracht werden;
- der Umfang der Absatzmärkte ist begrenzt: es fehlt vor allem eine breite kaufkräftige Mittelschicht, so daß auch die Nachfrage nach Industriegütern gering bleibt;
- viele Entwicklungsländer sind unzulänglich mit Ressourcen ausgestattet: es fehlt damit eine wichtige Grundlage, die einen Industrieaufbau initiieren könnte;
- die Industrialisierungsmöglichkeiten sind schließlich auch durch soziale Merkmale eingeschränkt, z.B. durch schlechte Gesundheitsverhältnisse, geringen Bildungsstand oder Fehlen unternehmerischer Kenntnisse.

Lohnvorteile. Seit ungefähr 1960 deutet sich vereinzelt eine Veränderung der internationalen Arbeitsteilung an, da mehr und mehr Entwicklungsländer zunehmend auch Industriegüter in die Industrieländer exportieren. Diese Weltmarktproduktion ist wesentlich auf das *Lohngefälle* zwischen Industrieländern und Entwicklungsländern zurückzuführen. So erstellten vor allem lohnintensive Industriebranchen Fertigungsstätten in Entwicklungsländern, wie z.B. die Rollei-Werke Braunschweig, die einen erheblichen Teil ihrer Produktion nach Singapur verlagerten, um die Konkurrenzfähigkeit mit Japan erhalten zu können. Aber auch die japanische Optik- und Kameraindustrie gründete Standorte in *Niedriglohnländern* wie Taiwan.

Konkurrenz aus Fernost

	Arbeitskosten je Stunde (1990, in DM)	Jahresarbeitszeit in Stunden (1990)	Industrie-Anteil am Bruttoinlandsprodukt (1990, in %)
Hongkong	5,17	2155	26
Singapur	6,11	2110	37
Taiwan	6,43	2250	42
Südkorea	6,72	2100	47
Deutschland[1]	37,88	1506	39

[1] alte Bundesländer
Nach Angaben des Instituts der deutschen Wirtschaft (iwd)

Nationale Fördermaßnahmen. Viele Entwicklungsländer versuchen, diese Tendenzen durch gezielte Fördermaßnahmen in *„Freien Produktionszonen"* zu verstärken. Dazu zählen Steuervergünstigungen, Befreiung von Importzöllen auf Maschinen und Halbfabrikate, Gewährung verbilligter Kredite, Bereitstellung von Fabrikgebäuden, Veränderungen des Arbeitsrechtes, die den Wünschen der Investoren entgegenkommen, und verminderte Umweltschutzauflagen. Die zinsgünstigen Investitionskredite veranlassen die Investoren, technisch fortschrittliche Produktionsmethoden zu wählen, die der Technologie der Industrieländer entsprechen und die relativ wenige Arbeitskräfte benötigen. Die *strukturelle Arbeitslosigkeit* wird deshalb kaum beeinflußt. Aus dieser Situation entsteht die Forderung nach „angemessener Technologie" für die Entwicklungsländer. Besonders deutlich wird die Weltmarktproduktion vieler Entwicklungsländer in der *Textilindustrie,* die lohnintensiv ist und deren Produktionsmethoden es ermöglichen, ungelernte Arbeitskräfte nach einer kurzen Anlernzeit von knapp einem Monat als vollwertige Kräfte zu beschäftigen. Dabei wird grundsätzlich nach den gleichen Fertigungsmethoden produziert wie in den Industrieländern, wobei nur die in den Industrieländern benutzten automatischen Maschinen durch billige Arbeitskräfte ersetzt werden.

Der Ausbau des internationalen Verkehrsnetzes förderte diese *internationale Arbeitsteilung.* Da die Luftfrachttarife für ein Hemd aus einem südostasiatischen Niedriglohnland 1974 ca. eine DM betrugen, lohnte sich auch die modische und terminabhängige Produktion in diesen Ländern, da allein die Ersparnisse an den Lohnkosten das Mehrfache der Transportkosten betrugen. Bei einigen Textilprodukten lohnt es sich sogar, zugeschnittene Stoffe zum Vernähen in ein Niedriglohnland zu schicken, aus dem dann die Fertigprodukte wieder importiert werden *(Lohnveredelung).*

Industrialisierung und regionale Disparitäten. Die Standortfaktoren für die Industrieansiedlung in den Entwicklungsländern unterscheiden sich in wichtigen Punkten von denen in Industrieländern. Wegen der wesentlich schlechter und ungleichmäßiger ausgebauten Infrastruktur ist der Aufbau der Industrie auf wenige Gebiete (Metropolen und einige Industrialisierungskerne) beschränkt.

Bevorzugt sind Hafenstädte mit ihren Verbindungen zur internationalen Wirtschaft. Sie weisen, zumal wenn sie zugleich Hauptstädte sind, weit überproportionale Wirtschafts- und Industrieanteile auf und verfügen damit über *Pull-Faktoren,* die ihr Wachstum weiter beschleunigen.

Strukturelle Probleme. Neben der ungleichen Verteilung der Industrie ist deren Struktur ein ungelöstes Problem bei der beginnenden Industrialisierung von Entwicklungsländern. Um teure Importe durch eigene Produkte zu ersetzen, fördern viele Länder den Aufbau einer heimischen Industrie. Diese *importsubstituierende Industrie* ist jedoch vielfach nicht auf den Bedarf der breiten Bevölkerung ausgerichtet, sondern zielt auf die Produktion von hochwertigen und langlebigen Gütern, die nur für eine kleine Oberschicht erschwinglich sind. Deshalb kann ein nachhaltiges Wachstum mit Anregungen für andere Industriebereiche von dieser Industrie nicht ausgehen. Außerdem verlangt sie einen hohen Kapitaleinsatz, während ein geringerer Kapitaleinsatz mit arbeitsintensiverer Fertigung im Interesse der Entwicklungsländer liegt. Die Vorteile der Weltmarktproduktion kommen häufig nur den ausländischen Investoren zugute. Den Interessen der Entwicklungsländer entspricht am ehesten eine Industrie, deren Produktion auf einen breiten Binnenmarkt gerichtet ist und deren Fertigungsmethoden dem geringen Kapital und dem übergroßen Arbeitskräfteangebot dieser Länder angepaßt sind. Nur so ist auch ein Lohnzuwachs möglich, der erst bei ausgeschöpftem Arbeitskräftereservoir eintritt.

Deshalb ist es auch verständlich, daß anstelle einer unbefriedigenden Industrialisierung mit ihren Problemen der ungleichen Wirtschaftsentwicklung und der rapiden Verstädterung und Slumbildung der „ländlichen, angepaßten Industrialisierung" inzwischen von einigen Entwicklungsländern eine größere Bedeutung beigemessen wird.

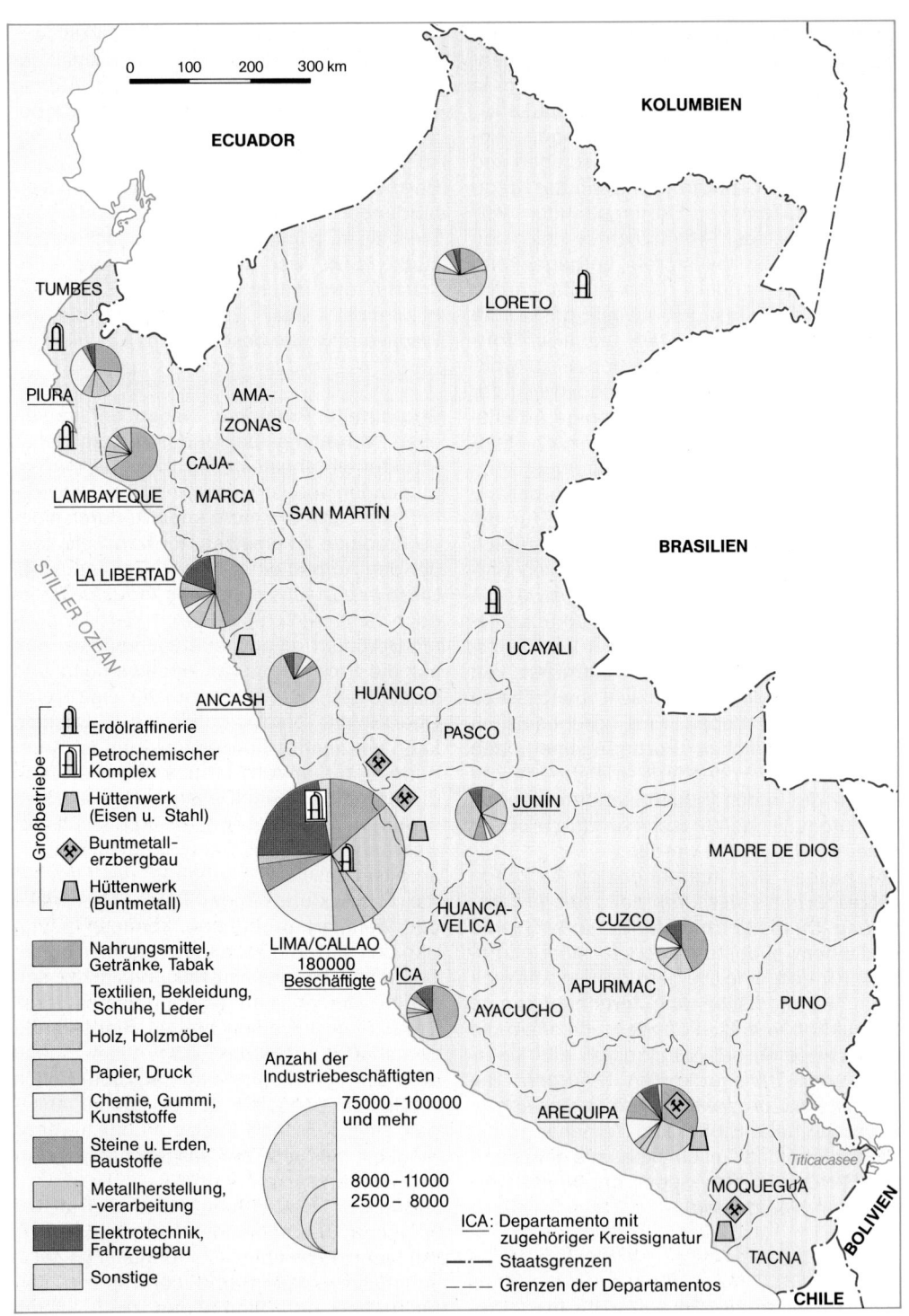

Verarbeitende Industrie in Peru nach Beschäftigten, 1979

Nach Günter Mertins: Jüngere industrielle Entwicklung in den Andenländern. In: Geographische Rundschau 1987, H. 2, S. 76. Braunschweig: Westermann

Raffinerie „La Pampilla" nördlich von Lima

Für eine ländliche Industrialisierung spricht, daß von ihr größere Beschäftigungs- und Einkommenseffekte ausgehen als von Industrie- und Handwerkszweigen, die in den Ballungszentren vertreten sind. Mit dieser Strategie lassen sich ferner die innerregionalen Disparitäten und das soziale Entwicklungsgefälle zwischen Stadt und Land besser bekämpfen.

Staatliche Einflüsse bei der Industrialisierung. Staatliche Industrialisierungsinitiativen sollen besonders die Gefahren der räumlich unterschiedlichen Entwicklung begrenzen. Unter den staatlichen Maßnahmen ist besonders die Einrichtung von *Industrieparks (industrial estates)* zu nennen. Das sind größere zusammenhängende Flächen, die von staatlichen oder kommunalen, vereinzelt auch von privaten Trägern erschlossen und mit Infrastruktureinrichtungen versehen werden. Solche Industrieparks bieten sich als Standort für mittlere oder kleinere Betriebe an, die die Vorteile der Standortgemeinschaft nutzen können.

Sie weisen den besonderen Vorteil auf, daß die gleichen Infrastruktureinrichtungen von mehreren Betrieben genutzt werden, die allein die dafür notwendigen Investitionskosten nicht aufbringen können. Da die meisten Standorte sich bisher jedoch in den Wirtschafts- und Industriezentren befinden, haben sie kaum dazu beigetragen, das regionale Entwicklungsgefälle abzubauen.

In vielen Entwicklungsländern greift der Staat zu *protektionistischen Maßnahmen* wie Importverbot für Waren, die auch im Lande produziert werden, und Ausfuhrsubventionen, ohne die die eigene Industrie nicht lebensfähig wäre. Länder, die für Investoren aus Industriestaaten attraktiv sind, können auch über Regelungen des Niederlassungsrechts ihren Einfluß wahren. So gilt in Nigeria seit 1970/71, daß viele Branchen ausschließlich rein nigerianischen Unternehmen vorbehalten sind und daß andere mindestens eine 40prozentige nigerianische Beteiligung aufweisen müssen.

Kingston Industrial Estate, Jamaika

Plan des Kingston Industrial Estate

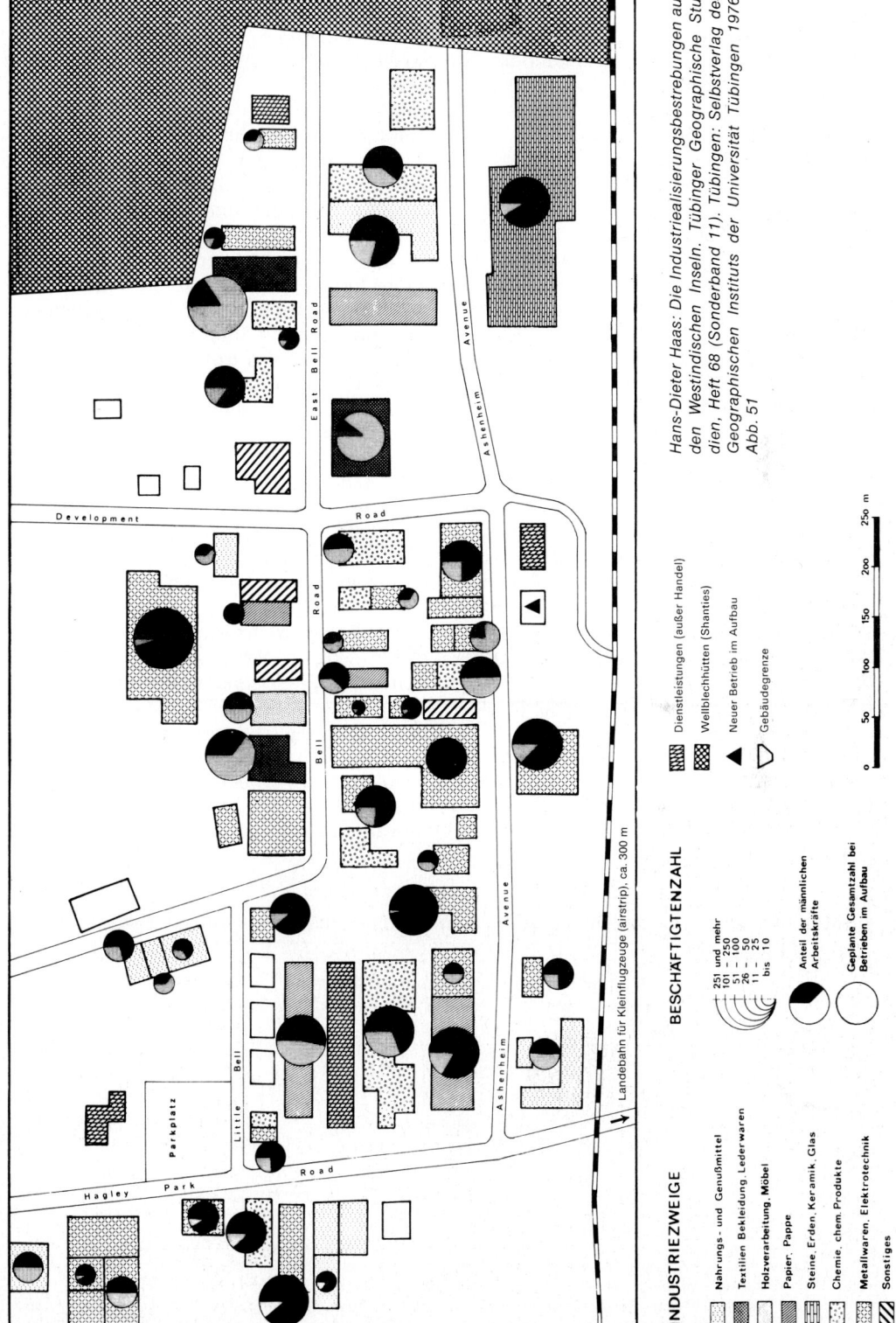

Hans-Dieter Haas: Die Industrialisierungsbestrebungen auf den Westindischen Inseln. Tübinger Geographische Studien, Heft 68 (Sonderband 11). Tübingen: Selbstverlag des Geographischen Instituts der Universität Tübingen 1976, Abb. 51

INDUSTRIEZWEIGE

- Nahrungs- und Genußmittel
- Textilien Bekleidung, Lederwaren
- Holzverarbeitung, Möbel
- Papier, Pappe
- Steine, Erden, Keramik, Glas
- Chemie, chem. Produkte
- Metallwaren, Elektrotechnik
- Sonstiges

Dienstleistungen (außer Handel)
Wellblechhütten (Shanties)
Neuer Betrieb im Aufbau
Gebäudegrenze

BESCHÄFTIGTENZAHL

251 und mehr
101 – 250
51 – 100
26 – 50
11 – 25
bis 10

Anteil der männlichen Arbeitskräfte

Geplante Gesamtzahl bei Betrieben im Aufbau

Landebahn für Kleinflugzeuge (airstrip), ca. 300 m

0   50   100   150   200   250 m

371

Ausländische Investoren in Schwellenländern

Gemeinsam ist vielen Schwellenländern innerpolitische Stabilität und ein zumeist autoritäres System. Ausländische Investoren sehen in dieser Stabilität, die mit wirtschaftspolitischer Liberalität auf marktwirtschaftlicher Grundlage verbunden ist, gute Voraussetzungen für langfristige Kredite, zumal in der Regel die Transferierbarkeit der Gewinne gegeben ist. Gemeinsam ist vielen Schwellenländern auch die konsequente Nutzung des Standortvorteils der billigen Arbeit.

So konzentrieren sich die seit 1965 weltweit vorgenommenen Direktinvestitionen in Ländern der Dritten Welt fast ausschließlich auf Schwellenländer, besonders Brasilien, Mexiko, Hongkong, Malaysia, die Philippinen und Singapur. Auf Singapur entfiel dabei in den letzten Jahren fast die Hälfte aller in Asien vorgenommenen Direktinvestitionen.

In der Republik Korea (Südkorea) war der Anteil der Landwirtschaft am Bruttoinlandsprodukt 1990 8 Prozent, der Anteil der Industrie 47 Prozent. Der Anteil der Industrieprodukte am Export betrug mehr als 90 Prozent, wobei Maschinen und andere hochwertige Industriegüter Textilprodukte bei weitem übertrafen.

Die in den Anfängen der Industrialisierung vorherrschende Produktion von einfachen, durch ungelernte Arbeiter hergestellten Gütern ist infolge der raschen Fortschritte bei der Industrialisierung von hochwertigerer Fertigung abgelöst worden, wobei sich Lernfähigkeit, Einsatzwille und Konzentrationsfähigkeit der Arbeiter als großer Vorteil erweisen.

Wenige Jahre nach Aufnahme der Produktion erreichte bei Rollei in Singapur die Fertigungsqualität die des Braunschweiger Werkes mit seinem Stamm erprobter Facharbeiter. Singapur und Taiwan können es sich heute leisten, investitionswillige Firmen mit einfacher Produktion abzuweisen. Dabei bleibt trotz erheblicher Fortschritte die Arbeit im Vergleich zu den Industrieländern weit unterbezahlt, der Standortvorteil der billigen Arbeit also trotz Anhebung des Arbeits- und Lohnniveaus erhalten, zumal die Arbeitszeit länger ist und die sozialen Sicherungen schwächer sind als in den Industrieländern.

Die von den Regierungen nachdrücklich geförderte Entwicklung führte zum raschen Ansteigen der Industrieexporte aus den Schwellenländern in die Industriestaaten. Einerseits ist die Industrie der Schwellenländer eine Konkurrenz für die Industrieländer auf dem Weltmarkt, andererseits aber macht das Wirtschaftswachstum der Schwellenländer steigende Importe von Industriegütern aus Industriestaaten möglich und notwendig. Die südostasiatischen Länder geraten dabei in die Gefahr hoher Verschuldung, da erhebliche Teile der Exporterlöse für die Tilgung internationaler Darlehen aufgewendet werden müssen.

Ausländische Direktinvestitionen und Auslandsschulden in Entwicklungsländern, 1988

	Bestand ausländischer Direktinvestitionen[1] in Mrd. US-$	Gesamte ausstehende Auslandsschulden[2] in Mrd. US-$	Anteil des Direktinvestitionsbestandes an den Bruttoauslandsverbindlichkeiten[3] in %
Argentinien	8,8	64,9	11,9
Brasilien	30,4[4]	112,4	21,1
Indonesien	9,6	53,7	15,2
Korea	3,5	45,1	7,2
Mexiko	19,6	111,8	14,9
Philippinen	4,7	28,5	14,2
Venezuela	4,5	29,6	13,2
Gesamt	80,7	446,0	15,3

[1] Schätzungen des Internationalen Währungsfonds [2] Schulden am Jahresende, einschließlich kurzfristige Verschuldung [3] Bruttoauslandsverbindlichkeiten = Direktinvestitionsbestand plus ausstehende Auslandsschulden [4] 1987
Martin Kaiser, Norbert Wagner: Entwicklungspolitik. Grundlagen – Probleme – Aufgaben. Bundeszentrale für politische Bildung: Bonn 1991, S. 341

Raumbeispiel Venezuela

Venezuela in Zahlen

Fläche: 912000 km², davon ca. 80% Savanne und tropischer Regenwald				
Bevölkerung 1990: 19,7 Mio.				
Bruttoinlandsprodukt zu Marktpreisen (Mio. US-$)	1965	8290	1990	48270
Bruttoinlandsprodukt je Einwohner (US-$)	1965	950	1990	2450
Durchschnittliche jährl. Inflationsrate (%)	1965–1980	8,7	1980–1990	19,3
Durchschnittliche jährl. Wachstumsrate der Industrie (%)	1965–1980	3,5	1980–1990	1,5
Durchschnittliche jährl. Zuwachsrate der Energieproduktion (%)	1965–1980	−3,1	1980–1990	0,2
Durchschnittliche jährl. Zuwachsrate des Energieverbrauchs (%)	1965–1980	4,7	1980–1990	2,1
Warenhandel: Einfuhr (Mio. US-$)	1981	10645	1990	6364
Ausfuhr (Mio. US-$)	1981	20959	1990	17220
Ausfuhrprodukte: Erdöl- und Erdöldestillate: 81%, Fe-Erze: 1%, Aluminium: 3% (1990)				
Terms of Trade (1980 = 100)	1985	93	1990	41
Auslandsschulden: 1990: 33305 Mrd. US-$				

Nach The World Bank (Hrsg.): World Development Report 1992. Oxford University Press 1992 (ergänzt durch Angaben des Statistischen Bundesamtes Wiesbaden)

Venezuela ist ein Beispiel für ein Entwicklungsland, das als Entwicklungsstrategie vornehmlich die Industrialisierung einsetzte. Auf der Basis reicher Erdöl- und Eisenerzvorkommen konnte das Land einen forcierten Industrieaufbau betreiben und beachtliche wirtschaftliche Fortschritte machen, so daß es heute zu den Schwellenländern gerechnet wird.

Die Industrie Venezuelas steigerte ihren Anteil am BIP von 22% (1960) über 40% (1970) und 45% (1980) auf 50% im Jahre 1990 (einschließlich Bergbau, Erdölsektor, Bauwirtschaft, Energie- und Wasserversorgung). Beachtlich sind die realen Wachstumsraten des BIP mit durchschnittlich 6% von 1960 bis 1970 und von 5% pro Jahr von 1970 bis 1980. Von 1980 bis 1990 sanken sie auf durchschnittlich 1% pro Jahr zurück. Daran war die Fertigwarenindustrie mit jährlich 6,4% bzw. 5,7% und 4,2% Zuwachs beteiligt. Dies konnte vor allem durch die Gründung neuer Betriebe erreicht werden. So hat z. B. die Zahl der Betriebe von 1970 bis 1979 um 47% und die Zahl der Beschäftigten sogar um 110% zugenommen.

Ciudad Guayana. Wie sehr staatliche Maßnahmen bei der Bildung von Kristallisationskernen für neue Industrie- und Wirtschaftsräume erfolgreich sein können, zeigt das Beispiel von Ciudad Guayana. Trotz ungün-

stiger Lage, weit entfernt vom Bevölkerungs- und Wirtschaftszentrum Caracas, wuchs Ciudad Guayana, eine künstliche Stadt am Orinoco an der Einmündung des Caroni, von 4000 Einwohnern im Jahre 1950 auf ca. 400000 im Jahre 1988. Grundlage des Wachstums waren die reichen und hochwertigen Eisenerzvorkommen in der nordwestlichen Guayana, die ursprünglich durch US-amerikanische Firmen abgebaut und am Orinoco aufbereitet worden waren. Diese Betriebe wurden 1975 verstaatlicht. 1961 war schon ein staatliches Hütten- und Stahlwerk dazugekommen. Um dem Energiebedarf dieser Werke zu genügen und um von den jahreszeitlichen Schwankungen der Wasserführung unabhängig zu sein, wurde der Caroni zu einem 80000 ha großen See aufgestaut. Das sich daraus ergebende Energieangebot ermöglichte den Bau einer Aluminiumhütte. Nach der erheblichen Steigerung des Staatseinkommens durch die Ölpreiserhöhung nach 1973 waren dem Staat weitere Möglichkeiten zur Förderung der Industrialisierung und zum dringend benötigten Ausbau der Infrastruktur im Raum Ciudad Guayana gegeben. Neben der Erhöhung der Kapazitäten der bisherigen Industrieanlagen konnten die Möglichkeiten der neuen Midrex-Technologie bei der Erzreduktion genutzt werden: Mit Hilfe des Erdgases, das durch eine Rohrleitung von den

373

Lagern bei Anaco hergeleitet wird, wird hochprozentiger Eisenschwamm hergestellt, der sowohl für den Export als auch für das Stahlwerk am Ort verwendet werden kann.

Problemlose Strategie? Die insgesamt beeindruckenden Ergebnisse können jedoch nicht darüber hinwegtäuschen, daß der von Venezuela eingeschlagene Weg, wirtschaftliches Gesamtwachstum durch Industrialisierung zu erreichen, auch Probleme mit sich bringt.

Durch ein Mitte der 50er Jahre eingeleitetes Programm zum Aufbau einer importsubstituierenden Industrie, durch Fördermaßnahmen und Schutzzölle konnte die einheimische Industrie sich zwar ungestört von der Weltmarktkonkurrenz entwickeln, aber auf Kosten des Preisniveaus. So lag der durchschnittliche Preis für einheimische Industriegüter lange Zeit 50% über den entsprechenden Importpreisen, bei den in Venezuela montierten Autos sogar 80% darüber. Die venezolanische Industrie war damit international nicht wettbewerbsfähig, und die Exporterlöse reichten kaum aus, um z.B. notwendige Importe, vor allem Vor- und Zwischenprodukte, zu beziehen.

Infolge der modernen Technologie war der Beschäftigungseffekt dieser Industrialisierungspolitik jedoch gering, so daß die Arbeitslosenquote mit ca. 20% (1984) selbst für Entwicklungsländer überdurchschnittlich hoch war.

Ein weiteres Ziel der Industrialisierung wurde ebenfalls nur bedingt erreicht, der Abbau des regionalen Wirtschaftsgefälles, wie die folgende Tabelle zeigt. Deswegen leitete die venezolanische Regierung Ende der 70er Jahre Maßnahmen zur regionalen Dezentralisierung ein: Die Errichtung neuer Industriebetriebe wurde im Einzugsbereich der Hauptstadt verboten, und zur Ansiedlung von Klein- und Mittelbetrieben wurden Industrieparks in verschiedenen Landesteilen geschaffen. Ferner errichtete man mehrere Zollfreizonen, u. a. auf der Insel Margarita, auf der Halbinsel Paraguaná und im Bundesstaat Yaracuy.

Der Erfolg dieser Dezentralisierungspolitik blieb jedoch gering, so daß die Situation, wie sie in der Tabelle von 1978 zum Ausdruck kommt, in den wesentlichen Zügen auch heute noch gilt.

Wie nachteilig sich die einseitige Abhängigkeit der Gesamtwirtschaft von der Erdölgewinnung auswirken kann, zeigt auch die Entwicklung seit dem Preisverfall auf dem Erdölsektor seit Mitte der 80er Jahre.

„... der 1982 begonnene Sturz war tief. ... Da über 80 Prozent der Exporteinnahmen auf Öl entfallen, die wiederum zwei Drittel des Staatshaushaltes decken müssen, versuchte die Regierung im Vorjahr, dem halbierten Ölpreis durch gesteigerte Rohölförderung (plus 10 Prozent) und gesteigerte Ölexporte (plus 12 Prozent) entgegenzuwirken. Es nutzte wenig.

Disparitäten industrieller Entwicklung: Fläche, Bevölkerung, Industrie in den Regionen Venezuelas 1978

Region	Fläche		Bevölkerung, %		Industrie, %		
	km^2	%	1950	1978	Betriebe	Beschäftigte	Prod.-wert
Centro Norte Costera (Zentrum: Caracas)	21 544	2,4	28,2	37,3	66,2	72,6	64,0
Centro Occidental (Zentrum: Barquisimeto)	66 900	7,3	17,5	14,7	7,3	6,6	18,5
Zuliana (Zentrum: Maracaibo)	63 100	6,9	11,1	12,2	7,8	6,1	6,0
Nor Oriental (Zentrum: Barcelona)	84 000	9,2	14,9	11,6	5,7	3,9	4,5
de Guayana (Zentrum: Santo Tomé)	278 000	30,5	3,2	4,2	2,8	5,9	3,8
übrige Regionen	676 506	43,6	25,1	20,0	10,2	4,8	3,2

Anmerkung: Die Industriedaten gelten für Betriebe mit 5 und mehr Beschäftigten
Nach Klaus Kulinat: Venezuela. Industrialisierung als problemlose Strategie für kapitalreiche Entwicklungsländer? In: Geographische Rundschau Heft 7, 1983, S. 336. Braunschweig: Westermann

Sidor-Hafen am Orinoco während des Ausbaus

Während die Importe, in erster Linie langlebige Konsumgüter, sogar noch leicht stiegen
(7,5 Milliarden Dollar), fielen die Exporterlöse
um 5,4 auf 8,8 Milliarden Dollar und bescher-
ten dem Land mit nur 1,3 Milliarden Dollar
einen Handelsbilanzüberschuß, der sogar noch
unter dem Krisenjahr 1982 lag. Bei anhaltend
hohen Transferzahlungen (3,3 Milliarden Dollar) wurde daraus, erstmals seit vielen Jahren
wieder, ein Leistungsbilanzdefizit von zwei Milliarden Dollar."

*Klaus W. Bender: Venezuela: Der Krater nach dem Öl-
rausch. In: Frankfurter Allgemeine Zeitung Nr. 108 vom
11. 5. 1987, S. 14*

Seit Anfang der 90er Jahre ist eine Ent-
spannung der Situation zu erkennen. So erzielte das BIP 1991 einen realen Zuwachs
von 9,2%, die Arbeitslosenquote sank auf
8,8%, und mit 30,7% lag die Verschuldungs-
quote (Anteil der Auslandsschulden am BIP)
um ca. 40% unter der Marke von 1990. Im
Außenhandel konnte wieder ein deutlicher
Überschuß erzielt werden: Exporte 17587
Mio. US-$, Importe: 6765 Mio. US-$. Die
Inflationsrate erreichte jedoch mit 32,7%
einen beängstigenden Stand, nachdem sie
zwischen 1980 und 1990 im Durchschnitt
bei 19% gelegen hatte.

1. *Erklären Sie, warum der Export von Rohstoffen in der Regel nur einen geringen
   Impuls für die wirtschaftliche Entwicklung eines Landes ausübt.*
2. *Welche spezifischen Gründe sprechen für
   eine umfassende Industrialisierung?*
3. *Stellen Sie in einer Liste Hemmnisse und
   Wege der Industrialisierung in Ländern
   der Dritten Welt zusammen.*
4. *Versuchen Sie die geringe Aufnahmefähigkeit der Industrie vieler Entwicklungsländer für Arbeitssuchende zu erklären.*
5. *Erarbeiten Sie anhand der Abbildung
   Seite 368 die Industriestruktur Perus, und
   versuchen Sie die regionalen Disparitäten
   zu erklären.*
6. *Nennen Sie Gründe, warum gerade
   Schwellenländer für ausländische Investoren interessant sind.*
7. *Stellen Sie für die Industriegebiete Venezuelas die rohstofflichen, energetischen
   und infrastrukturellen Voraussetzungen
   dar (Atlas).*
8. *Zeigen Sie am Beispiel Venezuelas, welche Auswirkungen die regionalen Disparitäten auf den Gesamtraum haben.*
9. *Diskutieren Sie Venezuelas Entwicklungsweg aus der Sicht der Modernisierungstheorie und Dependenztheorie.*

3.3 Migration und Verstädterung

Verstädterung als Entwicklungsproblem

Der Verstädterungsprozeß (vgl. S. 320 ff.) hat in den Ländern der Dritten Welt später als in den heutigen Industrienationen begonnen, nimmt aber dort gegenwärtig bedrohliche Ausmaße an. Besorgniserregend ist vor allem das Tempo des Verstädterungsprozesses. Zwischen 1965 und 1990 stieg in der Dritten Welt die urbane Bevölkerung von 657 Mio. auf 1 824 Mio., d. h. um 177 %, während die städtische Bevölkerung in den Industrieländern im gleichen Zeitraum „nur" um 38 % zunahm. Nach Prognosen der Vereinten Nationen wird sich das Wachstum der städtischen Bevölkerung in der Dritten Welt sogar noch beschleunigen, auf über 60 Mio. Zuwachs pro Jahr im Vergleich zu 10 Mio. in den Industrieländern.

Ländliche und urbane[1] Bevölkerung in Mio. für die Dritte Welt und Industrieländer

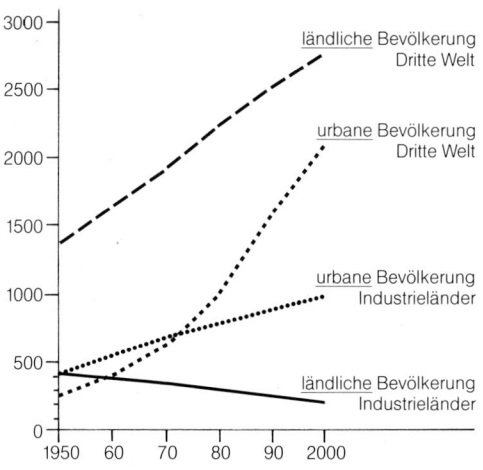

[1] nach nationalen Definitionen
Nach Gerhard Heilig: Das Städtewachstum in der Dritten Welt. In: Peter J. Opitz (Hrsg.): Die Dritte Welt in der Krise. München: Beck 1984, S. 191

Der *Verstädterungsgrad* (Anteil der Bevölkerung, der in Städten lebt) zeigt jedoch regional gravierende Unterschiede. Während Lateinamerika mit ca. 65 % bereits heute den Verstädterungsgrad Europas und Nordamerikas erreicht hat (Venezuela, Uruguay, Argentinien und Chile zählen zu den am höchsten verstädterten Ländern der Erde), sind die Länder Asiens (ohne Japan) und Afrikas noch überwiegend ländlich. Besonders in Ost- und Westafrika gibt es noch reine Agrarländer wie z. B. Burundi (Verstädterungsgrad 1990: 6 %), Ruanda (8 %) oder Uganda (10 %). Das wahre Ausmaß des städtischen Wachstums in Asien wird erst deutlich, wenn man die absoluten Zahlen betrachtet. Mit 970 Mio. Städtern stellen die fünf bevölkerungsreichsten Länder Asiens (China, Indien, Indonesien, Bangla Desh, Pakistan) bereits annähernd 40 % der urbanen Weltbevölkerung. Dabei stehen diese Länder – China vielleicht ausgenommen – erst am Beginn ihrer Urbanisierungsperiode. Bei gleichbleibenden jährlichen Zuwachsraten wird sich ihre Zahl in weniger als 15 Jahren auf zwei Mrd. verdoppelt haben. Das sind zweimal so viele Stadtbewohner wie die gesamte heutige Bevölkerung der USA und GUS sowie aller europäischen Staaten zusammen.

Metropolisierung. Noch beängstigender ist in der Dritten Welt das explosive Wachstum der Metropolen. Unter *Metropolen* verstehen wir die Hauptstädte und die Millionenstädte eines Landes. Der Konzentrationsprozeß der Bevölkerung in den Millionenstädten zeigt sich in fast allen Entwicklungsländern. Die Hauptstädte umfassen oft über 20 % der Gesamtbevölkerung der betreffenden Länder, über die Hälfte der städtischen Bevölkerung und mehr als das Vierfache der Einwohnerzahl der nächstgrößeren Stadt. Besorgniserregend ist auch hier wieder das Tempo. Während die Gesamtbevölkerung in den Entwicklungsländern in den Jahren 1940 bis 1990 durchschnittlich um das 2,2fache pro Jahr wuchs und die der Städte (über 20 000 Einwohner) um das 5,4fache, stieg die in den Millionenstädten lebende Bevölkerung um das 15fache. Die eigentliche „Bevölkerungsexplosion" findet also in den Metropolen statt. Deshalb ist es gerechtfertigt, in der Dritten Welt von „*Metropolisierung*" statt „Verstädterung" zu sprechen.

Dynamik der Metropolisierung: Absolutes Wachstum 1940–1990

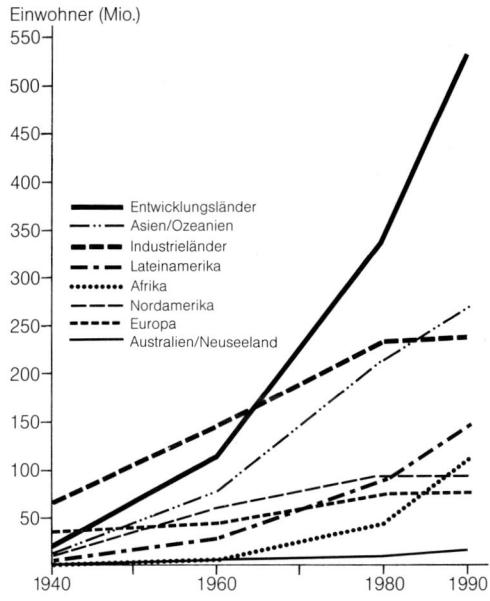

Einwohner (Mio.)

— Entwicklungsländer
—·—·— Asien/Ozeanien
▬ ▬ ▬ Industrieländer
—·■·— Lateinamerika
·········· Afrika
— — — Nordamerika
- - - - - Europa
——— Australien/Neuseeland

Nach Dirk Bronger: Metropolisierung als Entwicklungsproblem in Ländern der Dritten Welt. In: Geographische Zeitschrift H. 3, 1984, S. 145. Wiesbaden: Steiner, ergänzt nach Weltentwicklungsbericht 1992

Im Hinblick auf die Entwicklungsperspektiven dieser Länder sind vor allem zwei Folgen der Metropolisierung von Bedeutung:

1. Die im Vergleich zum überproportional wachsenden Bevölkerungsanteil noch stärkere Konzentration der politischen, kulturellen, gesellschaftlichen und wirtschaftlichen Aktivitäten in der – zumeist einzigen – Metropole, mit der Folge, daß sich die entwicklungshemmenden regionalen Disparitäten zunehmend vergrößern.

2. Die Ausbreitung der Elendssiedlungen und die *Marginalisierung* ihrer Bewohner; Marginalisierung bedeutet, daß große Gruppen nicht oder kaum an wirtschaftlichen, politischen und gesellschaftlichen Entscheidungen sowie am Wirtschaftswachstum – in Entstehung und Verteilung – beteiligt sind; diese fehlende Teilnahme schafft wachsende soziale Spannungen, die schließlich die politische Stabilität dieser Länder bedrohen können.

Infolge des explosionsartigen Wachstums scheint jeder Versuch einer geordneten Stadtplanung von vornherein zum Scheitern verurteilt zu sein, ganz zu schweigen von den Problemen, die sich für die Bereitstellung von Arbeitsplätzen, Schulen, Krankenhäusern, Wohnungen und anderen Infrastruktureinrichtungen ergeben, oder von den ökologischen Problemen, die die Bevölkerungsdichte in den Ballungszentren mit sich bringt.

Ursachen der Verstädterung und Metropolisierung

Landflucht. Die Verstädterung und Metropolisierung in der Dritten Welt ist untrennbar mit dem Begriff der Landflucht (bzw. Bergflucht z. B. im Bereich der Anden) verbunden. Als *Landflucht* wird eine – meist auf die Hauptstadt des Landes gerichtete – Bevölkerungsbewegung aus dem ländlichen Raum bezeichnet. Diese rural-urbane (rural = ländlich) Mobilität wirkt maßgeblich verändernd auf die Struktur und Funktion sowohl ländlicher als auch städtischer Räume. Sie ist Ausdruck der strukturellen Probleme von Entwicklungsgesellschaften, die sich im sozialen, politischen und wirtschaftlichen Bereich in einer unterschiedlich stark ausgeprägten Umbruchsituation befinden.

Spätestens mit Erreichen der Unabhängigkeit war in der Mehrzahl der Länder der Versuch festzustellen, durch intensive Industrialisierung schnellstmöglich die Entwicklung der heutigen Industrienationen nachzuvollziehen. Durch Weiträumigkeit und überwiegend geringe infrastrukturelle Erschließung (die meist von europäischen Kolonialmächten gegründeten Verwaltungs- und Handelszentren waren stärker auf Europa als auf das Hinterland ausgerichtet) kam es zur überwiegenden Konzentration der industriellen Standorte auf nur wenige wirtschaftliche Wachstumspole. Die rege wirtschaftliche Tätigkeit in den Metropolen der Länder der Dritten Welt hat jedoch noch heute einen vergleichsweise geringen Ausstrahlungseffekt im Sinne von Strukturveränderungen und Modernisierung auf die übrigen Wirtschaftsräume der Länder gehabt. Insbesondere die Kapitalakkumulation, die Bindung zentraler Funktionen auf wenige

„Wachstumsinseln", hat den Abstand der sozio-ökonomischen Entwicklung innerhalb der einzelnen Länder im Zuge der Entwicklungsbemühungen eher vergrößert als vermindert. Industrialisierung, räumliche Mobilität und Städtewachstum stellen also – neben dem natürlichen Bevölkerungszuwachs, das den Bevölkerungsdruck auf die ländlichen und städtischen Regionen noch erhöht – eng miteinander verbundene Elemente des Entwicklungsprozesses in Ländern der Dritten Welt dar.

Etwa 40 bis 50% des Städtewachstums in der Dritten Welt geht auf das Konto der Zuwanderer vom Land. Die Zahlen variieren jedoch regional stark. Während in China und einigen Ländern des Mittleren Ostens die natürliche Wachstumsrate die Hauptursache für das Städtewachstum ist, liegt in den meisten lateinamerikanischen Ländern der Anteil der Zuwanderer am städtischen Bevölkerungswachstum deutlich über 50%. In allen Ländern überlagern sich dabei verschiedene Wanderungsströme und -richtungen. Vorherrschend sind diese jedoch auf die Hauptstädte bzw. auf die in Küstennähe liegenden Ballungsräume gerichtet.

Wanderungsströme nach Lima/Callao (Peru) (akkumuliert bis 1981)

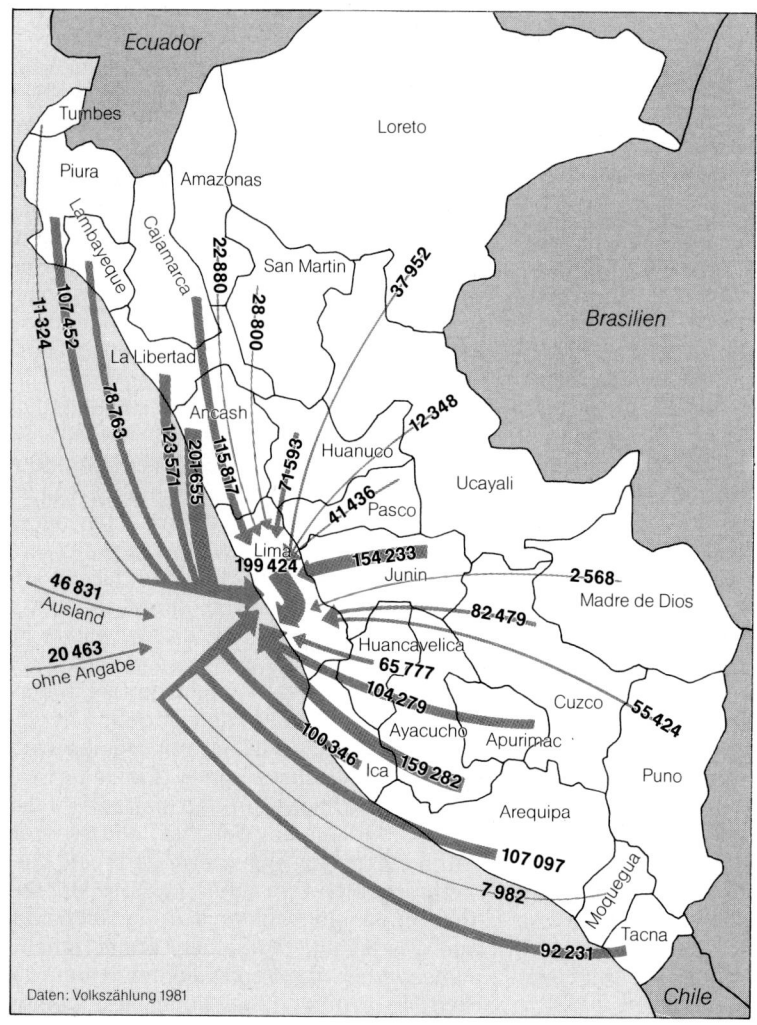

Nach Jürgen Bähr: Andenstaaten. In: Praxis Geographie H. 4, 1985. Folienbeilage. Braunschweig: Westermann

Pull- und Push-Faktoren. Die Gründe der rural-urbanen Wanderungsbewegungen sind vielfältig und regional sehr unterschiedlich. Allgemein werden Pull- und Push-Faktoren unterschieden. *Pull-Faktoren*, mit denen die oft als „Magnetwirkung" bezeichnete Anziehungskraft der Städte gemeint ist, resultieren aus dem Katalog von Erwartungen, den die Migranten in der Stadt für erreichbar halten:
- bessere Arbeits- und Verdienstmöglichkeiten,
- Annehmlichkeiten des städtischen Lebens,
- bessere Bildungsmöglichkeiten,
- leistungsfähiges Sozial- und Gesundheitswesen.

Dabei spielen oft eigene Erfahrungen mit dem städtischen Leben als auslösendes Moment der Wanderung nur eine untergeordnete Rolle. Viel stärker sind Informationen, die über moderne Massenkommunikationsmittel (hier spielt vor allem das Transistorradio eine große Rolle) in ländliche Gebiete gelangen und Vorstellungen über eine vermeintlich bessere Lebenssituation in der Stadt aufbauen. Auch ehemalige Dorfbewohner, die besuchsweise oder endgültig aus dem städtischen Milieu zurückkehren, unterstützen mit ihrem Beispiel und ihren wahrscheinlich überwiegend positiven Darstellungen über die Annehmlichkeiten des städtischen Lebens die Abwanderungsbereitschaft vornehmlich des jüngeren, aktiveren Teils der ländlichen Bevölkerung. Zusätzlich läßt die verbesserte Verkehrserschließung auch der ländlichen Regionen Distanzen geringer werden.

Die *Push-Faktoren* sind in erster Linie in den Lebens-, Arbeits- und Wirtschaftsbedingungen in den peripheren agraren Regionen zu suchen:
- Bevölkerungsdruck infolge hohen natürlichen Bevölkerungswachstums,
- ökologische Grenzen und Hemmnisse der agraren Nutzung,
- unzureichende Ernährungsgrundlage,
- unzureichende Besitzgrößen in der Landwirtschaft,
- Unterdrückung durch Großgrundbesitzer und Ausbeutung durch Zwischenhändler,
- fehlende Beschäftigungsmöglichkeiten außerhalb der Landwirtschaft,
- Arbeitslosigkeit und Unterbeschäftigung,
- geringe Alternativen bei der Berufswahl,
- mangelnde Versorgung mit öffentlichen Dienstleistungen.

Auswirkungen auf den städtischen Raum

Trotz ihres beherrschenden Übergewichts können die Städte die in sie gesetzten Hoffnungen in der Regel nicht erfüllen. Die Aufnahmefähigkeit der lokalen Industrie reicht bei weitem nicht aus, um der Masse der Zugewanderten Arbeit zu bieten. Ein Großteil sucht deshalb Beschäftigung im tertiären Sektor, der in einigen Ballungsräumen mehr als die Hälfte der verfügbaren Arbeitsplätze stellt und über Gebühr aufgebläht ist. Viele Zuwanderer sind vom Nebenerwerb wie Straßenverkauf abhängig. Der Grad der Unterbeschäftigung ist entsprechend hoch. So verlagert sich die Arbeitslosigkeit lediglich von der Landwirtschaft in den städtischen sekundären und tertiären Sektor; die Armut verschiebt sich vom Land in die Stadt. Andererseits führt die Abwanderung gerade der dynamischen, jüngeren Bevölkerung zu einem Abfluß der produktivsten Arbeitskräfte und zu einer Schwächung der Investitionskraft in den Abwanderungsgebieten *(backwash effect)*.

Slumbildung

Anteil der Bevölkerung in Elendssiedlungen (etwa 1980)

	Einwohner gesamt (Mio.)	davon in Elendssiedlungen (%)
Lagos (Nigeria)	1,06	51
Colombo (Sri Lanka)	0,59	54
Mexiko City[1] (Mexiko)	14,75	55
Guayaquil (Ecuador)	1,20	58
Rabat (Marokko)	0,84	60
Dakar[1] (Senegal)	0,98	60
Kinshasa (Zaire)	2,44	60
Ibadan (Nigeria)	0,85	62
Djakarta (Indonesien)	6,50	63
Casablanca (Marokko)	2,50	68
Addis Abeba (Äthiopien)	1,28	78

[1] Agglomeration
Nach Günter Mertins: Marginalsiedlungen in Großstädten der Dritten Welt. In: Geographische Rundschau H. 9, 1984, S. 436. Braunschweig: Westermann

Pueblo Joven (Barriada) Villa Solidaridad im Süden von Lima

Als Ergebnis der Wanderungsvorgänge, die den natürlichen Bevölkerungszuwachs der Städte in besonderem Maße ergänzen, wachsen die städtischen *Elendsviertel* der Länder der Dritten Welt zu zukünftigen Katastrophengebieten heran. Teilweise übersteigt die Zahl der Slumbevölkerung bereits die der eigentlichen Stadtbevölkerung.

Die Elendsviertel in den Entwicklungsländern lassen sich nur bedingt mit den Slums in den Industrieländern (z.B. in New York oder in Chicago) vergleichen. Was hier als unzureichend oder als sozial diskriminierend gilt, mag dort u.U. noch als „ausreichend" empfunden werden. Unter den städtischen Elendsvierteln der Entwicklungsländer selbst gibt es ebenfalls wiederum erhebliche Unterschiede, so daß eine umfassende Definition von Slums kaum möglich ist. Den-

noch gibt es charakteristische gemeinsame Merkmale. Zu ihnen zählen:
– mangelhafte Bausubstanz
– hohe Wohndichte
– unzureichende Wohninfrastruktur
– unzureichende öffentliche Infrastruktur
– geringes Einkommen bis Arbeitslosigkeit bei den Bewohnern.

Zu unterscheiden sind in den Entwicklungsländern die innerstädtischen Elendssiedlungen, die *Slums* im eigentlichen Sinne, von den randstädtischen *„squatter settlements"*. Beide Formen haben in vielen Städten einen so dominierenden Einfluß auf die Siedlungsausprägung, daß sie vielerorts eigene, regional gebundene Bezeichnung erhalten, z.B.:
– für die innerstädtischen Slums: bazaars (Indien), compounds (Mittlerer Osten), tugurios (Peru/Kolumbien),

Miraflores, gehobenes Wohngebiet in Lima

– für die randstädtischen „squatter settlements": barriadas (Peru), bidonvilles (ehemalige französische Kolonien), bustees (Indien), colonias proletarias (Mexiko), favelas (Brasilien).

Das Beispiel Lima/Peru

Die Dimension des Wohnungsproblems kann – stellvertretend für viele andere Städte der Dritten Welt – am Beispiel der peruanischen Hauptstadt Lima aufgezeigt werden.

Die *Tugurios,* ehemalige Wohngebiete der Ober- und Mittelschicht im Stadtkern, sind in der Regel die erste Anlaufstation der Zuwanderer. Ausschlaggebend für die Wahl dieser Wohnungen ist die Nähe zum gesuchten Arbeitsplatz und den Versorgungseinrichtungen. Sobald es dem Tugurio-Bewohner gelingt, eine Beschäftigung zu finden, und er etwas Kapital angesammelt hat,

versucht er, den miserablen Wohnverhältnissen in den Tugurios zu entkommen und am Stadtrand ein eigenes „Haus" zu bauen. Dies geschieht in der Regel ohne Baugenehmigung auf öffentlichen oder ungenutzten privaten Flächen.

Die Bezeichnung „squatter settlements" trifft insofern auf die *Barriadas* zu, als der Grund widerrechtlich in Besitz genommen wurde. Die Gründung erfolgt meist gut vorbereitet und geplant, oft über Nacht, um die Behörden vor vollendete Tatsachen zu stellen. Unter den Barriadas gibt es aber auch legale Hüttenviertel, bei denen der Boden vom Staat übertragen und der Bau der Behausungen von amtlichen Stellen genehmigt oder gar organisiert wird.

1990 lebten etwa ein Drittel der Bevölkerung Limas in den Barriadas, den Pueblos jóvenes, wie sie von der Militärjunta Velasco Alvarados offiziell umbenannt wurden.

Stadt- und Barriada-Bevölkerung in Peru und Lima/Callao 1940–1989

	Bev. von Peru	Bev. von Lima/Callao	Bev. von Lima/Callao in % von Peru	Anzahl Barriadas in Lima/Callao	Barriada-Bevölkerung in Lima/Callao	In % der Bev. von Lima/Callao
1940	6 207 967	645 172	10,4	28	?	?
1956	8 860 000	1 340 000	15,1	56	108 988	8,1
1961	9 906 746	1 845 910	18,6	139	316 829	17,2
1972	13 538 208	3 302 523	24,4	287	857 831	26,0
1981	17 005 210	4 608 010	27,1	408	1 463 769	31,8
1989	21 447 000	6 233 800	29,1	598 (1983)	2 337 600	37,5

Jürgen Bähr, Gerhard Klückmann: Staatlich geplante Barriadas in Peru. In: Geographische Rundschau H. 9, 1984, S. 455. Braunschweig: Westermann (ergänzt)

Wachstum Limas, Lage der Tugurios und Barriadas

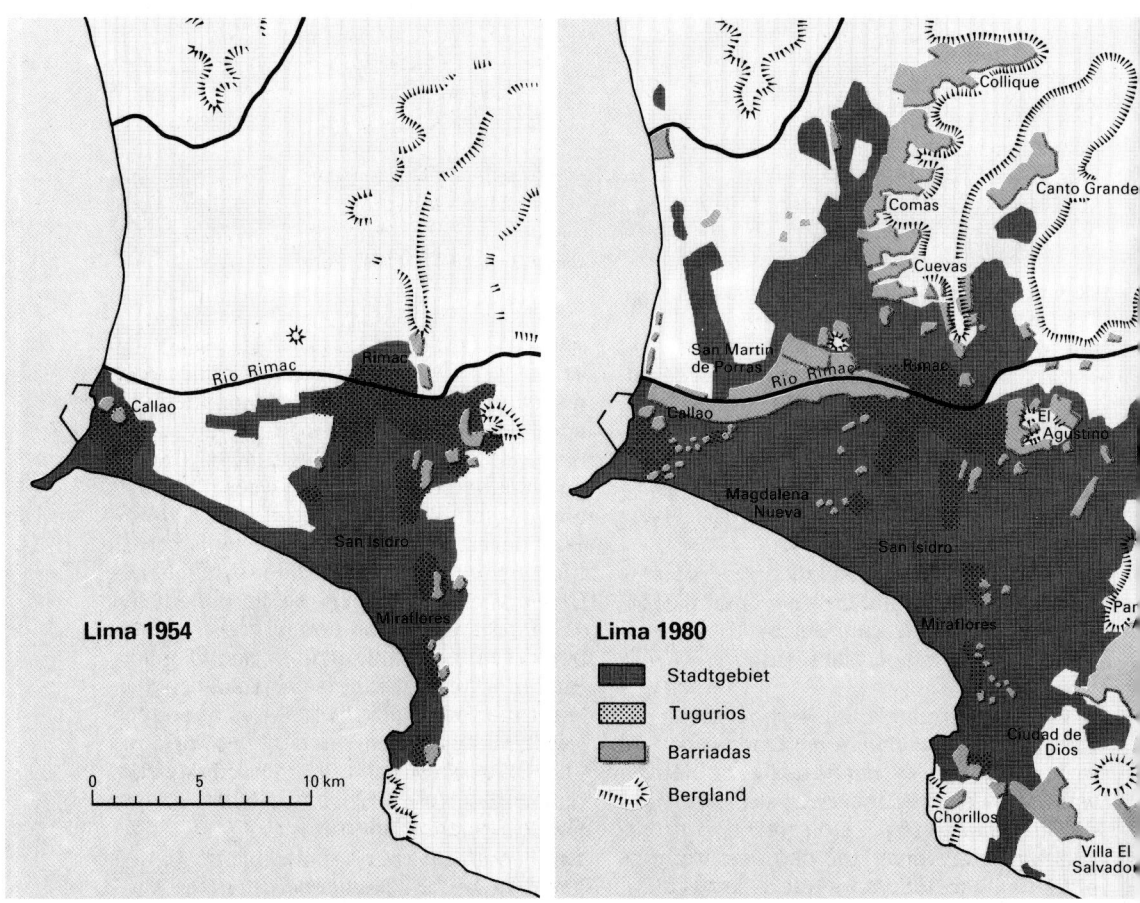

Eberhard Kroß, Helmut Müller: Indios in Peru – Menschen am Rande der Gesellschaft. Schülerheft. Stuttgart: Klett 1985, S. 20

Sozialstruktur der Bewohner in den Pueblos jóvenes von Lima

Im erwerbsfähigen Alter	46%	mittlere Kinderzahl der Familie		4
Bewohner unter 15 Jahren	50%	100 Erwerbstätige ernähren Personen		288
hinreichend beschäftigte Erwerbsfähige	68%	(Durchschnitt für Peru)		217
Arbeitslosigkeit oder Unterbeschäftigte	32%			

Berufsgliederung	Männer	Frauen	Schulabschluß der über Fünfzehnjährigen		
Arbeiter	50%	20%		Männer	Frauen
Selbständige	25%	35%	Primarschule	55%	56%
Angestellte	15%	20%	Sekundarschule/Fachschule	35%	22%
im eigenen Haushalt Tätige	1%	20%	Höhere Schule/Universität	4%	2%
sonstige Berufe	9%	5%	ohne Abschluß	3%	16%

Quelle: Rohm/Bähr, S. 59 und 65 (1974)

Karl Gaigl: Lima – Metropole und Peripherie in einem Entwicklungsland. Fragenkreise 23524. Paderborn: Schöningh 1979, S. 40

Die Urteile über die Pueblos jóvenes sind sehr widersprüchlich. Das menschliche Elend in den provisorischen Matten-, Papp- und Kanistersiedlungen ist oft beschrieben worden und nicht zu übersehen. Andererseits tragen diese Neusiedlungen aber auf vielerlei Weise zum Wirtschaftsleben Perus und zur sozialen Integration der zugewanderten Indios bei: Sie sind ein Beitrag zur Landerschließung und Wohnungsversorgung; sie entlasten zum Teil die finanzschwachen Behörden von der kaum zu bewältigenden Aufgabe, ausreichend Wohnungen und Infrastruktureinrichtungen für die Masse der Zuwanderer bereitzustellen; sie wirken der Isolierung und Entwurzelung vieler Zuwanderer entgegen, indem sie durch kooperative Arbeit, kommunale Institutionen und Vereinigungen psycho-soziale Hilfe leisten bei der schwierigen Anpassung der marginalen Indios an das großstädtische Leben; durch Selbsthilfeeinrichtungen, Gründung kleinerer Unternehmen in Form von Handwerksbetrieben, Geschäften usw. leisten sie schließlich einen Beitrag zur Minderung der Arbeitslosenmisere.

Slumsanierung

Versuche zur *Slumsanierung* wurden schon früh unternommen. Bis heute lassen sich – weltweit – drei Arten erkennen:

1. *Low-cost-housing-Programme:* Bau mehrgeschossiger Wohnblocks mit primitiven Wohnräumen, die preiswert gemietet oder von den Bewohnern im Mietkauf erworben werden können.

2. *Site-and-service-Programme:* Bereitstellung von erschlossenen Neusiedlungsflächen, Infrastruktur- und Dienstleistungseinrichtungen am Stadtrand, Vergabe der Grundstücke an Familien mit geringem Einkommen (Kauf, Mietkauf, Pacht), die in Eigenleistungen die Wohnungen erbauen.

3. *Upgrading-Programme:* Verbesserung von Bausubstanz und Infrastruktur in den illegalen oder halblegalen Siedlungen durch eine Kombination von Staats- und Selbsthilfe.

Mit diesen Sanierungsstrategien ist aber das Problem der Landflucht und damit ein entscheidender Grund für das Wachstum der städtischen Elendssiedlungen nicht gelöst.

In vielen Ländern der Dritten Welt ist inzwischen erkannt worden, daß die Landflucht erfolgreich nur dort eingeschränkt werden kann, wo sie entsteht. So wird zunehmend mehr Wert auf die ländliche Regionalentwicklung gelegt. Dies geschieht z. B. durch Agrarreformen, aber auch durch eine dezentralisierte industrielle Entwicklungsförderung. In verschiedenen Ländern (z. B. in Tansania und Indien) zielt die Gesamtentwicklungsplanung auch auf den Bereich der kleinen und mittleren Orte, in denen man durch Förderung der Wirtschaftskraft und Erweiterung des Arbeitsplatzangebotes versucht, einen Abbau der wirtschaftsräumlichen Entwicklungsunterschiede zu erreichen. Der Zustrom auf die Hauptstadt soll auf diese Weise abgefangen bzw. vermin-

dert werden. Es bleibt abzuwarten, ob Maßnahmen dieser Art nachprüfbare Wirkungen zeigen können. Gute Erfolgsaussichten
bestehen vor allem dann, wenn die ausgewählten Zentren bereits eine gewisse dynamische Entwicklungsphase erreicht haben
oder zumindest in potentiell entwicklungs-
fähigen Wirtschaftsräumen liegen. Bislang
sind aber keine Erfolge zu erkennen. Der
Prozeß der Metropolisierung setzt sich offensichtlich unaufhaltsam fort.

1. *Definieren Sie die Begriffe Städtewachstum, Verstädterung, (Sub-)Urbanisierung
   und Metropolisierung. Ziehen Sie zur Be-
   antwortung dieser Frage das Kapitel
   „Stadt und Verstädterung", Seite 312ff.,
   heran.*
2. *Vergleichen Sie den Prozeß und das Ausmaß der Verstädterung in den Entwicklungsländern mit denen in den Industrieländern.*
3. *Erklären Sie die Sogwirkung des städtischen Raumes auf den ländlichen Raum.*
4. *Zeigen Sie den Zusammenhang zwischen
   Landflucht und der Marginalisierung großer Bevölkerungsschichten in den Großstädten der Dritten Welt.*
5. *Nennen Sie Folgen des explosionsartigen
   Wachstums der Millionenstädte der meisten Entwicklungsländer, und erörtern
   Sie Gegenmaßnahmen.*
6. *Fassen Sie am Beispiel Limas die Wechselwirkungen zwischen Industrialisierung, Migration, Städtewachstum und
   Slumbildung zusammen.*
7. *Diskutieren Sie Möglichkeiten, wie die
   Landflucht eingeschränkt werden kann
   und wie sich so die negativen Auswirkungen des explosiven Städtewachstums vermindern lassen.*

4 Weltwirtschaft und Entwicklungspolitik

Auf der ersten UN-Konferenz für Handel und
Entwicklung 1964 in Genf (*UNCTAD* – United Nations Conference on Trade and
Development) formierte sich die *„Gruppe
der 77"*, die als Zusammenschluß von ursprünglich 77 Entwicklungsländern (heute
125) zum Sprachrohr der Dritten Welt vor
allem in wirtschaftlichen Fragen wurde. Die
Vertreter der Gruppe 77 wiesen darauf hin,
daß die Entwicklungsländer durch die
Struktur der Welthandelsbeziehungen benachteiligt seien. Sie forderten eine *„Neue
Weltwirtschaftsordnung"*, da es im Rahmen
der bestehenden Ordnung nicht gelungen
sei, den Einkommensabstand zu den Industrieländern zu verringern. Die Gruppe der
77 verlangt eine größere Beteiligung an den
internationalen Entscheidungsprozessen,
eine Stabilisierung der Märkte für ihre wichtigsten Exportprodukte, eine Kontrolle der
multinationalen Gesellschaften sowie eine
stärkere Integration in das System der Weltwirtschaft.

4.1 Außenhandelsstruktur der Entwicklungsländer

Die Ausgangssituation der Entwicklungsländer im Welthandel ist gekennzeichnet
durch:
– ihre unvollkommene Integration in das
  bestehende Handelssystem,
– ihre einseitig ausgerichtete Handelsstruktur, die sich im wesentlichen auf die Kolonialzeit zurückführen läßt,
– ihre ungünstigen Austauschverhältnisse
  (terms of trade),
– ihre explosionsartig wachsende öffentliche Auslandsverschuldung.
Während die Industrieländer 1987 rund 67%
des Welthandels bestritten, entfielen auf die
Entwicklungsländer (ohne OPEC-Staaten)
nur rund 16%. Zwar konnten auch die nicht-
ölfördernden Entwicklungsländer ihre Exporte in den letzten Jahren steigern, ihr Anteil am Welthandel ist jedoch auf 4% gesunken. Die Mehrzahl der Entwicklungsländer
wird also – relativ gesehen – aus der Weltwirtschaft herausgedrängt.

Anteil am Welthandel in Prozent

Ländergruppen	Einfuhr							
	1975	1980	1985	1986	1987	1988	1989	1990
Industrieländer	67,0	68,4	68,9	70,7	72,0	71,5	71,8	73,1
Entwicklungsländer[1]	21,7	22,5	22,8	20,8	20,3	21,3	21,8	21,3
darunter: OPEC-Länder	5,7	6,1	5,0	4,1	3,5	3,4	3,2	2,9
LDC's	0,8	0,8	0,8	0,7	0,7	0,6	0,6	0,5
europäische Staatshandelsländer	11,6	7,8	8,3	8,4	7,7	7,2	6,4	5,6
	Ausfuhr							
Industrieländer	18,4	40,0	40,6	47,2	55,5	63,4	68,0	72,3
Entwicklungsländer[1]	6,9	18,2	15,4	14,4	17,4	20,1	22,3	22,5
darunter: OPEC-Länder	3,6	9,8	4,8	3,6	3,9	3,9	4,5	4,6
LDC's	0,1	0,2	0,2	0,2	0,3	0,3	0,3	0,3
europäische Staatshandelsländer	3,2	5,3	5,4	6,0	6,5	6,8	6,2	5,2

Einfuhr cif – Abkürzung für „cost, insurance, freight"; im Warenpreis sind die Kosten für Verladung, Fracht und Versicherung bis zum Bestimmungsort enthalten. Ausfuhr fob – Abkürzung für „free on board"; die Warenpreise verstehen sich einschließlich Beförderung bis an Bord (ohne Fracht zum Bestimmungsort).
[1] Nur außereuropäische Entwicklungsländer
Bundesministerium für wirtschaftliche Zusammenarbeit (Hrsg.): Journalistenhandbuch Entwicklungspolitik '91/92. Bonn 1991, S. 264

Einseitige Exportstruktur. Die für den Industrieaufbau und das Wirtschaftswachstum der Entwicklungsländer grundlegenden Exporte beschränken sich in der Regel auf wenige Produkte. Nahezu 70% sind agrarische und mineralische Rohstoffe (einschließlich Erdöl), während bei den Importen Erzeugnisse der Investitionsgüterindustrie dominieren. Viele Länder erzielen ihre Deviseneinnahmen zu über 50% aus dem Export eines einzigen Rohstoffs.

Diese Zahlen spiegeln gleichzeitig den geringen Anteil der Entwicklungsländer an der Weltindustrieproduktion wider; er beläuft sich gegenwärtig auf 12% (vgl. S. 365).

Die einseitige Abhängigkeit von Rohstoffexporten bringt für die meisten Entwicklungsländer eine Reihe schwerwiegender Probleme. Abnehmende oder schwankende Weltmarktpreise sowie Produktionsverluste, z. B. durch klimatische Einflüsse, stellen einen großen Unsicherheitsfaktor für den Staatshaushalt dar, da die Devisen im voraus nicht kalkuliert werden können. Erschwerend wirken ferner die Konkurrenz durch andere Anbieter oder durch *Substitutionsprodukte* der Industriestaaten (z. B. Kunstfasern statt Naturfasern) sowie die restriktiven Handelspraktiken vieler Industrieländer (z. B. protektionistische Maßnahmen).

Hauptexportprodukte ausgewählter Entwicklungsländer (Angaben in Prozent)

Ägypten (1990)	Erdöl und Erdölprodukte 40%, Baumwolle und Garne 13%
Angola (1990)	Erdöl und Erdölprodukte 71%
Äthiopien (1990)	Kaffee 58%, Viehzuchtprodukte 8%
Ecuador (1991)	Erdöl und Erdölderivate 53%, Bananen 17%
Gabun (1990)	Rohöl 80%, Holz 8%, Mangan 8%
Ghana (1990)	Kakao 41%, Metalle und Metallwaren 23%, Holz 14%
Kamerun (1990)	Erdöl 43%, Kaffee 9%, Kakao 9%, Holz 6%
Malawi (1990)	Tabak 52%, Tee 15%, Zucker 9%, Kaffee 5%
Nigeria (1990)	Erdöl 97%
Sambia (1988)	Kupfer 90%
Sudan (1989)	Baumwolle und Baumwollsamen 47%, Erdnüsse 20%
Tschad (1989)	Baumwolle 90%

Nach Mario von Bratta (Hrsg.): Der Fischer Weltalmanach 1993, Frankfurt: Fischer Taschenbuch Verlag 1992 und nationalen Statistiken

Preisschwankungen ausgewählter Rohstoffe 1957–1987 (1980 = 100)

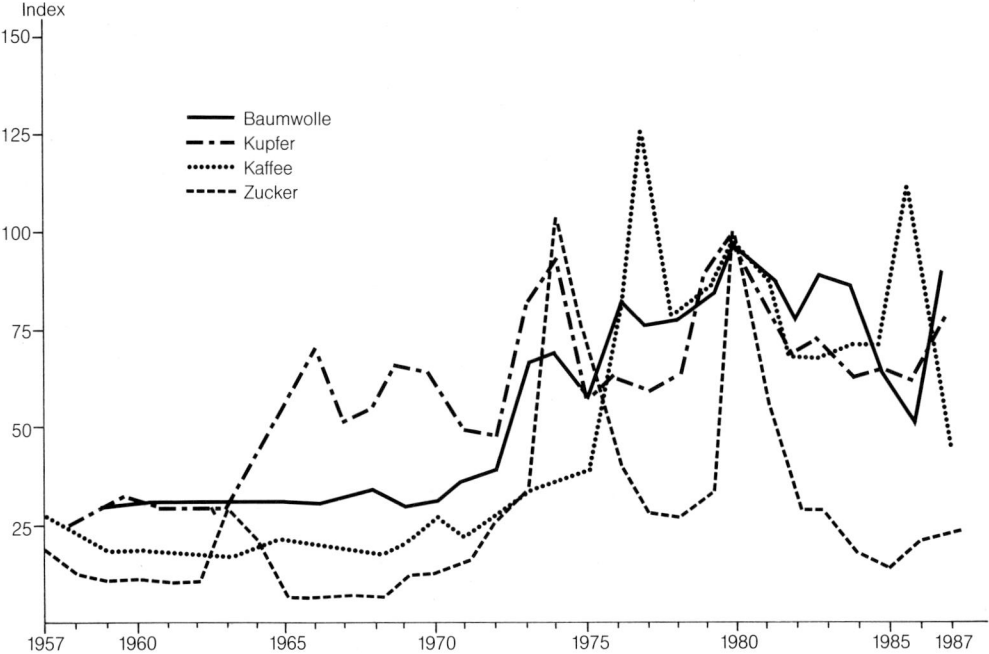

Martin Kaiser, Norbert Wagner: Entwicklungspolitik. Grundlagen – Probleme – Aufgaben. Bundeszentrale für politische Bildung: Bonn 1991, S. 316

Terms of Trade. Mit dem Begriff *terms of trade* beschreibt man das internationale Austauschverhältnis von Importen zu Exporten. Es gibt an, wie viele Einheiten an Importgütern ein Land im Austausch gegen eine Einheit seiner Exportgüter erhält.

Zusätzlich zu den genannten Schwierigkeiten infolge der Konkurrenz und der restriktiven Handelspraktiken wirkt die unterschiedliche Preisentwicklung der Rohstoffe einerseits und der Industrieprodukte andererseits entwicklungshemmend. Besonders hart sind hier wiederum die rohstoffexportierenden Entwicklungsländer betroffen. 1986 erreichten die realen Rohstoffpreise den niedrigsten Stand seit dem Zweiten Weltkrieg. Bei sinkenden Preisen und geringfügig wachsendem mengenmäßigem Absatz können die Länder mit ihren Rohstofferlösen immer weniger Fertigwaren einführen, die sie zum Aufbau ihrer Wirtschaft dringend benötigen.

Veränderungen der Terms of Trade nach Entwicklungsregionen 1980–1988

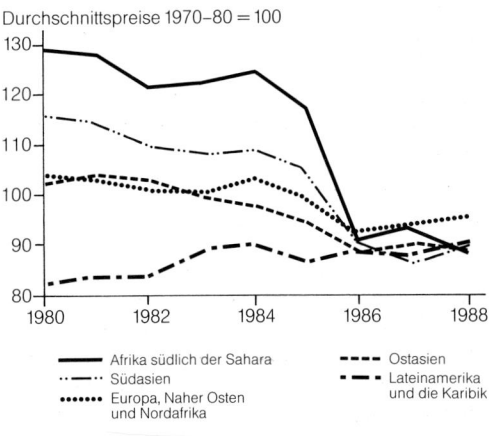

Nach The World Bank (Hrsg.): World Development Report 1990. Washington D.C. 1990, S. 14

386

4.2 Verschuldung der Entwicklungsländer

Auslandsschulden der Entwicklungsländer im Verhältnis zu Bruttosozialprodukt und Exporterlösen 1982–1991

	Schulden[1] in % des BSP						
	1982	1984	1986	1988	1989	1990[2]	1991[3]
Afrika	34,9	41,3	48,6	47,6	49,7	48,8	47,4
Asien	21,9	24,0	29,5	26,1	22,3	21,0	19,9
Europa	32,8	36,0	41,0	42,4	40,4	39,8	38,8
Naher Osten[4]	24,0	26,8	33,3	33,0	30,8	30,0	28,2
Lateinamerika[5]	43,0	46,4	44,1	38,7	36,7	35,0	32,9
Alle Entwicklungsländer	31,0	33,9	37,8	34,7	31,8	30,4	28,8
	Schulden[1] in % des Exports an Gütern und Dienstleistungen						
Afrika	154,1	169,7	239,7	242,5	226,0	227,8	226,7
Asien	89,2	90,9	105,6	79,2	70,2	67,2	64,1
Europa	136,0	131,7	165,4	146,2	134,9	137,8	135,0
Naher Osten[4]	50,8	74,7	123,9	120,8	109,0	109,0	104,4
Lateinamerika[5]	271,0	274,8	349,6	292,1	271,6	264,4	250,3
Alle Entwicklungsländer	102,2	134,3	172,3	141,9	127,5	124,0	118,4

[1] Ohne IWF-Kredite [2] Schätzung [3] Voraussage [4] Einschließlich Libyen und Ägypten [5] Einschließlich Karibik
Nach Internationaler Währungsfonds, World Economic Outlook. In: Karl Engelhard: Dritte Welt und Entwicklungspolitik im Wandel. Stuttgart: Omnia Verlag 1988, S. 64, fortgeführt

Hochverschuldete Länder der Dritten Welt 1980–1990 (Angaben in Mrd. US-Dollar)

	1980	1984	1990	in % des BSP 1990
Brasilien	64	102	116	25,1
Mexiko	75	97	97	42,1
Indien	20	36	70	25,0
Indonesien	20	36	68	66,4
Argentinien	27	48	61	61,7
Ägypten	20	24	40	126,5
Nigeria	7	18	36	110,9
Südkorea	28	43	34	14,4
Venezuela	31	32	33	71,0
Philippinen	17	26	31	69,3

Nach Weltbank (Hrsg.): World Debt Tables 1985/86 und World Development Report 1987 und 1992. Washington 1968, 1987 und 1992

Zur Finanzierung der Investitionen benötigen die Entwicklungsländer Kapital, das durch eigenes Sparen nicht aufgebracht werden kann. Da auch die Preissteigerungen bei lebenswichtigen Energie-, Nahrungsmittel- und Fertigprodukten nicht durch entsprechend steigende Exporterlöse (sinkende terms of trade) aufgefangen werden können, ist man auf Kapitalimporte angewiesen. Dies, die hohen Zinsen auf dem internationalen Kapitalmarkt, aber auch viele Fehlinvestitionen (z.B. in den Bau industrieller Großprojekte, überdimensionierter Straßen und Luxushotels sowie in die Rüstung) erklären die in den letzten Jahren bedrohlich anwachsende *Auslandsverschuldung* vieler Entwicklungsländer. Ende 1990 betrug die gesamte Verschuldung der Entwicklungsländer 1,3 Billionen Dollar. In einigen Ländern verschlingt der jährliche Schuldendienst inzwischen die Hälfte der gesamten Exporterlöse.

Die Auswirkungen. Es entsteht eine Verflechtung von zunehmender Verschuldung und zunehmendem Kreditbedarf für die Rückzahlung der Entwicklungshilfe bzw. für Zinszahlungen, der viele Entwicklungsländer inzwischen an den Rand des finanziellen Zusammenbruchs geführt hat.
Angesichts von Arbeitslosigkeit und Unterbeschäftigung ist die volle Rückzahlung der Schulden – wenn überhaupt – nur möglich um den Preis von noch größerer Armut und weiterem Elend. Da die Lebenshaltungskosten besonders in den hochverschuldeten Ländern unvorstellbare Steigerungsraten erreichen (z.B. Brasilien 1990: 284%), trifft die Schuldenlast besonders die Armen. Um Inflation und Verschuldung in den Griff zu bekommen, sind die Länder gezwungen, ihre Staatsausgaben zu kürzen,

vor allen in den Bereichen Erziehung, Gesundheit und Wohnungsbau. Notwendige Importe von Nahrungsmitteln oder von Ersatzteilen für Maschinen werden gestrichen, um Devisen für den Schuldendienst zu erwirtschaften. Die Folge: Die Firmen nehmen keine Investitionen vor, die Produktion sinkt, die Arbeitslosigkeit steigt, die Versorgung der Bevölkerung wird vernachlässigt. Die Kehrseite des Problems sieht so aus: Seit 1983 weisen die Daten der Weltbank nach, daß die Entwicklungsländer über ihren Schuldendienst, also über die Rückzahlung der Kredite und Zinsen, mehr an die Industrieländer zahlen, als sie von ihnen an neuen Krediten und Darlehen erhalten. Entwicklungshilfe der Armen für die Reichen?

Kredite und Rückzahlungen der Entwicklungsländer (in Mrd. US-Dollar)

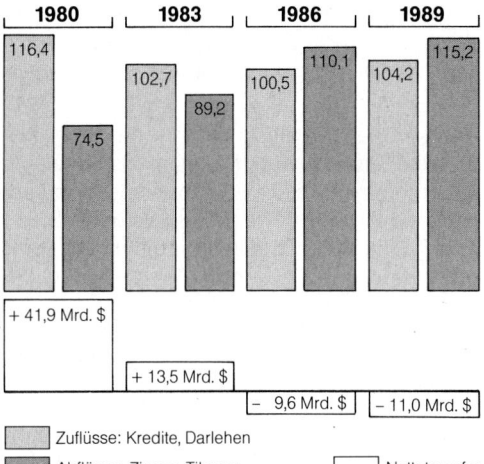

Zuflüsse: Kredite, Darlehen

Abflüsse: Zinsen, Tilgung · Nettotransfer

Nach The World Bank (Hrsg.): World Debt Tables 1988–1989, 1989–1990, 1990–1991. Washington D.C. 1988, 1989, 1990

„Bei der Beurteilung der Risiken hoher Verschuldung für Entwicklungs- und Gläubigerländer ist zu beachten, daß Verschuldung überwiegend die Folge von Leistungsbilanzdefiziten ist, die sich daraus ergeben, daß Entwicklungsländer, um ihren Ressourcenspielraum zu erweitern, vor allem mehr Kapitalgüter importieren als sie mit laufenden Erträgen bezahlen können. Dies während der Frühphasen ihrer Entwicklung zu tun, ist für die meisten Entwicklungsländer Voraussetzung für wirtschaftliches Wachstum. Schließlich waren fast alle heutigen Industrieländer einst Kapitalimportländer, die

sich bei schon reiferen Volkswirtschaften verschuldeten. Entscheidend ist, ob die Kredite erfolgreich zur Stärkung der Wirtschaftskraft eines Landes verwendet werden und seine Rückzahlungsfähigkeit erhalten bleibt oder sogar wächst. Dies war nach Meinung der Weltbank bei den meisten Entwicklungsländern, insbesondere bei den großen Schuldnerländern, bis in die jüngste Zeit der Fall: Es gelang ihnen, auch erhöht einheimische Ressourcen aufzubringen und durch Umstrukturierung ihrer Wirtschaft das Wachstum aufrechtzuerhalten; zunehmende Exporterlöse sicherten den Schuldendienst.

Erst das Zusammentreffen mehrerer ungünstiger Faktoren – sinkende Exporterlöse, hohe Zinsen zusätzlich zum hohen Ölpreis und den Folgen auch zu verzeichnender unwirtschaftlicher Vorhaben in den Entwicklungsländern – führte dazu, daß die Verschuldung zum Problem wurde. Verschärft wurde die Situation dadurch, daß viele Banken wegen des gewachsenen Risikos ihre Versorgung der Entwicklungsländer mit kurzfristigem Kredit stark einschränkten.

So sahen sich immer mehr Entwicklungsländer gezwungen, im multilateralen Rahmen ihre Gläubiger um Umschuldungen zu bitten."

Bundesministerium für wirtschaftliche Zusammenarbeit (Hrsg.): Journalistenhandbuch Entwicklungspolitik 1987, a.a.O., S. 211

4.3 Neue Weltwirtschaftsordnung – Lösung des Nord-Süd-Konflikts?

Die wachsende Auslandsverschuldung und die Tatsache, daß trotz aller Anstrengungen die Unterschiede in der Wirtschaftskraft und in den allgemeinen Lebensbedingungen zwischen den Industrie- und Entwicklungsländern nicht geringer geworden sind, haben zur Forderung nach grundlegenden Änderungen der internationalen Wirtschaftsbeziehungen geführt. 1974 verabschiedete die Vollversammlung der Vereinten Nationen die „Erklärung über die Errichtung einer neuen internationalen Wirtschaftsordnung". Im Rahmen dieser *„Neuen Weltwirtschaftsordnung"* (NWWO) erheben die Entwicklungsländer eine Reihe von Forderungen. Sie beziehen sich auf:

– die Rohstoffpolitik,
– den internationalen Handel,
– eine verstärkte Industrialisierung,

- eine allgemeine Schuldenentlastung,
- die Reform des Weltwährungssystems,
- höhere Entwicklungshilfe,
- die Einführung eines neuen Seerechts.

Integriertes Rohstoffprogramm. Kernstück der Forderung ist das *„Integrierte Rohstoffprogramm"*, mit dem für 18 wichtige Rohstoffe stabilere und angemessenere Preise erzielt werden sollen. Dieses Programm sieht einen gemeinsamen Fonds zur Finanzierung von zwei Aufgaben vor:
1. Bildung von Ausgleichlagern *(buffer stocks)* für eine Reihe von Rohstoffen, um Preisschwankungen auf dem Weltmarkt ausgleichen zu können. Dazu sollen Rohstoffe bei niedrigem Weltmarktpreis aufgekauft, gelagert und bei hohem Weltmarktpreis verkauft werden.
2. Verbesserung von Marktstrukturen und der Wettbewerbsfähigkeit durch Finanzierung von Forschung, Entwicklung und Produktionsverbesserung besonders bei Rohstoffen, für die keine Ausgleichslager in Frage kommen. Hiervon sollen vorrangig die ärmeren Entwicklungsländer profitieren.

Nachdem sich Entwicklungsländer und Industrieländer 1979 über die grundsätzliche Ausgestaltung des Gemeinsamen Fonds einigen konnten, dauerte es aber noch 10 Jahre, ehe genügend Länder (104) beigetreten waren und das Abkommen in Kraft treten konnte.

Abkommen zur Stabilisierung von Preisen durch Ausgleichslager gibt es derzeit lediglich für Kautschuk. Darüber hinaus existieren noch Übereinkommen für Olivenöl, Rindfleisch, Weizen, Jute, Tropenholz, Zukker, Kaffee und Kakao, die jedoch keine marktregulierenden Bestimmungen enthalten, sondern der Markttransparenz und dem Informationsaustausch dienen.

Die Industrieländer bringen gegen das Integrierte Rohstoffprogramm, so wie es von den Entwicklungsländern gefordert wird, vor allem folgende Argumente vor:
- der Finanzbedarf für die Lagerung ist unvertretbar hoch
- durch das Programm werden Überschußproduktionen gefördert, wie z.B. bei landwirtschaftlichen Produkten in der EG

- die Rohstoffkosten werden künstlich hochgehalten – zuungunsten der Endverbraucher
- das Abkommen begünstigt die Gruppe der rohstoffreichen Entwicklungs- und Industrieländer auf Kosten der ärmeren Entwicklungsländer.

Die Bundesrepublik hat deswegen ein eigenes Modell zur Stabilisierung der Rohstofferlöse vorgeschlagen. Danach sollen diejenigen Entwicklungsländer günstige Kredite erhalten, deren Exporterlöse mindestens zu 50% aus Rohstoffen stammen und deren Exportrückgang einen bestimmten Schwellenwert übersteigt.

Kritik an der NWWO kommt allerdings auch aus einigen Entwicklungsländern. Nach deren Meinung kann eine NWWO die bestehenden Mißstände nicht beseitigen. Da sie die gegenwärtige weltwirtschaftliche Verflechtung der Entwicklungsländer als die eigentliche Ursache der Unterentwicklung sehen, fordern sie eine Abkoppelung vom Weltmarkt und eine eigenständige („autozentrierte") Entwicklung. Durch die Schaffung einer binnenmarktorientierten statt einer von den Weltmarktbedürfnissen bestimmten Produktion hoffen sie, eine selbständige Entwicklung auf wirtschaftlichem, sozialem und kulturellem Gebiet einleiten zu können, gestützt auf die Mobilisierung und Nutzung der nationalen Ressourcen („self-reliance").

Lomé-Abkommen. Seit 1975 ist die entwicklungspolitische Zusammenarbeit zwischen den EG-Ländern und einer Reihe von Entwicklungsländern in den *Lomé-Abkommen* geregelt, benannt nach der Hauptstadt des westafrikanischen Staates Togo, wo das Abkommen unterzeichnet wurde. Bis 1990 waren 69 Staaten aus dem afrikanischen, karibischen und pazifischen Raum (nach den Anfangsbuchstaben der Regionen *„AKP-Staaten"* genannt) der Konvention beigetreten. Mit rund 360 Mio. Menschen entspricht die Gesamtbevölkerung der AKP-Staaten in etwa der Bevölkerung des Europas der 12. Die 360 Mio. Menschen in den AKP-Staaten erwirtschaften aber nur das gleiche Bruttosozialprodukt wie z.B. Spanien mit seinen 39 Mio. Einwohnern.

In den Lomé-Verträgen werden fast alle wichtigen Bereiche der Zusammenarbeit rechtlich verbindlich geregelt.

Kernstück von Lomé ist die handelspolitische Zusammenarbeit: Die EG hat die Zollbarrieren für nahezu sämtliche Importe aus den AKP-Staaten aufgehoben und damit diesen Ländern einen fast unbeschränkten Zugang zum EG-Markt geschaffen. Da die AKP-Staaten aber bislang wenig industrialisiert sind, hat dies für Industriegüter keine große Bedeutung; das Abkommen räumt ihnen jedoch die Möglichkeit ein, den Aufbau einer eigenen Industrie durch Zölle oder Einfuhrbeschränkungen zu schützen. Ausgenommen vom freien Zugang zum EG-Markt sind eine Reihe von Agrarerzeugnissen. Diese zählen allerdings zu den wichtigsten Exportgütern der AKP-Länder.

Das Lomé-Abkommen ist darüber hinaus eine Art Exporterlösversicherung für die AKP-Staaten. Wenn diese infolge Preisverfalls auf dem Weltmarkt geringere Erlöse für ihre Produkte erzielen, wird aus dem sogenannten *STABEX*-Fonds ein Ausgleich gezahlt. Das gleiche gilt beim Verkauf mineralischer Rohstoffe. Dieses System wird auf 49 Agrarprodukte und 7 Bergbauprodukte angewendet.

Kostenmäßig den größten Teil nimmt die Entwicklungshilfe in Form von Zuschüssen und günstigen Krediten ein. Wichtigstes Finanzierungsinstrument ist dabei der Europäische Entwicklungsfonds, zu dem Deutschland rund ein Viertel beiträgt. Der Schwerpunkt liegt bei der Förderung der Landwirtschaft und des ländlichen Raumes. Je nach Bedarf werden aber auch andere Bereiche unterstützt, wie z. B. der Bergbau, das Energie-, Transport- und Kommunikationssystem.

Am 15. 12. 1989 unterzeichneten die Vertreter der EG und der AKP-Staaten das Lomé-IV-Abkommen. Es hat eine Laufzeit von 10 Jahren (1990–1999) und sieht für die ersten fünf Jahre Finanzmittel von 12 Mrd. ECU (24,6 Mrd. DM) vor; das ist eine Erhöhung um nominal 40% im Vergleich zum Lomé-III-Abkommen. Lomé IV übernimmt die bewährten Regelungen der früheren Abkommen, enthält darüber hinaus aber auch eine Reihe bemerkenswerter Neuerungen. So leistet die EG finanzielle Hilfe bei der Lösung der Verschuldungsprobleme, verbietet den Export von Giftmüll und radioaktivem Abfall aus EG-Ländern in die AKP-Staaten oder unterstützt die Anstrengungen von AKP-Ländern, ihre Wirtschaftskrisen durch Strukturanpassungen zu überwinden.

Kritik am Vertragswerk von Lomé ergeben sich vor allem aus Widersprüchen, die in der EG-Politik selbst liegen, z. B. Förderung der Landwirtschaft in den AKP-Staaten bei gleichzeitiger Beschränkung der Agrareinfuhren durch die EG zum Schutze der eigenen Landwirtschaft.

Da das Vertragswerk von Lomé jedoch gegenwärtig die umfassendste völkerrechtlich verbindliche Kooperationspolitik zwischen Industrie- und Entwicklungsländern darstellt, gilt es auch unter Kritikern als ein Schritt in die richtige Richtung, und so wird ihm allgemein Modellcharakter zugesprochen.

1. *Erläutern Sie die Grundzüge des Welthandelssystems, und erklären Sie seine Schwächen aus der Sicht der Entwicklungsländer.*
2. *Zeigen Sie anhand der Materialien in Kapitel 4 die Beziehungen bzw. Abhängigkeiten zwischen Entwicklungs- und Industrieländern. Ziehen Sie zur Bearbeitung auch das Kapitel Welthandel (S. 273 ff.) heran.*
3. *Inwiefern kann die Abhängigkeit von Rohstoffexporten als ein typisches Kennzeichen für viele Entwicklungsländer gewertet werden?*
4. *Erörtern Sie die Auswirkungen der Rohstoffpreisschwankungen auf die Wirtschaft der Entwicklungsländer. Berücksichtigen Sie dabei auch die terms of trade.*
5. *Versuchen Sie die hohe Verschuldung vieler Entwicklungsländer zu erklären.*
6. *Stellen Sie in einer Liste die Vor- und Nachteile der in der „Neuen Weltwirtschaftsordnung" vorgesehenen Maßnahmen gegenüber:*
   a) aus der Sicht der Industrieländer,
   b) aus der Sicht der Entwicklungsländer.

Die Vereinigten Staaten von Nordamerika (USA)

1 Die natürliche Ausstattung als Grundlage der wirtschaftlichen Inwertsetzung

1.1 Weiträumigkeit und Meeresverbundenheit

Kontinentale Größe, eine klare und zugleich einfache orographische Gliederung, weitflächige Klima- und Vegetationsbereiche bestimmen den Landschaftscharakter der USA. Mit 9,3 Mio. km² Fläche sind sie nach Rußland (17,1 Mio. km²), Kanada (10,0 Mio. km²) und China (9,6 Mio km²) das viertgröß-

te Land der Erde. Mit rund 4500 km erstreckt sich der Kernraum der USA über vier Zeitzonen von Osten nach Westen; die Nord-Süd-Erstreckung mißt 2600 km.

Diese Zahlenangaben sagen allerdings nur wenig über die tatsächliche wirtschaftliche und politische Bedeutung der USA aus. Aufschlußreicher sind die Lage im physisch-geographischen Bezugsfeld, die Verkehrsaufgeschlossenheit und das naturlandschaftliche Potential im Hinblick auf Landnutzung, wirtschaftliche Erschließung und Besiedlung.

Bereits ein Vergleich der Lage im Gradnetz und zu den Weltmeeren läßt erkennen, daß die USA deutlich bevorzugt sind gegenüber den Ländern der GUS zum Beispiel. Der Kernraum der USA liegt als Ganzes südlich des 50. Breitenkreises und damit zum überwiegenden Teil in der gemäßigten Klimazone, während die Hauptmasse der GUS nördlich des 50. Breitenkreises liegt. Mit fast 15% ihres Gebietes reicht die GUS noch über den nördlichen Polarkreis hinaus in den arktischen Bereich.

USA, ehemalige UdSSR, Deutschland: Größenvergleich und Breitenlage

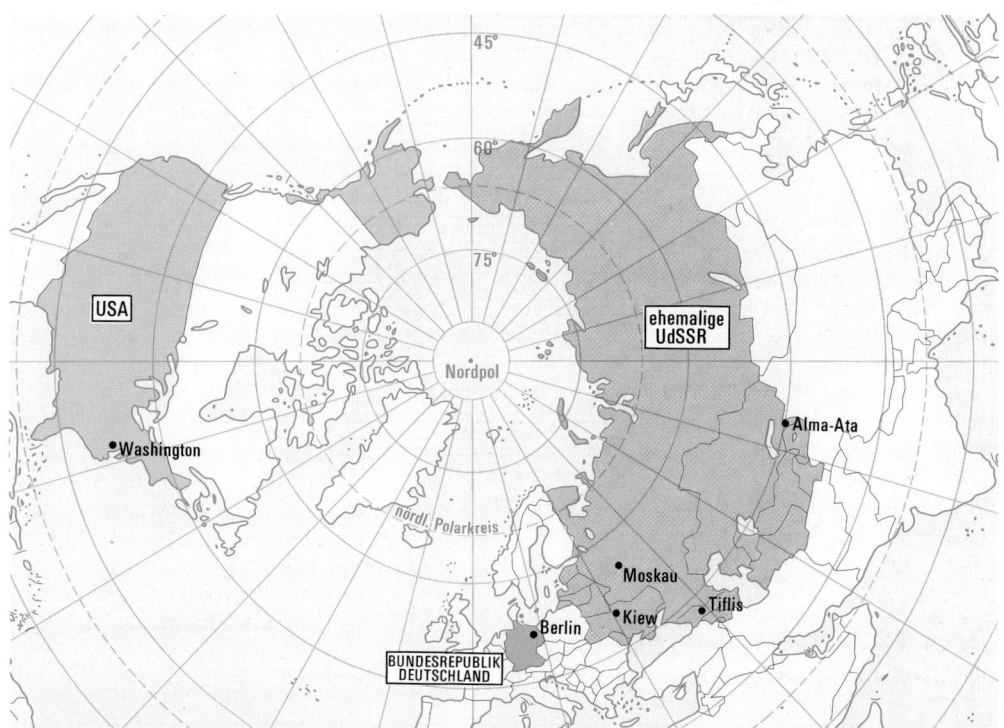

Das Gesicht der USA ist Europa zugewandt. Mit den großen Buchten und trichterförmigen Flußmündungen wie dem St.-Lorenz-Strom, den Buchten von Maine, Delaware und Chesapeake sowie dem Golf von Mexiko öffnet sich das Land zum Atlantik und damit zum nächstgrößeren Wirtschaftsraum der Erde: Westeuropa. Im Norden bilden die Großen Seen eine weitere „Küste". Diese aufgeschlossene Lage war eine Grundvoraussetzung sowohl für die schnelle Erschließung des Landes durch die europäischen Einwanderer als auch für die Entwicklung der USA zur führenden Handels- und Seemacht der Erde.

Die Größe eines Landes wird ferner relativiert durch das Bevölkerungspotential. Während der Anteil der GUS an der Landfläche der Erde 16% (Rußland: 12,8%) beträgt, liegt ihr Bevölkerungsanteil bei nur 5,1% (Rußland: 2,8%). USA: Flächenanteil 6,8%, Bevölkerungsanteil 4,7% (Angaben für 1991).

1.2 Oberflächengestalt, Klima und Böden

Orographische Gliederung. In der natürlichen Ausstattung des Kernraumes der USA lassen sich folgende physiogeographische Großeinheiten unterscheiden:

- die Küstenebenen am Atlantik und am Golf von Mexiko, von Sedimenten größtenteils mariner Herkunft in geologisch jüngster Zeit (Quartär) aufgebaut;
- die Mittelgebirgsregion der Appalachen (Karbon/Perm) mit der östlich vorgelagerten Piedmontregion, die gegen die (atlantische) Küstenebene durch die gefällreiche Fallinie abgegrenzt wird;
- der Bereich der Inneren Ebenen, vornehmlich aus Kreide und Tertiär aufgebaut; sie nehmen den größten Teil der USA ein und gliedern sich in das glazial überformte Gebiet der Großen Seen, das alluviale Stromgebiet des Mississippi und das Gebiet der Prärien und Great Plains, eine Plateaulandschaft, die in mehreren

Orographische Gliederung der USA

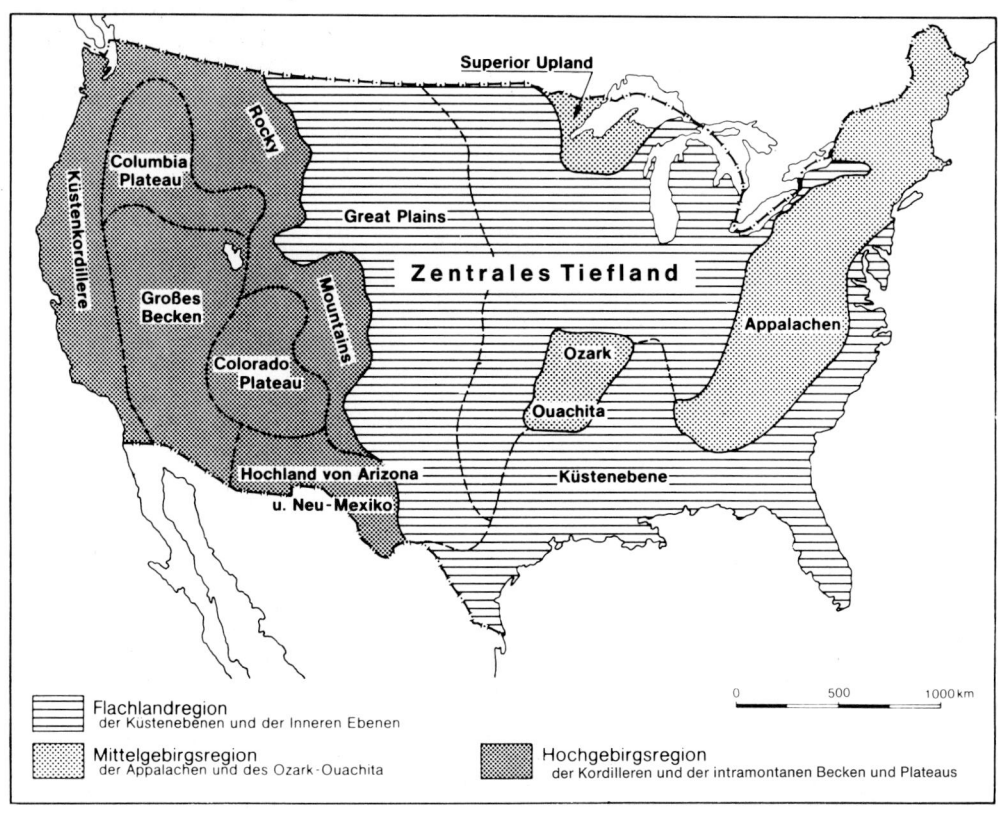

Stufen von etwa 400 m im O auf 1600 m westwärts zum Gebirgsfuß der Rocky Mountains aufsteigt;
– die Rocky Mountains und das Pazifische Küstengebirge mit den dazwischenge- schalteten intramontanen Becken, zu- sammenfassend als Kordilleren bezeich- net und Teil des im Tertiär gehobenen zir- kumpazifischen Hochgebirgsgürtels.

Die im Gegensatz zu Europa meridionale Anordnung der Großformen hat entschei- denden Einfluß auf die gesamte Naturaus- stattung (Klima, Vegetation, Böden), auf die landwirtschaftliche Inwertsetzung, den Gang der Erschließung und Besiedlung und damit auf die unterschiedliche kulturland- schaftliche Prägung der einzelnen Raum- einheiten.

Für das Klima weiter Gebiete ist neben der Oberflächengestaltung die Lage in der kühl- gemäßigten Westwindzone mit den westöst- lich ziehenden Hoch- und Tiefdrucksyste- men bestimmend. Im Gegensatz zu den eu- ropäischen Verhältnissen verhindern die Nord-Süd-verlaufenden Gebirge des We- stens ein Übergreifen der feuchten ozeani- schen Luftmassen auf das Innere des Lan- des, so daß *kontinentale Klimamerkmale* (heiße Sommer, kalte Winter) weithin über- wiegen. Während die nördliche pazifische

Küste durch den Staueffekt der Küstenkor- dillere reichlich Niederschläge empfängt, bringen der kalte Kaliforna-Strom und kalte Auftriebswässer vor der Küste Südkalifor- niens die Wolken über dem Meer zum Ab- regnen. Dadurch konnten sich schon weni- ge Kilometer landeinwärts extreme Wüsten wie die Mojave- und Gilawüste bilden. Die intramontanen Becken und das Gebiet der Great Plains liegen ebenfalls im Regen- schatten. Ausgedehnte Wüsten und Halb- wüsten östlich der Sierra Nevada und die winterkalte Kurzgrassteppe der Great Plains sind das Ergebnis. Nach Osten nimmt die Humidität durch den Einfluß des Atlantiks und vor allem der feuchtwarmen Luftmas- sen aus dem Bereich des Golfes von Mexiko zu. Bei etwa 98° w. L. verläuft die klimatische *Trockengrenze.* Sie trennt das Staatsgebiet in eine humide Ost- und eine aride Westhälf- te. Da sie auch die Grenze des *Regenfeld- baus* bildet, ist sie für die Landwirtschaft von entscheidender Bedeutung.

Die meridionale Reliefgliederung ermög- licht in der Osthälfte einen ungehinderten Austausch feuchter tropischer und kalter polarer Luftmassen. Winterliche *Kaltluftein- brüche* aus dem Norden (*Northers,* als Schneestürme *Blizzards* genannt) bringen selbst der Golfküstenebene regelmäßig Fröste.

Klimadaten ausgewählter Stationen

		J	F	M	A	M	J	J	A	S	O	N	D	Jahr
Atlanta, 358 m	°C	6	7	11	16	21	24	25	24	22	17	11	7	16
(Georgia, SO-Appalachen)	mm	124	131	133	93	86	96	116	111	77	65	78	117	1224
Barrow, 13 m	°C	−28	−25	−26	−19	−6	2	4	4	−1	−9	−18	−26	−12
(Alaska, Eismeerküste)	mm	8	5	5	8	8	8	28	20	13	20	10	10	142
Billings, 955 m	°C	−5	−2	2	8	12	18	21	20	15	8	3	−3	8
(Montana)	mm	20	14	24	34	71	77	38	30	39	37	19	17	420
Miami, 2 m	°C	20	20	22	23	25	27	28	28	27	26	23	21	24
(Florida, SO-Küste)	mm	64	48	58	86	180	188	135	163	226	229	84	43	1504
New York, 96 m	°C	−1	−1	3	9	16	20	23	23	19	13	7	2	11
(Atlantikküste)	mm	91	105	90	83	81	86	106	108	87	88	76	90	1092
New Orleans, 16 m	°C	12	14	17	20	24	27	27	27	26	21	16	13	20
(Mississippidelta)	mm	108	116	118	135	115	151	159	144	130	82	81	120	1460
Oklahoma City, 370 m	°C	2	4	10	15	20	24	27	26	22	16	9	4	15
(südl. Great Plains)	mm	29	30	49	85	122	94	72	72	78	72	49	37	791
San Francisco, 62 m	°C	10	12	12	13	14	15	15	15	16	16	14	11	13
(Kalifornien, Pazifikküste)	mm	112	102	76	28	15	5	<3	<3	10	23	53	91	513
St. Louis, 173 m	°C	−1	1	6	13	19	24	26	25	21	14	7	1	13
(mittl. Mississippi)	mm	94	86	93	95	92	98	77	76	74	69	94	84	1034
Yuma (Wüste), 42 m, 33° N/	°C	12	15	18	21	25	29	33	32	29	23	17	13	22
115° W (unterer Colorado)	mm	11	11	9	2	1	1	5	13	9	7	7	13	88

Böden Nordamerikas

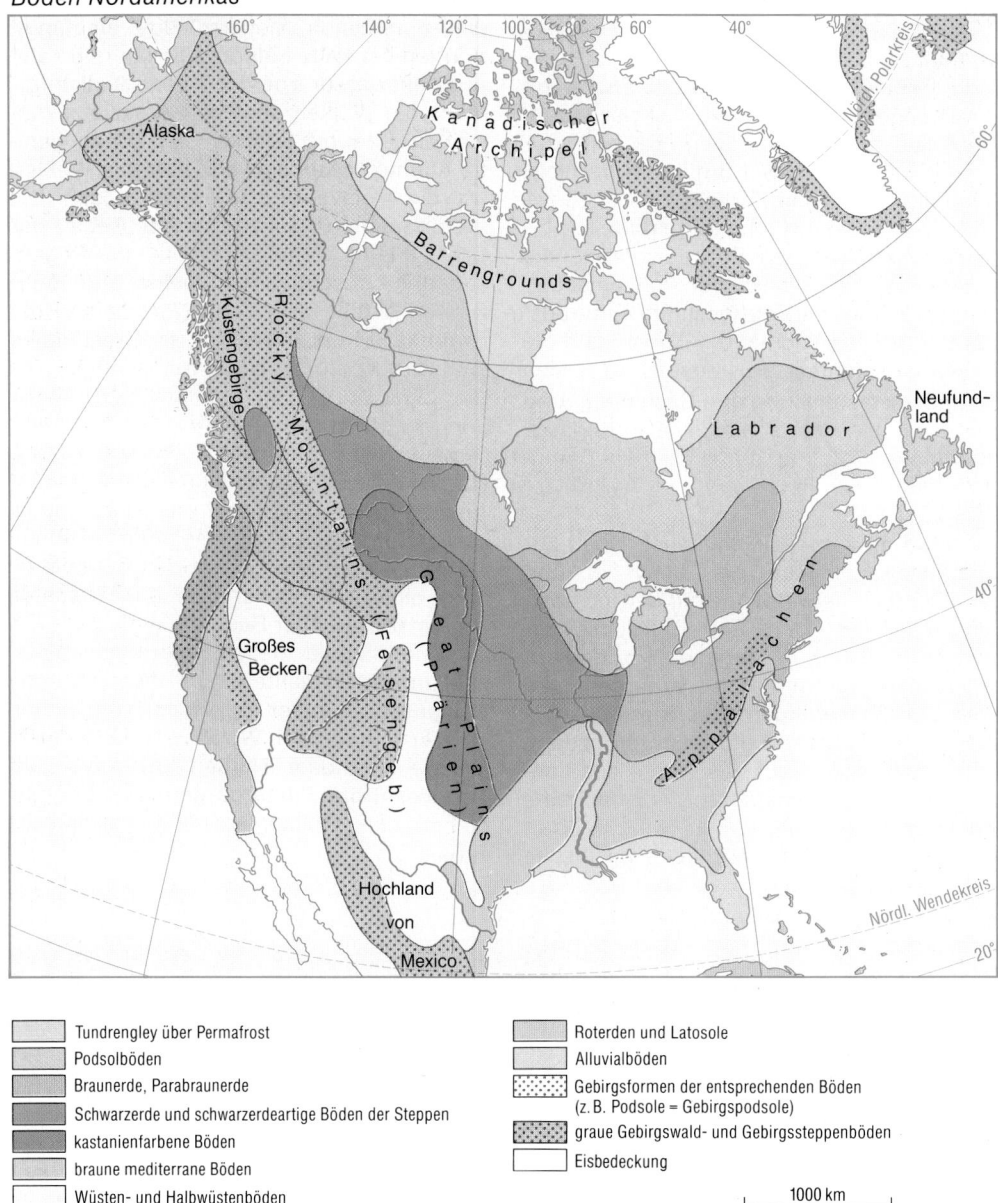

Norbert von der Ruhren: USA/Kanada, Sowjetunion. Fundamente Kursthemen. Stuttgart: Klett 1990, S. 18

Legende:

- Tundrengley über Permafrost
- Podsolböden
- Braunerde, Parabraunerde
- Schwarzerde und schwarzerdeartige Böden der Steppen
- kastanienfarbene Böden
- braune mediterrane Böden
- Wüsten- und Halbwüstenböden
- Roterden und Latosole
- Alluvialböden
- Gebirgsformen der entsprechenden Böden (z. B. Podsole = Gebirgspodsole)
- graue Gebirgswald- und Gebirgssteppenböden
- Eisbedeckung

1000 km

1.3 Gunst- und Ungunstfaktoren

Die Northers und Blizzards gefährden die subtropischen Agrarkulturen der Golfküstenebene und richten in den nördlichen Prärien immer wieder verheerende Schäden an. Deshalb gehören sie ebenso zu den Ungunstfaktoren wie die mit großer Regelmäßigkeit auftretenden außertropischen Wirbelstürme, die *Tornados,* die besonders in der zentralen Flachlandregion gewaltige Verwüstungen verursachen.

Zusammenfassend lassen sich folgende positive und negative Merkmale der Naturausstattung im Hinblick auf die Inwertsetzung durch den Menschen nennen:

Fördernd wirkt sich zunächst die Größe des Staatsgebietes und die äußerst vielseitige Naturausstattung aus, die die Herausbildung unterschiedlicher und sich ergänzender Wirtschaftsräume ermöglichte. Hinzu kommt die große Nord-Süd-Erstreckung und damit die Ausdehnung auf verschiedene Klimazonen. Eine Vielfalt von Kulturgewächsen kann angebaut werden; viele Gemüse- und Obstsorten stehen ganzjährig zur Verfügung. Unter den Vorzügen ist ferner die Aufgeschlossenheit der nördlichen und mittleren Atlantikküste mit den zahlreichen Buchten, Naturhäfen und dem St.-Lorenz-Strom zu nennen, der das Gebiet der Großen Seen im wirtschaftlichen Kernraum des Kontinents mit dem Weltmeer verbindet. Gute Böden, geringe Reliefenergie, ein humides Klima und die günstige Verkehrslage haben im östlichen zentralen Tiefland eine hochentwickelte Landwirtschaft entstehen lassen, deren Produktionsvolumen als einzigartig gilt.

Mitentscheidend für die wirtschaftliche Vormachtstellung der USA in der Welt ist der Reichtum an Bodenschätzen und energiewirtschaftlichen Rohstoffquellen, die günstig über das Staatsgebiet verteilt sind und zum großen Teil auch unter vorteilhaften Bedingungen abgebaut werden können.

Unter den negativen Naturfaktoren sind neben den genannten Kaltlufteinbrüchen und Tornados besonders die in den Südstaaten häufig auftretenden tropischen Wirbelstürme, die *Hurrikans,* zu nennen. Schlimmer als die eigentlichen Sturmschäden sind dabei die Schäden, die durch Überschwemmungen im Gefolge der Wirbelstürme entstehen.

Dürren gefährden die Landwirtschaft im Westen der Plains, besonders im Gebiet der jährlich pendelnden Trockengrenze, wo die geringe Regenverläßlichkeit den Ackerbau zu einem Risiko macht.

Instabilitätsfaktoren in den USA
Nach Heinz Friese und Burkhard Hofmeister: Die USA. Wirtschafts- und sozialgeographische Grundzüge und Probleme. Studienbücher Geographie. Frankfurt, Berlin, München: Diesterweg/Sauerländer 1980, S. 11

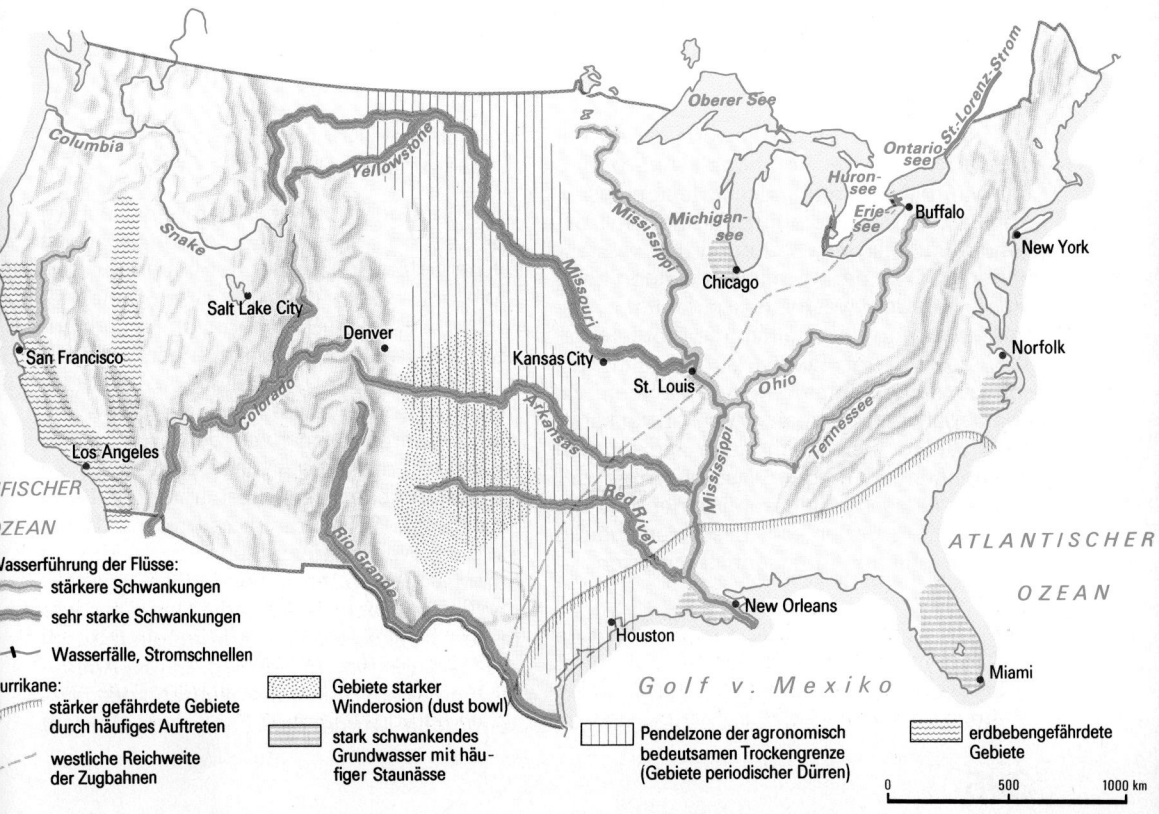

Die Anzahl der vollariden Monate des Jahres in den USA

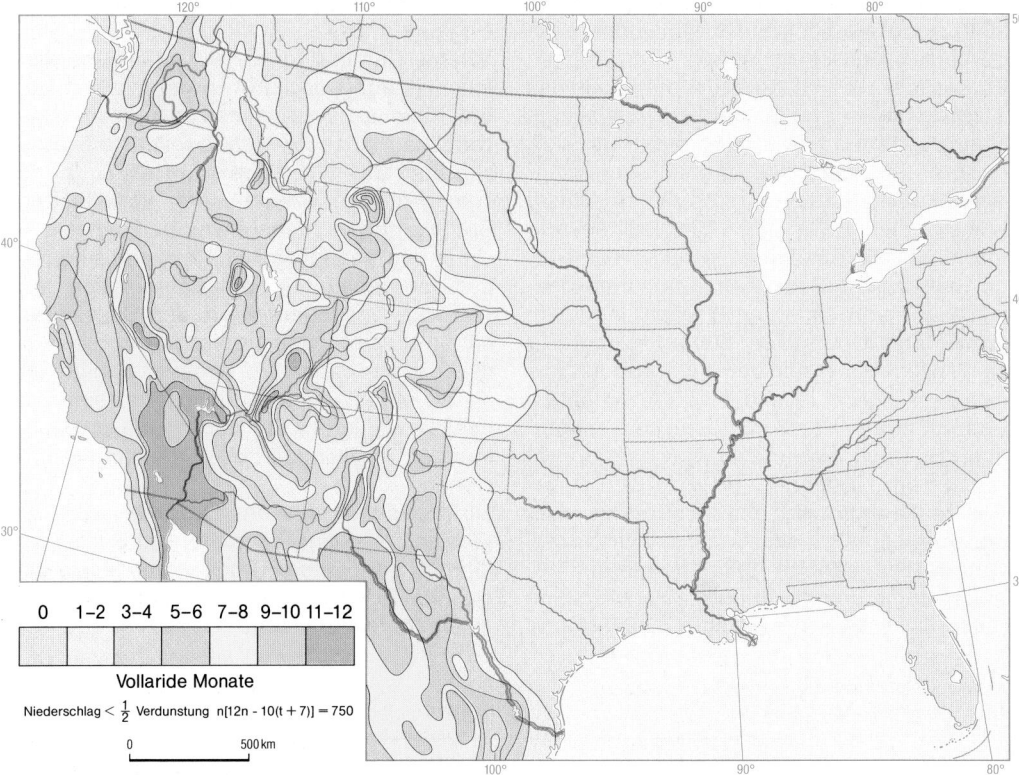

0 1–2 3–4 5–6 7–8 9–10 11–12

Vollaride Monate

Niederschlag $< \frac{1}{2}$ Verdunstung $n[12n - 10(t + 7)] = 750$

0   500 km

Nach Ralph Jätzold: Aride und humide Jahreszeiten in Nordamerika. Stuttgart: Selbstverlag des Geographischen Instituts 1961, S. 24

Als unvorteilhaft für die Inwertsetzung hat sich z.T. auch die meridionale Anordnung der natürlichen Großlandschaften erwiesen. Appalachen, Mississippiniederung, die trockenen Plains sowie die Ketten und wüstenhaften Becken der Kordilleren wirkten hemmend auf den westwärts gerichteten Besiedlungsgang und stellten die Pioniere besonders bei der landwirtschaftlichen Erschließung vor immer neue Aufgaben. Zu den negativen Merkmalen der Naturausstattung zählen schließlich auch die starken Schwankungen in der Wasserführung der meisten Flüsse der Inneren Ebenen und die tektonischen Beben, die besonders häufig im südwestlichen Staatsgebiet auftreten.

1.4 Bodenzerstörungen und Gegenmaßnahmen

Das Eindringen der Siedler in eine bislang nur gering gewandelte Naturlandschaft führte vielerorts zu einer tiefgreifenden Veränderung des ökologischen Gleichgewichts, wobei die *Bodenerosion* im semiariden Mittelwesten das bekannteste Beispiel ist. Optimistische Beurteilungen des Raumes und hohe Weizenpreise auf dem Weltmarkt während und nach den Weltkriegen verlockten die Farmer, das Land bis an die äußersten Ackerbaugrenzen unter den Pflug zu nehmen. So wurde im Zeitraum 1910 bis 1920 die Weizenanbaufläche von 18 Mio. ha auf fast 30 Mio. ha ausgedehnt. Regenreiche Jahre brachten Rekordernten. Dies war in den Trockengebieten erst möglich durch die Methode des *dry farming.* Einem Anbaujahr folgte ein Brachjahr. Während der *Trockenbrache* wurde das Land von Unkraut freigehalten und tiefgründig gepflügt, damit der Niederschlag in den Boden eindringen konnte. Nach dem Regen wurde das Land geeggt, um das Kapillarsystem zu unterbrechen und so die Verdunstung zu mindern. Das so im Boden gespeicherte Wasser sollte den Getreideanbau im folgenden Jahr ermöglichen.

Diese Anbaumethode sowie die Getreidemonokultur auf riesigen Flächen mußten in Dürrejahren zu katastrophalen Folgen führen. Durch die in den fast baumlosen Plains auftretenden großen Windgeschwindigkeiten der *black blizzards* kam es zu schweren Ausblasungsschäden, wobei besonders der fruchtbare Oberboden fortgetragen wurde. Anderenorts wurde das Land unter Sanddünen begraben. Nachfolgende heftige Regenschauer rissen tiefe Runsen und Furchen in die Äcker und schwemmten den Boden fort.

Zur Bekämpfung der soil erosion wurde die Methode des dry farming verbessert, so daß heute vor allem folgende Maßnahmen empfohlen werden:

– Die Getreidemonokultur wird durch eine *Fruchtwechselwirtschaft* ersetzt, d.h., in regelmäßigem Wechsel werden nach Halmfrüchten Blattfrüchte angebaut, z.B. Luzerne, die mit ihren tiefen Wurzeln und als Bodendecker den Boden schützt.

– Anstelle der Brache werden bodenhaltende und bodenverbessernde Pflanzen angebaut.

– Felder werden quer zur Hauptwindrichtung angelegt, um eine Abtragung des Bodens durch den Wind *(Deflation)* zu vermindern.

– Felder werden in Streifen aufgeteilt und wechselweise mit Weizen und bodenhaltenden Fruchtarten bebaut, die den Wind bremsen *(strip farming)*.

– Durch Pflügen entlang den Höhenlinien auf geneigten Flächen *(contour ploughing)* können die flächenhafte Abspülung verlangsamt und das Eindringen des Wassers in den Boden verbessert werden.

– Stoppeln bleiben auf dem Acker als Windbremse stehen, außerdem halten sie den Schnee länger fest *(stubble mulching)*.

– Besonders erosionsgefährdete Hänge werden aufgeforstet oder in Dauergrünland zurückverwandelt.

– *Waldschutzstreifen* und *Windschutzhecken* (windbreaks, shelter belts) werden angelegt. Sie brechen die Kraft des Windes, verhindern die Deflation und verbessern das Mikroklima.

1.5 Waldraubbau und Luftverschmutzung

Die Besiedlung und Erschließung der weiten Landräume sowie die hemmungslose Ausbeutung der Naturressourcen führten in den USA schon früh zu weitflächigen Waldzerstörungen. Gemäß der amerikanischen Pioniertradition "The plow will follow the ax" rodeten die europäischen Siedler unbedenklich ausgedehnte Waldgebiete, um Ackerland und Siedlungsflächen zu gewinnen. Im 19. Jahrhundert kam der kommerzielle Holzeinschlag hinzu, um den großen Bedarf vor allem beim Eisenbahnbau und an Grubenholz für den Kohlebergbau zu decken. Da eine Wiederaufforstung der entwaldeten Flächen in der Regel nicht erfolgte, waren die Wälder der USA bis 1900 auf annähernd ein Drittel ihres ursprünglichen Bestandes zurückgegangen.

Schon im letzten Jahrhundert wurden nationale Gesetze zum Schutz des Waldes erlassen, so z.B. der Forest Reserve Act 1891, oder es wurden großräumige Naturschutzgebiete, die „National Parks", eingerichtet. Dennoch kam es immer wieder zu Rückschlägen, vor allem durch die Einflußnahme des Big Business. Erst in jüngster Zeit läßt sich eine Bewußtseinsänderung erkennen, sowohl in der Öffentlichkeit als auch bei amtlichen Stellen.

Auch die Luftverschmutzung hat in einigen Teilen der USA ein alarmierendes Ausmaß erreicht, z.B. im appalachischen Schwerindustriegebiet von Pennsylvania oder in Los Angeles, der Stadt mit der größten Autodichte der USA. In Los Angeles kommt es regelmäßig zur Bildung des gefürchteten Smog, so daß die Stadt von den Medien treffend den Namen „Smogville" erhielt. Als erstes Bundesland der USA begann Kalifornien 1947 den Kampf gegen die Luftverschmutzung. 1961 entfielen allein auf Los Angeles 40% aller in den USA zur Bekämpfung der Luftverschmutzung getätigten Ausgaben.

1831

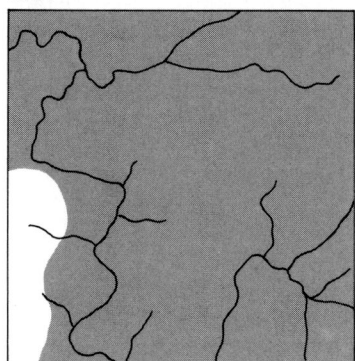

1882

1902

1950

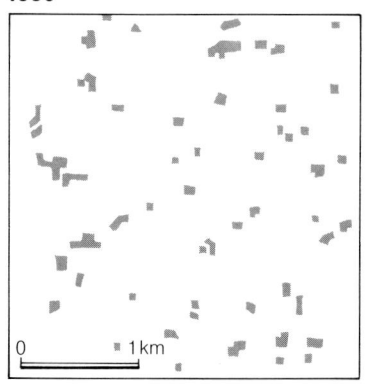

0   1 km

Entwaldungsmuster im kleinen Maßstab

Die Karten zeigen den Rückgang des Waldes in Cadiz Township (Wisconsin) seit dem Beginn der europäischen Besiedlung. Die grauen Flächen zeigen die Restbestände des Waldes und kleine Aufforstungen; die Bäche versiegten. (Aus J. T. Curtis, in W. L. Thomas, jr. [Hrsg.]: Man's Role in Changing the Face oft the Earth [University of Chicago Press, Chicago 1956], S. 726, Abb. 147. Copyright © 1956 by the University of Chicago.) *Nach Peter Haggett: Geographie, eine moderne Synthese. UTB Große Reihe. New York: Harper & Row 1983, S. 307*

Die Erfolge der Maßnahmen waren allerdings lange Zeit nur gering. Man erkannte, daß eine wirksame Bekämpfung der Luftschadstoffe nur durch landesweite Maßnahmen zu erreichen war. 1963 verabschiedete der Kongreß den „Clear Air Act", der den staatlichen Gesundheitsdienst ermächtigt, Untersuchungen zur Luftverschmutzung durchzuführen und finanzielle Mittel zu deren Bekämpfung bereitzustellen. Zahlreiche Maßnahmen, z. B. Einrichtungen zur Schadstoffrückhaltung in der Industrie oder verschärfte Abgasnormen für Kraftfahrzeuge, haben inzwischen zu einer deutlich niedrigeren Konzentration vieler Luftschadstoffe geführt.

1. *Vergleichen Sie die Größe, die geographische Breitenlage und die natürliche Ausstattung der USA und der ehemaligen UdSSR. Welche Rückschlüsse erlaubt der Vergleich auf Hemmnisse und Vorzüge bei der Erschließung der beiden Staaten?*

2. *Zeigen Sie die Auswirkungen des Großreliefs auf die Niederschlagsverteilung in den USA.*

3. *Werten Sie die Klimadaten auf Seite 393 aus, ordnen Sie die Stationen räumlich ein, und versuchen Sie von daher, den Gesamtraum in Klimaregionen zu untergliedern.*

4. *Erläutern Sie die Folgen, die sich aus dem Pendeln der Trockengrenze für die landwirtschaftliche Nutzung ergeben. Berücksichtigen Sie dabei sowohl die wirtschaftlichen Risiken des Anbaus als auch ökologische Probleme.*

5. *Erklären Sie, wie es infolge falscher Bodenbewirtschaftung zu den Erosionsschäden in den Great Plains kommen konnte.*

6. *Beschreiben Sie das Luftbild auf Seite 404. Welche Maßnahmen gegen die Bodenerosion sind zu erkennen?*

2 Formen der Landnahme und ihre Raumwirksamkeit

Besiedlung und Erschließung. Für das Bild der Kulturlandschaft, wie es sich heute darbietet, waren drei Etappen maßgebend:
- die Kolonialzeit (1607–1776),
- die Pionierzeit (1790–1890),
- die Phase der Industrialisierung, Intensivierung der Landwirtschaft und Verstädterung (1890 bis heute).

An der Erforschung und *Besiedlung* des Raumes der heutigen USA waren vor allem Spanier, Franzosen und Engländer beteiligt. Fast gleichzeitig legten sie Stützpunkte auf dem nordamerikanischen Kontinent an.

Die spanische Kolonisation blieb im wesentlichen auf den Süden beschränkt: Missionsstationen und Militärposten im heutigen Neumexiko, an der Golfküste und der kalifornischen Küste sowie in Florida. Es gelang den Spaniern nicht, eine Verbindung zwischen diesen isolierten Siedlungszellen herzustellen, und so waren sie auf Dauer der Übermacht der beiden anderen Kolonialmächte nicht gewachsen.

Die Engländer besetzten den atlantischen Küstensaum. Im Nordosten, in den sogenannten Neuenglandstaaten, fanden sie eine Naturlandschaft vor, die in vielem ihrem Heimatland glich: ausgedehnte Waldländer, ein winterkaltes rauhes Klima, ertragarme, glazial überformte Böden. Es entstand eine bäuerliche Wirtschaftsform und ein Siedlungsbild europäischer Prägung: Getreideanbau, Holzwirtschaft, Viehzucht und Fischfang für den Eigenbedarf, Besitzgrößen von 4 bis 20 ha.

Der Alte Süden. Die Franzosen drangen vom St.-Lorenz-Tal bis zum Mississippi und stromabwärts bis zu seiner Mündung vor. Zu Ehren Ludwigs XIV. nannten sie das Land zu beiden Seiten des Stromes Louisiana, das in seiner Größe den heutigen Staat Louisiana um ein Vielfaches übertraf. Die Siedlungtätigkeit der Franzosen zeigt sich noch heute z. B. in den Fluß*hufensiedlungen* auf den Dammufern des Mississippi mit der langgestreckten Streifenflur hinter jedem Gehöft. Durch die Gefahr der französischen Umschnürung (St. Lorenz – Große Seen – Mississippi) kam es in der Folgezeit zu kriegerischen Auseinandersetzungen zwischen den Engländern und Franzosen, die 1763 mit der Niederlage der Franzosen endeten. Das Land bis zum Mississippi fiel an England.

Französische Streifenflur und quadratische englische Besitzaufteilung am Red River, Manitoba

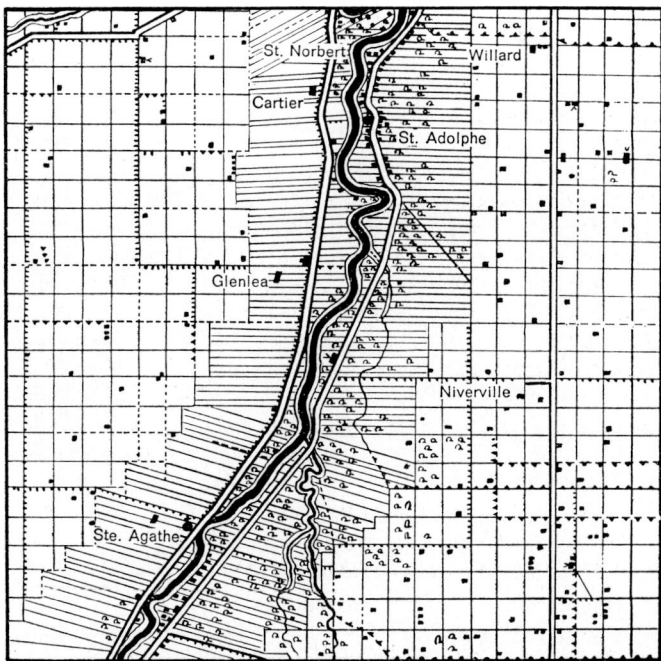

Oskar Schmieder: Die Neue Welt. Teil II: Nordamerika. München: Keysersche Verlagsbuchhandlung 1963, S. 231

399

Mit seinem feuchtwarmen Klima und den tiefgründigen Verwitterungsböden bot der atlantische Süden Voraussetzungen für die Anbauprodukte, die in England nicht gediehen und als Importartikel begehrt waren: zuerst Tabak, später Baumwolle. So entwickelte sich der *„Alte Süden"* zu einem kolonialen Rohstoffraum. Die vorherrschende Betriebsform war die großflächige *Pflanzung* mit dem Herrenhaus und den in lockerer Anordnung darum gruppierten Wirtschaftsgebäuden und Sklavenhütten für die seit 1661 aus Afrika importierten Neger.

Der Mittelwesten. Um die Mitte des 18. Jahrhunderts setzte die Besiedlung des Westens ein. Nach dem Überqueren der Gebirgsschranke der Appalachen drangen die Pioniere nach Westen vor. In kurzer Zeit wurden die riesigen Weiten durch die in einer Masseneinwanderung einströmenden europäischen Siedler in Besitz genommen, wobei die ansässigen Indianerstämme rücksichtslos vertrieben oder in Reservate abgedrängt wurden. Innerhalb von hundert Jahren war der gesamte Kontinent von den Appalachen bis zum Pazifik besiedelt (1790–1850 der „Mittlere Westen" bis zum Mississippi, 1850–1890 die Prärien, Great Plains und die Gebirgsländer des „Fernen Westens").

Die Durchdringung und Erschließung des Landesinnern vollzog sich in drei Wellen. Fallensteller und Jäger *(Trapper)* bahnten den Weg. Ihnen folgten die *Squatters* (Siedlerfamilien, die das Land meist nur vorübergehend in Besitz nahmen und für die Selbstversorgung kultivierten) und *Ranchers* (Viehzüchter, die ihre Herden auf den Grasfluren der Plains weideten). Als dritte Gruppe kamen die Farmer. Sie legten Siedlungen an und erwarben verbriefte Besitzrechte an Land, das zuvor vermessen worden war.

Alle drei Wellen schoben sich als eine „Zone des Kampfes und der Kultivierung" nach Westen. Diese Zone hieß die *„frontier"*, d. h. die Grenze zwischen dem besiedelten Land (Bevölkerungsdichte über 2 Einwohner pro Quadratmeile) und der „Wildnis".

Das Fortschreiten der „Frontier" im Laufe des 19. Jahrhunderts

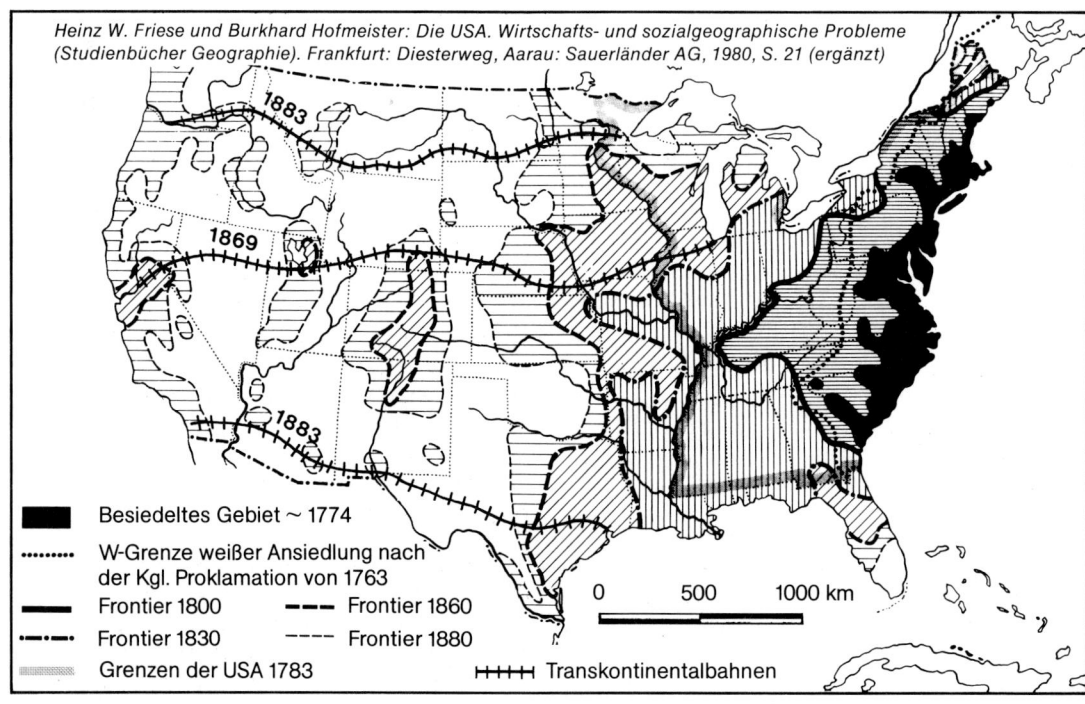

Heinz W. Friese und Burkhard Hofmeister: Die USA. Wirtschafts- und sozialgeographische Probleme (Studienbücher Geographie). Frankfurt: Diesterweg, Aarau: Sauerländer AG, 1980, S. 21 (ergänzt)

■ Besiedeltes Gebiet ~ 1774

········· W-Grenze weißer Ansiedlung nach der Kgl. Proklamation von 1763

——— Frontier 1800   ——— Frontier 1860

—·—·— Frontier 1830   — — — Frontier 1880

▨▨▨ Grenzen der USA 1783   ++++++ Transkontinentalbahnen

0   500   1000 km

Einwanderer in die USA und Herkunftsländer

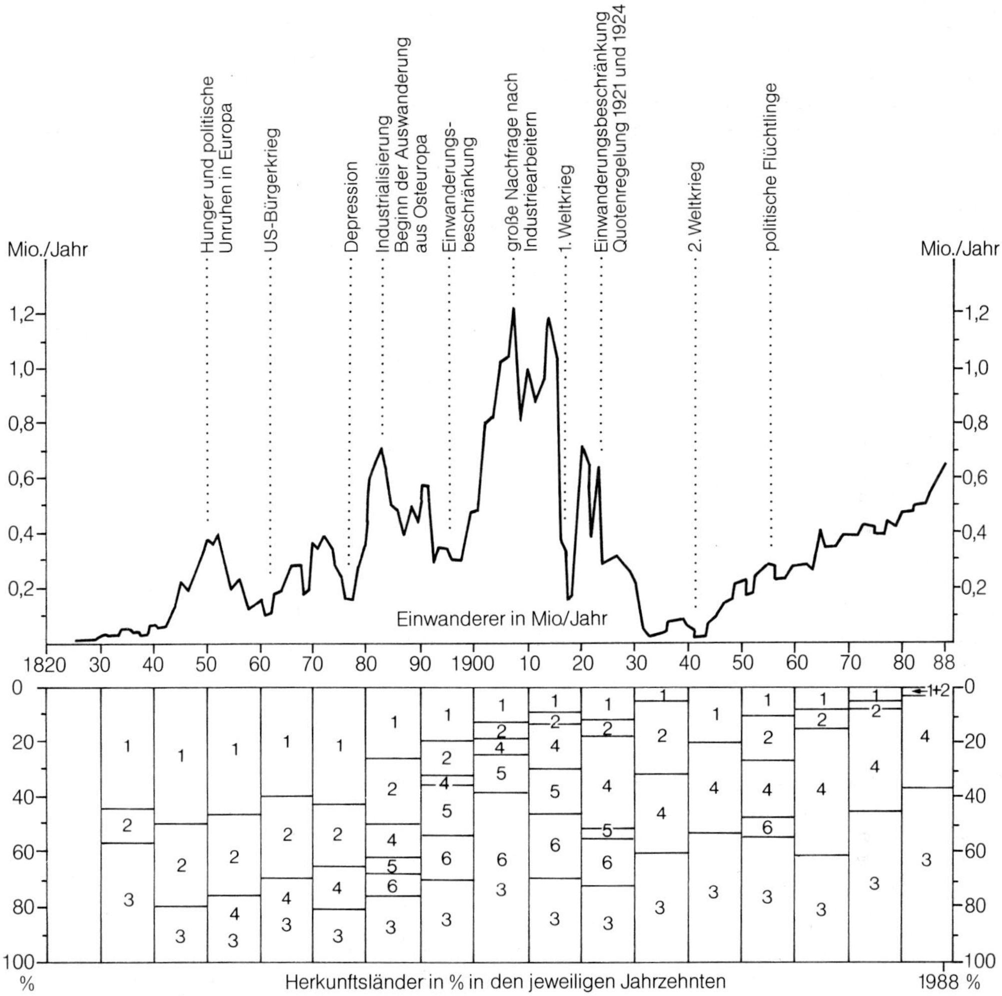

Mio./Jahr — (vertical annotation labels, left to right):
- Hunger und politische Unruhen in Europa
- US-Bürgerkrieg
- Depression
- Industrialisierung Beginn der Auswanderung aus Osteuropa
- Einwanderungsbeschränkung
- große Nachfrage nach Industriearbeitern
- 1. Weltkrieg
- Einwanderungsbeschränkung Quotenregelung 1921 und 1924
- 2. Weltkrieg
- politische Flüchtlinge

Mio./Jahr

1,2 — 1,2
1,0 — 1,0
0,8 — 0,8
0,6 — 0,6
0,4 — 0,4
0,2 — 0,2

Einwanderer in Mio./Jahr

1820 30 40 50 60 70 80 90 1900 10 20 30 40 50 60 70 80 88

Herkunftsländer in % in den jeweiligen Jahrzehnten   1988 %

1 = Großbritannien und Irland   4 = Amerika (bes. Kanada, Mexiko, Mittelam.)
2 = Deutschland   5 = Rußland, Polen
3 = Sonstige   6 = Italien

Ulrich Kümmerle, Rainer Vollmar: USA. S II Länder und Regionen. Stuttgart: Ernst Klett Verlag 1988, S. 18, ergänzt

Begünstigt wurde die Landnahme und Besiedlung durch den Bau der *Transkontinentalbahnen* zwischen 1862 und 1883, die den schnellen Abtransport der landwirtschaftlichen Produkte in den dichter bevölkerten Osten erleichterten oder erst ermöglichten, die riesigen Einwandererwellen – man schätzt, daß etwa 50 Mio. Menschen vornehmlich aus den west- und nordeuropäischen Ländern seit der Gründung der Kolonien bis 1921 einwanderten – und durch die staatliche Landvermessungs- und Landvergabepolitik.

Landvermessung und Landvergabe. Die *Land Ordinance* von 1785 legte fest, daß die Vermessung des Staatslandes *(Public Domain)* der Landvergabe vorauszugehen habe und bestimmte als System der Vermessung die *quadratische Landaufteilung*. Das 1862 vom Kongreß verabschiedete *Heimstättengesetz (Homestead Act)* sah vor, daß jeder amerikanische Bürger über 21 Jahre 160 acres Land (65 ha = eine quarter section) gegen eine Gebühr von 1,25 $ je acre erwerben konnte. Im trockenen Westen waren später auch größere Besitzeinheiten möglich.

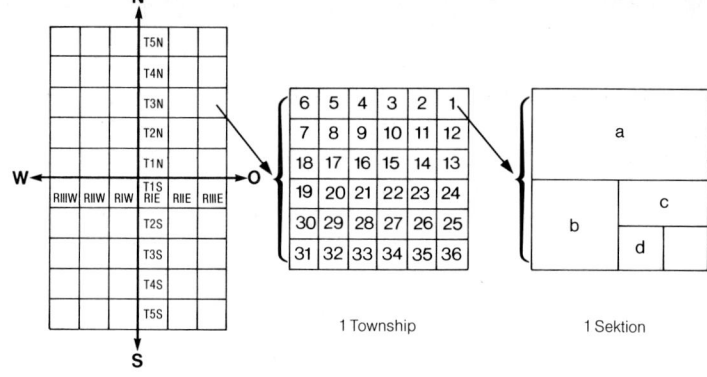

Schema der amerikanischen Landvermessung

Die Vermessung des Landes begann durch Festlegen des Meridians N–S. Parallel hierzu wurden dann im Abstand von 6 Meilen nach Osten und Westen zu weitere nord-südlich verlaufende Geraden, „Ranges" genannt, festgelegt und numeriert (RIW, RIIW, RIIIW; RIE, RIIE, RIIIE). Die „Ranges" wurden dann durch west-östlich vermessene, sie rechtwinklig schneidende und gleichfalls in einem Abstand von 6 Meilen parallel zueinander verlaufende Geraden in quadratische „Townships" unterteilt, die ebenfalls numeriert wurden (T1N, T2N, T3N; T1S, T2S, T3S). Jedes „Township", welches 6 mal 6 Meilen oder rund 93 km² umfaßte, wurde sodann in 36 „Sections" zu je 1 Quadratmeile oder rund 2,6 km² aufgeteilt, diese „Sections" sodann rechtwinklig in ½ Sections (320 Acres = 129,5 ha), ¼ Sections (160 Acres = 64,7 ha) usw.

Nach Paul Hartig (Hrsg.): Amerikakunde. Frankfurt: Diesterweg 1966, 4. Auflage, S. 87

Beide Gesetze haben das kulturlandschaftliche Bild der USA zwischen Appalachen und Rocky Mountains sowohl im ländlichen als auch im städtischen Bereich entscheidend geprägt. Dem durch die Landvermessung und Landvergabe entstandenen Schachbrettgrundriß ordnen sich Besitz- und Flurgrenzen, Verkehrswege und Siedlungen unter. Die vorherrschende agrarische Siedlungsform ist der Einzelhof, der direkt an die Flur anschließt, so daß die USA zu Recht als ein „Land ohne Dörfer" bezeichnet werden.

1. *Zeigen Sie am Beispiel der Abbildungen auf Seite 399 und Seite 402 die unterschiedliche Raumwirksamkeit der französischen Besiedlung und der Landnahme durch die Amerikaner.*
2. *Erläutern Sie die Bedeutung der Frontier für die Erschließung des nordamerikanischen Kontinents.*
3. *Erörtern Sie die Bedeutung der Transkontinentalbahnen für die räumliche und wirtschaftliche Erschließung der Gebiete westlich der Appalachen.*
4. *Erklären Sie das System der Landvermessung und Landvergabe in den USA, und nennen Sie die Vorzüge und Nachteile dieses Systems.*
5. *Beschreiben Sie das Diagramm „Einwanderer in die USA" (S. 401). Welche Phasen lassen sich im Hinblick auf Zahl und Herkunft der Einwanderer unterscheiden? Versuchen Sie, diese zu begründen.*
6. *Erläutern Sie die Auswirkungen der land ordinance auf das Siedlungs- und Flurbild des Mittleren Westens.*

3 Die Agrarwirtschaft der USA

3.1 Die Agrarzonen und ihre regionalen Verlagerungen

Das Verbreitungsmuster der landwirtschaftlichen Betriebsformen ist im wesentlichen das Ergebnis zweier Faktoren:
1. der ökologischen Möglichkeiten bzw. Beschränkungen, d. h. der vom Großrelief beeinflußten Klimazonen, und
2. der ökonomischen Zwänge, insbesondere der Regeln des freien Marktes und der Lage zu den Verbraucherzentren.

Die Weiträumigkeit des Landes mit den nur über große Entfernungen sich ändernden Geländeformen und Klimatypen und den daraus resultierenden einheitlichen Wachstumsbedingungen förderte eine räumliche Arbeitsteilung, d. h., eine Vielzahl von Betrieben spezialisierte sich auf ein Produkt oder eine Folge weniger Produkte, für die der jeweilige Raum die optimalen Bedingungen bot. Die örtliche Spezialisierung wurde ferner wesentlich von der Marktlage und den Transportkosten zum Verbraucher abhängig.

Das Ergebnis dieser ökologischen und ökonomischen Zwänge war die Herausbildung ausgedehnter gleichartiger *Agrarzonen*, die im Schrifttum vergröbernd als *Landwirtschaftsgürtel* oder *Belts* bezeichnet werden. Wie die Abbildung auf Seite 338 zeigt, waren diese Belts im Osten entsprechend den Klimazonen nahezu breitenparallel angeordnet. Westlich des 98° w. L. war ihre Anordnung – der Ost-West-Ausrichtung der Ariditätszonen folgend – stärker meridional.

Im einzelnen handelt es sich um folgende nach der vorherrschenden Produktionsrichtung benannte Gürtel:

1 *Dairy Belt (Milchwirtschaftsgürtel):* Grünfutteranbau als Grundlage der Milchviehhaltung zur Versorgung des Ballungsraumes im NO;

2 Mid Atlantic Coast Truck Belt: Gemüse und Obstanbau zur Versorgung der umliegenden Großstädte durch Lastwagen (trucks);

3 *Corn Belt (Maisgürtel),* Kerngebiet der US-amerikanischen Landwirtschaft: Maisanbau als Futtergrundlage für Schweine- und Rindermast;

4 General Farming (Mischwirtschaft): Getreide-, Tabak- und Kartoffelanbau, Milchwirtschaft und Mastviehzucht;

5 *Cotton Belt (Baumwollgürtel);*

6 *Subtropical Crops Belt:* Zuckerrohr- und Reisanbau, Obst und Zitrusfrüchte im subtropischen Klima der Golfküste und Floridas;

7 *Wheat Belt (Weizengürtel):* Sommerweizen im N (Spring Wheat Belt), Winterweizen im S (Winter Wheat Belt);

8 Grazing and Irrigated Crops Belt: extensive Weidewirtschaft (Fleischrinder und Wollschafe), Bewässerungskulturen (Gemüse, Baumwolle, Futteranbau);

9 Irrigated Fruit Farming: intensive Bewässerungskulturen im mediterranen Kalifornien, besonders Obst, Zitrusfrüchte, Gemüse, Baumwolle;

10 Dairy and Fruit Farming: Milchwirtschaft und Obstanbau (Äpfel) im humiden NW.

Der Ausdruck Landwirtschaftsgürtel darf jedoch nicht mißverstanden werden. Große, völlig einheitliche Agrarzonen (im Sinne einer räumlichen Monokultur) hat es auch in den USA nie gegeben. So spielten z. B. im Cotton Belt neben der Baumwolle der Tabak-, Reis- und Zuckerrohranbau sowie die Viehwirtschaft schon immer eine bedeutende Rolle. Seit den dreißiger Jahren dieses Jahrhunderts haben agrarpolitische Maßnahmen der Regierung wie Anbaubeschränkungen, landkonservierende Maßnahmen in erosionsgefährdeten Gebieten, Absatzschwierigkeiten für einzelne Produkte auf dem Weltmarkt, Änderung der Ernährungsgewohnheiten und agrartechnische Maßnahmen wie Saatzucht und Bewässerungswirtschaft zu einer Diversifizierung in Monokulturgebieten geführt. Im Hinblick auf diese Situation ist der Begriff Landwirtschaftsgürtel zur Kennzeichnung der regionalen Arbeitsteilung der amerikanischen Landwirtschaft heute nicht mehr gerechtfertigt. Besonders augenscheinlich wird die Umstrukturierung der Belts am Corn Belt.

Das traditionelle Beltkonzept

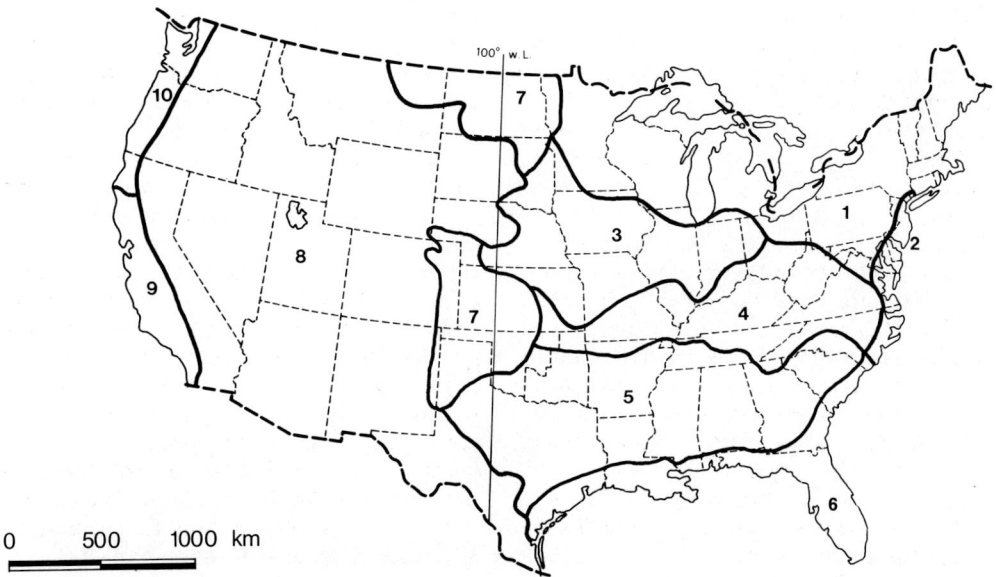

0   500   1000 km

Verlagerung der Produktionsschwerpunkte wichtiger agrarischer Güter sowie Entstehung neuer Anbaugebiete seit etwa 1930

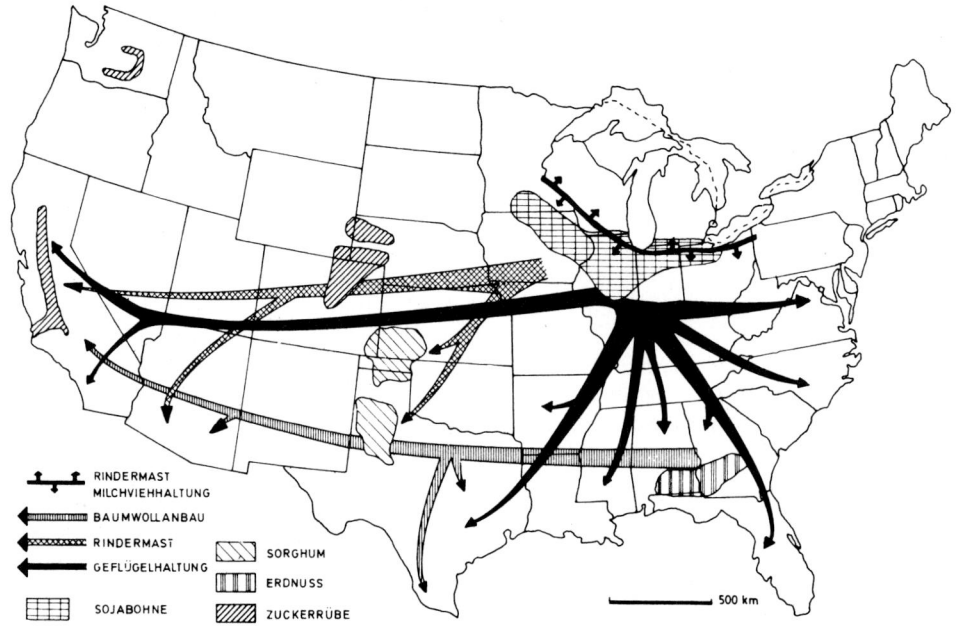

RINDERMAST MILCHVIEHHALTUNG
BAUMWOLLANBAU
RINDERMAST
GEFLÜGELHALTUNG
SOJABOHNE
SORGHUM
ERDNUSS
ZUCKERRÜBE

500 km

Hans-Wilhelm Windhorst: Die Landwirtschaft der Vereinigten Staaten. Wiesbaden: Franz Steiner 1975, S. 27

Streifenförmiger Anbau mit kreisrunden bewässerten Feldern im Mittleren Westen

404

Als Corn Belt wird der südwestlich an den Dairy Belt sich anschließende Raum mit den Staaten Iowa, Illinois, Indiana und z. T. auch Ohio und Missouri bezeichnet. Diese fünf Staaten erzeugen knapp 50 % des gesamten Maises der USA. Die Bezeichnung Maisgürtel ist jedoch insofern irreführend, als sie nicht erkennen läßt, daß der Mais weniger als die Hälfte der Ackerfläche einnimmt und daß die genannten fünf Staaten mit einem Anteil von über 50 % an der gesamten amerikanischen Erzeugung auch führend im Sojabohnenanbau sind. Mit der Hinwendung vieler Farmer zur *Rotation* ist die Sojabohne seit dem Weltkrieg in den ehemaligen Corn Belt eingedrungen. Heute steht ihre Anbaufläche derjenigen des Maises kaum noch nach. Die hohen Hektarerträge, die vielseitigen Verwendungsmöglichkeiten (Futtergrundlage, Öl- und Proteinkonzentrate) sowie die gute Eignung als Nachfolgekultur von Getreide vermögen die starke Ausweitung zu erklären.

Die Maisernte wird vorwiegend zur Verfütterung in der Rinder- und Schweinemast verwendet, so daß der ehemalige Corn Belt sich auch zum führenden Mastgebiet und Fleischproduzenten entwickeln konnte. Im Hinblick auf diese Produktionsdifferenzierung erscheint die von Hofmeister vorgeschlagene Bezeichnung „Mais-Soja-Schweine-Rindermast-Gürtel" treffender.

3.2 Leistung und Probleme der Landwirtschaft

„Amerikas Weizen wächst schneller, als wir ihn essen können, schneller, als wir ihn verschenken können, und viel schneller, als wir ihn lagern können." Dieser Ausspruch des ehemaligen Landwirtschaftsministers Anderson aus dem Jahre 1959 gilt noch heute. Er kennzeichnet treffend die hohe Leistungsfähigkeit der US-amerikanischen Landwirtschaft und deutet zugleich Folgeprobleme an.

Führende Agrarprodukte in den USA[1]

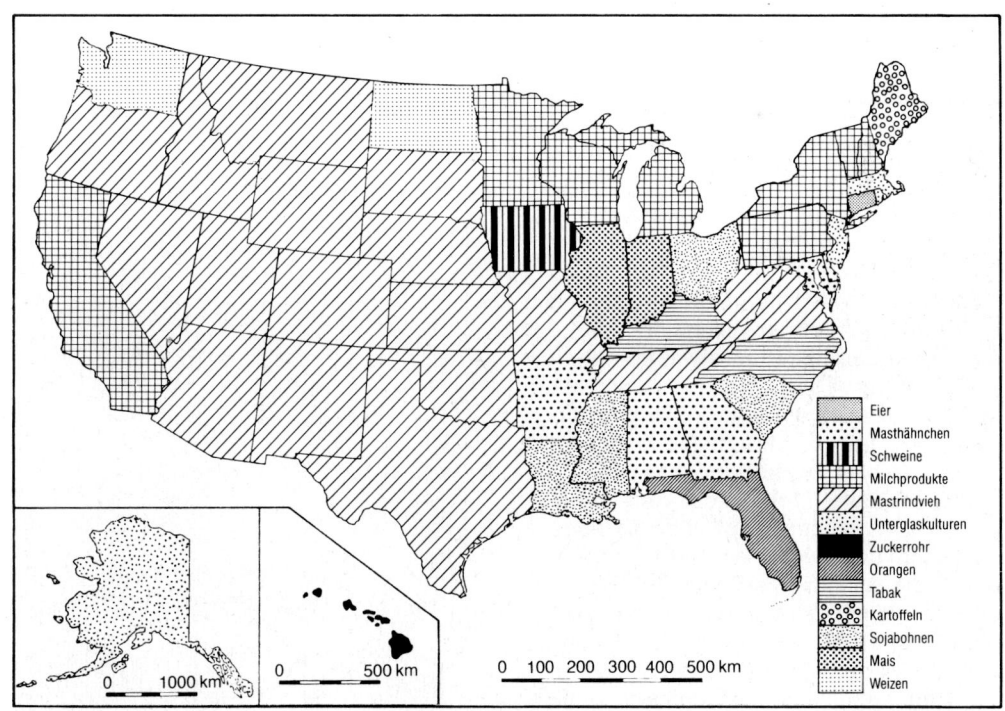

Legende:
- Eier
- Masthähnchen
- Schweine
- Milchprodukte
- Mastrindvieh
- Unterglaskulturen
- Zuckerrohr
- Orangen
- Tabak
- Kartoffeln
- Sojabohnen
- Mais
- Weizen

0 1000 km   0 500 km   0 100 200 300 400 500 km

[1] Die Karte stellt dar, welches Produkt in den Staaten jeweils den höchsten wertmäßigen Anteil an der Erzeugung von agrarischen Gütern hat.
Hans-Wilhelm Windhorst: Konzentrationsprozesse in der US-amerikanischen Agrarwirtschaft. In: Geographische Rundschau 1987, H. 9, S. 480. Braunschweig: Westermann

Ausgewählte Daten zur Landwirtschaft der USA (Jahresdurchschnittswerte für den angegebenen Zeitraum) und zum Vergleich Bundesrepublik Deutschland[3]

	USA					Deutschland
	1961/65	1970/72	1980/83	1985/86	1990	1990
Weizen, Mio. t	33	41	73	62	74	11
kg/ha	1700	2145	2460	2420	2660	6240
Mais, Mio. t	96	130	176	217	202	1,5
kg/ha	4200	5400	6400	7450	7440	7590
Kartoffeln, Mio. t	12	14	15	17	18	7,7
kg/ha	22400	25900	30400	32930	32480	34870
Fleisch, Mio. t	18,5	23,2	24,9	26,3	28,7	5,7
Kunstdüngerverbrauch,						
Mio. t	9,4	15,2	9,2	18,7[1]	18,7[2]	4,3[2]
kg/ha LN	22	36	46	44[1]	43[2]	242[2]
Traktorenbestand, Mio.	4,8	4,6	4,7	4,7[1]	4,7[2]	1,4[2]
Mähdrescherbestand,						
Mio.	0,94	0,76	0,67	0,65[1]	0,46[2]	0,12[2]

[1] Angaben für 1984/85 [2] für 1989 [3] alte Bundesländer
Nach JRO Kartographische Verlagsgesellschaft (Hrsg.): Aktuelle JRO-Landkarte 4/85, USA–UdSSR, Beiheft S. 13; Statistisches Bundesamt Wiesbaden (Hrsg.): Statistisches Jahrbuch für die Bundesrepublik Deutschland (verschiedene Jahrgänge) und Statistisches Jahrbuch für das Ausland (verschiedene Jahrgänge). Stuttgart und Mainz: Kohlhammer bzw. Stuttgart: Poeschel

Anteil der USA an der Welternte 1985 und 1990

	1985	1990
Weizen	13%	13%
Mais	46%	42%
Sojabohnen	57%	49%
Baumwolle	17%	17%
Milch	14%	14%
Fleisch	17%	16%

Nach The World Almanach 1988. Boston 1988; Statistisches Bundesamt Wiesbaden (Hrsg.): Statistisches Jahrbuch für das Ausland 1992. Stuttgart: Poeschel

Obwohl der Anteil der Landwirtschaft am Bruttonationalprodukt weniger als 3% (1987) beträgt und nur etwa 2% der Erwerbstätigen in der Landwirtschaft tätig sind, zählen die Vereinigten Staaten zu den führenden Agrarländern der Erde. In der Erzeugung vieler Produkte stehen sie an erster oder zweiter Stelle in der Welt. Mit Ausnahme von einigen tropischen Erzeugnissen kann der Bedarf an Nahrungsmitteln durch die Inlandserzeugung gedeckt werden; beträchtliche Mengen werden darüber hinaus exportiert. Aus der Tatsache, daß die Zahl der in der Landwirtschaft Tätigen seit Jahrzehnten rückläufig ist, daß sich die Zahl der Farmbetriebe von 1940 bis 1984 von 6,4 auf 2,3 Mio. verringert hat und auch die Betriebsfläche seit 1950 konstant zurückgegangen ist, darf nicht auf eine verminderte

Produktionskraft geschlossen werden. Im Gegenteil: Während 1930 ein in der Landwirtschaft Tätiger 10 Menschen ernährte, stellt heute eine Arbeitskraft den Nahrungsmittelbedarf von fast 90 Menschen sicher.

Agrarexporte der USA in Mrd. US-$

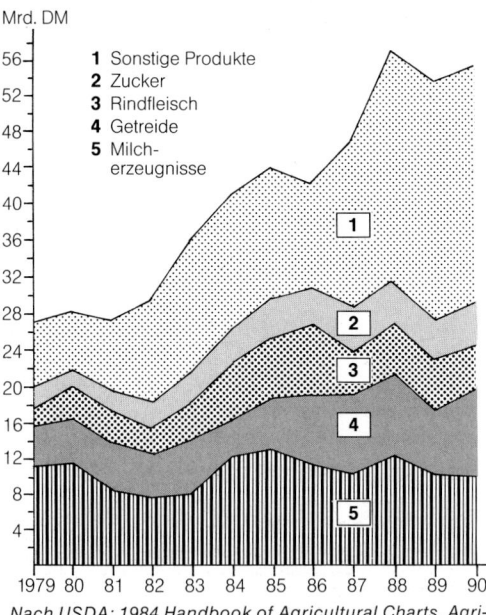

Mrd. DM

1 Sonstige Produkte
2 Zucker
3 Rindfleisch
4 Getreide
5 Milcherzeugnisse

Nach USDA: 1984 Handbook of Agricultural Charts. Agricultural Handbook No. 637. Washington D.C. 1984, S. 57; USDA: Agricultural Statistics. Washington D. C., verschiedene Jahrgänge

Wie ist diese Revolution der landwirtschaftlichen Produktionskraft zu erklären? Die Steigerung der Hektarerträge wurde vor allem erreicht durch Verwendung besseren Saatgutes (z.B. *Hybridmais*), durch vermehrte Düngung, Anwendung wasser- und bodenkonservierender Maßnahmen und die verstärkte Anwendung von Schädlings- und Unkrautbekämpfungsmitteln. Zur Steigerung der Flächenproduktivität trug besonders auch die Anwendung der *künstlichen Bewässerung* bei, die um 1940 verstärkt einsetzte und Ende der siebziger Jahre ihren Höhepunkt erreichte; in jüngster Zeit geht die Bewässerungsfläche jedoch wieder zurück. Im Baumwollanbau konnte z.B. eine Ertragssteigerung um über 60% durch Verlagerung auf Bewässerungsflächen erzielt werden.

Weitere Gründe für die Leistungssteigerung sind in der Mechanisierung und Rationalisierung sowie in neuen Organisations- und Produktionsformen zu suchen. Verstärkter Maschineneinsatz erzwang notgedrungen eine Rationalisierung und Spezialisierung auf wenige Produkte, um die teuren Maschinen ökonomisch einzusetzen. Kleine unrentable Farmen mußten dem verstärkten Konkurrenzdruck weichen; durch Aufkauf oder Zusammenlegung nahm die Durchschnittsgröße der verbleibenden Farmen zu.

Entwicklung der landwirtschaftlichen Betriebsstruktur 1900–1990

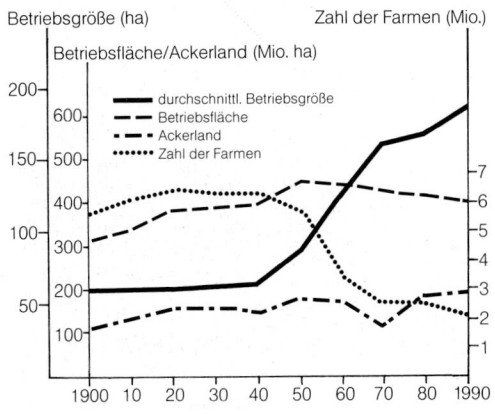

Betriebsgröße (ha) Zahl der Farmen (Mio.)

Agribusiness. An die Stelle der *family-size farm* trat die *tractor-size farm,* an die Stelle des ehemaligen Familienbetriebes, dessen Produktionsziel die Selbstversorgung war, trat die hochmechanisierte, marktorientierte *commercial farm.* Viele Betriebe, für die sich der Erwerb der teuren Maschinen nicht lohnt, arbeiten im *Leasing*-Verfahren oder lassen ihr Land von *harvesting companies* bearbeiten, das sind spezialisierte Unternehmen, die mit einer Kolonne von Mähdreschern und Lastkraftwagen durch die Weizengebiete ziehen und an einem Tag mehrere hundert Hektar abernten.

Auch in der Viehwirtschaft läßt sich eine Intensivierung bei gleichzeitiger Konzentration erkennen, besonders deutlich in der Geflügelhaltung, deren Betriebe vielfach vollautomatisiert sind und nach modernstem Management geleitet werden. Der Farmer stellt oft nur noch seine Arbeitskraft und die Farmgebäude zur Verfügung. Eine Kontraktfirma liefert die Futtermittel, überwacht die Produktion und regelt den Absatz. Diese neue Organisations- und Produktionsform, die neben der Landwirtschaft auch die mit ihr verbundenen Wirtschaftsbereiche wie Zulieferindustrie, Verarbeitungsbetriebe und Absatzorganisationen zusammenfaßt, wird als *agribusiness* bezeichnet. In der Mastviehhaltung ist sie heute schon eine Selbstverständlichkeit.

Eine Sonderform landwirtschaftlicher Großbetriebe, für die es in Europa keine Entsprechung gibt, ist die *Ranch.* Darunter versteht man einen extensiven Weidewirtschaftsbetrieb, dessen Produktionsziel vornehmlich die Fleischerzeugung ist, vereinzelt auch die Entwicklung neuer Rinderrassen. Die Ranch kommt besonders im östlichen Vorland der Rocky Mountains und in den intramontanen Becken vor, wo Größenordnungen von über 100000 ha erreicht werden.

Überproduktion und Schuldenkrise. Die Folge der beeindruckenden Wachstumsraten ist ein Überangebot an landwirtschaftlichen Erzeugnissen, besonders an Weizen und Mais. Die USA produzieren heute mehr, als sie selbst benötigen und auf dem Weltmarkt verkaufen können. Als Folge des Überangebots sinken die Verkaufspreise und damit die Einkommen der Farmer, so daß heute etwa ein Viertel der über 2,1 Mio.

Farm in Iowa

landwirtschaftlichen Betriebe (1991) in eine Existenzkrise geraten ist. Nach Presseberichten haben seit 1985 jährlich ca. 150 000 Farmer den Bankrott anmelden und ihren Betrieb aufgeben müssen. Für die Zukunft stehen die Aussichten nicht besser.

Die Regierung hat bislang mit wenig Erfolg versucht, die Überproduktion dadurch zu bremsen, daß sie den Farmern eine Prämie zahlte, wenn sie Teile ihres Ackerlandes brachliegen ließen *(Subventionsbrache).* Viele Farmer wichen auf die ertragreicheren Böden aus und intensivierten dort den Anbau, so daß immer höhere Rekordernten erzielt wurden.

Um angesichts der Konkurrenz auf dem Markt mithalten und auf Veränderungen der Nachfrage reagieren zu können, muß der Farmer investieren: in Maschinen, Gebäude, Saatgut, Düngemittel oder in die Viehhaltung. Das erfordert Kapital. So haben sich besonders in den 70er Jahren bei steigenden Bodenpreisen, hoher Inflation und vergleichsweise niedrigen Zinsen viele Farmen hoch verschuldet. Infolge der weiter steigenden Produktion, der sinkenden Verkaufserlöse und der hohen Zinsen in den 80er Jahren stehen diese Farmer heute vielfach vor dem Ruin – und mit ihnen manche

landwirtschaftliche Bank und Zulieferfirma. Oft bringt die Ernte weniger ein, als allein an Zinsen für die Darlehen bezahlt werden müssen. Diese Farmen können vielfach nur mit staatlichen Subventionen am Leben erhalten werden.

Einkommensentwicklung in den Farmbetrieben der USA 1969–1989

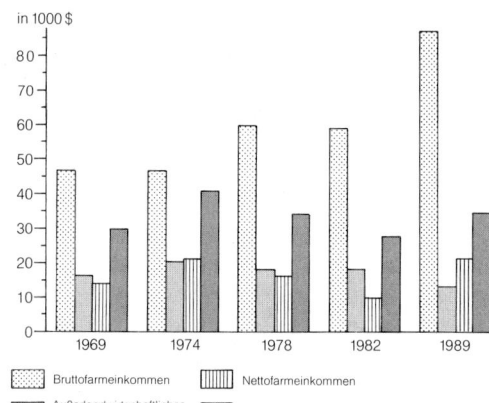

Nach Hans-Wilhelm Windhorst: Konzentrationsprozesse in der US-amerikanischen Agrarwirtschaft. In: Geographische Rundschau 1987, H.9, S.474. Braunschweig: Westermann, U.S. Dept. of Commerce. Bureau of the Census (Hrsg.): Statistical Abstract of the United States, verschiedene Jahrgänge

1992 sah die Lage wie folgt aus: Brachflächen und ungünstige Witterungsverhältnisse sorgten 1991 dafür, daß die Agrarproduktion zurückging und viele Erzeuger ihre überhöhten Lagerbestände abbauen konnten. So nahm die Getreideernte von 312,7 Mio. t auf 280,4 Mio. t ab, und auch bei diversen Industrierohstoffen ging die Produktion zurück. Dennoch blieben die USA der mit Abstand führende Agrarexporteur der Welt. Die Exportabhängigkeit führte zu zunehmenden Spannungen mit den Hauptabnehmern der amerikanischen Agrarexporte in Westeuropa und Japan, denen die USA zu hohe Subventionen für landwirtschaftliche Produkte vorwerfen. Weitere Produktivitätsfortschritte werden diese Entwicklung in Zukunft voraussichtlich noch verschärfen.

1. *Stellen Sie in einer Liste die Gunst- und Ungunstfaktoren für die Landwirtschaft der USA zusammen.*
2. *Erklären Sie das traditionelle Belt System aus dem Zusammenspiel der ökologischen Möglichkeiten und der ökonomischen Zwänge. Wählen Sie zur Darstellung exemplarische Belts aus.*
3. *Nennen Sie die Gründe, die zur Auflösung des Belt Systems geführt haben. Konkretisieren Sie Ihre Ausführungen anschließend am Beispiel des Corn Belt.*
4. *Beschreiben Sie die Entwicklung der US-amerikanischen Landwirtschaft in den letzten Jahrzehnten anhand der Materialien auf den Seiten 402–409.*
5. *Nennen Sie Ursachen für die Betriebskonzentration in der Landwirtschaft, und erörtern Sie mögliche Folgen. Vergleichen Sie mit der Bundesrepublik Deutschland.*
6. *„Agriculture – America's biggest Industry". Was ist mit diesem Ausspruch gemeint? Läßt sich diese Behauptung noch aufrechterhalten angesichts der gegenwärtigen Krise der Landwirtschaft?*
7. *Diskutieren Sie zusammenfassend Leistungen und Probleme der US-amerikanischen Landwirtschaft. Berücksichtigen Sie dabei auch die im Kapitel Seite 394ff. aufgeführten ökologischen Probleme.*

4 Die Industriewirtschaft und ihre räumliche Struktur

4.1 Die Leistung und Vormachtstellung der US-amerikanischen Industrie

Betrachtet man die Werte des Bergbaus, der Energiewirtschaft und der industriellen Produktion, so ist das Ergebnis nicht minder beeindruckend als im Agrarsektor. Obwohl seit den 70er Jahren der Vorsprung der US-Industrie angesichts einer wachsenden Konkurrenz vor allem durch die japanische und westeuropäische Industrie ständig zurückgegangen ist, nehmen die USA nach wie vor unangefochten eine Spitzenstellung ein.

Mit 4,7% der Weltbevölkerung produzierten die USA 1991 ca. 23% aller Industriegüter der Erde; in den sechziger Jahren waren es noch 40%. Von den 23% gelangten etwa ein Zehntel auf den Weltmarkt, womit die USA zugleich die bedeutendste Handelsmacht der Erde sind, auch wenn 1986 die Bundesrepublik Deutschland die USA als Exportland erstmals übertraf. Das Außenhandelsvolumen betrug 1991 931 Mrd. $. Der Weltanteil am Export lag bei ca. 8%; bei Industriegütern betrug er sogar 18%. Das überlegene Wirtschaftspotential und die Effizienz der amerikanischen Industrie werden jedoch erst deutlich, besonders im Vergleich zur ehemaligen UdSSR und zu anderen Industrieländern, wenn man die Produktionswerte auf die Bevölkerungszahl bzw. auf die Zahl der Erwerbstätigen umrechnet. Nach den Pro-Kopf-Anteilen sind die USA mit Abstand führend in der Produktion von fast allen Investitions- und Konsumgütern und im Energieverbrauch, der allgemein als Maßstab für den Stand der wirtschaftlichen Entwicklung und den Lebensstandard angesehen werden kann. Vom Weltenergieverbrauch entfielen 1990 26% auf die USA, d.h., ein Zwanzigstel der Weltbevölkerung verbrauchte mehr als ein Viertel der Weltenergie – ein Zeichen der hohen Wirtschaftskraft, aber zugleich auch ein Beweis für den verschwenderischen Umgang mit Energie und Anzeichen drohender Versorgungsprobleme in Anbetracht der weltweit sich abzeichnenden Energieverknappung.

Ausgewählte Daten zum Bergbau, zur Energiewirtschaft und zur Industrie

	USA				zum Vergleich: Bundesrepublik Deutschland (alte Bundesländer)
	1970	1980	1985	1990	1990
Stein- und Braunkohle (Mio. t)	569	753	804	944	184
Erdöl (Mio. t)	534	482	438	415	3,6
Erdgas (Mrd. m³)	621	547	455 (1986)	499	22,3
Eisenerz (Mio. t/Fe-Gehalt 53%)	57	46	56	64	0,1
Primärenergieverbrauch (Mio. t SKE)	2270	2539	2491	2505 (1989)	409
Elektrizitätserzeugung (Mrd. kWh)	1638	2356	2524	3005	447
Elektrizitätsverbrauch je Einw. (kWh)	8015	10206	10290 (1983)	12083	7488
Rohstahlproduktion (Mio. t)	119	101	79	89	38,4
Zement (Mio. t)	67	65	70	71	30,4
Mineraldünger (Mio. t/ 100% Reinnährstoff)	15	21	22	23	3,4
Chemiefasern (1000 t)	1789	3910	3650	3385 (1989)	1016 (1989)
Kunststoffe (Mio. t)	8,7	12,4	15,7	20,6 (1989)	9,2 (1989)
Papier und Pappe (Mio. t)	54	60	61	72	11,6
Pkw (1000 Stück)	6,5	6,4	7,3	6,1	4,6
Fernsehgeräte (Mio. St.)	9,5	9,9	13,7	14,7 (1989)	4,2

Statistisches Bundesamt Wiesbaden (Hrsg.): Statistisches Jahrbuch für die Bundesrepublik Deutschland und Statistisches Jahrbuch für das Ausland (verschiedene Jahrgänge). Stuttgart und Mainz: Kohlhammer bzw. Stuttgart: Poeschel

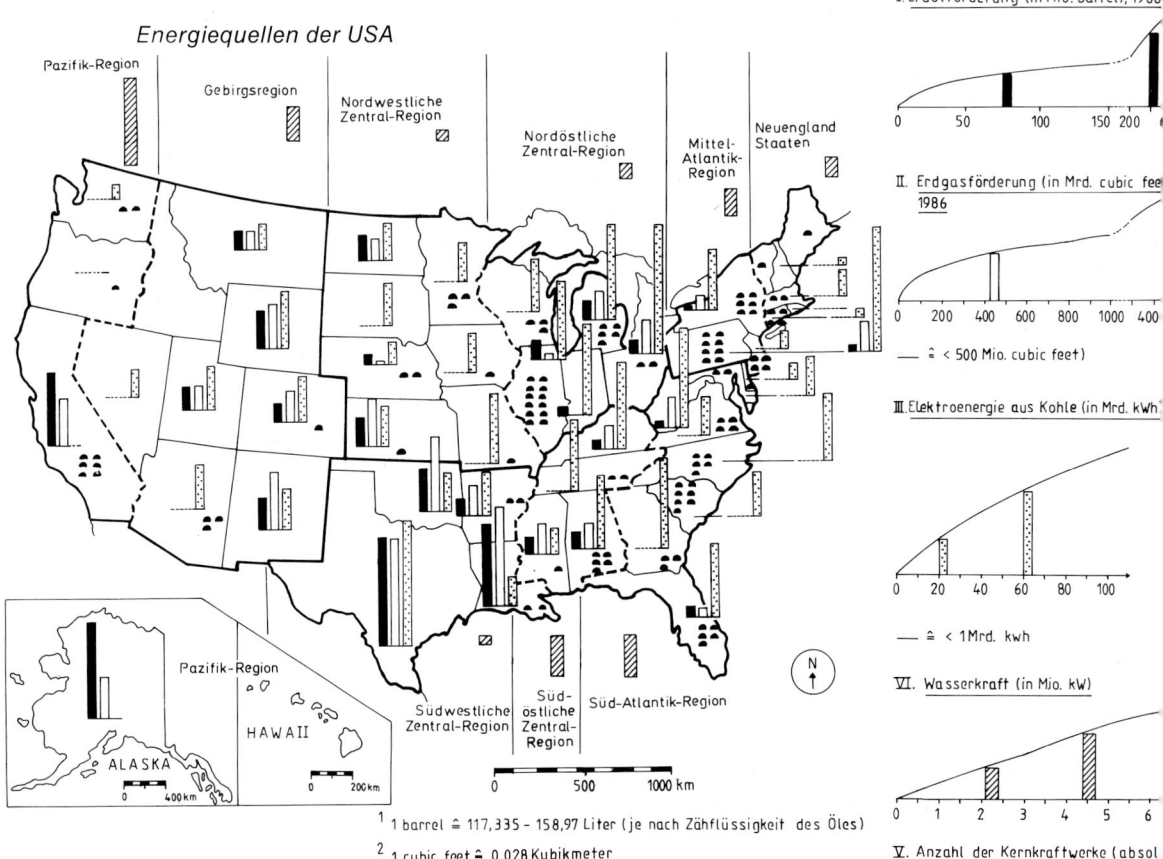

Energiequellen der USA

Quelle U.S. Dept. of Commerce. Bureau of the Census. Statistical Abstract of the United States, 1989
Roland Hahn: USA. Stuttgart: Klett 1990 (Neubearbeitung), S. 156

Die elf größten Industrieunternehmen der westlichen Welt 1990

Unternehmen	Land	Branche	Umsatz (Mrd. DM)
1. General Motors	USA	KFZ	202,2
2. Royal Dutch/Shell	GB/NL	Mineralöl	173,3
3. Exxon	USA	Mineralöl	171,1
4. Ford	USA	KFZ	158,8
5. IBM	USA	Elektronik	111,5
6. Toyota	Japan	KFZ	104,2
7. IRI	Italien	Metall	99,2
8. BP	GB	Mineralöl	96,2
9. Mobil Oil	USA	Mineralöl	95,0
10. General Electric	USA	Elektronik	94,3
11. Daimler-Benz	Deutschland	KFZ	85,5

Mario von Baratta (Hrsg.): Der Fischer Weltalmanach 1993. Frankfurt: Fischer Taschenbuch Verlag 1992, Spalte 930

Die Gründe für die wirtschaftliche Vormachtstellung sind teils in den physisch-geographischen Gunstfaktoren, teils in der Art der Inwertsetzung und dem Wirtschaftsdenken der Amerikaner zu suchen. An erster Stelle sind die reichen *Rohstoff-* und *Energiequellen* zu nennen, die zum überwiegenden Teil und im Gegensatz zur Sowjetunion kostengünstig abgebaut werden können. Die wichtigsten Bergbauerzeugnisse sind: Steinkohle (besonders in den Appalachen und im Mittleren Westen), Eisenerz (Gebiet der Oberen Seen), Kupfer (Utah), Blei, Zink, Schwefel, Erdöl und Erdgas.

Während früher große Mengen in den Export gelangten, kann heute der Bedarf nicht mehr aus der heimischen Produktion gedeckt werden (ausgenommen Steinkohle), zumal einige Rohstoffe zur nationalen Reserve (US-*Stockpile*) erklärt worden sind.

Früher als in anderen Industriestaaten fanden die Serienfertigung und die *Automation* Eingang in die industrielle Produktion (1913 Einführung des Fließbandes in den Automobilwerken von Ford). Zusammen mit einer arbeitsteiligen Spezialisierung bilden sie die Grundlage für eine billige Massenproduktion.

Schon früh kam es auch zur *Konzentration* und zur Bildung von Großunternehmen, auf die heute ungefähr zwei Drittel der Industriekapazität entfallen. Solche industriellen Konzentrationen erfolgten zuerst in der Erdölindustrie und in der Stahlproduktion. Sie haben zur Bildung von *Trusts* geführt (Unternehmenszusammenschlüsse mit dem Ziel der monopolistischen Marktbeherrschung – seit 1870 durch Anti-Trust-Gesetze verboten, allerdings mit nur geringem Erfolg) und von *multinationalen Unternehmen* (Unternehmen, die in mehreren Ländern produzieren oder investieren). Die Konzentration der Produktion wird besonders augenscheinlich in der Automobilindustrie, wo drei Konzerne (General Motors, Ford und Chrysler) über 90% der Pkw-Herstellung bestreiten.

Die Wirtschaftskraft und das Tempo der industriellen Entwicklung erklären sich ferner aus der günstigen Konjunkturlage während der beiden Weltkriege und der Nachkriegszeit, aus dem großen Potential an Arbeitskräften, besonders durch die europäischen Einwanderer, der leistungsfähigen Landwirtschaft, die die rasch wachsende Bevölkerung ernähren und die Industrie mit Naturprodukten versorgen konnte, und dem gut ausgebauten Verkehrsnetz, das Grundlage einer jeden hochindustrialisierten Wirtschaft ist.

All diese Faktoren verbanden sich mit dem, was man vielfach als typisch für das amerikanische Wirtschaftsverhalten bezeichnet: z. B. der Arbeitswille und die auf Erfolg und Gewinn zielende Leistungsbereitschaft; damit zusammenhängend die hohe Mobilität der Bevölkerung; die Risikobereitschaft des privaten Unternehmertums; der harte Wettbewerb in der freien Marktwirtschaft; die hohen Investitionen in Forschung und Technik, heute vor allem in die Wachstumsindustrie, von der Computer- bis zur Bio- und Gentechnologie.

411

4.2 Entwicklung und Standorte der Industrie

Die charakteristischen Entwicklungsstadien der US-amerikanischen Industrie

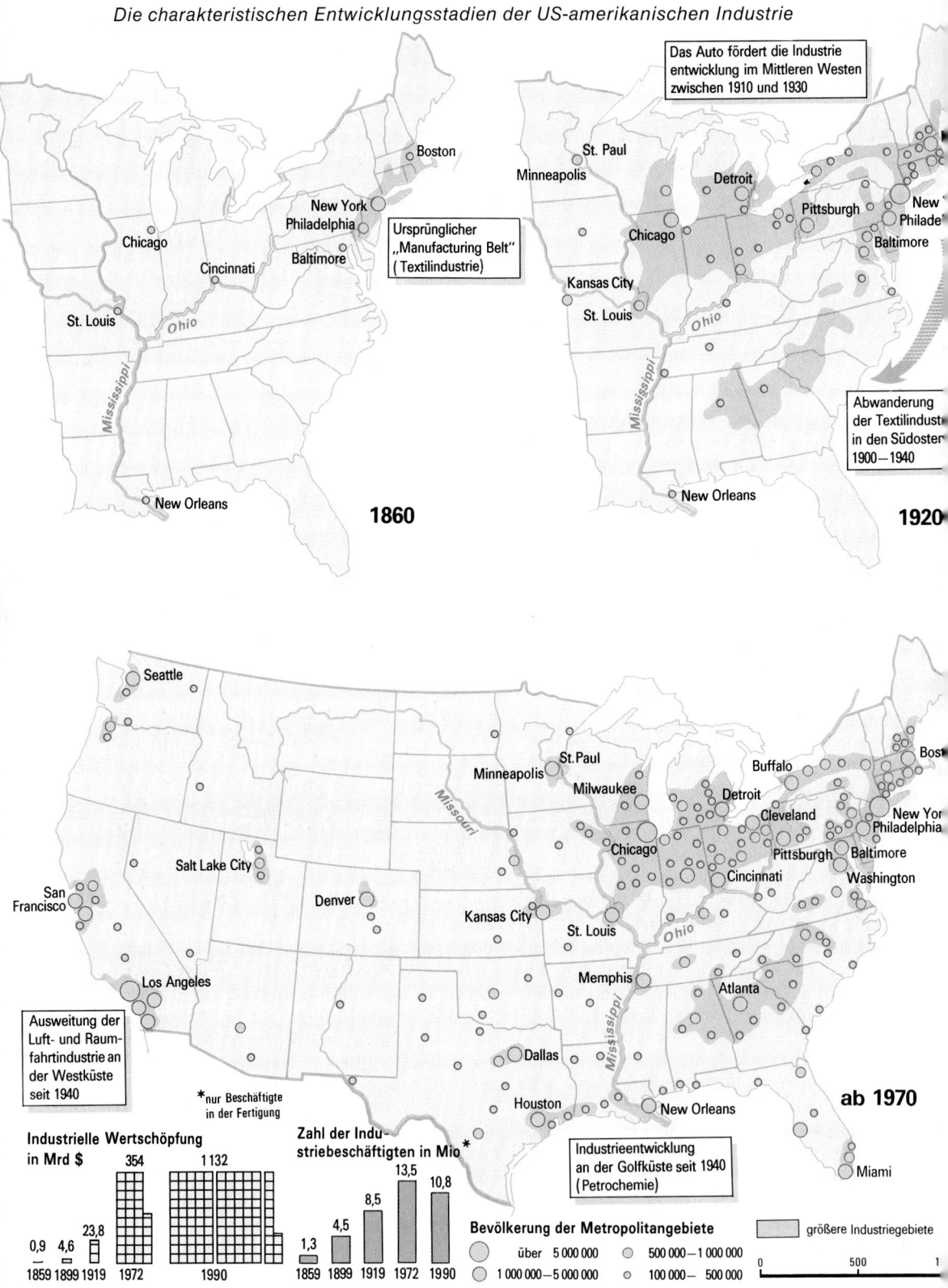

Das Auto fördert die Industrie
entwicklung im Mittleren Westen
zwischen 1910 und 1930

Ursprünglicher
„Manufacturing Belt"
(Textilindustrie)

Abwanderung
der Textilindust
in den Südoster
1900 – 1940

Boston
New York
Philadelphia
Chicago
Baltimore
Cincinnati
St. Louis
Ohio
Mississippi
New Orleans

1860

St. Paul
Minneapolis
Detroit
Pittsburgh
New
Philade
Chicago
Baltimore
Kansas City
St. Louis
Ohio
Mississippi
New Orleans

1920

Seattle
St. Paul
Buffalo
Bost
Minneapolis
Milwaukee
Detroit
Cleveland
New Yor
Philadelphia
Missouri
Chicago
Pittsburgh
Baltimore
Cincinnati
Washington
San
Francisco
Salt Lake City
Denver
Kansas City
St. Louis
Ohio
Los Angeles
Memphis
Atlanta
Mississippi

Ausweitung der
Luft- und Raum-
fahrtindustrie an
der Westküste
seit 1940

Dallas
Houston
New Orleans

ab 1970

Miami

*nur Beschäftigte
in der Fertigung

Industrieentwicklung
an der Golfküste seit 1940
(Petrochemie)

**Industrielle Wertschöpfung
in Mrd $**

354 | 1 132

23,8
0,9 4,6
1859 1899 1919 1972   1990

**Zahl der Indu-
striebeschäftigten in Mio** *

13,5
8,5   10,8
4,5
1,3
1859 1899 1919 1972 1990

Bevölkerung der Metropolitangebiete

⬤ über 5 000 000
⬤ 1 000 000 – 5 000 000
◯ 500 000 – 1 000 000
∘ 100 000 – 500 000

größere Industriegebiete

0   500   1

Aus United States History Atlas. Maplewood 1977 (verändert und ergänzt)

Die Anfänge der Industrie sind wie die der gesamten Besiedlung und Erschließung Nordamerikas in den Neuenglandstaaten zu suchen: Kleineisenindustrie auf der Basis von Holzkohle, Schiffbau und Textilindustrie. Von einer schwerindustriellen Produktion kann man erst seit der Erschließung der Steinkohlevorkommen im westlichen Pennsylvania um die Mitte des 19. Jahrhunderts sprechen. Führendes Zentrum wurde der Raum Pittsburgh, wo sowohl Steinkohle als auch Eisenerze anstanden. Neue Steinkohlefunde im Ohio-Becken und die Eisenerzvorkommen am Lake Superior führten um die Wende vom 19. zum 20. Jahrhundert zu einer Ausweitung der Montanindustrie nach Westen, besonders ins Gebiet der Großen Seen, wo in verkehrs- und absatzgünstiger Lage neue Hochöfen, Stahl- und Walzwerke entstanden. Rasch entwickelten sich weitere Industriezweige und -orte, wie die Automobilindustrie um Detroit, der Maschinenbau, die chemische und Nahrungsmittelindustrie um Chicago oder die Elektro-, Textil- und Fahrzeugindustrie in Gary, Milwaukee, Cincinnati, Indianapolis und anderen Städten. Das Ergebnis dieser Häufung von Industrie ist eine Industrielandschaft, die von der Atlantikküste zwischen Baltimore und Boston über 1000 km nach Westen bis zur Höhe von St. Louis/Chicago reicht und als *Manufacturing Belt* bezeichnet wird. Auf 11 % der Fläche der USA konzentrieren sich hier 38 % der Bevölkerung mit einem Anteil von ca. 45 % an der gesamten US-amerikanischen industriellen Wertschöpfung.

Die Entstehung neuer Industriegebiete an der Golfküste (besonders Erdöl-, Aluminium- und chemische Industrie) sowie an der Pazifikküste (Nahrungsmittelindustrie, Flugzeug- und Schiffbau, Metall- und Maschinenindustrie) hat in den letzten Jahrzehnten zwar den prozentualen Anteil des Manufacturing Belt an der Gesamtindustrieproduktion der USA stetig sinken lassen, diesen Raum jedoch nicht von der Spitzenposition verdrängen können. Abwanderungstendenzen vieler Industrien und unsichere Arbeitsplätze dürfen jedoch als ein Zeichen dafür gewertet werden, daß die industrielle Kernregion aufgrund ihrer schwerindustriellen Ausgangsbasis besonders hart von der Stagnation auf dem Stahl-

und Maschinenbausektor und in der Bauindustrie, die seit 1978/79 unvermindert anhält, betroffen ist. So spricht man treffend statt vom Manufacturing Belt heute auch von der „Rust Bowl".

Standortveränderungen der Industrie

Kennzeichen der amerikanischen Industrie ist ein anhaltender *Strukturwandel,* der sich unter anderem in ständigen Verlagerungen der Produktion in Anpassung an veränderte Standortfaktoren zeigt.

Während sich bis zur Zeit des Ersten Weltkrieges im wesentlichen drei räumlich und arbeitsteilig getrennte Wirtschaftsregionen unterscheiden lassen (der industrialisierte NO, der agrarisch geprägte Mittelwesten und der zurückgebliebene industriearme SO), zeigt sich besonders seit den 40er Jahren ein bis heute andauernder Prozeß der Entflechtung und Dezentralisierung, der zu umfangreichen Standortverlagerungen geführt hat. Im vorangegangenen Kapitel wurde schon gezeigt, wie die Ausbeutung der großen Eisenerzlager am Oberen See den wirtschaftlichen Schwerpunkt der USA innerhalb weniger Jahrzehnte von der Atlantikküste in die Seenstaaten, dem Hauptabsatzgebiet innerhalb der USA, verlagerte. Mit der Erschöpfung der hochwertigen Erze vom Typ „Lake Superior" und der Abhängigkeit von Importerzen lassen sich in jüngster Zeit erste Anzeichen einer Rückwanderung der Hüttenindustrie an die Atlantikküste zwischen Baltimore und Boston erkennen. Weitere Betriebe entstanden ferner auf der Basis neu erschlossener Rohstoffe (z. B. bei Provo in Utah) in den Weststaaten (Kalifornien) und in Wyoming.

Augenfälliger sind die Verlagerungstendenzen in der Textilindustrie, der ältesten Industrie der USA, und der Aluminiumindustrie. Seit Ende des neunzehnten Jahrhunderts wanderte die Baumwollindustrie aus Neuengland, das 1870 noch einen Anteil von rund drei Viertel am Verbrauch von Rohbaumwolle aufwies, in die Südstaaten ab. Begünstigt wurden die neuen Standorte weniger durch die Rohstoffbasis (der Baumwollanbau hatte sich inzwischen nach Westen verlagert) als vielmehr durch das billige Arbeitskräfteangebot, günstige Bodenpreise und die billige Energie der Piedmont-

413

Industriepark in East Los Angeles: neue Industriestandorte in verkehrsgünstiger Lage

Region. Heute finden sich in den Neuengland-staaten nur noch unbedeutende Reste dieses ehemals führenden Industriezweiges.

Ergebnis dieses noch heute andauernden Strukturwandels ist die Entstehung zahlreicher industrieller Standorte außerhalb des Manufacturing Belt besonders im Südosten und im Westen der USA, die in ihrer Produktion zwar einseitiger sind als der Manufacturing Belt, aber als Wachstumsindustrien eine stürmische Aufwärtsentwicklung erleben.

Besonders im sogenannten *„Sun Belt"*, damit ist der gesamte Randbereich südlich des 37. Breitenkreises gemeint, entstand ein wirtschaftliches und damit auch politisches und kulturelles Gegengewicht zum Nordosten. Namen wie Cape Canaveral und Silicon Valley sind Symbol des technischen Fortschritts und des industriellen Aufstiegs des Sun Belt.

Begünstigt wurde der industrielle Aufschwung des Südens durch umfassende Investitionstätigkeiten der Bundesregierung, vor allem in Militär- und Weltraumbasen, in neuen Häfen und binnenländischen Transportsystemen sowie in umfangreichen Bewässerungsprojekten. Eine Reihe von Südstaaten haben darüber hinaus den wirtschaftlichen Aufschwung durch gezielte Förderung von Forschung und Entwicklung unterstützt. Als ein bewährtes Instrument hat sich hier die Errichtung von *Industrieparks* erwiesen. Das sind größere, in sich geschlossene Areale, die von staatlichen oder kommunalen Trägern erschlossen und

mit Infrastruktureinrichtungen versehen werden. Diese Industrieparks (industrial estates) bieten sich als Standorte vor allem für mittlere oder kleinere Unternehmen an, die die Vorteile der Standortgemeinschaft mit anderen Unternehmen nutzen können. Als Standort solcher Industrieparks werden vorzugsweise verkehrsgünstige Areale, z.B. an Schnellstraßen im Stadtrandgebiet gewählt. Ein Beispiel für diese Politik ist der Staat North Carolina, der in den sechziger Jahren den Research Triangle Park errichtete, so benannt nach dem „Dreieck", das die drei Universitäten Raleigh, Durham und Chapel Hill bilden. Der Research Triangle Park ist eines der größten Forschungszentren der Welt mit besonderen Schwerpunkten auf dem Gebiet der Halbleitertechnik und der Biotechnologie.

Bis heute haben sich etwa 40 Unternehmen im Park niedergelassen, darunter so namhafte Firmen wie IBM oder die deutsche BASF und Siemens AG. Hinzu kommt eine Reihe weiterer Industrieunternehmen, die zwar außerhalb des eigentlichen Parks produzieren, wegen ihres hohen Forschungsanteils aber die Nähe zu dem Research Park und den drei Universitäten suchen. Die wirtschaftlichen Auswirkungen sind beachtlich. Litt die Region in den fünfziger Jahren noch unter der Abwanderung besonders der jüngeren akademischen Bevölkerung, so zählt sie heute zu den am schnellsten wachsenden Gebieten der USA, mit einer Beschäftigungsquote, die deutlich über dem Landesdurchschnitt liegt.

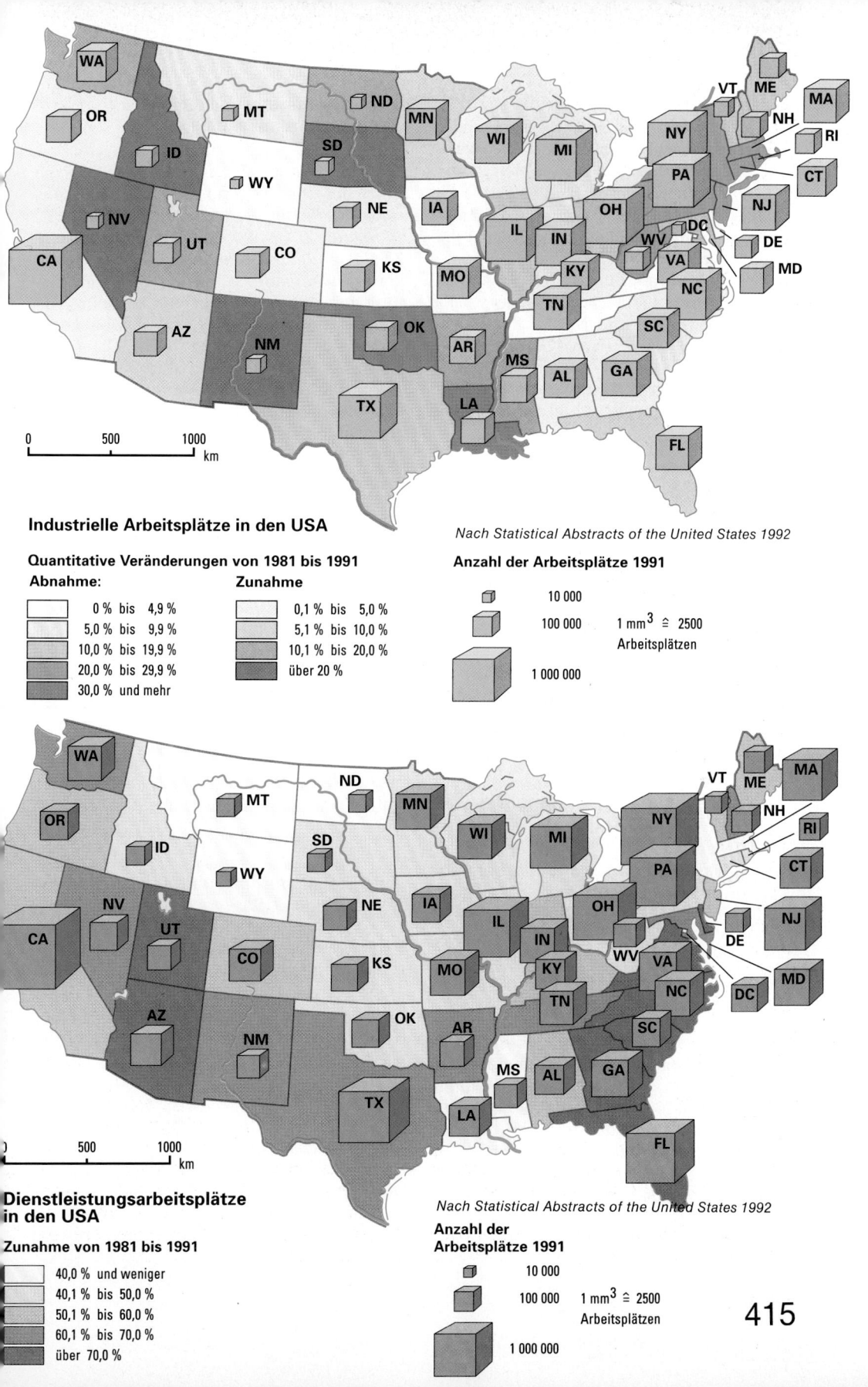

Industrielle Arbeitsplätze in den USA

Nach Statistical Abstracts of the United States 1992

Quantitative Veränderungen von 1981 bis 1991

Abnahme:
- 0 % bis 4,9 %
- 5,0 % bis 9,9 %
- 10,0 % bis 19,9 %
- 20,0 % bis 29,9 %
- 30,0 % und mehr

Zunahme
- 0,1 % bis 5,0 %
- 5,1 % bis 10,0 %
- 10,1 % bis 20,0 %
- über 20 %

Anzahl der Arbeitsplätze 1991
- 10 000
- 100 000
- 1 000 000

$1 \text{ mm}^3 \triangleq 2500$ Arbeitsplätzen

Dienstleistungsarbeitsplätze in den USA

Nach Statistical Abstracts of the United States 1992

Zunahme von 1981 bis 1991
- 40,0 % und weniger
- 40,1 % bis 50,0 %
- 50,1 % bis 60,0 %
- 60,1 % bis 70,0 %
- über 70,0 %

Anzahl der Arbeitsplätze 1991
- 10 000
- 100 000
- 1 000 000

$1 \text{ mm}^3 \triangleq 2500$ Arbeitsplätzen

415

Frost im Sun Belt?

„Fast jeden Monat gibt ein US-Rüstungsunternehmen Massenentlassungen oder die Schließung ganzer Werke bekannt. (...) Nach dem Ende des kalten Krieges läuft das einst so prächtige Geschäft mit Panzern und Kampfflugzeugen, mit Raketen, Elektronik und Munition nicht mehr. (...)
Fachleute schließen nicht aus, daß der Aderlaß in der Branche (...) noch eine weitere halbe Million Arbeitsplätze fordern wird."

Der Spiegel, Heft 1, 1994, S. 112/113

1. *Wählen Sie aus der Tabelle von Seite 410 einige Produkte aus, errechnen Sie die Pro-Kopf-Werte für das Jahr 1990.*
2. *Nennen Sie die wichtigsten Industriegebiete der USA, beschreiben Sie deren Produktionsprofil, und ermitteln Sie die entscheidenden Standortfaktoren.*
3. *Werten Sie die Abbildung „Die charakteristischen Entwicklungsstadien der US-amerikanischen Industrie" (S. 412) aus, und versuchen Sie, die Veränderungen zu erklären.*
4. *Beschreiben Sie die Stellung des Manufacturing Belt. Welche Standortfaktoren haben zu seiner Bildung und Entwicklung geführt?*
5. *Erklären Sie den gegenwärtigen Bedeutungsverlust des Manufacturing Belt, und ziehen Sie Vergleiche zum Ruhrgebiet.*
6. *Nennen Sie Gründe für den Aufschwung des Sun Belt. Berücksichtigen Sie dabei die besondere Industriestruktur und den allgemeinen Bedeutungswandel der traditionellen Standortfaktoren.*

5 Gesellschaftliche Probleme in geographischer Sicht

Drei Begleiterscheinungen stehen in ursächlichem Zusammenhang mit der landwirtschaftlichen Revolution, dem räumlichen und strukturellen Wandel der Industrie und der Ausweitung des tertiären Sektors: die *Verstädterung* des amerikanischen Volkes, regionale Bevölkerungsverschiebungen und steigende Umweltbelastungen. Zusammen mit der Rassenfrage stellen sie ernste Gegenwartsprobleme der Vereinigten Staaten dar.

5.1 Verstädterung und regionale Bevölkerungsmobilität

Noch vor hundert Jahren waren die USA ein Staat mit überwiegend ländlicher Bevölkerung. Nach den Volkszählungen von 1870 waren nur 27,5% der Bevölkerung städtisch, 72,5% ländlich. Seitdem haben das Bevölkerungswachstum (Einwanderung und natürliche Vermehrung), die rasche Industrialisierung und die damit verbundene *Landflucht* zu einem stetigen Anwachsen der Städte geführt, das sich auch noch in der Gegenwart fortsetzt. Rechnet man zur Stadtbevölkerung zusätzlich den Bevölkerungsanteil, der zwar noch in ländlichen Gegenden wohnt, aber nach Lebensstil und Berufszugehörigkeit ebenfalls als „städtisch" einzustufen ist (die offizielle Statistik spricht von „rural nonfarm"), so sind heute mehr als 90% der Gesamtbevölkerung der USA „Städter".

Der Verstädterungsprozeß zeigt sich nicht nur im Wachstum der städtischen Bevölkerung, sondern wird vor allem sichtbar in der enormen Flächenexpansion der meisten amerikanischen Großstädte. Das moderne Verkehrswesen, der Drang des Amerikaners zum Einfamilienhaus in „ländlicher" Umgebung sowie höhere Verdienste und Freizeitansprüche haben zu einem Ausufern der Städte und zu einer weitgehenden Zersiedelung des stadtnahen Umlandes geführt.

Anteil der städtischen und ländlichen Bevölkerung in den USA

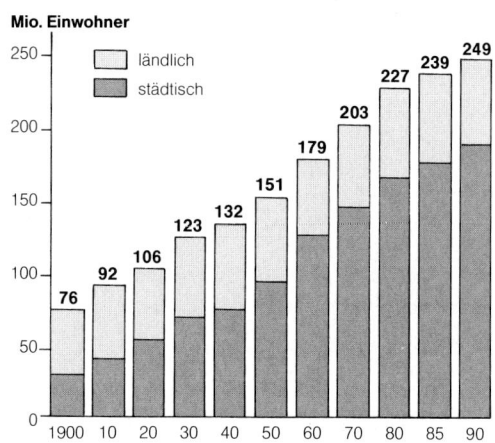

San Francisco

Veränderungen im Gebiet einer städtischen Agglomeration

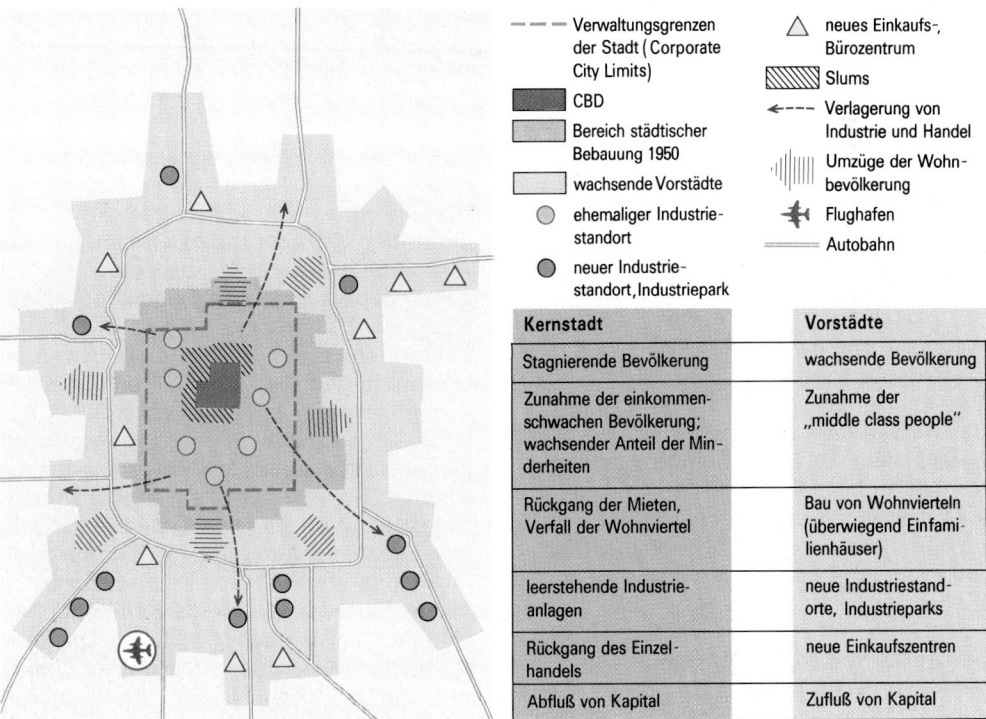

	Verwaltungsgrenzen der Stadt (Corporate City Limits)		△	neues Einkaufs-, Bürozentrum
	CBD			Slums
	Bereich städtischer Bebauung 1950		←---	Verlagerung von Industrie und Handel
	wachsende Vorstädte			Umzüge der Wohnbevölkerung
○	ehemaliger Industriestandort		✈	Flughafen
●	neuer Industriestandort, Industriepark			Autobahn

Kernstadt	Vorstädte
Stagnierende Bevölkerung	wachsende Bevölkerung
Zunahme der einkommenschwachen Bevölkerung; wachsender Anteil der Minderheiten	Zunahme der „middle class people"
Rückgang der Mieten, Verfall der Wohnviertel	Bau von Wohnvierteln (überwiegend Einfamilienhäuser)
leerstehende Industrieanlagen	neue Industriestandorte, Industrieparks
Rückgang des Einzelhandels	neue Einkaufszentren
Abfluß von Kapital	Zufluß von Kapital

Ulrich Kümmerle, Rainer Vollmer, a.a.O., S. 131

417

Zwei Zahlen machen die hohe Flächenwirksamkeit des Verstädterungsprozesses deutlich: Innerhalb von zehn Jahren (1950–1960) wuchs die Fläche der *Urbanized Areas* (Gebiete mit Stadtcharakter bis zur Pendlereinzugsgrenze) um etwa 100%, die der Bevölkerung dagegen nur um 38%. Ähnlich wie im Ruhrgebiet, nur in einem erheblich größeren Umfang, bilden sich gewaltige Stadtagglomerationen und *Städtebänder* („strip cities" oder „semi-continuous cities" genannt), so z. B. im Raum der *Megalopolis* an der atlantischen Küste zwischen Boston und Washington, im Gebiet südlich der Großen Seen um Chicago und Pittsburgh und an der Pazifikküste zwischen San Diego und San Francisco. Für diese Städtebänder sind inzwischen Namen gebräuchlich wie Boswasch (Boston/New York/Washington) oder Sansan (San Diego/San Francisco).

Suburbanisierung. Die verstädterten Randzonen nehmen den Hauptteil der Zuwanderer aus den ländlichen Gebieten, aber auch die abwandernde Bevölkerung aus der Kernstadt *(Downtown)* auf. Hier sind es vor allem die besser verdienenden Schichten, die aus der City in die Suburbs ziehen. Ihnen folgen die Geschäfte und Supermärkte, Betriebe des Tertiärsektors, Versicherungen, Banken, Handelsgesellschaften mit ihren Filialen und vereinzelt auch die Industrie, vor allem Betriebe mit großem Flächenbedarf, die durch die niedrigeren Bodenpreise und Grundsteuern in die Vororte gezogen werden. *Suburbanisierung* nennt man dieses Wachstum der Randzone und Vorstädte auf Kosten der Kernstädte.

Welche Probleme ergeben sich aus der Zersiedelung der stadtnahen Bereiche?
Die Vororte müssen für die rasch wachsende Bevölkerung aufwendige Einrichtungen bereitstellen, z. B. Verkehrsverbindungen für den Individualverkehr (Linienverkehr ist kaum lohnend wegen der geringen Flächendichte), Schulen und Krankenhäuser, Erholungsmöglichkeiten oder Versorgungsleitungen für Energie und Wasser. Die Städte selbst verlieren mit dem Auszug der gehobenen Bevölkerungsschichten, der Geschäfte und der Industrie die besten Steuerzahler. Sie geraten in Finanznot, verschulden sich und können den hohen Verpflich-

tungen zur Pflege und zum Ausbau der öffentlichen Einrichtungen nicht mehr nachkommen. Die ärmere Bevölkerung bleibt in der Stadt, besonders die Minoritätengruppen der Schwarzen, Puertoricaner und Mexikaner, die in *ghetto*-ähnliche Viertel abgedrängt werden und sich gegen die Außenwelt abkapseln. Sie belegen die verlassenen Wohnhäuser des abgewanderten Mittelstandes, die wegen der vorherrschenden Leichtbauweise schnell heruntergewirtschaftet sind. Die Eigentümer haben kein Interesse oder – wegen fehlender Kreditwürdigkeit – kein Kapital, die Häuser zu renovieren; die citynahen Viertel verkommen, sie werden zu *Slums*. Die Situation bringt Armut, Unzufriedenheit, Hoffnungslosigkeit und eine hohe Kriminalität mit sich, die sich immer häufiger in gewaltsamen Krawallen entlädt.
Seit 1970 läßt sich ein deutlich verlangsamtes Wachstum der Großstadtbevölkerung feststellen, in einigen der großen Ballungsräume sogar ein Bevölkerungsrückgang. Unter dem Eindruck der großstädtischen Belastungen kommt es zur Abwanderung von Teilen der Bevölkerung in kleinere Städte und ländliche Gebiete, zur *„Gegen-Urbanisierung"*. Weitere Einnahmeverluste der Großstädte sind eine Folge dieses Vorgangs, so daß die geschilderten aktuellen Probleme weiterhin ungelöst bleiben.

Regionale Bevölkerungsverschiebungen. Neben der Suburbanisierung und Gegen-Urbanisierung läßt sich gegenwärtig noch ein dritter *Migrations*prozeß erkennen: eine Abwanderungstendenz aus dem Norden bzw. Nordosten in den Süden, besonders nach Florida, Arizona, Texas, Nevada und Kalifornien. Diese Bevölkerungsbewegung begann in den sechziger Jahren und ist im Zusammenhang mit dem industriellen Aufstieg des Sun Belt zu sehen, sowie in der klimatischen Gunst der Staaten in diesem Bereich, von der vor allem ältere Bevölkerungsschichten angelockt werden. In diesem Zusammenhang sind die Rentnerstädte in Arizona und Kalifornien zu erwähnen, in denen Tausende älterer Menschen (jüngere sind nur als Besucher oder für Dienstleistungen zugelassen) ihren Ruhestand in einer perfekt organisierten Freizeitgesellschaft verbringen.

418

Bevölkerungszusammensetzung in den USA 1960, 1990 und 2080

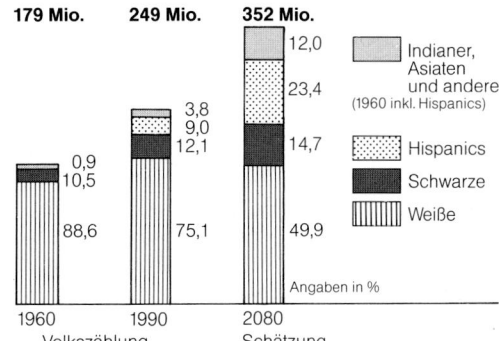

179 Mio.
249 Mio.
352 Mio.
0,9
10,5
88,6
3,8
9,0
12,1
75,1
12,0
23,4
14,7
49,9
Indianer, Asiaten und andere
(1960 inkl. Hispanics)
Hispanics
Schwarze
Weiße
Angaben in %
1960
1990
2080
Volkszählung
Schätzung

Nach U.S. Dept. of Commerce. Bureau of the Census (Hrsg.): Statistical Abstract of the United States, verschiedene Jahrgänge; World Bank (Hrsg.): World Population Projections – Short and Long-term Estimates. Washington: World Bank, verschiedene Jahrgänge

Bevölkerungsentwicklung in den Geographic Divisions von 1940 bis 1990 (in 1000)

Geographic Division[1]	1940	1950	Veränd. 1940:50 (%)	1960	Veränd. 1950:60 (%)	1970	Veränd. 1960:70 (%)	1980	Veränd. 1970:80 (%)	1990	Veränd. 1980:90 (%)
North East	35997	39478	9,7	44678	13,2	49061	9,8	49135	0,2	50809	3,4
North Central	40143	44461	10,8	51619	16,1	56589	9,6	58866	4,0	59669	1,4
South[2]	41666	47197	13,3	54973	16,5	62812	14,3	75372	20,0	85446	13,4
West	14379	20191	40,4	28053	38,9	34838	24,4	43172	23,9	52786	22,3
USA	132165	151326	14,5	179323	18,5	203302	13,4	226545	11,4	248710	9,8

[1] Zur Abgrenzung der Geographic Divisions vgl. Karte unten [2] Die Census-Region „South“ stimmt nicht mit der Abgrenzung des „Sun Belt“ überein, der den gesamten Bereich südlich etwa des 34. Breitenkreises umfaßt.
U.S. Dept. of Commerce. Bureau of the Census (Hrsg.): Census of Population. Washington, verschiedene Jahrgänge

Projektierte Bevölkerungsänderung 1990–2000 (in %)

Nach U.S. Dept. of Commerce. Bureau of the Census (Hrsg.): Statistical Abstract of the United States 1989, Tab. 29, S. 24, Washington 1989

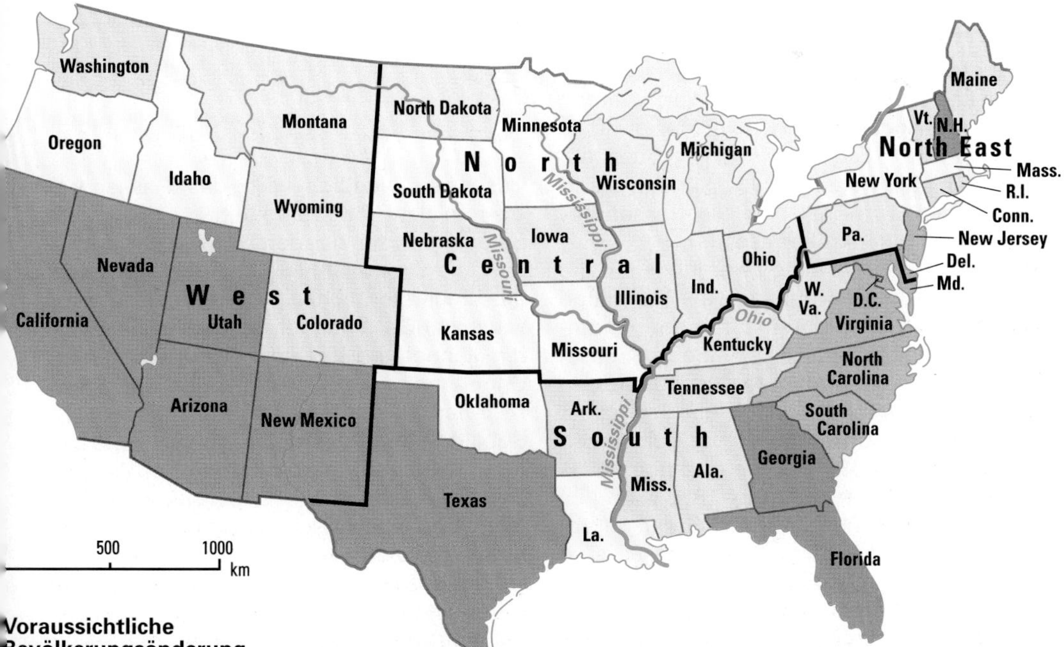

Washington
Oregon
California
Idaho
Nevada
Montana
Wyoming
Utah
Colorado
Arizona
New Mexico
W e s t
North Dakota
South Dakota
Nebraska
Kansas
Oklahoma
Texas
Minnesota
Iowa
Missouri
Wisconsin
Illinois
Michigan
Ind.
Ohio
N o r t h
C e n t r a l
Missouri
Mississippi
Ohio
Ark.
La.
Miss.
Ala.
Tennessee
Kentucky
Georgia
Florida
South Carolina
North Carolina
Virginia
W. Va.
D.C.
S o u t h
Maine
Vt.
N.H.
North East
New York
Pa.
Mass.
R.I.
Conn.
New Jersey
Del.
Md.
500
1000
km

Voraussichtliche Bevölkerungsänderung 1990 - 2000

- -7,6 % bis 0,0 %
- 0,1 % bis 4,0 %
- 4,1 % bis 8,0 %
- 8,1 % bis 12,0 %
- 12,1 % bis 23,0 %

US-Durchschnitt: 7,1 %

Abkürzungen:

Ala.	= Alabama	**Ind.**	= Indiana	**N.H.**	= New Hampshire
Ark.	= Arkansas	**La.**	= Louisiana	**Pa.**	= Pennsylvania
Conn.	= Connecticut	**Md.**	= Maryland	**R.I.**	= Rhode Island
Del.	= Delaware	**Mass.**	= Massachusetts	**Vt.**	= Vermont
D.C.	= District of Columbia	**Miss.**	= Mississippi	**W. Va.**	= West Virginia

5.2 Minderheitenprobleme

Eines der größten Probleme in der Gesellschaft der Vereinigten Staaten ist wohl die Kluft zwischen Weißen und Farbigen. Mit *„Farbigen"* sind nicht nur die 28,5 Mio. Schwarzen (12,1% der Bevölkerung, 1984) gemeint, sondern auch die spanischsprechende Bevölkerung, die sogenannten *„Hispanics"* (vor allem Mexikaner, Puertoricaner und Kubaner). Ihre Zahl wird offiziell mit 12 Mio. angegeben; in Wirklichkeit werden es aber aufgrund der nicht erfaßten illegalen Einwanderer doppelt so viele sein. Die hispanische Minderheit wächst so rasch, daß sie um die Jahrtausendwende die schwarze Bevölkerung eingeholt haben dürfte. Da sie als billige Fremdarbeiter zu den geschätzten Arbeitskräften gehören, sind bislang alle Bestrebungen, Sanktionen gegen die ungesetzliche Beschäftigung einzuführen, im Kongreß gescheitert. Neben diesen zwei großen Minderheiten gibt es noch zahlreiche andere *Minoritäten,* wie die ursprünglich auf dem Kontinent als Mehrheit beheimatete indianische Urbevölkerung (1,4 Mio.) sowie Japaner, Chinesen, Filipinos, Inder oder Vietnamesen.

Migration der Schwarzen. Am Beispiel der Migration der Schwarzen (das Wort „Neger" sollte vermieden werden, weil es an das Schimpfwort „Nigger" erinnert und deshalb von den Schwarzen als diskriminierend empfunden wird) läßt sich die Rassenproblematik z. T. konkret erfassen.

Die Masse der Schwarzen war lange auf die Südstaaten konzentriert, wo sie als billige Arbeitskräfte eine Hauptstütze der Plantagenwirtschaft bildeten. Das Ende des Sezessionskrieges 1861 brachte zwar das Ende der Sklavenhaltung, änderte aber zunächst nichts an der Konzentration der Schwarzen auf den Süden. 1910 lebten hier noch 89% der schwarzen Bevölkerung; 1850 waren es 97%. Ihre Abwanderung, die *Great Migration,* setzte vor allem während des Ersten Weltkrieges ein, bedingt durch den großen Arbeitskräftebedarf der Industrie im Norden und begünstigt durch den rapiden Rückgang der europäischen Einwandererzahlen. Heute lebt über die Hälfte der Schwarzen außerhalb des Alten Südens.

Mit der Massenwanderung der Schwarzen kam es zur beschriebenen Ghettobildung in den Industriestädten, den *„Black Belts"*. Als Black Belts werden Stadtbereiche mit einer Konzentration von mehr als 25 000 Schwarzen bezeichnet. Sie sind gekennzeichnet durch extrem hohe Wohndichte und Raumbelegung in Mietskasernen und unterdurchschnittlich ausgestatteten Wohnungen, durch höchste Arbeitslosenquoten, niedrigste Bildungsquoten und die niedrigsten Familieneinkommen.

Arbeitslosigkeit 1987 (Anteil an der Bevölkerung über 15 Jahre, in %)

	Frauen	Männer
Weiße	5,4	6,4
Schwarze	14,2	13,5
Minoritäten (gesamt)	12,8	13,4

Durchschnittliches Familieneinkommen 1985 (US-$)

Weiße	29 152	Schwarze	18 635

Bevölkerung unter der Armutsgrenze (1985, in %)

Gesamtbevölkerung	14,0	Schwarze	31,3
Weiße	11,4	Hispanics	29,0

Nach The World Almanach 1988. Boston 1988

Besonders deutlich wird das Rassenproblem in New Yorks Stadtteil Harlem, wo die Selbstmordrate bei den Schwarzen sechsmal, die Drogenabhängigkeit zehnmal und die Kindersterblichkeit doppelt so hoch ist wie in der Gesamtstadt. 40% der beschäftigten Männer und 30% der Frauen arbeiten als Ungelernte; der erreichte Schulabschluß liegt vier Jahre unter dem Durchschnittswert. Sobald Schwarze in weiße Wohngebiete ziehen, beginnt die Abwanderung der Weißen, die Preiseinbrüche auf dem Immobilienmarkt und eine Verschlechterung der Schulbildung ihrer Kinder fürchten. Bei einem Anteil der Schwarzen von 30% an der Gesamtbevölkerung sind die Wohnungen in der Regel nicht mehr zu verkaufen, so daß es für den Eigentümer günstiger ist, sie zu vermieten, ohne die notwendigen Erhaltungsarbeiten vorzunehmen.

420

Slums in Harlem

Großstädte (CSMA und MSA) mit einem überdurchschnittlich hohen Anteil an Schwarzen bzw. Hispanics (1990; in %)

	Schwarze	Hispanics		Schwarze	Hispanics
New York	18,2	15,4	New Orleans	34,7	4,3
Los Angeles	8,5	32,9	Memphis	40,6	0,8
Chicago	19,2	11,1	Richmond – Petersburg	29,2	1,1
Washington	26,6	5,7	Austin	9,2	20,5
Miami – Fort Lauderdale	18,5	33,3	Raleigh – Durham	24,9	1,2
Atlanta	26,0	2,0	Fresno	5,0	35,5
Baltimore	25,9	1,3	Tucson	3,1	24,5
Norfolk – Virginia Beach			El Paso	3,7	69,6
– Newport News	28,5	2,3	Bakersfield	5,5	28,0
San Antonio	6,8	47,6			

U.S. Department of Commerce. Bureau of the Census (Hrsg.): Statistical Abstract of the United States 1991, Tab. 38

1. *Beschreiben und erklären Sie den Prozeß der Verstädterung in den USA. Bewerten Sie den Prozeß, indem Sie positive und negative Folgen gegenüberstellen.*
2. *Nennen Sie Gründe für den Vorgang der Suburbanisierung, und erläutern Sie die Auswirkungen auf die Kernstadt und die Vorstädte.*
3. *Interpretieren Sie die Abb. S. 417 „Veränderungen im Gebiet einer städtischen Agglomeration", und erklären Sie die in der Abbildung modellhaft dargestellten Veränderungen.*
4. *Die amerikanische Gesellschaft wird vielfach als „postindustrielle Gesellschaft" bezeichnet. Erklären Sie den Begriff. Vergleichen Sie mit der Bundesrepublik Deutschland.*
5. *Beschreiben und erklären Sie die Verteilung der schwarzen Bevölkerung in den USA.*
6. *Erklären Sie, wie es zur Bildung von Minderheiten-Ghettos in amerikanischen Städten kommen kann.*
7. *Vergleichen Sie die wirtschaftliche und soziale Stellung der weißen und schwarzen Bevölkerung in den USA, und nehmen Sie Stellung zu dem Anspruch der USA, „Schmelztiegel der Nationen" zu sein.*

Die Union der Sozialistischen Sowjetrepubliken (UdSSR)
Die Gemeinschaft Unabhängiger Staaten (GUS)

Am 21. Dezember 1991 kamen in der kasachischen Hauptstadt Alma Ata die führenden Repräsentanten von elf ehemaligen Sowjetrepubliken zusammen und beschlossen die Gründung der „Gemeinschaft Unabhängiger Staaten (GUS)". Damit war das Ende der „Union der Sozialistischen Sowjetrepubliken (UdSSR)" besiegelt. Als Konsequenz der Umwälzungen, die in ihrer Tragweite vielfach mit der Oktoberrevolution von 1917 verglichen werden, kam es zu grundlegenden Veränderungen vor allem der politischen Strukturen, während die alten Raumstrukturen zunächst erhalten blieben.
Die nähere Beschäftigung mit der GUS setzt die Kenntnisse dessen voraus, was die Sowjetunion einmal war, insbesondere die Kenntnisse eben dieser Raumstrukturen. Deswegen ist es auch angebracht, mit der Untersuchung des Raumes der ehemaligen Sowjetunion zu beginnen, mit der Ausdehnung, der natürlichen Ausstattung und den Problemen. Zu fragen ist, was die Menschen aus dem natürlichen Potential gemacht haben, positiv wie negativ.

Als statistische Bezugs- bzw. Vergleichseinheit wird bei den Untersuchungen häufig das Gebiet der Sowjetunion gewählt, so wie es vor der Auflösung bestand. Dafür sprechen, neben den oben genannten, auch folgende Gründe: Die GUS hat fast vollständig das Erbe der UdSSR übernommen (vgl. Karte S. 465). Sie umfaßt von der Fläche und Bevölkerung her annähernd die gesamte frühere UdSSR. Alle Nachfolgestaaten entsprechen den früheren Unionsrepubliken; Grenzen wurden bislang (1993) nicht angetastet. Trotz der Bemühungen um mehr Selbständigkeit bzw. Autonomie sind die meisten Staaten nach wie vor stark miteinander verflochten, so daß die historischen, technischen und wirtschaftlichen Beziehungen aus der Zeit der Sowjetunion vielfach noch dominieren.

1 Das naturräumliche Potential als Grundlage raumprägender Prozesse

Wer ein genaues Bild von der Sowjetunion bzw. der GUS, ihrer natürlichen Ausstattung, Wirtschaft und Gesellschaft gewinnen will, darf die in Westeuropa üblichen Maßstäbe für Raum und Zeit nicht heranziehen. Auch ein Vergleich mit den USA kann nur annähernd der Besonderheit der ehemaligen Sowjetunion mit ihrem natürlichen Potential, den Vorzügen und Hemmnissen gerecht werden.
Mit 22,4 Mio. km^2 nahm die ehemalige Sowjetunion ein Sechstel der gesamten Festlandfläche der Erde ein (GUS: 20,3 Mio. km^2). Allein Rußland ist mit mehr als 17 Mio. km^2 fast doppelt so groß wie die USA. Seine Ost-West-Erstreckung entspricht der Entfernung von Mitteleuropa über den Atlantik, quer durch die USA bis zur Pazifikküste Nordamerikas. Über elf Zeitzonen erstreckt sich das Land von der europäischen Westgrenze bis zur Beringstraße. Wenn es in Moskau Abend wird, hat in Wladiwostok schon der neue Tag begonnen. Nur durch die Verlegung der Linie der Datumsgrenze war es möglich, ein für das gesamte Staatsgebiet einheitliches Tagesdatum festzusetzen.
Die Raumweite allein führt jedoch nicht zu einem umfassenden Verständnis des Landes und seiner Probleme. Sie wird in mancherlei Hinsicht eher als Belastung denn als Vorteil empfunden. Der Wert der Raumgröße wird vor allem relativiert durch die

Eigenart der natürlichen Ausstattung, deren Kenntnis erst die Gesamtbedeutung der SU bzw. der GUS, ihre beachtlichen Leistungen vor allem auf wirtschaftlichem Sektor, aber auch die erheblichen Schwierigkeiten bei der Inwertsetzung des Raumes verständlich macht.

1.1 Oberflächengestalt

Ausgedehnte geologische und morphologische Einheiten ermöglichen eine Gliederung in zehn natürliche Großräume:

- das Osteuropäische Tiefland westlich des Ural: im Durchschnitt um 200 bis 300 m hoch und im zentralen Teil von der Wolga durchflossen;
- das Kaspi-Turan-Tiefland: eine abflußlose aride Beckenlandschaft mit dem Aralsee im Kern; im Erscheinungsbild ähnlich dem Osteuropäischen Tiefland, jedoch nicht glazial überformt;
- das von paläozoischen Gesteinen aufgebaute Faltengebirge des Ural: ein Mittelgebirge mit einer durchschnittlichen

Höhe von 250 bis 1000 m (maximale Höhe 1894 m); es gehört zu den an Bodenschätzen reichsten Gebieten der Erde;
- das Westsibirische Tiefland östlich des Ural: mit 3 Mio. km^2 eines der größten Tiefländer der Erde; von tertiären und quartären Sedimenten bedeckt; im Mittel 100–140 m hoch und nur leicht nach N geneigt, so daß das Stromsystem von Ob und Irtysch nur geringes Gefälle hat und weite Gebiete versumpft sind;
- die Kasachische Schwelle zwischen dem Westsibirischen Tiefland und dem Tiefland von Turan: ein Hügelland von kompliziertem geologischem Bau, reich an Mineralien;
- das Mittelsibirische Bergland zwischen Jenissei und Lena: ein Plateau mit Mittelgebirgshöhen, aus paläozoischen Sedimenten, die der präkambrischen Sibirischen Tafel auflagern, aufgebaut;
- das Jakutische Becken: der Einzugsbereich der mittleren Lena; wie das Mittelsibirische Bergland Teil der Sibirischen Tafel, aber gegen das Umland deutlich eingetieft;

Orographische Gliederung

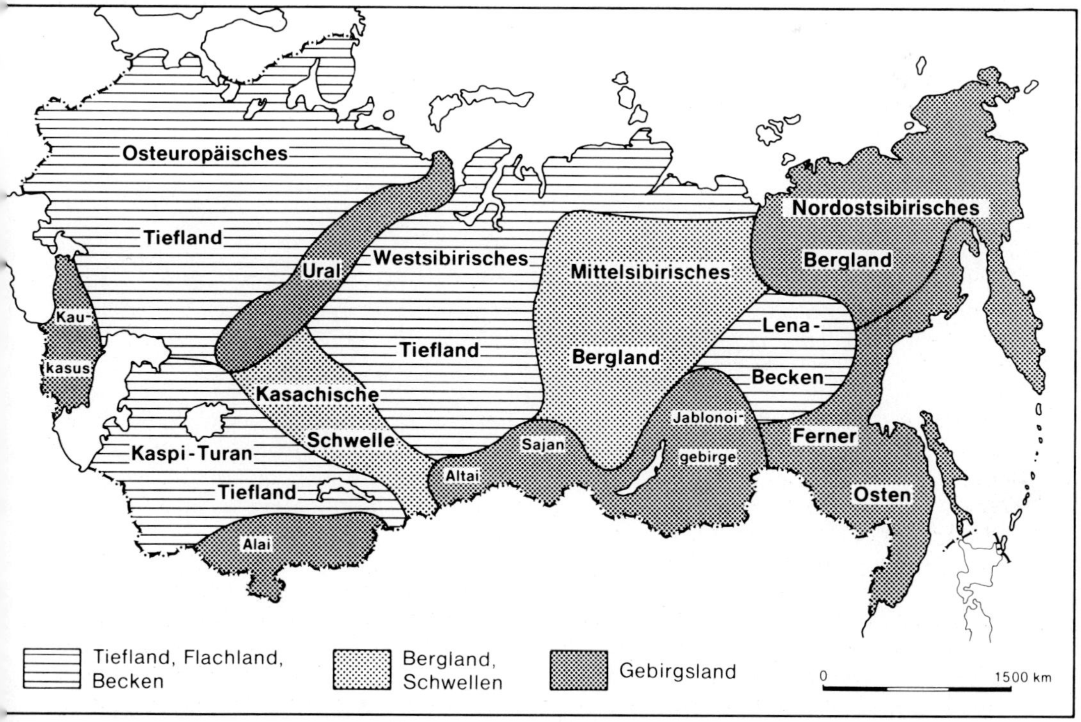

423

- das Nordostsibirische Bergland östlich der Lena: aus alten Formationen aufgebaut, im Tertiär gefaltet und im Diluvium glazial überformt;
- das Gebirgsland des Fernen Ostens mit der Halbinsel Kamtschatka, Sachalin: Teil des zirkumpazifischen alpidischen Faltensystems;
- die südlichen Randgebirge Kaukasus, Alai, Altai, Sajan und Jablonowy: Hochländer und Gebirge jüngerer Entstehung mit zum Teil alpinem Relief und eingeschlossenen älteren abgetragenen Massen.

1.2 Klima- und Landschaftszonen

Entsprechend den kontinentalen Ausmaßen des Raumes hat die ehemalige UdSSR Anteil an mehreren Klimaten, wenn auch der weitaus größte Teil durch ein extremes *Kontinentalklima* mit langen, sehr kalten Wintern und übergangslosen kurzen, warmen Sommern gekennzeichnet ist. Durch das Fehlen nennenswerter Gebirgszüge sind die Grenzen zwischen den einzelnen Klimagebieten jedoch fließend. Die zunehmende Kontinentalität des Klimas macht sich vor allem in westöstlicher Richtung bemerkbar. Sie wird bestimmt:

1. Durch zunehmende Schwankungen zwischen Höchst- und Tiefsttemperaturen im Sommer und Winter (Jahresamplitude) nach Osten. Der Temperaturunterschied zwischen Januar- und Junimittel beträgt in Kiew 14°C, in Moskau 29°C, in Tobolsk 38°C und im Ostsibirischen Bergland 60−65°C; ferner durch das Sinken der Wintertemperaturen nach Osten. Während die Junimittel vom europäischen Rußland bis Sibirien fast gleich liegen, fallen die Januarmittel von −6°C in Kiew auf −30°C im Westsibirischen Tiefland und −70°C in Ojmjakon, dem Kältepol der Nordhalbkugel.

Beispiel der zunehmenden Kontinentalität des Klimas nach Osten

Ziffern in der Zeichnung: Amplitude der wärmsten und kältesten Monate
Nach Eduard Müller-Temme: Die Sowjetunion, Staat und Wirtschaft. Geographische Zeitfragen, Heft 4. Frankfurt: Hirschgraben 1979, S. 4

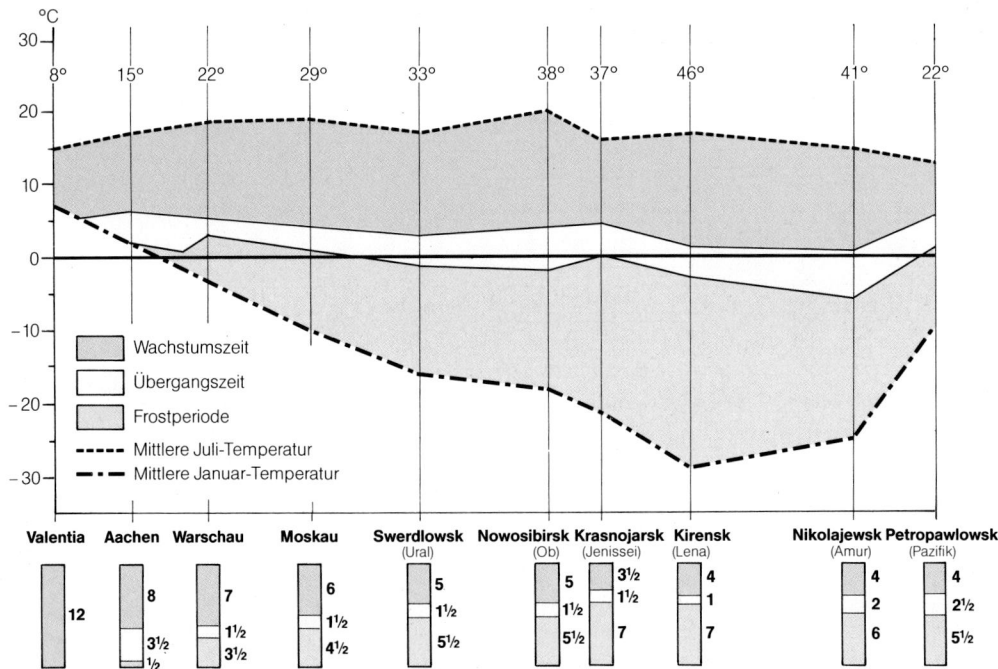

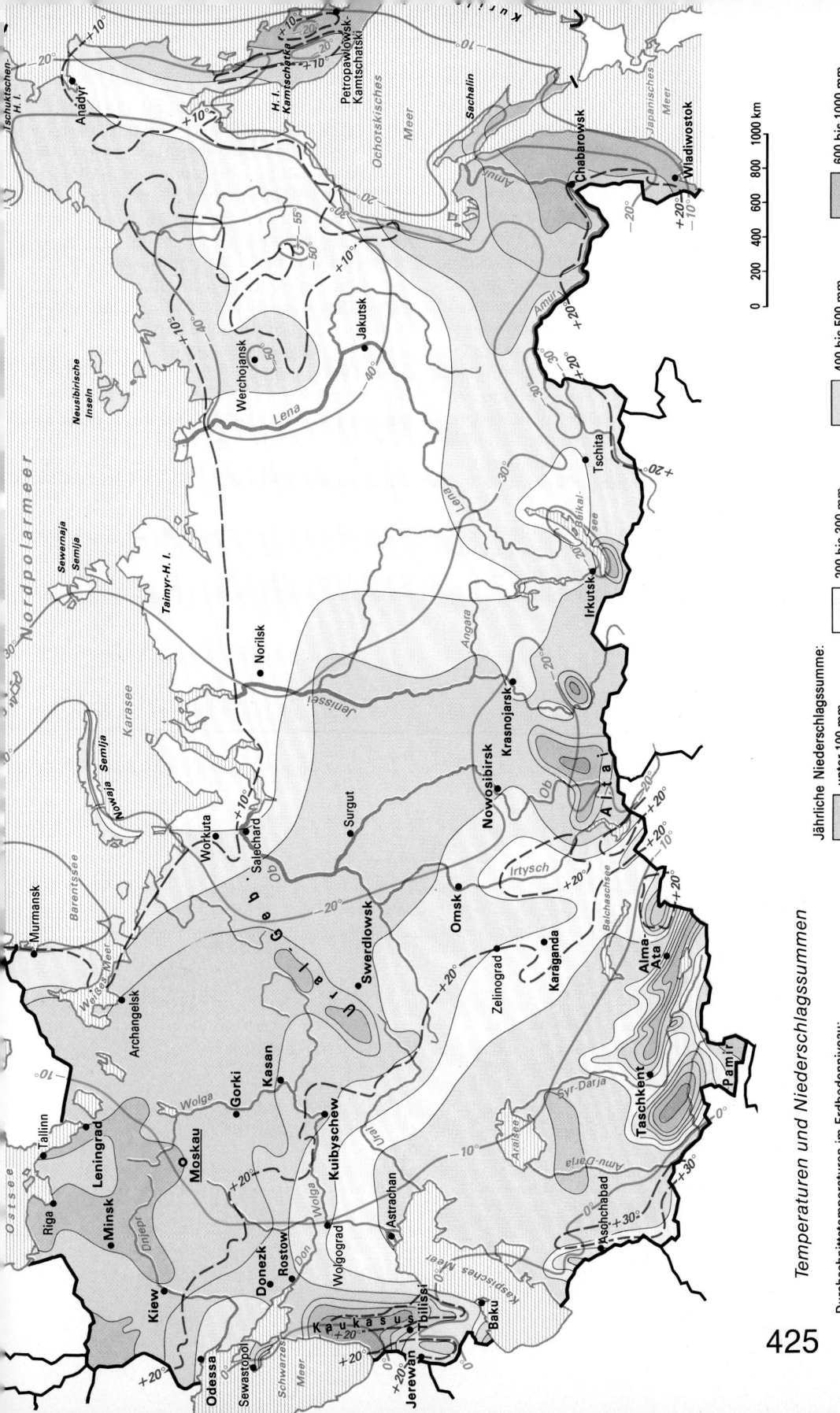

Temperaturen und Niederschlagssummen

Durchschnittstemperaturen im Erdbodenniveau:

— °C — im Juli   — °C — im Januar

Jährliche Niederschlagssumme:

| | unter 100 mm | | 200 bis 300 mm | | 400 bis 500 mm | | 600 bis 1000 mm |
| | 100 bis 200 mm | | 300 bis 400 mm | | 500 bis 600 mm | | über 1000 mm |

Hans-Ulrich Bender, Jörg Stadelbauer: Sowjetunion. S II Länder und Regionen. Stuttgart, Ernst Klett Verlag 1987, S. 28

425

2. Durch die zunehmende Länge des Winters nach Osten. An der Westgrenze Rußlands dauert die *Vegetationsperiode* (Tage mit einem Temperaturmittel über 5°C) nahezu 200 Tage, im Westsibirischen Tiefland etwa 160 Tage und in Tschita (Ostsibirien) etwa 120 Tage.
3. Durch die Abnahme der Niederschläge von durchschnittlich 650 mm an der Ostseeküste bis unter 100 mm im Osten und Südosten. Im Fernen Osten steigen sie als Folge sommerlicher Monsunregen im Luv der Gebirge wieder an. Die geringsten Niederschläge werden im Tiefland von Turan südlich des Aralsees mit nur 80 mm gemessen. Hier kommen winterkalte Wüsten (im Sommer extrem heiß und trocken) wie Kysylkum und Karakum vor.

Die genannten klimatischen Gegebenheiten lassen sich erklären aus der Lage des Landes im Gradnetz (hohe geographische Breite, arktische Klimaeinflüsse), durch die Tiefe des Kontinents (Kontinentalität), die Lage zu den Randmeeren (Eismeer, kalte Küstenströmungen des Pazifiks) und durch die Luftdruck- und Zirkulationsverhältnisse (asiatisches Kältehoch im Winter, das den Zugang feuchter Meeresluft blockiert, sommerliches Hitzetief über dem östlichen Hochland von Iran, das Luftmassen aus allen Himmelsrichtungen in den Kontinent zieht). Durch das Fehlen breitenparallel verlaufender Gebirge können von Norden arktische Luftmassen ungehindert bis tief ins Landesinnere eindringen. *Kaltlufteinbrüche* sind nicht selten.

Das Klima in Transkaukasien, an der Schwarzmeerküste und am Westufer des Kaspischen Meeres weicht von dem des übrigen Landes stark ab. Hier befinden sich auch einige kleine subtropische Klimainseln, die mit Winterregen und trockenen, warmen Sommern dem mediterranen Klimatyp zuzurechnen sind.

Klimadaten ausgewählter Stationen

		J	F	M	A	M	J	J	A	S	O	N	D	Jahr
Chatanga, 24 m	°C	−34,9	−31,4	−29,0	−19,2	−7,2	3,9	11,8	9,1	1,7	−11,5	−28,0	−31,2	−13,8
(Waldtundra/Mittelsibirien)	mm	17	13	12	12	16	27	38	48	39	31	24	19	296
Irkutsk, 468 m	°C	−20,9	−18,5	−10,0	0,6	8,1	14,5	17,5	15,0	8,0	0,1	−10,7	−18,7	− 1,2
(Angara/Baikalsee)	mm	12	8	9	15	29	83	102	99	49	20	17	15	458
Karaganda, 537 m	°C	−15,2	−14,0	− 8,9	2,4	13,0	18,5	20,6	18,3	11,8	3,2	− 6,9	− 9,4	2,8
(Kasachstan)	mm	11	11	15	22	28	41	43	28	21	24	15	14	273
Kiew, 179 m	°C	− 5,9	− 5,3	− 0,5	7,1	14,7	17,4	19,3	18,2	13,6	7,7	1,1	− 3,7	7,0
(mittlerer Dnjepr)	mm	43	39	35	46	56	66	70	72	47	47	53	41	615
Kysyl-Orda, 129 m	°C	− 9,6	− 7,5	0,5	11,2	18,8	23,6	24,6	22,5	15,8	7,8	− 0,6	− 7,0	8,3
(Tiefland von Turan)	mm	13	15	14	14	11	5	4	3	4	7	10	14	114
St. Petersburg	°C	− 7,6	− 7,9	− 4,3	3,3	9,9	15,4	18,6	16,8	11,2	5,1	− 0,2	− 4,4	4,6
(Leningrad), 4 m (Ostseeküste)	mm	36	32	25	34	41	54	69	77	58	52	45	36	559
Surgut, 40 m	°C	−22,2	−19,3	−12,8	− 4,4	3,6	12,6	16,8	13,9	7,4	− 1,7	−13,3	−20,2	− 3,3
(Ob/Westsibirien)	mm	24	19	23	30	48	55	68	57	60	49	30	29	492
Tiflis (Tbilissi), 490 m	°C	1,3	3,1	6,0	12,1	17,5	21,4	24,6	24,4	19,8	13,7	7,8	2,9	12,9
(Transkaukasien)	mm	20	21	36	43	87	69	50	37	42	46	37	20	508
Werchojansk, 137 m	°C	−48,9	−43,7	−29,9	−13,0	2,0	12,2	15,3	11,0	2,6	−14,1	−36,1	−45,6	−15,6
(Nordostsib. Bergland)	mm	7	5	5	4	5	25	33	30	13	11	10	7	155
Wladiwostok, 138 m	°C	−14,7	−10,9	− 3,9	4,1	8,9	13,0	17,5	20,0	15,8	8,7	1,1	−10,5	3,9
(Japanisches Meer)	mm	10	13	20	44	69	88	101	145	126	57	31	17	721

Manfred J. Müller: Handbuch ausgewählter Klimastationen der Erde. Trier: Forschungsstelle Bodenerosion Mertesdorf der Universität Trier, 4. Auflage, 1987

426

Zonale naturlandschaftliche Großgliederung

Vegetationszone	Klima	Boden	Verbreitung
Tundra Baumlose Kältesteppe mit winterfesten Pflanzen, Moosen und Rentierflechte im N, verkrüppelten Bäumen, Buschwerk oder einzelnen Baumgruppen (Waldtundra) im S.	Polares Klima; Frostperiode 9–10 Monate; Niederschläge 200–300 mm; hohe Luftfeuchtigkeit; Julimittel unter 10°C.	Nährstoffarme Naßböden und Moorflächen über dauernd gefrorenem Untergrund (Permafrost); keine Humusbildung; Versumpfung durch Staunässe.	Nördlich des Polarkreises, in Mittelsibirien weit nach S ausgreifend.
Taiga Borealer Nadelwaldgürtel; Kiefer und Fichte, im O vermehrt Lärche, im S Birke; von zahlreichen Sümpfen durchsetzt.	Relativ warme und genügend feuchte Sommer, kalte, lange schneereiche Winter; Julimittel zwischen 10 und 18°C; Wachstumsperiode 3–4 Monate; Niederschläge 200–600 mm, nach W zunehmend.	Saure, nährstoffarme Podsolböden (Bleicherde) z. T. über Permafrost; Ortsteinbildung; Sümpfe durch Stau auf Permafrost und Ortstein.	Im Mittel 1000 km breiter Gürtel zwischen Tundra im N und 60° n. Br. im S, Ostsee im W und Ostsibirischem Bergland im O, in Ostsibirien weit nach S reichend.
Mischwaldzone Im W Laubholzarten (Eiche, Esche, Linde und Ahorn), nach N und O zunehmender Nadelholzanteil.	Januarmittel −4°C im W und −12°C im O; Julimittel bis 20°C im S; Niederschläge von max. 700 mm im W abnehmend bis 500 mm im O; lang dauernde relativ hohe Schneedecke.	Vorherrschend Rasenpodsole; in der Oberschicht ausgelaugt und gebleicht, aber mineralreicher als die typischen Podsole in der Taiga.	Nach O sich zuspitzender Keil zwischen einer Linie Leningrad–Kostroma–Ischewsk–Ural im N und Kiew–Oka–Kasan–Ural im S.
Waldsteppe Räumlicher Wechsel zwischen Laubwaldinseln und Hochgräsern; an den Flüssen vereinzelt Galeriewälder; Charakterbaum: Eiche, in Sibirien Birke.	Übergangsregion vom feucht-winterkalten Waldklima im N zum trocken-sommerheißen Steppenklima im S; Julitemperatur zwischen 20°C im N und 22°C im S; Vegetationsperiode 200 Tage im W, 160–130 Tage im O; Niederschläge von 550 bis 350 mm im europäischen Teil auf 450 bis 300 mm in Westsibirien abnehmend. Gefahr von Dürren.	Übergangsregion vom Podsol zum Schwarzerdetyp; vorherrschend graue und braune Waldböden.	Schmaler von Ostgalizien bis zum Altai verlaufender Übergangsstreifen zwischen der Mischwaldzone und der Grassteppe; S-Grenze: Kischinew–Charkow–Saratow–Barnaul.
Grassteppe Wiesensteppen mit dichtem Vegetationsfilz; Gräser und Kräuter der nach S zunehmenden Trockenheit angepaßt; natürliche Vegetation weitgehend zurückgedrängt.	Feuchtes Frühjahr, extrem trockene und heiße Sommer; Julimittel über 20°C; Januarmittel −6°C im W bis −20°C im O; Niederschläge: 500 mm im W, bis 300 mm im O, im S auch unter 300 mm; heiße Staubstürme im S; Dürregefahr.	Sehr fruchtbare Schwarzerde über Löß (Tschernosem); im ariden S kastanienfarbene Böden mit sinkendem Humusgehalt.	500–700 km breite Zone zwischen Schwarzmeerniederung im W und dem Altai-Vorland im O.

427

Vegetationszone	Klima	Boden	Verbreitung
Halbwüste			
Baumlos; keine geschlossene Vegetationsdecke; „Wermutsteppe".	Starke Sonneneinstrahlung; heiße Sommer, kalte Winter; Julimittel zwischen 22°C im N und 28°C im S; Januarmittel entsprechend zwischen −16°C und −11°C; hohe tägliche Temperaturschwankungen; Niederschläge unter 300 mm.	Salzreiche graue bis braune Böden, je nach Ausgangsgestein verschieden.	Schmales Band um die Kaspische Senke und in Kasachstan.
Wüste			
Aride Sandwüste; vegetationslos; nur einzelne Grasinseln.	Lange, heiße trockene Sommer und kurze, kalte Winter; Vegetationsperiode zwischen 200 Tage im N und 290 Tage im S; Julimittel 24–26°C, im S 32°C; Niederschläge weithin unter 200 mm; extrem hohe tägliche Temperaturschwankungen (bis 60°C).	Salzreiche Wüstenböden; Salzpfannen.	Kaspische Senke und Turanische Niederung.

1.3 Natürliche Hemmnisse und ihre Auswirkungen auf Wirtschaft und Verkehr

Sommerliche Auftauphase des Dauerfrostbodens in der Taiga Westsibiriens (bei Tjumen)

Die natürliche Ausstattung des Landes bestimmt weitgehend die Möglichkeiten und Grenzen der wirtschaftlichen Inwertsetzung. Im Norden und Osten ist es vor allem die Kälte, im Süden die Trockenheit, die der Ausbreitung des flächenhaften Ackerbaus Grenzen setzt. Von Westen nach Osten schränkt die zunehmende *Kontinentalität* die Vegetationsperiode ein und verhindert eine Intensivierung der Landwirtschaft, etwa durch geeignete Fruchtfolgen.

Der primäre Ungunstfaktor ist der Frost. Etwa 9 Mio. km^2, d.h. 40% der Landesfläche, werden vom *Dauerfrostboden* eingenommen (Boden, der bis in größere Tiefen ganzjährig gefroren ist). Während des kurzen arktischen Sommers tauen nur die oberen Schichten auf. Die darunter gelegene vereiste Zone, die über 300 m mächtig sein kann, läßt die Schmelzwässer nicht einsickern. Ausgedehnte Verschlammungen und Ver-

428

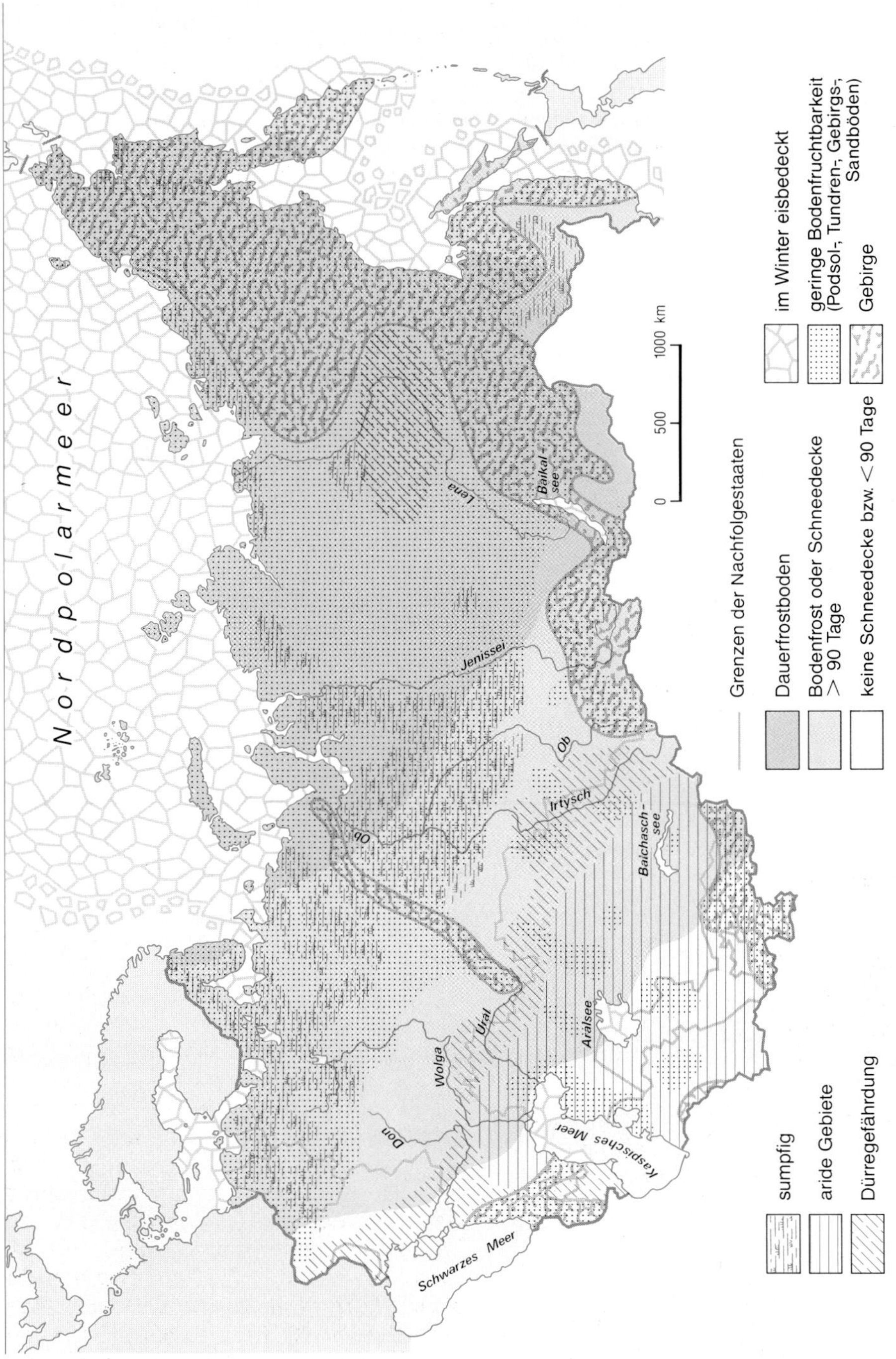

Nordpolarmeer
Lena
Baikalsee
Jenissei
Ob
Irtysch
Baichaschsee
Ural
Aralsee
Wolga
Don
Kaspisches Meer
Schwarzes Meer
0
500
1000 km
Grenzen der Nachfolgestaaten
Dauerfrostboden
Bodenfrost oder Schneedecke > 90 Tage
keine Schneedecke bzw. < 90 Tage
im Winter eisbedeckt
geringe Bodenfruchtbarkeit (Podsol-, Tundren-, Gebirgs-, Sandböden)
Gebirge
sumpfig
aride Gebiete
Dürregefährdung

Nach W.H. Parker: The Superpowers. London 1972, S. 94, und Eduard Müller-Temme: Die Sowjetunion, Staat und Wirtschaft. Geographische Zeitfragen, Heft 4. Frankfurt: Hirschgraben 1979, S. 5

sumpfungen sind die Folge. Die landwirtschaftliche Nutzung ist erheblich erschwert, wenn nicht gar unmöglich. Unter großen Schwierigkeiten leiden die Trinkwasserversorgung, der Haus-, Straßen- und Eisenbahnbau sowie die Anlage von Versorgungsleitungen. Bauten müssen mit einem hohen Kostenaufwand erstellt werden.

Verkehrsprobleme

Negativ wirken sich Raumweite und natürliche Ausstattung vor allem auch auf die Verkehrsverhältnisse aus. Im Durchschnitt ist jedes auf der Eisenbahn beförderte Gut mit einer Transportentfernung von 900 km belastet. Die Raumdistanz verteuert den Transport, die natürlichen Hemmnisse erfordern hohe Investitionen. Das belastet übermäßig die Volkswirtschaft und damit letztlich den Verbraucher.

Anteile der Verkehrsträger am Transportaufkommen, in Prozent

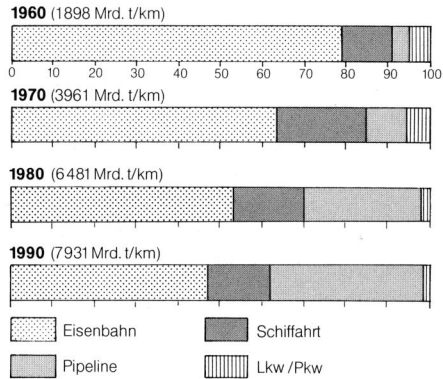

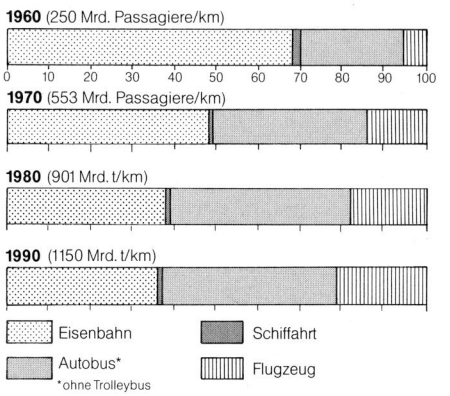

Nach Narodnoe chozjajstvo SSSR (Volkswirtschaft der UdSSR). Moskau: verschiedene Jahrgänge

Wasserwege, die für den Transport von Massengütern billigsten Verkehrsträger, spielen besonders im asiatischen Teil nur eine sekundäre Rolle. Die großen sibirischen Ströme verlaufen in S-N-Richtung und da-

mit quer zum überwiegend west-östlichen Transportbedarf. Sie münden in das Nördliche Eismeer und damit in eine wirtschaftlich minderbedeutende Zone. Wegen der langen Vereisung, der schwankenden Wasserführung und der Frühjahrsüberschwemmungen sind sie zudem für den Güterverkehr nur bedingt geeignet. Durch Vereisung wird auch die Binnenschiffahrt im europäischen Teil behindert. Die Eisperiode dauert z.B. am Dnjestr fast drei Monate, und selbst der Hafen von Odessa am Schwarzen Meer friert im Durchschnitt mehrere Wochen im Jahr zu. Die Wolga, das wichtigste Glied in der Verkehrsverbindung zwischen Ostsee, Kaspischem Meer und Schwarzem Meer, ist im Norden 200 Tage und im Unterlauf 100 Tage im Jahr durch Eis blockiert.

Der Seeverkehr ist besonders im Norden und Osten durch die Vereisung der Häfen behindert. Die Eisblockade dauert an der nordsibirischen Küste meist das ganze Jahr über. Nur Murmansk ist ganzjährig eisfrei, verliert aber – ähnlich wie Wladiwostok am Pazifik – durch seine Randlage an Bedeutung. Die ebenfalls eisfreien Schwarzmeer- und Ostseehäfen haben zwar den Vorteil der Marktnähe, liegen aber an Nebenmeeren und somit abseits vom offenen Weltverkehr.

Regionales Ungleichgewicht

West-Ost-Gegensatz Mitte der achtziger Jahre (Angaben in Prozent, Westen einschließlich Ural)

	Westen	Osten
Fläche	25	75
Bevölkerung	73	27
Industrieproduktion	70	30
Ackerland	67	33
Elektroenergieerzeugung	65	35
Rohstahlerzeugung	85	15
Zementproduktion	67	33
Maschinenbau	80	20
Chemiefasernprod.	75	25
Erdölförderung	49	51
Kohleförderung	51	49
Zelluloseproduktion	73	27

Der Reichtum an Bodenschätzen wird sowohl durch die großen Entfernungen der Standorte als auch durch die ungleichmäßige Besiedlung und die begrenzten Möglichkeiten der Bodennutzung relativiert. So ist dem Abbau der großen Rohstoffreserven in Mittel- und Ostsibirien dadurch eine Grenze gesetzt, daß sie überwiegend im Permafrostgebiet liegen (Abbaukosten), daß das Umland äußerst dünn besiedelt ist (fehlende Arbeitskräfte, mangelhafte Infrastruktur) und sich für den Ackerbau kaum eignet (Versorgung der Bevölkerung). Das Auseinanderfallen von Produktions- und Konsumgebieten erklärt die großen Belastungen, die die sowjetische Volkswirtschaft durch Transportkosten zu tragen hat.

1. *Nehmen Sie Stellung zu dem folgenden Zitat: „Die Raumgröße wird in der UdSSR eher als Belastung denn als Vorteil empfunden."*
2. *Beschreiben Sie die naturräumliche Gliederung der UdSSR bzw. GUS.*
3. *Interpretieren Sie die Abbildung „Beispiel der zunehmenden Kontinentalität des Klimas nach Osten" (S. 424). Erklären Sie die klimatischen Unterschiede aus dem Zusammenspiel der Faktoren Breitenlage, Relief und Luftdruckverhältnisse.*
4. *Interpretieren Sie die Abbildung „Temperaturen und Niederschlagssummen" (S. 425), und erklären Sie die räumlich unterschiedliche Niederschlagsverteilung.*
5. *Werten Sie die Klimadaten auf Seite 426 aus, ordnen Sie die Stationen räumlich ein, und versuchen Sie von daher, den Gesamtraum der UdSSR bzw. GUS in Klimaregionen zu gliedern.*
6. *Welche natürlichen Hemmnisse stellen sich der Erschließung Sowjetasiens entgegen?*
7. *Beschreiben und bewerten Sie die Entwicklung, Leistung und Bedeutung der verschiedenen Verkehrsträger in der ehemaligen UdSSR (Abb. S. 430).*
8. *Erläutern Sie die großräumigen Unterschiede zwischen Bevölkerungsdichte und Industrieproduktion einerseits sowie Fläche und Ressourcen andererseits (Abb. S. 430 und Atlas).*

2 Besiedlung und Erschließung

Die erste Staatsgründung im ostslawischen Siedlungsraum ging nicht von den Slawen selbst aus, sondern von den nordgermanischen Warägern. Auf ihrem Handelsweg zu den Griechen gründeten sie um die Mitte des 9. Jahrhunderts die Handelsstützpunkte Kiew und Nowgorod, aus deren Verbindung das Reich der „Kiewer Rus" entstand. Von ihm leitet sich der Name des russischen Volkes ab. Das Reich zerfiel jedoch bald in kleinere Fürstentümer und erlag um 1240 dem Angriff mongolischer Steppenvölker, der Goldenen Horde. Über 300 Jahre dauerte das „Tatarenjoch". Rußland verlor damit den kulturellen und wirtschaftlichen Anschluß an das abendländische Europa.

Die zweite Staatsgründung ging von den Großfürsten von Moskau aus, die 1480 die Mongolenherrschaft abschüttelten und durch Krieg, Ankauf, Heirat und Erbschaft ihren Herrschaftsbereich vergrößerten („Sammeln der russischen Erde") und so in dem binnenländischen Waldgebiet einen zentralisierten Einheitsstaat schufen.

Die Eroberung und Besiedlung des „wilden Feldes" im Süden (Kampfgebiet zwischen Moskau und tatarisch-türkischen Steppenvölkern) war das Werk abenteuernder Kosaken und Bauern, die durch ihre Flucht dem erniedrigenden Los der Leibeigenschaft zu entkommen suchten. Sie fanden in der fruchtbaren Schwarzerdezone günstige Voraussetzungen für den Ackerbau, waren aber den brennenden und mordenden Tatarenhorden ausgeliefert.

Pelztierjäger erschlossen den nördlichen Nadelwaldgürtel. 1585 eröffneten die Russen mit der Gründung des Hafens Archangelsk den Seeweg im hohen Norden. Gleichzeitig überschritten Kosaken – im Auftrage des Zaren und vom Pelzreichtum Sibiriens angelockt – den Ural und besetzten die von den nordasiatischen Stämmen nur dünn besiedelten Waldländer. Bereits 1650 war die Pazifikküste erreicht. Den Kosaken und Pelztierjägern folgten staatliche Beamte und Kaufleute. Landwirtschaftliche Siedler blieben jedoch dem neu eroberten Land so lange fern, wie es im Süden Osteuropas noch ausreichend Siedlungsland gab, d.h. bis zum Ende des 18. Jahrhunderts. So blieb Sibirien bis zur Mitte des 19. Jahrhunderts ein äußerst spärlich besiedeltes Land, ein Land der Abenteurer und Sträflinge. Dies änderte sich erst mit dem Bau der Transsibirischen Eisenbahn (*Transsib:* 1891–1901), die die Leitlinie für die Besiedlung bildete, und durch die planmäßige Industrialisierung durch die Sowjets nach der *Oktoberrevolution 1917.*

Wesentlich langsamer als die territoriale Ausdehnung nach Osten erfolgte der Vorstoß nach Westen. Hier waren es der Deutsche Orden und nach dessen Niedergang Polen, Litauen und Schweden, die den Russen den Zugang zur Ostsee versperrten. Erst 1703 gelang es Peter dem Großen, mit der Gründung von Petersburg (Leningrad) das „Fenster" nach Europa aufzustoßen. Nach jahrhundertelanger Isolation konnte damit

westeuropäisches Kulturgut in den ostslawischen Raum einfließen.

Die Kenntnis des naturgeographischen und geschichtlichen Hintergrundes macht es begreiflich, daß Rußland bzw. die UdSSR bei der Erschließung des riesigen Staatsgebietes vor weit schwierigeren Aufgaben stand als die Nordamerikaner bei der Erschließung ihres Territoriums. Die Voraussetzungen waren in beiden Räumen grundverschieden: Im Gegensatz zum Landnahmeprozeß in den USA fehlten dem Zarenreich bei der Inwertsetzung des im Vergleich zu den USA klimatisch benachteiligten Raumes sowohl Rückhalt und Kapital eines investitionsbereiten Mittelstandes als auch der große Zustrom aufstiegswilliger und qualifizierter Einwanderer.

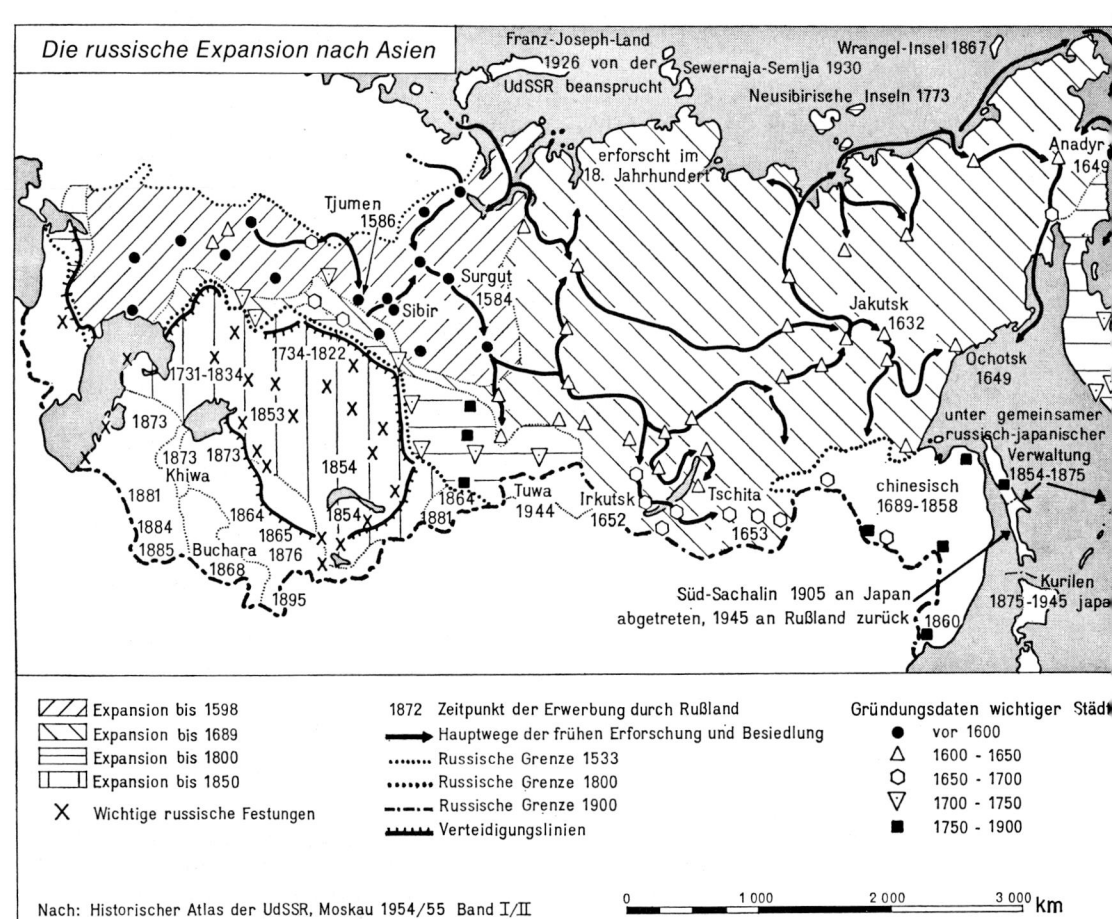

Nach: Historischer Atlas der UdSSR, Moskau 1954/55 Band I/II

Roy E. H. Mellor: Sowjetunion. Harms Handbuch der Erdkunde, Bd. 3. München: List Verlag 1966, S. 87

1. *Beschreiben Sie anhand der Karte auf Seite 432 die Phasen der territorialen Entwicklung.*
2. *Vergleichen Sie die russische Expansion nach Osten mit der westwärts gerichteten Phase der kolonialen Erschließung der USA (Zeit, Intentionen, Träger, Raumwirksamkeit des Kolonisationsprozesses).*
3. *Vergleichen Sie die Bedeutung der Kontinentalbahnen für die Raumerschließung in der ehemaligen UdSSR und den USA.*
4. *Nennen Sie Gründe, warum die wirtschaftliche Erschließung in den USA wesentlich schneller verlief als im zaristischen Rußland.*

3 Grundzüge des Wirtschaftssystems

Die Zentralverwaltungswirtschaft (Kommandowirtschaft) der Sowjetunion

Die sowjetische Wirtschaft war nach dem Prinzip der administrativen und imperativen Planung organisiert: Die Planung und die damit verbundene Festlegung der Plankennziffern für die gesamte Wirtschaft bis auf die Ebene der Betriebe lag in den Händen der Moskauer Planungsbehörden. Diese Plankennziffern, die die staatliche Plankommission (russ. Bezeichnung *Gosplan*) mit einem Heer von Beamten festlegte, mußten von den Regierungs- und Verwaltungsorganen von oben nach unten weitergegeben werden. Die betrieblichen Kennziffern, die in den Fünfjahrplänen und in den jährlichen Volkswirtschaftsplänen festgelegt wurden, wurden zwar u. a. auf Betriebsebene (Direktoren, Belegschaft der Betriebe) diskutiert und die Ergebnisse dann von dort zu den entsprechenden Ministerien weitergeleitet, wesentliche Änderungen erfolgten jedoch nur selten. Die Pläne hatten also Befehlscharakter, man spricht deshalb auch von der *Kommandowirtschaft* und der *imperativen Planung*. Auf diese Weise wurden die Produktionspläne von über 46 000 Industriebetrieben, 50 000 Sowchosen und Kolchosen, 32 000 Baubriga-

den, Hunderttausenden von Lagern, Kaufhäusern, Einzelhandelsgeschäften, Reparaturwerkstätten und Vertriebszentren festgelegt. In diesen betrieblichen Plänen wurde festgeschrieben:
– Art und Umfang der Produktion,
– Art und Beschaffung des Materials,
– die Preise für die Fertigprodukte,
– der Kundenkreis (Abnehmer),
– die Produktionszeit,
– die Zahl der Arbeiter und
– die Höhe der Löhne.

Grundlage dieser Wirtschaftsordnung war das staatliche Eigentum an den Produktionsmitteln Boden und Kapital. Im „Dekret über Grund und Boden" wurde unmittelbar nach der Oktoberrevolution 1917 der Boden enteignet und in Staatsbesitz überführt, das Kapital folgte Ende der zwanziger Jahre. Die Kontrolle über den Produktionsfaktor Arbeit erfolgte über die Staats- und Genossenschaftsbetriebe und v. a. über die diesen zugeordneten Parteifunktionäre. Zudem stand die Erfüllung der betrieblichen Planauflagen unter der strikten staatlichen Kontrolle.

Die Festlegung aller wesentlichen übergeordneten wirtschaftlichen und gesellschaftlichen Ziele erfolgte immer im Politbüro der Kommunistischen Partei der Sowjetunion (KPdSU) und dessen nachgeordneten Organisationen (Sekretariat, Zentralkomitee). Sie stellten das alleinige Machtzentrum der Sowjetunion dar. Zudem war die Kontrolle der Partei auf allen Verwaltungsebenen perfekt (vgl. Abb. S. 434).

Die ersten beiden Fünfjahrpläne (1928–1932 und 1933–1937) waren z. B. auf ein einziges wirtschaftliches Ziel ausgelegt, den Westen durch eine forcierte Industrialisierung in der Sowjetunion zu überflügeln, „einholen und überholen" war die staatliche Devise. Dies erschien nur möglich durch die zentrale Planung und Lenkung und der damit verbundenen Konzentration aller volkswirtschaftlichen Mittel auf den möglichst schnellen Aufbau der sowjetischen Industrie.

Auch die Landwirtschaft hatte sich diesem Ziel unterzuordnen. Die Kollektivierung der Landwirtschaft in der Zeit von 1928–1933 (vgl. nachfolgendes Kapitel) hatte u. a. zum Ziel, die schnell wachsende Stadtbevölkerung mit billigen Agrarprodukten zu versorgen. Die vom Staat festgesetzten Aufkaufpreise wurden extrem niedrig gehalten.

433

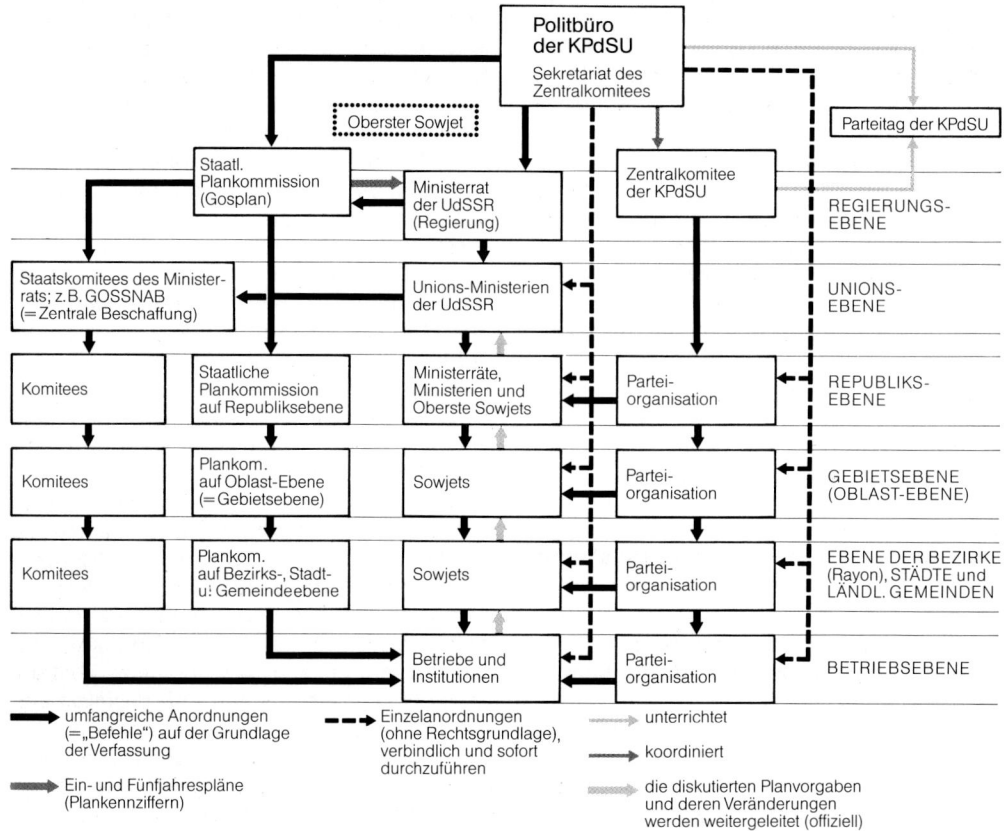

Legende:

➡ umfangreiche Anordnungen (= „Befehle") auf der Grundlage der Verfassung

⇢ Einzelanordnungen (ohne Rechtsgrundlage), verbindlich und sofort durchzuführen

⇢ unterrichtet

➡ Ein- und Fünfjahrespläne (Plankennziffern)

➡ koordiniert

⇢ die diskutierten Planvorgaben und deren Veränderungen werden weitergeleitet (offiziell)

Die durchgezogenen Pfeile stellen die Anweisungen dar, so wie sie in der Verfassung verankert waren. So erhielt z.B. die staatliche Plankommission (Gosplan) die übergeordneten politischen Ziele direkt vom Politbüro; der Ministerrat ergänzte diese teilweise nach branchenspezifischen Gesichtspunkten. Die von Gosplan ausgearbeiteten Pläne gingen an den Ministerrat zurück; dieser leitete sie an die verschiedenen Ministerien weiter.

Es gab jedoch eine Fülle von Anordnungen, v.a. durch das Politbüro, die keine Rechtsgrundlagen hatten aber verbindlich waren und in der Regel sofort ausgeführt werden mußten. Auch ging die Stellung verschiedener Institutionen über die von der Verfassung vorgesehene Funktion hinaus. So war die staatliche Plankommission zwar de facto dem Ministerrat unterstellt, nicht selten aber entschied Gosplan bei wichtigen Projekten. Einige mächtige Betriebe, v.a. aus dem militärisch-industriellen Komplex, besaßen die Möglichkeit, direkt mit Gosplan über die vorgegebenen Plankennziffern zu verhandeln, wobei häufig im Sinne der Betriebe entschieden wurde.

Die beiden Kammern des Obersten Sowjet, in der die gewählten Volksvertreter saßen, hatten zwar verfassungsmäßig wichtige Funktionen wie z.B. die rechtskräftige Verabschiedung der Ein- und Fünfjahrpläne, de facto waren sie jedoch reine Akklamationsgremien.

Die Landbevölkerung lebte im wesentlichen von den Erträgen ihres privaten Hoflandes, arbeitete de facto umsonst. Auch sollten durch eine schnelle Mechanisierung Arbeitskräfte aus der Landwirtschaft für die Industrie freigesetzt werden.

„Wirtschaftsziele und Zeitvorgaben schalteten Rentabilitätsdenken aus. Die knappen Mittel wurden nicht dort eingesetzt, wo sie die größten Erträge brachten, sondern in die Grundstoff- und Produktionsgüterindustrie geleitet (Bergbau, Eisenmetallurgie, Maschinenbau, chemische Industrie, Energie-, zum Teil Verkehrswirtschaft). Das schuf zwar die Voraussetzungen für eine weitere, langfristig angelegte Industrieentwicklung, legte aber – wie die gleichzeitig aufgebaute unproduktive Rüstungsindustrie – langfristig Investitionsmittel fest."

Adolf Karger: Entwicklung der Wirtschafts- und Gesellschaftsordnung. In: Informationen zur politischen Bildung. Nr. 182: Sowjetunion, Neudruck 1990, S. 26.

In den Grundzügen bestand dieses System mit seinen Defiziten bis 1991.

1. *Beschreiben Sie die Grundelemente der Zentralverwaltungswirtschaft der ehemaligen Sowjetunion.*
2. *Erläutern Sie anhand des Schemas auf S. 434 den Planungsvorgang im sowjetischen Wirtschaftssystem.*
3. *Erörtern Sie mögliche Mängel, die mit diesem System verbunden sind.*

4 Die Agrarwirtschaft

4.1 Geschichte des Agrarsystems, Kollektivierung der Landwirtschaft

In der Geschichte der russischen und sowjetischen Agrarwirtschaft spielte neben den naturgeographischen Zwängen die Frage des Landeigentums und der Betriebsstruktur die wichtigste Rolle.

Leibeigenschaft. Im Zuge der Entstehung des Moskauer Einheitsstaates im 14. bis 16. Jahrhundert entstand die russische *Leib-*

eigenschaft. Der Adel erhielt als Entschädigung für seine Kriegsdienste nicht nur Land, sondern auch die zur Bearbeitung der landwirtschaftlichen Güter notwendigen Arbeitskräfte als frei verfügbares Eigentum. Der russische Bauer sank in den Zustand eines rechtlosen Sklaven ab.

Erst 1861 wurde die Leibeigenschaft aufgehoben. Die Bauern erhielten die Möglichkeit, sich freizukaufen und Land zu erwerben. Die Landzuteilung war jedoch zu gering, als daß sich leistungsfähige Betriebe hätten entwickeln können, zumal die ländliche Bevölkerung nach der Bauernbefreiung rasch zunahm.

Die Folge war eine zunehmende Verknappung des Bodens bei gleichzeitiger Übervölkerung der landwirtschaftlichen Gunsträume. Ein selbständiges, leistungsfähiges Bauerntum wurde ferner dadurch verhindert, daß das Land der Großgrundbesitzer nach der Bauernbefreiung nicht an die einzelnen Bauern fiel, sondern an die Dorfgemeinschaft, die es von Zeit zu Zeit entsprechend der wechselnden Einwohnerzahl neu verteilte (daher auch der Name „Umteilungsgemeinde"); d. h., der Bauer erhielt die ihm zugewiesene Ackerparzelle nur für einen bestimmten Zeitraum. Dann fiel sie an die Dorfgemeinschaft (Mir) zurück. Dieses sogenannte *Mir-System* hemmte natürlich den wirtschaftlichen Fortschritt, da der einzelne Bauer zu größeren Investitionen (z. B. Meliorationen) nicht bereit war, wenn er wußte, daß nach einigen Jahren ein anderer den Lohn seiner Arbeit ernten würde.

Eine Reihe von Reformen – nach dem Namen ihres Begründers als *Stolypinsche Reformen* bezeichnet (1906) – brachte besonders für die südlichen Landesteile spürbare Verbesserungen. Das Mir-System wurde abgeschafft; der Bauer hatte das Recht, mit seinem Landanteil aus der Dorfgemeinschaft auszutreten. Eine erste Flurbereinigung konnte angegangen werden: Felder wurden zusammengelegt; der Bauer erhielt die Möglichkeit, aus dem Dorf in die Gemarkung auszusiedeln. Die landwirtschaftliche Produktion stieg zum Teil erheblich.

Kriegskommunismus und Neue Ökonomische Politik. Diese Phase der Konsolidierung der landwirtschaftlichen Produktion und der Entwicklung eines selbständigen

Bauerntums wurde jedoch 1917 durch die *Oktoberrevolution* unterbrochen. Das Land der Großgrundbesitzer, der Kirche und der Krone wurde enteignet und an die landhungrige Bevölkerung verteilt: an arme und reiche Bauern, heimkehrende Soldaten und an etwa acht Millionen Städter. Es entstanden Klein- und Kleinstbetriebe; Rußland wurde ein Kleinbauernland. Die Leistungsfähigkeit sank auf die Hälfte des Vorkriegsstandes ab. Lebensmittel mußten zum Teil mit Waffengewalt eingetrieben werden. Diese Phase des sogenannten *Kriegskommunismus* führte endgültig ins Chaos. Die ge-

waltsame Eintreibung des Getreides, Mißernten und Hungersnöte forderten in den Jahren 1921/22 mehrere Millionen Tote. Eine Stabilisierung der Wirtschaft war nur möglich durch einen „Schritt zurück" zur Anwendung „kapitalistischer" Wirtschaftsmethoden. In der *Neuen Ökonomischen Politik* (NEP: 1921–1928) wurde der Privathandel wieder zugelassen, die Belastung der Bauern wurde herabgesetzt, Überproduktionen konnten frei verkauft werden. 1928 war der Produktionsstand von 1913 wieder erreicht und die Ernährungslage weitgehend stabilisiert.

Entwicklung der Viehwirtschaft 1916–1941

Bestand in Millionen Stück	1916	1928	1933	1941
Kühe	28,8	30,7	19,6	28,0
Pferde	38,2	33,5	19,6	21,1
Schafe, Ziegen	96,3	146,7	50,2	91,7
Schweine	33,0	26,0	12,1	27,6

Adolf Karger: Die Sowjetunion als Wirtschaftsmacht. Frankfurt: Diesterweg 1977, S. 17

Die Kollektivierung. Im Zuge der Vergesellschaftlichung aller Produktionsmittel nahm Stalin 1928 die *Kollektivierung* der Landwirtschaft in Angriff. Da das freie, selbständige Bauerntum nicht in Einklang mit der kommunistischen Ideologie zu bringen war, mußte es mit Gewalt beseitigt werden. Die privaten Ländereien wurden enteignet und zu Kollektivwirtschaften zusammengeschlossen. Wer sich dem Eintritt in das Kollektiv widersetzte, wurde vom Land vertrieben, in die entfernten Landesteile (Sibirien) deportiert oder liquidiert. Nach Stalins Aussagen haben diese Zwangsmaßnahmen mehr Todesopfer gefordert als die Revolution. Der Vorgang der Kollektivierung dauerte nur vier Jahre; bereits 1933 war praktisch der gesamte Landbesitz verstaatlicht, d. h. in *Kolchosen* und *Sowchosen* umgewandelt. Die Folgen für die Agrarproduktion waren katastrophal. Die Bauern schlachteten ihr Vieh ab; die landwirtschaftliche Produktion sank unter das Niveau des „Kriegskommunismus".
Die Kollektivierung ist vor dem Hintergrund des kommunistischen Wirtschaftssystems (Zentralverwaltungswirtschaft) und in engstem Zusammenhang mit den Industrialisierungsplänen zu sehen, durch die Stalin „in kürzester Frist" die fortgeschrittenen westli-

chen Industrieländer „einholen und überholen" wollte. Von einer nach nordamerikanischem Vorbild großflächig und maschinell betriebenen Landwirtschaft versprach man sich eine Stabilisierung der Nahrungsmittelproduktion und die Freisetzung von Arbeitskräften für den forcierten Aufbau der Schwer- und Rüstungsindustrie.
Die ländliche Bevölkerung sollte durch Konsumverzicht das Kapital für die Industrieinvestitionen bereitstellen (niedrige Aufkaufspreise, jedoch hohe Verkaufspreise für das staatlich festgelegte Ablieferungssoll an Agrarprodukten).
Nur durch ein zentral gelenktes und verwaltetes Wirtschaftssystem schien eine Überwachung des Bauerntums und seine „Erziehung zum sozialistischen Bewußtsein" möglich.

4.2 Die Organisationsformen

Die beiden Organisationsformen der sowjetischen Landwirtschaft sind die Kolchose und die Sowchose. Neben diesem „*sozialistischen Sektor*" gibt es noch die „*Hoflandwirtschaft*", d. h., der Kolchos- und Sowchosbevölkerung steht ein Stück „Hofland" zur privaten Nutzung (bis zu 0,5 ha pro Familie) zur Verfügung. In jedem Fall gehört der Grund und Boden dem Staat.

Listvjanka, Dorf einer Kolchose am Baikalsee

Die *Kolchose* ist eine landwirtschaftliche Produktionsgenossenschaft, entstanden aus dem Zusammenschluß ehemaliger Landeigentümer zu einem Kollektiv, dem die Produktionsmittel (Maschinen, Gebäude, Vieh usw.) gemeinsam gehören. Der Boden wird vom Staat zur „ewigen und unentgeltlichen Nutzung" überlassen. Kolchosen können aus einer oder mehreren Siedlungseinheiten (alte Dörfer, Neugründungen) bestehen. Sie bilden durch einheitliche Betriebsführung und Gemeinschaftseinrichtungen eine Betriebseinheit. Das Einkommen der Kolchosmitglieder richtet sich nach der Menge und Qualität der im Laufe des Jahres geleisteten Arbeit. Seit 1969 wurde ein garantierter Mindestlohn eingeführt. Großkäufer der Kolchoserzeugnisse ist der Staat. Die abzuliefernden Mengen und der Aufkaufspreis werden in Aufkaufsplänen behördlich festgelegt. Für überplanmäßige Ablieferungen werden höhere Preise gezahlt; sie können aber auch auf dem „freien" Markt verkauft werden. Die Leitung der Kolchose liegt in der Hand von Vorstand und einem Vorsitzenden, die von der Vollversammlung der Mitglieder gewählt werden. Über einen großen Teil der Gewinne kann die Kolchose selbst entscheiden, muß aber auch Verluste selbst tragen und Investitionen (bis hin zur Schule und zum Krankenhaus) selbst finanzieren.

Die *Sowchose* ist ein staatlicher Landwirtschaftsbetrieb, geleitet von einem staatlich eingesetzten Direktor. Sie ist juristisch ein selbständiges, aber nicht eigentumsfähiges Unternehmen: Das Eigentum liegt uneingeschränkt beim Staat, der auch die gesamte zur Vermarktung bestimmte Produktion kauft. Die Arbeiter und Angestellten beziehen einen festen Lohn und haben wie die Kolchosmitglieder Anspruch auf die Bewirtschaftung von Hofland für den individuellen Bedarf. Sowchosen sind in der Regel größer als Kolchosen, weitgehend spezialisiert („Getreidefabriken", Viehmästereien), haben oft eine innovative Aufgabe (landwirtschaftliche Versuchsanstalten, Saatzuchtbetriebe) und sind technisch meist besser ausgerüstet als die Kolchosen. Sie wurden vor allem dort angelegt, wo das Ernterisiko so groß ist, daß es nur vom Staat und nicht von einer Betriebseinheit allein getragen werden kann, wie z.B. in den Neulandgebieten von Kasachstan.

Im Zuge der mehrfach sich ändernden Agrarpolitik nach Stalins Tod (1953) haben sich die Betriebsgrößen und die Struktur der Kolchosen und Sowchosen wesentlich geändert.
So haben Modernisierungsbestrebungen seit Mitte der siebziger Jahre wieder größere Organisationsformen hervorgebracht.

437

Kolchosen und Sowchosen 1940–1990

	Anzahl (1000) K.	S.	Arbeitskr. (Mio.) K.	S.	Saatfläche (1000 ha) pro K.	pro S.	Traktoren pro K.	pro S.	Arbeitskräfte pro K.	pro S.	Viehbesatz (GVE)[1] pro K.	pro S.
1940	235,5	4,2	29,0	1,8	0,5	2,8	2,4	18	123	429	79	644
1950	121,4	4,2	27,6	2,4	1,0	2,6	6,0	19	227	571	214	735
1960	44,0	7,4	22,3	6,3	2,7	9,0	14	55	507	851	830	1824
1970	33,0	15,0	16,7	8,9	3,0	6,2	29	54	506	593	1297	2027
1980	25,9	21,1	13,3	11,6	3,7	5,3	41	57	514	550	1822	1976
1985	26,2	22,7	12,7	12,0	3,5	4,8	44	57	485	529	1870	1912
1990	29,1	23,5	11,8	11,0	3,1	4,5	42	53	406	468	1588	1728

[1] = Großvieheinheit (1 Kuh = 1,0, 1 Rind = 0,7, 1 Schwein = 0,2, 1 Schaf = 0,07); K. = Kolchose, S. = Sowchose
Nach Narodnoe chozjajstvo SSSR (Volkswirtschaft der UdSSR). Moskau: verschiedene Jahrgänge

Anteil der drei Betriebsformen an der Agrarproduktion[1], in Prozent

	Sowchose 1965	1974	1980	1985	Kolchose 1965	1974	1980	1985	Privater Sektor 1965	1974	1980	1985
Getreide	37	43	50	48	61	56	49	51	2	2	1	1
Baumwolle	20	27	34	35	80	73	66	65	0	0	0	0
Kartoffeln	15	14	17	18	22	22	19	22	63	64	64	60
Gemüse	34	40	43	46	25	27	24	25	41	33	33	29
Fleisch	30	34	37	42	30	34	32	30	40	32	31	28
Eier	20	46	61	66	13	13	7	6	67	41	32	28

[1] Zwischen 1985 und 1989 fanden kaum Veränderungen statt, so daß die Angaben für 1985 auch 1989 noch weitgehend galten.
Nach Narodnoe chozjajstvo SSSR (Volkswirtschaft der UdSSR). Moskau: verschiedene Jahrgänge

Durch vielfältige Kooperationsverträge zwischen mehreren Kolchosen bzw. Sowchosen, zwischen Kolchosen und Sowchosen oder auch mit der Nahrungsmittelindustrie (Agrar-Industrie-Komplex) entstanden neue landwirtschaftliche Großeinheiten. Dadurch sollten überkommene Strukturschwächen (zu hoher Arbeitskräftebesatz, hohe Selbstkosten infolge geringer Spezialisierung) beseitigt, industrieähnliche Arbeitsmethoden eingeführt und so Produktion und Produktivität gesteigert werden. Diese Maßnahmen waren gleichzeitig auch als ein Instrument zur Straffung der Verwaltung auf dem Lande zu sehen.

Obwohl die *private Hofland- und Nebenwirtschaft* nur einen geringen Teil der landwirtschaftlichen Nutzfläche einnimmt, spielt sie seit jeher eine zentrale Rolle im Agrarsektor. Sie erzeugte rund ein Viertel des Brutto-Produktionswertes der sowjetischen Landwirtschaft. Der Großteil davon wird allerdings von den Beschäftigten in den Kolchosen und Sowchosen zur Selbstversorgung eingesetzt. Sprunghaft gestiegen sind die Flächen für diese private Hofland- und Nebenwirtschaft von 1985 bis 1990: Sie kletterten von 7,9 Mio. ha auf 9,1 Mio. ha. Sie stellen damit ein erhebliches Potential für die Versorgung der Bevölkerung dar. Ob aus diesen Privatwirtschaften dann in der Zukunft eigenständige Vollerwerbsbetriebe entstehen, läßt sich derzeit nur sehr schwer abschätzen.

Neue Privatbetriebe. Trotz der Bestrebungen einzelner Länder der GUS, verstärkt marktwirtschaftliche Elemente einzuführen, bestehen die beschriebenen landwirtschaftlichen Organisationsformen weitgehend auch heute noch unverändert.
Die Zahl der im Rahmen neuer Gesetze entstandenen einzelbäuerlichen Privatbetriebe hat sich allerdings rasant entwickelt: Von nahezu null im Jahre 1989 auf ca. 41 000 Betriebe mit einer Fläche von 700 000 ha bis Ende 1991 (vgl. S. 480).

4.3 Die Landbauzonen und das Problem der Marktversorgung

Trotz aller Pläne zur Überwindung der ungünstigen natürlichen Gegebenheiten zeigt das Verbreitungsmuster der wichtigsten Kulturpflanzen eine deutliche Anpassung an die vorherrschenden Naturbedingungen, vor allem an das Klima, dem nicht einschränkbaren Unsicherheitsfaktor der Agrarpolitik (vgl. Abb. S. 440).

Der größte Teil (etwa 60%) des Ackerlandes liegt in Gebieten des sogenannten riskanten Anbaus. Für das Wachstum der Nutzpflanzen sind einerseits die Dauer der *frostfreien Periode* und andererseits die Höhe und Verteilung der Niederschläge entscheidend. Die Anbaugrenze liegt im Norden und Osten dort, wo die frostfreie Periode weniger als 90 Tage dauert, d.h., das gesamte Gebiet östlich der Linie Archangelsk und Irkutsk, das sind etwa 50% der Landesfläche der GUS, ist für den Ackerbau ungeeignet. Aber auch in vielen Gebieten mit über 90 frostfreien Tagen sind regelmäßig Ernteausfälle infolge verfrühter Herbstfröste zu beklagen (z.B. Nordkasachstan). Als gesichert können die Verhältnisse nur im Westen, im Gebiet mit mehr als 150 frostfreien Tagen gelten.

Der Anbau in diesem verbleibenden Raum ist allerdings in weiten Bereichen durch mangelnde Niederschläge, regelmäßig auftretende Dürren und heiße Trockenwinde (Suchowej) gefährdet. Die Trockengrenze des Regenfeldbaus liegt dort, wo die potentielle Verdunstung die Niederschlagssumme übersteigt. Sie fällt ungefähr mit der 250-mm-Niederschlagslinie zusammen, d.h., der gesamte Bereich der Wüsten, Halbwüsten und Trockensteppen, in Sibirien auch Teile der fruchtbaren Schwarzerdezone müssen als ungeeignet für den Regenfeldbau oder als Risikogebiet bezeichnet werden.

Hauptverbreitung der wichtigsten Bodentypen

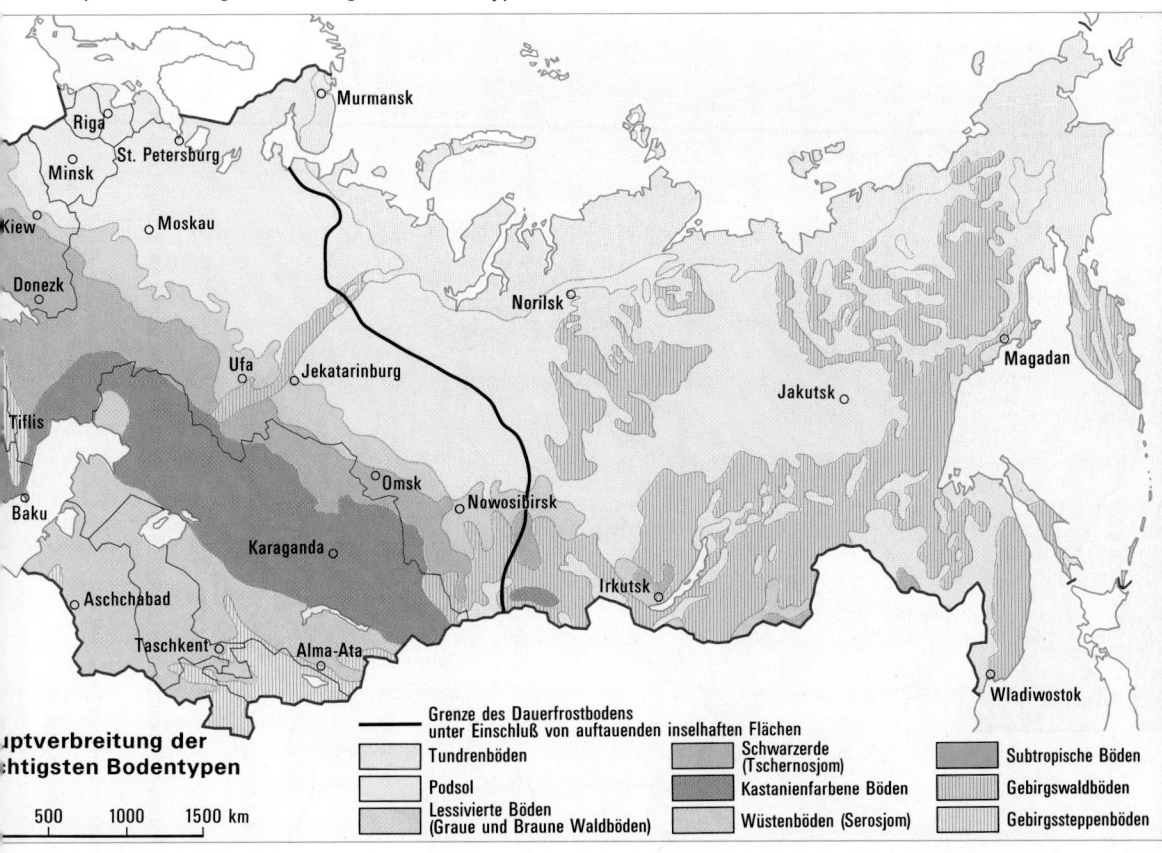

uptverbreitung der
htigsten Bodentypen

500   1000   1500 km

Grenze des Dauerfrostbodens
unter Einschluß von auftauenden inselhaften Flächen

Tundrenböden

Podsol

Lessivierte Böden
(Graue und Braune Waldböden)

Schwarzerde
(Tschernosjom)

Kastanienfarbene Böden

Wüstenböden (Serosjom)

Subtropische Böden

Gebirgswaldböden

Gebirgssteppenböden

439

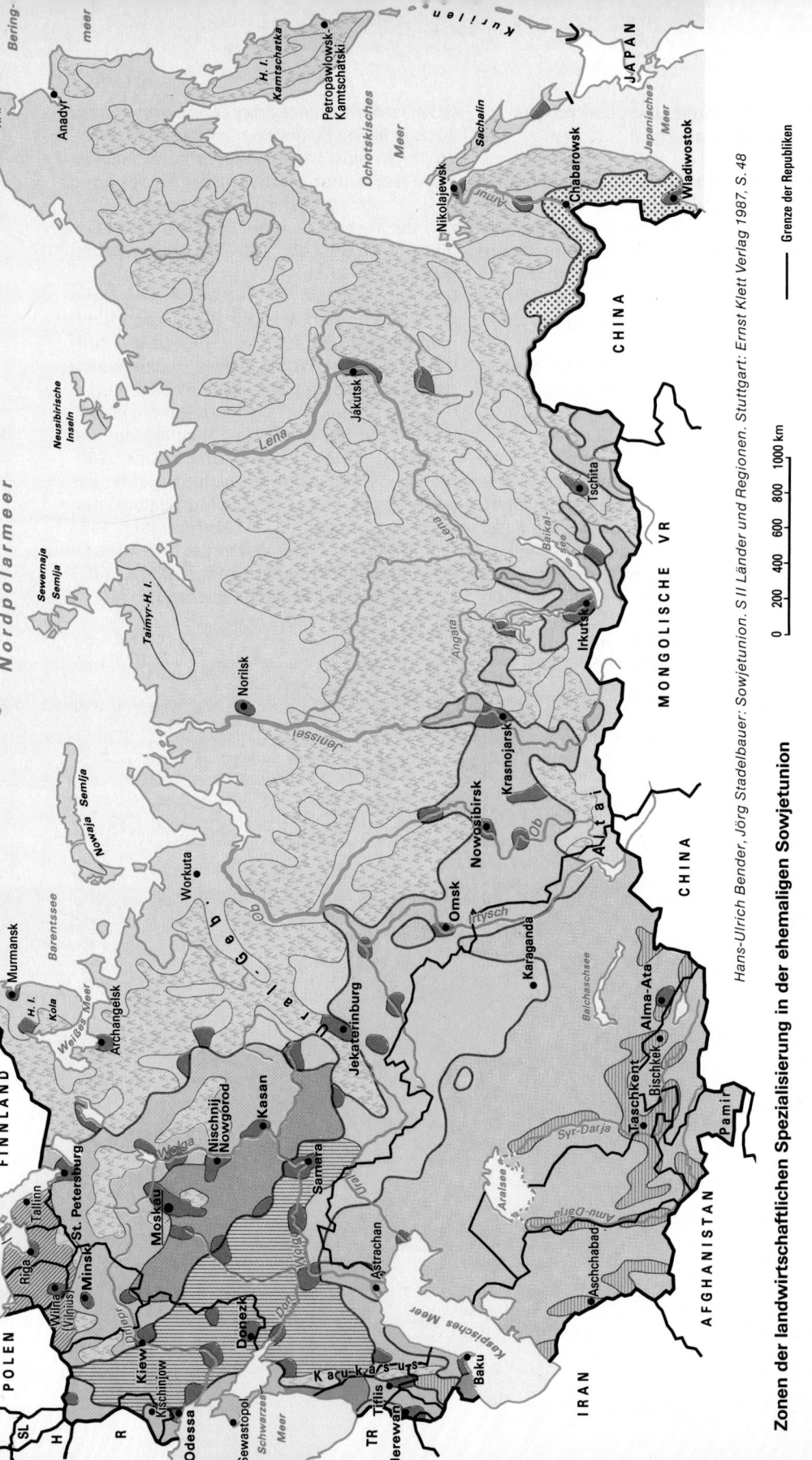

Zonen der landwirtschaftlichen Spezialisierung in der ehemaligen Sowjetunion

Hans-Ulrich Bender, Jörg Stadelbauer: Sowjetunion. S II Länder und Regionen. Stuttgart: Ernst Klett Verlag 1987, S. 48

0 200 400 600 800 1000 km

stadtnahe Landwirtschaft (Gemüse, Milch)

Viehzucht, Milch, Kartoffeln

Viehzucht, Flachs, Kartoffeln, Milch, Roggen

Getreide (Winterweizen, Mais), Zuckerrüben, Sonnenblumen, Viehzucht, Schweine

Getreide, (Sommerweizen), Viehzucht

Sojabohnen, Getreide (Sommerweizen),

Obstbau, Weinbau, Gemüse, z. T. Reis

subtropische Landwirtschaft (Tee, Zitrusfrüchte)

Bewässerungsland (Gemüse, Getreide, Baumwolle, z. T. Reis)

Tundra (Rentierweiden), Gebirgsvegetation, z. T. Weideland

ausgedehnte Waldgebiete (Holzwirtschaft)

Grenze der Republiken

Die unterschiedliche Wertigkeit der Böden schränkt den landwirtschaftlich nutzbaren Raum weiter ein. Nur 27% des gesamten Territoriums stehen als landwirtschaftliche Nutzfläche zur Verfügung; nur 10% sind Ackerland. Aber selbst davon lassen sich nur die südlichen Landstriche in der Ukraine und am unteren Kuban mit dem fruchtbaren Mittelwesten der USA vergleichen. Nur unter Risiko und mit hohem Kostenaufwand läßt sich die Anbaugrenze hinausschieben, etwa in den Bereich der *Podsolböden,* die hohe Düngergaben verlangen, oder in das Gebiet der *kastanienfarbenen Steppenböden,* die bei künstlicher Bewässerung zwar gute Erträge bringen, aber stark erosionsgefährdet sind, sobald die natürliche Pflanzendecke zerstört ist, oder die infolge der hohen Bodenwasserverdunstung zur *Versalzung* neigen.

Das Gebiet der intensiven Nutzung beschränkt sich somit auf ein Dreieck zwischen Ostsee und Donaumündung im Westen und dem Altaigebirge im Osten. Es wird als *„Agrardreieck"* bezeichnet und ist nicht nur das landwirtschaftliche Kerngebiet, sondern auch der Raum mit der dichtesten Besiedlung und der stärksten Industrialisierung. Aufgrund der guten Bodenbedingungen und der ausreichend langen Vegetationsperiode ist das Agrardreieck die Getreidekammer der ehemaligen Sowjetunion. An erster Stelle unter den Anbaufrüchten steht der Weizen mit einem Anteil von ca. 27% an der gesamten Ackerfläche, gefolgt von Gerste, Futterkulturen und Mais.

Unzureichende Produktion. Über Höhe und Entwicklung der agrarischen Produktion geben die Tabellen auf S. 442 Auskunft. Was jedoch nicht direkt aus den Zahlen hervorgeht, ist die Tatsache, daß die Landwirtschaft im Vergleich mit der Landwirtschaft der westlichen Industrieländer gewaltige Rückstände aufzuholen hat.

Zwischen 1981 und 1985, also in den Jahren vor Gorbatschows Machtantritt, wurden keine Zahlen über die Getreideernten bekanntgegeben. Nach westlichen Schätzungen lagen die Erntemengen in diesen Jahren im Durchschnitt bei ca. 180 Mio. Tonnen und damit erheblich unter der für den 11. Fünfjahrplan festgelegten Durchschnittsmenge von rd. 240 Mio. Tonnen. Auch die Höhe der

jährlichen Weizeneinkäufe belegt, daß die Lücke zwischen Plansoll und Wirklichkeit seit Jahren unvermindert groß ist.

Die Getreideimporte der UdSSR/GUS

Juli–Juni	Importe insges. (Mio. t)	davon aus den USA (%)
1972/73	22,5	61
1973/74	10,9	72
1974/75	5,5	42
1975/76	25,7	54
1976/77	10,1	73
1977/78	18,4	68
1978/79	15,1	74
1979/80	30,5	50
1980/81	34,0	24
1981/82	45,0	34
1982/83	32,0	19
1983/84	19,0	46
1984/85	46,0	41
1991/92	ca. 25,0	Angaben nicht vorhanden

USDA (Hrsg.): Agricultural Statistics, verschiedene Jahrgänge. Washington: United States Printing Office und Handelsblatt

Die Gründe für die unzureichenden Ernten (vor allem beim Getreide) sind nicht nur in den natürlichen Hemmnissen zu suchen. Sie liegen in einem nicht unerheblichen Maße in der Organisationsstruktur und beruhen auch auf der ungenügenden Mechanisierung, auf der lange Zeit unzureichenden Düngung und auf hohen Transport- und Lagerverlusten. Das Problem besteht ferner darin, daß weniger als ein Viertel der Getreideernte für Lebensmittel (Mehl, Brot, Teigwaren) verwendet wird. Da es an Futtergetreide für die Viehwirtschaft fehlt, wird weit über die Hälfte des qualitativ guten Hartweizens – eigentlich für die menschliche Ernährung direkt benötigt – verfüttert. Schließlich lassen sich die Defizite durch Mängel im System und in der Organisationsstruktur erklären, z. B.: niedrige Löhne und fehlende materielle Anreize zu höherer Leistung bei den Kolchos- und Sowchosbauern, stark eingeschränkte Entscheidungsbefugnisse der Kollektivbetriebe infolge der Lenkung durch die zentralen Planorgane, schwerfällige Planung aufgrund der hierarchisch stark gegliederten Stufung der Entscheidungsträger (beantragte z. B. ein Betrieb eine Maschine, so durchlief der Antrag

Anbaufläche ausgewählter landwirtschaftlicher Erzeugnisse (Mio. ha)

	Weizen	Roggen	Körnermais	Kartoffeln	Gemüse	Baumwolle
1940	40,3	23,1	3,7	7,7	1,5	2,1
1950	38,5	23,6	4,8	8,6	1,3	2,3
1960	60,4	16,2	5,1	9,1	1,5	2,2
1970	65,2	10,0	3,4	8,1	1,5	2,8
1975	62,0	8,0	2,6	7,9	1,7	2,9
1980	61,5	8,6	3,0	6,9	1,7	3,1
1985	50,3	9,4	4,5	6,4	1,7	3,3
1990	48,2	10,6	2,8	5,8	1,6	3,2

Statistisches Bundesamt Wiesbaden (Hrsg.): Länderbericht Sowjetunion 1977, S. 99/100 und 1986, S. 56. Stuttgart und Mainz: Kohlhammer 1977 und 1986, ergänzt

Entwicklung der landwirtschaftlichen Produktion in Mio. t (jeweiliger Jahresdurchschnitt)

Erzeugnis	1909/13	1946/50	1951/55	1956/60	1961/65	1966/70	1971/75	1976/80	1981/85	1986/90
Getreide	72,5	64,8	88,5	121,5	130,3	167,6	181,6	205,0	180,3	196,6
Rohbaumwolle	0,68	2,32	3,89	4,36	4,99	6,10	7,67	8,93	9,10	8,38
Zuckerrüben	10,1	13,5	24,0	45,6	59,2	81,1	76,0	88,4	76,3	87,4
Kartoffeln	30,6	80,7	69,5	88,3	81,6	94,8	89,8	82,6	78,4	72,3
Gemüse	•	11,4	11,2	15,1	16,9	19,5	23,0	26,0	29,2	28,7
Fleisch[1]	4,8	3,5	5,7	7,9	9,3	11,6	14,0	14,8	16,2	19,3
Milch	28,8	32,3	37,9	57,2	64,7	80,6	87,4	92,6	94,6	105,9
Eier[2]	11,2	7,5	15,9	23,6	28,7	35,8	51,4	63,1	74,4	83,0
Wolle[3]	192	147	226	317	362	398	442	460	457	472

[1] Schlachtgewicht [2] Mrd. Stück [3] in 1000 t

Jens Uwe Gerloff: Das Lebensmittelprogramm der UdSSR. In: Zeitschrift für den Erdkundeunterricht 1983, H. 6, S. 228. Berlin: VEB Volk und Wissen, ergänzt

Ausgewählte Daten zur Landwirtschaft der UdSSR, USA und EG (Jahresdurchschnittswerte für den angegebenen Zeitraum)

	UdSSR				USA	EG
	1961/65	1970/72	1980/82	1985/86	1985/86	1986
Weizen						
Mio. t	64	94	83	85	62	72
kg/ha	960	1 500	1 490	1 720	2 420	4 589
Mais						
Mio. t	13	9	11	13	217	25
kg/ha	2 230	2 600	2 610	3 085	7 450	6 468
Kartoffeln						
Mio. t	82	89	77	80	17	40
kg/ha	9 400	11 100	11 200	12 520	32 930	30 598
Fleisch						
Mio. t	9,3	13,1	15,6	17,6	26,3	25,8[2]
Kunstdüngerverbrauch						
Mio. t (Nährstoff)	3,7	9,3	19,3	24,3[1]	18,7[1]	18,5[1]
kg je ha LN	6	16	32	40[1]	44[1]	138[1]
Traktorenbestand						
Mio.	1,4	2,0	2,6	2,8[1]	4,7[1]	6,3[1]
Mähdrescherbestand						
Mio.	0,51	0,63	0,74	0,83[1]	0,65[1]	0,49[1]
Getreidefläche (ha) je Mähdrescher	235	180	159	126[1]	106[1]	74[1]

[1] Angaben für 1984/85 [2] ohne Portugal und Griechenland

Nach JRO Kartographische Verlagsgesellschaft (Hrsg.): Aktuelle JRO-Landkarte 4/85, USA–UdSSR, Beiheft, S. 13; Statistisches Bundesamt Wiesbaden (Hrsg.): Statistisches Jahrbuch für die Bundesrepublik Deutschland (verschiedene Jahrgänge). Stuttgart und Mainz: Kohlhammer

alle Instanzen aufwärts, von der Verwaltung des Rayon und des Oblast über das Ministerium der Einzelrepublik und das Landwirtschaftsministerium bis zum zentralen Planungskomitee *[Gosplan]* in Moskau – und wieder zurück).

1. *Beschreiben Sie die Ziele und Maßnahmen der Kollektivierung der Landwirtschaft, und beurteilen Sie die Auswirkungen. Ziehen Sie dazu auch die Tabelle auf S. 436 heran.*
2. *Vergleichen Sie die beiden Betriebsformen Kolchos und Sowchos, indem Sie in einer Tabelle die wichtigsten rechtlichen, betriebswirtschaftlichen und produktionstechnischen Merkmale gegenüberstellen.*
3. *Kommentieren Sie die Entwicklung der verschiedenen Betriebsformen, und versuchen Sie, die Veränderungen zu erklären (Tab. S. 438).*
4. *Beschreiben und erläutern Sie den Anteil der drei Betriebsformen an der Agrarproduktion von 1965 bis 1985 (Tab. S. 438).*
5. *Beschreiben Sie die Abbildung „Zonen der landwirtschaftlichen Spezialisierung" (S. 440), und erklären Sie die Zonen aus dem Zusammenspiel der Geofaktoren Klima, Boden und Relief.*
6. *Beschreiben Sie mit Hilfe der Tabellen (S. 441, 442) die Entwicklung der sowjetischen Landwirtschaft, und vergleichen Sie die Produktion und Produktivität mit den USA (S. 406) und der EG (S. 145).*
7. *Nehmen Sie Stellung zu der Behauptung: „Die Getreideimporte der UdSSR aus den USA beweisen die Mängel des Systems."*

4.4 Aktionen zur Produktionssteigerung

Zur Steigerung der Produktion und zur Stabilisierung der Ernten wurden seit Beginn der vierziger Jahre immer neue Kampagnen, z.T. mit großem Propagandaaufwand, durchgeführt.

Stalinplan zur Umgestaltung der Natur – 1948. In den Steppen- und Waldsteppengebieten des europäischen Landesteils wurden bis zu 100 m breite Waldbänder angelegt, z.B. am Uralfluß, an der Wolga, im Gebiet von Don, Donez und ihren Nebenflüssen, um die Wirkungen der heißen Steppenstürme einzudämmen. Zwischen diesen Hauptstreifen entstand ein Netz von 15 bis 30 m breiten Baum- und Strauchstreifen, die die Verdunstung verringern, die winterliche Schneedecke festhalten und den Schmelzwasserabfluß reduzieren und damit auch die Bodenerosion vermindern sollten. Trotz einiger Anfangserfolge kamen die Projekte wegen der hohen Kosten nicht voll zur Ausführung. Aus dem gleichen Grund blieben auch Pläne zur Trockenlegung von Sümpfen in den nördlichen europäischen Landesteilen in den Anfängen stecken.

Neulandaktion – 1954. Als Konsequenz aus der nachhaltig schlechten Getreideproduktion (die durchschnittlichen Erntemengen im Zeitraum 1949–53 lagen mit 80,9 Mio. t noch unter denen des Jahres 1913) wurde 1954 mit großem Aufwand ein agrarwirtschaftliches Programm zur Erschließung ungenutzter Flächen eingeleitet: das *Neulandprogramm.* Nach offiziellen Plänen sollten insgesamt 69 Mio. ha Steppenland, das bislang noch nie ackerbaulich genutzt worden war *(Neuland)* bzw. früher einmal genutzt, dann aber wieder brachgefallen war *(Altbrache),* als Ackerfläche gewonnen werden. Dieses Land liegt vorwiegend an den Grenzen des lohnenden Regenfeldbaus in Nordkasachstan, im südlichen Westsibirien und in den Trockenräumen östlich der Wolga.

In den ersten beiden Jahren der Neulandaktion wurden fast 30 Mio. ha Land umgebrochen, und bis 1960 stieg das neugewonnene Ackerland auf 42 Mio. ha, das ist fast das Sechsfache der Ackerfläche der Bundesrepublik Deutschland. Allein in Kasachstan, der Schwerpunktregion der Neulandaktion, wuchs die Aussaatfläche zwischen 1954 und 1960 von 11,4 Mio. ha auf 28,4 Mio. ha. 1988 entfiel mehr als ein Drittel der gesamten Getreideproduktion der SU auf die Neulandgebiete – vom wirtschaftlichen Standpunkt zweifelsohne ein Erfolg.

443

	1953	1954	1955	1956	1957	1958	1959	1960	1961	1962
I. Anbauflächen in Mio. ha										
Gesamte Anbaufläche der UdSSR	157,2	166,1	185,8	194,7	193,7	195,6	196,3	203,0	204,6	216,0
davon Kasachstan	9,6	11,4	20,6	27,9	28,0	28,5	27,9	28,4	28,4	31,0
Westsibirien	11,4	13,8	17,0	16,7	17,1	17,3	17,3	17,9	17,7	
Ostsibirien und Ferner Osten	5,3	5,9	6,6	7,2	7,5	7,7	8,0	8,4	8,8	59,7
Wolgaland	8,3	9,0	10,2	10,3	10,4	10,3	10,0	11,5	10,8	
Ural	13,9	15,1	17,9	18,1	17,4	17,5	17,5	18,2	18,2	
Gesamte Weizenanbaufläche der UdSSR	48,4	49,3	60,3	62,0	69,1	66,6	63,0	60,4	63,0	67,4
davon Kasachstan	4,6	5,4	12,1	18,3	19,4	19,3	18,0	18,1	17,5	19,0
II. Getreideproduktion in Mio. t										
Gesamte Getreideproduktion der UdSSR	82,5	85,6	106,8	127,6	105,0	141,2	125,9	134,4	138,0	148,2
davon in den von der Neulandaktion betroffenen Gebieten	27,2	37,6	28,1	63,6	38,5	58,9	55,3	59,2	k.A.	k.A.
davon in Kasachstan	5,4	7,7	4,8	23,8	10,6	22,0	19,1	18,8	14,7	16,1

Alec Nove: Agrarwirtschaft. In: Osteuropa-Handbuch. Sowjetunion. Teil: Das Wirtschaftssystem. Köln, Graz: Böhlau Verlag 1965, S. 359

Getreideerträge 1953–1977 in der Wirtschaftsregion Kasachstan im Verhältnis zu der Niederschlagsmenge Januar bis Juli am Südsaum des nordkasachischen Trockenfeldbaus

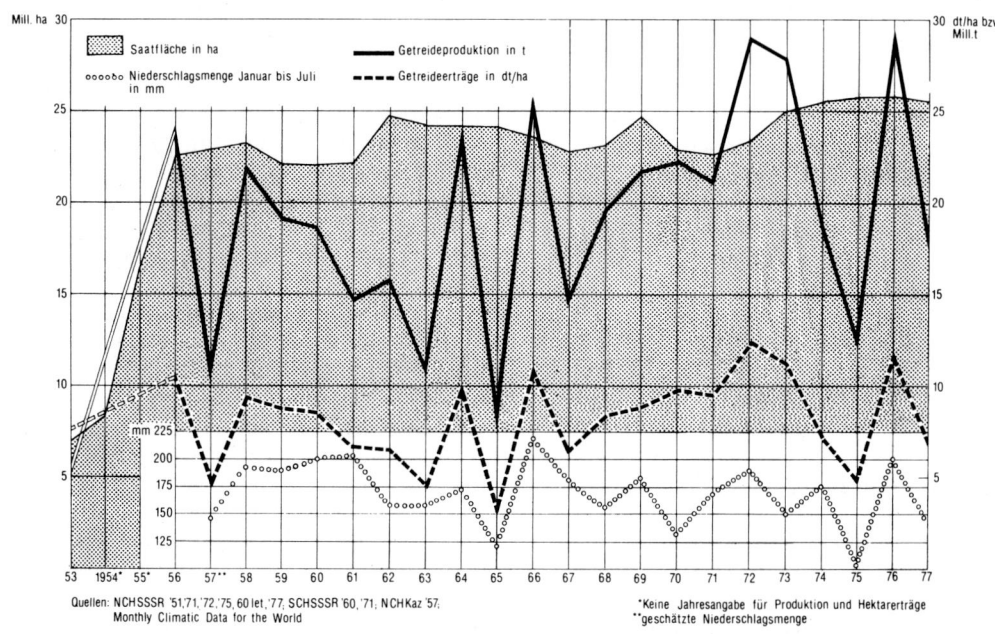

Peter Rostankowski: Agrarraum und Getreideanbau in der Sowjetunion 1948–1985. Gießener Abhandlungen zur Agrar- und Wirtschaftsforschung des europäischen Ostens, Bd. 98. Berlin: Duncker & Humblot 1979, S. 49

Getreideernte auf den Feldern der Kolchose „40 Jahre Oktober" in Kasachstan

Die Stabilisierung der Ernte, das eigentliche Ziel der Aktion, wurde jedoch nicht erreicht. Die Gründe sind in erster Linie in der Mißachtung der natürlichen Gegebenheiten, in der unzureichenden Versorgung mit Produktionsmitteln sowie in mangelnden Lagerkapazitäten zu suchen.

Als Folge der Vernichtung der natürlichen Steppenvegetation und der anschließenden Getreidemonokultur kam es zu verheerenden Erosionsschäden. *Trockenwinde (Suchowej)* entziehen dem Boden die Feuchtigkeit, lassen das Getreide am Halm binnen weniger Stunden verdorren oder ersticken die Pflanzen unter mehrere Zentimeter mächtigen Flugsanddecken. Allein in einem einzigen Jahr, 1965, sind von der Winderosion im Neuland Kasachstans 15 Mio. ha erfaßt worden. Seit 1953 entstanden dort 3 Mio. ha Wanderdünen. Nach Ursachen, Erscheinungsform und Ausmaß erinnern die Vorgänge der Bodenerosion an die in den Great Plains der USA in den dreißiger Jahren.

Da die Ackerflächen vorwiegend im Bereich der kastanienfarbenen Böden liegen, die zwar von guter Qualität sind, aber bei kapillarem Aufstieg des Bodenwassers ($N \leqq V$) leicht versalzen, läßt deren Ertragsfähigkeit bei Monokulturen durch den schnellen Humusabbau rasch nach. Problematisch sind auch die Niederschlagsverhältnisse, die z.T. unter 300 mm liegen (bei einer potentiellen Verdunstung von 600 mm) und somit ein erhebliches agrarklimatisches Risiko darstellen. Hinzu kommen die Kürze der Vegetationsperiode, die geringe Regenverläßlichkeit, die Gefahr der Austrocknung beim Auftreten der Trockenwinde und frühe Wintereinbrüche, so daß in einem Zeitraum von zehn Jahren mindestens zwei bis drei Mißernten einzuplanen sind und man im gleichen Zeitraum nur mit zwei bis drei guten Ernten rechnen darf.

Die katastrophale Mißernte von 1963, die in Kasachstan einen Hektarertrag von 3,1 dz brachte, zwang schließlich zu einem Umdenken.

Durch neue Agrartechniken (z.B. Übernahme von *dry-farming*-Methoden aus den USA, vgl. S. 397), neue Fruchtfolgen, die Einführung des Winterweizens und eines Saatgutes, das den ökologischen Verhältnissen besser angepaßt ist, konnte in jüngerer Zeit eine gewisse Stabilisierung erreicht werden. Insgesamt blieben die Hektarerträge jedoch deutlich unter den Mittelwerten der Sowjetunion. Trotzdem stammt gegenwärtig mehr als ein Drittel der Getreideernte der GUS aus den Neulandgebieten. Es stellt sich die Frage, ob man durch eine Intensivierung in den traditionellen Landwirtschaftsregionen der Lösung der permanenten Agrarmisere nicht näher gekommen wäre als durch die extensive Ausweitung in den instabilen Trockengebieten.

Intensivierungsprogramm – 1965. Eine völlig neue Etappe begann mit den Beschlüssen des Zentralkomitees der KPdSU 1965, die als die *„Breschnewsche Agrarreform"* in die Geschichte der sowjetischen Landwirtschaft eingegangen ist.

„Mechanisierung, Chemisierung, Melioration" – mit diesen Schlagworten lassen sich die agrartechnischen Maßnahmen der nachfolgenden *Intensivierungsprogramme* zusammenfassen. Gefördert wurden vor allem die *„Nichtschwarzerdegebiete"*, d.h. die Mitte und z.T. auch der Norden des europäischen Landesteils.

Man wollte bis 1990 etwa 9–11 Mio. ha Land entwässern, 2–2,5 Mio. ha für Gemüsebau und Mähwiesen bewässern und auf weiteren 10 Mio. ha Maßnahmen zur *Melioration* (Bodenverbesserung durch Entwässerung) von sauren Böden durchführen. Außerdem sollte die Produktion durch erhöhten Düngereinsatz und durch eine verstärkte Spezialisierung, Mechanisierung und Kooperation der Betriebe intensiviert werden.

Zur Durchführung dieser Maßnahmen flossen in den Jahren 1966–1980 Investitionen in einer Höhe von 366 Mrd. Rubel in die Landwirtschaft, während es in den drei vorangegangenen Fünfjahrplänen, in deren Mittelpunkt die Neulandaktion stand, „nur" 89 Mrd. Rubel waren.

„Im 10. Fünfjahrplan entfielen 27% aller staatlichen Investitionen auf den Landwirtschaftsbereich, und im 11. Fünfjahrplan (1981–1985) dürfte der Anteil nicht geringer sein. Von offizieller Seite wurde hier sogar von ,fast einem Drittel' gesprochen. … Zieht man in Betracht, daß der Anteil der landwirtschaftlichen Wertschöpfung am gesamten Volkseinkommen bei knapp 20% liegt (1974 = 18,4%), so wird deutlich, wie ,teuer' die sowjetische Landwirtschaft ist, zumindest in ihrer gegenwärtigen Intensivierungsphase. Die Höhe der Investitionen zeigt, daß Regierung und Partei keine Mittel scheuen, um endlich zu einer Lösung der seit altersher drückenden Landwirtschaftsprobleme zu kommen."

Norbert Wein: Die Sowjetunion. Paderborn: Schöningh 1985 (2. Aufl.), S. 133

Bewässerungsprojekte. Die wichtigste agrartechnische Maßnahme im Süden der Union ist der Ausbau des Bewässerungslandes. Schwerpunktgebiete waren zunächst die mittelasiatischen Republiken, ab 1982 auch Teile der Ukraine und des Wolgagebietes. Während in Mittelasien im Zusammenhang mit den Bewässerungsprojekten eine umfangreiche *Agrarkolonisation* erfolgte, wird im europäischen Teil durch die Bewässerung in der Regel bislang im Trockenfeldbau genutztes Land intensiviert.

Eine besondere Bedeutung kommt der Erschließung der Hungersteppe zu, wo die bewässerte Fläche von ca. 300 000 ha im Jahre 1962 auf 650 000 ha im Jahre 1975 ausgedehnt wurde. Innerhalb weniger Jahre ist hier aus einer Wüstensteppe eine blühende Kulturlandschaft mit neuen Siedlungen und Verkehrswegen geworden.

Der begrenzende Faktor für die Bewässerungsprojekte in Mittelasien sind neben der Bodenerosion und der Bodenversalzung die abnehmenden *Wasserreserven*. Die für die Bewässerung wichtigsten Flüsse, Amu-Darja und Syr-Darja, sind bereits so beansprucht, daß der Aralsee, in den sie münden, von der Austrocknung bedroht ist.

Abhilfe erhoffte man sich von der Umleitung sibirischer Flüsse in den trockenen Süden. Dazu sollte Flußwasser des Ob und Irtysch über einen 2500 km langen Großkanal nach Süden gelenkt, auf die Kasachische Schwelle gepumpt und schließlich durch die Turgaisenke in das Aral-Becken geleitet werden. Verwirklicht wurde von diesem Vorschlag jedoch nichts, und inzwischen hat man diese gigantischen Pläne aufgegeben. Ausschlaggebend dafür waren neben den vielen ungelösten ökologischen Fragen auch die knappen Geldmittel. Andere Wasserbauprojekte von mehr regionaler Bedeutung sind von diesem „Planungsstop" jedoch nicht betroffen.

Die Erfahrungen im letzten Jahrzehnt haben jedenfalls gezeigt, daß die Lösungen der Bewässerungsprobleme sich nicht durch großangelegte Projekte erreichen lassen, sondern durch ein sicheres „Management" des bereits vorhandenen Bodens und der Wasserressourcen.

Bewässerungsfläche in den mittelasiatischen Republiken, in 1000 ha

	1965	1975	1985	1990
Turkmenische SSR	514	819	1107	1245
Usbekische SSR	2639	3006	3930	4155
Tadschikische SSR	468	567	653	694
Kirgisische SSR	861	910	1009	1032
Mittelasien gesamt	4682	5302	6699	7126
UdSSR gesamt	9897	14486	19951	21215

Narodnoe chozjajstvo SSSR 1984 godu. Moskau 1984, ergänzt

1. Bewerten Sie die verschiedenen Programme zur Produktionssteigerung unter den Gesichtspunkten Erntesicherheit, Raumveränderung, ökologisches Risiko.
2. Beschreiben Sie die naturräumlichen Gegebenheiten in den Neulandgebieten Kasachstans (vgl. Alexander Weltatlas, S. 116, I).
3. Beurteilen Sie die Erfolge der Neulandaktion unter ökonomischen und ökologischen Gesichtspunkten.
4. Vergleichen Sie die landwirtschaftliche Inwertsetzung der Steppengebiete Kasachstans mit den Ihnen bekannten Entwicklungsvorgängen in den Great Plains.
5. Erläutern Sie die wichtigsten Maßnahmen der Intensivierungsprogramme nach 1965.
6. Beschreiben Sie die Entwicklung der Bewässerungsflächen in Mittelasien (Tab. S. 447) unter der Fragestellung Wasserangebot/Wasserdefizit – Notwendigkeit der Produktionssteigerung.
7. Nehmen Sie Stellung zu den Plänen der Umleitung sibirischer Flüsse in den ariden Süden, und stellen Sie den erhofften wirtschaftlichen Ergebnissen mögliche ökologische Schäden gegenüber.

5 Die Industrie

Noch um 1900 war Rußland ein Agrarland mit einem Anteil von nur 3% an der Weltindustrieproduktion. In der Entwicklung der Wirtschaft und Gesellschaft galt es als einer der rückständigsten Staaten Europas. Bergbaulich war es kaum erschlossen; viele Rohstoffe und die wichtigsten Industriegüter mußten aus dem westlichen Europa eingeführt werden. Im Austausch wurden Getreide und andere unveredelte Agrarprodukte exportiert. Trotz einiger vielversprechender Ansätze, z.B. in der Roheisenproduktion, kam die Industrialisierung im beginnenden 20. Jahrhundert nur langsam und punktförmig (Moskau, Leningrad, Ukraine) in Gang. Der Anteil der Beschäftigten in Industrie und Bergbau lag 1913 bei 9%; 75% waren in der Land- und Forstwirtschaft tätig; 82% der Bevölkerung lebten auf dem Land. Da der Erste Weltkrieg und der anschließende Bür-gerkrieg das Wirtschaftsleben weitgehend zerrütteten, änderte sich die Situation auch in den ersten Nachrevolutionsjahren kaum. In den sechziger Jahren rückte die Sowjetunion in der industriellen Produktion hinter den USA an die zweite Stelle in der Welt. Nach westlichen Berechnungen lag ihr Anteil an der Weltindustrieproduktion Anfang der achtziger Jahre bei 15% (USA 28%); der Anteil der Beschäftigten in Industrie und Bergbau betrug 39% (Landwirtschaft 18%). In vielen Bereichen war die Sowjetunion führend in der Welt, so z.B. bei der Förderung von Erdöl und Eisenerz oder bei der Herstellung von Rohstahl, Zement, Phosphat oder Traktoren (vgl. Tab. S. 448). Wenn diese statistischen Angaben auch wenig aussagen über den technischen Stand und die Produktivität, so ist das Wachstumstempo doch beeindruckend.

Regionale Verteilung der Bergbauproduktion

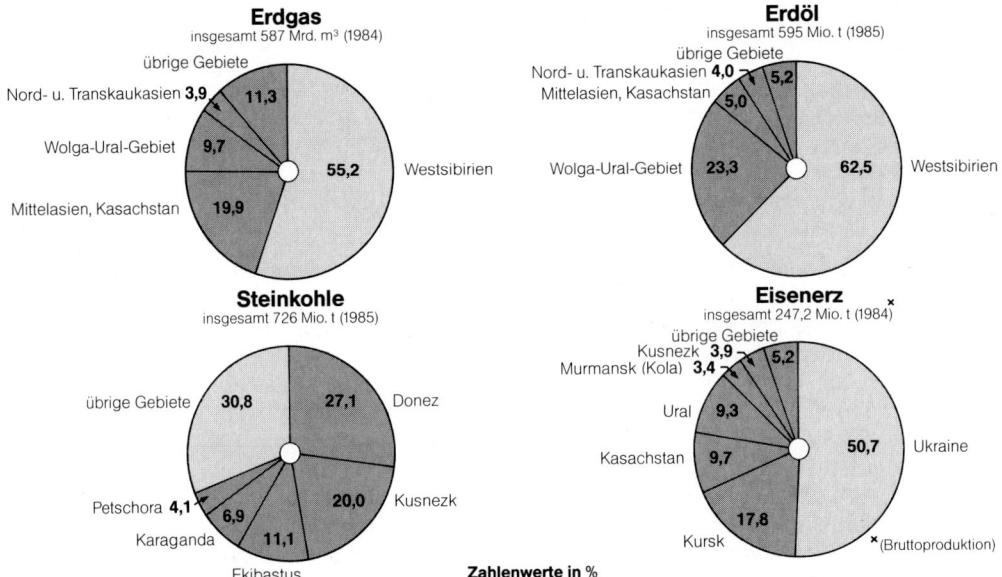

Erdgas
insgesamt 587 Mrd. m³ (1984)

übrige Gebiete
Nord- u. Transkaukasien **3,9**
Wolga-Ural-Gebiet **9,7**
11,3
55,2 Westsibirien
Mittelasien, Kasachstan **19,9**

Erdöl
insgesamt 595 Mio. t (1985)

übrige Gebiete
Nord- u. Transkaukasien **4,0**
Mittelasien, Kasachstan **5,0**
5,2
Wolga-Ural-Gebiet **23,3**
62,5 Westsibirien

Steinkohle
insgesamt 726 Mio. t (1985)

übrige Gebiete **30,8**
27,1 Donez
Petschora **4,1**
6,9
20,0 Kusnezk
Karaganda **11,1**
Ekibastus

Eisenerz ˣ
insgesamt 247,2 Mio. t (1984)

übrige Gebiete
Kusnezk **3,9**
Murmansk (Kola) **3,4**
5,2
Ural **9,3**
Kasachstan **9,7**
50,7 Ukraine
17,8
Kursk
ˣ(Bruttoproduktion)

Zahlenwerte in %

Produktionsentwicklung im verarbeitenden Gewerbe

Erzeugnis	Einheit	1985	1986	1987	1988	1989	1990
Produktionsbereich A[1]							
Elektroenergie	Mrd. kWh	1544	1599	1665	1705	1722	1728
Erdöl	Mio. t	595	615	624	624	607	570
Erdgas	Mrd. m³	643	686	727	770	796	815
Kohle	Mio. t	726	751	760	772	740	703
Stahl	Mio. t	155	161	162	163	160	154
Traktoren	1000 Stück	585	595	567	559	532	494
Zement	Mio. t	131	135	137	140	140	137
Nähmaschinen	1000 Stück	1654	1646	1607	1680	1694	1895
Mähdrescher	1000 Stück	112	112	96,2	71,3	62,2	65,7
Produktionsbereich B[2]							
Lederschuhe	Mio. Paar	788	801	809	819	827	843
Baumwollgewebe	Mio. m²	7677	7777	7945	8106	8092	7846
Zucker	Mio. t	11,8	12,7	13,7	12,1	13,3	12,5
Margarine	1000 t	1411	1455	1535	1494	1503	1403
Fleisch	Mio. t	10,8	11,7	12,2	12,8	13,2	13,0
Zigaretten	Mrd. Stück	381,3	383,9	378,5	358,2	343,3	313,1

[1] Produktionsbereich A: Grundstoff- und Produktionsgüterindustrie [2] Produktionsbereich B: Verbrauchsgüterindustrie

Statistisches Bundesamt: Sowjetunion 1980–1990. Metzler-Poeschel: Stuttgart 1992, S. 75ff.

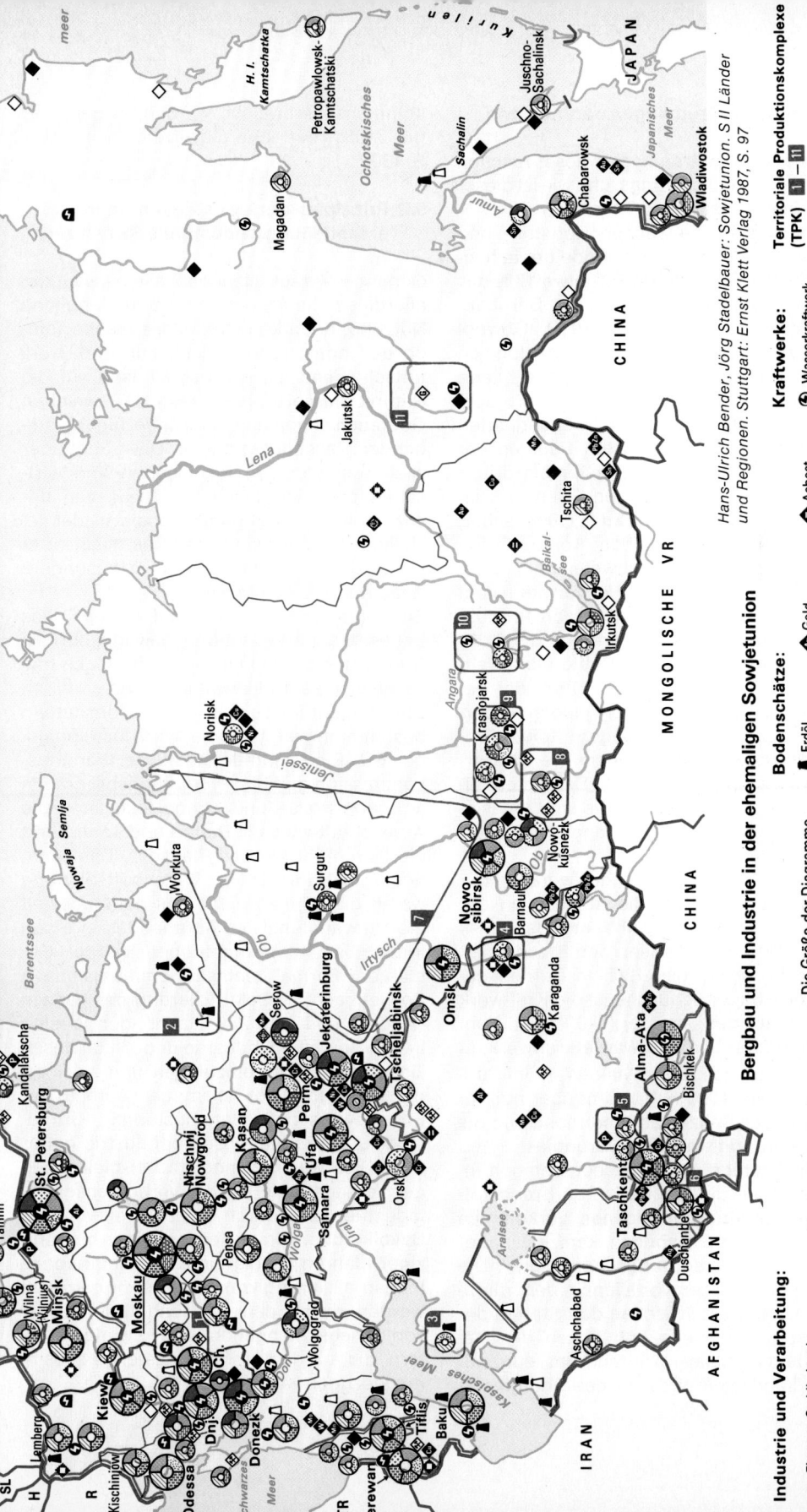

Bergbau und Industrie in der ehemaligen Sowjetunion

Hans-Ulrich Bender, Jörg Stadelbauer: Sowjetunion. S II Länder und Regionen. Stuttgart: Ernst Klett Verlag 1987, S. 97

Territoriale Produktionskomplexe (TPK) 1 – 11

1 KMA (Kursk)
2 Timan-Petschora
3 Mangyschlak
4 Pawlodar-Ekibastus
5 Karatau-Dschambul
6 Süd-Tadschikistan
7 Westsibirien
8 Sajan
9 Krasnojarsk
10 Bratsk/Ust-Ilimsk
11 Süd-Jakutien

Territorialer Produktionskomplex (TPK-Grenzen schematisch)

Kraftwerke:
Wasserkraftwerk
Wärmekraftwerk
Kernkraftwerk

Bodenschätze:
Asbest
Diamanten
Glimmer
Phosphor
Kochsalz, Kalisalz

Erdöl
Erdgas
Steinkohle
Braunkohle
Uran

Gold
Chromerz
Kupfererz
Manganerz
Molybdänerz
Nickelerz
Eisenerz
Silber
Zinnerz
Bauxit (Aluminium)

Blei-, Zinkerz
Wolframerz

Staatsgrenze, Republikgrenze
Grenze einer Wirtschaftsregion

Die Größe der Diagramme entspricht der Bedeutung der Industriestandorte

0 200 400 600 800 1000 km

Industrie und Verarbeitung:

Eisen- u. Stahlindustrie (Eisenverhüttung, Stahlwerk)

Buntmetallverhüttung (Aluminium u. Buntmetalle)

Maschinenbau u. Metallverarbeitung, Elektroindustrie, Fahrzeugbau

Chemische und Petrochemische Industrie

Holz- und Papierindustrie

Baustoffindustrie

Textil- u. Bekleidungsindustrie

Lebensmittelindustrie

5.1 Natürliche Grundlagen der Industrie

Welches sind die Grundlagen dieses raschen industriellen Aufschwungs, und wie ist dieser Aufschwung zustande gekommen?

Als erstes sind die reichen Rohstoff- und Energiequellen zu nennen. Ende der achtziger Jahre förderte die UdSSR etwa 17% des gesamten jährlichen Wertes der Bergbauproduktion der Welt (USA: 19%). Obwohl ein Viertel des Territoriums geologisch noch nicht vollständig erforscht ist, kann mit Sicherheit gesagt werden, daß die GUS (vor allem Rußland) zu den an Lagerstätten und Energiequellen reichsten Räumen der Erde gehört. Sie liegt an erster bis dritter Stelle bei der Förderung von Eisenerz, Platin, Mangan, Chrom, Blei, Zink, Quecksilber, Uran, Kupfer, Gold, Silber, Kohle, Erdöl, Erdgas, Kali, Asbest, Schwefel und anderem. Der Anteil an den Weltvorräten liegt zum Teil noch erheblich über den Produktionsanteilen. Insgesamt verfügen die GUS-Länder über mehr als die Hälfte aller Weltvorräte an Brennstoffen. Fast 25% der geförderten Rohstoffe werden jedoch exportiert. Neben den Energieträgern Kohle, Erdöl und Erdgas wird vor allem die Wasserkraft wirtschaftlich genutzt. Die potentiellen Reserven an Hydroenergie sind im asiatischen Landesteil noch lange nicht erschöpft.

Zu den größten *Wasserkraftwerken* der ganzen Erde gehören die Anlagen an der Angara bei Bratsk (4600 MW) und Ust-Ilimsk (4300 MW), am Jenissej bei Krasnojarsk (6000 MW) sowie das 1985 in Betrieb genommene Sajan-Schuschenskoje-Kraftwerk am Oberlauf des Jenissej (6400 MW). Zum Vergleich: Das größte Wasserkraftwerk in Deutschland, das Hotzenwald-Werk im Südschwarzwald (1000 MW), dient aber nur zur Deckung der Spitzenlast und nicht, wie die sibirischen Kraftwerke, der Grundlast.

Die Sowjetunion war eines der wenigen Industrieländer, die den Bedarf an Brennstoffen und Energie aus eigenen Vorkommen decken konnten. Dennoch kam es immer wieder zu Versorgungsengpässen. Die Gründe dafür liegen vor allem in dem räumlichen Gegensatz zwischen den Stätten der Produktion einerseits und denen des Bedarfs andererseits: Während im europäischen Landesteil ca. 70% des Energieaufkommens verbraucht werden, liegen hier nur 10% der Energievorräte (vgl. Abb. S. 430).

5.2 Prinzipien der industriellen Raumerschließung / industrielle Strukturen

Günstige Voraussetzungen allein bewirken allerdings keineswegs eine umfängliche Nutzung, noch können sie das rasche Tempo der industriellen Erschließung erklären. Entscheidend ist, wie der Mensch auf die Naturvoraussetzungen reagiert, welchen Gebrauch er von den ihm zur Verfügung stehenden Ressourcen macht. Das hängt aber wiederum von den technischen und wirtschaftlichen Möglichkeiten sowie von der soziopolitischen Organisationsform der jeweiligen Gesellschaft ab. Das heißt: Der Frage der Wirtschaftspolitik ist besondere Beachtung zu schenken.

Ein diktatorisches Herrschaftssystem, das unbeschränkte Verfügungsgewalt über die Bürger und die staatlichen Institutionen hat, sowie eine *Zentralverwaltungswirtschaft* mit Staatseigentum an den Produktionsmitteln bestimmten seit 1928 die Wirtschaftspolitik der SU. Eine zentrale staatliche Planungskommission gibt das Produktionsprogramm an, setzt Preise und Löhne fest, lenkt die Arbeitskräfte je nach Bedarf und kontrolliert die Durchführung des Plansolls. Das wichtigste Instrument der Wirtschaftsplanung waren die *Fünfjahrpläne,* mit denen gezielt die Umwandlung des Agrarlandes in einen Industriestaat vorangetrieben wurde. Gemäß der Formel Lenins: „Kommunismus = Sowjetmacht + Elektrifizierung des ganzen Landes" und dem Ziel Stalins, den Westen in den Bereichen Industrie und Militärwesen „in kürzester Zeit einzuholen und zu überholen", wurde vor allem der Aufbau der Energiewirtschaft, der Rüstungs-, Grundstoff- und Produktionsgüterindustrie gefördert. Dies war nur möglich bei gleichzeitiger Vernachlässigung der Verbrauchsgüterindustrie, d.h. durch Konsumverzicht der Bevölkerung. Die in den dreißiger bis fünfziger Jahren erfolgreich vorangetriebene Industrialisierung konnte ferner nur erreicht werden durch den massenhaften Einsatz von Kriegsgefangenen und Zwangsarbeitern, die auf den großen Baustellen zusammengezogen wurden.

Kombinate. Um eine größere Rationalisierung bei der Erschließung neuer Rohstoffquellen und beim Aufbau der Schwerindustrie zu erreichen, wurde seit den Anfängen der ersten Fünfjahrpläne vor allem das System der Kombinate angewandt. Unter einem Kombinat versteht man die räumliche und organisatorische Verbindung von verwandten, sich gegenseitig ergänzenden Industriezweigen. Durch horizontale und vertikale Verflechtungen sowie durch Abstimmung von Produktion und Verwaltung wird eine wirtschaftliche Nutzung von Rohstoffen, Nebenprodukten und Halbfertigfabrikaten angestrebt. Das bekannteste Beispiel ist das Ural-Kuznezk-Kombinat (vgl. S. 455 f.).

Territoriale Produktionskomplexe (TPK). Die wirtschaftsräumliche Erschließung lokal begrenzter Räume erfolgte in den siebziger bis achtziger Jahren vor allem nach dem Konzept der *Territorialen Produktionskomplexe.*

Die TPK sind „Formen territorialer Organisation der Produktivkräfte in Gestalt von wechselseitig verknüpften Industrie- (und Landwirtschafts-)Betrieben auf einem bestimmten Territorium. Die TPK bieten die Möglichkeit, einen bedeutenden ökonomischen Effekt durch kooperative Produktion, durch rationelle Nutzung natürlicher und Arbeitsressourcen sowie des Verkehrsnetzes, durch Kostensenkung beim Bau von Hilfs- und Versorgungseinrichtungen zu erhalten."

UdSSR-Handbuch, Leipzig 1979, S. 300

Das TPK-Konzept wurde hauptsächlich für die Industrialisierung Sibiriens entwickelt. Im Gegensatz zu den Kombinaten (vgl. S. 455) wird in einem TPK nicht nur der Produktions- und Infrastrukturbereich aufgebaut; sein Aufbau erfaßt alle Bereiche, also auch die Landwirtschaft, die Siedlungen und die nichtmateriellen Dienstleistungen. Wie die Abb. des Bratsk/Ust-Ilimsker TPK auf Seite 456 zeigt, werden innerhalb dieses Komplexes mehrere „Industrieknoten" gleichzeitig entwickelt. Entscheidend dabei ist, daß diese „Knoten" und ihre Betriebe eng verflochten sind und sich gegenseitig ergänzen.

Die Betriebskonzentration in der Industrie. Ein wichtiges Merkmal der sowjetischen Industrie war das enorme Konzentrationsniveau in der Industrie. Eine vergleichsweise geringe Zahl von *staatlichen Großbetrieben* (>1000 Beschäftigte) beherrschte weite Teile der Produktion (vgl. Tab. S. 452). Nimmt man das Anlagevermögen (Gebäude, Maschinen, andere Ausrüstungsgegenstände) als Bezugspunkt, so waren in nur 2000 Betrieben 80 % des Gesamtwertes konzentriert.

Dieses hohe Konzentrationsniveau ging einher mit einem hohen Grad der *Monopolisierung des Absatzes.* Bei 209 von 344 Warengruppen betrug der Anteil des größten Herstellers über 50 % der gesamten Erzeugung, bei 109 Unternehmen erreichte dieser Anteil 90 %. In einigen Fällen lag dieser Anteil auch darüber. Die Gründe für diese enorme Betriebskonzentration waren hauptsächlich durch die zentrale Planung und Lenkung *(Kommandowirtschaft)* bestimmt: Eine geringe Zahl von Betrieben ließ sich wesentlich besser überschauen, und für diese läßt sich auch einfacher planen.

Die kleinen und mittleren *Betriebe* (bis 300 Beschäftigte) konzentrierten sich hauptsächlich auf die Nahrungsmittel- und die Konsumgüterindustrie. Sie unterstanden in der Regel auch nicht den Unions-, sondern den Republikministerien bzw. den lokalen Verwaltungen.

Der militärisch-industrielle Komplex (Rüstungssektor). Der *militärisch-industrielle Komplex* war eine sowjetische Besonderheit. Über ihn gibt es bis heute keine genauen Daten, er war eines der am besten gehüteten Geheimnisse der Sowjetunion. Er umfaßte 9 Ministerien, in denen etwas mehr als 2000 Produktionsbetriebe sowie zahlreiche Forschungs- und Entwicklungsinstitute vereinigt waren. Allein in Moskau arbeiteten ca. 300 000 Wissenschaftler rüstungsbezogen; ein zweites wichtiges Forschungs- und Entwicklungszentrum war St. Petersburg.

Die Versorgung des militärisch-industriellen Komplexes mit hochqualifizierten Mitarbeitern, modernsten Maschinen und Geräten sowie allen benötigten Rohstoffen und Vorprodukten hatte innerhalb der sowjetischen Wirtschaft absolute Priorität. Dementsprechend hoch mußten auch die staatlichen Investitionen gewesen sein: Westliche Schätzungen gehen davon aus, daß mindestens 25 Prozent der gesamten Staatsausgaben hier investiert worden sind.

Grundcharakteristik der Industriezweige der Sowjetunion (1988)

	Zahl der Unternehmen	Beschäftigte in 1000	durchschnittliche Zahl der Beschäftigten pro Unternehmen	Anteil der Betriebe mit einer Beschäftigtenzahl >1000 Personen			
				an der Zahl der Unternehmen in %	am Produktionsvolumen in %	an der Zahl der Beschäftigten in %	am Anlagevermögen in %
Gesamte Industrie	46384	37376	806	14	71	68,9	78,9
Produktionsbereich A Schwerindustrie	27998	29360	1049	22,9	84,3	78,6	85,5
Brennstoff-Energiekomplex[1]	2501	2600	1040	42,8	88,2	93,1	85,6
Metallurgie-Komplex[2]	708	2146	3031	56	94,8	95,1	97,5
Maschinenbau-Komplex	9154	16167	1766	51,2	92,1	90,8	92,5
Chemie-Holz-Komplex	6620	4576	691	43,3[4] / 11,4[5]	90,7[4] / 11,4[5]	89,5[4] / 51,2[5]	95,2[4] / 64,4[5]
Baumaterialien-Komplex	4200	•	•	9	37,9	35,7	37,7
andere	4815	•	•	•	•	•	•
Produktionsbereich B Leicht-, Nahrungsmittel-, sonstige Industrie	18386	8016	436	9,0	53,3	52,5	51,2
Leichtindustrie[3]	8197	4838	590	17,5	74,5	65,2	73,9
Nahrungsmittelindustrie	9608	2993	312	5,2	39,2	36,1	42,2
andere	581	185	318	•	•	•	•

[1] Erdölförderung und -verarbeitung; Gasindustrie; Kohleindustrie [2] Eisen- und Stahlindustrie (Schwarzmetallurgie); Förderung, Aufbereitung und Verarbeitung von Nichteisenrohstoffen (Buntmetallurgie) [3] Textil-, Bekleidungs-, Leder-, Pelz- und Schuhindustrie [4] nur Chemie [5] nur Holz-, Zellulose- und Papierindustrie
In dieser ersten Untersuchung sind 78,7 % der Unternehmen erfaßt worden, der übrige Teil fällt unter die Kategorie Staatsgeheimnis. Trotz dieser Einschränkung wird diese Untersuchung in Kreisen der Wissenschaft als repräsentativ angesehen.
Olga Ivanovna: Die Konzentration in der sowjetischen Industrie. Berichte des Bundesinstituts für ostwissenschaftliche und internationale Studien, Köln, 23/1991

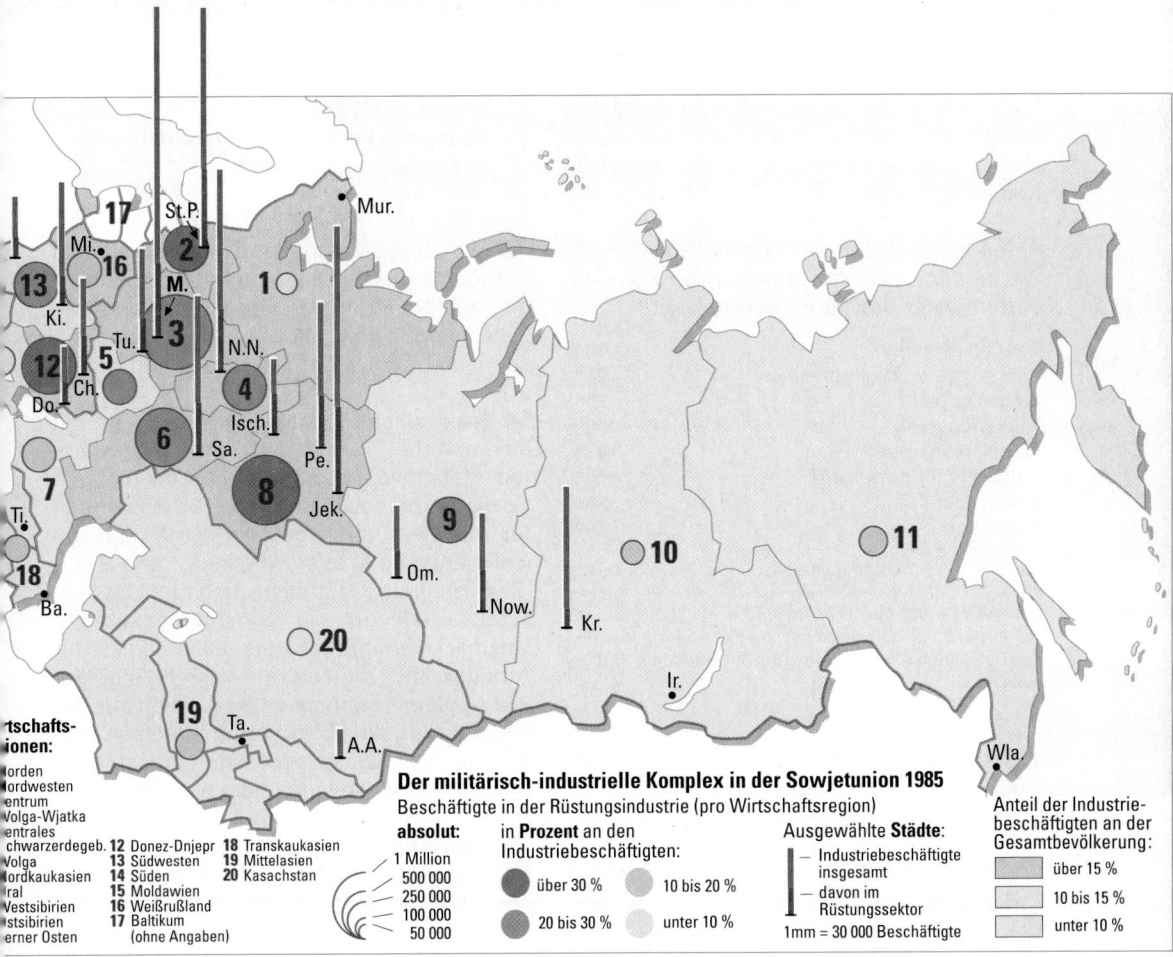

Der militärisch-industrielle Komplex in der Sowjetunion 1985

Personal[1] in Industrie und Rüstungssektor in der UdSSR (1985)

	Rüstung in 1000	Industrie in 1000	Rüstung/Industrie in %
RSFSR (Rußland)	5417,00	23095,00	23,46
Ukrainische SSR	1327,00	7534,00	17,61
Weißrussische SSR	245,00	1502,00	16,31
Kasachische SSR	128,00	1403,00	9,12
Usbekische SSR	109,00	951,00	11,46
Armenische SSR	80,00	453,00	17,66
Kirgisische SSR	47,00	287,00	16,38
Aserbaidschanische SSR	39,00	446,00	8,74
Georgische SSR	31,00	496,00	6,25
Moldauische SSR	30,00	411,00	7,30
Tadschikische SSR	19,00	214,00	8,88
Turkmenische SSR	4,00	127,00	3,15
Litauische SSR		526,00	
Lettische SSR		416,00	
Estnische SSR		242,00	
Gesamt ohne Baltikum	7476,00	36910,00	20,00
Gesamt mit Baltikum		38103,00	

[1] ohne Beschäftigte in Wissenschaft, Forschungs- und Entwicklungsinstituten sowie Ingenieurbüros (geschätzte Gesamtzahl in Produktion und Entwicklung: ca. 15 Mio.)

Hans-Henning Schröder: Sowjetische Sicherheitspolitik unter Gorbatschow. Unveröffentlichtes Manuskript, Köln, 1993, Anhang

453

Neben der vorrangig betriebenen Rüstungsproduktion stellten die Betriebe dieses Hochtechnologiebereichs auch begehrte Konsumgüter her.

Anteil des militärisch-industriellen Komplexes an der Gesamtproduktion von Konsumgütern in der Sowjetunion (Auswahl)

Waschmaschinen	69%
Kühlschränke, Tiefkühltruhen	98%
Staubsauger	79%
Tonbandgeräte	98%
Fernsehapparate	93%
darunter Farbfernseher	100%
Motorräder	56%
Fahrräder	46%

Hans-Henning Schröder: Versorgungskrise, Rüstungsabbau und Konversion in der UdSSR. Teil III: Konversionsansätze in der Rüstungsindustrie. Berichte des Bundesinstituts für ostwissenschaftliche und internationale Studien. Nr. 58, 1989, S. 13–15, vereinfacht und gekürzt

1. *Bewerten Sie das naturräumliche Potential Sibiriens und des Fernen Ostens für die industrielle Entwicklung der gesamten UdSSR.*
2. *Der industrielle Aufbau der UdSSR und der USA erfolgte unter ungleichen Voraussetzungen. Vergleichen Sie die wichtigsten natürlichen und systembedingten Unterschiede.*
3. *Vergleichen Sie die Struktur und den Leistungsstand der Industrie der ehemaligen UdSSR mit denen der USA.*
4. *Erklären Sie das TPK-Konzept. Konkretisieren Sie anschließend Ihre Ausführung am Beispiel des TPK Bratsk/Ust-Ilimsk (S. 456).*
5. *Werten Sie die Tabelle „Grundcharakteristik der Industriezweige der Sowjetunion" aus, und diskutieren Sie Vorzüge und Nachteile der Betriebskonzentration in der Industrie.*
6. *Die Verteilung der Beschäftigten in der Industrie und im militärisch-industriellen Komplex (Tabelle u. Karte S. 453) spiegelt die regionalen Entwicklungsunterschiede innerhalb der ehemaligen Sowjetunion wider. Beschreiben und begründen Sie.*

5.3 Ausgewählte Industrieräume – Beispiele verschiedener industrieller Erschließungsetappen

Trotz der forcierten Erschließung der Ostgebiete zeigt die Verteilung der industriellen Standorte (Abb. S. 449) auch heute noch eine deutliche Konzentration auf den europäischen Landesteil mit den Zentren Moskau, südliche Ukraine, St. Petersburg und Ural.

Moskau ist das *„Industrielle Zentrum"* mit einem Anteil von ca. 50% an der gesamten Maschinenproduktion der ehemaligen Sowjetunion sowie 50% aller Ausrüstungen für die Verbrauchsgüterindustrie und jeweils etwa 30% aller Werkzeug- und Energiemaschinen. Grundlage sind nicht Bodenschätze, sondern ein aufnahmefähiger Absatzmarkt, ein großes Potential qualifizierter Arbeitskräfte, die zentrale Verkehrslage sowie Agglomerationsvorteile, die sich aus der Hauptstadtfunktion Moskaus ergeben. Auf diesen Grundlagen sind im „Industriellen Zentrum" fast alle Industriezweige vertreten.

Die Ukraine ist mit Abstand das größte Schwermaschinenzentrum und der wichtigste Standort der eisenschaffenden Industrie. Die Anteile an der Gesamtproduktion der SU betrugen 1980 in der eisenschaffenden und der eisenverarbeitenden Industrie ca. 50%. Entscheidend für die Vormachtstellung sind die Nachbarschaft von Kokskohle im Donezbecken mit den hochwertigen Eisen- und Manganerzen von Kriwoi Rog bzw. Nikopol sowie der landwirtschaftlich und verkehrsmäßig gut erschlossene und dicht besiedelte Raum.

Die Zentren der Eisengewinnung sind Donezk und Makejewka im Donbass sowie Shdanow, das seine verkehrsgünstige Küstenlage ausnutzt und auf dem Wasserweg mit Eisenerz von Kertsch versorgt wird. Zentrum der Stahlproduktion ist Dnepropetroswk am Dnepr, also in der Mitte zwischen den Eisen- und Kohlelagern.

Im folgenden werden drei Industrieräume ausführlicher beschrieben. Sie können als Beispiele verschiedener industrieller Erschließungsetappen gelten, indem sie die im Laufe der Zeit sich mehrmals gewandelte Industriepolitik des Landes widerspiegeln.

Das Industriedreieck Ural–Kusnezk–Karaganda. Die Gründung des *Ural-Kusnezk-Kombinats (UKK)* in den frühen dreißiger Jahren ist ein klassisches Beispiel für die industrielle Inwertsetzung der östlichen Entwicklungsgebiete und gleichzeitig Ausdruck der räumlichen Umorientierung der Sowjetindustrie mit Beginn des ersten Fünfjahrplanes. Der Erzreichtum des Ural war schon in zaristischer Zeit bekannt. Bereits zu Beginn des 17. Jahrhunderts wurden die Eisen-, Bunt- und Edelmetalle des Mittleren Ural ausgebeutet. 1702 entstanden die ersten Hütten- und Eisenwerke auf der Basis der leicht ausbeutbaren hochwertigen Eisenerze, der Holzvorräte und der Wasserkräfte. Als Rußland im Nordischen Krieg seinen wichtigsten Eisenlieferanten, Schweden, verlor, trieb Zar Peter der Große den Ausbau der Hüttenindustrie voran. Der Ural wurde zum Zentrum der Eisenindustrie. Ende des 18. Jahrhunderts hatte die Eisenproduktion England und Schweden überflügelt; Rußland war der wichtigste Eisenexporteur Europas. Die Vormachtstellung des Ural hielt so lange an, bis Ende des 19. Jahrhunderts das Koksverhüttungsverfahren in Rußland eingeführt wurde. Da im Ural Kokskohle fehlt, verlagerte sich der Schwerpunkt der eisenschaffenden Industrie in die südliche Ukraine (Donezkohle und Eisenerze von Kriwoi Rog). Kamen 1880 noch 80% der russischen Roheisenproduktion aus dem Ural, so waren es 1913 nur noch 22%. Der Anteil der Ukraine stieg im gleichen Zeitraum von 5% auf 75%.

Die Ukraine wurde die erste *„Kohlen-Eisen-Basis"* des Landes; der Ural verlor seine Vormachtstellung.

Einen neuen Aufschwung nahm der Ural mit Beginn der sowjetischen Industrialisierung Anfang der dreißiger Jahre. Grundlage waren wieder die leicht erschließbaren – z.T. auch neu entdeckten – Bodenschätze und ein relativ gut ausgebautes Eisenbahnnetz. Die neu zu schaffende zweite Hüttenbasis sollte Ausgangspunkt, „Brückenkopf der industriellen Erschließung Sibiriens" werden. Zugleich konnte hier eine vor feindlichen Zugriffen sichere Rüstungsindustrie aufgebaut werden. Mit hauptsächlich amerikanischer und deutscher Hilfe entstand 1931 das UKK, das heißt der funktionale Zusammenschluß der Kohlefelder des Kusbass

(Kusnezker Becken) mit den Erzlagerstätten im Südural (Magnitogorsk) und den Metallzentren um Tscheljabinsk und Swerdlowsk. Über eine Strecke von 2000 km wurde Kohle zum Erz und als Rückfracht Erz zur Kohle transportiert. Im Ural entstanden Hütten- und Stahlwerke; eisenverarbeitende Betriebe schlossen sich an wie die Traktorenwerke von Tscheljabinsk oder die Schwermaschinenfabriken in Swerdlowsk. Mit der Verlagerung von 450 Betrieben aus dem bedrohten Westen in den Ural und der Umstellung der Schwerindustrie auf Kriegsproduktion entwickelte sich während des Zweiten Weltkriegs der Ural zur „Waffenschmiede" der SU; der Anteil an der Stahl- und Roheisenproduktion stieg auf 50 bzw. 27%. Auch heute noch ist er eines der wichtigsten Zentren der Rüstungsproduktion in der GUS.

Das UKK, Beispiel für die Entstehung und Neuorientierung von Kombinaten

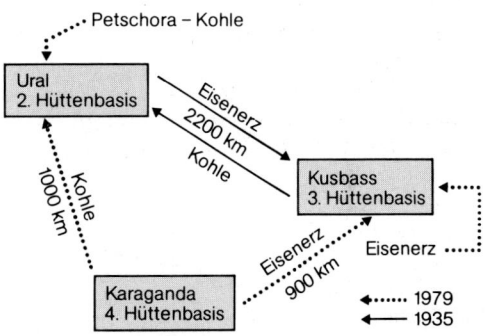

Eine neue, die dritte Phase in der Entwicklung des Ural begann mit der Erschließung der Kohlefelder in dem näher gelegenen Karaganda (Kasachstan), die durch die *Südsibirische Eisenbahn* an den Südural angeschlossen wurden. Das UKK wurde zu Beginn der fünfziger Jahre aufgelöst. Die Karagandakohle löste den Kusbass als Hauptkohlelieferanten für den Ural ab. Die zur Neige gehenden Erze von Magnitogorsk werden vor allem durch die Vorräte im nordwestlichen Kasachstan und aus Kursk („Kursker Magnetanomalie") ersetzt. Die Hüttenwerke werden nicht weiter ausgebaut.

Die sowjetische Industrialisierungspolitik nach dem Zweiten Weltkrieg läßt sich treffend mit dem Schlagwort umschreiben ‚pushing economy into space' – Raumerschließung am Rand der Ökumene durch Bergbau und Industrie. Die bekanntesten Beispiele für den Versuch, bislang ungenutztes physisch-geographisches Potential in die Wirtschaft einzubeziehen, sind:

– der Bau von Wasserkraftwerken in Sibirien seit Mitte der fünfziger Jahre (Bratsk, Krasnojarsk, Sajan-Schuschenskoje);
– die Ausbeutung der Erdöl- und Erdgasvorräte im Westsibirischen Tiefland seit der zweiten Hälfte der sechziger Jahre;
– der Bau der Baikal-Amur-Magistrale (BAM) im Fernen Osten, 1974–1986.

Bratsk. Der Bau der *Wasserkraftwerke* an der Angara war Ausgangspunkt und Grundlage für den Aufbau eines der jüngeren Industriezentren der SU. Ende 1954 begann man bei Bratsk mit dem Bau der ersten Staustufe einer gigantischen Kraftwerksanlage; sieben Jahre später lieferte die erste von 20 Turbinen (zu je 225 000 kW) Strom.

Heute, nach der Fertigstellung aller Aggregate, zählt das Bratsker Hydrokraftwerk mit einer Leistung von 4600 MW zu den größten der Welt. Von annähernd gleicher Größe wie Bratsk ist das Kraftwerk von Ust-Ilimsk, ebenfalls an der Angara. Lange wurden Sinn und Zweck des Unternehmens in Frage gestellt, da es für die gewonnene Energie anfänglich wenig Verwendungsmöglichkeiten gab. Es existierte noch kein gesamtsowjetisches Verbundnetz zur Belieferung des europäischen Landesteils mit der gewonnenen Energie. Das geplante Aluminiumwerk war noch nicht fertiggestellt, und der Ostteil der Transsib war noch nicht zur Elektrifizierung eingerichtet, fiel somit ebenfalls als Abnehmer aus. Nach und nach arbeiteten jedoch mehrere Werke auf der Basis der Bratsker Energie, so einige Nahrungsmittelbetriebe, ein großes Holzkombinat und das genannte Aluminiumwerk, das eines der größten der SU wurde. Galt Bratsk lange als Irrtum, so zeigte sich schon bald, daß der Bau des Kraftwerkes nur der Beginn einer vielseitigen Wirtschaftsentwicklung bzw. der wirtschaftlichen Erschließung Ostsibiriens ist.

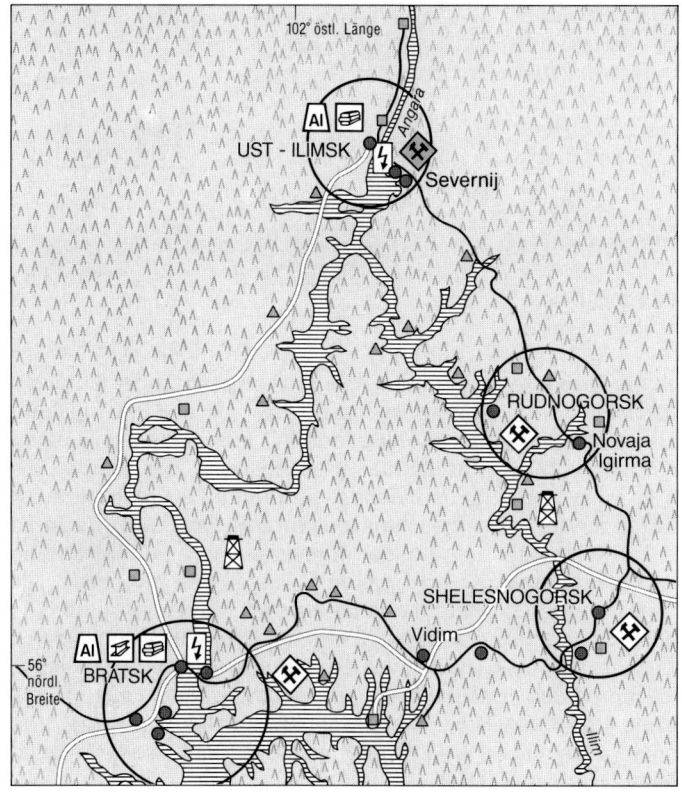

TPK Bratsk/Ust-Ilimsk

Stauseenfläche
Eisenbahn
Straße
städtische Siedlungen
Forstwirtschaftssiedlung
Sowchossiedlung
Industrieknoten
Wasserkraftwerke
Aluminiumproduktion
Metallverarbeitung
Holzindustriekomplex
Eisenerzförderung
Steinkohle
Erdgas

0   50 km

Bratsk gilt auch insofern als „Modell der modernen Erschließung Sibiriens" (Karger), als Stadt und Kraftwerk nicht von Zwangsarbeitern, sondern von freiwilligen Mitarbeitern, u.a. vielen Jugendlichen, erbaut wurde, denen erhebliche materielle Anreize (z.B. wesentlich höhere Löhne, bevorzugte Zuteilung knapper Güter) geboten wurden. Trotz dieser Vergünstigungen kam es wegen der extrem harten Lebensbedingungen zu überdurchschnittlich hohen Wanderungsverlusten.

Die Baikal-Amur-Magistrale. Beim Bau der 1974 begonnenen BAM ging es primär um die Erschließung von Rohstoffreserven in Ostsibirien. Als Entlastungsstrecke der Transsib führt sie über fast 3200 km von Ust-kut an der Lena bis Komsomolsk am pazifiknahen Amur.

Zu ihrem Wirkungs- und Einzugsbereich sollte eine Zone von 150–200 km zu beiden Seiten der Strecke gehören; insgesamt sollte damit ein Gebiet von 1,5 Mio. km^2 erschlossen werden – das entspricht der sechsfachen Größe der Bundesrepublik. Die technischen Schwierigkeiten beim Bau waren erheblich: Klimaungunst, Dauerfrostboden, Hangrutschungen, Lawinengefahr, Erdbebengefährdung. Vier Gebirgszüge mußten auf etwa 25 km untertunnelt werden; 140 Brücken von zusammen 31 km Länge überspannen die breiten Täler.
Nach offiziellen Angaben lagen dem Projekt folgende Ziele zugrunde: Gewinnung von Energierohstoffen (besonders Steinkohle im Südjakutischen Becken, Erdöl im Gebiet der oberen Lena, Erdgas), Eisenerzen, Asbest, Bunt- und Edelmetallen, z.B. Ausbeutung der reichen Kupferlagerstätten von

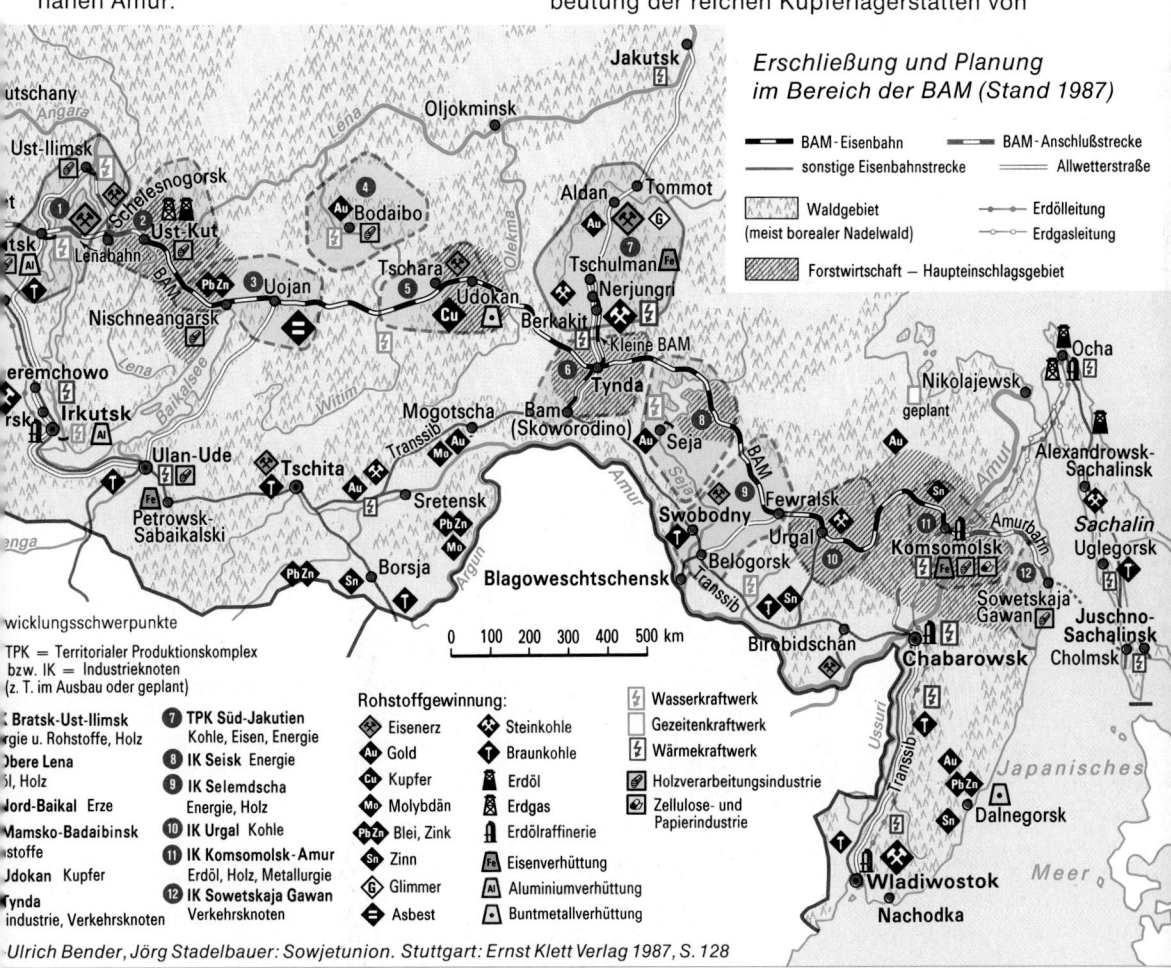

Erschließung und Planung im Bereich der BAM (Stand 1987)

Ulrich Bender, Jörg Stadelbauer: Sowjetunion. Stuttgart: Ernst Klett Verlag 1987, S. 128

457

Udokan (Schätzungen ihres Umfangs gehen bis auf 40% der gegenwärtig bekannten Weltvorräte) sowie der Vorkommen an Nickel, Zink, Wolfram, Molybdän, Blei, Quecksilber und Mangan. Hervorgehoben werden ferner der Reichtum an Holz und potentieller Hydroenergie. Die Transportkapazität der auch heute noch nicht ganz fertiggestellten Bahn ist auf 35 Mio. t im Jahr angelegt. Wo immer es möglich ist, soll entlang der Bahn auch Landwirtschaft betrieben werden. 60 Städte sollten entlang der Strecke angelegt, 1,5 Mio. Arbeitsplätze geschaffen werden. Dieser Plan wurde jedoch inzwischen weitgehend aufgegeben. Der einzige Industrieraum, der wenigstens teilweise aufgebaut wurde, ist der TPK Südjakutien mit der Stadt Nerjungi. Neben den wirtschaftlichen und infrastrukturellen Gründen spielten für den Bau sicherlich auch strategische Erwägungen eine Rolle, da die bislang einzig westöstlich verlaufende Eisenbahnlinie Sibiriens, die Transsib, zu dicht an der Grenze zur Volksrepublik China liegt.

1. *Zeigen Sie anhand der Abbildung auf S. 455 die Verflechtungen im Ural/Kusnezk-Kombinat, und erklären Sie von daher das Kombinat-System.*
2. *Erläutern Sie die natürlichen Standortvoraussetzungen des TPK Bratsk/Ust-Ilimsk, und ordnen Sie das Beispiel in das Gesamtkonzept der Erschließung peripherer Räume ein.*
3. *„Kommunismus ist Sowjetmacht plus Elektrifizierung des ganzen Landes" (Lenin 1917). Erläutern Sie dieses Zitat, und ordnen Sie Bratsk sinngemäß ein.*
4. *Erarbeiten Sie die naturräumlichen Verhältnisse der BAM-Region, indem Sie tabellarisch Gunst- und Ungunstfaktoren für ihre Inwertsetzung gegenüberstellen. Ziehen Sie zur Bearbeitung der Aufgabe auch den Atlas heran.*
5. *Die Erschließung Sibiriens erfolgte nach der „Sprungmethode". Erklären Sie den Begriff anhand der auf Seite 455–458 dargestellten Industrieräume.*

6 Bevölkerung und Stadtentwicklung

6.1 Bevölkerungsbewegungen

Mit der Industrialisierung gehen, ähnlich wie in allen Industrieländern, weitgehende Veränderungen in der Bevölkerungs- und Siedlungsstruktur einher. Diese Veränderungen haben in der SU zwar später als bei uns eingesetzt, vollziehen sich aber in der Gegenwart mit gleicher Dynamik, erfassen den gesamten Staatsraum und den Großteil der Bevölkerung.
Eine allmähliche Bevölkerungsverlagerung von Westen nach Osten und eine rasche Verstädterung sind die auffälligsten Begleiterscheinungen des wirtschaftlichen Umformungsprozesses.

Bevölkerungsverteilung

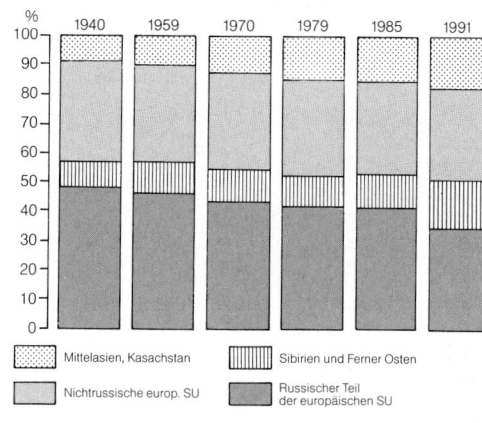

Nach Bundeszentrale für politische Bildung (Hrsg.): Informationen zur politischen Bildung. Die Sowjetunion, Heft 182, S. 27. Bonn 1986 (Neudruck), ergänzt

Der jährliche natürliche Bevölkerungszuwachs der UdSSR lag im Zeitraum 1980–1986 im Mittel bei 1,0%. Dieser Durchschnittswert verbirgt allerdings erhebliche regionale Unterschiede. Während das Wachstum im europäischen Teil der Sowjetunion in den letzten 50 Jahren bei etwa 50% lag, konnten die östlichen Landesteile ein Anwachsen um z.T. 200% verzeichnen. Der Schwerpunkt im östlichen Landesteil liegt jedoch nicht – wie es die Raumplaner am liebsten sähen – in Sibirien, sondern in Mittelasien.

Hauptursache dieser unterschiedlichen Entwicklung sind neben der Binnenwanderung (z.T. Landflucht) die höheren Geburtenraten bei den nichtslawischen Bevölkerungsgruppen.

Aus diesen regional unterschiedlichen Entwicklungen ergibt sich eine Reihe von Problemen: Während in Sibirien und im europäischen Teil ein Arbeitskräftemangel auftritt, besteht im weniger industrialisierten Mittelasien ein Arbeitskräfteüberschuß, der durch die Mechanisierung in der Landwirtschaft noch verstärkt wird.

6.2 Stadt und Verstädterung

Die sozialistische Stadt. Im Zusammenhang mit dem Bau großer Industriekomplexe entstand in der Sowjetunion eine Reihe neuer Städte, wie z. B. Magnitogorsk, Tscheljabinsk oder Gorki. Diese und andere Neugründungen der Sowjetzeit unterscheiden sich deutlich von den gewachsenen Städten früherer Epochen. Da sie sowohl in

Stadtzentrum in Bratsk 1989

ihrer Physiognomie als auch in ihrer Struktur und Funktion die wirtschaftlichen, sozialen und ideologischen Grundzüge des Sozialismus widerspiegeln, wurde für sie der Begriff *„sozialistische Stadt"* geprägt.

„Die Standortwahl war der ‚ökonomischen Hauptaufgabe‘, der nachholenden Industrialisierung, untergeordnet, dem ‚Einholen und Überholen‘. Daher entstanden die meisten der neuen Städte im Zusammenhang mit dem Neubau großer, für die gesamte Volkswirtschaft wichtiger Industriebetriebe. Außer den Interessen der Produktion (daher gelegentlich ‚Produktionsstädte‘) hatte der allgemein geringe, örtlich aber eindrucksvoll konzentrierte Städtebau auch ideologische Aufgaben. Diese Städte sollten auf ihre neuen, oft unmittelbar aus ländlichem Milieu kommenden Einwohner im Sinne eines ‚social engineering‘ und der ‚Revolution‘ von oben erzieherisch wirken. In der Sprache der Zeit: ‚das Bewußtsein ändern‘."

Adolf Karger, Frank Werner: Die sozialistische Stadt. In: Geographische Rundschau 1982, H. 11, S. 520. Braunschweig: Westermann

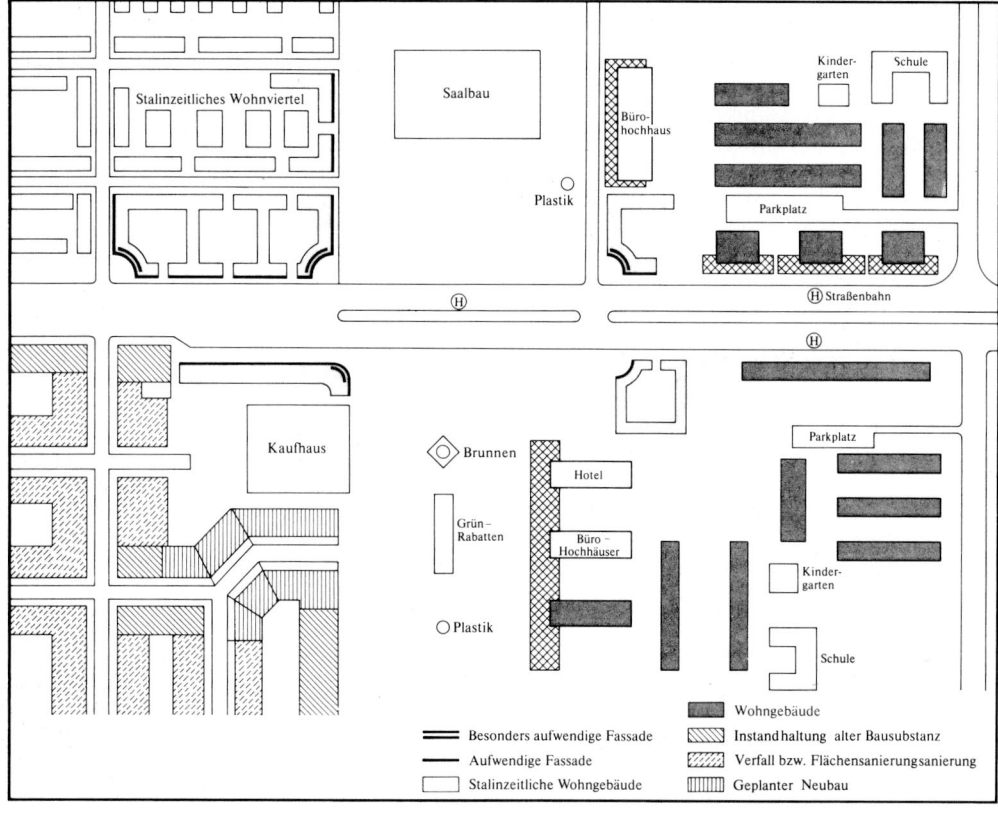

Adolf Karger, Frank Werner: a.a.O., S. 527

Dem Zentrum der sozialistischen Stadt kommt eine besondere Aufgabe zu. Als politischer Mittelpunkt soll es die führende Rolle des Staates und der Partei repräsentieren und gleichzeitig die sozialistische Gesellschaftsordnung widerspiegeln. Wichtige Elemente sind:
– die Hauptmagistrale für Aufmärsche und Demonstrationszüge organisierter Massen;
– der zentrale Platz als Konzentrationspunkt für Massenkundgebungen und Volksfeste;
– Großbauten (Parteizentrale, Kulturpalast) als monumentaler Ausdruck der Staatsmacht und des sozialistischen Gesellschaftssystems.

Dieses in der Stalinzeit geprägte Grundmuster erfuhr seit den sechziger Jahren eine Reihe von Veränderungen, z. B.:

– Umgestaltung der Magistrale zur mehrspurigen Fahrbahn für den wachsenden Kfz-Verkehr;
– Bau von Bürohochhäusern, Hotels und anderen Dienstleistungseinrichtungen zur Befriedigung des gestiegenen Konsums;
– Bau von Großwohnsiedlungen.
Gegenwärtig läßt sich eine Zurücknahme der Ideologie in der Stadtgestaltung erkennen, ohne daß dadurch jedoch die für fast alle sozialistischen Städte typische, erdrückende Monotonie, vor allem der Wohngebiete, beseitigt werden konnte.

Verstädterung. Besonders auffallend ist seit sowjetischer Zeit der Prozeß der *Verstädterung*. Lebten zu Beginn dieses Jahrhunderts (1913) 82% der sowjetischen (russischen) Bevölkerung auf dem Land, so sind es gegenwärtig nur noch 30%. Vor allem die Zu-

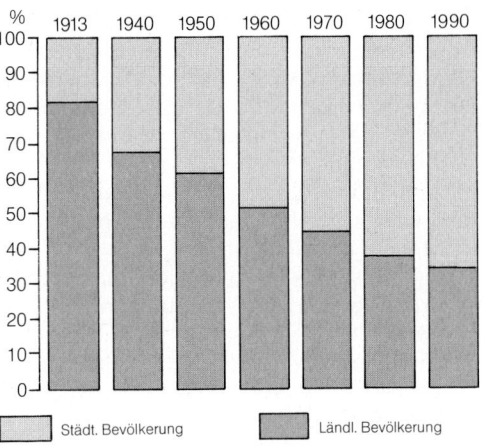

Roter Platz mit Basilius-Kathedrale und Teile des Kreml

nahme der Zahl der Millionenstädte zeigt deutlich die Bevölkerungskonzentration in Agglomerationsräumen, die wiederum weitgehend an das Vorhandensein natürlicher Ressourcen gebunden sind. 1990 gab es 56 Städte mit mehr als 500 000 Einwohnern, darunter 24 Millionenstädte. 1939 lagen die entsprechenden Zahlen noch bei 11 bzw. 2 (Moskau und Leningrad).

Das Wachstum der Städte vollzieht sich im Osten vor allem durch Binnenwanderungen, durch *Landflucht* und durch den natürlichen Zuwachs. Im europäischen Landesteil war das Wachstum insbesondere auf die administrative Umwandlung ländlicher Siedlungen in Städte oder die Schließung kleinerer Dörfer und Verlegung der Dorfbewohner in benachbarte Sowchos- und Kolchoszentren zurückzuführen. Gegenwärtig läßt sich auch hier eine verstärkte Zuwanderung vom Land in die Städte feststellen.

Verstädterung

| % | 1913 | 1940 | 1950 | 1960 | 1970 | 1980 | 1990 |

Städt. Bevölkerung   Ländl. Bevölkerung

Nach Bundeszentrale für politische Bildung (Hrsg.): Informationen zur politischen Bildung. Die Sowjetunion, Heft 182, S. 28. Bonn 1986 (Neudruck), ergänzt

1. *Beschreiben Sie die Bevölkerungsvertei-lung im Gebiet der ehemaligen UdSSR (Abb. S. 458, Atlas), und erklären Sie sie aus den natürlichen, historischen und wirtschaftsgeographischen Gegebenheiten.*
2. *Werten Sie die Abbildung „Verstädterung" auf Seite 461 aus, nennen Sie wesentliche Gründe für den Prozeß der Verstädterung.*
3. *Vergleichen Sie das Ausmaß der Verstädterung in der ehemaligen UdSSR mit dem in den westlichen Industrieländern. Versuchen Sie, die Unterschiede zu erklären.*
4. *„Bei der Gestaltung der entwickelten sozialistischen Gesellschaft wird die Urbanisierung zur Durchführung der sozialistischen Lebensweise in allen Landesteilen planmäßig genutzt. Die Stadt hat das Land beim Aufbau der klassenlosen kommunistischen Gesellschaft zu führen."*
Erläutern Sie das Zitat (entnommen aus einem Buch zur Regionalplanung in der ehemaligen DDR), und wenden Sie es auf die UdSSR an.

7 Die Bilanz der letzten Jahre

Mit der Gründung der „Gemeinschaft Unabhängiger Staaten (GUS)" am 21. Dezember 1991 hat die „Union der Sozialistischen Sowjetrepubliken" aufgehört zu existieren – vierundsiebzig Jahre nach der Oktoberrevolution und nachdem sie über Jahrzehnte hinweg die Weltpolitik entscheidend mitbestimmt hatte.

Mit der Umwälzung von 1991 wurde besiegelt, was sich schon lange abzeichnete und nicht mehr aufzuhalten war:
– der Zusammenbruch der politischen Strukturen und die Auflösung der Zentralgewalt,
– das Ende der Vorherrschaft der kommunistischen Partei und der von ihr geprägten Gesellschaftsordnung,
– der Bankrott des Systems der Zentralverwaltungswirtschaft mit seinen z.T. katastrophalen Auswirkungen auf fast alle Bereiche des täglichen Lebens.

Die Versorgungskrise, die im Winter 1990/1991 die Sowjetunion heimsuchte, war Ausdruck einer allgemeinen Wirtschaftskrise, die bereits seit der zweiten Hälfte der siebziger Jahre abzusehen war. In der Landwirtschaft folgten ab 1979 vier produktionsschwache Jahre aufeinander; die Lebensmittel wurden knapp und mußten kontingentiert werden. Trotz steigender Einfuhren – 1980 erreichte der Anteil der Agrarimporte an den Gesamteinfuhren 24% – litt die Bevölkerung unter gravierenden Versorgungsmängeln. Die industrielle Produktion sank – auch in Bereichen, die bislang als Schwerpunkte der Entwicklung galten: bei Stahl- und Walzguterzeugnissen, in Kernbereichen des Maschinenbaus, in der Fahrzeugindustrie, im Turbinenbau sowie bei Stein- und Braunkohle. Die Erdölproduktion stieg nur noch langsam, und ein immer größerer Anteil ging in den Export, um die Nahrungsmittelimporte zu bezahlen. Mit den fallenden Weltmarktpreisen für Rohstoffe sanken auch die Einnahmen, und als Folge schrumpften die Devisenreserven beträchtlich.

Die Krise äußerte sich in langen Schlangen vor den staatlichen Einzelhandelsläden und einer zunehmenden Verelendung v.a. der einkommensschwachen Gruppen. Der sowjetische Durchschnittshaushalt mußte 1991 ca. zwei Drittel seiner Einkünfte für Lebensmittel ausgeben; früher war dies wesentlich weniger.

In dieser Situation versuchte der neue Generalsekretär der KPdSU, Michail Gorbatschow, der im März 1985 an die Macht gekommen war, das Steuer herumzureißen, zunächst auf wirtschaftlichem, später auch auf gesellschaftlichem Gebiet. Die Schlagworte Glasnost, Perestroika und Uskorenije charakterisieren die eingeleiteten Veränderungen.

Glasnost (Öffentlichkeit, Transparenz) sollte zu mehr Demokratie führen. Es galt, Tabus zu beseitigen und dunkle Flecken der sowjetischen Geschichte, wie z.B. die lang vertuschten Massenmorde der Stalinzeit oder die ungelösten Nationalitätenprobleme, die man unter dem Druck des erzwungenen inneren Friedens verschwiegen hatte, aufzuarbeiten.

| Jimmy Carter in Moskau | Ronald Reagan in Moskau | George Bush in Moskau |

Mit *Perestroika* (Umbau) werden die angestrebten gesellschaftlichen Veränderungen umschrieben, z. B. Abbau der Zensur und der Rechtsunsicherheit, Einschränkung der Willkür der Sicherheitsorgane, Zulassung der Menschenrechtsbewegung in der Sowjetunion (vgl. Befreiung des Friedensnobelpreisträgers Sacharow 1986 aus seiner mehrjährigen Verbannung). Durch den „Umbau" sollten ferner soziale Aspekte des Wachstums und Reformen in der Wirtschaftslenkung vorangetrieben werden, welche wiederum zu mehr Demokratie führen sollten.

Uskorenije bedeutet soviel wie Beschleunigung und zielte zunächst auf ein qualitatives Wachstum in der Wirtschaft. Durch einen Modernisierungsschub, vor allem in der Maschinenbauindustrie, und die Förderung des wissenschaftlich-technischen Fortschritts versuchte man, die Produktion zu steigern und eine allgemeine Belebung der Wirtschaft zu erwirken, um so schließlich auch Veränderungen im sozialen Bereich voranzutreiben.

Da die wirtschaftlichen Reformen aber nur halbherzig vorgenommen wurden und die Politik des Umbaus und der Öffnung z.T. widersprüchlich war bzw. in wesentlichen Bereichen noch an alten Vorstellungen haften blieb, konnten die Erwartungen der Bevölkerung nicht erfüllt werden.

Erschwerend kam hinzu, daß die Macht- und Herrschaftsstrukturen des aufgeblähten Organisationsapparates von Partei und Ministerien von den dortigen Beschäftigten mit allen Mitteln verteidigt wurden, jede Neuerung als Machtverlust verstanden und deshalb abgeblockt wurde.

Unter diesen Voraussetzungen mußte die Erneuerungspolitik Gorbatschows fehlschlagen: Die Versorgungslage verschlechterte sich weiter, Rivalitäten zwischen den Völkern lebten auf, die Zerrüttung des Staates erreichte eine gefährliche Grenze.

7.1 Das Ende der Sowjetunion und der Versuch einer politischen Neuordnung

„Am Beginn des letzten Jahrzehnts des zwanzigsten Jahrhunderts hatte sich die Wandelbarkeit des maroden Sowjetsystems erschöpft. … das Sowjetreich (stürzte) in ein wirtschaftliches Desaster und zerfiel in seine Bestandteile. Für den eurasischen Halbkontinent begann eine völlig neue Epoche seiner Geschich-

463

te. Auf dem Boden des untergegangenen, vorerst letzten Weltreiches der Geschichte erhoben sich 15 Staaten, die teilweise erstmals eine eigene Staatlichkeit erlangten."

Nikolaus Katzer: Bilanz und Ausblick. In: Informationen zur politischen Bildung, Heft 236. Bonn: Bundeszentrale für politische Bildung 1992, S. 39

Die Vernachlässigung der nationalen Probleme führte Ende der achtziger Jahre zu einem Aufbegehren der Völker und Völkerschaften in mehreren Regionen der Sowjetunion. Am 16. November 1988 erklärte Estland seine Souveränität. Wenig später schlossen sich die beiden anderen baltischen Staaten Lettland und Litauen an, und bis zum Herbst 1990 folgten alle übrigen Republiken dem Beispiel.

In den Souveränitätserklärungen kommt immer wieder zum Ausdruck, daß die Staaten künftig allein über Grund und Boden, über Bodenschätze und die Produktionsmittel der staatlichen Firmen verfügen möchten und daß das Unionsrecht nicht mehr generell das Republiksrecht brechen sollte.

Um jedoch das Auseinanderbrechen der Sowjetunion zu verhindern, sprachen sie sich nicht generell gegen einen Staatenbund aus. In einem „Unionsvertrag" sollten die Kompetenzen zwischen den Republiken und dem Zentrum neu geregelt werden. Der Vertrag sah vor allem eine Aufwertung der Republiken bei gleichzeitiger Schwächung des Zentrums bzw. der Zentralregierung vor.

Im August 1991 sollte dieser Vertrag unterschrieben werden. Dazu kam es aber nicht mehr, denn konservative Kräfte aus Partei und Wirtschaft, denen die Schwächung des Zentrums durch den Unionsvertrag zu weit ging, organisierten den „August-Putsch". Dieser scheiterte jedoch nach drei Tagen kläglich, weil weder alle Teile des Militärs noch die Bevölkerung ihn unterstützten. Insbesondere die mutige Haltung des russischen Präsidenten Boris Jelzin trug wesentlich zum Scheitern bei.

Damit war faktisch das Ende der Sowjetunion eingeläutet, denn durch das Verbot der KPdSU (November 1991) in Rußland und nachfolgend in anderen Republiken wurde ihr die Machtbasis entzogen. Damit war auch die Ära Gorbatschow zu Ende.

Im Abkommen von Alma-Ata im Dezember 1991, dem bis auf die drei baltischen Staaten und Georgien alle Nachfolgestaaten der Sowjetunion beitraten, wurde die einzelstaatliche Unabhängigkeit festgeschrieben.

7.2 Das Erbe des Systems

Nationalitätenkonflikte

Sowjetföderalismus und Gewaltenkonzentration. Nach der Verfassung war die UdSSR als föderalistischer Staat konzipiert, d. h. eine Union von Republiken, gebildet auf der Grundlage der einzelnen Nationalitäten, die in der Regel der jeweiligen Unionsrepublik (SSR) auch den Namen gaben. Die Unionsrepubliken waren nach der politischen Rechtsordnung souveräne Staaten mit eigener Verfassung und eigenen Staatsorganen. Sie hatten laut Verfassung das Recht auf freien Austritt aus der Sowjetunion, von dem allerdings bis 1988 keine Republik Gebrauch machte, nach dem sowjetischen Verständnis von „Selbstbestimmung" und infolge der Verfassungspraxis auch kaum machen konnte. Einigen der 15 Unionsrepubliken waren Autonome Republiken (ASSR) angegliedert, die nationale Minderheiten zusammenfaßten und eine eigene Verfassung hatten. Auch kleineren Volksgruppen war das Recht zugestanden, sich ihrer nationalen Sonderheit entsprechend in „Autonomen Gebieten" und „Nationalkreisen" zu verwalten.

Dieses föderalistische Prinzip war de facto jedoch mehrfach unterbrochen, da es im Ermessen der herrschenden Partei lag, die verfassungsmäßig garantierte Autonomie einzelner Volksgruppen außer Kraft zu setzen, wie z. B. bei den Wolga-Deutschen und Krim-Tataren im Zweiten Weltkrieg. Selbst einige der großen Nationalitäten (Deutsche 1,9 Mio., Polen 1,1 Mio.) waren bzw. sind im föderalistischen Aufbau des Staates nicht repräsentiert. So war angesichts der herrschenden Rolle der KPdSU die Sowjetunion in Wirklichkeit ein Einheitsstaat mit einer gewissen formalen Dezentralisation.

Unter den zahlreichen Nationalitäten – die Volkszählung führt offiziell 100 auf, die Zahl der ethnischen Gruppen ist jedoch mindestens doppelt so groß – stellen die slawischen Völker die weitaus größte Gruppe.

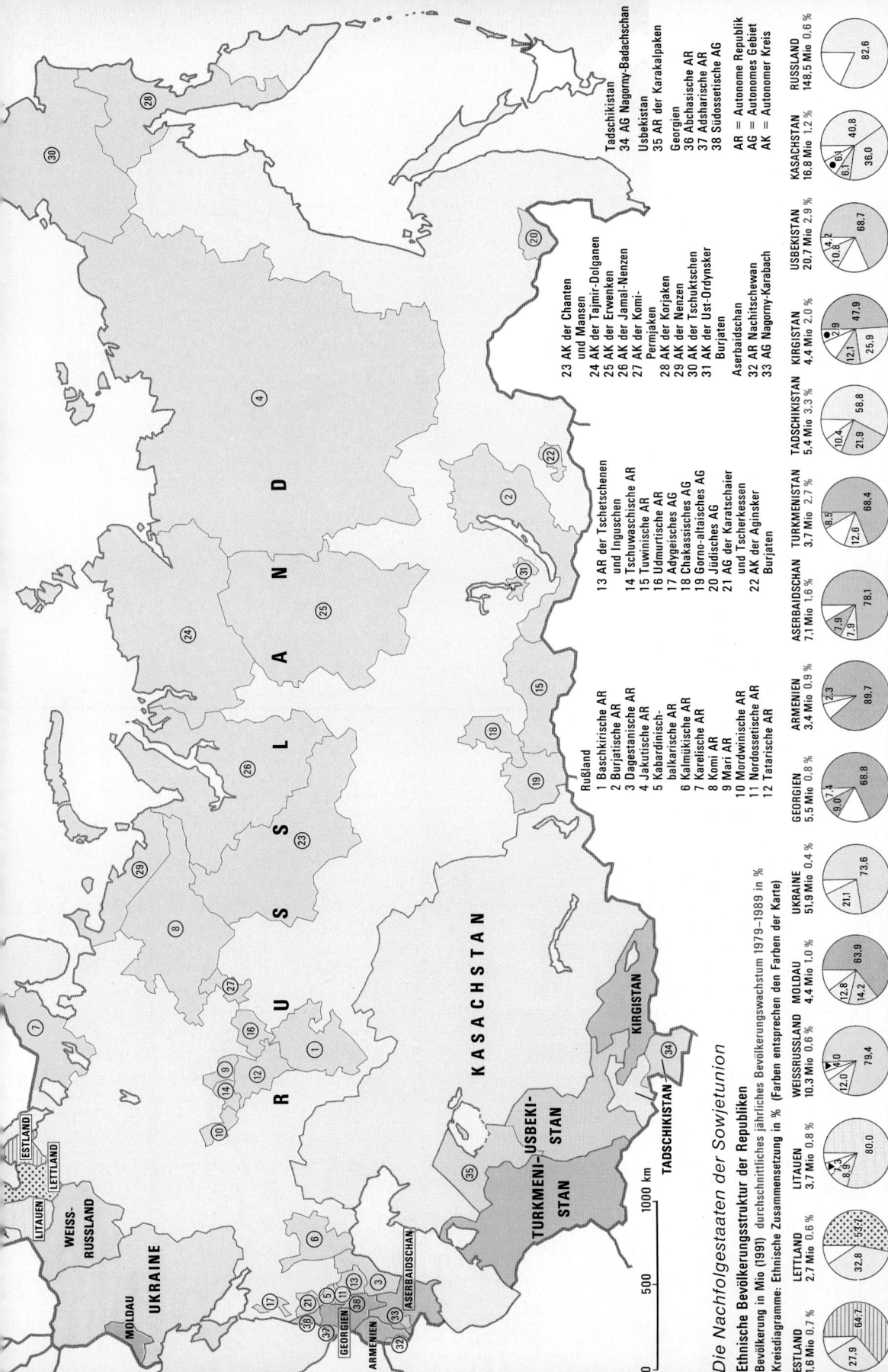

Die Nachfolgestaaten der Sowjetunion

Ethnische Bevölkerungsstruktur der Republiken
Bevölkerung in Mio (1991) durchschnittliches jährliches Bevölkerungswachstum 1979–1989 in %
Kreisdiagramme: Ethnische Zusammensetzung in % (Farben entsprechen den Farben der Karte)

Rußland
1 Baschkirische AR
2 Burjatische AR
3 Dagestanische AR
4 Jakutische AR
5 Kabardinisch-balkarische AR
6 Kalmükische AR
7 Karelische AR
8 Komi AR
9 Mari AR
10 Mordwinische AR
11 Nordossetische AR
12 Tatarische AR
13 AR der Tschetschenen und Inguschen
14 Tschuwaschische AR
15 Tuwinische AR
16 Udmurtische AR
17 Adygeische AG
18 Chakassisches AG
19 Gorno-altaisches AG
20 Jüdisches AG
21 AG der Karatschaier und Tscherkessen
22 AK der Aginsker Burjaten
23 AK der Chanten und Mansen
24 AK der Tajmir-Dolganen
25 AK der Erwenken
26 AK der Jamal-Nenzen
27 AK der Komi-Permjaken
28 AK der Korjaken
29 AK der Nenzen
30 AK der Tschuktschen
31 AK der Ust-Ordynsker Burjaten

Tadschikistan
34 AG Nagorny-Badachschan
Usbekistan
35 AR der Karakalpaken
Georgien
36 Abchasische AR
37 Adsharische AR
38 Südossetische AG
Aserbaidschan
32 AR Nachitschewan
33 AG Nagorny-Karabach

AR = Autonome Republik
AG = Autonomes Gebiet
AK = Autonomer Kreis

ESTLAND 1,6 Mio 0,7 %
27,9 64,7

LETTLAND 2,7 Mio 0,6 %
32,8 53,7

LITAUEN 3,7 Mio 0,8 %
8,9 7,3 80,0

WEISSRUSSLAND 10,3 Mio 0,6 %
12,0 4,0 79,4

MOLDAU 4,4 Mio 1,0 %
12,8 14,2 63,9

UKRAINE 51,9 Mio 0,4 %
21,1 73,6

GEORGIEN 5,5 Mio 0,8 %
9,0 7,4 68,8

ARMENIEN 3,4 Mio 0,9 %
2,3 89,7

ASERBAIDSCHAN 7,1 Mio 1,6 %
7,9 7,9 78,1

TURKMENISTAN 3,7 Mio 2,7 %
8,5 12,6 68,4

TADSCHIKISTAN 5,4 Mio 3,3 %
10,4 21,9 58,8

KIRGISTAN 4,4 Mio 2,0 %
2,9 12,1 25,9 47,9

USBEKISTAN 20,7 Mio 2,9 %
4,2 10,8 68,7

KASACHSTAN 16,8 Mio 1,2 %
6,1 6,1 36,0 40,8

RUSSLAND 148,5 Mio 0,6 %
82,6

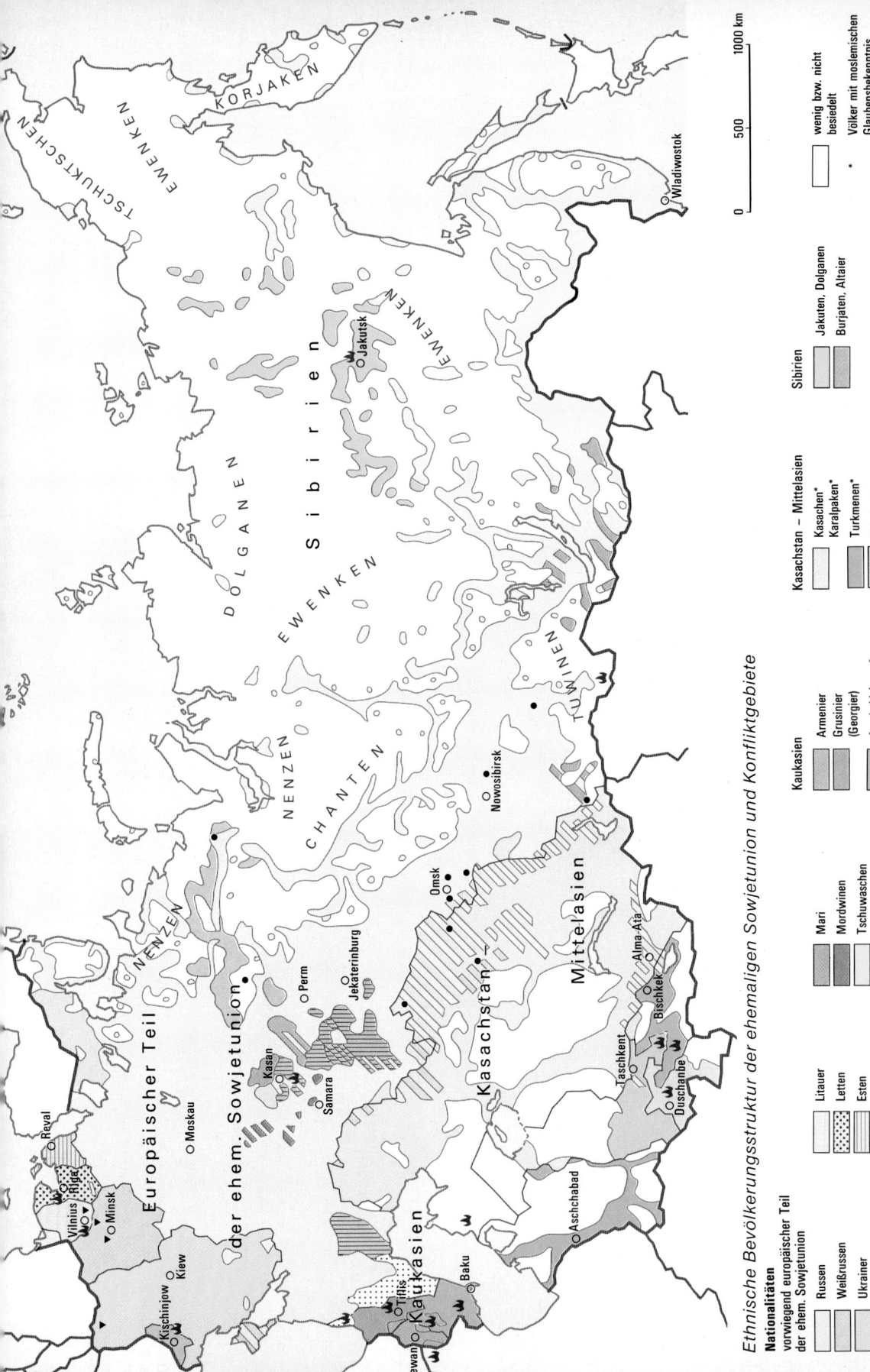

Ethnische Bevölkerungsstruktur der ehemaligen Sowjetunion und Konfliktgebiete

Nationalitäten

vorwiegend europäischer Teil der ehem. Sowjetunion

Russen · Weißrussen · Ukrainer · Polen

Litauer · Letten · Esten · Karelier

Mari · Mordwinen · Tschuwaschen · Tataren*

Kaukasien

Armenier · Grusinier (Georgier) · Aserbaidshaner* · Sonstige (z.B. Abchasier,

Kasachstan – Mittelasien

Kasachen* · Karalpaken* · Turkmenen* · Usbeken* · Kirgisen*

Sibirien

Jakuten, Dolganen · Burjaten, Altaier

NENZEN Völker, die flächenmäßig nicht darstellbar sind

wenig bzw. nicht besiedelt

Völker mit moslemischem Glaubensbekenntnis

ethnisches Konfliktgebiet

1000 km   500   0

Die russische Bevölkerung in den einzelnen Unionsrepubliken und ihre zahlenmäßige Entwicklung

	absolut (1989, in 1000)	Entwicklung	
		1959–1979 (Index: 1959 = 100)	1979–1989 (Index: 1979 = 100)
Rußland	119866	116,0	100
Ukraine	11340	147,7	102
Weißrußland	1341	171,8	102
Estland	475	170,4	110
Lettland	906	147,7	104
Litauen	344	131,2	107
Moldau	560	172,2	105
Georgien	339	91,2	86
Armenien	52	125,0	69
Aserbaidschan	392	94,8	78
Kasachstan	6226	151,7	98
Usbekistan	1652	149,6	94
Turkmenistan	334	132,7	91
Kirgistan	917	146,2	95
Tadschikistan	387	150,2	93

A. Višnevskij, Ž. Zajonikovskaja, Migracija 12 SSSR, M 1991, S. 10f., Norbert Wein: Die Sowjetunion. Paderborn: Schöningh 1982 (2. Auflage), S. 39

Mit einem Anteil von über 50% dominieren die Großrussen bei den slawischen Völkern. In einzelnen Staaten stellen heute nicht mehr die namensgebende Nation die Mehrheit, sondern die zugewanderten Russen (vgl. Tab. oben). Die Vorherrschaft der Russen erklärt sich unter anderem aus der Geschichte. Schon das Zarentum versuchte bei der Ausdehnung seines Machtbereichs, die unterworfenen fremdstämmigen Völker zu russifizieren. Dieser Vorgang der Unterwanderung wurde in sowjetischer Zeit zielstrebig fortgesetzt. Mittel dieser Politik waren:

– Die Unionsrepubliken wurden systematisch mit russischem Personal durchsetzt (Verwaltung, Planungs- und Wirtschaftsbehörden, Bildungswesen, Armee),
– Artikel 126 der Verfassung stattete das Zentralkomitee der Kommunistischen Partei mit allmächtigen Rechten aus; das ZK war aber überwiegend mit Russen besetzt,
– die Regierungen der Unionsrepubliken waren von den Weisungen des ZK der KPdSU abhängig.

Nationalbewegungen und territoriale Auseinandersetzungen. Mit dem Machtverlust der KPdSU brach nicht nur das politische System zusammen. Mit ihr entfiel auch die faktische Macht, die die Sowjetunion als multinationalen Staat zusammengehalten hatte. Die Rückbesinnung auf die Nation war in dieser Situation vielfach das einzige, was Halt und Identität geben konnte, die einzige erkennbare Alternative zum sowjetischen Zentralstaat.

Einige Völker – so die baltischen Staaten – nutzten diese Hinwendung zum Nationalen, um sich endgültig von der Hegemonie Moskaus zu befreien, während anderen, wie z. B. der Ukraine und Weißrußland, die gewonnene Freiheit dazu diente, sich gegenüber dem mächtigen Nachbarn Rußland zu behaupten.

„Das zentrale politische Instrument, das die Bolschewiki zur Regelung des Vielvölkerproblems entwickelten, hieß Sowjetföderalismus. Diese Kombination von scheinbarer Souveränität bei den Republiken und der Konzentration der realen Macht beim Zentrum hat sich jahrzehntelang bewährt, sich dann aber an seinen schlauen Erfindern gerächt. Der Sowjetföderalismus, der von Lenin als eine Übergangsperiode auf dem Wege zu einem sozialistischen zen-

467

tralistischen Staat geplant war, erwies sich nicht nur als nicht mehr abschaffbar, sondern er sprengte schließlich den Sowjetstaat auseinander. Der Schein wurde zur Realität. Jene zum Teil willkürlichen innersowjetischen Scheingrenzen, die föderale Gebietseinheiten voneinander trennten, wurden seit Ende der 80er Jahre zu Außengrenzen von Staaten, die kaum noch verrückbar waren. Der Sowjetföderalismus hatte die nationalen Ambitionen auf einer niedrigen Ebene zufriedenstellen sollen, statt dessen wurde er zu einem wichtigen Ausgangspunkt der Staatsbildung gegen die Sowjetunion."

Gerhard Simon: Die Nationalbewegungen und das Ende der Sowjetunion. In: Landeszentrale für politische Bildung Baden-Württemberg (Hrsg.): Nach dem Zerfall der Sowjetunion. Der Bürger im Staat, H. 2, 1992, S. 95/96

„Ein wesentlicher Auslöser (u.a.) sind bis in die Gegenwart die Umsiedlungen, die unter Stalin vorgenommen wurden – meist unter dem Vorwand, einzelne Völker hätten mit den deutschen Truppen kollaboriert. Zwar sind diese Völker nach dem XX. Parteikongreß 1956 rehabilitiert worden, aber nur teilweise war ihnen eine Rückkehr in die angestammten Siedlungsräume möglich. Häufiger blieb sie verwehrt, weil inzwischen andere Bevölkerungsgruppen diesen Raum für sich beanspruchen. Jüngere Umsiedlungen, die bspw. nach Naturkatastrophen in Kaukasien vorgenommen worden sind, vergrößern das Konfliktpotential. Selbst die in den letzten Jahrzehnten meist durch materielle Anreize zustandegekommenen Binnenwanderungen von Arbeitskräften nach Sibirien sind nicht problemfrei."

Jörg Stadelbauer: Reform oder Transformation? Räumliche Aspekte des Strukturwandels in der ehemaligen Sowjetunion. In: Pädagogische Hochschule Karlsruhe (Hrsg.): karlsruher pädagogische beiträge 26/1992, S. 123

Besonders in Mittelasien und im Kaukasus gewinnen die territorialen und ethnischen Auseinandersetzungen mehr und mehr Züge eines Religionskrieges, vor allem zwischen Christen und Muslimen, wie z. B. im Streit um die Enklave Nagornyi Karabach oder zwischen den Georgiern, Osseten und Abchasiern.

Der Konflikt um Nagornyi Karabach. Das Autonome Gebiet Nagornyi (Berg) Karabach gehört administrativ zur Republik Aserbaidschan. Es umfaßt ein Territorium von etwa 4400 km^2, auf dem ca. 186000 Menschen leben, davon 78% Armenier und 21% Aseri (aserbaidschanische Bevölkerung). Die Armenier sind Christen, während sich die Aseri zum Islam bekennen.

„In Transkaukasien gehört vor allem der armenisch-aserbaidschanische Streit um das Schicksal von Nagornyi Karabach zu den schwierigen Grenzkonflikten. Die Willkür, mit der zu Beginn der zwanziger Jahre die Grenzziehung zwischen den Republiken erfolgte, erreichte wohl ihren Höhepunkt, als dieses kleine, vorwiegend von Armeniern bewohnte Gebiet Aserbaidschan zugeschlagen wurde. Danach war der historische armenische Landstrich durch einen 8 km breiten Streifen aserbaidschanischen Territoriums von Armenien abgetrennt. Diese Aktion, von Lenin als ,Goodwill-Geste' gegenüber dem revolutionär-demokratischen Regime in der Türkei geplant, hat in unserer Zeit zu einer Tragödie geführt, einem nicht erklärten, aber blutigen Krieg zwischen Armeniern und Aserbaidschanern. Zu seinen Opfern gehören außer den zahlreichen Toten ca. 230000 aserbaidschanische Flüchtlinge aus Armenien und ungefähr ebenso viele armenische Flüchtlinge aus Aserbaidschan."

Nikolaj Nowikow: Nationalitätenkonflikte im Kaukasus und in Mittelasien. In: Aus Politik und Zeitgeschichte. Beilage zur Wochenzeitung Das Parlament B 52–53/91 vom 20. 12. 1991, S. 25

Die Auseinandersetzungen begannen 1988, als die Armenier die Angliederung von Nagornyi Karabach an Armenien forderten. Daraufhin kam es zu einem Pogrom an Armeniern in der aserbaidschanischen Stadt Sungait, der über 50 Tote forderte. Am 15. Mai gab der Oberste Sowjet Armeniens seine Zustimmung zur Vereinigung Nagornyi Karabachs mit Armenien, während Aserbaidschan sie vehement ablehnte. Zwei Monate später, am 12. Juli 1988, erklärte der Oberste Sowjet Nagornyi Karabachs formell seinen Austritt aus dem Bestand Aserbaidschans.

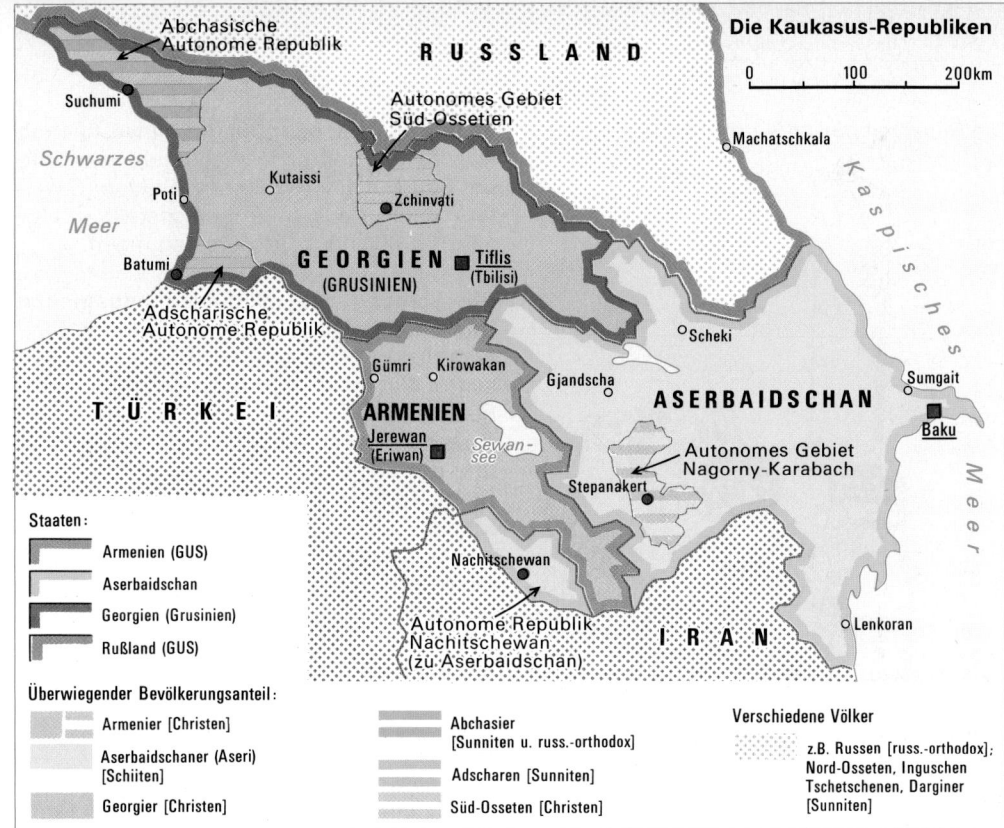

Die Kaukasus-Republiken

0   100   200km

RUSSLAND

Abchasische
Autonome Republik

Suchumi

Schwarzes

Meer

Poti

Kutaissi

Autonomes Gebiet
Süd-Ossetien

Zchinvati

Machatschkala

Batumi

GEORGIEN ■ Tiflis
(GRUSINIEN)   (Tbilisi)

Adscharische
Autonome Republik

Scheki

Gümri   Kirowakan

Gjandscha

Sumgait

TÜRKEI

ARMENIEN

Jerewan
(Eriwan)

Sewan-
see

ASERBAIDSCHAN

Baku

Autonomes Gebiet
Nagorny-Karabach

Stepanakert

Nachitschewan

Autonome Republik
Nachitschewan
(zu Aserbaidschan)

IRAN

Lenkoran

Kaspisches Meer

Staaten:

Armenien (GUS)

Aserbaidschan

Georgien (Grusinien)

Rußland (GUS)

Überwiegender Bevölkerungsanteil:

Armenier [Christen]

Aserbaidschaner (Aseri)
[Schiiten]

Georgier [Christen]

Abchasier
[Sunniten u. russ.-orthodox]

Adscharen [Sunniten]

Süd-Osseten [Christen]

Verschiedene Völker

z.B. Russen [russ.-orthodox];
Nord-Osseten, Inguschen
Tschetschenen, Darginer
[Sunniten]

Konfliktgebiet um Nagornyi Karabach

Eine Verschärfung des Konflikts konnte vorübergehend durch den Einsatz sowjetischer
Truppen vermieden werden und nachdem
Moskau das Gebiet der Zentralverwaltung
unterstellte (12. Januar 1989). Nach dem Zusammenbruch der Sowjetunion eskalierten
die Unruhen jedoch zum offenen Bürger-
krieg unter Einsatz auch schwerer Waffen,
und als im März 1992 die reguläre Armee der
GUS aus der Konfliktzone abzog, weiteten
sich die Kampfhandlungen aus. Armenische
Einheiten begannen mit massiven Angriffen,
eroberten den aserbaidschanischen Stütz-
punkt Chodschaly und führten eine grau-
same Strafaktion gegen die Zivilbevölke-
rung durch.
Vermittlungsversuche gab es schon zu Zeiten Gorbatschows. So kam es in Moskau
mehrere Male zu Treffen zwischen den Füh-
rern der verfeindeten Parteien, an denen
auch Vertreter anderer Republiken teilnah-
men. Doch die Gespräche hatten ebensowe-
nig Erfolg wie die Vermittlungsmissionen
von Boris Jelzin und des kasachischen Präsidenten im Jahre 1991 oder der Türkei,
Irans und einiger westlicher Länder 1992.

1. *Erörtern und diskutieren Sie die Ursachen, die 1991 zum Zusammenbruch
der Sowjetunion führten.*

2. *Erklären Sie die Begriffe „Glasnost",
„Perestroika", „Uskorenije", und erläu-
tern Sie, warum die Erneuerungspolitik
Gorbatschows fehlschlug.*

3. *Interpretieren Sie die Karte „Die Nachfolgestaaten der Sowjetunion" (S. 465).
Welche Hinweise auf mögliche Nationalitätenprobleme liefert die Karte?*

4. *Erörtern und diskutieren Sie die politische Bedeutung der „Russifizierung".*

5. *Erklären Sie, inwiefern die gegenwärtigen
Nationalitätenkonflikte bereits in der sowjetischen Zeit vorprogrammiert waren.*

6. *„Die Nation ist die einzige Alternative zum
kommunistischen Pseudointernationalis-
mus." Erklären Sie das Zitat am Beispiel
der vorgestellten nationalen Bewegun-
gen.*

Die Reserven des Lebensmittelprogramms

Nach Literaturnaja Gazeta, 18. 4. 1990

Wirtschaftskrise in der Ära Gorbatschow (1985–1991)

Der Umbau der Wirtschaft bedeutete für Gorbatschow und seine Berater, die Produktivität der Wirtschaft, v. a. der Industrie, mit den alten Planungs- und Lenkungsmechanismen zu erhöhen. Elemente der Marktwirtschaft wie Privateigentum, freier Wettbewerb und damit auch freier Binnen- und Außenhandel fehlten in dieser Strategie vollständig.

Umverteilung der staatlichen Investitionen. Bis Mitte 1987 wurde der Großteil der staatlichen Investitionen in den Maschinenbausektor geleitet, um dort auf Weltniveau zu kommen. Gestoppt bzw. zurückgestellt wurden in dieser Zeit nahezu alle Großprojekte (z. B. alle TPKs an der BAM, das Sibaral-Projekt u. a.), die erhebliche Investitionssummen verschlangen, aber wenig wirtschaftlich waren.

Doch der schwerfällig und unökonomisch arbeitende Planungs- und Lenkungsapparat, v. a. aber die enorme Macht der Unionsministerien verhinderten, daß sich Erfolge im Maschinenbausektor einstellten. Eine gi-

gantische Verschwendung der Investitionen war für die Zeit kennzeichnend. So wurde der Bau von 4600 Industrieprojekten (Erweiterungen, Neubauten) eingestellt, dafür aber 146 000 neue Projekte begonnen.

Die Stellung des militärisch-industriellen Komplexes (MIK). Die herausragende Stellung dieses geheimen Bereichs der sowjetischen Wirtschaft wurde zunächst nicht angetastet. Mit dem Beginn der Abrüstungsgespräche zwischen den USA und der UdSSR und der damit verbundenen Auflösung der Block-Konfrontation (Ost-West-Konflikt) erfolgten Ende 1988 erste Schritte, die sowjetischen Rüstungsbetriebe verstärkt auf die Produktion von Konsum- und Produktionsgütern umzustellen. Die Umstellung militärisch genutzter Produktionsmittel der Rüstungsindustrie und militärisch genutzter Anlagen zum Ziele der zivilen Produktion bzw. Nutzung wird als *Konversion* bezeichnet.

Das enorme wirtschaftliche und wissenschaftliche Potential des MIK mit dem High-Tech-Bereich der sowjetischen Wirtschaft sollte – nach der Auffassung der Reformkräfte – im Rahmen des Transformationsprozesses der Wirtschaft die zentrale Rolle spielen. Insbesondere der agroindustrielle Komplex (Produktion, Transport und Verarbeitung landwirtschaftlicher Güter) sollte bevorzugt werden. Vor dem Hintergrund der prekären Versorgungslage war das durchaus verständlich. Doch dieses Konzept schlug weitgehend fehl, denn mit dem wirtschaftlichen Zusammenbruch der Staatsfinanzen schrumpfte die Umverteilungsmasse bis zur Bedeutungslosigkeit. Statt einer Umstrukturierung von Aufträgen ergab sich für die meisten Betriebe eine Streichung von Aufträgen, Streichungen um mehr als die Hälfte des Auftragsvolumens/Jahr waren an der Tagesordnung.

Die Aufwertung der Betriebe. Die Staatsbetriebe, diejenigen des Rüstungssektors ausgeklammert, konnten keinen Einfluß auf die zentral vorgegebenen Planungskennziffern, v. a. aber auf die Beschaffung der Rohstoffe und Halbfertigwaren nehmen. Ihre Produktion war vielfach unwirtschaftlich, Mangel eine alltägliche Erscheinung im Produktionsprozeß.

Staatliche und kooperative Bruttoanlageinvestitionen[1] in die UdSSR- und die RSFSR-Wirtschaft sowie in die TPK Sibiriens 1987, in Mio. Rubel

Wirtschaftszweige	UdSSR 1987	davon: RSFSR 1987	Anteil der sibirischen TPK an: (Werte geschätzt)	
			UdSSR	RSFSR
Energieerzeugnisse	6808	4356	29%	46%
Kohlebergbau	3435	1589	35%	77%
Öl- und Gasförderung	19751	15379	61%	78%
Chemische Industrie	4337	2421	12%	21%
Eisen u. Stahl, Maschinenbau	17985	12000	5%	8%
Holzverarbeitung, Papier, Zellstoff	2311	1926	39%	48%
Baustoffindustrie	2696	1540	19%	32%
Leichtindustrie	2004	1058	10%	19%
Nahrungsmittelindustrie	3980	2233	5%	9%
Buntmetallerzeugnisse, Schiff- u. Flugzeugbau, Elektronik	11265	7033	13%	21%
Industrie insgesamt	74572	49535	27%	40%
Hoch- u. Tiefbau	6689	4859	30%	41%
Verkehrswesen	21855	14795	9%	14%
+30% für soziale Infrastruktur u. Wohnungsbau	30935	20757	23%	35%
Landwirtsch., Bildung, Kultur, Handel u. a.	52875	30007		
Bruttoanlageinv. insges.	186926	119953		
			17%	26%
Zum Vergleich: Bevölkerung			1,7%	3,2%

[1] *Bruttoanlageinvestitionen* umfassen in der sowjetischen Statistik *Planausgaben* für Neubauten, Reparaturen, Umbau und Erweiterungen von Industrie-, Landwirtschafts-, Transport-, Handels-, Kommunalwirtschafts- u. ä. Betrieben, Aufwendungen für den Wohnungsbau und Teile der Infrastruktur
Helmut Klüter: Die territorialen Produktionskomplexe in Sibirien. Hamburg 1991, S. 68 gekürzt

Mit dem Gesetz über den Staatsbetrieb (1. 1. 1988) wollte Gorbatschow diese Mißstände beseitigen, indem er den Betrieben mehr Rechte einräumte. So sollten die Betriebe ihren Gewinn nicht mehr vollständig an die zuständigen Ministerien abführen müssen, sondern ihn stärker für Investitionen, über die sie ausschließlich entscheiden konnten, verwenden können. Desweiteren sollte die zentrale Zuweisung von Rohmaterialien und Einzelteilen durch die zentrale Beschaffungsstelle in Moskau wegfallen. Auch sollten die Betriebe selbst entscheiden können, welche Aufträge sie annehmen und ausführen und welche nicht. Angebot und Nachfrage sollten dies regeln.

Dies führte allerdings aufgrund der Monopolisierung von Produktion und Absatz dazu, daß die Monopolisten nur diejenigen Aufträge von anderen Betrieben erledigten, die für sie am gewinnträchtigsten waren – die anderen Betriebe gingen leer aus. Dies hatte katastrophale Folgen, denn viele Teile der Produktionsabläufe funktionierten unionsweit nicht mehr.
Die Ministerien waren aber – trotz dieser Veränderungen – weiterhin für die Sicherstellung einer angemessenen Versorgung sowie für die Preisfestsetzung in den Unternehmen zuständig. Auch wurde es den Betrieben verwehrt, direkt mit ausländischen Kunden Verträge abzuschließen und die er-

471

wirtschafteten Devisen nur für den Betrieb einzusetzen. Dafür zuständig blieben die staatlichen Außenhandelsstellen in Moskau. Außerdem versuchten sowohl der aufgeblähte Parteiapparat als auch die Vielzahl der Beschäftigten in den Ministerien, jeden Reformschritt mit allen Mitteln zu unterlaufen, jede Neuerung wurde als Machtverlust verstanden. Groß waren ihre Privilegien, groß waren ihre Ängste vor Arbeitslosigkeit oder einer möglichen Umsetzung.

Haushaltsdefizit und Subventionierung. Der wirtschaftliche Abschwung und der damit verbundene Rückgang der staatlichen Steuereinnahmen (Umsatz- und Gewinnsteuer) vergrößerte das Haushaltsdefizit. Verschärft wurde diese Situation im Staatshaushalt durch die hohen Ausgaben für die Rüstung und v. a. für die Subventionierung zahlungsunfähiger Betriebe sowie für die Preissubventionierung bestimmter Produkte, v. a. Nahrungsmittel.

Staatsausgaben zur Deckung der Preisdifferenz für bestimmte Produkte 1980 bis 1990 (in Mrd. Rubel)

	1980	1985	1988	1989	1990
insgesamt	29,9	66,4	86,3	100,0	112,7
darunter					
Fleisch und					
Fleischprodukte	14,0	21,8	21,7	22,6	28,2
Milch und					
Milchprodukte	7,5	14,8	15,8	17,2	18,1
Getreide	0,6	3,6	5,2	6,1	6,9
differenzierte Zuschläge auf Aufkaufpreise für niedrigrentable und verlustbringende Agrarbetriebe	–	9,8	21,9	31,6	33,1

Marlies Sieburger, Nadeshda Wassiljewa: Harte Budgetbeschränkungen für Staat und Unternehmen in der ehemaligen UdSSR und Rußland. Berichte des Bundesinstituts für ostwissenschaftliche und internationale Studien. 12/1992

Die Stärkung der Kooperativen. Das Ende Mai 1988 in Kraft getretene Gesetz über die *Kooperativen* (Genossenschaften) sicherte den neuen Privatbetrieben umfangreiche Rechte wie Selbstverwaltung, Selbstfinanzierung und Preisgestaltung zu. Sie sollten zudem nicht mehr den staatlichen Plänen unterworfen sein und in vielen Bereichen, etwa der Versorgung mit Produktionsmitteln, in etwa den staatlichen Betrieben gleichgestellt werden.
Die Zahl der Privatbetriebe vergrößerte sich von 8000 Ende 1987 auf 193 000 Ende 1989, die Zahl der Beschäftigten stieg von 88 000 auf 4,9 Mio. an.
Die Betriebe entstanden nicht nur in der Landwirtschaft sondern v. a. auch in den Dienstleistungsbereichen wie Restaurants, Banken, Ingenieurbüros und in der Bauwirtschaft. Gorbatschow wollte mit diesem Gesetz die chronischen Versorgungsschwierigkeiten verbessern, die duch die starre, leistungsschwache Staatswirtschaft entstanden waren. Er wollte damit gleichzeitig den Geschäftssinn, die Energie und das Kapital aktivieren, die in der *Schattenwirtschaft*

(zweite Wirtschaft) vorhanden sind. Unter der Schattenwirtschaft versteht man alle Wirtschaftsaktivitäten außerhalb des staatlichen Sektors. Dazu zählen die „Feierabendarbeiter", die die Reparatur von Autos, die Renovierung von Wohnungen, die Schuhreparaturen, die Ausrichtung von Hochzeiten und v. a. mehr durchführen.

Das außenwirtschaftliche Dilemma. Die Situation im Außenhandel verschärfte sich ab Ende 1988 v. a. aufgrund des Rückgangs der Erdölförderung und des parallel verlaufenden Absinkens der Preise für Rohöl und Erdölprodukte. Ende 1990 wurden viele Großaufträge für Schiffe und Maschinen, Erdölröhren und Pumpstationen z. B. aus der ehemaligen DDR wegen Zahlungsunfähigkeit zunächst storniert und dann auch gestrichen. Auch der Handel mit den übrigen ehemaligen RGW-Staaten fiel auseinander, weil diese nicht mehr bereit waren, die Sowjetunion mit hochwertigen Waren zu beliefern, deren Preise weit unter dem Weltmarktniveau lagen.

Ein- und Ausfuhr nach Warengruppen 1981, 1987, 1990 in Mrd. US-$

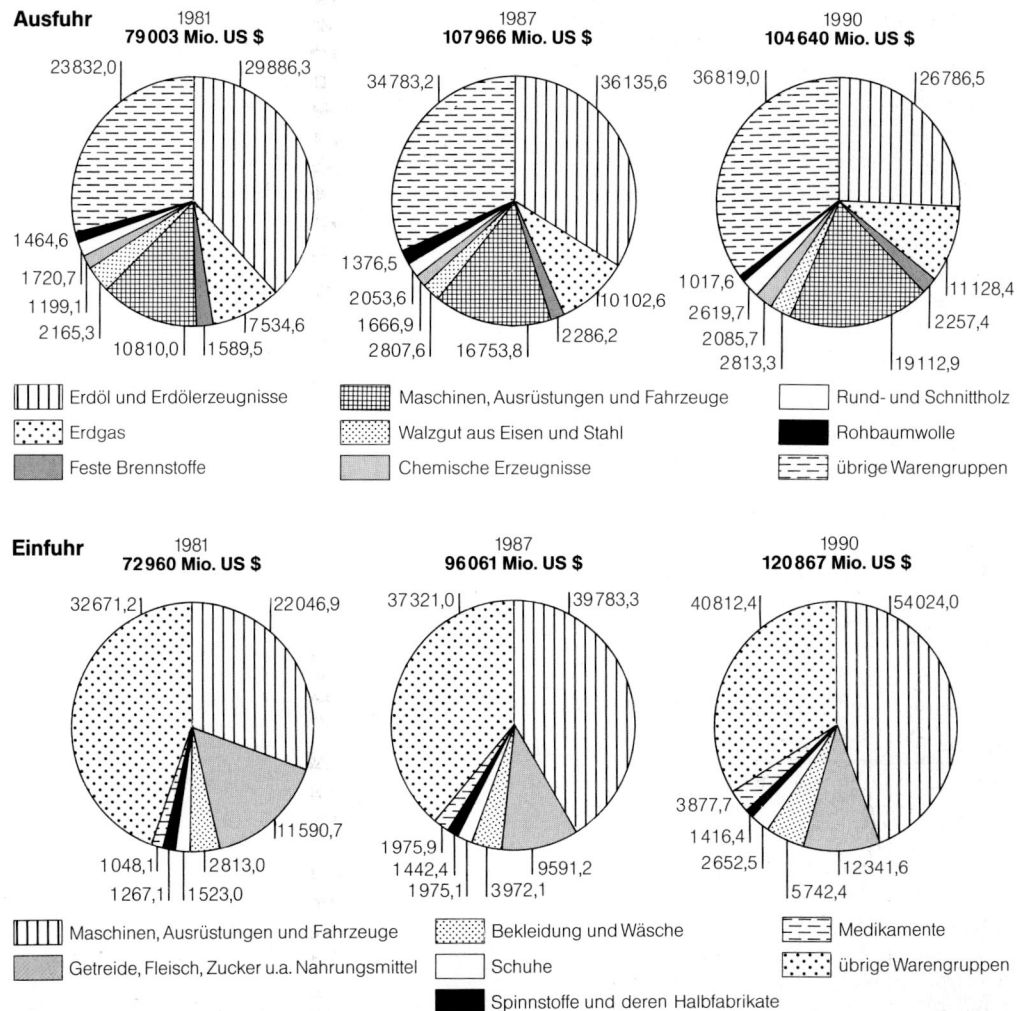

Ausfuhr

1981
79 003 Mio. US $

23 832,0   29 886,3

1 464,6
1 720,7
1 199,1
2 165,3
10 810,0   1 589,5   7 534,6

1987
107 966 Mio. US $

34 783,2   36 135,6

1 376,5
2 053,6   10 102,6
1 666,9
2 807,6   16 753,8   2 286,2

1990
104 640 Mio. US $

36 819,0   26 786,5

1 017,6
2 619,7   11 128,4
2 085,7   2 257,4
2 813,3   19 112,9

‖‖‖ Erdöl und Erdölerzeugnisse	▦ Maschinen, Ausrüstungen und Fahrzeuge	☐ Rund- und Schnittholz
∴ Erdgas	∷ Walzgut aus Eisen und Stahl	■ Rohbaumwolle
▦ Feste Brennstoffe	▦ Chemische Erzeugnisse	≣ übrige Warengruppen

Einfuhr

1981
72 960 Mio. US $

32 671,2   22 046,9

1 048,1   11 590,7
1 267,1   2 813,0
1 523,0

1987
96 061 Mio. US $

37 321,0   39 783,3

1 975,9
1 442,4   9 591,2
1 975,1   3 972,1

1990
120 867 Mio. US $

40 812,4   54 024,0

3 877,7
1 416,4
2 652,5   12 341,6
5 742,4

‖‖‖ Maschinen, Ausrüstungen und Fahrzeuge	∷ Bekleidung und Wäsche	≣ Medikamente
▦ Getreide, Fleisch, Zucker u.a. Nahrungsmittel	☐ Schuhe	∴ übrige Warengruppen
	■ Spinnstoffe und deren Halbfabrikate	

Nach Statistisches Bundesamt: Sowjetunion 1980–1991, S. 84–86

Der Konflikt zwischen den Republiken und der Unionsregierung. Seit 1988 forderten die Republiken größere Eigenständigkeit in Politik und Wirtschaft, die sich in den Souveränitätserklärungen widerspiegeln. Dennoch waren die Republikspräsidenten mit dem Vorschlag Gorbatschows nach langen Verhandlungen einverstanden, die Union mit veränderten Rahmenbedingungen fortzuführen. Diese sollten im neuen Unionsvertrag im August 1991 festgeschrieben werden. Die Schwächung des „Zentrums" ging jedoch den restaurativen Kräften in Partei,

Wirtschaft und Militär zu weit, es kam zum Putschversuch, der nach zwei Tagen kläglich scheiterte.

Am 18. 10. 1991 erfolgte die Unterzeichnung eines Vertrages über eine Wirtschaftsgemeinschaft, in dem Rußland und sieben weitere unabhängige Republiken mit der Zentralregierung die Schaffung eines einheitlichen Marktes und die Koordination der Wirtschaftspolitik festschrieben. Doch dieser Vertrag hatte nur wenige Monate Gültigkeit. Die Volksabstimmung in der Ukraine (1. 12. 1991) für die Unabhängigkeit und die

Strukturdaten SU/Nachfolgestaaten: Regionale Wirtschaftspotentiale

	Fläche (Mio. km²)	Einwohner in Mio. 1990	BSP (1989)			Beschäftigte (1987) nach Wirtschaftssektoren in %				Produktion (SU = 100) 1990					
			in Mrd. US-$	Anteil an SU	pro Kopf (SU = 100)	Industrie u. Bau	Landwirtschaft	Handel und Verkehr	Dienstleistung	Industrie	LW	Erdöl	Erdgas	Kohle	Strom
1 Rußland	17,07 (76%)	148 (51%)	856	59%	116	42%	14%	23%	21%	66	46	91	79	56	63
2 Ukraine	0,6037 (2,7%)	51,8 (18%)	243	16,8%	94	40%	20%	21%	19%	16	22	1	3	24	18
3 Weißrußland	0,2076 (0,9%)	10,3 (3,6%)	60,8	4,2%	119	40%	22%	20%	18%	4	6	–	–	–	2
4 Kasachstan	2,7 (12,1%)	16,7 (5,8%)	61,4	4,2%	74	31%	23%	24%	22%	3	7	4	1	19	5
5 Turkmenistan	0,488 (2,2%)	3,6 (1,3%)	11,8	0,8%	67	21%	41%	18%	20%	1	1	1	11	–	1
6 Usbekistan	0,4474 (2%)	20,3 (7%)	54,7	3,8%	55	24%	38%	17%	21%	2	5	–	5	1	3
7 Tadschikistan	0,1431 (0,6%)	5,2 (1,8%)	11,9	0,8%	47	21%	42%	17%	20%	–	1	–	–	–	1
8 Kirgistan	0,1985 (0,9%)	4,4 (1,5%)	13,0	0,9%	61	27%	34%	18%	21%	1	1	–	1	1	1
9 Aserbaidschan	0,08 (0,4%)	7,1 (2,5%)	26,3	1,8%	75	26%	34%	20%	20%	2	2	2	1	–	1
10 Armenien	0,029 (0,1%)	3,3 (1,1%)	15,5	1,1%	94	39%	19%	19%	23%	1	1	–	–	–	1
11 Moldau	0,33 (0,2%)	4,4 (1,5%)	16,5	1,1%	77	28%	35%	18%	19%	1	1	–	–	–	1
12 Georgien	0,06 (0,3%)	5,5 (1,9%)	23,8	1,6%	88	29%	27%	22%	22%	1	1	–	–	–	1
13 Estland	0,45 (0,2%)	1,6 (0,5%)	10,0	0,7%	125	42%	13%	24%	21%	1	1	1	–	–	1
14 Lettland	0,064 (0,3%)	2,7 (0,9%)	18,2	1,3%	135	40%	15%	25%	20%	1	2	–	–	–	1
15 Litauen	0,065 (0,3%)	3,7 (1,3%)	21,8	1,5%	118	41%	18%	22%	19%	1	2	–	–	–	1

Zusammengestellt nach verschiedenen Quellen

überwältigende Mehrheit gegen jedes weitere Fortbestehen eines „Zentrums" führte dann de facto im Dezember zu der Entscheidung in Alma Ata, die Sowjetunion aufzulösen und die Gemeinschaft unabhängiger Staaten (GUS) zu gründen.

Offen bleibt die Frage, wie die einzelstaatliche Unabhängigkeit vor dem Hintergrund einer sehr stark verflochtenen Wirtschaft und eines ungleichen Wirtschaftspotentials funktionieren soll.

Die ökologische Katastrophe

„Die Umweltzerstörung", erläuterte Michail Gorbatschow in seiner Rede vor den Vereinten Nationen im Dezember 1988, „ist das größte Problem unseres Landes. (…) Die Ökologie hat uns bei der Gurgel gepackt." Bestätigt werden diese dramatischen Zustände durch zwei Untersuchungen über den Zustand der Umwelt und der Volksgesundheit in Rußland, die die russische Regierung 1991 in Auftrag gegeben hat:

- Die Verseuchung aller großen russischen Flüsse mit Bakterien und Viren überschreitet die zulässigen Größen um das Zehn- bis Hundertfache. Rund ein Drittel aller Proben aus den Trinkwasserreservoirs entsprachen nicht den sanitär-hygienischen Anforderungen.

- Nur 15 Prozent der Stadtbewohner können eine Luft atmen, die den hygienischen Normen entspricht. 84 Städte, einschließlich Moskau, sind als extrem schadstoffbelastet zu bezeichnen. Das heißt, daß die zulässigen Normen öfter um mindestens das Zehnfache überschritten werden. In den großen Städten, den wichtigsten Standorten der Industrie, kommt es durch die Emissionen von Schwefeldioxid, Stickoxyden, Schwermetallen und anderer hochgiftiger Schadstoffe zu chronischen Erkrankungen der Atemwege, teilweise zur Mißbildung von Säuglingen und zur Verringerung der Lebenserwartung um bis zu 10 Jahren.

- Die riesigen Waldbestände, v.a. in der Umgebung der Industriezentren, sind aufgrund dieser Luftschadstoffe schwer geschädigt bzw. abgestorben.

- Durch die Reaktorkatastrophe von Tschernobyl und die damit verbundene radioaktive Verseuchung sind in der Ukraine 4 Mio. Menschen, in Weißrußland 3 Mio. und in Rußland ca. 2,7 Mio. betroffen.

- Bis heute gibt es keinen einzigen größeren Betrieb, der seinen Abfall zeitgemäß entsorgt.

- Jährlich gehen über eine Million Hektar Boden durch Erosion, Versalzung oder Überweidung verloren. Insbesondere die fruchtbaren Getreideregionen in der Ukraine und in Kasachstan sind davon betroffen.

- Die Flußsysteme von Wolga, Dnjepr, Kuban, Dnjestr und Don sind aufgrund der nahezu ungeklärten Abwassereinleitung der großen Städte tote Gewässer. Die zahlreichen Staudämme entlang dieser Flüsse reduzieren die Fließgeschwindigkeit und verhindern damit weitgehend die Sauerstoffaufnahme.

- Die nördlichen und v.a. die südlichen Küstengewässer sind aufgrund der eingeleiteten Schadstoffmengen durch die Flüsse über weite Strecken biologisch tot. Der Fischfang im Schwarzen Meer ist erheblich zurückgegangen, das Asowsche Meer leidet an gravierendem Sauerstoffmangel.

1. *Beschreiben Sie die Schwerpunkte der staatlichen Bruttoanlageinvestitionen in der UdSSR und der RSFSR (Tabelle S. 471), und begründen Sie, weshalb die TPKs nicht weiterentwickelt wurden.*

2. *Erläutern Sie, welche Faktoren und Prozesse das Scheitern der Gorbatschowschen Wirtschaftspolitik bedingten.*

3. *„Die Erbmasse der ehemaligen Sowjetunion ist ungleich verteilt." Erläutern Sie diese Aussage mit Hilfe der Tabelle Seite 474.*

4. *Beschreiben Sie für ausgewählte Gebiete (Abb. S. 476/477) die Verursacher der ökologischen Katastrophensituation, und versuchen Sie, Zusammenhänge zwischen den ökologischen Problembereichen zu erklären.*

5. *Erläutern Sie Ursachen und Auswirkungen der Gewässerverschmutzung an der unteren Wolga und am Unterlauf des Ob. Beachten Sie dabei die Unterschiede beider Ökosysteme (vgl. Abb. S. 424, 425, Klimadaten S. 426).*

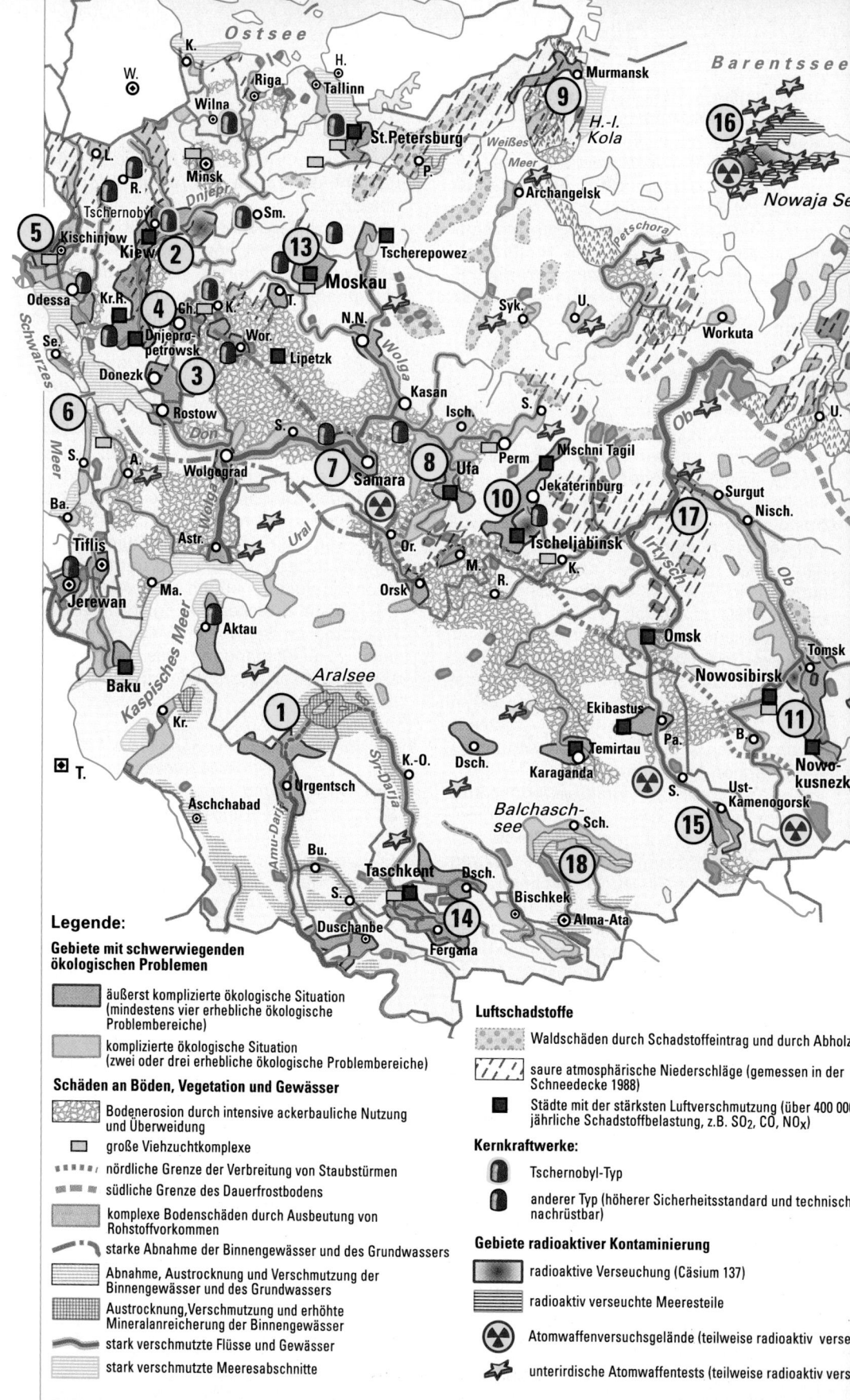

Legende:

Gebiete mit schwerwiegenden ökologischen Problemen

- äußerst komplizierte ökologische Situation (mindestens vier erhebliche ökologische Problembereiche)
- komplizierte ökologische Situation (zwei oder drei erhebliche ökologische Problembereiche)

Schäden an Böden, Vegetation und Gewässer

- Bodenerosion durch intensive ackerbauliche Nutzung und Überweidung
- große Viehzuchtkomplexe
- nördliche Grenze der Verbreitung von Staubstürmen
- südliche Grenze des Dauerfrostbodens
- komplexe Bodenschäden durch Ausbeutung von Rohstoffvorkommen
- starke Abnahme der Binnengewässer und des Grundwassers
- Abnahme, Austrocknung und Verschmutzung der Binnengewässer und des Grundwassers
- Austrocknung, Verschmutzung und erhöhte Mineralanreicherung der Binnengewässer
- stark verschmutzte Flüsse und Gewässer
- stark verschmutzte Meeresabschnitte

Luftschadstoffe

- Waldschäden durch Schadstoffeintrag und durch Abholze
- saure atmosphärische Niederschläge (gemessen in der Schneedecke 1988)
- Städte mit der stärksten Luftverschmutzung (über 400 000 jährliche Schadstoffbelastung, z.B. SO_2, CO, NO_X)

Kernkraftwerke:

- Tschernobyl-Typ
- anderer Typ (höherer Sicherheitsstandard und technisch nachrüstbar)

Gebiete radioaktiver Kontaminierung

- radioaktive Verseuchung (Cäsium 137)
- radioaktiv verseuchte Meeresteile
- Atomwaffenversuchsgelände (teilweise radioaktiv verseu
- unterirdische Atomwaffentests (teilweise radioaktiv verse

Ökologische Karte der ehemaligen Sowjetunion

Bering-

Sewernaja Semlja

Neusibirische Inseln

Ostsibirische See

Anadyr

Laptewsee

Bilibino

meer

Lena

W.

Kamtschatka

Tura

Jakutsk

Ochotskisches

Magadan

Petropawlowsk-Kamtschatski

Angara

U.-I.

Bratsk

Baikal-see

Lena

O.

Meer

Sachalin

Juschno-Sachalinski

Tynda

K.

Angarsk

Irkutsk

(12)

Ulan-Ude

Tschita

Amur

Blago-weschtschensk

Chabarowsk

Japanisches

Wladiwostok **Meer**

~~turschutzmaßnahmen~~

südlicher Schutzgürtel der Tundrenwälder

Naturschutzgebiete und Wildreservate

0   200   400   600   800   1000 km

~~ologische Notstandsgebiete~~ (①-⑲)

~~iete~~ mit mindestens vier ökologischen ~~blembereichen~~, die Reihenfolge ent-~~icht~~ ihrer Gewichtung.

Aralsee und Umland (B,J,K,L,A,H)

Verseuchungszone des KKW Tschernobyl (R,A,B,L,O)

Donezbecken (N,A,B,O,L,J,P)

Industriegebiet Dnjepr-Kriwoj Rog (N,A,B,O,L)

Moldawien (L,K,J,O,A,B,Q)

Küsten- u. Seengebiet des Schwarzen und Asowschen Meeres (P,B,C,A,Q)

Unterlauf der Wolga u. nördliches Kaspisches Meer (N,B,C,H,K,L,J,A,Q)

Mittleres Wolga- und Kamagebiet (B,D,N,J,A,E,F,O,P,Q)

Halbinsel Kola (N,B,D,A,F,G,Q)

Ural-Industriegebiet (N,A,B,L,O,F,P,Q,R)

Kusnezker Becken (N,A,L,O,J)

⑫ Baikalsee (B,A,H,I,F,J,M,Q)

⑬ Moskauer Region (A,B,O,L,F,P)

⑭ Fergana-Tal (A,B,N,O,K,J,L)

⑮ Industriegebiet Ust-Kamenogorsk (N,A,B,J,O,H,Q)

⑯ Region Nowaja Semlja (R)

⑰ Erdöl- und Erdgasgebiete West-sibiriens (N,B,L,G,H,I,Q,M)

⑱ Balchaschsee (N,K,J,B,G,H)

⑲ Industriegebiet Norilsk (N,A,B,M,Q,P)

Index der ökologischen Probleme

A Verschmutzung der Atmosphäre (chemische, mechanische, thermische)

B Abnahme und Verschmutzung von Binnengewässer und Grundwasser

C Meeresverschmutzung

D Schädigung des Gewässernetzes

E Abholzen von Wald

F Waldschädigung durch Holzartenwechsel, Feuer, Schädlinge usw.

G Schädigung der Weideflächen

H Rückgang der Fischbestände

I Rückgang der Nutztierbestände

J beschleunigte Bodenerosion durch menschliche Nutzung

K sekundäre Bodenversalzung

L Chemische Bodenverschmutzung

M Zerstörung des Haushalts im Dauerfrostboden

N Komplexschäden durch Ausbeutung von Bodenschätzen

O Verlust fruchtbarer Böden durch außerlandwirtschaftliche Nutzung

P Abnahme und Verlust der natürlichen Regenerationskraft der Landschaft

Q Störungen des Gleichgewichts in besonders geschützten Gebieten

R radioaktive Verseuchung

Stand: 1988/89

7.3 Die Gemeinschaft Unabhängiger Staaten

Die Nachfolgestaaten der UdSSR stehen, wie die ehemals kommunistischen Länder Mittelost- und Südosteuropas, in einem historisch einmaligen Prozeß: der Umwandlung einer *Zentralverwaltungswirtschaft* (Kommandowirtschaft) mit zentraler Planung und Lenkung in eine Marktwirtschaft. Zwar besteht bei den Regierungen der neuen Staaten ein gewisser Grundkonsens, marktwirtschaftliche Elemente einzuführen, doch vielfach fehlen eine neue Verfassung und klare rechtliche Grundlagen, in denen die Macht- und Kompetenzverteilung zwischen der Staatsregierung und den Regionen geregelt sind.

Der *Transformationsprozeß* erweist sich als äußerst schwierig. Vor allem wehren sich die alten Parteikader gegen den drohenden Machtverlust, der ihnen durch Reformen in Wirtschaft und Gesellschaft droht. Zwar ist in vielen Nachfolgestaaten der UdSSR die kommunistische Partei verboten worden, nicht zerschlagen worden ist die alte Machtelite, die Nomenklatura, die häufig unter anderer Etikettierung in der Verwaltung der Gebietseinheiten (Republik, Oblast, Region) weiterhin ihre nahezu uneingeschränkte Macht ausübt. Dadurch wird die politische Handlungsfähigkeit der Regierungen, die die Grundlage der Stabilisierung und der Umgestaltung der Wirtschaft sein sollte, teilweise erheblich eingeschränkt.

1992 waren es die Partikularinteressen der einzelnen Staaten, die zu einer Verschärfung der wirtschaftlichen Lage innerhalb der GUS führten. Der Abbruch der ehemals intensiven wirtschaftlichen Beziehungen hat zur Folge, daß viele Betriebe stillstehen. Die immer bedrohlicher werdende Lage zwang die Führer der GUS-Staaten auf ihrem Treffen in Minsk (April 1993), ihre bisher auf Souveränität und Abkapselung ausgerichtete Haltung zu ändern. Vor allem hat sich die bittere Erkenntnis bei ihnen durchgesetzt, daß ohne russisches Erdöl und Erdgas und ohne russische Stromlieferungen die Wirtschaft in ihren Ländern nicht existieren kann.

Vor allem die hohe Verschuldung gegenüber Rußland führte dann im September 1993 zur Bildung der „Rubelzone neuen Typs", in die zunächst die Staaten Armenien, Tadschikistan, Usbekistan und Weißrußland eintraten.

Inter-Republik-Handel in der ehemaligen UdSSR im Jahre 1988 (1991 in Klammern)

	Lieferungen in andere Republiken		Bezüge aus anderen Republiken		Saldo
	Millionen Rubel	in Prozent des National- einkommens	Millionen Rubel	in Prozent des National- einkommens	
Rußland	69388	18,0 (11)	68870	18,3 (16)	+ 518
Ukraine	40073	39,1 (26)	36421	37,4 (20)	+3652
Weißrußland	18216	69,5 (24)	14175	64,2 (26)	+4041
Moldau	4798	62,3 (24)	4997	61,6 (28)	− 199
Estland	2701	65,9 (•)	3001	64,8 (•)	− 300
Lettland	4501	64,3 (•)	4538	61,5 (•)	− 37
Litauen	5426	61,0 (•)	6243	63,6 (•)	− 817
Georgien	5502	53,9 (21)	5224	52,4 (23)	+ 278
Armenien	3679	63,4 (20)	4022	78,7 (31)	− 343
Aserbaidschan	6397	58,7 (27)	4298	46,6 (22)	+2099
Kasachstan	8295	30,9 (15)	13705	42,2 (29)	−5410
Turkmenistan	2398	51,1 (23)	2498	51,6 (24)	− 100
Usbekistan	8959	43,3 (19)	10628	44,6 (24)	−1669
Tadschikistan	2000	40,0 (19)	3019	53,2 (22)	−1019
Kirgistan	2500	50,0 (23)	3002	60,0 (25)	− 502

Quelle: PlanEcon Report, 1/2, 1991
Dirk Holtbrügge, Alexej Schulus (1992): Ökonomische Perspektiven der Gemeinschaft Unabhängiger Staaten. In: Osteuropa, Heft 9, 1992, Stuttgart: DVA, S. 729 und Lydia Kossikowa: Die Handelsbeziehungen Rußlands mit den ehemaligen Unionsrepubliken. Berichte des Bundesinstituts für ostwissenschaftliche und internationale Studien, Nr. 23, Köln 1993

Ausgewählte Daten zur Wirtschaft in der
Ukraine, Weißrußland und Rußland 1992 im Vergleich zum Vorjahr

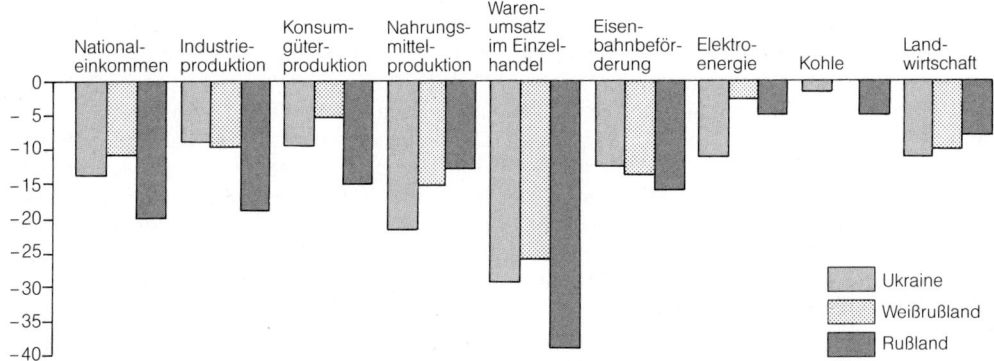

Marlis Sieburger: *Struktur und aktuelle Lage der belorussischen Wirtschaft im Frühjahr 1993. Bundesinstitut für ostwissenschaftliche und internationale Studien. Aktuelle Analysen Nr. 19, S. 6*

Durch bilaterale Verträge mit Rußland, die v.a. die Zoll-, Steuer-, Kredit-, Handels- und Finanzpolitik betreffen, versprechen sich die Vertragsstaaten eine Verbesserung ihrer schwierigen wirtschaftlichen Lage. Gleichzeitig werden dadurch die wirtschaftlichen und politischen Machtansprüche Rußlands weiter gestärkt.

Die Entstehung neuer Wirtschaftsräume.
Der Austritt der drei baltischen Staaten Estland, Lettland und Litauen aus dem Staatsverband der UdSSR im Jahre 1990 war der Beginn des sich abzeichnenden Endes des Sowjetkolonialismus, der darauf ausgerichtet war, die im Rahmen der Expansionspolitik neu hinzugewonnenen Gebiete politisch und ideologisch gleichzuschalten und wirtschaftlich auszubeuten. Zerstört worden waren dabei die traditionelle Ausrichtung des Handels und die Wirtschaftsmentalität der betroffenen Nationen und Volksgruppen. Diese Eigenschaften werden heute wiederentdeckt und leben wieder auf:

– Die baltischen Staaten orientieren sich seit ihrer Unabhängigkeit sehr stark auf die skandinavischen Staaten und die Bundesrepublik Deutschland. Eine gemeinsame Wirtschaftszone („Die neue Hanse") soll durch die Ostseeanrainerstaaten entwickelt werden.

– Die islamisch geprägten Staaten Tadschikistan, Turkmenistan, Usbekistan, Aserbaidschan sowie Kasachstan und Kirgistan (Kirgisien) haben Handelsabkommen mit der Türkei, dem Iran und Paki-

stan geschlossen; gemeinsam wollen sie eine transasiatische Eisen- und Autobahn bauen, die die Hauptstädte Istanbul, Teheran, Islamabad, Aschchabad, Taschkent, Bischkek und Alma-Ata verbindet. Auch die wirtschaftlichen Beziehungen sollen weiter ausgebaut und intensiviert werden.

Transformation der Wirtschaft in Rußland.
„Die Stabilisierung und die Umgestaltung der Wirtschaft verlangen politische Handlungsfähigkeit. Gelingt es nicht, die Handlungsfähigkeit – ganz gleich auf welcher Ebene – herzustellen, ist jedes wirtschaftliche Programm zum Scheitern verurteilt. Da sich in Rußland im Zuge der Umwandlung des Systems die politischen Machtzentren offensichtlich hin zu den Gebietskörperschaften (Verwaltung der Gebietseinheiten) verschoben haben, erscheint es aussichtslos, diese Bewegung erneut umkehren zu wollen, um von Moskau aus eine konsequente Reformpolitik betreiben zu können. ..."

So lautete eine der Kernaussagen des Wirtschaftsgutachtens der drei führenden Wirtschaftsforschungsinstitute der Bundesrepublik Deutschland im Jahre 1992. Mitte 1993 steht fest: Die Gebietskörperschaften fordern genauso politische und wirtschaftliche Eigenständigkeit, wie dies ehemals die Republiken innerhalb der Sowjetunion getan hatten. Diese Veränderungen werden sich in der neuen Verfassung (Föderationsvertrag) widerspiegeln.

479

Preisreform. Wesentlicher Bestandteil des Wirtschaftsreformprogramms war die Preisfreigabe zu Beginn des Jahres 1992, wobei allerdings für Grundnahrungsmittel und Energierohstoffe zunächst Obergrenzen festgelegt wurden. Diese wurden im Laufe des Jahres schrittweise aufgehoben. Je nach Region erfuhren die Lebensmittelpreise eine vier- bis sechsfache Steigerung, die vor allem die einkommensschwachen Bevölkerungsschichten traf. Zwar wurden die Löhne ebenfalls erhöht, jedoch nicht in dem Maße, wie die Preise stiegen. Eine zunehmende Verelendung ist festzustellen.

Bei den Preisen für Industriegüter nützen die Betriebe häufig ihre Monopolstellung schamlos aus, indem sie die Preise in schwindelnde Höhen treiben, weil Konkurrenten auf dem Markt fehlen.

Mit dem Gesetz „Über den Wettbewerb und die Eindämmung monopolistischer Tätigkeit auf den Warenmärkten" und dem Gesetz über „Die begrenzte Zulassung ausländischer Investoren" wollte die russische Regierung dieser Entwicklung entgegenwirken, jedoch wurden diese Gesetze aufgrund der neuen Machtverhältnisse nur halbherzig bzw. gar nicht umgesetzt. Denn die Regierungen der 88 Gebietskörperschaften haben das Recht erhalten, Aufträge an die hier ansässigen Unternehmen zu erteilen. Teilweise werden von ihnen auch eigene Gesetze erlassen, die denjenigen der Zentralregierung zuwiderlaufen. Zudem versuchen sie, den überregionalen Handel durch Ein- und Ausfuhrgenehmigungen und durch Handelsabkommen zu kontrollieren.

Kleine und große Privatisierung. Einer der wichtigsten Schritte in Richtung Marktwirtschaft ist die Privatisierung der Staatsbetriebe (Privatisierungsgesetz vom Juli 1991).
Kleine Privatisierung: Der Schwerpunkt des Privatisierungsprogramms liegt zunächst in den Bereichen des Einzelhandels, des Dienstleistungssektors, des Gaststätten- und Wohnungswesens und der kommunalen Wirtschaft, es schließt aber auch kleinere und mittlere Industrieunternehmen ein.
Anfang 1993 waren 36% der Kleinhandelsbetriebe, 34,5% der Großhandelsbetriebe, 21,7% der einfacheren Restaurants und 39,8% bei den übrigen Dienstleistungsbetrieben privatisiert.
Im Bereich der Landwirtschaft zeigt die Tabelle unten die Entwicklung der privaten Bauernbetriebe.
Große Privatisierung: 1992 wurden von den zunächst geplanten 7000 Großbetrieben mit mindestens 1000 Beschäftigten 5613 in Aktiengesellschaften und andere privatwirtschaftliche Betriebsformen umgewandelt. Dabei gibt es verschiedene Modelle der Beteiligungsmöglichkeiten an den Aktien u. a. auch die Möglichkeit der Beteiligung ausländischen Kapitals. Nicht privatisiert werden sollten die Bodenschätze, die Land- und Wasserressourcen, Autobahnen, Rohrleitungen und das Eisenbahnnetz, Verlage und Fernsehstationen, aber auch Teile der Banken und der Rüstungsindustrie.
Die Beschäftigtenzahl verringerte sich 1992 im staatlichen Sektor und in den Kolchosen um insgesamt 7,6 Mio.; ein Großteil von ihnen arbeitet in diesen neuen Privatbetrieben.

Private Bauernbetriebe in der Russischen Föderation

	1991, verschiedene Daten			1992, verschiedene Daten	
	1. Januar	1. Juli	1. Dezember	1. Januar	1. Juli
Zahl der Betriebe	4432	25159	41481	48975	127856
Deren Betriebsflächen					
insges. 1000 ha	181,4	1065,6	1640,6	2049,6	5181,8
pro Betrieb, ha	41	42	40	42	41

Wassilij Usun: Agrarreform in Rußland. In: Osteuropa 9/1992, Berlin, S. 757

Der militärisch-industrielle Komplex. Vor allem der MIK bereitet der russischen Wirtschaft große Sorgen, denn 1992 war es nicht gelungen, die Rüstungsbetriebe verstärkt auf die Produktion ziviler Güter umzustellen. Die von vielen Menschen erhofften positiven Auswirkungen der Konversion blieben weitgehend aus, die Monopolstellung der Betriebe und damit die Macht der Rüstungsdirektoren und der übrigen Rüstungslobby wurde nicht aufgebrochen, der erhoffte Transfer und damit die schnelle Transformation der Wirtschaft mit Hilfe des MIK blieb aus. Eine einmalige Chance wurde vertan.

1992 verringerten sich die staatlichen Rüstungsaufträge um 62 Prozent, und von den ca. 1800 russischen Rüstungsbetrieben wurden 20 geschlossen, 100 weitere sind vorgesehen, in 400 wird kurzgearbeitet. Zwar gibt es im Bereich der Luft- und Raumfahrttechnik Joint Ventures mit westlichen Betrieben, auch haben sich Rüstungsbetriebe zu Produktionsvereinigungen zusammengeschlossen, doch diese Maßnahmen reichen nicht aus, um einen starken Abbau von Arbeitsplätzen in der Zukunft zu verhindern.

Auf dem Hintergrund dieser dramatischen Situation entschloß sich die russische Regierung, den weiteren Arbeitsplatzabbau zu verringern, um die ohnehin schon gravierenden sozialen Spannungen nicht noch zu erhöhen. Die Beschäftigten bekommen weiterhin ihren Lohn, obwohl sie gar nichts oder volkswirtschaftlich Sinnloses produzieren. Dies kann nur durchgeführt werden, in dem der Staat mehr Geld druckt: Die Stützung des riesigen MIK ist eine der größten Inflationsquellen des Landes.

Außerdem erhielten die Rüstungsbetriebe durch das Konversionsgesetz (März 92) das Recht, Rüstungsgüter und Militärgerät zu exportieren. Der damit eingeleitete Prozeß der „ökonomischen Konversion" soll es ihnen ermöglichen, mit den Devisen aus dem Export die Konversion zu finanzieren.

Die Stellung der Betriebe und das neue Problem der Arbeitslosigkeit. Mit der gesetzlich zugestandenen Eigenständigkeit der Betriebe spielten erstmals Rentabilitätsüberlegungen bei der Führung eine Rolle, doch sind die Betriebe noch weit von westlichen Ökonomiekriterien entfernt.

Deutlich zeigt sich, ähnlich wie in den Betrieben der neuen Bundesländer, daß ein enormer Arbeitskräfteüberhang die Aufwandseite der Unternehmen stark belastet und daß ein Teil der Arbeitskräfte entlassen werden muß, will man rentabel produzieren. Ende 1992 gab es ca. 600 000 Arbeitslose, das entspricht einer Arbeitslosenquote unter einem Prozent. Doch rechnen russische Experten, daß sich diese Quote Ende 1993 auf 5 bis 10 Prozent erhöhen wird. Diese neue Situation birgt enormen politischen Zündstoff in sich.

Die westliche Hilfe beim Transformationsprozeß. Entwicklungshemmend bei der Transformation wirkt sich der zu leistende Schuldendienst der ehemaligen Sowjetunion gegenüber den westlichen Industriestaaten aus. Mitte 1992 beliefen sich die Gesamtschulden auf 70,7 Mrd. US-$, 80% davon will Rußland begleichen. Auf dem Hintergrund der sich rapide verschlechternden wirtschaftlichen Situation in den GUS-Staaten setzten die Industrieländer im Dezember 1991 die Tilgungszahlungen für ein Jahr aus. Doch zeigte sich im Verlauf der ersten Hälfte 1992, daß auch die Zinszahlungen nicht in voller Höhe geleistet werden können. Die 7 führenden Industrienationen (G 7) hielten es aus diesen Gründen auf dem Weltwirtschaftsgipfel in München (6.–8. Juli 1992) für erforderlich, ein weiteres umfangreiches und breiter angelegtes Hilfspaket zu verabschieden, das die zugesicherten Hilfeleistungen, die seit dem Wirtschaftsgipfel in Paris (1989) vereinbart wurden, ergänzt:

1. Gewährung eines 24-Mrd.-US-$-Kredites, der an bestimmte Auflagen wie z. B. der Einführung marktwirtschaftlicher Elemente (Privatisierung u. a.) gebunden ist.
2. Umfassende technische Hilfe beim Aufbau marktwirtschaftlicher Institutionen.
3. Handelserleichterungen beim Zugang zu westlichen Märkten.
4. Schaffung von Koordinierungsstellen, die die bi- und multilaterale Hilfe der westl. Industrieländer effektiver gestalten sollen.
5. Projektorientierte Wirtschaftskooperation in den Bereichen der Erdöl- und Erdgasförderung, der Sicherheit der Kernkraftwerke, der Konversion, der Raumfahrt und der Beschäftigung russischer Nuklearexperten.

481

Bis Mitte 1993 wurde nur ein geringer Teil des 24-Mrd.-US-$-Kredites ausgezahlt. Grund dafür waren die schleppend durchgeführten Reformmaßnahmen, deren schrittweise Umsetzung jedoch die Vorbedingung für die Auszahlung waren.

Vor dem Hintergrund der sich zuspitzenden politischen Auseinandersetzung zwischen Präsident Jelzin und dem konservativen russischen Volksdeputiertenkongreß sowie dem Obersten Sowjet entschlossen sich die sieben führenden Industrieländer am 14./15. April 1993, ein neues umfassendes Finanzpaket zur Unterstützung der Reformen in Rußland zu erstellen. Insgesamt wird es 43,4 Mrd. US-$ umfassen, wobei der Schwerpunkt erneut im Bereich der Förderung wirtschaftlicher und finanzieller Maßnahmen liegt, die den Übergang zur Marktwirtschaft ermöglichen sollen.

1. *Untersuchen Sie mit Hilfe der Tabelle Seite 478 den Grad der wirtschaftlichen Verflechtung der sowjetischen Republiken.*
2. *Vergleichen Sie die Veränderungen der wirtschaftlichen Indikatoren Rußlands, der Ukraine und Weißrußlands (Abb. S. 479), und versuchen Sie, für einige Teilbereiche Erklärungen zu geben.*
3. *Erläutern Sie die Ziele der kleinen und großen Privatisierung in Rußland.*
4. *Der MIK – vom Hoffnungsträger zum Problemfall? Begründen Sie diese Aussage.*
5. *Mit der zunehmenden Macht der Gebietskörperschaften (Republiken, Gebiete, Kreise) verstärken sich die regionalen Gegensätze in der Russischen Föderation. Begründen Sie dies.*

Anhang

Weiterführende Literatur

Kapitel „Natürliche Voraussetzungen menschlichen Lebens auf der Erde"

Bender, Hans-Ulrich, u.a.: Landschaftszonen. Stuttgart: Klett 1986
Durrell, Lee: Gaia – Die Zukunft der Arche. Fischer: Frankfurt 1987
Geo-Special: Wetter. Hamburg: Gruner und Jahr 1982
Geographie heute: Boden. 1986, Heft 42
   Klimazonen. 1988, Heft 61
Geographie und Schule: Landschaftsökologie. 1987, Heft 48
Geographische Rundschau: Klima. 1993, Heft 2
Glaeser, Bernhard (Hrsg.): Humanökologie. Grundlagen präventiver Umweltpolitik. Opladen 1989
Global 2000. Der Bericht an den Präsidenten. Frankfurt: Zweitausendeins 1981
Jungfer, Eckardt, Lambert, Karl-Heinz: Einführung in die Klimatologie. Stuttgart: Klett 1985
Lenz, Ludwig, Wiederisch, Berthold: Grundlagen der Geologie und Landschaftsformen. Leipzig: Deutscher Verlag für Grundstoffindustrie 1993
Myers, Norman (Hrsg.): GAIA. Der Öko-Atlas unserer Erde. Frankfurt a.M.: Fischer Taschenbuch Verlag 1984
Olbert, Günter: Geologie. Arbeitshefte Geographie S II. Stuttgart: Klett 1980
Schönwiese, Christian-D.: Klima im Wandel. Tatsachen, Irrtümer, Risiken. Stuttgart: Deutsche Verlagsanstalt 1992
Walter, Heinrich, Breckle, Siegmar-W.: Ökologie der Erde. Band 1–3. Stuttgart: Gustav Fischer Verlag 1983

Kapitel „Struktur und Mobilität der Bevölkerung"

Bähr, Jürgen: Bevölkerungsgeographie. Stuttgart: Teubner 1983
Bundeszentrale für politische Bildung (Hrsg.): Informationen zur politischen Bildung. Heft 237: Ausländer. Bonn 1992

Deutsche Gesellschaft für die Vereinten Nationen (Hrsg.): Weltbevölkerungsbericht 1993. Bonn 1993
Geographie und Schule: Welternährung. 1986, Heft 43
Hauser, Jürg A.: Bevölkerungs- und Umweltprobleme der Dritten Welt. 2 Bände. Bern, Stuttgart: UTB 1568 und 1569, 1990/1991
Keyfitz, Nathan: Probleme des Bevölkerungswachstums. In: Spektrum der Wissenschaft 1989, Heft 11. Heidelberg 1989, S. 98–106
Opitz, Peter J.: Das Weltflüchtlingsproblem im 20. Jahrhundert. In: Aus Politik und Zeitgeschichte, Bd. 26, Bonn 1987
Stiftung Entwicklung und Frieden (Hrsg.): Globale Trends. Daten zur Weltentwicklung 1991. Bonn, Düsseldorf 1991
Thieme, Günter: Bevölkerungsentwicklung im Europa der Zwölf. In: Geographische Rundschau 1992, Heft 12

Kapitel „Landwirtschaft"

Amt für amtliche Veröffentlichungen der Europäischen Gemeinschaft (Hrsg.): Reihe: Europäische Dokumentation. Luxemburg
Brunnöhler, Eugen: Landwirtschaft (Neubearbeitung). S II Arbeitsmaterialien Geographie. Stuttgart: Klett 1987
Deutscher Bundestag (Hrsg.): Agrarberichte (agrar- und ernährungspolitischer Bericht der Bundesregierung), verschiedene Jahrgänge. Bonn: Heger-Verlag
Eurostat (Statistisches Amt der europäischen Gemeinschaften): Verschiedene Informationsbroschüren. Beispiel: Begegnung in Zahlen. Luxemburg 1992
Geographie heute: Bewässerung. 1992, Heft 101
   Ländliche Räume in Mitteleuropa. 1990, Heft 86
   Landwirtschaft in der Dritten Welt. 1990, Heft 79
Geographie und Schule: Nutzung von Trockenräumen. 1993, Heft 81
Geographische Rundschau: Ernährungssicherung. 1992, Heft 2
Informationsgesellschaft für Meinungspflege und Aufklärung e.V. (Hrsg.): Agrimente '94. Hannover: IMA 1993
Pacyna, Hasso: Agrilexion. Hannover: IMA 1994

Kapitel „Metallrohstoffe und Energiewirtschaft"

Bundesministerium für Wirtschaft (Hrsg.): Energiedaten 92. Bonn 1993
   Energieversorgung in der Europäischen Gemeinschaft. Bonn 1993
Bundeszentrale für politische Bildung (Hrsg.): Das Parlament. Nr. 32: Energie. Bonn 1993
Energiereport. Wege aus der Krise. In: GEO 1993, Heft 3. Hamburg: Gruner und Jahr, S. 60ff.

Frisch, Franz: Klipp und klar. 100 × Energie. Mannheim: Bibliographisches Institut 1977

Geographie und Schule: Energie und Umwelt. 1992

Geographische Rundschau: Energie. 1990, Heft 10

Informationen zur Elektrizität (IZE): Erneuerbare Energien. Frankfurt 1991

Koelzer, W.: Lexikon zur Kernenergie. Kernforschungszentrum Karlsruhe (Hrsg.). Karlsruhe 1989

Nitsch, Joachim: Energie im Jahre 2005 – ein erster Schritt zu einer dauerhaften Energieversorgung (Langfassung eines Beitrags für die Zeitschrift GEO 3/1993: Geo-Energie-Szenario). Stuttgart: Deutsche Forschungsanstalt für Luft- und Raumfahrt 1993

Seidel, Jürgen: Kernenergie: Fragen und Antworten. Düsseldorf, Wien, New York: Econ Verlag 1990

Spektrum der Wissenschaft: Energie. 1990, Heft 11

Kapitel „Industrie"

Abelshauser, Werner: Wirtschaftsgeschichte der Bundesrepublik Deutschland 1945–1980. Edition Suhrkamp. Frankfurt/M.: Suhrkamp 1983

Arnold, Klaus: Wirtschaftsgeographie in Stichworten. Berlin, Stuttgart: Hirt 1992

Benthien, Bruno, u.a.: DDR. Ökonomische und soziale Geographie. Gotha: Hermann Haack 1990

Brücher, Wolfgang: Industriegeographie. Das Geographische Seminar. Braunschweig: Westermann 1982

Dege, Wilhelm, Dege, Wilfried: Das Ruhrgebiet. Kiel: Hirt 1983

Fuchs, Gerhard: Die Bundesrepublik Deutschland. Länderprofile. Neubearbeitung. Stuttgart: Klett 1992

Gaebe, Wolf (Hrsg.): Industrie und Raum. Handbuch des Geographieunterrichts, Band 3. Köln: Aulis 1988

Geipel, Robert: Industriegeographie als Einführung in die Arbeitswelt. Braunschweig: Westermann 1982

Geographie und Schule: Strukturelle Probleme der Industrie in der DDR. 1988, Heft 52
Altindustrialisierte Räume im Wandel. 1991, Heft 72

Geographische Rundschau: Industriegeographie. 1993, Heft 9

Henning, Friedrich Wilhelm: Die Industrialisierung in Deutschland 1880–1914. Paderborn: Schöningh 1973 (UTB 145)

Henning, Friedrich-Wilhelm: Das industrialisierte Deutschland 1914–1918. Paderborn: Schöningh 1978 (UTB 337)

Kümmerle, Ulrich: Industrie. S II Arbeitsmaterialien Geographie. Stuttgart: Klett 1980

Landes, David D.: Der entfesselte Prometheus. Köln: Kiepenheuer und Witsch 1972

Mikus, Werner: Industriegeographie. Darmstadt: Wissenschaftliche Buchgesellschaft 1978 (Erträge der Forschung, Band 104)

Nuhn, Helmut, Sinz, Manfred: Industriestruktureller Wandel und Beschäftigungsentwicklung in der Bundesrepublik Deutschland. In: Geographische Rundschau 1988, Heft 1, S. 42–53

Praxis Geographie: Altindustrialisierte Regionen Europas. 1992, Heft 10

Schätzl, Ludwig: Wirtschaftsgeographie Band 1. Paderborn: Schöningh 1978 (UTB 782)

Schätzl, Ludwig: Wirtschaftsgeographie Band 2: Empirie. Paderborn: Schöningh 1982 (UTB 1052)

Schätzl, Ludwig: Wirtschaftsgeographie Band 3: Politik. Paderborn: Schöningh 1986 (UTB 1383)

Sedlacek, Peter: Industrialisierung und Raumentwicklung. Westermann Colleg, H. 3. Braunschweig: Westermann 1973

Statistisches Bundesamt: Statistisches Jahrbuch für die Bundesrepublik Deutschland. (Erscheint jährlich)

Voppel, Götz: Die Industrialisierung der Erde. Stuttgart: Teubner 1990

Kapitel „Der tertiäre Sektor"

Borcherdt, Christoph u.a.: Versorgungsorte und Versorgungsbereiche. Stuttgarter Geographische Studien, Bd. 92. Stuttgart: Selbstverlag des Geographischen Instituts 1977

Der Bundesminister für Verkehr (Hrsg.): Deutsches Institut für Wirtschaftsforschung: Verkehr in Zahlen 1992

Bundeszentrale für politische Bildung (Hrsg.): Informationen zur politischen Bildung. Wirtschaft, Teil 5: Internationale Wirtschaftsbeziehungen (Heft 183, Neudruck 1991). Bonn 1991
Die europäische Gemeinschaft (Heft 213, Neudruck 1992). Bonn 1992

Fochler-Hauke, Gustav: Verkehrsgeographie. Das Geographische Seminar. Braunschweig: Westermann 1976

Geo-Wissen: Verkehr. Mobilität. Hamburg: Gruner und Jahr 1991

Geographie heute: Gemeinschaft Europa. 1991, Heft 89
Weltwirtschaft. 1990, Heft 82

Geographie und Schule: Der nordpazifische Raum in der Weltwirtschaft. 1991, Heft 70
Tourismus und Raum. 1988, Heft 53
Verkehrsprobleme. 1992, Heft 77

Geographische Rundschau: Internationaler Tourismus. 1990, Heft 1

Heinritz, Günter: Zentralität und Zentrale Orte. Stuttgart: Teubner 1979

Praxis Geographie: Der Dienstleistungssektor. 1990, Heft 1

Der europäische Binnenmarkt. 1991, Heft 9

Verkehr und Umwelt. 1992, Heft 3

Vester, Frederic: Ausfahrt Zukunft. Strategien für den Verkehr von morgen. München: Heyne 1990

Voppel, Götz: Verkehrsgeographie. Erträge der Forschung, Bd. 135. Darmstadt: Wissenschaftliche Buchgesellschaft 1980

Wolf, Klaus, Jurczek, Peter: Geographie der Freizeit und des Tourismus. Stuttgart: Ulmer 1986 (UTB 138)

Wolf, Winfried: Eisenbahn und Autowahn. Hamburg: Rasch und Röhring 1987

Kapitel „Raumordnung"

Akademie für Raumordnung und Landesplanung (Hrsg.): Handwörterbuch der Raumforschung und Raumordnung. 3 Bände. Hannover: Gebr. Jänecke 1970

Bundesforschungsanstalt für Landeskunde und Raumordnung (BfLR): Informationen zur Raumentwicklung (laufende Veröffentlichungen)

Bundesminister für Raumordnung, Bauwesen und Städtebau (Hrsg.): Raumordnungsbericht der Bundesregierung 1991

Raumordnerische Orientierungsrahmen 1993

Geographische Rundschau: Raumordnung in Deutschland. 1992, Heft 3

Europäische Raumordnung. 1992, Heft 12

Niedwetzki, Klaus: Raumordnung und Landesplanung. S II Arbeitsmaterialien Geographie. Stuttgart: Klett 1977

Petschow, Ulrich u.a.: Umweltreport DDR. Frankfurt/M.: Fischer 1990

Praxis Geographie: Raumordnung in Deutschland. 1993, Heft 9

Richter, Dieter: Raumordnung – Strukturprobleme und Planungsaufgaben. Westermann Colleg. Braunschweig: Westermann 1977

Seifert, Volker: Regionalplanung. Das Geographische Seminar. Braunschweig: Höller und Zwick 1986

Stiens, Gerhard: Raumordnung in der Bundesrepublik. In: Geographische Rundschau 1988, H. 1, S. 54–59

Umweltbundesamt (Hrsg.): Daten zur Umwelt. Berlin: Erich Schmidt, verschiedene Jahre

Kapitel „Stadt und Verstädterung"

Böhn, Dieter: Die Urbanisierung der Welt. Aktuelle Cornelsen Landkarte 9/1992. Berlin: Cornelsen 1992

Bundesministerium für Raumordnung, Bauwesen und Städtebau (Hrsg.): Verschiedene Veröffentlichungsreihen zur Stadtentwicklung und zur städtebaulichen Forschung

Claaßen, Klaus: Die Stadt: Lebensraum im Wandel. Reihe Diercke Oberstufe. Braunschweig: Westermann 1993

Conzen, Michael P.: Amerikanische Städte im Wandel. In: Geographische Rundschau 1983, Heft 4

Deutsche Gesellschaft für die Vereinten Nationen (Hrsg.): Weltbevölkerungsbericht 1993. Bonn 1993 (erscheint jährlich in aktualisierter Form)

Friedrichs, Jürgen: Stadtanalyse. Soziale und räumliche Organisation der Gesellschaft. rororo Studium 104. Reinbek bei Hamburg: Rowohlt 1983

Geographie heute: Alte Städte – Altstädte, 1988, Heft 59

Dörfer im Wandel. 1985, Heft 36

Hauptstadt Berlin. 1993, Heft 110

Stadtökologie. 1988, Heft 60

Verkehr. 1992, Heft 102

Geographie und Schule: Bevölkerungswanderung. 1992, Heft 78

Kleinstädte. 1993, Heft 82

Neue Städte. 1986, Heft 42

Verkehrsprobleme. 1992, Heft 77

Geographische Rundschau: Städte und Verstädterung. 1993, Heft 7–8

Heineberg, Heinz: Stadtgeographie. Grundriß Allgemeine Geographie, Teil X. Paderborn/München/Wien/Zürich: Schöningh 1989

Hofmeister, Burkhard: Stadtgeographie. Das Geographische Seminar. 6., neubearb. Aufl. Braunschweig: Westermann 1993

Köck, Helmut (Hrsg.): Städte und Städtesysteme. Handbuch des Geographieunterrichts, Bd. 4. Köln: Aulis 1992

Lichtenberger, Elisabeth: Stadtgeographie. 2., überarb. und erw. Aufl. Stuttgart: Teubner 1991

Praxis Geographie: Berlin. 1991, Heft 2

Verkehr und Umwelt. 1992, Heft 3

Schweizer, Gerhard: Zeitbombe Stadt. Die weltweite Krise der Ballungszentren. Stuttgart: Klett-Cotta 1991

Veröffentlichungen des Bundesministers für Raumordnung, Bauwesen und Städtebau: Schriftenreihen „Stadtentwicklung" sowie „Städtebauliche Forschung"

Kapitel „Entwicklungsprobleme der Dritten Welt"

Bronger, Dirk, von der Ruhren, Norbert: Indien. Länder und Regionen. Stuttgart: Klett 1986

Braun, Gerald: Nord-Süd-Konflikt und Dritte Welt. Paderborn: Schöningh 1987

Bundesministerium für wirtschaftliche Zusammenarbeit (Hrsg.): Journalisten-Handbuch Entwicklungspolitik 1993. Bonn 1993

Bundeszentrale für politische Bildung (Hrsg.): Informationen zur politischen Bildung, Heft 221: Entwicklungsländer. Bonn 1988

Dickensohn, John P. u. a.: Zur Geographie der Dritten Welt. Bielefeld: Daedalus 1985

Engelhard, Karl: Dritte Welt und Entwicklungspolitik im Wandel. Stuttgart: OMNIA 1990

Geographie und Schule: Aktuelle Probleme der Dritten Welt. 1990, Heft 64
Bevölkerungsentwicklung. 1991, Heft 69
Marginalisierung. 1992, Heft 76

Geographische Rundschau: Entwicklungszusammenarbeit. 1993, Heft 5
Ernährungssicherung. 1992, Heft 2

Grupp, Claus D.: Dritte Welt im Wandel. Stuttgart: OMNIA 1993 (4., überarb. Aufl.)

Michler, Walter: Weißbuch Afrika. Bonn: Dietz 1991

Nohlen, Dieter (Hrsg.): Lexikon Dritte Welt. Reinbek: Rowohlt Taschenbuch Verlag 1989

Nohlen, Dieter, Nuscheler, Franz (Hrsg.): Handbuch der Dritten Welt. Band 1: Grundprobleme, Theorien, Strategien. Bonn: Dietz 1992

Nuscheler, Franz: Lern- und Arbeitsbuch Entwicklungspolitik. Bonn: Dietz 1991

Opitz, Peter J. (Hrsg.): Grundprobleme der Entwicklungsländer. München: Beck 1991

Praxis Geographie: Bevölkerungsprobleme der Dritten Welt. 1991, Heft 12
Dritte Welt: Ökonomie und Ökologie im Konflikt. 1992, Heft 9

Scholz, Fred (Hrsg.): Entwicklungsländer. Darmstadt: Wissenschaftliche Buchgesellschaft 1985

Strahm, Rudolf: Warum sie so arm sind. Wuppertal: Hammer 1985

Kapitel „Die Vereinigten Staaten von Nordamerika"

Blume, Helmut: USA. Eine geographische Landeskunde. Bd. I: Der Großraum im strukturellen Wandel; Bd. II: Die Regionen der USA. Darmstadt: Wissenschaftliche Buchgesellschaft 1987 und 1979

Bundeszentrale für politische Bildung (Hrsg.): Informationen zur politischen Bildung, Heft 211: Die Vereinigten Staaten von Nordamerika. Bonn: 1990

Geographie und Schule: Industrieräumlicher Wandel im Vergleich: USA – UdSSR. 1990, Heft 68

Geographische Rundschau: Nordamerika. 1990, Heft 9
USA. 1983, Heft 4
USA. 1987, Heft 9

Hahn, Roland: USA. Länderprofile. Stuttgart: Klett 1990

Hofmeister, Burkhard: Nordamerika. Fischer Länderkunde, Bd. 6. Frankfurt/M.: Fischer 1970

Kümmerle, Ulrich, Vollmar, Rainer: USA. Länder und Regionen. Stuttgart: Klett 1988

Kapitel „Die Union der Sozialistischen Sowjetrepubliken (UdSSR) / Die Gemeinschaft Unabhängiger Staaten (GUS)"

Bender, Hans-Ulrich, Stadelbauer, Jörg: Sowjetunion. Länder und Regionen. Stuttgart: Klett 1987

Bundeszentrale für politische Bildung (Hrsg.): Informationen zur politischen Bildung, Heft 182: Die Sowjetunion. Bonn 1990
Informationen zur politischen Bildung, Heft 236: Die Sowjetunion 1953–1991. Bonn 1992

Bütow, Hellmuth G. (Hrsg.): Länderbericht Sowjetunion. Schriftenreihe „Studien zur Geschichte und Politik", Bd. 263. Bonn: Bundeszentrale für politische Bildung 1988

Geographie heute: Rußland und seine Nachbarn. 1993, Heft 112

Geographie und Schule: Industrieräumlicher Wandel im Vergleich: USA – UdSSR. 1990, Heft 68

Geographische Rundschau: Sowjetunion. 1983, Heft 11
Sowjetunion. 1988, Heft 9

Götz, Roland, Halbach, Uwe: Politisches Lexikon GUS. München: Beck 1992

Karger, Adolf, Stadelbauer, Jörg: Sowjetunion. Fischer Länderkunde, Bd. 9. Frankfurt/M.: Fischer 1987

Karger, Adolf, Liebmann, Claus Christian: Sibirien. Köln: Aulis 1986

Landeszentrale für politische Bildung Baden-Württemberg (Hrsg.): Nach dem Zerfall der Sowjetunion. Der Bürger im Staat, Heft 2/1992. Stuttgart 1992

Leptin, Gert (Hrsg.): Sibirien: Ein russisches und sowjetisches Entwicklungsproblem. Osteuropaforschung, Bd. 17. Berlin: Berlin Verlag Arno Spitz 1986

Stadelbauer, Jörg: Politisch-geographische Aspekte der Systemtransformation in der ehemaligen Sowjetunion. In: Geographische Rundschau 1993, Heft 3, S. 180 f.

Wein, Norbert: Die Sowjetunion. Uni-Taschenbücher 1244. Paderborn: Schöningh 1985

Register

488

489

Klimadaten

Station Lübeck
Lage: 53° 54′ N/10° 42′ E   Höhe ü. NN: 13 m
Klimatyp: Köppen Cfb   Troll III,3

			J	F	M	A	M	J	J	A	S	O	N	D	Jahr
1	Mittl. Temperatur	in °C	0,1	0,5	3,3	7,7	12,2	15,8	17,7	17,2	14,0	9,5	5,2	2,0	8,8
2	Mittl. Max. d. Temperatur	in °C	2,5	3,1	7,3	12,1	17,1	20,9	22,7	22,3	19,1	13,1	7,6	4,1	12,7
3	Mittl. Min. d. Temperatur	in °C	−2,6	−2,4	−0,2	3,3	7,3	10,9	13,2	12,9	10,2	5,8	2,7	−0,3	5,1
4	Absol. Max. d. Temperatur	in °C	13,5	16,8	21,3	28,4	34,0	34,2	35,6	34,5	32,4	24,4	17,6	15,2	35,6
5	Absol. Min. d. Temperatur	in °C	−24,3	−27,2	−16,4	−7,0	−3,0	0,9	4,0	2,9	−0,1	−7,5	−14,3	−16,5	−27,2
6	Mittl. relative Feuchte	in %	85	84	77	73	69	72	74	79	79	83	86	88	79
7	Mittl. Niederschlag	in mm	54	45	39	48	56	62	85	85	60	59	54	51	698
8	Max. Niederschlag 24 h	in mm	32	21	23	23	39	42	55	78	51	48	39	24	78
9	Tage mit Niederschlag	> 0,1 mm	19	16	13	14	13	14	15	15	14	16	18	18	185
10	Sonnenscheindauer	in h	55	68	138	196	250	239	246	202	189	110	45	31	1769
11	Potentielle Verdunstung	in mm	0	3	15	40	81	107	119	103	71	41	16	5	601
12	Mittl. Windgeschw.	in m/sec.	4,3	3,9	4,0	3,6	3,6	3,5	3,6	3,3	3,3	3,3	3,7	4,2	3,7
13	Vorherrschende Windricht.		SW	W	E	NE	NE	W	W	SW	SW	SW	SE	SW	

Station Kassel
Lage: 51° 19′ N/9° 29′ E   Höhe ü. NN: 158 m
Klimatyp: Köppen Cfb   Troll III,3

			J	F	M	A	M	J	J	A	S	O	N	D	Jahr
1	Mittl. Temperatur	in °C	0,1	0,9	4,7	8,9	13,3	16,5	17,9	17,4	14,3	9,2	5,0	1,6	9,2
2	Mittl. Max. d. Temperatur	in °C	2,3	3,9	9,0	13,8	18,4	21,7	23,3	23,0	19,7	13,5	7,6	3,6	13,3
3	Mittl. Min. d. Temperatur	in °C	−2,4	−2,1	0,6	4,1	7,8	11,1	12,8	12,4	9,8	5,6	2,4	−0,7	5,1
4	Absol. Max. d. Temperatur	in °C	12,8	20,2	24,2	29,0	36,2	34,8	37,0	36,5	33,9	28,3	20,4	15,5	37,0
5	Absol. Min. d. Temperatur	in °C	−26,6	−23,5	−17,6	−6,3	−3,0	0,3	3,5	4,5	−1,3	−5,4	−14,6	−20,0	−26,6
6	Mittl. relative Feuchte	in %	84	81	75	70	69	70	73	77	78	82	84	86	77
7	Mittl. Niederschlag	in mm	47	42	33	47	60	64	70	66	52	53	49	46	629
8	Max. Niederschlag 24 h	in mm													
9	Tage mit Niederschlag	> 0,1 mm	18	15	13	15	13	14	15	14	14	14	16	16	177
10	Sonnenscheindauer	in h	48	73	137	188	221	213	203	181	150	103	51	28	1596
11	Potentielle Verdunstung	in mm	0	4	20	46	82	106	118	103	70	40	15	4	608
12	Mittl. Windgeschw.	in m/sec.													
13	Vorherrschende Windricht.														

Station Stuttgart-Hohenheim
Lage: 48° 42′ N/9° 12′ E   Höhe ü. NN: 401 m
Klimatyp: Köppen Cfb   Troll III,3

			J	F	M	A	M	J	J	A	S	O	N	D	Jahr
1	Mittl. Temperatur	in °C	−0,8	0,4	4,5	8,5	12,7	15,8	17,6	17,0	13,9	8,6	3,9	0,3	8,5
2	Mittl. Max. d. Temperatur	in °C	2,2	4,1	9,2	13,6	18,1	21,2	23,2	22,8	19,5	13,4	7,3	3,1	13,1
3	Mittl. Min. d. Temperatur	in °C	−3,7	−2,9	0,1	3,8	7,5	10,7	12,4	12,0	9,3	4,7	1,1	−2,3	4,4
4	Absol. Max. d. Temperatur	in °C	15,0	19,2	22,9	28,3	32,3	33,5	37,0	36,9	32,1	28,2	21,8	18,8	37,0
5	Absol. Min. d. Temperatur	in °C	−25,7	−24,9	−16,2	−7,6	−5,1	2,1	3,6	4,0	−2,3	−7,4	−16,0	−25,8	−25,8
6	Mittl. relative Feuchte	in %	83	81	73	69	69	74	73	76	78	83	86	87	78
7	Mittl. Niederschlag	in mm	46	39	38	49	73	92	80	75	64	47	46	38	687
8	Max. Niederschlag 24 h	in mm	51	36	24	40	58	69	44	54	40	32	37	26	69
9	Tage mit Niederschlag	> 0,1 mm	16	13	12	14	14	15	15	14	14	12	15	13	167
10	Sonnenscheindauer	in h	70	90	150	181	225	204	236	218	178	136	66	60	1814
11	Potentielle Verdunstung	in mm	2	7	24	49	88	113	126	109	74	41	16	6	655
12	Mittl. Windgeschw.	in m/sec.													
13	Vorherrschende Windricht.		SW	SW	SW	SW	NW	NW	SW	SW	SW	SW	SW	SW	

494

Station Wahn (Köln-Bonn)

Lage: 50°52'N/7°05'E   Höhe ü. NN: 68 m   Klimatyp: Köppen Cfb   Troll III,3

		J	F	M	A	M	J	J	A	S	O	N	D	Jahr
1 Mittl. Temperatur	in °C	1,2	1,8	5,2	9,2	13,4	16,7	18,2	17,5	14,5	9,8	5,7	2,5	9,6
2 Mittl. Max. d. Temperatur	in °C	4,3	5,7	10,4	14,5	19,1	22,0	23,4	23,2	20,0	14,4	8,7	5,2	14,2
3 Mittl. Min. d. Temperatur	in °C	-2,2	-2,0	0,4	3,5	6,8	10,6	12,4	12,2	9,2	5,3	2,4	-0,6	4,8
4 Absol. Max. d. Temperatur	in °C	13,9	18,5	25,3	30,8	31,6	35,5	36,9	35,8	30,9	27,1	20,2	16,0	36,9
5 Absol. Min. d. Temperatur	in °C	-22,9	-19,2	-10,0	-5,8	-1,6	-0,5	3,0	4,0	-0,2	-3,6	-10,4	-17,7	-22,9
6 Mittl. relative Feuchte	in %	81	79	74	69	67	71	73	75	77	81	82	83	76
7 Mittl. Niederschlag	in mm	51	47	37	52	56	83	75	82	58	54	55	51	701
8 Max. Niederschlag 24 h	in mm													
9 Tage mit Niederschlag	> 0,1 mm	17	15	13	15	13	14	15	16	14	15	17	16	180
10 Sonnenscheindauer	in h	47	68	110	139	177	200	183	165	152	120	53	46	1461
11 Potentielle Verdunstung	in mm	7	10	26	48	88	110	123	108	75	43	19	9	666
12 Mittl. Windgeschw.	in m/sec.													
13 Vorherrschende Windrichtung														

Station Erfurt

Lage: 50°59'N/10°58'E   Höhe ü. NN: 315 m   Klimatyp: Köppen Cfb   Troll III,3

		J	F	M	A	M	J	J	A	S	O	N	D	Jahr
1 Mittl. Temperatur	in °C	-1,6	-0,8	2,8	7,5	12,1	15,5	17,3	16,5	13,1	8,0	3,8	-0,1	7,8
2 Mittl. Max. d. Temperatur	in °C	2,4	2,8	8,1	13,2	18,2	21,4	23,0	22,7	19,4	13,1	7,1	3,1	12,9
3 Mittl. Min. d. Temperatur	in °C	-3,0	-3,7	-0,7	3,3	7,5	10,9	12,7	12,3	9,4	5,1	1,7	-2,1	4,5
4 Absol. Max. d. Temperatur	in °C	13,5	17,6	21,5	30,2	31,5	33,1	36,5	37,0	33,1	26,8	20,1	17,4	37,0
5 Absol. Min. d. Temperatur	in °C	-24,4	-22,7	-19,4	-8,1	-3,8	2,0	5,2	5,0	-0,3	-8,0	-9,3	-23,8	-24,4
6 Mittl. relative Feuchte	in %	84	83	77	69	68	68	70	70	72	79	85	87	76
7 Mittl. Niederschlag	in mm	33	31	28	34	58	67	71	55	46	45	34	30	532
8 Max. Niederschlag 24 h	in mm	18	29	26	29	39	49	47	34	59	35	21	18	59
9 Tage mit Niederschlag	> 0,1 mm	17	15	13	14	14	13	14	13	13	14	15	15	170
10 Sonnenscheindauer	in h	50	70	123	157	200	215	211	198	158	105	52	42	1581
11 Potentielle Verdunstung	in mm	0	0	18	44	85	107	119	104	70	39	13	2	601
12 Mittl. Windgeschw.	in m/sec.	3,6	3,2	2,8	3,0	2,4	2,6	2,6	2,4	2,6	2,8	2,8	3,4	2,8
13 Vorherrschende Windrichtung		SW	SW	SW	SW	NE	W	SW	SW	SW	SW	SW	SW	

Station Dresden

Lage: 51°07'N/13°41'E   Höhe ü. NN: 246 m   Klimatyp: Köppen Cfb   Troll III,3

		J	F	M	A	M	J	J	A	S	O	N	D	Jahr
1 Mittl. Temperatur	in °C	-1,2	-0,7	3,2	8,2	13,0	16,5	18,1	17,8	14,4	9,1	4,3	0,4	8,6
2 Mittl. Max. d. Temperatur	in °C	1,8	3,0	8,0	13,7	18,6	22,3	23,6	23,4	19,7	13,4	7,5	3,3	13,2
3 Mittl. Min. d. Temperatur	in °C	-3,6	-3,4	-0,2	3,8	7,6	11,3	13,4	12,9	9,8	5,3	2,1	-1,7	4,8
4 Absol. Max. d. Temperatur	in °C	14,1	16,6	20,8	28,7	31,7	34,0	36,6	36,8	33,0	25,6	19,1	13,2	36,8
5 Absol. Min. d. Temperatur	in °C	-23,8	-27,0	-14,7	-5,8	-3,3	5,3	6,8	5,3	1,0	-6,7	-9,4	-20,3	-27,0
6 Mittl. relative Feuchte	in %	81	79	75	70	69	69	72	72	79	82	82	83	75
7 Mittl. Niederschlag	in mm	38	36	37	46	63	68	109	72	48	52	42	37	648
8 Max. Niederschlag 24 h	in mm	26	47	30	41	70	48	114	62	37	33	37	31	114
9 Tage mit Niederschlag	> 0,1 mm	16	15	14	14	15	13	15	13	13	13	14	14	169
10 Sonnenscheindauer	in h	61	71	129	166	225	230	227	214	167	117	60	54	1721
11 Potentielle Verdunstung	in mm	1	2	16	41	85	109	122	106	70	37	13	3	605
12 Mittl. Windgeschw.	in m/sec.	5,8	5,5	5,1	5,1	4,2	3,8	4,2	4,0	4,4	4,9	5,1	5,3	4,9
13 Vorherrschende Windrichtung		W. SE	W	W	W	W	W	W	W	W. SE	W. SE	W	W. SE	

Manfred J. Müller: Handbuch ausgewählter Klimastationen der Erde. Trier: Forschungsstelle Bodenerosion Mertesdorf der Universität Trier, 4. Auflage, 1987

Bildnachweis

Aero Camera/Hofmeester, Rotterdam: S. 105; AEROCOLOR LTDA./CVDR, Carajás: S. 84; argum-fotojournalismus/ Bostelmann, München: S. 269; Bavaria, Gauting: Titelbild o (The Telegraph), Titelbild u (TCL), S. 209 (Bramaz), 417 (Photo Media); Dr. Lothar Beckel, Bad Ischl: S. 49 o; Deutsche Luftbild GmbH, Hamburg: S. 312, 325; Deutsche Welthungerhilfe, Bonn: S. 351 o li u. o re; Dornier GmbH, Deutsche Aerospace, Friedrichshafen: S. 122; E. Ehlers, Bonn: S. 111; Wolfgang Fettköter, Göttingen: S. 142, 342, 347, 349; Focus, Hamburg: S. 48 o u. 82 (Silvester), 49 u (Spiegelhalter); Bernd Förster, Stadtplanungsamt Göttingen: S. 345; Fraunhofer-Institut für Solare Energiesysteme/ Zastrow, Freiburg: S. 190; Dr. G. Gerster, Zürich: S. 15, 404, 414; Gruner + Jahr/Hinz, Hamburg: S. 421; Dr. H.-D. Haas, Gröbenzell: S. 370; Horst Haitzinger, München: S. 463; Hauck, Mannheim: S. 203; Dr. F. N. Ibrahim, Wunstorf: S. 77; Jürgens Ost und Europa Photo, Berlin: S. 428; KLM aerocarto luchtfotografie, Schiphol-oost: S. 261 (KR 5382); Dr. H. Kohnen, Münster: S. 26; Dr. E. Kroß, Bochum: S. 369, 380, 381; Dr. K. Kulinat, Stuttgart: S. 375; Luftbild Brugger, Stuttgart: S. 134 o u. u, 137, 188; Luftbild Elsässer, Stuttgart: S. 198, 289; Luftbild Moog-Thyssen, Duisburg: S. 210; Luftbild Thorbecke, Lindau: S. 310; Mauritius/Westlight, Mittenwald: S. 408; Adam Opel AG, Rüsselsheim: S. 232; K. Peters, aus H. Pakpe et al., Ursachenforschung in der Bundesrepublik Deutschland und den Vereinigten Staaten von Amerika. „Waldschäden". Hrsg. v. d. Kernforschungsanlage Jülich GmbH im Auftrag des BM für Forschung u. Technologie und der U.S. Environmental Protection Agency, Jülich, 1986: S. 68 u li, 69 u re; Dr. Hans-Jürgen Philipp, Stuttgart: S. 48 u, 292, 338, 351, 361; Hans Georg Rauch, Worpswede: S. 97; Realfoto/Altemüller: S. 68 u re; Norbert von der Ruhren, Aachen: S. 437, 459, 461; Stadt Bochum, Presse- u. Informationsamt: S. 329; Stefan Storz, Villingen: S. 470; B. Wagner, Esslingen: S. 69 u li; Wostok Verlag, Köln: S. 445; ZEFA/Schmied, Düsseldorf: S. 116